D1696537

Gottvergessenheit und Selbstvergessenheit der Seele

Edith Düsing

Gottvergessenheit und Selbstvergessenheit der Seele

Religionsphilosophie von Kant zu Nietzsche

BRILL | WILHELM FINK

Umschlagabbildung:
Albrecht Dürer, Die Auferstehung Christi, 1510

Bibliografische Information der Deutschen Nationalbibliothek

Die Deutsche Nationalbibliothek verzeichnet diese Publikation in der Deutschen Nationalbibliografie; detaillierte bibliografische Daten sind im Internet über http://dnb.d-nb.de abrufbar.

Alle Rechte vorbehalten. Dieses Werk sowie einzelne Teile desselben sind urheberrechtlich geschützt. Jede Verwertung in anderen als den gesetzlich zugelassenen Fällen ist ohne vorherige schriftliche Zustimmung des Verlags nicht zulässig.

© 2021 Wilhelm Fink Verlag, ein Imprint der Brill-Gruppe
(Koninklijke Brill NV, Leiden, Niederlande; Brill USA Inc., Boston MA, USA; Brill Asia Pte Ltd, Singapore; Brill Deutschland GmbH, Paderborn, Deutschland)

www.fink.de

Einbandgestaltung: Evelyn Ziegler, München
Herstellung: Brill Deutschland GmbH, Paderborn

ISBN 978-3-7705-6614-3 (hardback)
ISBN 978-3-8467-6614-9 (e-book)

für Klaus

Inhalt

Vorwort XV

A
Selbst erzeugte Gottvergessenheit des Menschen

I   Kants Gotteslehre als Antwort auf den neuzeitlichen Atheismus
und Naturalismus 3
     1)   Ich will, daß Gott (nicht) sei! – Kants Kritik des Atheismus
als Reduktionismus 3
         a)   *Das Problem des Atheismus in Kants Vorlesungen über
Metaphysik und Religion* 5
         b)   *Die Bedeutung des Naturalismus (Physiokratie) für die
Leugnung Gottes* 10
         c)   *Kants Erkenntnisrestriktion als Lösungsschlüssel für das
Atheismusproblem* 14
         d)   *Zum freien Hervorbringen und Anerkennen des
praktischen Gottespostulats* 18
         e)   *Typen des Atheismus in Kants Reflexionen mit Ausblick
auf die* Kritik der reinen Vernunft 20
     2)   Kants Gottespostulat im Horizont der Beziehung von
negativer und positiver Theologie 25
         a)   *Negative Theologie und dogmatischer Vernunftglaube
in Kants* Kritik der reinen Vernunft 27
         b)   *Kants Gottespostulat als Überwindung des Absurden –*
Kritik der praktischen Vernunft 35
         c)   *Freies Anerkennen Gottes wider den „hoffnungslosesten
Skeptizismus"* (Kants *Preisschrift*) 41
         d)   *Über den moralischen Urgrund der Schöpfung, die keine
Wüste sein darf* (Kritik der Urteilskraft) 46
         e)   *Kants Opus postumum: „Bußtag ... Seeleneindringend" –
Gott als „Hypothesis des Herzens"* 57
     3)   Kants Theologie der praktischen Vernunft –
ohne christlichen Offenbarungsglauben? 68
         a)   *„Die Religion innerhalb der Grenzen der bloßen Vernunft"
(von 1793)* 68

- b) *Gnädige Ergänzung unsrer Unvollkommenheit im Horizont von Luthers Rechtfertigungslehre* 72
- c) *Umdeutung des Logos – Entsündigung vom radikal Bösen – autonome Wiedergeburt* 79
- d) *Seelenschicksal und Weltgericht in Reflexionen, Vorlesungen und in Das Ende aller Dinge* 86
- e) *Negative und positive Theologie – Kants kritische Metaphysik im Horizont des Evangeliums* 93

II Grundtypen des Atheismus – eine historisch-systematische Problemskizze 103

1) Grundgestalten im Ausgang von Platons Atheismuskritik in den Nomoi 106
2) Atheismus des Fühlens, Denkens oder Wollens – Gottlosigkeit als Anomia in der Lebenspraxis 112
   - a) *Der Atheismus des fühlenden, verletzten Herzens* 112
   - b) *Der Atheismus des forschenden Intellekts – Gottesleugnung als Folge radikaler Vernunft?* 115
   - c) *Projektionshypothese: Gott als Projektion menschlicher Ängste oder Wünsche* 122
   - d) *Gottesverachtung – Atheismus der Gleichgültigkeit als Massenphänomen* 126
   - e) *Praktischer Atheismus: Nietzsches Durchleuchten des Nihilismus als ‚Logik von Schrecken'* 129
   - f) *Epilog. Theismus als philosophiegeschichtliche Normalität und biblische Sicht des Atheismus* 132

III Nietzsches Atheismus als Synthese und Kritik der Grundtypen .. 137

1) Leidenschaftliche Antitheodizee 141
2) Methodischer Atheismus des forschenden Intellekts 148
3) ‚Psychologische Gottbildung' – Nähe und Ferne zu Feuerbachs Projektionstheorem 160
4) Paradoxer Abschied von Gott 167

IV Nietzsches destruktive Verfremdung von Kants Gottespostulat .. 171

1) Konstruktive Bezugnahmen Nietzsches auf Kants Ethik und Erkenntniskritik 171
2) *Metaphysik der Kunst* – Schatztruhe der verabschiedeten christlich-religiösen Vorstellungswelt 181

3)	„Die Entsagung vom Metaphysischen (als Forderung der Tugend, – als *Aufforderung*)"	191
4)	„Ein Sollen gibt es nicht mehr"! – Nietzsches Angriff auf die Basis der Postulate	201
5)	Abschied von Kant – Jesus-Nachfolge innerweltlich – rachefreie Gerechtigkeit als Gnade?	209

V „Das Heiligste ... ist unter unsern Messern verblutet": Tod Gottes und Ende der Ehrfurcht in Nietzsches Diagnose 221
    1) Schlüsselthese zum Heiligen in Jesu Christo 221
    2) „Das Heiligste" in Nietzsches Jugendglauben und der Verlust „höchster Dinge" 223
    3) Gottes ‚Tod' in der Parabel vom ‚tollen Menschen' – „wir erwachen als Mörder"! 227
    4) Zarathustra: Anti-Theodizee und Patripassianismus 233

B
Selbstvergessenheit – Von der Geistseele zur Tierseele des Menschen
Das veruntreute Selbst – naturalistische und skeptische
Reduktion des Ich als Geistseele

VI Problemskizze zu Geist und Psyche in Antike, Christentum und Neuzeit 243

VII Nietzsches Abschied von der Metaphysik der Seele und vom idealistischen Ich 263
    1) Antiplatonischer Überwechsel von der Geistseele zur Tierseele des Menschen 263
        a) *‚Darwin-Schock' und Experimentierlust – Entgöttlichte Seele im Bann der Todverfallenheit* 265
        b) *Verleugnete Ewigkeitssuche der Seele in Nietzsches Anti-Platonismus* 270
    2) *Menschenwürde? Zum revolutionären Bruch im Menschenbild zwischen Kant und Nietzsche* 273
        a) *Jenseits der Würde: Der Bruch im Menschenbild von Kant zur posthumanen Postmoderne* 275
        b) *Unter göttlicher Obhut Stehen oder Lizenz zum Töten?! – Nietzsches Antithetik von gottbegabter liebesfähiger Geistseele und grausamer Tierseele* 279

       c) *Experiment Mensch – Freigabe ‚teuflischer' Medizin –
Sinnvakuumstherapie nach Gottes Tod* 282
       d) *Negative Dialektik von unendlich kostbarer Geistseele
und mediatisierbarer wertloser Tierseele* 286
       e) *Nostalgiekomplex: Unglücklich verliebt in die
Metaphysik – Blick zurück mit Dank* 290
  3) Wie das Ich zur ‚Fabel' ward – Nietzsches Destruktion des
idealistischen Subjektbegriffs 292
       a) *Das Ich im Spannungsfeld von Materialismus und
Geistmetaphysik* 293
       b) *Überschätzung des ‚Ich-denke' und des Bewußtseins –
das Ich und das Es* 297
       c) *Verlust des denkenden Ich im Abschied von
ontologischer Wahrheit* 305

VIII Bin ich freies Ich oder „ein Stück Lava im Monde"? Sittliche Freiheit und naturalistischer Dogmatismus bei Kant und Fichte 311

  1) Problemskizze zur Ideengeschichte der Freiheit und zu ihrer
postmodernen Verleugnung 313
  2) Kants Einsicht in den systematischen Zusammenhang von
Freiheit, Sittengesetz und Ich 320
       a) *Kants Formulierung und Auflösung der
Freiheitsantinomie* 322
           aa) Die Freiheits-Thesis und ihr Beweis für göttliche
und menschliche Freiheit 322
           ab) Die (Unfreiheits-) Antithesis: Nichts geschieht
durch Freiheit 324
           ac) Kants transzendentaler Idealismus als Schlüssel
zur Auflösung der Freiheitsantinomie 325
       b) *Die praktische Dimension der aufgelösten
Freiheitsantinomie: das freie Ich* 328
           ba) Mondfinsternis oder freies Ich – Kants Bildwahl
als Inspirationsquelle für Fichte 329
           bb) Reflexionen Kants zum Verhältnis von
empirischem und intelligiblem Charakter 331
  3) Lava im Monde? Fichte über die Schauder der gefesselten
Freiheit 333

IX	Immoralismus oder Hypermoralismus? Nietzsches Konzept des individuellen Gesetzes	347
	1) Selbstaufhebung der Tradition des ethischen „Platonismus fürs ‚Volk'"	348
	2) Herausbildung des Immoralismus aus Nietzsches Moralkritik	354
	3) Tyrannei der Triebe und der Ideale – Nietzsches konstruktive Verwerfung von Schillers Ethik	360
	4) Erhebung und Bedrückung der Geist- oder Tierseele durch das erhabene Ideal im Ich	368
	5) Nietzsches freigeistige Moral des individuellen Gesetzes und die Kreation des Übermenschen	372
	6) Telos: Gewinn des höheren Selbst wider die Herdentiermoral und Nivellierung	377
	7) Immoralismus als Einstimmung in den Nihilismus	380
X	Grundprobleme des Nihilismus. Von Jacobis Fichte-Kritik zu Heideggers Nietzsche-Rezeption	389
	1) Friedrich Heinrich Jacobis Nihilismus-Vorwurf an Fichte	390
	2) Nietzsches Aitiologie, Diagnose und Prognose des europäischen Nihilismus	396
	3) Heideggers Nihilismusbegriff im Rückgang auf Nietzsches Wort ‚Gott ist tot'	407

C
Idealistische und existentielle Konzepte zum Verhältnis von Ich und Absolutem

XI	Klassische religionsphilosophische Modelle im Brennspiegel von Nietzsches Kritik	421
	1) Nietzsches antichristliches Paulusbild	421
	a) *Das Damaskus-Erlebnis des Paulus*	423
	b) *Paulus – wie Nietzsches Jäger Zarathustra – der Verfolger Gottes?*	427
	c) *Nietzsches antipaulinischer Jesus im* Antichrist	431
	d) *Epilog: Nietzsches Fasziniertsein vom Pauluswort Römer 8, 28*	439

2) Nietzsches polemische Umdeutung von Luthers
Rechtfertigungslehre 441
   a) Die Umkehrung von Gottes Gnade zum Sünder in ein
      ästhetisch „ewig gerechtfertigt"-Sein 443
   b) Luther als Paulusnachfolger – neue Unschuld als
      Entsündigung 450
   c) Luthers „Gottesbeweis" im Horizont von Kants
      Sittengesetz – freigeistige Nostalgie? 455
3) Jesu Verlassenheitsruf am Kreuz – Nietzsches Deutung
   vor dem Hintergrund seines ‚Duells' mit David F. Strauß 459
   a) Jesu Ruf: Mein Gott, „warum hast du mich verlassen"?! ... 459
   b) Nietzsches ‚Duell' mit David F. Strauß 473

XII Trinitarische Ontotheologie und Metaphysik der Person 485
1) Der Tod Gottes oder Christi als die „höchste Anschauung
   der Liebe" – Hegels Überwindung der ‚unbefriedigten
   Aufklärung' 485
   a) Die unbefriedigte Aufklärung oder: Ein Volk ohne
      Metaphysik ist verloren 488
   b) Vernunft und Glaube oder die Wahrheitsfrage in der
      Typik der Religionen 496
   c) „Der Eingeborene im Schoße Gottes" – Hegels Hymne
      auf die Trinität 507
   d) Der Tod Gottes am Kreuz ist „die höchste Anschauung
      der Liebe" 518
   e) Gewißheit der Versöhnung: „absolute Nähe" Gottes,
      „ergreifen und ergriffenwerden" 523
   f) „Christus ist aber die göttliche Liebe" und Urbild
      religiöser Liebe in der Kunst 528
2) Schöpferisches Zerbrechen der Vernunft (fascinosum et
   tremendum)? – Nietzsches typologische Nähe zu Hölderlin
   in der Erfahrung des Heiligen 534
   a) Nietzsches Hiob zwischen biblischem und tragischem
      Gottesbild 535
   b) Das Dionysische bei Nietzsche und das Aorgische bei
      Hölderlin 539
   c) „Götterordnung des Schreckens" – Erfahrung des
      Heiligen in Nietzsches Frühwerk 545

   d) *Göttliche „Untreue" in Hölderlins Sophokles-*
     Anmerkungen 551
   e) *Hölderlins synkretistische Mythologie in den Hymnen*
     und seine späte christliche Umwendung 557
   f) *Nietzsche: Zarathustras Grablied – Ariadnes*
     Liebesklage – Dionysos oder Christus? 562
 3) Angst und Tod im neuzeitlichen Denken:
   Luther – Kierkegaard – Nietzsche – Heidegger 574
   a) *Kunst des Sterbens im Abendland und Verlust der*
     Auferstehungshoffnung: Nietzsche 575
   b) *Kierkegaards Begriff der Angst als Schwindligwerden*
     des Selbst in unendlicher Freiheit 579
   c) *Heidegger über die Angst auf dem Grunde des Daseins:*
     Ich bin das jederzeit Sterbenkönnende 586
   d) *Heideggers ‚Todesphilosophie' im Horizont von*
     Kierkegaards Mut zum Sein coram Deo 592
   e) *Epilog: Luthers Überwindung der Angst vor dem Tode*
     durch den Glauben an Christus 596

Siglenverzeichnis zu den Klassikern und zitierte Werkausgaben 605
Namenverzeichnis 611
Sachverzeichnis 619

Vorwort

Mit Kant, der zu Recht als Vollender der Aufklärung gilt, ist ein Lösungsschlüssel aufzuzeigen für den Streit von Atheismus und Religionsphilosophie, der zurückgeht auf eine lange Vorgeschichte bis hin zu Platons Kritik der Gottlosigkeit (: A II 1). Im vorliegenden Buch wird im Ausgang von Kants Atheismuskritik und seiner ethisch fundierten Gotteslehre (A I) eine Typik von *Denkformen des Atheismus* entworfen (A II). Anhand dieser Typik kann die Eigenart von Nietzsches Atheismus hervorgehoben werden, der sämtliche Typen in sich vereint und ihnen neue Schärfe verleiht (A III); er selbst ist die an Facetten reichste und tiefgründigste Gestalt neuzeitlicher Gottesleugnung (: A V). Von hoher Komplexität ist die Frage, in welcher Denkgestalt Nietzsche sich als Atheist bekundet hat; soll der Antwort Tiefenschärfe zukommen, bedarf es entwicklungsgeschichtlicher Erwägung. Nietzsche ist im 19. Jahrhundert zum Denker des Verlustes des Heiligen und Ewigen geworden.

Demgegenüber wird mit Kant prinzipiell diagnostizierbar, daß eine Art Realitätsverweigerung oder –blindheit vorliegt, wenn der (postmoderne) Mensch beschlossen hat, sich selbst ohne Gott und Gottesbezug denken, ohne ihn *absolut autark* leben und sich organisieren zu wollen, insofern er etwas zu wissen glaubt, was er nicht wissen kann, nämlich, daß kein höchstes Wesen existiere.

Kant ist durch seine Kritik möglicher metaphysischer Erkenntnis nicht der „Alleszermalmer" (Moses Mendelssohn). Zu zeigen ist vielmehr (s. A I), wie Kant in seiner Kritik des Atheismus, – welcher eine negative *metaphysische Einsicht* beansprucht, – und durch seine moralphilosophische Neubegründung der Metaphysik eine konstruktive *theistische* Sicht Gottes und des Selbst eröffnet. Die erkenntniskritische Wendung sehr wohl beachtend, wird in vorliegender Darstellung Kant als bedeutender Metaphysiker gewürdigt, an Heinz Heimsoeth anknüpfend, dessen bahnbrechende Deutung Kants im Kontext der metaphysischen Tradition heute fast in Vergessenheit geraten ist. Kants praktische Metaphysik wird hier in den Horizont abendländisch-christlicher Tradition einer *negativen Theologie* eingeordnet, welcher gemäß über Gott keine positiven Prädikate aussagbar sind, da endliche menschliche Vernunft das transzendente Heilige nicht erfassen kann. *Offenbarung*, eine *positive Theologie* als Pendant zur *negativen*, ist für Kant, erkenntniskritisch und aufklärungstypisch geschichtsvergessen, nur ‚in den Grenzen der Vernunft' denkbar. Diese Grenzen überschreitet Hegel, „der deutsche ‚Genius der Historie'"[1], durch

---
1 Nietzsche tituliert ihn so, da er als ein „alle ehemaligen Zeiten" *ordnender Nous* Sinn erschließe (KSA 7, 647) – Zur Zitierweise der Klassiker s. Siglenverzeichnis.

Würdigung realgeschichtlicher Offenbarung Gottes in Christus (s. C XII 1). Aufgrund seiner universalgeschichtlichen Sicht auf ein Walten göttlicher Vernunft in allem Sein und Werden wird Hegel von Nietzsche in gleichsam spiritueller Schau der Aufhaltende (*Katechon*), der „Verzögerer"[2] im Umsichgreifen des Atheismus genannt.

Kant kritisiert nachdrücklich den zu seiner Zeit neumodischen Atheismus, der schon in der Antike aufkam und zur Zeit der französischen Aufklärung dezidiert vertreten wurde. Ihm widmet er große Aufmerksamkeit, so als habe er dessen wachsende Attraktivität vorausgeahnt. Der Satz „Gott existiert nicht!" ist aber ein dogmatisches Urteil über etwas Unerkennbares. Kant zeigt, daß Gottes Dasein nicht widerlegbar sei, auch nicht die Hoffnung eines künftigen Lebens. Seine Vernunftkritik widerlegt also die Begründbarkeit der These: Es existiert kein höchstes Wesen! Ein skeptisches Verzichten aber auf die nach dem *Ewigen* fragende Vernunft läuft auf den kaum mehr vernünftigen dogmatischen Vernunftunglauben hinaus, der ohne Beweisgründe die Existenz von etwas bestreitet, über das kein positives oder negatives Erkenntnisurteil gefällt werden kann (: A I 1). Beweisbar ist für Kant also sehr wohl, daß Gottes Nichtexistenz schlechthin unbeweisbar ist.

Die mit Kant gewonnene Basis, die erkenntnistheoretisch und ethisch orientiert ist, dient zugleich als Beurteilungsmaßstab für die nachkantische philosophische Entwicklung im 19. Jahrhundert mit ihrer oftmals heftigen Verwerfung sowohl des idealistischen als auch des christlichen Gottes- und Menschenbildes. Dagegen ist von den Idealisten Fichte, Schiller, Hegel und Schelling, auch von Kierkegaard, Kants Geisteserbe kreativ weiter gedacht worden, was in unterschiedlichen Zusammenhängen, z.B. zur logischen und ethischen Einheit des Ich oder zur Frage der Freiheit des Willens, thematisiert werden soll (: B VI Ende; B VIII 3; B IX 3; B X 1; C XII 1; C XII 3 b).

Die zentrale Stellung in den folgenden Untersuchungen nehmen indessen die beiden Antipoden ein, wie sie sich als solche Schritt um Schritt herauskristallisieren: Kant und Nietzsche. Während Nietzsche im Verlauf seines facettenreichen, zuweilen mäandernden Denkweges sich zunächst durchaus konstruktiv auf Kants Ethik und Erkenntniskritik bezieht, eskaliert später die Polemik gegen ihn, und, so die abschließende Synopse seiner Beziehung zum Königsberger Philosophen, verfremdet er dessen Ethik und das Postulat vom Dasein Gottes auf destruktivste Weise (A IV).

---

2 Der *Katechon*, auf den Nietzsche hier (in FW 357) anspielt, hindert nach Paulus den Anbruch der Herrschaft des *Menschen der Gesetzlosigkeit*, der „sich überhebt über alles, was Gott heißt" (2. *Thessalonicher* 2, 3-7).

In Kants Begriff von Gott, durch praktische Vernunft entworfen, ist dessen Heiligkeit zentral, verstanden als *absolute sittliche Reinheit*, die nichts Böses wollen kann (A I 3). Auch Nietzsche hat Gottes *Heiligkeit* betont (: A V 1.2); er verankert sie, anders als Kant, aber nicht in einem Ideal der Vernunft, – dem Jesus geschichtlich zufällig grenzenlos nahe kommt, – sondern nimmt das Wort vom ‚Heiligen' aus dem *Neuen Testament* auf. Im Kreuzfeuer historischer Bibelkritik bleibt Jesus als der „beste Liebende" übrig. Gottvater als der „Heiligste" aber wird demontiert. Am Verdacht des „Henker-Gottes" vermag Nietzsche sich gerade deshalb aufzureiben, weil er einst Gott als Gerechten und Heiligen angenommen hatte. Als Zweifelnder erblickt er in Christus das Heiligste als bislang geglaubt, nun jedoch verloren. Für ihn hat das Heilige ambivalente Bedeutung; zum einen verleiht es Menschen Halt und Sinn, so daß dessen Verlust ein nachchristliches Zeitalter der Sinnleere eröffnet. Zum andern aber, so analysiert er geistseelische Tiefenschichten, ist das Heilige etwas, das der Mensch befehdet, weil er jene hohe Maßstäblichkeit nicht erträgt; er will es zerstören, im Aufstand gegen das Absolute und zum Zwecke rückhaltloser Autarkie. Folglich soll die Bibel als Spiegel für das Erblicken seiner eigenen Häßlichkeit stumpf gemacht werden (: A V).

Auch ahnte Nietzsche die *Hybris* des Sicherschaffens des Menschen zwischen Leben und Tod voraus, die im 21. Jahrhundert vom exhibitionistischen Egokult bis zur Lizenz zum Töten führt (B VII 2). Inspiriert war Nietzsche von Dostojewskijs Wort: Wenn Gott nicht existiere, sei alles erlaubt! Der visionäre russische Dichter durchschaute Europas Untergang: Finsternis, Chaos und Unmenschlichkeit brechen aus, wenn der „Menschenverstand Christus verworfen" haben wird.[3] Grundstürzende Konsequenz aus Gottes ‚Tod' ist für Nietzsche die Voraussicht des *europäischen Nihilismus*. In Entsprechung zu seiner Destruktion der Gottesidee steht die von ihm radikal zu Ende gedachte, in der Folgelast gefährliche Umkehr der Tradition der Geistseele zur Tierseele des Menschen (B VII 1). Dieser leidenschaftlich ernst von ihm vorgetragenen düsteren Prophetie werden klassische Modelle der Beziehung von Gott und Ich bei Fichte, Hegel und Kierkegaard in ihrer argumentativen Klarheit und Überzeugungskraft entgegengestellt. An ihnen muß Nietzsche sich messen lassen.

So hätte der Buchtitel auch lauten können: *Nietzsche im Kontext des Deutschen Idealismus*, da dessen oft übersehene Spuren in Nietzsches Gedankenwelt, z.B. zu dem Fichte entliehenen schöpferischen ICH (vgl. A III 2; B VII 3ab), besonderes Gewicht erhalten sollen.

---

3 Fjodor M. Dostojewskij: *Tagebuch eines Schriftstellers*, München 1992, 74.

Im ersten Hauptteil A des vorliegenden Buches geht es um die Gottesfrage, in Teil B um die Frage des Selbst oder der Seele, in Teil C um Modelle einer Beziehung von Gott und Seelen-Ich.

Die Verinnerlichung der Seele, die als Geist verstanden wird, hebt an mit der sokratischen Selbsterforschung, ohne die das Leben nicht wert sei, gelebt zu werden (*Apologie* 38a). In unseren Tagen erleben wir die Beendigung des sokratisch-augustinischen Innerlichkeitsethos in Gestalt einer Materialisierung des Ich. Schon Platons *Phaidon* (81bc) zeigt die unheimliche Verquickung von Erkenntnis und Interesse, daß nämlich die nur Sinnliches und Genuß suchende Seele allein noch das für wahr hält, was sinnlich ist. Der Mensch, der das Ewige flieht, findet bzw. macht sich Scheinbeweise für die Determination seines Willens, für seine radikale Sterblichkeit und Gottes Nichtdasein. Wenn zu Europas Wurzeln die *Sokratische Sorge für die Seele* gehört,[4] die ihr Innerstes durch Verähnlichung mit dem Ewigen bewährt, sind jene Wurzeln ausgereutet, das sich messen am *Maß des Guten* (vgl. BVI), da die Seele sich, ihre Gerechtigkeit, ihr Heil in Gott verwahrlost findet.[5]

Das heute weit verbreitete szientistische Naturmodell vom Menschen, das Freiheit und Würde leugnet, geht ins 18. Jahrhundert, ja im Grunde bis in die Antike zu Demokrit zurück und findet im 21. Jahrhundert, z.B. in Daniel Dennett und Richard Dawkins, lautstarke Befürworter. Der historisch einzigartige Aufschwung im Verständnis der Seele im Abendland wurde erwirkt durch die nuancenreiche Verbindung des antiken griechischen mit dem christlichen Denken. Die antike und mittelalterliche geistmetaphysische sowie die neuzeitlich idealistische Deutung der Seele im Horizont des Geistes drohen zu

---

4 Vgl. Martin Cajthaml: Griechische und christliche Wurzeln Europas, in: *Europa ohne Gott? Auf der Suche nach unserer kulturellen Identität*, hg. von Lutz Simon, Hans-Joachim Hahn, Neuhausen-Stuttgart 2007, 52-86.

5 Wolfgang Janke fragt (in: *Fragen, die uns angehen. Philosophische Traktate über das sterbliche Dasein, die präzisierte Welt und den verborgenen Gott*, Würzburg 2016; Traktat 11: „Vom Ende der initialen Gottesfrage", 132-139, Exkurs „Die apokalyptischen Reiter", 137ff), ob „uns heute im Riesenschatten des Europäischen, antichristlichen Nihilismus das Buch mit den sieben Siegeln und das Gesicht des christlichen Sehers noch etwas angeht" (137), und antwortet mit einer symbolischen Deutung, die im ersten der Reiter, der den Namen „Wort Gottes" und „König der Könige" trägt (s. Offb 19, 11-15), „ein apokalyptisches Wetterleuchten des Weltgerichts" erblickt, in dem „die Wahrheit von allem Trug zu scheiden" ist (138). Mit Romano Guardinis „*Der Herr*" vernimmt er „die ernste, daseinsbefreiende Botschaft", die angesichts des geschichtlich immer wiederkehrenden Einbruchs von Krieg, Seuche, Hungersnot „an eine verwahrloste Menschenwelt" ergeht: „Kehrt um! Lernt in der Not beten! Fleht Gott dankbereit um Hilfe an! Wendet euch von heilloser Selbsterhöhung und hybrider Naturbemächtigung ab!" (139) Wenn „heilige Scheu" (*aidos*) und Keuschheit entschwinden, so geschehen „ungeheure Schändlichkeiten" (147f; und wenn Treulosigkeit waltet, ist das die „Hölle" für Familie und Ehe (187).

entschwinden mit dem *revolutionären Bruch*, den im Denken des neunzehnten Jahrhunderts, in anführender Position, Nietzsche ausgelöst hat. Erinnert wird hier an die reiche abendländische Ideengeschichte der *Seele*, die als Bild ihres Schöpfers gedacht wurde und noch in Kants teleologischem und ethisch-metaphysischem Weltbegriff als freies Selbst, das durch Orientierung am *Sittengesetz* seiner *ewigen* Bestimmung inne wird (B VI; B VIII). Vor diesem Hintergrund ist Nietzsches Demontage des Begriffs der Seele in ihrer Wucht begreifbar, die in drei Sinndimensionen zu entfalten ist, zur „Tierseele", zur „Würde", zum „Ich" (B VII 1.2.3). Dem Schlachtruf des Neopositivisten Ernst Mach zufolge ist das Ich nicht zu retten. Das Ich als Geistseele wird von allen empiristisch-naturalistischen Schulrichtungen verworfen. Die Folgelast des Verlusts der Seele als Geistseele, idealistisch ausgedrückt: das Verlorensein des Absoluten für das denkende, wollende, fühlende Ich, hat Nietzsche in den Problemkreisen des *Nihilismus* (: B X) und *Immoralismus* (: B IX) zu Ende gedacht. Dies Zu-Ende-Denken besitzt ebenso verführerische Sogkraft für Verführbare wie abschreckende Wirkung auf der Tradition verbundene Menschen.

Eine nihilistische Denkungsart charakterisiert schon Fichte in seiner Vorlesung von 1806: „Die Grundzüge des gegenwärtigen Zeitalters", das er wegen seiner absoluten Gleichgültigkeit gegen alle Wahrheit und maßstabslosen Ungebundenheit als Stand *vollendeter Sündhaftigkeit* bestimmt. An Kants Postulate Gottes, der unsterblichen Seele und der Freiheit anknüpfend erklärt er: „Allein die Idee füllt aus, befriedigt und beseligt das Gemüt". Daher muß ein Zeitalter, das der Idee einer höheren Welt und ihrer Ordnung entbehrt, „eine große Leere empfinden". Wer zeitgeisthörig ist, begreife überall nichts, als was sich auf sein eigenes „Wohlsein" beziehe; die ganze Welt sei dazu da, es zu fördern; was sich nicht auf diesen Zweck bezieht, „geht mich nichts an". Der Gebrauch aller Kräfte zielt nur auf das „materiell Nützliche". Stolz und bedauernd wird auf frühere finstere, abergläubische Zeitalter herabgesehen, in denen Menschen „noch so blödsinnig waren, durch ein Gespenst von Tugend" oder den „Traum einer übersinnlichen Welt den schon vor ihrem Munde schwebenden Genuß sich entreißen zu lassen". Die Repräsentanten der neuen Zeit rühmten sich ihrer Entdeckung und verbreiteten sie überall, daß sie „die Tiefe des menschlichen Herzens von allen Seiten durchsucht" und so entdeckt hätten, dies Herz sei „im Grund und Boden nur Kot".[6]

Ist menschlicher Geist nur biophysikalischer Zustand, Freiheit Illusion, Gott Wunschprojektion? Graue Zellen und strahlender *Geist*, aber ist dieser nur Epiphänomen der Materie, der menschliche Leib nur organische ‚Maschine',

---

6 Johann Gottlieb Fichtes Werke, hg. von Immanuel Hermann Fichte (1833-1846), Bd VII: 11, 27-32, 74.

wie behauptet wird? Vorherrschend wurde das Deutungsmodell von Jahrmillionen an tierischen Vorstufen für die sich empor entwickelnde menschliche *Geistseele*. Zu zeigen ist Nietzsches Problemwachheit darüber, was im *Tierseele*-Modell Mensch hinfällig wird. Die Philosophie des deutschen Idealismus der Freiheit bei Kant, Fichte, Schelling und Hegel bildet das letzte große Gegengewicht gegen die im 19. Jahrhundert durchbrechende Physiokratie, die in Julian de La Mettrie's „*L'Homme machine*" (1748) wirkmächtige Vorgestalt annahm und sich im 21. Jahrhundert zum monolithischen Block positivistischer Wissenschaftsstrenge verfestigt hat. Der Paradigmensturz im Menschenbild läßt sich auf die kurze Formel bringen: ‚Von der Geistseele zur Tierseele' des Menschen, der sich selbst herabstuft zu einem Zufallsprodukt anonymer Natur. Für Kant dagegen ist jeder Mensch *unbedingter Zweck* als Subjekt des Sittengesetzes, das an sich *heilig* ist.

Kant kritisiert als maßgebender unter den klassischen deutschen Philosophen grundsätzlich und detailliert die dogmatische Behauptung *universal* gültiger Naturkausalität. Durch seine argumentativ hochkomplexe Verknüpfung von theoretischer Begründung einer stimmigen Denkmöglichkeit der Freiheit, im Ausgang vom sittlichen Selbstbewußtsein des Ich, wird Kant zur Inspirationsquelle des *Idealismus der Freiheit* (Fichte, Schelling, Hegel). Er bleibt paradigmatischer Freiheitsdenker bis heute. Ohne Freiheit im Denken gibt es keine Vernunft, ohne Freiheit des Willens keine Moralität (: B VIII). Nietzsche sucht durch die Annahme der Unfreiheit des Willens den Sinn *sittlichen Sollens* und so ineins die Basis des Kantischen Gottespostulats zu destruieren (: A IV 4). Hiermit bricht er sich argumentativ Bahn für sein Konstrukt des Immoralismus (B IX). Das ‚Lava'-Freiheits-Kapitel ist als *philosophische* Bestreitung von Nietzsches naturalistischer Unfreiheitsansicht zu lesen (B VIII).

Entscheidend für die Heraufkunft des Nihilismus ist für Nietzsche der von ihm beobachtete und durch sein Werk heraufbeschworene „Untergang der *moralischen* Weltauslegung", welche mit Fichte eine sittliche Weltordnung annimmt. „Der ganze *Idealismus* der bisherigen Menschheit" sei dabei, „in *Nihilismus* umzuschlagen – in den Glauben an die absolute *Wert*losigkeit, d.h. *Sinn*losigkeit". Prägnant nennt er „die Vernichtung der Ideale" „die neue Öde" (SA III, 896), die erinnert an das ‚Öde-, Wüste- und Leersein' der Erde vor der Schöpfung (*Genesis* 1, 2) und an das Problem der (Dys-)Teleologie, mit dem Nietzsche, mit Exzerpten aus Kants dritter *Kritik* in Entwürfen zur Dissertation gerungen hat, ohne zu Ende zu kommen; übrig behielt er starke Vorbehalte gegen den *Mechanismus* (A III 2).

In den Tagen vor seinem Zusammenbruch prognostiziert Nietzsche in für uns unheimlicher Aktualität, daß dereinst „die große Politik" „in einen Geisterkrieg" aufgehen werde, indem sie „die Physiologie zur Herrin über alle anderen

Fragen" mache; es gehe in Bezug auf das Menschenbild um „die tiefste Gewissens-Collision" in einer „Entscheidung ... *gegen* Alles", was bisher „geglaubt, gefordert, geheiligt worden war".[7] Wer in Sympathie mit Nietzsche als Kronzeugen für den *Naturalismus* jenen ‚Geisterkrieg' im 21. Jahrhundert zu seinen Gunsten gewonnen findet, übersieht die sein eigenes Denken hinterfragenden Klagepassagen und Warnrufe, die jenen von ihm kühn proklamierten ‚Siegeszug' des neuzeitlichen Atheismus begleiten und problematisieren. – In der Tat macht die Frage nach Gottes Dasein oder aber Nicht-Dasein einen ‚Geisterkrieg' aus, dessen Folgelast die erschreckende *Herabwürdigung* des Menschen zu nützlicher oder nutzloser Materie ist.

Nietzsche bekundet in Kindheit und Jugendzeit eine geistseelisch wache Beziehung zu Christus als Heilsbringer. Nachdem er mit David F. Strauß, dem schonungslosen Kritiker der Evangelien, ein, wie er rückblickend urteilt, geistiges ‚Duell' ausgefochten hat (: C XI 3b), entreißt Nietzsche, Strauß' Bibelkritik nahe, in seinen mittleren freigeistigen Schriften Jesus jeglicher dogmatisch-metaphysischen und religiösen Bedeutung; er wird entworfen als bloßer Mensch mit profanem – wohl tragischem – Menschenschicksal, der einer Selbsttäuschung über seine Sendung erlegen sei. Von erschütternder Intensität ist seine Deutung von Jesu Verlassenheitsruf am Kreuz (: C XI 3a). – Während Nietzsche für Jesus, so sehr sein Bild im Laufe seines Ringens sich ihm verschiebt, Ehrfurcht, Bewunderung oder zumindest unauslöschliche Sympathie für eine lautere, womöglich schiffbrüchige, wiewohl unaussprechlich liebende Seele hegt, ist seine Haltung zu Paulus stets kritisch und steigert sich zu schroffer Ablehnung. Für Nietzsches moralkritische Demontage des Christentums besitzt die Gestalt des Paulus hohes Gewicht. In einer dichten Reflexion wird ihr geradezu welthistorische Bedeutung beigemessen; maßgeblich er sei Erfinder des Christentums, dem das Abendland den Aufgang einer neuen Wertewelt verdanke. Diese gründe jedoch in einem fragwürdigen Gottes- und Menschenbild; denn „wozu mußte die Gerechtigkeit Gottes ein Opfer haben? Der Martertod Chr[isti] war nicht nöthig außer bei einem Gott der Rache". Zuerst die „Sünde erfinden und dann den erlösenden Zustand": dies sei „die unvergleichlichste Leistung der Menschheit". Bittere Selbstanklage und daraus resultierende Erlösungsbedürftigkeit werde jetzt, nämlich infolge des Paulinischen Christentums, zur „Tragödie" unseres Daseins (KSA 9, 369). Paulus dient Nietzsche als Projektionsfigur für seinen Kampf mit Gott, insonderheit, wenn er ihn den rachlüsternen *Verfolger Gottes* (WS 85) schilt, welcher Gott *sich selbst* nachbilde (: C XI 1).

---

7 KSA 13, 638ff; vgl. *Ecce Homo*, KSA 6, 365f.

Luthers Bedeutung sucht Nietzsche im Kontext seiner Christentumskritik zu marginalisieren; Luthers Name wird nicht selten aufgerufen, aber wie eine Schachfigur in eigenen Problemfeldern. Der Begriff der *Rechtfertigung*, der an Luthers erschrockenes Gewissen gemahnt, das durch Gottes in Christus bedingungslos geschenkte *Gnade* erlöst ist, taucht in Nietzsches Werk häufig auf und wird in der mittleren Phase zur säkularen *Bejahung* des Lebens in ewiger Wiederkehr umgemünzt. In manchen Reflexionen zeigt sich Nietzsches Suche nach tragender ‚Rechtfertigung', die er nun, autonom und autotherapeutisch, ohne Luthers *theonome* Lösung zu befrieden trachtet (: C XI 2).

Hegels Denken ist der letzte große Entwurf, der die ontologische Wahrheit des christlichen Glauben zeigen will, wider eine Aufklärung, die naturwissenschaftliche Einsicht verabsolutiert, und wider die *Subjektivierung* des Glaubens in bloßes *Meinen* oder *Fühlen* wie bei Schleiermacher. In der gesuchten wesentlich vernünftigen Erkenntnis Gottes verbinden sich objektive Wahrheit und „Innerlichkeit der Gewißheit". Die Trinitätslehre und die Kreuzigung und Auferstehung Christi, Zentrum der traditionellen kirchlichen *Christologie*, werden von Hegel spekulativ-dialektisch gedeutet: Christus ist „die höchste Liebe, in sich selbst das Negative des Negativen, *die absolute Versöhnung*" (M5, 68). Ist er wahrhaft göttlicher Natur, so geht es um den *Tod Gottes*. Für Hegel ist Christi Tod Mittelpunkt der Weltgeschichte, um den Alles sich dreht, mit dessen wahrer Auffassung die Sicht des Glaubens und des spekulativen Begreifens sich abhebt von der äußerlichen Betrachtung. Was er in der Religionsphilosophie die freie „Selbstoffenbarung" des verborgenen Gottes nennt, heißt in seiner Ästhetik-Vorlesung ein Sicherschließen des Absoluten, wodurch es eine Seite gewinnt, die nicht nur dem Denken zugänglich ist, sondern auch durch Kunst darstellbar wird. Der Tod Christi am Kreuz ist für Hegel „die höchste Anschauung der *Liebe*" (GW 17, 265). Im Vergleich mit ihr könne Größeres oder Besseres weder angeschaut noch vorgestellt noch gedacht werden. Denn der Künstler veranschaulicht die bis ans Ende, in den Tod gegangene, am Kreuz besiegelte Erlöserliebe Gottes (C XII 1). – So kann die Befassung mit Hegel, mit dem vorliegenden Versuch einer Synopse seiner tiefschürfenden und nuancenreichen Religionsphilosophie, auch wohl heute noch dazu dienen, die *Glaubwürdigkeit* des frei gedachten christlichen Glaubens zu restituieren, die in Nietzsches Denken dessen abgrundtiefem Skeptizismus anheimfiel, viele Nachahmer findend.

Im Hölderlinkapitel (C XII 2) soll die geistige Verwandtschaft Nietzsches mit dem von ihm hoch geschätzten Dichter im Erleiden der „Untreue" des Göttlichen aufgezeigt werden, so daß die von Anbeginn leitmotivische Gottesfrage in eine andere, nämlich die emotional-existentielle Tiefendimension einmündet. In der antiken Tragödie geht es implizit um die Theodizeefrage, die durchweg negativ beantwortet wird; die Götter selbst senden den Menschen in schweres Leid. Im Innersten der Tragik enthüllt sich, im Problembegriff des Dionysischen (Aorgischen) notdürftig gebändigt, ein verstörendes Gottesbild. Nietzsche dürfte überzeugt gewesen sein, daß es wohl Hölderlin, – kraft tiefsinniger Reflexion auf das Phänomen des Tragischen, – nicht aber Goethe oder Winckelmann gelungen sei, ins Herz griechischen Wesens vorzudringen, da sie in ihrem *klassizistischen* Bilde nur den apollinischen Schein jener Schönheitswelt wahrnahmen, nicht jedoch, worauf er ruhte. Sie verkannten den dionysischen Untergrund von „schrecklichen Erregungen", die in der antiken Klassik errungene „Transfiguration von Wollust und Grausamkeit" in schöne Gestalt. Hölderlin und Nietzsche verbindet ihr Fasziniertsein durch die altgriechische Mythologie und das in ihr liegende, im Vergleich zum biblischen Verständnis dämonisch unterwanderte Gottesbild, bei dem der späte Hölderlin, – anders als Nietzsche, – freilich nicht blieb (C XII 2e).

Nietzsches Denken, vertraut mit der christlichen Auferstehungshoffnung, lotet die Spannung aus zwischen ehemaligem Hoffendürfen und neuerlicher Annahme endgültigen Verderbensollens in einem ‚ganz anderen Tod', da die Seele mit ihrem Leibe ins Nichts versinkt. Er vertritt die Annahme vom *endgültigen Tode* und versteht, Richtung weisend für das 21. Jahrhundert, unter der gottlosen *ars moriendi* die bittere Pflicht, jeder möge den *Kairos* für sein optimales Abtreten selbst wählen. Zur ‚Logik des Atheismus' gehört für ihn, der hierin Dostojewskijs tiefenpsychologischer Analyse seiner Romanfigur Kirillow (*Die Dämonen*) folgt, der Mensch besiegele seine neue schreckliche Freiheit durch Suizid. „Alles Tröstliche, Heilige, Heilende", alles Hoffen auf „zukünftige Seligkeiten" und Gerechtigkeit (JGB 55) fordert Nietzsche aus intellektueller Redlichkeit, die dogmatische Skepsis ist, zu opfern (C XII 3a). Für Heidegger, der an Nietzsches Metaphysikkritik anknüpft, ist der existenzial wahre Sinn von Descartes' erster Gewißheit nicht das *Ich-denke*, – das durch Vernunft Wahrheit sucht, – sondern das der Gestimmtheit der Angst gemäße Fühlen: „Ich kann jeden Augenblick sterben"! Die stets mich begleiten sollende zentrale Gewißheit meines Daseins in der Welt ist mein Sterbenmüssen. Selbstgewißheit heißt für Heidegger auch *Todesgewißheit*. Das von Luther betonte Motiv der von Angst getriebenen *Flucht* vor Gott, die ‚Adams' tiefer Fall illustriert, wird von Heidegger säkularisiert zur Angst, die er als Flucht des Daseins vor ihm selbst deutet (C XII 3c). In Angst ist das Selbst ganz auf sich als Preisgegebenes zurückgeworfen. Kontrapunkt zu solcher Betonung von radikaler Diesseitigkeit und darin Verweslichkeit des ganzen menschlichen Selbst, wie Heidegger sie mit Nietzsche annehmen will, ist die Auferstehungshoffnung, wie Luther sie in Berufung auf Paulus lehrt (C XII 3e). Und diese Hoffnung ist kräftiges Antidot gegen das Geknechtetsein der Seele durch ihre Furcht vor dem Tode. So erklärt Paulus in dichten Thesen das Evangelium: „Der Tod ist der *Sünde Sold*; aber die Gabe Gottes ist das ewige Leben in Christo Jesu" (*Römer* 6, 23). Im Horizont dieser Ewigkeitshoffnung untersucht Kierkegaard des Menschen Angst und Verzweiflung (C XII bd).

Die Buchhauptteile entsprechen den Themen „Gottvergessenheit" (A), „Selbstvergessenheit" (B), „Idealistische und existentielle Konzepte" zur Beziehung von Gott und Selbst aufeinander (C). Jedes Kapitel ist als Sinneinheit für sich lesbar.[8] Zugleich bilden die Kapitel als Mosaiksteine, – die teils aus Vorträgen (z.B. zur *Menschenwürde nach Nietzsche* am Nietzscheforum München) oder Auftragsarbeiten (z.B. zum *Paulus*-Gedenkjahr für die *Internationale Katholische Zeitschrift Communio*), teils aus früheren Aufsätzen, in nun wesentlich überarbeiteter Form, hervorgingen, – eine konsequente gedankliche Abfolge des in Schlüsselideen systematisch aufgebauten Buches.

Grundlegend für die Gottesfrage und das Selbstsein sind die theoretisch anspruchsvollsten, für philosophische Anfänger wohl schwierigsten Kapitel zu Kant (: A 1) und zu Hegel (: C XII 1). Mit Kant allerdings wird eine erkenntniskritische Basis zur Beurteilung des Atheismus und für eine – mit dem Christentum weitgehend kompatible – Vernunfttheologie gelegt. Und mit Hegel wird, in Ergänzung Kants, der christliche Glaube, zentral das Kreuz Christi, spekulativ-vernünftig dargelegt, auch kunstmetaphysisch als das sinnliche Scheinen der höchsten Idee veranschaulicht, vor allem aber wider formal rationalistische und skeptische Einwände argumentativ gut gesichert.

Diesem Versuch, in einer Synopse des Ganzen die Kapitelabfolge und argumentative *Sachlogik* des vorliegenden Buches durchsichtig zu machen, folgt an dieser Stelle die noch tiefere, nämlich die *Dankeslogik*: Ganz herzlichen Dank spreche ich Dr. Karl-Heinz Wegener aus für vielfältige theologische und theologiegeschichtliche kostbare Hinweise, insonderheit zu Paulus und Luther. Meinem Mann Klaus gilt mein inniger und nachdrücklicher Dank für inspirierende Gespräche, hellsichtige Kommentare, mannigfache tief dringende philosophische Hinweise, insonderheit zur Antike, zu Kant und zum Deutschen Idealismus, für seine kritisch, vor allem konstruktiv mich begleitende Lektüre und für sein neun Jahre währendes wohlwollendes, auch hilfreich engagiertes Interesse am gedeihlichen Fortschritt dieser umfänglichen Studie.

Hilchenbach, im Februar 2021

---

8 Zu diesem Zwecke war unvermeidlich, daß gewisse Schlüsseltheoreme, z.B. zur Deutung des ‚Todes Gottes', zur Gewichtung der Theodizeefrage oder der (Dys-)Teleologie, in einem späteren Kapitel, nach ihrer erstmaligen Erörterung, in thesenhafter Verdichtung wieder aufgegriffen werden, damit der Sinnzusammenhang gewahrt, also nachvollziehbar bleibt.

A

Selbst erzeugte Gottvergessenheit des Menschen

KAPITEL I

Kants Gotteslehre als Antwort auf den neuzeitlichen Atheismus und Naturalismus

1) Ich will, daß Gott (nicht) sei! – Kants Kritik des Atheismus als Reduktionismus

Fichte schreibt an Jacobi: „Der erste der eine Frage über das Dasein Gottes erhob, durchbrach die Grenzen, erschütterte die Menschheit in ihren tiefsten Grundpfeilern und versetzte sie in einen Streit mit sich selbst, der noch nicht beigelegt ist und der nur durch kühnes Vorschreiten bis zum höchsten Punkte, von welchem aus der spekulative und praktische Gesichtspunkt vereinigt erscheinen, beigelegt werden kann. Wir fingen an zu philosophieren aus Übermut und brachten uns dadurch um unsere Unschuld; wir erblicken unsre Nacktheit und philosophieren seitdem aus Not für unsere Erlösung." „Unsere Philosophie wird die Geschichte unseres eigenen Herzens."[1]

Der von Fichte benannte spekulative Streit wird in Kants praktischem Gottespostulat beigelegt. Fichte ringt aufs Neue um diese Beilegung, ohne Kants Lösung adäquat aufgenommen zu haben. Die Position des *Atheismus* macht für Kant eine besondere Art des Dogmatismus aus. Zu zeigen ist, daß die negative Aussage, die behaupten will: „Gott existiert nicht!", ein unhaltbares Urteil ist über ein unerkennbares Ding an sich. Des näheren nimmt der Atheismus an, real seien nur die sinnlich wahrnehmbaren Dinge in *Raum* und *Zeit*, – die also als Eigenschaften der Dinge an sich aufgefaßt werden. Der Fehlschluß ist: Da alles Seiende sinnlich sei, Gott aber nicht sinnlich sein könne, sei es auch unmöglich, daß es ihn gebe. Der metaphysische, antitheologische Atheismus ist Kant zufolge ein *Reduktionismus*, insofern er a) ontologisch ein – möglicherweise (oder wirklich oder sogar notwendig) – Seiendes *a priori* bestreitet; b) alle Erkenntnis auf reine Empirie begrenzt; c) die Vermögen des Ich, existenzvergessen, auf deren bloß theoretische Dimension einschränkt.

Kant erklärt: Der Metaphysik, in der die Vernunft „ihr eigener Schüler sein soll, ist das Schicksal bisher noch so günstig nicht gewesen, daß sie den sichern Gang einer Wissenschaft einzuschlagen vermocht hätte", wiewohl sie bestehen bliebe, wenn auch die übrigen Wissenschaften „insgesamt in dem

---

1 Gesamtausgabe. *Fichtes Briefe* (30. August 1795), GA III/ 2, 392f; *Johann Gottlieb Fichtes Werke*, hg. von I. H. Fichte, II 293.

Schlunde einer alles vertilgenden Barbarei gänzlich verschlungen werden sollten". Sie ist aber ein „Kampfplatz", anscheinend dazu bestimmt, „seine Kräfte im Spielgefechte zu üben". Ihr Verfahren sei bislang ein „bloßes Herumtappen" unter bloßen Begriffen gewesen (KrV XIV).[2] Solches Herumtappen soll kraft Vollendung einer Kritik der reinen Vernunft überwindbar sein.

Durch Erzeugung eines einseitigen Scheins in der Frage, ob ein höchstes Wesen anzunehmen sei oder nicht, kann die menschliche Vernunft in Versuchung gebracht werden, „sich entweder einer skeptischen Hoffnungslosigkeit zu überlassen, oder einen dogmatischen Trotz anzunehmen und den Kopf steif auf gewisse Behauptungen zu setzen, ohne den Gründen des Gegenteils Gehör und Gerechtigkeit widerfahren zu lassen. Beides ist der Tod einer gesunden Philosophie", mahnt Kant, er könne „*Euthanasie der reinen Vernunft*" genannt werden (KrV 434). Es mangelt dem Atheisten am Hoffendürfen, und er verfällt einem *Unglauben*, der dogmatisch ist. In Hinblick auf die Moral bestimmt Kant als eine „*Euthanasie* (der sanfte Tod)" der Vernunft die Preisung der *Eudämonie* als Grundsatz einer Ethik, die der Naturordnung Folge leistet (MdS VI 378). Diese wird an Stelle der *Eleutheronomie* gesetzt und hebt die freie innere Gesetzgebung für die *Pflicht* auf.

Eine Euthanasie der Vernunft zu erwirken ist sein Vorwurf gegen die atheistische Freigeisterei. Die Widerlegung skeptischer Leugnung der intelligiblen Welt gehört zum Originalton von Kants Vernunftkritik. Die starke Sinnmitte solcher reduktionistischen Leugnung alles Nichtsinnlichen macht die Position des *Atheismus* aus,[3] – die in der französischen Aufklärung Mode wurde, – der Kant hohe Aufmerksamkeit widmet, so als habe er ihre wachsende Attraktivität vorausgeahnt. – Durch die von ihm aufgerichteten Zweifel an spekulativen Beweisen für Gottes Dasein, wie er sie in seiner ersten *Kritik* entwickelt hat (KrV 611-658), weist Kant Anmaßungen der menschlichen Vernunft zurück, „aus ihr selbst apodiktisch gewiß" Gottes Dasein demonstrieren zu wollen; er will aber „nicht den Glauben an Gott untergraben, sondern immer den

---

[2] Zitiert wird: *Kant's gesammelte Schriften*, hg. von der (Königlich) Preußischen, später Deutschen Akademie der Wissenschaften, Berlin 1910ff. Bei den drei Kritiken folgt die Seitenangabe der Originalpaginierung; Siglen: KrV: *Kritik der reinen Vernunft*, 2. Aufl. Riga 1787; KpV: *Kritik der praktischen Vernunft*, 1. Aufl. 1788; KU: *Kritik der Urteilskraft*, 2. Aufl. 1793.

[3] Winfried Schröder (*Ursprünge des Atheismus. Untersuchungen zur Metaphysik- und Religionskritik des 17. und 18. Jahrhunderts*, Stuttgart-Bad Cannstatt 2012) begreift den Atheismus als Schatten eines entschiedenen Theismus, ohne den es ihn historisch nicht geben konnte, ebenso wenig wie Blasphemie und giftige Spötterei. Er zeigt in seinem monumentalen Werk detailliert ideengeschichtliche Verzweigungen und Verbindungslinien auf zwischen variierenden Formen des Atheismus, z.B. auch als Antiklerikalismus, Bibel- oder Offenbarungskritik.

practischen Beweisen die Bahn brechen". Der „*dogmatische* Atheist", der „gewiß nie werde darthun können, daß Gott nicht sey", leugnet gleichwohl dessen Dasein. Dem dogmatischen Atheisten setzt Kant kontrastierend den moralischen Theisten entgegen. Das *Fundament*, worauf dieser den Gottesglauben gründe, sei „unerschütterlich", „selbst wenn sich alle Menschen vereinigen wollten, es zu untergraben"; es sei eine *Festung*, – an Martin Luthers Lied erinnernd: „Ein feste Burg ist unser Gott" (von 1528), – worein er *sich retten* könne, aus der er nie befürchten müsse, vertrieben zu werden: Sie besteht für Kant im realen Dasein eines weisen Weltregierers als eines Postulats der praktischen Vernunft.[4] Die Metaphysik nennt er die „Schutzwehr" der Religion gegen „falsche Sophisterey" (XVII 498). „Wenn ich das Dasein Gottes läugne", so muß ich mich entweder als „Narren", der oberflächlich denkt, oder als „Bösewicht" ansehen, der seiner kalten Eigenliebe frönt (XVII 484f; Refl. 4256).

a) *Das Problem des Atheismus in Kants Vorlesungen über Metaphysik und Religion*

In der Tiefe des Beweisgangs und wie in einem Atemzug verbunden ist Kants *Gottesbeweiskritik* mit seiner *Atheismuskritik*, was sich in seinen Vorlesungen mit unverhohlener Vehemenz zeigt. Die *Metaphysik*-Vorlesung[5] gehört zwar zu einer in metaphysischen Fragen vorkritischen Position, schon mit Hinweisen auf kritische Elemente; doch bezeugt sie Kants argumentative Subtilität, deren späterer Fortgang, ausgehend von den drei *Kritiken*, entfaltet werden soll. Die *Religionslehre*-Vorlesung gehört zur kritischen Zeit. Kant ist eben nicht der viel gescholtene „Alleszermalmer" (Moses Mendelssohn). Zu zeigen sein wird vielmehr, daß Kant seine Kritik des Atheismus und die moralphilosophische Wende der Metaphysik, die er in den siebziger Jahren ausbildet, auch in seiner kritischen Philosophie mit einigen Modifikationen beibehält. Die Vermeidung eines *absurdum*, sei es *practicum, morale, logicum* oder *pragmaticum*, erörtert Kant im Zusammenhang mit der Frage nach dem Dasein eines weisen

---

4 *Immanuel Kants Vorlesungen über die philosophische Religionslehre*, hg. von Karl Heinrich Ludwig Pölitz, 2. Aufl. Leipzig 1830 (Sigle: R), 30ff, 34. – Zur Datierung dieser späten Nachschriften aus den achtziger Jahren s. *Kant's Vorlesungen*, hg. von der Akademie der Wissenschaften zu Göttingen, Bd V: *Vorlesungen über Metaphysik und Rationaltheologie*, zweite Hälfte, zweiter Teil, Berlin 1972 (Sigle: *Kant's Vorlesungen* Bd V = XXVIII), 1514-1518. – Bände XVII-XXII in der Akademie-Ausgabe sind *Handschriftlicher Nachlaß* Kants.

5 *Immanuel Kants Vorlesungen über die Metaphysik* (Sigle: M), Nachschrift von ca. 1773/ 74, hg. von Karl Heinrich Ludwig Pölitz, Erfurt 1821. – Zur Datierung s. *Kant's Vorlesungen* Bd V (= XXVIII) 1341, 1518.

Welturhebers, das der konsequente „Bösewicht", wie Kant ihn typisiert, intensiver als der Atheist zu bestreiten trachtet. „Das Daseyn Gottes kann nicht directe, sondern *nur indirecte* bewiesen werden; *ich kann es einem andern nicht demonstriren.* Wenn er aber *das Gegentheil beweisen will, so kann ich ihn* ad absurdum logicum et practicum *führen*" (M 291f). Das absurdum logicum zeigt sich für Kant im theoretischen Gebrauch der Vernunft, wenn es gilt, die Ordnung der Natur zu erklären; denn „ohne einen vernünftigen Urheber bleibt das alles unerklärt" (M 292), so nimmt Kant hier den physikotheologischen Gottesbeweis indirekt auf. „Der andere apagogische Beweis, der ad absurdum practicum führt", entspringt aus der notwendigen Voraussetzung des praktischen Vernunftgebrauchs und führt nach Kant nicht allein auf ein absurdum pragmaticum nach Regeln der Klugheit, sondern auch auf ein „absurdum morale nach der Regel der Sittlichkeit. *Nehme ich keinen Gott an; so habe ich im ersten Falle nach Grundsätzen gehandelt, wie ein Narr, und im zweiten Falle ... wie ein Schelm."* (M 293)

Und nun spricht Kant in Möglichkeitserwägungen seine Hörer direkt persönlich an: „Nimmst du die moralischen Gesetze an, und handelst rechtschaffen", – zu ergänzen wäre hier: ohne ein Gottespostulat der praktischen Vernunft aufzustellen, – „so hängst du einer Vorschrift an, die dir keine Glückseligkeit erwerben kann, und die Tugend ist nur eine Chimäre; also verfällst du in ein absurdum pragmaticum und handelst als ein Thor". Sagst du aber: Wohlan ich nehme kein Sittengesetz an, „ich will hier in dieser Welt mein Glück suchen", – das ist purer Hedonismus, – und wenn ich nur hier „durchkomme, so habe ich weiter nichts zu fürchten", so handelst du „als ein Bösewicht, und verfällst in ein absurdum morale." (M 293) „So müsste ich denn ohne Gott entweder ein Phantast oder ein Bösewicht sein."[6] Demnach begünstigt Gottvergessenheit böse Egozentrik des Menschen. „Alle Beweise des Daseins Gottes sind wider den Atheismus" – im Sinne Kants darf ergänzt werden: und wider den Immoralismus – „gerichtet" (ebd. 1256). Der „moralische Beweis" vom Dasein Gottes dringt „in die innerste Quelle der Thätigkeit" und ist daher der vortrefflichste aller Beweise. „*Gott wird hier ein Gegenstand des Glaubens*, und keiner kann ihm solchen entreißen. Alle speculativen Einwürfe fruchten hier nichts; denn ich(!) bin fest davon überzeugt. Ob man gleich nicht *beweisen* kann, daß ein strafender oder belohnender Gott sey; *so kann doch auch keiner das Gegenteil davon beweisen*". Diese Unbeweisbarkeit seines Nichtdaseins ist für Kant in moralischer Gesinnung schon „ein genugsamer Grund" dafür, einen Gott anzunehmen. „Wir werden durch den moralischen Beweis nicht allein überführet vom Daseyn des heiligsten Wesens, sondern wir werden auch dadurch

---

6 *Kant's Vorlesungen* Bd V (= XXVIII) 1183.

gebessert." (M 293f) Kant scheut sich nicht davor, Gott als Weltenrichter sowohl im Denken als auch, sittlich praktisch und christlich religiös, existentiell ernst zu nehmen.

Die *transzendentale Theologie* legt, „contra atheistas", nach Kants Metaphysik-Vorlesung Gründe für das Dasein eines Urwesens (*entis originarii*) dar; „das Urwesen ist aber noch nicht Gott" (M 296). Die *natürliche Theologie* macht, gegen die Deisten, das Dasein einer höchsten Intelligenz plausibel, die durch Vernunft und Freiheit Welturheber ist, dies mache den Theismus aus. In der *Moraltheologie* wird das Dasein eines höchsten Wesens dargetan, – *contra Ethnicos*, – das sich auszeichnet durch sittliche Prinzipien; den Menschen, der Erkenntnis von Gott „ohne eine moralische Heiligkeit annimmt, könne man nicht besser als einen Heiden ... nennen" (ebd.). Zu dem Thema „*contra atheistas*" unterscheidet Kant typologisch erhellend vom *dogmatischen* den *skeptischen* Atheismus. „Die Gründe wider den dogmatischen und skeptischen Atheismus müssen verschieden seyn." Der dogmatische Atheist beansprucht ein sicheres Wissen, also „muß er beweisen, daß kein Gott ist. Das kann er aber nicht. Denn wenn er beweisen will, daß etwas nicht sey; so muß er zeigen, daß es unmöglich sey. Wo will er aber diesen Beweis hernehmen? Das Daseyn Gottes ist also wider den dogmatischen Atheismus gesichert" (M 297).

Mit dem *skeptischen* Atheismus sei es schwieriger, da er ein offenes Problem markiert und nicht „schlechtweg negirt". Kant will den Agnostiker damit fangen, daß er ihm deutlich macht, „daß die Frage: Ob ein Gott sey oder nicht?" nicht in der Schwebe bleiben könne (wie in der Argumentationsfigur pyrrhonischer Skepsis naheliegt); sie könne nicht problematisch, sondern nur „kategorisch tractirt" werden, d.h.: „ich muß *gewiß* wissen, ob keiner oder einer ist", so formuliert Kant lakonisch prägnant, auf die Stellungnahme des freien Ich abhebend, „denn sonst weiß ich nicht, wie ich mich zu verhalten habe"! (ebd.) Wie in der Pascal'schen Wette gilt es hier, durch den Ganzeinsatz der eigenen Person Stellung zu beziehen, da die Lebensbahn je anders innerlich orientiert ist, sei es agnostisch oder theistisch. Des skeptischen Atheisten Zustand ist ein „elender", „schwankender", in welchem er „immer aus Hoffnungen in Zweifel und Mißtrauen verfällt". Der moralische Theismus, der Gott als Gesetzgeber im Reich der Sitten und Zwecke betrachtet, hat argumentativ den „Vorteil, daß er den Angriffen des skeptischen Atheismus ... nicht ausgesetzt ist", weil er die spekulativen Beweisgründe für Gott „fahren läßt"; nicht Gottes Dasein, sondern eben diese Beweise für das Dasein Gottes aber greife der skeptische Atheist an.[7] Das „Gebäude des dogmatischen Atheisten", der „behauptet, daß kein Gott sei" und schlechthin „die Möglichkeit eines Gottes" leugnet, ist zum

---

7 *Kant's Vorlesungen* Bd V (= XXVIII) 1151, 1246f; dieselbe Quelle auch für das Folgende.

Einsturz zu bringen, da er jene *Unmöglichkeit* nicht „dartun" kann. „Hier verläßt ihn seine Vernunft." Vielmehr folgt, – so die individualisierende Wendung, – aus dem „Unvermögen meiner Vernunft ... die Unmöglichkeit, je zu beweisen, daß ein allervollkommenstes Wesen nicht möglich sei". „Kurz, es ist unmöglich zu beweisen, daß Gott unmöglich sei." Der skeptische Atheismus „zweifelt ..., weil wir keine theoretische Gewißheit haben"; er ist aber „ungegründet", da wir trotz der „Unzulänglichkeit aller spekulativen Beweise" Gottes Dasein „dennoch durch praktische Gründe aufs innigste überzeugt fühlen, davon, daß ein Gott sein müsse" (1171, 1174f).

In einer Vorlesungsvariante, die die Religionsphilosophie betrifft, erklärt Kant zuversichtlich, wie es seiner später ausgereiften Postulatenlehre durchaus entspricht: „So, wie wir also den dogmatischen Atheisten widerleget und seine anmaßlichen Behauptungen von dem Nichtdaseyn Gottes zurückgewiesen haben ...; so können wir auch alle Angriffe der skeptischen Atheisten", auch „ohne vorhergegangenen Beweis der Existenz eines vollkommensten Wesens, fruchtlos machen." Nun folgt dieselbe Argumentation, die im Sinne der *Kritik der reinen Vernunft* zugibt, daß alle spekulativen Beweise für Gottes Dasein unzulänglich sind und doch mit Nachdruck erklärt, daß wir uns, – so heißt es wieder mit augustinischem Innerlichkeitsethos zur Seelennähe Gottes, – „*durch practische Gründe* auf's innigste davon überzeugt fühlen"(!), „*daß ein Gott seyn müsse*" (R 59f).

In einem Abschnitt zur Physikotheologie faßt Kant seine Überlegungen zusammen: Wir haben gezeigt, „daß, so wenig wir auch das Daseyn eines Wesens, dessen Nichtseyn unmöglich ist", – eine Reminiszenz an Anselms ontologischen Gottesbeweis, – „mit einem Worte, so wenig wir auch ein absolut nothwendiges Daseyn mit unserer Vernunft einsehen können", „uns dennoch eben diese Vernunft dazu dringet, solches, *als eine für uns subjectiv nothwendige Hypothese anzunehmen*, weil wir sonst nirgend einen Grund angeben können, warum überhaupt irgend etwas möglich sey" (R 123f), – was ein Anklang an Kants „Einzig möglichen Beweisgrund" von 1763 ist (II, 63-164). – Selbst für unsere spekulative Vernunft, so erklärt er – *vor* seinem späteren Entwurf einer rein *teleologischen Reflexion* in der *Kritik der Urteilskraft* –, sei es „ein wahres Bedürfniß", einen Gott vorauszusetzen zu müssen. Gegen Humes Religionskritik gewandt,[8] weist er den ‚großen Schein' der Annahme als „irrig" zurück, daß

---

8 Vgl. David Hume: *Dialoge über natürliche Religion,* übers. von Friedrich Paulsen, neu bearbeitet von Günter Gawlick, Hamburg 1968; zu Kants Bezugnahme auf dieses Werk s. Gawlick ebd. XXXVIff; zum *Deismus* s. ders. In: *Historisches Wörterbuch der Philosophie,* Bd II, 44-47. – In Deutschland vertritt den *Deismus* gemäßigt Herman Samuel Reimarus: *Die Vornehmsten*

eine „blindwirkende ewige Natur" die Ursache für alle Zweckmäßigkeit in der Welt sein könne, daß Schönheit, Harmonie, Ordnung „aus einer *natura bruta* entstanden seyn sollten", da jene doch „offenbar Prädicate eines Verstandes" sein müssen. In Bezug auf Ideen regulativen[9] vom konstitutiven Gebrauch der Vernunft nicht absondernd, fragt Kant suggestiv, so als führte er einen indirekten naturtheologischen Beweis für das Dasein eines weisen göttlichen Welturhebers: „Wie könnte eine blos blindwirkende allvermögende Natur die Ursache davon seyn?" (R 124f) In der *Kritik der reinen Vernunft* wird die Sichtweise, die eine „blindwirkende allvermögende Natur" annimmt, als Antithese eines dogmatischen Empiristen bestimmt; ihr steht die (theistische) Thesis gegenüber, die in der Natur ein Wirksamsein von archetypischen Ideen erblickt, in denen ein göttlicher Schöpfer walten mag (KrV 653f; KrV 477).

Ein *blindwirkendes Urwesen* läßt sich nach Kant ohne innern Widerspruch nicht denken (vgl. R 125ff).[10] Unter dem *Begriff von Gott* könne man nämlich nicht eine „blindwirkende ewige Natur als die Wurzel der Dinge" verstehen, sondern nur ein Wesen, das durch Verstand und Freiheit ihr Urheber sei (KrV 660f). In der *Metaphysik*-Vorlesung bezeichnet er Annahmen über den Zusammenhang der Dinge als „vernunftwidrig", wenn sie Ereignisse behaupten, die nicht den Gesetzen des Verstandes oder der Vernunft folgen, so die Annahme einer blinden Notwendigkeit als *Schicksal* oder die eines „blinde(n) Ungefähr(s)" als *Zufall* (M 88). Widernatürlich sei das, was *nicht* der besondern Natur eines Wesens gemäß aus diesem entspringt. Als „übernatürlich" (*actio*

Wahrheiten der natürlichen Religion (1754), neu hg. von Günter Gawlick, Göttingen 1985, mit Einleitung von dems. und Bezugnahme auf Kants Reimarus-Würdigung, ebd. 41f.

9   Zur Abhebung des *regulativen* vom konstitutiven Ideengebrauch s. Heimsoeth: *Transzendentale Dialektik. Ein Kommentar zu Kants Kritik der reinen Vernunft* (Sigle: *Dialektik Kants*), 4 Bde, Berlin 1966-1971, Bd 3, 1969: *Das Ideal der reinen Vernunft; die spekulativen Beweisarten vom Dasein Gottes; dialektischer Schein und Leitideen der Forschung*, 548-601.

10 Kant bezieht sich in seinen Vorlesungen, allerdings in eigener moralphilosophischer Deutung im Hinblick auf die französischen Materialisten und das Problem des Zusammenhangs von *Naturalismus* und *Atheismus*, auf Alexander Gottlieb Baumgartens *Metaphysica*. Schon dieser hebt ab auf den Irrtum im Urteil des theoretischen Atheisten, welcher die Existenz Gottes verneint: „Naturalista significatu strictiori" (cf. § 493 [„Naturalista latius dictus est, qui in hoc mundo supernaturales omnes eventus tollit"]) est negans in hoc mundo revelationem dei stricte dictam. Atheus (theoreticus), negans dei existentiam, errat cf. § 811 [: „Deus est ens perfectissimum. Ergo Deus actualis est"], 854 [„Hic mundus habet causam efficientem extramundanam, ... eamque substantiam necessariam ... Ergo substantia necessaria est possibilis ... Si substantia necessaria est possibilis, est actualis ... et sempiterna ... Ergo substantia necessaria existit. Deus est substantia necessaria ... Ergo Deus existit."] Baumgartens Fazit lautet (§ 999): „Naturalismus significatu neutro ponit atheismum necessario" (XVII 206).

supernaturalis) definiert er, „was aus der gesamten Natur nicht" erklärbar sei, sondern „wo der Grund daher in dem *ente extramundano* gesucht werden müsse" (M 116f). Vorkritische *teleologische* Überlegungen werden offenbar nicht ohne weiteres verworfen, sondern methodisch und kritisch verbessert.

Von der strengen Beweiskraft des teleologischen Gottesbeweises Abstand nehmend, bleibt für Kant der Topos von der Schönheit und Zweckmäßigkeit vieler Phänomene als intuitive Evidenz zumindest für eine gewisse Weisheitsbasis in der ursprünglichen Naturbildung aufrechterhalten. Den *Überschritt* von der Physikotheologie zur Moraltheologie bekundet die Selbstvergewisserung, daß „alles Gute in der Welt" in Beziehung „zum Willen Gottes" stehe, der mir ansonsten seiner Natur nach *unbekannt* ist. „Ich weiß nur soviel, daß sein Wille *lauter Güte* ist, und das ist genug für mich" (R 127; vgl. Paulus, *Römer* 8, 28), d.i. erkenntniskritische Selbstbescheidung, verknüpft mit Vertrauen. In seiner Metaphysik-Vorlesung sagt Kant, daß die von ihm gesuchte „logische Vollkommenheit der Theologie" als eine „Schutzwehr der Religion" dienen soll, auf daß uns nicht durch „falsche Vernünftelei" der Glaube an Gott genommen werde. Des näheren sei eine „populäre Theologie" sehr wichtig, weil „die ganze Welt eine Erkenntniß von Gott haben will und muß" (M 295f). Später, z.B. im *Theodizee*-Aufsatz von 1791, fordert Kant, „transzendentale" Begriffe von Gott fernzuhalten, zugunsten seiner vorzüglich „*moralischen Weisheit*" (VIII 256 *nota*).

b) *Die Bedeutung des Naturalismus (Physiokratie) für die Leugnung Gottes*

Die „*Autokratie* der Materie" in allen Erzeugungen anzunehmen ist für Kant ohne Sinn (KU 372). Hohe Evidenz hat für Kant die fluchthelferische Bedeutung des Naturalismus für den Atheismus. Die Lehrbegriffe des Demokrit, Leukipp, Lukrez bilden „die wahre Theorie der Gottesleugnung" im Altertum, so konstatiert Kant in seiner frühen Schrift *Allgemeine Naturgeschichte und Theorie des Himmels* von 1755 (I 215-368). Ein gefaßter falscher Grundsatz könne den Menschen vom „Fußsteige der Wahrheit durch unmerkliche Abwege bis in den Abgrund" leiten (I 227). Durch die antike und durch die moderne *Kosmogonie* seien „viele", nur durch einen Schein von Gründen, „zu Atheisten geworden", Gründe, die sie bei deren genauerer Erwägung eigentlich eher vom realen Dasein eines unendlichen Verstandes hätten überzeugen können (I 226), in welchem die Eigenschaften aller Dinge entworfen sind. Solche Scheingründe lauten z.B.: „Die Natur ist sich selbst genugsam, die göttliche Regierung ist unnötig". Kants Reflexion dazu: „Epikur lebt mitten im Christentume wieder auf, und eine unheilige Weltweisheit tritt den Glauben unter die Füße, welcher ihr ein helles Licht darreicht, sie zu erleuchten."

(I 222) Gemäß Kants Kritik der *Physiokratie*, – die auf französische Materialisten abzielt, aus deren Quellen dann Nietzsche später schöpfen wird, – versteigt sich „der Naturalist", der eine mechanische Erzeugung des ganzen Weltbaus aus „blinder Mechanik der Naturkräfte" lehrt, also durch Bewegungsgesetze einer sich selbst überlassenen Materie, die aus dem Chaos „herrlich" sich entwickelt habe (I 222), bis zur „Unverschämtheit" der Behauptung, daß er den Ursprung „aller belebten Geschöpfe" aus „ungefährem Zufalle", das heißt, „die Vernunft ... aus der Unvernunft" herleitet (I 227)[11], – so beispielsweise Julian Offray de La Mettrie in seinem Werk *L'homme machine* (1748). Gegen solche von französischen Materialisten behauptete mechanische Selbstorganisation der Materie setzt der vorkritische Kant die These: „Es ist *ein Gott*", da die Natur sogar im Chaos – und aus ihm heraus – regelmäßig sich entwickelt (I 228f). Er betont Gottes Macht, die in keinem *Maßstab* meßbar sei; und er nimmt die unendliche Ausdehnung des Universums sowohl der Zeit als auch dem Raume nach an (I 309). Im *Einzig möglichen Beweisgrund*[12] nennt Kant einen „feineren Atheismus" die Auffassung, Gott sei nicht „Schöpfer der Welt", der die Materie „erschaffen", sondern bloß ihr „Werkmeister", der sie „geordnet und geformt" habe (II 122f). Zum souveränen Schöpfertum Gottes gehöre seine Allgenugsamkeit und das Abhängigsein aller Wesen von ihm (II 109ff, 151ff).

Kant bemängelt an des Freigeists Position, daß sie durch dessen eigene Argumente bestreitbar sei, da sie unerklärt lasse, wie eine durch „blinde Mechanik" ihrer Kräfte sich selbst bestimmende Materie überraschend wohlgeordnete, das heißt also zweckmäßige Folgen hervorbringt, „die der Entwurf einer höchsten Weisheit zu sein scheinen" (I 224f). Seine energische Antithese aus teleologischer Vernunft wendet sich wider die Autarkie des Chaos: „Es geschieht dieses nicht durch einen Zufall und von ungefähr". Das wohlgeordnete Ganze vieler voneinander unabhängig wirksamer Naturen (– von Personen und Dingen –) lege Zeugnis ab „von der Gemeinschaft ihres ersten Ursprungs, der ein allgenugsamer höchster Verstand sein muß" (I 227). Das Urwesen habe „die Quelle der Wesen selber" und ihrer ersten *Wirkungsgesetze* in sich (I 226), so argumentiert der vorkritische Kant. Später, in der *Kritik der Urteilskraft*, – so ist im zweiten Kapitel zu zeigen, – transformiert er jene traditionsreiche teleologische Weltansicht, indem er sie kritisch konstruktiv umwandelt, und zwar

---

11   Eine der Gestalten in Platons Typik der *Gottlosigkeit* besteht in dieser Annahme, daß Höheres aus Niederem entstanden sei, zum Beispiel die Seele aus Materie. Platon: *Die Gesetze*, 10. Buch, 884a-909d, bes. 888e-894d.

12   Vgl. Josef Schmucker: *Die Ontotheologie des vorkritischen Kant*, Berlin/ New York 1980, und neue Edition: Immanuel Kant: *Der einzig mögliche Beweisgrund zu einer Demonstration des Daseins Gottes*, mit Einleitung und Anmerkungen hg. von Lothar Kreimendahl und Michael Oberhausen, Hamburg 2011.

in Maximen der reflektierenden Urteilskraft, die nun, innerhalb kritischer Erkenntnisbegrenzung, in bloß regulativem statt konstitutivem Ideengebrauch (KrV 716ff), von der Schöpfung auf deren Schöpfer hinblickt. Christlichem Platonismus nahe vertritt Kant ein ungebrochenes „Schöpfungs'-Denken",[13] in der dritten *Kritik* exemplarisch im Kapitel: „*Von dem Endzwecke des Daseins einer Welt, d.i. der Schöpfung selbst*" (KU § 84). Nur verwandle Platons „mystische Deduktion" der Ideen (KrV 371 *nota*), den (erlaubten) regulativen in einen (Erfahrung überspringenden) konstitutiven Ideengebrauch um. Im Theodizee-Aufsatz spricht Kant, in einem regulativen Ideengebrauch, „die Welt, als ein Werk Gottes" und daher als „Schöpfung" an, deren *Auslegung* durch unsere Vernunft wir „*authentische* Theodizee nennen" dürfen (VIII 264, vgl. 266).[14]

In seiner Preisung der Schöpfung im Frühwerk (vgl. I 317f) setzt Kant Natur, Schöpfung und Ausübung von Gottes Allmacht nahezu unvermittelt in eins. Der frühe Kant vertritt als reine „Hypothese" eine Art theistischer Selbstorganisation, „*anerschaffene Eigenschaften der Materie*", so, daß „Gott in die Kräfte der Natur eine geheime Kunst gelegt hat, sich aus dem Chaos von selber zu einer vollkommenen Weltverfassung auszubilden" (I 228f). Durch Einbildungskraft kühn zum *Ursprung des Universums* zurückdenkend, spricht Kant seine spekulative „Muthmaßung" aus von einer „sukzessiven Ausbreitung der Schöpfung durch die unendlichen Räume". Die hier wohl nur erahnbare Spannweite, die vom Anfangsraum des *Chaos* bis zur „vollendeten Schöpfung" reicht (I 315), führt ihn zu einem „höheren Begriff" (I 228) von Gottes unendlicher Weisheit und läßt bei jedem weiteren Schritt – mitten im teleologischen Gottesbeweis klingt Jahwes Epiphanie bei *Hiob* an (s. *Hiob* Kap. 38-40) -- „die Nebel sich zerstreuen, welche hinter ihrer Dunkelheit Ungeheuer zu verbergen schienen und nach deren Zerteilung die Herrlichkeit des höchsten Wesens mit dem lebhaftesten Glanze" hervorbreche, so lautet das von Kant erhoffte und angestrebte Ziel (I 222).

---

13 S. dazu Heinz Heimsoeth: Astronomisches und Theologisches in Kants Weltverständnis; in ders.: *Studien zur Philosophie Immanuel Kants II* (*Sigle: Studien II*), Bonn 1970, 86-108, bes. 88ff.

14 Vgl. Rudolf Langthaler: *Geschichte, Ethik und Religion im Anschluß an Kant. Philosophische Perspektiven ‚zwischen skeptischer Hoffnungslosigkeit und dogmatischem Trotz'* (Sigle: *Geschichte* 2014), 2 Bde (Untertitel zu Bd 1: Das ‚dritte Stadium der neueren Metaphysik': ‚Schul'- und ‚Weltbegriff der Philosophie' – ‚Kritik' und Ethikotheologie; zu Bd 2: Eine existenzialanthropologische Lesart der Postulatenlehre: Reiner ‚Vernunftglaube' und ‚reflektierender Glaube' – ‚Zweifelglaube' und ‚authentische Theodizee'), Berlin 2014; Bd 2, bes. 842f.

Für das unbeseelte Weltgebäude hat Kant einen mechanisch erklärbaren Ursprung erwogen; u.U. lasse sich derart die anorganische Welt, z.B. Sternensysteme, erklären, die organische jedoch nicht. Die Entwicklung des Organischen aus dem Anorganischen hat Kant zeitlebens verworfen: „Die *Autokratie der Materie in Erzeugungen*", die von unserm Verstand nur als Zwecke begriffen werden können, sei „ein Wort ohne Bedeutung." Denn Materie als Aggregat vieler Substanzen nebeneinander könne nicht Ursache sein für die innerlich zweckmäßig gebildete Form (KU 372). In seinem Dissertationsentwurf zur Rettung der Teleologie (gegenüber einer damals in Vehemenz propagierten Alleingeltung des Mechanismus) nach Darwin hat Nietzsche intensiv Kants *Kritik der Urteilskraft* rezipiert, die ihm am Ende seiner Freigeisterei aus dem Blick zu schwinden droht.[15]

Für Kant, der die Hypothese eines „Archäologen der Natur" aufstellt, der naturhistorisch die Entwicklung der vielfältigen organischen Gattungen aus einem „Urstamm" des Lebens erwägt, ist die Entstehung des Lebendigen aus dem Anorganischen, ist sonach ein ‚Newton des Grashalms' oder der ‚Raupe' unmöglich. Das Phänomen des Organischen sei durch den Mechanismus allein nicht erklärbar (I 230; KU 338, 369ff), erst recht nicht das die Natur transzendierende freie Ich. „Transzendentale *Physiokratie*" sei die behauptete „Allvermögenheit der Natur", die im Widerspiel stehe zur Annahme der Willensfreiheit (KrV 477), die für Kant, verknüpft mit dem theoretischen Nachweis der logischen Nichtunmöglichkeit dieser Freiheit, *Postulat* der praktischen Vernunft ist. In Bezug auf die *Antinomien* der ersten *Kritik*, deren Thesen Kant unter dem Titel ‚Platonismus' und deren Antithesen er unter dem des ‚Empirismus' (Grundmodell: Epikur) abhandelt, treibt der ‚Platonismus' zu einer theologischen Naturmetaphysik hin, der echter Forschung vorgreift, der ‚Empirismus' tendiert für Kant auf einen Atheismus hin, der für das Naturgeschehen nichts als den Mechanismus gelten lassen will und alles Zweckähnliche als bloßen Zufall abstempelt, – was nicht minder dogmatisch sei als jene Ableitung alles Zweckähnlichen aus Absichten Gottes.[16]

---

15   Zu Nietzsches Rezeption von Kants teleologischer Reflexion in der *Kritik der Urteilskraft* vgl. Edith Düsing: *Nietzsches Denkweg. Theologie – Darwinismus – Nihilismus*, 2. Aufl. München 2007, 208-221. Nietzsche erwähnt Kants *Theorie des Himmels* (BAW 3, 392f), entnimmt ihr jedoch, ähnlich wie dem *Beschluß* der *Kritik der praktischen Vernunft* (KpV 288f), da er beide Male die implizite kosmotheologische Dimension ausblendet, bloß den negativen Aspekt einer Verlorenheit des Selbst im unendlichen Raum. (Vgl. op. cit. 222-229, 418-423.).

16   Vgl. Heimsoeth: *Dialektik Kants* (s. nota 9), Bd 3, 641 nota. Er macht Kants Zurückweisung des Denkmodells *Zufall* und seine Kritik der *Physiokratie* durchsichtig in ideenge-

Die Lehrer der rein mechanischen Erzeugung des Weltbaus leiten dessen Ordnung aus blindem „Ohngefähr" und Zufall her. Der junge Kant, der zunächst allzu kühn erklärt: *„Gebt mir nur Materie, ich will euch eine Welt daraus bauen"* (I 229) setzt in *Allgemeine Naturgeschichte und Theorie des Himmels* wie Pierre-Simon Laplace mit dem Gesetzesbegriff neuzeitlicher Wissenschaft ein, schließt jedoch dezidiert das Lebendige von der Erklärbarkeit durch mechanische Gründe aus. Den Ursprung der Materie, Kräfte und Gesetze von Kraftwirkungen verlegt Kant theistisch in die göttliche vorausplanende Schöpfungsintelligenz.[17] Die Weltverfassung, als Schöpfung verstanden, gründet für den jungen Kant, wie für Leibniz, mit allen ihren zweckmäßigen Fortbildungen in der Wahl Gottes. Nimmt „der Naturalist" und Freigeist eine *Selbstgenügsamkeit der Natur in blinder Mechanik der Naturkräfte* an, so als entwickelte die Natur sich von selbst aus dem Chaos als ihrem ersten Zustand zu Ordnung und Schönheit weiter, so hält Kant es hingegen für logisch nicht überzeugend, die Zweckmäßigkeit des Weltbaus als unabhängig anzunehmen von einem „höchsten Entwurfe", der Weisheit in sich birgt, und von Gottes „gütiger Vorsorge", die sittlich gut ist und gerecht waltet (I 222ff). „Die Einwürfe in Ansehung des Daseyns Gottes und seiner Eigenschaften sind alle von der Bedingung der sinnlichkeit genommen", die aber erkenntnislogisch nicht auf alles Seiende ausgedehnt werden kann. So liege z.B. im Begriff der Ewigkeit „kein Wiederspruch ... als nur mit sinnlichen Bedingungen (XVII 691; Refl. 4733).

c) *Kants Erkenntnisrestriktion als Lösungsschlüssel für das Atheismusproblem*

Durch gründliche Untersuchung von Grenzen und Reichweite spekulativer Vernunft, so erklärt Kant programmatisch aufklärerisch und zugleich religionsphilosophisch theistisch in der Vorrede zur zweiten Auflage der *Kritik der reinen Vernunft*, könne zum einen religiöser Schwärmerei und Aberglauben, zum andern „dem freigeisterischen *Unglauben*", mithin dem *Materialismus*, *Fatalismus* und *Atheismus* „die Wurzel abgeschnitten" werden (KrV XXXIV). Überwindbar sind für Kant, wie seine *Kritik der Vernunft* als zentrales Ergebnis lehrt, atheistische Behauptungen, indem das Unvermögen zur beweiskräftigen Behauptung des Daseins Gottes ebenso die „Untauglichkeit einer jeden *Gegenbehauptung*" in sich einschließt. Kant widerlegt kraft Vernunft

---

schichtlichen, werkgenetischen sowie transzendental idealistischen Zusammenhängen (ebd. 517-529).

17 Mit Bezug auf Kants erste Antinomie (*Kritik der reinen Vernunft*) lotet Heimsoeth das Spannungsfeld aus von naturalistisch erklärter *Kosmogonie* und *Schöpfungslehre*: Zeitliche Weltunendlichkeit und das Problem des Anfangs, in ders.: *Studien zur Philosophiegeschichte*, Köln 1961, 269-292.

die Begründbarkeit der „frechen", das Feld der Vernunft verengenden These (IV 363): Gott ist nicht. „Denn wo will jemand durch reine Spekulation der Vernunft die Einsicht hernehmen, daß es kein höchstes Wesen als Urgrund von Allem gebe oder daß ihm keine von den Eigenschaften zukomme", die wir ihm „analogisch" zu den „dynamischen Realitäten eines denkenden Wesens" beilegen? (KrV 668f) Nach Kants erster *Kritik* kann rein durch Vernunft der *Streit der Vernunft* mit sich selbst beigelegt werden, der sich neuzeitlich an ihrem höchsten Gegenstand entzündet, daß „theistisch behauptet würde: *es ist ein höchstes Wesen*, und dagegen atheistisch: *es ist kein höchstes Wesen*"! (KrV 769f)

Denn durch seine Kritik der Erkenntnisgrenzen gilt für Kant die getroste Gewißheit: „Wenn ich höre, daß ein nicht gemeiner Kopf die Freiheit des menschlichen Willens, die Hoffnung eines künftigen Lebens, und das Dasein Gottes wegdemonstriert haben solle, ... weiß ich schon zum voraus völlig gewiß, daß er nichts von allem diesem wird geleistet haben; nicht darum weil ich etwa schon im Besitze unbezwinglicher Beweise dieser wichtigen Sätze zu sein glaubte, sondern weil mich die transzendentale Kritik, die mir den ganzen Vorrat unserer reinen Vernunft aufdeckte, völlig überzeugt hat, daß, so wie sie zu bejahenden Behauptungen in diesem Felde ganz unzulänglich ist, so wenig und noch weniger", so hebt er hervor, „werde sie wissen, um über diese Fragen etwas verneinend behaupten zu können. Denn wo will der angebliche Freigeist seine Kenntniß hernehmen, daß es z.B. kein höchstes Wesen gebe? Dieser Satz liegt ... außer den Grenzen aller menschlichen Einsicht" (KrV 781). Wer ihn lehrt, vertritt ein *negatives Dogma* über die Vernunft hinaus. Ihr Unvermögen zum Beweis für Gottes Sein schließt ihr Unvermögen auch zu jeder *„Gegenbehauptung"* ein, sie sei *atheistisch, deistisch* oder *anthropomorphistisch* (KrV 668f). Gott *weg* zu *demonstrieren* ist für Kant ein Blendwerk, das mit Scheingründen operiert (KrV 781ff). Der „Gegner soll", so fordert Kant, das von ihm Bezweifelte, d.h. die Berechtigung seines Zweifels „beweisen", was er nicht kann, nämlich Gottes „Nichtsein" (KrV 805), ja eigentlich müßte er die Unmöglichkeit von Gottes Dasein demonstrieren können, – ein selbst unmögliches Unterfangen.

Kant nimmt eine Dialektik der Aufklärung vorweg, des näheren ihre nihilistische Selbstauflösung im Werk Nietzsches, indem er zu bedenken gibt, daß Denkfreiheit, verfährt sie unabhängig von allen Gesetzen der Vernunft, schließlich gar sich selbst zerstört. *„Freiheit zu denken"* (VIII 144ff) als spontanes Selbstdenken, das zuerst mit sich einstimmig sein muß (VII 200, 228f), bedeutet ein klares Sichhalten der Vernunft an die Gesetze, die sie sich selbst gibt. Im Gegensatz hierzu steht die Maxime eines gesetzlosen Vernunftgebrauchs, sei es in Gestalt freier Genieschwünge, die sich besonderer Eingebungen rühmen, sei es als Maxime freigeistiger Unabhängigkeit der Vernunft von ihrem eigenen logisch folgerichtigen Bedürfnis, *metaphysische Postulate* anerkennen zu wollen.

Kants Kritik der Gottesbeweise, seine Widerlegung des Atheismus und das praktische Postulat vom Dasein Gottes sind deutbar vor dem Hintergrund abendländischer Theorien zum Verhältnis von negativer und positiver Theologie. Gemäß der negativen Theologie muß der Verstand im Versuch scheitern, seinen eigenen höchsten Gegenstand, das Absolute, denkend zu bestimmen. Mit Begriffen unseres Verstandes können wir nicht begreifen, wie Gott Vollkommenheit zukomme (vgl. KrV 640f). Gleichwohl ist die Suche nach einem göttlichen Urgrund bleibende Aufgabe der Vernunft.

Die legitime Uridee aber, welche die praktische Vernunft entwirft, ist die des höchsten Gutes. Die reale Möglichkeit des höchsten Gutes, verstanden als Einstimmigkeit von Glückswürdigkeit, das heißt Sittlichkeit des Willens, und Glück, begründet Kant im Gottespostulat. Die „skeptische Hoffnungslosigkeit" (KrV 434), die insonderheit den Atheisten trifft, – wie Kant in der Antithesis seiner Antinomien zeigt, – liegt im Fehlen eines Grundes für die Verheißung des höchsten Gutes, das nur erhoffbar ist von einem real existierenden persönlichen Gott, der selbst das absolut Gute ist und der als heiliger Gesetzgeber, gütiger Regierer und gerechter Richter waltet (KpV 236 nota). – Die Lehre vom höchsten Gut und praktischen Glauben sind Thema des zweiten Kapitels.

Die Überzeugung, um die es im reinen Vernunftglauben geht, ist keine *logisch-spekulative*, sondern eine subjektiv fundierte *moralisch-praktische* Gewißheit, so daß es weniger sinngemäß ist, zu sagen: ‚es ist' moralisch gewiß, daß ein Gott sei, als vielmehr: „*ich bin* moralisch gewiß", er existiere! (KrV 857) Dieser Gottesglaube ist für Kant eng verwoben mit sittlichem Ernst. Kein Mensch sei bei diesen letzten Fragen „frei von allem Interesse". Kierkegaards Analysen zu Stadien der Flucht des Menschen vor Gott vorwegnehmend, erwägt Kant: Ist ein Mensch seines Ferneseins von wahrer sittlicher Gesinnung inne, so bleibt für ihn doch an Reflexion „genug übrig", um sich dahin zu bringen, daß er Gottes Dasein und eine Zukunft der Rechenschaftsablegung *fürchten* müsse, deren mögliche Realität zu widerlegen er außerstande ist; denn er kann keine *Gewißheit* des Nichtseins Gottes und des Ausbleibens des zukünftigen Lebens des Ich „vorschützen" (KrV 857f). Deshalb läuft ein Verzichten auf die nach dem Ewigen fragende Vernunft auf den – eigentlich nicht mehr vernünftigen – dogmatischen „Vernunftunglauben" hinaus,[18] der ohne Beweisgründe die Existenz von etwas bestreitet, über das kein positives oder negatives Erkenntnisurteil gefällt werden kann.

---

18   Zu Kants Kritik des Vernunftunglaubens vgl. Langthaler: *Geschichte* 2014 (s. nota 14), Bd 2, 183-192.

Nachdem durch freien Gebrauch der Vernunft „der Despotismus der Orthodoxie aufgehoben" ist, erblickt Kant die Gefahr einer „Anarchie" im Reiche neu errungener „Freiheit im Denken", „da man sich nicht scheut, alles, auch was noch so ehrwürdig ist, anzugreifen". Das Ziel einer „Läuterung der Begriffe" der Vernunft aber wird verdorben durch „Dummdreistigkeit", die ein „Wahn" ist, wenn nämlich jemand ohne wissenschaftliche Kenntnis der Sache Behauptungen aufstellt.[19] Im Vorlesungsfragment zur *Rationaltheologie* erklärt er zur freigeistigen Beharrlichkeit: „Ungläubig" ist, wer „keinen Gebrauch der Vernunft einräumt als nur bei Gegenständen der Erfahrung; der es für unerlaubt hält, etwas anzunehmen", das weder a priori noch a posteriori „bewiesen werden kann. Der Unglaube will das alles bar haben, entweder durch Demonstration der Vernunft oder der Erfahrung". Wer „Schwärmerei und dem Aberglauben widerstreitet", verfällt damit „garnicht auf Unglauben". Wer aber kein praktisches Postulat anerkennen will, begibt sich in „vorsetzliche (!) Unwissenheit", da er die im *Gottespostulat* mögliche *Vervollständigung* seines Vernunftgebrauchs „renunciieren" will. Der „Vernunftglaube" ist für Kant nämlich eine rechtmäßige Maxime der Vernunft, „auch ohne Beweis anzunehmen, was zur Vollständigkeit ihres theoretischen oder praktischen Gebrauchs unentbehrlich notwendig ist, wenn man auf die Prinzipien zurückgeht", das ist das Postulat vom „Dasein Gottes und die Hoffnung eines künftigen Lebens" (ebd. 1325f). Durch Nichtgebrauch bzw. „Dispens" vom Gebrauch unserer Vernunft aber, so provoziert Kant ironisch, „vereiteln wir den Zweck der Schöpfung" (M 334).

Reine spekulative Vernunft führt für Kant durch ihr Bedürfnis zur Selbstvervollständigung *nur* auf *Hypothesen*, reine praktische Vernunft führt aber auf *Postulate* (KpV 256).[20] An diesem ‚nur' der Hypothesenbildung läßt sich die hohe Gewichtung und besondere Aufwertung der praktischen Vernunft im Vergleich mit der spekulativen gut ablesen. Dieses Bedürfen erläutert Kant, um die Differenz zur sinnlichen Neigung klarzulegen, als ein *Vernunftbedürfnis*, das aus einem „*objektiven* Bestimmungsgrunde" des Willens entspringt, welcher dem Sittengesetz verpflichtet ist; zur Pflicht gehört dazu, das *höchste abgeleitete Gut* nach eigenen Kräften wirklich zu machen (KpV 259f nota).

---

19   *Kant's Vorlesungen Bd V* (s. nota 4), 1323.
20   Zur Hypothesenbildung in Kants Systematik s. Heimsoeth: *Dialektik Kants* (nota 9), Bd 4: *Die Methodenlehre*, 1971, 718-730. Zur Sinngenese von Postulieren und Postulat s. ders.: *Dialektik Kants* (nota 9), Bd 3, 537ff, 558.

d)   *Zum freien Hervorbringen und Anerkennen des praktischen*
        Gottespostulats

Postulate sind theoretische Sätze, deren Geltung allein kraft der praktischen Vernunft einleuchtet. Der Vernunftglaube ist das Fürwahrhalten eines theoretischen Satzes, zentral: *Es ist ein Gott*, kraft der praktischen Vernunft. Kant charakterisiert diesen Glauben auffällig oft als weder passiv noch doktrinal, sondern als aktive freie „Annehmung" einer Idee des daseienden Gottes und des Ideals künftiger Weltvollkommenheit, die der Mensch nach moralischen Prinzipien, – bloß dem *Anschein* nach Feuerbachisch, sein heiß Ersehntes aus dem Seelengrunde heraus projizierend, – „sich selbst macht, gleich als ob er sie von einem gegebenen Gegenstande hergenommen" hätte (XX 305). In seiner *Preisschrift über die Fortschritte der Metaphysik* (XX 295-299, 310) und im *Opus postumum* betont Kant das Selbsthervorbringen von Ideen in praktischer Absicht, worin ein dem frühen Johann Gottlieb Fichte nahes spontanes, idealistisch-schöpferisches Moment liegt. Zum Zwecke der Erfüllung unserer Bestimmung stellen wir Nachforschungen über Dinge an, „die vielleicht außer unsrer Idee", – hier nähert sich Kant äußerst kühn der *Projektionshypothese* eines Protagoras und weist dem Anschein nach auf Feuerbach voraus – „gar nicht existiren", und deren „Natur", also deren wesentliche Eigenschaften, „wir uns ... selbst machen". Kants Nachdruck beruht aber nicht, – hierin liegt die gravierende Ferne zu Feuerbach, – auf dem zu befürchtenden, womöglich illusionären Charakter solcher kreativ selbst hervorgebrachten Wesensbestimmungen zur Realität Gottes, sondern auf der „völligen Verzichtung" auf den Anspruch des theoretischen Erkenntnisurteils (XX 297). Dieser *Erkenntnisverzicht* ist kein *Agnostizismus*, soll doch die sachlich nötige Selbstbescheidung in der Frage der Gotteserkenntnis gerade Skeptiker zum Verstummen bringen. Die *Furcht* hat zwar, bemerkt Kant, „zuerst *Götter* (Dämonen)" hervorbringen können, aber die Vernunft, kraft ihrer moralischen Prinzipien, „zuerst den Begriff von *Gott*" (KU 418).

Eine implizite Antwort Kants auf die Frage, ob der Gottesbegriff bloß eine *Fiktion* im Sinn von Feuerbach sei, findet sich im *Opus postumum*: „Der Begriff (Gedanke) von einem solchen Wesen ist nicht ein Ideal (gedichtet), sondern ... nothwendig aus der Vernunft im hochsten Standpunct der Transcendentalphilosophie hervorgehend. Er ist keine Dichtung (willkührlich gemachter Begriff conceptus factitius), sondern ein der Vernunft nothwendig gegebener (datus)" (XXI 63), – das ist eine *idea-innata*-Abschattung. Zu diesem Wort Kants erklärt Reiner Wimmer treffend, es sei eine Scheinalternative,[21] wollte man das

---

21   Zu Problematik und Sinn einer durch die Vernunft hervorgebrachten Gottesidee, v.a. im *Opus postumum* s. Reiner Wimmer: *Kants kritische Religionsphilosophie* (Sigle: *Kritische*

ontologisch-objektive Sein Gottes und die moralisch-praktische subjektive Notwendigkeit, den Gottesbegriff zu entwerfen, gegeneinander ausspielen. Der späte Kant ‚experimentiere' gleichsam, so Wimmer, mit – auch einander widerstreitenden – Möglichkeiten, den Gottesbegriff zu entwerfen, ohne daß er sie, – wie die Antinomien in seiner ersten *Kritik*, – zu einer Auflösung brächte oder ein abschließendes Urteil fällte in Bezug auf die von ihm aufgestellten Entwürfe. Diese lassen sich in ihrer Antithetik wie folgt charakterisieren. Zum einen lautet Kants Produktionstheorem der Selbstsetzung durch das Ich, das, – dem frühen Fichte nahe, – die transzendentalphilosophische Sicht zuspitzt, Gott sei (im nichtplatonischen Sinne) „nur eine Idee", „eine bloße Vernunftidee", ja „mein eigener *Gedanke*" (XXI 140, 142, 153). „Die Idee von dem was die menschliche Vernunft selbst aus dem Weltall macht ist die active Vorstellung von Gott. Nicht als einer besonderen Persönlichkeit *Substanz außer mir* sondern Gedanke *in mir*"; „Gott kann nur *in* uns gesucht werden". Lakonisch überpointiert lautet die wohl stärkste, dem Anscheine nach Feuerbach vorwegnehmende Formulierung: „Gott ist nicht ein Wesen außer Mir sondern blos ein Gedanke in Mir"! (XXI 154, 150, 145) Zum anderen aber wird die Gottesidee kraft der in Kants drei Kritiken entwickelten Postulatenlehre als ontologisch real angenommen, so beispielhaft, er sei allgewaltiger Richter und der Gewissensvorwurf im freien Ich die „Stimme Gottes in der *praktischen* Vernunft" (XXI 149). Fazit: Das praktische Entwerfen „transzendenter" Ideen, zentral der Gottesidee, κατ· ἄνθρωπον – statt unter dem Anspruch κατ· ἀληθειαν (XX 306; vgl. KU 446) – ist kein Willkürakt, sondern vernunftimmanente Notwendigkeit. In der Mitte von *Finden* und *Erschaffen* liegen Ideen, die reine praktische Vernunft „herbeischafft" (KU 415). Einen dogmatischen Unglauben, der für Kant theoretisch nicht rechtfertigungsfähig ist, vertritt jedoch, wer jenen durch praktisches Argumentieren gebildeten Vernunftideen kategorisch jede Realität abspricht. Ein Mißverstehen, Gott sei bloß ein *Phantom des Ich*, muß daher weichen.

Theoretisch bleibt es dabei, daß *nichts Bestimmtes* über Wesen und Existenz Gottes aussagbar ist, also über die objektive Realität der Idee: Gott als Welturheber, ob Gott überhaupt sei und wie er beschaffen sei. Wenn wir praktisch gültig sein sollende Eigenschaften Gottes ausfindig zu machen suchen, so können wir diese nur nach der *Analogie* denken (IV 357f). Eine spekulative Prädikation, die Gottes Natur zu erforschen sucht, ist in unzulässiger Weise überschwänglich und bedient sich in der Art ihrer Vorstellung eines wenn

---

Religion) Berlin/ New York 1990: 229, 243, 245f, 249, 253-261, bes. 257ff; vgl. R. Wimmer: Gott – Schöpfung des Menschen? Kant und Feuerbach im Vergleich, in: ders.: *Religionsphilosophische Studien in lebenspraktischer Absicht*, Freiburg i.Br. – Wien 2005, 253-267.

auch verborgenen Anthropomorphismus. Genauer dürfte man sagen: Wenn wir Gott Allwissen, Gerechtigkeit, Güte zuschreiben, sieht dies in objektiv-realer Verwendung wie ein unzuträglicher *Anthropomorphismus* aus; aber wir legen Gott solche Prädikate nur aus unserer Sicht zur Ermöglichung des *höchsten Gutes* bei und begehen daher keinen *dogmatischen Anthropomorphismus*, der *Quelle* sei für Aberglauben (vgl. KpV 244), sondern nur einen *symbolischen*, da alle zu Recht analogisch gebildete „Erkenntnis von Gott bloß symbolisch" ist (KU 257). Im *regulativen* Gebrauche seien gewisse Anthropomorphismen „ungetadelt" zulässig (KrV 725). Das schöpferische Selbsthervorbringen der Gottesidee ist in Kants Konzeption keine illusionäre Projektion an den Himmel. Weder wird Gottes Dasein noch sein Wesen definitiv bestimmt; er bleibt als er selbst unbekannt. Darauf reflektierend, daß wir uns vertraute menschliche – ethische und kausale – Eigenschaften analogisch, und zwar in unendlicher Steigerung, auf Gott beziehen, spricht Kant vom *symbolischen Anthropomorphismus*, der dem – erkenntnistheoretisch zulässigen – Analogiedenken folgt.[22] Unser diskursiver, der Bilder bedürftiger Verstand (*intellectus ectypus*) führt in dessen Gegenbegriff, ohne daß über sein Dasein positiv oder negativ entschieden wäre, zur Idee eines *intellectus archetypus*, der intuitiv und urbildlich ist. „Denn im Grunde können wir uns Gott nicht anders denken, als wenn wir alles Reale, was wir bei uns selbst antreffen, ohne alle Schranken ihm beilegen." (XXVIII 1016) Der Anthropomorphismus aber, der dogmatisch ist, beansprucht, Gott selbst durch solche eigentlich bloß analogischen Prädikate zu erkennen.

e) *Typen des Atheismus in Kants Reflexionen mit Ausblick auf die* **Kritik der reinen Vernunft**

In Reflexionen finden sich erhellende knappe Problemskizzen Kants zu Typen des Atheismus, einsetzend mit der moraltheologischen Perspektive und der Feststellung der Unbeweisbarkeit von Gottes Nichtsein: „In der Moraltheologie ists gnug vorauszusetzen, daß es doch moglich sey, daß ein Gott sey, und daß keiner das Nichtseyn desselben jemals beweisen könne". Wenn eine Kritik der Vernunft der Theologie nicht günstig und wohlgesonnen ist – Kant dürfte an französische atheistische Aufklärer wie z.B. Holbach denken –, so „führt sie zum sceptischen Atheism". Die (im nächsten Kapitel weiter zu

---

22 IV 357; *Prolegomena* § 57; vgl. §§ 58, 59. – Zu Kants Analogiedenken s. Heimsoeth: *Dialektik Kants* (s. nota 9), Bd 3, 612f, 623f, 635ff; Klaus Düsing: Ontologie, Ontotheologie, Moraltheologie in Kants kritischer Philosophie, in: ders.: *Immanuel Kant: Klassiker der Aufklärung. Untersuchungen zur kritischen Philosophie in Erkenntnistheorie, Ethik, Ästhetik und Metaphysik* (Sigle: *Kant Klassiker*), Hildesheim 2013, 301-349, bes. 345ff; zum „symbolischen Anthropomorphismus" vgl. Langthaler: *Geschichte* 2014 (s. nota 14), Bd 1, 577-594.

entfaltende) Unterscheidung von spekulativem Nichtwissen in der Gottesfrage und moralisch-praktischem Postulat Gottes leuchtet aus Kants knappem Satz hervor: „Die Moraltheologie aber verstattet einen Theism, der zugleich in Ansehung der speculativen theologie critisch seyn kann." Kant unterscheidet Varianten im Atheismus: „Der atheismus des Zweifels: sceptisch (der alle Erkentnis und Überzeugung von Gott leugnet)." – „Der dogmatische atheism der Behauptung (der das Daseyn Gottes leugnet)." (XVIII 519f) Kant sieht realistisch, der skeptische Atheismus sei am schwierigsten zu widerlegen, insofern er sich auf die vornehme Bastion einer bloßen Urteilsenthaltung zurückzieht, der dogmatische aber am leichtesten, da er als gewiß etwas schlechthin Unbeweisbares behauptet. Die „hartnäckigste Zweifelsucht" (KrV 857) verlangt nach besonders starken Beweisgründen. Der Kritik Kants am Atheismus in seinen verschiedenen Formen[23] entspricht als *positives Pendant* das praktische Postulat von der Existenz Gottes. Der unbeirrt an Gott Zweifelnde versagt sich das Staunenkönnen über den bestirnten Himmel über ihm und das moralische Gesetz in ihm. Doch schon „gemeinstem Menschensinne" sei gemäß, angesichts des Sichveränderns, Werdens und Vergehens nach dem ‚Warum' zu fragen. Wir sehen, so versichert Kant sich der Idee im *consensus gentium*, „bei

---

23 In dieser Kritik sah Kant sich auch zu einer Aufnahme und Auseinandersetzung mit Johann August Eberhards „Vorbereitung zur natürlichen Theologie zum Gebrauch akademischer Vorlesungen" (Halle 1781) veranlaßt (s. XVIII 491ff). – Eberhard verwendet „Atheisterei oder Gottesleugnung" synonym; er hebt vom Gottesleugner denjenigen ab, der an Gottes Dasein zweifelt. Zweifler sind, „die nicht mehr Gründe finden, die Wirklichkeit Gottes zu bejahen, als zu verneinen"; ihm fehlen zureichende „Wahrheitsgründe", um der einen oder andern Seite des Widerspruchs Beifall zu zollen. Unter „inneren Quellen" und Ursachen der Gottesleugnung hebt er von der intellektuellen die voluntative ab (XVIII 580ff). Wer etwas von Gottes Realität erkennt, der „erkennet die Wirklichkeit des allervollkommensten Wesens" (ebd. 583). Eberhard gibt zu bedenken, daß ein Nichterkennen Gottes begünstigt wird, lenkt man seiner Neigung zufolge die „Aufmerksamkeit mehr auf die Zweifel gegen die Wirklichkeit Gottes als auf die Gründe für dieselbe" (ebd. 584). Ursache für die Gottesleugnung kann ein „hoher Grad von Stupidität" sein, so, wenn jemand weder über den Ursprung der Welt noch seine Seele nachdenkt, nur „seichte Kenntnis der Natur" hat, oder aber wenn sein Charakter von „Leichtsinn", „Lasterhaftigkeit oder „Eitelkeit" gezeichnet ist, die sich mehr auf Probleme *in* der Religion lenken läßt als auf Gründe *für* sie (ebd. 580ff). „Feinere Gottesleugnung" liegt für ihn darin, statt die Wirklichkeit des vollkommensten Wesens außer der Welt anzunehmen, die Welt selbst – das ist der Pantheismus – oder einen Teil von ihr Gott zu nennen. Der „praktische Atheist" lebt aus seiner Verneinung Gottes. Auch ein Bekenner seiner Religion vermag so zu leben wie „ein praktischer Gottesleugner". Ein „Gottesfürchtiger" aber nimmt, – ideengeschichtlich erinnernd an die platonisch-christliche *homoiosis tou theou*, – Beweggründe für sein Handeln aus den Vollkommenheiten Gottes. In die „Widerlegung der Gottesleugnung" soll auch die „Falschheit" des „feinern Atheismus" mit eingeschlossen sein (ebd. 582ff).

allen Völkern durch ihre blindeste Vielgötterei doch einige Funken des Monotheismus durchschimmern" (KrV 613, 617f).

Im Kapitel „Von den Beweisgründen der spekulativen Vernunft, auf das Dasein eines höchsten Wesens zu schließen" (KrV 611-619),[24] Beweisgründen, die er zuerst stark macht und gleichwohl anschließend in ihrer Stringenz entkräftet, tätigt Kant selbst die – von ihm beklagte – Demütigung der Vernunft, die ihre eigenen „Ausschweifungen" bändigen müsse (KrV 823). Er hebt nämlich das Idealische und „bloß Gedichtete" im Begriff Gottes hervor, der ein, – wie es plastisch heißt, – „Selbstgeschöpf" des Denkens der Vernunft ist. Daher sei er weder „sofort" als existierend annehmbar (KrV 611f) noch kraft der klassischen ontologischen, kosmologischen oder physiko-theologischen Gottesbeweisedurch Vernunftschlüsse als existent erweisbar. Kant will „dartun", indem er jene drei Beweisarten für Gottes Dasein systematisiert und durchleuchtet, daß die Vernunft im Regreß vom Bedingten zum Unbedingten „vergeblich ihre Flügel ausspannt, um über die Sinnenwelt durch die bloße Macht der Spekulation" hinaus zu gelangen (KrV 619). Auch Physikotheologie allein kann niemals hinreichend sein für einen Gottesbeweis; woran scheitert dieser? „Der Schritt zu der absoluten Totalität ist durch den empirischen Weg ... unmöglich" (KrV 656).[25] Und selbst wenn der Nachweis der Existenz eines Weltbaumeister gelänge, so gäbe es doch keine *Brücke*, sondern nur einen *Sprung* zu unserem Ideal des personalen Schöpfergottes (KrV 655ff). Diesen Sprung wagt die Physikotheologie, insofern sie eine außerweltliche höchste Intelligenz supponiert, die im Hinblick auf ihr Da- und Sosein allerdings ein *Noumenon* bleibt, das durch keine Erforschung jemals aufschließbar ist.

Trotz der, wie er bemängelt, „objektiven Unzulänglichkeit" von Gottesbeweisen hinsichtlich ihrer Beweiskraft spricht Kant ihnen hohes ethisches Gewicht zu, insofern sie den Triebfedern zur Sittlichkeit „Wirkung und Nachdruck" verleihen (KrV 617), weshalb wir Gottes Dasein auch „nicht in den Wind schlagen dürfen" (KrV 614). – Bemerkenswert ist, wie Kant im erkennenden Subjekt dessen *voluntative* Dimension in seinem Fragen nach Gott und nach den Gründen, dessen Dasein zu verwerfen oder anzunehmen, deutlich macht, was seine Wortwahl bekundet. So spricht er von der „*Entschließung*", das Dasein eines notwendigen Wesens zuzugeben, vom „Wählen", von der „Wahl", eigentlich aber von der Nötigung, die darauf hinzielt, „der absoluten Einheit der vollständigen Realität als dem Urquelle der Möglichkeit seine Stimme zu

---

24   Zu diesen unterschiedlichen Beweisgründen s. Heimsoeth: *Dialektik Kants* (s. nota 9), Bd 3, 459-474.
25   Zum Mißlingen des physikotheologischen Beweises s. Heimsoeth: *Dialektik Kants* (nota 9), Bd 3, 511-530.

geben" (KrV 615). Der Vernunftidee des transzendentalen Ideals (– Idee des *ens entium, realissimum, perfectissimum* oder des notwendigen Urgrundes für alles Seiende, das für sich genommen reine Idee bleibt, –) kann durch dessen Umwandlung in einen moralischen Gottesbegriff Existenz-Sinn beigelegt werden.

Den Skeptiker aber *treibt nichts*, sich „zu entschließen"(!); so lasse er wohl gern die „Sache" mit Gott im Unbestimmten, bis er durch das volle Gewicht von Gegengründen „zum Beifalle gezwungen" werde. Wenn es hier nur um das theoretische Urteil ginge, könnten wir uns, so gesteht Kant ein, keines sicheren Wissens schmeicheln (KrV 615). Doch solche anhaltende pure Urteilsenthaltung läßt er dem Skeptiker nicht durchgehen. So bestreitet Kant durchaus heftig die „Unschlüssigkeit der Spekulation", die ein indifferentes „Gleichgewicht" ist (KrV 617), also eine skeptizistische Isosthenie von sich ausschließenden Positionen. Der Skeptizismus, so verbildlicht er, sei ohnehin nur Ruhe-, kein Wohnplatz für beständigen Aufenthalt, denn im Menschen waltet ein vernunftgemäßes Verlangen nach Gewißheit (KrV 789), ja in einer solchen zentralen Frage habe er die „Pflicht zu wählen" (KrV 617), – ein klares Wort, das an Pascals *Prinzip der Wette* gemahnt. Und wie für diesen kann für Kant die Entscheidung aus ethisch-existentiellen Gründen nur für das Dasein Gottes fallen.[26] So gibt er dem skeptischen Atheisten eine Erwiderung, – mit impliziter Aufforderung zur Wahl. – Kant spricht auch von einer „Wahl des Endzwecks" im „Gefühl der Freiheit", das spezifisch christlich sei (VIII 338). Eine solche *Wahl* bedeutet ein Hinüberwechseln vom Gesetzgebungsgebiet der theoretischen in das Gebiet der praktischen Vernunft und insofern ein Parteiergreifen in der Frage nach Gottes Existenz.[27] An dieser und an einem Leben nach dem Tode hat die praktische Vernunft elementares „Interesse", während spekulative Überlegungen hier nur zu „windigen Hypothesen" führen (KrV 718f). Seine Lösung besagt: „In moralischer Rücksicht aber haben wir hinreichenden Grund, ein Leben des Menschen nach dem Tode (dem Ende seines Erdenlebens) selbst für die Ewigkeit, folglich Unsterblichkeit der Seele anzunehmen" (XX 309).

Die von Kant den Skeptikern zum Vorwurf gemachte „Unschlüssigkeit" (KrV 617), sich zu einer Entscheidung in der Gottesfrage durchzuringen, umfaßt doppelten Sinn, zum einen den beklagten Mangel an strenger

---

26   Pascal findet selten Erwähnung; zwei knappe Eintragungen Kants seien zitiert. „Weisheit und Torheit. Pascal" (XV 695). „Auf diese Art beweist selbst die Abgötterei, daß ein Gott sei. Pascal" (XVI 9). Zu Kants möglicher Pascal-Kenntnis vgl. Aloysius Winter: Gebet und Gottesdienst bei Kant: nicht ‚Gunstbewerbung', sondern ‚Form aller Handlungen'. In: *Theologie und Philosophie* 52, 1977, 341-377, 363 nota.

27   Es gibt, so Kant, „Hofnung oder (!) Furcht der andern Welt", letzteres bei gottlosem „Vorsatz der Bosheit und Schelmerey" (XVII 419; Refl. 4109). – Zur Thematik dieser *Wahl* s. Heimsoeth: *Dialektik Kants*, Bd 3, 469ff.

Beweis-„Schluß"-kraft für das Dasein Gottes, zum anderen den fehlenden Beschluß des Ich, seinen Mangel an eigener Entschließungskraft, sich zu entscheiden zwischen den Antithesen: Gott ist, Gott ist nicht, und zwar zugunsten der Annahme der Existenz eines höchsten Wesens. Denn die praktische Vernunft führt uns zur Vergewisserung des Daseins Gottes. Sie entwirft den Begriff eines „einigen Urwesens als des höchsten Gutes" und stellt darin weder ein „demonstriertes Dogma" auf, noch schwingt sie sich zu einer illegitimen „Kenntniß neuer Gegenstände empor" (KrV 846). Der praktische Glaube, den Kant begründen will, zielt hin auf die „Leitung, die mir eine Idee gibt", und zwar vermittelst einer näher zu entwickelnden „Moraltheologie", die an die Stelle fruchtlos bleibender Spekulation tritt (KrV 855, 842). – Kants Lösungsweg über den Primat der praktischen Vernunft wird im nächsten Kapitel weiter entfaltet.

In seiner „Kritik aller Theologie aus spekulativen Prinzipien"(KrV 659ff)[28] geißelt Kant in der *Kritik der reinen Vernunft* die „spekulative Vernunft" als „gänzlich fruchtlos", ja als „null und nichtig" für eine Theologie mit Erkenntnisanspruch. Er setzt solcher fruchtlosen Nichtigkeit eine neue und andere „Schlußart" gegenüber, die darin verankert wird, daß wir kraft des Sittengesetzes Gottes Dasein ausschließlich „praktisch postulieren". Damit nimmt Kant allen dogmatischen Verfechtern einer „sinnenfreien Vernunft" ironisch den Wind aus den Segeln, insofern sie durch Erleuchtung oder die Macht ihrer Ideen die Sphäre aller möglichen Erfahrung „überfliegen" und „selbst ausgedachten" Begriffen objektive Realität dort sichern wollen, wohin keine mögliche Erfahrung reicht (KrV 662, 666f). Er zielt darauf hin, sowohl schwärmerisch religiöse als auch freigeistig atheistische Behauptungen aus dem Wege zu räumen. – So bleibt durch den „negativen Gebrauch" der reinen Vernunft, also im prüfenden Hindurchgang durch ihr „transzendentales Richtmaß" im Hinblick auf die Frage nach dem Dasein Gottes, am Ende die Gewißheit: Für den spekulativen Gebrauch der Vernunft ist Gott für uns ein *„fehlerfreies Ideal"* und als solches quasi platonische Ideal ein Begriff, der „die ganze menschliche Erkenntniß schließt und krönt", dessen objektive Realität zwar nicht bewiesen, aber auch nicht widerlegt werden könne (KrV 669f). Eine frühere Reflexion nimmt ahnungsvoll Kants spätere Vernunftkritik vorweg: „Der Mensch hat ein Vermögen, in Erkenntnissen bis zur Gottheit hinaufzusteigen, bedeutet nichts

---

28   Zum Scheitern der *theologia rationalis* vgl. Heimsoeth: *Dialektik Kants* (nota 9), Bd 3, 531-545. Zentral dafür ist die detaillierte kritische Widerlegung der Gottesbeweise, insbesondere des ontologischen Gottesbeweises. Vgl. hierzu – in Auswahl – Heimsoeth, ebd. Bd 3, 474-530; Dieter Henrich: *Der ontologische Gottesbeweis. Sein Problem und seine Geschichte in der Neuzeit*, Tübingen 1960, 139-178; Düsing: *Kant Klassiker* (nota 22), 319-331.

mehr als: er hat ein Vermögen, seine Begriffe zu vollenden und eine Idee des maximi hervorzubringen." (XVII, 514; Refl. 4345; sechziger bis frühe siebziger Jahre) Die Spontaneität der Begriffsbildung sucht das höchste Gute zu finden.

2) Kants Gottespostulat im Horizont der Beziehung von negativer und positiver Theologie

Streng gesagt könne man, erklärt Kant, „dem *Deisten* allen Glauben an Gott absprechen", gelinder aber sei zu sagen: „der *Deist* glaube einen *Gott*, der *Theist* aber einen *lebendigen Gott.*" (KrV 661) Der systematische Ort für theistische Gottesgewißheit ist für Kant der sittlich fundierte Glaube. Die Widerlegung der Gottesbeweise und Kants Lehre vom *praktischen Postulat* des Daseins Gottes stehen vor dem Hintergrund klassischer Theorien zum Verhältnis von negativer und positiver Theologie. Seit der Antike galt den Neuplatonikern das transzendente Urprinzip, das überseiende Eine, als nicht erfaßbar und unaussagbar; als positives Pendant nahmen sie die mystische Schau an, oder das Geschenk göttlicher Offenbarung. Bei Kant bildet das Pendant die Moraltheologie. Die negative Theologie, die den erkennenden Aufstieg des Denkens zum Unbedingten verneint, ist bei Kant nicht metaphysisch, wie bei den Platonikern, sondern erkenntniskritisch begründet.

Hierbei erhebt sich die Frage, wie der theoretische Begriff Gottes als des Wesens aller Wesen (*ens entium*) oder des Kantischen transzendentalen Ideals[29] (*ens realissimum*, – klassisch ist das der Gott der Vernunft als der Inbegriff aller Realität) mit dem praktischen Begriff Gottes als des moralischen Welturhebers und zugespitzt, wie Gottesbegriffe der negativen und positiven Theologie untereinander vereinbar sind. Kants Konzeption des Verhältnisses von negativer und positiver Theologie steht allgemein in der Tradition neuplatonisch-christlicher Theorien,[30] zum Beispiel der Cusanischen über das Verhältnis des unbegreifbaren *Deus absconditus* zum positiv faßbaren *Deus revelatus*. Mit Bestimmungen unseres Verstandes können wir, so Kant, nicht begreifen, wie Gott (in reiner *Realitas* ohne negative innere Abgrenzungen zu besonderen *Realitates*) das „All der Realität" oder Vollkommenheit zukomme. Der „metaphysische Gott" bleibt daher, wie es in der *Preisschrift* von 1793 heißt, „ein leerer Begriff" (XX 303f); denn wir vermögen nicht, ihn inhaltlich zu bestimmen. Dies ist die

---

29 Zum *transzendentalen Ideal* s. Heimsoeth: *Dialektik Kants*, Bd 3, 419-459; Düsing: *Kant Klassiker*, 319-331.
30 Zur platonischen Tradition vgl. Werner Beierwaltes: *Platonismus im Christentum*, Frankfurt 1998.

Position einer negativen Theologie, die Kant in der ersten *Kritik* andeutet als das Blicken der Vernunft in einen „Abgrund" (KrV 640f).

Gleichwohl – und auch dies gehört wesentlich zur Position einer negativen Theologie – ist die Konzeption Gottes als eines solchen letzten Urgrundes sinnvoll und nötig. Kant nennt Gott ein „absolutnotwendiges Wesen" (KU 341). Dies ist nun kein definitorisches Bestimmen durch eine Modalkategorie, sondern zeigt die Überlegenheit über den für uns unausweichlichen Unterschied von Möglichkeit und Wirklichkeit; es ist eine analogische Bestimmung dieses Urgrunds aus unsrer Perspektive, daß er absolut notwendig existiert. Nach diesem göttlichen Urgrund von allem zu suchen, ist bleibende Aufgabe der Vernunft, der theoretischen ebenso wie der praktischen. Ein intuitiver, göttlicher Verstand, in welchem Anschauung und Denken und damit Wirklichkeit und Möglichkeit nicht getrennt sind, würde Einsicht in die Seinsweise und inhaltlichen Bestimmungen dieses Urwesens haben; ja es ist letztlich Gott selbst, der sich in dieser Weise intellektuell-intuitiv erkennt, wie Kant in seinen *Metaphysik*-Vorlesungen der siebziger Jahre neuplatonisch wohl mit Malebranche sagt, und der sich damit in seinen Ideen als seinen Urbestimmungen und in der ihm gemäßen Seinsweise erfaßt.[31] Die Vernunft strebt mit ihren Ideen und zuhöchst mit der Idee des absolut notwendig existierenden Gottes solche noematische intellektuell-intuitive Erkenntnis an, bleibt aber für das Denken derartiger Inhalte an den endlichen Verstand gebunden. Unser endlicher, für Erkenntnis auf sinnliche Anschauungen angewiesener Verstand, der aber auch im reinen Denken nur Gegebenes durchgehen und synthetisieren kann, ist jedoch zu solchen Vorstellungen nicht in der Lage. Ihm bleibt die für die Vernunft unentbehrliche *Idee* des absolut notwendig existierenden Urgrunds von allem Sein ein „unerreichbarer problematischer Begriff" (KU 341), also etwas inhaltlich Undenkbares.[32]

---

31   Zum intellektuell-intuitiven Sicherkennen Gottes s. Kant: *Vorlesungen über die Metaphysik* (s. nota 5), 306-311, 317. Da das höchste Wesen in sich selbst „den Quell aller Möglichkeit der Dinge erkennt; so erkennt es alle Dinge, so fern es sich selbst erkennt" (M 306f). „Gott erkennt sich selbst, indem er sich selbst anschaut; das Geschöpf hat aber keine Anschauung, als nur von dieser Welt" (M 309f). Eigentlich soll man nicht sagen, Gott habe „die Erscheinungen erschaffen", sondern „Dinge, dir wir nicht kennen, denen aber eine Sinnlichkeit in uns correspondirend angeordnet" ist (XVIII 414). Für Kant ist Leibniz' göttlicher Intellekt anthropomorph gedacht, der überdies mögliche Welten von unserer wirklichen unterscheidet. – Vgl. Düsing: *Ästhetische Einbildungskraft und intuitiver Verstand. Kants Lehre und Hegels spekulativ-idealistische Umdeutung*, in: ders.: *Aufhebung der Tradition im dialektischen Denken. Untersuchungen zu Hegels Logik, Ethik und Ästhetik*, München 2012, 297-332, bes. 310-315.

32   Vgl. hierzu und zum Folgenden Klaus und Edith Düsing: Negative und positive Theologie bei Kant. Kritik des ontologischen Gottesbeweises und Gottespostulat. In: *Societas*

Vertraten die Neuplatoniker eine negative Theologie des Urprinzips als des undenkbaren und unsagbaren ‚Einen', dessen positives Pendant für sie die mystische Schau dieses ‚Einen' war,[33] so entwirft Kant eine eigene negative Theologie ohne Mystik. Das durch unser begriffliches Denken unerreichbare höchste Prinzip oder der Urgrund ist in solcher Unerfaßbarkeit nicht schlechthin Nichts. Der Gottesgedanke erfährt von anderer Seite eine neue Legitimation, und zwar durch die praktische Vernunft in ihrer Suche nach den Bedingungen der Möglichkeit des *höchsten Gutes*. Die praktische Vernunft eröffnet Bestimmungen dieses Urgrundes oder Gottes, zu deren Aufstellung die theoretische Vernunft keinen hinreichenden Grund hat, die aber nur aus unserer Perspektive entworfen werden, denen daher nur *analogische* Bedeutung zukommt. Die positive Theologie als das Pendant zur negativen ist somit eine Theologie der praktischen Vernunft, die von subjektiver Bedeutung ist, deren positive Bestimmungen die theoretisch unüberwindliche negative Theologie nicht aufheben. Kants negative Theologie setzt die positive nicht außer Geltung und umgekehrt. Prädikate des praktisch postulierten Gottes überwinden nicht sein unerreichbares Verborgensein.

a) *Negative Theologie und dogmatischer Vernunftglaube in Kants* **Kritik der reinen Vernunft**

In der *Kritik der reinen Vernunft* bestreitet Kant sowohl traditionelle Gottesbeweise (KrV 631-658) als auch jede Beweisbarkeit atheistischer Positionen. Und er wehrt, typisch aufklärerisch, geister-seherische Träumerei, Schwärmerei und „spekulativen Frevel", da er phantastische „Ungeheuer" erzeuge (KpV 217ff), ebenso ab wie das skeptische Leugnen einer intelligiblen Welt. „*Materialism, Fatalism, Atheism*", „freigeisterischer Unglaube" (KrV XXXIV) sind für ihn die zu überwindenden Weltansichten einer ideologisch verflachten Aufklärung, auch eine „trostlos scheinende Tendenz" (X 467) seines eigenen falsch verstandenen Kritizismus. Ziel ist, einen Übergang zu bahnen vom Reich der Natur in das Reich der Zwecke, in das „*corpus mysticum* der vernünftigen Wesen" (KrV 836), die von Kant so genannte „Geister"-, besser: Geisteswelt, deren

---

rationis. FS für Burkhard Tuschling zum 65. Geburtstag, hg. von Gideon Stiening u.a., Berlin 2002 (Sigle: FS Tuschling), 85-118, bes. 99f.

33   Ausgehend vom alttestamentlichen Namensmißbrauchs- und *Bilderverbot* als Ausdruck von *Jahwes Heiligkeit* erörtert Wolfhart Pannenberg Probleme in der Idee eines Ergänzungsverhältnisses von positiver und negativer Theologie: Die Aufnahme des philosophischen Gottesbegriffs als dogmatisches Problem der frühchristlichen Theologie, in: ders.: *Grundfragen systematischer Theologie*, 2. Aufl. Göttingen 1972, 296-346, bes. 318-325.

Oberhaupt Gott ist: *Civitas Dei*.[34] Kants Kritik der *Beweisgründe* in abendländisch tradierten *Gottesbeweisen*, seine Bestreitung des „dogmatisch Bejahenden", heißt für ihn nicht, den Sinn solcher „Sätze aufzugeben" (KrV 769). Zum Begriff des „alle unsere Erkenntnißvermögen übersteigenden Wesens" (KU 437), worin die Transzendenz Gottes gegenüber menschlichem Begreifen liegt, oder von der Kenntnis *dieser* Welt aus zum „Beweise seiner Existenz *durch sichere Schlüsse* zu gelangen" sei „unmöglich" (KpV 250).

Der *negativen* Vernunftkritik, wie Kant sie nennt, die im Erweis der Unzulänglichkeit spekulativer Vernunft liegt, über die Grenze aller Erfahrung hinaus „jenen transzendenten Vernunftbegriff des Unbedingten" zu bestimmen, spricht er gleichwohl die bedeutende *positive* Funktion zu, den Freiraum für dasjenige in sich widerspruchsfrei Denkmögliche zu gewinnen, der dann durch *Data* praktischer Erkenntnis „auszufüllen" ist (KrV XXIf, vgl. 823f). Er nimmt einen „schlechterdings notwendigen praktischen Gebrauch der reinen Vernunft", den moralischen, an, in welchem die Vernunft sich rechtmäßig über die Grenzen der sinnlichen Welt hinaus erweitert, ohne hierbei spekulativer Beihilfe zu bedürfen oder aber deren „Gegenwirkung" befürchten zu müssen, die diesen Vernunftgebrauch in Widerspruch mit sich selbst stürzen könnte (KrV XXV). „Ich mußte also das *Wissen* aufheben, um zum *Glauben* Platz zu bekommen" (KrV XXX). Gott ist für Kant nicht Lückenbüßer im unermeßlichen Feld des Nichtwissens, sondern der Nichtwegzudenkende. Das ‚Aufheben' betrifft ein spekulatives Wissen, das für Kant nur vermeintlich bzw. angemaßt ist.

Das von der negativen Vernunftkritik erwirkte spekulative *Nichts-wissen-Können*, das an Sokrates (s. II 369) und, in Bezug auf die Gottesfrage, an Nikolaus Cusanus gemahnt, eröffnet im Prinzip ein Feld unbegrenzter Hypothesenbildung im Bereich des Denkmöglichen, insofern die Art des Fürwahrhaltens sich statt thetischen Behauptens auf ein Meinen und Glauben beschränkt. Der Verlust der spekulativen Vernunft ist durch *praktische Einsicht* aufzuwiegen, im Sinne des höchsten Interesses des Menschen, der sich „durch das Zeitliche" allein noch nie zufriedengestellt finden konnte, die „Hoffnung eines *künftigen Lebens*" sucht und daher zum Glauben an einen „weisen und großen *Welturheber*" geneigt ist (KrV XXXIff). Zu diesem Interesse passen zwei „Kardinal-sätze" der reinen Vernunft: „es ist ein Gott, es ist ein künftiges Leben". Sie sind theoretisch nicht demonstrierbar, während es für Kant „apodiktisch gewiß" ist, kein „Freigeist" könne jemals das *Gegenteil* beweisen: es gebe kein höchstes Wesen,

---

34 XVII 516; M 255ff. Zum „Ganzen der Geisterwelt" als *Gemeinschaft* s. „Träume der Metaphysik", II 335ff. – *Corpus mysticum* ist Anleihe an die Kirchensprache und drückt das *Leib-Christi-Werden* der Gemeinde aus, das bedeutet ihre Annäherung an das Ideal *sittlicher Heiligkeit*, die für Kant im Christentum reinste Gestalt fand.

und die menschliche Seele sei keine substantielle „immaterielle Einheit"; jene zwei Sätze sind also nicht wegdemonstrierbar (KrV 769f, 781). Ein Atheist, der Gott, Freiheit und ewiges Leben kategorisch leugnet, ohne Gegengründen Gehör zu geben, trägt für Kant die negative Beweislast; auf *Scheingründe* bauend gibt er seine Vernunft preis.

Der von Kant nachdrücklich begründete Vernunftglaube an Gott ist *Glaube* im Sinn einer nicht wankenden Gewißheit, die mit jedem Meinen eine gewisse „Bescheidenheit in *objektiver* Absicht" teilt, wohl aber in *persönlicher* Hinsicht durchaus ein festes „Zutrauen" sein darf (KrV 855). Das Ideal theoretischer Erkenntnis ist die apodiktische Gewißheit oder Einsicht in das schlechthin Notwendige (IV, 11). Sehe ich mich, so argumentiert Kant, aus einem fundamentalen Interesse der Vernunft selbst veranlaßt, eine spekulative Aussage zu treffen über etwas, das objektiv weder beweisbar noch widerlegbar ist, so kann diese keine Meinung sein, die wegen unzureichender Gründe nur auf Wahrscheinlichkeit aus ist; denn diese ist nach Kant bloß empirisch fundiert; bei Inhalten a priori gibt es keine Meinung (KU 451, 455).[35] In der ersten Kritik nennt Kant in der Gottesfrage *Hypothesen* für zulässig zur Widerlegung von Scheingründen der Gegner (KrV 803f).[36]

In der *Kritik der Urteilskraft* aber weist er ebenso den – von ihm nicht selten verwendeten – Hypothesenbegriff für die Annahme Gottes und damit jeden Grad theoretischen Fürwahrhaltens der Existenz Gottes als unstimmig zurück, und zwar zugunsten seines exklusiven praktischen Fürwahrhaltens und Annehmens (KU 448-453). Denn in seiner dritten *Kritik* faßt er, anders als oft zuvor, „Hypothese" in einem spezifischeren, nämlich streng erkenntnistheoretischen Sinne. Die *„moralische* Gewißheit" (KrV 857) ist für ihn eine andere Art certitudo,[37] so daß der moralische Vernunftglaube nicht bloß eine herabgestimmte Notlösung ist im vagen Mittelfeld zwischen Wissen und Nichtwissen. In der *Preisschrift* (1793) nennt Kant es „völlig ungereimt", für die Existenz Gottes Wahrscheinlichkeits-Argumente vorzubringen, – dafür, „daß ein Gott sey und daß es ein künftiges Leben für jeden Menschen

---

35 Zu Stufen des Fürwahrhaltens in Meinen, Wissen, Glauben (KrV 848-859) s. Heimsoeth: *Dialektik Kants*, Bd 4, 776-788.

36 Eine frühe Reflexion von 1769/70 deutet schon auf die später ausgereifte argumentative Vielschichtigkeit voraus: „Der Satz vom Daseyn Gottes ist eine Hypothesis originaria ... Der Beweis geht durch ein Dilemma" (XVII 484; Refl. 4255).

37 Max Wundt (: *Kant als Metaphysiker*, Stuttgart 1924, 316) erblickt bei Kant eine gesteigerte Betonung, der *Glaube* an die Welt des Intelligiblen sei auch eine theoretische Überzeugung, was sich an Kants Wortwahl zeige, die zuerst vom „moralischen Glauben", später vom „vernünftigen Glauben" (IV 462) oder „Vernunftglauben" (VIII 140-146) spricht und die moralische Gewißheit des Übersinnlichen als „praktische Erkenntnis" tituliert.

gebe", – denn in einer wahrscheinlichkeits-mathematischen Bestimmung der Modalität unseres Fürwahrhaltens könne es *in metaphysicis* keine Approximation geben (XX 299; vgl. KrV 803). In der *Metaphysik*-Vorlesung erklärt Kant, die „Erkenntnis Gottes" sei niemals mehr als eine „nothwendige Hypothese" (– nicht im engeren Sinn der dritten *Kritik* –) der theoretischen und praktischen Vernunft gewesen, gleichwohl eine „practische Gewißheit" von hoher „Beyfallswürdigkeit", die voraussetzen müsse, wer nicht „wie ein Thier oder ein Bösewicht handeln will" (M 266). Daß Gott existiert, sei aus dem Sittengesetz „nicht dogmatisch bewiesen", aber als nötige „Hypothese" – wieder nicht im Sinne der dritten *Kritik* – unserer praktischen Handlungen sei aufweisbar, man müsse ihn annehmen (M 322).

Gegenstände der Sinne füllen ohnehin nicht das „ganze Feld aller Möglichkeit" aus. Manches Übersinnliche läßt sich „widerspruchsfrei *denken*", wenn es sich auch nicht, als ein so oder anders Bestimmtes und als solches Existierendes, *erkennen* läßt, zentral das Dasein Gottes als moralischen Welturhebers (VIII 137ff). In der Schrift „Was heißt: Sich im Denken orientieren?" (von 1786) thematisiert Kant unsere unstillbare Wißbegierde als ein besonderes Bedürfnis der Vernunft, uns „im unermeßlichen und für uns mit dicker Nacht erfüllten Raume des Übersinnlichen ... zu orientieren." Daher rühre die Suche nach einem „Wegweiser oder Kompaß", durch den spekula-tives Denken sich auf seinen „Vernunftstreifereien" im Feld übersinnlicher Gegenstände orientieren könnte (VIII 137, 142). Diesen Kompaß beansprucht Kant in seiner Vernunftselbstkritik gefunden zu haben. Durch Analyse des Erkenntnisvermögens werden der Vernunft ihre „Flügel beschnitten". Kritische Philosophie beschneidet die Schwärmerei eingebildeter Einsicht.[38] So sagt Kant, gegen Jacobi gewandt,[39] es gebe „keine überschwängliche Anschauung unter dem Namen des Glaubens, worauf Tradition oder Offenbarung, ohne Einstimmung der Vernunft, gepfropft werden kann" (VIII 134). Jeden Versuch, *absolute Gewißheit* für von der Vernunft nicht prüfbare Behauptungen geltend zu machen, weist Kant, dabei einen religiös positiv verwendeten Terminus aus der Sprache der Mystik negativ konnotierend, als „überschwänglich" zurück. Vernunftkritik im Sinne Kants ist, wo das Übersinnliche Thema wird, auf sorgsames Grenzwächtertum bedacht, „zum Schwärmen ins Überschwängliche nicht den mindesten Vorschub" zu leisten (KpV 100).

---

38 Als höchsten Grad von *Schwärmerei* bestimmt Kant (die Anmaßung), „daß wir selbst in Gott sind und in ihm unser Dasein fühlen" (XVIII 437f; Refl. 6051).

39 Zu Begriff, Problem und historischem Bezug von Kants Schrift zur *Orientierung* auf die für ihn desorientierte Kontroverse Jacobi – Mendelssohn im *Pantheismusstreit* s. Clemens Schwaiger: Denken des ‚Übersinnlichen' bei Kant, in: *Kants Metaphysik und Religionsphilosophie*, hg. von Norbert Fischer, Hamburg 2004 (Sigle: *Kant Fischer Hg.* 2004), 331-345.

Welche philosophische Bedeutung ein solcher verborgener Gott, der im Denken nur berührt, aber weder erkannt noch adäquat gedacht werden kann, in einer ethisch fundierten Religionsphilosophie erhalten kann, wird von Kant in der ersten *Kritik* noch nicht bedacht. Vieles bleibe unerforschlich, so schließt er an sein Wort von Gott als „Abgrund" für unsere Vernunft an (KrV 640f): Naturkräfte, das „transzendentale Objekt" als Grund der Erscheinungen (das Ding an sich), der Grund der Beschaffenheit unserer Sinnlichkeit, nämlich warum wir räumlich-zeitlich anschauen. Nicht unerforschlich aber ist das *Vernunftideal* als vollendete synthetische Einheit alles Realen; denn dieses ist in seiner Notwendigkeit und in seinem Sinn als transzendentales Ideal, dem für sich selbst keine Existenz zukommt, der Vernunft rein immanent, wie man in Kants Entwicklung des ‚transzendentalen Ideals' in seinem kritisch begrenzenden Fortführen des Gottesbegriffs vom *Einzig möglichen Beweisgrund* (1763) an zeigen kann. Gott galt dem frühen Kant als das schlechthin notwendige Wesen von „größter philosophischer Evidenz", dessen Dasein, wie er damals erklärt, als „einigen vollkommensten" Wesens erkannt werden könne (II, 296f).

In jeder der drei Kritiken von Kant findet sich das neuplatonische Motiv negativer Theologie, nämlich ein Wort über den für uns unfaßbaren und verborgenen Gott. In der ersten *Kritik* betont er den „wahren Abgrund", den das allerrealste Wesen, Gott, für die menschliche Vernunft in ihrem Unvermögen, ihn zu fassen, bedeutet (KrV 640f).[40] In der zweiten *Kritik* hebt Kant die schlechthin unaufhebbare Unergründlichkeit der Ideen von Gott und Seele für den menschlichen Verstand hervor (KpV 240f). Und in der dritten *Kritik* (KU § 76) gilt ihm Gott als nicht nur nicht erkennbar, sondern letztlich als nicht einmal aussagbar. Kant spricht eindrücklich, ja *geheimnisvoll*, mit Bezug auf die als unsterblich gedachte Seele und auf das postulierte Dasein Gottes von den „gänzlich für uns verborgenen Wesen" (KU 466). Ihr Verborgensein trifft für die verzweifelnde Spekulation zu, die sich mit dem *Deus absconditus* und dem *homo abyssus* begnügen muß, also mit der Unerkennbarkeit des Seins des

---

40 „Die unbedingte Notwendigkeit ... als den letzten Träger aller Dinge" anzunehmen, wird von Kant als „wahrer Abgrund für die menschliche Vernunft" bezeichnet, der im Gemüt einen „schwindelichten Eindruck" hervorruft (KrV 641). Die sich prüfende spekulative Vernunft kann sich über diesem *Abyssos* nicht beruhigen. Menschliche Sprache kann Gott, der „allgenugsam" sei, ein Wesen, das wir uns als das höchste vorstellen, gleichsam zu sich selbst reden lassen: „Ich bin von Ewigkeit zu Ewigkeit, außer mir ist nichts ohne das, was bloß durch meinen Willen etwas ist; *aber woher bin ich denn*? Hier sinkt alles unter uns ..." (KrV 641). Dieser Gedanke sei „der erhabenste unter allen" (II, 151). Im Schwindel erregenden Abgrund des Erhabenen in der Gottesidee, die den Verstand sprengt, ist mehr als das *transzendentale Ideal* (s. KrV 599-611) angesprochen; es ist der religiös erhabene Gott, der das Gemüt mit dem *numinosum* und *tremendum* affiziert. – Vgl. R (s. nota 4) 70f.

Geistigen. Die von jeder Erfahrung unabhängige Spekulation darf sich nach Kants Vernunftkritik weder, – was der „dogmatische Spiritualist" anstreben mag (KrV 718), – an eine Seelenlehre als *Pneumatologie* wagen, noch an eine Theologie als *Theosophie*, die Gottes – für uns gänzlich unerreichbare – Natur zu erkennen beansprucht (vgl. XX 305). Als Verfallsweise einer gebrechlichen Spekulation brandmarkt Kant, daß sie sich schwärmerisch und „Selbsterkenntniß" vermeidend, – ein Anklang an Swedenborg: – in *„theosophische* Träume verliert", wobei Kant außer dem spekulativen Abseits, in welches die Vernunft gerät, ein Hinfallen treuen Strebens moniert, das strenge, „wahre Vernunftgebot", das Sittengesetz zu befolgen (KpV 221f).

Unser Nicht-Findenkönnen Gottes durch die Vernunft besagt jedoch gar nichts über dessen Sein oder Nichtsein. Und gerade dadurch, daß Gott nicht möglicher Gegenstand für theoretische Erkenntnis ist, so argumentiert Kant, könne er Inhalt eines moralisch-praktischen Glaubens sein. Umgekehrt würde ein demonstrierbares Wissen von Gottes Existenz die Freiheit des Menschen aufheben, ihn zu einer aus Furcht statt im Vertrauen handelnden *Marionette* machen (KpV 264ff). Für Kant besteht ein Unterschied im Hinblick auf die Unergründlichkeit von Seele und Gott: die *Seele* als einfache Substanz ist begrifflich-metaphysisch zumindest *denkbar*, hingegen *Gott* in Kants späterer Konzeption in seinen eigenen Wesensbestimmungen theoretisch letztlich nicht.

Während der theoretisch spekulative Vernunftgebrauch das „Ideal des allerrealsten Wesens" durch ureigne Ideenbildung entwirft und aufgrund eines „dringenden Bedürfnisses" der Vernunft dieses unerforschliche, uns *an sich* unbekannte *Noumenon*, das wir Gott nennen, als tätige *Intelligenz* „zuerst *realisiert*", „darauf *hypostasiert*", schließlich sogar *„personifiziert*" (KrV 611 nota),[41] – wodurch die „objektive Realität" dieser Idee aber „noch lange nicht bewiesen" sei (KrV 620), – führt für Kant paradoxerweise gerade die Selbstbeschränkung auf den praktischen Vernunftgebrauch zum Gewinnen eines *„genau bestimmten Begriffs dieses Urwesens"*, das annehmbar ist als „Welturheber von höchster Vollkommenheit", als ewig, allwissend, allmächtig, allgegenwärtig, vor allem als *„allgütig"* (KpV 251f; KU 414). Metaphysische Vollkommenheiten Gottes fügen sich den moralischen an (KpV 236 nota). Eine „Moraltheologie" der reinen praktischen Vernunft ist es, die für Kant konsequent auf diesen Begriff des „*einigen, allervollkommensten* ... Urwesens" hinführt, dessen Güte in seiner Weisheit hervorleuchtet. Es muß, so werden praktisch-notwendige Prädikate

---

41   Der positive Sinn des *als seiend Setzens, Hypostasierens* und *Personifizierens* liegt im regulativen Gebrauch der Idee von Gott. S. dazu Heimsoeth: *Dialektik Kants* (s. nota 9), Bd 3, 635; vgl. 454-459, 543f, 610-619, 630-638.

abgeleitet, über einen die Natur beherrschenden Willen verfügen, *allwissend* „das Innerste der Gesinnungen" durchschauen und allgegenwärtig sein, um jederzeit das Weltbeste fördern zu können (KrV 842f).

Kant unterscheidet vom *Spinozanischen* Gottesbegriff,[42] in welchem Gott in seiner unbedingten Notwendigkeit als Substanz, die Welt bloß als dessen Akzidens gilt und in dem die Freiheit wegen des Determinismus nicht zu retten wäre, – da alle unsere Handlungen göttlicher alleinwirksamer „Fatalität" unterlägen,[43] – einen Gottesbegriff der „Schöpfungstheorie", welche geschaffene freie Substanzen annimmt: Gott gilt darin als Urgrund, die Weltwesen als seine Hervorbringungen, und zwar so, daß der Anfang der Welt durch Freiheit Gottes entspringt (M 265, 316f). Nur durch göttliche Freiheit, so argumentiert Kant, darin Leibniz fortführend, ist auch menschliche Freiheit möglich. Der Welturheber, lebendiger Gott, „höchste Intelligenz" ist „causa libera" (XVIII 432). Dem sittlichen Gott gemäß verdanken alle Weltwesen ihr Dasein der Freiheit Gottes (VIII 401 nota).

In diesem Kontext hebt Kant in der praktischen Absicht, menschliche Freiheit zu wahren, die Bedeutung der Selbstgenugsamkeit als Gottesprädikat für das intelligible Ich hervor, dessen Bewußtsein seiner Spontaneität keine Täuschung ist, das frei ist und keine Marionette, weder der Natur noch Gottes:

---

42   Den *Pantheismus* weist Kant zurück, wo er ein „verschlungen" sich Fühlen mit dem „Abgrund der Gottheit" durch „Vernichtung" der „Persönlichkeit", ja das *Nichts* als Endzweck findet (VIII 335). – Zum Pantheismus und Fatalismus bei Spinoza: „*Gott und die Welt ist eins*" (R 85f) s. XVIII, 460f, 550f, 583f: Reflexionen 6118, 6119, 6284. Im „Spinozism" sei der *metaphysische Gott* mit der Welt als *All existierender Wesen* „einerley" (XX 302).

43   Daß der *göttliche Wille frei* sei, setzt Kant als These gegen jeden *Fatalismus* (M 318). Das Verhältnis von Gott und Welt gemäß der Kausalitäts-Kategorie läßt sich auf zweierlei Weise denken, nämlich so, daß Gott Ursache bzw. Urheber der Welt ist entweder „durch die Nothwendigkeit seiner Natur, *oder* durch Freiheit"; gemäß der Notwendigkeit unterscheidet Kant vom neuplatonischen Systema emanationis das Systema inhaerentiae, den Spinozismus, „wo die Welt ein Ganzes von Bestimmungen der Gottheit ist". Kant aber spricht sich für das „Systema creationis oder productionis liberae" aus, wo Gott freier Urheber der Welt ist, und zwar des näheren als *Creator ex nihilo*, so daß Gott nicht nur, wie bei Platon, ordnender Urheber der Formen, sondern auch Schöpfer der Substanzen ist (R 175f; vgl. M 330f). Das Urwesen ist erste Ursache der Welt *durch Freiheit* (M 265), d.h. es ist Urheber der Welt; denn nur durch Freiheit kann man zu handeln *anfangen* (M 330). „Die Creation, oder die Wirklichmachung aus Nichts, beziehet sich blos auf die Substanzen." (R 182). Schöpfung und Erhaltung nennt Kant ein- und denselben Actus. „Die Allgegenwart Gottes ist ferner die innigste Gegenwart; d.h. Gott erhält das Substantiale, das Innere der Substanzen selbst." (R 202). Augustinus' und Leibniz' *creatio-continua*-Lehre klingt an, wonach alle Substanzen nur durch „continuirlichen actum divinum fortdauern" (R 197; vgl. M 337ff). Ohne daß „dieses Innere und wesentliche Substantiale ... in der Welt selbst von Gott unaufhörlich actuirt würde", müßten sie „aufhören zu seyn" (R 202).

„*Gott*, als allgemeines Urwesen, sei *die Ursache* auch *der Existenz der Substanz* (ein Satz, der niemals aufgegeben werden darf, ohne den Begriff von Gott als Wesen aller Wesen, und hiermit seine Allgenugsamkeit, auf die alles in der Theologie ankommt, zugleich mit aufzugeben)" (KpV 180f).[44] Bestand für Leibniz eines der beiden *Labyrinthe* der Philosophie in dem Spannungsverhältnis von göttlicher und menschlicher Freiheit, so nennt Kant die Dialektik, die sich in der *Antinomie der praktischen Vernunft* (KpV 204ff) im Hinblick auf die Ermöglichung des höchsten Gutes auftut, ein „Labyrinth". Dieses ist lösbar über die „wohltätigste Verirrung", da sie die Vernunft dazu antreibt, für die ersehnte metaphysische Dimension den Lösungsschlüssel zu suchen, eine Aussicht in eine „höhere, unveränderliche Ordnung der Dinge", in der wir, wie es im Johannes-Evangelium (vgl. z.B. Joh 10, 10; 11, 25) für Jesus Nachfolgende heißt, „schon jetzt sind" (KpV 193).

Diese höhere Ordnung ergibt sich für Kant durch vollständige Bestimmung des intentionalen Gegenstandes eines für sich schon als sittlich gegründeten Willens; sie entspringt dem ganzen Inbegriff aller moralisch guten Zwecke. „Ich nenne die Idee einer solchen Intelligenz, in welcher der moralisch vollkommenste Wille, mit der höchsten Seligkeit verbunden, die Ursache aller Glückseligkeit in der Welt ist, sofern sie mit der Sittlichkeit (als der Würdigkeit glücklich zu sein) in genauem Verhältnisse steht, *das Ideal des höchsten Guts*." Und eben das ist Gott (KrV 838). Ob dieser Idee etwas Reales entspricht, vermag nicht theoretische, nur praktische Vernunft zu sagen. Da reine Vernunft zum einen theoretisch, zum andern praktisch nach je eigenen Prinzipien *a priori* urteilt; und da alles Interesse der Vernunft „zuletzt praktisch" ist, nimmt Kant zum Zweck der Vermeidung eines Widerspruchs in der Bestimmung des höchsten Gutes eine Unterordnung der theoretischen unter die praktische Vernunft an, damit *Gottes Dasein* als Postulat der reinen praktischen Vernunft aufstellbar ist (KpV 217f, 224f, 256). Im *Opus postumum* bestimmt er die Idee Gottes in ihrer Tragweite, wiewohl im Horizont der Erkenntnisrestriktion: „Gott ist eine bloße Vernunftidee, aber von der größten inneren und äußeren practischen Realität." (XXI 142)

---

[44] Vgl. schon II 154. Zur „höchsten Selbstgenugsamkeit", die „Allgnügsamkeit" sei, und in Sinnzusammenhang damit zum *summum bonum originarium* als „Ursprung des summi boni derivativi", s. XVIII 440; Refl. 6060. – „Allgenugsamkeit" Gottes heißt, aus freiem Entschluß wollte er Schöpfer sein und bleibt seiner Schöpfung treu.

b) *Kants Gottespostulat als Überwindung des Absurden –*
   Kritik der praktischen Vernunft

Das *höchste Gut*,[45] die „Totalität des Gegenstandes der reinen praktischen Vernunft" (KpV 194), die Kant als wohlproportionierte Harmonie von Sittlichkeit und Glückseligkeit bestimmt, hat die Realität der drei *Postulate*, die praktische Vernunft aufstellt, zu seiner ermöglichenden Bedingung: *Freiheit* der Einzelpersonen als Mitglieder im *Reich* der Zwecke, *Unsterblichkeit* individueller Handlungsträger, *Gott* als moralischen Welturheber. Weil die postulierte Harmonie von Sittlichkeit und Glückseligkeit proportional sein soll, muß der sie ermöglichende moralische Welturheber auch als gerechter gedacht werden, existierend als allweiser Herzenskündiger, gerechter Richter, *ens extramundanum*. Gott erteilt „jedem die Glückseligkeit" nach dem „Maaße" des Grades seiner Sittlichkeit (M 323). Im Begriff des *höchsten Gutes* unterscheidet Kant folgende Explikationsrichtungen: Es ist Ideal vollkommener sittlicher Lauterkeit für jeden Einzelnen, es ist Weltvollkommenheit als *Adäquation* von individueller Tugend und persönlichem Glück: *summum bonum derivativum*; Gott selbst ist *summum bonum originarium* (M 334).[46] Die biblische Quelle solcher Seligkeitshoffnung läßt der frühe Kant verlauten: „Eine Glückseligkeit, welche die Vernunft nicht einmal zu erwünschen sich erkühnen darf, lehrt uns die Offenbarung mit Überzeugung hoffen." (I 322)

Als Postulat definiert Kant einen „*theoretischen*, als solchen aber nicht erweislichen Satz ..., sofern er einem a priori unbedingt geltenden *praktischen* Gesetze unzertrennlich anhängt" (KpV 220). – Das Verhältnis von Postulaten- und Prinzipienlehre der Ethik bestimmt Kant in der ersten *Kritik* noch eng: „Ohne einen Gott und eine für uns jetzt nicht sichtbare, aber gehoffte Welt sind jene herrlichen Ideen der Sittlichkeit zwar Gegenstände des Beifalls und der Bewunderung, aber nicht Triebfedern des Vorsatzes und der Ausübung" (KrV 841). Zur Fundierung der Moral durch Annahme der Existenz Gottes noch im Sinne der ersten *Kritik* erklärt Kant,[47] – Nietzsches These zur Heraufkunft

---

45 Zum Ideal des höchsten Gutes s. Heimsoeth: *Dialektik Kants*, Bd 4, 756-775 (zu KrV 832-847); Klaus Düsing: Das Problem des höchsten Gutes in Kants praktischer Philosophie, in ders.: *Kant Klassiker* (s. nota 22), 155-194.

46 Gottes Intellekt und höchste Selbstgenugsamkeit als Seligkeit in sich ist für Kant die Ursache größtmöglicher Zufriedenheit in der Welt; somit ist das summum bonum originarium „der Ursprung des summi boni derivativi" (XVIII 440; Refl. 6060). „Die Idee des allgemeinen Willens hypostasirt, ist das höchste selbständige Gut, das zugleich der zureichende Qvell aller Glückseeligkeit ist: das Ideal von Gott." (XIX 282; Refl. 7202 von 1783/84)

47 Ohne „Verheißung" einer „*anderen Welt*", in der für jedes Geschöpf dessen Wohlbefinden und Wohlverhalten „adäquat" sein wird, „haben alle moralischen Regeln keine Kraft", so argumentiert Kant in seiner Metaphysik-Vorlesung wie in der *Kritik der reinen Vernunft*.

des Immoralismus nach Verlust des christlichen Gottesglaubens vorausahnend: „Daß Gott die Welt nach moralischen Grundsätzen regieret, ist eine Voraussetzung, ohne welche alle Moral wegfällt"; denn verleiht sie mir kein Hoffendürfen, „so kann sie mir auch nichts gebieten". Um der Überzeugung von meiner Pflicht „Gewicht und Nachdruck auf mein Herz zu verschaffen, bedarf ich eines Gottes". Und bloß Unglückliche als „*Schlachtopfer des Elendes*" (R 218f) ohne ewigen Ausgleich widerstreiten göttlicher Ordnung. Aber auch wenn diese plausible Triebfeder-Funktion in der zweiten *Kritik* entfällt und durch die Lehre von der Achtung ersetzt wird, bleibt die Moraltheologie komplementärer Teil einer vollständigen Ausführung der Ethik.

Das Sittengesetz ist *ratio cognoscendi* unserer Freiheit, diese wiederum *ratio essendi* des Sittengesetzes (KpV 5 nota). Das Dasein Gottes und die Unsterblichkeit der Seele sind aber nicht Bedingungen des moralischen Gesetzes selber, sondern bloß notwendige Voraussetzungen eines durch dieses Gesetz bestimmbaren endlichen Willens, der das höchste Gut anstreben soll und dabei hoffen dürfen muß, daß seine sittlichen Handlungen in der Welt nicht ins Leere gehen oder womöglich auf tragische Art *a priori* zum Scheitern verurteilt sind; d.h. der sittliche Wille darf sich nicht einem *absurdum pragmaticum* verfallen sehen, insofern dem Augenschein nach allzu oft der Gerechte Unglück erleidet und Nichtswürdigen Glücksgüter zuteil werden (vgl. M 291). „*Tue das, wodurch du würdig wirst, glücklich zu sein*"! (KrV 836; vgl. XIX 175, Refl. 6836) Als erster Grund der Moral galt für den jungen Kant unter Verwendung der Inhaltsbestimmung der Vollkommenheit: „Tue das Vollkommenste, was durch dich möglich ist" (II 299). Allein aufgrund der praktischen Realität des höchsten Gutes läßt sich denken und hoffen, daß dem sittlichen Willen und seinem ganzen tätigen Einsatz ein proportionales Gelingen und Gewürdigtwerden beschieden sein wird, das nicht bloß zufällig möglich oder unmöglich ist.

Im Mich-Verstehen als ein Mitglied des *mundus intelligibilis* ist das einzige mir Zugängliche die Qualität meines eigenen Wollens, das ich in der

---

Das „heilige moralische Gesetz", das lautet: handle so, wie du würdig wirst, glücklich zu sein, schließt ein Versprechen ein, das ohne einen gerechten Gott nicht einlösbar ist (M 239ff). Ohne die in solcher *Verheißung* gründende *Triebfeder* aber sei das Sittengesetz zwar Urteilsprinzip für *Gut* oder *Böse* (*principium diuidicationis*), nicht aber motivierend (*principium executionis*), nämlich durch ein Hoffendürfen darauf, des höchsten Gutes teilhaftig zu werden. Daher müsse „eine Verheißung seyn, der Glückseligkeit wirklich theilhaftig zu werden, wenn man sich ihrer würdig gemacht hat". Niemand vermag „eine andere Art zu ersinnen", so gibt Kant zuversichtlich Skeptikern zu bedenken, wie *Glück* einstimmig sein könnte mit der „Proportion meiner Sittlichkeit", als wenn man einen „heiligen Regierer der Welt voraussetzt" (M 289ff).

Zielperspektive als ein heilig vollkommenes[48] hervorbringen soll, dem entsprechend vollendete Glückseligkeit erhoffbar ist. Solches Wollen als Bedingung des höchsten Gutes ist in mir Kristallisationskern der erhofften besten aller möglichen Welten, des *summum bonum derivativum*. Als horizonthaft mitintendiertes Ganzes bleibt mir die beste Welt unverfügbar; praktisch habe ich „nur *auf das* zu sehen, was meines Tuns ist" (KU 461 nota). Schon bei der Selbstprüfung sittlichen Wollens ist die Idee der besten Welt im Gedanken der Allgemeingesetzlichkeit latent gegenwärtig. Deren Hoffendürfen ist nötig für die Konsistenz und den mutbeseelten langen Atem meines sittlichen Wollens im Angesicht einer Sisyphusgestalt. – Moraltheologisch nimmt Kant in der zweiten *Kritik* konzeptionell nicht mehr wie in der ersten eine erhoffte andere Welt mit Gott als höchstem Gut als nötige *Triebfeder* für sittliches Tun an,[49] wonach wir zum Erstreben des höchsten Gutes als Harmonie von Sittlichkeit und Glückseligkeit nur *motiviert* seien, wenn „*Verheißungen* und *Drohungen*" Gottes uns nachhaltig antrieben (KrV 839).

Des näheren enthält das Postulat der realen Möglichkeit des höchsten abgeleiteten Gutes, der von Kant moralisch-praktisch aufgefaßten Leibnizschen besten Welt, in einem das Postulat der Wirklichkeit eines *höchsten ursprünglichen Guts*, nämlich der Existenz Gottes. Die Realisierung des höchsten Guts, das im „genauen Ebenmaße" von Glückswürdigkeit und Glück liegt (KrV 842), gelingt nur unter der Bedingung von Gottes Dasein. In moraltheologisch-praktischer Umdeutung von Leibniz' Vorstellung einer Harmonie von *Reich der Natur* und *Reich der Gnaden* (vgl. KrV 840) lautet Kants *Deduktion* (KpV 203) der subjektiv-praktischen Realität des Begriffs des höchsten Gutes: Weil es mit unserer Pflicht unzertrennlich verknüpft ist, das höchste abgeleitete Gut zu erstreben, ist es moralisch notwendig, Gottes Dasein anzunehmen (KpV 225ff). Genauer: In einem intellektuellen Akt gilt es, Gott als *Annahme* der theoretischen Vernunft zu *bejahen*, und im Sinne des Vernunftbedürfnisses in praktischer Absicht gilt es, das Dasein Gottes *anzuerkennen*.[50] Dieses praktische Anerkennen, daß Gott *ist*, nennt Kant mit Anklang an platonische und christliche Pistis „*Glaube(n)* und zwar reine(n) *Vernunftglaube(n)*" (KpV 226f). In dem „und zwar" verlautet die Differenz zum christlichen

---

48 Beharrlichkeit ohne Schwärmerei sei vonnöten, da uns ein „unendlicher Progressus" in Richtung moralischer Selbstvervollkommnung auferlegt ist (KpV 221f), wie Calvin erklärt hat: „Ad perfectionem sunt infiniti gradus".

49 Zu Kants veränderter Lehre in der Triebfederfrage s. Düsing, Das Problem des höchsten Gutes (s. nota 45), 165-179.

50 Zur argumentativen Entwicklung des praktischen Gottesbeweises aus dem Problemkreis des höchsten Gutes vgl. Düsing: Negative und positive Theologie bei Kant, in: *FS Tuschling* (s. nota 32), 85-118.

Glaubensverständnis, da für Kant nicht Offenbarung, sondern im Geiste Lessings Vernunft die Quelle ist, woraus dieser Glaube entspringt. Kant geht es hier um ein freies Fürwahrhalten, um das Annehmen eines theoretischen Sachverhalts aus rein praktischen Gründen, damit absurdes Dasein vermieden ist. – Fichte erklärt folgerichtig im Geiste von Kants Primat der praktischen Vernunft, das religiöse aus dem ethischen Stadium ableitend: „Erzeuge nur in dir die pflichtmäßige Gesinnung, und du wirst Gott erkennen"! (SW V, 210)

Der Idee praktischer Freiheit hat der Mensch zu verdanken, daß ihm überhaupt „Aussichten ins Reich des Übersinnlichen", wiewohl „nur mit schwachen Blicken erlaubt" sind (KpV 266). Weit entfernt ist Kant davon, „alles Übersinnliche für Erdichtung und dessen Begriff für leer an Inhalt zu halten" (KpV 9); unsere Vernunft „will beständig ins Übersinnliche" (VII 70). Allerdings sieht sie sich gedemütigt durch die transzendentale Kritik, die Gottes geheimnisvolle Verborgenheit zu wahren hilft, die Unverfügbarkeit der Transzendenz durch erkennenden Zugriff. Keine fromme Selbstverbiegung liegt im Wort, worin Kant sich mit theologischer Tradition einig sieht: „Daß wir von übersinnlichen Dingen was sie an sich sind gar kein Erkenntnis haben können will nichts mehr sagen als alle Orthodoxe Theologen jeder Zeit gesagt haben" (XX 362). Der einzige Ort, wo das Übersinnliche gleichsam in unsere Erfahrungswelt einbricht, – jedenfalls von uns als wirklich aufgefaßt werden muß (KU 457, 467), – ist die Freiheit, wiewohl nur auf vermittelte Art, insofern wir uns durch ureigene Betroffenheit vom kategorischen Imperativ praktisch als frei wissen: das Sittengesetz in uns ist *ratio cognoscendi* unsrer Freiheit (KpV 5 nota). Diese Wirklichkeit der Freiheit für uns ist der Grund der praktischen, aber auch der bloß praktischen Realität des Übersinnlichen, ebenso in den Ideen von Gott und Seelenunsterblichkeit. Die „objektive Realität" der Idee Gottes als sittlichen Welturhebers ist durch moralische Zwecke verbürgt (KU 435). In dieser Zentralstellung der *Freiheit* unterscheidet sich Kant, was er freilich nicht sonderlich deutlich hervorhebt, von der traditionellen natürlichen Theologie, die er im Wesentlichen beibehält. Die zentrale Bedeutung der Freiheit führt Fichte dann zu einer veränderten praktischen Metaphysik.[51]

Reine Vernunft, die wohl ihre spekulative Neugierde zügelt und sich im *Primat* ihrer praktischen Dimension (KpV 218) einen Alleingang zubilligt, muß darauf bestehen, daß unser Erkennen zwar durch praktische Vernunft in Richtung auf einen Gotteserweis „wirklich erweitert" wird, derart, daß, „was für die

---

51 Vgl. Edith Düsing: Sittliches Streben und religiöse Vereinigung. Untersuchungen zu Fichtes später Religionsphilosophie. In: *Philosophisch-literarische Streitsachen* Bd 3. *Religionsphilosophie und spekulative Theologie. Der Streit um die göttlichen Dinge* (1799-1812), hg. von Walter Jaeschke, Hamburg 1994, 98-128.

spekulative [Erkenntnis] *transzendent* war, in der praktischen *immanent*" ist, daß diese Erweiterung aber in bloß *praktischer Absicht* gültig ist. Denn wir erkennen dadurch weder das Wesen unsrer Seele noch die intelligible Welt noch das höchste Wesen nach dem, was sie an sich selbst sind; wir haben nur ihre Begriffe „im *praktischen* Begriffe *des höchsten Guts* vereinigt" (KpV 240). Was in theoretischer Hinsicht „transcendent" ist, ist u.U. Gegenstand praktischen Glaubens (XVIII, 718). Wenn in praktischer Absicht notwendige Prädikate Gottes als des ursprünglichen höchsten Guts und Garanten des höchsten abgeleiteten Guts entworfen sind, – nämlich: Er ist „der *heilige Gesetzgeber* (und Schöpfer), der *gütige Regierer* (und Erhalter) und der *gerechte Richter*", das sind die maßgebenden Eigenschaften einer moralisch zu nennenden Gutheit, durch die Gott zu Recht Adressat religiöser Verehrung ist, – dann fügen sich zu solchen praktischen Vollkommenheiten die metaphysischen: *summum ens, ens originarium, ens perfectissimum*, sowie Allwissen, Allmacht, „von selbst in der Vernunft hinzu", das heißt diese Prädikate ergänzt die Vernunft spontan als sinngerechte Bestimmungen von Gottes Wesen (KpV 236f nota; vgl. KpV 250ff). Also sind metaphysische Prädikate Gottes allein als Folgebestimmungen von moralischen Gottesprädikaten legitimierbar. Wir dürfen sonach eine intelligible Welt unter einem weisen Urheber und Regierer, Leibniz' Reich der Gnade, „als eine künftige" hoffen (KrV 839f). Kant zeichnet in das ‚höchste Gut' Leibniz' beste Welt ein (s. M 334-337), die er praktisch als Aufgabe und postulatorisch als legitime Hoffnung ausdeutet. Für Kant liegt die *Summe* der Moraltheologie in den Bestimmungen: „Gott als Gesetzgeber ist heilig, als Regierer gütig, als Richter gerecht." (M 323; vgl. VI 139)

Dazu stimmt der „Beschluß" der zweiten *Kritik* über die „Bewunderung und Ehrfurcht", die den *spectator coeli* angesichts des Sternenhimmels „über" ihm und des Sittengesetzes „in" ihm beseelt; diesem zeigt sich in der über die sinnliche Welt hinausreichenden Reflexion auf seinen Ort im Kosmos sein *ewig gültiges*, auf die Bedingungen zeitlicher Existenz nicht eingeschränktes Selbst, das im Wollen des Guten auf gesetzmäßige Weise mit sich selbst einstimmig ist und das im praktischen Postulat durch Gott geschenkte Unvergänglichkeit hoffen darf (KpV 288f). Der „bestirnte Himmel über mir" symbolisiert kosmologisch, wie die Existenz des ihn Schauenden mit dem Licht „wahrer Unendlichkeit" umleuchtet wird, die allein vom Sittengesetz in mir und von dessen *postulatorischen* Folgebestimmungen eröffnet ist. Beide Dimensionen des Unendlichen, die äußere raumzeitlich physikalische und die innere moralische, die im Nachsinnen mit dem „Bewußtsein meiner Existenz" verknüpft sind, schließen bei Kant das *fascinosum* und *tremendum* in sich, zum einen das Über-sich-Hinausgehobensein der Seele in die Sphäre des Unermeßlichen, Ewigen und zum andern ihr Niedergeworfenwerden im Bewußtsein eigener

Unbedeutsamkeit im unermeßlichen All bzw., gravierender, im Bewußtsein der eigenen sittlichen Unzulänglichkeit im Vergleich mit dem göttlich heiligen, vollkommen guten, unbedingt Gesollten.[52] – Den Wert einer dem Sittengesetz völlig gemäßen Gesinnung nennt Kant „unendlich"; sich ihm „von ganzer Seele weihen" zielt auf das Gottesreich, in dem Natur und Sitten durch den sittlich heiligen göttlichen Welturheber in eine „Harmonie" gelangen, die jedem Teil für sich selbst „fremd" ist (KpV 231f). Stärkste Zuspitzung findet die *Antinomie* der praktischen Vernunft in der *Theodizee*frage, die sich entzündet an der Disharmonie von sittlichem Wert und Lebenslos eines Menschen; so „bricht" Hiob in wahrhaftiger Selbstprüfung, er hat mehr als „einen Blick in sich selbst getan", „in Klagen über seinen Unstern aus" (VIII 265, 268f) – und sucht verzweifelt nach einem gerechten Gott.

Inwiefern ist das Gottespostulat von stärkerem Gewicht als eine erlaubte Hypothese? Es ist ein *„Bedürfnis in schlechterdings notwendiger Absicht"* von der Art, daß „der Rechtschaffene", der dem Sittengesetz zu folgen trachtet, in einem transzendental-ethischen *Voluntarismus* mit Nachdruck ausrufen möchte und darf: „Ich *will*, daß ein Gott ... sei" und ich will, daß „meine Dauer endlos sei, ich beharre darauf und lasse mir diesen Glauben nicht nehmen"; dieses ist das einzige, wovon mein Interesse „nichts nachlassen *darf*", mein Urteil nicht durch „Vernünfteleien" beirrt werden soll! (KpV 258f) Der religiöse Dezisionismus des späten Schelling knüpft wohl atmosphärisch an dies Kantische Gott ‚setzende' Bewußtsein an. Für Schelling wird zum Inhalt eines *grundlegenden Wollens*, daß der Vernunft ein unvordenkliches Daßsein vorausgesetzt werde. Schelling befindet über den nicht streng beweisbaren, wiewohl lebendigen Gott: „Ich will das, was *über* dem Sein ist, was nicht das bloß Seiende ist, sondern mehr als dieses, der *Herr* des Seins" und sein *„Hüter"*![53]

Das Verlangen, Gott nicht bloß im Denken oder nur als Idee zu ‚haben', entsteht dem Ich existentiell-praktisch. Dies führt über die Kantische Vernunftreligion hinaus. Mit solchem Wollen beginnt für Schelling die positive Philosophie, – an die Kierkegaard anknüpfen konnte, – die offen steht für die

---

52 Siehe dazu Heinz Heimsoeth: Astronomisches und Theologisches in Kants Weltverständnis; in ders.: *Studien zur Philosophie Immanuel Kants II. Methodenbegriffe der Erfahrungswissensychaften und Gegensätzlichkeiten spekulativer Weltkonzeption* (Sigle: *Studien II*), Bonn 1970: 93ff, 107f; ders.: *Studien zur Philosophie Immanuel Kants I. Metaphysische Ursprünge und ontologische Grundlagen* (Sigle: *Studien I*), Köln 1956, 251ff.

53 Friedrich Wilhelm Joseph Schelling: *Sämtliche Werke*, hg. von K. F. A. Schelling, Stuttgart / Augsburg 1856-61 (Nachdruck München 1927), Bd 13, 93; Bd 11, 564ff, 569. Vgl. Xavier Tilliette: *Schelling. Une philosophie en devenir*, 2 Bde Paris 1970; Bd 2, 27-66, 297-345; Klaus Düsing: Vernunfteinheit und unvordenkliches Daßsein. Konzeptionen der Überwindung negativer Theologie bei Schelling und Hegel, in: *Einheitskonzepte in der idealistischen und in der gegenwärtigen Philosophie*, hg. von K. Gloy / D. Schmidig, Bern 1987, 109-136.

rational nicht mehr begründbare Vorgegebenheit und Wahrheit von Gottes realer geschichtlicher Offenbarung, die im christlichen Glauben verstanden und, seit fast zweitausend Jahren, facettenreich gedeutet wird. In Schellings Überstieg zum unvordenklichen Daßsein liegt voluntativ und intellektuell der Übergang von der negativen zur positiven Philosophie, die Grundlage ist für ein Sich-selbst-Begrenzen der Vernunft und in eben diesem Sinne vernünftiges Vernehmen der geschichtlichen Tat der Offenbarung des einen und einzigen Gottes in Christus.

c) *Freies Anerkennen Gottes wider den „hoffnungslosesten Skeptizismus" (Kants Preisschrift)*

In seiner „Preisschrift über die Fortschritte der Metaphysik" (von 1793) systematisiert Kant klar die drei von der Vernunft hervorgebrachten transzendentalen Ideen des Übersinnlichen: 1) „das Übersinnliche der Weltwesen", das uns *in uns* gegeben ist: die Freiheit; sie umfaßt, als Autonomie, ja Autokratie oder als „*Glaube an die Tugend*" ein „Prinzip *in uns*", das zum höchsten Gut hinstrebt; 2) „*Gott*, das allgenügsame Prinzip des höchsten Gutes *über uns*"; 3) Unsterblichkeit, die Fortdauer unsrer Existenz als das Übersinnliche *nach uns* (XX 295). – Das Postulat, Gott müsse existieren als Bedingung des Ideals der Weltvollkommenheit, ist keine quantitative Wahrscheinlichkeitsaussage, sondern Überschritt in eine andere Weise des Fürwahrhaltens, in den Glauben als Bejahen eines theoretischen Satzes: „*es ist ein Gott*" durch praktische Vernunft. Das Geglaubte betrifft hier den Endzweck unsres Handelns, die uns unverfügbare spätere „Zusammenstimmung" aller unserer Bestrebungen, deren letztgültige moralisch-teleologische Verknüpfung zum *höchsten Gut*, als einem „Effekt", den wir uns nicht anders als durch das Voraussetzen der Existenz Gottes als möglich denken können (XX 297). – Über die bloß kritische Widerlegung der Gottesbeweise, über die theoretische Unfaßbarkeit Gottes und daher drohende *Sinnleere* sucht Kant hinauszugelangen, des näheren über den „Frevel", wie es schien, der „Bezweifelung heiliger Wahrheit", den er angeblich begangen haben soll, den er aber zurückweist, da er nur deren logische Schlußkraft in Zweifel zog (KU 476), wovon vor allem der transzendente Realismus der rationalen Theologie betroffen ist.

Ein sittlicher *Glaube*, der Gott als seiend annimmt, ist kein einfaches rezeptives Hinnehmen von Existenz und Wesensbestimmtheit von Etwas in der Art, wie wir es von der antiken Noesis des Nous kennen, der Ideen als in ihrer Reinheit vorgegebene anschaut und aufnimmt. Denn der Glaube an die Postulate der Vernunft enthält für Kant als Moment ein in Denkfreiheit freiwilliges Denken und Akzeptieren von intelligibel Seiendem, von Gott, der nicht in der Welt ist, letztlich durch ein eigens gewährtes „freyes Annehmen". Solches freie

Annehmen hat für sich schon einen „moralischen Werth"; denn es wirkt zurück auf die Maximenbildung im Ich und bestärkt seine sittliche Orientierung. Der vernunftgeleitete Glaube bedeutet: Durch bejahendes Fürwahrhalten der Postulate verleihen wir den Vernunftideen: Gott, Freiheit und Seelenunsterblichkeit in praktischer Hinsicht „freywillig" ihre objektive Realität. Dies sind jene Ideen, die wir uns wegen der Forderung des Sittengesetzes „an uns zu Folge selbst machen und ihnen objective Realität freywillig geben", da wir gewiß sind, in ihnen sei kein Widerspruch, und sie besiegeln unsre Moralität (XX 298f). *Verwerfe* ich aber die *Postulate*, so versage ich mir das *Ewige*.

In der Religionsschrift von 1793 erklärt Kant, wahrhaftige Verehrung sei allein dort möglich, wo „die Achtung ... frei ist" (VI 8). Die aktive, spontane „Annehmung" von Gottes Dasein (als Bedingung der Möglichkeit des höchsten Gutes) „sagt mehr(!)" als dessen bloß widerspruchsfreie Denkmöglichkeit. Das Sittengesetz flöße bloß Achtung ein; der Mensch suche außerdem etwas, das hinausreicht über die strenge Pflichterfüllung und über die Ansicht, daß „mit dem irdischen Leben alles aus" sei, etwas, „was er *lieben* kann"! Kants Fußnote zum moralischen Urgesetzgeber schließt mit dem Hinweis auf ein als *Person* gedachtes „allvermögendes moralisches Wesen", unter dessen „Vorsorge" das höchste Gut wirklich wird, – wodurch die Moral zur Religion führe (VI 6ff nota). In der Idee des höchsten Gutes liegt so Koinzidenz und Übergang zwischen Ethik und Glauben.

Das „*Credo*" des Bekenntnisses der reinen praktischen Vernunft umfaßt drei Artikel: „Ich glaube an einen einigen Gott, als den Urquell alles Guten in der Welt, als seinen Endzweck"; ich glaube an die Möglichkeit, zu diesem Endzweck, zum höchsten Gut, so weit solches im Bereich meiner Einflußsphäre liegt, „zusammenzustimmen"; also glaube ich an die Realität meiner Freiheit; ich glaube an „ein künftiges ewiges Leben" als Bedingung für eine „immerwährende Annäherung" an das höchste Gut kraft Selbstvervollkommnung (XX 298). Die praktisch gültige Restituierung ontologisch-metaphysischer Wahrheit, die in theoretisch-dogmatischer Hinsicht verloren ging, ist trefflich gefaßt in Kants oft hervorgehobenem freien Fürwahrhalten und Annehmen (XX 298f). Die zweite *Kritik* erklärt, es gebe kein Gebot zum Glauben (KpV 260).[54] Wie wir uns das höchste Gut als möglich vorstellen wollen, stehe in „unserer Wahl", besser: Entscheidung, in welcher ein „freies Interesse" walte, das für die *Annehmung* eines weisen Welturhebers entscheide, das heißt, „jene Existenz anzunehmen" (KpV 262f). Im *Einzig möglichen Beweisgrund* ging es um Gott als den, von dem

---

54 Im *Theodizee*-Aufsatz besiegelt Kant, mit Hinblick auf Hiobs lauteren Freimut, daß so, wie die *Annehmung* eines Glaubens als ein ganz persönlicher Akt *frei* sein müsse, ebenso auch dessen *Bekenntnis* (VIII 268f nota).

es „unmöglich" zu sagen ist, „daß er nicht sei" (II 162). Doch den Satz „es ist ein Gott" *theoretisch* dogmatisch beweisen zu wollen würde, mit der ersten *Kritik* argumentiert, heißen, „sich ins Überschwängliche zu werfen". In praktischer Hinsicht allerdings ist die Idee des höchsten Gutes ein realer, sonach Realität sichernder und ein „durch die praktische Vernunft für unsre Pflicht sanctionirter Begriff" (XX 300, 308) und mit ihm die Annahme des Daseins Gottes.

Zufolge der *Preisschrift* sind Dogmatismus, Skeptizismus, Kritizismus historisch und systematisch zu durchlaufende Stadien der Metaphysik, denen Kant sein eigenes Werk als ganzes zuordnet.[55] Einem „theoretisch-dogmatischen *Fortgange*" der Metaphysik folgt ihr „skeptischer *Stillstand*", und diesen beiden Epochen die „praktisch-dogmatische *Vollendung*" des Weges der Metaphysik, die Kant selbst einzulösen beabsichtigt. Der Sinn skeptischen Polemisierens wider den Dogmatiker liegt für Kant darin, ihm sein Konzept zu „verrücken" und ihn im Geständnis der Unwissenheit zur Selbsterkenntnis zu bringen (KrV 791, 785). Damit der Überschritt vom sinnlichen Bereich in den übersinnlichen kein „gefährlicher Sprung" sei, wie F. H. Jacobis *salto mortale* in den Glauben an einen persönlichen Gott, wacht eine „Zweifellehre" als sinnvoll „hemmende Bedenklichkeit" im Grenzgebiet zwischen sinnlicher und intelligibler Welt derart, daß phasenweise unbegrenztes Vertrauen der Vernunft in sich selbst abgelöst werden kann von „grenzenlosem Mißtrauen" (XX 272f, 263f). Der Skeptizismus dient so zur Vorbereitung und Reinigung der Metaphysik. Vor dem Überschritt zum Übersinnlichen gilt es, an der Grenze eine skeptische Disziplin walten zu lassen, entfaltet als Methodenlehre der *Kritik der reinen Vernunft*. Kants transzendentale Dialektik als eine Schlußlogik des Scheins macht den berechtigten Gehalt solcher metaphysikkritischen Skepsis aus.

Die menschliche Vernunft hat sich in ihrem erfahrungsfreien Gebrauche, als reine Spekulation, stets aufs Neue mit sich selbst in *Antinomien* „entzweit" (IV 9) und dabei ihre Ergebnisse „selbst zernichtet" (XX 263). „Unser Zeitalter ist das eigentliche Zeitalter der Kritik, der sich alles unterwerfen muß." (IV 9 nota) In der Epoche vor Erscheinen von Kants Vernunftkritik haben „Satz und Gegensatz sich unaufhörlich einander wechselweise" vernichtet, so daß Vernunft „in den hoffnungslosesten Scepticism" stürzte, der für die Metaphysik

---

55 Zu „Stadien der reinen Vernunft" (XX 273, 281) im Hinblick auf die Metaphysik vgl. KrV 789ff, KrV 880-884. – Zum philosophiehistorischen Hintergrund s. Heimsoeth: Vernunftantinomie und transzendentale Dialektik in der geschichtlichen Situation des Kantischen Lebenswerkes, in ders.: *Studien II* (s. nota 52), 133-156. Ders.: *Dialektik Kants* (s. nota 9), Bd 4: *Die Methodenlehre*; ebd.: Zur „Disziplin der reinen Vernunft" zwecks Klärung ihrer Beweise (650-742); zur „Geschichte der reinen Vernunft" (821-828); zu ihrer „Architektonik" (789-820).

„traurig" ausfallen mußte (XX 287). Daher ergeht an sie die kantische Aufforderung, die seinen ureigenen Kritizismus ausmacht, das Schwierigste von neuem zu vollbringen, nämlich Selbsterkenntnis der Vernunft (KrV 773).

Solches Sicherkennen der Vernunft ist nun als Lösungsschlüssel zur Überwindung ihrer selbst- hervorgebrachten Widersprüche einzusetzen. Spekulative Vernunft ist (– von Kant argumentativ verdichtet in den vier Antinomien und transzendental-philosophisch aufgelöst in der ersten *Kritik* –) in sich selbst dialektisch (KrV XX).[56] Solche Befassung der Vernunft mit sich selbst in ihrem reinen Denken bezeichnet er als den „Kern und das Eigentümliche der Metaphysik" (IV 9f, 327f). Ziel ist eine praktisch-dogmatische bzw. lehrhafte „Doktrin", also ein positives metaphysisches Konzept. Programmatisch ist: „Auf das Übersinnliche in der Welt (die geistige Natur der Seele) und das außer der Welt (Gott), also Unsterblichkeit und Theologie, ist der Endzweck gerichtet." (XX 292) – Ein gravierendes Mißverständnis der katholischen Kirche war die Verurteilung Kants als Agnostiker, der gelehrt habe, man könne über Gottes Dasein nichts wissen.[57] Im praktischen Vernunftschluß gilt aber für Kant der moralische Gotteserweis. Diesen sieht er im *Opus postumum* direkt im Sittengesetzbewußtsein: „Es ist ein Gott; denn es ist ein categorischer Imperativ." (XXII 106) Denn daß ein allmächtiges Wesen sei, zeige das Urfaktum praktischer Vernunft, das Bewußtsein des Sittengesetzes. Das „Pflichtgefühl" entschlüsselt Kant als das „Gefühl der Gegenwart der Gottheit im Menschen" und demgemäß die Idee der Pflicht als die Idee von einem sittlich gesetzgebenden Urwesen. Der Anselmische ontologische Gottesbeweis,[58] wiewohl theoretisch

---

56   Heimsoeth (: Astronomisches und Theologisches in Kants Weltverständnis, in ders.: *Studien II*, 88ff) zeigt, wie jede der Antithesen der Antinomielehre in Kants erster *Kritik* eine dogmatisierte, überwindungsbedürftige Weltansicht bezeichnet, als deren Vordenker er öfter Epikur nennt, – „Daß es gar kein Urwesen gebe: Epicur." (XVII 603; Refl. 4591), – mit den Folgen des damals als zeitgenössisch beklagten Materialismus, Fatalismus und Atheismus. – Zur Zentralstellung der astrokosmologischen Antinomien s. Heimsoeth: Atom, Seele, Monade. Historische Ursprünge und Hintergründe von Kants Antinomie der Teilung, in ders.: *Studien II*, bes. 133-145. Kant stellt alle Thesen der vier Antinomien unter den Titel des ‚Platonismus', alle Antithesen unter den des ‚Empirismus'. Die zur Selbstkritik gereifte Vernunft steht als Beobachter über den entwickelten Gegensätzen; im Sachgehalt nimmt Kant, allerdings in der Methode verbessert, die Position der traditionsreichen *Thesen* ein (140ff).

57   Zur theologischen Ehrenrettung Kants und in religionsphilosophischer Würdigung des moralisch-praktischen Gottesbeweises, vor dem Hintergrund scholastischer Argumentationen, vgl. Josef Schmucker: *Die primären Quellen des Gottesglaubens*, Freiburg 1967; vgl. auch Norbert Fischer (Hg.): *Kant und der Katholizismus. Stationen einer wechselhaften Geschichte*, Freiburg i.Br. – Basel – Wien 2005.

58   Zu Kants Systematisierung klassischer Gottesbeweise, wobei der Schluß vom allerrealsten auf das absolut notwendig existierende Wesen den ontologischen Gottesbeweis ausmacht,

entkräftet, kehrt praktisch wieder: „Die bloße Idee von Gott ist zugleich ein Postulat seines Daseyns. Ihn sich denken und zu glauben ist ein identischer Satz." (XXII 109) Der Vernunftglaube tritt in die argumentative Lücke des widerlegten ontologischen Gottesbeweises.

Im moralischen Vernunftglauben wird, wie erwähnt, Gott als heiliger Gesetzgeber, gerechter Richter, gütiger Regierer angesprochen. „Sein Name ist *heilig*, seine Hochschätzung ist Anbetung und sein Wille allvermögend und er selbst idea. Sein Reich in der Natur soll aber erst kommen" (XXI, 52). Die von uns erhoffte „schöne Ordnung" einer der Güte angemessenen Glückseligkeit macht Gott für uns, menschlich geredet, „liebenswürdig"; Adressat unserer „Anbetung" aber ist der in Heiligkeit seines Willens vorgestellte Urheber des Pflichtgebotes (KpV 236f). „Der Autor (der mit Autoritaet spricht) des Pflichtgesetzes ist Gott." (XXI 118) So nennt Kant die Achtung des Sittengesetzes ein „Geistesgefühl" und eine „Anbetung (innigste Bewunderung)" (XXII 310). Der erkenntniskritisch suspendierte teleologische Gottesbeweis wird von Kant auch transfiguriert zu einer „Anbetung", und zwar göttlicher Weisheit im Betrachten der Schöpfung, die Menschen „Seelenerhebende Kraft" spende, wobei „Worte", und wären sie auch „die des königlichen Beters *David* ... wie leerer Schall verschwinden müssen, weil das Gefühl aus einer solchen Anschauung der Hand Gottes unaussprechlich ist" (VI 197). Das Schlußwort in *Der Einzig mögliche Beweisgrund zu einer Demonstration des Daseins Gottes* (von 1763) lautete: „Es ist durchaus nötig, daß man sich vom Dasein Gottes überzeuge; es ist aber nicht eben so nötig", nach der *Kritik der reinen Vernunft* gar nicht möglich, daß man Gottes Sein als streng logischen Beweis, „demonstriere" (II 163). Die Metaphysik, in die gleichsam unglücklich „verliebt zu sein" Kant als sein „Schicksal" beklagt (II 367), entzieht ihm ihre ‚Gunst' besonders durch Erwachenmüssen aus dem „süßen dogmatischen Traume" (KrV 785) vom untrüglichen Beweis „der großen Wahrheit: *es ist ein Gott*" (II 155).

Thema der *Preisschrift* und der *Kritik der Urteilskraft* ist das Ausfindigmachen eines praktisch-dogmatischen Prinzips, um den Überschritt zu vollbringen zum „Ideal der Weltvollkommenheit", zur Annahme einer „moralisch-teleologischen Verknüpfung" (XX 306f), die auf den Endzweck der *Schöpfung*,[59] das höchste

---

und zu dessen Widerlegung durch Kant, die nicht in jedem Argumentationsschritt stichhaltig ist, vgl. Düsing: *Kant Klassiker* (s. nota 22), 319-331, bes. 324ff. Zu anselmischen Momenten in Kants Gottesbegriff im *Opus postumum* vgl. Wimmer: *Kritische Religion* (s. nota 21), 259-270.

59 Heimsoeth (: Atom, Seele, Monade, in ders.: *Studien II*, s. nota 52, 133-247) weist in Kants Denkweg die hohe Wertschätzung des Schöpfungsgedankens auf und das von daher sich durchhaltende Ideenmotiv, eine angemaßte Alleingeltung naturalistischer Verstandesvernunft zu widerlegen, ihre argumentative Engführung zeigend. Er ist verwurzelt in der

abgeleitete Gut, hinführt. Gottes Dasein ist die der Vernunft gemäße Idee, die der Mensch frei selbst entwirft, um seine sittliche Praxis zu vollenden. In der *Kritik der Urteilskraft* hebt Kant (KU 433f), sowohl naturteleologisch als auch moraltheologisch, in der – als sittlich postulierten – Verfaßtheit des Urgrundes der Natur und in der erhofften Vollendung der Schöpfung das Dasein Gottes hervor. Solche Vernunfttheologie ist keine Erkenntnis vom Wesen Gottes, wohl aber Einsicht in den „unerforschlichen Bestimmungsgrund unsers Willens", den wir in uns selbst für unzulänglich befinden zur Erlangung des erhofften Endzwecks und ihn daher, religionsphilosophisch, „in einem Anderen" (XX 305ff), nämlich in dem höchsten Wesen über uns, annehmen müssen. Solches *Postulieren* eines guten Schöpfers hat Nietzsche sich versagt. Für Kant hingegen gewinnt der in der ersten *Kritik* erkenntnistheoretisch von ihm (mitsamt den anderen) verworfene teleologische Gottesbeweis moralisch-praktische postulatorische Geltung.

d) *Über den moralischen Urgrund der Schöpfung, die keine* Wüste *sein darf* (Kritik der Urteilskraft)

In Kants *Kritik der reinen Vernunft* ist der Gottesgedanke reine Vernunftidee als Grenzbegriff des Erkennens. In der *Kritik der praktischen Vernunft* vergewissert Kant sich, mit Hilfe der Urhypothese einer Übereinstimmung der Vernunft mit sich selbst, des handlungsrelevanten Daseins Gottes. In der *Kritik der Urteilskraft* ergänzt er die Beantwortung der Frage nach einem *Urgrund der Zwecke* in der Natur um eine Gotteslehre, und zwar kraft des praktischen Vernunftgebrauches (KU 404).

In der *Kritik der Urteilskraft* ist Gott entworfen auf der Grundlage moralischer Teleologie als Begriff der reflektierenden Urteilskraft – anders als in den beiden vorausgehenden „Kritiken". Kant nimmt, mit Bezug auf Aristoteles, für die „Weltbewegungen" einen *„ersten Beweger"* an, im Sinn der Thesis der dritten Antinomie, als „eine freihandelnde Ursache" (KrV 478). „Der erste Beweger der Urheber Der Oberste Geist, lebendiger Gott." (XXIII 474) Klaus Düsing zeigt, daß Kants Versuche, „das höchste übersinnliche Prinzip der Natur und alles Lebens als ersten aus Freiheit handelnden Beweger, als Geist und Gott zu denken", eigentlich erst innerhalb der von ihm entwickelten „kritischen Moraltheologie Bedeutung" gewinnen.[60] Denn der Begriff eines schöpferischen

---

Tradition theistischer Metaphysik, deren Verzweigungen Heimsoeth zeigt, und bewegt von den Fragen, ob es Freiheit neben der Naturkausalität gibt und ob die Welt in sich selbst oder in Gott gegründet sei (ebd. 138-143).

60 Zur Annahme von Gottes produktivem Verstand als Urgrundes der Natur s. Klaus Düsing: *Die Teleologie in Kants Weltbegriff.* Kant-Studien Erg.-Heft Bd 96, 2. Aufl. 1986 (Sigle: *Teleologie Kants*), 197-205, bes. 191.

Grundes der Natur in einer „physischen Teleologie" reicht für Kant nicht hin zu einer Theologie, treibt uns aber dazu an, „eine Theologie zu suchen" (KU 407; vgl. KrV 665).

Durch die reflektierende Urteilskraft wird Gott nicht als seiend erkannt, wohl aber als stimmig und uns verständlich gedacht. Weder können seine Wesensprädikate ausgesagt werden noch, als was er an sich selbst bestimmt sei. Diese Begrenzung entspricht Kants erkenntnistheoretischer negativer Theologie. Neu ist in der *Kritik der Urteilskraft* die Einordnung des Daseins des moralischen Subjekts in die Perspektive einer Teleologie der Natur und Welt, nämlich als Endzweck dieser Teleologie.[61] Selbstbildung der Person zur Moralität kann nur durch sukzessive Befreiung des Willens von dem „Despotism der Begierden" (KU 392), also durch die klassische Tugend der Selbstbeherrschung gelingen. – In teleologischer Betrachtung erscheint der Mensch als der höchste unter allen Naturzwecken. Denn nur er vermag sich einen Begriff von Zwecken zu bilden, etwas als zweckmäßig einzusehen und in Realität zu überführen. Als Naturwesen ist er so zwar selbst Glied in der endlosen Kette von Mitteln und Zwecken in der Welt. Diese Kette jedoch, die eine unabschließbare, daher sinnlose Reihe darstellen könnte, wo eins für das andere, nichts aber an ihm selbst zweckmäßig wäre, findet einen krönenden Abschluß im Dasein des Menschen, der selbst nicht bloß für ein anderes, sondern um seiner selbst willen existiert (KU § 83). Elementar und klar fragt Kant: „Welches ist nun die Vollkommenheit, um derentwillen die Welt von Gott erschaffen wurde?" Sie liegt im Gebrauch, den Wesen von ihrer Freiheit machen, ist die Antwort; nur hier gibt es „absolute Zwecke", im guten Willen ein *„absolut Gutes"* (R 188f).

Ohne den Menschen – mit diesem Argument setzt die Kantische *Ethikotheologie* ein (KU § 84, § 86) – würde „die ganze Schöpfung *eine bloße Wüste*, umsonst und ohne Endzweck sein"; denn das ganze Dasein in der Welt gewinnt seinen Wert nicht durch theoretisches Erkennen, damit jemand da sei, der die Welt betrachten oder bewundern könne, auch nicht durch lustvolles sie Genießen. Vielmehr gewinne der Mensch „absoluten Wert" durch etwas, das jede Person allein sich selbst zu verleihen vermag: die Güte seiner Willensrichtung macht seinen „persönlichen Wert" aus. Und hierin wird die brennende Frage, warum und wozu die Welt und der Mensch selbst da sind, positiv beantwortbar (KU 410f, 471). Teleologische Reflexion, die nach dem letzten Worumwillen des Daseins von Naturwesen fragt, führt also über die Naturbestimmtheit hinaus, zum Menschen als *Endzweck*, der die Natur überschreitet, und zwar auf zweifache Weise. Zum einen erkennt der Mensch, er selbst sei eigentlich der

---

61 Vgl. Düsing: *Teleologie Kants*, 102-237.

Zweck der Natur, der zugleich über die Natur hinausführt, indem er Zwecke nicht nur des Genießens und Erkennens setzt, sondern unbedingte Zwecke, die nicht bloß gut als Mittel für etwas anderes sind, sondern schlechthin Wert haben. Zum andern ist der Mensch, der sich und andere als unbedingte Selbstzwecke achtet, Gott suchende Seele. Er ist das im Denken und Handeln freie, Gott ‚setzende' Bewußtsein, das Gott sowohl als moralischen Urgesetzgeber als auch als moraltheologisch gedachten Schöpfer der Natur sucht und anerkennt. So ist der Mensch im übersinnlichen Freiheitsvermögen, als intelligibler Charakter, als Endzweck der Schöpfung anzunehmen, von dem diese auch selbstreflexiv gespiegelt wird (KU 398f, 412f).[62]

Den Endzweck der Schöpfung kann uns nach Kant nicht die Physikotheologie eröffnen, da theoretische Naturforschung nie von der empirischen Einsicht in *viel* Vollkommenheit auch nur zu einem Begriff *höchster* Weisheit als deren Ursache und als Ursache aller Vollkommenheit überhaupt vorzudringen vermag, die Gottes würdig sein könnte. Überdies läßt sich unabweislich, – was sich zuletzt auf die *Theodizee*-Problematik zuspitzt, – außer vielem höchst Zweckmäßigen auch allerhand Zweckwidriges in der Natur antreffen. *Physikotheologie* als physische Teleologie vermag nicht zuletzt wegen der im Hintergrund stehenden Theodizeefrage nur eine vorläufige Propädeutik zur Theologie abzugeben, die zu ihrer Fundierung eines unanfechtbar und besser gegründeten „anderweitigen Prinzips" außerhalb der Natur bedarf. Es ist vergebliche Mühe, – wenn nicht gar, wie später Nietzsches Beispiel zeigt, gefahrenträchtig, – auf der Grundlage von empirischen Daten die mangelhafte Vorstellung einer physischen Teleologie vom „Urgrunde der Zwecke in der Natur, bis zum Begriffe einer Gottheit", oder bis zur Realität Gottes „ergänzen" zu wollen, eines Gottes, der nicht nur weise, sondern gut und gerecht ist. Die Idee eines Wesens, das vollkommen ist und der existentiellen *Theodizee*frage standhielte, beruht für Kant auf einem vom theoretisch-empirischen verschiedenen, nämlich auf dem praktischen Vernunftgebrauch.[63]

In die Darlegung des Begriffs von Gott ist in der *Kritik der Urteilskraft* Kants Darlegung des moralischen Existenzerweises impliziert. Des näheren bereitet Kants *Ethikotheologie* (KU § 86) den moralischen Beweis von Gottes Dasein (KU § 87) vor, indem sie für das Postulierenkönnen des existierenden

---

62   Gefährlich ist, wie die biblische Überzeugung, der Mensch sei Krone der Schöpfung, im 21. Jahrhundert als „Speziesismus" attackiert und so pauschal die Wertarmut, ja Wertlosigkeit des Menschenlebens suggeriert wird. – Zum Verlust der Idee der Menschenwürde vgl. hier B VII 2.

63   KU 404f, 408ff, 438ff – Die *Theodizee*frage hat Kants Nachsinnen unablässig bewegt. Vgl. dazu Heimsoeth: *Studien I* (s. nota 52), 92; Langthaler: *Geschiche* 2014 (s. nota 14), Bd 1, 35, 614-658; Bd 2, 535-637.

Gottes – wiewohl nur aus unserer moralischen, an der Möglichkeit des höchsten Guts orientierten Perspektive – Gottes notwendig anzunehmende Eigenschaften darlegt, die Kant schon in der zweiten *Kritik* umrissen hat. Das Urwesen, von dem angenommen wird, es habe ein teleologisch geordnetes Weltganzes hervorgebracht, ist nicht nur als Intelligenz und gesetzgebend für die Natur anzunehmen, sondern ebenso als gesetzgebendes Oberhaupt in einem moralischen Reich von Personen, die existierende Selbstzwecke sind. Dieses Wesen aller Wesen müssen wir uns – zur Ermöglichung des höchsten abgeleiteten Gutes – denken als *allwissend* das „Innerste der Gesinnungen" erkennend, als *allmächtig, allgütig, allweise* und *gerecht*. Dem allwissenden ‚Oberhaupt' im Reich der Zwecke, wie sinnvoll anzunehmen sei, ist dieses Innerlichste unsres Trachtens nicht verborgen, das den *eigentlichen Wert* sittlicher Handlungen ausmacht (KU 414; vgl. KpV 251f). Solche vor allem moralischen Prädikationen Gottes dienen alle der stimmigen Möglichkeit des höchsten Gutes und sind rein von dort her motiviert. Gottes transzendentale Eigenschaften wie „Ewigkeit" und „Allgegenwart" (vgl. II 297) sind den moralischen nur anhängend; so wahrt Kant seine theoretisch *negative* Theologie. „Auf solche Weise ergänzt die *moralische* Teleologie den Mangel der *Physischen*, und gründet allererst eine *Theologie*." Eine physische Teleologie könnte für sich allein nur zu einer ‚Dämonologie' führen (KU 414),[64] die keines bestimmten Gottesbegriffs fähig wäre und daher kaum Nietzsches unmoralisch spielenden Gott ‚Jenseits von Gut und Böse' abwehren könnte. Denn alle Zwecke in der Natur können „nicht was schlechthin gut ist, enthalten" (KU 408) und sonach keinen moralisch guten Schöpfergott und gerechten Weltvollender verbürgen. Gottes *Allwissen* schließt für Kant sogar (für uns) zukünftige freie Handlungen des Menschen ein.

Im Abschnitt „*Von dem moralischen Beweise des Daseins* Gottes" (KU § 87) fokussiert Kant, – über die Absurdität der Nichtannahme Gottes hinaus einen *indirekten praktischen Gottesbeweis* führend, – die in der Natur anzutreffende Dysteleologie eindrücklich im menschlichen Erleiden des Todes, insofern

---

64 Zu Kants Bemühung um eine *philosophische Theologie* vom Früh- bis ins Spätwerk s. Heimsoeth: *Dialektik Kants*, Bd 3, 410 nota, 458ff; Düsing: Ontologie, Ontotheologie, Moraltheologie in Kants kritischer Philosophie, in ders.: *Kant Klassiker*, 301-349; N. Fischer, Maximilian Forschner (Hg.): *Die Gottesfrage in der Philosophie Immanuel Kants*, Freiburg 2010; Langthaler: *Geschichte, Ethik und Religion im Anschluß an Kant*. – Constantino Esposito (Kant: Von der Moral zur Religion (und zurück), in: *Kant Fischer Hg* 2004, s. nota 39, 265-291) weist in Kants Argumentationen wider den Atheismus und für den sittlichen Theismus apologetische Momente auf.

dieses nicht im Horizont der Hoffnung auf den moralischen Welturheber steht.⁶⁵ Er beleuchtet das Beispiel des Rechtschaffenen, der sich „*fest* überredet hält: es sei kein Gott" und kein künftiges Leben! Jener wird, unangesehen seiner *Würde*, glücklich sein zu dürfen, „durch die Natur, die darauf nicht achtet, allen Übeln … und des unzeitigen Todes, gleich den übrigen Tieren der Erde, unterworfen sein und es auch immer bleiben, bis ein weites Grab sie insgesamt (redlich oder unredlich, das gilt hier gleichviel) verschlingt, und sie, die da glauben konnten, Endzweck der Schöpfung zu sein, in den Schlund des zwecklosen Chaos der Materie zurückwirft, aus dem sie gezogen waren." (KU 427f) Kant hat bei dieser Naturschilderung französische Materialisten im Visier. Sich nicht „auf den Weg der Zwecke" leiten zu lassen, das heißt für Kant, im sich ergänzenden Zusammenwirken von *teleologischer Urteilskraft* und *moralischem Gottespostulat* nicht zum Glauben an den *guten Schöpfergott* zu gelangen, bedeutet insonderheit für den Menschen besten Wollens die latent drohende Gefahr, in eben dem Nihilismus der Sinnarmut zu versinken, den Nietzsche als ‚Tod Gottes' im Gefolge des darwinistisch-biologistischen Zeitalters bestimmt hat, den Kant an singulären Stellen divinatorisch als ethischen Motivationsverlust vorwegnahm.⁶⁶

---

65   Zum *memento mori* bemerkt der frühe Kant, der Mensch lerne vielleicht, z.B. durch Erdbeben, „einsehen, daß dieser Tummelplatz seiner Begierden billig nicht das Ziel aller seiner Absichten enthalten sollte" (I 431). „Der Mensch ist nicht geboren, um auf dieser Schaubühne der Eitelkeit ewige Hütten zu erbauen", wie es mit Anklang an ein wünschendes Wort des Petrus heißt (*Lukas* 9, 33), der Jesu Leidensankündigung überhört hatte. Durch Erfahrung vom „Unbestand der Welt" und im Erleiden von „Verheerungen" (I 460) „richtet der Weise (aber wie selten findet sich ein solcher!)" seine Aufmerksamkeit auf die „große Bestimmung" des Menschen „jenseits dem Grabe" (II 42). Zur *Hinfälligkeit* und *Vergänglichkeit*, wiewohl im *Hoffnungshorizont* christlicher „Offenbarung" vgl. I 317-322.

66   Zum zerstörerischen Walten der Natur vgl. XXI 13f. Kants düster-pessimistische Nuancierungen antizipieren Schopenhauers Lehre, so seine *Skrupel* gegen den *Optimismus* und eine Reflexion, wie der Mensch, durch seine „astronomische Entdekung so vieler Welten", „alle Ansprüche … auf Vorsorge und Ewigkeit" niedergeschlagen, ja sich „in seinen eigenen Augen" „vernichtet" sieht und sich selbst „nicht Wichtigkeit genug zutrauet, ein Zwek der Schöpfung zu sein" (XVIII 473; Refl. 6165). Vgl. Heimsoeth: *Studien II*, 105ff. Ernst ist Kants Ringen, das weder Leibniz' *metaphysischen Optimismus* noch den *manichäischen Pessimismus* als Auflösung der Theodizee-Frage annehmen will. (Esposito, s. nota 64, 287-291.) – Zur melancholischen Betrachtung der Welt gehört Kants intensive Wahrnehmung menschlicher Bosheit, des „Hanges zur Falschheit", als „tief im Verborgnen liegender Unlauterkeit", so daß einem Verbrecher „der Peiniger": der Gewissensverweis, für seine Tat fehle, ein Mensch sich so zum Nichtswürdigen mache, dem „aller Charakter" abzusprechen sei. Ein „kontemplativer Misanthrop" ist, der keinem Böses wünscht, „wohl aber geneigt ist von ihnen alles Böse zu glauben" (VIII 267, 261, 270). – Zu Kants intensivem Bedenken des Üblen und Bösen s. Langthaler: *Geschichte* 2014 (s. nota 14), Bd 1, 364-372.

Wie eine vorweggenommene Replik auf Nietzsches polemische Antitheodizee[67] liest sich Kants markantes Wort: Der moralische Gottesbeweis, der das Dasein Gottes in praktischer Rücksicht der Vernunft beweist, würde selbst dann „noch immer in seiner Kraft bleiben, wenn wir in der Welt gar keinen, oder nur zweideutigen Stoff zur physischen Teleologie anträfen" (KU 473). Ein „Naturbegriff" von Gott führt wegen dysteleologischer Phänomene maximal zu einem sehr mächtigen Wesen als *Schreckbilde der Phantasie*", dem „abergläubische Verehrung" dargebracht wird und „heuchlerische Lobpreisung"; einen *gütigen Gott* würde ich auf diese Art „kaum kennen lernen"; erst Vernunft gelangt zu dem, der gemäß „höchster Moralität die Welt regieret" (R 221). Alle Völker hatten immer einen Begriff von einem Göttlichen, „so corrupt er auch war" (M 263). Gemäß dem „heiligen" Sittengesetz, das er in seinem intelligiblen Selbst findet, muß der Mensch, wie Kant kryptisch prägnant ausdrückt, „Einen über die Natur setzen", nämlich einen „höchsten Urheber", der selbst *absolut gut* ist und das Weltgeschehen nach Moralregeln „dirigirt" (M 264f).[68]

Mit seiner dritten *Kritik* rückt Kant im Kontext der Erörterung teleologischer Beschaffenheiten der Welt und des Menschen als Endzweck die Ethikotheologie ins Zentrum der Erörterung. Denn nur unter ihrem Primat kann pysikotheologischen Erwägungen eine Wahrheitsbedeutung zugemessen werden. Der *physikotheologische Gottesbeweis* wird zwar, mitsamt dem kosmologischen und ontologischen, hinfällig. Doch indem das endliche Ich kraft des moralischen Gotteserweises sich des Daseins Gottes vergewissert, geht die *fiktionale Rede des ‚Als ob'* über in die *affirmative Rede* vom göttlichen „Weg der Zwecke" bis hin zum Endzweck der Schöpfung. Denn einem praktisch fundierten Fürwahrhalten zeigt sich in *teleologischer Reflexion*, die Gott als höchsten Künstler eines Systems zweckmäßig geordneter Natur verherrlicht, daß in ihr *nichts umsonst* da sei (KU 402). Gott schuf die Welt „zu seiner Ehre" und um der vernünftigen Wesen willen, „und zwar so fern sie der Schätzung ihrer Selbst und ihres wahren Werths fähig seyn sollten" (XVIII 469; Refl. 6153).

Die wahre Welt des Seienden, deren Sinnmitte Gottes „wahre Unendlichkeit" ausmacht (KpV Beschluß), und der wahre Begriff vom Anfangsgrund und Urheber aller Dinge, so lehren alle drei *Kritiken* übereinstimmend, lassen sich nicht vom *mundus sensibilis*, von der sichtbaren Natur aus, sondern nur vom Sittengesetz als dem für uns konstituierenden Grund der intelligiblen

---

67 Vgl. dazu hier A III 1.
68 Zum ideengeschichtlichen Ursprung der Annahme, Gott sei selbst das *absolut Gute*, s. Friedemann Richert: *Platon und Christus, Antike Wurzeln des Neuen Testaments*, 2. Aufl. Darmstadt 2012, 60-73; Hans-Joachim Krämer: *Arete bei Platon und Aristoteles. Zum Wesen und zur Geschichte der platonischen Ontologie*, Heidelberg 1959.

interpersonalen Welt aus begründen. Das Sittengesetz als Gesetz schlechthin guten Wollens ist, wiewohl nicht in Form eines Imperativs, dem heiligen göttlichen Willen immanent, dem des Oberhaupts im Reich der Zwecke. Die Wirklichkeit eines höchsten sittlich gesetzgebenden Welturhebers wird rein praktisch bewahrheitet. Die moralisch teleologische Urteilskraft verbürgt insofern die objektive Realität der Idee von Gott (KU 433ff). Der teleologische Gottesbeweis, wiewohl logisch-spekulativ entkräftet, sei verehrungswert (KU 470f). Der moralische Beweis von der Existenz Gottes, fern von „abgenöthigter Unterwerfung", geführt kraft Hochachtung für das Sittengesetz, leite zur „wahrhaftesten Ehrfurcht", frei von pathologischer Furcht (KU 477f).

Vernünftige Beurteilung unserer eigenen Ohnmacht und des Unvermögens der ganzen Natur, den höchsten Zweck, die Zusammenstimmung des guten Willens mit der von ihm intendierten Auswirkung auf das Weltbeste, erreichen zu können, nötigt uns dazu, „über die Welt hinaus zu gehen" und ein höchstes Prinzip zu suchen, das weise und allvermögend ist, entsprechend der „*Nomothetik*" unserer „inneren Gesetzgebung", eine moralische Teleologie im Weltganzen, also das Weltbeste, zu erwirken (KU 419f). Allein durch den die Welt transzendierenden Gott ist eine ganz andere und höhere Ordnung der Dinge denkbar, die gemäß sittlichen Ideen eingerichtet ist, so daß die *physische Teleologie* (und *Dysteleologie!*) in *moralischer Theologie* aufgehoben und überwunden wird. Kraft „völliger Spontaneität" macht sich die Vernunft eine *eigene Ordnung der Dinge nach Ideen*, die nicht derjenigen der Erfahrung folgt, deren Legitimität sich durch die Ordnung sittlichen Sollens ergibt (KrV 576ff). – Apagogisch ist Kants hier sich anschließender *Gottesbeweis* unter der Überschrift: „Von dem moralischen Beweise des Daseins Gottes" (KU § 87). Bestünde die Welt nur aus leblosen Wesen oder aus lebenden vernunftlosen, so würde das Dasein einer solchen Welt „gar keinen Wert" haben, da kein Wesen in ihr existierte, das einen Wert verstünde. Gäbe es aber Wesen mit Vernunft, die ihren und des Daseins Wert allein in ihr „Wohlbefinden" setzten,[69]

---

[69] Grell beleuchtet Kant die Absurdität einer Welt, in der die sittliche Vollkommenheit als Würdigkeit, glücklich zu sein, fehlen würde, indem er rhetorisch schwungvoll, ja schwarzhumoristisch grimmig fragt: „Sollte das etwa Weltvollkommenheit seyn, die darin bestünde, wenn ihre Glieder in Glück und Wollust schwimmen möchten, und sich dennoch bewußt wären, daß sie ihres eigenen Daseins *unwerth* wären?" (R 190) Sinnliche Ekstase – in dionysisch potenzierter epikureischer Ethik oder im pseudoreligiösen Entwurf des Paradieses als Bordell – kann nicht höchstes Ziel sein für Wesen, die in ihren eigenen Augen nicht „verabscheuungswürdig" sein wollen (KrV 856). Kant geißelt den Wahnsinn unserer Einbildungskraft, die, von Glückseligkeit träumend, uns „Ungeheuer" aufdringt (KpV 217). Im Zeitalter von Libertinage, Promiskuität und Polygamie gilt jenes Vielen als salonfähig, harter Verteidigung wert, ja bedürftig wider vermeintlich ewig gestrige Verächter eines sich verabsolutierenden Hedonismus.

so existierten zwar relative Zwecke in der Welt, aber kein absoluter Endzweck, „weil das Dasein solcher vernünftigen Wesen doch immer zwecklos sein würde" (KU 422f). So verteidigt Kant wider modern „*naturalistisch* Denkende" die metaphysische Tradition, indem er aufrüttelnde, unbequeme Fragen stellt an den „*naturalistischen Unglauben*" (VI, 85 *nota*; 118f), der gottvergessen ist. Kant geißelt als gesetzlose und selbstzerstörerische ‚Freiheit im Denken‘, wenn der Mensch durch ‚Verzicht‘ auf die Postulate seine Vernunft von ihrem eigenen Sinnbedürfnis losreißt (VIII 145f).

Keine Hoffnung hegen zu dürfen auf Gott als Weltvollender, im Vertrauen auf die Annahme, ein „*moralisches Wesen*" sei der „*Urgrund der Schöpfung*" (KU 433f), bedeutet für Kant ein der *Sinnleere* Preisgegebensein des Menschen, das Nietzsche denkend durchlitten hat. Eine jenem vom Gottesverlust Gepeinigten vielleicht kindlich naiv scheinende, doch starke Antwort Kants lautet: „Genug, daß *Alles* unter der göttlichen Direction stehet; das ist hinreichend, ein ungemessenes Zutrauen auf Gott zu setzen." (R 211) Auch wenn Gottes Wille mir unverfügbar und unbekannt ist, nehme ich praktisch postulatorisch an, daß „alles Gute in der Welt" sich verhält zum Willen Gottes.[70] (R 127) Gottes *Güte* habe den Menschen – Augustinische Schöpfungslehre klingt an – „gleichsam ins Dasein gerufen" (VI 143). Das Hoffen auf „unsere ewige Existenz", theoretisch offen, entspringt sittlicher Teleologie (KU 443). Der praktische Glaube an das lautere Gütesein von Gottes Willen stimmt zum Wort des Paulus in *Römer* 8, 28, wonach denen, die Gott lieben, alles zum Besten mitwirke. Diese teleologisch eschatologische Dimension wird hier also ergänzt um die ‚archäologisch‘ schöpfungstheologische, durch mein von Gott ins Dasein Gerufensein.

In einer späten Reflexion zur Beschaffenheit des Menschen als „Erscheinung eines Gottlichen Geschopfs" erinnert Kant das Wort in *Genesis* 1, 31 (: „Gott sah alles an, was er gemacht hatte; es war sehr gut"): „Was Gott that, ist alles gut" (XVIII 440; Refl. 6057). Und er zitiert Jesu Wort aus *Lukas* 18, 19: „Niemand ist gut als der einige Gott" (XVIII 606; Refl. 6310). Im Zusammenhang der Theodizeefrage Hiobs, der „ohne sclavische Ängstlichkeit" vor Gott klagt, wiegt umso gewichtiger das Wort: „Die Regierung Gottes ist nicht despotisch, sondern väterlich". Sklavisch Glaubende hingegen suchen „tyrannisch" andere zu ihrem Glauben zu bewegen (XVIII 445f; Refl. 6087). Zur *Apologie* göttlicher Gerechtigkeit nimmt Kant Leibniz' *Theodizee* auf (R 147ff).[71]

---

70 Platon bestimmt in der *Politeia* (379abc) Gott als wesentlich gut und auch als allein Ursache für alles Gute.

71 Zu Kants kritisch konstruktiver Aufnahme und Verbesserung von Leibniz' *Theodizee* vgl. z.B. XVII 236ff.

Wie in der *Kritik der praktischen Vernunft* leitet Kant in der *Kritik der Urteilskraft* aus dem Postulat eines Einklangs von personaler Sittlichkeit und erhoffter Glückseligkeit die praktisch notwendige Annahme des Daseins Gottes ab: Wir müssen eine „moralische Weltursache (einen Welturheber) annehmen, um uns, gemäß dem moralischen Gesetz, einen Endzweck vorzusetzen; und, so weit als das letztere notwendig ist, so weit (d.i. in demselben Grade und aus demselben Grunde) ist auch das erstere notwendig anzunehmen: nämlich es sei ein Gott." (KU 424) Das Gottespostulat folgt aus dem Postulat der Realisierbarkeit des höchsten (abgeleiteten) Gutes, worin das Walten göttlicher Gerechtigkeit eingeschlossen ist.

Kants moralisches Argument für das Dasein Gottes ist gemäß der negativen Theologie der rein theoretischen Vernunft kein objektiv-gültiger Beweis, der zwingend dem „Zweifelgläubigen" (– im Terminus „*Zweifelglaube*"[72] erweitert Kant feinsinnig die Typik des skeptischen Atheisten, der hin- und hergerissen ist zwischen wohl Glaubenwollen und doch Zweifelnmüssen (KU 464), –) seine Zweifel, „daß ein Gott sei", aus der Hand schlüge, sondern eine Aufforderung an jeden, der sittlich konsequent zu denken beansprucht, er müsse Gottes Dasein „unter die Maximen seiner praktischen Vernunft ... *aufnehmen*"! (KU 425 nota) Die Realisierung des Endzwecks, insonderheit Glück als Folge der Moralität, liegt nicht in unsrer Macht, muß aber geschehen können. Der Idee Gottes kommt subjektiv-praktische Realität zu, d.h., die Wirklichkeit eines alles vermögenden Urwesens, das als die höchste sittlich- praktische Vernunft sowohl über „Natureinsicht" als auch über „moralische Weisheit" verfügt, ist auf den praktischen Vernunftgebrauch eingeschränkt. – Der Verlust

---

72 Den existentiell eindringlichen *Zweifel* im Hinblick auf die *Theodizee* erörtert Kant am Beispiel Hiobs. Der Erkenntnisrestriktion gemäß ist die „negative Weisheit", daß „unsre Vernunft zur Einsicht *des Verhältnisses, in welchem eine Welt, so wie wir sie durch Erfahrung immer kennen mögen, zu der höchsten Weisheit stehe*, schlechterdings unvermögend sei" (VIII 263). Kein „Machtspruch der moralisch-gläubigen Vernunft" vermag daher für die „*Rechtfertigung* der Vorsehung" so einzutreten, daß „der *Zweifelnde* ... befriedigt" wird (ebd. 262). Dienen darf der *Zweifel* aber als Leitfaden zur „Beschränkung unsrer Anmaßungen", Gottes Wege begreifen zu wollen, damit wir zur „sittlichen Idee" des „höchsten Guts" in unserer praktischen Vernunft durchdringen (263). Fruchtlos sind Disputationen „spekulativer Vernunft" in Anklage oder „frommer Demut" (ebd. 265f). „Glauben" konnte nur in Hiobs „Seele ... kommen" durch die „Auflösung seiner Zweifel", kraft „Überführung von seiner Unwissenheit", und da er „mitten unter seinen lebhaftesten Zweifeln", – Kant zitiert rühmend *Hiob* 27, 5: „Bis daß mein Ende kommt, will ich nicht weichen ...", – dennoch an seiner Frömmigkeit festhält. Hierin erblickt Kant die von ihm gelehrte Fundierungsordnung: Glaube gründet in Moralität, nicht umgekehrt (ebd. 267). Der Glaube, so bemerkt Kant würdigend, „so schwach er auch sein mag", sei „doch allein lauter und ächter Art", – was bedeutet, er gründe „eine Religion nicht der Gunstbewerbung, sondern des guten Lebenswandels" (ebd.).

an erfahrungsfreier vermeintlicher Einsicht wird gut aufgewogen dadurch, daß unser „denkendes Selbst" dagegen gesichert ist, an den *Materialismus* zu verfallen. Keine Handlung oder Erscheinung unseres inneren Sinns könne „materialistisch erklärt" werden, und unmöglich sei ein Erkenntnisurteil über Fortdauer oder Nichtdauer unserer „Persönlichkeit nach dem Tode" (KU 442f). Denn das Ergebnis der ersten *Kritik* war, daß mit der Bestreitung doktrinärer Beweise aus Vernunft auch alle doktrinären Negationen, *Materialismus der Seelenlehre* und *Atheismus* hinfällig sind (KrV 420f, 668f).

Kant unterscheidet für die theoretische Erkenntnis Beweisgründe von unterschiedlichem Grade an Stärke: 1) Beweise durch „logisch-strenge *Vernunftschlüsse*", 2) Schlüsse nach der Analogie, 3) die wahrscheinliche Meinung, 4) die *Hypothese* als möglicher Erklärungsgrund. Die Erhärtung für jenen „Satz von der Existenz eines Urwesens" leistet keiner dieser theoretischen Beweisgründe, weil zur Inhaltsbestimmung von Ideen des Übersinnlichen „gar kein Stoff da ist", dem Wesen der Wesen, das über die Natur hinaus ist, keine uns mögliche Anschauung korrespondiert (KU 447-454). Durch *Analogie* gibt Kant methodisch einen ‚Verhältnisbegriff' für solche Dinge oder Ideen, die uns „absolut unbekannt" sind, sinnreich z.B.: Wie „die Beförderung des Glücks der Kinder" sich verhält „zu der Liebe der Eltern …, so die Wohlfahrt des menschlichen Geschlechts … zu dem Unbekannten in Gott …, welches wir Liebe nennen" (IV 358 nota; vgl. *Psalm* 103,13). Gott nach der *Analogie* uns denken dürfen wir also „ungetadelt"(!) als Gegenstand in der Idee, nicht Realität (KrV 724f).

Kant zielt statt des Wissens auf eine andere „Art des Fürwahrhaltens", nämlich den praktischen Glauben als Habitus eines „freies Fürwahrhaltens" von etwas, das dogmatisch unbeweisbar bleibt (KU 462f). Bedenkt man die Art, wie etwas für uns, gemäß der Beschaffenheit unserer Vermögen zu erkennen, Objekt unseres Vorstellens, in theoretischer oder praktischer Absicht, sein kann, so lassen sich mit Kant Sachen der „*Meinung* (opinabile), *Tatsachen* (scibile), und *Glaubenssachen* (mere credibile)" voneinander unterscheiden (KU 454). Zu den letzteren gehört die Vorstellung einer Verwirklichung des höchsten abgeleiteten und die Annahme des höchsten ursprünglichen Gutes.

Beide sind keine möglichen Inhalte theoretischen Erkennens, müssen aber in Bezug auf den pflichtgemäßen Gebrauch der Vernunft als real vorgestellt und sollen bejaht werden, wiewohl sie theoretisch überschwänglich sind. Sie sind, ebenso wie die Annahme „unserer ewigen Existenz" (KU 443), insofern reine „*Glaubenssachen*", besser ausgedrückt: „*res fidei*", worin das von Kant gern hervorgehobene feste Zutrauen liegt. Den Begriff eines solchen Vertrauens nimmt die Vernunft frei auf von der christlichen Religion, deren Hintergrund die dialogisch-personale Dimension der *Treue* bildet, die für den biblischen Gott bezeugt ist. Dies Vertrauen der Vernunft, das seine Kraft atmosphärisch aus dem Christentum herleitet, zielt ab auf die von uns selbst mit dem Sittengesetz verknüpfte erhoffte Verheißung der Erreichbarkeit bzw. Gewährung des höchsten Endzwecks.[73] Ein solcher Glaube wird von Kant als ein „beharrlicher Grundsatz des Gemüts" charakterisiert; sonach ist er als beständiger Habitus eine Tugend, mehr als ein bloß singulärer Aktus (KU 462f).

Einen „dogmatischen *Unglauben*", der theoretisch kaum argumentationskräftig ist, vertritt aber, wer jenen Vernunftideen kategorisch jegliche Realität abspricht. Allein Gegenstände der reinen Vernunft können durch ein „freies Fürwahrhalten" echte „res fidei" sein (KU 458, 463f), und zwar nicht der reinen spekulativen, sondern der praktischen Vernunft. Es handelt sich um Ideen, denen theoretisch keine objektive Realität zu sichern ist, die aber real sind im Hinblick auf den von uns zu bewirkenden Endzweck (das höchste abgeleitete Gut), durch den wir dessen würdig werden können, selbst, nämlich als Subjekte sittlichen Handelns, *Endzweck* einer *Schöpfung* zu sein. Die erörterten Glaubensinhalte der reinen Vernunft gilt es anzunehmen, das heißt, ihnen in kraft Glaubens im Sinne solchen freien Fürwahrhaltens Realität zu verschaffen. Die entscheidenden, ja für Kant die einzigen vernünftig legitimierbaren Inhalte einer solchen „*res fidei*" sind die Postulate vom Dasein Gottes, von der Seelenunsterblichkeit, und unmittelbar mit dem Bewußtsein des Sittengesetzes verbunden: die Freiheit. Die Erkenntnisart dieser drei als seiend postulierten Objekte: Gott, ewige Seele und ihre Freiheit ist weder Meinen noch Wissen von ihrer Existenz und besonderen Beschaffenheit, sondern einzig ein praktisch freies Bejahen ihres Seins. Außerhalb der Sphäre der Postulate hieße ein „*Meinen* so viel, als mit Gedanken Spielen" (KrV 803).

Im indirekten Beweisgang leitet Kant Gottes Dasein moralphilosophisch aus dem Endzweck ab. „Ohne Gott und Unsterblichkeit anzunehmen" sieht die spekulative Vernunft (ob der Grenze unseres physischen Vermögens und mangelnder Mitwirkung der Natur) die „Unausführbarkeit" der Zwecke zum höchsten Gut hin, also den Mißerfolg unseres Wohlverhaltens, und muß daher den Endzweck als eine zwar „wohlgemeinte", aber unbegründete, „nichtige" Erwartung ansehen, ja, könnte sie ihres Urteils gewiß sein, „das moralische Gesetz selbst als bloße Täuschung unserer Vernunft"! Da es solche negative Gewißheit jedoch nicht gibt, jene Ideen aber, deren Gegenstand über die Natur (in uns und außer uns) hinaus liegt, widerspruchsfrei gedacht werden können, so wird die Vernunft „für ihr praktisches Gesetz" und die aus ihm entspringende

---

[73] Das Gottespostulat im *Opus postumum*: „Da nun Weisheit, in strikter Bedeutung, nur *Gott* beygelegt werden kann und ein solches Wesen zugleich mit aller Macht begabt sseyn muß; weil ohne diese der Endzweck (das höchste Gut) eine Idee ohne Realität seyn würde; so wird der Satz: *es ist ein Gott ein Existenzialsatz*." (XXI, 149)

Aufgabe, das höchste abgeleitete Gut (: Glückseligkeit übereinstimmend mit Pflichterfüllung) anzustreben, „jene Ideen als real anerkennen müssen, um nicht mit sich selbst in Widerspruch" zu geraten (KU 461 *nota*). Die mit sich selbst einstimmige sittliche Vernunft wagt ihr *Hoffen* auf Gottes Güte.

Der moralische Gottesbeweis verleiht der Physikotheologie rückwirkend eine neue Bedeutung. Die konjunktivische Redeweise einer Philosophie des ‚Als ob' gewinnt vor dem Hintergrund des moralischen Gottesbeweises überraschend einen affirmativen Sinn: Wir betrachten die Natur so, als ob nichts in ihr „umsonst" da sei; dies kann aufgrund des moralischen Gottesbeweises positiv bejaht werden, ohne mit dieser Affirmation eine *Erkenntnis* des Seins der Natur zu beanspruchen. Gott ist für die reflektierende Urteilskraft nach Begriffen praktischer Vernunft bestimmbar als sittlicher „Urgrund der Schöpfung" (KU 433). Gott ist allein für die reflektierende, nicht für die bestimmend subsumierende Urteilskraft; er ist ein vom Ich entworfner idealer Vorstellungsinhalt, der weder sein Wesen noch seine Existenz zu sichern vermag, jedoch Hoffnungsadressat bleibt.

Die Idealisten heben die von Kant klar unterschiedenen Explikationsrichtungen im Begriff des höchsten Gutes auf, wonach es Ideal für den Einzelnen, Weltvollkommenheit und Gott selbst ist. Sie verändern infolgedessen den Sinn der Postulate. Bei Fichte ist Gott die sittliche Weltordnung; für den frühen Schelling ist die intellektuelle Anschauung Gottes im endlichen Ich Grund seiner praktischen Freiheit.[74] Im *Ältesten Systemprogramm des deutschen Idealismus* wird die Hegel und Schelling gemeinsame Intention in die Forderung gefaßt: „Absolute Freiheit aller Geister, die die intellektuelle Welt in sich tragen, und weder Gott noch Unsterblichkeit *außer sich* suchen dürfen".[75]

e) *Kants* Opus postumum: *„Bußtag ... Seeleneindringend"* – *Gott als „Hypothesis des Herzens"*

Das Sinngefüge der drei *Kritiken* schimmert durch in Reflexionen, in denen Kant zugleich rühmt, der Erkenntnis Gottes komme „höchste Würde" zu, und ineins sich beklagt, wie „sehr armseelig" solche Erkenntnis sei, was der Erkenntnisrestriktion der ersten *Kritik* entspricht. Die Erkenntnis von Natur und Sitten mit ihr zu „krönen" dadurch, daß wir alles „im höchsten

---

74 Im Brief an Schelling vom 31. Mai 1801 erklärt Fichte, daß er ein *„System der Geisterwelt"* zu begründen sucht, welches „unbegreiflicher RealGrund der Getrenntheit der Einzelnen" ist und zugleich als „ideales Band aller = Gott". Dies ist es, „was ich intelligible Welt nenne. Diese letzte Synthesis ist die höchste" (GA III/ 5, 48).

75 Hegel: GW 2, *Frühe Schriften*, hg. von W. Jaeschke, 616. – Vgl. Klaus Düsing: Die Rezeption der Kantischen Postulatenlehre in den frühen philosophischen Entwürfen Schellings und Hegels, in ders.: *Kant Klassiker* (s. nota 22), 195-228.

Zusammenhange betrachten", ist – was die teleologische Reflexion der dritten *Kritik* unternimmt, – unsere Berufung. Dabei gelte es nicht, zu erforschen, „was Gott sey", sondern, was wir in der Beziehung auf ihn „seyn sollen" (XVIII 517; Refl. 6228). In der Zentralstellung von Sittengesetz und höchstem Gut scheint die zweite *Kritik* auf. In der „Moraltheologie" nun sei es genug vorauszusetzen, daß es „moglich sey, daß ein Gott sey" und daß keiner dessen Nichtsein jemals beweisen könne (XVIII 519; Refl. 6236).

Im *Opus postumum* notiert Kant gegensätzliche Weisen des Verhaltens des Ich zum Absolutem: „*Gott*losigkeit und *Gottes*furcht, Gottseelig". Die Sinngenese der monotheistischen Idee von Gott erklärt er, indem er im Sinne seiner Vernunftkritik auf deren allein praktisch erreichbare objektive Realität abhebt: „Der Begriff von Gott ist die Idee von einem über alle Weltwesen physisch und moralisch machthabenden Wesen (das also nur Eines seyn kann welches für sich selbst nicht in Raumes und Zeitverhältnissen bestimmbar gedacht werden kan). Daß ein solches Wesen sey zeigt die moralisch/ practische Vernunft im *categorischen Imperativ* in der Freyheit unter Gesetzen in der Erkentnis aller Pflichten als göttlicher Gebote." (XXII 108) So verdichtet Kant überaus prägnant seinen moralischen Gotteserweis. Erkenntnistheoretisch gilt die Metareflexion: „Der Satz: es ist ein Gott ist eine nothwendige Hypothese der reinen practischen Vernunft" (XXI 151) kürzer: Gott ist ein „Axiom" der praktischen Vernunft (XXII 108). Ein höchstes ursprüngliches Gut müssen wir annehmen, dessen Begriff „objectiv practische Realität" zukommt, wiewohl er in theoretischer Hinsicht „*transcendent*", daher nur Gegenstand des *Glaubens* ist (XVIII 718; Refl. 6443).

Kant ringt im *Opus postumum* um die Bestimmung der Relation von absolutem Nichtwissen des Absoluten und praktischem Beweisenwollen, daß Gott sei. „Der categorische Imperativ und das darauf gegründete Erkentnis aller Menschen Pflichten als Göttlicher Gebote ist der practische Beweis(!) vom Daseyn Gottes. Es ist fanatisch vom Daseyn und einer Wirkung die nur von Gott ausgehen kann eine Erfahrung ... die darauf hinwiese zu haben oder auch sie nur zu verlangen"! (XXI 74) So brandmarkt Kant die Hybris eines über Gott Verfügenwollens. Die hohe Spannung von theoretischem Nichtwissen und praktischem Glauben eskaliert hier und entlädt sich in der nicht epistemischen Rede über ein objektiv Reales, das dennoch undemonstrierbar bleibt, das der Eine Gott ist und sein wird. Der „cosmotheologische Satz: ‚es ist ein Gott' muß im moralisch/ practischen Verhältnis eben so verehrt und befolgt werden als ob er von dem höchsten Wesen ausgesprochen wäre obzwar in technisch/ practischer Rücksicht kein Beweis davon statt findet und die Erscheinung eines solchen Wesens zu glauben ... ein schwärmerischer Wahn seyn würde". „Schlechthin aber kann gesagt werden: ‚es sind nicht Götter; es sind nicht Welten', sondern:

‚Es ist Eine Welt und es ist Ein Gott' in der Vernunft als practisch/ bestimmendes Princip." (XXI 21) Er definiert wie in der *Religion*sschrift, dem (theoretisch leeren) Gottesbegriff durch das Sittengesetz ideellen Gehalt verleihend: „Die Idee von *Gott* ist der Gedanke von einem Wesen vor dem alle Menschenpflichten zugleich als seine Gebote geltend sind." (XXII 58)

Die ontologische Dimension der Gottesidee und ihrer Prädikate wird im *Opus postumum* von Kant nicht mehr, wie er es im argumentativen Sinngefüge seiner *Kritiken* entwickelt hat, praktisch begründet. Auch ist hier kaum mehr das höchste abgeleitete Gut als Zweck des endlichen Willens Grund des Gottespostulats. Die im *Opus postumum* neue metaphysische Konzeption findet sich in der Schlüsselidee ausgesagt, der Mensch sei *Copula* zwischen Welt und Gott (XXI 27, 32, 37, 54). „Drey Principien: Gott, die Welt und der Begriff des sie vereinigenden Subjects welches in diese Begriffe synthetische Einheit bringt (a priori), indem die Vernunft jene transcendentale Einheit selbst macht" (XXI 23). Diese späteste Metaphysik der neunziger Jahre ist von Kant nicht mehr ausgeführt worden. In ihr ist das ‚höchste Gut' als Zentrum praktisch dogmatischer Metaphysik und Ableitungsgrund für das Postulat zum Dasein Gottes nahezu verschwunden[76] und ersetzt durch die Idee, die fortan zum ‚höchsten Standpunkt der Transzendentalphilosophie' gehören soll, Gott sei der kategorische Imperativ in uns. „*Es ist ein Gott*. – Es ist ein Wesen in mir was von mir unterschieden ... mich innerlich richtet (rechtfertigt oder Verdammt) und ich der Mensch bin selbst dieses Wesen ... Diese unerklärliche innere Beschaffenheit entdeckt sich durch ein Factum, den categorischen Pflichtimperativ (nexus finalis) Gott" (XXI 25). Den Pflichtimperativ in seiner vorbildlichen Klarheit und Strenge findet Kant im Dekalog (ebd.). Die Frage aber: „Was ist Gott? – Es ist das einige im moralisch/ practischen Verhältnis (d.i. nach dem categorischen Imperativ) unbedingt gebietende alle Gewalt über die Natur ausübende Wesen. – Dieses ist schon im Begriffe von ihm ein einiges: Ens summum, summa intelligentia, summum bonum und der Gedanke von ihm ist zugleich der Glaube an ihn und seine Persönlichkeit." (XXII 61f) „Ein Wesen was das Ganze aller möglichen Sinnengegenstände in sich faßt, ist die *Welt* [Ein Wesen in Beziehung auf welches alle Menschenpflichten zugleich seine Gebote sind ist Gott]" (XXI 21).

Das von Gott ‚Gegebene' ist die im freien Ich vorgefundene Gewissensregung, die, ohne reale Epiphanie eines Göttlichen zu sein, sittlicher und

---

76 Zum Verschwinden des ‚höchsten Gutes' im *Opus postumum* s. Wimmer: *Kritische Religion* (s. nota 21), 221-270, bes. 227; zu „Weltseele und Gott" im *Opus postumum*, s. Düsing: *Teleologie Kants* (s. nota 60), 189-197; s. auch Burkhard Tuschling: *Metaphysische und transzendentale Dynamik in Kants opus postumum*, Berlin 1971.

durchaus auch religiöser Deutung offen steht, – wobei ein Betroffensein, das bis zur Reue, Buße und Umkehr reicht, Gottes Heiligkeit gemäß ist, von der ein Richten, Rechtfertigen oder Verdammen ausgeht, das an Paulus und Luther gemahnt: „Der marternde Vorwurf des Gewissens ist die Stimme Gottes in der *praktischen* Vernunft". „Ein *Bettag* ist ein ganz überflüssiges Ding welches alle Sonntag abgekanzelt wird und nichts bewirkt. – Aber ein *Bußtag* Kraftvoll und Seeleneindringend vorgetragen ist ein warer *Heiligentag*". – „Was ist *heilig* und wer ist der einzige Heilige. Das Urbild desselben ist das höchste Gut in Person" (XXI 149f). Das praktische Ich ist es, das die Gottesidee entwirft und a priori dessen inne ist, – wie es auch Hegels Auffassung gemäß dem *Johannes-Evangelium* ist, – Gott ist „Geist" (XXII 58) und nichts Materielles. „*Gott der höchste* ist nicht ein Gegenstand der Anschauung denn die wäre empirische Vorstellung sondern nur des Denkens." Kurz gesagt: „*Gott* ist kein durch Sinne des Menschen erkennbares Wesen." (XXI 148, 142) Was Fichte leugnet und um 1800 den Atheismusstreit um ihn auslöste, lehrt Kant mit Nachdruck: „Das höchste Ideal als Person (deren nur eine *einzige* seyn kann) ist *Gott*" (XXI 30). „Gott ist eine Idee der bloßen reinen Vernunft, – kein Gegenstand der Sinne (nicht durch diese gegeben), vorgestellt als eine *Person* ... – Wir müssen uns ein Wesen machen gegen welches wir Dankbarkeit, Verehrung so wie auch Wohltätigkeit ausüben und unmittelbar um unser selbst willen. – Ohne dergleichen edle Gefühle sind wir lohnsüchtig, nur für uns" (XXI 144). – In diesen und den folgenden Äußerungen zeigen sich Kants persönliche, christliche Hintergründe, deren letztlich aufgeklärte Vernünftigkeit durch Argumentationen der reinen Vernunft hervorgehoben werden soll. „Es ist *Ein Gott*, der alles *weiß kann* und *hat*" und dessen „Idee ein moralisch/ practisches Postulat und kein leerer Begriff ist", – wie es im theoretischen Vernunftgebrauch der Fall ist. Das „*All* der Wesen ist Gott und die Welt. Diese Ideen stehen im dynamisch/ moralischen Verhältnis der blos *dichtenden* Vernunft" (XXI 144). Der von Kant immer wieder freimütig zugestandene, scheinbar *fiktionale*, nur dem Anschein nach religionskritische, eher: vernünftig-spontan entworfene Charakter praktischer Ideen ist für ihn wohl unvermeidbar, nicht aber fatal, was in Nietzsches Sinn ihr Unglaubwürdigwerden hieße.

Luthers Rechtfertigungslehre aufklärerisch umdeutend, sucht Kant Theonomie zum integralen Bestandteil einer autonomen Selbstrechtfertigung zu machen, ohne dabei den lebendigen Gott zu verlieren: „Der heilige Geist richtet straft und absolvirt durch den categorischen Pflichtimperativ vermittelst der moralisch/ practischen Vernunft.... . Der Begriff von Gott und der Persönlichkeit des Gedankens von einem solchen Wesen hat Realität" (XXII 60). Beachtlich religiös verlautet Kants Reflexion „Gott hat den Menschen nicht unabhängigkeit von ihm (Gott) selbst", sondern praktische Freiheit von sinnlichen Triebfedern verliehen (XVIII 439; Refl. 6057). Der „heilige Geist" oder „Geist Gottes" erhält, im Horizont des praktischen Gottespostulats, eine beachtliche Funktion zugewiesen, wie Reflexionen der achtziger Jahre bezeugen. Dessen Notwendigkeit für uns lautet in einer philosophischen Nominaldefinition: „Das, was den freyen Handlungen das *complementum ad sufficientiam* zu gottlichen moralischen Zweken (der Heiligkeit) giebt, heißt der Geist Gottes." Anders als in der ersten *Kritik*, nach der die Vorstellung von der Realität Gottes, und anders als in der zweiten *Kritik*, nach der das Geistesgefühl der Achtung das *principium executionis* des Sittengesetzes ist, sagt Kant dort: „Der Geist Gottes ist das, was den moralischen Gesetzen bewegende Kraft giebt, also ein inneres moralisches Leben ... Alles moralisch Gute in uns ist Wirkung des Geistes Gottes, und uns wird imputirt, daß wir diesem Platz verstatten." (XVIII 474; Refl. 6167)[77] Vom „Sohn Gottes" beginnt eine späte Reflexion, die fragt, woher ein Geschöpf, wenn ihm „der Gottmensch" zum „Urbilde dient", das er in keinem Geschöpf findet, das Vermögen nimmt, diesem *guten Willen* „adäqvat zu seyn?" Da aber „kein Geschöpf in irgend einem Zeitpunct ihm völlig adäqvat seyn kan, so muß etwas seyn", – so das gleichsam trinitarisch erweiterte Gottespostulat, dessen Seinsmacht aus der Transzendenz in die Immanenz hineinragt, – das ihm in Hinblick auf ein Fortschreiten „ins Unendliche zur Leitung dienen und Muth geben kan [d.i. der Gottmensch]. Dieses Zutrauen kan das Geschöpf auch nicht aus sich selbst fassen. Also nur, indem er sich der heiligen, zugleich aber auch gütigen Vorsorge getröstet ... Das ist der heiligende Geist, der Qvell des Moralischen Lebens, der Zugleich richtet." (XVIII 605f; Refl. 6310)

In Anknüpfung an Baumgartens Erörterung von Gottes Immutabilität setzt Kant dem antiken Topos der *Unveränderlichkeit* Gottes (Aristoteles: *proton kinoun akineton*), aus dem folge, Gott bleibe als immer der selbige „gleich gnädig" und gerecht und nur anthropomorphistisch sei vorstellbar, „Gott könne wieder gnädig werden, wenn er vorher erzürnet war" (XXVIII 1039), als Pendant ein *Entweder/Oder* im menschlichen *Willen* entgegen: Auf uns kommt es an, „ob wir Gegenstände seiner Gnade, oder seiner strafenden Gerechtigkeit werden wollen"! „*In uns* gehet also eine Veränderung vor; unsere Relation, in der wir zu Gott stehen, wird geändert, wenn wir uns bessern, dergestalt, daß, wenn vorher unser Verhältniß zu Gott die Relation strafwürdiger Sünder zu einem gerechten Gott war, nunmehr, nach unserer Besserung, dies Verhältniß aufgehoben, und dagegen die Relation rechtschaffener Tugendfreunde an

---

77 Neutestamentliche Hintergründe zum *Geist Gottes* oder *heiligen Geist*, – *Parakletos*, von Martin Luther mit Tröster und Ermahner übersetzt, – könnten für Kant Worte sein wie: „Den Geist löscht nicht aus"! (1Thess 5, 19) „Wißt ihr nicht, daß euer Leib ein Tempel des heiligen Geistes ist und Gottes Geist in euch wohnt?" (1Kor 3, 16)

jene Stelle tritt" (ebd.) Das Motiv der Selbstbesserung als ein von Sünde sich Absolvieren, bzw. das aus eigener Anstrengung, rein durch sich, seine Gottesbeziehung erneuern zu wollen erinnert, in der Heil suchenden Hinsicht, an Pelagius. Kants Textfortsetzung hier substituiert eine gleichwohl auch erforderliche göttliche „Kraft", einen quasi theonom erfolgenden „Einfluß" auf uns, dessen Gewinn wiederum fundiert sei in der Arbeit der Person an sich selbst, in einem paradoxen aktiv sich empfänglich Machen für Gottes „Kraft", deren Auswirkung auf uns wir zulassen: „wir selbst werden dadurch, daß wir an unserer Besserung arbeiten, des Einflusses seiner Kraft fähiger und in höherm Grade theilhaftig", ja „*wir* empfinden"(!) den Einfluß göttlicher Kraft „stärker, weil wir ihm nicht mehr widerstehen" (ebd.).[78] So gesteht der Verfechter der Autonomie die Suche göttlicher Kraft in unserer Seele zu.

Das moralische „Bedürfnis" der Vernunft zum Entwurf der Gottesidee sei nicht *pathologisch* bedingt, entspringe nicht Motiven der Selbstliebe, – so betont Kant gleichsam wider die Lehre Sigmund Freuds; denn sittliche Vernunft entwirft im „lebendigen Gott" nicht nur den, auf dessen Güte wir hoffen, sondern dessen „Heiligkeit wir fürchten", da allein der Gedanke an ihn angesichts der „Ungewisheit der Reinigkeit" unsrer Handlungen „mehr furchtbar als anlockend" oder für uns einschmeichelnd ist. Unsere sittlich gesetzgebende Vernunft stellt sich Gott vor als „nach moralischen Gesetzen das hochste Gut für die Welt entwerfend" (XVIII 724f; Refl. 6454).

Die christliche Moral von ihrer philosophischen Seite lehrt für Kant das *Ideal der Heiligkeit* (KpV 149). Der Christ, als Ideal verstanden, ist ein Urbild sittlicher Vollkommenheit, das heilig ist durch göttliche Beihilfe. Ihm entspricht eine Reinheit der Sitten und des Herzens, die gemäß Jesu Bergpredigt (Mt 5, 8. 28), vor den „Augen Gottes bestehen" kann. Diese Idee, *coram Deo* zu sein, nennt Kant einen „Probirstein", an dem wir uns prüfen können, insofern „unser Gewissen als Stellvertreter eines höchsten (inneren) Richters als Herzenskündigers die Handlungen beurtheilt" (XIX 309; Refl. 7312, Mitte der achtziger Jahre). Kant bringt hier, Luthers Konzept vom Gewissen als Vor-Gott-sein nahe,[79] Selbsterkenntnis und Gottesbewußtsein in eine Synopse.

In Reflexionen der späten siebziger Jahre, weit früher als das *Opus postumum*, nimmt Kant das Problem des höchsten Gutes auf, indem er die *Antinomie*

---

[78] Im *Neuen Testament* ist der Terminus „Kraft" (griech. Dynamis) Gottes häufig in Gebrauch, z.B. bei Paulus: Das Evangelium ist „Gottes Kraft zur Rettung für jeden, der glaubt" (*Römer* 1, 16). „Denn das Wort vom Kreuz ist eine Torheit denen, die verloren gehen, uns aber ... ist es eine Gotteskraft" (1*Korinther* 1, 18). Kant als einem Bibelkenner dürften einschlägige Stellen vertraut gewesen sein.

[79] Vgl. Emanuel Hirsch: *Lutherstudien* Bd 1: *Zu Luthers Lehre vom Gewissen*, Gütersloh 1954, 128f, 140f, 179f.

der praktischen Vernunft (vgl. KpV 204f) in Person und Lehre Jesu auf neue Art zum Leuchten bringt, ihre Auflösung an den *Glauben* an Gott als Weltvollender bindet und dabei *Gut* und *Böse* schroff voneinander sondert. „Der Lehrer des evangelii setzte mit recht zum Grunde, daß die zwey principia des Verhaltens, Tugend und Glükseeligkeit, verschieden und ursprünglich wären. Er bewies, daß die Verknüpfung davon nicht in der Natur (dieser Welt) liege. Er sagte, man köne sie jedoch getrost glauben. Aber er setzte die Bedingung hoch an und nach dem heiligsten Gesetz. Zeigte die Menschliche Gebrechlichkeit und Bösartigkeit ... und, indem er das Urtheil dadurch geschärft hatte, so ließ er nichts übrig als Himmel und Hölle, das sind Richtersprüche nach der strengsten Beurtheilung" (XIX 238; Refl. 7060). Diese strengste Beurteilung nach dem höchsten Maßstab hat für Kant ausdrücklich ihre Quelle im *Neuen Testament*. „Das summum bonum der philosophischen secten konnte nur statt finden, wenn man annahm, der Mensch könne dem moralischen Gesetz adäquat sein. Zu dem Ende mußte man entweder seine Handlungen mit moralischem Eigendünkel vortheilhaft auslegen oder das moralische Gesetz sehr nachsichtlich machen." Das Novum lautet: „Der Christ kan die Gebrechlichkeit seines Persöhnlichen werths erkennen und doch hoffen, des höchsten Gutes selbst unter Bedingung des heiligsten Gesetzes theilhaftig zu werden" (XIX 187; Refl. 6872, Mitte der achtziger Jahre).[80] Hier schimmert lutherische rechtfertigende Gnade durch.

Kant rühmt zur *Verheißung* des *höchsten Gutes* das Christentum, „diese wundersame Religion", die „bestimmtere" und „reinere" Begriffe des Sittlichen gelehrt habe (KU 462f nota). „Socrates und Christus sind himmelweit in der moral von einander unterschieden ... Die alten hatten keinen Begrif von der Heiligkeit, d.i. von der Moralischen reinigkeit des Herzens" (XVII 743f). Um Religion im Gemeinwesen *„lauter und ... kraftvoll"* zur Auswirkung zu bringen, bedarf es der Fähigkeit und Neigung der Mitglieder, nicht allein diesen „hergebrachten frommen Lehren, sondern auch der durch sie erleuchteten praktischen Vernunft ... Gehör zu geben" (VIII 336). Diese erkennt, „durch meine Kräfte allein" ist das höchste Gut „unausführbar" (VIII 397 nota).

Gott ist Person, er ist nicht in der Welt, aber er ist seinen Geschöpfen, das sind für Kant diejenigen Wesen, die durch den göttlichen freien Willen aus dem Nichts erschaffen worden sind, „innigst gegenwärtig" (R 205). Ihnen offenbart er sich, nach dem *Opus postumum*, als der real Existierende im kategorischen Imperativ. Die Idee von einem Wesen, so deduziert Kant frei, „vor dem sich alle

---

80 Zum Problem eines zu erhoffenden Glücks auch im Angesicht der Gebrechlichkeit des eigenen Wertes s. *Eine Vorlesung Kants über Ethik* (*Sigle*: E), hg. von Paul Menzer, Berlin 1924, 157-160.

Kniee beugen'" (vgl. *Philipper* 2, 10),[81] geht aus diesem Imperativ hervor. Subjektiv praktischer Vernunft gemäß muß Gott als heiliger Wille gedacht werden, dem eine „gesetzgeberische Gewalt *(potestas legislatoria)*" zukommt, unserer sittlichen Pflicht Nachdruck zu verleihen (XXII 122, 126). Ein Wort der Areopagrede des Paulus: „In ihm leben, weben und sind wir" (Act 17, 28) greift Kant auf und verleiht ihm religionsphilosophisch zwei charakteristische Bedeutungen: zum einen die schöpfungstheologische, zum andern die transzendentalidealistisch reflektierte *teleologische*, in eins *moraltheologische*: „In ihm, d.i. durch sein allvermögendes Werde der Welt *leben, weben* (bewegen) und sind wir agimus, facimus, operamur)" (XXII 62). Im ‚Werde' klingt das *fiat* aus *Genesis* 1, nach der *Vulgata* an, im Hebräischen bara, für Augustinus das *fiat ex nihilo*. – Gegen eine *mystische Präsenz* Gottes in uns, im *Opus postumum* mit Spinoza identifiziert, wonach wir alle Dinge in Gott intellektuell schauen und er so theoretisch in uns ist,[82] richtet sich das neu variierte Wort: „In ihr, der Idee von Gott als moralische Wesen, leben, weben und sind wir; angetrieben durchs Erkentnis unserer Pflichten *als Göttlicher Gebote*." (XXII 118) So darf der sittlich Handelnde wohl der tröstlichen Nähe Gottes – aus moralisch praktischen Gründen – inne sein, wiewohl Gottes Wesen erkenntnislogisch allezeit „für uns unerforschlich" bleibt (XXII 57). Gottesferne aber bekundet der Götzendiener, der willkürlich und „abergläubisch", wie Kant dies subtil durchleuchtet, von ihm erwählte *Götzen* selbst zu dem Range von Göttern *erhebt* (XXII 61).

Ohne Rücksicht auf theoretischen Beweis *denkt* die moralisch teleologische Urteilskraft *freiwillig*, bedürftig eines Adressaten für Dankesempfindung, den, „der nicht in der Welt" ist (KU 415ff). In einer Anmerkung zur *Ethikotheologie* (KU § 86) entfaltet Kant eine beeindruckende Skala zur sittlichen *Stimmung des Gemüts*, – Dankbarkeit, die sich Ausdruck zu verleihen sucht, Beschämung, die sich im „strengen Selbstverweis" an die Stimme des göttlichen Weltenrichters gemahnt sieht (KU 416), – die brennspiegelartig Betroffene zur *emotionalen Evidenz* von Gottes Dasein hinführen. Solche Seelenstimmungen, die wesentlich zur sittlichen Person gehören, – gemäß der erwähnten „Hypothesis des Herzens" (XVII 593), worin die Seele Gott sucht, im Kontrast zu dem in

---

81   Er definiert das Wesen aller Wesen u.a. im Anknüpfen an dieses Philipperbriefwort. „Unter *Gott* versteht man eine Person ... ein Wesen ‚vor dem sich alle Knie beugen' ... der Heilige der nur ein Einiger seyn kann" (XXI 35). Vorwürfe des Gewissens, so der indirekte Gotteserweis, werden „ohne Effekt" sein, denken wir es uns nicht als den „Repräsentanten Gottes", der „über uns, aber auch in uns einen Richterstuhl aufgeschlagen hat" (IX 495).

82   Das Ausgelöschtwerden des freien, seiner bewußten Selbst macht die argumentative Pointe in Kants Spinoza-Charakteristik aus: „Wir können uns nicht als in Gott bewußt werden; sondern, wären wir in ihm, so würde sich Gott unserer als seiner Bestimmungen bewußt seyn und wir uns unserer Selbst gar nicht." (XVII 696; Refl. 4750)

Idolen intensiver sich selbst als Gott Anbetenden (vgl. KU 440; KpV 244) – ereignen sich offenbar nicht unabhängig von ihrer innerlichen Willensrichtung; möglich sind sie nämlich allein durch das – zur Erweiterung seiner moralischen Gesinnung hin – „geneigte Gemüt". „*Dankbarkeit, Gehorsam* und *Demütigung*", womit Kant die Gefühlswelt der sittlichen Person über die reine Achtung hinaus differenziert, sind besondere Gemütsbewegungen, die zur Pflichterfüllung neigen und ein sittlich gesetzgebendes „Wesen außer der Welt" suchen, ohne *theoretische Beweise* zu verlangen (KU 416f).

An die Theodizeefrage und ihre Beantwortung im Gottespostulat reicht eine weitere Stimmung des Gemüts heran, wie Kant sie charakterisiert. Wo einerlei zu sein scheint, ob jemand sich redlich oder gewalttätig verhielt und bis ans Lebensende Tugend ohne Glück, Verbrechen ohne Strafe bleibt, da ist es, als ob der sittlich empfindende Betrachter „in sich eine Stimme" vernähme, „es müsse anders zugehen"; so müßte die dunkle Vorstellung von Etwas in lebendigen Personen „verborgen liegen", dem nachzustreben sie sich verbunden fühlen, welches auf eine andere „Ordnung der Dinge" hindeutet (KU 438). In seiner Schrift „Was heißt: Sich im Denken orientieren?" (von 1786) macht Kant ein „Gefühl des der Vernunft eigenen Bedürfnisses" (VIII 136) geltend, und zwar theoretisch als eine „reine *Vernunfthypothese*", praktisch als *Postulat* in einem *Vernunftglauben*, der zwar keine *Einsicht* ist, die „aller logischen Forderung zur Gewißheit" Genüge täte, sehr wohl aber ein Fürwahrhalten, das dem Grade nach keinem Wissen nachstehe, da der Vernunftglaube, der daran festhält: „*Es ist ein Gott*", niemals widerlegt werden könne (VIII 141f).

Die aus mehreren Jahrgängen der siebziger Jahre kompilierten *Vorlesungen über die Metaphysik* zeigen zur Theologie nicht originär Kants kritische Position. Hier bestimmt er den Gottesbegriff direkt im Rahmen einer *theologia naturalis* als Begriff einer „vollkommenen Ursache der Natur und einer höchsten Intelligenz". Systematisch kritisch gesagt, kann Gott hier als moralischer Welturheber erst nach Erörterung des höchsten Gutes, als dessen Ermöglichungsbedingung, begründet werden, so daß den rein metaphysischen Gottesprädikaten wegen der kritischen Erkenntnisbegrenzung nur analogische Geltung zukommt. Auch machen Vollkommenheiten als solche, wie Stärke, Verstand, noch keine sittlichen Qualitäten aus; sittlich ist die „Intention des wahren Zwecks", die Gesinnung, das *Gute* rein als solches zu beabsichtigen.

Im Rahmen der *theologia moralis* ist der Begriff von Gott der des „*summi boni* und *eines heiligsten Wesens*". Als allweiser Herzenskündiger (*scrutor cordium*, s. Act 1, 24; 15, 8; *Hebräer* 4, 12) muß Gott „uns innigst gegenwärtig seyn" (M 321, 325). Auch im *Opus postumum* findet sich der Gedanke: „Die Idee von einem Wesen, das alles weiß, was alles vermag, alles moralisch gute will und allen Weltwesen innigst gegenwärtig (omnipraesentißimum) ist, ist die Idee von *Gott.*" (XXI 91f) Die Annahme, daß der real existierende lebendige Gott sich auf das Innerlichste des Ich beziehe, ja in ihm gegenwärtig sei, erinnert an Augustinus' Seelenbestimmung des ‚Deus interior intimo meo'.[83] Gottes geistiges innigste Gegenwärtigsein in mir bildet für Kant den Kontrast zu dem äußerlich Gegenwärtigsein; seine Gegenwart sei nämlich „nicht local, sondern virtual" (M 338). Gott ist nicht räumlich *in* der Welt; in Bezug auf Zeit ist sein Immerwährendsein eine Außerzeitlichkeit. „Gott u. der Mensch *beydes Personen.*" (XXI 51)

Die „Fortdauer" der Seele hebt Kant ab von ihrer „Unsterblichkeit"; das erste bedeute, daß sie nicht sterben wird, das zweite, daß sie nicht sterben kann; die Beweise des ersten seien moralisch, – sie gewinnen Vorrang –, des zweiten metaphysisch. Das fortdauernde Leben der Seele bestehe nicht in der „Fortdauer ihrer Substanz", sondern der Persönlichkeit; ihr *innerer Wert* als ihr sittlich geistiges Leben, auch wenn ihr Bewußtsein erlischt, sei „unauslöschlich". Sich zu betrüben über vergangenen Schmerz sei töricht, aber über „Vergehungen ... rühmlich" (XVII 473f; Refl. 4239 von 1769/70). Das „geistige Leben" rühmt Kant als „das Usprüngliche und selbständige Leben", im Vergleich mit diesem sei das körperliche oder „thierische Leben abgeleitet" (ebd. Refl. 4240). Die Erhaltung seiner Geschöpfe, Bestandteil von Gottes „Vorsehung", entfaltet Kant so, daß er als *ordentliche Direktion* die Unterordnung eines Geschehens unter Gottes Willen bezeichnet, als *außerordentliche* die Hervorrufung eines Wunders, sie sei gemäß der Natur oder nicht (M 340f). Die Auflösung der *dritten Antinomie* erweist das Möglichsein menschlicher und göttlicher Freiheit, aber nicht als geschehende Wunder, da diese Freiheit kraft intelligibler Spontaneität zustande kommt und nicht mit einer Unterbrechung der Naturgesetze geschieht.

Auch für das Postulat der Seelenunsterblichkeit gilt erkenntnistheoretische Selbstbescheidung, gemäß den *Paralogismen* der ersten *Kritik*, die Seele sei nicht als *Substanz* und *unsterblich* erweisbar, wie schon Reflexionen der siebziger Jahre deutlich machen. „Ich kan nicht sagen: ich weiß, daß ein ander Leben ist; sondern: ich glaube. So viel weiß ich, daß keiner beweisen könne, es sey kein ander Leben ... Die Hofnung einer Andern Welt ist eine Nothwendige hypothesis der Vernunft in Ansehung der Zweke und eine nothwendige Hypothesis des Herzens(!) in ansehung der moralitaet. Sie ist also praktisch auf sichere Gründe gesetzt, aber theoretisch dunkel und ungewiß." (XVII 593; Refl. 4557) Schwer wiegt die Frage zum Ich: „Ob die Seele in ihrem zukünftigen Zustande sich ihrer selbst bewußt seyn wird, oder nicht? – Wenn sie sich nicht ihrer selbst bewußt wäre; so würde dieses", so erklärt Kant energisch,

---

83 Vgl. Norbert Fischer: Foris – intus. In: *Augustinus-Lexikon*, hg. von C. Mayer, Vol. 3, Basel 2004, 37-45, 39f.

„der *geistige Tod* seyn"! Denn die „Hauptsache bei der Seele nach dem Tode" ist die mit sich identische Person; sie gründet in der Kontinuität des intellektuellen Bewußtseins, so daß sie sich freie Handlungen zuschreibt (M 252f).

Kant zweifelt (auch schon in seiner vorkritischen Phase 1772-76) gründlich und in die Tiefe: „Daß ein Wesen nach dem tode sey, was sich aller unsrer Bestimmungen des Lebens bewußt sey und solche sich als vergangene beymesse, beweiset noch nicht, daß dieses Wesen **ich** sey. Hier scheint, es müße das Bewußtseyn unterbrochen seyn, wenigstens doch durch die stumpfe Zwischenzeit beym Erwachen continuirt sein. Der innere Sinn muß ununterbrochen fortdauren (der Empfindung nach), obgleich das Bewußtseyn der reflexion nach unterbrochen ist", nämlich „durch die stumpfe Zwischenzeit" während seines bewußtlosen Versunkenseins des Ich im Tode; es käme hier wohl alles darauf an, „daß die Seelennatur den Korper überstehe. Nun kan das Ich keine leidende Empfindung seyn"; denn es ist selbsttätig, nicht körperabhängig (XVII 593f; Refl. 4559).[84] Vor diesem Problemhintergrund gewinnt eine Überlegung Kants zur Moraltheologie in einer Vorlesung besonderes Gewicht, worin er Gottes Allgegenwart – Augustinus und der Lehre von der *creatio continua* nahe – als die „innigste Gegenwart" bestimmt, was (mit Leibniz) heißen soll: „Gott erhält das Substantiale, das Innere der Substanzen selbst" (R 202). – In der *Preisschrift* liegt im Hinblick auf die Seele, gemäß der Vernunftkritik, der Akzent auf dem Nichtwissenkönnen, „was wir nach dem Tode seyn und vermögen werden", „ob nach dem Tode des Menschen, wo seine Materie zerstreuet wird, die Seele, wenn gleich ihre Substanz übrig bleibt, zu leben, d.i. zu denken und zu wollen fortfahren", d.h. ob sie als reiner Geist, ohne den Leib, sich ihrer Vorstellungen und ihrer selbst bewußt sein könne. Innere Erfahrung, durch die allein wir uns selbst kennen, während Seele und Körper verbunden sind, reicht über die Todesgrenze nicht hinaus. Nur durch „praktisch-dogmatischen Überschritt zum Übersinnlichen" dürfen wir ein Leben nach dem Tode annehmen (XX 309). Im Leben gilt bestenfalls, im Suchen nach Begriffen für „die Idee von Gott" wie *summa intelligentia* in Person aber in Bildern wie „Urqvelle" (für unbedingte Zwecke), ein die eschatologische Vollendung *via negativa* vorwegnehmendes geistiges Ahnen, dem Kant mit Paulus (1Kor 13, 12) Ausdruck gibt: „Wir schauen Ihn an gleich als in einem Spiegel: nie von Angesicht zu Angesicht" (XXI 33).

---

84 Vgl. Heimsoeth: Persönlichkeitsbewußtsein und Ding an sich in der Kantischen Philosophie, in ders.: *Studien I* (s. nota 52), 239-257.

3)   **Kants Theologie der praktischen Vernunft – ohne christlichen Offenbarungsglauben?**

a)   *„Die Religion innerhalb der Grenzen der bloßen Vernunft" (von 1793)*
Die Kantische Verknüpfung von spekulativer Einschränkung und praktischer Erweiterung der Vernunft bewährt sich im Problem der Religion, der er eine moraltheologische Fundierung gibt. Kants religionsphilosophische Hauptschrift unternimmt, die Vernunftkritik weiter verfolgend, die christliche Religion in ihren wesentlichen Bestimmungen als sittlich-vernünftig darzulegen.[85] Der Titel besagt keineswegs, es gebe Religion bloß ‚innerhalb' der Vernunft.[86] Das Sittengesetz als ein von Gott gebotenes zu erfüllen, macht für Kant das Wesentliche wahrer Religion aus. Er gibt die Möglichkeit „übernatürlicher" Offenbarung durchaus zu, die widerspruchsfrei zu denken sei. Es könnte sein, daß die Lehren der Religion „von übernatürlich inspirierten Männern herrührten" (VII 6 *nota*). Die prägnante Nominaldefinition zur Idee einer Philosophie der Offenbarung lautet: „Philosophia Supernaturalis wäre die so nur durch *göttliche Eingebung*" (XXI 142) zustande käme.

Eine subtile Mittelstellung nimmt Kant ein zwischen der Position des *Naturalisten*, wie er ihn charakterisiert, der die Wirklichkeit göttlicher Offenbarung leugnet, und des *Supernaturalisten*, der sie für *wirklich geschehen* und zudem es für die Religion erforderlich hält, an sie zu glauben. Kants Auffassung zeigt ihn als erkenntnistheoretisch lauteren Rationalisten, der „die innere Möglichkeit einer Offenbarung" nicht bestreitet, auch nicht, daß sie nötig sein *könnte* als ein „göttliches Mittel zur Introduktion der wahren Religion", – worüber kein Mensch kraft Vernunft befinden könne. Daher werden die „Schranken menschlicher Einsicht" überschritten in der Position des „reinen" Rationalisten, der Offenbarung zwar als möglich zuläßt, dabei aber behauptet, sie zu kennen und anzunehmen sei nicht erforderlich für Religion (VI 154f). In Spannung hierzu steht Kants Wort, das (im unbedingten Wahren der *Autarkie* der

---

85   Zu Kants Religionsschrift vgl. Josef Bohatec: *Die Religionsphilosophie Kants in der ‚Religion innerhalb der Grenzen der bloßen Vernunft': Mit besonderer Berücksichtigung ihrer theologisch-dogmatischen Quellen*, Hamburg 1938; zu diesen Quellen, aus denen Kant geschöpft habe, gehört das Werk des reformierten Schweizer Theologen Johann Friedrich Stapfer: *Grundlegung zur wahren Religion*, 12 Bde, 1746-1753, sowie ein Königsberger *Katechismus* von 1732/33 (Bohatec, 19-32); Wimmer: *Kritische Religion* (s. nota 21), 89-218; Aloysius Winter: *Der andere Kant. Zur philosophischen Theologie Immanuel Kants*, Hildesheim 2000; Georg Essen/ Magnus Striet: *Kant und die Theologie*, Darmstadt 2005; Otfried Höffe (Hg.) *Immanuel Kant: Die Religion innerhalb der Grenzen der bloßen Vernunft* (Klassiker auslegen, Band 41), Berlin 2010.

86   Zu dieser Problematik vgl. Langthaler: *Geschichte* 2014 (s. nota 14), Bd 2, 385-404, 457-461.

Vernunft wider jede fromm gesonnene *Theonomie*) kirchliche Versöhnungslehre zugunsten sittlicher Heiligungslehre aufgibt: „Es ist nicht wesentlich und also nicht jedermann notwendig zu wissen, was Gott zu seiner Seligkeit tue, oder getan habe; aber wohl, *was er selbst zu tun habe*, um dieses Beistandes würdig zu werden" (VI 52). Denn das „christliche Prinzip der Moral" sei nicht theologisch fundierte *Heteronomie*, sondern, so deutet Kant frei um, *Autonomie* der reinen praktischen Vernunft (KpV 232) aufgrund des ursprünglichen Sittengesetzbewußtseins der Freiheit; und Religion innerhalb der Grenzen reiner Vernunft sei Erkenntnis aller unsrer *Pflichten als göttlicher Gebote* aufgrund des sittlichen Erstrebens des höchsten Gutes und der dazu unbedingt erforderlichen Annahme des Daseins Gottes (KpV 233; KU 477).

Das Wesentliche der Gottesverehrung setzt Kant sonach in des Menschen Moralität, die in ihrer Erhabenheit besonders deutlich wird, wo er sie erweitert bis hin zur Idee des Urgesetzgebers. Zur Frage, ob und inwiefern die Bibel als göttliche *Offenbarung* gelten könne, sind Kants Hinweise im *Streit der Fakultäten* (1798) zu beachten (VII 64-67, 74). Den hermeneutischen Schlüssel bildet das Wort, das den intellektuellen Primat der philosophischen Fakultät festlegt: „Der Gott, der durch unsere eigene (moralisch-praktische) Vernunft spricht, ist ein untrüglicher ... Ausleger dieses seines Worts" (VII 67). Kant würdigt die Bibel vernunftkritisch, daß sie, aufgrund ihrer sittlichen Maßstäblichkeit, gelesen werden dürfe, – auch das gehört zu aufgeklärter Glaubensfreiheit, – *„als ob sie eine göttliche Offenbarung wäre"* (VII 65). Erkenntnistheoretisch gilt, daß ihre göttliche *Inspiration* weder zu beweisen noch zu widerlegen ist. Mit Anklang an platonische Anamnesis ruft er einen a priori in unserer Vernunft liegenden idealen Gottesbegriff auf, an dem wir überprüfen können, wer es sei, der zu uns redet. Dieses *Apriori* ist, neuzeitlich-idealistisch, ein aktiv Hervorgebrachtes. Zwar klinge es bedenklich, sei aber nicht verwerflich zu sagen, „daß ein jeder Mensch sich einen *Gott mache*", insofern er im Entwerfen des Gottesgedankens die *via eminentiae* mit sittlichen Ideen begleite, die schöpfungstheologische einschließen dürfen, nämlich „um an ihm den, *der ihn gemacht hat*, zu verehren". Auf welche Weise auch immer von jemand anderem ihm ein Wesen als Gott verkündet würde, er müßte seinen in idealer Reinheit gefaßten Gottesbegriff „als Probierstein" zugrunde legen, sonst könnte seine Verehrung leicht in eine *Idololatrie* verfallen (VI 168f nota).

Ohne Gottesidee als Maß wäre keine Erscheinung (Epiphanie) beurteilbar, „ob das Gott sei". So erklärt Kant: „Der *Begriff* von Gott und selbst die Überzeugung von seinem *Dasein* kann nur allein in der Vernunft angetroffen werden, von ihr allein ausgehen und weder durch Eingebung, noch durch eine erteilte Nachricht von noch so großer Autorität zuerst in uns kommen." (VIII 142) Zu diesem *Antreffen* gehört für Kant zuvor fundierend das voluntative '*Ich will*', daß Gott sei. Dem lutherisch-reformatorischen Prinzip der Schriftauslegung:[87] „*scriptura sui ipsius interpres*", und damit jeder theologisch-hermeneutischen Wahrheitserkenntnis, hält Kant das ganz andere Axiom als *Beglaubigungsgrund* entgegen: „der Gott in uns ist selbst der Ausleger". Denn die beanspruchte göttliche Wahrheit einer an uns ergangenen Lehre könne „durch nichts, als durch Begriffe *unserer* Vernunft, so fern sie rein-moralisch und hiermit untrüglich sind, erkannt werden" (VII 48).

In seinen „Vorlesungen über die philosophische Religionslehre" unterscheidet Kant von einer „*äußeren* Offenbarung Gottes", die entweder durch Werke oder durch Worte geschehen könne, eine „*innere* göttliche Offenbarung", die er als sinnvoll bestimmt, soweit sie „durch unsere eigene Vernunft" geschieht, und diese letztere müsse zur Beurteilung jeder äußeren dienen. Diese innere „muß der Probierstein seyn, woran ich erkenne, *ob eine äußere Offenbarung Gottes sey*" (R 220; vgl. VII 74). Eine „Offenbarung Gottes durch Worte" setzt für Kant jene innere als ihre Verstehensbasis voraus. Aus dieser hermeneutischen Erwägung entscheidet er den Streit der Fakultäten zugunsten der philosophischen. Ich bedarf zuerst der reinen Vernunftidee vom „Allvollkommenen", um mich weder blenden noch auf „Irrwege" leiten zu lassen. Die Vernunftreligion ist Fundament *theologischer* Untersuchung, die den *Wert* einer schriftlich überlieferten „wörtlichen Offenbarung" zu bestimmen sucht (R 222f). Im „Streit der Fakultäten" errichtet Kant geradezu eine Klippe des Absurden, einen *circulus vitiosus* unüberwindbarer Schwierigkeit, die jede vermeinte Offenbarung *a priori* diskreditiert: „Denn wenn Gott zum Menschen wirklich spräche, so kann dieser doch niemals *wissen*, daß es Gott sei, der zu ihm spricht. Es ist schlechterdings unmöglich, daß der Mensch durch seine Sinne den Unendlichen fassen, ihn von Sinnenwesen unterscheiden und ihn woran *kennen* solle." (VII 63) Daß der Ewige als *Logos* sich selbst in menschliche Auffassungskategorien übersetzen könnte, übersieht Kant; auch, was dem Primat der praktischen Vernunft so nahe kommt, Jesu Aufforderung, jeder möge die Wahrheit seiner Botschaft durch sittliche Praxis prüfen, d.h. sein *Wort tun*, um dadurch selbst zu *erkennen* (γνώσεται), ob es wahr sei (Joh 7, 17).[88]

Will Kants Religionsschrift christliche Lehre möglichst weitgehend auf Vernunft zurückführen und den Grad ihrer Verträglichkeit ermitteln, so zeitigt

---

87 Vgl. Otto Kaiser: Kants Anweisung zur Auslegung der Bibel. Ein Beitrag zur Geschichte der Hermeneutik, in: Gerhard Müller/ Winfried Zeller (Hg.): *Glaube, Geist, Geschichte*. FS für Ernst Benz, Leiden 1967, 75-90.

88 Bei Hegel übersetzt der trinitarisch verfaßte göttliche Logos sich selbst in endliche Kategorien (s. hier C XII 1).

diese Anforderung der Konstruierbarkeit christlicher Lehre durch sittliche Vernunft das Wegschaffen der Bedeutung alles Geschichtlichen und dessen Transformation in Religionsideen. In diesen Kontext gehört Kants „Deduktion der Idee einer *Rechtfertigung*" (VI 76), Luthers Kernbegriff.[89] Im Verhältnis von moralphilosophischem und christlichem Gottesbegriff hält Kant strikt daran fest, den moralischen Gottesbegriff aus der Vernunft zu entwerfen, nicht aus Quellen einer geschichtlich-konkreten Offenbarungsreligion,[90] – was später von Hegel kritisiert wird. Zugleich deutet Kant aber auch den *christlichen Gott*, typisch aufklärerisch wie Lessing, philosophisch, nämlich als rein moralischen Gott, dessen geoffenbarte, für ihn ebenso durch Vernunft legitimierbare Eigenschaften er als nur analogisch geltend denkt. – Freilich geht Kant nicht so weit, – wie Jacobi in „Briefen über die Lehre des Spinoza" (1785) von Lessing berichtet, – „die orthodoxen Begriffe von der Gottheit" nicht mehr gelten zu lassen.[91]

Im Hinblick auf das zu seiner Zeit viel umstrittene Spannungsverhältnis von Vernunft und geschichtlichem Offenbarungsglauben bzw. rationaler Religion und Christentum nimmt Kant die aus seiner Systematik konsequent folgende subtile Stellung ein: Sowenig theoretische Vernunft positiv ein Erkenntnisurteil über eine geschehene Offenbarung zu treffen vermag, ebenso wenig vermag sie die prinzipielle Möglichkeit oder historisch beanspruchte Wirklichkeit einer Selbstoffenbarung Gottes zu bestreiten. Die reine Möglichkeit einer „höhern Offenbarung" von Wahrheiten, die zum Finden wahrer Glückseligkeit nötig sind, „läßt sich nach der Vernunft *weder läugnen, noch beweisen*". Ob es ein Mittel gibt,[92] mir zu ersetzen, was mir an Würdigkeit glücklich zu sein fehlt,

---

89 Rudolf Malter (*Das reformatorische Denken und die Philosophie. Luthers Entwurf einer transzendental-praktischen Metaphysik*, Bonn 1980, 223-240) erblickt in der Konzeption des Wesens des *Bösen* „Ähnlichkeit" zwischen Luther und Kant (234); beide kommen, in verschieden ausgeführter Argumentation darin überein, eine Metaphysik aus spekulativen Prinzipien abzulehnen; maximale Differenz liege im Kontrast von Theonomie der Gnade bei Luther und Autonomie sittlicher Vernunft bei Kant. Bei Luther entspringe der *Glaube* in „Verstehensunmittelbarkeit" aus dem geschenkten Wort Gottes, bei Kant aus dem praktischen Vernunftgebrauch (ebd. 231f).

90 Zur theologischen Problematik von Kants Konzeption einer moralphilosophischen, symbolischen *Idea Christi* in Absehung von historischen Bezügen s. Xavier Tilliette: *Philosophische Christologie*, Freiburg 1998, 105-110.

91 Friedrich Heinrich Jacobi: *Werke* Bd IV/1, Nachdruck Darmstadt 1968, hg. von F. Roth und F. Köppen, 54.

92 Das durch Zurückweisen der Lutherischen Rechtfertigungslehre sich erhebende Problem, – eine empfindliche Sinnlücke erwirkend, – das bei Kant oftmals wieder kehrt, zeigt sich beispielsweise, wo er darauf reflektiert, daß Gottes Gütigkeit seine Fürsorge für uns betrifft, diese aber nicht sein Gesetz „nachsichtig" machen, uns von ihm „freisprechen" könne, sondern uns im Vollbringen des Sittengesetzes beistehe und unseren Handlungen,

bleibe offen; daß eine göttliche *Offenbarung* durch Worte entsprechende Geheimnisse enthüllen könne, sei „nicht zu läugnen; ob es *wirklich dergleichen gebe, gehört nicht mehr*" zur *Vernunfttheologie* (R 224ff), – so der Schlußsatz in Kants Religionsvorlesung. Da die „Die *theologia revelata* ... auf Bekanntmachung, die uns vom höchsten Wesen selbst gegeben", beruhe, „daher nicht aus der Vernunft entsprungen ist" (M 268), gehört sie für Kant nicht zum Problembereich der Philosophie.

Im Rahmen der Antithesen von Ohnmacht und Macht der Vernunft, Wahres von Gott erkennen zu können, – „jene bedurften alle Augenblicke einer wörtlichen Offenbarung von Gott, und diese verachteten sie", – dämpft Kant den Stolz zu meinen, Vernunft könne alles erkennen, was Gott und unsere Beziehung zu ihm anbetrifft. Sie sollte mit ihrer Erkenntnis von Gott nicht prahlen, vielmehr müsse sie, „wenn ihr in einer höhern Offenbarung hellere Einsichten über ihr Verhältniß zu Gott bekannt gemacht werden, dieselben, statt sie zu verwerfen, vielmehr mit Dank annehmen" (R Anhang 227f). In solchem Annehmen dürfte ein Anhauch liegen von Johann Georg Hamanns Betonung einer vernehmenden statt konstruktiven Vernunft. Hamann folgend, der in *Sokratische Denkwürdigkeiten* (1759) Sokrates kühn in christliche Heilsgeschichte einordnet, will Kant „Sokrates nicht einen frommen Heiden, sondern ... einen guten Christen in potenzia nennen, weil er diese Religion, so viel man urteilen kann, gehabt und sie auch als Offenbarungslehre würde angenommen haben, wenn er zur Zeit ihrer öffentlichen Verkündigung gelebt hätte" (XXIII 440). – Im Folgenden sei dokumentiert, wie intensiv Kant, was in der Forschung seltener beachtet wurde, sich mit Inhalten der christlichen Lehre und mit einzelnen Bibelversen, und zwar in spezifisch moralphilosophischer Hinsicht, auseinandergesetzt hat.

b)   Gnädige Ergänzung *unsrer Unvollkommenheit im Horizont von Luthers* Rechtfertigungslehre

An Paulus Rö 3, 23 gemahnend, aber, zur *Wahrung* von *Autonomie*, Luthers *sola gratia* umschiffend, heißt es, vor der „Qualität der *Heiligkeit*" des Urgesetzgebers ist „kein Mensch gerecht" (VI 141). Analog zum Abgrund, der Gott für unsere Vernunft ist, die im Begreifen zum Scheitern verurteilt ist, und ebenso zur unauslotbaren Menschenseele, bleibt auch die Weise von Gottes ‚gnädiger Ergänzung' unserer Unvollkommenheit für uns der „Abgrund eines Geheimnisses" (VI 139).

---

wie zu hoffen sein soll, „das ersetzt, was ihnen an der *völligen* Vollkommenheit" fehlen wird. Gottes Gerechtigkeit im Richtersein, vor dem wir bestehen müssen, erklärt er als Güte, die „restringirt ist durch die Heiligkeit" (M 324).

So fügt Kant auch seine philosophische Ausdeutung von Luthers Lehre zur Rechtfertigung des Sünders vor Gott – zentraler Topos evangelisch-theologischer Glaubenslehre – in den Horizont seiner negativen Theologie ein. Das ‚gläubige Annehmen' dieser Gnadenergänzung, ohne sie zu begreifen, ist für Kant *seligmachend* schon in dieser Welt, insofern ein Mensch, der sich verwerflich findet, „nicht verzweifelt" am Ziel, gottwohlgefällig werden zu können (VII 43f). Die „christliche Moral" nimmt dem Menschen zwar das Zutrauen, dem Ideal der Heiligkeit auf Erden je *adäquat* zu sein, richtet es aber auf durch sein Hoffendürfen, ‚anderweitig' würde ihm, was sein Vermögen übersteigt, erstattet werden, er möge nun „wissen, auf welche Art, oder nicht" (KpV 229f nota).

Kant scheut sich nicht, die Anstößigkeit des *peccatum originale* in seine Religionsphilosophie aufzunehmen, indem er thetisch zuspitzend Paulus zitiert: „In Adam haben alle gesündigt" (Rö 5, 12; VI 42), und mit dem Apostel (Rö 3, 23; Ps 14, 3) bekräftigt: „Sie sind allzumal Sünder – es ist Keiner, der Gutes thue (nach dem Geiste des Gesetzes), auch nicht einer'" (VI 39). Das *radikale Böse* liege in der Verderbtheit der Quelle menschlichen Wollens, im unauslöschlichen Hang zu gesetzwidrigen Maximen, dessen Grund unerforschlich ist, wider das heilige Sittengesetz. Das Böse teilt Kant in drei Schweregrade ein, die von der fragilitas (Schwäche) über die impuritas (Unlauterkeit) bis zur eigentlichen vitiositas, hin zum Wollen des Bösen als solchen reichen. Die Urheberschaft des Bösen liegt in jedem Falle in uns selbst. Die Geschichte vom Sündenfall, so erklärt er, betrifft mich, indem ich für Adam meinen Namen einsetze. ‚Angeboren' sei hier allein der menschliche Hang, wider die Strenge der gebotenen Pflicht zu ‚vernünfteln'. Das *peccatum originale* wird damit von Kant spezifisch moralphilosophisch gedeutet. Das radikale Böse, dessen Radikalität in der Eigenart des Selbstverschuldeten gründet, erklärt Kant – soweit überhaupt das Unbegreifliche begriffen werden könne – durch unsere je ureigene intelligible Tat des Mißbrauchs eigener Freiheit. Unser Herausfallen aus einem Stande der Unschuld heißt, daß wir „nicht Treue genug besitzen", um uns ganz loszureißen von unserm Hang, die gelegentliche Abweichung vom Sittengesetze – mehr oder weniger bewußt – in unsere Maximen aufzunehmen, also unmoralische und moralische Triebfedern miteinander zu vermischen (VI 40ff; 40 nota). Die Bosheit aber des Menschen sei nicht, teuflisch das Böse als Böses zu wollen, sondern die „*Verkehrtheit des Herzens*" (VI 37). Böse ist der Mensch dadurch, daß er die sittliche Ordnung umkehrt, indem er das Gute *nicht ganz will* (Augustinus: *non ex toto vult*) und seine Selbstliebe zur maßgeblichen Instanz macht. Daß ihm das Gute als ein strenger Imperativ entgegentritt, liegt in der von Natur aus verkehrten Strebensrichtung seines Willens (Augustinus: *perversio voluntatis,*), der dem Hange verfällt, alles nach seiner Selbstsucht einzurichten (Luther: *incurvatus in se ipsum* est). Würde statt des *kategorischen Imperativs* die Selbstliebe gesetzgebend, lautete die Verkehrung des Gebotes aller Gebote (*Matthäus* 22, 37ff): Liebe dich selbst über alles, Gott aber und deinen Nächsten um deiner selbst willen! (V 83) Eigennutz herrsche als „der Gott dieser Welt" (VI 161), und der Mensch sei im Grunde seiner Maximen verdorben, so daß er einer wahren *Herzensänderung*, einer – wie Kant, mit Hinweis auf die biblische *Wiedergeburt* in Joh 3, 7 sagt – *Revolution* in seiner Denkungsart bedürfe (VI 45ff).[93]

Anthropologisch nähert Kant sich dem Rätsel der *Wiedergeburt* durch ihren Vergleich mit einer – statt fruchtloser fragmentarischer Selbstbesserung – auf einmal erfolgenden „Explosion", die ein Mensch erringt, so die Motivergründung, durch „Überdruß am schwankenden Zustande", in dem er sich, hin- und hergerissen zwischen Naturtrieb und Sittengesetz, erblickt habe; zu solchem Sicherkennen gehöre „Wahrhaftigkeit im Inneren des Geständnisses vor sich selbst" (VII 294f). – In Vorarbeiten zum *Streit der Fakultäten* reflektiert Kant auf das Rätsel des (heiligen) Geistes, der, ohne dem Menschen fremd, ein ganz andrer zu sein, ihm aber unverfügbar, belebend walten soll: „Das größte und einzig-praktische aller *Geheimnisse* ist die Wiedergeburt, wodurch er den Leib dieses Todes ablegt und in einem neuen Leben zu wandeln anhebt." (XXIII 437) Kompiliert ist hier der *Gehalt* der Worte: „Wer wird mich aus diesem Todesleib erlösen?" (*Römer* 7, 24) und: „Ist jemand in Christus, so ist er eine neue Kreatur" (2Kor 5, 17), wobei der paulinische, ganz auf die göttliche Gnade zentrierte Erlösungsgedanke, von Kant weitestgehend in aktives menschliches Tun überführt wird. Temperamentvoll lautet die Zurückweisung theonomer Willensbestimmung des für ihn eigentlich freien Ich: *„Ob Gott auch einen Guten Willen dem Menschen geben könne*. Nein, sondern der verlangt Freyheit" (XXI 34).

---

93 Nietzsche bemerkt in einer Notiz, „der Hang zum Bösen" und „die Wiedergeburt sind bei Kant Thaten des intelligiblen Charakters; der empirische Charakter muß an seiner Wurzel eine Umkehr erfahren" (KSA 12, 268). – Zur Frage der *Wiedergeburt* und *Umkehr*, ob und wie der böse Mensch von sich aus ein guter werden könne, s. Wimmer: *Kritische Religion* (s. nota 21), 157ff. Verf. erklärt, Kant lehne die paulinisch-lutherische Sicht ab, der böse Mensch bedürfe für seine Herzensänderung der Befreiung aus den Fesseln seiner Bosheit durch Gott. Luther hält in *De servo arbitrio* (1525) solche Willensneubestimmung aus eigener Kraft seit jenem Sündenfall für unmöglich. Wimmer findet allerdings auch eine (von ihm favorisierte) „mittlere Position ... zwischen Kant und Luther", als „vernünftige Fassung des christlichen Standpunkts", in Kants programmatischem Wort „von der Wiederherstellung" (*restitutio*) der (ins Böse pervertierten) menschlichen Freiheit zum Guten angedeutet (VI 44).

Im *Streit der Facultäten* erörtert Kant, Philipp Jacob Spener und Nicolaus Ludwig von Zinzendorf kritisch würdigend, die faszinierende Frage, wie es möglich sei, ein „neuer Mensch" zu werden durch eine einmalige „unwandelbare Entschließung" zum Guten um des Guten willen. Bei der Auflösung der Frage der Wiedergeburt (als Folge einer Bekehrung zu Jesus Christus) sei aber eine „mystische Gefühlstheorie" involviert, da Spener und Zinzendorf das Über*sinnliche* des intelligiblen Willens von Personen für ein Über*natürliches* halten, nämlich die Umkehr als allein von Gottes Geist verursacht (VII 54ff). Den theologischen Einwurf, wie man einen in seiner Sünde „Geistlichtodten" erwecken und ihm ein ‚Stehe auf und wandle!' aus eigenen Kräften zurufen soll, beantwortet Kant mit dem Hinweis auf das jedem Menschen innewohnende Prinzip sittlichen Lebens (VII 47). Zwei Varianten einer pietistischen Bekehrungslehre erblickt er, die im Hinblick auf die zu erringende Metamorphose beide ein „*Gefühl* übernatürlicher Einflüsse" annehmen: bei Spener das in Reue zerknirschte, bei Zinzendorf das in Gottesnähe selig schmelzende Gefühl. Spener lehre, die höchste Glut der Buße gewähre ein Sichlosreißen von der Herrschaft des Bösen in sich selbst und den Durchbruch zu einer neuen Geburt. Zinzendorf fordere, mit dem guten Geist Allianz zu schließen im „Gefühl übernatürlicher Gemeinschaft" und in kontinuierlichem Gebet. Beide Theologen, so Kant, sehen kraft „mystisch gestimmter Einbildungskraft" die radikale Veränderung des Lebenswandels mit einem *Wunder* beginnen, ohne dabei das gebotene „Selbsttun" ganz zu vergessen (VII 55ff).

Ihr *Ziel* sei durchaus vernunftgemäß. Eine „übernatürliche Erfahrung" aber, die für diese ein „für allemal vorgehende ... radikale Revolution im Seelenzustande" beansprucht wird, ist für Kant ein Widerspruch in sich; allenfalls könne ein Mensch bessere Willensbestimmungen in sich erfahren, eine Veränderung, die ihm nicht anders als durch ein Wunder erklärlich ist. Kant jedoch hält solche religiösen Selbsterfahrungen, Nietzsches Skepsis vorwegnehmend, für „Träumereien". „Den unmittelbaren Einfluß der Gottheit als einer solchen *fühlen* wollen, ist, weil die Idee von dieser bloß in der Vernunft liegt, eine sich selbst widersprechende Anmaßung" (VII 57f). Eine Erfahrung des Übersinnlichen zu beanspruchen, sei ein Widerspruch in sich, da es hieße, „das Transzendente als immanent" vorzustellen (VIII 441).[94] Schroffer, mit Anklang an Platons *theia mania*, erklärt Kant: „Himmlische Einflüsse in sich *wahrnehmen* zu wollen ist eine Art Wahnsinn". Zu glauben, daß es „Gnadenwirkungen geben

---

94 Zu einer gewissen systemimmanenten Aporetik in Kants Offenbarungsbegriff bzw. zur „Unmöglichkeit einer metaphysisch verstandenen übernatürlichen Offenbarung" vgl. Wimmer: *Kritische Religion* (s. nota 21), 180-183.

könne", zur Ergänzung unserer unvollkommenen Tugendbestrebung vielleicht sogar „geben *müsse*", sei *alles*, was wir davon sagen können (VI 174).[95]

Kants philosophische *Auflösung* des Spener-Zinzendorf-Komplexes zur Wiedergeburt ist die von ihm gelehrte Überlegenheit des übersinnlichen Menschen in uns über den sinnlichen, die *sittliche Anlage* in uns, die uns Bewunderung einflößt. „Lebensannehmlichkeiten" aufopfern zu können, gehört zu ihrer *freien Wirkung*, die wir nicht, – wie die „Secte des Gefühlsglaubens" lehrt, – dem Einfluß von einem anderen „höheren Geist" zuschreiben müssen, die „unsere That" ist. Die „Ansherzlegung"(!) der Idee dieses herrlichen übersinnlichen Freiheitsvermögens in uns sollte von frühester Jugend an gepflegt werden, statt schwärmerische Gefühle anzupreisen, die anstelle der Vernunft die Revolution der Denkungsart bewirken sollten. Den „Geist Christi ... zu dem unsrigen zu machen", ihm, insofern er „mit der ursprünglichen moralischen Anlage schon in uns liegt", *Raum* zu verschaffen, entspricht für Kant der „biblischen Glaubenslehre", wie sie durch Vernunft aus uns selbst entwickelbar sei. Wahre biblische Lehre meide den „seelenlosen *Orthodoxism*" ebenso wie den „vernunfttödtenden *Mysticism*" (VII 58f). – Bemerkenswert ist, daß Kant im *Streit der Facultäten* das Hamann-Zitat zur „Höllenfahrt des Selbsterkenntnisses'", die den „Weg zur Vergötterung", also zur Theiosis der Seele bahne,[96] zur Charakterisierung von Speners „Zermalmung des Herzens in der *Buße*" anführt (VII 55), dasselbe Wort, mit dem er im Jahr zuvor in der *Metaphysik der Sitten* (1797) das *„erste Gebot aller Pflichten gegen sich selbst"* erläutert hat, nämlich das gründlich zu vollbringende *„Erkenne* (erforsche, ergründe) *dich selbst ... dein Herz"!*, – wobei allerdings die ‚schwärmerische' Selbstverachtung, so mahnte er, zu verbannen sei (VI 441f).

In seiner Religionsphilosophie verteidigt Kant das Skandalon biblischer Lehre von der Sünde. Eine im höchsten Gut zu hoffende „glückliche Zukunft" sieht er bedingt durch die „Aufweckung des richtenden Gewissens" im Ich, um bösen Impulsen möglichst viel Abbruch zu tun (VI 69). Die Zentralstellung des Gewissens als „Leitfaden ... in Glaubenssachen" atmet Luthers Geist. Das Gewissen bestimmt Kant als die *„sich selbst richtende moralische Urteilskraft"* (VI 185f). Nicht als ein zu verkündendes Dogma, wohl aber als denkmöglicher

---

95 Zur religiösen *Selbsttäuschung* gehört für Kant, wenn ein vermeinter „Himmelsgünstling" in schwärmerischer Einbildung besondere Gnadenwirkungen in sich zu fühlen glaubt und sich die „Vertraulichkeit eines vermeinten verborgenen *Umgangs* mit Gott" anmaßt, wobei Kant insonderheit darüber zürnt, wenn solche „Begnadigten" nicht auch – so, wie der Lehrer des Evangeliums die „Früchte" zum Kriterium erhebe, woran jeder sie und sich selbst erkennen kann (Mt 7, 20) – äußerlich leuchten durch real getätigte gute Werke (VI 201; vgl. VII 57 nota).

96 Zur Problematik der *Selbsterkenntnis* vgl. Wimmer: *Kritische Religion* (s. nota 21), 137-141.

Horizont wird von Kant ein *doppelter Ausgang* „in eine selige oder unselige *Ewigkeit*" (VI 69), letztere als „Verstoßung aus dem Reiche Gottes" (VI 72), für durchaus plausibel gehalten. „Kinderfragen" wie die nach der Zeitdauer von „Höllenstrafen" nimmt er auf und bedenkt als Folge der Leugnung metaphysischen Ernstes „die Hoffnung einer völligen Straflosigkeit nach dem ruchlosesten Leben". Der agnostische Skeptiker sollte jedoch wissen und beherzigen, „daß es wenigstens möglich sei, er werde bald vor einem Richter stehen müssen". Niemand möge hoffen, nach seinem Tode „das hier Versäumte ... dort noch einzubringen". Die praktische Vernunft weiß nichts von der objektiven Beschaffenheit einer anderen Welt und vermag nur zu sagen: wir können von unserem geführten Lebenswandel aus mutmaßen, „ob wir uns für gerechtfertigt halten können, oder nicht" (VI 69ff nota); völlig unprätentiös fließt hier Luthers Schlüsselbegriff ein.[97] In *Das Ende aller Dinge* (1794) durchdenkt Kant das theologische Problem der Heilsungewißheit, die als Stachel des Selbst zu unablässiger Vervollkommnung antreibt; vor falscher Sicherheit durch nur „oberflächliche Selbsterkenntniß" warnt er angesichts des anzunehmenden „allsehenden Auges eines Weltrichters" (VIII 329f). So ist der Ort einer Gottesgewißheit nicht der Intellekt des Menschen, der weder Gottes Dasein beweisen noch widerlegen kann, sondern für Kant, wie für Luther, das erschrockene Gewissen. Seine „furchtbare Stimme" zu hören, dem könne auch der Verworfene nicht entfliehen (VI 438).

In der *Metaphysik der Sitten* entfaltet Kant die Gewissensthematik durch eine Gerichtsanalogie. Mit Paulus-Anklang definiert er das Gewissen als Bewußtsein eines *„inneren Gerichtshofes"*, vor dem die Gedanken des Menschen „einander verklagen oder entschuldigen" (VI 438; s. *Römer* 2, 15).[98] „Jeder Mensch hat Gewissen und findet sich durch einen inneren Richter beobachtet"; diese „in ihm wachende Gewalt ist ... seinem Wesen einverleibt" und „folgt ihm wie sein Schatten, wenn er zu entfliehen gedenkt" (VI 438). *Reue*, die das „wundersame Vermögen in uns, welches wir Gewissen nennen" (KpV 175), durch die – nicht zum Verstummen zu bringende – Anklage in uns erweckt, auch in Bezug auf Vergehen, die lange zurückliegen, ist Indiz für die überzeitliche Seins-weise unseres intelligiblen Charakters (KpV 176f). Die „zwiefache

---

97 Zu Kants Rechtfertigungsbegriff, vor dem Hintergrund von Augustin, Anselm, Luther, und seiner Ablehnung des Prinzips *sola gratia* vgl. Burkhard Nonnenmacher: *Vernunft und Glaube bei Kant*, Tübingen 2018, 291-348.

98 Zur *eschatologischen Dimension* der συνείδησις im *Neuen Testament* s. *Römer* 2, 14ff; Paulus wertet die Erfahrung des Gewissens als innersubjektive Vorwegnahme von Gottes Endgericht; im Zeugnis ihres Gewissens erweisen sich auch die Heiden als verantwortlich, schuldfähig, schuldig; sie verraten sich, zeigen sich selbst darin an, daß „ihre Gedanken sich untereinander verklagen oder entschuldigen". – Letzteres nimmt Kant hier auf.

Persönlichkeit", dies „doppelte Selbst", als das der Mensch sich denken muß, wenn er, „zitternd" im Gewissen sich anklagt und richtet, ist seine sinnlich-sittliche Doppelnatur, die selbstsüchtig böse ist *und* im Gewissen für das Gute empfänglich (VI 439 nota). Der *innere Gerichtshof* Gewissen verlöre seinen objektiven Sinn, würde der Prozeß der Urteilsfindung als bloß innersubjektiv bleibend angenommen;[99] er verweist vielmehr auf ein Forum, das mehr einschließt als das Sichverantworten vor sich selbst oder seinesgleichen. Für jeden Menschen ist sein Gewissen als „subjektives Prinzip" Entdeckungsgrund für eine „vor Gott seiner Taten wegen zu leistenden Verantwortung". Rechenschaft müssen wir dem „von uns selbst unterschiedenen, aber uns doch innigst gegenwärtigen heiligen Wesen" geben. Zur Idee dieses höchsten Wesens außer ihm leitet den Menschen „unvermeidlich" sein Gewissen; aber dessen reale Existenz „*anzunehmen*" wird ihm nicht objektiv durch die theoretische Vernunft vermittelt, sondern allein durch seine „sich selbst verpflichtende" praktische Vernunft (VI 439f). Wird die Sittlichkeit „rein" vorgetragen, so bringt sie „von selbst zum Glauben an Gott"! (E 200)

Kant gibt erkenntniskritisch der Gegenwart Gottes in der Menschenseele eine moraltheologische Wende. In der Selbsterfahrung unseres Gewissens werden wir hingeleitet zur Vorstellung unserer Verantwortung vor Gott als dem heiligen Urwesen. Diese Annahme von Gott als wahrhaftigem Weltenrichter, vor dem jeder Mensch sein ganzes Tun und Lassen wird verantworten müssen, ist für Kant im sittlichen Selbstbewußtsein, das sich im Gewissen als innerem Gerichtshof bekundet, für jedes Selbst „jederzeit", „wenn gleich nur auf dunkele Art" enthalten (VI 439). Der Gedanke eines „*Anderen*" als Richters „mag nun eine wirkliche, oder blos idealische Person sein, welche die Vernunft sich selbst schafft" (VI 438f). Sie wird in jedem Fall, dem imaginierten oder ontologisch wirklichen, als der „autorisirte Gewissensrichter ... ein Herzenskündiger" sein müssen (VI 439).

Kant fragt grundlegend, ob es dem Menschen, da er doch im Bösen zu leben anfing, niemals möglich sein werde, die Verschuldung „auszulöschen". Die „Sündenschuld" eines Menschen sei „die *allerpersönlichste*"; der Strafwürdige selbst müsse dafür einstehen, nicht aber „der Unschuldige" könne sie, soweit wir das nach unserem „Vernunftrecht" einsehen, für mich übernehmen, sie tragen oder gar sie tilgen, sei er auch noch so großmütig (VI 72). Das Ungeheure, daß Jesus als *Lamm Gottes* die Schuld der Menschheit stellvertretend

---

99 Für Hans Reiner (: Die Funktionen des Gewissens, in: *Kant-Studien* 62, 1971, 467-488, 484ff) ist im Sinne Kants ein Gewissen denkbar, das zugleich Stimme Gottes *und* die unserer praktischen Vernunft ist.

getragen habe,[100] widerstreitet nach Kant der Idee der Gerechtigkeit, – auch wenn er der christlichen Lehre beipflichtet, aufgrund des radikalen Bösen im Menschen sei das göttliche Gesetz unendlich verletzt, daher unsere Schuld unendlich (vgl. VI 72), – aber gerechterweise nicht durch einen Anderen zu übernehmen. Doch könne sie nicht durch eine satisfaktorische Tat von außen aufgehoben werden, sondern nur gemindert durch eine moralische Revolution der Denkungsart von innen und konsequenten neuen Lebenswandel des Einzelnen. Im unendlichen Fortschritt zum Besseren könne die eigene Schuld, so Kant, im geschenkten unsterblichen Leben gemäß dem Postulat ewiger Seelenzukunft, durch Gottes Güte asymptotisch annihiliert, also ein sukzessiver Schuldenerlaß am Ende erhofft werden. Eine *Liebesvergebung* Gottes kraft bedingungsloser *Selbsthingabe Jesu* sieht Kant nicht vor.[101]

c) *Umdeutung des Logos – Entsündigung vom radikal Bösen – autonome Wiedergeburt*

Kants Lösung liegt in einer sphärischen Aufteilung, welcher gemäß er die religiöse Dimension im Glauben an die Erlösungstat Christi als ‚Theorie', das freie eigene Streben als ‚Praxis' bestimmt: Die Annahme des Glaubens an Christi Stellvertretung für unsere „Seligmachung" sei allenfalls als theoretische Idee nötig, da wir uns die „Entsündigung" nicht anders „*begreiflich machen*" können. Allerdings können wir nicht anders hoffen, der „Zueignung selbst eines fremden genugtuenden Verdienstes teilhaftig zu werden", als wenn wir uns dazu „qualifizieren" durch Befolgen jeder uns obliegenden Pflicht. Pelagius nahe, nämlich vertrauend auf die hohe sittliche Kraft des Menschen zur Selbstheiligung, mutet Kants Wort über den „*guten Lebenswandel*" an, der als unbedingte

---

100 Der Rechtfertigungsglaube bei Paulus und Luther schließt sehr wohl die Herzensänderung, neue Schöpfung, Umkehr und Wiedergeburt ein, die Kant forderte. Das paradoxe Wunder der Schuldabnahme, als einer Abnahme des Nicht-Abnehmbaren in der Sündenvergebung (vgl. *Römer* 5, 8-10; 2Kor 5, 14-21), heißt für Paulus in eins, daß die heillose, sündige Existenz des Menschen abgetan ist und er beschenkt wird mit einer neuen, heilvollen. Konnte das alttestamentliche Sühneverständnis in die Formel gefaßt werden: *do quia dedisti* („Ich [als Mensch] gebe, weil du [Gott] gegeben hast"), so gilt für Gottes Heil schaffende Gerechtigkeit in Jesu Sühnetod am Kreuz: Tu solus omnia dedisti. „Du [Gott] allein hast alles gegeben". So erklärt Paulus: „Das alles aber kommt von Gott, der uns durch Christus mit sich selbst versöhnt hat" (2Kor 5, 18). – Vgl. Otfried Hofius: Sühne und Versöhnung. Zum paulinischen Verständnis des Kreuzestodes Jesu, in: ders.: *Paulusstudien*, 2. Aufl. Tübingen 1994, 15, 33-49.
101 Nicht zu Unrecht nennt der zartbesaitete Hölderlin Kant den „Moses unserer Nation", Brief an seinen Bruder am 1. Januar 1799, *Kleine Stuttgarter Hölderlin-Ausgabe* Bd 6, hg. von Friedrich Beißner, Stuttgart 1959, 327.

Pflicht „oberste Bedingung der Gnade" und einer „höheren Genugtuung" als *„Gnadensache"* sei (VI 118).

Wenn eine „stellvertretende Genugtuung" von der Vernunft „als möglich eingeräumt wird",[102] so sei deren „gläubige Annehmung" als neue Willensbestimmung zum Guten hin zu begreifen, nicht als himmlische Erwählung durch Gottes Willkür ohne gottwohlgefällige Gesinnung des Ich (VI 143). Der sittlichen Autonomie widerstreite es, durch ‚fremdes Verdienst' die eigene Schuld als getilgt zu glauben. Bei aller Achtung vor dieser fernen Möglichkeit, die in der Botschaft von einer „überschwänglichen Genugtuung" verkündet wird, die vor Gott gelten soll, und bei allem Wünschen, daß eine solche dem Menschen offen stehe möge, der sich selbst als „strafschuldig" weiß (VI 116f), muß für Kant oberste Maxime sein, nicht mit dem anzufangen, was Gott für uns getan hat, – das wäre Lutherisches Evangelium, – sondern mit dem, was der Mensch *selbst* tun soll. Für „die gläubige Denkungsart" unterscheidet Kant von der Rezeptivität die „spontaneitaet des Glaubens" und favorisiert die letztere; sie „besteht im Grundsatze, ... Guts zu tun" (XVIII 487f; Refl. 6203). „Der moralisch Ungläubige" im Vorsatz nicht zu glauben „ist Freygeist" (Refl. 6204).

Kant grenzt seine Vernunfttheologie ab gegen die strikte *Prädestinationslehre*, welche die Freiheit des Willens zerstört. Angesichts unseres „Mangels an eigener Gerechtigkeit (die vor Gott gilt)" lasse die Vernunft uns nicht ohne *Trost*, der darin liege, daß wir hoffen dürfen, durch beständige Annäherung an die vollständige Pflichtliebe werde „von der höchsten Weisheit *auf irgend eine Weise* (welche die Gesinnung dieser beständigen Annäherung unwandelbar machen kann) ergänzt", was uns an völliger Pflichterfüllung fehle, ohne die Art bestimmen zu wollen, „worin sie bestehe". Jedes Ergründenwollen des *Geheimnisses*, wie die „Erlösung des Menschen vom Bösen" zugehe, stuft Kant gezielt herab (VI 171f). Von Goethes humanistischer Umdeutung der christlichen Erlösung in eine reine Selbsterlösung, die lautet: „Wer immer strebend sich bemüht, Den können wir erlösen" (Faust II, V. 11936f), ist Kant getrennt durch die Lehre vom *radikalen Bösen* und die Betonung, die er auf Gottes absolute Heiligkeit legt. Auch wenn er Gott als Erlöser in ein tiefes Geheimnis

---

102 Bedingung für dieses ‚Einräumen' im Reiche des Metaphysischen, insoweit es in sich stimmig denkmöglich ist. ist für Kant das nicht im Widerspruch Stehen zu sittlichen Grundsätzen: Was ich als „Heilbringendes", also als Mittel zur Seligkeit, „nicht durch meine eigene Vernunft, sondern nur durch Offenbarung" und in Gestalt eines Geschichtsglaubens in mein Bekenntnis aufnehme, kann ich, – so Kants subtile behutsame Urteilsenthaltung, – zwar nicht als objektiv gewiß beteuern, aber „eben so wenig als gewiß falsch abweisen" (VI 189). – Kant lobt Luthers „Bibelübersetzung" im „Ausdruck Vater *Unser*" (*Matthäus* 6, 9: das Gebet, das Jesus seine Jünger lehrt) als „besser", treffender, im Vergleich mit dem – an etwas womöglich anmaßend Possessives heranreichenden – „unser Vater" (XX 454).

eingetaucht sein läßt, lehrt er gleichwohl Gott als den Gewissens- und Weltenrichter. Die Moraltheologie überzeuge uns weit stärker von dem Dasein Gottes als die Physikotheologie; zum „guten Lebenswandel" berufen, wird der Mensch dessen inne, „zur Rechenschaft vor einen Richter gefordert" zu werden; „dahin treiben zugleich Vernunft, Herz und Gewissen" (VI 144f). Kants Vertrauen in die sittliche Selbsterneuerungsfähigkeit des Menschen trennt ihn von Luther, für den wahre *Gotteserkenntnis* mit dem Eingeständnis der totalen eigenen *Heilsohnmacht* beginnt.[103] – Für Luther ist in der *Heilsfrage* jedes menschliche Sichverlassen auf die eigene Kraft vor Gott ebenso illusionär wie frevelhaft. Das Lutherische *sola gratia* schließt menschliche Mitwirkung am Heil aus; selig werden ‚ohne alles Verdienst und Würdigkeit', wie Luthers *Katechismus* lehrt, liegt außerhalb des Horizonts von Kants sittlicher Autonomie. – Einig im Ernst nötiger Wiedergeburt angesichts eines sittlich heiligen Gottes trennt die Annahme reiner *Theonomie* in der *Versöhnungs*lehre Paulus und Luther von Kant, als dem Vollender des aufklärerischen Autonomiegedankens.

Trinitätslehre und Christologie marginalisiert Kant, systematisch folgerichtig, da sie fast keinen moral*praktischen* Wert abwerfen.[104] Genauer gesagt, er vernachlässigt die transzendente Dimension theologischer Lehren von der Trinität, Inkarnation, leiblichrealen Auferstehung und Himmelfahrt Jesu oder von der Geistsendung, und wo er sie streift, verleiht er ihnen eine nichttranszendente Deutung. So gilt ihm, platonisierend, der Gottmensch als die

---

103 Luthers *Kleiner Katechismus*, dritter Artikel, verdeutlicht die Heilsohnmacht des Menschen, *Theonomie* und *Heteronomie*, die Kant und den Idealisten so sehr zuwider sind, u.a. zur Verständnisgrenze abschwächend: „Ich glaube, daß ich nicht aus eigener Vernunft noch Kraft an Jesus Christus ... glauben oder zu ihm kommen kann."

104 Indem er die Trinität für die Vernunft einsichtig zu machen sucht, ringt Kant überdies um die *Kompossibilität* der Gottesprädikate, v.a. Güte – Gerechtigkeit, wie Leibniz sie im *Discours de Métaphysique* (1-9) gefordert hat. Der heilige Geist (Gott als Geist), so erwägt Kant, „durch welchen die Liebe Gottes als Seligmachers (eigentlich unsere dieser gemäße Gegenliebe) mit der Gottesfurcht vor ihm als Gesetzgeber, ... vereinigt wird", ist außer dem, daß er uns „in alle Wahrheit (Pflichtbeobachtung) leitet"' (s. Joh 16, 13), zugleich „der eigentliche Richter der Menschen (vor ihrem Gewissen)"; „Gott als die *Liebe* betrachtet (in seinem Sohn)" – Kant weist hin auf das Wort von der die Welt erlösenden *Liebe Gottes* durch die Hingabe seines Sohnes Jesus Christus (Joh 3, 16f), die trotz Schuld ein „Verdienst" zusprechen kann, wenn ein Mensch empfänglich sei „für eine solche Güte". Gott als gerechter Richter („unter dem Namen des heiligen Geistes") „richtet die Menschen"; da lautet „sein Ausspruch: *würdig* oder *nicht-würdig*, ... *schuldig* oder *unschuldig*, d.i. Verdammung oder Lossprechung"! Im positiven Fall finde ein Urteilsspruch Gottes als „*Richters aus Liebe*" statt, im negativen, so Kants Akrobatik, falle der Mensch dem „Richter aus Gerechtigkeit anheim" (VI 145f nota). Zur *Kompossibilität* der Gottesprädikate s. VIII 257f nota. Eine prägnante Synopse gibt die Reflexion: „Die *Gerechtigkeit* ist Einschränkung der Gütigkeit durch Heiligkeit ... Eigentlich schränken wir selbst die Göttliche Gütigkeit durch unsere Schuld ein" (XVIII 453; Refl. 6100).

in Gott von Ewigkeit her liegende Idee der Menschheit in ihrer ganzen ihm wohlgefälligen Vollkommenheit (vgl. VI 60ff), – eine Idee, die ähnlich Hegel in seinen *Theologischen Jugendschriften* der neunziger Jahre vertritt. Die aus dem Prolog des *Johannes*-Evangeliums und dem *Hebräerbrief* entnommenen Schriftbelege machen deutlich, daß Kant den dort personhaft offenbarten Logos mit dem moralischen Prinzip der praktischen Vernunft identifiziert und die in der Lehre vom *Logos* enthaltene *Präexistenz* (Joh1, 1), sonach Jesu Gottheit, ins ethisch Ideelle umdeutet. Austauschbar mit dem das Heil bringenden Christus sind: die Aufnahme des Sittengesetzes *oder* des sittlichen Ideals des ‚Sohnes Gottes' *oder* der göttlichen Person Christi in die eigene Herzensgesinnung. Nicht Gott als „der Logos ward Fleisch" (Joh1, 14), sondern das sittliche Urbild kam zu uns herab und hat die Menschheit in sich angenommen.[105] ‚Gottes Sohn' widerstand allen irdischen Verlockungen (vgl Mt 4, 1-11), nahm, im Stand der Erniedrigung mit uns sich vereinigend, alles Leiden bis zum schmählichen Tod, um der Welt Bestes willen, freiwillig auf sich und trat für seine Feinde ein (vgl. Phil 2, 5-8; Röm 5, 6-10).

Christus ist für Kant „*das Urbild aller Moralität*"; um ihn als solchen erkennen und anerkennen zu können, müssen wir eine Idee sittlicher Vollkommenheit (Heiligkeit) in unserer Vernunft tragen. Wird uns Jesus vorgestellt als ein solcher, der mit dieser Idee „congruirt", so können wir sagen: dies ist das Urbild des Heiligen, ihm „folget nach!" Finden wir keine Idee sittlicher Heiligkeit in uns, so erblicken wir auch kein Urbild, „selbst wenn es vom Himmel käme". Ich muß schon eine Idee des sittlich Heiligen in meiner Seele haben, „um das Urbild in concreto zu suchen" (M 79f).

Eine theonom gedachte Metanoia und Neugeburt des Ich kraft einer „mystischen Auswirkung" des Glaubens nennt Kant (mit Jacobi-Anspielung) einen *salto mortale* der menschlichen Vernunft (VI 120f). Allerdings gesteht er zu, es könne ein „eigentliches ... heiliges Geheimniß (mysterium) der Religion" geben, das unser Vermögen und daher „unsere Pflicht übersteigt" und das betrifft, „was nur Gott tun kann", von welchem „zu wissen und es zu verstehen"(!), daß es ein solches Geheimnis gebe, „nicht eben es einzusehen", für uns „nützlich sein möchte" (VI 139 nota). Hier eröffnet sich der Freiraum für kirchliche Heilslehre, für Begriffe wie stellvertretende Genugtuung, Rechtfertigung, Vergebung, die wie „Gäste aus einer anderen Welt", so Karl Barth, „mit einem Gemisch von Verständnis und Befremden, Respekt und ehrerbietigem Kopfschütteln begrüßt" und als Kennzeichnung für offene Fragen, zumindest als

---

105 Vgl. Bohatec: *Die Religionsphilosophie Kants* (s. nota 85), 352f; Karl Barth: *Die protestantische Theologie im 19. Jahrhundert* (Sigle: Barth), 3. Aufl. Hamburg 1960, Bd 1, 239f.

sinnvolle Ideen „anerkannt" werden, deren Klärung aber die Vernunftsphäre sprengt (Barth 247f). Im Sinn der praktischen Vernunft, deren ideelle Substanz die intelligible Freiheit ist, gibt es, wie Kant mit hohem Pathos formuliert, „schlechterdings kein Heil" außer in der „innigsten Aufnehmung ächter sittlicher Grundsätze" in die Gesinnung wider die selbst verschuldete Verkehrtheit des eigenen Herzens. Eine „thatlose Entsündigung" ist für Kant vernunftwidrig anzunehmen, da es in einem Idealismus der Freiheit für ihn nur ein „auf Selbsttätigkeit gegründetes Gute" gibt (VI 83; 162 *nota*). Kant nimmt an, daß für den mit Schuld Beladenen nur unter der Voraussetzung seiner wahren „*Herzensänderung*" (VI 47) die „Lossprechung" vom Bösen durch eine göttliche Gerechtigkeit sinnvoll sich denken lasse.

Da es für die Vernunft ein Abgrund des *Geheimnisses* ist, was Gott tut, findet eine anscheinende *Ineinssetzung* von göttlicher Rechtfertigung des Sünders mit dessen radikal erneuertem Willen statt. In der Kantischen Umdeutung der Lutherischen Rechtfertigungslehre durch die starke Betonung der Eigenaktivität der Person erblickt Karl Barth eine Affinität zu *frühpatristischen* wie auch zu *spätscholastischen* Gnadenlehren (Barth 251f). Der rechte Weg sei nicht der, von der Begnadigung zur Tugend fortzuschreiten, sondern von der Tugend zur Begnadigung, so lautet Kants Maxime. Er nimmt, – ein Rest von Rousseau, – einen Keim des *Guten* in unversehrter Reinheit in uns an.[106] Allzu hart jedoch wäre es, zu sagen, Kant suche ein sich selbst Rechtfertigen des Menschen vor seinem eigenen Richterstuhl. In die andere Richtung eines traditionellen christlichen Verstehens, in erkenntnistheoretischer Hinsicht wie eine *Als-ob*-Rede gefaßt, weist eine an Bibelwortaufnahmen reiche Reflexion aus den Jahren 1785-88,[107] die auf unsere ‚Rechtfertigung' im „Sohne Gottes" hinzielt. „Von Gott als der Weltursache. Das Ideal der Menschheit in ihrer ganzen

---

106 Kants einzige Schwärmerei, der er sonst stets abgeneigt ist, so Barths bedenkliche Anfrage, ist „die moralische Anlage in uns", die uns, so Kant, mit höchster „Bewunderung" erfüllt. Als „ursprüngliche Anlage zum Guten in der menschlichen Natur" bestimmt Kant, was die *Persönlichkeit* ausmacht: ihre „Empfänglichkeit der Achtung für das moralische Gesetz *als einer für sich hinreichenden Triebfeder der Willkür*" (VI 49f, 26f). Vgl. Kants Hymne auf die Staunen erregend erhabene „innere Anlage" als eine „verschleierte Göttin" (VIII 402f, 405). Das *radikale Böse* bedeutet Korrumpiertsein dieser Anlage, die durch sittliche Läuterungsanstrengung restituierbar sein soll. Unser Gewissen bezeugt uns die Fähigkeit zu solcher *Umkehr*: „Denn ungeachtet jenes Abfalls erschallt doch das Gebot: wir *sollen* bessere Menschen werden ... in unserer Seele; folglich müssen wir es auch können" (VI 45). – Vgl. dazu Wimmer: *Kritische Religion* (s. nota 21), 108-113, 150-160.

107 Eingewobene Bibelverse: *Johannes* 1, 1: Im Anfang war der Logos. *Römer* 11, 36: „Denn von ihm und durch ihn und zu ihm hin sind alle Dinge." *Kolosser* 1, 15f: Jesus Christus ist „das Ebenbild des unsichtbaren Gottes, der Erstgeborene vor allen Kreaturen. Denn in ihm ist

Vollkomenheit ist sein erstgebohrner Sohn, der abglanz seiner Herrlichkeit, in ihm und durch ihn sind alle Dinge gemacht [er selbst ist von Ewigkeit]. Daher heißt er auch das ... Ursprüngliche Wort (der Grund des Werdens). In ihm blos *liebt* er (allein) die Welt". Daher gilt es für den Menschen, – der „durch Freyheit allein heilig seyn kann", – „dem Ideal des Sohnes ähnlich zu werden"; in paradoxer Spannung von Autonomie und Theonomie bedarf er, im „Geiste der Demuth und zugleich der Hofnung", gnädiger „Ergänzung des Mangelhaften der Gerechtigkeit", zumindest einer immer wieder neu ihn belebenden „Kraft Gottes". Adressat der „Liebe Gottes in seinem Sohne" können wir „dadurch werden, daß wir ihm ähnlich und mit ihm gerechtfertigt"(!) werden. *Streng aufklärerisch* heißt es nach Würdigung zentraler *theologischer Topoi*: Schöpfung, Christi Präexistenz, Gottesverähnlichung, Rechtfertigung, hier seien „keine Gefühle noch übernatürliche Einflüsse noch historische Erkenntnisqvellen, sondern bloße Menschenvernunft" (XVIII 599f, Refl. 6307). Geschichtlicher und leibseelischer Konkretion abhold ist die Überbetonung der Ratio.

Die Vorsicht vor allem *„göttlich eingegebenen"* (VI, 137f), rein zu Empfangenden wird in Kants Kritik deutlich, daß die Betonung des Fragens, „was Gott thue", um uns selig zu machen, anstatt zu fragen, was wir tun sollen, „Einschmeicheley" in himmlische Gunst beförder und den Charakter korrumpiere (XVIII 604; Refl. 6309). Mit Anklang an das Wort: „Die ihn aufnahmen, gab er Macht, Gottes Kinder zu werden" (*Johannes* 1, 12), heißt es mit Nachdruck von dem „Sohn Gottes", der „heiligender Geist" und „Qvell des moralischen Lebens" ist, der „zugleich richtet": „wer im Fortschritt zu diesem Urbilde ist, ist von ihm aufgenommen" (XVIII 605f; Refl. 6310). Christus, der einzige Sohn, ist die Idee des von Gott „selbst gezeugten und geliebten *Urbildes* der Menschheit", unsres absolutmaßstäblichen Vorbilds, von Gott „über alles ... geliebt" (VI 145ff).

Als „das ursprünglich Gute" bestimmt Kant „die *Heiligkeit der Maximen in Befolgung seiner Pflicht*" (VI 46). Allein Jesus als geschichtliches Phänomen, – dessen Urbild in unserer Vernunft liege, wie es Lessing nahe heißt, – erfüllt in Lehre und Wandel „das Ideal des Guten ... leibhaftig" und in Vollkommenheit. Symbolisch gesprochen und absehend von metaphysischen Prädikationen, die außerhalb der Reichweite unserer Vernunft liegen, ist im „Sohn Gottes" das vollkommene Urbild „vom Himmel zu uns *herabgekommen*". Selbst Gott „wohlgefällig" zu sein, darf ein Mensch hoffen, wenn er diesem Urbild der Humanität, diesem „übermenschlich" „göttlichen Menschen", beseelt von heiligem Willen, unbeirrt *anhängt* und sich ihm „in treuer Nachfolge" verähnlicht

---

alles geschaffen, ... das Sichtbare und das Unsichtbare". *Hebräer* 1, 3: Gottes Sohn ist „der Abglanz seiner Herrlichkeit und ... trägt alle Dinge mit seinem kräftigen Wort".

(VI 60-65), – so verknüpft Kant das pietistische Motiv der *imitatio Christi* mit der platonischen *homoiosis Theo*. Kant spricht von „tröstender Hoffnung" auf *selige* Zukunft (KpV 222 nota; vgl. KpV 229 nota). – Im Abschnitt über den „letzten Zweck des reinen Gebrauchs unserer Vernunft" verdichtet Kant in drei Hauptfragen „alles Interesse meiner Vernunft": „1. *Was kann ich wissen?* 2. *Was soll ich tun?* 3. *Was darf ich hoffen?*" (KrV 833); die erste, spekulative Frage soll in der ersten *Kritik*, die zweite, praktische in der zweiten *Kritik*, die dritte ethisch-religiöse in der Religionsschrift Antwort finden.

Von der Zukunft *wissen* wir *nichts*, sollen auch nicht nach ihr forschen, ausgenommen nach dem, was mit unsrer Motivierung zur Sittlichkeit und dem sittlichen Endzweck zusammenhängt, wozu für Kant der Glaube gehört, es gebe keine gute Handlung, die nicht auch „in der künftigen Welt für den, der sie ausübt, ihre gute Folge" haben werde (VI 161f nota). Das unerreichbare Ziel sittlicher Vervollkommnung wäre *Liebe zum Gesetz* (VI 145), zu dem, was wir nie „ganz gern" tun (KpV 148f).[108] Kant verweist in der Religionsschrift auf die Rede des Lehrers des Evangeliums vom Weltgericht (Mt 25, 31-46) und Weltrichter, vor dem „die eigentlichen Auserwählten" zu Gottes Reich die sind, die ohne Rücksicht auf Lohn des Himmels oder der Erden Barmherzigkeit geübt haben. Indem Jesus vom ‚Lohn' in der künftigen Welt spreche, solle dieser nicht Triebfeder sein für unsre Handlungen, sondern unsere Seele erhebende Vorstellung herrlicher Vollendung von Gottes Güte und Weisheit (VI 161f; vgl. VIII 338f).[109] Die *Gottesnähe* entspricht dem lauteren Tun. In siebziger Jahren erklärt Kant ohne Umschweife: „Die heiligkeit hat zum Wohlbefinden seeligkeit. Entspringt aus der Gemeinschaft mit Gott" (XIX 109; Refl. 6611). *Gottseligkeit* sei nicht ein *Surrogat* für Tugend, die vernachlässigt werden könnte, sondern deren *Vollendung* (VI 185).

---

108 Für Paulus ist die Frucht des (den Menschen rechtfertigenden) Glaubens die *Erfüllung* des Gesetzes, die selbst als *Liebe* verstanden wird: *Römer* 13, 8-10; *Galater* 5, 14.
109 Kant skizziert Ethik-Modelle und verleiht Christus, aufgrund des durch ihn verliehenen „inneren Werth(es)", verbunden mit einer Verheißung als „Zuflucht" der Gott suchenden Seele, ein Alleinstellungsmerkmal: „Epicur wolte der tugend die triebfeder geben und nahm ihr den inneren Werth. – Zeno wolte der tugend einen innern Werth geben und nahm ihr die triebfeder. Nur Christus giebt ihr den innern Werth und auch die triebfeder", die verheißene „andere Welt" als „Zuflucht. Die triebfeder ist den Sinnen so weit als moglich entzogen." (XIX 176; Refl. 6838). Zum *höchsten Gut* notiert er: „Christus sagt ..., daß in der Gemeinschaft mit Gott das höchste Gut bestehe; aber sein Weg ist durch das wohlverhalten im Glauben, nicht durch Anschauen oder Andächteley." (ebd. 197f, Refl. 6894) Hierin unterscheide Christus sich von mystischen Platonikern (und Frömmlern).

d) *Seelenschicksal und Weltgericht in Reflexionen, Vorlesungen und in Das Ende aller Dinge*

Kant erklärt in den siebziger Jahren mit Pathos: „Die Moralität ... ist das *Heilige* ..., was wir *beschützen müssen* ... *Gott* und die *andere Welt* ist das einzige Ziel aller unserer philosophischen Untersuchungen" (M 261). Menschen können „nicht selig seyn, als nur, insofern sie mit Gott in Gemeinschaft sind" (M 320). Selig zu sein ist das einem heiligen Willen gemäße „Wohlbefinden", das aus der Gemeinschaft mit Gott entspringe (XIX 109; Refl. 6611). Fern Luthers Lehre von der durch den Glauben zu ergreifenden selig machenden Gnade heißt es: Die Lehre des Evangeliums sei, daß niemand anders als „durch Wohlverhalten und Heiligkeit soll hoffen selig zu werden" (XIX 248: Refl. 7094). Sittliches Tun wiegt mehr als Kontemplation. Die als Gottesnähe gedachte Beseligung kommt für Kant nicht durch intellektuelles Anschauen zustande, wie im mystischen Platonismus, sondern durch eigene sittliche Anstrengung und Gottes Beihilfe.

Das Labyrinth einer Kluft zwischen Wohlverhalten und Wohlbefinden des Menschen bestimmt Kant plastisch in seinen Vorlesungen zur Religionslehre dahingehend, daß „oft die ehrwürdigste ... Rechtschaffenheit verkannt, verachtet, verfolgt und vom Laster unter die Füße getreten wird." Lapidar lautet die starke Forderung der Vernunft: „Es muß demnach ein Wesen da seyn, welches selbst nach Vernunft und moralischen Gesetzen die Welt regieret". Allezeit in Unglück verstrickt zu bleiben trotz innerster Wohlgesinnung und Pflichttreue, – da müßte ich, so erklärt Kant, „*ohne Gott* ... ein Phantast" sein; der „Bösewicht" aber verleugnet sich selbst als sittliches Ich (R 140f).

Gottes *Heiligkeit* spricht Kant oft an (z.B. KpV 236f). Er müsse „alle, auch die geheimsten Regungen meines Herzens kennen", auf die es im Hinblick auf die urteilsklare Schätzung meines Tuns und Lassens vorzüglich ankomme. „*Heiligkeit, Gütigkeit* und *Gerechtigkeit*", gewonnen *via eminentiae*, machen als seine Eigenschaften den ganzen moralischen Begriff Gottes aus. Allein durch Moral ‚erkennen' wir, – in der späteren Religionsschrift der Tendenz nach (nur) analogisch, – diesen Begriff Gottes für uns, als „*heiligen Gesetzgeber*", „*gütigen Weltversorger*" und „*gerechten Richter*" (R 142f; KpV 236 nota). Das oberste Prinzip der sittlichen Gesetzgebung müsse „durchaus *heilig* seyn", denn es soll „ewige Norm für uns seyn" und nichts, was „Laster" ist, für läßliche Sünde erklären (R 142f). Zum „Kampf des guten Prinzips mit dem bösen um die Herrschaft über den Menschen", des näheren zu „Schwierigkeiten" (VI 55-78), im Guten sich einzuwurzeln, ist zentral Kants Erklärung: Jeder *täusche sich* am leichtesten in dem, was „die gute Meinung von sich selbst begünstigt"; daher sei „ratsam", stärker an das Wort zu erinnern, „seine Seligkeit *mit Furcht und Zittern* zu schaffen" (*Philipper* 2, 12), anstatt durch das andere Paulus-Wort: „Gottes Geist gibt Zeugnis unserm Geist, daß wir Gottes Kinder sind" (*Römer* 8, 16) sich in trügerischen Trost bzw. in Täuschung über sich selbst einzuwiegen, – er könne „nie so tief fallen, das Böse ... lieb zu gewinnen", – durch ein Gefühl vermeintlich „übersinnlichen Ursprungs" (VI 68). Gottes *Heiligkeit* versteht Kant als die absolute „moralische Vollkommenheit" seines Willens (R 146).

Eine „freie Vernunft" macht sich im Sittengesetz eine „unveränderliche Norm" als Grund aller Verbindlichkeiten und entwirft bzw. postuliert in Entsprechung zu dieser Norm aus moralischer subjektiver Notwendigkeit einen „allervollkommensten Weltgesetzgeber" (R 229). Der Mensch kann sich aber der Glückseligkeit durchaus „unwürdig" machen; moraltheologisch entspricht dem, daß die Idee von Gottes Güte sinnvoll eingeschränkt sei durch seine Heiligkeit (vgl. R 143). Emphatisch ruft Kant mit der Idee von Gott als Richter „*die majestätische Idee von einem allgemeinen Weltgerichte*" auf, worin sich dereinst zeigen wird, wie weit das menschliche Geschlecht Mißbrauch seiner Freiheit treibt oder sich einer individuell adäquaten Glückseligkeit würdig gemacht habe (R 166f). Ist die menschliche Seele als intelligibler Charakter frei, wie Kant lehrt, so muß es auch von ihr selbst abhängen, des näheren von ihrer Willensorientierung, „*ob sie der Glückseligkeit würdig oder unwürdig seyn will*"! (R 217f) Schon unser Gewissen stellt uns Gott als *gerechten* Richter vor, dessen Gericht *unerbittlich* sei (R 143ff). „Das Gewissen stellt den göttlichen Gerichtshof in uns vor", insofern es Gesinnung und Taten nach dem Maßstab der „Heiligkeit" des Gesetzes beurteile und uns wie *Gottes Allgegenwart* stets gegenwärtig sei (E 166). Der „unbestechliche Richter in uns" wird „einem Jeden die ganze Welt seines Erdenlebens vor Augen stellen" und ihn der Gerechtigkeit des Urteilsspruchs überführen. Der *Allgütige* vermöchte zwar, uns glückselig, nicht aber seiner Wohltaten würdig zu machen, ohne daß wir eigene sittliche Würde erringen (R167f). Es gilt, sich selbst nicht „taub zu machen" „gegen jene himmlische Stimme" (KpV 62).

Der moralische Glaube an Gott ist ein praktisches Postulat, dessen Verleugnung den Verfechter in ein *absurdum practicum* versetzt. Als „göttliche Weisheit" preist es Kant, daß eine „Aufforderung zum festesten Glauben" an uns ergeht, „daß ein Gott sey"; wäre dies ein gesichertes Wissen, so würde freie Moralität wegfallen, da wir uns bei jeder Handlung Gott „als Vergelter und Rächer" vorstellten; dieses Bild würde sich, – so Kant, Nietzsches Henkermoral antizipierend, gleichsam vergiftend – in unsere „Seele drängen" (R 160f). Stoischem Geist entspringt Kants Erwägung, ein „trostvolles Bewußtsein", rechtschaffen zu sein, könne uns auch in Widrigkeiten als Quelle der Zufriedenheit nicht geraubt werden, christlichem, – stärker Trost verleihendem Geist, – die Aussicht künftiger Seligkeit könne uns im „kummervollsten Leben aufrichten" (R 172).[110]

---

110 Kant moniert an der Stoa, sie verkenne in ihrem „Heroismus" die Heiligkeit und Strenge des Sittengesetzes, die für ihn spezifisch christlich ist (vgl. KpV 230 nota). S. dazu Klaus

In Vorlesungen über philosophische Religionslehre würdigt Kant die *Selbsterkenntnis* der Seele: „Wir finden aber in unserer ganzen Erfahrung nichts, was mehr Realität hätte, als unsere Seele." (R 49). Einen Begriff von der Freiheit unsrer Seele haben wir „durch unser intellektuelles inneres Anschauen ... unserer Tätigkeit" (XVII 509; Refl. 4336 aus den siebziger Jahren; vgl. XVII 465). Vorkritisch nimmt Kant wie Fichte eine intellektuelle Selbstanschauung des Ich an; traditioneller als Fichte sagt er: „in mir schaue ich" – dies sei der „einzige Fall", wo der Zugang gelingt, – „die Substanz unmittelbar an" (M 133). Aufgrund der Intellektualität des Ich in der Selbstanschauung als vermeinter Substanz, die ewig und unzerstörbar sei, wird seine Unsterblichkeit angenommen. In Kants *Metaphysik*-Vorlesung wird als ideengeschichtlicher Hintergrund Platons Anamnesis- und Leibniz' Monadenlehre deutlich. Jedes sich (als immaterielles Wesen) selbst anschauende Ich ist als solches „der stricteste Singularis". Der „größte Schatz der Seele" besteht nach Leibniz in Kants Darstellung in ihren dunklen Vorstellungen, die kraft Bewußtwerdung deutlich werden. Könnten wir uns, so erwägt Kant, „durch ein übernatürliches Verhältniß" (– „würde Gott auf einmal ... Licht in unsere Seele bringen"!) – des ganzen Umfangs unserer dunklen Vorstellungen bewußt werden, so würden wir staunen über den Reichtum an Einsicht, der schon in unserer Seele gelegen war. Pointiert erklärt Kant: „Alles, was in der Metaphysik und Moral gelehrt wird, das weiß schon ein jeder Mensch; nur war er sich dessen nicht bewußt". Diese Sphäre dunkler Ideen, – bei Leibniz *ideae innatae* (et *petits perceptions*), – mache einen „tiefen Abgrund" menschlicher Erkenntnis aus, den wir nicht leicht und v.a. nicht vollumfänglich ausloten können (M 133-137). So schmilzt Kant, vorkritisch, klassische Topoi zur Seelen- und Gotteslehre in sein Denken ein.[111]

Düsing: Das Problem des höchsten Gutes in Kants praktischer Philosophie, in: ders.: *Kant Klassiker* (s. nota 22), 157-165.

111 Kant erwähnt Platons Anamnesislehre: „Wiedererinnerungen der alten Ideen aus der Gemeinschaft mit Gott" als „Erklärungsart der Möglichkeit der Erkenntnisse a priori" (XVIII 434f; Refl. 6050; vgl. ebd. 437; Refl. 6051; KrV 370ff), vorgeburtliches Sein der Seele bei Gott und Schau der *idea archetypa*. „Gottes Verstand ist also das Urbild aller Dinge und von ihm hängt aller Dinge Möglichkeit ab." (*Kant's Vorlesungen* Bd V= XXVIII 1267f) – Zum Platon-Hintergrund in Kants Transfiguration des urbildlichen göttlichen Verstandes (*intellectus archetypus*) s. XVIII 431; Refl. 6041. Nur in Gott als sich erkennendem Archetypus erkennen wir die *Dinge an sich selbst*: ebd. 433; Refl. 6048) Zu dunklen Vorstellungen vgl. VII 135ff; zu Platon VIII 391ff, 398f. – Zu Platon und Kant vgl. Heimsoeth: Kant und Plato, in: *Kant-Studien* 56 (1965), 349-372; ders.: Atom, Seele, Monade, in ders.: *Studien II* (s. nota 13), 140-145, 164-177; ders.: *Dialektik Kants* (s. nota 9), Bd 3, 633: Eine Urvernunft ist durch „archetypische" Zweckideen Ursache des Weltgefüges. – Nach Düsing (: Vernunftidee und Sittlichkeit bei Kant und Platon, in: *Geist und Sittlichkeit. Ethik-Modelle von Platon bis Levinas*, hg. von E. und K. Düsing, H.-D. Klein, Würzburg 2009, 140-144) findet Kant in Platons Ideen die Reinheit des Sittlichen verbürgt.

Der traditionelle Begriff der Seele wird neuzeitlich zum „Ich", mit gelegentlicher Beibehaltung des Terminus Seele. Zum Begriff des *Ich* gelangen wir durch Betrachtung unseres inneren Sinns, individualisiert, „indem ich mir aller meiner Gedanken bewußt bin". Das Ich als die „Selbstheit" zeichnet sich aus durch „absolute Spontaneität" bzw. Selbsttätigkeit aus dem inneren Prinzip, das heißt gemäß freier Willkür (M 200f, 204). Für den Zustand jeder menschlichen Seele „jenseits der Grenze des Lebens" postuliert Kant als „Hauptsache ... nach dem Tode" die „Identität" ihrer Persönlichkeit, die sich darin bewahrheitet, daß sie ihren vorigen Zustand mit ihrem künftigen zu verknüpfen und sich als selbige zu kennen vermag. Im indirekten Beweisgang erwägt er ex negativo das schauerliche Gegenstück zu solcher Identitäts-Hoffnung im echten Sichselbst-Wiedererkennen: „Ob die Seele in ihrem zukünftigen Zustande sich ihrer selbst bewußt seyn wird, oder nicht?" Wenn nicht, so würde dies ihr *„geistiger Tod seyn"*, nachdem sie schon leiblich verstarb. – Wenn wir hoffen dürfen, daß die Seele in dem ‚anderen Zustande' sich ihrer selbst bewußt ist, eröffnen sich zwei denkbare Varianten hinsichtlich ihrer Verfaßtheit, daß sie nämlich eine neue Leiblichkeit gewinne, einen „verklärten Körper" annehme, *oder* daß sie fortan ein „rein geistiges Leben" führe; Kant favorisiert für unsere zukünftige Bestimmung eindeutig diese zweite, Platon nahe, seines Leibes vergessene Seinsweise, in der die Seele vom „Staube" der materiellen *Körperlichkeit* als Erdenschwere unwiderruflich glücklich befreit worden sein mag (M 252f, M 258).

Auch im *Streit der Fakultäten* (von 1798) spricht Kant sich für eine Vergleichgültigung des Leibes aus: „Ob wir künftig blos der Seele nach leben, oder ob dieselbe Materie, daraus unser Körper hier bestand, zur Identität unserer Person in der andern Welt erforderlich ... sei, unser Körper selbst müsse auferweckt werden, das kann uns in praktischer Absicht ganz gleichgültig sein". Eine in Platons *Phaidon* und Mendelssohns *Phädon*-Bearbeitung nahegelegte Leibfremde tritt in Kants gleichsam zornmutig beschwörender Frage hervor, „wem ist wohl sein Körper so lieb, daß er ihn gern in Ewigkeit mit sich schleppen möchte, wenn er seiner entübrigt sein kann?" (VII 40)

Himmel und Hölle als räumliche Zielbestimmungen entmythologisierend, damit die *andere* Welt in die sichtbare tief verflochten sei, führt Kant aus, die Seele erwache nach Überschreiten der Todesgrenze in der Geisteswelt. Sind die untereinander Kommunizierenden „wohldenkende und heilige Wesen", so ist sie ‚im Himmel'; ist die Gemeinschaft der Wesen aber bösartig, so befindet sie sich in der ‚Hölle'. Der *Himmel* ist also gerade dort, wo die Gemeinschaft sittlich reiner Wesen stattfindet, ja diese „Geisterwelt ist der Himmel", und in *Gemeinschaft* mit ihr stehen heißt *„im Himmel seyn"* (M 254f). Ohne Leibbindung existierende Intelligenzen fällt Kant, wie Platon und den zahlreichen Platonikern aller Zeiten, durchaus leicht zu denken. Bedrohlich allerdings, das sieht Kant, wäre die Materie als *principium individuationis*. „Es frägt sich also, ob es möglich sei, daß die menschliche Seele auch ohne Körper eine besondere Persohn sey"! (XVII 472; Refl. 4237)

Swedenborgs Gedanke, die Geisteswelt, bei Kant der *mundus intelligibilis*, mache ein „besonderes reales Universum" aus, in welchem alle geistigen Naturen miteinander in geistiger Verbindung und Gemeinschaft stehen, und zwar auch schon hier und jetzt in dieser Welt, nennt Kant „sehr erhaben", ohne ihn sich zueigen zu machen. Denn wir, befangen in sinnlicher Anschauung, sehen uns nicht darin, obgleich wir geistig doch darin stehen. Wenn nun aber das sinnliche Hindernis für die rein geistige Anschauung anderer Personen aufgehoben würde, so sähen wir uns auf einmal in dieser Gemeinschaft, und eben dies sei „die andere Welt", zu der alle rechtschaffenen und „gutgesinnten Seelen gehören, sie mögen in Indien oder in Arabien seyn". Nur sieht ein Mensch sich „noch nicht" in dieser Gemeinschaft, bis er von der sinnlichen Anschauungsweise „befreiet seyn wird". Analog steht auch „der Boshafte", so weiß Kant grimmig zu enthüllen, schon hier in der „Gemeinschaft aller Bösewichter, die sich unter einander verabscheuen" dürften, nur erblickt er sich jetzt noch nicht darin. Metaphysische und ethische Dimension verbindend, imaginiert Kant, daß jede gute Handlung des Tugendhaften ein Schritt in Richtung zur „Gemeinschaft der Seligen" sei und jede böse Tat ein Schritt zur anderen, der „Lasterhaften". Weder käme der Tugendhafte in den Himmel, er sei ja schon darin, noch der Böse in die Hölle, da er ja schon in ihr ist. Als vom Körper Befreite „sehen sie erst, wo sie sind"! Muß der Boshafte, so fragt Kant eindringlich, „sich nicht jeden Augenblick fürchten, daß ihm die geistigen Augen aufgethan werden? Und so bald diese sich öffnen, ist er schon in der Hölle." (M 257f) *Aufhebung* des Todes und sittlich-religiöses Erhobenwerden zu „Himmelsbürgern" in einem *Reich Gottes* ist Lebensziel (VI 134f). Nach dem Wort des *Evangelisten* Lukas (17, 21), das er zitiert, ist Gottes Reich „*inwendig in euch*" (VI 136).[112] Des eigenen Verlorengehens Urheber ist jeder für sich selbst. Dem *Sittengesetz* zu *entsagen* macht mich *in meinen eignen Augen* „verabscheuungswürdig" (KrV 856).

Als memento-mori-Studie kann der Aufsatz von 1794 über *Das Ende aller Dinge* (VIII 325-339) gelesen werden. Diese Idee vom *Ende* der Zeit[113] betrifft

---

112   Nach Ansicht heutiger Exegeten ist „inwendig" eine Fehlübersetzung und muß „mitten unter euch" heißen, d.h. Lk 17, 21 bezieht sich auf Jesu Person und Vollmachtsanspruch, nicht auf das Seelenleben des Glaubenden.

113   Kant zitiert aus der *Apokalypse* (10, 5f) den Spruch des Engels, der bei dem „Lebendigen von Ewigkeit zu Ewigkeit", bei dem, der Himmel und Erde erschaffen hat, „schwört, ... *daß hinfort keine Zeit mehr sein soll*" (VIII 333). Kant nennt letzteres das „*mystische* (übernatürliche)" Ende der Zeit, von dem „wir *nichts verstehen*"; er hebt davon zum einen

allein den „moralischen Lauf der Dinge" (328). Kant erörtert hier im Horizont des praktischen Gottespostulats und der Annahme, weise sei, „so zu handeln, *als ob* ein andres Leben" uns bevorstünde, in dem wir die „Folgen" (330) unsres Lebenswandels austragen müssen, Vorstellungen vom „Weltrichter" und *„Jüngsten Gericht"* (328). Behutsam abwägend begründet er gegen ein ‚unitarisches' System, das Allversöhnung lehrt, ein *dualistisches* („aber nur unter *einem* höchstguten Urwesen"! 328f), – das uns nicht in eine „gleichgültige Sicherheit" einwiegt (330), – dem zufolge an jede Person, entsprechend ihrem Verhalten in ihrer „ganzen Lebenszeit", ein „Begnadigungs- oder Verdammungs-Urteil des Weltrichters" ergeht, welches das „eigentliche Ende aller Dinge in der Zeit und zugleich der Anfang der (seligen oder unseligen) Ewigkeit" ist (328). Er untersucht, wie *„ein Ende aller Zeit",* – ein Gedanke, der an sich schon „furchtbarerhaben" erscheint, ja „etwas Grausendes in sich" hat, „weil er gleichsam an den Rand eines Abgrunds führt, aus welchem für den, der darin versinkt, keine Wiederkehr möglich ist" – und wie ein Übergang aus der *Zeit* in die *Ewigkeit* sinnvoll zu denken sei, so wie die gesetzgebende Vernunft ihn sich „in moralischer Rücksicht selbst macht". Denn theoretisch inhaltlich können wir über „die Idee der Ewigkeit", über die „Schöpfung eines neuen Himmels und einer neuen Erde" (327f) und unsere – als selige erhoffte – intelligible Fortdauer nichts wissen,[114] da sie außerhalb der allein uns bekannten Raum-Zeitbedingungen stehen würde.

Im kühnen Gedankenexperiment als Spiel von Ideen, das Vernunft in einem *„freien* Feld" des Denkmöglichen, das weit über unseren *Gesichtskreis* hinausgeht „sich selbst schafft" (332f), erwägt und verwirft Kant, durch ein *ad absurdum* Führen, den nihilistischen Gedanken, ein Ende mit Schrecken könnte

---

das „widernatürliche", „verkehrte Ende aller Dinge" ab, das wir selbst dadurch herbei führen, daß wir, das wahre höchste Gut mißachtend, den „Endzweck *mißverstehen", –* so z.B. wenn das *höchste Gut* „im *Nichts* bestehen soll" (335) oder „Treu und Glauben" verloren gehen (331f) – zum andern das Ende aller Dinge gemäß der Ordnung „göttlicher Weisheit", das wir durch praktische Vernunft *„wohl verstehen* können" (VIII 333).

114 Entwürfe zu einer *Theologie* der ‚letzten Dinge' wagen: Romano Guardini: *Glaubenserkenntnis. Versuche zur Unterscheidung und Vertiefung,* Freiburg 1963, 175-187 („Das Fegfeuer"); Hans Urs von Balthasar: *Theodramatik IV: Das Endspiel,* Einsiedeln 1983; Horst W. Beck: *Biblische Universalität und Wissenschaft. Interdisziplinäre Theologie im Horizont trinitarischer Schöpfungslehre,* Weilheim-Bierbronnen, 2. Aufl. 1994, 696-724 („Gott der Vollender"); Joseph Ratzinger/ Benedikt XVI.: *Eschatologie – Tod und ewiges Leben,* Regensburg 2012; Marius Reiser: *Die letzten Dinge im Licht des Neuen Testaments.* Bilder und Wirklichkeit, Aachen 2013; Wolfhart Pannenberg: *Systematische Theologie* Bd 3, Göttingen 2015, 569-694 („Die Vollendung der Schöpfung im Reiche Gottes").

so aussehen, daß der Schöpfer sein Werk wegen seiner Mängel „zerstören",[115] diese „*Vernichtung Aller* aber eine verfehlte Weisheit anzeigen würde", ebenso wie der Gedanke, daß „Alle *verdammt* zu sein bestimmt wären", einen Widersinn im Begriff von Gott als Schöpfer erzeugt; denn „ewig verworfen" zu sein dürfte für jedes Wesen schlimmer sein als gar *nicht* zu existieren (329f), – d.h. nicht ins Dasein gerufen worden zu sein, – so daß der Sinn der Schöpfung dahin fiele. Diese abgründig pessimistische Schau wird von Kant, den nihilistischen Gedanken zuspitzend, noch einmal skizziert anhand der Frage, warum menschliche Vernunft auf die Idee eines ‚schrecklichen' Endes verfällt; er antwortet mit seiner dritten *Kritik*, die „Schöpfung selbst" erschiene uns „zwecklos", wie ein bloßes Schauspiel, wenn die vernunftbegabten Wesen ihren *Endzweck* verfehlten. Diese Befürchtung gründe im Eindruck der an *Hoffnungslosigkeit* grenzenden Verderbtheit des Menschengeschlechts, dem „ein Ende und zwar ein schreckliches Ende zu machen, die einzige der höchsten Weisheit und Gerechtigkeit (dem größten Teil der Menschen nach) anständige Maßregel sei"! (330f) Wider eine solche Hoffnungsarmut setzt Kant die (in der Religionsschrift von 1793 erörterte) „Anlage zum Guten", die verhindere, daß die Erde und v.a. Menschenwelt in verächtlichen Gleichnissen wie in denen vom Wirts-, Zucht- oder Tollhaus vorgestellt werden müsse, „wo Einer dem Andern alles erdenkliche Herzeleid zufügt" (VIII 331 *nota*).

Gezeigt haben dürfte sich, daß auch vorkritische Überlegungen Kants wie in der Vorlesung zur *Metaphysik* in praktischer Hinsicht ihre Bedeutung bewahren, denkt man nur jene modifizierende *Restriktion* hinzu. Umgekehrt tauchen auch in den neunziger Jahren metaphysisch freimütige Sätze auf wie der, daß die *Vernunft* uns „keine andre Aussicht in die Ewigkeit" übrig läßt als die, welche jedem sein *Gewissen* am Lebensende im Hinblick auf seinen Lebenswandel „eröffnet" (VIII 329), aber eine *Aussicht*, mit ‚schwachen Blicken' (KpV 266) oder wie auf ferne Berggipfel, sei es schon.

---

115 Von Kant unerwähnt, findet jener aufschreckende Gedanke einer Richtungsumkehr der Schöpfung Anhalt an *Genesis* 6, 5-7, wo es – vor der Sintfluterzählung – heißt, Gott *gereute* es, den *Menschen erschaffen* zu haben, da seine „Bosheit sehr groß" und „alle Gebilde der Gedanken seines Herzens allezeit böse" waren. Im *Hebräischen* steht hier in Zusammenhang mit dem etymologischen Wortsinn von *Reuen*: Jahwe „betrübt sich in sein Herz hinein", und zwar als Folge jener „richterlichen Cognition", ja empfindet „herzeinschneidenden Schmerz". Franz Delitzsch: *Neuer Kommentar über die Genesis*, Gießen 1999, Nachdruck der 5. Aufl. von 1887, 153.

e) *Negative und positive Theologie – Kants kritische Metaphysik im Horizont des Evangeliums*

Angesichts von Kants Aufwertung ‚reinen Glaubens', der, keines Beweises bedürfend, im Reiche unendlichen Nichtwissens erblüht, hat der Theologe Adolf Schlatter Kant als den Lutherischen Philosophen *per excellence* gerühmt.[116] Die theoretische Vernunft hält an ihrer negativen Theologie im oben dargelegten Sinne fest, während die praktische Vernunft im Wort (aus einer Nachschrift) vom „undurchdringlichen Geheimnis" (R 226; vgl. VI 142ff), das zwischen Gott und Mensch walte, den Sinnraum für eine mögliche unverfügbare Gnade Gottes offenhält. (Gottes Geheimnis deutet Paulus im gekreuzigten Christus an; er sei Gottes verborgene Weisheit: 1Kor 2, 2. 6-10). Bei Kant ragt im Begriff ‚Geheimnis' die *negative Theologie* in die *positive* rationale Religionslehre hinein.

Auf das „Geheimnis in der Vernunftreligion" (R 225) zielt auch Kants Frage hin, ob Gott wohl einen Menschen „glücklich machen" könne, der sich vor dem Richterstuhl seines Gewissens selbst „noch nicht dem ganzen moralischen Gesetze adäquat, folglich der Glückseligkeit unwürdig findet". Stelle ich Gott als gerechten Richter vor, so ist es mir im Rahmen der Vernunftreligion unmöglich, mich seiner Güte anzubefehlen. *Unlösbar* ist für uns die Frage, wie in Gott Güte und Gerechtigkeit walten mögen angesichts des *radikalen Bösen* und seiner – im *höchsten Gut* erhofften – Überwindung. Diesem Geheimnis der erhofften göttlichen Lösung des Schuldproblems gebührt ehrfurchtsvolles Staunen; das neuplatonische Motiv des Einen, das unaussprechlich ist, rührt hier implizit an das *Kreuz Christi*. „Hier ist tiefes Stillschweigen unserer Vernunft; denn wenn sie sagt: thue so viel Gutes, als du kannst; so ist solches noch lange nicht ... hinreichend. Denn, wo ist ein Mensch, ... der so vermessen seyn sollte, zu sagen: Ich habe alles Gute gethan, was ich gekonnt habe?" (R 225f)[117] Die durch programmatische Eingrenzung christlicher Religion auf praktische Vernunft aufklaffende Lücke hin zu Gottes Gnade, – des näheren im Hinblick

---

116 Vgl. Werner Neuer: *Adolf Schlatter. Ein Leben für Theologie und Kirche*, Stuttgart 1996, 403f, 710-715 u.ö.

117 Derselbe Text findet sich im Konvolut „Natürliche Theologie Volckmann" in *Kant's Vorlesungen* Bd V = XXVIII 1225, und fährt fort: „Auf die Güte Gottes kann ich mich hier nicht verlassen, denn als Richter muß sich meine Vernunft Gott immer höchst gerecht denken, der nach der strengsten Heiligkeit die Güte einschränkt, damit sie keinem Unwürdigen zuteil werde. Was Gott hier demnach für Mittel habe, um mir selbst das zu ersetzen, was mir an Würdigkeit, glücklich zu sein, abgeht, das ist für meine Vernunft ein undurchdringliches Geheimnis" (ebd.). – Zum Gnadenmotiv und Hoffnungsglauben Kants s. Langthaler: *Geschichte* 2014 (nota 14), Bd 2, 501-524.

auf Luthers Lehre von der *Rechtfertigung* des Sünders vor Gott, – wird im starken Ringen um dies *Geheimnis* deutlich.

Das Schlußwort der *Religions*vorlesung hält die Antwort auf die Frage bewußt offen, ob „in einer Offenbarung Gottes durch Worte Geheimnisse" möglich sind, was „nicht zu läugnen" sei; *„ob es wirklich dergleichen gebe"*, gehöre nicht mehr in die Sphäre der reinen *„Vernunfttheologie"* (R 226). In einer späten Reflexion fragt er, „Ob Gott sich durch Erscheinung offenbaren könne? – Ob durch [unmittelbare] Sprache, so daß wir wissen, daß es Gott sey, der spricht?" Er reflektiert weiter, der Bibeltradition wohl gesonnen: „Ob er sich dem allein, zu dem er redet, durch die in ihm zugleich gewirkte Überzeugung offenbare oder auch anderen eben so gewiß durch jener ihre Erzählung, die als historisch der Prüfung nach criterien der Geschichte bedarf." (XVIII 486f; Refl. 6201)

Im Kapitel „Von dem Kampf des guten Prinzips mit dem bösen um die Herrschaft über den Menschen" (VI 55-89) behandelt Kant den theologischen Locus der *Persona Christi* im Abschnitt „Personifizierte Idee des guten Prinzips", Jesus von dogmatisch metaphysischen Vorstellungen loslösend. Gottes „eingeborner Sohn", „der Abglanz seiner Herrlichkeit" (VI 60; vgl. *Hebräer* 1, 3) ist für die Religion in den Grenzen der Vernunft die a priori in der praktischen Vernunft liegende Idee von unüberbietbarer sittlicher Vollkommenheit, vorgestellt als personifiziert und realisiert in einem Individuum. Im folgenden Abschnitt: „Objektive Realität dieser Idee" verknüpft Kant das *„Urbild"* sittlicher Vollkommenheit, das „in unserer Vernunft zu suchen ist", mit der allein dieses ganz und real erfüllenden Gestalt Jesu, der „jener göttliche Mensch" ist (VI 62ff). In einer *Fußnote* gewinnt die sonst durchweg schemenhaft blaß bleibende Gestalt Jesu vorzügliche Leuchtkraft durch Kants Hervorhebung, Jesus vollbringe „die höchste Aufopferung, ... die nur ein liebendes Wesen tun kann" (– vgl. Joh 15, 13: „Niemand hat größere Liebe denn die, daß er sein Leben läßt für seine Freunde" –), – Luther nahe: – „um selbst Unwürdige glücklich zu machen" (VI 65 nota).

In eben dieser Anmerkung (VI 65) tangiert Kant überraschend und ausnahmsweise Luthers *sola-gratia*-Lehre; Kant zitiert den Anfang des Wortes: „Also hat Gott die Welt geliebt, daß er seinen eingeborenen Sohn gab, damit jeder, der an ihn glaubt, nicht verloren gehe, sondern ewiges Leben habe." (Joh 3, 16) Im Folgenden stellt Kant die Person Jesu in den Zusammenhang eines Ringens um Begriff und Wesen Gottes *per analogiam* und erklärt, daß „die Schrift" durch den *„Schematism der Analogie"* „die Liebe Gottes" zum Menschen, „uns ihrem Grade nach faßlich" mache, „indem sie ihm [sc. Gott] die höchste Aufopferung beilegt". Die Analogie wird von Kant moraltheologisch gefaßt und mit der subjektiven endlichen Vorstellungskraft des menschlichen Geistes

begründet.[118] Ein Hauch Trinität liegt im Charakterisieren von Gott (‚Vater')
als Liebe, in einem Atemzug mit des ‚Sohnes' Tun. Geradezu kierkegaardisch
stößt Kant hier auf das *absolute Paradox*, als das Jesus gedacht werden müsse,
wenn er erklärt, daß wir uns „durch die Vernunft keinen Begriff davon machen
können, wie ein allgenugsames Wesen etwas von dem, was zu seiner Seligkeit
gehört, aufopfern und sich eines Besitzes berauben könne." (VI 65 *nota*) Staunend trifft unsere Vernunft also auf etwas, von dem sie dessen inne wird, daß
es ihre Verständniskraft übersteigt. Im Wort „berauben" tönt der Hymnus auf
Christi *Kondeszendenz* im Brief des Paulus durch: „Jesus Christus hielt es nicht
wie einen *Raub* fest, Gott gleich zu sein" (*Philipper* 2, 6).

Gezeigt werden sollte, daß und inwiefern aus der theoretischen Unbegreiflichkeit Gottes nicht die Unmöglichkeit eines praktisch fundierten Gottesbegriffs folgt. Vielmehr wird von Kant allein *per analogiam* der Begriff von Gott
und von Gottes Dasein entwickelt, und zwar in praktischer Hinsicht. Wie aber
wandelt sich für ihn der Begriff von Gott als transzendentalem Ideal oder *ens
entium, realissimum, perfectissimum* bzw. in sich notwendigem Urgrund zum
praktisch gültigen Begriff eines heiligen, gütigen und gerechten Welturhebers?
Diese Frage beantwortet er nirgendwo direkt; so gilt es, aus seiner Konzeption
Grundlinien einer Lösung herauszuheben. Gott bleibt, gemäß Kants Kritik der
Gottesbeweise, für uns nicht nur in seiner Existenz unerkennbar, sondern für
unseren Verstand – nach seiner späten Lehre – auch theoretisch unbegreiflich,
ja letztlich unbestimmt und undenkbar, obwohl die Vernunft auf die Annahme von *Urgrund und Ziel* aller Dinge hintreibt. Moraltheologie des höchsten
Guts ist einzige Lichtschneise, worin auf *symbolische* Art die als real postulierte überirdische in unsre irdische Welt hineinleuchtet.

So läßt sich Kants Position auf paradoxe Art kennzeichnen als negative
Theologie ohne Mystik. Die Vernunft drängt auf den Urgrund, auf das Unbedingte und in sich Notwendige, des näheren auf den Begriff von einem „absolut nothwendigen Wesen, ... dessen Nichtseyn unmöglich ist" (R 67), das der
endliche Verstand jedoch nicht sachhaltig zu bestimmen vermag. Es ist, wie

---

118 Kant nimmt eine Analogia proportionalitatis an, also nur der Verhältnisse, wobei das
vierte Glied unbekannt bleibt. – Vgl. Klaus Düsing: Kants Neubegründung einer ethischkritischen Metaphysik, in: Zur ‚Preisschrift' Kants von 1793, hg. von Inga Römer, 2021,
Teil 3, dort auch Literatur zur Analogie. Vgl. ders.: *Kant Klassiker* (s. nota 22), 346f. Zum
Analogiedenken bei Thomas von Aquin vgl. Rudi te Velde: Die Gottesnamen. Thomas'
Analyse des Sprechens über Gott unter besonderer Berücksichtigung der Analogie, in:
Thomas von Aquin: Die Summa theologiae. Werkinterpretationen, hg. von Andreas Speer,
Berlin/ New York 2005, 51-76. – Zum Vergleich Kants mit Thomas v. A. s. die notae bei
Langthaler: *Geschichte* 2014 (s. nota 14), Bd 1, 92, 476, 588.

Kant schon in seiner ersten *Kritik* angedeutet hat, „der wahre Abgrund für die menschliche Vernunft" (KrV 641),[119] das nicht nur in seiner Existenz Unerkennbare, sondern letztlich das einfach ganz *Unbestimmte*, insofern das substantiell Unbegreifbare. Es ergibt sich nur negativ durch Aufhebung des Unterschiedes zwischen Möglichem und Wirklichem sowie von Begriff als Produkt endlichen Denkens und sinnlicher Anschauung; es muß gleichwohl notwendig als letzter Vernunfturgrund angesetzt werden (vgl. KU § 76, § 77). Nicht einmal als Eines kann man es denken, wie es z.T. die Neuplatoniker versuchten, z.T. aber auch das Eine für undenkbar hielten; und schon gar nicht gibt es für Kant eine mystische Schau, in der sich die Realität jenes Einen allererst bekunden und dabei als wahr erweisen soll.

Wenn in praktischer Hinsicht jener Urgrund als *moralischer* Welturheber gedacht wird (KU 447), essentiell zur Rechtfertigung der Möglichkeit des höchsten Gutes gehört, wird die negative Theologie als Grundlage nicht verlassen. Vernunft sucht diesen göttlichen Urgrund, den wir in sich selbst nicht begreifen können, den wir aber von unserer Perspektive der Rechtfertigung der Möglichkeit des höchsten Gutes aus analogisch und bloß relational als moralischen Welturheber fassen. Diese positive Auffassung einer Moraltheologie ist gemäß der dritten *Kritik* (KU 433), ein nur subjektiv gültiger Begriff der *reflektierenden Urteilskraft*. Aus moralischen Gründen müssen wir uns Gott in dieser positiven, uns angemessenen Weise vorstellen, nicht als begriffene oder erkannte objektive Realität, aber auch nicht als Fiktion oder Projektion, – wie Feuerbach und seine Nachfolger behaupten, – sondern in praktischer, von unserer menschlichen Position aus ethisch und vernünftig zu rechtfertigender Perspektive auf den notwendig anzunehmenden göttlichen Urgrund und Weltvollendungsgrund.

In der Frage nach dem Verhältnis von negativer und positiver Theologie bei Kant ging es darum zu klären, wie der Begriff des transzendentalen Ideals,[120] als das für ihn der „Gott" der Vernunft, – klassisch als Inbegriff aller Realität (*omnitudo realitatum*), Kantisch als Substrat der Möglichkeit aller Dinge

---

119 „Abgrund" (abyssos) – wegen absoluter Notwendigkeit (vgl. Düsing: *Kant Klassiker*, 329ff). Kausalität aus Freiheit und das All geistiger Personen hingegen als Reich der Selbstzwekke kann der Verstand inhaltsbestimmt denken, nur nicht erkennen, da er keine Anschauungsgegebenheiten findet, die er verknüpfen könnte.

120 Zu Kants ‚transzendentalem Ideal' (als *All der Realität*) im Durchgang der *Schulmetaphysik* von Baumgarten und Christian Wolff vgl. Düsing: *Kant Klassiker* (s. nota 22), 322ff. Zum *Verhältnis* von Gott, im Sinne jenes Ideals, zur Religion und zu dem von Kant gebahnten *Übergang* von der Ontotheologie, auch von der natürlichen und spekulativen Theologie, zur Moraltheologie vgl. Esposito (s. nota 64), 270-286.

(R 72f),[121] – darzulegen ist, und wie Kants These der Unbegreifbarkeit Gottes zur Idee von Gott als moralischem Welturheber und Weltvollender steht. Die Cusanische Einheit und Differenz von *Deus absconditus* und *Deus revelatus* war Kant nicht vertraut, und es ging ihm auch nicht vorrangig, wie dereinst Pascal, um Abgrenzung des lebendigen und zugleich unendlich erhabenen Gottes des Glaubens vom Gott der Philosophen, – wiewohl Kants originär religiöses Interesse aus komplexen Argumentationsgängen hervortritt. In Kants *Opus postumum* finden sich, gleichsam noch problemunbewußt dicht beieinander sowohl Zusammengehörigkeit als auch Unterschiedenheit zum einen von „Gott" als Begriff einer „Persönlichkeit", die ein „ideales Wesen" ist, insofern sie von der Vernunft entworfen ist, zum andern von dem *„Einen* Gott", an den wir existentiell glauben als *„lebendigen* Gott (nicht an ein Wesen das blos Götze ist u. keine Person)" (XXI 48). Solche existentiell ernsten Töne weisen auf Kierkegaards leidenschaftliche Christus-Suche voraus, die Hervorhebung, Gott sei Person, auf Hegels Gotteslehre. Der Theist im Sinne Kants glaubt „nicht blos an einen Gott", vielmehr an einen *„lebendigen* Gott", der durch (sich wissende) *Erkenntnis* (des Besten) und durch *freien Willen* die Welt hervorgebracht hat (R 14f).

Diese Lehre Kants vertritt in paradigmatisch-klassischer Weise die aufklärerische Auffassung der Ungeschichtlichkeit einer reinen Vernunftreligion. In einer solchen Lösung muß aber die Frage nach der *konkreten* Geschichtsdimension der biblisch offenbarten Religion erhalten bleiben, da jede leibhaftig existierende Person sinnerfülltes Dasein und hoch motiviertes sittliches Tun im Horizont der Hoffnung des Ewigen sucht, das nicht allein ihr intellektuelles Begreifen, sondern auch ihr Vorstellen, Anschauen, Empfinden, ja ihren ganzen Lebensentwurf, angeht. In Gottes Menschwerdung, die spekulativ-dogmatischem Interesse auf unabschließbare Weise Raum gibt, und im Leben und Wirken des Gottmenschen Jesus, das mit dem *Neuen Testament* anschaulich erzählbar ist, kommen zugleich Geist und Gefühl dessen, der Gott sucht, ihn finden, verstehen, ja anbeten will, zu gutem Recht. Christologie und Trinität stehen philosophischer Deutung offen, ja sind ihrer für die gebildeten *homines religiosi* und zur Apologetik wider ihre Verächter bedürftig.

Kant nähert sich im Brief an Lavater vom 28. April 1775 in Hinwendung zum offenbarungsgläubigen Adressaten solchem Ernstnehmen eines geschichtlich

---

121 Nur die *subjektive Notwendigkeit* des *ens entium* gemäß der Beschaffenheit unserer Vernunft sei begründbar, nicht aber dessen *objektive Notwendigkeit*, wie Kant sie noch im *Einzig möglichen Beweisgrund* annahm (R 72f). Berechtigt ist der heuristische Begriff des *ens originarium* als „nothwendige transcendentale Hypothese" (R 75), nämlich als Annahme eines Prinzips vollständiger inhaltlicher Bestimmung aller Dinge durch Einschränkung.

vermittelten,[122] ja in die Weltzeit eingehenden Gottes, einer positiven Annehmungswürdigkeit biblischer Offenbarung Gottes in Jesus Christus: „Sie verlangen mein Urteil über Ihre Abhandlung vom Glauben und Gebete. Wissen Sie auch, an wen Sie sich deshalb wenden? An einen, der kein Mittel kennt, was in dem letzten Augenblicke des Lebens Stich hält, als die reineste Aufrichtigkeit in Ansehung der verborgensten Gesinnungen des Herzens, und der es mit Hiob vor ein Verbrechen hält, Gott zu schmeicheln und innere Bekenntnisse zu tun, welche vielleicht die Furcht erzwungen hat und womit das Gemüth nicht in freyem Glauben zusammenstimmt. Ich unterscheide die *Lehre* Christi von der *Nachricht*, die wir von der Lehre Christi haben, und, um jene rein herauszubekommen, suche ich zuvörderst die moralische Lehre … herauszuziehen." Die letztere (sc. Die Nachricht von der Lehre Christi) sagt ‚nur', „was Gott getan, um unserer Gebrechlichkeit in Ansehung der Rechtfertigung vor ihm zu Hilfe zu kommen, die erstere aber, was wir tun müssen, um uns alles dessen würdig zu machen. Wenn wir das Geheimnis von dem, was Gott seinerseits tut, auch gar nicht wüßten, sondern nur überzeugt wären, daß bei der Heiligkeit seines Gesetzes und dem unüberwindlichen Bösen unseres Herzens, Gott notwendig irgendeine Ergänzung unsrer Mangelhaftigkeit in den Tiefen seiner Ratschlüsse verborgen haben müsse, worauf wir demütig vertrauen können, wenn wir nur soviel tun, als in unsern Kräften ist, um derselben nicht unwürdig zu sein; so sind wir in demjenigen, was uns angeht, hinreichend belehrt … Und eben darin, daß unser desfalls auf Gott gesetztes Vertrauen unbedingt ist, d.i. ohne einen Vorwitz, die Art wissen zu wollen, wie er dieses Werk ausführen wolle, … besteht eben der moralische Glaube, welchen ich im Evangelio fand". Im Briefentwurf an Jung-Stilling schreibt Kant am 1. März 1789: „Sie tun auch daran sehr wohl, daß sie die letzte Befriedigung Ihres nach einem sichern Grund der Lehre und der Hoffnung strebenden Gemüths im Evangelium suchen, diesem unvergänglichen Leitfaden wahrer Weisheit, mit welchem nicht allein eine ihre Speculation vollendende Vernunft zusammentrifft, sondern daher sie auch ein neues Licht in Ansehung dessen bekömmt, was, wenn sie

---

122 Das moderne Geschichtsdenken entspringt, so erklärt Karl Löwith (*Weltgeschichte und Heilsgeschehen. Die theologischen Voraussetzungen der Geschichtsphilosophie*, 6. Aufl. Stuttgart 1973, 11-15, 59f, 168-195), dem biblischen Glauben an eine – durch göttliche Verheißungen angekündigte – zukünftige Erfüllung und endet „mit der Säkularisierung ihres eschatologischen Vorbildes" (11f). Die Griechen fragten zuerst nach dem *Logos des Kosmos*, jüdische Propheten, leidenschaftlich glaubend, nach dem Sinn im Leid stiftenden *Herrn der Geschichte*. Für Hegel ist (nach Paulus *Galater* 4, 4: „Als die Zeit erfüllt war, sandte Gott seinen Sohn") mit Christus die Zeit erfüllt, die geschichtliche Welt im Prinzip vollendet; Weltgeschichte ist wesentlich *ante et post* Christum (ebd. 59). – Zur geschichtlichen Dimension des christlichen Glaubens vgl. hier C XII 1 zu Hegel und C XI 3 zu Strauß.

gleich ihr ganzes Feld durchmessen hat, ihr noch immer dunkel bleibt", – an das öfter von Kant erwähnte *Geheimnis* erinnernd, – „und wovon sie doch Belehrung bedarf."[123] So begrüßt Kant – hier ohne Kautelen – im christlichen Evangelium das Fundament wahren Hoffendürfens.

Karl Barth erblickt drei mögliche und geschichtlich wirksam gewordene Varianten theologischer Stellungnahme zu Kant.[124] Die erste besteht in direkter Anknüpfung an seine Denkergebnisse (A. Ritschl, W. Herrmann); die zweite macht ein drittes Vermögen geltend, das über theoretische und praktische Vernunft hinausgeht, ein Gefühl *a priori* als Ahnung des Unendlichen (Schleiermacher, Jacobi), als Quelle für religiöse Wahrheit. Dieses andere Vermögen muß dann neue legitimierende Erkenntnisinstanz für geoffenbarte Inhalte werden. Die dritte Variante, die Barth selbst vertritt, gründet in der Forderung, Theologie möge von der göttlichen Offenbarung als ihrem absoluten Richtmaß ebenso dezidiert ausgehen wie Philosophie methodisch von der Vernunft. Barth findet bei Hegel, der Kants Erkenntnisrestriktion hinter sich läßt, und bei Marheineke jene dritte Variante, auf die er eine leise Hindeutung schon bei Kant dort zu finden meint, wo Kant eine „biblische Theologie" als eigene Forschungssphäre bejaht, historisch gegeben durch die Existenz einer auf die Bibel gegründeten Exegese-Tradition. – Die Bibel, insonderheit das *Neue Testament*, kannte Kant ganz gut und nahm sie ernst, wie die vielfachen Anleihen, explizit und implizit, zeigen. Kant kann und soll eine andere Philosophie der Religion mit Bibelnähe und einer höheren Würdigung der Geschichte entgegengesetzt werden, diejenige Hegels, bei der sich allerdings das Problem des Verhältnisses von Idee und Geschichte ergibt. Immerhin deutet Hegel in seiner Religionsphilosophie eine philosophische Theorie der geschichtlichen Offenbarung Gottes an, in der er Christus als dem real existierenden Gottmenschen zentrale Bedeutung zumißt (s. hier C XII 1).

Für Nietzsche sind metaphysische Theorien durch den Verdacht widerlegbar, sie dienten einem Herzensbedürfnis des Ich und eröffneten ihm „Schleichwege" zu „Hinterwelten". Das Bedürfnis der praktischen Vernunft, die mit Hilfe der Postulate ein *absurdum practicum* vermeidet, verdächtigt er, präfreudianisch, als sinnlichen Paradieseswunsch. Nietzsche diskreditiert, wie Heinrich Heine, Kants religiös-praktisches Wiederaufrichten des in strenger Vernunftkritik zuvor Vernichteten, des Gottes- und Seelenunsterblichkeits-Glaubens. Umgekehrt analog wie Kant in einem positiven Voluntarismus, mit Hinblick auf das theoretisch Unbeantwortbare, postuliert: *Ich will, daß Gott sei!* – fordert Nietzsche in einem negativen: *Ich will, daß kein Gott sei!* Denn sein Nichtdasein

---

123 *Kants Briefwechsel*, hg. von Rudolf Malter und Joachim Kopper, Hamburg 1972, 135f, 367f.
124 Barth: *Die protestantische Theologie* (s. nota 105), 254-257.

erscheint ihm besser als die Annahme eines willkürlichen Künstlergottes *jenseits von Gut und Böse*. Er teilt zwar mit Pascal, Kant und Kierkegaard die Ansicht, einen guten Schöpfergott anzunehmen sei dem Menschen um seiner Humanität willen nötig, ja die Gewißheit, Gottes zu bedürfen, beflügle seine Vollkommenheitssuche. Doch bezweifelt er, dies der Seele nötige Wesen müsse umwillen ihres innig Mit-sich-selbst-einig-sein-Könnens existieren. Es sei eine hyperbolische Naivität und Hybris des Menschen, sein behütetes und sinnreiches Dasein als Zweck des Universums ansetzen zu wollen. Für Nietzsche lehrt Kant ein nach Darwins Hypothese universaler Artenentwicklung schwierig legitimierbares anthropisches Prinzip, der Mensch sei als sittliche Person Sinnmitte des Universums. Für Kant vertritt Nietzsche einen unbeweisbaren dogmatischen Vernunftunglauben.

In Kants Begriff von Gott, durch die praktische Vernunft entworfen, ist seine Heiligkeit zentral, verstanden als absolute sittliche Reinheit, die nichts Böses wollen kann. Auch Nietzsche betont Gottes Heiligkeit, verankert sie, anders als Kant, nicht in einem Ideal der Vernunft, dem Jesus Christus geschichtlich zufällig grenzenlos nahe kommt, sondern nimmt das Wort vom ‚Heiligen' aus dem Zeugnis des *Neuen Testaments* auf. Im Kreuzfeuer historischer Bibelkritik bleibt ihm Jesus immerhin als der „beste Liebende" übrig; Gott als der „Heiligste" aber wird ihm unglaubwürdig. In einer durch historische Kritik gebrochenen Perspektive setzt er sich geschichtsphilosophisch und religionspsychologisch mit dem christlichen Gott auseinander. Am Erleiden des Verdachts des grausamen „Henker-Gottes" vermag er sich gerade deshalb aufzureiben, weil er einstmals, – wie dies grundsätzlich auch bei Kant geschah, – Gott als gerechten und heiligen, ja „heiligsten" angenommen hatte und diese Prädikate für ihn Gottes Göttlichkeit ausmachten. Inwiefern Nietzsche in Christo das Heiligste als bislang geglaubt, nun jedoch als verloren ansieht, ist Thema des fünften Kapitels (vgl. hier A V).

Für Nietzsche ist das Heilige, hochgradig ambivalent, zum einen für den Menschen Halt und Sinn verleihend, so daß sein Verlust ein neues tragisches Zeitalter des nachchristlichen Nihilismus entfesselt. Zum andern aber, so analysiert er bis in geistseelische Tiefenschichten, ist das Heilige etwas, das der Mensch, da er die hohe Maßstäblichkeit nicht erträgt, befehdet, es daher zerstören will um willen rückhaltloser Autarkie im Aufstand gegen das Absolute, das ihn selbst infragestellt. Des näheren soll die Bibel als (Beicht-)Spiegel für die eigene Häßlichkeit stumpf gemacht werden.

Für Kant ist Gottes „absolute Heiligkeit" die ursprüngliche Bestimmung, in der Heiligkeit als sittliche Vollkommenheit prägnante Bedeutung gewinnt; das *Gesetz der Heiligkeit* ist für Kant das Gesetz der Pflicht (KpV 145f). Da jeder Mensch nach Kant *unbedingter Zweck* ist, folge, daß „die *Menschheit* in unserer

Person uns selbst *heilig* sein müsse". Denn der Mensch ist Subjekt des Sittengesetzes, das an sich heilig ist (KpV 237). Nietzsches Antwort auf Kants Frage: „Was ist *heilig* und wer ist der einzige Heilige"? (XXI 149f) lautet eindeutig und klar: Jesus bzw. der Gott und Vater Jesu Christi; fiele er, so stürzte das *Heilige* dahin. Zu dem in Nietzsches Zeitgeistanalyse *Heiligen*, das durch menschliche *Hybris* ‚verblutet', gehört auf fatale Weise der Mensch selbst als *Imago Dei*.

KAPITEL II

Grundtypen des Atheismus –
eine historisch-systematische Problemskizze

> Drei Arten von Menschen gibt es: die einen, die Gott dienen, weil sie ihn gefunden haben; die andern, die bemüht sind, ihn zu suchen, da sie ihn nicht gefunden haben; die dritten, die leben, ohne ihn zu suchen und ohne ihn gefunden zu haben. Die ersten sind vernünftig und glücklich, die letzteren sind töricht und unglücklich, die dazwischen sind unglücklich und vernünftig. (Pascal: *Pensées*, Frg. 257)

Ist Gott bloß *Illusion*, der Geist des Menschen ein physikalischer Zustand, seine Seele nur *Tierseele*? Zweieinhalb Jahrtausende galt in der abendländischen Kultur ‚Atheismus' als schlimmste Hybris, sonach schwerste Anklage. Sokrates wurde wegen Gottlosigkeit zum Tode verurteilt. Auch frühe *Christen* wurden, da sie heidnischen Göttern die Anbetung versagten, als Atheisten angeklagt.[1] Im 21. Jahrhundert hingegen preisen manche sich selbst als Atheisten.[2] Dahinter steckt ein grund- stürzender Wertewandel, von der ehemals selbstverständlichen, dem Menschen gemäßen *Gott-suche* hin zur – heute salonfähigen – *Gottesverachtung*. Postmoderne atheistische Positionen umweht ein zuweilen religiös zelebrierter Nimbus von radikaler Aufklärung und absolutem Humanismus. Sie gebärden sich, den sinnlichen Menschen absolut setzend, als die zeitgemäße neue Weltansicht, fußend im erkenntnistheoretischen Empirismus, der nur sinnlich Wahrnehmbares für wahr hält, und ethischen Hedonismus, der die Lust als höchstes Gut preist und daher Körperkulte beflügelt.

Der Glaube an die Erklärungskraft der Naturgesetze, in atheistischen Weltansichten beliebt, wird von Wittgenstein ‚der Aberglaube der Moderne' genannt. Hinter der Wissenschaftsgläubigkeit, die einen zeugenden Weltgrund

---

[1] Vgl. Adolf von Harnack: *Der Vorwurf des Atheismus in den drei ersten Jahrhunderten*, Leipzig 1905.
[2] Zur Kritik ihrer Naivität s. Peter Strasser: *Warum überhaupt Religion? Der Gott, der Richard Dawkins schuf*, München 2008; Joachim Kahl: Weder Gotteswahn noch Atheismuswahn. Eine Kritik des ‚neuen Atheismus' aus der Sicht eines Vertreters des ‚alten Atheismus', in: Reinhard Hempelmann (Hg.): Schöpfungsglaube zwischen Anti-Evolutionismus und neuem Atheismus, EZW-Texte 204/ 2009, 5-18; John Lennox: *Gott im Fadenkreuz. Warum der neue Atheismus nicht trifft*, Wuppertal 2013.

annimmt, an autarke Naturgesetze ohne einen Schöpfer glaubt, waltet ein Wille, der einen Abgott anbetet. Urknallphysik mit eingepackter Evolutionsbiologie verleugnet jegliche Religion, so vor allem: Christi Inkarnation, Kreuzestod und Auferstehung.³ Wird die Selbstorganisation des Lebens aus dem Nichts, eine Hypothese, als erwiesene Tatsache behauptet, so legt sie einen Denkbann mit globaler Macht auf Wissenschaftler und glaubendes Volk, mit der Suggestion *autarker Schöpfung* ohne Schöpfer. Durchbrochen wird dieser Bann von Thomas Nagel, der legitime Zweifel äußert gegenüber Forschungsprogrammen, die Ursprung wie Evolution des Lebens und geistbegabter Wesen in vollständiger *Reduktion* auf biophysikalische Gesetze darstellen. Er rüttelt am naturalistischen Weltbild, das in unserer säkularen Kultur nahezu als sakrosankt gilt, so daß daran Zweifelnde leicht der *Einschüchterung* erliegen, sie seien wissenschaftlich unaufgeklärt.⁴

In Kontrast zum mittlerweile weit verbreiteten naturalistischen Welterklärungsmodell, dessen Vertreter strenge Wissenschaftlichkeit beanspruchen, eröffnet uns Elementarteilchenforschung die überraschende Sichtweise, daß Materie in ihren quantenphysikalischen Abläufen prinzipiell sehr wohl einem (– schöpferischen, erhaltenden, gnädigen oder aber richtenden –) Willenswalten Gottes offen stünde. Denn zufolge der revolutionären Revision der Naturauffassung in der Quantenphysik durch die Heisenbergsche Unschärferelation ist bereits die unbelebte Natur ganzheitlich, unter Einbeziehung des Beobachters, nicht allein kausal-mechanisch zu begreifen. Der Mensch jedoch will allen Sich-verantworten-Müssens ledig, lieber, so manche Verlautbarung, ohnmächtige Marionette seiner Gene sein als ein Gott ‚gehorsames', – nämlich Gott oder dem in seinem Gewissen offenbaren Sittengesetz folgendes, – freies Ich. Das in der westlichen Welt vorherrschende szientistische Wissenschaftsparadigma läßt unsere Geistseele leer und begünstigt daher neue Formen von mystisch-magischer Naturreligiosität und esoterischem Aberglauben.⁵

Eine argumentativ starke Überwindung des Atheismus verdanken wir Kant. Zum Originalton seiner Vernunftkritik gehört nicht nur Kants kritische

---

3 Zum Verhältnis von Glaube und Naturwissenschaft s. Horst W. Beck: *Biblische Universalität und Wissenschaft. Interdisziplinäre Theologie im Horizont trinintarischer Schöpfungslehre*, 2. Aufl. Weilheim-Bierbronnen 1994.

4 Thomas Nagel: *Geist und Kosmos. Warum die materialistische neodarwinistische Konzeption der Natur so gut wie sicher falsch ist*, 4. Aufl. Frankfurt a. M. 2014, übers. aus dem Amerikan. von Karin Wördemann.

5 Zu neuen Mythen in populären Sachbüchern seit den letzten fünf Jahrzehnten und zu einer pseudowissenschaftlichen Esoterik, die eugenische und totalitäre Allmachtsphantasien einschließt, s. Linus Hauser: *Kritik der neomythischen Vernunft*. Bd 3: *Die Fiktionen der science auf dem Wege in das 21. Jahrhundert*, München 2015.

Erkenntnisbegrenzung, sondern auch seine Widerlegung skeptischen Leugnens der Freiheit und einer unsichtbaren Welt. Die Herzmitte solcher Leugnung alles Nichtsinnlichen, das für leibliche Augen unsichtbar ist und gleichwohl, seit Platon und bis Hegel argumentativ einsichtig, das Wesentliche der sichtbaren Welt ausmacht, betrifft paradigmatisch den Schöpfergott. Dessen Leugnung ist die Position des Atheismus, der schon in der Antike ausgebildet und zur Zeit der französischen Aufklärung dezidiert vertreten wurde. Ihm widmet Kant hohe Aufmerksamkeit, so als habe er dessen wachsende Attraktivität vorausgeahnt. Der Satz „Gott existiert nicht!" ist aber ein unhaltbares dogmatisches Urteil über etwas Unerkennbares. Kant zeigt: Gottes Dasein ist nicht widerlegbar, auch nicht die Hoffnung eines künftigen Lebens. Durch gründliche Untersuchung von Grenzen und Reichweite der Vernunft könne zum einen der religiösen Schwärmerei und dem Aberglauben, zum anderen dem „freigeisterischen *Unglauben*", mithin dem Atheismus und Materialismus, ganz „die Wurzel abgeschnitten" werden (AA III 21).[6] Kants Vernunftkritik widerlegt die Begründbarkeit der These: *„Es ist kein höchstes Wesen"*! (AA III 485) Ein mehr oder weniger bewußtes Verzichten auf die nach dem Ewigen fragende Vernunft läuft für Kant auf den (logisch gar nicht vernünftigen) dogmatischen „Vernunftunglauben" hinaus, der ohne Beweisgründe Gottes Dasein bestreitet, über das kein positiv oder negativ zwingendes Erkenntnisurteil gefällt werden kann. So mag es sehr wohl unvernünftige, nicht vernunftgemäße, außertheoretische Gründe des Atheismus geben.

Das tiefe Wort in Sophokles' *Antigone*: „Ungeheuer ist viel. Doch nichts ungeheurer, als der Mensch." (2. Chorlied, übers. von F. Hölderlin) läßt sich weiter denken zum Durchzogensein unsrer unergründlichen Seele von Ambivalenzen. So sagt Friedrich Maximilian Klinger in „Fausts Leben, Taten und Höllenfahrt" von 1791 (Kapitel 32): „Es gibt einen gewissen düstern, giftigen Atheismus des Gefühls, der beinahe unheilbar ist, weil es ihm nie an reell scheinenden Ursachen mangelt, weil er aus dem Herzen, und zwar aus einem Herzen entspringt, das sich durch seine Stimmung und Fühlart zu leicht von den widersprechenden Erscheinungen der moralischen und physischen Welt zerreißen läßt.... Gegen diesen Atheismus ist der der Vernunft eine Chimäre".

Der Mensch sucht Gott oder flieht vor ihm kraft seines Fühlens, Denkens oder Wollens. Daher lassen sich Grundtypen des Atheismus auf charakteristische Weise unterscheiden: Ein Atheismus trotzigen Aufbegehrens gegen das

---

[6] AA: Immanuel Kant, Akademie-Textausgabe, Berlin 1968; Bd III: *Kritik der reinen Vernunft*, 2. Aufl. 1787. – Vgl. E. Düsing: Atheismus als Reduktionismus. Kants Kritik der Euthanasie der Vernunft mit Ausblick auf Nietzsche, in: *Reduktionismen – und Antworten der Philosophie*, hg. von Wilfried Grießer, Würzburg 2012, 285-311; ausführlicher s. hier A I 1.

Leid; ein Atheismus der Weltbilder konstruierenden Vernunft; ein Atheismus, der Gott für ein Wunschprodukt hält; eine gottlos brutale Praxis. Dies alles ist Gottvergessenheit. Im Kampf der Seele mit sich selbst und dem Geist der Zeiten darüber, was das Absolute sei, tritt dieses in *Verfallsgestalten* hervor in Begriffen der *Natur*, des *Ich* selbst, der *Menschheit* oder der *Sozietät*, die als erste und grundlegende Prinzipien einer modernen Welt ohne Gott angeboten werden.

1) **Grundgestalten im Ausgang von Platons Atheismuskritik in den Nomoi**

In seiner Monographie zu den Ursprüngen des neuzeitlichen Atheismus geht W. Schröder der historiographischen Frage nach, wann und wie es dazu gekommen sei, daß die für fast alle Menschen zu allen Zeiten und aus der Sicht nahezu aller Philosophen gut begründete Annahme der Existenz Gottes als (transzendenten) Welturhebers „mit Gründen bestritten" wurde?[7] In Trennschärfe unterscheidet er zwischen eigentlichem Atheismus als philosophischer Position und vielfältigen religionskritischen „semina impietatis", denen ein je eigenes destruktives Potential innewohnt: gegen Theologie oder Kirche gerichtete Bibel-, Offenbarungs-, Dogmen- und Wunderkritik, an Naturwissenschaften orientierte materialistische oder mechanistische Weltsicht, psychologische Genetisierung der Gottesvorstellung, eine ‚Verbannung' Gottes aus der Ethik, Antitheodizee,[8] Deismus,[9] hohe Gewichtung natürlicher Religion als Konkurrenz zur offenbarten Religion. Solche ‚Samenkörner' der Gottlosigkeit sind zwar deutlich „unterhalb der Schwelle des Atheismus" zu lokalisieren, haben ihm aber als „Vorstufen" in seiner Genese mehr oder weniger stark Bahn gebrochen.[10] Bis zur Mitte des 17. Jahrhunderts sei die communis opinio über Gottes Dasein stabil gewesen. Allein der gleichsam *experimentelle*, als

---

7   Winfried Schröder: *Ursprünge des Atheismus. Untersuchungen zur Metaphysik- und Religionskritik des 17. und 18. Jahrhunderts* (Sigle: *Atheismus 2012*), Stuttgart-Bad Cannstatt 2012, 15; zum Folgenden ebd. 16f, 20, 27, 44ff, 174.

8   Zu Versuchen einer Antitheodizee durch Widerlegen des Vorsehungsglaubens, grobschlächtig durch Ableiten der Nichtexistenz Gottes aus der Existenz des Negativen, s. Schröder: *Atheismus 2012*, 238-249; zu Pierre Bayle 245f.

9   Zum Deismus als möglicher Übergangsgestalt zum Atheismus bei Anthony Collins s. op. cit. 174f und notae.

10 Christentumskritische Texte der französischen Aufklärung verraten schon unmittelbar in den Titeln ihre den Glauben vernichten wollende Sprengkraft, so z.B. (s. die Fundorte in Schröder: *Atheismus 2012*): „La divinité de Jésus-Christ détruite" (525f), „La foi anéantie" (514f), „Lâme matérielle" (497), „La religion analysée" (518f).

aufrührerisch bewertete *Gedanke* von Gottes Nichtexistenz, frei erfundenen oder angeschuldigten Gottesleugnern in den Mund gelegt, habe früh literarischen Niederschlag gefunden. Das klassische Griechisch, exemplarisch Platon, kennt sehr wohl schon den Begriff für die Verneinung Gottes: ἀθεότης (Gottlosigkeit), von ἄθεος, gottlos.[11]

Vor dem geschichtlichen in Erscheinung Treten des jüdischen und christlichen Monotheismus ist der Atheismus, als strikte Verneinung des Theismus,[12] kaum möglich gewesen, außer in Gestalt des Anti-Polytheismus, durch Abkehr vom Götterglauben einer Polis. Wolfgang Janke begreift gewisse kühne Zweifelreden gegen die Erhabenheit der Götter des Volksglaubens in Tragödien des Euripides als „sophistische Relativierung und dramatische Götterverfluchung", die sich dem *Atheismus* nähern; Tyche tritt an die Stelle des Zeus; und Hekabe, die Geschlagene, Betrogene klagt heftig an: „Sagt jemand noch, es gibt im Himmel Götter? Es gibt keine, keine!"[13] Im *Alten Testament* findet sich das Wort aus dem Munde der Spötter: „Non est Deus" (*Psalm* 14, 1; 53, 2: *Vulgata*). Platon entwirft im zehnten Buch der *Nomoi* seine philosophische Theologie,[14] die als deren geschichtliche Urgestalt gelten kann, indem er sie in einem und demselben Gang der Argumentation abhebt von der ihr entgegen gesetzten Position der Unfrömmigkeit (ἀσέβεια, *Nomoi* 890a), und der Position derjenigen, die überhaupt keine Götter glauben (899d, 900b, 948c). Wegen *Asebie* wurde Sokrates, den Platon im *Siebten Brief* (324e) seinen „Freund" und „den Gerechtesten seiner Zeit" nennt, zu Unrecht, wie deutlich werden soll, angeklagt und verurteilt. An Platons Atheismuskritik soll hier die von ihm entworfene klare *Typik* hervorgehoben werden.

Der Gottlosen Seele (ἀσεβῶν ψυχῇ) erblickt Platon in Naturforschern, die das Frühere mit dem Späteren verwechseln, die erste Ursache von allem durch Materie statt Seele erklären (891e). Bewegungen am Himmel aus *unbeseelten* Körpern abzuleiten rief viele ἀθεότητας hervor (967c). Das Wesen der Seele werde verkannt, wenn sie aus stofflichen Elementen einer vernunft- und gottlosen Natur nachträglich entstanden sein soll. In naturphilosophischer Argumentation für den Vorrang des seelenartig Lebendigen, das sich selbst

---

11 Fundorte bei Platon zur ἀθεότης: *Apologie* 26c; *Nomoi* 967c6; *Politeia* 589e4.
12 So kennt Philon von Alexandrien schon den starken Begriff ἀθεότης als Existenzleugnung des einen Gottes. S. Schröder: *Atheismus 2012*, 46 nota.
13 Wolfgang Janke: *Plato. Antike Theologien des Staunens*, Würzburg 2007: „Gesetzgeberische Sicherungen der platonischen Kosmotheologie gegen atheistische Übergriffe (Nomoi X)", 129-137, bes. 131f. Zum impliziten Atheismus bei Euripides s. Werner Jaeger: Theorien über Wesen und Ursprung der Religion, in: Carl Joachim Classen (Hg.): *Sophistik*, Darmstadt 1976, 38-66; Schröder: *Atheismus 2012*, 55; zu Antike und Sophisten 45-57.
14 Stephanus-Zählungen im Folgenden ohne Werkangabe beziehen sich auf Platons *Nomoi*.

bewegt, vor dem Stofflich-Elementaren führt Platon einen kosmologischen Gottesbeweis,[15] durch den Gottesleugnung unmöglich werden soll. Köstlich der Einfall, zur Beweisführung ihres eigenen Daseins seien die Götter anzurufen (893b). Die Analyse der Bewegung führt auf die Annahme eines *Anfangs* und *Ursprungs* aller Bewegung. Und das Seelenhafte erweist Platon mit hohem Nachdruck als das Erste und den Ursprung. Das als Seele ergründete Prinzip bestimmt er als Ursache von allem (896d). Zu ehren sei auch, so fordert Platon auf, die eigene individuelle Seele (726a6), sogar der eigene Leib (728d).

Gott begreift Platon als Prinzip (πρῶτον) und Ursprung (ἀρχή) von allem,[16] als erste Ursache des Entstehens und Vergehens aller Dinge; dieser alles Bewegende ist seinerseits Selbstbewegung (891e; 896a-d). Er „lenkt alles" (ἄγει πάντα, 896e8) und ist anzusprechen als „das Himmel und Erde Beherrschende" (897b7); wie bei Anaxagoras, – der als erster den Nous, aber ohne deutliche Ursachen, als Gott und Weltursprung erklärt, – ist Gott Nous (897b; 967be). Im Gegensatz zu der Ansicht Gottloser, – als die Platon sie auf diese Weise charakterisiert, – die behaupten, es gibt keine Götter, oder: gibt es sie, so kümmern sie sich nicht (ἀμέλεια) um menschliche Anliegen (899d; 905b); oder sie kümmern sich, sind aber durch Opfergaben oder Gebete bestechlich (888c; 901d; 905d; 906d), spricht Platon dem ersten Seinsgrund, da er ihn als Seele bestimmt, personale und tugendgemäße Eigenschaften zu (898c). Gott ist als Vorsehung im Hinblick auf den Kosmos zu denken,[17] die auf dessen Erhalt, Vervollkommnung und Vollendung des Guten hinzielt (967a); die „beste Seele", die göttliche Vernunft hat, ist die für das ganze Weltall Fürsorge (ἐπιμέλεια) tragende (897bc; 903be), und dies nicht nur im Großen, sondern auch im Geringfügigen (901b). – Via negationis und via eminentiae nähert Platon sich dem Gottesgedanken, indem er in *Nomoi* an sein Sonnengleichnis (*Politeia* 508a-509a) erinnert, in welchem seine negative Theologie begründet ist;[18] „mit sterblichen Augen" können wir nicht gerade in die Sonne schauen,

---

15 Vgl. Paul Friedländer: *Platon*, Bd 3, Berlin/ New York 1975, 403-410, zur „Theologie" der *Nomoi*.
16 S. dazu Hans Joachim Krämer: *Arete bei Platon und Aristoteles*, Heidelberg 1959, 500ff u.ö.
17 Zur *Pronoia* Gottes, lat. Providentia: Gottes Vorausschau, Vorhersehung, Fürsorge, s. Platon: *Timaios* 30c1.
18 Vgl. Franz Bader: Bedingungen der Möglichkeit eines philosophischen Gottesarguments bei Platon, Aristoteles und Anselm, in: *Der Dienst für den Menschen in Theologie und Verkündigung*. FS Alois Brems, Regensburg 1981, 69-91. Zum Hinausragen der Idee des Guten über das Sein, – Ursprung abendländischen Denkens der Transzendenz Gottes, – s. Hans Joachim Krämer: Ἐπέκεινα τῆς οὐσίας. Zu Platon, Politeia 509b, in: *Archiv für Geschichte der Philosophie* 51 (1969), 1-30; ders.: *Plato and the Foundations of Metaphysics*, New York 1990, 96-103.

ohne mittags die Nacht, d.h. unser Erblinden am überhellen Licht der Idee des Guten heraufzubeschwören (897d). Im *Timaios* bezeichnet Platon den Demiurgen und Welterzeuger, – der nicht im biblischen Sinne Schöpfergott ist, sondern nur Weltbaumeister, – gleichwohl als „Vater" des Weltalls, der in Ich-Rede von Werken spricht, deren „Urheber und Vater ich bin" (41a); diesen Vater aufzufinden, sei allerdings „schwer", nachdem man ihn aber fand, ihn „allen zu verkünden, unmöglich" (28c).[19] –

Die Seele zur sekundären Qualität herabzustufen, ist für Platon die *naturphilosophische* Asebie, die eine gefährliche, schädliche Unwissenheit (amathía) einschließt, da gerade sie fälschlich als größte Klugheit (megista phrónesis) gilt (886b). Ein *sophistisches* Denkmodell, das dazu geeignet ist, junge Leute zur Gottlosigkeit als Lebensstil zu verführen,[20] liegt für Platon in der Kallikles-These (vgl. *Gorgias* 483b-484c), Gerechtigkeit sei das Recht des Stärkeren, sonach das Gerechteste das, was jemand mit Gewalt durchsetze; sie empfehle eine Lebensweise blanker Raubtiernatur gemäß, der zufolge man selbst – nach dem Vorbild des Tyrannen – andere beherrsche, ohne irgend jemandem oder Gesetzen unterworfen zu sein (*Nomoi* 890a). Wer die Natur *ontologisch* als Entstehungsgrund der Seele annehmen (892c) oder *ethisch* das Gerechte rein aus der Natur erklären will, greift fehl. Modern ausgedrückt: naturalistische und immoralistische Vorurteile schließen den Atheismus ein.

Platon stellt in den *Nomoi* einen Gottesbeweis auf, und zwar in Zusammenhang mit der geforderten Auflösung von Unwissenheit und Scheinweisheit, und entfaltet dabei seinen Begriff des Atheisten, Gottlosen oder Unfrommen, der die intensivste Form der Entwicklung der Seele zur Schlechtigkeit darstellt.[21] Die Gottlosigkeit weist er in vier verschiedenen Typen auf: die einen leugnen das Dasein der Götter; andere meinen, sie existierten, aber sie stünden zur Welt im Verhältnis bloßer Gleichgültigkeit; oder sie ließen sich, wie schlimme menschliche Herrscher, von Verbrechern durch Geschenke bestechen. Die Vertreter des vierten Typus von Gottlosigkeit nehmen an, die Welt

---

19 Zu Gott als ‚Vater' s. Platon: *Politeia* 506e; *Timaios* 37c. In Gebetsform im *Alten Testament*: „Du Herr bist unser Vater, unser Erlöser von alters her, [d.i.] dein Name" (*Jesaja* 63, 16) – Vgl. Reinhard Feldmeier: *Der Höchste. Studien zur hellenistischen Religionsgeschichte und zum biblischen Gottesglauben*, Tübingen 2014, 178-181, 427-433.

20 In *Nomoi* gelten die Ausdrücke für Gottesleugnung und Unfrömmigkeit zumeist theoretischen Standpunkten, im *Politikos* (309a) hingegen liegt das Gewicht auf der sittlichen Praxis, und sie wird einer Reihe von Lastern, der ὕβρις und der ἀδικία zugeordnet. Zur Verbindung von *ungerecht* und *gottlos* s. auch *Gorgias* 481a, 523b; zur Nähe von ἀνωμία und ἀθεότης s. Platon: Epist. VII, 335b-336b. Vgl. Schröder: *Atheismus* 2012, 45 nota.

21 Zu Platons *Nomoi* vgl. Ada Babette Hentschke: *Politik und Philosophie bei Plato und Aristoteles*, Frankfurt a. M. 1971, 305-321.

sei, wie aus blinder Willkür (vgl. *Timaios* 48a), durch zufällige Mischung der Elemente entstanden; ursprünglich seiend sei das unbeseelte Gemenge von Urstoffen, aus denen die Seele hervorgehe; es gebe keine Wohlordnung, die ein denkender Geist hervorbrachte.

In Anbetracht von Platons Beweisziel des wohlgeordneten Kosmos (*Gorgias* 508a), worin eine Theodizee eingeschlossen ist, die lautet: Gott ist schlechthin *gut* und ist daher allein als *Ursache von Gutem* anzusprechen (*Politeia* 379ab: ἀγαθός ὅ γε θεός τῷ ὄντι), wiegt die von Skeptikern aufgebrachte Antitheodizee schwer. Sie entzündet sich am Verdacht, daß die Götter sich nicht um uns sorgen, wohl gar Komplizen des Bösen seien, was eine niederdrückende Evidenz überall dort zu haben scheint, wo Gerechten Unheil widerfährt und Ungerechten Wohlsein, – wie das Bild vom reißenden *Strom* (*Nomoi* 892de; 900c) oder die Sorge um drohende *Krankheit* (900b) zeigt, worin zu versinken droht, wessen Argwohn in dieser Sache unüberwindbar ist. Adressat ist ein „Augenzeuge", der durch das vermeintliche Glück ungerechter Menschen, die gleichwohl durch „Reden aller Art gepriesen" würden, zur Gottlosigkeit verleitet wird. Wer die Götter nicht als *Urheber* von Gottlosigkeiten wie z.B. Gewaltherrschaft tadeln will und daher zwar an ihr Sein, nicht aber an ihre Anteilnahme glaubt, vermeidet zwar die direkte Antitheodizee (900ab). Platon hingegen sucht jede mögliche Anklage Gottes aus der *Gottesidee* selbst zu entkräften, im Begreifen Gottes als seinem Wesen nach unbestechlich, nicht unbekümmert um menschliche Angelegenheiten, der alles wisse, sehe, höre, verstehe, dem nichts verborgen bleiben könne (901d). So sucht Platon die Sophisten und potentielle Gottesleugner durch Gottesbeweise zu widerlegen, – ähnlich Augustinus in *Contra academicos* (von 386) – später die Scholastiker – die Gott leugnenden *Skeptiker*.

Neuzeitliche Forscher ersten Ranges, Astronomen, Mathematiker und Physiker wie Nikolaus Kopernikus, Johannes Kepler und Isaac Newton, kamen her vom biblischen Glauben an den in Christus offenbarten Gott und „erkannten" darin, daß „die Welt durch Gottes Wort geschaffen ..., alles Sichtbare aus Unsichtbarem entstanden ist" (*Hebräer* 11, 3) und in ihm gründet. So war die Bibel nicht nur kein Hemmfaktor in der Geschichte der neu aufblühenden Naturwissenschaft, wie ein verbreitetes Vorurteil lautet, sondern kraft Hypothesen derer, die auch im *Buch der Natur* Spuren von Gottes Wirken finden wollten, zuversichtlich in ihr teleologische Zusammenhänge vermuteten, Naturforschung beflügelnd. Zur Zeit der Aufklärung war in Deutschland, anders als in England und Frankreich, vernunftgeleitete Philosophie durchaus noch eine Schutzwehr gegen, nicht etwas Einfallstor für den Atheismus. Die „Atheisterey" galt hier noch als „unvernünftiges Vorutheil", schroff geurteilt, etwa daher rührend, daß ihre Fürsprecher „ihrer todtkranken und verfinsterten Vernunft allzu viel einräumen".[22] Vor allem lud die bewunderungswürdige Ordnung der Natur, auf einen weisen Schöpfer hindeutend, zu physikotheologischen Betrachtungen ein.

Um die Mitte des 18. Jahrhunderts begann der Kreis um d'Holbach, so Denis Diderot im Jahre 1768, seine „bombes dans la maison du Seigneur" zu werfen. Von d'Holbach ging die erste große Woge des Atheismus in der Aufklärung aus mit literarisch-publizistischer Breitenwirkung in ganz Europa. Paul Henri Thiry d'Holbach, der erste öffentlich bekennende Gottesleugner, verlieh dem Atheismus im *Système de la nature* (1770) paradigmatische Gestalt. Er verfaßte sie als Kampfansage gegen das Christentum und die philosophische Theologie, um sie materialistisch zu destruieren.[23]

Zu allen Zeiten wurden heterodoxe Denker, nicht selten in kompromittierender Absicht, des Atheismus bezichtigt, so Baruch de Spinoza wegen seines Pantheismus,[24] Johann Gottlieb Fichte auf Grund seiner Identifizierung Gottes mit der moralischen Weltordnung. Beachtlich ist, wie der bedeutende lutherisch-pietistische Theologe Philipp Jakob Spener sich (1711) energisch gegen die von Zeitgenossen bedenkenlos eingesetzte Diffamierungs-Vokabel Atheismus wendet; er rät des näheren, allezeit einen großen Unterschied zwischen „heterodoxia und atheismo zu machen".[25]

---

22   Carl Gottfried Engelschall: *Seculi moderni praejudicia de captibus fidei: Das ist: Nichtige Vorurtheile der heutigen Welt in Glaubens-Lehren*, 2. Aufl. Leipzig 1719, 16; vgl. auch Georg Friedrich Meier: *Rettung der Ehre der Vernunft wider die Freygeister*, Halle 1747, Wiederabdruck Hildesheim 2012, Einl. von Björn Spiekermann.
23   Vgl. Schröder: *Atheismus 2012*: 77, 86f.
24   Christian Wolff kritisiert Spinoza, er leugne Weisheit, Willensfreiheit und Weltregierung Gottes, was ebenso viel heiße, „als ob er läugnete, daß der wahre Gott wirklich sey"; auch wendet er sich gegen die „Fatalisterey", da sie die freien Handlungen in Frage stelle (Ch. Wolff: *Natürliche Gottesgelahrtheit*, 1745, II, 2 § 411, § 716).
25   Schröder: *Atheismus 2012*, 64 nota. – Im theologisch-apologetischen Kampfbegriff des ‚Atheismus' werden Abweichungen vom wahren Glauben in den Blick genommen und regelrechte Atheisten-Kataloge aufgestellt; darin ist die Rede von „Gottesverächtern / Schrift-Schändern / Religions-Spöttern / ... Kirchen- und Prediger-Feinden / Gewissenlosen Eydbrüchigen Leuten / und Verfolgern der Rechtgläubigen Christen" (op. cit. 65f, 71).

2) Atheismus des Fühlens, Denkens oder Wollens – Gottlosigkeit als Anomia in der Lebenspraxis

a) *Der Atheismus des fühlenden, verletzten Herzens*

Gemäß einer subjektivitätstheoretischen Abhebung des Denkens vom Wollen und beider wieder vom Fühlen des Gemüts läßt sich eine historisch-systematische Typik von Atheismen entwerfen.

Der Atheismus des fühlenden, verletzten Herzens ist geschichtlich wohl als der älteste zu nennen. Er entzündet sich an der Theodizeefrage gemäß dem Wort von Georg Büchner (in *Dantons Tod*): „Das Leid ist der Fels des Atheismus." Schon im Buch *Hiob* wird in Gestalt von Hiobs Frau das Urmodell einer Antitheodizee markant gezeichnet im protestierenden Verzweiflungsaufschrei zu ihrem Mann: „Sage dich los von Gott [wörtl.: „fluche Gott"] und stirb"! (Hiob 2, 9)[26] Dieses abgründige Wort zeigt, wie aus tiefstem Schmerz und Todverfallenheit (Tod ihrer Kinder!) Haß auf Gott ausbricht. In einem Atemzuge mit der Absage an Gott stürzt sie sich ins Bewußtsein der Verweslichkeit. Tiefe Wahrheit leuchtet auf über die Verfaßtheit der Seele: Wer Gott verliert, der im *Alten Testament* als Schöpfer Himmels und der Erden und Gott wahren Lebens angebetet wird, verliert damit auch sein vitales Selbst.

Epikur hat der Theodizeefrage religionskritisch in schroffer Prägnanz Ausdruck verliehen, so wie Laktanz sie uns überliefert hat (*De ira dei* 13, 19) und wie sie später wirkungsmächtig auf P. Bayle und D. Hume ausgestrahlt ist: „Entweder will Gott die Übel beseitigen und kann es nicht; dann ist Gott schwach, was auf ihn nicht zutrifft; oder er kann es und will es nicht; dann ist Gott mißgünstig, was ihm fremd ist; oder er will es nicht und kann es nicht; dann ist er schwach und mißgünstig zugleich, also nicht Gott; oder er will es und kann es, was allein Gott geziemt; woher kommen dann die Übel und warum nimmt er sie nicht hinweg?" Einer der schärfsten Kritiker der Vorstellung eines göttlichen Weltplanes ist d'Holbach in seinem *Système de la nature* (1770), worin er einen tugendhaften Atheisten vorstellt, der sich nach seinem Tode, entgegen seiner Erwartung, einem Gott gegenüber sieht und ihm mit Paradoxien der Freiheit aufwartet, die in die Theodizee- bzw. in die alte Frage Hiobs einmünden: „Wäre es für mich nicht vorteilhafter gewesen, niemals geboren" worden zu sein? „Warum versagtest du mir nicht lieber das Leben, als mich in den Rang intelligenter Wesen zu erheben, damit ich die unheilvolle Freiheit besäße, mich unglücklich zu machen?" Denn wie sollte ich in deinen Werken ständige

---

26 Zum Hiob-Thema vgl. die Forschungssynopse von Hans-Peter Müller: *Das Hiobproblem. Seine Stellung und Entstehung im Alten Orient und im Alten Testament*, 2. Aufl. Darmstadt 1988.

Beweise von deiner Güte finden, da ich „das Verbrechen so oft triumphieren und die Tugend weinen sah?"[27] An die Stelle Gottes tritt bei d' Holbach eine *mechanistisch gedachte Natur*, auf deren gesetzmäßiges Walten Glück und Leid zurückzuführen seien, derentwegen der betroffene Mensch in Dank oder Klage sich an vermeinte Gottheiten wendet, die für d'Holbach bloß Phantome sind. Auffällig sind hier Parallelismus und Bedingungsgefüge von Antitheodizee im Fühlen und Materialismus bzw. Atheismus im Denken.

Für Leibniz ist das eine große Labyrinth der Philosophie das gedanklich unauslotbare Verhältnis von göttlicher und menschlicher Freiheit. Zwei in der Ausführung der *Theodizee* gleich schwer zu beantwortende Rätselfragen halten die Vernunft in Atem, in denen die Alternative von Theismus oder Atheismus mitenthalten ist: „Si Deus est, unde malum, si non est, unde bonum?"[28] Unter dem Eindruck des Erdbebens von Lissabon (1755), das Auslöser von viel Argwohn wider Gottes Güte wurde, schreibt Voltaire den pessimistischen *Candide* (1759) gegen die Leibnizsche *Theodizee*.

Von Nietzsches *Antitheodizee* deutlich abzuheben ist Kants: *Über das Mißlingen aller philosophischen Versuche in der Theodizee* (1791; VIII 255-271). Kant begründet erkenntnistheoretisch, weshalb dem endlichen Verstand jeder Versuch, er sei *positiv* als Gottes Verteidigung angelegt oder *negativ* als Anklage des Welturhebers wegen des „Zweckwidrigen" in der Welt, mißlingen muß. Es gilt, die Begrenztheit sowohl unserer Vernunft als auch Erfahrung im Hinblick auf die Unerforschlichkeit von Gottes Wegen anzuerkennen, nämlich „daß unsre Vernunft zur Einsicht des Verhältnisses, in welchem eine Welt, so wie wir sie durch Erfahrung kennen ..., zu der höchsten Weisheit stehe, schlechterdings unvermögend sei" (AA VIII 263). Die seit Jahrtausenden sich stellende Aufgabe einer *Theodizee* ist für Kant *durch Vernunft* nicht auflösbar. Mit dem Kritizismus einer sich selbst einschränkenden Vernunft ist für Kant Hiobs Redlichkeit des Herzens im verzweifelten Klagen, Fragen und Gott Neu-Vertrauen-Schenken positiv vereinbar. Denn es kommt für Kant alles an auf Hiobs in der

---

27 Henri Thiry d'Holbach: *System der Natur*, Übers. Berlin 1960, 321, 48off. – Vgl. hierzu und zum Folgenden den Artikel ‚Atheismus' von Wolfgang Müller-Lauter/ Günter Rohrmoser / Martin Schmidt, in: TRE Bd 4, 364-436; vgl auch Walter Kern: Atheismus. Eine philosophiegeschichtliche Information, ZKTh 97 (1975), 3-40; ferner Fritz Mauthner: *Der Atheismus und seine Geschichte im Abendlande*, 4 Bde Stuttgart 1920-23, Neuaufl. Aschaffenburg 2011.

28 Gottfried Wilhelm Leibniz: *Die Theodizee (Essais de théodicée sur la bonté de Dieu, la liberté de l'homme et l'origine du mal)*, übers. von Artur Buchenau, Hamburg 1969, 110 (I, 20). Zur Ausstrahlung s. Stefan Lorenz: *De Mundo Optimo. Studien zu Leibniz' Theodizee und ihrer Rezeption in Deutschland (1710-1791)*, Stuttgart 1997; zur ideengeschichtlichen Orientierung s. Ludger Oeing-Hanhoff: Thesen zum Theodizeeproblem, in: ders.: *Metaphysik und Freiheit*, hg. von T. Kobusch, W. Jaeschke, München 1988, 81-90.

Leidensfeuerprobe erfüllte Aufrichtigkeit des Herzens im Beschränken der Anmaßungen unserer Vernunft. Durch Widerlegen anmaßender Einwürfe wider Gottes Güte und Weisheit ist für Kant im Buch *Hiob* die Intention wahrer Theodizee paradigmatisch religiös vollbracht, so weit sie für endliches Begreifen möglich ist, das sich selbst vor Gott bescheidet. –

Nach Ernst Jünger ist die Theodizeefrage intellektuell unlösbar, es komme aber auf das Niveau an, auf dem jemand an ihr scheitert. Nietzsche ist hochrangig an ihr gescheitert und so, daß er in der ‚Tod-Gottes'-Parole seine ganze Philosophie in dieses Scheitern einbezog. Durch seine neue darwinistische Sicht auf die grausame Methode der Natur, höheres Leben durch millionenfaches *Sterben* des Untauglichen zu erwirken,[29] wird für ihn der christliche Schöpfergott dämonisiert. Die menschliche Seele findet sich dann im Schatten des finster drohenden *Deus absconditus* vor, der in antiker Religion Schicksal, *naturphilosophisch* Zufall heißt. Nietzsches Antitheodizee mutmaßt, Gott sei ‚widerlegt', weil alles Weltgeschehen in seiner Tiefe ohne Güte sei. Die ethische Problematik liegt für ihn im Voraussahnen der Gefahr kolossaler Wertlosigkeit menschlichen Seins ohne Gott. In seiner radikal *negativen Theodizee* bleibt Nietzsche hängen und dabei der Position Schopenhauers verhaftet, der erklärt hat, die traurige Beschaffenheit unserer Welt, ihre entsetzlich anwachsenden Leiden seien unverträglich mit der Annahme, sie sei das „Werk vereinter Allgüte, Allweisheit und Allmacht". Die Ursprungsfrage aller Übel sei die Klippe, woran jeder *Theismus* scheitern müsse.[30]

In Dostojewskijs *Die Brüder Karamasow* weist der Grübler Iwan die Überlegung zurück, daß um einer gottgewollten ewigen Weltharmonie willen unschuldige Kinder leiden dürften: „Ich danke für jede höhere Harmonie, ist sie doch keine einzige Träne jenes gequälten kleinen Kindes wert, das ... zu seinem ‚lieben Gottchen' gebetet hat." Nicht Gott sei es, den er ablehne, er wolle ihm nur die Eintrittskarte in künftige Harmonien zurückgeben. Bei Camus, Bloch, Adorno wird aus solchem Gedankenaufstand gegen Gott als Vorsehung angesichts unermeßlichen Leides, das im Holocaust gipfle, die leidenschaftliche intellektuelle Leugnung einer möglichen Existenz Gottes. –

Das Buch *Hiob* ist, wie die *Psalmen*-Gebete, als geistlicher Ort des Heils für verwundete Seelen lesbar. In der *Krankheit zum Tode* enthüllt Kierkegaard in der Gestalt der Verzweiflung des Trotzes eine tiefgründige Antitheodizee, die er ihrer Heilbarkeit überführen will dadurch, daß Christus da ist. In christlicher, nämlich *kreuzestheologischer* Sicht kann dies Thema in neuem Licht

---

29   Diese Problematik erhellt Reinhard Junker: *Leben durch Sterben? Schöpfung, Heilsgeschichte und Evolution*, 2. Aufl. Stuttgart 1994.
30   Schopenhauer: *Parerga und Paralipomena* Bd 1, 1851: 129, 67.

erscheinen. Denn Gott selbst nimmt in Christus Leid und Schuld der Menschheit auf sich (W. Elert),[31] und zwar so, daß Christi Leiden als das des völlig Unschuldigen vordergründig absolut sinnwidrig aussieht, in heilsgeschichtlich eschatologischer Perspektive der Auferstehung aber ein sinnreiches Sein für jeden Menschen eröffnet, der sich selbst in Christi Leidens- und Erlösungsweg gründet.[32]

b) *Der Atheismus des forschenden Intellekts – Gottesleugnung als Folge radikaler Vernunft?*

Der Atheismus des forschenden Intellekts, der, – mit Goethes ‚Faust', – ergründen will, „was die Welt im Innersten zusammenhält" (I, 111), nimmt die sichtbare Natur als das einzig Reale an. Er will also an die empirisch meßbare Materie als das allein Wirkliche, insofern Absolute glauben. Filiationen hiervon sind Physikalismus, Biologismus und Szientismus von Demokrit bis Dawkins.

Schon in der Tradition der antiken materialistischen Erklärung des Weltbaus wird die Ordnung des Kosmos und der Seele aus zufälligen Bewegungen materieller Atome abgeleitet, so Demokrit. Epikur und Lukrez sind in ihrer Atomtheorie antike Atheisten. Naturereignisse gelten als von der Gottheit unabhängig, ihrer unbedürftig; materielle Atome existieren seit jeher und werden immer sein. *Selbstorganisation* der Materie ist die moderne Schlüsselidee, die annimmt, die Natur selbst sei *causa sui*, ebenso wie der Gott Spinozas.[33] Für Max Bense erscheint die Gottesleugnung „als die notwendige und selbstverständliche Form menschlicher Intelligenz" im Versuch, die Welt rein aus sich selbst zu erklären und zu begreifen.[34] Doch der atheistische Materialismus

---

31 Werner Elert: Die Theopaschitische Formel, in: *Theologische Literaturzeitung* 75 (1950), 195-206, hier 206.

32 Im Paradox des leidenden Gerechten liegt für den Theologen Helmut Gollwitzer eine *Theodizee*. „So ist das ungerechteste Faktum das gerechteste, das sinnwidrigste Ereignis der Geschichte die Begründung des Sinns der Geschichte" (: *Krummes Holz – aufrechter Gang. Zur Frage nach dem Sinn des Lebens*, München 1970, 380). – Luther unterscheidet am Ende von *De servo arbitrio* heuristisch drei Lichter: „Im Licht des lumen naturae ist es unlösbar, daß das gerecht ist, wenn der Gute heimgesucht wird und es dem Bösen gut geht. Aber das löst das lumen gratiae". Erst „das lumen gloriae wird zeigen, daß Gott, dessen Gericht eben noch eine unbegreifliche Gerechtigkeit in sich birgt, von höchst gerechter und höchst offensichtlicher Gerechtigkeit ist" (WA 18, 785).

33 Für Daniel Dennett gilt des nähern die wundersam kurzschlüssige Annahme: „The Tree of Life created itself" (*Darwin's Dangerous Idea. Evolution and the Meaning of Life*, New York etc. 1995, 17f). Ähnlich genialisch schlußfolgernd erklärt Stephen Hawking, daß, weil es Gravitations- und quantenmechanische Prozesse gebe, der Urknall wohl stattgefunden haben müsse.

34 Max Bense: Warum man Atheist sein muß, in: *Club Voltaire*. Jahrb. für kritische Aufklärung Bd I, München 1964, 66-71, 67. Die Denk- und Erfahrbarkeit der Welt, so betont er, *soll* von keinem *höchsten Wesen* abhängen.

folgt in seiner Annahme eines durchgängigen Mechanismus aller Ereignisse in der Welt bloß einer Hypothese.

Der Astronom de Laplace soll auf eine Frage Napoleons I., weshalb er Gott in seiner *Mécanique céleste* nicht erwähnt habe, geantwortet haben: „Sire, je n'ai pas eu besoin de cette hypothèse". Gemäß der Suggestion dieses legendären *bonmot*, das ein gläubiger Atheist von sich gab, – auf das prominente atheistische Naturwissenschaftler des 19. Jahrhunderts sich gern beriefen, – soll Gott unbeweisbar, aber alles ohne ihn gut erklärbar sein. Wie wenig wissenschaftlicher Rückhalt jenem dogmatisch materialistischen, atheistischen Welterklärungsmodell zukam, nach dessen hohem, ja überhöhtem Anspruch die Natur dezidiert ohne Schöpfergott erklärt werden soll, zeigt Schröder. Im 18. Jahrhundert führte der Atheismus „die Zumutung eines *sacrificium intellectus*" mit sich; so kann aus Diderots Sicht in den *Pensées philosophiques* von 1764, die theologischer Apologetik ferne steht, der Atheismus als Grundlage einer Erklärung, wie Materie lebendige Wesen bilden soll, mit theistischer Schöpfungslehre nicht konkurrieren.[35] Auch in Voltaires Sicht konnte der Atheismus keine Erklärung der Biosphäre liefern, die an die *Schöpfungshypothese* des Theismus heranreicht.[36]

Die Faszination des vermeintlichen Laplace-Wortes für dogmatisch materialistische Atheisten, die auf ihre eigene Welterklärungskompetenz pochen, liegt in der ohne Beweise auskommenden Behauptung der Überflüssigkeit der ‚Hypothese Gott'. Hierin sind Haeckel und Ludwig Büchner würdige Nachfolger von Laplace und d'Holbach, die kein ‚Ignoramus, Ignorabimus' kennen wollen, das Du Bois-Reymond in *Über die Grenzen des Naturerkennens* (1872) gegen radikale Materialisten eingefordert hat, und zwar in Kenntnis und eigner Würdigung der darwinschen Theorie. Nach allgemeiner Auffassung hat Darwins Konzeption der Physikotheologie den Garaus gemacht, gleichwohl offenbar bei weitem nicht in der Lage ist, zentrale Probleme, wie den Ursprung des Lebens und den Ursprung des menschlichen Geistes und Selbstbewußtseins, aufzulösen.[37] Überzogene Ansprüche strenger Materialisten auf eine

---

35 Schröder: *Atheismus* 2012, s. nota 7, 79-82.
36 Voltaire: *Dictionnaire philosophique*, Art. Athée, athéisme, Oeuvres complètes, hg. von Louis Moland, Paris 1877-1885, Bd 12, 476. Vgl. Schröder, ebd. 81f; Verf. vertritt einen pyrrhonisch *agnostischen Atheismus* (393f).
37 Charles Darwin weist auf ungeklärte Phänomene hin, durch welche seine Theorie in Zweifel gezogen werden kann, z.B. das menschliche *Auge* betreffend: „Die Annahme, das Auge mit seinen einzigartigen Einrichtungen zur Scharfeinstellung für verschiedene Distanzen, zur Regelung des Lichteinfalls und Ausgleich von sphärischer und chromatischer Aberration, habe sich durch natürliche Auslese bilden können, scheint, wie ich

umfassende Welterklärung reichen offenbar vom 18. über das 19. und 20. bis in unser 21. Jahrhundert hinein.[38] Hochrangige Naturwissenschaftler wie z.B. Rudolf Virchow, Wilhelm Wundt und Emil du Bois-Reymond, die sich in jüngeren Jahren im Sinne eines radikalen Materialismus vernehmen ließen, sind später öffentlich von ihm abgerückt. Du Bois-Reymonds Vortrag (von 1872) *Über die Grenzen des Naturerkennens*, gehalten auf der internationalen Naturforscher-Versammlung in Leipzig, ist ein markantes Ereignis in der Geschichte des Widerspruchs gegen den Materialismus. Er bezeichnet den Zusammenhang von menschlicher Geistestätigkeit und deren materiellen Bedingungen als Grenzen, die der Forscher auch bei erfolgreichster Naturerkenntnis niemals wird überschreiten können und warnt vor einer *Metabasis eis allo genos*, nämlich einem weder naturwissenschaftlich noch logisch zu rechtfertigenden Schritt von der gewonnenen Einsicht in gewisse physiologische Bedingtheiten der Seele zur Behauptung ihrer überhaupt materiellen Beschaffenheit besteht. Aus *Atomen* und ihrer Bewegung vermögen wir nicht, so die These dagegen, die geringste Erscheinung von *Empfinden* und *Bewußtsein* zu erklären; in beidem stoßen wir auf ein Unbegreifliches. Unser ganzes Naturerkennen ist kein absolutes, sondern liefert uns nur, so die starke Provokation, „das *Surrogat* einer Erklärung". Im Vergleich mit dem Kristall einen Organismus zu erklären bedeutet für Du Bois-Reymond nur ein „überaus schwieriges mechanisches Problem"; mit der ersten Seelenregung von Schmerz oder Freude, mit bewußtem „Rosenduft riechen" oder „Orgelton hören" ist die Welt für uns „unbegreiflich" geworden.[39] Diese *Grenze des Naturerkennens* ist für ihn eine *unbedingte*. Die Unbegreiflichkeit des Psychischen und Geistigen für ein mechanistisches Weltbild, die er behauptet, empörte die Materialisten, da für sie menschliche Seelentätigkeit aus materiellen Funktionen vollständig natürlich erklärbar ist wie alle physiologischen Ereignisse, so daß mit Carl Vogts frechem Spruch die

---

offen zugebe, im höchsten Grade widersinnig." (*The Origin of Species*, London 1971, 167, übertragen ins Deutsche)

38 Zu wichtigen Autoren und zur Wirkungsgeschichte materialistischer Ideen im 19. Jahrhundert vgl. Wolfgang Eßbach: *Religionssoziologie 2. Entfesselter Markt und artifizielle Lebenswelt als Wiege neuer Religionen*, T. 1, Paderborn 2019, Teil III. Der Naturalismus (299-407), aufgefächert u.a. in die „Popularisierung" des Glaubens an die Wissenschaft als Ersatzreligion (273-299) und „,Atheismus' und ‚Materialismus'" (299-328). Verf. macht die „missionarische" Aktivität der führenden Wissenschaftsgläubigen und, „auf dem Weg zur Unfehlbarkeit", ihren Anspruch auf letztinstanzliche Autorität deutlich. Im „Naturalismus" sieht Verf. zwei Thesen miteinander verknüpft: „Negation der Existenz Gottes" und Annahme der „positiven Totalität der Materie" (ebd. 287, 299f).

39 *Reden von Emil du Bois-Reymond in zwei Bänden*, Bd 2, 2. Aufl. Leipzig 1912, 65-98. Vgl. dazu Eßbach, op. cit. 150f, 342ff. – Zu L. Büchner und C. Vogt s. ebd. 328-342.

„Gedanken sich zum Gehirn verhalten wie die Galle zur Leber oder der Urin zu den Nieren",[40] so der triumphale Alleingeltungsanspruch materieller Welt.

In Analogie zur Jahwe-Uroffenbarung: „Ich bin, der ich bin" (2Mose 3, 14), die zu ersetzen, ja zu überbieten sei durch kühnen Menschengeist, lautet das neue Bekenntnis: Der Kosmos ist alles, was war, ist und jemals sein wird.[41] Die Welt wird angenommen als in sich geschlossenes System von Naturursachen; das ist für Kant Aberglaube an die Allvermögenheit der Natur (*Physiokratie*). Der vom Atheismus nicht selten in Anspruch genommene klassische Determinismus ist freilich durch die Quantenphysik widerlegt worden. Dabei hat die Materie sich quantenphysikalisch quasi aufgelöst, ihre Dichte verloren. Für P. Jordan entspricht der Gedanke des Zufalls der logisch für ihn gleichberechtigten Deutung göttlicher Fügung, als Platzhalter für deren Nichtunmöglichkeit.[42]

Moderne Physiker sind es, die die Rechtmäßigkeit der Verknüpfung von Naturwissenschaft und Atheismus bestreiten, durch Überwinden der Annahme, in allem Naturgeschehen walte strenge Determination, die kein Wirken Gottes zulasse; denn sie gilt nicht im atomar mikrophysikalischen Bereich. Daher steht das moderne Naturbild menschlicher wie göttlicher Freiheit offen,[43] – aber auch einem existentiellen Nihilismus, der glauben will: ‚alles ist nur Zufall', und der verzweifelter klingt als die mechanistische Weltansicht. – „Zwischen Religion und Naturwissenschaft", so Max Planck, „finden wir nirgends einen

---

40 Friedrich Albert Lange: *Geschichte des Materialismus und Kritik seiner Bedeutung in der Gegenwart*, 1. Buch: *Geschichte des Materialismus bis auf Kant*, 2. Buch: *Geschichte des Materialismus seit Kant*, 9. Aufl., 2 Bde, mit Vorwort, Einleitung und Nachtrag von Hermann Cohen, Leipzig 1914/15 (zuerst 1866). Bd 2, 143-146.

41 So wiederholt der Astronom Carl Sagan die alte Verehrung der Materie; s. John Lennox: *Hat die Wissenschaft Gott begraben? Eine kritische Analyse moderner Denkvoraussetzungen*, 14. Aufl. Holzgerlingen 2017, 41f.

42 Pascual Jordan: *Der Naturwissenschaftler vor der religiösen Frage*, 8. Aufl. Oldenburg/Hamburg 1972.

43 Ulrich Eibach erörtert, wie ein Handeln Gottes in der Welt naturwissenschaftlich denkmöglich sei. Es gehe um die Frage, *ob* und *wie* ein Wirken Gottes, dessen Transzendenz zur Welt festgehalten wird, in Natur und Welt aussagbar sei, das nicht in Widerspruch gerät zu naturgesetzlich erwirkten Ereignissen. (Wirkt und handelt Gott in der Natur? Intelligent Design in der Diskussion, in: *Theologische Beiträge* 40. Jg, 2009, Heft 3, 175-193); vgl. auch Alfred North Whitehead: *Prozeß und Realität*, Frankfurt a. M. 1987; Hans Jonas: *Organismus und Freiheit*, Göttingen 1973. – Das Problem, das Kant in seiner *Antinomie der Freiheit* zu lösen suchte (vgl. hier B VIII 2), behandelt nochmals Daniel von Wachter: *Die kausale Struktur der Welt. Eine philosophische Untersuchung über Verursachung, Naturgesetze, freie Handlungen, Möglichkeit und Gottes Wirken in der Welt*, Freiburg / München 2009; Reiner Kümmel: *Die vierte Dimension der Schöpfung. Gott, Natur und Sehen in die Zeit*, Berlin 2015.

Widerspruch; ... sie ergänzen einander" so, daß für gläubige Menschen Gott am *Anfang*, „für den Wissenschaftler am Ende aller seiner Überlegungen" steht.⁴⁴

Die in der Quantenphysik entwickelte Unbestimmtheitsrelation ist beanspruchbar als Hinweis, – wiewohl einen Sprung in eine ganz andere, keine Erkenntnis erlaubende Sphäre einschließend, – auf ein vielleicht ohne Widerspruch gegen naturgesetzliche Wirkungsweisen *mögliches* Eingreifen Gottes in den Weltlauf. In der Molekularbiologie hingegen leistet sie der Idee fataler Beliebigkeit Vorschub. Das Unvorhersehbare, nicht Notwendige sieht J. Monod in der Weise walten, die er als puren Zufall im ontologischen Sinn bestimmt; der wirke als *blinde Selektion*, die wie in einer riesigen Lotterie nur wenige Gewinner ausersehen hat. Monod mischt die religiös archaische Idee der *Ananke* in die biologische Erforschung des Zufalls, d.i. in seinen ontologischen Naturalismus ein. Auch der Anfang des Lebens auf der Erde sei nur solcher Zufall und die Wahrscheinlichkeit dieses Ereignisses sei a priori nahezu Null gewesen. Alle Deutungen, die eine Höherentwicklung zu erklären versuchen, ironisiert er im Begriff eines kosmischen Animismus. In philosophischen Systemen von Platon bis Hegel, die eine Sonderstellung des Menschen im Kosmos lehren,⁴⁵ habe die Menschheit, wie auch in der Religion, verzweifelt ihr Zufälligsein im Weltall zu verleugnen gesucht. Das ist die für Monod nur schwer überwindbare *anthropozentrische Illusion*. Mit dieser Illusionsthese führt er Feuerbachs Reduktion Gottes auf menschliches Wünschen fort. So finden wir bei Monod eine Verknüpfung des zweiten und dritten Typus (vgl. hier II 2 c) von Atheismen.

J. Monod setzt die Tradition eines Atheismus fort, der sich aus *naturalistischer Physik* (Laplace, La Mettrie, d'Holbach, Vogt, Haeckel⁴⁶) herleitet.

---

44 Max Planck: *Vorträge und Erinnerungen*, 7. Aufl. Darmstadt 1969, 332. J.Lennox: *Hat die Wissenschaft Gott begraben?* (81-108) erörtert das „anthropische Prinzip" als erstaunliche *Feinabstimmung* im Universum (*fine tuned*: Erdrotation, Umlaufgeschwindigkeit etc.), ohne die menschliches Leben völlig unmöglich gewesen wäre; s. auch: Paul Davies: *Der kosmische Volltreffer. Warum wir hier sind und das Universum wie für uns geschaffen ist*, Frankfurt a. M. / New York 2008; Richard Swinburne: *Gibt es einen Gott?*, Frankfurt a. M. 2006, bes. 57ff.

45 S. Robert Spaemann/ Reinhard Löw: *Die Frage Wozu? Geschichte und Wiederentdeckung des teleologischen Denkens*, München 1981; Klaus Düsing: *Die Teleologie in Kants Weltbegriff*, Kant-Studien Erg.-heft 96, 2. Aufl. Bonn 1986. – Zur Kritik naturwissenschaftlicher Absolutheitsansprüche s. Lennox (nota 41), Hauser (nota 5); Norbert Pailer/ Alfred Krabbe: *Der vermessene Kosmos. Ursprungsfragen kritisch betrachtet*, Holzgerlingen 2016.

46 Zu La Mettrie s. Schröder: *Atheismus 2012* (s. nota 7), 342 nota. – Ernst Haeckel entwirft eine *mechanistische Kosmogonie* in dezidierter Ablehnung von Naturzweckmäßigkeit oder Schöpfung Gottes. Die Erde sei bloßer Sonnenstaub, der Mensch auf ihr nur Eintagsfliege. (O. Quast: *Haeckels Weltanschauung. Ein kritischer Bericht*, Essen 1909.)

Für ihn müssen allerdings Ereignisse von extremer Unwahrscheinlichkeit stattgefunden haben, da weder das *tote* Universum als solches das *Lebendige* noch auch die Biosphäre den Menschen in sich trug. Allein der *Zufall* liege jeder Neuerung, quasi ‚Schöpfung' in der belebten Natur zugrunde. Die blinde Willkür als Grundlage des ‚wunderbaren Gebäudes' der Evolution gilt ihm als einzig vorstellbare Hypothese. Die Evolution verdanke sich der Unvollkommenheit des Erhaltungsmechanismus: Die Replikation der DNS sei ‚Unfällen', quasi Kopierfehlern ausgesetzt, die sich vervielfältigen, und trete im Falle ihrer Lebensfähigkeit unter das Gesetz der Selektion. Monods Sicht gemahnt im melancholischen Pathos an Nietzsches Nihilismus: „Der alte Bund ist zerbrochen; der Mensch weiß endlich, daß er allein ist in der teilnahmslosen Unermeßlichkeit des Universums, aus dem er zufällig hervortrat."[47] Mit seinem szientistischen und skeptizistischen Vorurteil will er den teleologischen Weltbegriff umstürzen und verfällt auf solche Tragik: Der ‚Zufall' ringe der leblosen Ordnung der Natur das lebendige Geschöpf ab, das am Rand des Universums eine seltsame, unverhoffte Besonderheit darstelle. – Hegel hat den neuzeitlichen Atheismus begriffen als das gottvergessene einseitige Absolutsetzen des Endlichen: „Das Endliche ist und ebenso nur wir sind, und Gott ist nicht: das ist Atheismus. So ist das Endliche absolut genommen; es ist das Substantielle; Gott ist dann nicht" (TW 20, 162).

Der dezisionistische Charakter in der Auswahl gewisser Theoreme zum Zwecke der Festigung einer naturalistisch-atheistischen Weltansicht läßt sich an der Aufmerksamkeitsfokussierung auf die biologische Abstammungslehre ablesen. Sie wurde im 19. Jahrhundert zum kühnen Siegeslauf aller modernen Geister wider den alten religiösen Aberglauben an einen Schöpfergott ausgerufen. K. Popper hat vor dem Mißbrauch der Evolutionslehre als Dogma und Religionsersatz gewarnt.[48] Mathematiker wiesen auf extreme Unwahrscheinlichkeitsgebirge hin, die in Evolutionskonzepten aufgetürmt wurden. Staunen erweckt Existenz und Häufung nicht reduzierbarer Komplexität bei Organismen bis in deren molekularen Feinbau[49] ebenso wie die Informationsspeicher- und Verarbeitungsleistung biologischer Moleküle. Angesichts der grundlegenden

---

47 Jacques Monod: *Zufall und Notwendigkeit. Philosophische Fragen der modernen Biologie*, München 1971. 53f.
48 Karl Raimund Popper: *Objektive Erkenntnis. Ein evolutionärer Entwurf*, Hamburg 1984, 280f.
49 Michael J. Behe: *Darwin's Black Box. The biochemical Challenge to Evolution*, Pennsylvania 1996; T. D. Wabbel (Hg.): *Im Anfang war (k)ein Gott. Naturwissenschaftliche und theologische Perspektiven*, Düsseldorf 2004.

Bedeutung von *Information* besonders in Zellkernen erhebt sich erneut die Frage nach dem Ursprung des genetischen *Codes*.[50]

Das *naturalistische* Welterklärungsmodell zeigt Risse, die ungern und selten zugestanden werden. Beispielhaft für intellektuelle Redlichkeit geben Gehirnphysiologen ein „explanatory gap" von Gehirnaktivität und mentalem Gehalt zu,[51] eine wissenschaftlich nicht überbrückbare Erklärungslücke zwischen einer an Gehirnzellen meßbaren biophysikalischen Schwingungsfrequenz (40-70 Megahertz) und geistigem Ich-Inhalt (sog. „Qualia": Gebet, Fluch, Poem, Melodie, geometrische oder philosophische Idee). Manfred Eigens *Hyperzyklus* stellt das anspruchsvollste molekularbiologische Modell zum Füllen jener *Lücke* dar; was in sie eintreten soll, ist für ihn nicht Gott.

Fiel der Beginn der philosophischen (Wahrheits-) Forschung bei Platon mit der Überzeugung zusammen, Gott sei Maß aller Dinge und alles Wesentliche, die Seele von etwas oder jemandem, sei für unsere leiblichen Augen unsichtbar (*Nomoi* 716c; 898d), so ist unsere Jetztzeit gezeichnet vom positivistischen Tatsachenwissen, wir sind „Stoffhuber", nicht mehr „Sinnhuber" (, so Max Webers in anderen Kontext überführte, vom Ästhetiker Fr. Th. Vischer übernommene Begriffe). Wie gelingt uns die Überwindung des herrschenden szientistischen Wissenschaftsparadigmas, das den Geist leer läßt und Materialismus, Utilitarismus und das Dogma des Relativismus begünstigt? Nach Max Planck vermag die Wissenschaft „das letzte Geheimnis der Natur" nicht zu lösen, weil wir selbst „Teil des Geheimnisses sind, das wir zu lösen versuchen". Daß die Naturgesetze sich mathematisch formulieren lassen, war für Naturwissenschaftler, so für Albert Einstein, immer ein Grund zu besonderem Staunen und galt oft als Hinweis auf einen göttlichen Weltenbaumeister. Von exakter Wissenschaft wurde noch kein einziges ernstes Argument gegen die Existenz Gottes vorgebracht, sondern nur von der populärwissenschaftlichen Weltanschauung, dem Szientismus, dem, was Wittgenstein, Kants Kritik der Physiokratie nahe, die

---

50 Werner Gitt: *Information – Der Schlüssel zum Leben*, Holzgerlingen 2018. (Erweiterte 6.Aufl. des Buchs von Gitt mit dem früheren Titel: *Am Anfang war die Information*); Klaus Dose: The Origin of Life: More Questions than Answers. In: *Interdisciplinary Science Reviews* 13, 1988, 347-355; Fred Hoyle: *Das intelligente Universum. Eine neue Sicht von Entstehung und Evolution*, Frankfurt a. M. 1984.

51 Zur Geist-Gehirn-Debatte s. Klaus Düsing: *Selbstbewußtseinsmodelle. Moderne Kritiken und systematische Entwürfe*, München 1997, 75-96; Dieter Wandschneider: Reduktionismus in der Hirnforschung – das ‚Ego-Tunnel'-Verdikt, in: *Reduktionismen – und Antworten der Philosophie*, hg. von W. Grießer, Würzburg 2012, 69-85. – Zu unlösbaren Aporien des Naturalismus vgl. auch Holm Tetens: *Gott denken. Ein Versuch über rationale Theologie*, Stuttgart 2015, 21ff.

Täuschung der Moderne genannt hat.[52] Die stolze Annahme der Erklärbarkeit der Welt, der Rationalismus der Aufklärung und ihr Freiheitspathos sind dem Glauben an die Ohnmacht menschlicher Vernunft gewichen, dem Pessimismus, daß wir nicht sind, wofür wir uns einstmals hielten: freie, autonome und verantwortliche Wesen.[53] – Erwähnte Erklärungslücken dürfen platonisches Staunen über unenträtselte Rätsel der Natur auslösen, die einen Urerfinder ahnen lassen; Fundament eines lebendigen Gottesglaubens sind sie kaum, wie er z.B. mit Kant *ethisch*-praktisch, oder mit Hegel *spekulativ* dialektisch begründbar ist.

c) *Projektionshypothese: Gott als Projektion menschlicher Ängste oder Wünsche*

Die Projektions-Hypothese behauptet, die – heidnischen, Angst erweckenden – Vorstellungen von Göttern seien Projektionen unserer *Ängste* (Protagoras), des näheren der Furcht vor dem Tode oder vor Strafe im Jenseits, oder umgekehrt: Gott, – der liebende christliche Vatergott, – sei nur Projektion unsres *Wunsches*, das eigene armselige Ich zu verewigen, wie Feuerbach in den „Gedanken über Tod und Unsterblichkeit" ausführt. Religionskritisch zeiht er sarkastisch die Frommen, ihre Demut sei heimliche Selbstliebe: „Gott ist nur die Peripherie ihrer Religion, der Mittelpunkt sind die Individuen selbst." Sie erkennen Gott über sich an, „um an ihm einen unendlichen Raum zu besitzen, in dem sie ihre beschränkte, besondere, erbärmliche Individualität ohne Störung ... bis in alle Ewigkeit hin ausdehnen und breitschlagen zu können."[54]

Schon die Griechen waren Lehrmeister im Abendland für eine anthropologische und psychologische Ableitung der Gottesvorstellung. Demokrit hat die Furcht des Menschen vor *Bestrafung nach dem Tod* und vor bedrohlichen Naturphänomenen als Ursprung des Götterglaubens betrachtet, eine Sicht, die

---

52 Zu Wittgensteins Religiosität s. Eßbach: *Religionssoziologie 2*, 205f; zu gnostischen Motiven s. ebd. 213-219.

53 Robert Spaemann: *Der letzte Gottesbeweis*, München 2007, 11f, 29. Verf. durchleuchtet den pessimistischen Umschwung: „Die Spur Gottes in der Welt ... ist der Mensch, sind wir selbst ... Wenn wir, als Opfer des Szientismus, uns selbst nicht mehr glauben, wer und was wir sind, wenn wir uns überreden lassen, wir seien nur Maschinen zur Verbreitung unserer Gene, und wenn wir unsere Vernunft nur für ein evolutionäres Anpassungsprodukt halten, das mit Wahrheit nichts zu tun hat, und wenn uns die Selbstwidersprüchlichkeit dieser Behauptung nicht schreckt, dann können wir nicht erwarten, irgendetwas könne uns von der Existenz Gottes überzeugen." Denn diese Spur Gottes, die wir selbst sind, „existiert nicht, ohne daß wir es wollen, wenn auch – Gott sei Dank – Gott vollkommen unabhängig davon existiert, ob wir ihn erkennen, von ihm wissen oder ihm danken. Nur wir selbst sind es, die sich durchstreichen können." (Ebd. 29)

54 Ludwig Feuerbach, *Sämtliche Werke*, neu hg. von W. Bolin und F. Jodl, Bd 1, 12f.

über Epikur und Lukrez geschichtswirksam wurde. Dieser religionspsychologische *Reduktionismus*, der den Glauben an Gott auf Phantasien der Furcht zurückführt, hat über die Epochen hin bis heute eine zentrale, dem Atheismus zuspielende Funktion inne. So findet er sich z.B. bei David Hume, d'Holbach, in neuerer Zeit bei Ernst Bloch wieder. B. Russell erklärt: „Die Religion stützt sich vor allem und hauptsächlich auf die ... Angst vor dem Tode"; die Wissenschaft aber, hier nimmt er Epikurs Programm auf, soll zur Gemütsruhe beitragen und diese feige Furcht überwinden.[55] In den religionskritischen Argumenten bezieht sich Russell auf Lukrez' *De rerum natura* (53 v. Chr.).

Der These, Gott sei Illusion, hat der antike Athener Politiker Kritias neue bedeutsame Nuancen hinzugefügt (ca. 400 v. Chr.). Die Furcht vor den Göttern habe ein kluger Staatsmann für die Menschen erfunden, „damit die Übeltäter sich fürchteten, auch wenn sie insgeheim etwas Böses täten oder sagten oder dächten"; denn sogar was ein Mensch schweigend Schlimmes sinne, bleibe den Göttern nicht verborgen.[56] Die Gottesfurcht gilt hier nicht als der Psyche wesenhaft gemäß, sondern als zum Wohl der Polis künstlich Erzeugtes. Das Fragment, das dieser Schau zugrunde liegt, ist neuerlich Euripides als Urheber zugeschrieben worden, der es, was bekannt war, einer seiner Dramengestalten in den Mund gelegt hatte und der deshalb (von Lucian, Plutarch und von Christen), womöglich voreilig, als átheos eingestuft worden ist.[57]

Auch der oft mehrdeutige Voltaire führte einen Nützlichkeitsbeweis für Gottes Existenz mit Blick auf den Fortbestand der menschlichen Gesellschaft, indem er erklärte, daß die Ehrbarkeit des Weibes, die Redlichkeit des Pächters und die Treue des Dieners durch ihren Glauben an Gott abgesichert würden. Die sarkastische Pointe: „Si Dieu n'existait pas, il faudrait l'inventer".[58] Der Gedanke der Nützlichkeit einer Religion für ein Gemeinwesen konvergiert mit der Position des Atheismus, wenn Religion *reduziert* wird auf ihre Eigenschaft, *nützlich* zu sein. *Sozial*kritisch jedoch galt für Karl Marx die Religion als „Opium des Volkes", wie imaginäre Blumen oder wie eine illusorische Sonne, die den Seufzer sozialen Elends stillt, also Hürde wider den Klassenkampf ist.

Feuerbachs *religions*kritische Projektionshypothese sucht die Eigenschaften des Christengottes als Produkte menschlichen Wünschens zu erklären, die Trinität als Wunschtraum vollkommener Liebesvereinigung. Seine neue Weltsicht gründet statt in einer übermenschlichen Offenbarung im erkannten

---

55 Bertrand Russell: *Warum ich kein Christ bin*, Hamburg 1968, 33ff (Or.: *Why I am not a Christian and other essays on religion and other related subjects*, London 1957).
56 *Die Vorsokratiker. Die Fragmente und Quellenberichte*, übers. von Wilhelm Capelle, Stuttgart 1968, 378.
57 Albrecht Dihle: *Das Satyrspiel 'Sisyphos'*, Hermes 105, 1977, 28-42.
58 Voltaire: *Oeuvres*, Paris 1829-1834, Bd XIII, 265.

Wesen des Menschen, das zentral Sein-in-Gemeinschaft sei. Das Wort des Johannes: „Gott ist Liebe" (1 Jo 4, 16) semantisch umkehrend erklärt Feuerbach: „Die Liebe ist Gott" bzw. „*die Einheit von Ich und Du ist Gott*"! Das Geheimnis der Trinität sei nur das darin ausgesprochene „Geheimnis der Notwendigkeit des Du für das Ich".[59] Diese Hymne auf die Liebe ist zugleich die Destruktion des Trinitätsdogmas. Der Glaube an die Dreifaltigkeit, die in sich und für uns Liebe ist, wird entlarvt als Illusion und bloße Projektion unerfüllter menschlicher Liebessehnsucht an den eigentlich leeren Himmel. Die Trinitätsidee drückt für ihn die Wahrheit aus, daß kein Wesen, es heiße Mensch oder Gott, für sich allein ein wahres und vollkommenes sein könne. In des Menschen Elend, in seinem aus sich selbst Nichtssein, so behauptet Feuerbach wirkungsträchtig, hat der christliche Gott seine Geburtsstätte; aus lauter Sehnsüchten sei jedes Gottesbild gewebt. „Gott *ist*, was der Mensch sein *will* – sein eignes Wesen, sein eignes Ziel, vorgestellt als wirkliches Wesen." Das dreifaltige Liebesverhältnis wird von Feuerbach anthropologisiert. Er fordert, es zu dechiffrieren als Geheimnis gesellschaftlichen Lebens, ja der menschlichen psychisch-erotischen Liebe.

Feuerbachs religionskritisches Programm ist die vollständige Reduktion christlicher Theologie auf Anthropologie. Gott ist und bleibt für ihn in den verschiedenen religiösen Gestalten „nichts andres als das abgezogene, phantastische, durch die Einbildungskraft verselbständigte Wesen des Menschen" (VI, 317).[60] Gott ist das Selbstbewußtsein des Menschen, das dieser aber „*außer* sich" verlegt habe, ohne sich dessen bewußt zu sein. Sein eigenes Wesen sei ihm so zuerst als ein vermeintlich anderes, göttliches Wesen Gegenstand; er könne es durch Emanzipation original in sich finden. Der unbewußte Vorgang der Projektion des Innen auf ein imaginiertes Außen, den Feuerbach annimmt, soll also durchschaut und aufgehoben werden (V, 47; VI, 309). Religion sei Produkt der Phantasie und Objekt des Begehrens. Dem Glückseligkeitstrieb verdanke Gott seine Existenz; Götter seien die „in wirkliche Wesen verwandelten Wünsche des Menschen" (VI, 223ff).

Die Augustinische Ewigkeitssuche der Seele entmythologisiert Feuerbach durch Entlarvung, daß die Selbstliebe in ihr heimlich Regie führe. Insofern „der

---

59 Ludwig Feuerbach: *Grundsätze der Philosophie der Zukunft* (1843), in: ders.: *Kleine Schriften*, hg. von u.a. Hans Blumenberg, Frankfurt a. M. 1966, 217 (§ 60; vgl. 196-199: §§ 33-36: „der Leib in seiner Totalität ist mein Ich"; 158: § 12: über Gott als entworfene Idee von einer Vollkommenheit der Gattung Mensch; 218: § 63: das höchste Prinzip der Philosophie sei „*die Einheit des Menschen mit dem Menschen*", also individuell oder sozial).

60 Ludwig Feuerbach: *Gesammelte Werke*, hg. von Werner Schuffenhauer, Berlin 1967ff. Quellenangaben im Folgenden nach dieser Ausgabe.

Wunsch, nicht zu sterben, ewig zu leben ... der letzte und höchste Wunsch des Menschen, der Wunsch aller Wünsche" sei, findet er in diesem Glauben an die Unsterblichkeit des eigenen Ich den voll erfüllten „Sinn und Zweck der Gottheit" (VI, 302, 309). Den Garanten meiner Unsterblichkeit zu erfinden ist wohl als Persiflage von Kants Seelenewigkeitspostulat dechiffrierbar. Dieser überschwängliche Wunsch widerstreitet aber diametral dem „Zeugnis der Sinne, welche die Wahrheit des Totseins verbürgen" (VI, 298); es ist also ein nur in menschlicher Einbildung zu erfüllender „Wunsch ohne Wahrheit, zu dessen erträumter Verwirklichung ... ein Vatergott erfunden werden mußte" (VI, 315). Die christliche trinitarische Gottesidee ist demnach für Feuerbach, so lautet seine Hypothese von ihrer Geburt aus der Wunschlandschaft der Seele oder des Ich, bloß abstrahiert von der menschlichen Liebe; ein Phantasiebild von dem, was der Mensch sein *will*: vollkommen geliebter und liebender. – Aus Gottes Erfindbarkeit durch Menschenphantasie folgt jedoch weder sein Dasein noch sein Nicht-dasein; die Wunschgeburtsthese muß die ontologische Dimension der Gottesfrage offen lassen. Feuerbach verkündet in rousseauschem Humanpathos, nahezu triumphierend, die „Gottheit des menschlichen Wesens" (V, 17), Freud hingegen, mit Darwin schwer ernüchtert, seine Tierheit.

Freud hat, Feuerbachs Projektionshypothese folgend, das infantile Abhängigkeitsbedürfnis als Quelle der Religionsentstehung erklärt. Der unreife Charakter bedarf des starken Übervaters, den er sich erfinden muß und anbeten will. Seit der intellektuellen und existentiellen Entkräftung der Religion – Nietzsches Diagnose: ‚Tod-Gottes' und Entwurzelung der Seele schimmert hier durch – sind die wenigsten Kulturmenschen fähig, ohne Anlehnung an andere zu existieren; daher rührt nach Freuds Analyse die Zunahme der Neurosen. „Die Autoritätssucht und innere Haltlosigkeit der Menschen können Sie sich nicht arg genug vorstellen."[61] Ihre intensive Gottsuche zeichne, so argumentiert Freud als atheistischer Religionskritiker, die Gläubigen negativ aus, nämlich als Orientierung Suchende, die ihre kindliche Anlehnungsbedürftigkeit ins Erwachsenenleben hinein fortführen und kraft des Glaubens ihre Neurose beschwichtigen. Nicht so optimistisch positiv wie Feuerbach, der die *Einheit von Ich und Du* als göttlich verherrlicht, erblickt Freud die Erosliebe damit überfrachtet, Sinnsurrogat für die verlorne, für ihn illusionär gewesene, Gottesliebe zu sein.

Feuerbachs Gedankengut ist bis heute latent gegenwärtig überall, wo theologische Kategorien, der Kraft Gottes entkleidet, in anthropologische

---

61   Sigmund Freud. *Gesammelte Werke. Chronologisch geordnet.* Frankfurt a. M. 1999, Bd VIII, 109.

umgewandelt, und Gott, wie z.B. von den selbst ernannten ‚Brights' des 21. Jahrhunderts, als Illusion verdächtigt oder das Zwischenmenschliche, sei es das Gesellschaftliche oder das Private, vergöttlicht wird. Ein Kultus der Mitmenschlichkeit (*vivre pour autrui*, August Comte) bei gleichzeitiger Leugnung des Kreuzes Christi verdankt sich ebenso dem historisch durchschlagenden Einfluß Feuerbachs wie die Umkehrung von Schleiermachers Definition, Gott sei das „Woher meines Gefühls schlechthinniger Abhängigkeit", in jene ganz andere, Gott sei das Woher meines Umgetriebenseins durch den leidgeprüften Mitmenschen.

Feuerbach fordert als quasi-religiösen Akt, der allein übrig bleibt, wenn der christliche Gott als *Illusion* entlarvt ist, der Mensch möge nun den Menschen als höchstes Wesen achten, ja verehren, wozu die Aufforderung gehört, jeder möge seine eigene Göttlichkeit realisieren. Er erhebt das Du zum Gottessurrogat, – das ist in eins dessen Überschätzung und ethisch-religiöse Überforderung. Mit Feuerbachs Projektionshypothese fällt das metaphysische Korrelat des Gottesbegriffs dahin, mit Strauß' ihm folgender Destruktion der Evangelien, sie seien bloß Produkte Mythen bildender *Phantasie* gläubiger Jünger, fällt ebenso das geschichtliche Korrelat des Glaubens an Jesu Gottheit.

Feuerbachs Aufforderung zur Aufhebung der christlichen Theologie in Anthropologie durch die Zurückführung übernatürlicher Vorstellungen in menschliche Immanenz ergänzt D. F. Strauß, der Entmythologisierer des Lebens Jesu, um die darwinistische Sicht, der Religion produzierende menschliche Geist sei selbst auch noch naturgeschichtlich zu erklären. So wird der biblische Gott auf menschliche Vorstellungsproduktion, das Wunschträume produzierende Bewußtsein wiederum auf animalische Vorstufen und diese schließlich auf eine anorganische Materie zurückgeführt.

d) *Gottesverachtung – Atheismus der Gleichgültigkeit als Massenphänomen*

Das Vergleichgültigen der Gottesfrage wird systematisch heraufbeschworen, indem der Sinn des Fragens nach Gott überhaupt verneint wird und eine solche gezielte Ächtung auch nur der Suche nach Gott jeden Akt einer theoretischen oder praktischen Gottesverleugnung überflüssig macht. Dies hat wirkungsreich Auguste Comte vollführt, an den der *Wiener Kreis* um Moritz Schlick und Carnap anknüpft. Deren Schlüsselthese ist: Alle Aussagen über Gott, ob sie seine Existenz oder Nichtexistenz behaupten, fallen unter das Sinnlosigkeitsverdikt. Für Comte muß der menschliche Geist in jeder Einzeldisziplin wie auch jede Zivilisation in ihrer Gesamtentwicklung drei Stadien durchlaufen: das theologisch-fiktive, das metaphysisch-abstrakte, das wissenschaftlich-positive Stadium. Im dritten Stadium herrscht der Glaube an die Wissenschaft als letzte

Instanz und an den wissenschaftlichen Fortschritt als zentrales Dogma.[62] Bei philosophierenden Zeitgenossen erblickt Comte in „Träumereien eines düsteren Atheismus über die Entstehung des Weltalls, den Ursprung der Tiere usw."[63] noch immer theologieträchtige *Metaphysik* am Werk: Die ernste Warum-Frage des Kindes und Jünglingsstadiums der Menschheit sei in klassischen Theorien noch nicht von der neuen Wie-Frage des Positivismus abgelöst. Solcher Positivismus erwies sich als wirkungsmächtig in den Einzelwissenschaften des 19. Jahrhunderts, die aufgrund positiv feststellbarer Beobachtungen in den Naturwissenschaften oder aufgrund grammatischer, historischer und soziologischer Fakten in den Sprach-, Geschichts- und Sozialwissenschaften, ohne Behinderung durch grundlegende Gedanken, bedeutende Erfolge feierten, – zufrieden, keine Metaphysik mehr betreiben oder ernst nehmen zu müssen. In Comtes späterer „religion de l'humanité", deren Prinzip die Liebe, deren Grundlage die soziale Ordnung, und deren Ziel der Fortschritt sein soll, tritt an die Stelle des alten Gottes das neue *grand être*, unter dessen Namen er, linkshegelianisch-feuerbachisch inspiriert, die Menschheit verehrt. Vorher schon hatte La Mettrie in *L'homme machine* (1748) intensiv die Vergleichgültigung der Gottesfrage propagiert: „Il est égal d'ailleurs pour notre repos ... qu'il y ait un Dieu, ou qu'il n'y en ait pas" (Bd 1, 324f).

Der Begriff „Gott" kann durch einen anderen ersetzt werden, wobei zugleich dessen Funktion mit dem Begriffswechsel weitgehend erhalten bleibt. Das vollzogen französische Materialisten im 18. Jahrhundert. Buffon z.B. tauscht *Dieu* gegen *la Nature* aus und legt ihr schöpferische Prädikate bei; er überwand die nachrangige Stellung der Biologie im Vergleich zu Mathematik und Physik und begründete die Naturgeschichte als eigenen Forschungszweig (*Histoire naturelle générale*, 36 Bde 1749-1789; *Époques de la Nature*, 1787). Ähnlich wie Diderot sucht Buffon die Vorstellung von der Macht Gottes durch die von der Natur (*Nature* mit großem Anfangsbuchstaben!) zu ersetzen. Die Natur hat für Buffon die Organismen erschaffen und verleiht ihnen ihre besonderen Formen.[64] –

Seitdem D. F. Strauß antichristologisch argumentierte, es sei zu schade anzunehmen, daß Gott sich bloß in dem Einen Individuum: Jesus verleiblicht habe, wird es zu der typischen Lieblings-, ja Wahnidee, die ganze Menschheit

---

62 Auguste Comte: *Rede über den Geist des Positivismus*. Französisch-Deutsch, übersetzt, eingeleitet und hg. von I. Fetscher, 2. Aufl. Hamburg 1966, 5-41. – Vgl. dazu Karl Löwith: *Weltgeschichte und Heilsgeschehen. Die theologischen Voraussetzungen der Geschichtsphilosophie*, 6. Aufl. Stuttgart 1973, 68-87. – Zur erfolgreichen Etablierung des Positivismus als neuer universaler Menschheitsreligion durch Comte vgl. Wolfgang Eßbach: *Religionssoziologie* 2 (s. nota 38), 137-142, 158ff, 168-186.
63 Auguste Comte: *Oeuvres*, Paris 1851-54, VII, 1. 14.
64 Vgl. dazu Em. Rádl: *Geschichte der biologischen Theorien*, 2 Bde Leipzig 1909, Bd 1, 270-284.

als Erscheinung Gottes anzunehmen, ein *absoluter Humanismus* in Selbstanbetung des Menschen. Dieser jedoch kippt nach Löwiths Urteil: „Die geschichtliche Welt, in der sich das ‚Vorurteil' bilden konnte, daß jeder, der ein menschliches Antlitz hat, schon als solcher die ‚Würde' ... hat, ist ursprünglich nicht die jetzt verebbende Welt der bloßen Humanität, die ihre Quelle im ‚uomo universale', aber auch ‚terribile' der Renaissance gehabt hat, sondern die Welt des *Christentums*, in welcher der Mensch seine Stellung zu sich und zum Nächsten durch den Gottmenschen Christus bemessen hat." Daher wird „mit dem Schwinden des Christentums auch die Humanität problematisch".[65] Die von *Christus* emanzipierte Humanität führt, wie bei Feuerbach, Marx und Nietzsche exemplarisch zu zeigen ist, zur Dehumanisierung des Menschen (op. cit. 335f). Linkshegelianisch wird aus der Menschheit, in Verbindung mit der Humanitätsidee, die erträumte egalitäre Gesellschaft. Den Grundstein dazu legt Feuerbach, wie bereits dargelegt, durch die folgenschwere und wirkungsreiche Verkehrung des Johanneswortes: „Gott ist Liebe" (1Joh 4, 8) in die konträre und revolutionäre These: Die Liebe, leiblich und leidenschaftlich, als *„die Einheit von Ich und Du ist Gott".*[66] Zu postchristlichen neuheidnischen Götzen werden seither die private psychisch-sexuelle und jede Art gesellschaftlicher Vereinigung.

Der Streit um das Absolute im Vakuum des Gottesverlustes im 19. Jahrhundert polarisiert sich also um *Natur* oder *Gesellschaft*. Wenn mit Darwin der Mensch selbst als Naturprodukt eingestuft wird, fallen Natur und Gesellschaft in der real existierenden Menschengattung in eins zusammen. Feuerbachs Gedankenrichtung begründet sowohl ein Idol romantischer Zweisamkeit als auch ein gesellschaftliches Ganze. Das Verlieren christlichen Glaubens an das Heil in Christo begünstigt neue Heilsbringer: Das 21. Jahrhundert zeigt Feuerbachs Spätfolgen: *Sexualität* und *Politik* dienen uns als Religionssurrogate. Für Kierkegaard liegt ahnungsvoll das ‚welthistorische Unglück' darin, daß die Menge als Instanz, ja als Gott, Wahrheit, Macht und Ehre angesehen wird; er geißelt das Eintauchen ins Kollektiv. Im Voraussehen kollektivistischer Entpersönlichung: „kein Hirt und Eine Heerde" (KSA 4, 19f),[67] kommt Nietzsche Kierkegaards Aufforderung nahe, der Verehrung der Menge zuwiderlaufend, Einzelner als wahres Selbst zu werden, da Menschen durch Verlieren der Gottesnähe in der Tiefe labilisiert sind. Die Entwurzelung der Geistseele aus ihrer

---

65 Karl Löwith: *Von Hegel zu Nietzsche. Der revolutionäre Bruch im Denken des neunzehnten Jahrhunderts*, Stuttgart 1950/1964, 353; vgl. 83f, 94f, 347ff. – Vgl. Klaus Bockmühl: *Leiblichkeit und Gesellschaft: Studien zur Religionskritik und Anthropologie im Frühwerk von Ludwig Feuerbach und Karl Marx*, Göttingen 1961.
66 Ludwig Feuerbach: *Grundsätze der Philosophie der Zukunft*, 217.
67 Zur Zitierweise Nietzsches s. Siglenverzeichnis.

Wahrheit ermöglicht, daß Demokratie in Ochlokratie oder egalitäre Tyrannis umschlägt. Nietzsche erblickt und beklagt den heraufziehenden europäischen „Atheismus als die Ideallosigkeit" (KSA 13, 139). Sozial wirkt Gottes Tod sich aus in der *Vereisung* menschlicher Lebenswelt und der *Vereinsamung* solcher Individuen, die der Gesellschaft als ihrer „Erlöserin" konsequent widerstehen (JGB 202).

Nietzsche sieht voraus, daß der Atheismus sich sozialethisch gefährlich auswirken würde, v.a. als *Kultur des Todes*. Was er als Hybris und *Selbstvergottung* bedacht hat, wird bewußtlos vollzogen: Der Mensch, der von Gott nichts wissen will, will selbst Macht habender ‚Gott' dieser Welt sein. Im Atheismus der Massen ist die Abstumpfung des Fragens nach Gott die *intellektuelle*, das Ende der *Ehrfurcht* die *gemütsmäßige* Dimension. Er beruht nicht, wie der Atheismus früherer Zeit, auf ernster Überlegung, Lebensleid, persönlicher Entscheidung, sondern auf einer Meinung, der man „unbewußt unterliegt und nachgibt".[68] W. Trillhaas bestimmt den *Atheismus der Gleichgültigkeit* als den radikalsten, weil er begrifflich unfaßbar und geistseelisch gesichtslos sei; in ihm wird leicht z.B. der Lebensstandard zum Gott.[69] Ein Atheismus des Spottes, ja Gotteshasses: „Der Herr ist kein Hirte" (Ch. Hitchens), zeigt sich in der antibiblischen Buchtitelverleihung, worin der Typus der Antitheodizee als starke Anklage Gottes durchtönt und viel Echo erntet. Gottes Nichtdasein ist im Atheismus der Gleichgültigkeit die strategische Selbstbehauptung im Kollektiv wider Gott.

e) *Praktischer Atheismus: Nietzsches Durchleuchten des Nihilismus als ‚Logik von Schrecken'*

Der Verlust der Ehrfurcht vor Gott, die Haltung, der nichts als heilig gilt, geht einher mit dem Verlieren der *Würde des Menschen*,[70] die ihren Glanz der *Imago Dei* verdankt. Der aus gedanklicher Gottesleugnung entspringende praktische Atheismus ist „praktische Gottlosigkeit" zu nennen.[71] Richard Bentley erblickt

---

68 Friedrich Gogarten: *Die Frage nach Gott*, Tübingen 1968, 145.
69 Wolfgang Trillhaas: *Religionsphilosophie*, Berlin 1972, 156.
70 Peter Singer, der glühend Euthanasie zwecks Leidverringerung, eine ‚Lizenz zum Töten' propagiert, wurde von der Giordano-Bruno-Stiftung, die sich zum Atheismus bekennt, im Jahr 2011 zum Ethik-Preisträger gekürt. -Prinzipielle Kritik des Utilitarismus, des näheren Singers, übt Klaus Düsing: *Fundamente der Ethik*. Stuttgart-Bad Cannstatt 2005, 81-107, 205ff.
71 Sprachgebrauch und semantische Prägung von *Gottlosigkeit, gottlos, Gottlose, Götzen* – markante Belege in *Deutsches Wörterbuch* von Jacob und Wilhelm Grimm – dürfte vorzüglich auf *eine* wichtige Quelle, auf Luthers Bibelübersetzung, zurückgehen; Beispiele: „Das Frohlocken der Gottlosen währt nicht lange" (*Hiob* 20, 5); „Die Gottlosen verrücken die Grenze" (*Hiob* 24, 2); „Es sei ferne, daß Gott sollte gottlos handeln" (*Hiob* 34, 10); „Der

1715 im Atheismus ein ethisches Alibi, das Sittenlose sich verschaffen; Anton Reiser führt bei K. Ph. Moritz „die Atheisterey" auf den Sündenfall zurück; des Menschen verdorbene Natur ist Nährboden für Gotteshaß und Hauptquelle seiner Leugnung.[72] Im Sprachgebrauch galt als praktischer Atheist, wer Gott durch sein Tun leugnet, lebt, als gäbe es ihn nicht.

Nietzsche weiß aus seiner Kant-Rezeption von der erkenntnistheoretischen Unbeweisbarkeit der Nichtexistenz Gottes. Vergleicht man seine Reflexionen mit denen von Feuerbach oder den Linkshegelianern, so wird man sich der Differenz bewußt, die darin liegt, daß jene den Atheismus naiv optimistisch als *Befreiungsprogramm* proklamieren, er aber seine Diagnose des ‚Todes Gottes' betroffen erwägt. Die Höllenfahrt des *Sicherkennens* führt in Nietzsches Analyse zur *Selbstanklage*: „Gott ist tot! ... wir haben ihn getötet"! (FW 125) So bezieht er sich und den Leser in die Tat ein, die für ihn offenbar existentieller Ernst ist, mehr als ein intellektuelles Vergessen des Höchsten.

Das Gefälle zur Wertlosigkeit persönlichen Seins ohne Gott erfaßt er in prophetischer Intuition:

> Das größte neuere Ereignis, – dass ‚Gott tot ist', dass der Glaube an den christlichen Gott unglaubwürdig geworden ist – beginnt bereits seine ersten Schatten über Europa zu werfen. Für die Wenigen wenigstens, deren Augen, deren *Argwohn* in den Augen stark und fein genug für dies Schauspiel ist, scheint eben irgend eine Sonne untergegangen,... ein altes tiefes Vertrauen in Zweifel umgedreht: ihnen muss unsre alte Welt täglich ... misstrauischer, fremder, ... scheinen. In der Hauptsache aber darf man sagen: das Ereignis selbst ist viel zu groß, zu fern, zu abseits vom Fassungsvermögen Vieler, als dass auch nur seine Kunde schon *angelangt* heißen dürfte; geschweige denn, dass Viele bereits wüssten, *was*

Gottlose ist verstrickt in das Werk seiner Hände" (*Psalm* 9, 17); „Der Gottlose wird fallen durch seine Gottlosigkeit" (*Sprüche* 11, 5); „Gottlosigkeit" ist als „Torheit" zu erkennen (*Prediger* 7, 26); „Wir erkennen unser gottloses Leben" (*Jeremia* 14, 20); „Spötter, die nach ihren gottlosen Begierden leben" (*Judas* 18). Aber „Christus ist für uns Gottlose gestorben" (*Römer* 5, 6); erlöst durch ihn sollen wir gerecht und *gottselig* leben (*Titus* 2, 12). Ins Vakuum gottloser Seelen fallen *Götzen* ein: „sie schleppen sich ab mit den Klötzen ihrer Götzen" (*Jesaja* 45, 20); „an ihren Götzen sind sie toll geworden" (*Jeremia* 50, 38); „so dient ein jeder seinem Götzen" (*Hesekiel* 20, 39); aber „die Götzen sind gefallen" (*Jesaja* 46, 1f). – Die Bezeichnung *gottlos* für ein *sittenloses* Verhalten hat sich volksmundlich über Jahrhunderte erhalten, ist nur seit dem vorigen Jahrhundert stark rückläufig.

72 Karl Philipp Moritz: *Anton Reiser* (1790); s. Hans-Martin Barth: *Atheismus und Orthodoxie. Analysen und Modelle christlicher Apologetik im 17. Jahrhundert*, Göttingen 1971, 130-134; Schröder: *Atheismus* 2012, 72, nota 109.

eigentlich sich damit begeben hat – und was Alles, nachdem dieser Glaube untergraben ist, nunmehr einfallen muss, weil es auf ihm gebaut, an ihn gelehnt, in ihn hineingewachsen war: zum Beispiel unsre ganze europäische Moral. Diese lange Fülle und Folge von Abbruch, Zerstörung, Untergang, Umsturz, die nun bevorsteht: wer erriete heute schon genug davon, um den Lehrer und Vorausverkünder dieser ungeheuren Logik von Schrecken abgeben zu müssen, den Propheten einer Verdüsterung und Sonnenfinsternis, deren Gleichen es wahrscheinlich noch nicht auf Erden gegeben hat? (FW 343)

Die Letztbegründung christlich-moralischer Werturteile liegt für Nietzsche in der Gottesidee. Aus der Geist- oder Vernunftnatur des Menschen sind sie für ihn nicht ableitbar. Mit dem christlichen Gott fällt auch die Ethik der Liebe, der Pflicht und des Mitleids dahin, ja das ganze abendländische Wertgefüge zerbricht. Nietzsche bedenkt die Konsequenzen eines *Immoralismus*. Die Prognose des *Nihilismus*, den er als Folgelast des Gottestodes auf Europa zukommen sieht, ist seine Antwort auf die Frage: Was bedeutet Atheismus als Massenphänomen? Im Begriff des „passiven Nihilismus" hat er den neuen Typ eines Atheismus der Gleichgültigkeit bedacht, als die Unfähigkeit, noch glauben, hoffen, lieben zu können,[73] sogar als Wunsch, nicht *geboren* worden zu sein. In geschichtsphilosophischer Perspektive erblickt Nietzsche die starke Gefährdung sittlicher Humanität: psychisch in *Melancholie* als Gottestodfolge, sozial in nivellierender *Vermassung*, ethisch in *Brutalisierung*. Maßgebliche Ursachen dafür sieht er im Verlust der *Imago-Dei* für die menschliche *Seele* aufgrund darwinistischer Theorien und in philologisch radikaler Destruktion der Evangelien. – Halt wider eine barbarische Lizenz zum Töten gaben uns bislang der hippokratische Eid und Christi Maßstab einer Liebe zum Menschen rein *„um Gottes Willen"* (JGB 60). Ein solches Gott wohl gefallende Lieben verlieh uns das höchste Gefühl zum besten Tun. Jesus wiederum sei von allen der „beste Liebende", der nicht gab, um wieder zu nehmen oder um andere zu beherrschen.

---

73   Herbert Schnädelbach (*Religion in der modernen Welt*, Frankfurt a. M. 2009, 80f) vertritt auch einen solchen dezidiert nicht triumphalen, sondern *traurigen Atheismus*, dem allzu viel an diesseitigem Frohsinn verdächtig erscheint, insofern der Verf. des Verlustes tröstlicher Glaubensgewißheit inne bleibt.

f) *Epilog. Theismus als philosophiegeschichtliche Normalität und biblische Sicht des Atheismus*

Zum Streit um Gottes Dasein läßt sich eine fundamentale anthropologische Paradoxie aufstellen; sie liegt in der unerhörten Spannung zwischen *Sehnen* nach Gott und *Fliehbewegung* von ihm fort.

a) Augustinus erklärt zu Beginn der *Confessiones* in Gebetsform die unauslöschliche Beziehung von Menschenseele und Gott: „*Fecisti nos ad te*, et inquietum est cor nostrum, donec requiescat in te"!

b) Luther formuliert in der theologischen *Disputatio* (1517) gegen Duns Scotus und Gabriel Biel: Infolge seiner Natur könne der Mensch nicht wollen, daß Gott Gott ist, vielmehr liege in seinem (natürlichen) Willen, daß er selbst Gott sein will und daher Gott nicht Gott sein lasse.[74] – Schon im pseudoplatonischen *Theages* (125e-126a) ist jene Maxime des *Willens zur Macht* recht markant vorgezeichnet: „Jeder von uns möchte Herr womöglich aller Menschen sein, am liebsten *Gott.*" Feuerbach erwägt verräterisch, das Wort *Atheismus* möge durch *Anthropotheismus* ersetzt werden.[75] Nietzsche läßt *Zarathustra* ausrufen: „Aber dass ich euch ganz mein Herz offenbare, ihr Freunde: *wenn es Götter gäbe, wie hielte ich's aus, kein Gott zu sein! Also gibt es keine Götter.*" (KSA 4, 110) Sartre sagt: Was die menschliche Realität am besten verstehbar macht, ist, daß „der Mensch das Seiende ist, das die Absicht hegt, Gott zu werden." Mensch sein „ist im Grunde Begierde, Gott zu sein"![76] Freuds religionskritisch atheistisches Konzept zu Vatermord und Vergöttlichung des Vaters aus Schuldgefühl in *Totem und Tabu* (1913) weitet Sartre für seine Anthropologie aus. – Hierin bekundet der intellektuelle Atheismus sich selbst, seinem eigenen Selbstverständnis nach, als eine Reflexionsgestalt des Aufstands wider Gott, gemäß der Verheißung der ‚alten Schlange': „eritis sicut Deus" (*Genesis* 3, 5). Im Atheismus der Gleichgültigkeit verbirgt sich dieser ‚Aufstand' in der mehr oder weniger unbewußten Selbstanbetung der Eigenkraft des natürlichen Menschen.

Die Paradoxie im Abgrund der menschlichen Seele liegt also darin, daß sie sich ausgespannt findet zwischen *Suche* Gottes und, wegen ihrer Schuld, *Flucht* vor ihm in klugen Abwehrstrategien. Zur weiteren Erhellung der Frage, wodurch ein intellektueller, voluntativer oder emotionaler Atheismus zustande kommen, der gemäß Vernunftkriterien eigentlich unvernünftig ist, wäre das

---

74 *Der junge Luther*, hg. von E. Vogelsang, Berlin 1933, 321 (*Disputatio contra scholasticam theologiam*). „Non potest homo naturaliter velle deum esse deum, immo vellet se esse deum et deum non esse deum" (WA I, 125).
75 Feuerbach Ausgabe Briefe, hg. v. W. Bolin u.a., Stuttgart 1964, XIII, 93 aus dem Jahre 1842.
76 Jean-Paul Sartre: *Das Sein und das Nichts* (*L'être et le néant*, Paris 1943), Hamburg 1962, 712.

Verhältnis von Wille und Intelligenz, die sich dem Willen dienstbar macht, näher zu untersuchen. Gemäß der Traditionslinie, die von Aristoteles über Thomas zu Hegel hin reicht, befindet sich der Intellekt aufgrund seiner Befähigung, das göttliche Gute erkennend zu erfassen, weil er selbst als Gott ähnlich angenommen wird, im Zustand der Eudaimonia. Die andere Traditionslinie reicht von Augustinus über Duns Scotus hin zu Fichte, Kierkegaard, Schopenhauer und Nietzsche und nimmt an, daß der Wille keineswegs im Anschluß an ein als wahr oder gut Erkanntes erst in Bewegung gesetzt wird; vielmehr sei umgekehrt auf allen zu erringenden Klarheitsstufen das Erkennen selbst mitbedingt durch die aktive Beteiligung freier Willensakte, – und zwar, je höhere, bedeutsamere Erkenntnis erreicht werden soll, umso gewichtiger sei jene Mitwirkung des Willens am Gewinn wahren Erkennens.[77] Also wirkt der Wunschwille maximal mit bei der Gottesfrage. In der Wahrheitsfrage Skeptiker, kann für Nietzsche kein Wollen das Ich wahrheitsfähig machen. – Die Fundierungsordnung von Intelligenz und Wille bleibt oft unbeachtet in Positionen des skeptischen oder dogmatischen Atheismus, in welchen ein undurchschauter Wille waltet, der schon vor Ausarbeitung seines Gedankensystems *präreflexiv* beschlossen hat: Ich will, daß kein Gott sei! Mit Leibniz' Metaphysik könnte man hierzu sagen, der Höchste selbst ist es, der keine Marionetten will, der dem Menschen die beträchtliche *Freiheit* einräumt, ihn zu leugnen, ja sogar den Menschensohn Jesus zu töten.

Religionshistorisch sei zur Bibel angemerkt: Schon das *Alte Testament* läßt unterschiedliche Typen der Entfremdung des Menschen von Gott erkennen: Gottvergessenheit, negative Theodizee, unvernünftige Gottesleugnung, Wunschproduktion. „Wohl dem Menschen", so lautet die Seligpreisung, „der nicht sitzt im Rat der Gottlosen, wo die Spötter sitzen" (Psalm 1, 1), und bei Jeremia wehklagt Jahwe selbst: „Mich, die Quelle des Lebens verlassen sie und bauen sich löchrige Zisternen"; sie kehren mir den Rücken zu, nicht das Angesicht; „wenn aber die Not über sie kommt, sprechen sie: ‚Auf, *hilf uns*'" (*Jeremia* 2, 13.27). Unsere Willensaktivität wird aufgerufen, indem vor einem „Sitzen" bei den „Spöttern" gewarnt wird. In dem Satz: „Es ist kein Gott, so sprechen die Toren" (*Psalm* 53, 2), hebt der Psalmendichter auf ihre Vernunftwidrigkeit ab. Ein göttlicher Humor begleitet Irrende bis in ihre götzendienerischen Wahngedanken hinein, sie in sokratischer Anamnese ad absurdum führend: „Götter, die du dir gemacht hast – wo sind sie?" Sprichst du, Frau, zu ihnen: „Stein, du hast mich geboren"?! oder sprichst du, Mann, zu einem Holze: „mein Vater"?!

---

77 Zur Ideengeschichte des Verhältnisses zwischen Vernunft und Wille s. Heinz Heimsoeth: *Die sechs großen Themen der abendländischen Metaphysik und der Ausgang des Mittelalters*, 7. Aufl. Darmstadt 1981, 204-251.

(*Jeremia* 2, 27f) Gemäß *neutestamtlicher* Prophetie soll am Ende der Weltzeit der große Abfall von Gott stattfinden, der darin gipfelt, daß in seiner Hybris der Mensch der Gesetzlosigkeit sich selbst auf Gottes Thron setzt (2Thess 2, 3.4). *Apostasie* heißt in ihrer intellektuellen Gestalt Atheismus, in ihrer ethischen *Anomia*, in der Bibel fokussiert im (geistseelischen) ‚Götzendienst' und, als (leibseelischem) Pendant und *Sinnbild*, in ‚Hurerei'. Ein tiefliegender Zusammenhang von *Untreue der Seele* gegen Gott und *Baalskult* als Verwahrlosung im zwischenmenschlichen geschlechtlichen Bereich wird von den biblischen Autoren angenommen (*Hosea* 4, 12),[78] ein Zusammenhang, der auf Grund der ganzheitlichen Sicht der Seele plausibel ist.

Eine Welt des Irrtums geht unter, bezweifeln wir das nihilistische Dogma des 21. Jahrhunderts, – in welchem die Weisheit des radikalen Skeptikers Sextus Empiricus verschwunden ist, dergemäß der als wahr behauptete Satz, nichts sei wahr, sich selbst aufhebt, also starkem Zweifel unterliegt, – „Nichts ist wahr, Alles ist erlaubt"! Dieses harte Assassinen-Motto,[79] – das vormals als maximal ruchlos galt, in Nietzsches *Zarathustra* der Verzweiflungsausbruch einer verlorenen Seele ist und in *Zur Genealogie der Moral* erneut aufgegriffen wird,[80] – durchtränkt nunmehr das Lebensgefühl der Postmoderne. Dessen polemischer, gern verheimlichter Kern ist: Weil alles erlaubt sein soll, darf nichts wahr sein, müssen alle Ansprüche auf Wahrheit abgewehrt, gar kriminalisiert, zumindest aber unter Fundamentalismusverdacht gestellt werden. Jedes autoritative Wort des *Dominus dixit* wird als Pein und Anstoß entschieden verworfen. Ziel des säkularen *homo sapiens*, der in seiner sich auslebenden Gottvergessenheit sich klüger dünkt als seine gottgläubigen und vermeintlich

---

78   Vgl. *Jesaja* 1, 21; *Jeremia* 3, 9; *Hesekiel* 16, 16f. 26. Zur ‚Hure Babylon': *Jeremia* 51, 7; *Offenbarung des Johannes* 14, 8; 17, 1-5. – In New York und London sollen, nach dem Vorbild von Palmyra, das der Zerstörung durch Terroristen anheimfiel, jene Tempel zu Ehren des Fruchtbarkeitsgottes Baal neu errichtet werden. Die Frage ist, ob hier nur archäologisches Interesse leitend ist, oder untergründig auch eine heute modisch werdende Distanzierung von der eigenen christlichen Tradition, die daher auch gern einen heidnischen Kult wiederbelebt.

79   Dieses Motto hat dem geheimbündischen mohammedanischen Mörderorden der Assassinen als Leitspruch gedient. Zu dessen Quelle vgl. Werner Stegmaier: *Nietzsches ‚Genealogie der Moral'*, Darmstadt 1994, 199.

80   Zarathustras „Schatten" spricht: „‚Nichts ist wahr, Alles ist erlaubt'" (KSA 4, 340), was in *Zur Genealogie der Moral* (III 24) wiederholt wird. Nietzsche durchleuchtet dieses freigeistige Motto als praktizierten Nihilismus, der aus Entwurzelung und geistseelischer Leere des Menschen entspringt und in zerstörerische Taten einmündet. Der ‚Schatten' erklärt die lebensmüde Verzweiflung durch fatale Ungeborgenheit: „Diess Suchen nach meinem Heim ... frisst mich auf ... Oh ewiges Überall, oh ewiges Nirgendwo, oh ewiges Umsonst'" (KSA 4, 340f). – Die These und Parole: ‚Nichts ist wahr' wiederholt den radikalen Skeptizismus des antiken Sophisten Gorgias.

unaufgeklärten Vorfahren, die Kathedralen erbaut haben, ist die unbehinderte, vermeintlich völlig freie Emanzipation naturhafter Impulse, in Wahrheit orientierungslos irrlichterndes Nichtwissen. Dabei wich die Spaßgesellschaft einer düsteren, hoffnungsarmen, tragischen Verfallsgesellschaft. Zeitzeichen der Gegenwart ist ein Wertewandelschub von hoher Tragweite. Unter dem sanften Deckmantel westlicher Werte und ihrer Propagierung unterliegt das herkömmliche Geschlechterverhältnis einer Revolutionierung. Jedenfalls leben wir, in der gesamten westlichen Welt, in einer Zeit des Umbruchs, Glaubensverlustes, Skeptizismus, Niveauverfalls. Fern von apokalyptischer Ausmalung genügt hier eine kulturpsychoanalytische Analyse der Seele, die sich selbst mißachtet.

Zweieinhalb Jahrtausende lang war für Philosophen von Anaxagoras bis Hegel durch Vernunft evident, Gottes Existenz annehmen zu müssen. Das Staunen über die Schönheit und Ordnung der Schöpfung war Hinweis genug. Der Mensch wurde als Himmelsbetrachter angesehen und die leuchtenden Gestirne als Sinnbilder für die Weisheit eines göttlichen Welturhebers; denn die Himmel erzählen von Gottes Herrlichkeit (*Psalm* 19, 2; 8, 4f). Aristoteles stellte als erster den kausalen Gottesbeweis auf: Gott muß erste Ursache des Kosmos sein, der sonst ohne vernünftige Erklärung bliebe. Für Paulus ist allen Menschen Gottes Dasein, „das von Gott Erkennbare, ... sein unsichtbares Wesen", aus den Werken der Schöpfung „durch Nachdenken" offenbar; eben hieraus folgert er die Unentschuldbarkeit der Heiden dafür, gottvergessen zu leben (*Römer* 1, 19f).

Durch Kants Kritik der Gottesbeweise (des ontologischen, kosmologischen und teleologischen) ist deutlich geworden, daß gemäß der Strenge eines logischen Beweises Gottes Dasein sich nicht demonstrieren läßt. Zu beweisen aber ist für Kant sehr wohl, daß Gottes Nichtexistenz schlechthin unbeweisbar ist. Töricht sei, wer Gottes Dasein nicht annimmt, da der moralische Gottesbeweis im Gewissen gilt, das Sittengesetz als Stimme Gottes verstehbar ist (vgl. Rö 2, 14f). Verfügten wir über einen strengen Beweis für Gottes Existenz, so könnten wir ihn nicht rein aus Freiheit und Liebe suchen; wir wären, so argumentiert Kant hellsichtig, bloße Marionetten (vgl. AA V 146f). – Die großen Philosophen vor Christi Geburt (Platon, Aristoteles) und fast alle nach der Geburt Christi sind Theisten gewesen (Augustinus, Thomas v. A., Descartes, Leibniz, Kant, Hegel). Sie haben auf Grund von vorurteilsloser Klarheit und Konsequenz im Gebrauch ihrer Vernunft – im Sinne von *Römer* 1, 19f – das unsichtbare Wesen Gottes aus seiner Schöpfung erkannt und damit, daß die sichtbare Welt in einer unsichtbaren gründet. Sie lehren, Gott sei Anfang, Maß und Ziel aller Dinge und unser irdisches Leben die uns geschenkte Bewährungszeit für die Treue unsrer Liebe.

KAPITEL III

Nietzsches Atheismus als Synthese und Kritik der Grundtypen

Skizziert werden soll, wie in Nietzsches Denken die hier entworfenen Atheismustypen ausgeprägt und argumentativ entwickelt sind, und alle Typen wiederum untereinander verknüpft erscheinen. Im Vergleich zu anderen atheistischen Denkern zeichnet ihn aus, daß er seinem Atheismus den Charakter des Problems – für längere Zeit – bewahrt hat; dazu gehört, daß er weitreichende und schwerwiegende Konsequenzen des Atheismus mit bedenkt. Seine Reflexion auf das *Heiligste*, das „unter unsern Messern verblutet" sei, und auf unser Erwachen als ‚Mörder' Gottes (vgl. hier A V), ist stärkste Antwort auf die Frage nach der Besonderheit von Nietzsches Atheismus. Er brachte ihn auf die schroffste Formel, die vom ‚Tod Gottes', worin die existentielle Dimension der Trauer um eine ehemals geliebte, nun verlorene Person mitschwingt. Alle früheren Atheismen konvergieren in seinem Denken, das ein hypothetischer Entwurf bleibt, der, wehmütigen Blickes zurück, die Gegenposition, das ist die verlorene Metaphysik, intensiv mit vergegenwärtigt: „Wurf der Gestirne ... aber niemals wird es Güte oder Weisheit oder Liebe sein" (KSA 10, 123),[1] – das ist, von Demokrit bis zum Urknall, der Verlust der Gottesprädikate zugunsten einer Physiokratie.

Nietzsches Gedankenwelt repräsentiert den wohl seltenen Fall eines nicht reduktionistischen Atheismus, da er Verlieren oder Negieren Gottes in ethisch-religiösen, historischen und sozialen Dimensionen reflektiert und Gottes Sein weder logisch verneint noch psychologisch in ein *Nichts* auflöst; die psychologische Gottidealbildung erweist er als Schutz vor *selbstmörderischem Nihilismus*. Auch den Hedonismus hat Nietzsche nicht gelehrt, eher einen tragischen Heroismus, der weiß, daß er mit Trauer und Schuldgefühl als Folgelast des selbstverursachten Gottestodes leben muß.

Der sachliche, näherhin ontologische Gehalt in Nietzsches Formel vom ‚Tode Gottes' ist nicht nur vom oberflächlichen, sondern auch von der Position des *dogmatischen* Atheismus abzurücken. Während langer Zeit vertritt er einen *methodischen* Atheismus des religiös neutralen Forschers und ist, an Kant anknüpfend, erkenntnistheoretisch der Unbeweisbarkeit von Gottes Nichtdasein inne. Vergleicht man seine Reflexionen mit denen von Feuerbach und den

---

[1] Zur Zitierweise Nietzsches s. Siglenverzeichnis.

Junghegelianern, so wird man der qualitativen Differenz inne, die darin liegt, daß jene den *Atheismus* optimistisch naiv als *Befreiungsprogramm* proklamieren, er aber die Ausrufung von Gottes ‚Tod' betroffen ergründet.

Von hoher Komplexität ist die Frage, ob, und, wenn ja, in welcher Denkgestalt Nietzsche Atheist gewesen ist. Eine Antwort, soll ihr Tiefenschärfe zukommen, bedarf entwicklungsgeschichtlicher Betrachtung seines *Denkweges*, auf dem in der Gottesfrage kontrastreiche Stadien sichtbar werden. So begann sein geistiges Leben in Kindheit und Jugend damit, daß er sich als gläubigen Christen verstand, und zwar war er „mit Leib und Seele Christ ... in einem Ausmaß, das heute bei einem Kind kaum vorstellbar ist. Er war Christ der Dogmatik, der Ethik und der Ausdruckswelt nach".[2] Aktiv und leidenschaftlich hat er sich den christlichen Glauben angeeignet; gelegentlich geäußerte Zweifel sprechen eher für, nicht gegen diesen Befund. Indessen finden sich schon zur Schülerzeit auch tragisch durchtönte Überlegungen, in denen jene hohe Spannung angelegt ist, die zwischen christlichem Gott der Liebe und vorplatonischem, heidnischem, dunklem Gott beschlossen liegt.[3]

Der Theismus als gängiges, intellektuell bewährtes Welterklärungsmodell des Abendlandes, aus dem er selbst herkommt, wird in Nietzsches Gedankenwelt in einem Erosionsprozeß schleichend unterwandert. Als gläubiger Christ tritt er seine Lebensbahn an, als gläubiger Atheist endet er sie. Die Zeit zwischen diesen extremen Positionierungen ist bestimmt vom wachsenden Argwohn wider Gottes Güte, mehr als wider seine Existenz. Die intellektuelle Spannweite von Reflexionen zeigt sich in seinem Nachdenken auch des Gegenteils dessen, was er selbst zu glauben geneigt ist.

Nietzsches philologische Analysen sind auffällig stark auf das Theodizeeproblem hin fokussiert. So sucht er in einer Basler Vorlesung „Über Religion und Mythologie der Alten" (KGW II/3, 410-419) als wichtige Aufgabe für den klassischen Philologen, „das allmähliche Werden einer ethischen(!) Gottheit nachzuweisen" (ebd. 412). Er kommt ihr selbst nach, indem er etwa darlegt, wie ein „starker Gerechtigkeitstrieb" für Aischylos zum leitenden Motiv werde: „Das Göttliche, Gerechte, Sittliche und das Glück hängen zusammen. Nach diesem Maaß wird [Gott] Titan und Mensch gemessen". Aischylos korrigiere den Volksglauben an einen „verblendenden Unheilsdämon", indem er diesen zum Werkzeug des gerechten Zeus mache (ebd. 415 nota). Aber schon bei

---

2 Joergen Kjaer: *Friedrich Nietzsche. Die Zerstörung der Humanität durch Mutterliebe*, Opladen 1990, 105; vgl. Johann Figl: Geburtstagsfeier und Totenkult. Zur Religiosität des Kindes Nietzsche, in: *Nietzscheforschung*, Bd 2, Berlin 1997, 21-34.

3 Der „*dunkle* Gott" findet sich in der frühen Studie zum Chorlied des *Ödipus Rex* (BAW 2, 395); vgl. hier CXII 2 a.

Sophokles werde auch das Thema des „unverschuldeten Leidens" zentral (II/ 5, 107); bei ihm „fällt der Sterbliche" durch göttliche Fügung „in Unheil", das freilich nicht Strafe sei; vielmehr solle der Mensch dadurch zu einer „heiligen Person" heranreifen (II/ 3, 10). Da „der Abstand zwischen dem Menschlichen und Göttlichen unermeßlich" sei, gezieme sich die „tiefste Ergebung", eine fromme „Resignation" als Wissen des Menschen um jene „unendliche Kluft". Das auferlegte *Leiden*, als der Ursprung der Tragödie, wird dabei, gleichsam teleologisch, „aufgefaßt als etwas Heiligendes" (KGW II/3, 40; 414ff nota). Daß die antike Tragödie an einem unversöhnten Widerspruch leide, in ihr die Antinomie von Leidensschicksal und Schuld unaufgelöst bleibe und in der Schicksalsidee der griechischen Klassiker ein neidisch auflauerndes, also nicht aus menschlichem Handeln stringent sich entwickelndes Schicksal herrsche, hält Nietzsche für ästhetisch inadäquate Einwürfe, worin der *originale* Sinn des Dichters „umgedacht" sei. Die moderne Forderung nach einem „Gleichgewicht" von Schicksal und Charakter, Strafe und Schuld für die *tragische Katharsis* weist er zurück; ebenso wie die Deutung, Sophokles habe das Unglück als Bestrafung für den menschlichen „Frevelmuth" zeigen wollen, was die Annahme nötig mache, daß bei Ödipus eine der Wucht des Verhängnisses über ihm entsprechende Schuld, und zwar die aller schlimmste: ein durch *Hybris* „gottentfremdetes Gemüth", zu suchen sei (KGW II/ 3, 7f; II/ 5, 111f). Auf die Theodizeefrage, so Nietzsche, finde die antike Tragödie keine Antwort; denn sie zeige ein „trauriges Bild" von einer beklagenswerten Ungerechtigkeit im Walten neidischer, rachsüchtiger Götter, gerade wenn ein Mensch „das Beste" erstrebe (II/ 5: 109, 116). Im „ergreifenden Schicksal der Niobe", die ihre Kinder vor ihren Augen sterben sehen muß, erblickt er, wie es nachdrücklich heißt, „das schreckliche Gegeneinander der zwei Mächte, die nie mit einander kämpfen dürfen", nämlich „von Mensch und Gott" (KSA 1, 787).

Als positive Theodizee würdigt Nietzsche Platons energische Ethisierung Gottes im *Timaios*. Hier ist es der Demiurg, der das ursprüngliche Chaos „nach seinem Bilde zum Guten umschuf": „Der Schöpfer war gut: also ohne Mißgunst: also wollte er das Geschaffene sich möglichst ähnlich machen." Die menschliche Seele ist „Werk des höchsten Gottes ... An dem Willen Gottes als des Guten hat sie ein festeres Band als in ihrer Natur" und hört deshalb nie auf zu existieren. Der wahre Philosoph, so wird Platons Lehre referiert (*Politeia* X 613), bestimmt sein Leben nach der Idee des Guten, sucht „möglichste Verähnlichung mit Gott", wird „ein Freund der Gottheit, die ihn nie verlassen wird, sondern ihm alles Gute verleiht, Armuth Krankheit und was sonst als Uebel gilt, in diesem oder dem andern Leben zu seinem Besten wendet"; „jenseitige Vergeltung", ein Hineinragen der transzendenten in die immanente Welt, sei in Platons Mythen sichtbar (KGW II/ 4, 72f; 183). – Solche Erwägungen scheinen

Nietzsche, als seien sie von bloß ideengeschichtlichem Range, später aus dem Blick zu geraten, wie seine Schriften der Jahre 1872-1888 vordergründig nahelegen; daß er hintergründig fortwährend einen intellektuellen Kampf zwischen Theismus und Antitheismus austrägt, soll die nähere Untersuchung der Texte zeigen.

Im Jahre 1875 notiert Nietzsche Stichworte zur *Religion*, die seinen Abschied von ihr anzeigen: „Gott ganz überflüssig"; „Der Untergang der Menschheit: nichts Ewiges"; „Verächtlichkeit aller Motive"; „Entweder unter Illusionen allein leben: oder in der schwierigen Weise, ohne Hoffnung, ohne Täuschung, ohne Vorsehungen, ohne Erlösungen und Unsterblichkeiten"; „Ziellosigkeit" drohe (KSA 8, 88). In einer Experimentalphilosophie entwirft er in seinen freigeistigen Werken: *Menschliches Allzumenschliches* (1878-1880), *Morgenröte* (1881), *Die fröhliche Wissenschaft* (1882) eine Art von *Chemie* der ethisch-religiösen Ideale der Menschheit.[4] In einem großen Gedankenexperiment, ohne Anspruch auf letztgültige Erkenntnis, prüft er die abendländische Geistmetaphysik, z.B. das ‚Wunder' übernatürlicher oder transzendenter Ursachen, ob nicht, anstelle ihrer, „die herrlichsten Farben" auch der Menschenseele in Güte, Liebe, Mitleid, Wahrheitssuche, als Aggregate aus ganz anderen, niederen Stoffen, z.B. aus Egoismen der Selbsterhaltung, gemischt sein könnten (MA 1). Die vorausgeschickte, methodisch klar begründete Idee eines rein experimentellen, seines bloßen *Hypothesen-Charakters* inne bleibenden Denkens hält er nur teilweise durch, indem er hypothetisch gültige Sätze in Gestalt von Fragen vorstellt, den Wahrheitswert der Prämisse offen lassend. Die ironische Frage des freien Geistes, die an Laplace erinnert: „Welcher Denkende hat aber die Hypothese eines Gottes noch nötig?" (MA 28) trifft an dieser Stelle noch kein verneinendes Existenzurteil, welches die rhetorische *Frage* in den atheistischen Lehrsatz umfälschte, kein Denkender bedürfe einer Gotteshypothese.

Nietzsches *radikale Aufklärung* knüpft an die Freidenker-Tradition (freethinker, libres penseurs) an.[5] Sie richtet sich gegen alles, was ehemals, auch ihm selbst, als heilig, ewig, übermenschlich gegolten hat. Resultat ist, es

---

4 Nietzsche bezeichnet sein labyrinthisches Denken als „Experimental-Philosophie" (KSA 13, 492). Vgl. Volker Gerhardt: ‚Experimental-Philosophie'. Versuch einer Rekonstruktion, in ders.: *Pathos und Distanz. Studien zur Philosophie Friedrich Nietzsches*, Stuttgart 1988, 163-187; Friedrich Kaulbach: *Nietzsches Idee einer Experimentalphilosophie*, Köln / Wien 1980.

5 Anthony Collins definiert das *freie Denken* als den uneingeschränkten Gebrauch des Verstandes, der „den Sinn jedes beliebigen Satzes" herauszufinden bestrebt ist, und zwar in „Betrachtung der Art der Beweise für oder gegen ihn" und durch ein „Urteil über ihn gemäß der anscheinenden Stärke oder Schwäche der Beweise". D.h. *freies Denken* ist ein solches, das sich allein durch die Evidenz der Sache und nicht durch irgendeine Autorität bestimmen läßt. Vgl. A. Collins: *A discourse of free-thinking*, London 1713, engl./dt. hrsg. von Günter Gawlick, 1965; vgl. ders.: Artikel *Freidenker* in *Historisches Wörterbuch der Philosophie*, Bd 2, 1062f.

gäbe nichts, das als unverbrüchlich gültig beweisbar oder annehmbar wäre, so auch nicht Jesus als Gottessohn und das zum Heil in Christo Berufensein des Menschen. *Menschliches, Allzumenschliches* entfaltet eine große Zweifelsbewegung, mit dem Ziel, Annahmen der theistischen Metaphysik und Schöpfungslehre als brüchig zu erweisen. Jedem skeptischen Gedanken will er erlauben, freimütig zu Ende gedacht zu werden. Und er hält sich, nicht Kant, das Vollenden der Aufklärung als Revolutionierung des Denkens zugute, das in Deutschland in einem träumerischen Zeitalter romantischer Restauration noch lange idealistischer Spekulation nachgehangen habe. – In der Tat stellte eine Begründungstheorie für die metaphysisch-christliche Weltsicht zum letzten Mal die klassische deutsche Philosophie des Idealismus von Kant bis Hegel auf; diese gewann, auf neu errichtetem Fundament, noch einmal jenes christlich-metaphysische Denken zurück, das Gott und Seele umfaßt, – vor Ausbruch zunehmender Wissenschaftsempirie im neunzehnten Jahrhundert, die sich vom metaphysischen und christlichen Denken abwandte.

1) Leidenschaftliche Antitheodizee

Die *Theodizeefrage* ist für Kant wegen der Erkenntnisrestriktion auf intellektueller Ebene unlösbar. So ist nicht verwunderlich, daß Nietzsche an ihr scheitern mußte, wiewohl auf höchstem Niveau. Durch Dezision ersetzt er Argumente, die im Versuch eines Zu-Ende-Denkens sich in das von Leibniz als unvermeidlich charakterisierte *Labyrinth* göttlicher und menschlicher Freiheit verlieren. Aus der negativen Beantwortung der *Theodizee* folgt für Nietzsche die These vom ‚Tode' Gottes. Etwas, das alles Denken und Fühlen von innen her untergräbt,[6] scheint die Prämisse zu sein für Nietzsches negative Beantwortung der *Theodizee*frage, also die Entscheidung zuungunsten Gottes, derart, daß er entweder, angesichts schlimmer Übel, nicht existieren dürfe, oder, wenn er doch da wäre, kein Gott der Weisheit, Güte und Gerechtigkeit sein könne. In einer Aufzeichnung aus dem Jahre 1878 heißt es: Der Ursprung einer auf Betrug und Verstellung aufgebauten Welt könne „nicht in einem moralischen Wesen" zu suchen sein, sondern eher in einem „Künstler-Schöpfer", der

---

6 Schon der Knabe bekundet sich hochgradig *Theodizee*-sensibel; so läßt er in einem Gewitter-Gedicht die in Seenot geratenen Ertrinkenden verzweifelt schreien: „O Himmel, halt ein, uns schrecklich zu sein! Erbarmen! Erbarmen!" (BAW 1, 406) In einem Lebenslauf von 1858 spricht er mit Hinblick auf den Schmerz um seines Vaters Erkrankung und Tod von „Schlägen des Himmels" (BAW 1, 4). In seine *altphilologische* Schulaufgabe zu Sophokles' *Oedipus Rex* läßt der Abiturient unvermittelt ein Wort aus *Hiobs* Klagelied einfließen (BAW 2, 394f).

sich ein *Schauspiel* schuf; einem solchen Wesen aber gebühre „durchaus keine Verehrung im Sinne der christlichen (welche den Gott der Güte und Liebe aufstellt)" (KSA 8, 533). Die vage Idee von einem Gott „jenseits von gut und böse" notiert er 1882; christliche Tradition sprengend könnte ein solcher nur Ergebnis einer „Selbstzersetzung Gottes" sein (KSA 10, 105). Im späteren Vorwort zur *Geburt der Tragödie* fällt im Horizont ästhetischer Weltrechtfertigung, mit Anspielung auf Heraklit, das Wort vom einzig noch stimmig denkbaren Gott, dem „unmoralischen Künstler-Gott", der, unbedenklich „im Bauen wie im Zerstören", gleichsam sich selbst von der Not seiner Überfülle, „vom *Leiden* der in ihm zusammengedrängten Gegensätze" erlöse (KSA 1, 17). Schon der Knabe notiert die kryptische Idee von einem in moralischer Hinsicht Übergegensätzlichen, daß „Gott nicht gut nicht böse" sei, sondern „erhaben über menschliche Begriffe" (BAW 1, 48).[7]

Skeptisch gegen jede *Theodizee* bejaht der frühe Nietzsche immerhin eine *Kosmodizee*, wie er sie in der Antike erblickt. Die zu steile *Theodizee*, die, im Sinne von Leibniz, nachweisen müßte, diese Welt sei „die allerbeste", ersetzt er durch eine „Kosmodizee", in Aufnahme von Heraklits ‚Spiel des Aeon' und dessen Ahnen einer „ewigen Gerechtigkeit"; für den alles überschauenden „Gott" laufe alles Widerstreitende in Harmonie zusammen (KSA 1: 830f, 825). – In Nietzsches Argwohn gehört – vor dem Hintergrund des Darwinismus – zum Schöpferischen ein destruktives Moment als dessen finstere Kehrseite. „Diese meine dionysische Welt", so heißt es im späteren Nachlaß ebenso emphatisch wie schroff, nun ohne Versöhnungsidee z.B. durch den heraklitschen Logos, ist eine Welt des „Ewig-sich-selber-Schaffens, des Ewig-sich-selber-Zerstörens, diese Geheimniß-Welt der doppelten Wollüste", von Zeugung und Tod (KSA 11, 610f). Der *Tod* sei Bedingung für einen „wirklichen progressus": die Masse der Menschen einer stärkeren *Spezies* Mensch zu opfern, „das *wäre* ein Fortschritt" (GM II 12), so sein eigenes immoralistisches biopolitisches Programm. Eine unheimliche, den „freien Tod, ... weil *ich* will", ja den Tod als ‚Fest' glorifizierende (KSA 4, 93ff) *Synopse* vollzieht er: Heraklits außermoralisch spielendes Weltenkind, Darwins Physiologie der Lebenssteigerung durch einen Jahrmillionen währenden Wechsel von Geburt und Tod und eine Facette in Friedrich Schlegels Ironiebegriff: auf Selbstschöpfung müsse Selbstvernichtung folgen,[8]

---

7 Zu Nietzsches Herausbildung einer negativen Theodizee s. Ulrich Willers: Das Theodizeeproblem – christlich-allzuchristlich?, in ders. (Hrsg.): *Theodizee im Zeichen des Dionysos. Nietzsches Fragen jenseits von Moral und Religion*, Münster 2003, 211-238.

8 Ernst Behler erblickt in Friedrich Schlegels Alternieren zwischen Bejahen und Verneinen eine artistische Umbildung von Fichtes Reflexionsmethode in der frühen *Wissenschaftslehre*: Nietzsche und die frühromantische Schule, in: *Nietzsche-Studien*, Bd 7 (1978), 59-87.

tönen hier als untergründig hintersinnig miteinander verwobene Gedankenmotive durch.

Der Aphorismus *Das Streben nach Auszeichnung* (M 113) hat in kreativer Ausmalung Gottesbilder im Visier; Gott, wenn es ihn gibt, scheint entweder als unbeteiligter *Ironiker* über dem *theatrum mundi* zu thronen, grausam dirigierend, oder aber in Selbstzerfleischung darin versunken zu sein. Untersucht werden versteckte Äußerungen des ‚Willens zur Macht' als „verruchte Verfeinerungen des Selbstgenusses", in raffinierten Formen der „Überwältigung des Nächsten" und seiner selbst. Sadismus und Masochismus werden in freiem Gedankenspiel auf ‚Gott' projiziert. So könne etwa ein indischer Träumer, pantheistisch angehaucht, die Weltschöpfung als „asketische Prozedur" sich vorstellen, die „ein Gott mit sich vornimmt", der in die gesamte bewegte Natur sich „wie in ein Marterwerkzeug bannen wollte"; oder, in einem andern Modell, „gesetzt, es wäre gar ein Gott der Liebe", „welcher Genuß für einen solchen, *leidende* Menschen" zu erschaffen, um an ihrem Anblick „recht göttlich und übermenschlich zu leiden". Christi Kondeszendenz (*Philipper* 2) wird entlarvungspsychologisch umgedeutet zur „Grundstimmung des ... mitleidenden Gottes", der, wie sein Ebenbild, oder, in der Fundierungslogik der Gottesidee mit Feuerbach: wie sein Urbild, auch noch sein eigenes Mitleiden zu genießen wüßte. Als Kehrseite solcher *masochistischen* Freuden imaginiert Nietzsche ein *sadistisches* göttlich-grausames Sichweiden an fremder Qual, den ‚Henker-Gott' der Dionysos-Dithramben präfigurierend: Wäre ein solcher *Gott der Liebe* „auch ein Gott der Heiligkeit und Sündlosigkeit", so könnte er, durch ein sich selbst Leiden Auferlegen, zugleich „Wollüste der Macht" sich verschaffen, indem er, durch *Verdammnis* ungehorsamer, ihrer Sünde verfallner Menschen, eine „ungeheure Stätte ewiger Qual" unter seinem Thron errichtete (M 113).

Im Aphorismus *Zwecke? Willen?* (M 130) bestreitet Nietzsche das teleologische Weltprinzip der Zweckmäßigkeit, also das Leibniz-Kantische „Reich der *Zwecke*" unter göttlicher Regentschaft, dem das *mechanistisch* deutbare *sinnlich* wahrnehmbare *Reich* als sichtbare Natur untergeordnet sei. Die zwei Fragezeichen im Titel des Aphorismus weisen hin auf das freigeistige Programm von Antithesen, deren Auflösung, anders als in Kants *Kritik der reinen Vernunft*, in der Schwebe bleibt. Die bis Platon und Aristoteles zurückreichende Sphärengliederung des All in Mechanismus und Teleologie wird von Nietzsche im Gedankenexperiment auf „*ein* Reich", das des Mechanismus, reduziert; – ‚vielleicht' gebe es weder Willen noch Zwecke, also keinen kreativen Geist als Grund materieller Gestalten; so erweitert und vertieft er die naturphilosophische Fragestellung zur religionsphilosophischen. Im Reich bloßer *Zufälle* gehe „es sinnlos zu"; und das „mächtige Reich der großen kosmischen Dummheit" flöße uns Furcht ein, da wir es zumeist dadurch kennenlernen, daß es in unsere persönliche „andre Welt", die der Zwecke und Willensabsichten, auf tödliche Weise einbricht, so der schwarze Kommentar, „wie ein Ziegelstein vom Dache und irgend einen schönen Zweck totschlägt". Daß es um die Theodizee geht, zeigt die sarkastische Frage, ob jener Stein von der „,göttlichen Liebe' herabgeworfen" werde? – Den „Glauben an die zwei Reiche", also an eine von der sinnlichen Welt unterscheidbare unsichtbare Welt ‚über' der empirischen, nennt Nietzsche eine „uralte Romantik und Fabel" (!), – anspielend auf die in D. F. Strauß' Evangelienkritik versunkene ‚wahre Welt'. Vor dem Hintergrund tödlicher Absurdität des Schicksals rühmt er einen kulturübergreifenden „heimlichen Trotz gegen die Götter", so bei den alten Griechen, die das Reich des „Unberechenbaren", das sie *Moira* nannten, als ‚Horizont' um ihre Götter stellen, über den diese weder „hinauswirken, noch –sehen können", oder bei Indern und Persern, die sich ihre Götter als „abhängig vom *Opfer* der Sterblichen" vorgestellt haben, sie zwar anbeten, aber einen „letzten Trumpf gegen sie" in der Hand behalten wollen, etwa sie verhungern lassen zu können; die Skandinavier hätten sich gar, so Nietzsches Deutung, mit der Vorstellung von einer „Götter-Dämmerung", einen süßen Genuß der *Rache* verschafft als Ausgleich für ihre andauernd erlittene Furcht, welche ihre „bösen Götter" in ihnen erregten.

In einem Spielraum, der unendliche Zeit währt, mögen, so Nietzsche, Würfe vorkommen, die ihrem Anscheine nach einer „Zweckmäßigkeit und Vernünftigkeit jedes Grades ähnlich sehen" (M 130). Er beharrt auf seiner überwiegenden Skepsis gegen die Annahme, es existiere ein guter allmächtiger Gott, der auf ‚wunderbaren Wegen', die für unseren Verstand unverständlich sind, – spöttisch Kants Erkenntnisbegrenzung erinnernd, – „zuletzt doch alles ‚herrlich hinausführe'" (vgl. *Römer* 8, 28). Diese „Fabel vom lieben Gott", dessen geheime Zwecke wir nicht zu erraten vermögen, sei eine derart „kühne Umkehrung" und ein so „gewagtes Paradoxum" im Vergleich mit der auf tragische Art unabweislichen Erfahrung blinder *Moira*, daß die fein gewordene antike Welt, – so erklärt er den Erfolg frühchristlicher Mission, – dem verlockenden Christenglauben an den *verborgen* weise waltenden Gott, der dennoch Liebe sei, nicht zu widerstehen vermochte (M 130).

Zentrales Problem ist die *Moira*. Nietzsche neigt zur fatalen Mutmaßung, die Antike habe Gott als die finstere Moira gerade nicht verkannt. Seine religionsphilosophische Schlüsselfrage lautet nicht primär, ob Gott existiere, sondern ob, wenn es ihn denn gäbe, er wohl als ein dunkler und grausamer Seinsgrund gedacht werden müsse. Denn die erwähnten ‚wunderbaren Wege' werden ironisch unterströmt von dem anderen Prädikat der *krummen* Wege, die bei Nietzsche, wie öfter, nicht im Kontext des u.U. guten, wiewohl ohnmächtigen Gottes stehen, sondern, wie das hier (in M 130) besiegelt wird, in dem des bösen Tyrannen: Statt prometheisch freigeistigen, offenen oder „heimlichen Trotzes" habe das (katholische?) Christentum, so wird moniert, die Menschen geheißen, sie sollten „den *Geist der Macht* im Staube anbeten und den Staub noch küssen", also, ihrem eigenen Fühlen zuwider und sklavisch sich einem *sacrificium intellectus* unterziehend, daran glauben,[9] Gottes gute *Agape* stehe über oder walte hinter der allem Anschein nach üblen *Moira*.

Die spätmittelalterliche und cartesianische Vorstellung vom Willkürgott wird von Zarathustra radikalisiert, indem er ihn als einen solchen suggeriert, der frei sei von Gerechtigkeit, Güte und Weisheit: „Gott ist ein Gedanke, der macht alles Gerade krumm" (KSA 4, 110). Auf diese Art polemisiert er gegen die innere Stimmigkeit der christlichen Gottesidee durch Insistieren auf der Unvereinbarkeit der im christlichen Gott gedachten Gottesprädikate. Als Paukenwirbel tönt das späte Wort vom „Widersinn im *Gottes*begriff: wir leugnen ‚Gott' in Gott" (KSA 13, 210; AC 47).

Nietzsches antitheistische Sicht findet sich, ironisch verfremdet, als widerethischer Verdacht, in einer Reflexion auf das ‚*Ideal der Moralisten*': Im Hochhalten seines anspruchsvollen „*göttliche(n)* Ideal(s)" geschieht es, daß der Moralist, indem er eigne Schliche verbergen will, „kein geringeres Vorbild nachahmt, als Gott selbst: Gott, diesen größten Immoralisten der Tat, den es gibt", der in gelungner Verstellung zu bleiben versteht, als was er scheinen will: „der gute Gott"! (KTA 78, 214f). In jenem Ideal sieht Nietzsche als unhaltbare Prämisse Descartes' treuherzigen Glauben der *Meditationes* an Gottes Wahrhaftigkeit fortwirken, also daran, daß es „im Grunde der Dinge" (KSA 12, 133) moralisch, gerecht oder vernünftig zugehe, so wie auch Leibniz eine prästabilierte Harmonie, Fichte die sittliche Weltordnung oder Hegel die Vernünftigkeit des Wirklichen und Wirklichkeit des Vernünftigen angenommen haben. Aus der uns bekannten Welt, so Nietzsches negative Theodizee, sei „der humanitäre Gott nicht *nachzuweisen*" bzw., so die vorsichtigere Variante, er sei von *uns* nicht nachweisbar. Aber, so argumentiert er, an dieser empfindlichen Stelle die Kantische Erkenntnisbegrenzung vergessend, „ihr Alle *fürchtet* den Schluß: ,aus der uns bekannten Welt würde ein ganz anderer Gott *nachweisbar* sein, ein solcher, der zum Mindesten *nicht* humanitär ist'". Deshalb, so der schwarzhumoristische Kommentar, haltet ihr „euren Gott fest und erfindet für ihn eine Welt, die *uns nicht bekannt* ist" (KSA 12, 141). Gottes *Feind-* oder aber

---

9 Ein abgründiges *Postulat für Gottes Dasein* stellt er auf, als sei es Beweis gegen Gottes Güte, wohl wissend, dies entbehre jeglicher Beweiskraft: „Es *müßte* ein Wesen geben, welches ein sich selbst verachtendes Geschöpf, wie ich es bin, am Entstehen *verhindert* hätte. Sich als Gegenargument gegen Gott *fühlen* –"! (KSA 12, 123)

Freundsein gegenüber Menschen, beide Optionen bleiben ohne Beweiskraft in der Schwebe.

Ein Erkenntniswert sei wissenschaftlichen Überzeugungen nur zuzugestehen, wenn sie, – so postuliert Nietzsche in erkenntnistheoretisch klarer Vorsicht, – herabsteigen zur „Bescheidenheit einer Hypothese, eines vorläufigen Versuchstandpunktes", ja zu einer „regulativen Fiktion" (FW 344). Hinsichtlich möglicher wahrer Erkenntnis mahnt er deutlich zu Zurückhaltung: „Wie ist ... Bewußtheit möglich? Ich bin fern davon, auf solche Fragen Antworten ... auszudenken" (KSA 11, 356). Maxime sollte sein: „eine Hypothese lieben und die entgegen gesetzte mit allen Kräften beweisen", – dies sei ständig nötige Übung, – eine Devise, der er im Spätwerk untreu wird durch sein immer krasser werdendes Behaupten ohne Antithesen. Freilich solle in solcher Bosheit des Sich-Widersprechens und Sich-selbst-Widerstreitens „keine Begeisterung" liegen (KSA 14, 225). Wo aber soll die Grenze liegen im kühnen stets Sichwidersprechen[10] und sokratisch-salomonisch Sichentwöhnen von allen eigenen Lieblingsvorstellungen? Hat Nietzsche in seiner heroischen Selbstbezwingung und im Verzichttun auf jede schöne metaphysische Wahrheit die Grenze zur masochistischen Selbstquälerei überschritten? Vielleicht in der folgenden Selbstüberredung, es sei Anzeichen für Stärke und für eine hohe Zivilisation, „Lust am Zufall" derart zu gewinnen, daß der Mensch keiner ‚Rechtfertigung des Übels' mehr bedürfe, es vielmehr „als *sinnloses Übel*" genieße. „Hat er früher einen Gott nötig gehabt, so entzückt ihn jetzt eine Welt-Ordnung, in der der Zufall und das Furchtbare ... essentiell ist." „Die Animalität erregt dann nicht Grausen ... Der Mensch ist stark genug dazu, um sich eines *Glaubens* an Gott schämen zu dürfen." Dieser „Pessimismus der *Stärke* endet mit einer *Theodicee*", Theodizee im verfremdeten, umgewerteten Sinn als Bejahen des Häßlichen: „d.h. mit einem absoluten Ja-sagen zu der Welt, um der Gründe willen, auf die hin man zu ihr nein gesagt hat: und dergestalt zur Conception dieser Welt als *eines erreichten höchsten Ideals* ..." (KSA 14, 744f). In *Ecce Homo* nennt er die ganze Geschichte der Menschheit und Genese der Natur, – so als sei diese ethisch ausgerichtete Antitheodizee konkret wissenschaftlich beweisbar und, als sei er daher befugt zu fordern, daß Gott (als ‚Teufel'!) nicht sei,- eine „Experimental-Widerlegung" der Annahme einer sittlichen Weltordnung (KSA 6, 367).

Nietzsches ästhetische Weltansicht zielt ab auf eine „Rechtfertigung" des Lebens auch noch in seinem „Furchtbarsten, Zweideutigsten, Lügenhaftesten",

---

10 Hierzu dürfte die strenge Selbstaufforderung gehören, es gelte zu begreifen, auszuhalten und anzuerkennen, daß wir „*nicht* das Resultat einer ewigen Absicht", aber auch kein „Fehlgriff Gottes" seien (KTA 78, 511).

im Kontrast zu der platonischen Sicht, das ewig Seiende sei „gut, selig, wahr, eins" (KSA 12, 354f). „Darin, daß die Welt ein göttliches Spiel sei und jenseits von Gut und Böse – habe ich", so erklärt er, „die Vedantaphilosophie und Heraklit zum Vorgänger." Denn das „Teufelische", der Wille zur Grausamkeit, „gehört wie das Göttliche *zum* Lebendigen und seiner *Existenz*" (KSA 11: 201, 227). Moralkritik, wonach das Unegoistische nicht möglich sei und zwischen *gut* und *böse* kein qualitativer Gegensatz bestehe; negative Theodizee, wonach „Gott widerlegt" sei, „weil alles Geschehen" weder gütig noch klug (noch gerecht) sei (KSA 11, 92); und die grausame Beschaffenheit von Entstehungsbedingungen des Lebendigen bilden für Nietzsche einen großen und hochkomplexen Problemzusammenhang.

„Die **Widerlegung** Gottes, eigentlich ist nur der moralische Gott widerlegt". Oder „Populär ausgedrückt: Gott ist widerlegt, aber der Teufel nicht" (KSA 11, 624f; vgl. JGB 37). In diesem markanten Eintrag von 1885 verdichtet sich die Gottesfrage zur *Theodizeefrage*. Nicht ‚widerlegt' ist also der Gedanke Gottes in seiner außermoralischen oder transzendenten Göttlichkeit. Nicht Feuerbachs Projektionsverdacht ist zentral für Nietzsches Atheismus, sondern, – und wiederum zeigt sich hier die Verwobenheit von intellektuellem und existentiellem Atheismus, – die Nicht-Unterscheidbarkeit von Gott und Teufel. Die kryptische Notiz: „*Wie der Teufel zu Gott wird.*" (KSA 10, 26f) – *et vice versa* – wird in *Ecce Homo* ironisch fortgesetzt als die Metamorphose eines so sehr gerühmten Gottes der Güte, der in seiner Schöpfung „Alles zu schön gemacht" hatte, in des Teufels ‚Schlangen'-Gestalt (KSA 6, 351). Solche freigeistig gedachte Verwechselbarkeit von *Deus absconditus* und ‚Teufel',[11] – sie ist für Luther schwerste Glaubensanfechtung,[12] – ist für Nietzsche permanente Denkaufgabe. Zum

---

11 Wolfgang Müller-Lauter (*Über Werden und Wille zur Macht. Nietzsche-Interpretationen Bd I: Über Freiheit und Chaos*, Berlin/ New York 1999, 264f) weist darauf hin, daß ‚der Teufel' bei Nietzsche „herumgeistert" und auf Hintergründiges hindeute. In der vorgelegten Studie ist es die ungelöst den Denker umtreibende Theodizeefrage.

12 In *De servo arbitrio* erklärt Luther, folge man dem Urteil menschlicher Vernunft über Gottes Leitung dieser Welt, so sei „man gezwungen ... zu sagen, entweder daß kein Gott ist, oder, daß er ungerecht ist". Ist „es nicht nach dem Urteil aller sehr ungerecht, daß die Bösen mit Glücksgütern gesegnet sind und die Guten schwer heimgesucht werden? ... Hier sind auch die höchsten Geister darauf verfallen zu verneinen, daß Gott sei ... Die Propheten aber, welche geglaubt haben, daß Gott sei, sind ... hinsichtlich der Ungerechtigkeit Gottes versucht worden". Erst im „Licht des Evangeliums" ist die Frage lösbar, werden Gott und Teufel klar unterscheidbar (WA 18, 784f). Gott behüte uns „vor den hohen tentationibus ... do man nicht weiß, ob Gott Teuffel oder der Teuffel Gott ist" (WA TR 5, 600). Thomas Reinhuber: *Kämpfender Glaube. Studien zu Luthers Bekenntnis am Ende von De servo arbitrio*, Berlin 2000, 58f; Paul Althaus: *Die Theologie Martin Luthers*, 7. Aufl. Gütersloh 1994, 144-150.

Leitmotiv: *„Der Wille zur Wahrheit"* fragt er die *Agnostiker*, als „die Verehrer des Unbekannten und Geheimnißvollen an sich", – sonach nicht theologische Skeptiker, sondern die Vertreter einer negativen Theologie, – ob ihr verborgener Gott der Anbetung wert sei, denn „warum könnte das Unbekannte nicht der Teufel sein?" (KSA 12, 254) Schon der frühe Nietzsche erinnert an die biblische Sicht, der ‚Teufel' sei „Regent", ja „Gott" dieser Welt (Joh 12, 31; 2Kor 4, 4), in allen Mächten die eigentliche Macht; und es seien gerade die „wahrhaftigsten" Christen, die weltlichen Erfolg und historische Macht in Frage gestellt haben (KSA 1, 321).

2) Methodischer Atheismus des forschenden Intellekts

Philosophische Argumente waren es nicht, die Nietzsches *Atheismus* konfiguriert haben, sondern Forschungsumbrüche in Einzelwissenschaften, und zwar in der Theologie: David F. Strauß durch Enthistorisierung des Lebens Jesu und Entmythologisierung der Göttlichkeit Christi, und in der Biologie Charles Darwin durch seine Erklärung der Artenvielfalt, den Menschen eingeschlossen, durch ein in langen Zeiträumen sich auswirkendes Zufallsprinzip allmählicher Höherentwicklung. Mit beiden Autoren bzw. ihren Schlüsseltheoremen hat Nietzsche sich, sehr oft implizit, zuweilen explizit auseinandergesetzt, ihre Forschungserträge für seine Philosophie fruchtbar gemacht, z.B. in der These, der Mensch verliere im Absturz von der *Geist-* zur *Tierseele* seinen Wert als *Imago Dei*.

In *Jenseits von Gut und Böse* taucht die kritische Bibelphilologie, deren Speerspitze D. F. Strauß bildet, seine Destruktion historischer Zuverlässigkeit der Evangelien, als eine der Hauptursachen auf „für den Niedergang des europäischen Theismus": „Warum heute Atheismus?", so heißt die simple Frage, die so beantwortet wird: Der ‚Vater' in Gott sei ebenso wie der Richter, Belohner, oder Erhörer von Gebeten „widerlegt"; „das Schlimmste" aber: „er scheint unfähig, sich deutlich mitzuteilen"! (JGB 53)[13] Das monierte Nicht-Vater-Sein Gottes deutet hin auf Nietzsches Anti-Theodizee, die angeprangerte ‚undeutliche' Selbstmitteilung Gottes an Menschen auf seine von Strauß befeuerte Offenbarungskritik, wonach die *Bibel* als Quelle göttlicher Wahrheit versiegt sei. (Vgl. dazu hier CXI 3b.)

---

13 Konstruktiv kritisch zur suggerierten bibelhistorischen Widerlegung christlichen Glaubens s. Jörg Salaquarda: Nietzsches Kritik des Christentums, in: U. Willers (Hg.): *Theodizee im Zeichen des Dionysos*, Münster 2003, 114f.

Die Gottesfrage ist für Nietzsche verknüpft mit naturphilosophischen Fragen. Sein Denkweg verrät, daß Friedrich A. Langes Verabschieden der Teleologie der Natur in seiner *Geschichte des Materialismus*, das für ihn hohe Evidenz gewann, sein späteres Grabesglockengeläut auf Gottes ‚Tod' wesentlich mit angestoßen hat. Die Natur folge, wie der 22-jährige Nietzsche im Anschluß an seine intensive Lektüre von Langes Werk lakonisch eindrücklich notiert,[14] einer „sinnlose(n) Methode" (BAW 3, 374) zufälliger Auswahl, die nichts von göttlicher Güte und Weisheit verrät. Hier findet sich embryonal Nietzsches Antitheodizee und seine Nihilismusprognose angedeutet. Durch seinen neuen darwinianischen Blick in die Grausamkeit der Natur, die höheres Leben nur durch millionenfaches *Sterben* des Untauglichen erwirken kann, wird der vormals als ein weiser und guter geglaubte Schöpfergott dämonisiert, insofern er auf diese Weise Arten zustandebringt.

Nietzsche hatte in den Jahren 1867/68 Dissertations-Entwürfe zur *Teleologie seit Kant* skizziert. Darin problematisiert er die *antiteleologische*, „entsetzliche Consequenz des Darwinismus" (KSA 7, 461), der zufolge der Mensch im Kosmos nur sich selbst als Zufallsprodukt der Natur begegnet, das sich über Millionen Gräbern mißglückter Emporentwicklungsversuche oder Trümmerfeldern von mißratenen Individuen erhebt. „Die Ordnung in der Welt, das mühsamste ... Resultat entsetzlicher Evolutionen als Wesen der Welt begriffen – Heraklit" (KSA 7, 459f), – nun Darwin. Das Sichbewußtwerden darüber, als bloßer Zufall im All dazusein, entwirft Nietzsche in einer tief melancholischen Monologskizze zum ‚sterbenden' Oedipus, als „Reden des letzten Philosophen mit sich selbst", zu dem niemand mehr als er selbst noch rede, dessen eigene Stimme ihm als „Erinnerungshauch" alles verlornen Menschenglücks entgegenkomme, den schaudert wegen der „einsamsten Einsamkeit" und der sich sträubt „zu glauben, daß die Liebe todt sei" (KSA 7, 460f). In seinem ‚Ödipus' ist ein tragisches Menschen-, Welt-, Gottesbild manifest, in dem der Verlust zwischenmenschlicher Liebe als Folge des Verlusts der göttlichen Schöpferliebe empfunden wird.

Als Alternative im Horizont des Darwinismus stellt sich für Nietzsche die Frage, – die er rein experimentalphilosophisch formuliert, auslotet und in antithetischen Sätzen in der Schwebe hält, – ob die Welt, das Unbeseelte wie das Lebendige, als Zufallsgemisch von Urelementen, also als blindes Spiel des Werdens oder doch noch durch Teleologie erklärbar sei. „Es muß möglich sein die

---

14 Vgl. Jörg Salaquarda, Nietzsche und Lange, in: *Nietzsche-Studien* Bd 7 (1978), 236-260; George J. Stack: *Lange and Nietzsche*, Berlin/New York 1983; Edith Düsing: *Nietzsches Denkweg. Theologie – Darwinismus- Nihiliesmus*, 2. Aufl. München 2007, 57f, 208-221.

Welt nach Zwecken" *oder* „durch Zufall zu erklären" (KSA 10, 162) Seiner Vorliebe für Teleologie mißtrauend, argumentiert er für und wider das eine und andere Deutungsmodell. Ist naturalistisch ein anonymes Chaos *oder* theozentrisch Gott als letzter Seinsgrund anzunehmen? Ist das zweite auszuschließen, so ist die Seele Zufalls- oder Versuchsprodukt der Natur. Und ist diese nicht, mit Hegel, das Andere des Geistes oder dessen wohl geplantes, *teleologisch geordnetes Produkt*, sondern wie bei Demokrit ein ohne Vernunft oder Geist ‚Zusammengeschütteltes' (vgl. KSA 8, 106), so erhebe sich in des Menschen Seele die *Angst*, alles Seiende sei ohne Sinn und Ziel. Deshalb entwerfe der Mensch grandiose Selbsttäuschungen, um sein Dasein als von jeher beschlossen, gewollt und bejaht finden zu dürfen; am intensivsten, so Nietzsches Kritik, suche er in religiösen Illusionsgebäuden das ganze Elend seines Zufälligseins im Weltall zu verleugnen.

Nietzsches späte *Umwertung der Werte* sucht statt der Verneinung die dionysische Bejahung des Lebenswillens und fordert den Menschen heraus, die Nachfolge des toten Gottes anzutreten. Ist die Illusion des ewigen Selbst im heroischen Erkennen abgelegt, so wird der Zufall bejaht. Nach dem ‚Tode Gottes' avanciert er zur neuen Erklärungsinstanz für das Unerklärliche bzw., damit der Zufall als Weltschöpfer auszurufen sei und der *homo sapiens* in dessen Fußstapfen im freien Selbstexperiment die Gattung optimieren darf, muß Gottes ‚Tod' proklamiert werden. Gott ist der Eine, von dem man *will*, daß er *nicht* sei, so wie ‚Zarathustra' das hybride verkündet: „*Wenn* es Götter gäbe, wie hielte ich's aus, kein Gott zu sein! *Also* gibt es keine Götter"! (KSA 4, 110) –

War für Platon der *Kosmos* als Bild des Immerseienden göttlicher Schönheit, Weisheit und Güte teilhaftig, so zerfällt Platons Kosmos ebenso wie biblische Schöpfungslehre, insofern Nietzsche die ordnende göttliche Vernunft beseitigt. Sein *experimentelles* Denken führt er zu der skeptischen Urteilsenthaltung fort. „*Hüten wir uns!*" – so die Selbstaufforderung, – z.B. zu denken, das Weltall sei ein „lebendiges Wesen" (Platons ‚Weltseele'), oder eine ‚Maschine' (D. F. Strauß' *neuer Glaube*). „Die astrale Ordnung, in der wir leben", habe *zufällig* „die Ausnahme der Ausnahmen ermöglicht: die Bildung des Organischen. Der Gesamtcharakter der Welt ist dagegen in alle Ewigkeit Chaos"; „die verunglückten Würfe" überwiegen. „Hüten wir uns zu sagen, daß Tod dem Leben entgegen gesetzt sei. Das Leben ist nur eine Art des Toten, und eine sehr seltene Art." (FW 109) Gegen den Theismus nimmt er „ordnungsloses Chaos", eine „zwecklose Kausalität", die *Ananke* „ohne Zweckabsichten" an, die er in seiner Basler Zeit in Demokrits Lehre hervorhob. ‚Schöpfung' und ‚Kosmos' bezeichnen für ihn eine anthropomorphe, nur fingierte Welt, die den therapeutischen Zweck erfüllt, die ‚wahre' chaotisch-labyrinthische Realität zu verdecken. Erkenntnistheoretisch deutet die Chaosformel auf ein Nichtwissen hin; gleichwohl wird ein Wissen des Weltganzen als ohne Sinn, ohne Wert, als ‚unmenschlich' beansprucht. Dieses *Chaos*-Modell des Kosmos wird im späteren Aphorismus „*Unser Fragezeichen*" direkt mit dem *Atheismus* verknüpft: Wir „Gottlose oder Ungläubige", die sich aus ihrem Unglauben keinen neuen Glauben ‚zurechtmachen' wollen, „sind abgesotten in der Einsicht(!) und in ihr kalt und hart geworden", daß es in der Welt „nicht ... vernünftig, barmherzig oder gerecht" zugehe; wir „wissen(!) es, die Welt, in der wir leben, ist ungöttlich, unmoralisch" (FW 346). Hier taucht die Moira-Thematik der *Morgenröte* wieder auf; die *Anti-Theodizee* ist Grundmotiv. Die christliche Lehre, daß unser *Äon fallgestaltig* sei, wird ignoriert. Die bitterste Polemik gegen die Annahme eines allweisen Schöpfergottes ist eine Persiflage auf *Johannes* 1, 1, im Anfang stehe, statt des anbetungswürdigen Logos Christus, der *Unsinn* (VM 22).

Immer aber bleibt es fesselnd zu beobachten, wie oft Nietzsche den durch radikale intellektuelle Redlichkeit von ihm selbst destruierten *christlichen Theismus* in Erinnerung ruft, und zwar als etwas wehmütig Verlorenes. So spannt er in einer geschichtsphilosophischen Schau den weiten Bogen: Auf Hegels „gotische Himmelstürmerei" durch die Zentralstellung einer Vernunft, der die Wahrheit in ihrer ganzen, auf das Absolute, auf Gott hin, transparenten Totalität zugänglich ist, erfolgt als Gegenschlag ein „Sieg der antiteleologischen mechanistischen Denkweise als *regulativer Hypothese*" (KSA 11, 252f), so erklärt Nietzsche abgewogen und zielt auf den Sieg der Darwinisten. Die *Teleologie* „seit Kant" bzw. mit Kant bis zu Darwin zu ‚retten' gegen die Vorherrschaft des Mechanismus war sein Dissertationsprojekt. Den Prioritätsstreit führt Nietzsche fruchtbar fort: Die „mechanistische Welt-Erklärung" sei *nur* als „regulatives Princip der Methode voranzustellen: Nicht als die *bewiesenste* Weltbetrachtung", sondern die von der größten Strenge; er bestimmt sie als ein *Ideal*, mit „so wenig" Prämissen als möglich „möglichst viel zu erklären" (KSA 11: 438, 443). Gleichsam logisch denkökonomisch leuchtet ihm das Konzept der Evolution lebender Arten ein.

Bedenkt man, mit welchem Spott Nietzsche in „*Wissenschaft' als Vorurteil*" den Glauben „vieler materialistischer Naturforscher" geißelt, deren beanspruchte Wahrheit in „Naivität, Plumpheit" gründe, ja in einer Oberflächlichkeit, die an „Idiotismus" heranreiche (FW 373); so könnte man meinen, er liebäugele bloß experimentierend mit den antimetaphysischen „Antithesen" in Kants *Kritik der reinen Vernunft*, wonach die Welt keinen Anfang habe, dem Raume und der Zeit nach unendlich sei; es nirgendwo etwas Einfaches, Unzerstörbares, Ewiges gebe; überall keine Freiheit walten könne; weder in noch außer der Welt ein göttliches Wesen als ihre Ursache existiere. Prinzipiell nämlich durchaus im Einklang mit Kants Kritik der *Physiokratie* tituliert Nietzsche den Mechanismus als die „*sinnärmste*" aller Weltinterpretationen; denn eine bloß „mechanische Welt wäre eine essentiell *sinnlose* Welt!" (FW 373) Das forschungsmethodische Ja und in eins ethisch motivierte implizite Nein zum Mechanismus, vor allem in seiner Absolutsetzung als Weltansicht, die alles erklären können soll, bezeugt Nietzsches erstaunlichen gedanklichen Facettenreichtum.

Er fragt mit Demokrit-Anklang: Bedeutet „Leugnung der Zwecke Atomengewirr?" Mit ‚Atomenwirbel' assoziiert er „das Sinnlose" (KSA 7: 707, 662). Die Welt *ohne* jede moralische, religiöse oder ästhetische *Bedeutung* anzunehmen, wäre nichts als ein „Pessimismus des Zufalls"; die Kunst der Tragödie liefert dazu den „Spiegel der Unseligkeit des Daseins", zeigt uns sein „Schreckensgesicht" und versöhnt uns überdies mit ihm. Mit Sokrates beginnt der „nicht mehr künstlerische" „*Optimismus* ... mit Teleologie und dem Glauben an den guten Gott" (KSA 7: 144f, 555). Dem Gegensatz: *Pessimismus – Optimismus* ordnet Nietzsche den Gegensatz: *Zufall – Teleologie* zu, der das Seinsverständnis im Ganzen betrifft. Der teleologische Weltbegriff umfaßt für ihn den Theismus, der die *höchste* Platonische Idee des *Guten* mit dem persönlichen weisen Welturheber identifiziert. Der graecophile Philosoph Nietzsche nimmt „die tiefe Melancholie bei Pindar" wahr und deutet sie religiös: „Nur wenn ein Strahl von oben kommt, leuchtet das Menschenleben." (KSA 8, 106) Daher sei der populären Verehrung von mechanistischen Welterklärungsmodellen ersatzreligiöser Charakter beizumessen. Denn da gehe es um das Ganze, als dessen Teil der Einzelne sich fühle.

Ahnen lasse sich, wie dem jungen Goethe zu Mute gewesen sei, als er in „die triste atheistische Halbnacht des *Système de la nature* hineinblickte", die „todtenhaft", ohne *Frühling* sei, – so heißt es mit Bezug auf Holbachs gleichnamiges Buch,[15] – es mache schaudern (KSA 1, 200). Diese trübe Halbnacht des Geistes malt Nietzsche imaginativ in einem Naturbild aus, das verdeutlicht, wie der Verlust des teleologischen Weltbegriffs bedeutsame Facette ist in seinem Denkweg zum ‚Tode Gottes'. Die Weltsicht, die sich durch Darwin- und Strauß ergibt, wird hier in Bildern des Erschreckens, des Verwaistseins und der Todverfallenheit eingefangen. So heißt es unmittelbar vor einer Notiz zu „*Strauss als Bekenner*": „Ach wir Menschen dieser Zeit! Es liegt ein Wintertag auf uns und wir wohnen am hohen Gebirge, gefährlich und dürftig. Kurz ist jede Freude und bleich jeder Sonnenglanz, der an den Bergen zu uns herabblickt. Da

---

15   Ästhetisch und ethisch erschüttert ist der junge Nietzsche vom Urvater des modernen Atheismus; in zorniger Abwehr zitiert er in *Schopenhauer als Erzieher* Paul-Henri Thiry d'Holbach (1723-1789) samt Buchtitel (vgl. schon BAW 3, 393), zusammen mit Julien Offray de La Mettrie (1709-1751): *L'Homme machine* (BAW 3, 333), die beide als Vorläufer in die Vorgeschichte materialistischer Theorien des 19. und 20. Jahrhunderts gehören.

tönt Musik – es erschüttert den Wanderer dies zu hören: ... so hoffnungslos ist alles, was er sieht – und jetzt darin ein Ton der Freude, einer gedankenlosen lauten Freude. Aber schon schleichen die Nebel des frühen Abends, der Ton verklingt, der Schritt des Wanderers knirscht; grausam und todt ist das Gesicht der Natur am Abend, der immer so früh kommt und nicht weichen will." (KSA 7, 715).[16] Soweit dieser wache Gebirgswanderer nun „noch sehen kann, sieht er nichts als das öde und grausame Antlitz der Natur" (KSA 1, 367). Den Umschlag von der lange gültigen teleologischen Sicht in ihr gänzliches Gegenteil erklärt Nietzsche: „Und so ist der Glaube an die absolute Immoralität der Natur ... der psychologisch notwendige *Affekt*, wenn der Glaube an Gott und eine essentiell moralische Ordnung nicht mehr zu halten ist." Nun „erscheint es, als ob es gar keinen Sinn im Dasein gebe, als ob alles *umsonst* sei." (KSA 12, 212) Ein erkenntniskritischer Vorbehalt klingt an.

Als einen schwer errungnen Sieg des europäischen Gewissens wertet Nietzsche Schopenhauers „entsetzte(n) Blick", – so nähert Nietzsche ihn in seiner Charakteristik an d'Holbachs *System* an, – „in eine entgöttlichte, dumm, blind, ... fragwürdig gewordene Welt", in eine Natur und Geschichte, die ihn zum „redlicher Atheismus" geführt, ihn davon überzeugt habe, das Dasein sei grausam, unvernünftig, ungöttlich (FW 357). Hier finden wir das Nietzsche stark bewegende *moira*-Motiv wieder. Nietzsche attestiert Hegel dagegen, er sei der letzte große Denker gewesen, der geschichtsphilosophisch den drohenden Untergang des Theismus aufgehalten habe. Ebenfalls in der *Fröhlichen Wissenschaft* würdigt er dessen „grandiosen Versuch"(!), uns von der „Göttlichkeit des Daseins" mit Hilfe unseres ‚sechsten', des historischen Sinns zu überzeugen,[17] also kraft der von ihm gelehrten Vernunft und Vorsehung in der Geschichte (FW 357). Auf ambivalente Weise spricht Nietzsche ihm das Verdienst zu, er sei im Hinblick auf den neuzeitlichen Atheismus der „Verzögerer par excellence" gewesen, da er im enzyklopädischen Durchblick ein unendliches Vertrauen in die göttliche Vernunft verteidigt habe, – Kontrastfolie zu Schopenhauers

---

16 Dies triste Winterbild ist Sinnbild des Sterbens und gewinnt seine Wucht, wenn die Auferstehungshoffnung als Trostquelle versiegt ist. Zur schon frühen starken Emotion solchen Versiegens vgl. z.B. BAW 1: 121, 129. Im Aphorismus: *Die größte Veränderung* (FW 152) wird das jeweils ganz *andere* Erleben des *Todes* thematisiert, je nachdem ob ein Gott aus unsren Erlebnissen hervorleuchte oder nicht, wir sterbend uns allein überantwortet sind.

17 Hegel wird vom frühen Nietzsche im Zusammenhang der *„Bändigung* des unbegrenzten historischen Sinnes" ohne metaphysikkritische ironische Nuance gewürdigt als „der deutsche ‚Genius der Historie' ...; denn er fühlte sich auf der Höhe und am Ende der Entwicklung ... als deren ordnender νοῦζ"! (KSA 7, 647) Schopenhauers „unintelligente Wut auf Hegel" jedoch habe dazu beigetragen, die deutsche Kultur aus ihrem Zusammenhang mit einer einzigartigen „Höhe und divinatorischen Feinheit des *historischen Sinnes*" „herauszubrechen" (JGB 204).

hiervon radikal sich abhebenden Pessimismus. Die Datierung dieses Glaubensverlustes und atheistischen „Sieges" hätte ein wahrer „Astronom der Seele", der Nietzsche selbst zu sein beansprucht, als ein „gesamteuropäisches Ereignis" für das 19. Jahrhundert errechnen können. Hegel habe diesen „Sieg des Atheismus am längsten und gefährlichsten *verzögert*" (FW 357). In Nietzsches Wahl des Wortes *grandios* verrät sich eine hohe Spannung zwischen Ärgernis und Anerkennung. Was ist zu würdigen an Hegels wohl kaum ruchlosen Optimismus? Antwort: Es war die *„grandiose Initiative"* Hegels, einen *„Pantheismus"* auszudenken,[18] in welchem „das Böse, der Irrtum und das Leid *nicht* als Argumente" gegen die Göttlichkeit des Seins im Ganzen „empfunden" werden (KSA 12, 113; Vs zu FW 357). Es sei der „Wille zur Vergöttlichung des Alls und des Lebens", – wie Nietzsche im Horizont der lebenslang ihn umtreibenden Theodizeefrage erklärt, – der Spinoza, Goethe und Hegel beseelte, die freudig vertrauend eine All-Rechtfertigung betreiben, der gemäß „erst in der Totalität Alles sich erlöst, als gut und gerechtfertigt erscheint"! (KSA 12, 443) Nietzsche erblickt in Hegels Position die letzte ernsthafte positive Theodizee und in eins Abwehr des Atheismus, in derjenigen von Schopenhauer eine Antitheodizee mit folgerichtigem Einschließen des Atheismus.

Schopenhauer ist in Nietzsches Sicht der geschichtsmächtig ausstrahlende *Gegenspieler* Hegels. Zeitlebens sympathisierend mit der Antitheodizee Schopenhauers, dem die „Ungöttlichkeit" des Daseins als etwas unmittelbar Greifbares, „Undiskutierbares", also vorprädikativ Gewisses galt, vermerkt Nietzsche gleichwohl dessen argumentative Schwäche, die im ‚Undiskutierbaren' liegt, – Anzeichen für einen guruartigen Dogmatiker, der Dinge dekretiert statt Beweise beizubringen. Schopenhauers Lehre von der völligen „Ungöttlichkeit", sonach Gottverlassenheit des Daseins hat Nietzsche intuitiv überzeugt, der „Darwinismus" als Forschungsrichtung argumentativ. Als „letzte große wissenschaftliche Bewegung", die jenen Niedergang des Christentums und einen ‚Sieg des Atheismus' präformiert, wird von ihm der „Darwinismus" hervorgehoben (FW 357).

---

18 Schon zu Lebzeiten und später wurde Hegel, was von Nietzsche hier ohne negativen Beiklang aufgegriffen wird, vorgeworfen, er lehre einen *Pantheismus*, wogegen Hegel sich zu Recht wendet, eingehend im Schlußteil der *Enzyklopädie der philosophischen Wissenschaften* (3. Aufl. § 373 Zusatz, TW Bd 10, 380-393). In der Tat erklärt Hegel: „Das *letzte* Ziel und Interesse der Philosophie ist, ... den Begriff mit der Wirklichkeit zu versöhnen. Die Philosophie ist die wahrhafte Theodizee", d.i. sich erfassende *Versöhnung des Geistes* (TW 20, 455).

Nietzsche hat keine Theorie des *Erkennens* geliefert, wohl Splitterfragmente, die ihn typologisch als einen – Berkeley[19] nicht fernen – subjektiven Idealisten ausweisen. Sie sollen umrissen werden, da aus dieser Positionierung ersichtlich ist, daß Nietzsche gar keinen Anspruch auf Widerlegung der Existenz Gottes erheben konnte. Seine späteren so selbstgewissen *atheistischen* Proklamationen sind auch vor dem Hintergrund einer solchen Konzeption subjektiven Erkennens zu lesen und stehen variantenreich überwiegend im atmosphärischen Zusammenhang mit der *Theodizee*-Frage.

Seit seinem Erstlingswerk zur *Tragödie* schätzt Nietzsche den menschlichen Trieb, *Illusionen* zu bilden, als wirkmächtig ein; er zieht daraus die immer schroffer verfolgte Konsequenz, daß er, um keiner Täuschung zu erliegen, *bedrückende* Entdeckungen tendenziell als wahr, *beglückende* in hoher Wahrscheinlichkeit als falsch einzustufen geneigt ist. Einsichten, die der Seele, im Chaos verloren, wohltun, erklärt er in *ontologischer* Hinsicht für *Schein*, in *erkenntnistheoretischer* für *fiktional*.

In ihrer Wirkung, dem Menschen zum Glauben an das Leben zu verhelfen, stellt der spätere Nietzsche „die Wissenschaft" auf eine und dieselbe Stufe mit Metaphysik, Religion und Moral. „‚Das Leben *soll* Vertrauen einflößen': die Aufgabe, so gestellt, ist ungeheuer." Denn um sie zu lösen, muß der Charakter des Daseins, den Nietzsche ethisch-ontologisch als grausam, sinnlos, sinnwidrig konzipiert, überspielt werden, namentlich die „melancholische Sentenz": ‚Alles hat keinen Sinn' (KSA 12, 247). „Daß der Charakter des Daseins *verkannt* wird – tiefste und höchste Geheim-Absicht der Wissenschaft, Frömmigkeit, Künstlerschaft." So sind für ihn sprachliche Kodierungen wie ‚Liebe', ‚Begeisterung', ‚Gott' „lauter Feinheiten des letzten Selbstbetrugs, lauter Verführungen zum Leben!" (KSA 13: 193f, 521) Die Wissenschaft fungiert für Nietzsche ebenfalls als Fluchthelferin vor der Einsicht in die fehlende Vertrauenswürdigkeit des Lebens.

Im Satz: „Alles *ist* das Ich" (KSA 10, 162) ist Nietzsches subjektiver Idealismus konzentriert ausgedrückt: Der Mensch als Dichter, Denker, als alter Deus: „als Gott, als Macht, als Mitleid" (KSA 9, 582). Dem „phantasierenden Denken" bzw. der *dichtenden Vernunft* (s. M 119) kommt praktischer Wert zu im Ausdenken von Möglichkeiten, die das reale Sein zu ergründen helfen, – ähnlich

---

19 Der Sensualist George Berkeley (1685-1753) nahm subjektiv idealistisch die Gleichung an: *esse est percipi*; so bestünden der ganze himmlische Chor und die Fülle der irdischen Gegenstände allein in unserer Vorstellung. – Nietzsche erwägt subjektive „Empfindungsgesetze – als Kern der Naturgesetze"; sobald wir den Menschen aber nicht als „Gleichbleibendes" im Strudel, als „sichres *Maß der Dinge*" (Protagoras' *homo-mensura*) annehmen, sondern das *Erkenntnisvermögen* selbst als *geworden*, höre, so Nietzsche, die *Strenge* dieser Gesetze auf (KSA 7, 625; MA 2).

wie es für blinde Tiere „Versuchsstationen" des Überlebens sind, wenn sie fortwährend um sich greifen, um etwas Eßbares zu finden und zufälligerweise fündig werden (KSA 9, 432f). Nietzsche kommt im Ausschmücken der aktiv Wahrnehmungen ausdichtenden Phantasie, die nicht passiv Eindrücke aufnimmt, Fichtes *Ich* (in der *Wissenschaftslehre* von 1794/95) erstaunlich nahe, das wesentlich schöpferische Einbildungskraft unter den Bedingungen eines Anstoßes ist, den sie Objekten zuschreibt. „Was ist also Erkenntniß? Wir sind *lebendige Spiegelbilder*". Poetisch lautet das Wort: *„Die Dinge rühren unsere Saiten an, wir aber machen die Melodie daraus."* (KSA 9, 311) Solche konstruktive Phantasie ist für Nietzsche jedoch keine *Objektivität* stiftende oder *Wahrheit* verbürgende Vernunftinstanz wie für Fichte, sondern eine „gröbere, ungereinigte Vernunft", eine „wilde und malerische Art der Vernunft", die leicht versucht ist, „Scheinerkenntnisse" und ‚plötzliche Erleuchtungen' mit dem Licht der Wahrheit zu verwechseln (KSA 9, 89f). Selbst unsere Außenwelt, wie das Auge sie in zahllosen Formen vergegenwärtigt, beruhe nicht auf dem Sinneneindruck, sondern auf *Phantasie-Erzeugnis*, sei durch aktiv hingeworfene, unserer Phantasie entspringende Kombinationen gebildet. „*Guthören* ist also wohl ein fortwährendes *Errathen* und *Ausfüllen* der wenigen wirklich wahrgenommenen Empfindungen. *Verstehen* ist ein erstaunlich schnelles entgegenkommendes Phantasieren und Schließen ... Was wirklich *geschehen* ist, ist nach unserem *Augenschein* schwer zu sagen" (KSA 9, 445f). In *Morgenröte* fragt er im Sinn konstruktiver Mutmaßung, ob nicht „all unser sogenanntes Bewußtsein ein mehr oder weniger phantastischer Kommentar über einen ungewußten, vielleicht unwißbaren, aber gefühlten Text ist?" (M 119)

Ist für Fichte die schöpferische Einbildungskraft das Grundvermögen theoretischer Vernunft, das mutvoll die wahre Welt konstruiert, während die *praktische Vernunft* die *moralische Weltordnung* glaubt, bestreitet Nietzsches *These*: „Die Angst wohnt im Innersten der menschlichen Phantasie" (KSA 8, 356), sowohl das Pathos der Wahrheit als auch den moralischen Vernunftglauben.[20] In den Ordnungsfunktionen des Bewußtseins spielt sich eine seelenökonomische Verharmlosung grausamer Realität ab, die das vom bewußten Ich verdrängte Chaos eindämmt. Diese empirisch-idealistische Erkenntnisauffassung wird zuletzt in einem Voluntarismus verankert und dieser in der Evolutionstheorie.

---

20   Skeptizistisch erklärt er, *an sich* habe „unsere Erkenntniß keinen Werth"; denn „wir thun *nicht mehr* ... als die Spinne mit Netz und Jagd und Aussaugen: wir stellen unsere Bedürfnisse und deren Befriedigung fest, dazu gehören Sonne Sterne und Atome, es sind Umwege zu uns, ebenso die Ablehnung eines Gottes"! (KSA 9, 310f) Und schon früh verspottet er im naturalistischen Gedankenexperiment die vermeinte Transzendenz des Geistes: „Den ‚Geist', das Gehirnerzeugniß als übernatürlich zu betrachten! gar zu vergöttern, welche Tollheit!" (KSA 7, 460)

‚Erkenntnis' als eine Konzeption von Realität „arbeitet" als Werkzeug der Triebe. An und für sich aber gebe es weder ‚Geist' noch ‚Vernunft' noch ‚Denken' als eigene Entität. Der Sinn des Erkennens sei vorzüglich biologisch-anthropozentrisch; der Nutzen für die Erhaltung stehe „als Motiv hinter der Entwicklung der Erkenntnißorgane" (KSA 13, 301f). Nietzsche ist Pionier im Entwerfen einer heute beliebten evolutionären Erkenntnistheorie. Aber er sieht schon deren unlösbare Probleme, so die Gefahr zirkulärer Fundierung von Denken und Wollen, wenn Erkennen Funktion der Selbsterhaltung und diese Ziel des Erkennens sein soll.

Das Bedrohliche gehört für Nietzsche der Regellosigkeit bzw. die *Furcht vor dem Unberechenbaren* zu den Impulsen der Gesetze suchenden Wissenschaft. „Der gute *Wille*, an Gesetze zu glauben" – wegen des Leidens an der Ungewißheit – sei das, was der Wissenschaft „zum Siege verholfen" habe (KSA 12: 188, 191). Motiv ist: das fließend ganz Unbestimmte *muß* präzisierbar sein, es *muß* „*zurechtgemacht*" werden, um „*wieder erkennbar*'" zu sein. Die in einer Art Datensensualismus von Nietzsche angenommene prinzipielle „Undeutlichkeit und das Chaos des Sinneseindrucks wird gleichsam „*logisirt*" (KSA 12, 395). Das „Muster einer vollständigen *Fiktion*" bildet für Nietzsche, – der hierin an F. A. Lange anknüpft, – die Logik, die er psychologistisch und denkökonomisch auffaßt. Vorzüglich durch logische Schemata wird vom fingierenden Ich das vermutete tatsächliche Geschehen im Denkvorgang „durch einen Simplifications-Apparat" filtriert (KSA 11, 505).

Mit der naturphilosophisch antiteleologischen Thematik verbindet sich bei Nietzsche als ein weiteres Motiv atheistischer Religionskritik sein entschiedenes, zuweilen zum Selbstquälerischen hinneigendes Wahrhaftigkeitspathos. Und nach seiner Überzeugung war es hier das Christentum mit der vielgeübten „Beichtväter-Feinheit" des Gewissens, das in der europäischen Geschichte die Tugend der Wahrhaftigkeit herausgebildet, in der Neuzeit zum wissenschaftlichen Gewissen bzw. zur intellektuellen Redlichkeit um jeden Preis „sublimiert" und damit schließlich sogar den eigenen Untergang heraufbeschworen habe (FW 357). In der *Genealogie der Moral* stellt Nietzsche die Frage: Was hat eigentlich über den christlichen Gott gesiegt? Und er antwortet: Es ist der dem Christentum zu verdankende leidenschaftliche Wille zur Wahrheit, der sich am Ende jede fromme „*Lüge im Glauben an Gott*" verbiete. Deshalb könne die *Natur* nicht mehr so angesehen werden, als ob sie Beweis der Güte und Obhut eines Gottes sei, die Weltgeschichte nicht mehr „interpretiert" werden zu Ehren einer göttlichen Vernunft oder als „Zeugnis einer sittlichen Weltordnung"; können auch persönliche Erlebnisse nicht mehr ausgelegt werden, wie fromme Menschen sie „lange genug ausgelegt haben, wie als ob alles Fügung, alles Wink, alles dem Heil der Seele zuliebe ausgedacht und geschickt sei".

Daß dies alles endgültig *vorbei* sei, nennt er mit Emphase – im Horizont einer von ihm geplanten „Geschichte des europäischen Nihilismus" – die „Ehrfurcht gebietende *Katastrophe* einer zweitausendjährigen Zucht zur Wahrheit", die einen unbedingt „redlichen Atheismus" in sich einschließe. Dieser stehe nicht im Widerspruch zum *christlichen Ideal*, sondern sei dessen letzte Entwicklungsphase in Gestalt fataler Selbstaufhebung (GM III 27). „Wir Gottlosen und Antimetaphysiker", – in dieser Freigeister-Gemeinschaft sieht Nietzsche sich als ihr Vordenker, – nehmen das ‚Feuer' der Leidenschaft unsrer Wahrheitssuche von dem alten „Christenglauben, der auch der Glaube Platos war, daß Gott die Wahrheit ist, daß die Wahrheit göttlich ist".[21] Dieser „unbedingte Wille zur Wahrheit", auf dessen Altare wir, so Nietzsche mit Pathos, „einen Glauben nach dem andern ... dargebracht und abgeschlachtet haben", könnte, da Leben auf Schein und an Ödipus gemahnende „Selbstverblendung angelegt" ist, „ein zerstörerisches Prinzip", ja „ein versteckter Wille zum Tode" sein. Zum womöglich das Leben gefährdenden Wahrheitswillen zählt Nietzsche überraschenderweise auch die Aufhebung heilsamer Illusionen, z.B., daß ‚Gott die Wahrheit' sei, durch die destruierende Frage: „aber wie, wenn ... Gott selbst sich als unsre längste Lüge erweist?" (FW 344) Im Rundumschlag schilt er „diese blassen Atheisten, Antichristen, Immoralisten", die als „letzte Idealisten der Erkenntnis" am Glauben an den Wert der *Wahrheit* festhielten. Statt daß er erkenntnistheoretisch Argumente für den *Skeptizismus* bringt, singt Nietzsche die sonderbare Hymne auf einen *Assassinen-Orden* im Orient, der in der Radikalität seiner „Entfesselung" den „christlichen Freigeist" in Europa noch übertreffe, den „Freigeister-Orden per excellence", deren *secretum*, obersten Graden vorbehalten, in dem aufrührerisch bösen Wort gelegen sei: „Nichts ist wahr, alles ist erlaubt'" (GM III 24). –

Als leuchtender Kontrast zur Melodie der Sinnlosigkeit und Lebensmelancholie ist verständlich, wie der späte Nietzsche, – der Schopenhauers Willensabtötung und Pessimismus überwinden will, – die ihn faszinierende *Vergöttlichung* des Alls und Lebens hervorhebt, die er als Universalität des Verstehens und des „Gutheißens" bestimmt (KSA 12, 443f), ohne daß er damit das Dasein eines weltimmanenten oder transzendenten Gottes rehabilitierte. Der vor sich selbst Ehrfürchtige, wie Nietzsche ihn nach Goethe: *Wilhelm Meisters Wanderjahre* typisiert, der sich den ganzen Umfang und Reichtum an vitaler Natürlichkeit zu gönnen wagen dürfe und zu einer solchen freimütigen Freiheit

---

21 S. dazu Werner Beierwaltes: Deus est veritas. Zur Rezeption des griechischen Wahrheitsbegriffes in der frühchristlichen Theologie, in: *Pietas*. FS für B. Kötting, *Jahrbuch für Antike und Christentum*, Erg. Bd 8 (1980), 15-29.

im Medium von Geist und Sinnen stark genug sei, steht für den lebenseuphorischen spätesten Nietzsche als wahrhaft freigewordener Geist mit „vertrauendem Fatalismus mitten im All" – sein Traumziel – und glaubt zuversichtlich, daß nicht im Detail, aber „im Ganzen sich Alles erlöst und bejaht" (KSA 6, 151f). Diese dionysische Bejahung hat pantheisierenden Klang; doch schließt sie, im Unterschied zu Goethes Spinozismus, sogar die Bejahung des eigenen tragischen Untergangs mit ein.[22] Von der *Fröhlichen Wissenschaft* an (FW 276, vgl. 277) proklamiert Nietzsche ein Jasagen-Lernen, das im quasi-religiösen Akt des *amor fati* erstrebt wird. Im Kern ist es „Selbst-Wiederfindung", „ein göttliches Jasagen zu sich aus animaler Fülle und Vollkommenheit", das ein Christ sich wohl kaum dieserart naturwüchsig erlauben dürfte (KSA 12, 552f; vgl. KSA 13, 492f). Sein antitheistischer Impuls speist sich aus der Hypothese, der christliche Gott sei leibfeindlich.

Betrachtet man Nietzsches unablässiges Philosophieren um den Brennpunkt: Darwinismus, so stößt man auf ein paradoxes und faszinierendes Phänomen: Er lehnt, mit Pascal ausgedrückt, gemäß einer ‚Logik des Herzens' von Anbeginn Darwins im *Descent of man* ausgesprochene Lehre vom naturgeschichtlichen Ursprung des Menschen als Zufallsprodukt ab, bejaht diese Lehre aber, ebenso seit dem Bekanntwerden mit ihr, gemäß einer Logik des Verstandes: im Hinblick auf ihre ernüchternde Erklärungskraft, der zufolge nur Überlebensfähiges übrig bliebe, aus intellektueller Redlichkeit. Diese doppelte Stellungnahme von emotionalem Nein, – das der *Teleologie* anhängt, – und rationalem Ja, – das dem *Mechanismus* folgt, – ist bei näherem Hinsehen noch komplexer: Er ist sich erkenntnismethodologisch durchaus im Klaren über den ungesicherten *Hypothesen-Status* der Evolutionslehre. Aber gerade weil er seinen eigenen lebhaften ‚Herzens'-Wunsch, sie möge unwahr sein, argwöhnisch durchschaut, zwingt er sich umso mehr, sie als gültig zu akzeptieren.[23]

---

22 In Rückschau nennt Nietzsche *Die Geburt der Tragödie* seine „erste Umwertung aller Werte", da sie ein solch vorbehaltloses „Jasagen zum Leben" bekunde, daß der Lebenswille auch noch „im *Opfer* seiner höchsten Typen" seiner „Unerschöpflichkeit" sich zu freuen fähig sei (KSA 6, 160). Keinen größeren Gegensatz zur ästhetischen Weltrechtfertigung gibt es für den späten Nietzsche als die christliche Versöhnungslehre mit ihrer Betonung der Wahrhaftigkeit, Weisheit, Güte und Gerechtigkeit Gottes, welche die Kunst, mit Platons Dichterkritik, ins Reich der Lüge verdammen müsse (KSA 1, 18).

23 Hintersinnige Ironie gegenüber dem biblischen Schöpfungsbericht in *Genesis*, Kapitel 1-3, zeigt der Eintrag „Der Darwinist. – St. Augustin sagte: ego sum veritas et vita, dixit Dominus … – Schade darum: so ist er nicht die Wahrheit", denn (– in Abhebung von Darwin gilt nun, –) Gott „weiß nicht, was das Leben ist" (KSA 8, 572).

3) ‚Psychologische Gottbildung' – Nähe und Ferne zu Feuerbachs Projektionstheorem

Nietzsches Neigung zu einem subjektiven Idealismus entspricht es, daß er unserer „dichtenden Vernunft" (vgl. M 119) im Hinblick auf Religion hohe Bedeutung zuspricht, die ontologische Frage offen lassend. Daß es einen Gott *gibt*, läßt sich aus dem Umstand, daß er *erfunden* werden kann, nicht ableiten. Ebenso wenig aber folgt aus Gottes Erfindbarkeit durch Menschenphantasie Gottes Nichtsein; über die Grenzen des Erkennens war der atmosphärische Kantianer sich sehr wohl im Klaren. So schreibt er bewegende Zeilen nieder, in denen er kühn die Opfergänge seines eigenen Lebens in Bezug setzt mit Gottes Leiden um seine verlorene Welt: „**Gott** / Wir haben ihn mehr geliebt als / uns und ihm nicht nur unseren ‚eingeborenen Sohn' / zum Opfer / gebracht./ Ihr macht es euch zu leicht, ihr Gottlosen! / Gut, es mag so / sein, wie / ihr sagt: die Menschen / haben Gott geschaffen – ist dies / ein Grund, sich nicht mehr um / ihn zu kümmern?" (KSA 9, 611; von Herbst 1881, in originalgetreuer Wortstellung.) Dieser Text ist verstehbar als Abspiegelung des inneren Dialoges, in welchem der Gottgläubige, der – im Sinne von Luthers Auslegung des ersten Gebotes (2*Mose* 20, 3) im *Kleinen Katechismus* – Gott ‚über alles' liebt, dann, widerstrebend, Feuerbachs Projektions-Hypothese nachgibt und in seinem selbst verursachten religiösen Abschiedsschmerz zum Wächter des dahinsiechenden Gottes wird. Dieser Text wird fortgeführt: „Wir haben bisher umgekehrt geschlossen, Gott, *weil* er die - - -", bricht mitten im Satz ab und wäre fortzuführen: „Menschen erschaffen hat, kümmert er sich um sie". Diese Worte ebenso wie die publizierten, thematisch analogen Verse: *„Der Fromme spricht"*: „Gott liebt uns, *weil* er uns erschuf! – / ‚Der Mensch schuf Gott!' – sagt drauf ihr Feinen./ Und soll nicht lieben, was er schuf?" (KSA 3, 361), können als die Selbstbefragung eines frommen Freigeistes gelesen werden, welcher für Nietzsche in solcher Spannungseinheit durchaus möglich ist (vgl. WS 72). Die folgende Replik suggeriert in Heinescher Ironie eine umgekehrte Theogonie: „Ach Freund", so wird nun der fromme freie Geist beklagt, „was haben denn die Menschen seit Jahrtausenden gethan als sich um ihren Gott gekümmert usw. Wenn er nun trotz alledem nicht leben kann, und keine Nahrung ihn mehr bei Kräften erhält – : so - - -" (KSA 9, 611), sinngemäß zu ergänzen durch: „muß er sterben, wenn wir ihn nicht wiederbeleben oder neuschaffen". Der ‚Freund' und der ihn anredende Atheist verkörpern zwei Pole von Nietzsches Überlegungen.

Dieser sein Denken reflektierende Feuerbachianer weiß,[24] daß, selbst wenn alle Gottesbilder als menschliche Projektionen nachweisbar wären, die absolute Unbeweisbarkeit der Nicht-Existenz Gottes durch die Vernunft mindestens ebenso gilt wie die Unbeweisbarkeit des Daseins Gottes und seiner realen Prädikate. Die schwerere Beweislast aber trägt der Gottesleugner, der, – logisch-erkenntnistheoretisch, ethisch-existentiell persönlich, metaphysisch eschatologisch, – für sich und sein Leben voluntaristisch das völlig Unbeweisbare beschlossen hat: ‚Ich will, daß Gott nicht sei!' In seiner mittleren Zeit ist Nietzsche skeptischer Agnostiker, der die eigne Skepsis durchleuchtet. Der späte Nietzsche unterscheidet zwei Arten *Fiktionen*, solche, die ihren Ursprung in Schwäche oder Stärke haben, analog eine „psychologische Gottbildung", die aus erbärmlicher Geistesenge entspringt oder aus einem „gott*bildenden* Instinkt", der das Leben beflügelt (KSA 13: 306f, 525).

Auf Pascals mathematisch-wahrscheinlichkeitstheoretisches Prinzip der *Wette*[25] um das Dasein/ Nichtdasein Gottes und die praktischen Folgen geht Nietzsche würdigend ein; dieser habe, was an der Idee Jesu Christi „Erschütterung ist", „jene furchtbare Lösung eines ‚Gottes am Kreuze'", seinen Zeitgenossen leidenschaftlich eingeschärft. Pascals Gedankengang recht gebend, der *jede* kombinatorische *Möglichkeit* der Elemente: *Gott existiert (/nicht) – ich glaube (/nicht)* in Betracht zu ziehen zwingt, gesteht Nietzsche hier einmal zu, ein Beweis gegen die Wahrheit des christlichen Glaubens könne vielleicht nicht geführt werden.[26] Während er bei Pascal anerkennt, daß er noch die „*furchtbare* Möglichkeit" ewigen Verlorenseins in Betracht gezogen habe, sein Christsein ernst gewesen sei, vermerkt er mit Verachtung, als „Symptom des

---

24 Vgl. zur Feuerbach-Rezeption Werner Stegmaier: ‚*Nietzsches Genealogie der Moral*', Darmstadt 1994, 163f.

25 Zur „Wette" s. *Pensées/ Über die Religion*, übers. und hrsg. von E. Wasmuth, Heidelberg 1963, 120-126 (Frg 233), vgl. 199-204 (Frg 434). Pascal erklärt: „Je nachdem, ob ein ewiges Gut zu erhoffen oder nicht zu erhoffen ist, müssen all unsere Handlungen und Gedanken verschiedene Richtung einschlagen", nämlich in Hinblick auf unser gewähltes „letztes Ziel" (100, Frg 194). Jeder Mensch ist wie in einem unabwendbar gebotenen Wettspiel zu setzen gezwungen, und zwar auf Leben und Tod, auf (un-)endlichen Gewinn oder Verlust (122ff, Frg 233). – Zu Nietzsches Pascal-Bezug vgl. Marco Brusotti: *Die Leidenschaft der Erkenntnis. Philosophie und ästhetische Lebensgestaltung bei Nietzsche von Morgenröte bis Also sprach Zarathustra*, Berlin/New York 1997, 195-212.

26 Allerdings unterschreitet der Autor sein Niveau, wenn er im Aphorismus „*Die historische Widerlegung als die endgültige*", an Kants Widerlegung der ‚Beweise vom Dasein Gottes' anknüpfend meint: Zu zeigen, wie der Glaube *entstehen* konnte, es gebe Gott, mache den „Gegenbeweis, daß es keinen Gott gebe, überflüssig" (M 95).

Niedergangs", ein gegenwärtiges „opiatisches Christentum", das um seiner „beruhigenden Wirkung willen" am Glauben festhalten wolle; dies sei eine „hedonistische Wendung" des Christentums, das den Wahrheits-„Beweis aus der *Kraft*" (vgl. 1Kor 2, 4) durch den „aus der *Lust*" ersetze (KSA 12, 138). *Der Alltags-Christ*, der um die „Gefahr einer ewigen Verdammnis" wisse, nicht aber – gemäß der Mahnung des Paulus und Pascals Glaubensernst – danach trachte, *selig zu werden* „mit Furcht und Zittern" (s. *Philipper* 2, 12), so Nietzsche ironisch, sei „eine erbärmliche Figur" und „geistig unzurechnungsfähig" (MA 116). Aus dem Bedürfen eines *Inkognito*, je höher eines Menschen Art sei, umso mehr, um sein Kostbarstes, das nicht mitteilbar ist, zu schützen, folgert er hypothetisch, konjunktivisch und *via eminentiae*: „Gott, wenn es einen gäbe, dürfte ... sich nur als Mensch in der Welt beziehen" (KTA 78, 631). Nietzsche postuliert, was der Christengott *via kenosis* (s. *Philipper* 2) vollbracht haben soll, der allerdings im Gegenstück sein ‚Kostbarstes' gerade preisgab, anstatt es schonend zu schützen. Insofern er ein deutliches Bewußtsein davon pflegt, der Gottesleugner trage die Beweislast für seine Position, bekundet Nietzsches Atheismus noch eine Nähe zu Pascal und zu Kant, der im Hinblick auf alle genannten Atheismustypen den Nachweis geführt hat dahin gehend, daß Gottes Dasein weder logisch noch ontologisch noch psychologisch ‚wegvernünftelbar' sei. Die ‚Last' des Beweises hat erkenntnistheoretische, ethische und religiöse, ja u.U. eschatologische Dimensionen.

Weshalb wird die „Leidenschaft der Erkenntnis" (M 429) für Nietzsche zur Tragödie? Von der dritten *Unzeitgemäßen Betrachtung* über Schopenhauer an hält das Motiv der Verzweiflung an der Wahrheit, ihrer lebensbedrohenden Furchtbarkeit und vom Zugrundegehen an ihr sich in seinem Denken durch.[27] „*Gram ist Erkenntnis.* – Wie gern möchte man die falschen Behauptungen der Priester, es gebe einen Gott, der" (selbst nur das *Gute* wolle, ja als das Gute selbst zu denken sei, und der) „das Gute von uns verlange, Wächter, Zeuge jeder Handlung, jedes Augenblicks, jedes Gedankens sei, der uns liebe, in allem Unglück unser Bestes wolle, – wie gern möchte man diese mit Wahrheiten vertauschen, welche ebenso heilsam ... wären wie jene Irrtümer! Doch solche Wahrheiten gibt es nicht", erklärt er resigniert in einem dogmatischen Unglauben, – wie mit Kant zu urteilen wäre. Denn „die Tragödie" sei, „daß man jene Dogmen der Religion und Metaphysik nicht *glauben* kann, wenn man die

---

27 Vgl. Peter Heller: ‚*Von den ersten und letzten Dingen*', Berlin/ New York 1972, 479, 482-484, XXVIII. – Marco Brusotti sieht in Nietzsches rückhaltlos der Erkenntnisleidenschaft Sichhingeben die Vorgestalt des Einwilligens in das *Schicksal*; dabei verfremde Nietzsches *Amor fati* – die stoische *Heimarmene* und den spinozanischen *Amor Dei* produktiv aufnehmend – beide Quellen in eine andere Richtung, nämlich die einer verzweifelten Bereitschaft letztlich zum Tode. (*Die Leidenschaft der Erkenntnis* (s. nota 25): 207f, 349ff, 382f, 455-460, 646f; bes. 459.)

strenge Methode der Wahrheit im Herzen und Kopfe hat, andrerseits durch die Entwicklung der Menschheit so zart, reizbar, leidend geworden ist, um Heil- und Trostmittel der höchsten Art nötig zu haben; woraus also die Gefahr entsteht, daß der Mensch sich an der erkannten Wahrheit verblute." (MA 109) Dieser Wille zur Wahrheit folgt der strengen und quasi asketischen Maxime, opfere „das Beste, das Liebste"! (KSA 8, 397; s. M 195) In solchen Reflexionen gewinnt man Einblick in Nietzsches persönlich erlittenes Denkschicksal.

Die Auseinandersetzung mit den Wissenschaften hat Nietzsche stets gesucht, ist ihnen aber, so seine eigenen Worte, heroisch begegnet, insofern er sie nicht nur als „etwas Strenges, Kaltes, Nüchternes" behandelt, sondern als einen „erschütternden Ausblick" der Seele in eine *„wildfremde* Welt", die in größtem Widerspruch steht zu unseren Empfindungen, zur Pascalschen logique du coeur, als ein Wagnis des Denkens, als ein „Alleinstehen gegen alle Dämonen und Götter" (KSA 9, 623). Exzessive freigeistige Wahrheitsforschung, vor allem die Aufhebung jener ‚Irrtümer', die den Menschen über die Natur erhoben hatten, beschwor gemäß Nietzsches ideengeschichtlicher Analyse die melancholische Verdüsterung unserer modernen Welt herauf. Während die rein wissenschaftlich erkundete Welt unserem inneren Sein wesentlich ‚wildfremd' bleibt, ist die Welt, die uns in unserm persönlichen Lebendigsein „wirklich etwas angeht", weil in ihr unsre „Freuden Hoffnungen ... Phantasien Gebete ... wurzeln", für Nietzsche eben diese alte metaphysische Welt, zentriert um die Gottesidee, die wir nun verlieren, – „durch die Nachwirkung der Wissenschaft" (KSA 9, 624f), so heißt es nachdenklich; es ist ein durch unsre „Leidenschaft der Erkenntniß" (KSA 9, 467) selbstgewirktes Verhängnis. Die metaphysische Welt erschufen wir Menschen im unbewußten Dichtertum, „erdachten" uns auch noch den Schöpfer für alles oder „zerquälten" uns, wie Pascal, „mit dem Probleme des Woher?" *Woher* komme und *wohin* gehe ich? Über diese metaphysische „ganze Welt", als Herdersche *Urdichtung* der Menschheit, ruft er in wehmutsvollem Erinnern aus, ja im Blick zurück mit hohem Danke: „oh wie haben wir sie *geliebt*!" (KSA 9, 623ff) Im Hinblick auf die *„Losmachung"* von den Fesseln ‚aller bisherigen Ideale', um *„geistige Freiheit"* zu gewinnen, spricht Nietzsche auch vom zu entrichtenden *„Tribut der Dankbarkeit"* (KSA 10, 501).

Auch wenn „man *nicht mehr an ihn glaubt*", stecke doch als sein Schatten „überall, wo verehrt, ... gefürchtet, gehofft" wird, „noch der Gott, den wir todt gesagt haben"! (KSA 9, 626) Diese Todesanzeige für Gott wird im Aphorismus *„Neue Kämpfe"* zu der Maxime gesteigert, es gelt auch noch die Schatten Gottes zu „besiegen" (FW 108).[28] Nietzsche fragt, welches die künftigen *„tiefen*

---

28 Zur religiösen Tröstlichkeit von ‚Gottes Schatten', die Nietzsche, v.a. im säkularen Kultus eines christlichen Moral-Ideals, z.B. in Comtes altruistischer *Schwärmerei*, als Feindbild des von der Mitleidsmoral emanzipierten freien Geistes destruiert, s. Guiliano Campioni:

Umwandlungen" sein mögen, die aus den modernen Lehren folgen, daß „kein *Gott* für uns sorgt", es „kein ewiges Sittengesetz gibt (atheistisch-unmoralische Menschheit)?" und niemand mehr uns zur Verantwortung zieht, weil „wir *Thiere* sind?" (KSA 9, 461) Der Nihilismus als europäisches Geistesdrama manifestiert sich religionsphilosophisch in der Lehre von der Gottesferne, im englischen und französischen Deismus angebahnt, *ethisch* durch Verneinen der Pflichtethik, die ein im *Gewissen* sich bekundendes göttliches Gesetz lehrt, und *naturphilosophisch* im Darwinismus.

Wie immer man zu Lou Salomés Bezeugung seines lebenslangen Daseins *Im Kampf um Gott*,[29] die aus intimer Dialognähe geschöpft wurde, stehen mag, – Nietzsche hat nicht nur katastrophale Folgen des Gottesverlustes gründlich durchdacht, sondern auch die Trauer, den Wehmutsaffekt über ihn. So spricht er von einem „anbetenden Trieb" (KSA 12, 147), den niederzuringen der Freiheit des Geistes aufgegeben sei, dessen Gegenstück die Umkehr dahin wäre, seinem, wie es leicht kryptisch heißt, Herzens-„Bedürfniß nach unbegrenztem Vertrauen, Atheism, Theismus / schwermüthig entschlossen / das Medusenhaupt" nachzugeben – oder aber ihm zu widerstehen?! (KSA 11, 363).[30] Noch persönlicher klingen wehmütige Reflexionen auf den innersten Werdegang und das beinahe Beten. „Ach, kennt ihr die stumme Zärtlichkeit, mit der der böse und furchtbare Mensch jenen Augenblicken nachhängt, wo er einmal – oder noch – ‚anders' war! ...". „Die Hand, die sich zu einem Gebete ausstrecken wollte, der zum Seufzer bereite Mund – hier hat der freie Geist seine Überwindung" (KSA 12, 35). „Das Problem der Einsamkeit mit und ohne Gott" durchsinnt Nietzsche, „dies Beten, Danken, Lieben *verschwendet* ins Leere" (KSA 11, 344). Gemäß der Empfindung des Gemüts verlangt es wohl den Freigeist zu beten, gemäß der Konsequenz des Denkens trachtet er eben dies sich zu verbieten, durch Abbruch einer Neigung des Gemüts. -

Die Disziplinen der klassischen metaphysica specialis: Theologie, Kosmologie und Psychologie, ordnet Nietzsche alle vor dem Hintergrund einer Herakliteischen Ontologie universalen Fließens, – evident für ihn wegen ihrer Erklärungskraft in der Historie und Entwicklungslehre, – in Darwins

---

Die Schatten Gottes, in: C. Gentili/ C. Nielsen (Hg.): *Der Tod Gottes und die Wissenschaft. Zur Wissenschaftskritik Nietzsches*, Berlin/ New York 2010, 83-105, bes. 89f, 92f.

29 So ihr Romantitel (Berlin 1885) mit Nietzsche-Bezug; vgl. Düsing: *Nietzsches Denkweg* (s. nota 14), 426-433.

30 Wenige Einträge zuvor wird „der große Gedanke" Zarathustras, die *ewige Wiederkehr des Gleichen*, bestimmt als tödlich beklemmendes „*Medusenhaupt*: alle Züge der Welt werden starr, ein gefrorener Todeskampf" (KSA 11, 360). Jenes weist voraus auf die bedrückende Definition der *Wiederkehr* als *circulus vitiosus Deus* (JGB 56).

Evolutionsmodell ein. Was uns von Plato, Leibniz und Kant trennt, erklärt er: „wir glauben", wie Heraklit, Hegel[31] und Darwin „an das Werden ... auch im Geistigen" (KSA 11, 442). Und analog dazu, wie Nietzsche die von F. A. Lange angeregte *Biologisierung* der Kantischen apriorischen Bedingungen aller Erfahrung zur *Physiologisierung* des transzendentalen Ich gesteigert hat, fügt er in seinen späten Texten auch das praktisch-metaphysische Ich, also das ethisch-religiöse Gewissen in den Darwinkomplex ein. Dabei entwickelt er methodisch die *Gottesidee* aus dem Phänomen der sich verwundenden *Tierseele*, wie im Folgenden anhand der *Genealogie der Moral* gezeigt werden soll.

Unglücklicherweise habe der Mensch, den Nietzsche als Emporkömmling aus der Natur deutet, die „unbewußt sicherführenden" *Triebe* verlassen und, ein *Novum* in der Tiergeschichte der Arten, das ‚schlechte Gewissen' erfunden, da er sich zur wider sich selbst ‚Partei' ergreifenden ‚Tierseele' machte. Aus dieser Selbstanfeindung entspringe seine *Verinnerlichung*, die Dimension der *Seele*, der Aufgang der „ganzen inneren Welt". Bewußtsein von Schuld gegen Gott im schlechten Gewissen bestimmt Nietzsche als schwerste Erkrankung des Menschen, da er ‚Tierseele' sei und die Natur, „aus deren Schoß" er entstehe, (seit Adam) als der ‚Erbsünde' verfallen verteufle. So habe er über Jahrtausende ein „Schuldgefühl gegen die Gottheit" zum Wachsen gebracht und Gottesbegriff wie Gottesgefühl in Entsprechung zur Stärke jenes Schuldgefühls „in die Höhe getragen", sich im Extremfall selbst für verwerflich bis zur Unsühnbarkeit seiner Schuld findend (GM II 16, 20, 22).

Im Rahmen seiner Analyse des Schuldbewußtseins, das sich durch invertierte Aggression bilde, moniert Nietzsche, diese Entwicklung sei durch das Christentum zu ihrem perversen Höhepunkt gelangt. Als „Geniestreich des *Christentums*" – wohl an Paulus und Luther denkend (vgl. C XI 1, 2) – bezeichnet Nietzsche das „paradoxe" Heilmittel, Gott selbst habe „aus Liebe" sich geopfert für des Menschen Schuld, woran die „gemarterte Menschheit" zwar wohl zeitweilig Erleichterung fand (GM II 21). Allerdings wird das Sündenbewußtsein eben dadurch auf die äußerste Spitze getrieben, daß – in der christlichen Kirche – verkündigt wird, allein des Gottessohnes Tod reiche hin, um die unerhörte Größe der menschlichen Schuld zu sühnen. Statt der kreuzestheologischen sucht Nietzsche eine freigeistige Erlösung vom Fluche des Seele zernagenden Schuldbewußtseins.

---

31 Hegel hat entgegen dem, was Nietzsche nahelegt, eine ewige Konstanz der biologischen Arten angenommen.

Durch sittlich-religiöse Zähmung der Tierseele Mensch, so fingiert er in *Zur Genealogie der Moral*, ereignet sich eine nach innen gerichtete Grausamkeit des Menschen wider sich selbst; sein Wehe-tun-Wollen wandelt sich in Selbsttortur. „Eine Schuld gegen *Gott*: dieser Gedanke wird ihm zum Folterwerkzeug." (GM II 22) Nietzsche skizziert die psychologische Genesis der Gottesidee, den Weg der *via eminentiae* verfremdend dafür einsetzend. Aus dem stetig stärker gewordenen Schuld- und „Gottesgefühl" erwachse, als vorstellungsgemäßes Korrelat zu jenem Schuldgefühlskomplex, die Idee von dem jüdisch-christlichen „Maximal-Gott". Seine „Tier-Instinkte", die der Mensch dann in sich entdecken und verwerfen müsse, deute er sich als „Aufruhr gegen den ‚Herrn', den ‚Vater'" und spanne „sich in den Widerspruch ‚Gott' und ‚Teufel'. Er wirft" – der Gottesbegriff wird also auch *via negationis* ausgebildet, wiewohl für Nietzsche, metaphysikfern, bloß als Fiktion, ohne Anspruch auf ein ontologisch Reales – „alles Nein, das er zu sich selbst, zur ... Natürlichkeit ... seines Wesens sagt, aus sich heraus als ein Ja, als daseiend, ... als Gott, als Heiligkeit Gottes, als Richtertum Gottes, ... als Jenseits, als Ewigkeit" (ebd). Das *hehre Ideal* eines „heiligen Gottes'" zu ersinnen und als real zu fingieren, der, um die unermeßliche *Schuld* der Menschen zu ahnden, eine *Hölle* als „Marter ohne Ende" errichte, also eine Art „Henkertum Gottes", geißelt Nietzsche als „Willens-Wahnsinn" invertierter seelischer Grausamkeit, ebenso wie den Willen, sich schuldig und strafwürdig zu finden, ein überstrenges Ideal anbetend; „die traurige Bestie Mensch" hindert sich selbst daran, zur *Bestie der Tat* zu werden, durch Stau ihres natürlichen Bedürfens (GM II 22).

Ein gewisses Maß an „Asketismus" zwar, das räumt Nietzsche gern ein, sei Bedingung für den Gewinn hoher geistiger Tätigkeit, – ebenso wie die klassische Tugend der Selbstbeherrschung Prämisse ist für jedes Freisein (WS 305). Auch mache die Lehre von der ‚Sünde' das Leben *„sehr* interessant", „ewig wach, ... glühend" (GM III 20). Doch der christliche, z.B. im Gelübde der Keuschheit zölibatär oder mönchisch lebende Asket behandle das Leben wie einen „Irrweg"; im Mißvergnügtsein über seine Lebendigkeit, das im extremen Falle bis zum „Abscheu vor den Sinnen" führt (GM III 28), ist dieser Typus ein existierender „Selbstwiderspruch" (GM III 9, 11). In seiner Neigung sich zu verwunden, als Meister der „Selbstzerstörung" sei der Mensch *„das* kranke Tier", dessen Morbidität daher stamme, nicht nur die Askese zu weit getrieben, sondern mehr als alle die anderen Tiere das Schicksal herausgefordert zu haben, „er, der große Experimentator mit sich, der Unbefriedigte, Ungesättigte, der um die letzte Herrschaft mit Tier, Natur und Göttern ringt" (GM III 13), der also im Kampfe mit Gott steht, vor allem mit dem christlichen, wie er im Brennspiegel von Nietzsches Aufmerksamkeitsfokussierung gelegen ist.

4) Paradoxer Abschied von Gott

In späten Äußerungen rühmt Nietzsche an Dostojewskij, dieser habe ohne Falschmünzerei oder psychologische Leichtfertigkeit „Christus *errathen*". Er habe das originale Christentum und in der „*Logik des Atheismus*" abgründige Motive für die „Negation Gottes" durchschaut, mit der die „absolute Veränderung" eintritt, die darin liege, daß „wir selbst jetzt Gott" sind! (KSA 13: 409, 143) C. A. Miller hält Nietzsche wohl zu Unrecht vor, er habe Dostojewskijs Beweisabsicht, die Unverzichtbarkeit des Christusglaubens, übersehen und dessen Romankonzeptionen weder in ihrer negativen, polemisch dämonisierenden noch in ihrer positiven, christlich soteriologischen Dimension erkannt. Pointiert treffend hingegen sucht Miller zu erklären, wie für Nietzsche die *Psychologie* im Zeichen der Katastrophe des ‚Todes Gottes' stehe, durch welche eine schicksalhaft um sich greifende ethisch-religiöse *Anomie* ausgelöst werde. Nietzsche sei deutlich des Verlusts der „sinngebenden ‚Höhe'" und „tragenden ‚Tiefe'" des Daseins ohne Gott inne. Infolgedessen berge jedes philosophische Hellsichtigwerden über sich selbst neue Gefahren in sich. Nietzsche verbinde mit Dostojewskijs Gedankenwelt der *höhere Realismus* im Ergründen von Tiefen der Menschenseele, die Spannung zwischen leidenschaftlicher Verneinung und dennoch erhoffter Rettung, der Zusammenhang von entfesselter Gottesleugnung mit der Gewalt der Zerstörung, von Ergriffensein des Menschen durch antichristliche Ideen mit der nihilistischen Deformation des Freiheitsdrangs. Dem starken Sog zum *Nihilismus* gehe ein Hin- und Hergerissensein voraus zwischen Gläubigseinwollen und Zweifelsucht.[32] Die „*Logik des Atheismus*" als Logik dezidierten „Unglaubens", der die heilsame „Fiktion Gottes" von sich stößt, um sich in schrecklicher neuer, durch nichts mehr begrenzter Freiheit zu Tode zu stürzen, und die „*Psychologie des Nihilisten*" sind für Nietzsche, wie seine Dostojewskij-Exzerpte zeigen, dicht miteinander verflochten (KSA 13, 142-145). – Praktischer Atheismus heißt auch für Nietzsche verzweifelt grenzenlos ‚frei' zu sein.

Eine Frage Nietzsches ist, „was für Eigenschaften man haben muß, um Gott zu entbehren – was für welche, um ‚die Religion des Kreuzes'?" (KSA 11, 117). Eine Teilantwort dürfte eine Notiz vom Winter 1884/85 geben aus der Zeit der Ausarbeitung des Schlusses des *Zarathustra*: „ein Trieb der *Selbst-Zerstörung*:

---

32 C. A. Miller: Nietzsches ‚Soteriopsychologie' im Spiegel von Dostoevskijs Auseinandersetzung mit dem europäischen Nihilismus, in: *Nietzsche-Studien* Bd 7 (1978), 130-149; ders.: The Nihilist as Tempter-Redeemer: Dostoevski's ‚Man-God' in Nietzsche's Notebooks, in: *Nietzsche-Studien* Bd 4 (1975), 165-226.

nach Erkenntnissen greifen, die einem allen Halt und alle Kraft rauben". Der Gegensatz von *Atheismus* und *Theismus* betreffe *nicht* die Frage von ‚Wahrheit' oder ‚Unwahrheit', also nicht vorrangig die erkenntnistheoretische Dimension der Frage nach Gott, sondern, so sein Programm, „daß wir uns eine Hypothese nicht mehr gestatten, *die wir Anderen recht gern noch gestatten*". Denn „*Die Frömmigkeit ist die einzig erträgliche Form des gemeinen Menschen* ..., jetzt, wo der Anblick der Massen ekelhaft ist". Wir unterstellen uns freiwillig dem Schmerze und dem Gefühl des Entbehrens: „unser Atheismus ist ein *Suchen nach Unglück*"! (KSA 11, 366f) „Sind wir heute", befragt der späte Nietzsche wohl auch seinen eigenen Denkweg, „deshalb die gründlichsten Atheisten, weil wir am längsten uns gesträubt haben, es zu sein"?! (KSA 14, 274) Sein jahrzehntelanges Ringen um die Gottesfrage und dessen voluntative Seite klingen hier an.

Anlaß dazu, Nietzsche von Anbeginn seiner Wirkungsgeschichte als hartgesottenen Atheisten einzustufen, bot ein von ihm in *Ecce Homo* frei zitiertes Wort, das aus einer Rezension der ersten *Unzeitgemäßen Betrachtung* von dem Baader-Schüler Hoffmann stammt.[33] Der Umwerter aller Werte findet sich, im Jahre 1888 in eine euphorische Stimmung eingetaucht, nun neu sich erinnernd, vom Rezensenten als jemand befehdet, der berufen sei, „eine Art Krisis und höchste Entscheidung im Problem des Atheismus herbeizuführen" (KSA 6, 318). Der Atheismus, der für Hoffmann im Jahre 1873 im Blickfeld stand, war der von Schopenhauer, Feuerbach und D. F. Strauß, kein von Nietzsche artikulierter, der zu jener Zeit zu einer *pantheistischen* Sicht neigte. Seine Selbststilisierung in *Ecce Homo*, Hoffmann habe ihn damals schon als „rücksichtslosesten Typus" eines Atheisten erraten (ebd.), entspricht seiner

---

33 Franz Hoffmann: *Philosophische Schriften*, Bd 5, Erlangen 1878, 410-447. In holzschnitzartigen Urteilen, die seine Verehrung Schellings und Franz von Baaders, Abscheu gegen Hegel und Schopenhauer bekunden, schreibt Hoffmann dem Autor der ersten *Unzeitgemäßen Betrachtung* „Gotteshaß" zu, weil dieser sich zu Schopenhauer bekennt, dessen Philosophie auf Nihilismus hinauslaufe (430); Nietzsche gebe seine Abneigung gegen das Christentum offen zu erkennen, wovon solche verleitet würden, die selbst den „Keim des ... Gotteshasses schon in sich" trügen (444 nota). Je konsequenter Schopenhauers „Grundgedanke der Geistlosigkeit des Weltprinzips" durch Nietzsche fortgeführt werde, umso leichter könne dessen Atheismus in eine folgenreiche *Krisis* geraten. Denn der „falsche Grundgedanke" eines geistlosen Weltprinzips in seinen „pantheistischen, naturalistischen und materialistischen" Systemvarianten führe sich selbst *ad absurdum*. Die Ausbildung des *trotzigsten Atheismus* ist für Hoffmann das, wozu Nietzsche berufen sei, damit, als Gegenschlag, der Sieg der Wahrheit des existierenden Geistes nach Jahrtausenden großer Kämpfe zwischen Naturalismus und Theismus endgültig zum Durchbruch käme (446f).

exaltierten Stimmung vor dem psychischen Zusammenbruch.³⁴ Die Behauptung in *Ecce Homo*, selbst als Kind habe er Fragen nach ‚Gott', ‚Unsterblichkeit der Seele', ‚Erlösung', ‚Jenseits' keine Aufmerksamkeit und Zeit geschenkt,³⁵ sowie die launige Versicherung: „Ich kenne den Atheismus durchaus nicht als Ergebnis, noch weniger als Ereignis: er versteht sich bei mir aus Instinkt" (KSA 6, 278), und ebenso, „der Atheismus" sei das gewesen, was ihn „zu Schopenhauer führte" (KSA 6, 318), stehen in erheblicher Spannung zu Selbstaussagen in früherer Zeit. Sie bezeugen seine glühende Schopenhauer-Begeisterung, die ihn nicht als frohgemuten Atheisten zeigen; denn er las dessen Werk mit religiöser Inbrunst, als ethisch-autonomen Erlösungsweg, ein Evangelium der Willensverneinung verkündend.³⁶ Die Nuance des „Instinkts" stimmt zur lebenslangen Antitheodizee, die in vorprädikatives Urteilen zurückreicht. Dem entspricht auch, daß Nietzsches Atheismus in seinem späten Sichverstehen nicht dem logischen Zu-Ende-Denken von theoretischen Fragen entspringt. Auch der „beste Atheisten-Witz", den er von Stendhal aufnimmt, der Nietzsche so sehr entzückt, daß er ihn als selbsterfunden imaginiert, Gottes „einzige Entschuldigung" sei die, daß „er nicht existirt" (KSA 6, 286), verweist mit hoher Eindeutigkeit auf die Theodizeefrage.

Durch Aufnahme und Sinnverkehrung der alten *christologischen* Formel: ‚Gott starb (in seinem Sohn am Kreuz)' verlieh Nietzsche, indem er Gottes ‚Tod' ausrufen ließ, dem neuzeitlichen Atheismus schroffste Prägnanz. Bis heute figuriert er – weltweit – als einer der wortgewaltigsten und entschiedensten Propagandisten des modernen Atheismus. Indessen lehrt er nirgendwo, es gebe keinen Gott. Sein Interesse galt nicht (*a priori* utopischen) Argumenten für die Bestreitung von Gottes Sein, wohl aber solchen der Bestreitung einer moralischen Weltordnung. Mit diesem durchdringenden Wort vom ‚Tod Gottes', das später zur griffigen Parole eines dogmatischen Atheismus verfiel, habe er in seinem „menschenmöglichen", nicht hybrid „übermenschlichen" Atheismus, – so das Urteil von Franz Overbeck, der, als Agnostiker, lange Jahre Baseler Kollege, intimer Gesprächspartner und zuverlässiger Freund Nietzsches war, – sich

---

34 Zu Diagnose und Verlauf seiner Krankheit s. Pia Daniela Volz: *Nietzsche im Labyrinth seiner Krankheit*, Würzburg 1990. Werner Ross (*Der ängstliche Adler. Friedrich Nietzsches Leben*, Stuttgart 1980, 796) bemerkt, Nietzsche habe während der Zeit seiner späten Krankheit eine „Rückkehr zur alten Frömmigkeit" erfahren.

35 Reiner Bohley bestreitet zu Recht das Zutreffen dieser späten autobiographischen Selbstaussage (Nietzsches christliche Erziehung, in: *Nietzsche-Studien* Bd 18, 1989, 385).

36 Nietzsches Schopenhauer-Rezeption, so Joergen Kjaer, sei „nicht immoralistisch und antichristlich", vielmehr hypermoralistisch gewesen; er habe ihn nicht zuletzt als einen quasi christlichen Philosophen rezipiert (*Friedrich Nietzsche*, Opladen 1990, 174f); vgl. Düsing: *Nietzsches Denkweg* (nota 14), 108ff; zum Pantheismus ebd. 233-237.

nicht angemaßt, über Dasein oder Nichtdasein Gottes befinden zu können; vielmehr habe er damit das Absterben des Gottesglaubens im Bewußtsein der Moderne klarmachen wollen,[37] – in Nietzsches Worten: Das *„größte Ereigniß"*, daß „Gott tot'" sei, heiße, – so deutet er kulturgeschichtlich neuere Tatsachen des gottentfremdeten Bewußtseins, das jedoch im tiefen Schlafe liege, – daß „der Glaube an den christlichen Gott unglaubwürdig geworden ist" (FW 343). Hierbei bemerkten viele Menschen überhaupt nicht, „daß sie nur von ererbten Werten zehren"; sie verhielten sich zum Christentum oberflächlich, in sträflicher „Nachlässigkeit und Vergeudung" ihrer ureigenen ererbten Substanz (KSA 11, 541f). „Wer das Große nicht mehr in Gott findet, findet es überhaupt nicht *vor* und muß es entweder leugnen oder – *schaffen*" (KSA 10: 32, 37),[38] so Nietzsches Schlüsselthese, die er im Jahre 1882 während der Wochen ihrer intensiven Gespräche miteinander für Lou Salomé aufgeschrieben hat. Trostlos dahin zu leben heißt *passiver*, neue Wertsetzung *aktiver* Nihilismus.

Nietzsche, Zerstörer aller Mythen und grundlosen Optimismen in Hinblick auf den Menschen, die Welt und Gott, versagt sich jede tröstliche Ausdeutung des Weltlaufs. Seine Kühnheit, jeden Gedanken, der gedacht werden kann, zuzulassen *und* sich Rechenschaft abzulegen über die im Falle des *Atheismus* leer bleibende *Seele*, macht den *hohen Reiz* seines Philosophierens aus. Läßt er keinen Satz als gewiß stehen, warum sollte er nicht auch den: *Es ist kein Gott* bezweifeln dürfen?

---

37   Vgl. Franz Overbeck: *Selbstbekenntnisse*, hg. von E. Vischer, Basel 1941, 44; vgl. Carl Albrecht Bernoulli: *Franz Overbeck und Friedrich Nietzsche. Eine Freundschaft*, 2 Bde Jena 1908, Bd 1, 216.

38   *Das Große* ist mit Hinblick auf die von Nietzsche verabschiedete Tradition durchdeklinierbar in den folgenden Bedeutungen: 1) Platons Idee des Guten als megiston mathema, 2) Aristoteles' unbewegter Allesbeweger, 3) der Augustinische Drei-Eine in und über uns, der die Wahrheit ist; 4) Anselm: Deus est id quod maius et melius cogitari non potest, 5) das ens perfectissimum bei – Thomas von Aquin und – Descartes, 6) Cusanus' ultima linea universi, 7) Kants Gottespostulat, 8) das Erhabene bei Schiller.

KAPITEL IV

Nietzsches destruktive Verfremdung von Kants Gottespostulat

So hoch die Wogen der Sympathie des frühen Nietzsche für Kants Vernunftkritik schlugen, und zwar für alle drei Kritiken, für die erste wegen der Erkenntnisbegrenzung, für die zweite wegen ihrer Begründung lauterer Sittlichkeit, für die dritte zugunsten der Teleologie der Natur, ebenso heftig brausen die Wellen von Unmut und Zorn des späten Nietzsche gegen Kant, des näheren gegen den ethischen Rigorismus, – angeprangert wird „Kant als Fanatiker des … ‚du sollst'" (KSA 12, 460),[1] – und gegen das im Sittengesetz verankerte Postulat der Existenz Gottes. Im Folgenden sollen Dimensionen von sympathetischer Nähe und antipathetischer Ferne ausgeleuchtet werden.

Im Spätwerk schreckt Nietzsche nicht davor zurück, Kant grob ungerecht zu verkennen, wo er ihm denkerische Unredlichkeit vorwirft, Gegenstück zur von Nietzsche gelobten Kardinaltugend: Kant habe den Mangel an intellektuellem Gewissen unter dem Begriff der ‚praktischen Vernunft' „zu verwissenschaftlichen gesucht" (AC 12), so lautet die bittere Invektive gegen ihn; er habe, zwecks Annahme einer übersinnlichen sittlichen Welt, des unsichtbaren Reichs der Selbstzwecke, „Denker-Corruption" und „Falschmünzerei" betrieben (ebd.). – Daß Kant ein Reich moralischer Werte, „uns entzogen, unsichtbar", doch „wirklich" (KTA 78, 282) angenommen und begründet hat, tröstet und erfreut sehr wohl den frühen, empört und erbost hingegen den späten Nietzsche.

1) Konstruktive Bezugnahmen Nietzsches auf Kants Ethik und Erkenntniskritik

Tituliert Hölderlin, wegen der Strenge seiner *Ethik*, Kant feierlich (1798/99) den „Moses unserer Nation" und rühmt noch Solowjew an den Deutschen als ihre besondere Tugend den „sittlichen Ernst", so zieht der frühe, moralistisch gestimmte Nietzsche schon im Jahre 1873 zürnend eine, wie er sie wahrnimmt, sittliche Verlustbilanz: „Man merkt aber auch praktisch nichts mehr von der Strenge der Selbstzucht, von dem kategorischen Imperativ und

---

1 Zur Zitierweise Nietzsches s. Siglenverzeichnis.

einer bewussten Moralität" als Pflichttreue (KSA 7, 691). Denn statt in ihrer „Bildung"[2] „*Charakter* zu offenbaren" (KSA 7, 708), jagen die Menschen „überall" – in einer Art „wilden Daseinsgier", die durch Schleier von Eleganz verhüllt werden müsse, – besinnungslos der „Verweltlichung" nach,[3] das Ephemere ausnützend, den Augenblick, die zufällig vorherrschenden Meinungen und Moden vergötzend (KSA 7, 817ff).

Schopenhauer wird als bedeutender Ethiker gerühmt, der – im Gefolge von Kant – dazu berufen sei, die grassierende Verweltlichung zu zertrümmern, für dessen Ethik der Disziplinierung des bösen, verkehrten Willens als Vordenker Augustinus, Luther, Pascal erwähnt werden. Bewußt ist Nietzsche, „wie tief" eine „neue Religion" sein müßte, in der die Kantischen metaphysischen Postulate weggebrochen wären, nämlich wenn, – wie er das als „tragische Resignation" annimmt, – „das Unsterblichkeitsmotiv ... wegfällt" und „das Verhältniß" des Einzelnen „zu einem Gott vorbei" sei (KSA 7: 618f, 811ff). Zu ihrer ‚Tiefe' gehört für den frühen Nietzsche als glühenden Schopenhauer-Jünger die Überwindung der Liebe zum Ich im Einsfühl mit allem Lebendigen, Leidenden, Gegenentwurf zum schamlosen Hedonismus der Zeit, wenn die christliche „Religion nicht mehr möglich sein sollte" (KSA 7, 619). Die neue „Schöpfung einer Religion", schwieriger seit Kants *Kritik der reinen Vernunft*, läge darin, so die unchristlich-romantische Imagination, – daß einer „für sein in das Vakuum hinein gestellte mythische Gebäude *Glauben erweckt*" (KSA 7, 431).[4] Der Termi-

---

2 Entwicklungen im 20. und 21. Jahrhundert prophetisch vorwegnehmend erklärt Nietzsche: „Überall *Symptome eines Absterbens* der Bildung": „Hast, abfluthende Gewässer des Religiösen, die nationalen Kämpfe, die zersplitternde und auflösende Wissenschaft, die verächtliche Geld- und Genusswirthschaft der gebildeten Stände, ihr Mangel an Liebe und Grossartigkeit. Dass die gelehrten Stände durchaus in dieser Bewegung darin sind, ist mir immer klarer. Sie werden täglich gedanken- und liebeloser. Alles dient der kommenden Barbarei, die Kunst sowohl wie die Wissenschaft – wohin sollen wir blicken? Die grosse Sündfluth der Barbarei ist vor der Thür." Wir „haben eigentlich nichts zu vertheidigen"; und Halbgebildete wollen diese „Krankheit weglügen"! (KSA 7, 718f)

3 Nietzsche zeigt, wie solche *Verweltlichung* als ein Metaphysikverzicht *hedonistisch* motiviert sei und sich *politisch* auswirke: „Der politische Wahn ... ist vor allem *Verweltlichung*, Glaube an die *Welt* und Aus-dem-Sinn-Schlagen von ‚Jenseits' und ‚Hinterwelt'. Sein Ziel ist das Wohlbefinden des *flüchtigen* Individuums: weshalb der Socialismus seine Frucht ist, d.h. die *flüchtigen Einzelnen* wollen ihr Glück sich erobern, durch Vergesellschaftung, sie haben keinen Grund zu *warten*, wie die Menschen mit ewigen Seelen und ewigem Werden und zukünftigem Besserwerden." (KSA 9, 504f) – Zu Nietzsches Begriff und Kritik des *Sozialismus* s. Henning Ottmann: *Philosophie und Politik bei Nietzsche*, Berlin / New York 1987, 25-31, 124f, 138ff, 297-307.

4 Dies unternimmt Nietzsche zehn Jahre später selbst im *Zarathustra* mit dem antichristlichen Evangelium, das in Glaubenswerbung suggestiv die Bildung des Übermenschen als postmetaphysischen Sinn der Erde verkündigt.

nus ‚Vakuum' macht Nietzsches Innesein einer um sich greifenden Sinnleere deutlich.

Nietzsches frühes Moralkonzept neigt dazu, Unterschiede zu verflüchtigen; so verschmilzt er Kants Pflichtethik mit Schopenhauers Mitleidsmoral. Nur „adoptirte Tugenden" allerdings nennt Kant das gütige Mitgefühl und die Leidenschaft der Teilnahme, die schwach und blind seien im Vergleich zu „ächter Tugend", die auf Grundsätzen beruhe; daher sei das Mitleid nicht als Prinzip für die Ethik tauglich (AA II 217f). – An Kant, Hölderlin, Schopenhauer anknüpfend entwirft der frühe Basler Nietzsche[5] Umrisse einer pantheisierenden „Metaphysik der Liebe."[6] Tugenden wie wohlwollende Güte, Liebe und überströmendes Mitleid gelten in ihr als „Offenbarung einer höheren Ordnung" und moralisch-„praktische Weltcorrektionstriebe" (KSA 7, 112). Korrigiert werden soll, indem das „Dogma(!) der Liebe und des Mitleidens" als „feste Brükke" sogar über Feindschaften hinweg in die Tat umgesetzt wird (KSB 3, 226f), die Geltung und Wirkungskraft der Darwinistischen Parole vom „Kampf ums Dasein". Kunstmetaphysisch wird der Mensch „dem wilden Existenzkampfe entrückt" durch Erfahrung von Schönheit (KSA 7, 142ff); ethisch-religiös sollen wir den die Welt beherrschenden blindwütig egoistischen Willen überwinden durch *„Lieben über uns hinaus"* (KSA 8, 46). Nietzsche charakterisiert den „Gesellschaftsprozeß" als ein „System miteinander kämpfender Egoismen", oder, mit Epikur-Anklang, als „Atomenwirbel der Egoismen", insofern den individuellen Partikularinteressen wesentliche „Zwecke" fehlen (KSA 7: 646, 661). Stärkster Kontrast zum ‚Daseinskampf' ist für Nietzsche das Johannesevangelium, die schönste Manifestation des „Regenbogens der mitleidigen Liebe und des Friedens". Er geht mit dem geschichtlichen Auftreten des Christentums über dem „Entsetzlichen und Raubthierartigen der Sphinx Natur" auf, über dem Hobbesschen gesellschaftlichen *bellum omnium contra omnes* und über dem Völkerkrieg als der „fressenden Fackel des Menschengeschlechts" (KSA 7: 339f, 343f).

Den Mangel an substantieller Ethik im zeitgenössischen Bildungsbürgertum hält Nietzsche für alarmierend, da von dort ausgehend, durch vergröberndes Echo solcher moralischen Dekadenz, in anderen sozialen Schichten „alles

---

5 In *Schopenhauer als Erzieher* wird die Realisierung unsrer *metaphysischen Anlage* antik- und neuhumanistisch als *höchste Menschwerdung*, mit Platon als Periagoge: seine Seele zur Idee des Guten „Herumwenden" (*Politeia* 518a-e), mit christlicher Metanoia als „Wunder der Verwandlung" (s. Paulus, 2. *Korinther* 5, 17), mit Schopenhauers fernöstlicher All-Sympathie als „Mit- und Eins-Gefühl in allem Lebendigen" bestimmt (KSA 1, 381ff).

6 ‚Metaphysik der Liebe' (KSA 8, 204) setzt Nietzsche in seiner „Kritik der Bergpredigt-Idealität" später freilich in ironische Anführungszeichen: im „Socialism" erblickt er eine ihrer „versteckteren" Formen (KSA 13, 207f).

zu Grunde" zu gehen drohe (KSA 7, 713). Hierzu paßt die Verherrlichung des „ethischen Naturalismus", – dem späten Nietzsche willkommen, dem frühen ein Gräuel, – der im Horizont des Darwinismus mannigfache Blüten treibt, z.B. bei David Strauß, Ernst Haeckel, Herbert Spencer. „Die Sympathie für die Urzustände ist recht die Liebhaberei der Zeit. So ein Unsinn", echauffiert sich Nietzsche, – wohl an D. F. Strauß' neues Evangelium in *Der alte und der neue Glaube* denkend, – und moniert, „daß eine Descendenzlehre gar religionsmässig gelehrt werden kann!" (KSA 7, 741f) Naturalistische Konzepte wie v.a. den Darwinismus, der den „Mangel aller cardinalen Verschiedenheit zwischen Mensch und Thier lehrt", hält Nietzsche „für wahr, aber für tödtlich", insofern sie mit der neuerdings „üblichen Belehrungswuth noch ein Menschenalter hindurch in das Volk geschleudert werden", da sie „utilitaristischer Gemeinheit" und elendem Versinken in „Systemen von Einzelegoismen" Tor und Tür öffnen (KSA 1, 319).[7] – Zentralgestirne klassischer Ethik als Schutzwall gegen den von ihm vorausgesehenen Werteverfall aufbietend und kreativ fortführend sieht Nietzsche sich insonderheit Kants Ethik verbunden.

„Der Glaube an die Metaphysik ist verloren gegangen" (KSA 7, 425), so beklagt sich Nietzsche im Jahre 1873. „Die Konsequenzen" von Kants Lehre: „Ende der Metaphysik als Wissenschaft." (KSA 7, 436) In Kants Vernunftkritik, die theoretisches Erkennen auf Erscheinungen begrenzt, erblickt Nietzsche ein tragisches Verhängnis, das über die Geschichte menschlicher Wahrheitssuche unwiderruflich hereingebrochen sei: „Das Tragische, ja Resignirte der Erkenntniß nach Kant." (KSA 7, 497) In seiner frühen Charakteristik „empfindet"(!) der *„Philosoph der tragischen Erkenntniß"*, der er selbst sein will, „den *weggezogenen Boden der Metaphysik tragisch"* (KSA 7, 427f). Moses Mendelssohns bekanntes Wort von dem „Alleszermalmer" Kant, dem das ‚Ding an sich' unerkennbar geworden ist, klingt hier ebenso an als eine Wirkung der kantischen Philosophie wie die Kantkrise des jungen Heinrich von Kleist, die Nietzsche als „Verzweiflung an aller Wahrheit" charakterisiert (KSA 1, 355).[8] Für ihn „vollendet es das

---

7 Zu dem von Nietzsche realistisch treffend ironisierten missionarischen Eifer in „Popularisierungskampagnen" des Darwinismus im letzten Drittel des 19. Jahrhunderts, die den Glauben an die Wissenschaft als Ersatzreligion etablieren wollen, zum „Mythos von der ‚darwinschen Revolution'" des biologischen Wissenschaftsparadigmas und zum „periodisch aufbrechenden Streit zwischen Evolutionisten und Kreationisten, in dem sich der Konflikt zwichen Schöpfungsglauben und Atheismus kontinuiert", vgl. Wolfgang Eßbach: *Religionssoziologie* 2. *Entfesselter Markt und artifizielle Lebenswelt als Wiege neuer Religionen*, T. 1, Paderborn 2019, 273f, 363-373, bes. 363f.
8 Kleist an seine Schwester Ulrike, 23. März 1801: „Der Gedanke, daß wir hienieden von der Wahrheit nichts, gar nichts wissen ... hat mich in dem Heiligtum meiner Seele erschüttert. – Mein einziges und höchstes Ziel ist gesunken, ich habe nun keines mehr." Heinrich von Kleist: *Geschichte meiner Seele. Das Lebenszeugnis de Briefe*, hrsg. von H. Sembdner, Bremen

Bild des Daseins, daß das Metaphysische nur *anthropomorphisch* erscheint". An seine Grenzen gelangt, wende nämlich der Erkenntnistrieb „sich gegen sich selbst, um nun zur *Kritik des Wissens* zu schreiten" (KSA 7, 427f). Kants erste *Kritik* atmosphärisch einfangend isoliert Nietzsche sie von der Kantischen *praktischen Metaphysik*.[9]

Kants Postulatenlehre zum Dasein Gottes und zur Ewigkeit der Seele marginalisiert Nietzsche, indem er Kant in Kleistisch gebrochener Perspektive mißversteht; er nimmt die agnostizistische Verzweiflung an der Erkennbarkeit der Wahrheit[10] als Folgelast Kantischen Denkens an (KSA 1, 355f). Solche Thesen entsprechen nicht Kants originärer Philosophie. Das Werk von F. A. Lange zur *Geschichte des Materialismus*, von dem Nietzsches Kant-Verständnis stark geprägt ist,[11] verkürzt Kants Denken um dessen ethisch fundierten Gottesglauben rein auf Erkenntniskritik und dürfte Nietzsche dazu bewogen haben, Metaphysik wie jener nur als „Begriffsdichtung" einzuschätzen. Diese kantianisierende erkenntniskritische Perspektive immunisiert ihn freilich gegen jegliche falsche Ontologisierung oder Dogmatisierung von Hypothesen des Naturerkennens und macht ihn zum Präpopperianer, da er die Letztgültigkeit naturwissenschaftlicher Erkenntnis bezweifelt.

Aus der Vorrede zur *Kritik der reinen Vernunft* zitiert Nietzsche das berühmte Wort: „*ich mußte das Wissen aufheben, um zum Glauben Platz zu bekommen*". Kant habe sich (verdienstvoller Weise) gegen den dogmatischen, der Moralität „widerstrebenden Unglauben" gewandt und daher „*ein Gebiet vor dem Wissen retten*" wollen. Nietzsche bekundet hier noch große Nähe zur ethischen Metaphysik als einer All-Sympathie. Gerettet werden soll, so will Nietzsche Kants Intention fortführen, das „Höchste" und „Tiefste", für ihn Kunst und Ethik. Um

---

1959, 177f, vgl. Kristina Fink: *Die sogenannte ‚Kantkrise' Heinrich von Kleists; Ein altes Problem aus neuer Sicht*, Würzburg 2012.

9 Joao Constâncio sucht in nuancierter Betrachtung, indem er perspektivische Brechungen von Nietzsches Kant-Verständnis, u.a. im Begriff vom *Ding an sich*, durch Schopenhauer, F. A. Lange und Kuno Fischer beachtet, entwicklungsgeschichtlich zu zeigen, wie Nietzsches Skeptizismus, daß es keine (metaphysische) *Wahrheit* gibt, sich fälschlich auf Kants erste *Kritik* beruft. Verf. bestreitet zu Recht, daß gemäß Nietzsches Suggestion aus ihr, in deren schauriger Fehldeutung, die nihilistische Formel von Zarathustras ‚Schatten' gefolgert werden könnte: „Nichts ist wahr, Alles ist erlaubt'" (KSA 4, 340). The Consequences of Kant's First *Critique*: Nietzsche on Truth and the Thing in Itself, in: *Nietzsches Engagements with Kant and the Kantian Legacy*, Bd 1: *Nietzsche, Kant and the Problem of Metaphysics*, hg. von M. Brusotti, H. Siemens, London etc. 2017, 103-138; bes. 118, 131f.

10 Kant habe den „erkenntnißtheoretischen Scepticismus der Engländer" für Deutsche *möglich* gemacht. „Gegen den Positivismus" erklärt er, wir könnten „kein Factum ‚an sich'" feststellen, allein es auslegen (KSA 12: 340, 315).

11 George J. Stack: *Lange and Nietzsche*, Berlin/ New York 1983, 1-24, 156-194; zu Kant – Nietzsche 195-223.

das Urproblem vom *Wert des Daseins* zu lösen sei nötig „*das Festhalten des Erhabenen!*" (KSA 7, 425-428) Nietzsche sucht den durch nichts begrenzten positivistischen Neugier-Wissenstrieb einzudämmen, wissenschaftsgeschichtlich einen mechanistischen Materialismus und eine Tierphysiologie, deren Objekt der Mensch geworden ist. Der von Gläubigen der neueren Naturwissenschaft entfachte „Realismus des jetzigen Lebens" lehre Menschen, „sich als Thier zu betrachten", was ihren Daseinssinn untergrabe (KSA 7, 102).

Ist Metaphysik als Wissenschaft nach Kant nicht mehr möglich, so muß ein außertheoretischer Bereich für die Betätigung der vom frühen Nietzsche wie von Kant angenommenen *metaphysischen Anlage* (KSA 1, 378) des Menschen gewonnen werden. Dieser Bereich ist für Nietzsche nicht die Moral wie bei Kant, auch nicht die Religion wie bei Schleiermacher, sondern wie für Schelling im *System des transzendentalen Idealismus*[12] die Kunst, da sie einzig verbleibender Zugang zum *Absoluten* sei. Schelling behauptet, die Kunst der geschichtlichen Religion überordnend und die Metaphysik in die Ästhetik einfügend, die Kunst des Genies verbleibe als einzige *Offenbarerin des Absoluten*, als die Darstellung des Unendlichen im Endlichen und als das Hineinbilden von Idealität in Realität. Zum Einströmen der Kunst in ein metaphysisches Vakuum lautet eine autobiographische Notiz: „die Selbstvernichtung(!) der *Erkenntniß* und Einsicht in ihre letzten Grenzen war das, was mich für Kant ... begeisterte. Aus dieser Unbefriedigung glaubte ich an die Kunst." (KSA 10, 239) Ein Anhauch von negativer Theologie steckt in der Begriffsverwendung Wissens-‚Selbstvernichtung', insofern der frühe Nietzsche eine Metaphysik des leidenden Ureinen entworfen hat (KSA 1, 51). Was ‚vernichtet' werden sollte, ist ein „*absolutes Erkennen*", das „Saturnalien" in Geschichts- und Naturwissenschaft feiert, wobei dem für ein Erkenntnisurteil erforderlichen „Grade der *Sicherheit*" das metaphysikfeindliche Aufsuchen von „immer kleineren Objekten" entspricht. Das Geringste, das hier „ausgemacht" werden kann, gelte „höher als alle metaphysischen Ideen" (KSA 7, 429).

Das neue positivistische absolute Wissen aber fällt Fehlurteile: „Gerade immer das Falsche wird ernst genommen: in der Religion – das Historische", „in der Kunst – die Unterhaltungslektüre", „in der Wissenschaft – das Mikrologische", und „in der Philosophie – der dumme Materialismus" (KSA 7, 411), so zürnt der frühe, dem Idealen, Ewigen, Klassisch-Überhistorischen zugewandte Nietzsche. Die in der gebildeten Welt Europas ausgebrochene unersättliche „Universalität der Wissensgier" (KSA 1, 99f), so fordert er, müsse unter ethische Ideen ‚zurückgebändigt' werden, in die Richtung des kantischen Primats

---

12   Dieser Titel und Schelling: *Ideen zu einer Philosophie der Natur* sind von Nietzsche aufgeführt: BAW 3, 394.

der praktischen vor der theoretischen Vernunft weisend (vgl. KSA 7, 427f). Der Philosoph, der den „Zeitgeist", das säkulare Trachten auch in sich selbst überwindet, soll angesichts unendlicher Vielheit sich der „bleibenden Typen" bewußt werden, wie sie in einem teleologischen Weltmodell konzipierbar sind (KSA 7, 418-421). Erinnernd und anknüpfend an die „wunderbare Zweckmäßigkeit", die der Nous des Anaxagoras „ausgedacht hat", der die „Todesruhe des Chaos", ein ungeordnetes „Durcheinander des Urzustandes" durch kluge Bewegungen überschreiten machte, wodurch aus jenem Chaos ein Kosmos von herrlicher Schönheit wurde (KSA 1: 872, 864), rühmt Nietzsche Kants kosmologische Frühschrift über die *Naturgeschichte des Himmels* zur überaus „staunenswürdigen Einrichtung" des *Kosmos*,[13] des näheren das kühne Wort Kants (AA I 229), das ihn beeindruckt haben dürfte und das er verkürzt zitiert: „Gebt mir Materie, ich will eine Welt daraus bauen'" (KSA 1, 865ff).

In seiner Basler Vorlesung von 1871/72 rühmt Nietzsche, Platons „Ideenlehre ist etwas sehr Erstaunliches, eine unschätzbare Vorbereitung für den Kantischen Idealismus", da „jede tiefere Philosophie" mit dem Gegensatz von Ding an sich und Erscheinung beginne (KGW II/4, 7f).

Nietzsches Studiennotizen zur „Teleologie seit Kant" von 1867/68 (BAW 3, 371-394) sind Vorarbeiten zu einer unvollendeten philosophischen Dissertation. Sein Forschungsprojekt war das Problem der Teleologie nach Kant und angesichts von Darwins Lehre. Nietzsche hegte die kühne Absicht, mit Hilfe von Kants *Kritik der Urteilskraft* den Nachweis zu führen, daß Charles Darwins und Friedrich Albert Langes Verabschieden, ja Vernichten aller Teleologie voreilig sei.[14] Lange vertritt die ganz unkantische These, – die Wilhelm Dilthey als wirkungsreiches Dogma verkündet hat, – daß die alte teleologische Welterklärung, ja jede Teleologie gänzlich überholt sei. Und zwar, weil Darwin in erfolgreicher Anwendung des Prinzips durchgehender mechanisch-kausaler Erklärbarkeit der Welt, worin eine Zufallslehre mit eingeschlossen sei, die Stufenleiter des Organischen aufgeschlüsselt habe; ihm sei also die rein natürliche Erklärung der Artenbildung und organischen Formen gelungen.

Nietzsches frühe Notizen zur *Teleologie seit Kant* sind eigene Reflexionen und Paraphrasen, in denen er Exzerpte aus Kant, Goethe, Schopenhauer, Lange kommentiert. Durch Begriffe einer mechanischen Gesetzmäßigkeit könne

---

13 Zu Kants früher Kosmologie, welche die räumliche Lage der Erde relativiert, da es lediglich einen *gedachten*, – physikalisch nicht feststellbaren, – *Mittelpunkt der Welt* gibt, kraft Reflexion, die „aus der gesamten Schöpfung ein einziges System macht" (I 311), s. Volker Gerhardt: Die kopernikanische Wende bei Kant und Nietzsche, in: Jörg Albertz (Hg.): *Kant und Nietzsche – Vorspiel einer künftigen Weltauslegung?*, Hofheim 1988, 157-183, 163ff.

14 Vgl. Edith Düsing: *Nietzsches Denkweg. Theologie – Darwinismus – Nihilismus*, München, 2. Aufl. 2007, 208-221; zum Darwin-Komplex und zur Antiteleologie ebd. 201-350.

für Kant zwar wohl „der *Weltbau*, aber kein Organismus erklärt werden'." „Es ist unmöglich, die natürliche Zweckmäßigkeit vorzustellen als der Materie innewohnend."" „Das Wunderbare ist uns eigentlich das organische Leben". Daß „das Lebendige aus Mechanism entstehn könne. Das *Leugnet* Kant." (BAW 3: 377, 375, 379) Für Kant, der die Hypothese eines „Archäologen der Natur" aufstellt, der auf naturhistorische Art die Entwicklung organischer Gattungen aus einem „Urstamm" des Lebens entwirft, ist in der Tat die Entstehung des Lebendigen aus dem Anorganischen, ist also ein ‚Newton des Grashalms' oder der ‚Raupe' unmöglich; das heißt, das Phänomen des Organischen ist nach Kant durch den Mechanismus allein nicht erklärbar (AA I 230; V 400, 419f).[15] Nietzsche gibt Kants transzendentalphilosophische Konzeption wieder, wonach sowohl der gesetzmäßige Mechanismus des Anorganischen als auch die Zweckmäßigkeit des Organischen von unserem Verstand in die Natur hineingebracht sei. „In die von uns gemachten Einheiten tragen wir nachher die Zweckidee" ein (BAW 3: 373, 377f, 380). Nietzsche hat begriffen, daß nach Kants theoretischer Philosophie der *Mechanismus* ebenso wenig wie der *Organismus* etwas ist, das Dingen an sich selbst zukäme, sie vielmehr nur Erscheinungen betreffen und Konstrukte unseres Verstandes sind. Naturzwecke sind transzendental-kritisch nur für unseren Intellekt und von diesem entworfene „Einheiten, als Zweckcentren" (BAW 3, 387f).

Wenn im Sinne der Annahme einer gewaltigen Kette von Mutationen gelten würde: „Das ewig Werdende ist das Leben"; wenn unser Intellekt aber seiner Natur nach nur festumrissene Formen (eide) als Gebilde von Erscheinungen „intentioniert", so ist „unser Intellekt zu stumpf", um eine „fortwährende Verwandlung", wenn es sie gäbe, überhaupt wahrzunehmen (BAW 3, 387). Dieses Nietzschesche ‚Proteus'-Argument ist ein origineller erkenntniskritischer Einwand gegen Darwins Annahme unbegrenzten Variierens und Ineinander-Übergehens von Arten. Phantasievoll erwägt Nietzsche konstruktiv eine Synthesis von grenzenlos Sichwandeln und Mit-sich-identisch-Bleiben in *distinkten Typen*: „Die Individuen sind die Brücken, auf denen das Werden beruht" (KSA 7, 477); oder: „die Einzelnen" bilden eine „Brücke über den wüsten Strom des Werdens" (KSA 1, 317).[16]

Nietzsche faßt die darwinsche Lehre in die Worte vom Übrigbleiben des Lebensfähigen in einer „Unmenge von Lebensunfähigem" (BAW 3, 379) und

---

15   Vgl. dazu Gerhard Vollmer: Kognitive und ethische Evolution und das Denken von Kant und Nietzsche, in: Albertz (Hg.): *Kant und Nietzsche* (s. nota 13), 81-109.

16   In Nietzsches Darwin-Erörterung ist Heraklit eingewebt, Düsing: *Nietzsches Denkweg* (s. nota 14), 237-254. – Das Individuum, als „complicirteste Thatsache der Welt" tituliert, so wird Leibniz' Monade umgedeutet, sei nur „der *höchste Zufall*", „ein Blitzbild aus dem ewigen Flusse", dem Heraklitischen παντα ρει (KSA 9: 469, 502).

unter all' den „zahllosen Combinationen" (KSA 7, 649). Das Taugliche sei „nach einer unendlichen Kette mißlungener und halbgelungener Versuche gebildet" (BAW 3, 381). Jene „Methode der Natur" aber, die auf mechanische Art und durch Zufall Lebensfähiges hervorbringt, tituliert er eine „sinnlose Methode"! Deren Absurdität illustriert er mit dem Bildvergleich: „Der Zufall kann die schönste Melodie finden" (BAW 3, 374); immerhin hat Nietzsche von seiner Jugendzeit an komponiert, einen transzendenten und später psychischen Ursprung der Musik erwogen[17] und stets den schöpferischen Genius verehrt. „Ohne Musik wäre das Leben ein Irrtum. Der Deutsche denkt sich selbst Gott liedersingend." (KSA 6, 64) Schrill klingt der Originalton von Nietzsches spontaner Distanzierung gegenüber der *Methode der Natur* auf,[18] wie sie Leben und höhere Arten erzeuge. Der Doktorand wehrt die Zumutung solcher Sinnlosigkeit von sich ab. Allerdings verfügt er offensichtlich über kein zureichendes, ihn befriedigendes Argument, um die bedrückende Sicht auf eine anscheinend alles durchherrschende *Dysteleologie* widerlegen zu können, die sein Denken durch Rezeption von F.A. Langes Darwinbild unwiderruflich und, – im Hinblick auf eine negative Theodizee, – verhängnisvoll bestimmt hat. – „Die erkannte(!) Zwecklosigkeit in der Natur im Widerspruch mit der Zweckmäßigkeit" (BAW 3, 393): dieses schneidende Wort schlägt zum ersten Mal ein Thema an, das für Nietzsche später zentral sein wird: humane Sinnverarmung, Geworfensein des Selbst in lieblos güteleere Natur, am Ende ein herzzerreißender „selbstmörderischer Nihilismus" (GM III 28), der zurückgeht auf den alles Seiende zu verschlingen drohenden Teleologieverlust. Damit einher gehen Orientierungsschwäche und soziale Nivellierungstendenzen durch ein „lärmendes Gezwerge" (KSA 1, 317).

Nietzsche ist überzeugt, sowohl die Rechtfertigung als auch die „Beseitigung der Teleologie" habe „praktischen Werth", erstere als Rückhalt für ethische

---

17 Vgl. Curt Paul Janz: Nietzsche als Überwinder der romantischen Musikästhetik, in: Albertz (Hg.): *Kant und Nietzsche* (s. nota 11), 193-210. Der 14-jährige Nietzsche erwog *Musik als Geschenk Gottes* (209). In: *Glaube an Inspiration* (MA 155) entzaubert er die Vorstellung, die *Idee* eines Werkes leuchte „wie ein Gnadenschein vom Himmel herab"; *Erfinden*, so von „herrlichsten Melodien", entspringe unserer *Phantasie, Urteilskraft* und *Mühe*.

18 „Die entsetzliche Consequenz des Darwinismus, den ich übrigens für wahr halte"! Die erschütterte Gedanken- und Empfindungsbewegung des jungen Nietzsche gipfelt in diesem Wort, welches gleichsam die Aufwurflinie des Erdbebens markiert, das die Fundamente seines Denkens in Aufruhr versetzte. „Alle unsre Verehrung", so umreißt er das, was verlorengeht, „bezieht sich auf Qualitäten, die wir für ewig halten: moralisch, künstlerisch, religiös" (KSA 7, 461). Aber *Instinkte* noch so hoch entwickelter Tiere, die wir Menschen sein sollen, verbürgen keine *Teleologie* und deren *Intuition* gewährt keinerlei ontologische *Wahrheit*. Nietzsches Denken ist wesenhaft die immer neue reflexive Einholung jener *Konsequenz* in ihrer Folgelast für Philosophie, Religion, Moral, Kultur und Politik.

Ideen, letztere als ein antitheistisches Ablehnen des „Begriffs einer *höheren Vernunft*" als des Urquells von Teleologie,[19] „weil wir alles mechanisch auflösen können und in Folge davon nicht mehr an Zwecke glauben" (BAW 3: 375, 380). „Den ‚Geist', das Gehirnerzeugniß als übernatürlich zu betrachten! gar zu vergöttern, welche Tollheit!" (KSA 7, 460) So wird freigeistig die naturalistisch *antiteleologische* Denkweise erprobt.

Als folgenschwer erwies sich, daß Nietzsches rudimentäre Kenntnis der Philosophie Kants ihn dessen transzendentale Auflösung der Antinomie von Mechanismus und Teleologie übersehen ließ. So verfällt Nietzsche immer neu auf ein schroffes unversöhnliches Entweder-Oder beider. „Das Schwierige ist eben die Vereinigung der Teleologischen", – die offenbar legitimiert werden soll, zumindest als Begriffsdichtung im Sinn von F. A. Lange, – „und der unteleologischen Welt." (BAW 3, 373) Jene schroffe Alternative wird, mit Demokrit-Anklang, von Nietzsche im Jahre 1873 in lakonischer Prägnanz als die Frage formuliert: „Leugnung der Zwecke Atomengewirr?" (KSA 7, 707) Mit der in der Antike entwickelten Vorstellung, die Welt sei entstanden durch einen ‚Atomenwirbel', assoziiert Nietzsche das *Sinnlose* schlechthin. Um solche *Dysteleologie* argumentativ zu überwinden stellt Kant die Antinomie der teleologischen Urteilskraft auf, die zwischen den Prinzipien des *Mechanismus* und der *Teleologie* als einer finalen Kausalität besteht, insofern sie als objektive, die Vorgänge in der Natur selbst betreffende Erklärungsweisen in der Tat einander widersprechen. Die Auflösung dieser Antinomie gelingt durch den Nachweis, daß Mechanismus ebenso wie Teleologie nur Modelle zum Verstehen der Wirkensweise von Organismen sind; als unterschiedliche Hinsichten in der Betrachtung des Lebendigen heben sie einander nicht auf. Der *Mechanismus*, wiewohl nur er zu objektiver Einzelerkenntnis der Natur führt, wird von Kant kraft der reflektierenden Urteilskraft der *teleologischen Kausalität* untergeordnet. Mechanische Vorgänge können dabei sehr wohl als Mittel einer *causa finalis* gedacht, wenn auch nicht erkannt werden.[20]

Kants Erkenntniskritik, v.a. was die Eingrenzung des Erkennens auf Erscheinungen anbetrifft, gehört zum festen Bestand, an dem Nietzsche kaum gerüttelt hat.[21] Umso heftiger setzt er sich mit Kants ethisch fundierter Metaphysik und Postulatenlehre auseinander, wohl bemerkend, kein Federstrich sei, sie auszulöschen, da Kants praktische auf der theoretischen Philosophie aufruht.

---

19 Zu Kants Titel: *Der einzig mögliche Beweisgrund zu einer Demonstration des Daseins Gottes* s. BAW 3, 393.

20 Vgl. Klaus Düsing: *Die Teleologie in Kants Weltbegriff*, Kant-Studien Ergänzungs-Heft 96, 2. Aufl. Bonn 1986, 51-65, 75-101, 264-267.

21 Vgl. Reinhard Margreiter: Ontologischer Paradigmenwechsel – Anmerkungen zu Kant und Nietzsche, in: Albertz (Hg.): *Kant und Nietzsche* (s. nota 11), 111-132, bes. 119f.

2) *Metaphysik der Kunst* – Schatztruhe der verabschiedeten christlich-religiösen Vorstellungswelt

Bei Nietzsche entfällt die ontologische Bedeutung der von der Kunst dargestellten Ideen, die Schopenhauer noch als Objektivationen des Willens als des an sich Seienden dargelegt hat. In der *Geburt der Tragödie aus dem Geiste der Musik* sind Religion und Moralität für sich unselbständige Bestandteile einer „künstlerischen Weltconception", die „Welterlösung" im religiösen Sinne und „Weltvollendung" im Sinn einer moralischen Weltordnung umfassen soll.[22] Nietzsche vertritt hier eine rein ästhetisch begründete Weltauslegung und -rechtfertigung, und zwar um der Eigenart des Lebens willen, das – wie er meint – notwendig auf Schein, Verhüllung, Täuschung beruht und das sich nur mit Hilfe von Fiktionen und perspektivischen Projektionen über das eigene Dasein und Sosein zu verständigen vermag. Wir brauchen, um als in sich dissonante Wesen leben zu können, in jedem Augenblick die Kunst; und jede Kultur nehme ihren Anfang damit, grundlegende Dinge zu verschleiern. Das schmerzliche Lebensrätsel, das jedes Individuum für sich selbst darstellt und das sich an seinem persönlichen Ungenügen, an den Grenzen seines geistig-sittlichen Vermögens entzündet, muß durch den uns umfangenden *Schönheitsschleier* erträglich gemacht werden. „*Damit der Bogen nicht breche*, ist die Kunst da". Sie erweckt den Schein einer „Lösung der Lebens-Räthsel". Je schwieriger, schmerzlicher die Erkenntnis von „Gesetzen des Lebens wird, um so inbrünstiger begehren wir nach dem Scheine jener Vereinfachung" (KSA 1, 452f).[23] Das *Tragische* liegt in einem prinzipiell nicht behebbaren *Bruch*, in einer zwiefachen Diskrepanz zwischen Willen zur Wahrheit und ihrer Unerkennbarkeit *und* zwischen praktiziertem Leben und für gültig erachteten Werten. Die verlorene metaphysische Wahrheit soll durch Stillung des Kunstbedürfnisses ersetzt werden.

---

22 Vgl. Nietzsche: *Die Geburt der Tragödie*, KSA 1: 55ff, 68f, 131f, 153ff.
23 Therapeutische Aufgabe der Kunst ist, „das Auge vom Blick ins Grauen der Nacht zu erlösen" und das Ich „durch den heilenden Balsam des Scheins aus dem Krampfe der Willensregungen zu retten"! (KSA 1, 126) – Die ironische Replik lautet: „Die Kunst ist jetzt im Seelenhaushalt des Gebildeten ein entwürdigendes Bedürfnis" (KTA 71, 335), insofern „religiöse Verehrung" und eine Ersatzbildung für das verlorene „Metaphysische" in ihm liegt, es jedoch dem Verlangen „nach Narcoticis" ähnlich ist (KTA 82, 388), um eine innerliche Leere der Seele zu überspielen. Die Aufgabe der „modernen Kunst" sei, zu „betäuben" (KTA 71, 338), – ein zeitgeistkritischer Gedanke, der auf Nietzsches Begriff des *passiven Nihilismus* vorausweist, der u.a. als *Betäubungslust* erklärt ist. So mache z.B. „romantische Musik" „jede Art unklarer Sehnsucht" und „Begehrlichkeit wuchern" (KSA 2, 373; MA II, Vorrede 3).

Was Nietzsche mit Kants Erkenntnisbegrenzung verloren geben muß, bekundet er erst in der mittleren freigeistigen Phase. In Nietzsches frühem Ästhetizismus, – wie Walter Benjamin ihn im *Ursprung des deutschen Trauerspiels* (104) anprangert, – ist eine verborgene metaphysische Dimension rekonstruierbar, die, in einer Entsprechung zu seiner Wagnerverehrung, ausgespannt ist zwischen christlichen Motiven wie ‚Heil‘ oder ‚Gnade‘, die dem Büßer von Gott zugesprochen werden (so Wagners *Tannhäuser*), und heidnischem Mythus, eine wohl religionskritische „Götterdämmerung" einschließend (Wagners *Ring des Nibelungen*). Die musikästhetische Opernselbsterfahrung schildert Nietzsche als „eine jubelnde Intuition und ein staunendes Sichselbstfinden" (KSB 2, 352f). Er rühmt Wagners Musikdramen u.a. wegen ihres Durchfigurierens des starken ethischen Motivs der „selbstlosen *Treue*" in unterschiedlichen tragischen Konstellationen der Schicksale (KSA 8, 215f).

Der Mythus, dessen „Wiedergeburt" – ein dominierendes Motiv in der *Geburt der Tragödie* – Nietzsche kraft Wagners Bayreuther Festspielen leidenschaftlich erträumt hat, sei durch einen „rastlos vorwärts dringenden" Geist der Wissenschaft „vernichtet" worden (KSA 1: 147, 111). Nur die Kunst vermöge noch, mitten im antik-heidnischen *Mythus*, christlich-romantische Ideen zum Vorschein zu bringen. Richard Wagner, so Nietzsche bewundernd, bediene sich, *frei* über der spezifisch „*religiösen* Bedeutung" stehend, des christlichen, germanischen, buddhistischen und des griechischen *Mythus*. Als Dichter habe er nämlich einen „ungeheuren Zeitpunkt" vorgefunden, in welchem „alle Religion aller *früheren Zeiten in ihrer dogmatischen Götzen- und Fetischwirkung wankt*"(!), so daß er – ideengeschichtlich konsequent – „der tragische Dichter am Schluß aller Religion, der ‚Götterdämmerung'" sei (KSA 8, 203f). Bei dem „Aussterben der Religionen" trete die Kunst als „höchste Weltbeglückerin" in Erscheinung, wiewohl ihr Glück wie ein „Schatten" des vormaligen Ewigen sei (KSA 8, 206), das früher Horizont der Hoffnung war. Für die das Vakuum erfüllende „ethische Entwicklung" sei die „*Treue* Hauptbegriff" (KSA 8, 245), der jede reale Liebe umfasse.

Für Nietzsche kommt der Kunst „die idealbildende Kraft" zu, die im Sichtbarmachen unserer „innersten Hoffnungen" besteht (KTA 83, 292), wobei sich die Frage erhebt, ob dem Erhofften etwas ontologisch *Reales* entspricht oder es sich um ein *Phantasma* für momentanen Trost handelt. In die Umbruchs- und Übergangsphase von der frühen Kunstmetaphysik zur ‚Freigeisterei' fällt die Erklärung: „Meine Religion, wenn ich irgend-etwas noch so nennen darf, liegt in der Arbeit für die Erzeugung des Genius; Erziehung ist alles zu Hoffende, alles Tröstende heißt Kunst." (KSA 8, 46; von 1875) So lautet die ästhetische Erlösungsidee, in welcher ein Glaube an Christi Kreuz als Mitte des Heils verworfen ist. Wie Kant in der *Kritik der Urteilskraft* (§ 59) *Schönheit* als *Symbol der Sittlichkeit* bestimmt, versteht der Basler Nietzsche das Kunstschöne als ein Zeichen für sittliche Güte, weit ab von Hegels metaphysischem Konzept, Schönheit sei in ontologischer Bedeutung, v.a. in christlich-romantischer Kunst, das sinnliche Scheinen der *göttlichen Idee* selbst. Daher überrascht, daß gerade der mittlere Nietzsche, wie zu zeigen ist, in seinem ersten dezidiert freigeistigen Werk *Menschliches. Allzumenschliches* (von 1878) den religiösen Wahrheitsgehalt von Kunstwerken thematisiert (MA 220), den er als *Freigeist* für sich schon verabschiedet hatte. Dem christlichen Selbstverständnis gemäß erörtert er die Frage der *Wahrheit* als die einer *Offenbarung*.[24] Entlarven aber will er religiöse, Machtgefühl suchende „Inspirations-Täuschungen" (KSA 12, 24).

Worin der schmerzliche Stachel in Nietzsches Verabschiedung der Metaphysik im Gefolge der kantischen Erkenntniskritik liegt und die existentielle Bedeutung der Kunst als Metaphysikersatz, wird vor dem Hintergrund seines Denkweges, der zum Antitheismus hinführt, durchsichtiger. Mit der Metaphysik wird für ihn nämlich in eins, anders als für den Königsberger Philosophen, auch der christliche Glaube hinfällig, und zwar in ontologischer Hinsicht, die Gottes Sein betrifft. Das Vakuum an metaphysischem Daseinssinn, das sein christlicher Jugendglaube hinterließ, als er ihn verlor nach der Lektüre von D. F. Strauß' *Das Leben Jesu, kritisch bearbeitet*, im Hinblick auf die Evangelien-Überlieferung, ist ein Jahrzehnt lang (1865-1875) durch Nietzsches Begeisterung für Schopenhauers Religion des Mitleidens ausgefüllt worden.[25] In rückblickendem Abstand verleiht Nietzsche seinem Staunen Ausdruck, wie in Schopenhauers *Metaphysik*, deren Faszination er, – so wird man wohl sagen dürfen, – als metaphysisch bedürftig erlegen war, „die ganze mittelalterliche christliche Weltbetrachtung ... trotz der längst errungenen Vernichtung aller christlichen Dogmen eine Auferstehung feiern" konnte (MA 26). Und erst mit seiner skeptischen Preisgabe jenes ethisch-religiösen Selbsterlösungsmodells gibt Nietzsche „die metaphysische Erklärungsart" auf, die „das innerste Welträtsel oder Weltelend" in dem wiederzuerkennen glaubt, was er an sich selbst „mißbilligt" (MA 17), so die Selbstverständigung über seine Schopenhauerphase, in der er den in sich wahrgenommenen blinden Lebenswillen durch Askese zu bändigen suchte. Erst nach deren Abschluß holt Nietzsche die intellektuelle

---

24 In *Vom Ursprung der Religionen* (M 62; KSA 14, 207) fragt er: Wie kann jemand seine Sicht der Dinge als *Offenbarung* empfinden? Antwort: Das Beseligende einer „großen, Welt und Dasein umspannenden Hypothese" überwältigt ihren Schöpfer so sehr, daß er sie *Gott zuschreibt*, das Hypothetische von ihr wegstreicht, sich selbst zum Organon erniedrigt und dabei gleichwohl seinen eignen Gedanken als „Gottesgedanken" zum Siege verhilft.

25 Zum Jugendglauben vgl. Düsing: *Nietzsches Denkweg* (s. nota 14), 79-108; zur Schopenhauer-Begeisterung ebd. 108-124.

und emotionale Auseinandersetzung mit dem *christlichen Glauben* nach, – besonders feinsinnig im Brennspiegel der *Kunst*; die sein Lebenselexier war. Im Sichentwöhnen von ihr muß die Selbstvergewisserung des freien Geistes sich bewähren.

Seine frühe Kunstmetaphysik im Geiste der Musik, die Schopenhauers Ethik verkündigte, hat Nietzsche, mit Blick auf Wagners Musikdramen, in das Wort gefaßt: „die ganze Musik ist eine Art Metaphysik der Liebe". Und „der Tod ist das *Gericht*, aber das frei gewählte ... voll schauerlichen Liebreizes, als ob es mehr sei als eine Pforte zum Nichts" (KSA 8, 204). Im „Als ob" mag Kants Restriktion metaphysischen Erkennens auf den praktisch-religiösen Glauben oder symbolischen Anthropomorphismus anklingen. Für einen Moment ist die Emotion der Auferstehung erweckt, indessen ihre leibhaftige Realität in skeptischer Klammer verbleibt. – Unter dem feierlichen Titel *Memorabilia* notiert Nietzsche sich im frühen Jahre 1878: „Als Kind Gott im Glanze gesehn ... – Gottesdienst in der Capelle zu Pforta, ferne Orgeltöne". „Sieben Jahre – Verlust der Kindheit empfunden." (KSA 8, 505) J. Figl deutet dieses bedeutsame Wort vom Gesehenhaben Gottes, das der als Atheist sich Verstehende in der Mitte seines Lebens freimütig niederschreibt, als eine Gotteserfahrung, in welcher er auf kindliche Weise die religiöse Atmosphäre seiner Umgebung in sich fokussiert; dabei spiegle das archaische Bild des Glanzes seine existentielle Betroffenheit wider.[26] Die Zeitphase solchen lebhaften Sicherinnerns (s. KSA 8: 194, 504ff) fällt zusammen mit Nietzsches gravierender Wandlung zu dem experimentierenden Freigeist.[27] Sein Abschiednehmen vom Glauben der Väter, Generationen christlicher Geistlicher eingeschlossen, vom „Heiligtum", wo er „anbeten lernte" (KSA 2, 15f), bringt für ihn mit sich, daß ferne Vergangenheit nochmals ganz gegenwärtig wird. Hinzu kommt sein Empfinden möglicher

---

26   Johann Figl: Geburtstagsfeier und Totenkult. Zur Religiosität des Kindes Nietzsche, in: *Nietzscheforschung. Eine Jahresschrift*, Bd 2, Berlin 1997, 21-34, bes. 29f. – Zum anrührenden Verlust der Kindheit und „Kindes-Seligkeit", gespiegelt in Musikselbsterfahrung, s. den Aphorismus *Sentimentalität in der Musik* (WS 168). Der Knabe schildert, wie, nach Tagen „unter Thränen", bei dem Begräbnis seines Vaters, auf unvergeßliche Weise zu einer „düster rauschende(n)" Kirchenlied-„Melodie" „Orgelton" durch die Kirchenhalle „braußte" (BAW 1, 5).
27   Vgl. Mazzino Montinari: *Nietzsche lesen*, Berlin/New York 1982, 23ff. (Or. *Che cosa ha veramente detto Nietzsche*, Roma 1975). – Nietzsche erzählt Cosima Wagner am 19. Dezember 1876: „Fast alle Nächte verkehre ich im Traume mit längstvergessenen Menschen, ja vornehmlich mit Todten. Kindheit Knaben- und Schulzeit sind mir ganz gegenwärtig" (KSB 5, 209f). Dazu VM 360: *„Anzeichen starker Wandlungen"* sei, wenn man von Verstorbenen träume; ist „der Boden" des eigenen Lebens „völlig umgegraben worden", so „stehen die Todten auf".

Todesnähe im Alter von bald Mitte dreißig, da sein Vater in diesem Alter gestorben ist, was ihn zum Bilanzziehen mahnen mag.

Im ersten freigeistigen Werk entfaltet Nietzsche, autobiographische Hinweise einstreuend, eine Hegels *Ästhetik* erstaunlich nahe kommende Sicht, – freilich in metaphysikkritisch gebrochener Perspektive,[28] – wonach die christlich-religiöse Glaubens-*Vorstellung* es ist, die den Wahrheitsgehalt der Kunst ausmacht – bzw. ausgemacht hat. *„Das Jenseits in der Kunst.* – Nicht ohne tiefen Schmerz gesteht man sich ein, daß die Künstler aller Zeiten in ihrem höchsten Aufschwunge gerade jene Vorstellungen zu einer himmlischen Verklärung hinaufgetragen haben, welche wir jetzt als falsch erkennen: sie sind die Verherrlicher der religiösen und philosophischen Irrtümer der Menschheit, und sie hätten dies nicht sein können ohne den Glauben an die absolute Wahrheit derselben. Nimmt nun der Glaube an eine solche Wahrheit überhaupt ab, verblassen die Regenbogenfarben um die äußersten Enden des menschlichen Erkennens ...: so kann", wie Nietzsche, Hegels These vom *Ende der Kunst* abwandelnd,[29] sagt, „jene Gattung von Kunst nie wieder aufblühen", die, wie Dantes „divina commedia, die Bilder Raffaels, die Fresken Michelangelos, die gotischen Münster ... eine metaphysische Bedeutung der Kunstobjekte voraussetzt"; es wird eine „rührende Sage" daraus werden, daß ein solcher „Künstlerglaube" einmal bestanden habe (MA 220). – Für Hegel ist das Absolute philosophisch zu begreifen; christlich-religiös ist es vorstellbar; durch die Kunst, – christliche Gemälde, Szenen in der Bibel, z.B. zu Jesu Erdenleben, – ist es sinnlich anschaubar (vgl. dazu hier C XII 1 f).

Nietzsche verabschiedet, im Geiste Kantischer Erkenntniskritik, den Wahrheitsgehalt religiöser Empfindungen, wie spirituelle Kunst sie zur Darstellung bringt und im Betrachter wiedererweckt. Gleichwohl ruft er mit Wehmut jene allein noch kraft ästhetischen Erlebens erschlossene „innere Welt der erhabenen, gerührten, ahnungsvollen, tiefzerknirschten, hoffnungsseligen Stimmungen" wach, um ihre Wirkungsart auf das Gemüt zu ergründen, wie sie z.B. im kirchlichen Gottesdienst unserer Seele „eingeboren" wurde und ein *„Fortleben*

---

28 Religion und Metaphysik sind zu überwinden; „negatives Ziel": jede doktrinale Metaphysik als *Irrtum* zeigen, das positive: die *historische* und *psychologische Berechtigung* metaphysischer Vorstellungen begreifen (MA 20).

29 Geht die Sinnbegründung der Kunst durch Religion verloren, so heißt das für Hegel *Auflösung* und *Zerfallen* der Kunst; denn deren eigentliche Bestimmung ist die ästhetische Darstellung des Substantiellen, der göttlichen Idee. – Vgl. Klaus Düsing: La teoria hegeliana della religione artistica e della ‚morte' dell'arte, in: *Arte, religione e politica in Hegel*. A cura di F. Ianelli, Pisa 2013, 79-99; neuerdings ders. zur These vom Ende der Kunst: Romantische Subjektivität. Zur Ästhetik des frühen Schelling und des späten Hegel, FS für Erich Kaehler, 2021.

des religiösen Kultus im Gemüt" angebahnt habe, durch tiefe Orgeltöne und das daher „erzitternde" Kirchenschiff (MA 130). Freude und Schmerz berühren sich in gewissen religiösen Nachbeben. Die Kunst mache dabei jedoch „*dem Denker das Herz schwer*"; denn im Freigeist, der sich des uralten metaphysischen Bedürfens mühsam *entwöhnt* hatte, erwacht es erneut; ein „Miterklingen der lange verstummten, ja zerrissenen metaphysischen Saite" wird hervorgebracht; so fühle sich der Lauschende bei einer Stelle der neunten Beethoven-Symphonie über die Erde entrückt, „mit dem Traume der *Unsterblichkeit* im Herzen". Wird nun der Freigeist sich seines anderen Zustandes bewußt, so „seufzt" er nach dem Menschen, der ihm „die verlorene Geliebte, nenne man sie nun Religion oder Metaphysik, zurückführe" (MA 153). So ist Nietzsche, wie vor ihm Kant, unglücklich verliebt in die Metaphysik als eine untreue Geliebte. Gewarnt wird vor dem *Gefährlichen Spiel*, daß man seiner „religiösen Empfindung wieder in sich Raum" gibt, also wider die religionskritische Logik des Verstandes der Suggestion ehemaligen Fühlens folgt und durch deren nostalgische Eigendynamik Urteilstrübungen unterliegt (MA 121).

Im Aphorismus *Religiöse Nachwehen* (MA 131) analysiert Nietzsche die wundersam frohgemute Stimmung, in der ein freier Geist vorprädikativ, z.B. in der Musik, einer religiösen Empfindung oder Stimmung begegnet, „ohne begrifflichen Inhalt", also außerhalb von dogmatischen Fragen. Er ertappt sich dabei zu wünschen, es möge *das Beseligende* in dem tiefen Gefühl von Frieden und metaphysischem Hoffen, dieser „Zauber der religiösen Empfindung" *auch das Wahre* sein. Die „„Ahnung"", wie es mit Anklang an Schleiermacher oder die Romantiker heißt, so z.B. von dem „„ganzen sicheren Evangelium im Blick der Madonnen bei Raffael"", bedeute nicht, Dasein oder Wesen „einer Sache in irgend einem Grade [zu] erkennen"; so trage solches „„Ahnen"" „„keinen Schritt weit ins Land der Gewißheit" (MA 131). Gleichwohl wird der freie Geist dazu ermahnt, nicht zu mißachten, daß er selbst „noch religiös" gewesen sei; denn um wahrhaft *weise* zu werden, müsse man *Religion* und *Metaphysik*, aus der man herkomme, wie *Mutter* und *Amme* geliebt haben (MA 292). Im Hinblick auf das Entstehen eines Kunstwerk stellt Nietzsche die Frage, ob es „eine Folge des *Ungenügens* am Wirklichen? Oder ein Ausdruck der *Dankbarkeit* über *genossenes Glück?*" sei; die zweite nennt er „*Apotheosen-Kunst*" (KTA 78, 567),[30]

30   Zu ihr zählt Nietzsche das Werk Raffaels; diesen zeiht er jedoch moralischer „Falschheit ..., den *Anschein* der christlichen Weltauslegung zu vergöttern" (ebd.). Raffaels *Transfiguration*, welche göttliche *und* irdische Welt in *einem* Gemälde als Spannungsfeld zwischen heilender Kraft des Erlösers Christus und menschlichem Leid zeigt, – eine für uns, als freigeistig Denkende, *vergangene* Sicht, – wird im gleichnamigen Aphorismus von Nietzsche in einer modern anmutenden Sichtweise gedeutet, die sein tragisches, seelenanalytisches und religionskritisches Seinsverständnis bekundet: „Die ratlos Leidenden, die verworren

die das schöpferische *Ich* manifestiert. Die Abwendung von der Metaphysik als Stufe der Befreiung sei zu ergänzen durch etwas, das, so heißt es feierlich, „noth tut" (MA 20), nämlich eine „rückläufige Bewegung" zu vollziehen, ohne die man sich „der größten Ergebnisse der bisherigen Menschheit berauben würde" (KSA 14, 123).

In Nietzsches erkenntniskritischer Philosophie, so im Aphorismus *Vom Dufte der Blüten berauscht*, sind es die Irrtümer einer tiefsinnigen metaphysischen Erklärungsart, die den von ihr bewegten Menschen „so tief, zart, erfinderisch", die Welt „so bedeutungsreich, tief, wundervoll" (MA 29), Heil oder Unheil kündend gemacht haben. Eine „übergroße Zartheit des Gefühls" und damit einhergehende „Verletzlichkeit des Herzens" (KSA 12, 156f) sind die ebenso Seele erhebenden wie schmerzensreichen Folgeerscheinungen der metaphysischen Welterklärung, deren tragende Mitte für ihn der *christliche Glaube* gewesen ist.[31] Den praktizierten *„Cultus* des Irrthums" würdigt Nietzsche retrospektiv; in eins beklagt er das profane *Bedeutungslose* der empirisch-faktischen Welt. „Ich behielt *mich* übrig als *Werthansetzenden*" (KSA 10, 231f), so lautet das transzendentale Fazit. – Ideengeschichtlich durchsichtig macht Nietzsche, wie „die wachsende Aufklärung die Dogmen der Religion erschüttert und ein gründliches Mißtrauen eingeflößt" hat, und daher das Gefühl, durch kritische Reflexion „aus der religiösen Sphäre hinausgedrängt", sich auf die Kunst wirft, die im Seelenleben das Religiöse einnimmt und viele religiös erzeugte Gefühle übernimmt (MA 150).

Im Aphorismus *Religiöse Herkunft der neueren Musik* bewährt Nietzsche seine Sicht, die Kunst selbst werde „seelenvoller" durch ihre Absorption religiösen Fühlens, sei es, daß dieses original besteht, sei es, daß es im freien, selbstbewußten Ich heimatlos wurde. Palestrina z.B. habe einem religiösen „neu erwachten innigen und tief bewegten Geiste zum Klange" verholfen (MA 219). Ein „Gefühls-Reichtum", der durch religiösen Glauben hervorgerufen und hinzugewonnen ist, findet auch in der bildenden Kunst und Musik Ausdrucksgestalt (MA 222). In *Abendröte der Kunst* resümiert Nietzsche im Blick zurück mit Dank, wie die Kunst eine goldene Brücke zu unserem höheren Selbst und gleichsam dessen Bürge zu sein vermag: „Das Beste an uns ist vielleicht aus Empfindungen früherer Zeiten vererbt", deren direkter Zugang uns verwehrt

---

Träumenden, die überirdisch Entzückten, – dies sind die *drei Grade*, in welche Raffael die Menschen einteilt." (M 8)

31 Die „beiden vornehmsten Formen von Mensch, denen ich leibhaft begegnet bin", – so die autobiographische Erinnerung, die starke Wertgefühle speist, – sind „der vollkommene Christ" und der „Künstler des romantischen Ideals", den er aber „tief unter dem christlichen Niveau gefunden" habe; und er rechne sich „zu Ehren, aus einem Geschlechte zu stammen, das in jedem Sinne Ernst mit seinem Christenthum gemacht hat" (KSA 12, 156).

ist; „die Sonne", Platons Gleichnis für die Idee des göttlich Guten, „ist schon hinuntergegangen", – denn Kants Grenzziehung der Sichtweite unserer Vernunft blendet deren objektive Realität aus, – „aber der Himmel unseres(!) Lebens glüht und leuchtet noch von ihr her, ob wir sie schon nicht mehr sehen" (MA 223). Das verlorne ontologisch höchste Gute wirkt noch als vergangenes segensvoll; dessen immer noch *Leuchten* deutet Nietzsche religionskritisch als die Fruchtbarkeit der Illusion.

Im Aphorismus *Die Revolution in der Poesie* nähert Nietzsche sich noch einmal der Hegelschen These vom Vergangenheitscharakter der Kunst, wonach diese sich ohne religiösen Sinnhorizont auflöst. Er fügt spannende Analysen hinzu, die auf die Nihilismusproblematik vorausweisen. Der „moderne Geist mit seiner Unruhe, seinem Haß gegen Maß und Schranke" sei bald „auf allen Gebieten zur Herrschaft gekommen, zuerst entzügelt durch das Fieber der Revolution und dann wieder sich Zügel anlegend, wenn ihn Angst und Grauen vor sich selber anwandeln". Durch kein absolutes *Maß*[32] will er sich bändigen lassen. „Zwar genießen wir durch jene Entfesselung eine Zeitlang die Poesien aller Völker, alles an verborgenen Stellen Aufgewachsene, Urwüchsige, Wildblühende, Wunderlich-Schöne und Riesenhaft-Unregelmäßige". Jedoch müsse, so prophezeit Nietzsche, – nicht immer der Interkulturalität abgeneigt (s. MA 23: *Zeitalter der Vergleichung*), – durch ein Naturbild – „die hereinbrechende Flut von Poesien aller Stile aller Völker ... allmählich das Erdreich hinwegschwemmen, auf dem ein stilles verborgenes Wachstum noch möglich gewesen wäre". Dann *müssen*, um mitzuhalten, „alle Dichter experimentierende Nachahmer" werden. Nietzsche erblickt die Gefahr versiegender Kreativität durch solche Entgrenzung und, wenn alle „Fesseln abgeworfen" werden, den drohenden „Abbruch der Tradition". Wenn man sich daran gewöhnt, „alle Beschränkung unvernünftig zu finden", dann, so der Paukenschlag, „bewegt sich die Kunst ihrer *Auflösung* entgegen", was einschließe, daß sie in unvollkommene Phasen ihrer Anfänge zurückfalle oder in gewagte „Ausschreitungen" (MA 221). – Zur wirklichen Überwindung der Metaphysik ist also Besonnenheit nötig, da sonst absurde Größen oder Mächte in den Seelenleerraum implodieren. Aufgegeben ist die „*reife* Freiheit des Geistes" (KSA 2, 17f).

Nietzsches Werk, das die „*große Loslösung*" (KSA 2, 15f) vom christlichen und metaphysischen Glauben reflektiert, die er selbst wohl paradigmatisch durchlaufen hat, enthält autobiographisch getönte Aphorismen, v.a. *Jahresringe der individuellen Kultur, Ein Ausschnitt unseres Selbst, Mikrokosmos und*

---

32 Für Platon ist die Idee des Guten Anfangsgrund (ἀρχή), Ziel (τέλος) und das genaueste Maß (ἀκριβέστατον μέτρον); s. dazu Hans Joachim Krämer: *Arete bei Platon und Aristoteles*, Tübingen 1959, 490ff, 500f.

Makrokosmos der Kultur (MA 272, 274, 276). Durch Einbezug dieses autobiographischen Hintergrundes wird die hochgradig ambivalente Stellung des Autors zur Metaphysik deutlicher, zwischen emotionaler Bejahung und intellektueller Verneinung stehend. Das geistig produktive In-sich-Nachbilden des Gefühls- und Wissensvorrats der Vorfahren hängt für Nietzsche mehr an dem stetig geübten Maß konzentrierter *Spannkraft* als an der geerbten *Begabung*. In die Bildung des „Gebäudes der Kultur im einzelnen Individuum" zeichnet er seine eigene Geistesentwicklung ein. In der Vorstufe durchgängig im Plural „Wir" formuliert (KSA 14, 140f), im veröffentlichten Werk in ein neutrales „sie" umgewandelt, verbirgt Nietzsche so in seiner Darlegung der Genesis des freien Geistes ein Selbstzeugnis. „Sie beginnen ... in die Kultur als religiös bewegte Kinder einzutreten und bringen es vielleicht im zehnten Lebensjahre zur höchsten Lebhaftigkeit dieser Empfindungen, gehen dann in abgeschwächtere Formen (Pantheismus) über, während sie sich der Wissenschaft nähern; kommen über Gott, Unsterblichkeit", also auch über Kants Postulate, „hinaus, aber verfallen den Zaubern einer metaphysischen Philosophie"; auch sie „wird ihnen unglaubwürdig" (MA 272); gemeint sein dürfte Schopenhauers Lehre als Religionssurrogat. In einer Vorstufe heißt es, die Kunst gewähre „am meisten", mehr als die Philosophie, dem ehemals Religiösen, nämlich „Metaphysik als Stimmung", insonderheit die Kirchenmusik (KSA 14, 140f).

Eine *Stellung* einzunehmen zwischen zwei „so verschiedenen Ansprüchen" wie Religion, Musik, Metaphysik einerseits und dem strengen Erkennen andererseits, worin die Wissenschaft zur „absoluten Herrschaft ihrer Methode" hindrängt, sei „sehr schwierig" und bekunde eine „hohe Kultur", deren intellektuelle Beweglichkeit einem „kühnen Tanze ähnlich" sieht, so heißt es im *Gleichnis vom Tanze* (MA 278). Der „wissenschaftliche Sinn wird immer gebieterischer"; er führe einen Menschen in seinen „ersten dreißig" Lebensjahren, in denen er ein Pensum von tausenden von Jahren in sich rekapituliere, „zur Naturwissenschaft und Historie" als „strengsten Methoden des Erkennens",[33] das frei von Metaphysik ist, während die Kunst an den Rand rücke (MA 272).

Ebenfalls autobiographisch getönt ist die Reflexion: „Wer gegenwärtig seine Entwicklung noch aus religiösen Empfindungen heraus anhebt und vielleicht längere Zeit nachher in Metaphysik und Kunst weiterlebt", habe durch Modernitätsrückstand im *Wettrennen* mit anderen modernen Menschen dem Anscheine nach an Raum und Zeit verloren. Aber, so relativiert Nietzsche

---

33 Für die innovative Naturwissenschaft steht exemplarisch Darwins Name, für die Historie der von D.F. Strauß.

jenen Positivismus strenger Wissenschaft,[34] indem er eine mystische Gottesberührung des Ich, – das als frei forschendes Selbstbewußtsein das Absolute als Denkinhalt verloren hat, – in das leuchtende und kräftige Bild eines Naturschauspiels faßt: ein solcher Mensch hielt sich einstmals in für ihn wohl unvergeßlichen Sphären auf, die er noch ausschöpfen will, „wo Glut und Energie entfesselt werden und fortwährend Macht als vulkanischer Strom aus unversiegter Quelle strömt" (MA 273).

Der *Geist der Wissenschaft* hat jenen „Glutstrom des Glaubens an letzte, endgültige Wahrheiten" sowie eine dem Christentum und dessen Künstlern und Philosophen zu verdankende „Überfülle tief erregter Empfindungen" *abgekühlt* (MA 244). In einem Klagelied des freien Geistes zum nicht mehr Betenkönnen wird, wieder verschlungen mit einem Naturbild, die ernüchterte, liebeleere Gegenwart der vergangenen, noch von christlicher Glaubensglut erfüllten Zeit gegenübergestellt. Solche „Glut" ist bei Nietzsche ein wiederkehrendes Sinnbild für eine (verlorene) Liebe, analog steht das der *Kälte* für diesen Verlust, zentral in der Rede des tollen Menschen (FW 125). „Du hast keinen fortwährenden Wächter und Freund für deine sieben Einsamkeiten – du lebst ohne den Ausblick auf ein Gebirge, das Schnee auf dem Haupt und Gluten in seinem Herzen trägt – es gibt für dich ... keine Liebe in dem, was dir geschehen wird" (FW 285). Jene dem freien Geist abhanden gekommene „unversiegte Quelle" (MA 273) für kühnen Lebensmut in der Gewißheit ewigen Geliebtseins, – so läßt sich typologisch sinngemäß interpolieren, – war der christliche Gott.

Die Schwierigkeit einer Versöhnung zwischen gebieterisch ihr Methodenideal einfordernder Wissenschaft und metaphysischem Glauben treibt Nietzsche, im Sprachrohr des freien Geistes, mit der Behauptung ihrer prinzipiellen Unversöhnbarkeit auf die Spitze. Religion und wahre Wissenschaft seien nicht einmal in *sensu allegorico* vereinbar,[35] sie stünden nicht im Verhältnis einer Freundschaft, nicht einmal der Feindschaft einander gegenüber, denn sie lebten überhaupt auf verschiedenen Sternen. Es genüge deshalb nicht, so heißt es in: *Die Wahrheit in der Religion* mit implizitem Bezug auf D. F. Strauß, die Religion nur ihres dogmatischen Gewandes zu entkleiden, um dann „in unmythischer Form" die Wahrheit als „das allertiefste Verständnis der Welt" zu

---

34 Paradox ist Nietzsches Insistieren zum einen auf der Strenge wissenschaftlichen Forschens, das unversöhnlich gegen die religiöse Wahrheit ausschlägt, zum anderen auf starker Relativierung eben dieses Wissensanspruchs.

35 An ihn anknüpfend sucht Nietzsche hier wohl Schopenhauers kritische Sicht der Religion zu überbieten, sie sei „Wahrheit im Gewande der Lüge"; denn sie prätendiere, die Wahrheit „sensu proprio" zu erkennen, könne diesen Anspruch rechtens aber nur „sensu allegorico" geltend machen (*Parerga und Paralipomena* II, § 174).

besitzen.³⁶ Nietzsches Anforderung an die Philosophie, die im antimetaphysischen Neukantianismus kaum puristischer sein konnte, lautet: Wenn Philosophie, – beispielhaft, was er hier vorzüglich im Auge haben dürfte, Kants Postulatenlehre, – „einen religiösen Kometenschweif in die Dunkelheit ihrer letzten Aussichten hinaus erglänzen" lasse, – worin die Erkenntnisbegrenzung durchklingt, – so mache sie den Beweisanspruch aller ihrer wissenschaftlichen Aussagen „verdächtig" (MA 110). Jene unversöhnliche Kluft zwischen Glauben und Wissen (M 504) entzündet sich für Nietzsche paradigmatisch an der – trotz lebenslanger Reflexion – nicht auflösbaren Spannung zwischen dem zentralen christlichen Glaubensinhalt von Jesu Göttlichkeit und Weltschöpfertum auf der einen, historischer Bibelkritik und biologischem Forschungsmodell der Evolution auf der anderen Seite.

3) „Die Entsagung vom Metaphysischen (als Forderung der Tugend, – als *Aufforderung*)"³⁷

Nietzsche hält in den Jahren 1867-1888 fest an der Kantischen Erkenntnisbegrenzung auf Dinge diesseits aller möglichen Erfahrung gemäß der ersten Kritik Kants,³⁸ führt aber eine zunehmend wütende Polemik gegen die Geltung des kategorischen Imperativs und gegen das Gottespostulat, dessen widerspruchsfreie Denkmöglichkeit, also logische Unwiderlegbarkeit Nietzsche sehr wohl begriffen hat und umso stärker Sturm dagegen läuft, nicht erkenntnistheoretisch argumentierend, sondern moralphilosophisch. – Zunächst sei das freigeistige Zugeständnis einer ‚metaphysischen Welt' als eines subjektiv imaginierten Wohlfühltraumes ohne jede objektive Bedeutung bedacht.

---

36 Ein eigenes Vermögen für das Übersinnliche habe Schelling „intellektuelle Anschauung'" getauft (JGB 11). Nietzsche fordert, ihr, die der „ganzen Romantik" und deutschem Geist entspreche, zu entsagen (KSA 12, 14). – Für D. F. Strauß ist der erkeärte ‚Mythus' das – im Hegelschen Sinne – *begriffene* Christentum; vgl. Jörg Sandberger: *David Friedrich Strauß als theologischer Hegelianer*, Göttingen 1972. – Hegel sucht – in rettend bewahrender Absicht, im Hinblick auf die Wahrheit des christlichen Glaubens gegenüber der zeitgenössischen aufklärerischen Polemik, – die christlich religiöse *Vorstellung* in den philosophischen *Begriff* aufzuheben. – Vgl. hier C XII 1.
37 KTA 83, 480. – Zu Nietzsches Bekanntwerden mit Kant und dem Neukantianismus s. *Nietzsches Engagements with Kant and the Kantian Legacy*, Bd 1: *Nietzsche, Kant and the Problem of Metaphysics*, hg. und eingeleitet von Marco Brusotti und Herman Siemens, London etc. 2017, 1-13.
38 So erklärt er, in der negativen Kritik einstimmig mit dem Königsberger Philosophen, es sei „heute, nach Kant, eine kecke Ignoranz", einen objektiven „Begriff zu einem An-sichsein" beanspruchen zu wollen (KSA 1, 847).

In *Von den ersten und letzten Dingen*, anspielend auf die Fragen nach Ursprung und Ziel allen Seins, verfällt Nietzsche im Aphorismus *Metaphysische Welt* (MA 9) in eine ironische Märchentonart, worin zugleich die ontologische Abwertung liegt: „Es ist wahr, es *könnte* eine metaphysische Welt geben; die absolute Möglichkeit davon ist kaum zu bekämpfen." „Glück, Heil und Leben" aber dürfe man von einer so vagen Möglichkeit nicht abhängig machen, von einer unsichtbaren Welt, von der sich nichts aussagen lasse außer ihrem „uns unzugänglichen unbegreiflichen Anderssein". Die Kantische Erkenntnisrestriktion wird in diesem Aphorismus *Metaphysische Welt* gezielt als antimetaphysische Waffe eingesetzt und überdies jede praktisch fundierte Metaphysik a priori verdächtigt als von „Leidenschaft" oder „Selbstbetrug" erzeugt, Religion wie Metaphysik also unter eine menschliche Wunschtraumlogik subsumiert. Die für Kant unbestreitbar denkmögliche und im *praktischen Postulat* setzbare übersinnliche Welt verflüchtigt sich, so Nietzsche, Feuerbachs Projektionstheorems übernehmend, zur wunschgeleiteten Gottesfiktion. Der kantische Überstieg vom theoretischen Nichtwissen zum praktischen Glauben ist für ihn daher blockiert. In einer Vorstufe des Aphorismus *Logik des Traumes* (MA 13) wird die Jahrtausende alte Menschheits-vorstellung, *Gott* sei die *Wahrheit* und diese „Eine Hypothese" reiche auch aus für den Glauben, im göttlichen *Unbedingten* habe man zugleich den „zureichenden Grund der Welt" gefunden, als archaisches und bloß intuitives Schließen gerügt, das sich mit Phantasieursachen begnügte, das ja auch im Traume geschehe und sich bei Dichter und Künstlern finde (KSA 14, 122f). Auf *Genesis* 1, 1 anspielend: „Am Anfang schuf Gott Himmel und Erde", heißt es, die Meinung, „am Anfang aller Dinge stehe das Wertvollste", entspreche dem metaphysischen Triebe, der, von biblischer Tradition gesättigt, geneigt sei, überall die Ursprünge zu „verherrlichen" (WS 3). Gottes Dasein kraft eines *consensus gentium* anzunehmen ist für Nietzsche ein sich Stützen auf kollektiven Irrtum.

Sein kühnes Programm in *Menschliches, Allzumenschliches* dagegen ist es, im Marginalisieren der klassischen Metaphysik von Platon bis Hegel zu zeigen, wie „Vernünftiges aus Vernunftlosem", „Empfindendes aus Totem, Logik aus Unlogik, ... Leben für andere aus Egoismus, Wahrheit aus Irrtümern" und überhaupt irgendetwas aus seinem Gegensatz entstehen könne. Sollte eine solche Herleitung gelingen, wäre die Annahme, – so die antitheistische Spitze, – eines transzendenten göttlichen „Wunder-Ursprungs" für die bislang „höher gewerteten Dinge" nicht mehr zwingend erforderlich (MA 1). Prononciert anti-idealistisch ist Nietzsches gedankenexperimentelles Ziel, in einer Art *„Chemie der moralischen, religiösen, ästhetischen Vorstellungen und Empfindungen"* nachzuweisen, wie „die herrlichsten Farben" der menschlichen Seele in Güte, Liebe, Mitleid und Streben nach Wahrheit, als Aggregate aus ganz anderen, aus „niedrigen, ja verachteten Stoffen gewonnen sind". Erklärungsschlüssel ist für ihn der psychische Akt der *Sublimierung*, den er aus der Sphäre der Chemie in den der Seelenlehre überträgt bzw. der chemischen Entdeckung eine *symbolische* Bedeutung für geistseelische Vorgänge verleiht.[39] Es geht dabei um die philosophisch-analytische Bestimmung der Zusammensetzung eines *Grundelements*, das bei „Sublimierungen" als „fast verflüchtigt erscheint und nur noch für die feinste Beobachtung" nachweisbar ist (MA 1). Die Untersuchungsebene oszilliert zwischen der Menschenseele als Studienobjekt in ethischen, religiösen, psychologischen Fragen und, eher seltener, dem Kosmos und dem Lebendigen, das im Sinne von Haeckels *Natürlicher Schöpfungsgeschichte* in die Perspektive universalen Werdens gerückt ist. Eine *Vorstufe* zum „Problem der Entstehung aus Gegensätzen" lautet, es sei „kein Gegensatz, sondern nur ein Sublimiren" (KSA 14, 119); hier wird die ontologische in eine transzendentale Frage übergeführt, die nicht Gegenstände, sondern unsre Erkenntnisart betrifft und die apriorische Erzeugung der Erfahrung im Ausgang von Sinnlichkeit, Einbildungskraft und Verstand erkundet.

Nietzsche intendiert dabei eine alle Phänomene umfassende *genetische Disziplin*,[40] welche „höher gewertete Dinge" aus niedrigeren abzuleiten unternimmt (MA 1). Seine Prämisse lautet: „Alles aber ist geworden; es gibt *keine ewigen Thatsachen*: so wie es keine absoluten Wahrheiten gibt." Zu diesem Strom des Gewordenseins gehört für ihn zentral der Mensch mit seiner Geistseele (MA 2). Was ihn von Platon, Leibniz und Kant trenne, sei, so Nietzsche im majestätischen Plural der starken freien Geister: „Wir glauben an das Werden" nicht bloß in der Natur, sondern „auch im Geistigen" (KSA 11, 442).[41] „Philosophie, so wie ich sie allein noch gelten lasse", nämlich als „allgemeinste Form der Historie" sei der „Versuch", so heißt es in einem Notat aus dem Jahre 1885 zwar tastend, aber programmatisch, „das Heraklitische Werden irgendwie

---

39 Nietzsche antizipiert eine für Freud zentrale Einsicht. Vgl. Renate Schlesier: ‚Umwertung aller psychischen Werte'. Freud als Leser von Nietzsche, in: *Grundlinien der Vernunftkritik*, hg. von Ch. Jamme, Frankfurt a. M. 1997, 243-276. – Schon Johann Heinrich Jung-Stilling spricht vom *Sublimieren* in seiner *Lebensgeschichte*, die Nietzsche bereits als Schüler kennt und noch als Freigeist rühmt (WS 109). Und er zitiert nachdenklich Platons *Symposion*: „Plato meint, die Liebe zur Erkenntniß und Philosophie sei ein sublimirter Geschlechtstrieb" (KSA 9, 486).

40 Vgl. Peter Heller: ‚Von den ersten und letzten Dingen'. Studien und Kommentar zu einer *Aphorismenreihe von Friedrich Nietzsche*, Berlin/ New York 1972, 219, 221. Heller erblickt im ersten Teil von *Menschliches, Allzumenschliches* den Versuch, die Heraklitische Intuition der Welt als Werden, – ein metaphysisches *Credo*, – empirisch beweisen zu wollen, was der Verifizierung des Unglaubens an reale Gegensätze gleichkäme, ebd. 211-217.

41 Der Heraklitische Fluß, der „wüste Strom des Werdens" (KSA 1, 317), wird hier *ontologisch* real genommen, so wie Platon Heraklit ontologisch deutet (*Kratylos* 402a).

zu beschreiben" (KSA 11, 562). Schon in einer frühen Basler Vorlesung zu den vorplatonischen Philosophen rühmt er Heraklits „ungeheure Intuition", in der jener „die ewige Bewegung" als „die Negation jedes Dauerns", die „schrecklich" sei, erriet, und bemerkt als das erstaunliche Pendant dazu, daß „jetzt" für die Naturwissenschaft „das πάντα ρεῖ ein Hauptsatz" geworden sei (KGW II/4, 267). Nietzsche sucht Heraklits *Ontologie* zu erneuern, die *das Sein* leugnet und überall nichts als *Werden* erblickt, dabei freilich die Spur des Logos verlierend, indem er die Menschenseele vorzüglich als Naturphänomen auffaßt und den göttlichen Nous darüber vergessen will. Im martialischen Bilde ist von der „Axt" die Rede, die kraft umfänglichsten historischen Wissens dem metaphysischen Bedürfnis an die Wurzel gelegt werde (MA 37), so daß von der Metaphysik zu wenig übrig bleibe, als daß noch jemand an ihr „Gemüthsbedürfnisse stillen wird" (KSA 14, 127). Sarkastisch werden – wohl mit implizitem Seitenhieb auf das Kantische Gottespostulat, das den leidenden Gerechten als Problem berücksichtigt, – religiöse und moralische Überzeugungen denen Astrologiegläubiger gleichgesetzt, die ebenfalls der Illusion anhingen, was ihnen „wesentlich am Herzen liege" (ihr eigenes Ergehen) müsse auch „Wesen und Herz der Dinge" (des Sternenhimmels) sein! (MA 4) Im Fortgang radikaler Aufklärung bestimmt Nietzsche als Zeichen von charakterlicher „Stärke", daß man die „heilenden tröstlichen Illusions-Welten" wirklich entbehren könne (KSA 12, 368).

Der Grundglaube der Metaphysiker sei derjenige an die *Gegensätze der Werte*, wo es für Nietzsche „nur Grade und mancherlei Feinheit der Stufen gibt" (JGB 2, 24). In *Menschliches. Allzumenschliches* liebäugelt er mit einer naturalistischen Sicht bis hart an die Grenze dogmatischer Setzung des Naturalismus als Welterklärungsmodell, was er später klar revidiert. So „zweifeln wir mit Kant an der Letztgültigkeit naturwissenschaftlicher Erkenntnisse" (FW 357); dies ist Nietzsches Sicht in seiner mittleren Phase, weit fern vom modernen Szientismus. Solange er am bloß hypothetischen Charakter seiner genetischen Erwägungen festhält, bleibt seine Sichtweise unbetroffen von Kants Kritik der Physiokratie (s. A I 1 b). Allerdings steht er dicht am Grenzpunkt dahin, die Schwelle zur ontologischen Option zu überschreiten, und erliegt ihr tatsächlich in seiner Spätphilosophie.

An Kants Gedanken vom Selbstzwecksein des Menschen als höchstem Zweck der Natur, ohne den diese eine „Wüste" bliebe (*Kritik der Urteilskraft*; V 442), erinnert Nietzsches Bemerkung, „die ganze Teleologie" sei „darauf gebaut", daß es eine ewige Idee vom Wesen des Menschen gäbe (MA 2). Als *Erbfehler der Philosophen* (MA 2) hält Nietzsche diesen vor, sie glaubten, „schon durch eine Selbst-Analysis" zum Ziel zu kommen, in sich selbst des Menschen unveränderliches Wesen zu erkennen; „ihre eigenen Werthgefühle ... galten ihnen als unbedingtes Werthmaß" (KSA 14, 121). Dem hält er die These entgegen, auch das *Erkenntnisvermögen* sei *geworden* (MA 2). Er vertritt damit eine *evolutionäre Erkenntnislehre*, die sich schon 1872/73 abzeichnet, als es sein Ziel war, den Menschen in seinem *Werden* zu begreifen, um „auch hier das Wunder zu beseitigen", ihn als „die höchste Evolution der *Welt*", also als irdisches Produkt, nicht göttliches Geschöpf zu verstehen. Der Imperativ, nicht in eine Metaphysik zu „flüchten", unterstreicht die Abkehr vom „Traumidealismus". Die „Kantische Erkenntnißtheorie", die den *Menschen* (eigentlich wohl eher das in *Kategorien* urteilende Ich) *glorifiziere*, insofern in ihr „die Welt nur in ihm Realität" habe,[42] möchte er daher modifizieren. In Hinblick auf das kategorial denkende, urteilende Ich sei zu zeigen: „Die *Formen* des Intellekts sind aus der Materie entstanden, sehr allmählich" (KSA 7, 466f). Diese frühen Reflexionen führt Nietzsche in *Menschliches, Allzumenschliches*, also fünf Jahre später, weiter zur originalen Idee einer „Entstehungsgeschichte des Denkens", in deren Realisierung er die von ihm selbst inaugurierte Wissenschaft ihren künftigen „höchsten Triumph" feiern sieht (MA 16). Das allmähliche Entstandensein der Vernunft aus Unvernunft, von Schemata unseres Verstandes aus geistlosem Stoff fügt er in die Rahmenhypothese sehr langer Zeiträume ein: „alles *Wesentliche*" der Entwicklung des Menschen sei „in Urzeiten vor sich gegangen"; in deren bloß „allerjüngster Gestaltung", nämlich der von uns überschaubaren letzten vier Jahrtausende, die unveränderliche „feste Form", die „aeterna veritas" zu sehen verrate nur den Mangel an historischem Sinn solcher Philosophen (MA 2), die statt in der Wirklichkeit noch in platonischer Ideenwelt heimisch seien.

Der Aphorismus *Erscheinung und Ding an sich* suggeriert zwischen beiden Begriffen, die für Kant (wegen der transzendentalen Idealität von Raum und Zeit als reinen Formen unsrer Anschauung) korrelative Bestimmungen des selben, nur in unterschiedlicher Hinsicht sind, eine merkwürdige, unüberbrückbare Kluft (MA 16). Von daher erblickt Nietzsche im ‚Ding an sich' fälschlich etwas Unbedingtes wie die *prima causa* im kosmologischen Gottesbeweis und diskreditiert es folglich als Bestandteil illegitimer *Metaphysik*. Aber auch das Ding als *Erscheinung* ist für ihn nichts Objektives: Durch „Unarten

---

42 Nachklingen dürfte hier Kants Überlegung in seiner frühen Theorie des Himmels, die u.a. den Augustinischen *homo abyssus* wahrnimmt: „Der Mensch", den wir unter allen „vernünftigen Wesen ... am deutlichsten kennen", wiewohl uns „seine innere Beschaffenheit ... ein unerforschliches Problema ist", muß im Hinblick auf die Erforschung des Kosmos „zum Grunde und zum allgemeinen Beziehungspunkte dienen" (AA I 355). – Im Jahre 1873 /74 forderte Nietzsche, daß der Philologe Philosophie studiere, v.a. „die Vereinigung von Plato und Kant", damit er sich vom „Idealismus überzeugt" und „naive" Vorstellungen von „Realität" korrigiert (KGW II 3, 372).

des unlogischen Denkens" sei die sinnliche Welt für den Menschen „allmählich so wundersam bunt, schrecklich, bedeutungstief, seelenvoll *geworden*, sie hat Farbe bekommen, – aber wir sind", gleichsam durch unser schöpferisches Hinschauen, „die Koloristen gewesen"; der menschliche Intellekt sei es, der „die Erscheinung hat erscheinen lassen" (MA 16). In Nietzsches Aufnahme (MA 19) von Kants markantem Wort der *Prolegomena* (AA IV 320): *„Der Verstand schöpft seine Gesetze (a priori) nicht aus der Natur, sondern schreibt sie dieser vor"*, findet sich die kopernikanische Wende brennspiegelartig verdichtet.[43] Dieses Wort sei „in Hinsicht auf den *Begriff der Natur* völlig wahr"; die Welt als unsere *Vorstellung* sei „aber" – und an diesem Einwand läßt sich Nietzsches Biologisierung, ja Physiologisierung der apriorischen Bedingungen des menschlichen Erkennens ablesen – „die Aufsummierung" einer Vielzahl realitätsloser Imaginationen (MA 19); des näheren *Resultat* einer Menge von Phantasien, die aus der *Entwicklung* organischer Wesen stammen „und uns jetzt als aufgesammelter Schatz der ganzen Vergangenheit vererbt" seien (MA 16).[44] Das Bild der ‚Welt' im einzelnen Subjekt ruhe also auf ‚Vorstellungen' aus der Geschichte der Spezies auf. Nach Nietzsches *Sensualismus* bilden sich aus *Empfindungen*, elementar aus denen von Schmerz und Lust, schließlich *Urteile*, ja sie sind für „uns organische Wesen" deren „niedrigste Form" (MA 18). Gemäß Nietzsches Zuspitzung der ‚Kopernikanischen Wende' entdeckt der Mensch zuletzt *„nicht die Welt"*, sondern seine eigenen „Tastorgane und Fühlhörner und deren Gesetze" (KSA 9, 432).

Der Begriff der *Phantasie*, den F. A. Lange für die ästhetisch-ideale, Normen produzierende Fähigkeit des Menschen verwendet, wird in Nietzsches Wahrheitsskeptizismus Zentrum eines Illusionen hervorrufenden Schöpfertums. Der Kantische erkenntnistheoretische *Idealismus* erfährt eine *sensualistische* Wendung. Allerdings vertritt Nietzsche keinen empirischen Realismus wie die

---

[43] Zu Nietzsches Version der ‚Kopernikanischen Wendung' der Philosophie in Aufnahme und Unterscheidung von der Kantischen, der gemäß nicht *Dinge an sich* erkennbar sind, aber unsre *Erkenntnisart von Erscheinungen*, als eine a priori mögliche, bestimmbar ist, s. Friedrich Kaulbach: *Nietzsches Idee einer Experimentalphilosophie*, Köln / Wien 1980, 131-152; ders.: Kant und Nietzsche im Zeichen der kopernikanischen Wendung: Ein Beitrag zum Problem der Modernität, in: *Zeitschrift für philosophische Forschung*, 41 (1987), 349-372.

[44] Nietzsche verfügt über oberflächliche Kenntnis des Wesens des *Transzendentalen*: „Die ‚Dingheit' ist erst von uns geschaffen". „Sinnen-Receptivität und Verstandes-Aktivität", – so nimmt er die Kantische Scheidung der Erkenntnisquellen auf, kippt sie aber in einen skeptizistischen Voluntarismus um, – bringen nur eine *„scheinbare"* Welt" hervor, an die er die *Frage* stellt, ob nicht solches „Schaffen" ein „Fälschen" sei, das „die bestgarantierte Realität selbst ist", und ob nicht das, was „‚Dinge setzt'", das *wollende Subjekt*, allein real sei (KSA 12, 396).

meisten gegenwärtigen Vertreter einer evolutionären Erkenntnistheorie. Die theoretische reine Konstruktivität der Einbildungskraft ist für ihn fiktionalen Charakters. So gehöre zur Natur des Denkens, daß es zum Bedingten „das Unbedingte *hinzudenkt*, hinzuerfindet"; auch das ‚Ich' wird zur Vielheit seiner Akte als Einheit hinzuerfunden;[45] dieses ‚Ich' wiederum messe die Welt an von ihm selbst gesetzten Größen, an „seinen Grund-Fiktionen wie ‚Unbedingtes', ‚Zweck und Mittel', ... ‚Substanzen', an logischen Gesetzen" (KSA 10, 342). Weder der praktische Sinn, – bei Kant das „Vernunftbedürfnis", das für ihn *Postulate* anzunehmen rechtfertigt, – noch die widerspruchsfreie Denkbarkeit der Kantischen Vernunftideen: Seele, Welt und Gott wird von Nietzsche bestritten. Aber der „Wert der regulativen Fiktionen" für die Erhaltung des Lebendigen macht in Nietzsches Sicht deren Sein suspekt; ja „schöne Trugbilder" vom ‚Guten', ‚Schönen' sind als *„perspektivische Fälschung"* Lebensbedingung für die „Species Mensch" (KSA 11, 699f). Das *Gott* real *setzende* und in Legenden über sein geschichtliches Erschienensein fortdichtende Bewußtsein kann von diesen Prämissen her als eine geniale Strategie zur Nihilismus- und Angst-Vermeidung begriffen werden.

Nietzsche argumentiert formal und quasi wissenschaftstheoretisch; er favorisiert eine minimale Hypothesenmenge bei gleichzeitig zu erzielender maximaler Erklärungsreichweite. Der Annahme realer Gegensätze komme, so heißt es vorsichtig, nur graduell eine geringere Wahrscheinlichkeit zu. Würde für bestimmte Fälle ein solcher Nachweis, *wie* etwas aus seinem *Gegensatz* entstehen *kann*, gelingen, so folgte daraus nicht zwingend schon, das war ihm bewußt, daß es auch *wirklich* so geschehen sei. – „Uns fehlt bis jetzt", so die Vorstufe zum ersten Aphorismus von *Menschliches, Allzumenschliches*, „die Chemie der moralischen aesthetischen religiösen Welt. Auch hier werden die kostbarsten Dinge aus niedrigen verachteten Dingen gemacht" (KSA 14, 119). Diesen ersten Aphorismus greift er im Jahre 1888 auf und fügt ihn in sein inzwischen entwickeltes Konzept der *Genealogie der Moral* ein. Erklärtes Ziel ist nun eine „antimetaphysische", gegenüber der klassischen Metaphysik „umgekehrte Philosophie", „die allerjüngste und radikalste", die es je gab, insofern sie die „eigentliche *Philosophie des Werdens*" sei (KSA 14, 119). Markante Fälle

---

[45] Kritisch anspielend auf Kants Begriff der *ursprünglichen synthetischen Einheit der Apperzeption*, definiert in dem Satz: „Das: Ich *denke*, muß alle meine Vorstellungen begleiten *können*"; denn sonst würde etwas vorgestellt im Ich, ohne gedacht zu werden, das wäre aber eine Vorstellung, die „für mich nichts sein" würde (AA III 108). – Nietzsches kontraintuitive Eliminierung des Ich, insonderheit seine Destruktion des idealistischen Ichbegriffs (s. hier B VII 3) fand im 20. Jahrhundert Sympathisanten. – S. kritisch erhellend Klaus Düsing: *Selbstbewußtseinsmodelle. Moderne Kritiken und systematische Entwürfe zur konkreten Subjektivität*, München 1997, 9-39, 75-96.

von klar erwiesenen quantitativen Gegensätzen, so argumentiert er, machten wahrscheinlich, daß es *vielleicht* qualitative Gegensätze nicht gebe (JGB 2; KSA 14, 119). Vermeidbar würde damit auch der von Nietzsche – im konstruktiven Mißverstehen seiner idealistischen Vorgänger – suggerierte platonisch-kantische *Dualismus* von Geist und Materie, intelligibler und sinnlicher Welt, Ding an sich und Erscheinung.

In Feuerbachischem Geist wehrt Nietzsche sich gegen die Abwertung des Sinnlichen und die Wertminderung einer bloß sinnenfälligen ‚Schein'-Welt: „Meine Philosophie", so erklärt er mit Emphase, ist *„umgedrehter Platonismus*: je weiter ab vom wahrhaft Seienden, um so reiner schöner besser ist es. Das Leben im Schein als Ziel" (KSA 7, 199). Dies streitlustige frühe Wort (1870/71) vom *umgedrehten Platonismus* findet sich variiert im emphatischen Bekenntnis zur *letzten Dankbarkeit gegen die Kunst* als *„guten* Willen zum Scheine":[46] nur in ihrem „Kultus der Unwahrheit" werde das Dasein als „ästhetisches Phänomen ... erträglich", ja der zum „Selbstmord" verleitende „Ekel" an den realen Bedingungen des Lebens abgewendet (FW 107). Auf die *Geburt der Tragödie* zurück blickend heißt es, damals schon habe er den Gegensatz einer wahren und einer scheinbaren Welt geleugnet: Es gebe nur *Eine Welt*, und die sei falsch, grausam und „ohne Sinn" (GA XVI, 270f).

Zur „Methodik der Forschung", die eine radikale „historische Perspektiven-Optik" einschließe, gehöre, so führt Nietzsche in späteren Notizen seine *Chemie der Begriffe und Empfindungen* (MA 1) weiter, das Sich-Loßreißen sowohl von einer, wie es mokant heißt, „Volks-Metaphysik der Sprache", die unanalysierte Begriffe gebrauche wie ‚reine Vernunft' oder ‚unegoistische Handlung', wie auch von ethisch-religiösen Imperativen. Man müsse *„wider sein Gewissen,* sein Gewissen selbst secirt haben", und zu sehen wagen, wofür der Mensch, aus Scham vor seinem Ursprung, „kein Auge haben will", nämlich für „alle Art *pudenda origo*" (KSA 14, 119f): gemeint ist das Innewerden unserer „thierischen Abkunft" statt der erträumten göttlichen (M 49). Hier gelte es, „gewohnte Werthgefühle von sich ab(zu)thun", ohne an der ‚erkannten Wahrheit' zu „verbluten", so an der Einsicht, ein gewisses Maß an Unwahrheit gehöre

---

46   Nietzsches Begriff vom Schein droht wegen seiner Unbestimmtheit dem Panillusionismus anheimzufallen. Verschliffen ist nämlich dessen klare Bedeutung in seinen klassischen Varianten: Leibniz prägt den Begriff der „wohlbegründeten Erscheinung" (*phaenomenon bene fundatum*); für Kant ist *Erscheinung* empirische Realität; das *Erscheinende* aber bedeutet zunächst als noch unbestimmtes Objekt einer sinnlichen Anschauung etwas, das dem logischen Gebrauch des Verstandes und seiner Kategorien vorausgeht. – Für Platon liegen im menschlichen Nous Prämissen zum Erkennen des *kosmos aisthetos*: als oberste Gattungen Eines, Vieles, Dasselbe, das Andere, – worin die Lehre des Aristoteles von den Kategorien als den allgemeinen Seinsbestimmungen vorgezeichnet ist.

zum Leben. Denn „*die falschesten Annahmen*", so Nietzsches skeptizistische These, seien „*uns gerade die unentbehrlichsten*", so das „Geltenlassen der logischen Fiktion", oder das „Messen der Wirklichkeit an der *erfundenen* Welt des Unbedingten", auch an idealen mathematischen Größen; dies zu verneinen bedeute „so viel wie eine Verneinung des Lebens", das die „*Unwahrheit*" zur Bedingung habe (KSA 11, 527). Das „*Unlogische*" und der „*Irrtum*" seien *notwendig* zum Leben (MA 31, 33). Das Sicherkennen im unvermeidlich unlogisch- und ungerecht-Sein gehöre zu den „unauflösbarsten Disharmonien des Daseins" (MA 32); daß es als ganzes „tief in die Unwahrheit eingesenkt" sei, gehöre zur tragischen Betrachtung (MA 34).

In seiner mittleren Schaffensphase verdichtet Nietzsche die seit der Tragödienschrift geübte Wissenschaftskritik.[47] Wissenschaft sei „bisher die Beseitigung der vollkommenen Verworrenheit der Dinge durch Hypothesen, welche alles ‚erklären'", gewesen; sie sei also entstanden „aus dem Widerwillen des Intellekts an dem Chaos". So begreift er sie als Furchtvermeidungsstrategie der Seele im Chaos der Welt. Ähnlich verhalte es sich mit der Selbstbetrachtung: „die innere Welt möchte ich auch durch ein *Schema* mir bildlich vorstellen", um über verworrene kognitive und emotionale Daten hinauszugelangen. Ist jedoch die Orientierung bietende Moralität „vernichtet", schlußfolgert Nietzsche, so weiß ich, „daß ich *von mir* nichts weiß" (KSA 10, 656). Selbst wenn, so eine diesem Urteil unmittelbar vorhergehende fragmentarische Notiz, der Mensch „bei der Entstehung der Organismen zugegen" gewesen wäre, ja „der ewige Zeuge aller Dinge" hätte sein dürfen: er könne nicht anders als sich das „Geschehen für Auge und Getast zurechtlegen", es „in Formeln" pressen, vereinfachen, kurz: eine perspektivische „*Reduktion alles Geschehens*" auf den Sinnenmenschen und Mathematiker" vornehmen, der er selbst ist (KSA 10, 656). Also selbst für diesen wissenschaftsmethodisch günstigen Fall, daß ein Zeuge, sogar in unvordenklichen Zeiten, direkten Beobachtungsstatus inne hätte, käme es zur Vereinfachung hochkomplexer Ereignisse. Nietzsche weist also eine mit naivem Wahrheitsanspruch auftretende Naturerklärung zurück.

---

47 Nietzsche verschärft David Humes Kausalitätskritik, indem er als „tiefsinnige *Wahnvorstellung*" die Annahme durchleuchtet, unser Denken reiche „am Leitfaden der Kausalität" bis „in die tiefsten Abgründe des Seins". Die moderne Wissenschaftsgläubigkeit prangert er als säkularen Glauben an eine *Universalheilkraft* des Wissens an. Kraft Glaubens an die Ergründbarkeit der Natur aller Dinge und an eine mögliche „Weltkorrektur" durch Wissen gewinne ein fortschreitendes wissenschaftliches Erkennen das Ansehen einer „Universalmedizin" (KSA 1, 99). Ein Dorn im Auge ist Nietzsche der Optimismus, Heilung könne dem unendlich in sich gebrochenen Dasein auf simple Art zuteil werden. Tragödien, so definiert er deren Wesentliches, haben es zu tun „mit dem Unheilbaren im Menschenlos" (VM 23).

Im Aphorismus *Die Grundirrtümer* spricht Nietzsche Lehrstücke der klassischen *Geistmetaphysik* an, im – unterschwellig nostalgischen – Verabschieden sie würdigend, und mit starken Anklängen an Kants drei Kritiken, des näheren an die transzendentale Einheit der Apperzeption, die sittliche Freiheit, den Menschen als letzten Zweck der Natur. Ohne eine gewisse Selbst-(Über-)Schätzung des Menschen hinsichtlich seiner über die sinnliche Welt erhabenen Ichheit, der verantwortlichen Freiheit, Gottähnlichkeit und seiner unzerstörbaren Seele wäre niemals, so Nietzsches Urevidenz, das ethisch und intellektuell hochrangige „Menschentum" gelungen, „dessen Grundempfindung ist und bleibt, daß der Mensch der Freie in der Welt der Unfreiheit sei, der ewige *Wunderthäter*, ... das Übertier, der Fast-Gott, der Sinn der Schöpfung, der Nichthinwegzudenkende, das Lösungswort des kosmischen Räthsels, der grosse Herrscher über die Natur und Verächter derselben, das Wesen, das seine Geschichte *Weltgeschichte* nennt! – Vanitas vanitatum homo" (WS 12). So lautet Nietzsches wehmütig-ironischer Rückblick auf des Menschen Genialität in der Selbstüberhöhung.

Nietzsches empirisch-idealistische Erkenntnisauffassung wird zuletzt in einem Voluntarismus verankert und dieser wiederum quasi biologistisch in der Evolutionstheorie. ‚Erkenntnis' als eine Konzeption der Realität „arbeitet" als Instrument der Triebe, durch deren Funktionstüchtigkeit der Mensch als eine bestimmte Tierart sich zu erhalten und in seiner Macht zu wachsen verstehe. An und für sich aber gebe es weder ‚Geist' noch ‚Vernunft' noch ‚Denken' als eigene Entität. Der Sinn des Erkennens sei streng *anthropozentrisch* und *biologisch* zu nehmen; der Nutzen der Erhaltung stehe „als Motiv hinter der Entwicklung der Erkenntnißorgane" (KSA 13, 301f). Nietzsche ist Pionier im Entwerfen der heute gängig gewordenen evolutionären Erkenntnistheorie,[48] und er sieht auch schon deren unlösbare Probleme, so die Gefahr zirkulärer

---

48 Die Aporie, in welche eine *evolutionäre Erkenntnistheorie* führt, zeigt Klaus Düsing (Über das Verhältnis von Geist und Gehirn, in: *Medizin und Ideologie*. Informationsblatt der Europäischen Ärzteaktion, 20. Jg. 1/1998, 51-58): Diese Theorie behauptet, unser Erkenntnisapparat habe sich in Anpassung an die Umwelt herausgebildet, und ‚weiß' dabei zum einen, wie jene Umwelt unabhängig von unserem Erkennen beschaffen ist und begeht zum anderen den Zirkel, daß sie in ihrer eigenen Argumentation bereits die Gesetze der Logik und die Kategorien als gültig voraussetzen muß, deren reale hirnorganische Entstehung in der Urgeschichte sie allererst aufzeigen will. Drei Probleme seien unauflösbar: 1) ihre Kategorien sind zirkulär: Wir ‚erklären' Natur mithilfe des ‚Apparates', der erst gemäß dieser Erklärung entstanden sein soll; 2) ‚Evolution' vom Zustand X zu einem Zustand Y setzt – in naivem Realismus – eine unabhängig von irgendeinem sie Erkennenden existierende Wirklichkeit voraus; 3) was heißt „Anpassung"? – Sie setzt den Entwurf von Zwecken – z.B. richtig oder gut „sehen" können – voraus.

Fundierung von Denken und Wollen, da das Erkennen Funktion der Selbsterhaltung und diese Ziel des Erkennens ist!

4) „Ein Sollen gibt es nicht mehr"! – Nietzsches Angriff auf die Basis der Postulate

Während Nietzsches Abwehrstrategie sich im Laufe der achtziger Jahre formiert, vergewissert er sich umso intensiver, so gewinnt man den Eindruck, des argumentativen Status der Kantischen Postulatenlehre innerhalb der Vernunftkritik und ihres besonderen ethisch-metaphysischen Sinns.

Ein erster gleichsam giftiger Wind durchbraust die uralte morgen- und abendländische Idee, die Hiobs und Platons Theodizee mitumfaßt, es müsse eine „über den irdischen Dingen stehende ewige Gerechtigkeit" geben, in Nietzsches Reflexionen zu E. Dührings Buch *Der Werth des Lebens* (1865). Die Invektive lautet: der anscheinend so erhabenen Idee: *ewige Gerechtigkeit* liegt ein nach Vergeltung lechzender „ungebändigter Rachetrieb" zu Grunde, der Befriedigung suche in Gestalt einer ins Jenseits projizierten „Gerechtigkeit", die fordere, „das Gute soll Segen, das Böse Fluch" mit sich führen. Dazu müsse „Gott als Forderung des Vergeltungstriebes herangezogen" werden, ferner individuelle Unsterblichkeit, also die Fortexistenz des Schuldigen postuliert und schließlich Gott mit Eigenschaften ausgestattet werden, die ihn zum „metaphysischen Richter" und Urteils- Vollstrecker bestimmen; dies sei, so der Paukenwirbel, „die *Religion der Rache*. So hat Kant die Religion verstanden"! (KSA 8, 176ff) Entrinnt Nietzsche der Gefahr, im Geleise des von ihm später freilich gescholtenen „Rache-Apostels", „Moral-Großmauls" und „Antisemiten" Dühring (GM III 14), Kant gründlich mißzuverstehen? Das soll sich im Folgenden vielschichtig zeigen.

Nietzsches Umbruchszeit (1875-77) führt ihn, wie wir sahen, fort von einer pantheisierenden Ethik, wonach das in der Liebe „sich-Eins-fühlen" „das Ziel" sei, zur künftigen moralskeptischen Sicht, die den „Wahn des ‚Guten'", daß es ein „ohne Egoismus Gewolltes" gebe, als Illusion aufdecken will (KSA 7, 197). In diese Zeit fallen jene Notizen zu Dühring, die Nietzsche mit einer „*Schluss-Betrachtung, von mir*" beendet und in eigene Problemfelder einschmilzt (KSA 8, 178ff). Er sucht eine Antwort auf den Verlust des teleologischen Weltkonzepts, der „als persönliches Ergebnis die Verzweiflung" nach sich ziehe, die als „Denkweise" das pessimistische Resümee des ersten Teils von *Menschliches. Allzumenschliches* „Von den ersten und letzten Dingen" ist (MA 34; vgl. KSA 8, 179). Dagegen heißt es in einer etwa zeitgleichen Nachlaßnotiz mit feierlich hohem Pathos: „Nun will ich zuletzt mein Evangelium aufstellen"! Es soll den

Menschen aus seiner „letzten Ziellosigkeit" und dem Verzweifeln am Wert des Lebens herausführen (KSA 8, 179f; vgl. MA 33), was nur dem gelinge, der ihm eine „mystische Bedeutung" verleiht und in einer solchen seinen „Trost und Halt" findet. Zumal ein „liebevolles Herz" dürfte in hohem Maß „das Wehe in der Welt", die „Unseligkeit der Existenz" kennen und geneigt sein, den Gedanken „schrecklich" zu finden, durch späteres Glück würde vielleicht „das Leiden selbst compensirt" (KSA 8, 179ff).

Zwar abgelöst von dogmatisch religiösen Eigenschaften, gleichwohl als Typus des Welterlösers entworfen, soll „Christus" derjenige sein, – so liest man mit Erstaunen, – der unsere menschliche Sinnverarmung in einem anonymen und herzlosen Weltall aufbricht. Denn rettendes Evangelium fließt für Nietzsche aus der Stellung, die „Christus zur Welt" eingenommen habe, die in einer lauteren Liebe, auch zu sich selbst, gegründet sei, welche den Kontrast bildet zur „Liebe des gierigen blinden Egoismus". Als wahren, zeitübergreifend gültigen „Kern des Christentums, ohne alle Schale und Mythologie", also Strauß' Mythenkritik standhaltend, bestimmt Nietzsche die in Jesus für ihn Wirklichkeit gewordene „*Selbstliebe* aus Erbarmen", eine „Selbstbegnadigung", die vorzüglich dem Menschen gelten soll, der „sich selbst genug verletzt", als sündhaft verachtet, „an sich gelitten" hat. In dieser Weise Jesus als innerweltlichen Sinnstifter beanspruchend, entkleidet Nietzsche ihn seiner hoheitlichen Gottgleichheit, wechselt so von der theologisch transzendenten Sphäre, – die besagt: „Gott war in Christus und versöhnte die Welt mit sich selbst": 2 Kor 5, 19, – in die immanente, und außerdem von der interpersonalen Welt der durch Jesu Vorbild gestifteten Liebe einer Gemeinschaft in die innerste Selbstbeziehung. Denn er nimmt als Hauptkampfplatz, als das Kerngeschehen im Weltengetümmel das innersubjektive Ringen an, worin jeder Einzelne im strengen Urteil gegen sich „*Rache an sich*" selbst zu verüben in Gefahr ist. Denn „eindringende Selbstbetrachtung" führt in Nietzsches Seelenanalyse zum Resultat einer überaus schmerzlichen „Selbstverachtung". Daher sei die „Selbsterkenntniß" als eine Form von Gerechtigkeit gegen sich selbst deutbar, die aber wegen vieler erblickter Mängel unnachgiebig auf eine streng wider sich selbst gerichtete Rachlust verfalle. Die Überwindung des ‚Geistes der Rache'[49] ist in Nietzsches ‚Evangelium' aus dem Jahr 1875 vorgeprägt, nämlich im „Gnaden-Wunder" des Erbarmens mit sich selbst: „Die Rache wird abgethan" (KSA 8, 180; vgl. MA 134), deren Wucht im Staccato des späten *Dionysos-Dithyrambus*:

---

49   Sie ist leitendes Motiv im *Zarathustra*: „*dass der Mensch erlöst werde von der Rache*: das ist mir die Brücke zur höchsten Hoffnung" (KSA 4, 128, vgl. KSA 4, 180f). Den Bezug von Rache auf Grausamkeit, Ressentiment, vermeintliche Gerechtigkeit und Herrschsucht analysiert Nietzsche in seiner *Genealogie der Moral*, II 6; II 11.

„*Selbstkenner! Selbsthenker!*" (KSA 6, 392), als suizidales Sicherkennen, nochmals voll durchschlägt. Und noch gegen Ende seines bewußten und schöpferischen Lebens, im *Antichrist* erblickt Nietzsche in Jesu Person sein Zielbild der Erlösung vom ‚Geist der Rache', da Jesus bis zum Erdulden des Todes Überlegenheit über jegliches Ressentiment bekundet habe.

Zurück zum frühen Nietzsche: Gewürdigt wird Wagner, der das empathisch feine Bewegtsein von Anderen „bis in die Tiefe des Wesens" in seinen Musikdramen ausgelotet habe, und ebenso Kant, der in seiner Ethik den „isolirten Subjektivismus" und damit ein naturalistisch begründetes eiskaltes „Reich des Egoismus" überwunden habe (KSA 8, 142). Nietzsche skizziert „Stufen der Moralität", deren erste die aus Pietät rührende „Unterordnung" gegenüber dem Herkommen und seinen Trägern, den Alten sei. Die Differenz von Mitleid- und Pflichtethik einebnend, fügt er Kant, ihn typologisch an Schopenhauer annähernd, in ein Konzept „pessimistischer Religion" ein, da Kant wie dieser das sittlich Gute im „Unegoistischen" erblickt, daher die Willensabtötung gefordert, und, bestärkt durch seine Lehre vom „Radikal-Bösen", überhaupt die „Verwerflichkeit des ego" angenommen habe (KSA 8, 428f).[50] Im Aphorismus „*Stufen der Moral*" bestimmt Nietzsche deren elementarste: Sie sei zentrales Mittel zur Erhaltung einer Gemeinschaft. Eine differenziertere Stufe bildeten die „Befehle eines Gottes (wie das mosaische Gesetz)", bekräftigt durch „Erfindung eines Jenseits".[51] Auf einer nächsten Stufe gehe das „du sollst'" autonom aus einem „absoluten Pflichtbegriff" hervor. Von Kant zu Schiller fortschreitend wird *Moral* weiter entworfen als Einheit von *Pflicht* und *Neigung*, um schließlich ihre höchste Stufe zu erreichen mit der *Einsicht*, die „über alle illusionären Motive der Moral hinaus ist", gleichwohl für die bisherige Menschheit ihr Unentbehrlichsein begreifend (WS 44). Im zweifelnden Nachspüren

---

50 Jene Annäherung Kants an Schopenhauer und Goethe-Hintergründe in Nietzsches Kritik an Kants Lehre vom radikal Bösen erörtert M. Brusotti: Spontaneity and Sovereignty. Nietzsche's Concepts and Kant's Philosophy, in: *Nietzsche's Engagements with Kant and the Kantian Legacy. Volume II. Nietzsche and Kantian Ethics*, London etc. 2017, hg. von J. Constâncio, T. Bailey, 219-256, 229f. Nietzsche gebrauche Kantische Begriffe in polemischer Absicht: „Nietzsche's anti-Kantian ‚categorical imperative'" (235). Denn das souveräne Individuum sei Kulminationspunkt tausendjähriger Moralgeschichte und erringe für sich übermoralische Autonomie (243f). Nietzsches Aufnahme und Radikalisierung von Schlüsselideen Kants, v.a. die der *Selbstgesetzgebung*, aber in ein individualistisch und naturalistisch sie verfremdendes Konzept, zeigen die Herausgeber (Einleitung: op. cit. 1-8).

51 Ähnlich wie für Kant in seiner ersten *Kritik* die Vorstellung der ewigen Welt Gottes *principium executionis* ist für das Sittengesetz, hält Nietzsche den Glauben an das ‚Jenseits' für „absolut notwendig" zur Aufrechterhaltung praktischer Moralität: „Naivetät, als ob Moral übrig bliebe, wenn der sanktionierende *Gott* fehlt" (KSA 12, 148).

vermeintlich gütiger Motive aber wird für Nietzsche die Moralität immer unabweisbarer zum *Phantom* (MA 36).

Als Metaphysikkritiker („es gibt keine ewige Gerechtigkeit": MA 53), *und* als Moralskeptiker (der gute Wille ist pure Illusion), sucht Nietzsche dem Gottespostulat Kants seine Geltungsgründe zu rauben, – also gleichsam von oben, im Hinblick auf das Absolute, und von unten, vom korrupten Ich aus. Dabei sympathisiert er durchaus mit Kant, und zwar wegen ‚pessimistischer' Einschläge in dessen Geschichts- und Menschenbild, und mit Hegel wegen seiner universalgeschichtlichen Denkungsart. Im Entwurf *Zur Vorrede der ‚Morgenröthe'* (1885/86) skizziert Nietzsche sein Projekt der Moralentzauberung, zu deren Sinnhorizont für ihn, Kants *Postulaten* gemäß, der *sittliche Glaube* an eine göttliche Vorsehung gehört. „Eine Welt, die ... unserem anbetenden Triebe gemäß ist – die sich fortwährend *beweist* – durch Leitung des Einzelnen und Allgemeinen -: dies die christliche Anschauung, aus der wir Alle stammen. – Durch ein Wachsthum an ... Wissenschaftlichkeit (auch ... Wahrhaftigkeit, also unter wieder christlichen Einwirkungen) ist *diese* Interpretation uns immer mehr *unerlaubt* worden." „Feinster Ausweg" zur Rechtfertigung des für uns unsichtbaren Gottes: „der Kantsche Kriticismus. Der Intellekt stritt sich selbst das Recht ab sowohl zur Interpretation in jenem Sinne als zur *Ablehnung* der Interpretation in jenem Sinne. Man begnügt sich, mit einem *Mehr* von Vertrauen ..., einem Verzichtleisten auf alle Beweisbarkeit seines Glaubens, mit einem unbegreiflichen und überlegenen ‚Ideal' (Gott) die Lücke auszufüllen." (KSA 12, 147f) Das zielt auf Kants Gottesbeweiskritik *und* moralisch praktisch legitimiertes Gottespostulat.[52] „Gott ist *uns* unerkennbar und unnachweisbar – Hintersinn der erkenntnißtheoretischen Bewegung". – Woher aber kommt dann, so fragt

---

52 „Hegel sieht Vernunft überall" (KSA 12, 443). So laute anders als der Kantische „der Hegelische Ausweg, im Anschluß an Plato, ein Stück Romantik und Reaktion, zugleich das Symptom des historischen Sinns, einer neuen *Kraft*: der ‚Geist' selbst ist das sich enthüllende und verwirklichende Ideal, ... im ‚Werden' offenbart sich ein immer Mehr von diesem Ideal, an das wir glauben ..., der Glaube richtet sich auf die *Zukunft*, in der er seinem edlen Bedürfnisse nach anbeten kann. Kurz", also entweder Kants Kritizismus oder Hegels Geistesphilosophie (KSA 12, 147f). – Nietzsche faßt Hegel gern pantheisierend auf, wonach sich in Natur und Geschichte das zu sich selbst Kommen des objektiven bzw. absoluten Geistes vollzöge, das den subjektiven menschlichen Geist als integralen Bestandteil in sich einschließt. Zu einer gewissen Hegel-Sympathie paßt Nietzsches Notat: „Die einzige Möglichkeit, einen Sinn für den Begriff ‚Gott' aufrechtzuerhalten, wäre: Gott ... als *Maximal-Zustand*, als eine *Epoche* -: ein(en) Punkt in der Entwicklung des *Willens zur Macht*" anzunehmen, woraus sich dann „die Weiterentwicklung" und „das Bis-zu-ihm erklärte" (SA III, 585). Die verfremdende Indienstnahme von Hegels „Entwicklungs-Philosophie" erblickt Nietzsche darin, „die Geschichte als die fortschreitende Selbstoffenbarung, Selbstüberbietung der moralischen Ideen" hinzustellen (SA III, 903), für ihn der Gräuel der Hypermoralisierung.

Nietzsche, die „Allgewalt des ... *Glaubens an die Moral?*" Ist er wohl die nur eingebildete goldene Brücke in eine paradiesische andere Welt?! Nietzsches Lösungsschlüssel, womit er die Moralität als Basis des Gottespostulats sprengen will: *„Mein Hauptsatz: es giebt keine moralischen Phänomene"*, sondern nur die moralische Deutung gewisser Phänomene (KSA 12, 149). Ein Wesen, das *unegoistischer* Taten fähig wäre, sei „fabelhafter als der Vogel Phönix" (MA 133).

Aber der „*Egoism* ist verketzert", dagegen die Selbstlosigkeit verherrlicht worden, wiewohl Kant zugebe, „daß wahrscheinlich *nie* eine That derselben gethan worden sei!" (KSA 9, 557f) In der Entzauberung des Rousseauschen Mythos vom guten Menschen, der bloß von der Gesellschaft verdorben würde, weiß Nietzsche sich einig mit dem Königsberger Philosophen. Nur ignoriert Nietzsche, daß in Kants Ethik das Sittengesetz eine kontrafaktische Gültigkeit besitzt, d.h. sein Verpflichtungscharakter gilt unabhängig davon, ob es von einer existierenden Person, außer vom „Lehrer des Evangelii" (Kant), jemals erfüllt worden sei. Nietzsche umreißt lakonisch, wie Kant das *höchste Gut* in der Pflichtidee verankert hat: Ein „absolutes Ziel. Der kategorische Imperativ ... *Darauf* gründete Kant eine Metaphysik". Gäbe es ein Ziel, das rein „um seiner selbst willen" erstrebt wird, so könnte dies „nur das Vollkommene oder das unendliche Gut sein" (KSA 9, 230).

Argumentativ bedient Nietzsche sich einer von Hegel entliehenen Polemik gegen Kant, die der Selbstkritik reiner Vernunft eine zirkuläre Argumentation vorwirft. Nietzsches Kantkritik, mit vermeintlicher Rückendeckung Hegels, steht jedoch auf tönernen Füßen, da Hegel das Absolute, gegen Kants Eingrenzung des Wissens, als doch erkennbar durch unsere Vernunft erweisen will, Nietzsche hingegen durch Diskreditieren von Kants theoretischer Philosophie dessen praktische Metaphysik umzustürzen trachtet. So moniert er als „Naivetät", was Kant „will: die *Erkenntniß der Erkenntniß*!" Auch das *Dasein* von Dingen zu behaupten, von denen wir gar nichts wissen, sei eine Naivität Kants, Folge von moralisch-metaphysischen Bedürfnissen. Seine *„moralische Ontologie"*, im „Gefühl des Gewissensurtheils" verankert, sei das Kant beherrschende Vorurteil (KSA 12, 264f). – In der publizierten Vorrede zur *Morgenröte* (von 1886) stellt Nietzsche, inspiriert von Hegel,[53] die Fragen, *ob* „ein Werkzeug

---

53 Erkenntniskritisch erklärt Nietzsche, „als Aufgabe der Philosophie" könne nicht mehr angenommen werden, *das Absolute* „mit dem Bewußtsein" zu erfassen, also theoretische Metaphysik zu treiben, „etwa gar in der Form ‚das Absolute ist schon vorhanden, wie könnte es sonst gesucht werden?', wie Hegel sich ausgedrückt hat" (KSA 1, 847); eine polemische Anspielung auf Hegels Wort zur Einleitung in die *Phänomenologie des Geistes* (1807): Das „Absolute ..., wenn es nicht an und für sich schon bei uns wäre und sein wollte", würde der „List spotten", durch das „Werkzeug" menschlicher Vernunft ergriffen zu werden (TW 3, 69). – Nietzsches Beifall findet *Hegels Kantkritik* nicht, wo er über Kant

seine eigne Trefflichkeit und Tauglichkeit" kritisieren könne und *wie* „der Intellekt selbst ... seine Grenzen ‚kennen' solle?"⁵⁴ Kant sei der „Verführung der Moral" erlegen, indem er „auf ‚*majestätische sittliche Gebäude*' ausging", ihnen in „schwärmerischer Absicht" den ‚Boden' zu bereiten und sie ‚baufest' zu machen suchte. Um den „Raum für *sein* ‚moralisches Reich' zu schaffen, sah er sich genötigt, eine unbeweisbare Welt anzusetzen, ein logisches ‚Jenseits', – dazu eben hatte er seine Kritik der reinen Vernunft nötig!" Wichtiger als alles andere sei ihm dies Eine, „das ‚moralische Reich' unangreifbar, lieber noch ungreifbar für die Vernunft zu machen", und zwar angesichts seiner Überzeugung, wie Nietzsche sie durchaus mit Sympathie unterstellt, von der „gründlichen *Unmoralität*" in Natur und Geschichte. Als „Pessimist" habe er an die Moral geglaubt, nicht weil sie durch empirische Realität bewiesen sei, sondern obwohl „ihr durch Natur und Geschichte beständig widersprochen wird"! Nietzsche sieht sich bei Kant an „Verwandtes" bei Luther erinnert, der in Bezug auf den *Glauben* „mit der ganzen Lutherischen Verwegenheit" erklärt habe, wenn man durch die Vernunft erfassen könnte, „wie der Gott gnädig und gerecht sein könne, ... wozu brauchte man dann den *Glauben*?" Wie hier bei Luther, erblickt Nietzsche bei Kant, ja sogar auch bei Hegel, ein *credo quia absurdum* – „eine Sünde wider den Geist ... – mit ihr tritt die deutsche Logik ... in der Geschichte des christlichen Dogmas auf", so sein sarkastischer Kommentar. Hegel sicherte in der Tat durch Begreifen die Trinität des Absoluten gegen formallogische Einwände (s. C XII 1), gemäß dem metaphysische Wahrheiten betreffenden „realdialektischen Grund-Satze", alle Dinge seien „sich selbst widersprechend"' (M *Vorrede* 3).

Im Aphorismus „*Die Feindschaft der Deutschen gegen die Aufklärung*" (M 197) hebt Nietzsche von einem Kultus der Vernunft einen solchen des Gefühls ab, rückt Kant ohne nähere Begründung in die Nähe des letzteren und beklagt, daß Kant seine Aufgabe darin gefunden habe, „‚dem Glauben wieder Bahn zu machen, indem man dem Wissen seine Grenzen wies.' Atmen wir wieder freie Luft: die Stunde dieser Gefahr ist vorübergegangen"! Aufgabe sei jetzt, die Aufklärung, die Kant abgebrochen habe, „weiterzuführen" (M 197). – Schon Jahrhunderte vor Kants Aufrichtung des kategorischen Imperativs -- Nietzsche beargwöhnt ihn als das Idealisieren eines den Deutschen innewohnenden Hanges zum Gehorchen (oder schärfer: „Sich-unterwerfen") – habe Luther

---

hinausgehend eine absolute Metaphysik zu begründen trachtet; sie wird von Nietzsche aber gern genutzt, wo es gilt, Kant innere Unstimmigkeiten anzuhängen (s. KSA 12, 143f).

54 Die „Kritik des Erkenntnißvermögens" als „Gedankenselbstprüfung" mag recht „subtil" sein (KSA 8, 435); durch die darwinistische Annahme des Gewordenseins des Ich wurde sie für Nietzsche noch einmal schwieriger. In der *Genealogie der Moral* (III 25) nennt er, in starker Abwehr, Kants „Erkenntnis-Selbstkritik" *unnatürlich*.

„aus derselben Empfindung" heraus, die später Kant beseelt habe, nur „gröber und volksthümlicher", postuliert, „es müsse ein Wesen geben, dem der Mensch unbedingt vertrauen könne, – dies sei sein *„Gottesbeweis"* gewesen (M 207: *Verhalten der Deutschen zur Moral*). Auf gleichen Gedankenwegen habe der Aufklärer Kant, statt die Aufklärung weiterzuführen, durch den kategorischen Imperativ Jahrhunderte alten Gedanken Martin Luthers neues Scheinleben einhauchend, sich zu den alten metaphysischen Idealen, zu ‚Gott', ‚Seele', ‚Freiheit' und ‚Unsterblichkeit' *zurückverirrt* (FW 335).

In den Jahren 1886/87 finden sich, mit dem Ziel, das Wesen der *„Metaphysiker"* zu ergründen, Exzerpte Nietzsches aus Werken Kants, – zu *synthetischen Urteilen a priori*: Kant führe gegen Humes Skepsis die mathematischen ins Feld, und wenn es solche gebe, so „vielleicht auch Metaphysik", – zur *Wiedergeburt*, ohne die für Kant alle menschlichen Tugenden nur „glänzende Armseligkeiten" seien, zu Taten des empirischen und intelligiblen Charakters, zur Denkbarkeit der Freiheit (KSA 12: 259, 264-270). Kants Bestimmung *theoretischer Philosophie* als „Wissenschaft von den Grenzen der Vernunft'!" greift er auf (KSA 12, 299). Nietzsche hat hier offenbar verstanden, – von F. A. Langes Konzept sich lösend, Kant lehre v.a. *Metatheorie der Naturwissenschaft*, – daß dessen „Theorie der Erkenntniß selbst" nicht abtrennbar ist von seiner Ethik und Postulatenlehre, verleiht dieser Fundierungsordnung jedoch die antimetaphysische Feuerbachsche Wendung: „die transcendente Welt", – die außerhalb steht und unbetroffen ist vom lückenlos kausalgesetzlichen Mechanismus, – habe Kant zielgenau „erfunden, *damit* ein Platz bleibt für ‚moralische Freiheit'" (KSA 12, 430).

Mit seiner ‚praktischen Vernunft' und seinem *„Moral-Fanatism"* habe er als ein „Phantast des Pflichtbegriffs", auf der Grundlage einer „Erkenntnißtheorie, welche ‚Grenzen setzt', d.h. erlaubt, ein *Jenseits der Vernunft nach Belieben anzusetzen"*, sich damit wieder ein Recht auf „die *alten Ideale"* verschafft (KSA 12, 442f).[55] Platons Philosophie nennt Nietzsche „präexistent- christlich", da sie das Gute als höchste Idee lehre (KSA 6, 155f; KSA 5, 12). Und auf Kant, den Nietzsche in einem negativ-theologischen Bündnis mit Sokrates erblickt im Bezug auf die Ohnmacht der Vernunft, keine theoretischen Urteile über das höchste Seiende treffen zu können, lenkt er den Verdacht, er beabsichtige, „auf dem schauerlichen Hintergrunde des Nichts-wissen-könnens das Kreuz"

---

55 In Schopenhauers *Ding an sich* als *Wille*, so schon der jugendliche Nietzsche, sei „das Vermächtniß des großen Kant" aufbewahrt. Ironisch fährt er fort: „Es kann ein Ding an sich geben", ja dies könnte auch der *Wille* sein, „da auf dem Gebiete der Transcendenz eben alles möglich ist, was jemals in eines Philosophen Hirn ausgebrütet ist" (BAW 3, 3543ff).

Christi aufzurichten (VM 8), also gar zu einer positiven Theologie der Offenbarung überzugehen.

Eine zornige Attacke gegen die Idee ewiger Gerechtigkeit als Postulat der praktischen Vernunft findet sich in einem Notat aus dem Jahr 1880: „Eine Trivialität, die *diesem* Jahrhundert eigen ist: Gott ist nicht *damit* zu beweisen, daß einer" – ergänze: da sein soll, der – „die Guten belohnen, die Bösen bestrafen muß. Daran, daß dies nöthig sei, glaubt niemand (wie noch Kant). *Über Gerechtigkeit denken wir anders*" (KSA 9, 301). Kant habe so argumentiert: Der Mensch ist ein moralisches Wesen, folglich sei er „1) frei 2) unsterblich 3) giebt es eine belohnende und strafende Gerechtigkeit: Gott. – Aber das moralische Wesen ist eine Einbildung, also: - - -" (KSA 9, 321); zu ergänzen ist: also gibt es weder Unsterblichkeit noch den gerechten Gott. Nietzsche sieht bei Kant ein religiöses Interesse, das ihn in Pascals Nähe rücke, der seinerseits um „*Selbst-Überwindung der Vernunft*" gerungen habe (KSA 11, 431). Kant habe den gleichen frommen „Hintergedanken" gehegt, durch die Wissenseinschränkung „den Intellekt zu entthronen", ja das Wissen, so Nietzsche frech martialisch, „zu köpfen – zu Gunsten des christlichen Glaubens. Und nun muß es der *christliche* Glaube sein!" (KSA 9, 325) Wie bei Pascal walte „das theologische Vorurteil, sein unbewußter Dogmatismus" federführend bei Kant, und überdies sei tonangebend „seine moralische Perspektive als ... befehlend" (KSA 12, 264). Im Aphorismus *Die Obskuranten* wird Kant reichlich pauschal gescholten, er habe gewissen Antiaufklärern Vorschub geleistet, weil er „dem *Glauben* Bahn" dadurch brach, daß er „dem *Wissen* seine Schranken wies" (VM 27).

Salopp im Duktus, hintergründig im Inhalt entfaltet Nietzsche im Aphorismus „*Der Mensch als Komödiant der Welt*" ein hypothetisches Urteil: „Hat ein Gott die Welt geschaffen, so schuf er den Menschen" als sein „Lieblingstier", um sich zu erfreuen an den „tragisch-stolzen Gebärden" und geistig erfindsamen „Auslegungen seiner Leiden"; das Verhältnis des Schöpfers zum Geschöpf ist als ein experimentelles imaginiert (WS 14) und entspricht dem Unmut einer negativen Theodizee. Verabschieden oder Vergleichgültigen der Gottesfrage sind für Nietzsche Varianten der Anklage. Die „theoretischen Fragen" (WS 7) nach den metaphysischen ersten und letzten Dingen könne man auf sich beruhen lassen, sei es in der „Stimmung, wie sie auch der reine Atheist hat" (WS 7), der, antikisierend, das Dasein der Götter für bedeutungslos erklärt,[56]

---

[56] Epikur wird als Kronzeuge aufgerufen für Trostmittel des Gemüts gegen „die Götterangst", die im Bilden alternativer Hypothesen zur Erklärung beunruhigender Phänomene bestünden (WS 7). Zu Nietzsches Rezeption antiker Aufklärer, insonderheit Epikurs, s. Henning Ottmann: *Philosophie und Politik bei Nietzsche* (s. nota 3), 150-156; ders.: Nietzsches Stellung zur antiken und modernen Aufklärung, in: *Nietzsche und die philosophische Tradition* Bd 2, hg. von J. Simon u.a., Würzburg 1985, 9-34.

sei es, daß der neuzeitliche religionskritische Aufklärer, so heißt es im Aphorismus: *Worin Gleichgültigkeit not tut*, die religiösen Fragen: Welches Los hat der Mensch nach seinem Tode, und: „wie versöhnt er sich mit Gott?", als „Kuriosa" verspottet, um ihnen ihre „fatale Wichtigkeit" zu nehmen. Was solche Versöhnung anbetrifft, dürfte die Frage Luthers nachklingen, wie er einen gnädigen Gott finden könne. Doch die Erbschaft dunkler Zeiten, die „das Leben und sich selbst *verachten*" lehrten, sollten wir ebenso hinter uns lassen wie alle Lehren oder Phantasien über „Schuld" und „ewige Strafe"; Nietzsches Widerwille gilt jeder Art von metaphysischen Bedürfnissen und Behauptungen. „Wir haben diese Sicherheiten um die alleräußersten Horizonte gar nicht *nötig*", um human zu leben (WS 16). – Nietzsche fordert die strikte skeptizistische Urteilsenthaltung, um das praktische Sichentscheiden zu vermeiden in Gebieten am „Rande der Wissens-Erde", wo weder *Glaube*, der sich überredet, Produkte von „Phantasien für Ernst und Wahrheit zu nehmen", noch *Wissen* in der Sphäre „alles Erforschbaren" Gewißheit böten. Die Lehren von Idealisten, Materialisten, Realisten, – so lautet der Rundumschlag, in dem er alle Optionen offen halten will, – sind ins Verdikt eingeschlossen. In Abwehr schilt er abscheulich die Überzeugung, Glauben sei „mehr wert" als Wissen (ebd.).

Im Zarathustra-Wort „Gott ist eine Mutmaßung" ist die Vernunftkritik im Sinne ontologischen Nichtwissens im Reiche der Metaphysik zunächst scheinbar gewahrt, dann aber in der Forderung annulliert: Euer Mutmaßen gehe nicht weiter als „euer schaffender Wille", da jener Wille, so heißt es im Geist Feuerbachs, nicht weiter als bis zum ‚Übermenschen' reiche. So lehrt Zarathustra, mit Kant ausgedrückt, einen dogmatischen Atheismus. Auch scheitere, so die polemische Suggestion, jene überweltliche „Mutmaßung" an Gottes stimmiger „Denkbarkeit" (KSA 4, 109f), was heißen soll, an inneren Widersprüchen im Gottes*begriff*, die von der Theodizeefrage herrühren (s. hier A III 1).

5)   Abschied von Kant – Jesus-Nachfolge innerweltlich – rachefreie Gerechtigkeit als Gnade?

Nietzsches psychologische Destruktion des Begriffs der Gerechtigkeit ist die, er kaschiere nur das Verlangen nach Rache. Systematisch einordnen läßt sich das Sich-Rächen in das Kampfesfeld um Anerkennung. So gilt es im Falle des sich „besiegt" Findens, seine „Geltung" wiederherzustellen (KTA 83, 378). Im Aphorismus „*Elemente der Rache*" bestimmt Nietzsche die Funktion der Rache für die Wiederherstellung „verletzter Ehre", wobei der Wille, den Gegner an empfindlichster Stelle zu treffen, ein Nachdenken erfordert über „die

Verwundbarkeit ... des andern: man will wehetun"! (WS 33) *„Die furchtbarste Rache"*, so heißt es im gleichnamigen Aphorismus, liege dann vor, wenn „Rache üben und Gerechtigkeit üben zusammenfällt"; hier gebe es keine „Instanz" mehr, „an die noch appelliert werden könnte" (WS 237); denn die Gerechtigkeit sei, so heißt es antikisierend, die „einzige Göttin", die wir über uns „anerkennen" (MA 637) Im Aphorismus „*Sich nicht rächen*" führt Nietzsche seine „Kritik der moralischen Werthgefühle" weiter, an die sich noch „niemand gewagt" habe (KSA 12, 144). So tief sitze jener elementare Trieb zur Rache, so selbstverständlich werde ihre Ausübung erwartet, daß selbst ihre bewußte Unterlassung – hier will Nietzsche wohl die Appelle von Jesus (: „Wenn dich einer auf die rechte Wange schlägt, so halte ihm auch die andere hin" *Matthäus* 5, 39) und von Sokrates (: Unrecht tun ist ein größeres Übel als Unrecht zu erleiden: Platon, *Gorgias* 474b)[57] *ad absurdum* führen – von „alle(r) Welt" auch wiederum als „eine sublime, sehr empfindliche Rache gedeutet und *empfunden* wird" (WS 259).

Im Kapitel *Vom Biß der Natter* eröffnet Zarathustra, vom Gift genesend, ein Spektrum zur Rache: eine „kleine Rache" sei menschlicher als „gar keine"; doch mißfalle ihm der, dessen „‚Ich bin gerecht' klingt wie ‚Ich bin gerächt'" (KTA 75, 101). „Ich mag eure kalte Gerechtigkeit nicht, und aus dem Auge eurer Richter blickt mir immer der Henker und sein kaltes Eisen." Nietzsches Gegenmodell zu dieser Kälte enthält, überraschend, Christus-Motive: eine „Gerechtigkeit, welche Liebe mit sehenden Augen" ist, eine erst noch auf ihre Realisierung harrende „Liebe, welche nicht nur alle Strafe, sondern auch alle Schuld trägt!" (KSA 4, 88) Jesus als das ‚Lamm' Gottes,[58] das der Welt Sünde *trägt* und dadurch ihre gottesgerichtliche *Strafe* wegnimmt (*Johannes* 1, 29), wird hier in Erinnerung gerufen *und* zugleich Christus als heilsgeschichtliche Person verleugnet. Der für Nietzsche historisch glaubwürdige Jesus sei der „edelste Mensch" (MA 475) und habe als „Stifter des Christentums" das Richten wie das Strafen „aus der Welt schaffen" wollen (WS 81).

Im *Zarathustra* sollen ausschließlich die „Richtenden" (KSA 4, 88) gebrandmarkt werden; hier überbietet Zarathustras antichristliches Evangelium noch Jesu Gebot: „Richtet nicht, auf daß ihr nicht gerichtet werdet"! (*Matthäus* 7, 1) Indem er sympathisiert mit einem Jesus gemäßen Ideal, das den Teufelskreis der Rache durchbricht mit dem Ansinnen, niemals sich selbst zu *rächen* und

---

[57] Zur überraschenden Nähe des Platonischen Sokrates zu Jesu Gebot der Feindesliebe s. Marius Reiser: *Der unbequeme Jesus*, Neukirchen-Vluyn 2011, 99.
[58] Typologisch vorgeprägt ist dieses Johannes-Wort durch die Gestalt des leidenden Gottesknechts, *Jesaja* 53, 5: „Er ist um unsrer Missetat willen verwundet ... Die Strafe lag auf ihm, ... durch seine Wunden sind wir geheilt".

niemanden zu *richten*, sucht Nietzsche, das Gottespostulat geradezu hypermoralisch auszuhebeln: Kants Lehre vom *höchsten Gut* atme noch heimlichen Rachegeist. Rächt Nietzsche sich damit auf die „geistigste" Art (GM I 7) an der Kantischen ‚*Unwiderlegbarkeit*', wie er sie oftmals, – ambivalent offenbar zwischen hoher Anerkennung und grimmigem Unmut schwebend, – apostrophiert hat?

Die „Selbstaufhebung" der Gerechtigkeit, als Verzicht auf Rachlust und Strafbedürfnis, nenne sich, so Nietzsche feierlich, aber absehend von jedem theologischen Gehalt, „Gnade" (GM II 10). Aber nur die Mächtigsten, das ist ihr Vorrecht, seien dazu fähig, so ressentimentfrei zu agieren; während die, die mit der göttlichen Gerechtigkeit das „Strafgericht der Ewigkeit" aufriefen, so die scharfe Spitze seiner Kritik, zeigten darin wie im Spiegel ihr eigenes häßliches Bild (KSA 8, 177). So sucht Nietzsche auf jede Weise, durch sublimes und gröberes psychologisches Verdächtigen, die Lauterkeit der Motive in Kants Postulat Gottes als des Garanten der Übereinstimmung von Seligkeit und Glückswürdigkeit willensfreier Wesen zu diskreditieren. Die ethisch-metaphysische Vorstellung von einem transzendenten göttlichen Ausgleich ist für Nietzsche eine Erdichtung, von fragwürdigen Trieben beflügelt, die als „Erzeugniß des Rachegefühls", z.B. Empörtsein über erlittenes Unrecht (ebd.), einer edleren, nämlich das Übel verzeihenden Einstellung widerstreitet.

Wahre Gerechtigkeit könne allein in einer positiven Haltung, nicht aber in reaktiven Gefühlen – etwa dem Verlangen nach ausgleichender Gerechtigkeit – beheimatet sein. So erweise sich des gerechten Menschen „Gerechtsein" – das ist wieder, unausgesprochen, ein Portrait Jesu, mit einer utopischen Aura, die den Weltlauf durchbricht, – sogar gegen seinen Schädiger, „wenn sich selbst unter dem Ansturz persönlicher Verletzung, Verhöhnung, Verdächtigung die hohe, klare, ebenso tief- als mildblickende Objektivität des gerechten, des *richtenden*(!) Auges nicht trübt, nun, so ist das ein Stück Vollendung und höchste Meisterschaft auf Erden – sogar etwas, das man hier klugerweise nicht erwarten, woran man jedenfalls nicht gar zu leicht *glauben* soll." (GM II 11) Eine solche leuchtend vor Augen gemalte Idealität sittlicher Höhe – sowohl eine transzendente erhoffte göttliche als auch die weltimmanente menschliche Moralität – wird zwar nicht einfach als realitätsfern widerrufen, aber, wie etwas den Weltlauf Sprengendes, nur seltenen auserwählten Charakteren attestiert, z.B. Pascal, der „Glut, Geist und Redlichkeit" in sich vereint habe (M 192).

Nietzsches Negation des Gottespostulats steht in Zusammenhang mit dem Moira-Komplex, das ist die metaphysische Dimension, und seelenanalytisch mit der Destruktion des *guten Willens*, für Kant das Uraxiom, wonach „überall nichts in der Welt, ja auch außer derselben" denkbar sei, das *schlechthin gut* genannt werden könnte, „als allein ein *guter Wille*" (AA IV, 393), worin, Leibniz nahe, der göttliche Wille als dessen Erfüllung eingeschlossen ist. Nietzsches Absicht hingegen ist, die Unfreiheit des Willens des Menschen zu erweisen, da er die völlige *Unschuld seines Werdens* als eigenen Erlösungsweg begründen will.[59] Im Aphorismus *Unverantwortlichkeit und Unschuld* (MA 107) verkündet er das „neue Evangelium"; sein eudaimonistischer Kernsatz lautet: „Alles ist Unschuld, und die Erkenntnis ist der Weg zur Einsicht in diese Unschuld." *Gut* und *Böse* seien bloß in ihrem Grad, nicht aber qualitativ unterscheidbar, gute Handlungen nur „sublimierte böse"; das „einzige Verlangen" jedes Individuums sei sein „Selbtgenuß". „Überall, wo Verantwortlichkeiten gesucht worden sind, ist es der *Instinkt der Rache* gewesen, der da suchte. Dieser Instinkt der Rache wurde in Jahrtausenden dermaßen über die Menschheit Herr, daß die ganze Metaphysik, Psychologie, Geschichtsvorstellung, vor allem aber die *Moral* mit ihm abgezeichnet ist." Der Mensch habe „den Bazillus der Rache in die Dinge geschleppt. Er hat Gott selbst"(!)[60] „damit krank gemacht, er hat das *Dasein* überhaupt *um seine Unschuld gebracht*; nämlich dadurch, daß er jedes So-und-so-sein auf Willen, auf Absichten, auf Akte der Verantwortlichkeit zurückführte." Also gehe es stets um ein *Schuldig*machen oder -finden und letztlich – jemanden für etwas – *bestrafen* Wollen. Priester an der Spitze der ältesten Gemeinwesen hätten sich ein Recht schaffen wollen, Rache zu nehmen, ja „sie wollten *Gott* ein Recht zur Rache schaffen". Eben zu diesem Zwecke sei der Mensch als *frei* gedacht worden (SA III 822f). Jetzt aber gelte: Vom inneren Gewissenswächter, der ihn quält, sei er befreit: „Wir leugnen Gott, wir leugnen die Verantwortlichkeit in Gott: *damit* erst erlösen wir die Welt." (GD KSA 6, 97) Den „Sieg über den alten Gott" will Nietzsche als Sieg über ein leib- und „*weltverleumderisches* Princip" feiern können (KSA 12, 283), sei dies doch das erhoffte Ende des Glaubens „an den Gott des asketischen Ideals" (GM III 24), der Leibverleugnung vom Menschen gefordert habe. Deren schmerzlich Seelen verstörende Folgelast ist zentrales Thema in Nietzsches Spätzeit.

In der *Götzendämmerung* prangert Nietzsche eine beherrschend gewordene „Psychologie" an, die – von einem fingierten Jenseits her – verantwortlich

---

59 Kant habe, so ironisiert Nietzsche, im Menschen *ein moralisches Vermögen* „entdeckt" (JGB 11). In irreale Ferne rückt er Kants „intelligiblen Charakter", dem als *noumenon* Freiheit zukommt, als etwas, wovon der Intellekt nur begreife, er sei für ihn „*ganz und gar unbegreiflich*" (GM III 12). Zu Nietzsches Freiheitsleugnung s. Heinz Heimsoeth: Metaphysische Voraussetzungen und Antriebe in Nietzsches ‚Immoralismus', Mainz 1955.

60 Also ist für Nietzsche, der seine eigenen Deutungsmodelle freimütig anfechtbar macht, ohne sie widerrufen zu wollen, der von ihm angeprangerte „Henker-Gott" begreifbar als Projektion menschlicher Rachlust ins Absolute. Der grimmig Rache Suchende, sie in sich selbst jedoch Verleugnende, unterstellt Gott sein ureigenes Begehren.

machen, richten, strafen, verurteilen will. Der Vorwurf kulminiert in der schroffen Formel, Christentum sei, auf Grund dieser hinterhältigen Psychologie des immer Andere *"Schuldig-finden-wollens"*, „eine Metaphysik des Henkers" (KSA 6, 95f). Im ungelösten Widerspruch hierzu und zu Zarathustras Polemik gegen den Willkürgott als „Zornschnauber" (KSA 4, 324) steht die *Kritik des christlichen Gottesbegriffs* im *Antichrist* (AC 16), er sei ganz „ohne Zorn" und *Rache* gedacht: „ein kastrierter Gott" in seiner „Ohnmacht zur Macht".

Das spätere Konzept einer *Genealogie der Moral* kündigt sich an, wenn Nietzsche in *Menschliches, Allzumenschliches* Stile der Askese im religiösen Leben untersucht, vor allem das *moralisch* erwirkte „Leiden am Natürlichen". Durch eine asketische Sinnenfeindschaft wurde im empfindlichsten Bereich, im „Erotischen", diesem der Makel des Sündhaften angehängt, so daß Kinderzeugen mit „bösem Gewissen" geschah; insofern stünde alles natürliche Menschliche in Gefahr, verdächtigt, verlästert, gegeißelt, gekreuzigt zu werden (MA 141).[61] Mit dieser Perhorreszierung des Leiblichen, Natürlichen verfolge die Religion,[62] so Nietzsches Vermutung, die Absicht, im Menschen durch unerfüllbare Forderungen ein tiefes Sündenbewußtsein und daraus folgendes Erlösungsbedürfnis wachzurufen. Die von Platon vorgezeichnete, im Christentum aufgenommene Gotteskonzeption, Gott existiere als sittliche *Vollkommenheit* in Person, er sei zu denken als „die *Realität der höchsten moralischen Qualitäten*", hält Nietzsche – aus jener Perspektive der drohenden Leibfeindschaft – für ein „Verhängnis". Denn nach einer „unerbittlichen Logik" folge aus dieser Heiligkeit Gottes, der Geist ist, die steile Anforderung an den Menschen, seine eigene Natur zu verneinen; „das *Widernatürliche*" als das vermeintliche Höchste setzte sich so „auf den Thron" (SA III, 582). Letztlich der *„Rechtfertigung Gottes"* diene die klug ausgedachte *„Moral-Hypothese"*, böse Taten entsprängen aus dem freien Willen, so daß jeder menschlichen *Schuld* eine ihr gemäße *Strafe* folgen müsse, die als „erzieherische Wohltat" und Akt eines an sich selbst *„guten* Gottes" demütig hinzunehmen sei. In allem Übel und Leid liege ein verborgener *„Heilszweck"* des Weltenlenkers (ebd.). So rückt

---

61   Ganz anders z.B. Martin Luther, für den die *Ehe* als Teil der weltlichen und göttlichen Ordnung „ein seliger Stand" ist; den Beginn seiner eignen Ehe erinnert er als „Küssewochen". Die „natürliche Neigung und Liebe" zu fühlen, wertet er hoch: „Es ist ein groß Ding um das Bündnis und die Gemeinschaft zwischen Mann und Weib". Allerdings ist für ihn die so positiv geschätzte leibliche Liebe als legitime Sexualität strikt an die Ehe gebunden. Heinz Schilling: *Martin Luther. Rebell in einer Zeit des Umbruchs. Eine Biographie*, München 2012, 327-333.
62   Zur Leibfreundlichkeit oder –feindschaft der Religion s. Walter Schubart: *Religion und Eros*, München 2001, 92-171, 205-263; E. Düsing/ H.-D. Klein (Hg.): *Geist, Eros und Agape. Untersuchungen zu Liebesdarstellungen in Philosophie, Religion und Kunst*, Würzburg 2009, 7-40, 121-227, 481-500.

Nietzsche ‚Gott' abermals ins Zwielicht, zentral die Adäquation von Tugend und Glück, also das Gottesprädikat der Gerechtigkeit, da, christlich geurteilt, die frei ausgelebte Sinnenfreude strafwürdige Sünde, der Preis für zu belohnende Tugend aber die leibliche Selbstabwürgung sei.

Den Sinn von Kants Gottespostulat spricht Nietzsche zwar deutlich aus, aber verneint ihn. „*Nachzudenken*: In wiefern immer noch der verhängnißvolle Glaube an die *göttliche Providenz* ... fortbesteht; in wiefern unter den Formeln ‚Natur', ‚Fortschritt', ... unter dem Aberglauben einer ... Zusammengehörigkeit von Glück und Tugend, von Unglück und Schuld immer noch die christliche Voraussetzung und Interpretation ihr Nachleben hat." (KSA 12, 457) „Aberglauben" schilt er das Hoffen, auf Pflichterfüllung ließe sich die Heilung der Welt, das *summum bonum derivativum* gründen, gestützt auf die Annahme, es gebe eine vertrauenswürdige göttliche Providenz. „Jenes absurde *Vertrauen* zum Gang der Dinge, zum ‚Leben', ... jene biedermännische *Resignation*, die des Glaubens ist, Jedermann habe nur seine Pflicht zu tun, damit *Alles* gut gehe – dergleichen hat nur Sinn unter der Annahme einer Leitung der Dinge sub specie boni." (ebd.) Für Nietzsche ist, Leibniz widerstreitend, das gewaltige Problem, „wie tief der *Wille zur Güte* hinab in das Wesen der Dinge" reiche? (KSA 11, 699) Nietzsche setzt gegen Kants Hoffendürfen seinen tragischen Heroismus, der sich als ein „Pessimismus der Stärke" dazu überredet, das „*sinnlose Übel* als das interessanteste" (sic) zu genießen und sich „stark genug" zu fühlen, sich eines „*Glaubens an Gott*" zu schämen; hat er „früher einen Gott nötig gehabt, so entzückt ihn jetzt", wie in paradoxer Intervention das Schlimmste sich ‚wünschend', eine Welt des Zufalls „ohne Gott" (KSA 12, 467).

Nietzsche ordnet im thematisch aufrüttelnden Aphorismus „*Am Sterbebette des Christentums*" das *Postulat* vom gerecht waltenden Gott ideengeschichtlich in die christliche Tradition ein; er rühmt, – gemäß einer Logik des Herzens wider die Logik des Verstandes, welche das Postulat heftig abwehrt, – als „das Beste und Lebendigste", was vom christlichen Glauben übrig geblieben sei, mit *Römer* 8, 28 die Annahme, es gebe einen „Gott, der in seiner Liebe alles so fügt, wie es uns schließlich am besten sein wird". Allerdings sieht er diesen hohen Glauben in „sanften *Moralismus* übergetreten", in eine *Resignation*, die Nietzsche als die „*Euthanasie* des Christentums" verspottet: die resignierte Bescheidenheit wird „zur Gottheit erhoben". Nicht einmal die Postulate Kants: „Gott, Freiheit und Unsterblichkeit'" seien übrig geblieben als rein philosophische Bewahrung des Christentums, sondern nur dessen Reduktion auf „anständige Gesinnung" und den seichten Glauben, – eine ironische D. F. Strauß-Anspielung, – jene herrsche auch im „ganzen All" (M 92).

In der *Götzendämmerung* und im *Antichrist* erfolgen Nietzsches schärfste Invektiven gegen Kants praktische Metaphysik, nicht selten in herablassendem

Tone strahlender Überlegenheit. Im Geist Feuerbachs stimmt er eine Hymne an auf „diese' Welt", zu Unrecht als bloß scheinbar degradiert gegenüber einer „höheren" und „wahren Welt'", in der wir „heimisch gewesen" sein sollen. Aber „eine *andre* Art Realität" sei „absolut unnachweisbar", die aus reinem Widerspruch zur wirklichen Welt „aufgebaut", – was Kant kaum bestritten haben würde, – jedoch „bloß eine *moralisch-optische* Täuschung" sei. Und woher weiß Nietzsche das? Die entlarvungspsychologische Pointe gegen die Metaphysiker von Platon bis Kant enthält die Antwort: „Wir"(!) ergäben uns durch ein „Fabeln" von der wahren Welt einer Racheneigung; wir „*rächen*" uns am Leben kraft der „Phantasmagorie eines ‚anderen', eines ‚besseren' Lebens". Überhaupt sei jene (Unter-)Scheidung in eine ‚wahre' und ‚scheinbare' Welt, die sich im Christentum findet und ebenso bei Kant, einem, wie Nietzsche spottet, „*hinterlistigen* Christen zu guter letzt", Anzeichen für die *niedergehende* Vitalität (KSA 6, 78f).

Durch die deutsche Gelehrtenwelt, die vielfach aus Pastorenfamilien hervorgegangen sei, ging ein „Frohlocken"; so stilisiert Nietzsche die Ausstrahlung der Kantischen Vernunftkritik, deren Metaphysikfreundlichkeit er offenbar wahrgenommen hat. Denn diese habe einen „Schleichweg zum alten Ideal" zurück (AC 10), zum Unbedingten, zum Guten, Wahren, Vollkommenen, also zu Gott eröffnet, wie es im Geist Heinescher Ironie heißt. Die „zwei bösartigsten Irrthümer", die Dank der Kantischen „verschmitzt-klugen Skepsis, wenn nicht beweisbar, so doch nicht mehr *widerlegbar*" seien, nennt Nietzsche zum einen den Begriff von der übersinnlichen, metaphysischen „*wahren* Welt'", – er entspricht dem ursprünglichen höchsten Gut (summum bonum originarium), – zum andern den Begriff der „Moral als *Essenz* der Welt", der – nach Leibniz' lex optimi[63] – als der göttliche Wille das höchste abgeleitete Gut (summum bonum derivativum) ausmacht. „Der Erfolg Kant's" sei aber bloß, – so greift Nietzsche ihn während seines letzten produktiven Jahres immer maßloser an, – „ein Theologen-Erfolg", wodurch eine „*erlogne* Welt, die des Seienden", zur Realität gemacht" wurde. Kant sei, gleich Luther und Leibniz, – bezeichnend sind die Namen, die hier, wohl wegen ihres Eintretens für Gottes Güte, als Kant Vorausgehende angeführt sind, – ein weiterer „Hemmschuh" auf dem Wege hin zu einem gottlosen Antichristentum (AC 10). Dessen Grundsteinlegung trachtet Nietzsche ins Werk zu setzen, dabei entscheidende Hemmnisse ins Visier nehmend, die realistischerweise mit Luther, Leibniz, Kant und Hegel

---

63 Als weichenstellend erweist sich die frühe Notiz zum „*Optimismus* ... mit Teleologie und dem Glauben an den guten Gott" (KSA 7, 555), worin mit der Teleologie eine gelingende Theodizee, mit der Dysteleologie hingegen die Antitheodizee unlöslich verknüpft erscheint.

assoziiert sind, deren Lehre, weiterhin ausstrahlend, die unsichtbare Welt glaubwürdig macht. Insonderheit „Kantischer Kriticismus" bedeute, gewisse metaphysische Annahmen seien „als unwiderlegbar zu affirmieren, nämlich als *jenseits* der Mittel aller Widerlegung", so daß wegen ihrer Immunität „die Gläubigsten" sich fortan der philosophischen Logik der Ungläubigsten „bedienen" könnten (KSA 13, 417).

Die ‚Unwiderlegbarkeit' von Kants Erkenntniskritik[64] und Gottespostulat reizt Nietzsche zum Zorn, weil er sich genötigt sieht, deren argumentative Konsistenz rein intellektuell anzuerkennen. Daraus erklärbar ist die Steigerung von negativen Attributen, mit denen er Kant belegt: Naivität, Rancune, „Theologen-Arglist" (KSA 13, 442), „Schleichweg" zu alten Idealen, deren Schärfe im Vorwurf: „Mangel an intellektuellem Gewissen" gipfelt (AC 12), Gegenstück zu der für Nietzsche zentralen Tugend. Kant habe, so der auf intellektuelle Unredlichkeit lautende Vorwurf, *„Falschmünzerei vor sich selbst"* getrieben, wiewohl, so heißt es ironisch entschuldigend, angesichts „heiliger Aufgaben" wie die, „Menschen zu bessern, zu retten, zu erlösen" (AC 12). Durch Aufrichtung der Postulate habe er unter dem Titel *praktische Vernunft* „Denker-Korruption ... zu verwissenschaftlichen gesucht"; denn er „erfand eigens eine Vernunft" dafür, in welchem Falle „man sich *nicht* um die Vernunft zu kümmern brauche", dann nämlich, wenn „die erhabne Forderung ‚du sollst' laut wird", oder „das Bedürfnis des Herzens" redet (AC 12; KTA 78, 282).

Kants Postulate der Freiheit,[65] der individuellen Seelenunsterblichkeit und der Existenz Gottes, des allweisen, moralischen und gerechten Welturhebers, der Glückswürdigkeit und Glückseligkeit übereinstimmend macht, sind, so Nietzsche, „letzte Stütze des wankenden Glaubens" (KSA 8, 177), die das Christentum philosophisch reflektiert und geschichtsfrei legitimiert. Das Kantische Vernunftbedürfnis, Legitimationsgrund der Postulate, wird zwecks Entlarvung triebpsychologisch umgedeutet. Die moralische Welt sei einer

---

64 Nietzsches Option sich von der *Metaphysik* zu befreien, sei zeittypisch; sein Bemühen, über Kants Einsichten „hinauszukommen", habe „etwas Verzweifeltes", zuweilen „Tragikomisches" an sich, so Volker Gerhardt, weil er sich nicht hinreichende Kenntnis jener Theorien erworben hatte, die er zu verabschieden trachtete (Hundert Jahre nach Zarathustra. Zur philosophischen Aktualität Nietzsches, in ders.: *Pathos und Distanz*, 188-216, bes. 209f).

65 Im Abschnitt „Die vier großen Irrthümer" führt Nietzsche unter diesen auch den *freien Willen* des Menschen auf. Gegen den „Unsinn ‚intelligible Freiheit' von Kant" setzt er die These von der *„Fatalität seines Wesens"* (GD KSA 6, 95f). „Jeder Mensch", so heißt es mit pantheistischem Anhauch, sei *„ein Stück Fatum"*: „Du selber ... bist die unbezwingliche Moira, welche noch über den Göttern thront", und „es hilft dir nichts", – nämlich zur Freiheit selbsterwirkten Handelns zu entrinnen, – so Nietzsche spöttisch an die Adresse des Freiheitsdurstigen, – „wenn dir vor dir selber graut"! (WS 61)

"Ergänzung bedürftig" (ebd.), da, wir hörten es schon, anders unserem rachsüchtigen Verlangen nach einer gerechten Ordnung der Dinge kein Genüge geschähe; so müsse es eine über dem Weltlauf stehende ewige Gerechtigkeit, Gott, als deren Erwirkungsgrund geben. In der von Nietzsche aufgestellten Triebdualität tritt, seiner realistischen Einschätzung gemäß, der Liebes- und Dankbarkeits-Trieb hinter dem Vergeltungstrieb zurück. –

Durchaus beeindruckt kann Nietzsche sich über das von ihm wahrgenommene Phänomen äußern, daß eine „Jenseitigkeits-Lösung" unseres „Rätsels von Dasein" (GM III 25) dem Selbst des Menschen maximalen Wert verleiht. Zugleich aber verfolgt er sie mit Ingrimm, da sie, wie er moralkritisch befindet, für die sinnlich leibhaftige Seite des Selbst mit Torturen der Abwürgung verbunden sei. Seine geschichtsphilosophische Schau: Aber „Ach, der Glaube an seine Würde, Einzigkeit, Unersetzlichkeit in der Rangabfolge der Wesen ist dahin, – er ist *Tier* geworden, Tier, ohne Gleichnis, Abzug und Vorbehalt, er, der in seinem früheren Glauben beinahe Gott (‚Kind Gottes' ...) war ... Seit Kopernikus scheint der Mensch auf eine schiefe Ebene geraten, – er rollt immer schneller nunmehr aus dem Mittelpunkte weg – wohin? ins Nichts? ins ‚*durchbohrende* Gefühl seines Nichts'?" (GM III 25)[66] Mit diesem Seufzer eröffnet Nietzsche das fatale Gefälle zur „Selbstverkleinerung" des Menschen,[67] die im Gefühl vollkommener Nichtigkeit kulminiert. Weshalb? Der unbedingte Wert jedes Einzelnen, der in der abendländischen Geschichte in der *Imago Dei* begründet war, wird radikal in Frage gestellt durch Darwins Abstammungshypothese zur animalischen Herkunft des Menschen. – Den „Transcendentalisten" in der Philosophie habe Kant den Eindruck vermittelt, sie seien von der Theologie „emancipirt"; doch in Wahrheit habe er ihnen – hier fällt erstmals dieses Wort – den „Schleichweg verrathen", auf dem sie mit bestem „wissenschaftlichen Anstande" ihren metaphysischen Herzenswünschen nachhängen dürfen. Das metaphysische Nichtwissenkönnen in Kants Erkenntnisrestriktion ironisierend lautet Nietzsches bissig böse Schlußpointe: „Es giebt kein Erkennen: *folglich* – giebt es einen Gott"! (GM III 25)[68]

---

66 Zum „durchbohrende(n) Gefühl seines Nichts" vgl. Schiller: *Don Carlos*, 2. Aufzug, 2. Akt, Vers 1035.

67 Vgl. dazu Marco Brusotti: *Die ‚Selbstverkleinerung des Menschen' in der Moderne. Studie zu Nietzsches ‚Zur Genealogie der Moral'*, Berlin / New York 1992.

68 Volker Gerhardt weist Nietzsches Vorwurf zurück, nach seiner Destruktion der theoretischen Gottesbeweise habe Kant sich einen *Schleichweg* zu Gott zurück erlaubt; denn im praktischen Postulat eröffne Kant einen Weg argumentativ gerade *nicht* an wissenschaftlichen *Einsichten vorbei* (Die Kopernikanische Wende bei Kant und Nietzsche, 173ff; s. nota 13). Verf. bestreitet im Hinblick auf die Kosmologie zu Recht die Zwangsläufigkeit

‚Über die Unwiderlegbarkeit' metaphysischer Theorien, ‚einschließlich derer, die falsch sind', so lautet ein aus neopositivistischem Esprit geborener Titel, den man in Hinblick auf Nietzsches Polemik gegen die Kantischen Postulate dahin umwandeln kann: Über die Widerlegbarkeit von metaphysischen Theorien, einschließlich derer, die wahr sind, im Falle nämlich, daß sie einem, – wie Nietzsche spottet, – Herzensbedürfnis des Ich konvenieren und ihm dieserart „Schleichwege" zu „Hinterwelten" auftun. Nietzsche verdächtigt das Bedürfnis der praktischen Vernunft, die mit Hilfe der Postulate ein *absurdum practicum*, so Kant, vermeiden will, präfreudianisch als sinnliches Paradieseswünschen, um damit, wie vor ihm, freilich auf simplere Weise, H. Heine, Kants sittlich und religiös motiviertes Wiederaufrichten des in strenger Vernunftkritik zuvor als unerkennbar ‚Vernichteten', des – christlich orientierten – Gottes- und des Seelen-Unsterblichkeits-Glaubens, zu diskreditieren.

Meine Schlüsselthese dazu ist: Umgekehrt analog, wie Kant in seinem positiven Voluntarismus, im Hinblick auf das theoretisch nicht Beantwortungsfähige, durch praktische Vernunft postuliert: *Ich will, daß Gott sei!* fordert Nietzsche in einem negativen religionsskeptischen Voluntarismus, der ebenso Unbeweisbares setzt, mit Hinblick auf den ‚Henker-Gott': *Ich will, daß kein Gott sei!* Denn Gottes Nichtdasein erscheint ihm besser als die Annahme der Moira oder eines willkürlichen Künstlergottes jenseits von Gut und Böse. Hier überspringt Nietzsche die Kantische Erkenntnis-Restriktion, indem er – leidend am Henkergott – eine verneinende Aussage trifft über etwas über-sinnlich Seiendes, daß es nicht sei bzw. nicht sein sollte. – Mit Pascal, Kant und Kierkegaard teilt Nietzsche zwar die Ansicht, einen guten Schöpfergott zu statuieren sei dem Menschen nötig zur Fundierung seiner Humanität, ja die Gewißheit, Gottes zu bedürfen, beflügle sein Streben nach Vollkommenheit. Jedoch bezweifelt er, dieses für die Seele nötige, aus ihrer Perspektive absolut notwendige Wesen müsse um willen ihres innigen Mit-sich-selbst-einig-sein-Könnens existieren. Eine beträchtliche Naivität, ja Hybris des Menschen sei, sein behütetes und sinnreiches Dasein zum Zweck des Universums erheben zu wollen, da dem Weltall jedes romantische Fühlen abgeht.

Gemäß Nietzsches radikalisierter Vernunftkritik, die Darwins Artenbildungsmodell und damit auch das naturhistorische Gewordensein des denkenden Ich zugrunde legt, lehrt Kant ein schwer legitimierbares anthropisches Prinzip,

---

des von Nietzsche suggerierten auf die schiefe Bahn und in Nihilismus Verfallens des Menschen. Doch übersieht er, daß die Kosmologie (z.B. FW 125; GM III 25) von Nietzsche metaphorisch eingesetzt wird, um das rückhaltlose Tierwerden des Menschen zu illustrieren. Stürzt er nämlich, gemäß Darwins Artenerklärungsmodell, ab in seine *animalitas*, in Nichtigkeit, so erscheint auch das nach Kant seine Würde garantierende Sittengesetz als Phantom.

nämlich den Menschen als Ziel der Schöpfung, überdies mit einer Anlage zur Sittlichkeit und Suche des ewig Gültigen ausgestattet. Aus Kants Sicht aber vertritt Nietzsche einen nicht beweisbaren dogmatischen Vernunftunglauben. Nietzsches Veto gegen das praktisch fundierte Gottespostulat kann kaum von erkenntnistheoretischer Art sein, da die Behauptung der – in jedem Falle – möglichen Existenz Gottes unbestreitbar bleibt. In seiner Hyperreflexion konsequent, erwägt er einen „Zweifel am Zweifel" (KSA 12, 15), ohne ihn aber gegen seine These von Gottes Nichtdasein zu richten. Das sich Wenden des Zweifels wider sich selbst würde den „Glauben an den Unglauben" (FW 335), – also das negativ dogmatische Urteil: das Absolute existiert nicht, – aufheben und damit den in ihm manifesten Nihilismus überwinden. Im Gefolge eines solchen „Zweifel(s) am Zweifel" könnten die wohl hochambivalent Feiernden: „Die Gottesmordbüßer und ihr Fest" (KTA 83, 480), wie ein Titelentwurf zum zweiten Teil des *Zarathustra*: lautet, das heikle Lehrstück, Gott sei „todt'" und „der Übermensch *sei* der Sinn der Erde!" (KSA 4, 14) einmal wieder in Frage stellen und sich dem noch neueren und existentiell tragfähigeren Lehrstück zuwenden: Der Übermensch ist *tot*; daher *sei* der höchste Daseinssinn der, Gott zu suchen.

KAPITEL V

„Das Heiligste ... ist unter unsern Messern verblutet": Tod Gottes und Ende der Ehrfurcht in Nietzsches Diagnose

1) Schlüsselthese zum Heiligen in Jesu Christo

Die Rede vom *Heiligen*, des näheren von dem *Heiligsten*, worin das schlechthin Gute anwesend ist,[1] fokussiert Nietzsche überraschend eindeutig und ausschließlich auf die Gestalt Jesu Christi. Dieses von ihm nur zweimal verwendete Attribut, so ist zu zeigen, ist für ihn *christologisch* verankert; das Heilige in unüberbietbarer Erhabenheit, daher der Superlativ, wird also *christozentrisch* gefaßt. So steht oder fällt dessen ontologischer Gehalt mit der Glaubwürdigkeit von Jesu Gottgleichheit. Wegen *Entmythologisierung* der Evangelien und Hinstürzen des Bildes von Jesus als Weltenheiland müssen, in neuer Selbstwertsetzung, andere Wege zum göttlichen, heiligen Sein gefunden werden, – so Nietzsches ebenso schmerzliche wie triumphalistische Schlußfolgerung in seinem *Zarathustra*.

---

* „Das Heiligste ... ist unter unsern Messern verblutet" FW 125. Zur Zitierweise Nietzsches s. Siglenverzeichnis. – Vorliegendes Kapitel ist die komprimierte und überarbeitete Neufassung der Erstveröffentlichung unter dem Titel: „Das Heiligste ... ist unter unseren Messern verblutet". Tod Gottes, Folgelast Nihilismus und Ende der Ehrfurcht in Nietzsches Diagnose, in: *Das Heilige in der Moderne: Denkfiguren des Sakralen in Philosophie und Literatur des 20. Jahrhunderts*, hg. von H. Canal, M. Neumann, C. Sauter, H.-J. Schott, Bielefeld 2013, 13-40.

1 Historisch und systematisch dazu Rudolf Otto: *Das Heilige. Über das Irrationale in der Idee des Göttlichen und sein Verhältnis zum Rationalen*, 35. Aufl. München 1963, 95f. Mit der Religion des Moses beginnt für Otto die Ethisierung des Numinosen und seine Erfüllung zum ‚Heiligen', das nicht mehr irrational, unheimlich, furchtbar, sondern zur Anbetungswürdigkeit geläutert ist. Dieser Vorgang vollende sich in Prophetie und Evangelium. Gott, „der Heilige Israels" (*Jesaja* 6, 1-7; 57, 15) wird begriffen als Allmacht, sittliche Güte, Weisheit, Treue. Schlüsselstelle im *Neuen Testament* zum substantiell Heiligen ist *Lukas* 1, 35: Der Engel verkündet Maria: Der heilige Geist (*pneûma hágion*) wird dich überschatten; deshalb wird das geboren Werdende heilig (*hágion*), Sohn Gottes (*Hyiòs Theoû*) genannt werden. Im Evangelium redet Petrus Jesus an: Wir haben erkannt: „Du bist der Heilige (*hágios*) Gottes" (*Johannes* 6, 68f). Für die christliche Liturgie steht exemplarisch, was die Anbetung des Heiligen betrifft, Gerhard Tersteegens Lied: „Gott ist gegenwärtig. Lasset uns anbeten und in Ehrfurcht vor ihn treten ... Alles in uns schweige und sich innigst vor ihm beuge" (*Ev. Gesangbuch für Rheinland und Westfalen*, Dortmund 1965, Nr. 123, Strophe 1).

Ausgehend vom Golgatha-Jugendgedicht führt eine Sinnlinie zur Parabel vom ‚tollen Menschen'. In freigeistiger Brechung wird der Glaubensinhalt verfremdet, indem der Mensch als Täter einer mörderischen Tat demaskiert wird, durch die er sich selbst des Heiligen als Seinsgrundes beraubt.

Nietzsche ist im 19. Jahrhundert zum Denker des Verlustes des Heiligen und Ewigen geworden, dessen Bürge vormals Christentum und Platon waren. „Götterdämmer – Es giebt nichts Ewiges!"[2] Resultat seiner radikalen Freigeisterei ist, daß überall nichts sei, dessen Gehalt, – z.B. kraft *göttlicher Kunst* der Platonischen Dialektik, – „als ewig und allgültig" erwiesen werden könne, – außer, so heißt es humorvoll, wenn die Seele in *theia mania* zur Idee des absolut *Guten* entrückt ist (M 544).

Da in christlich-platonischer Tradition das die Welt transzendierende Höchste und Heiligste als Liebe, Sittlichkeit, Recht und in jeder *Tugend* weltliche Gegenwart gewinnt, ist Nietzsche zu Recht überzeugt, selbst „ein capitales Ereigniß in der Krisis der Werthurteile zu sein" (KSB 8, 259). Denn wenn dieses Heiligste als Jenseitiges leer ist, verschwindet das Gute auch aus unserer Welt. Seine Psychologie der Entlarvung eingebildeter Tugenden mündet ein in Zarathustras *Umwertung* des Askese-Ideals mit kardinalen Tugenden wie Mitleid, Demut und Keuschheit in eine Gloriole der Selbstsucht, Herrschsucht und Wollust. Zarathustras ‚Schatten' rückt heilige Einsiedler in den Verdacht, dem Lustprinzip zu frönen. „‚Leben, wie ich Lust habe, oder gar nicht leben': so will ich's, so will's auch der Heiligste. Aber, wehe! wie habe *ich* noch – Lust?" (KSA 4, 340) Er erleidet und enthüllt den Teufelskreis von Lustsuche, die nach Gottes Tod Surrogat ist für ein ungestilltes Liebesverlangen und Überdruß angesichts der universalen Sinnleere. „Nichts ist wahr, Alles ist erlaubt", sprach ich zu mir; „oh ewiges – Umsonst!", „Du hast das Ziel verloren" (KSA 4, 341).

Historisch-wissenschaftliche Kritik untergräbt religiöse Gewißheit. „Wie die Städte bei einem Erdbeben einstürzen ... und der Mensch nur zitternd und flüchtig sein Haus auf vulkanischem Grunde aufführt", so ruft historische Analyse ein *Begriffsbeben* hervor, das ihm „das Fundament aller seiner Sicherheit", den „Glauben an das ... Ewige" raubt (KSA 1, 330). Zwischen Glaube und Skepsis zu schwanken hinsichtlich des Glaubens an Offenbarung, Inspiration,

---

2 KSA 10, 374. Nietzsche verlor das Ewige durch kühnes Weiterdenken der Hypothesen von Darwin und Strauß. – Otto Most (*Zeitliches und Ewiges in der Philosophie Nietzsches und Schopenhauers*, Frankfurt a. M. 1977) hebt Nietzsches Ewigkeitssuche hervor; in Zarathustras Brautlied an die Ewigkeit, im siebenmaligen Bekenntnis: *„Denn ich liebe dich, oh Ewigkeit!"* (KSA 4, 287ff; KSA 6, 405) sowie in der Selbstermunterung, der *Amor fati* möge seine „letzte Liebe" sein (FW 276), klinge solche religiöse Suche nach. – Vgl. auch Manfred Kaempfert: *Säkularisation und neue Heiligkeit. Religiöse und religionsbezogene Sprache bei F. Nietzsche*, Berlin 1971.

Bibelautorität wirft den modernen Menschen in ein „Meer des Zweifels", eine, wie der jugendliche Seismograph der Kultur das beklagt, „unendliche Gedankenverwirrung" als „trostloses Resultat" (BAW 2, 55). Er spielt hier an auf David F. Strauß' radikale Bibelkritik, die durch Zerstörung der historischen Glaubwürdigkeit des Lebens Jesu in den Evangelien das Heilige, Ewige antastet. Die Erdbebenmetaphorik deutet hin auf irritierende Bedeutungsverschiebungen in altvertrauten Begriffen. Der *Tatort* des Gottesmordes, so Nietzsches kriminalistische Enthüllung, ist die damals noch neue historische *Bibelexegese*. Dies zeigt die Ausleuchtung der Parabel vom ‚tollen Menschen' (FW 125).

2) „Das Heiligste" in Nietzsches Jugendglauben und der Verlust „höchster Dinge"

In Nietzsches Jugend bis zum zweiten Studiensemester ist der christliche Glaube des gebildeten Protestantismus in lutherisch-pietistischer Einfärbung die Grundlage seiner geistigen Existenz. In der freigeistigen Phase seines Denkens erklärt er im Jahre 1881 nach vielfachen Umbrüchen:[3] Das Christentum ist „das beste Stück idealen Lebens, welches ich wirklich kennen gelernt habe ... Zuletzt bin ich der *Nachkomme* ganzer Geschlechter von christlichen Geistlichen" (KSB 6, 108f).

In Skizzen „Zum Leben Jesu", des näheren „Zur Auferstehungslehre", zitiert der zwanzigjährige Nietzsche zur „Christophanie des Johannes" aus Offb 1, 18: „ich war todt, und ich bin lebendig von Ewigkeit zu Ewigkeit", und aus Matth 17, 2: Jesu „Angesicht leuchtet wie die Sonne" (BAW 3, 102f). Hier steht er noch in der Tradition, deren Verlust er in seiner maximalen Sinnschwere ausloten wird. Erinnernd an Offb 1, 17, wo Jesus spricht: „Ich bin der Erste und der Letzte und der Lebendige", charakterisiert Nietzsche später die „teleologischen Lehrer" von Platon bis Kant durch ihre These, jeder einzelne Mensch sei „etwas Erstes und Letztes und Ungeheures" (FW 1). Etwas „Erstes" deutet hin auf Selbstanfang und Fichtes Ur-Tat: Ich=Ich als ein JAHWE-Derivat.

Besagt die häßliche ‚Wahrheit' des Naturalismus: Die Art ist alles, der Einzelne in seiner „Fliegen- und Froscharmseligkeit" (wie Pindars *ephemeroi*) ist nichts, so lautet die *Antithese* zur *Physiokratie* seitens der ethisch-teleologischen Lehrer, die Nietzsche hier mit starker Sympathie zeichnet: Jeder Einzelne ist

---

[3] Zum Jugendglauben vgl. E. Düsing: *Nietzsches Denkweg. Theologie – Darwinismus – Nihilismus*, 2. Aufl. Fink, München 2007, 79-124. Zur Phasencharakteristik s. ebd. 34-46, zu Nietzsches Freigeisterei ebd. 353-423.

an sich wertvoll: „Ja, ich bin wert zu leben!", jeder ist für sich „immer einer" (FW 1).[4]

Das Ewige ist dem jungen Nietzsche wohl vertraut durch den göttlichen Logos, der in Christus Mensch geworden ist. Der 19-Jährige hat unter dem Titel *Gethsemane und Golgatha* eine Hymne auf Jesu Erlösungstat am Kreuz verfaßt. Daß sie in drei Reinschriftfassungen mit nur leichten Variationen überliefert ist, zeigt, wie bedeutsam dieses Thema für ihn war. Die mitternächtliche Szene in Gethsemane (*Markus* 14, 32-42) und die mittägliche auf Golgatha (*Markus* 15, 12-41) fügt er zusammen und ruft sie in Erinnerung als unsere „heiligste Vergangenheit", da in ihr Zeit und Ewigkeit einander berühren, ja durchdringen. Alles Irdische wird als vergänglich enthüllt, die äußere Welt verblaßt vor dem innerlichen, an Christus orientierten Licht, das die Seele aus ihrer Verlorenheit an die Welt zu Gott zurückbringen soll. Alle Geschichte vorher ist Vorbereitung dieser Fülle der Zeit (vgl. *Galater* 4, 4), die in Christus aufgeht, oder deren Nachwirkung. Christus ist die alles entscheidende Mitte und der Wendepunkt der Weltgeschichte: „O Stätten heiligster Vergangenheit! / Gethsemane und Golgatha, ihr tönet / Die frohste Botschaft durch die Ewigkeit: / Ihr kündet, daß der Mensch mit Gott versöhnet, / Versöhnet durch das Herz, das hier gerungen, / Das dort verblutet und den Tod bezwungen! – / O Stätten, ihr, der Zukunft Weltgericht, / Der Frommen Hoffnung und der Sünder Grauen!" (BAW 2, 401) – Das Motiv vom ‚Verbluten' Gottes kehrt viel später wieder in der Parabel des ‚tollen Menschen' (FW 125), in welcher, surrealistisch, statt Jesus Gottvater als von Menschenhand Ermordeter imaginiert ist. – In einer überarbeiteten Fassung heißt es: „*Gethsemane* und *Golgatha*! Gleich Sonnen / Voll tiefsten Glanzes strahlt ihr in die Welt, / Gethsemane, du heil'ger *Leidensbronnen*". – „Herr, *einsam* liegst du. Keine Welt erfaßt / Die *Qualen*, die dein großes Herz umfluthen;/ Du liegst, gebeugt von *ungemess'ner* Last, / *All'* deine Wunden brechen auf und bluten./ Es ist dein *letztes, schwerstes* Todesringen, / Und Erd und Hölle will dich *niederzwingen*." – „O Stätten heiligster *Vergangenheit*! /... O Stätten heilig ernster *Gegenwart*!/ Zu denen sich die *müde Seele* wendet" (BAW 2, 403f). Das Gedicht ist eine Meditation über Jesu psychosomatisches Erleiden des Kreuzes. Es verknüpft dieses Leiden in der Anrede: „du heil'ger *Leidensbronnen*" mit den *Wunden* des Gottesknechts, durch die wir, gemäß dem Wort des alttestamentlichen Propheten, *geheilt* sein sollen (*Jesaja* 53, 5).

---

[4] Für Platon (*Symposion* 211b) ist jedes Menschen Seele, den Ideen ähnlich, ewig eingestaltig (monoeides); dazu stimmt Leibniz' Definition der *Monade*, die Substanz sei: Nur, was *ein* Wesen (monas) ist, ist ein *Wesen* (ousia). G. W. Leibniz: *Hauptschriften zur Grundlegung der Philosophie*, hg. v. E. Cassirer, 3. Aufl. Hamburg 1966, II, 223f.

In Nietzsches Gedichtwort vom „großen Herzen" Jesu sind allversöhnende Ideen angedeutet. Die Stätten „heiligster *Vergangenheit*" werden, in Kierkegaardschem *Gleichzeitigwerden* mit Christus und damit Überwinden des historischen Zeitenabstands, des Lessingschen „garstigen Grabens", in Nietzsches Jugendgedicht, durch Meditation des Kreuzes, zu „Stätten heilig ernster *Gegenwart*". Dem höchsten Ernst korreliert, an anderer Stelle, die Weihnachtsfestfreude, die ihn „überselig" stimmt (KSB 1, 30). Er notiert zu Jesus: „Er sieht die Gedanken."[5] Und er ist „leutselig" gegen Sünder (BAW 2, 252).

Das Inbild dessen, was für Nietzsche das Heilige, Gute, die Liebe selbst war, ist Jesus am Kreuz. Ist er aber nicht der Christus, so leuchtet Nietzsches Verlustbilanz zur verlorengegangenen *wahren Welt* ein. Die bisher „höchsten Dinge", der biblisch fundierte Gottesglaube und die Religion des Kreuzes Christi, haben sich in unglaubwürdige „Mythen" und „Märchen" verwandelt (KSA 11, 627). Es ist dann eine „furchtbare Neuigkeit", daß der vormals geglaubte „christliche Gott ‚todt ist', daß in unseren Erlebnissen *nicht* mehr eine himmlische Güte und Erziehung" sich ausdrückt (KSA 11, 425). „Das jenseitige Leben weg? – man hat dem Leben die Pointe genommen." (KSA 11, 621) Auch herrscht keine Furcht mehr vor den Folgen der Gottlosigkeit. Zunächst spielt sich solches Verlieren der „höchsten Dinge" im Bewußtsein Einzelner ab, bald aber wird „der Verlust des Glaubens" unter allen „ruchbar". Es folgt in Nietzsches Diagnose daraus unabwendbar und breitenwirksam: das Aufhören von Ehrfurcht und Achtung, von Autorität und Vertrauen; weiter folgt ein blindwütiges „Leben nach dem Augenblick", dem „gröbsten Ziele", dem „Sichtbarsten", schließlich ein beliebiges „Experimentiren, ein Gefühl der Unverantwortlichkeit, die Lust an der Anarchie!" (KSA 9, 200)[6] Eine gemeinere Gattung Mensch, wie in Platons *Ochlokratie*, gewinnt das Regiment: die Masse maßt sich Herrschaft an; ihr müssen anders denkende Einzelne sich anpassen.[7] Überschauen wir überhaupt schon, so ruft Nietzsche eine Sequenz von sich überstürzenden Fragen auf, die ganze Folgelast der sich anbahnenden „Vernichtung der Religion

---

5 Inspirierend dürfte hier die Erzählung von Nathanael sein, dessen Denken Jesus durchschaut: *Johannes* 1, 47ff.

6 Der gefährliche neue Gedanke einer Freigabe des *Experiments* und *Selbstexperiments Mensch* ist für Nietzsche mit dem Darwinismus verknüpft. Er spricht ahnungsvoll von einer „ungeheuren Experimentirwerkstätte" (KSA 13, 408f). Zu seinem ureigenen, ab 1887 entfesselten *Naturalismus* vgl. Düsing: *Nietzsches Denkweg*, 304-350.

7 Zum politisch-ideengeschichtlichen Hintergrund von *Anarchie*, – Verfallsgestalt der *Demokratie* für Nietzsche wie für Platon, – die schon für Platon in *Tyrannis* oder in Auflösung natürlicher Autorität, daher in *Egalitarismus* umzuschlagen droht, s. Henning Ottmann: *Philosophie und Politik bei Nietzsche*, Berlin /New York 1987, 293-307.

und Metaphysik", der „Noblesse und Individual-Bedeutung"?! Verächtlich sind, wenn der erwartbare „Rausch der Anarchie" abgeflaut ist, die, welche sich den Massen als ihre „Heilande" anzubieten trachten (KSA 9, 201). Die meisten wollen, vor dem Hintergrund von „Saturnalien der Barbarei", so erklärt Nietzsche hellsichtig kulturpsychoanalytisch in Basler Vorträgen *Über die Zukunft unserer Bildungsanstalten*, bewußt oder unbewußt nur „für sich selbst die fessellose Freiheit" (KSA 1, 698).

Die Bedeutung der historischen Zuverlässigkeit der biblischen Überlieferung als Basis für den christlichen Glauben ist Nietzsche deutlich bewußt. Er entfaltet die Frage nach der Wahrheit des Christentums in drei Aspekten, deren zweiter die Bibel als zuverlässige Basis betrifft: 1) die Frage der *Existenz* eines *guten* Gottes, 2) die Frage der *Geschichtlichkeit* der „Entstehungs-Legende" (KSA 13, 417) vom rettenden Evangelium Jesu Christi, wie er es mit Anklang an Strauß' bibelkritische Mythenkonzeption ausdrückt. Historisch philologische Textkritik führt für Nietzsche durch ihren methodischen Zugriff, angewandt auf das *Buch der Bücher*, zur Entkräftung seines überzeitlichen Wahrheitsanspruchs (vgl. hier C XI 3 b). Nietzsches *Psychologie des Gläubigen*, der z.B. in frohgemuten Erlebnissen einen von Gott auf ihn herabströmenden Gnadenglanz verspürt (MA 134), in Wahrheit eigentlich pure „Selbstliebe aus Erbarmen" übt (KSA 8, 180), Selbstverachtung in -bejahung umwandelnd.

Nietzsche beklagt Gottes Tod sowie das Ende der Ehrfurcht, das entspricht der Herzenslogik; ineins treibt er in Freigeisterei jede *Entmythologisierung des Heiligen* auf die Spitze. Das Motiv ist: *Götzen aushorchen!* Es gebe mehr Götzen in der Welt als Realitäten, Zeitgötzen und ewige Götzen (KSA 6, 57f). – Viele Aphorismen Nietzsches, v.a. in der experimentalphilosophischen mittleren Zeit, sind mit Ambivalenzen gespickt derart, daß er – gemäß dem impliziten Motto: weg mit den schönen Illusionen und her mit den bitteren Wahrheiten![8] – zwar die Demontage metaphysischer Annahmen auf die Spitze treibt, dabei jedoch die Gefährlichkeit des Abbaus für den Fortbestand des Humanen aufzeigt, das nicht mehr vom Glauben an das Heilige und Ewige behütet bleibt. „Alle großen Dinge" gehen jedoch in Nietzsches tragischer Schau „durch sich selbst", durch ihre eigene innere Konsequenz zugrunde, und zwar kraft der menschlichen Forschungsgeschichte des „Sich-bewußt-werdens des Willens zur Wahrheit". Als ein „unbewußter Imperativ" bringe dieser Wille den ursprünglich platonischen und christlichen metaphysischen Glauben an den

---

8 In Nietzsches Denkweg widerstreitet die Pascalsche *Logik des Herzens*, die Tröstliches sucht, fortwährend der *Logik des Verstandes*. Man müsse, „wider sein Gewissen, sein Gewissen selbst secirt haben" (KSA 14, 120). Pascal: „Le coeur a ses raisons, que la raison ne connaît point" (*Pensées*, hg. von Brunschvicg, Paris 1972, Frg 277).

Wert der Wahrheit, „daß Gott die Wahrheit ist" (GM III 24, 27), geschichtsmächtig weiter zur Wirkung.

3) Gottes ‚Tod' in der Parabel vom ‚tollen Menschen' –
„wir erwachen als Mörder"!

Der wahre Sachgehalt in Nietzsches Formel vom ‚Tod Gottes' ist, mit Heidegger, vom vulgären Atheismus abzurücken. Auch nicht zu verwechseln ist er mit der Position eines dogmatischen Atheismus. Sinngemäß ist, von Nietzsches *methodischem* Atheismus zu sprechen, der bibelkritisch und naturwissenschaftlich inspiriert ist. Als guter Kantianer weiß er, daß Gottes Nichtexistenz unbeweisbar ist. Mit dem durchdringend erschütternden Wort vom ‚Tode Gottes', das für viele Nachfolger Nietzsches willkommene Parole für einen naiven dogmatischen Atheismus wurde, hat er sich nicht angemaßt, über Dasein oder Nichtdasein Gottes befinden zu können. Vielmehr hat er im Formulieren dieser Parole wie in einem Paukenwirbel das heimliche und in seiner Sicht gefährliche Absterben des Gottesglaubens im Bewußtsein der Moderne aufzeigen wollen. Der rasche „Sieg des wissenschaftlichen Atheismus", als europäisches Ereignis im 19. Jahrhundert, steht für Nietzsche in *Korrelation* zum „Niedergang des Glaubens an den christlichen Gott" (FW 357), den er, seiner Erschütterung gemäß, im dramatischen Wort faßt: „Gott ist todt!" (FW 125)

Die in der *Fröhliche(n) Wissenschaft* zuerst publizierte Formulierung: „Gott ist todt'" (FW 125) ist keine *atheistische Propagandaparole*, sondern pathetische Formel für den Niedergang christlichen Glaubens, die auch Nietzsches eigene Betroffenheit bekundet. Er skizziert in Entwürfen zum *Nihilismus*, wie für ihn ein ‚Sterben' Gottes gleichbedeutend ist mit der skeptischen Aushöhlung der *Glaubwürdigkeit* seiner wesentlichen, in der christlichen Tradition verankerten Eigenschaften. „Das Christenthum an seiner Moral zu Grunde gehend. ‚Gott ist die Wahrheit', ‚Gott ist die Liebe', ‚der gerechte Gott' – Das größte Ereigniß – ‚Gott ist todt' – dumpf gefühlt" (KSA 12, 129). Solches dumpfe Fühlen erhebt er zu rücksichtsloser Bewußtseinsklarheit. Die *Negation* – hochdramatisch: der *Tod* Gottes – steht in Zusammenhang damit, daß mit dem *bisher* geglaubten *guten christlichen Vatergott* ein unmoralischer Welturheber unvereinbar ist, dessen durchgreifende Realität Nietzsche – weit mehr als Gottes Nichtsein – glaubt annehmen zu müssen. Wenn Gott *nicht* die Wahrheit oder *nicht* die Liebe oder *nicht* gerecht ist, dann gibt es diesen ehemals als Gott Geglaubten, Geliebten und Anerkannten *nicht*, dann existiert er – auf Grund furchtbarer neuer Entdeckungen, nicht mehr, – d.h. der vormals als so lebendig gekannte Gott ist ‚tot', ‚gestorben', ohne wiederzuerstehen wie Jesus im *Evangelium*. Aus

Dostojevskijs *Dämonen* exzerpiert Nietzsche: „Fühlen daß Gott nicht ist und nicht zugleich fühlen, daß man eben damit Gott geworden ist, ist eine Absurdität"" (KSA 13, 145). Als Titel, in eins erschließende Idee steht über den Exzerpten: *„Die Logik des Atheismus"* und das programmatische, die Lage erhellende Wort: „Die absolute Veränderung, welche mit der Negation Gottes eintritt". Die „alte Werthungs-Welt", die theonom war, ist „umgeworfen"! (KSA 13, 143) – *Ontologisch* konnotiert ist die Rede von Gottes *Tod*, *urteilslogisch* die Rede von der *Negation* Gottes. Nietzsche charakterisiert als die *„klassische Formel"* des Atheismus: „Ich bin gehalten, meinen *Unglauben* zu affirmiren". Was ist, so fragt beschwörend der Selbstmörder Kirillov, die *Geschichte der Menschheit*? „Der Mensch hat nichts gemacht als Gott erfinden, um sich nicht zu tödten. Ich, als der Erste, stoße die Fiktion Gottes zurück"" (KSA 13,144). „Ich will mich tödten, um meine Insubordination zu beweisen, meine neue und schreckliche Freiheit"! (KSA 13, 145) Das Erlaubtsein von allem nach Gottes Tod und die damit einhergehende suizidale Komponente sind hochbedeutsam. Der Philosoph konnte bei dem grandiosen Romanautor eigene Schlüsseleinsichten bestätigt finden. Nietzsches Voraussicht einer *Logik von Schrecken* als Folgelast des Verlierens christlicher Moralität (FW 343) stimmt bestens zu Dostojevskijs Ergründen des ‚Schrecklichen' in einer gottlosen ‚Freiheit'.

So wie es für Aristoteles charakteristisch ist, daß er Gott als unbewegten Allesbeweger denkt, so für Nietzsche, daß der ‚tolle Mensch' verzweifelt Gott sucht. Die Titelfigur im Aphorismus *„Der tolle Mensch"* (FW 125) bekundet dieselbe schwere Beunruhigung, Gott verloren zu haben, die Nietzsche als Denker und Persönlichkeit existentiell beseelte. Sein erschütterndstes Wort, daß ‚Gott tot' sei, wäre, als ein atheistisches Dogma gelesen, mißverstanden. Es ist Skopus einer dichterisch gestalteten Parabel, gesprochen im Gestus der Bestürzung. An ihrem Schluß steht, wie in einer Notwehrhandlung gegen das Nichts, das Programm einer Umwertung aller Werte. Bleibt das Resultat seines Nachforschens nach Gott auch negativ, so unterscheidet sich der ‚tolle Mensch' von den Alltagsatheisten, die Gott durch ihre Gleichgültigkeit getötet haben, seinem ihn Suchen Spott entgegenhalten. Wahnsinnig ist der ‚tolle Mensch' im Sinne der Platonischen guten *theia mania* (s. *Phaidros* 244ff), des prophetischen oder kathartischen göttlichen Wahns.

> *Der tolle Mensch*. – Habt ihr nicht von jenem tollen Menschen gehört, der am hellen Vormittag eine Laterne anzündete, auf den Markt lief und unaufhörlich schrie: ‚Ich suche Gott! Ich suche Gott!' – Da dort gerade viele von denen zusammen standen, welche nicht an Gott glaubten, so erregte er ein grosses Gelächter ... Der tolle Mensch sprang mitten unter sie und durchbohrte sie mit seinen Blicken. ‚Wohin ist Gott?' rief er. ‚Ich

will es euch sagen! *Wir haben ihn getödtet* – ihr und ich! Wir Alle sind seine Mörder! Aber wie haben wir dies gemacht? Wie vermochten wir das Meer auszutrinken? Wer gab uns den Schwamm, um den ganzen Horizont wegzuwischen? Was thaten wir, als wir diese Erde von ihrer Sonne losketteten? Wohin bewegt sie sich nun? Wohin bewegen wir uns? Fort von allen Sonnen? Stürzen wir nicht fortwährend? Und rückwärts, seitwärts, vorwärts, nach allen Seiten? Giebt es noch ein Oben und Unten? Irren wir nicht wie durch ein unendliches Nichts? Haucht uns nicht der leere Raum an? Ist es nicht kälter geworden? Kommt nicht immerfort die Nacht und mehr Nacht? Müssen nicht Laternen am Vormittage angezündet werden? Hören wir noch nichts von dem Lärm der Todtengräber, welche Gott begraben? ... Gott ist todt! Gott bleibt todt! Und wir haben ihn getödtet! Wie trösten wir uns, die Mörder aller Mörder? Das Heiligste und Mächtigste, was die Welt bisher besass, es ist unter unseren Messern verblutet, – wer wischt diess Blut von uns ab? Mit welchem Wasser könnten wir uns reinigen? Welche Sühnefeiern, welche heiligen Spiele werden wir erfinden müssen? (FW 125)

„Das Heiligste", Gott, der einzig *absolut Heilige* verblutet gemäß der Parabel. Im Vorwurf des Gottsuchers an die Agnostiker, die am Ort der *Anbetung des Mammon* in Gerüchte und Geschäfte eintauchen, *ihr seid es, die Gott getötet haben*, klingt Petri kühne Rede nach: „Ihr habt ihn [Jesus] ... getötet" (Apg 2, 23), hier aber ohne Hoffnung auf sein *Auferstehen*: Er „bleibt todt". Wie bei Jesu Kreuzigung eine *Finsternis* über das Land kam (Mk 15, 33): der Kosmos trauert mit, begleitet in Nietzsches Parabel eine kosmische Katastrophe den Tod Gottes. Kategorien zur Beschreibung versagen im Versuch, die verheerenden Folgen des Gottestodes auszuloten; das Universum implodiert und explodiert. *Gottes Sterben* heißt Losbinden der Erde von ihrer Sonne: Symbol des Heiligsten, göttlich Guten. Ohne das *Agathon* ist alles nichts wert, so Platon (*Politeia* 505a), dem Nietzsche, das Sein der Idee bezweifelnd, gleichwohl hinsichtlich der Fundierungsordnung folgt. Daß Nacht hereinbricht, symbolisiert den Verlust der *Wahrheit*, die Kälte den Verlust der *Liebe*.

Der ‚Gottesmörder' und ‚Antichrist' Nietzsche stellt hier vor die Wahl: *Gott oder das Nichts*! Der Mensch erleidet im Gottestod den *totalen Orientierungsverlust*, ein *richtungsloses Fallen*, weiß nicht mehr, woher er kommt, wohin er geht, wer er ist. Der visionäre ‚tolle Mensch' ruft eine Frage als Diagnose aus: „Irren wir nicht wie durch ein unendliches Nichts?" Das die Güte des Seins verbürgende *Agathon* als Maß aller Maße ging verloren. Das vom ‚tollen Menschen' vorgetragene, der Form nach kategorische Urteil „Gott ist todt!" (FW 125), dessen Inhalt eine Paradoxie, das Gestorbensein des Unsterblichen, darstellt, wird im vollen Bewußtsein der Ungeheuerlichkeit dieses Wortes getroffen.[9] Den einzigen Hinweis, mit dem sich etwas bestimmtes Reales in der Gleichnisrede von der Mordtat am Ewigen rekonstruieren läßt, und zwar aus einigen früheren Äußerungen Nietzsches, enthält das Wort vom Verbluten des Heiligsten ‚unter unsern Messern', die Mordwaffen als Seziermesser sind. Aus dem Jahre 1873, in dem er die zweite *Unzeitgemäße* veröffentlichte, stammen zwei inhaltlich bis auf wenige abweichende Nuancen fast gleichlautende Notate. Beide decken ein Sterben des Christentums auf, dessen Ursache „die kritische Historie" sei. Der erste Text schließt mit dem dezidierten Urteil, das Christentum sei „ganz der kritischen Historie preiszugeben", der zweite bleibt vorsichtiger: „Das Christenthum ist sehr bald für die kritische Historie d.h. für die Section reif" (KSA 7: 711, 751), so seine wohl halb sarkastische und halb alarmierte Feststellung. ‚Sezieren' und ‚Vivisektion' sind aus der *chirurgischen Medizin* entlehnte Begriffe. Die „Geburtsstätte des Christenthums", also ein ‚Leben Jesu' (David F. Strauß!), sei, nach abgeschlossenem wissenschaftlichen Erkenntnisgang, „zu Ende seciert" und damit „vernichtet" (KSA 1, 296ff), so Nietzsches Alarmruf in seiner Schrift über die *Historie*. Die historische Kritik wird mit der „Section", also dem kunstgerechten Öffnen von Leichnamen verglichen; gemeint ist ein erbarmungslos zum Tode führendes Analysieren von etwas bislang lebendig Gewesenem. *Die Fröhliche Wissenschaft* setzt in diesem kritisch-analytischen Sinne die Entdeckung, Gott sei ‚tot', damit gleich, daß der Glaube an den christlichen Gott „unglaubwürdig" geworden sei (FW 343). Auf den einzig realen Sinn einer begangenen Mordtat am Ewigen verweist in der Parabel FW 125 also das blutbefleckte Messer, die historisch-kritische Analyse des biblischen Gottes betreffend.[10]

9   Den ‚tollen Menschen' identifiziert Heidegger wohl zu recht mit Nietzsche selbst, der unter dieser Gestalt „als Denkender ... *de profundis* geschrieen", das heißt, „leidenschaftlich den Gott" gesucht habe. (Nietzsches Wort ‚Gott ist tot', in: Heidegger.: *Holzwege*, 4. Aufl. Frankfurt a. M. 1963, 246). Nietzsches Wort: ‚Gott ist tot' „ist kein atheistischer Lehrsatz" (*Nietzsche*, 2 Bde Pfullingen 1961, Bd 1, 183). Zarathustras Gottlosigkeit könne nicht gegen Nietzsches eigenes Fragen nach Gott ins Feld geführt werden. (Heideggers Rektoratsrede von 1933, in: Heidegger, *Gesamtausgabe*, Bd 43, 193). So lautet z.B. eine Reflexion Nietzsches aus dem Jahre 1880, der „Glauben an Jesus Christus" als Erlöser von Sünden sei ein aufzugebender „Wahn". „Nur ist es nicht so leicht", bemerkt er hier selbstkritisch, „*nicht* zu glauben – denn wir selber haben einmal daran geglaubt" (KSA 9, 188).

10 Sigmund Freud hat, in Nachfolge von Feuerbach, das *Ende der religiösen Illusion* aktiv befördert. Zugleich erblickt er *psychoanalytisch*, daß seit der intellektuellen und existentiellen „Entkräftung" der (christlichen) Religion nur die wenigsten Kulturmenschen fähig seien, ohne Anlehnung an Andere zu existieren. Daher rühre die Zunahme der *Neurosen*. „Die Autoritätssucht und innere Haltlosigkeit der Menschen können Sie sich nicht arg genug vorstellen." (Sigmund Freud: *Gesammelte Werke*, chronologisch geordnet, Frankfurt a. M. 1999, Bd VIII, 109) Nietzsches Tod-Gottes- und Nihilismusprognose schimmern hier

Vordergründig ist es die Sezierlust des menschlichen Verstandes, die, gemäß Nietzsches Schau, das ‚Sterben' des christlichen Gottes auslöst, in kulturpsychoanalytischer Tiefenschärfe ist es die Strategie zur Verleugnung der eigenen Häßlichkeit, die den Spiegel des göttlichen Wortes stumpf macht, in welchem sie schmerzlich grell sichtbar sein würde.[11] Der aufgeklärte Mensch seziert viel lieber den Spiegel, als daß er von ihm *sich* durchleuchten ließe, das ist des Freigeistes Durchblick.

Offenbar sucht der ‚tolle Mensch' Gott; demnach will er, daß Gott existiert. Sein Gott nicht finden Können erklärt er sich durch ein begangenes Verbrechen, das entweder selbstmörderische Konsequenzen zeitigt oder eine *gottlose Vergöttlichung* des Menschen herausfordert. Er beschließt seine Konfession eines gescheiterten Gottsuchers mit einer Zeitparadoxie: „Diese That ist ihnen immer noch ferner, als die fernsten Gestirne, – *und doch haben sie dieselbe gethan!*' Man erzählt noch, dass der tolle Mensch des selbigen Tages in verschiedene Kirchen eingedrungen sei und darin sein *Requiem aeternam deo* angestimmt habe", also einen ergreifenden Totenklagegesang auf Gottes Tod. Zur Rede gestellt, habe er entgegnet: „Was sind denn diese Kirchen noch, wenn sie nicht", – wenn Christus nicht auferstanden ist, – „die Grüfte und Grabmäler Gottes"' sind? (FW 125) Die Formulierung: „Gott bleibt todt" (ebd.) – ebenso wie Zarathustras Wort: „Nun aber starb dieser Gott! ... Seit er im Grabe liegt ..." (KSA 4, 357) – ist zu lesen als schroffe Antithese zum Zeugnis im Evangelium: Er, Jesus Christus, ist „wahrhaftig auferstanden" (*Lukas* 24, 34). *Grüfte* sind, wenn man freigeistig den christlichen Glauben entmythologisiert, fortan alle Kirchen, insofern sie einen tot gebliebenen Gott verehren, oder, weniger freigeistig gedacht, nur die christlichen Kirchen, in denen, wie von David F. Strauß und seinen Nachfolgern, Jesu Auferstehung geleugnet wird.

Ein Vorentwurf zu FW 125 erinnert in der letzten, schwersten Stufe der Selbstbewußtwerdung des freien Geistes an Ödipus, der sich selbst als den von ihm gesuchten Mörder seines Vaters erblicken muß. „Gott ist todt – wer hat ihn denn *getödtet?* ... den *Heiligsten Mächtigsten* ... Mord der Morde! Wir erwachen als Mörder!" (KSA 9, 590) „Wie tröstet sich ein solcher? Wie reinigt er sich? *Muß er nicht der ... heiligste Dichter selber werden?*" (Ebd.) Die Gottesfremde wächst grenzenlos, indem der ‚tolle Mensch' im Entsetzen erwacht, sich selbst als Zerstörer des Ewigen in und über sich entdeckt und sich überlastet

---

durch, in welcher der Philosoph eine Labilisierung des gottverarmten Ich in der Tiefe und dessen kolossale Orientierungslosigkeit vorausgesehen hat.

11 ‚Gottes Wort' mit dem *Spiegel* zu vergleichen, den man *fliehen* will (Jak 1, 23ff), oder mit einem „zweischneidigen Schwert", das *Geist* und *Psyche* trennt (Heb 4, 12f; vgl. Offb 1, 16), dürfte Nietzsche geläufig gewesen sein.

mit der übermenschlichen Aufgabe, das Heilige autopoietisch neu zu schaffen. Von Zarathustra heißt es, er „versank in tiefes Nachsinnen. Endlich sagte er wie träumend: ‚Oder hat er sich selber getödtet? Waren wir nur seine Hände?'" (KSA 9, 603)[12] Dieses Traumbild speist sich aus dem Evangelium, daß Jesus sich überantworten läßt in der Menschen „Hände" (Mt 17, 22), die ohne sein Zulassen keine Gewalt über ihn hätten (s. Joh 10, 18; 19, 11).

Im Kontrast zur Bestürzung, die zu Beginn von FW 125 wie in den Vorstufen dazu vorwaltet,[13] steht das im Schluß von FW 125 angebahnte Ummünzen der erlittenen Katastrophe in den ganz anderen Sinn triumphaler gottloser Selbstbefreiung, der auf das hohe Verkündigungspathos des *Zarathustra* vorausweist, wo das Wort vom ‚Tod Gottes' schablonenhaft und stereotyp dazu dient, zum *Diesseitskult* und zum Selbstexperiment Mensch in Erwartung des *Übermenschen* aufzurufen.[14] Nicht *an Gott* als Heiligstem, *an der Erde zu freveln* ist, aktuell im ‚grünen' Denken, das Schlimmste.

Die von Nietzsche in FW 125 gestaltete hohe *Ambivalenz* von Schmerz *und* Jubel über den ‚Tod Gottes' speist sich nicht allein aus der ‚Greueltat', die, für rabiat freigeistig Denkende, Stolz und, für zarter Besaitete, Abscheu hervorruft; sie ist auch originär religionsphilosophisch zu erklären: Daß der Gott der Liebe ‚tot' ist, erweckt bitterliche Wehmut, ja tiefe Melancholie. Hingegen gilt dem ‚Tod' des Tyrannengottes das Triumphieren der Selbstbefreiung aus knechtischem Joche.

Nietzsches Reflexionen bezeugen, wie sein Entdecken des ‚Todes Gottes' zunächst maximale Erschütterung auslöst. Er ist die Tragödie der Tragödien, der Mord aller Morde, *maxima culpa* ohne Trost und Vergebung, woran jeder nicht heroische Geist, der seiner Mittäterschaft inne ist, zerbrechen muß. Und weit um sich greifend, bricht die Häßlichkeit des Menschen hervor: „habt ihr ihn schon erfunden, den häßlichsten Menschen? Ohne Gott, Güte, Geist –" (KSA 11, 335). Im späten Nachlaß findet sich die Aufforderung, man solle, wenn man „schauerliche Verfalls-Gebilde" z.B. der „Kirche" erblickt, das Christentum „nicht mit jener Einen Wurzel verwechseln, an die es mit seinem Namen erinnert"; und hier fließt dem Autor eine kleine Hymne in die Feder, im Zorn wider den „Mißbrauch ohne Gleichen", wenn „Mißformen ... sich mit jenem heiligen

---

12   Das kryptisch surrealistische Wort: „Gott hat Gott getödtet" (KSA 10, 30) ruft patripassianische Nuancen auf.
13   In einer Vorstufe zu FW 125 wird die sublime Täuschung leerer Autonomie im hybriden Glauben enthüllt, – der implizit Platon und Johannes vergessen will, – wir selbst seien das *Licht* und das *Leben* (s. KSA 9, 631f).
14   Vgl. Ernst Behler: Nietzsches Wort vom Tod Gottes, in: *Herkommen und Erneuerung. Essays für Oskar Seidlin*, Tübingen 1976, 256-267.

Namen abzeichnen" angesichts alles dessen, was von „Chr(istus) *verneint*" wurde (KSA 13, 517).

4) Zarathustra: Anti-Theodizee und Patripassianismus

Die Ursache von Gottes Tod wird Zarathustra in zwei markanten Sätzen vom ,Teufel' offenbart: „Auch Gott hat seine Hölle: das ist seine Liebe zu den Menschen." „Gott ist todt; an seinem Mitleiden mit den Menschen ist Gott gestorben." (KSA 4, 115) Ironisch wird vor dem Mitleiden gewarnt, da nicht einmal Gott dieses, ohne zugrunde zu gehen, durchstehen könne. Im Gespräch mit dem Papst entlockt Zarathustra jenem die innersten Gedanken, fragt ihn, der Gott zumeist geliebt und „am meisten auch verloren" habe, „*wie* er starb?" Ist es wahr, „dass ihn das Mitleiden erwürgte, – dass er es sah, wie *der Mensch* am Kreuze hieng, und es nicht ertrug, dass die Liebe zum Menschen seine Hölle und zuletzt sein Tod wurde?" (KSA 4, 323) Die Teufelsenthüllung vertiefend, hebt diese neue Todgotteserklärung auf das Kreuz und die trinitarische Dimension ab. Gottvater stirbt aus *Empathie* mit dem Sohn, dem *ecce homo* (Joh 19, 5). Das *soteriologische* Motiv von Gottes leidender Menschenliebe klingt an. – Nietzsches Phantasie erinnert die original christlichen Motive von innertrinitarischer Liebe und Gottes Heilsplan für die Menschen; aus der Perspektive von Jesu Bewußtsein intoniert er das Thema von Gottes Leiden: „Er [Jesus] liebte die Menschen, weil Gott sie liebt. Er wollte sie erlösen, um Gott zu erlösen. – Liebe zu den Menschen war", so heißt es tief sinnend, „das Kreuz, an welches er geschlagen wurde; er wollte Gott aus seiner Hölle erlösen: welche ist die Liebe Gottes zu den Menschen." (KSA 10, 167) Den Streit der frühen Kirche, ob Gott ein Leiden zukommen könne, entscheidet Nietzsche in freier Reflexion im Sinne eines *Patripassianismus*,[15] wonach für den christlichen Gott nicht jene Apathie des griechischen gilt.

Nicht Gottes *Existenz* ist Nietzsches Problem, sondern die schwer zu glaubende *Güte* Gottes. Das Herumschikanieren mit absurden Folgerungen aus der Prämisse, er sei doch gütig, bis an die Grenze des Surrealistischen: die

---

15 Der Begriff ist hier und im Folgenden nicht dogmengeschichtlich streng verstanden. Als solcher nämlich bezieht er sich polemisch auf die von Theologen des 3. Jahrhunderts vertretene, von der Mehrheitskirche jedoch bald zurückgewiesene Position, die, zum Zwecke der Wahrung eines klaren Monotheismus, in den trinitarischen Personen – Sohn, Vater, Geist – nur verschiedene Erscheinungsweisen der einen göttlichen Person sah, – also, so der Vorwurf, im gekreuzigten Christus auch den Vatergott leiden ließen (sog. modalistischer Monarchianismus). Vgl. Adolf von Harnack: *Lehrbuch der Dogmengeschichte*, 3 Bde Darmstadt 1983, Bd I, 206f, 596ff, v.a. 734ff.

Selbstaufhebung des causa-sui-Seins Gottes aus ohnmächtigem Erbarmen mit seiner Kreatur, liefert dafür starke Indizien. Die Güte-Hypothese führt Nietzsche *ad absurdum*; sie ist die zumeist ihm sympathische. Dagegen steigert er den das Schlimmstmögliche als real setzenden Verdacht, Gott existiere als gnadenloser Tyrann. Auf ein grausiges Geheimnis deutet Zarathustra im Gespräch mit dem Papst hin, ihm zurufend: „Lass ihn fahren, er ist dahin. Und ob es dich auch ehrt, dass du diesem Todten nur Gutes nachredest, so weisst du so gut als ich, *wer* er war"! (KSA 4, 323)[16] Die Skepsis im Gottesbild führt zum bittersten Mutmaßen: *„Wie der Teufel zu Gott wird"* (KSA 10, 27). Die schaurige *Metamorphose Gottes*, der als Schöpfer „Alles zu schön gemacht" hat (vgl. *Gen* 1, 31), in den „Teufel" erwägt Nietzsche in *Ecce Homo* (KSA 6, 351).

Im *Zarathustra* ist der Leser konfrontiert mit dem schweren Entweder/Oder: Gott ist *Entweder* das liebende Mitleid in Person und ohnmächtig, seiner Liebe nachhaltige Auswirkung zu sichern. *Oder* aber Gott ist der tyrannische Willkür-Herrscher, ein harter, rachsüchtiger „Zornschnauber" (KSA 4, 324). Im letzteren Fall ist seine Haupteigenschaft *summa potestas*, aber ohne Liebe, Güte, Gerechtigkeit, Weisheit. So ist Gott, spottet er, „ein Gedanke, der macht alles Gerade krumm", (KSA 4, 110), ein Anklang an den Willkürgott, der mathematische Wahrheit ändert und Taten als unsittliche setzt. Ratsam ist, sich davor zu hüten, bei Nietzsche *monokausale Erklärungen* zu suchen.

Bedenkt er schlimme Folgen für den Gottesbegriff, setzt man, wie Ockham und Descartes, die *Macht* an höchste Stelle (M 93, M 113), so erwägt Nietzsche auch ein konsequentes Festhalten an Gottes *Güte*. In der *Morgenröte* stellt er zur ersten Variante des *Entweder/Oder*, die johanneisch Gott als *Liebe* annimmt, *seine* Gretchenfrage, die (s)einen schweren Verdacht „einer Unmoralität in dem ‚deus absconditus'" anbetrifft: „Aber vielleicht ist es doch ein Gott der Güte"? (M 91), – um aus solcher *Güte* allerdings absurde Schlußfolgerungen im Hinblick auf Gottes fragliche *Weisheit* und *Macht* zu ziehen. In kreativer Imagination sieht er für Fromme Mitleiden geboten mit dem selbst „leidenden Gott", dem *Uranfänglichen, Einsamsten, Trostbedürftigsten*, dem es, ist er wahrhaftig Güte, an Weisheit oder Macht gebricht, um sich als Retter für die ihn suchenden Geschöpfe, die in hoher Gefahr schweben, erkennbar zu machen, der daher „Höllenqualen" durchleidet (M 91).

---

16   In einer Traumdichtung von Jean Paul: *Die Vernichtung* tritt, als ‚Dekonstruktion' von Klopstocks *Messias*, im Zuge der Darstellung Gott an eben die Stelle, die bei Klopstock für Satan vorgesehen war. Vgl. Götz Müller: Jean Pauls ‚Rede des todten Christus vom Weltgebäude herab, daß kein Gott sei', in: *Religionsphilosophie und spekulative Theologie. Der Streit um die göttlichen Dinge (1799-1812)*, hg. von W. Jaeschke, Hamburg 1994, 46.

Entspricht die erste Variante einer Logik des Herzens, so die alternative der des Verstandes. Jedoch fixiert Nietzsche, mit grimmigem Unterton, den Gottesbegriff auf die Macht-Hypothese, die Cartesianische Betonung der *summa potestas* verschärfend: „Gott *die höchste Macht* – das genügt! Aus ihr folgt Alles". „Entfernen wir", so fordert er, lange Durchdachtes zuspitzend, „die höchste Güte aus dem Begriff Gottes" und „die höchste Weisheit"! (KSA 12, 507f) Statt *„Vermoralisirung"* Gottes, die der neuzeitliche Mensch angestrengt habe, könnte im Gegensatz dazu Gott gedacht werden als die Koinzidenz der „ganzen Fülle der Lebensgegensätze", als diese „in göttlicher Qual *erlösend, rechtfertigend*: – Gott als das Jenseits ... von ,Gut und Böse'"! (KSA 12, 580f) Dies bedeutet eine emotional unliebsame, intellektuell redliche Purifizierung des Gottesbegriffs in Richtung von Realitätssinn in einer antiteleologischen Welt. Zu diesem amoralischen ,Gott' stimmt Nietzsches später Entwurf des antichristlichen Gegengottes unter dem Problemtitel ,Dionysos' (JGB 295), der, Heraklits Weltenkind nahe, die Welt nur als ästhetisches Schauspiel für sich selbst erschuf.

Oft erprobt Nietzsche in einer Art *negativen Dialektik* sich widerstreitende *Erklärungsmodelle* und hält die Entscheidung offen. In der einen Hypothesenreihe erwägt er Gottes Dämonisierung zum *Deus malignus*. In der anderen umreißt er in kühner Phantasie eine philosophische Theologie der Ohnmacht eines vielleicht gütigen Gottes, bis hin zur Übersteigerung der Idee der Patripassianer, Gott selbst sei durch *trinitarisches Einssein* mit Jesus gestorben.[17] So spielt er alle Möglichkeiten von der *dämonisch* übersteigerten *Allmacht*hypothese bis zur übersteigerten *Ohnmacht*hypothese durch. Letztere wandelt er ab in die surrealistische Variante eines verzweifelten Suizids Gottes oder einer transzendenten Passion des ,Vaters', der analog zur Passion des Sohnes auf Grund seiner Agape selbst den Tod erleidet, und zwar

---

17 Mit der Frage eines Leidens der in Christus Mensch gewordenen Gottheit gehen manche frühen Theologen noch ganz unbefangen um. So spricht Tertullian von der „Kreuzigung", vom „Fleisch", ja vom *„Tod Gottes"* (Harnack, op. cit. 207). Dies wird aber zunehmend als Problem empfunden im Zuge der christlichen Rezeption der antiken philosophischen Theologie und ihres Apathieaxioms, also des Gedankens der völligen Leid- und Affektfreiheit Gottes. Im fünften Jahrhundert wird dies im Zusammenhang mit der Christologie Gegenstand der Auseinandersetzung über die sog. theopaschitische Formel: *unus ex trinitate passus / crucifixus est*. Vgl. Werner Elert: *Der Ausgang der altkirchlichen Christologie*, Berlin 1957. – Über den „Schmerz Gottes" im Angesicht von Jesu Kreuzesleid s. Hans Urs von Balthasar: *Theologie der drei Tage*, Einsiedeln 1990; ders.: *Theodramatik* Bd IV: *Das Endspiel*, Einsiedeln 1994, 191-222. – Für Karl Barth legt Christi Leiden das ganze Wesen Gottes aus, der aus Liebe sein Teuerstes hingibt und das, was Christus erleidet, mit erleidet. Solches Mitleiden Gottes gehört für Barth zentral zum Geschehen von Gethsemane und Golgatha. (*Kirchliche Dogmatik*, Zürich 1959, Bd IV/ 3, 478).

im alles durchschauenden Anblick a) seines sinnlos sich opfernden Sohnes, b) der machtvoll sich konstituierenden *Kirche*,[18] die bald von ihrer Nachfolge des ‚Sohnes' entfremdet, von dessen Liebe abgefallen ist, c) der Menschen in ihrer unaufhebbaren Häßlichkeit.

Nietzsches Begriff vom ‚Tod Gottes' hat im *Zarathustra* eine christliche *und* eine antichristliche Sinndimension; die christliche ist patripassianisch, die antichristliche liegt in der Mutmaßung, das Projekt göttlicher Liebe sei tragisch gescheitert. Selbst wenn Jesus der ‚Sohn' Gottes war, mißlang ihm die Erlösung. Der *Deus absconditus* aber ist ein grausamer Tyrann, ein Jesus unbekannter Gott.

Und zum Zwecke einer Lösung der Theodizee, deren gordischen Knoten die Inkompatibilität wesentlicher Gottesattribute ausmacht, erprobt Nietzsche zwei Varianten, die beide die *Existenz* Gottes voraussetzen, seine *Essenz* jedoch in je extreme Prädikationen abwandeln: Der grausame Gott; er ist ethisch zu verachten; der liebende Gott, der im Wesen Agape (misericordia) ist, muß in Anbetracht real existierender ‚Teufeleien' in Natur- und Menschengeschichte ohnmächtig sein, seiner Retterliebe wirksam nachzukommen. Das frühere „absurde *Vertrauen*" in eine „Leitung der Dinge *sub specie boni*" weist er von sich ab (KSA 12, 457). Die ontologische, theologische, ethische Kardinalfrage lautet, „wie tief der *Wille zur Güte* hinab in das Wesen der Dinge" reiche (KSA 11, 699). In ihr liegen die erörterten einander widerstreitenden Gottesvorstellungen als verborgener Sprengsatz.

Als der Täter des Gottesmordes wird im *Zarathustra* in Tiefenanalyse „der hässlichste Mensch" identifiziert. Betroffen sucht Zarathustra ihm, in dem er ahnungsvoll *sich* erkennt, zu entrinnen. In Vorentwürfen erprobt Nietzsche, Zarathustra selbst als den „Mörder Gottes" (KSA 4, 328) auftreten zu lassen, der infolge seiner Untat, – wie er in einer unheimlichen Vision ausmalt, – von *Gottestrümmern* zermalmt wird. Nietzsche läßt Zarathustra im Gottesmord einen voluntaristischen Akt verüben gemäß dem Motiv: Ich will, daß Gott nicht sei! Er malt plastisch des Gottesmörders Selbstbestrafung aus, des näheren, wie Zarathustra wegen *Hybris* von seinem Schatten-Ich gequält wird. Du „hobst dich hoch", „raunte er höhnisch". „Du Mörder Gottes, du Überwundner, noch überwandest selber du deinen Mord nicht." „Verurteilt" bist du daher verzweifelt zu dir selbst. „Du Schleuderer, Stern-Zertrümmerer, langsam zermalmt durch Sternensplitter, [zersplittert und zerschleudert durch Gottestrümmer] – du mußt noch fallen!" Hochmut kommt vor dem Fall. Die Folgelast wird eröffnet:

---

18 Die an Liebe erkaltete Kirche nennt Nietzsche den „Stein am Grabe eines Gottmenschen", den ein Engel Gottes weggewälzt haben soll (s. *Matthäus* 28, 2), der aber liegen bleibt, – denn „sie will, daß er nicht wieder auferstehe" (KSA 10, 119).

In radikaler Vereinsamung droht der Verlust von Agape, Philia und Eros. „Du suchst Einen, den du lieben könntest und findest ihn nicht mehr? ... Dein glühendes Auge wird aber- und abermals den oeden Raum durchbohren – aber wo du auch suchst, ... wirst du ewige Oede finden ... du selber und dein glühendes Auge – ihr ja habt den leeren Raum also leer gemacht!" (KSA 14, 309)[19] Das „glühende Auge" steht für die Leidenschaft der Erkenntnis, Anti-Theodizee *und* Gotteshaß. Für den „Gottesmörder", den „Verführer der Reinsten" und „Freund des Bösen" (KSA 13, 555), wird, wie im letzten Hauch antik-göttlicher Weltordnung, das hybride Sternzertrümmern zur Selbststeinigung; unaufhaltsames Fallen abgrundwärts wird ihm zugesagt, geistseelisch in den Abgrund der Melancholie; es ist ein Verdammtsein zu letzter Icheinsamkeit.

Im publizierten Text ist der Analytiker des Motivs für den – nunmehr vom häßlichsten Menschen verübten – Gottesmord Zarathustra, dessen Betroffenheit psychosomatisch deutlich gemacht wird, da ihn „fröstelte bis in seine Eingeweide" (KSA 4, 331). „Ich erkenne dich wohl', sprach er mit einer erzenen Stimme: ‚du bist der Mörder Gottes! Lass mich gehn. – Du *erträgst* den nicht, der *dich* sah – der dich immer und durch und durch sah, du hässlichster Mensch! Du nahmst Rache an diesem Zeugen!'" (KSA 4, 328) Im *Zarathustra* wird der ‚häßlichste' Mensch als der ‚Mörder Gottes' demaskiert, der – so das erklärte Motiv seiner Tat (KSA 4, 331) – keinen alles sehenden Kronzeugen seiner Häßlichkeit und seines maximalen Unwertgefühls ertrug. Jener ‚Häßlichste' verschiebt – gemäß Nietzsches Tiefenanalyse – seinen Selbsthaß auf Gott, an dem er Rache übt für sein diesem Gott als Ursache zugeschriebenes Häßlichsein. Im *Dionysos-Dithyrambus Zwischen Raubvögeln* findet in der Zwiesprache Zarathustras mit sich selbst eine Verschiebung der Peripetie in gerade umgekehrter Richtung statt, von der mörderischen Gottesverfolgung hin zur Selbstzerstörung: „Jüngst Jäger noch Gottes .../ Jetzt -/ von dir selber erjagt / ... *Selbstkenner!/ Selbsthenker*!" (KSA 6, 390),[20] - so tituliert er sich in der

---

19   Zum ‚Stein' als Sinnbild des Geistes der Schwere, worin das Scheitern jedes Versuchs demonstriert sei, Gottes Tod, und für den Mörder Gottes, seine Tat zu überwinden, vgl. Marco Brusotti: *Die Leidenschaft der Erkenntnis. Philosophie und ästhetische Lebensgestaltung bei Nietzsche von Morgenröte bis Also sprach Zarathustra*, Berlin / New York 1997, 598ff.

20   Wolfram Groddeck (*Friedrich Nietzsche ‚Dionysos-Dithyramben'*, Berlin/ New York 1991, Bd 2, 329-335) zeigt anhand von Bedeutungskonfigurationen und -überlagerungen in der Zeit zwischen *Zarathustra* und späten Gedicht-Reinschriften zu *„Zwischen Raubvögeln"*, inwiefern und weshalb Zarathustra kein ‚Gottesmörder' sein soll. Denn der Änderung von ‚Mörder' in „grausamster Nimrod" und ‚Jäger' Gottes (s. KSA 6, 390) folge, – auf die mißglückte Jagd, mithin auf den intendierten, nicht aber realisierten ‚Mord' an Gott, – das lebensgefährliche Sich-selbst-Erjagen; „anders gesagt: Gott lebt", – wobei diese brisante rhetorische Implikation keine Revision einer metaphysischen Position beweise. Der *Raubvogel*, der in der griechischen Sage die Hybris des Prometheus mit Qual bestraft,

Höllenfahrt seiner Selbstdurchleuchtung. Im Wort von dem sich quälenden „Selbstdenker" klingt der von Nietzsche gebrandmarkte „Henker-Gott" an (KSA 6, 399), den er – ein neuer Hiob *ohne Gewitter?* – im Brennspiegel seiner Antitheodizee als grausam anklagt. Das ist die imaginierte ‚metaphysische' Seite. Zugleich betont Nietzsche mit hohem Nachdruck die *suizidale* ‚subjektive' Konsequenz der Hybris, Gott zu töten.

Auch geschieht im *Zarathustra* eine merkwürdige Ineinssetzung, wonach der große Mitleidende, Christus, der das *Mitleiden* predigte und von sich, unbescheiden, zeugte: „ich – bin die Wahrheit'" (KSA 4, 330; s. *Johannes* 14, 6), *und* der Alles Sehende, der allwissende Gott sterben mußten. Christus wird so in die Tötungsabsicht des häßlichsten Menschen gegen Gott, den *allweisen Herzenskündiger* (vgl. Apg 1, 24; 15, 8), unmittelbar einbezogen. Getötet werden soll er wegen seines bedrückenden Allessehens, so die ‚Beichte' der unerhörten Tat des gesichts- und namenlosen Gottesmörders. Gott wird offenbar von Jesus her gedacht und vice versa, Jesu wie Gottes Wesen aber verkürzt auf ein bedrängendes Alles-Sehen. „Aber er", – theopassianisch wird in dem „er" Christus und Gott in einer Synopse zusammengedacht, – „– musste sterben: er sah mit Augen, welche *Alles* sahn – er sah des Menschen Tiefen und Gründe, alle seine verhehlte Schmach und Hässlichkeit." „Er sah immer *mich*: an einem solchen Zeugen wollte ich Rache haben – oder selber nicht leben. – Der Gott, der Alles sah, *auch den Menschen*: dieser Gott musste sterben! Der Mensch *erträgt* es nicht, dass solch ein Zeuge lebt!'" (KSA 4, 331)[21] – In Vorentwürfen wird das geistseelische Profil des in sich verquälten Gottesmörders ergründet: Sein „Trotz in der Selbst-Erniedrigung" bäumt sich in seiner Empörung so weit auf, bis er die „tödliche Rache" am Zeugen seiner Schmach einfordert (KSA 10, 555). Jesus den *Über-Mitleidigen* (KSA 4, 331) zu nennen heißt, daß Nietzsche in ihm die Personifikation von Schopenhauers Religion des Mitleidens sieht, die er abschmettern will. Daß auch dieser Jesus über Alles sehende Augen verfüge und bis ins *tiefste Innere* der menschlichen Seele zu blicken vermöge, ist ein punktuelles Erinnern der Trinitätsvorstellung bzw. Jesu als *vere homo et vere Deus* (Luther).[22]

---

parodiere im benannten Dithyrambus „schadenfroh", „mit irrem Gelächter" (ebd.) Zarathustras Lachen, sein mühsam errungenes Jasagen über Abgründe hinweg, bis hin zur Andeutung von evoziertem Irrsinn.

21   Ein Bild von Jesus als dem, der alles sieht (Joh 1, 48), findet sich in Notizen zum *Matthäus-Evangelium* von 1863: Jesus wird bestimmt durch seinen *Gegensatz* gegen die, *„die sich in ihren Werken an den Schein halten"*, statt wie dieser Herzensreinheit, Wahrheit und Feindesliebe zu leben. „Er sieht die Gedanken." (BAW 2, 252)

22   Gemäß der christologischen Definition des Konzils von Chalkedon im Jahr 451, die Luther aufgenommen hat.

Bedingung des Sicherblickens als häßlichen oder gar den „häßlichsten" Menschen ist ein klarer ethischer Maßstab. Als „Meisterstück deutscher Prosa" wird das „ihres größten Predigers: die *Bibel*" gerühmt; „Luthers Bibel" war „bisher", – gemeint ist: *vor* dem *Zarathustra*, der im Vorjahr erschienen war, – „das beste deutsche Buch" (JGB 247). Sittlich-religiöse *Ehrfurcht* sieht Nietzsche gebildet in kulturgeschichtlicher Besonderheit: Die Art, wie „bisher die Ehrfurcht vor der *Bibel* in Europa aufrechterhalten wird", so würdigt er, das verlorene objektiv Heilige perspektivisch zu heiligen Erlebnissen und zum Verehrungswürdigsten subjektivierend, sei das „beste Stück Zucht und Verfeinerung der Sitte, das Europa dem Christenthume verdankt" (JGB 263).[23] Insofern in frommer Bibellektüre Gottes Wort wie ein Beichtspiegel ist, worin der Leser sich prüft, heißt Relativierung des Bibelworts jedermanns wohlfeile Entlastung vom Anblick eigener Häßlichkeit. Diese psychologischen Zusammenhänge dürften dem Philosophen mitgegenwärtig gewesen sein.

---

23 Mit einer solchen Schau intensiv einstimmig zeigt sich, aus interkultureller Perspektive, Vishal Mangalwadi: *Das Buch der Mitte: Wie wir wurden, was wir sind: Die Bibel als Herzstück der westlichen Kultur*, Basel 2014.

B

Selbstvergessenheit – Von der Geistseele zur Tierseele des Menschen

Das veruntreute Selbst – naturalistische und skeptische Reduktion des Ich als Geistseele

KAPITEL VI

Problemskizze zu Geist und Psyche in Antike, Christentum und Neuzeit

Das heute weit verbreitete szientistische Naturmodell vom Menschen, das Freiheit und Würde leugnet, geht ins 18. Jahrhundert, ja im Grunde bis in die Antike zu Demokrit zurück und findet im 21. Jahrhundert, z.B. in Daniel Dennett und Richard Dawkins, lautstarke Befürworter. Jenem Modell, das, geleitet von einem monokausal funktionalistischen oder biologistischen Denken, das menschliche Ich und sein Gehirn exklusiv naturwissenschaftlich auf physikalisch-biochemische Prozesse zurückführt, steht seit der Antike – grundlegend und ausstrahlungsreich bei Platon und Aristoteles – das teleologische, Leben, Sinn und Ziel ergründende Denken gegenüber. Neuen Auftrieb erhielt das teleologische Erklärungsmodell, wenn es nun reflektierend, nicht dogmatisch verstanden wird, durch anthropologisch-medizinische und psychoanalytische Entdeckungen. Ein sinnorientiertes Menschenbild lehrt z.B. Viktor von Weizsäcker, der im Begriff des Gestaltkreises (mit Johann G. Herder) das konstitutionelle Nichtfestgelegtsein des Menschen durch Instinkte annimmt und Reaktionen als ein subtiles Wechselspiel von äußeren Tatsachen und intrinsischen Antworten versteht. Dadurch wurde in der Medizin eine perspektivische Wende eingeleitet, fort von einer naturwissenschaftlichen Disziplin, die den Menschen als reparaturbedürftige organische Maschinen ansieht und behandelt, hin zu einer Psychosomatik,[1] die ganzheitlich Leib, Seele und Geist achtet. Hierzu stimmt, daß Sinn verleihende Akte den Krankheitsverlauf mitbestimmen.[2] –

Der historisch einzigartige Aufschwung im Verständnis der Seele im Abendland wurde erwirkt durch die nuancenreiche Verbindung des antiken griechischen mit dem christlichen Denken.[3] Die menschliche Seele wird seit der

---

1 Grundlegend: Sándor Ferenczi: *Ohne Sympathie keine Heilung. Das klinische Tagebuch von 1932*, hg. von Judith Dupont, mit Vorwort von ders. (11-31) und Einleitung von Michael Balint (32-36), Frankfurt a. M. 1999.
2 Vgl. vom Begründer der – nach Sigmund Freud und Carl Gustav Jung – ‚dritten' Wiener Therapeutenschule Viktor E. Frankl: *Ärztliche Seelsorge*, Wien 1947; ders.: *Logotherapie und Existenzanalyse*. Texte aus sechs Jahrzehnten, Weinheim / Basel 1998.
3 Zur Frage einer „tragfähigen Synthese", in der „genuin philosophische und dezidiert biblische Gottesprädikate" zur stimmigen Einheit zusammengefügt sind, und wie die Verfremdungsthese, der Vorwurf des Hellenismus im Christentum zu entkräften ist, s. Werner Beierwaltes: *Platonismus im Christentum*, Frankfurt a. M. 1998, 7-24, bes. 20-23. Geglückte Symbiosen von

Antike als Lebensprinzip, als das den Menschen lebendig Machende mitsamt seinem Gefühlsleben betrachtet; und der Geist macht darüber hinaus in ihr die energische Kraft denkenden Begreifens und Verstehens aus.[4] Die menschliche *Seele* (engl. soul / franz. âme / ital. anima / span. alma), das ist die philosophische Problemdimension, ist nur begreifbar in ihrer Verbindung mit dem *Geist* (engl. mind, intelligence, spirit / franz. esprit / ital. spirito / span. espíritu). In tieferer Fundierungsordnung zeigt sich, wie die menschliche Seele in Zusammenhang mit dem göttlichen Geist gedacht werden kann. Schon Heraklit denkt die Seele nicht bloß naturphilosophisch als feuerähnliches Element, wie sie in seiner Atomtheorie dann Demokrit bestimmt, sondern metaphysisch im Horizont des Logos: „Der Seele Grenzen kannst du durchwandernd nicht ausfindig machen, auch wenn du jeden Weg abschrittest, einen so tiefen Logos hat sie." (Fr B 45) Und er versichert: „Ich erforschte mich selbst" (Fr B 101).[5]

Der griechische Terminus Psyche,[6] bevor er bei Sokrates das bewußte seelische Leben bedeutet, das die Sorge um die eigene Seele einschließt, daß sie gerecht werden soll, und bei Platon das Sich-Erkennen der vom Nous gelenkten Geistseele, bezeichnet bei Homer zunächst den Lebensatem, verstanden als Hauchseele, welche durch den Mund oder die tödliche Wunde den Sterbenden verläßt.[7] – Ähnlich das *Alte Testament*: Es erzählt, wie Gott den Menschen aus Erde schuf und ihm Lebensodem einblies, so daß er zu einem lebendigen und beseelten Wesen wurde (*Genesis* 2, 7). Psychosomatisch wird hier das Lebendigwerden des Menschen mit der Gabe der Atemfunktion in Verbindung gebracht. Der Schöpfergott selbst – im Hebräischen steht für Geist dasselbe Wort wie für Odem – verleiht dem Menschen auf diese Weise seine Geistseele.[8] „Wenn du die Hand auftust, so werden sie [die Geschöpfe] mit Gutem gesättigt." „Verbirgst du dein Angesicht, so erschrecken sie; nimmst du weg ihren Odem, so vergehen sie und werden wieder zu Staub."

---

 neuplatonischer Reflexion und christlicher Intention erblickt er z.B. bei Pseudo-Dionysius (44-84), Augustinus (172-204), Bonaventura (85-99), Eckhart (100-129), Cusanus (130-171).
4 Vorliegendes Kapitel ist die erweiterte Neufassung der Erstveröffentlichung unter dem Titel: Problemskizze zu ‚Geist und Psyche' in Antike, Christentum und Neuzeit, in: *Geist und Psyche. Klassische Modelle* von Platon bis Freud und Damasio, hg. von E. Düsing / H.-D. Klein, Würzburg 2008, 1-7.
5 *Die Fragmente der Vorsokratiker*. Griechisch und Deutsch von H. Diels, 4. Aufl. Bd 1, Berlin 1922, 86, 97.
6 Für die historischen Hintergründe sei verwiesen auf das Werk des Nietzsche-Freundes Erwin Rohde: *Psyche. Seelencult und Unsterblichkeitsglaube der Griechen*, 2. Aufl. 1898.
7 Vgl. Bruno Snell: *Die Entdeckung des Geistes. Studien zur Entstehung des europäischen Denkens bei den Griechen*, 8. Aufl. Göttingen 2000, erstes Kapitel.
8 *Theologische Realenzyklopädie* (TRE) Bd 30, 737-740, Artikel *Seele*, Teil II. Altes Testament, von K. Schöpflin, III. Judentum, 740-744, von G. Stemberger.

(*Psalm* 104, 28-30) Seele sein umfaßt im alttestamentlichen Verständnis zum einen die vitale Lebenskraft, deren Entweichen wiederum die Todverfallenheit ausmacht, zum anderen die Sphäre der Gefühle, Wünsche und Leidenschaften, so daß ‚Herz' und ‚Seele' oft synonym gebraucht werden. Das Gebot der Gottesliebe zielt auf eine Selbsthingabe des Menschen aus seinem tiefsten Inneren und nimmt die Gestalt des Gebotes an, er möge seinen Schöpfer „von ganzem Herzen, von ganzer Seele und mit aller seiner Kraft" lieben (5 *Mose* 6, 5). In Psalmtexten wendet die lebendige menschliche Seele sich an sich selbst und fordert sich dazu auf: „Lobe den Herrn, meine Seele" (*Psalm* 103, 1). Zu den hebräischen Äquivalenten für die Seele gehören außer dem Herzen, als dem *Innersten* des Menschen, vor allem *ruach*, Geist (eigentlich Wind oder Atem), so bei der vom Propheten Hesekiel (Hes 37, 5-14) imaginierten dramatischen Wiederbelebung der Totengebeine. Seine *Berufungsvision* schildert er als Geschichte der *Geistbegabung*: „Sobald der Herr zu mir sprach, kam Geist in mich und stellte mich auf meine Füße, und ich hörte den, der zu mir sprach." (Hes 2, 2) Im *Alten Testament* wird das Herz überdies als der Ort des Gewissens, der Weisheitsliebe und der spezifisch intellektuellen Befähigung der Seele verstanden (z.B. Prov 4, 4f; 7, 3f; 10, 8).

Im *Neuen Testament* begegnen uns beide Begriffe: Psyche (ψυχή) und Geist (νοῦς/πνεῦμα). Paulus knüpft an den ganzheitlichen Sinn von *Seele* an, wie ihn das *Alte Testament* gelehrt hat,[9] und nimmt auch griechisches Bedeutungspotential von *Psyche* auf.[10] In seinem Entfalten sehnsüchtigen Seufzens, unsere sterbliche Leibeshütte möge überkleidet werden vom himmlischen und ewigen Leben (2 *Korinther* 5, 1-8), läßt sich eine frühe jüdische Vorstellung vom Überleben der – durch den Tod vom Leib abgesonderten – „Seele" vermuten, das hier verbürgt ist durch das Unterpfand des „Geistes" (2Kor 5, 5). Die griechische Sicht einer vom Leibe abtrennbaren Seele fällt auf und ist interessant

---

9   Zur Leib-Seele-Geist-Einheit im *Alten Testament* s. Hans Walter Wolff: *Anthropologie des Alten Testaments*, München 1973.
10 TRE Bd 30, 744-748, *Seele*, Teil IV. Neues Testament, von G. Dautzenberg, auch zum Folgenden. Zur Forschungsgeschichte vgl. auch *Das Paulusbild in der neueren deutschen Forschung*, hg. von K. H. Rengstorf, 2. Aufl. Darmstadt 1969; zum Bezug auf die Antike bes. 98f, 214f, 246f, 522f, 591f. – Ferne und Nähe des Paulus zu griechischem Denken ist häufig kontrovers erörtert worden. So ordnete R. Reitzenstein (Paulus als Pneumatiker, ebd. 246-303) Paulus' *pneuma theou*, als uns verliehene Gabe, in die Tradition hellenistischer Mysterienreligion ein; dazu gehöre sinngemäß, daß die Reinigung, des näheren die Taufe durch den Geist, den vollkommenen Menschen hervorbringe. – M. Pohlenz (Paulus und die Stoa, ebd. 522-564) erblickt im Pneuma-Begriff des Paulus keine stoische Konnotation (ebd. 537), da in stoischer Sicht das Vernunftgesetz, der *Nomos*, anders als bei Paulus, in der *Physis* gründe (ebd. 529f); vielmehr findet er im schroffen Dualismus von *Pneuma* und *Psyche* bzw. *Sarx* bei Paulus jüdisch-hellenistische Einflüsse, z.B. von Philon.

vor allem, indem sie abgehoben wird von der ganzheitlichen biblischen Sicht, die sich im neutestamentlichen Zeugnis von der Auferstehung manifestiert, das bezeichnender Weise in Athen bespottet wurde (Act 17, 32). In Abgrenzung vom original göttlichen Lebenshauch oder Geist Gottes selbst wird in biblischen Schriften die dem Menschen eingehauchte Psyche als bloße Potentialität zu einer Gottesbeziehung und Gotteserkenntnis verstanden. *Autonomie* und *Theonomie* klar voneinander unterscheidend, stellt Paulus den psychischen, fleischlich gesinnten, und den pneumatischen, geistbestimmten Menschen einander gegenüber (1Kor 2, 13-16; 1Kor 15, 43-47), allerdings nicht im Sinne einer dichotomischen oder trichotomischen ontologischen Gliederung der Seele in niedere und höhere Seelenvermögen. Das Pneuma kann sowohl die Bedeutung von Psyche, also des menschlichen Geistes annehmen (1Kor 2, 11), als auch die einer göttlichen Kraft, die dem Menschen als Gnadengeschenk zuteil wird (z.B. *Römer* 8, 16).[11] Eine ganzheitliche Sicht der Seele bewahrend, kann Paulus auch das Pneuma für die Person als solche einstehen lassen, so exemplarisch: Nur der dem Menschen innewohnende Geist weiß, was im Menschen ist, so wie allein Gottes Geist weiß, was in Gott ist, da nur er „die Tiefen der Gottheit erforscht" (1Kor 2, 10f), und unserem Geist „Zeugnis (gibt), daß wir Gottes Kinder sind" (Rö 8, 16). Auch bei Johannes tritt das *Pneuma* für Menschen nach Leib, Seele und Geist ein: „Die Stunde kommt, ... daß die wahren Anbeter den Vater im Geist und in der Wahrheit anbeten werden" (Joh 4, 23).

Die wohl auf Platon zurückgehende Unterscheidung des Paulus zwischen dem „äußeren" Menschen, der verfällt, und dem „inneren",[12] der beständig erneuert wird, ermöglicht ihm, seine in Selbsterfahrung erprobte und geschilderte Teilhabe am Todesleiden Jesu, – der zur Erlösung Vieler sein Leben dahingab, – nicht als leiblich realen Untergang zu begreifen, sondern sie auf den „äußeren" Menschen einzugrenzen und ihr die Wiederbelebung des „inneren" Menschen durch Gnade gegenüberzustellen (2Kor 4, 16-18). Die von Paulus entfaltete hohe Spannung zwischen dem Innen und Außen der Seele wird erst mit „Überziehen" des von Gott erbauten himmlischen Hauses, des

---

11 Zur Begrifflichkeit Paulinischer Theologie vgl. Rudolf Bultmann: *Theologie des Neuen Testaments*, 6. Aufl. Tübingen 1968, 204ff.

12 Für Platon ist „der innere Mensch des Menschen" (τοῦ ἀνθρώπου ὁ ἐντὸς ἄνθρωπος: *Politeia* 589 ab) zur verantwortlichen Regentschaft über die ganze Seele bestimmt; er ist Adressat der Sorge um die Seele. Die Seele, trichotomisch gegliedert in eine geistige, psychische und sinnlich-begehrende Dimension, steht zwischen den von Platon klar geschiedenen Sphären von unsichtbarer geistiger (*kosmos noetos*) und wahrnehmbarer sinnlicher Welt (*kosmos oratos*). – Paulus spricht von Gottes unsichtbarem Wesen (*aórata*), das seit der Weltgründung an den Schöpfungswerken erkannt werden könne (*nooúmena*): *Römer* 1, 20.

Auferstehungsleibes gelöst werden können (2Kor 5, 1-2). Im Brief an die *Römer* dient der an die Seelenkonzeption Platons erinnernde Erweis einer gewaltigen Kluft zwischen dem „inneren Menschen", dem *Nous* in ihm,[13] und dem äußeren, seinem Leib mit den fleischlichen Gliedern, dazu, das Elend des von Christus gelösten und in seinen Todesleib heillos verstrickten Menschen darzutun, dessen Seele in ihrem vernünftigen Anteil[14] dem Gesetz Gottes sehr wohl zustimmt, jedoch ob seiner Begierden ohnmächtig ist, es zu tun (*Römer* 7, 14-25).[15] Das Wirken des Geistes Christi oder Gottes aber, das vom Gesetz der Sünde befreit und dadurch zu wahrem Leben in Gerechtigkeit und Frieden hinführt, gründet in dessen Einwohnung im Inneren des Menschen, also in seiner Seele, wiewohl das Widerspiel von irdisch und himmlisch Gesinntsein, das Spannungsverhältnis von Fleisch (Sarx) und Geist (Pneuma) auch für Christen stets bestehen bleibt (*Römer* 8, 9-13; 12, 1-2). Für Martin Luther ist das ganze Christenleben ein Kampf zwischen Geist und Fleisch im Sinne einer täglich aufs Neue erforderlichen Buße und Rückkehr zur Taufe.

Die Evangelien bezeugen, wie Jesus von der „Psyche" des Menschen in Leben bedrohenden Grenzsituationen spricht: „Du Narr! In dieser Nacht wird man deine Seele von dir fordern", die nur für sich selbst Schätze gesammelt hat und „nicht reich ist für Gott" (*Lukas* 12, 20-21). Von herausragender Bedeutung ist das Logion vom paradoxen Rettenwollen und Verlieren der eigenen Seele, das zur Nachfolge Jesu und zur Leidensbereitschaft aufruft, und, um plausibel zu

---

13 Günther Bornkamm hebt hervor, daß Paulus, wie Philon, dem menschlichen Nous oder Logos ohne weiteres Gotteserkenntnis zuspricht, daß aber für ihn, diametral entgegen aller hellenistischen Theologie, der Mensch sich gerade nicht *als Vernunftwesen* besonderer Verbundenheit mit Gott rühmen könne, sondern der *Nous* es ist, der ihm sein gottloses Wesen, sein Gelöstsein von Gott und Gerufensein zur Gottesbegegnung zwischen Gericht und Gnade (Rö 1, 18-32) klarmachen soll. *Vernunft* und *Gewissen* haben für Paulus die Funktion, dem Menschen seine Verlorenheit zu enthüllen (Glaube und Vernunft bei Paulus, in: *Paulusbild*, s. nota 10, 599ff).

14 Alois Grillmeier (*Jesus der Christus im Glauben der Kirche*. Band I: *Von der Apostolischen Zeit bis zum Konzil von Chalcedon* (451), 3. Aufl. Freiburg 2004) weist das biblische Bedeutungsspektrum des *Nous* im hellenischen Horizont auf: 48, 230, 278, 530 u.ö.; zum *Pneuma*: 72, 81-84, 287, 307, 336-339 u.ö. – Dem *Pneuma* kommt im neutestamentlichen Zusammenhang eine im Vergleich mit dem *Nous* stärker theonome Bedeutung zu; es wird gebraucht zur trinitarischen Bezeichnung der Gottheit Christi und des Geistes Gottes, im Blick auf Menschen als Charisma der Christusnachfolge, als Kraft prophetischer Inspiration durch das Geschenk geoffenbarter Weisheit; vielfach ist es Geistesgabe, die durch innere Erleuchtung der Seele sich dahin auswirkt, daß der Zustand von Verlorenheit in Sünde dem Ergreifen der Erlösungstat Christi weicht.

15 Gerd Theißen: *Psychologische Aspekte paulinischer Theologie*, Göttingen 1983, 230-252, schließt den Passus in *Römer* 7, 14-25 fruchtbar auf durch Unterlegung von Freuds Modell der Instanzen Es, Ich und Über-Ich.

sein, eine individuelle Eschatologie bzw. Auferstehungslehre voraussetzt: „Was hülfe es dem Menschen, wenn er die ganze Welt gewönne und nähme doch Schaden an seiner Seele" bzw. büßte seine Seele ein (Mark 8, 36). In einzigartiger Souveränität hat Jesus in der soteriologischen Sicht des Paulus Leib und Seele zur Erlösung für Viele dahingegeben (*Galater* 1, 4) und nach Johannes in seiner Auferstehung das weltgeschichtlich neue und singuläre ,Wiederaufnehmen' seiner getöteten *Psyche* vollbracht (Joh 10, 17f). Der Beweggrund für Jesu Liebe als der göttlichen Vollmacht, sein Leben als „guter Hirte" für seine Schafe zu lassen und „wieder zu nehmen" (Joh 10, 11. 15. 17), lautet gemäß der Selbstexplikation Jesu im Blick auf seinen Leidensweg: „Größere Liebe hat niemand als die, daß er sein Leben läßt für seine Freunde." (Joh 15, 13; vgl. 1Joh 3, 16)

Im *Neuen Testament* finden sich weitere und durchaus freimütige Anlehnungen an ein griechisch bestimmtes Verständnis von Seele und Geist. Der Begriff der Psyche wird einige wenige Male als summarische Bezeichnung für Denken, Wollen und Fühlen verwendet (Luk 2, 35; Apg 15, 24). Im Wort von der *Hoffnung*, die es als sicheren Anker für die Seele zu ergreifen und festzuhalten gilt (*Hebräer* 6, 19), wird die Psyche als personale Mitte aufgefaßt. Analoges gilt von der platonisch sinnenfeindlich formulierten Mahnung, sich von „fleischlichen Lüsten" zu enthalten, die „wider die Seele streiten" (1Petr 2, 11). Die geistorientierte Seele als solche wird hier im Abwehrkampf gegen die Wogen sinnlicher Begierden erblickt. Im Brief an die *Galater* (5, 13-18) eröffnet Paulus den heftigen Widerstreit zwischen Sarx und Pneuma in der Seele, mit der provozierenden Pointe, daß „ihr nicht tut, was ihr wollt" (Vers 17). Implizit wird der *Geist*, im Sinne *theonomer Gabe* verstanden, als gnadenhaft neu konstituiertes eigentliches Ich angenommen, der mir ermöglicht, tun zu können, was ich in Wahrheit will. Das zur Freiheit Berufensein, die Lösung des Seelen-zwistes, gelingt durch ein „Wandeln im Geist". Der Nous des Heiden kann durch Nichtigkeit des eigenen Sinnes „verfinstert", ein Mensch dem Leben Gottes bzw. dem Leben aus Gott „entfremdet" sein, so daß er als Folgelast u.U. in „unersättliche Gier" verfällt (*Epheser* 4, 18f), gleichsam in das hineinstürzt, was Platon als Pleonexia gebrandmarkt hat, wenn der Nous schläft.

In außergewöhnlicher Geistbetonung, anstelle der insonderheit bei der Frage der Auferstehung vorwaltenden ganzheitlichen Sicht der Seele, wird Gott einmal als Vater der Geister (Hebr 12, 9. 23) angesprochen, worin Lebende als *Seelen* und Verstorbene aller früheren Zeiten eingeschlossen sind (vgl. 1Petr 3, 18f). Auch von den „Seelen" (Psychai) Toter, des näheren Getöteter wird gesprochen, – die Johannes visionär sieht, – die allerdings sehnend ihrer Auferweckung entgegen harren (Offb 6, 9; 20,4). Eine dem griechischen Denken sich annähernde Dreigliederung des Personseins in Geist, Seele und Leib findet sich in dem abschließenden Briefsegenswunsch für die Behütung der Seele

(1Thess 5, 23). Eine Einheit von Autonomie und Theonomie klingt an in dem Pauluswort, worin er das in der *Metanoia* verwandelte Denken bekräftigt: „wir haben Christi Geist" (*noun Christou*, 1Kor 2, 16).

Innerhalb der jüdischen, neuplatonisch orientierten Kabbala kam die Annahme auf, durch ein gutes Handeln und das Studium der Tora könne, über die jedem Menschen gegebene Lebensseele hinaus, kraft der Betätigung des Geistes (Ruach), die eigentliche, höhere Seele errungen werden, die ein Funken – vergleichbar mit dem Seelenfunken bei Meister Eckhart – aus dem göttlichen Schöpfer-Intellekt ist. Zudem gab es die religionsphilosophische Vorstellung, daß, schon als Gott den Plan faßte, die Welt zu erschaffen, die menschlichen Seelen als individuelle Einzelseelen von ihm entworfen wurden und die ganze Weltgeschichte eben so lange dauere, bis sie alle ihren Lebensweg in leibhafter Realisierung durchschritten haben würden.

Bei aller Betonung des Geschöpflichen im *Alten* und *Neuen Testament*, das Gott Dank und Ehre schuldet, singt der Psalmendichter eine erstaunliche Hymne auf des Menschen Größe, die eine von Gott selbst ihm verliehene Hoheit ist: „Du hast ihn wenig niedriger gemacht als Gott" (*Psalm* 8, 6). Und umgekehrt schwingt in der antiken Aufforderung: „Erkenne dich selbst!" – bei aller Kühnheit, den menschlichen Geist als Gott verwandt begreifen zu wollen, – die ernste Mahnung zur Selbstbescheidung gegen *Hybris* durch: Erkenne, daß du nur Mensch, nicht göttergleich bist!

Wie sah überhaupt die Ideenentwicklung im griechischen Kulturbereich aus? In der Literatur des fünften vorchristlichen Jahrhunderts findet sich der Seele-Begriff, – wie zuvor schon bei Homer, – in besonderem Zusammenhang mit dem Abschied vom Leben, also mit dem Tod.[16] Wie für diesen bezeichnet die Seele für Pindar vorzüglich das Leben, das jemand verliert. Pindar kann seine Seele auch anreden und z.B. ermahnen, sich zu bescheiden und nicht wie Götter nach unsterblichem Dasein zu streben. Er kennt die ‚freie' Seele, die in Träumen sich bekundet, und die Seele als Quelle für eine innere Stimme, als Empfindung und Mut des Wachen. Bei Herodot wird Seele (Psyche) zur Bezeichnung des ganzen Gemüts verwendet, im Hinblick auf Empfinden (z.B. Schmerz in der Seele Erleiden), Streben und Mut. Sophokles schließlich verwendet Seele gleichbedeutend mit Gesinnung (Phronema) oder Urteil (Gnome). Vorstadien zu Platons Begriff der Seele können darin erblickt werden, daß nun ‚Psyche' öfter und immer deutlicher das Subjekt eines möglichen

---

16 Zum Folgenden vgl. Hans Schwabl: Frühgriechische Seelenvorstellungen, in: *Der Begriff der Seele in der Philosophiegeschichte*, hg. von H.-D. Klein, Würzburg 2005, 29-64, bes. 46-49. Vgl. *Historisches Wörterbuch der Philosophie*, hg. von J. Ritter, K. Gründer, Artikel *Seele* von F. Ricken, Bd 9, 1-11, bes. 2-4.

sittlichen Handelns bezeichnet. An diese erwachende Idee des Subjekts kann die Sokratische Sorge um die Seele (Epimelaia tes Psyches) anknüpfen, die darauf zielt, daß diese, in ernsthafter Suche nach Selbsterkenntnis, möglichst gut, gerecht, verständig (phronymos) wird.

Platon versteht zu Anfang seiner Spätzeit im Dialog *Theaetet* (189e), in dem es um Erkenntnis und Irrtum geht, unter Denken eine Rede (Logon), „welche die Seele bei sich selbst durchgeht über dasjenige, was sie erforschen will." Im *Sophistes*, in dem Platon die ontologische Möglichkeit von wahrer Erkenntnis, in Abhebung vom Irrtum, sucht, heißt es nach Explikation der obersten Gattungen (Ideen) für eine Ontologie (263e): „Denken (dianoia) und Rede (Logos) sind dasselbe, nur daß das innere Gespräch (dialogos) der Seele mit sich selbst, was ohne Stimme vor sich geht, Denken (dianoia) genannt worden ist." Denken ist im *Sophistes* intellektuelles Erfassen von Ideen und deren Zusammenhang. Dieser wird methodisch erfaßt in „dialektischer Wissenschaft" (253 d). Platon spricht im Dialog *Parmenides* vom „Vermögen der Dialektik" (dynamis tou dialegesthai, 135c). Nicht umsonst sind alle seine philosophischen Untersuchungen als Gespräche abgefaßt.

Für den Platonischen Sokrates ist Seele als dasjenige bestimmt, was auf eigenverantwortliche Weise „durch das Gerechte besser wird, durch das Ungerechte aber zugrunde geht" (*Kriton* 47d). In den *Nomoi* (959b-e) erklärt Platon, „Seele" bezeichne dasjenige, was „jeder von uns in Wahrheit ist", wobei kardinale Tugenden: Gerechtigkeit, Weisheit, Frömmigkeit, Besonnenheit, Tapferkeit, der Seele ontologische Gewichtung verleihen. In der *Politeia* entwickelt er eine hoch differenzierte dreigliedrige Seelenlehre, die Begehrendes (epithymetikon), Muthaftes (thymoeides), Denkendes (logistikon) voneinander abhebt; allein dem vernünftigen Teil gebührt, über die Seele als ganze zu herrschen bzw. sie zu führen, und nur dieser vermag ihre widerstreitenden Kräfte miteinander in Einklang zu bringen (*Politeia* 435b-441e). Solche innere Wohlordnung (Eutaxia) macht das Gerechtsein der Seele als ganzer aus. Für Platon steht die Seele ontologisch als ein Mittleres und zu Vermittlungen Bestimmtes zwischen mannigfachen Extremen: von Gutem und Häßlichem, Ideen und sinnlicher Welt, Ewigem und Vergänglichem, Nous und Emotionalem, Körperhaftem.[17] Sie birgt trotz ihrer Herkunft vom Demiurgen auch destruktive Tendenzen in sich. Im *Phaidros* (246a-247e) vergleicht Platon im Bild vom Seelenwagen die Seele mit einem geflügelten Pferdegespann, in dem ein Roß wohl gesonnen und edel in Richtung Himmel strebt (Thymos), das andere unbändig, schlecht, mit seiner ganzen Schwere zur Erde hin drückt, ja sich hinunterbäumt (Epithymia). Der

---

17 Vgl. Thomas A. Szlezák: ‚Seele' bei Platon. In: *Der Begriff der Seele in der Philosophiegeschichte*, hg. von H.-D. Klein, Würzburg 2005, 65-86.

löwenartige *Thymos* ist dazu bestimmt, im Streit und Zwiespalt der Seele zwischen Vernunft und Begehrlichem die Waffen – so heißt es dramatisch zu dem innerseelischen Kriegszustande – für den *Nous* zu ergreifen (*Politeia* 440e). Nur die vitale Energie des Thymos vermag den Drachen im *Abgrund der Seele* zu bezähmen, der durch Lust und Unlust den Aufstand eines Seelenteils gegen den anderen betreiben, alles im Leben verwirren würde (*Politeia* 442b-444b). Angesichts der gefährlichen Kraft der Epithymia, die wir in uns tragen, ist die Lenkung unsres Seelenwagens ein unablässiger innerseelischer Wettstreit um die Herrschaft der Vernunft kraft ihrer Verbündung mit dem Willen. Für den Wagenlenker Nous ist es schwierig, das Gefährt sicher zu führen, da aus jener Schieflage des Gespanns ein unablässiger äußerster Kampf der Seele um ihre zu wahrende Balance entspringt. Die Seele selbst, deren führende Macht die Vernunft sein soll, wird zum dramatischen Kampfesschauplatz, wobei ihr irdisches sowohl als auch ihr metaphysisches Schicksal auf dem Spiel steht. Denn die Idee der Gerechtigkeit besitzt für Platon, über die menschliche, sittliche und politische hinaus, auch eine eschatologische Dimension; er nimmt ein gerechtes Gericht nach dem Tode an (*Gorgias* 523e).[18]

Das schlimmste sei, vor den göttlichen Richter zu treten mit einer Seele, die entstellt ist von Ungerechtigkeit (*Gorgias* 523a-525a), da sie getrieben war von unersättlicher Begierde im Haben-wollen (Pleonexia, *Gorgias* 508a; *Politeia* 359c; 586ab; 590b). Gerechtigkeit der Seele gründet für Platon nicht in äußeren Handlungen, sondern in innerer Tätigkeit, in einer Kraft aus ihrer Tiefe (*Politeia* 358b). Als mit sich darüber einige, nur das Beste möge über sie herrschen, ist die gerechte Seele Freund ihrer selbst und kann mit anderen, ja mit Gott befreundet sein (*Gorgias* 507e; *Politeia* 432a, 443-444). Die ungerechte Seele aber vermag weder mit Gott noch Menschen Gemeinschaft (*Koinonia*) zu pflegen. Das Wort des Platonischen Sokrates: Ungerechtigkeit *tun* ist weit schlimmer als sie zu *erleiden* (*Gorgias* 469bc, 474b), weist auf Jesu Aufforderung voraus: „Wenn dich einer auf die rechte Wange schlägt, so halte ihm auch die andere hin" (Mt5, 39).[19] Platons Ernstnehmen der Macht des Bösen – „Schlechtigkeit läuft schneller als der Tod" (*Apologie* 39a) – gipfelt in seiner Erklärung, der

---

18 S. dazu Thomas A. Szlezák: Psyche: ihr Ort im Menschen, im Kosmos und im Geist nach Platon und Plotin, in: *Geist und Psyche* (s. nota 4), 17-39. Daß die Seele weiterlebt und zur Rechenschaft gezogen wird, ist für Platon *Logos*, nicht bloßer *Mythos* (ebd. 27). Platon sieht einen doppelten Ausgang vor kraft jenes gerechten göttlichen Urteils, bildlich einer *Wegscheide* entweder in Richtung Tartaros oder zur ‚Insel der Seligen' (*Gorgias* 524a). Der Richter hefte Gerechten und Ungerechten Zeichen an von allem, was sie getan haben (*Politeia* 614b).

19 Zur Feindesliebe bei Jesus s. Ethelbert Stauffer: *Die Botschaft Jesu. Damals und heute*, Bern 1959, 119-146.

Ungerechteste sei, wer unter dem größten Anschein der Gerechtigkeit heimlich als Räuberseele wütet; der Gerechteste, als *Gegenmodell*, ist der verkannte Heilige, der im Innersten völlig lauter, als Bösewicht verleumdet, gegeißelt, gefoltert, geblendet und, nach Erduldung aller Leiden, am Pfahl aufgehängt wird (*Politeia* 360e-362a).[20] In unaufgelöster Spannung zum Entwurf dieses Typus des ungesühnt leidenden maximal Gerechten postuliert Platon, Gott sei nur gut und Ursache von Gutem, nie jedoch von Bösem (*Politeia* 379). Indem sie Tugenden in sich ausprägt, um gerecht, besonnen, weise, mit Einsicht fromm zu sein, trachtet die Seele nach Verähnlichung mit Gott, so weit das einem Menschen möglich ist. Sein Ziel ist, ein von Gott Geliebter zu sein.[21]

Den Nous der Psyche versteht Platon im Horizont des Intellekts Gottes, ja in Analogie zu ihm. Denn Gottes Verstand „nährt sich, wie der jeder Seele", von der unvermischten Vernunft und Episteme (*Phaidros* 247cd). Der Seele kommt für Platon das Vermögen der Wahl einer Lebensweise zu (unter den Umrissen vieler möglicher) und der damit verknüpften Charakterart. Denn die Seele, wenn sie eine andere Lebensweise wählt, wird auch selbst dabei eine andere (*Politeia* 618b). Die Platonische Sorge um das Heil der Seele zielt auf ihr unverfälschtes Sicherkennen ab und schließt den Erwerb wahren Wissens um das Gute ein, das sie erst zu rechter Wahl befähigt (*Politeia* 617d-619b). „Die Schuld ist des Wählenden; Gott ist schuldlos" (*Politeia* 617e), – so in Kürze Platons Theodizee. – Die Theodizeefrage ringt um Gerechtigkeit als Gottesprädikat. In christlicher Sicht gelangt sie erst im jüngsten Gericht zum Ziel; es ist ein Gott, der „den Erdkreis mit Gerechtigkeit richten wird" (Act 17, 31; Ps 9, 9). Die Gnade Gottes ist erschienen, damit wir, im Bezug zu uns selbst, zum Du und zu Gott, „besonnen, gerecht und gottselig leben in dieser Welt" (*Titus* 2, 12).

Platon bestimmt die Seele dahingehend, daß sie kraft des philosophischen Eros, der in ihr waltet, sich der Idee des Schönen, die im an sich Guten fundiert ist, nachzubilden sucht, das ewig in sich eingestaltig ist (monoeides aei on: *Symposion* 211b), um dadurch wesenhaftes Sein zu gewinnen. In der *Politeia* (443c-e) erklärt er, die wahre Gerechtigkeit der Seele bestehe darin, daß jemand Freund seiner selbst sei, sich beherrsche und ordne, damit er nicht der

---

20 Für Martin Hengel hat diese Darstellung des leidenden Gerechten „prophetische Eindringlichkeit" in Richtung auf Christus: Mors turpissima crucis: Die Kreuzigung in der antiken Welt und die „Torheit" des „Wortes vom Kreuz", in: *Rechtfertigung*, FS für E. Käsemann, hg. von J. Friedrich u.a., 125-184, 141f; vgl. auch Ernst Benz: *Der gekreuzigte Gerechte bei Platon, im Neuen Testament und in der alten Kirche*, Mainz 1950.

21 Zur Homoiosis Theo, der Angleichung der Geistseele an Gott als ihrem eigentlichen höchsten Ziel, s. Platon: *Theaitetos* 176b; *Politeia* 383c; 613ab; θεόφιλος: *Politeia* 612e, *Philebos* 39e. – Vgl. dazu Salvatore Lavecchia / Thomas A. Szlezák: *Una via che conduce al divino. La ‚homoiosis theo' nella filosofia di Platone*, Milano 2006.

löwenartigen Wildheit seiner Affekte und Begierden untertan sei, sondern im Wohlklang „auf alle Weise *einer* wird aus vielen". – In der Ethik und Seelenlehre, im Hinblick auf ein Konzept des geistseelischen Selbst, begründet Platon Prämissen, die ideengeschichtlich bis auf Kant und den Deutschen Idealismus ausstrahlen. Denn das Schlüsselmotiv, Platons Charakteristik wahrer Gerechtigkeit durch innere Einstimmigkeit der Seele mit sich selbst, hat über die ihr verwandte Idee des homologen, naturgemäßen Lebens, das dem die Welt durchwaltenden göttlichen *Logos* entspricht, in der Stoa (Panaitios, Cicero) bis zur Aufklärungsphilosophie (Christian Garve) und über diese schließlich bis zu Kant fortgewirkt.

Das Kantische Sittengesetz fordert auf, zu prüfen, ob die Maxime meines Willens, der etwas Konkretes will, dazu stimmt, einer allgemeinen Gesetzgebung zu entsprechen. Der unbedingt gute Wille besteht darin, daß er die Allgemeingültigkeit seiner Maximen will; dies ist die zu erfüllende Bedingung, unter der er nicht sich selbst widerstreitet, also mit sich einstimmig ist. Das Befolgen des Sittengesetzes ist demnach für Kant gleichbedeutend mit dem Vermeiden eines Widerspruchs im Wollen des Subjekts. In Reflexionen vergleicht er ausdrücklich das *praktische* Einigsein des Wollens mit dem *logischen Gesetz der Widerspruchsvermeidung*. Der Identität des Wollens, – wodurch diverse Begehrungen zur Einheit des Selbstbewußtseins unter Regeln der praktischen Vernunft gebracht werden, – kommt im Hinblick auf das praktische Subjekt dieselbe Schlüsselstellung zu wie der *Identität* und *Einheit der Apperzeption*, des „höchsten Punktes" für allen Verstandesgebrauch des theoretischen Subjekts (XIX, 283f, Refl. 7204). So differenziert Kant subjektivitätstheoretisch zwischen ethischer und logischer Identität der Person und versetzt beide Komponenten des Ich in ein analogisches Verhältnis zueinander. Der reine sittliche Wille ist für Kant derjenige, der sich auf Ideen vom Intelligiblen, Übersinnlichen bezieht,[22] nämlich praktisch gültige Postulate zur Entsprechung von Glückswürdigkeit und Glück und zur Existenz Gottes als des Garanten solcher Adäquation. – Kants transzendentale *Einheit der Apperzeption* besitzt einen Vorläufer im Argument von Platon, daß die vielen Wahrnehmungen in etwas zusammenlaufen müssen,[23] das sie alle unter sich faßt, also Eines sein muß gegenüber dem Vielen, und das *Seele* genannt werden kann (*Theaitetos* 184d).

---

22   S. dazu Klaus Düsing: Vernunftidee und Sittlichkeit bei Kant und Platon, in: *Geist und Sittlichkeit. Ethik-Modelle von Platon bis Levinas*, hg. von E. / K. Düsing und H.-D. Klein, Würzburg 2008, 157-174.
23   S. dazu Heinz Heimsoeth: Atom, Seele, Monade; in: ders.: *Studien zur Philosophie Immanuel Kants* II, Bonn 1970, 133-247, bes. 166f, 170f, 210f notae.

Im ethischen, ontologischen und logischen Sinn begründet Platon eine Konzeption der Einheit und Wesenhaftigkeit der Seele, die er als unsterblich versteht. Gegen ein Sichverführenlassen von Trugbildern soll jede Seele eine für sich Eine, Selbige, mit sich Einige werden, das Ihrige tun und, ohne Übergriffe in fremde Sphären, die spezifisch ihr mögliche Tugend realisieren (*Politeia* 443d).

Für Aristoteles macht in *Peri Psyches* die Seele als Lebensprinzip die erste Wirklichkeit (Energeia) des Körpers aus.[24] Die Seele wird als dessen Ousia und Eidos aufgefaßt, das im Leib als Ursache wirkt, ihn formt, ihm seine Gestalt verleiht, Funktionstüchtigkeit und Zusammenspiel der Organe regelt. Das Verhältnis von Geist (Vernunft) und Körper wird damit gemäß dem Verhältnis von Eidos (Idee) und Hyle (Stoff) bestimmt. Descartes' späteres Problem, wie Körper und Geist im Menschen zusammenwirken, da sie zwei verschiedene eigenständige Substanzen sind, erhebt sich für ihn nicht. Denn durch die kategoriale ontologische Unterscheidung zwischen Möglichkeit (Dynamis) und Wirklichkeit (Energeia) kann Aristoteles die bei Platon voneinander abgehobenen Seelenteile als Dynameis, Kräfte, Fähigkeiten verstehen. Auch Aristoteles nimmt den Seelen-‚Teil' des Denkvermögens, des Nous an, welcher, durch die ‚Phantasie' angebahnt, befähigt ist zum möglichen vernünftigen Erfassen ewiger Ideen. – Durch die von ihm innovativ getroffene Modalitätsunterscheidung erklärt Aristoteles, wie der Nous in der menschlichen Seele zum Denken gelangt; diese hat nur der Möglichkeit nach vieles Denkbare in sich. Und sie denkt, wenn sie intellektuell tätig wird, jeweils einzelne Ideen, während der göttliche Nous in reiner Wirklichkeit (Energeia) den ganzen Ideenkosmos vergegenwärtigt, ihn in sich trägt, ihn immerzu denkt und in ihm, somit in der Noesis Noeseos, sich selbst denkt. Für Aristoteles ist der Geist in gewisser Weise der Möglichkeit nach alles Denkbare, die denkbaren Dinge (Noeta), alle Ideen (eide), die überhaupt gedacht werden können. Den passiven menschlichen Nous vergleicht er mit dem in der Natur vorfindbaren formbaren Stoff, der „zu allem" werden kann, also bestimmt und gestaltet wird; von ihm unterschieden gebe es einen tätigen Nous, welcher das Ideen-Denken hervorrufe und bewirke. Der göttliche aktive Geist (Nous poietikos) ist derjenige, welcher als wirklicher ontologisch und kosmologisch „alles bewirkt", der des näheren alle Gedankeninhalte setzt, und zwar im passiven Geist (Nous pathetikos), so daß dieser sie zu denken vermag, ja wirklich denkt. Der aktive Nous ist ehrwürdiger als der passive; es ist der göttliche Nous als reine Energeia; er ist ewig und unsterblich. Er ist vom passiven Nous, der sterblich ist, getrennt und über ihn

---

24 Vgl. Hellmut Flashar: Psychologie – Die Seele als Vollendung des Körpers, in: ders.: *Aristoteles Lehrer des Abendlandes*, 3. Aufl. Darmstadt 2014, 297-318.

hinaus; daher gelangt er ‚von außen', wie Aristoteles das bildlich beschreibt, in die menschliche Seele, d.h. diese verfügt nicht von sich aus über die Ideen; gleichwohl ist er immanent in ihr wirksam, indem er Ideen an die Geistseele vermittelt. Der göttliche Nous ist der Ort aller Ideen (Topos Eidon) und ihrer Zusammenhänge; hingegen ist der passive menschliche Geist bloß der Möglichkeit nach die von ihm durch Ideen begreifbaren Dinge (Noeta), und in wirklicher Erfüllung (Entelecheia) erst dann, wenn er sie im einzelnen tatsächlich denkt, indem er Denkinhalte, die das Ewige betreffen, vom aktiven Nous empfängt und im Verstehen durchgeht. So wirken passiver menschlicher und aktiver göttlicher Geist, als ontologisch voneinander getrennte, im Denken der Seele zusammen. Ohne diese göttliche intellektuelle Wirksamkeit, so das Aristotelische Konzept, kann der passive, für sich sterbliche Nous nicht denken. Anders als für Platon sind wir uns im Seelenbegriff des Aristoteles keiner (individuellen) Unsterblichkeit bewußt, weil wir kein Erinnern (Anamnesis) an das Wirken des göttlichen Nous behalten, wie Platon annahm; wir erinnern keine Präexistenz der Seele in der himmlischen Welt. Teil hat der passive am aktiven Geist, insofern dieser in jenem das Denken der ewigen Ideen bewirkt, ohne daß er sich selbst dabei als unvergänglicher inne wäre. Eine definitive Aussage darüber, ob die menschliche Seele gleichwohl unsterblich sei, vermeidet Aristoteles hier.

Der Mensch, der stetig die Vernunft in sich pflegt, ist für Aristoteles der zumeist von Gott Geliebte (Theophilestatos); daher gilt ihm auch der Weise als der Glückseligste (*Nikomachische Ethik* X, 9). Offen bleibt die Frage, ob die menschliche Seele als individuelle am göttlichen Geist teilhat durch ihr Denken und nach ihrem Tod in Gemeinschaft mit ihm unsterblich wird, – wie die Thomisten annahmen, – oder ob sie durch Teilhabe am göttlichen Nous, in ihm aufgehend, ihre Individualität verliert, wie Averoisten lehrten. In weiterer Klärung der bei Aristoteles offenen Frage bleibt in Hegels Lösung, wie in der des Thomas von Aquino, die individuelle Einzelheit des endlichen subjektiven Denkens gewahrt, die mit dem unendlichen göttlichen Denken spekulativ verbunden wird, das selbst sowohl immanent in der menschlichen Geistseele ist und wirkt als auch darüber hinaus ist.[25] – In der *Metaphysik* (Lambda) bestimmt Aristoteles den göttlichen Nous als den nicht stofflichen, sondern rein geistigen Ersten Beweger, der ewiges vollendetes geistiges Leben, nämlich

---

25 Walter Kern: Die Aristotelesdeutung Hegels. Die Aufhebung des Aristotelischen ‚Nous' in Hegels ‚Geist'. In: *Philosophisches Jahrbuch*, 78 (1971), 237-259; Klaus Düsing: Noesis Noeseos und absoluter Geist in Hegels Bestimmung der ‚Philosophie', in: *Hegels enzyklopädisches System der Philosophie. Von der ‚Wissenschaft der Logik' zur Philosophie des absoluten Geistes*, hg. von Burkhard Tuschling etc. Stuttgart-Bad Cannstatt 2004, 443-448. – Vgl. hier C XII 1 zu Hegels Lehre vom subjektiven Geist im Kontext seiner Religionsphilosophie.

reine Energie als Denktätigkeit ist, als den, der alles bewegt und selbst unbewegt bleibt (akinetos panta kinei). Indem der göttliche Nous in selbstbezüglicher Weise sich selbst denkt, denkt er als Momente solchen sich selbst Denkens die Gesamtheit der Ideen et vice versa: Indem er die Ideen denkt, denkt er in ihnen sich selbst, und zwar als den kostbarsten Denkinhalt. Diese Überlegung ist von Aristoteles angedeutet, im Neuplatonismus als eigene Lehre entfaltet.[26]

In Plotins *Enneaden* wird eine Hymne gesungen auf den allseitig Klarheit stiftenden Geist, den er als Grund der menschlichen Seele versteht. Durchscheinend sei im Geist Alles; nichts Dunkles ist in ihm. „Jeder und Alles ist Jedem durchsichtig bis ins Innere". „Denn jeder hat Alles in sich selbst und sieht wiederum auch im Anderen Alles." So ist das Leuchten des alles reflektierenden, widerspiegelnden Geistes unermeßlich (En V 8, 4, 4-11).[27] Also verdankt sich die innere Klarheit der Seele weichenstellend dem Geist, der als göttlich gedacht wird, dessen Ausstrahlung als Gabe des Einen, Ewigen an die endliche Seele erscheint.

Die Idee der intellektuellen Schau als Mitte der Seele hält sich von Plotin bis zu Leibniz durch, mit einem beachtlichen Zwischenstadium bei Nikolaus Cusanus, für den Monaden inkorrruptibel und als geistbegabte Kreaturen individuelle Spiegel des Universums sind. Leibniz hat die Substanz als „un être capable d'action" und damit die Seelen-Monaden durch ihr Lebendigsein definiert. Die Seele, wie wir sie in uns selbst als unser eigenstes Sein erfahren, ist für Leibniz das, „was man dieses Ich in uns nennt". Der „Geist" ist ein Wesen, das „durch Empfindlichkeiten in einem Eins" faßt, was sonst in Weiten zerteilt ist; gleich wie ein Mittelpunkt nimmt er alle Strahlen in sich auf.[28] In *Von der wahren Theologia mystica* erklärt Leibniz das Seele-Ich und unteilbar dauerhafte Aktzentrum, indem er es in seiner qualitativen inneren Unendlichkeit sowohl zurück bezieht auf seinen ersten Lebendigkeitsgrund als auch auf seinen höchsten letzten Strebensinhalt: „In unserem Selbstwesen stecket eine Unendlichkeit, ein Fußtapf, ein Abbild der Allwissenschaft und Allmacht

---

26   Hans Joachim Krämer: *Der Ursprung der Geistmetaphysik*, 2. Aufl. Amsterdam 1967, 21ff, 119ff, 159ff.
27   Zu Plotins Begriff des Geistes als Wahrheit, Weisheit, Schönheit, Liebe s. Werner Beierwaltes: *Das wahre Selbst*, Frankfurt a. M. 2001, 16-83; Jens Halfwassen: Die Seele und ihr Verhältnis zum Geist bei Plotin, in: *Geist und Psyche* (s. nota 4), 65-80.
28   Zitiert bei Dietrich Mahnke: *Unendliche Sphäre und Allmittelpunkt*, 1937, 17. – Zum Verhältnis von *Seele* und *Welt* vgl. ideengeschichtlich: Heinz Heimsoeth: *Die sechs großen Themen der abendländischen Metaphysik und der Ausgang des Mittelalters*, 7. Aufl. Darmstadt 1981, 90-130. Zur geistigen Individualität des Einzelwesens, ebd. 172-203; zu Leibniz, der den Wertvorzug des Allgemeinen vor dem Individuellen überwindet, ebd 188-194.

Gottes. Ein jeder Selbstand, als ich und du, ist ein einzig und unzerteilig und unverderblich Ding".[29] Mit „Selbstand" sind Personen in ihrer Spontaneität und geistigen Kraft, das All zu spiegeln, gemeint. Hohen Rang verdanken individuelle Personen jener Geistbegabung.

Ein fundamentaler Zusammenhang zwischen Gottesgewißheit und Gewißheit der Seele von sich selbst wird von dem christlichen Platoniker Augustinus begründet.[30] Für ihn ist Gott den von ihm erschaffenen personalen Wesen innerlich weit näher als sie jemals sich selbst nahe sein können. Im Tiefsinn und spekulativen Niveau auf die Epoche des Deutschen Idealismus voraus- weisend ist sein Wort, worin er in der Gebetsform der *Confessiones* eine doppelte Transzendenz Gottes im Bezug zur Seele hervorhebt: „Tu autem eras interior intimo meo et superior summo meo". („Du aber warst innerlicher als mein Innerstes und höher als mein Höchstes".)[31] Der Seele selbst kommt innere Unendlichkeit zu, die in Platons Anamnesislehre vorausgedacht wurde, der zufolge alle Wesenheiten als vergessene Wahrheit in der Seele schlummern, ihrer Wiederfindung durch stetig waches Forschen harrend. Die Tiefe dieser Seelenunendlichkeit besteht für Augustin des näheren in dem in ihr begegnenden Gottesgedanken, der zugleich wegen der ontologischen Transzendenz Gottes über die Seele – außer ihrer Vertiefung in sich – deren Selbstüberschreitung herausfordert. Das Pathos der Verinnerlichung der Seele in Richtung Gottessuche verbindet sich also mit dem der Erhabenheit des Absoluten über die Seele. Die einmalige Innerlichkeit der Seele wird in ihrer Begegnung mit dem *christlichen Gott* nicht ausgelöscht, vielmehr potenziert. In einer Bewegung ‚nach innen', die den Selbstbezug des Denkens einschließt und in Eckharts Mystik zur Selbstaufhebung des Denkens in seinen Grund führen kann, und zwar kraft

---

29   G. E. Guhrauer: *Leibnizens Deutsche Schriften*, Berlin 1838, 41f. – Die Seele als individuelle Substanz bei Leibniz – präfiguriert schon im frühen Wort des Philosophen: „omne individuum sua tota entitate individuatur" – erörtert Heinz Heimsoeth: *Metaphysik der Neuzeit*, Darmstadt 1967, 58-65.

30   Den Zusammenhang zwischen Gottes- und Selbsterkenntnis bei Augustinus entfaltet Endre von Ivanka: *Plato Christianus. Übernahme und Umgestaltung des Platonismus durch die Väter*, 2. Aufl. Einsiedeln 1990, 189-208.

31   Augustinus: *Confessiones / Bekenntnisse*, lat. /dt., hg. von J. Bernhart, 4. Aufl. München 1990, 114. Weiter heißt es zu dem in Liebe gegründeten Fundierungsgefüge von Seele und Gott: „At tu, amor meus, ... vita animae meae". „Mihi autem inhaerere deo bonum est, quia, si non manebo in illo, nec in me potero" (ebd. 112, 336). Um Wahrheit zu finden sei der äußere Mensch zurückzulassen; Augustinus vereint philosophische und biblische Tradition im Konzept der *Umkehr* der Intention von außen nach innen, die in eins Aufstieg zum Höchsten sein soll. Vgl. Norbert Fischer: Foris – intus. In: *Augustinus-Lexikon*, hg. von C. Mayer, Vol. 3, Basel 2004, 37-45.

freier Identifikation mit dem göttlichen Einen,[32] formuliert Eckhart in großer Nähe zu Augustinus: „Diu sêle nimet ir wesen ... von gote; dar umbe ist got der sêle naeher, dan si ir selber sî".[33] Wie Gott ohne Namen ist, so ist auch die Seele in ihrem Grunde unaussprechlich; denn sie ist Gottes Ebenbild. Das Wort von Augustinus: „abditum mentis", übersetzt Johannes Tauler mit „verborgen" Sein „des Geistes" oder ein „verborgen Gemüte" Haben (ebd.) und drückt damit die unerschöpflich reiche Tiefendimension der Geistseele aus. Im ‚Grund' der Seele verbinden sich Selbsterkenntnis und Gotteserkenntnis, ein Zusammenhang, der z.B. auch im Begriff des *intimum mentis* (des Innersten des Geistes) oder der *conscientia* (des Gewissens) von Augustinus bis Hegel und Kierkegaard zum festen Bestand der *philosophia perennis* gehörte. Die lebendige Seele wurde in christlicher Tradition – in dialogisch relationaler Ontologie[34] – als eingehaucht von Gottes Odem, in der platonischen, z.B. bei Agrippa von Nettesheim, rein ontologisch, als „substantia quaedam divina" verstanden.[35]

Die antike und die mittelalterliche geistmetaphysische und die neuzeitlich idealistische Deutung der Seele im Horizont des Geistes drohen weithin zu entschwinden mit dem *revolutionären Bruch*,[36] den im Denken des neunzehnten Jahrhunderts, in anführender Position, Nietzsche ausgelöst hat. So wie *Leben* und *Wirken* des Gottmenschen Jesus von D. F. Strauß entmythologisiert und alles bislang geglaubten Übernatürlichen entkleidet wurde, so wird nun auch des Menschen Geistseele radikal ihres metaphysischen Gehalts entkleidet: Sie ist weder platonisch ein ewig Selbiges, als einfache Substanz Unsterbliches, noch transzendentalphilosophisch die Einheit eines Ich. Ein Schlüsselsatz von Leibniz: Was nicht *ein* Wesen (monas) ist, ist kein *Wesen* (substantia),[37] wird seither oft zwiefach negativ besiegelt: Das Ich gilt weder als Einheit noch als

---

32 Zum christlichen Platonismus s. grundlegend Werner Beierwaltes: *Platonismus im Christentum*, Frankfurt a. M. 1998, 7-24, bes. 29f; zu Eckhart 100-129; zum „Selbstbezug des Denkens" bei Plotin und Augustinus 172-204.

33 Zum ‚Grund' der Seele als Ort möglicher Gottesbegegnung, ja mystischen Vereinigung mit Gott, bei Eckhart auch der Gottesgeburt in der Seele, s. P. Heidrich zu: ‚Abgrund', ‚Seelengrund', ‚Seelenspitze', in: *Historisches Wörterbuch der Philosophie*, Bd 1, 5: Bd 9: 93, 110; vgl. zur Mystik auch Ivanka: *Plato Christianus*, 315-333.

34 S. dazu Ludger Oeing-Hanhoff: Trinitarische Ontologie und Metaphysik der Person, in ders.: *Metaphysik und Freiheit*. Ausgewählte Abhandlungen, hg. von Th. Kobusch und W. Jaeschke, München 1988, 133-165.

35 Agrippa von Nettesheim: *De occulta philosophia*, III, cap. 37; *Opera* I, Lyon 1600, Nachdruck 1970, 413f.

36 Vgl. Karl Löwith: *Von Hegel zu Nietzsche. Der revolutionäre Bruch im Denken des 19. Jahrhunderts*, Stuttgart 1988.

37 Leibniz erklärt: „Ich halte den folgenden identischen Satz, der nur durch die Betonung seine Verschiedenheit erlangt, für ein Axiom: daß nämlich, was nicht wahrhaft *ein* Wesen ist, auch nicht wahrhaft ein *Wesen* ist." Aus dem Briefwechsel zwischen Leibniz und

substantielles Sein. Dem Schlachtruf des Neopositivisten Ernst Mach zufolge ist das Ich nicht zu retten,[38] nicht einmal als bloß ideelle Einheit. Das Ich als vormalige Geistseele, die noch bei Kant als ‚Substanz in der Idee' sinnvoll gedacht werden kann und im Postulat der Seelenunsterblichkeit in praktischer Hinsicht als ewiges Wesen glaubwürdig begründet ist, wird von empiristisch-naturalistischen Schulrichtungen auf den Schutthaufen der Geschichte geworfen. Von dort jedoch ist das Ich in seinem Bedeutungsreichtum zurückzuholen.

In solches Zurückholen wäre Kants transzendentalphilosophisch kritisch restringierte Seelen-Monade einzuschließen, die eine neue ethische – metaphysische Postulate fundierende – Erfüllung der im theoretischen Rahmen leer bleibenden *Idee der Seele* (als ewiger Substanz) zu finden vermag. Dies leuchtet im *Beschluß* der *Kritik der praktischen Vernunft* in den hymnischen Worten der Ehrfurcht angesichts des Ewigen über und in mir auf, kristallisiert im „unsichtbaren Selbst", das „ins Unendliche geht" (V 162). Des Daseins und der „Wirklichkeit" meiner Seele in der Zeit bin ich mir, so Kant, bewußt durch den inneren Sinn; vermittels solcher inneren Erfahrung meiner selbst „existiere ich nicht außer meiner Vorstellungskraft in der Zeit" (IV 336f; Prolegomena § 49). Kants Erkenntnisrestriktion führt auf der Negativseite der Kritik zum Nachweis, das Seelen-Subjekt könne nicht als Substanz erwiesen werden, die einfach, beharrlich, also unzerstörbar wäre, ja „die vorgebliche Substanz" – Moses Mendelssohns Argument entkräftend, ein einfaches Wesen könne nicht nur nicht zerteilt werden, sondern auch nicht verschwinden, – könne sehr wohl „durch allmählige Nachlassung ... ihrer Kräfte ... in Nichts verwandelt werden" (III 271). Durch den inneren Sinn erkennen wir unser eigenes Ich nur als Erscheinung in Raum und Zeit; was die Seele an sich ist, bleibt folglich für uns unerkennbar. Nur durch Fehlschlüsse, *Paralogismen* (s. III 262-278) wird aus der logischen Einheit und Identität des denkenden Ich eine Seelensubstanz gemacht, die einfach und daher unzerstörbar sein soll. Allein im regulativen, nicht im konstitutiven Vernunftgebrauch ist das Ich als „Substanz in der Idee" anzunehmen, als Träger der von ihm gefällten Urteile und Beschlüsse. Im Ich erfasse ich sonach stets nur meine rein logische Persönlichkeit, mein „denkendes Selbst", jedoch keine ontologisch reale, in dem Fall beharrliche Einheit. Die Identität des reinen Ich, des transzendentalen

---

Arnauld, in: Gottfried Wilhelm Leibniz, *Hauptschriften zur Grundlegung der Philosophie*, Bd II, übers. von A. Buchenau, hg. von E. Cassirer, 3. Aufl. Hamburg 1966, 223.

38 Zur Widerlegung der vielschichtigen verbreiteten Subjektkritik s. Klaus Düsing: *Selbstbewußtseinsmodelle. Moderne Kritiken und systematische Entwürfe zur konkreten Subjektivität*, München 1997, 9-39. Er weist nach, daß idealistische Ich-Konzepte von vielen Kritiken, auch z.B. von gehirnphysiologisch argumentierenden (ebd. 13-16), nicht getroffen, sonach auch nicht widerlegt worden sind.

Subjekts darf nach Kant nicht verwechselt werden mit einer in sich einfachen, also unauflöslichen Substanz. Dennoch ist das intelligible Wesen jeder Person sehr wohl auf nicht widersprüchliche Weise als zeitloses Noumenon zu denken, das gemäß *Postulaten* der praktischen Vernunft vom Dasein Gottes und der unsterblichen Seele, im Widerstreit gegen den seelenlosen Materialismus, glauben und hoffen darf, nach dem Tode nicht zu nichts zu werden (hier A I 3 d). Kants Seelenlehre des sittlichen Selbst (vgl. hier B VIII 2) umfaßt die sittliche Vernunft (mit Intelligenz), das sittliche Gefühl (als Achtung) und das (zu disziplinierende) sinnliche Begehren.

In überpointierter Anknüpfung an Kants Paralogismus der Psychologie erklärt der frühe Fichte: „Das Ich ist nicht Seele, die Substanz ist"; es sei stattdessen intellektuelle „reine Anschauung des Ich als Subject-Object".[39] Für den späten Fichte hingegen begreift das Ich auf der religiösen Stufe das göttliche Eine als „Erklärungsgrund" seiner selbst (SW V, 410), sowohl im Hinblick auf das Dasein, daß es nicht im „Nichtsein" verblieb, als auch im Hinblick auf sein einzigartiges Sosein. Die wahre Selbstbewußtwerdung ist die des Ich von sich als *Bild* des Absoluten.[40] Gott ist absolut „von sich, durch sich, in sich"; über das Absolute als solches, das „absolut in sich selber seiende Sein", könne durch unsre transzendentale „Denkweise" nur analogisch, „nur negativ" gesprochen werden (SW V, 470). Das endliche Ich ist bestimmt, individuelles Bild Gottes in der Welt zu sein. Bei Fichte wird die denkende und wollende Seele zum Ich. Dies lebendig-geistige Ich gründet für den späten Fichte – systematisch neuplatonischer Lehre nahestehend – im Absoluten als dem Einen Sein und Leben (vgl. B X 1).

Hegel wiederum erörtert die menschliche Seele in der „Psychologie" als Teil der Lehre vom *subjektiven Geist* und dessen idealer Geschichte der Selbstbewußtwerdung; letztlich ist die endliche menschliche Seele, als Denken, Wollen und Fühlen, begründet im absoluten Geist. Im Wort, die menschliche Seele (der subjektive Geist) sei „ein Abbild der ewigen Idee" (Enz § 377; TW 10, 9), ist prägnant die *Imago-Dei*-Lehre aufgenommen. Das Endliche ist für Hegel so wenig als etwas „Festes" oder gar „Absolutes" anzusehen, daß es stattdessen vielmehr aufzuzeigen ist als das, was eigentlich „nicht *ist*, d.i. nicht das Wahre". Daher ist dem subjektiven Geist, der sich anfänglich in substantieller Einheit mit der Natur, als in das andere des Geistes versenkte, unmittelbar

---

39 Johann Gottlieb Fichte: *Wissenschaftslehre nova methodo*, Kollegnachschrift von K. Chr. Fr. Krause (1798/ 99), hg. von E. Fuchs, Hamburg 1982, 29, 31.
40 Zu Fichtes Bildbegriff vgl. Xavier Tilliette: La théorie de l'image chez Fichte, in: *Archives de Philosophie* 25 (1962), 541-554. Wolfgang Janke: „Das empirische Bild des Ich – zu Fichtes Bestimmung des Menschen", in: *Philosophische Perspektiven* 1 (1969), 229-246.

fühlende lebendige Seele vorfindet, aufgegeben, ein „Vernichtigen des Nichtigen, das Vereiteln des Eitlen in sich selbst zu vollbringen", was – mit ethisch-religiösem Anklang – ein „*Übersichhinausgehen*" (Enz § 386; TW 10, 35), oder ein „Sichselbsterheben" zu seiner, d.h. zu des Geistes Wahrheit einschließt (Enz § 379; TW 10, 15), – die im Wiedergewinn der *Imago Dei* liegt (vgl. hier C XII 1e).[41]

An Kants Erkenntnistheorie methodisch geschult, mündet ein halbes Jahrhundert später F. A. Langes Erörterung des Gehirn-Seele-Problems in seine Empfehlung einer „Psychologie ohne Seele", ohne diese definitiv materialistisch zu leugnen.[42] Nietzsche aber dogmatisiert Langes erkenntniskritische Option im *Zarathustra*: „Leib bin ich und Seele"', so rede das Kind; jedoch „Leib bin ich ganz und gar, und Nichts außerdem, und Seele ist nur ein Wort für ein Etwas am Leibe" (KSA 4, 39). Auf die ihm eigene radikale und suggestive Art wertet er so die *Seele* ab zum anachronistischen Begriff und überholten *Mythos*, dem bloß ein religiös gefühlter, nicht aber ein klar definierbarer Sinn zukomme, und bereitet damit, womöglich ungewollt, dem heute gängigen naturalistischen Menschenbild des *Neopositivismus* freie Bahn, das von Auguste Comte herkommt. Für Materialisten wie Ernst Haeckel ist die ‚Substanz' der Seele zum ‚Stoff', zu Materie geworden, die als das neue Absolute freudig begrüßt wird. Schon im Jahre 1864 sieht Immanuel Hermann Fichte, ethischer Personalist in den Fußstapfen seines Vaters, sich genötigt, einer von ihm wahrgenommenen „bis zum Fanatismus sich erhitzenden Stoffbegeisterung" entgegenzutreten.[43]

Selbst- und Gottesverlust, Schwund des freien Ich und Surrogate für Gott greifen ineinander. Das Augustinische Sehnen nach dem überweltlichen Gott, vormals als Ziel des endlichen Geistes angenommen, verfällt zur innerweltlichen Nutzensuche. Hier hat der Positivismus der sinnlichen Welt, nach Verlust der Transzendenz als einzig wahre gefeiert, leichten Sieg.[44] Als Bestimmung

---

41 Vgl. E. Düsing: *Das Programm einer Geschichte des Selbstbewußtseins in Hegels Philosophie des subjektiven Geistes*, in: dies.: *Intersubjektivität und Selbstbewußtsein. Behavioristische, phänomenologische und idealistische Begründungstheorien bei Mead, Schütz, Fichte und Hegel*, Köln 1986, 328-351.

42 Friedrich Albert Lange: *Geschichte des Materialismus und Kritik seiner Bedeutung in der Gegenwart*, 1. Buch: *Geschichte des Materialismus bis auf Kant*, 2. Buch: *Geschichte des Materialismus seit Kant*, 9. Aufl. 2 Bde, mit Vorwort, Einl. und Nachtrag von Hermann Cohen, Leipzig 1914/15 (zuerst 1866); Bd 2 (1896), 381.

43 Immanuel Hermann Fichte: *Psychologie. Die Lehre vom bewußten Geiste des Menschen, oder Entwickelungsgeschichte des Bewußtseins, begründet auf Anthropologie und innerer Erfahrung*, 1864, Nachdruck 1970, XXXIII.

44 Die aktuelle Lage nach dem Niedergang der Ewigkeitshoffnung erhellt Marianne Gronemeyer: *Das Leben als letzte Gelegenheit. Sicherheitsbedürfnisse und Zeitknappheit*, Darmstadt 1993.

des Menschen gilt, so Hegel ironisch, „sich zum gemeinnützlichen Mitglied des Trupps zu machen"; ich werde genützt, andere nützen mir, das „Allernützlichste" aber, – so geißelt er eine Pragmatik, in der die religiöse Erhebung der Seele zu Gott verstellt ist, – ist die Beziehung zum höchsten Wesen (GW 9, 305). Vergewisserung des Absoluten oder dessen, was die Wahrheit ist, sei es durch religiöse Vorstellung oder philosophisches Begreifen, versetzt nach Hegel die Seele in „die *Region*, in der alle Räthsel der Welt, alle Widersprüche des Gedankens, alle Schmerzen des Gefühls gelöst sind" (GW 17, 5). Der neuzeitlich seiner gewiß gewordene menschliche Geist ist es, der im Sichfinden als archimedischen Punkt *in uno actu* Gott als Seinsgrund findet (vgl. C XII 1).

Nietzsche hat die Folgelast des Verlustes der Geistseele im Gegenüber zu ihrem göttlichen Schöpfer, idealistisch ausgedrückt: das Verlorensein des Absoluten für das denkende, wollende, fühlende Ich, in Problemkreisen des *Nihilismus* und *Immoralismus* rücksichtslos zu Ende gedacht.

KAPITEL VII

Nietzsches Abschied von der Metaphysik der Seele und vom idealistischen Ich

1) Antiplatonischer Überwechsel von der Geistseele zur Tierseele des Menschen

Ist menschlicher Geist nur biophysikalischer Zustand, Freiheit Illusion, Gott Wunschprojektion? Graue Zellen und strahlender *Geist*, aber ist dieser nur Epiphänomen der Materie, der menschliche Leib nur eine organische ‚Maschine', wie öfter behauptet wird? Vorherrschend wurde das Deutungsmodell von Jahrmillionen an tierischen Vorstufen für die sich empor entwickelnde menschliche *Geistseele*. Zu zeigen ist Nietzsches Problemwachheit darüber, was im *Tierseele*-Modell Mensch hinfällig wird. Der von dezidierten Vertretern der neuen Naturwissenschaft aggressiv vertretene „Realismus des jetzigen Lebens" lehre, Seinssinn und Bildung stürmend, den Menschen, „sich als Thier zu betrachten" (KSA 7: 99, 102).[1]

Sind die „alten Mauern" zwischen Natur und Geist, Tier und Mensch, Physik und Moral durch Nietzsches Darwin-Rezeption für den Denker endgültig zerbrochen? Bejaht werden kann für ihn die Frage allein im Sinn der vagen Wahrscheinlichkeit einer „Hypothese" (FW 344). Nur in seiner letzten Schaffensperiode dogmatisiert Nietzsche den Darwinismus, als sei er erwiesene Tatsache. Die Philosophie des deutschen Idealismus der Freiheit bei Kant, Fichte, Schelling und Hegel bildet das letzte große Gegengewicht gegen die im 19. Jahrhundert durchbrechende Physiokratie, die in Julien de La Mettrie's *„L'Homme machine"* (1748) wirkmächtige Vorgestalt annahm und sich im 21. Jahrhundert zu dem monolithischen Block positivistischer Wissenschaftsstrenge, aber zugleich Problemabkapselung, verfestigt hat. Der Paradigmensturz im Menschenbild läßt sich auf die Formel bringen: ‚Von der Geistseele zur Tierseele' des Menschen, der sich selbst herabstuft zu einem Zufallsprodukt anonymer Natur.

Hierbei entschwindet die idealistische Sicht der Seele von Platon bis Hegel. Der ‚Seelengrund', verborgener Ort möglicher Gottesbegegnung im Ich, weicht dem „abyssus mentis", dem dunkeln Abgrund der menschlichen Seele, in dem für Nietzsche die Empfindungen des „Tieres", nämlich Triebe und Affekte, Lust

---

1 Zur Zitierweise Nietzsches s. Siglenverzeichnis.

und Unlust, verborgen walten, die vermenschlicht werden müssen. Vor der „Hölle unterster Seelenkräfte" aber, die dem destruktiven Moment in Platons epithymetikon – Nietzsches „Bestie in uns" (MA 40) – entsprechen, graut es, so Herder, einer zur Theologie offenen „hellen und klaren Philosophie".[2] Spannt man die Extreme aus, gilt in ihrem Innersten *entweder* Gott als der maßgebende Grund der Seele – Platon, Plotin und die späteren Idealisten Fichte, Schelling, Hegel dachten die Seele oder das Ich wesenhaft im Horizont des Absoluten – *oder* aber das Tier im Menschen gewinnt substantiell und seit Darwin auch *genetisch* das Ich fundierende Bedeutung.[3]

Um die Mitte des neunzehnten Jahrhunderts wird die Frage nach der Seinsweise der Seele, die im Zwischenreich wohnt von göttlichem Geist, der immer fraglicher wird, und der nun triumphal gefeierten Materie, zum Gegenstand des Materialismus-Streits. In der Populärwissenschaft ist die Substanz der Seele im Verlauf dieses Jahrhunderts zum „Stoff" geworden. Konnte Denis Diderot noch, von Staunen erfüllt, fragen: „Âme, matière! Où sommes-nous? qui nous éclairera dans ces ténèbres?"[4], so ist bei Haeckel, – der für die deutsche Sprache effektvoll den Terminus *Tierseele* prägt, den Nietzsche aufgreift, – Büchner, Vogt[5] einer durchgängigen Behauptung physiologischer Materialität und Sterblichkeit der Seele sowie der Indifferenz von Menschenseele und Tierseele der Charakter des *Problems*, – den Nietzsche sich stets bewahrt hat, – völlig abhanden gekommen, wie bei Autoren des 21. Jahrhundert, die fest zu wissen glauben, die menschliche Geistseele sei nichts als zufällig weiter entwickelte, ursprünglich seelen- und geistlose Materie wie das Weltall.

Den seit Plotin als göttlich gedachten Grund der Seele glaubt Nietzsche zwar im revolutionären Bruch mit der Tradition der Geistmetaphysik, der sich

---

2 Johann Gottfried Herder, Suphan Ausgabe Bd 8: 195, 179f (: *Vom Erkennen und Empfinden*, zuerst 1778).
3 Vorliegendes Kapitel ist die überarbeitete, verdichtete Neufassung der Erstveröffentlichung unter dem Titel: Von der Geistseele zur Tierseele des Menschen. Die Verabschiedung der Metaphysik der Seele bei Nietzsche, in: *Der Begriff der Seele in der Philosophiegeschichte*, hg. von Hans-Dieter Klein, Würzburg 2005, 261-291.
4 *Introductions aux grands principes* (1763), Oeuvr. compl. Hg. J. Assezat/ M. Tourneux, Paris 1875, Bd 2, 97.
5 Ernst Haeckel: *Natürliche Schöpfungsgeschichte*. Gemeinverständliche, wissenschaftliche Vorträge über die Entwicklungslehre, Berlin 1868, 5. Aufl. 1874; Ludwig Büchner: *Kraft und Stoff*. Empirisch-naturphilosophische Studien, 8. Aufl. Leipzig 1864; Johann G. Vogt: Die Kraft. Eine real-monistische Weltanschauung. Bd 1: Die Contraktionsenergie, letztursachliche einheitliche mechanische Wirkungsform des Weltsubstrates, Leipzig 1878. – Haeckel lehrt die „stufenweise Entwicklung" der Menschen- aus der Tierseele. Im Schlußteil beansprucht er, Beweise für den *tierischen Ursprung* des Menschen liefern zu können. Zwischen *höchstentwickelten* Tierseelen und *tiefstehenden* Menschenseelen bestehe, wie für heutige Evolutionstheoretiker, kein qualitativer Unterschied.

als die Geschichte bestimmend erwiesen hat, durch Substitution ihrer animalischen Herkunft ablösen zu können; die Gottebenbildlichkeit der Seele in jüdisch-christlicher Tradition ist damit aber ebenso als hinfällig bestimmt. Überraschend ist freilich, daß Nietzsche den verlorenen Glanz des Ewigen der menschlichen Seele, die er, wie er meint, als Tierseele entlarvt hat, wiederzuverleihen sucht, so in Zarathustras Liebeslied an die Ewigkeit (KSA 4, 344f). Dieses lehrt die Bejahung des Seins kraft der Idee *ewiger Wiederkehr* des Gleichen: „Drücken wir das Abbild der Ewigkeit auf *unser* Leben!" (KSA 9, 503)

So denkt er, als Alleszermalmer von ‚Hinterwelt' und Seelen-‚Unsterblichkeitsphantasmagorie', radikal den Verlust des Ewigen, gibt gleichwohl die Suche des Ewigen nicht auf. Er findet es als individuelle autonome Selbstgesetzgebung des Ich: nur das tun, was ich *ewig* wieder wollen könnte (FW 341), und als kosmologische Idee eigengesetzlicher Wiederholungszyklen der Natur.

In der *Idee* der *ewigen Wiederkunft des Gleichen* sucht er Ersatz zu finden für die Unsterblichkeit der Seele. „Zu einem Sterbenden", so notiert er eine antipastorale Rede, „würde ich sprechen: ‚Siehe, du stirbst und vergehst jetzt und verschwindest: und da ist Nichts, das von dir als ein ‚Du' übrig bliebe, denn die Seelen sind so sterblich wie die Leiber. Aber dieselbe Gewalt von Ursachen, welche dich dies Mal schuf, wird wiederkehren'", und dich „wiedererschaffen'" (KSA 11, 11). – Vom Jahre 1875 an nimmt Nietzsche „Physiologie", der Metaphysik abhold, als bedeutsam an für die Bestimmung der Seele: „Es ist kein Zweifel, der Gegensatz von einer reinen unkörperlichen Seele und einem Leibe ist fast beseitigt. Wer glaubt noch an eine Unsterblichkeit der Seele!", so notiert er provokant (KSA 8, 37f). Die Annahme einer spiritualen, dem unsichtbaren Sein Gottes verwandten Seele und der göttlichen Abkunft und Geistbegabung des Menschen wird so fraglich.

a) *‚Darwin-Schock' und Experimentierlust – Entgöttlichte Seele im Bann der Todverfallenheit*

„Gegen die Lehre der Abstammung" von animalischen Vorfahren sich zu *sträuben* und „die große Kluft" zu errichten zwischen Mensch und Natur erklärt Nietzsche durch menschlichen Stolz auf den Selbstbesitz als Geist und Scham über sein Tiersein (M 31). Habe man früher angenommen, von der Einsicht in den *Ursprung der Dinge* hänge des Menschen *Heil* ab, – die heilsgeschichtliche christliche Schau der sinnreichen Abfolge: Weltschöpfung, Sündenfall, Erlösung, Neuschaffung, – so verlieren nun die Dinge, die man auf dem „Wege zum Ursprung" entdeckt, jenen heilsamen Sinn, je weiter wir mit unserer Erkenntnis „zurück ... gelangen". *Mit der Einsicht in den Ursprung nimmt die Bedeutungslosigkeit des Ursprungs zu* (M 44). Wie schmerzlich schwer solche Einsicht wiegt, wird verdeutlicht durch den Kontrast zu Platons Denken, das in der Dialektik der Ideen sich zur *Idee des Guten* und zum Anfang des Alls aufschwingt, wodurch jene *Seligkeit des Erkennens* verliehen wird, die bei dem „Aufleuchten eines *letzten* Zweckes in die menschliche Seele kommt" (M 43).[6]

Darwinismus, Nihilismus und Tod Gottes sind bei Nietzsche miteinander verknüpfte Themenkomplexe. Früher waren „falsche Ansichten der Biologie"; bestimmend; mit der Kenntnis „über Thierentwicklung" aber sei der „Tod der Religion" verbunden (KSA 9: 272, 288). Den meist mit dem Evolutionsdenken der Zeitgenossen verbundenen Forschrittsoptimismus korrigiert er; wobei der humorvolle Ton wohl zu verbergen sucht, daß jedes Wort eine Art Klagelaut ist. „*Das neue Grundgefühl: unsere endgültige Vergänglichkeit.* – Ehemals suchte man zum Gefühl der Herrlichkeit des Menschen zu kommen, indem man auf seine göttliche *Abkunft* hinzeigte: dies ist jetzt ein verbotener Weg geworden, denn an seiner Tür steht der Affe, nebst anderem greulichen Getier; und fletscht verständnisvoll die Zähne, wie um zu sagen: nicht weiter!" Groteske Imagination: die Tiere ‚verstehen' die Menschen, die sich doch selbst gar nicht verstehen. – So versuche man es in entgegengesetzter Richtung: „der Weg, *wohin* die Menschheit geht, soll zum Beweis ihrer Herrlichkeit und Gottverwandtschaft dienen. Ach, auch damit ist es nichts!" Wie hoch die Menschheit sich auch entwickeln möge, „es gibt für sie keinen Übergang in eine höhere Ordnung, sowenig die Ameise und der Ohrwurm am Ende ihrer ‚Erdenbahn' zur Gottverwandtschaft und Ewigkeit emporsteigen. Das Werden schleppt das Gewesensein hinter sich her" (M 49). „Der Irrtum hat aus Thieren Menschen gemacht"; also dürfte die *Wahrheit als Circe* den Weg zurück bewirken (MA 519). Ihr zentraler Inhalt ist das Sichentdecken der Geistseele als bloßer Tierseele, ein Entdecken, das allerdings Hegels plausiblen Einwand in Bezug auf die intellektuelle Selbstbewußtwerdung und darin implizierte Vergeistigung übersieht: Der Mensch als „sich wissendes Tier" hört eben deshalb, „weil er weiß, daß er Tier ist", auf, Tier zu sein und verleiht sich „das Wissen seiner als Geist".[7] Ein solches vermeintes *Sichwissen* als Geist erweist sich für Nietzsche jedoch wiederum als trügerischer Stolz des Idealisten, der ein mögliches naturgeschichtliches Gewordensein zu verleugnen trachtet.

Wie fremd ihm, im Gegensatz z.B. zu David F. Strauß und Herbert Spencer, ein Optimismus der Höherentwicklung ist, fällt an vielen Äußerungen Nietzsches zur Deszendenz-Hypothese auf. Der Mensch ist das „mißratenste", von seinen Instinkten gefährlich „abgeirrte" und „grausamste Thier". Wenn wir ihn

---

6   Zu „Nietzsches Kritik des Materialismus im Ausgang von der Empfindung" vgl. Cathrin Nielsen, in: *Das Leib-Seele-Problem und die Phänomenologie*, hg. von C. Nielsen, M. Steinmann, F. Töpfer, Würzburg 2007, 105-127.

7   *Hegels Werke*. Jubiläums-Ausgabe, hg. von H. Glockner, Bd 12, 120.

nicht von der Gottheit „ableiten", sondern aus Naturursachen, stellen wir ihn „unter die Tiere zurück", zu denen im Unterschied zu ihm die Unschuld gehöre (KSA 4, 273; AC 14). Für Nietzsche ist die Annahme des „*Thier*-geworden"-Seins des Menschen (GM III 25) zentrale Prämisse für den Substanzverlust christlich-humanistischer Tradition, die den absoluten Wert jedes Einzelnen hochhält; ein naturalistisches bzw. naturwissenschaftliches Welterklärungsmodell bietet ihm kein Genügen im Hinblick auf sein Sichverstehen. Denn naturalistisch geurteilt ist das Selbst nur zufälliges Versuchsprodukt der Natur und fühlt sich entschieden unterbewertet.

Eine Selbstvergöttlichung lag für Nietzsche in der biblischen Idee, wir seien Abbilder Gottes, des Weltschöpfers, in der wir Menschen uns gern heimisch gemacht haben, aus der wir jedoch durch die Annahme von Darwins Theorie vertrieben werden. Der Aphorismus *Wir Götter in der Verbannung* (M 425) besitzt im Nachlaß eine Ergänzung, in der sich die Nihilismusfrage anbahnt. Metaphysiker, die des Menschen Gottähnlichkeit begründen, seien, ohne es zu wissen, *Apologeten* des menschlichen Stolzes. Nach dem Ende der Metaphysik aber erwächst Melancholie, die darin gründet, daß die Menschen „ihre verlorenen Götter", also ihr Bild Gottes und, davon abgeleitet, ihr Bild von sich selbst, nicht verschmerzen. „Gesetzt, diese Leidenschaft rast sich aus: welcher Zustand der Ermattung, der Blässe, der erloschenen Blicke! Das höchste Mißtrauen gegen den Intellekt als Werkzeug der Triebe: die Nachgeburt des Stolzes ist die Skepsis."[8] Was für Kant die Selbstkritik der Vernunft war, verkehrt sich in eine, wie Nietzsche erklärt, „peinliche Inquisition gegen unsere Triebe und deren Lügnerei. Es ist eine letzte Rache, in dieser *Selbstzermalmung* ist der Mensch immer noch der Gott, der sich selber verloren hat." (KSA 9, 200) Die Charakteristik dieses Absturzes aus der Gottesnähe der Seele wandelt die Kantische Selbstprüfung der Vernunft grundstürzend um in *Triebanalyse* und gehört so in die Vorgeschichte Freuds. Dessen Forschungsprojekt ist von Nietzsche als „peinliche Inquisition" des *Unbewußten* meisterlich voraus entworfen.

Darwinisten und Teleologen sind in Nietzsches Sicht darüber einig, daß die organische Materie sich nicht nur in beständiger Metamorphose befinde, sondern eine Richtung von niederen zu höheren Lebensformen nehme.[9] „Aber

---

8 KSA 9, 200. – Fichtes schroffes Wort über die niederste Stufe der Weltansicht in der *Anweisung zum seligen Leben* bezeugt selbige Weisheit: Auf der Stufe konsequenter Lustsuche ist das Geistige im Menschen lediglich dazu da, „um das Tier zu nähren und zu pflegen"; er stumpft sein Sehnen nach dem Ewigen ab, verzweifelt „am Heile" oder treibt sich um „im Nichts" einer Sinnleere. J. G. Fichte Werke, hg. von I. H. Fichte, V: 502, 409.
9 Charles Darwin nimmt im Schlußwort (: *On the Origin of Species*, Cambridge 1964, 489f) „laws impressed on matter by the Creator" an. Sein angenommener Deismus macht für ihn plausibel: „Natural selection works solely ... for the good of each being, all corporeal and mental

das Ganze ist eine *Hypothese*", so gibt er zu bedenken, die uns wohl gefällt auf Grund unserer Wertschätzung dessen, was sich höher entwickelt. „Das Umgekehrte, daß Alles bis zu uns herab *Verfall* ist, ist ebenso beweisbar." Der Mensch, vor allem der *weiseste* sei als „das leidendste Wesen" ein *Selbstwiderspruch* der Natur und ihre *höchste Verirrung* (KSA 10, 163). Erkenntnismethodologisch ist Nietzsche sich klar über den ungesicherten *Hypothesen*-Status der Evolutionstheorie. Doch weil er sein Wünschen, sie möge falsch sein, argwöhnisch durchschaut, zwingt er sich erst recht, sie als gültig zu akzeptieren. Unter fünf historischen Prämissen für die „Verdüsterung" der modernen Welt nennt Nietzsche als dritte „das Tierhafte", das wir in unserer eigenen Vergangenheit, naturhistorisch gedacht, akzeptieren müssen (KSA 9, 90; vgl. 12, 125ff).

Wie die Spitze eines Eisbergs ragt im Aphorismus *Sterbliche Seelen!* (M 501) das Thema auf vom Ende religiösen Ernstes. Der „Glaube an die unsterbliche Seele", die zwischen Heil und Unheil, also über ein ewiges Geschick ihrer selbst entscheiden muß, sei „aufgegeben". Wir haben „Mut zum Irren, Versuchen, Vorläufignehmen", so daß Individuen und Gesellschaften „Aufgaben von einer Großartigkeit ins Auge fassen, welche früheren Zeiten als Wahnsinn und Spiel mit Himmel und Hölle erschienen sein würden. Wir dürfen mit uns selber experimentiren!" Ein solches nichts mehr ganz ernst Nehmen wäre früher als „Gotteslästerung" und „Preisgeben des ewigen Heils" aufgefaßt worden (M 501). Den ewig gültigen kategorischen Imperativ abwehrend, wollen wir, so heißt es, im uns selbst Erschaffen „unsre Experimente und Versuchsthiere sein!" (FW: 335, 319) Entsprechend beschließt Nietzsche *Die Fröhliche Wissenschaft* mit der Skizzierung eines anderen, „versucherischen" und „gefahrenreichen" Ideals, demgemäß der Mensch aus „überströmender Fülle und Mächtigkeit mit allem spielt, was bisher heilig, gut, unberührbar, göttlich hieß" (FW 382). Der *Zarathustra*-Hintergrund gemahnt hier an die Idee des ‚Übermenschen' als Gottersatz.

Die Sinnsuche nach Gottes Tod führt Nietzsche zu rücksichtsloser Reduktion der menschlichen Seele, wie späte Nachlaß-Fragmente zeigen. Sie verdeutlichen den Hintergrund für Zarathustras monolithisches Sendungsbewußtsein. „Der Mensch sei", so wird postuliert, „der Ansatz zu etwas, das nicht Mensch mehr ist! Arterhaltung wollt ihr? Ich sage: Art-Überwindung!" (KSA 10, 202) Das Modell dazu liegt in einem utopisch über die Menschheit hinausführenden

---

endowments will tend to progress towards perfection." Allerdings geht er in seiner Theorie nicht von einem zielgerichteten Fortschritt der Evolution aus, so daß eine Verbesserung oder Vervollkommnung einer Spezies nur durch die zufällig sich ergebenden Selektionsvorteile zustande kommt.

Darwinismus. Im Bewußtsein eines *Alles oder Nichts* ermuntert er sich, die Position sowohl von Heraklits göttlichem Weltenkind als auch von Darwins Selektionsprinzipien einzunehmen: „Das große Spiel zu spielen – die Existenz der Menschheit dransetzen, um vielleicht(! ED) etwas Höheres zu erreichen als die Erhaltung der Gattung." (KSA 10, 372) Dieses radikale Herausfordern des Experiments Mensch speist sich aus der Überzeugung, schlimmstenfalls nichts zu verlieren als ein ohnehin schon mißratenes Tier und bestenfalls Nachbilder von ‚Zarathustra' zu gewinnen (vgl. KSA 6, 343-349).

Der Gedanke des Experimentieren-Könnens, ja -Dürfens der Menschheit mit ihrer Spezies – „wir sind Atheisten und Immoralisten" – ist für Nietzsche Sinnsurrogat, nämlich Ersatzlösung für den Glauben an Gott als Schöpfer, Erlöser und Vollender für alles innerweltlich fragmentarisch Gebliebene. Die naturalistisch reduzierte ‚Seele' definiert er als optimierungsbedürftiges „System von Werthaffekten" (KSA 11, 511). Das Ende religiöser Metaphysik beschwört die Wiederkehr des Tragischen im Hinblick auf „das Schicksal der Seele" herauf (FW 382), das der Mensch als Mutationsexperte in seine Hand nimmt. Die von Nietzsche favorisierte Freigabe des Experiments Mensch, – das im Nationalsozialismus verheerende Folgen hatte und heute in Genmanipulationen wieder auf dem Vormarsch ist, das die totale Selbstverfügung des Menschen über sich als Person und Gattung einschließt, beginnt in seiner geschichtsphilosophischen Schau genau dann, wenn er ohne Gott da sein will und sich selbst als nur ein andres Tier einstuft. Nietzsche fordert dazu auf, in ein- und demselben Experiment seien Darwins „Behauptungen ... zu prüfen" (KSA 9, 508).

Als postmetaphysischen „Sinn der Erde" proklamiert Zarathustra den Übermenschen als die zu erkämpfende höhere Gattung, für deren Entstehungsbedingungen die gegenwärtig existierende Menschheit durchaus geopfert werden dürfe. Wenn schon manche Tierarten, wie Nietzsche 1873 in *Über Wahrheit und Lüge* bedachte, entstanden und wieder verschwanden, die Gattung Mensch ihrer nur eine ist (KSA 1, 875f), kommt dem Menschendasein unerhörte Relativität, ja kosmische Belanglosigkeit zu. Auch des Menschen Opferung für ein nur wenig wahrscheinlich gelingendes Experiment erscheint dann nicht als moralische Katastrophe, die Mitte des Daseins auslöschend.

Im Phänomen des *Gewissens* als innerer Richtstätte ist der Mensch die gegen sich selbst gekehrte, gegen sich selbst „Partei ergreifende" und darin sich zerstörende *Tierseele*. Dies ist für Nietzsche etwas, das mit dem Darwinismus nur als eine Fehlentwicklung erklärbar ist, da etwas qualitativ „Neues, Tiefes, Unerhörtes, Rätselhaftes, Widerspruchsvolles" in der Naturgeschichte auftaucht: der Mensch als existierender Widerspruch! (GM II 16) Wie und weshalb aber, so ließe sich weiter fragen, kann die Natur ein Wesen bilden, das in sich widerspruchsvoll ist? Und z.B. antworten: Dieser dem Endlichen immanente Widerspruch, die Richtstätte des Gewissens, verweist auf ein Unendliches, die *Transzendenz* menschlichen Geistes gegenüber der Natur. Der unausgesprochen treffliche Sinn in Nietzsches *paradoxem Resultat* lautet: Das Gewissen sprengt den Naturlauf, v.a. den als „struggle for existence" ausgelegten. So erhebt sich Platons Frage neu, die er im *Gorgias* erhob, welche von den beiden Seinsmächten die wahre Wirklichkeit ausmacht, die *Physis* oder der sittlich-göttliche *Nomos*. Mit dem *Willen zur Macht* nimmt der spätere Nietzsche die sophistische Lehre zu den von *Natur* aus Starken auf. Christliche Ethik sei die gefährlichste Wertschätzung; sie trage durch das Sicherbarmen über die Elenden zum „Ruin der Gattung" bei (KSA 13: 470, 219).

Nietzsche steigert im Lauf der Jahre von 1875-1888 die Vehemenz seiner skeptischen Ansicht, moralisch gute Handlungen, ‚Selbstlosigkeit' oder ‚Tugend' seien bloß „eine populäre Fiktion"; in der Realität weit wichtiger als alle gerühmten „schönen Zustände und Bewußtseins-Höhen" seien die „animalischen Funktionen". Jeder könne, – so lautet für ihn die moralkritische Evidenz für die Wahrheit des darwinistischen Konzepts des Menschen als Tierseele, – den eigenen Organismus in dessen „vollkommener Unmoralität" studieren und bemerken, wie das ganze *bewußte* Leben, der Geist samt der Seele und vermeinten Güte nur im Dienst der *Lebenssteigerung* agiere (KSA 13, 39f). Er ist dessen inne, er entwerfe das strikte Gegenmodell zu Hegel, für den nicht sinnliche Triebe, sondern der Geist oder die Logik ontologisch gültiger Kategorien das Wesen der Welt ausmache.

Nietzsches Erklärung aber ist, die verborgene „Bestie in uns will belogen werden, ... damit wir von ihr nicht zerrissen werden", mit „Notlügen" über die zu scheinbarem „Zart- und Tiefsinn" sublimierten Triebe (MA 40; KSA 8, 554). Zum Zwecke dieses besänftigenden Versteckspiels mit sich sei der *Idealist* ein Wesen, das Gründe hat, sich selbst *nicht* zu erkennen, und das „klug genug ist, sich auch über diese Gründe noch dunkel zu bleiben" (KSA 13, 29), weil er sonst weder den schönen Primat des Geistes vor der Materie noch den des hellwachen Selbstbewußtseins vor dem Unbewußten aufrecht erhalten könnte. Das Bewußtsein müsse oberflächlich bleiben, weil der Mensch Nietzsche zufolge Angst davor habe, sich substantiell als Tierseele entdecken zu müssen. Das Problem des „*Sich*bewußt*werdens*" bezieht er in die „Tiergeschichte" ein, als deren Spätphase, und kehrt die Gefährlichkeit für seinen damit erhöhten, aber labilisierten Träger hervor (FW 354).

b) *Verleugnete Ewigkeitssuche der Seele in Nietzsches Anti-Platonismus*
Beachtet man die latente Gegenwärtigkeit Platonischer Gedanken, so wird deutlich: Nietzsches kühner und abschüssiger Weg von der Geist- zur Tierseele des Menschen ist – im Ausgang vom Darwinismus, den er in die Fundamente

seines Philosophierens meint einsenken zu müssen, – ein Weg von der Geistseele in ihrer substantiellen Einheit und inneren Unendlichkeit zur in sich zwiespältigen, wilden, endlichen und sterblichen Tierseele. Wir existieren jeder als Vielheit, die sich eine Einheit ihrer selbst, so Nietzsches Diagnose, bloß „eingebildet" hat. So habe jeder auch sein spezifisches „*Phantom vom ‚Ich'*" in seinem Kopfe (KTA 82, 260). Die Seele oder das mit sich identische Ich ist sonach nur eine „scheinbare Einheit", eine „perspektivische Illusion" (KSA 12, 106). – Nietzsches Programm: „umgedrehter Platonismus" (KSA 7, 199), bleibt in der Gegenwendung gegen Platon ebenso sehr von ihm abhängig. Diese Abhängigkeit nimmt bei der Seelenfrage die problematische Gestalt an, Platons Ideal der gerechten Seele, die in Harmonia, Symphonia, Philia mit sich selbst befreundet, also einig ist und kraft ihrer inneren Wohlordnung mit Gott und Mensch befreundet sein kann,[10] eine Konzeption der Seele als unauflöslicher Dissonanz entgegenzustellen. Und den Platonischen Gedanken, die Seele trachte kraft ihres philosophischen Eros sich der Idee des Schönen als einem ewig sich selbst gleich Bleibenden zu verähnlichen (*Symposion* 211b), sucht er zu konterkarieren mit der These, es gebe überhaupt keine letzten dauerhaften Einheiten, sondern bestenfalls den Anschein von Einheit, daher auch keine in sich einheitlichen Seelen; alle anscheinende ‚Einheit' sei komplexes Aggregat, Zusammenspiel divergierender Kräfte oder deren spannungsreiche Organisation. Als „ästhetisches Phänomen" sei der Mensch, zufolge einer Ästhetik des Häßlichen, die das Tragische, das zum Leiden und Sterben Verurteiltsein auch des Besten in ihr Zentrum rückt, die leiblich existierende ‚Dissonanz' (KSA 1, 155) und in ethisch-asketischer Hinsicht der mit sich selbst zerfallene, masochistische ‚Selbsttierquäler' (GM II 24).

Wendungen Nietzsches wie die, das Subjekt zerfalle oder löse sich auf in eine Vielheit von Affekten oder eine Pluralität personhafter Kräfte,[11] bezeugen den polemischen Anti-Platonismus. Er stellt im ontologischen, logischen und ethischen Sinn dem Platonischen Konzept der inneren Einheit der Seele die unbestimmte Vielheit und den internen Widerstreit der Triebe als gattungsgeschichtlich erworbene Urgegebenheit der Psyche entgegen, die, wie er zuerst zögernd und rein hypothetisch, in den achtziger Jahren jedoch kategorisch dogmatisch annimmt, als Tierseele zu entlarven sei. Schwerer als Nietzsches nur abstrakte Negation der Platonischen Seelenvorstellung wiegt die von ihm

---

10 Vgl. Platon: *Politeia* 443d-e; *Gorgias* 507e.
11 „Das Ich ist nicht die Stellung *eines* Wesens zu mehreren (Triebe, Gedanken usw.), sondern das ego ist eine Mehrheit von personenartigen Kräften, von denen bald diese, bald jene im Vordergrund steht. ... Wir martern uns, verherrlichen uns, machen aus dem und jenem in uns unseren Gott und unseren Teufel" (KTA 83, 137).

begangene Inkonsistenz, daß er, um die Mißtönigkeit, Wesenlosigkeit, „falsche Versubstanzialisierung" der Seele, die Unhaltbarkeit der *metaphysischen* Annahme ihrer Einheit und Unsterblichkeit aussagen zu können, Kategorien der Substanzialität und Einheit verwenden muß. Nietzsches Umkehrung des Platonismus verleitet ihn so zu abstrakten Antithesen auf demselben platonischen Boden: Das mit sich identische Ich wie die Eines seiende Seele, unsre ganze „innere Welt", sei „voller Trugbilder und Irrlichter" (KSA 6, 91). Das Ich oder die Seele, welche in der Geschichte der Metaphysik von Platon bis Hegel zum leuchtenden Stern verklärt worden ist, ohne es für Nietzsche in Wahrheit zu sein, wird mit Platons Bestimmungen für defizient Seiendes (*eidolon, phantasma*) destruiert,[12] die den Begriff des wesentlich einheitlich Seienden voraussetzen, in Bezug auf den allein Wesenlosigkeit oder disparate Vielheit von etwas bemessen werden könnte. – Die nicht beweisbare, wiewohl im praktischen Postulat als unzerstörbare Substanz von Kant angenommene Seele verwirft Nietzsche als Fiktion, vertritt also ihre völlige Armut an Sein.

Fazit: Nietzsche bestreitet in allzu abstrakt negierender Umkehr der platonischen Tradition das ontologische Ähnlichsein der Seele mit den Noumena, die für immer eingestaltig sind; der Seele und den Ideen komme nur erträumtes Immerwährendsein zu. Und er bestreitet den Sinn und die Möglichkeit eines dem göttlichen Logos gemäßen, in sich einstimmigen Lebens. Das Gewissen sei kein Organ zum Innesein eines göttlichen Willens, sondern die kranke Tierseele Mensch lenke darin ihre Aggression statt nach außen nach innen, auf sich selbst, ihr Häßlichsein zurück (GM II 20). – Nietzsches Denken bleibt in solcher Umkehr der Tradition vom Gehalt des Umgekehrten abhängig. Die Seelenmetaphysik verabschiedet er mittels einer einzelwissenschaftlich orientierten, nicht vorrangig aus einer spezifisch philosophischen Argumentation, was bis in seine Wortwahl hinein eruierbar ist. Und zwar ist es die forschrittsträchtige Naturwissenschaft, die Biologie, und die moderne Theologie, des näheren David F. Strauß' Exegese des *Neuen Testaments*, wodurch für Nietzsche dem Menschen das Ewige aus seiner Seele geraubt wird. Verräterisch ist die Rede von der „Mythologie des Subjektbegriffs" oder vom Ich, das zur „Fabel" geworden sei (KSA 6, 91).

Denn ähnlich wie die Biographie des Gottmenschen Jesus entmythologisiert, das heißt, alles Übernatürlichen an ihr entkleidet worden und damit zur „Fabel" geworden ist, – hier verbindet sich der Anti-Platonismus Nietzsches mit seiner ingrimmigen Strauß-Rezeption, – wird von ihm nun die Seele ihres metaphysischen Gehaltes entkleidet: sie ist weder platonisch ein ewig Selbiges,

---

12   Zum Sichverirren in Trugbilder: eidola, phantasmata vgl. z.B. Platon, *Sophistes* 236b-e; Nietzsche, FW 57.

noch transzendentalphilosophisch Einheit eines Ich. Ein Kernsatz von Leibniz: Was nicht *ein* Wesen (monas) ist, ist kein *Wesen* (substantia, ousia), wird von Nietzsche bejaht und besiegelt; doch verflüchtigt er dessen intensionalen Gehalt, also die substantiellen, in sich einigen Monaden, zur Nullmenge. So wie die Einheit jedes Gegenstandes nur Fiktum sei, so ist für Nietzsche auch meine Einheit mit mir selbst eine Fiktion, durch die ich mir das Chaos, das ich bin, vereinfache. –

Im *Dionysos-Dithyrambus Ruhm und Ewigkeit* deutet Nietzsche sich noch einmal die Seele in ihrer symbolischen Ewigkeits-Suche, indem er ein *Ich* in personalisierender Du-Anrede sich an den ‚bestirnten' Himmel wenden läßt: „Ich sehe hinauf – / dort rollen Lichtmeere / ... Ich sehe ein Zeichen -, /... Höchstes Gestirn des Seins! / Ewiger Bildwerke Tafel! / *Du* kommst zu mir? – /... was allein *ich* liebe, / dass du *ewig* bist! / ... ewig bin ich dein Ja: / *denn ich liebe dich, oh Ewigkeit!*" (KSA 6, 404f) Sogar für den unerbittlichen Künder der todgeweihten Menschenseele und des ewigen Schweigens Gottes ersehnt die Seele sich eine *Epiphanie* des für ‚tot' erklärten Gottes. Der religiös-metaphysisch verabschiedete ‚Himmel' als das, was die Seele unendlich anlockt und als Hoffen trägt, findet sich im *Liebeslied* an die Ewigkeit ästhetisch restituiert.[13] So ist zumindest hier die Seelenmelodie des Ewigkeit suchenden platonischen Eros nicht im Skeptizismus verstummt.

2) *Menschenwürde?* Zum *revolutionären Bruch* im Menschenbild zwischen Kant und Nietzsche

Mühelos läßt sich Nietzsche, – Liebling der Postmoderne, die nach dem ‚Tode Gottes' gern auch den Menschen dekonstruiert, – für einen Biologismus vereinnahmen, der heute Konjunktur hat. Leicht gelingt das aber nur, wenn man sich ausschließlich auf Texte des späten Nietzsche beruft oder Worte wie: Gott ist tot, es lebe der Übermensch! aus dem Kontext reißt und als *Dogma* setzt.

Nietzsches späte biologistische *Selbstdogmatisierung* sollte niemand nachahmen, darin sind führende Forscher wie Montinari, Müller-Lauter, Ottmann

---

13 „Oh Himmel über mir"', so sprach ‚Zarathustra' „seufzend und setzte sich aufrecht, ,du schaust mir zu? Du horchst meiner wunderlichen Seele zu? Wann, ... Brunnen der Ewigkeit! du heiterer schauerlicher Mittags-Abgrund! wann trinkst du meine Seele in dich zurück?"' (KSA 4, 344f) Solche ‚Ewigkeit' ebenso wie die ‚Unendlichkeit' im Seefahrer-Liedwort: „Nur *dein* Auge – ungeheuer/ Blickt mich's an, Unendlichkeit!" (KSA 3, 649), ist mit Wolfram Groddeck als „poetisch-imaginative", nicht als philosophisch kategoriale Ewigkeit oder Unendlichkeit zu verstehen (‚Oh Himmel über mir'. Zur kosmischen Wendung in Nietzsches Poetologie, in: *Nietzsche-Studien*, Bd 18, 1989, 490-508).

sich einig; in der *Primatsetzung* und *Ontologisierung* der Biologie fällt Nietzsche hinter sein eignes Niveau experimentell freigeistigen Denkens zurück.

Gezeigt werden soll die *negative Dialektik*, in der Nietzsche das alte Würdebild des Menschen zwar – im Horizont der Naturwissenschaft – radikal problematisiert, dabei zugleich aber die – ethisch, religiös und psychisch – (selbst-/)mörderische Folgelast seiner Verabschiedung durchreflektiert.[14]

Er war kein frohgemuter Nihilist oder eiskalter Antihumanist, eher ein Kulturpsychoanalytiker, der die menschliche Illusionsbedürftigkeit durchschaut. „Cultur ist nur ein dünnes Apfelhäutchen über einem glühenden Chaos." (KSA 10, 362) Und der Mensch ruht, wie „auf dem Rücken eines Tigers in Träumen hängend" (KSA 1, 760). Ein grenzenlos alles Wissenwollen „tödtet" die Natur des Menschen; das Hoffen auf Weltheilung durch sein Wissen sollte er als Wahnutopie von sich abtun (KSA 1, 313). In positivistischer *Wissensgier* und Sympathie mit menschlichen Urzuständen, – in hypothetisch entworfener Abstammung des Menschen aus dem Tierreich, – sind wir, so Nietzsches frühe Reflexion auf den Zeitgeist des 19. Jahrhunderts, „gedankenlose Naturalisten und zwar mit allem Wissen". Kants kritischer Sicht auf den Mechanismus in der organischen Natur und in der Menschenwelt nahe, sucht er diesen zu begrenzen. Korrektiv zum naturalistischen Denken ist auch das ethische Ziel, „*Character* zu offenbaren in der Bildung" (KSA 7: 741f, 708). Abgründig realistisch ist Nietzsches Bild des Menschen; Rousseaus Annahme seiner natürlichen Güte wird bestritten; in dieser Hinsicht steht es Platons und Pascals Seelenlehre nahe; es weist voraus auf Freud. Daß im Abgrund jeder Ichseele das wilde Tier lauert, durch Kultur und Zivilisation, glitzernden Phantomen, nur notdürftig verhüllt, die Welt ein Atomengewirr sei, ein göttliches Spiel *jenseits von Gut und Böse*, sind typische Theoreme, die auf ‚Gottes Tod' zulaufen.

Nietzsche stellt Beweisqualität und Erklärungsreichweite des Naturalismus auf den Prüfstand; der Mechanismus ist für ihn die *sinnärmste* Weltinterpretation (FW 373). Seine Ur-Intuition zum Nihilismus entzündet sich am Absturz aus unendlichem Wert des Selbst in dessen Wertlosigkeit. Angesichts der Kluft zwischen Humanitätsideal der Personwürde und naturalistischer Reduktion des Ich, die im 19. Jahrhundert aufbricht und von Nietzsche aufs äußerste

---

14 Vorliegendes Kapitel ist die verdichtete Neufassung der Erstveröffentlichung unter dem Titel: Humanitätsideal der Personwürde oder naturalistische Reduktion des Ich? – Nietzsches Veto wider Götzenbilder und eindimensionales Menschentum, in: *Umwertung der Menschenwürde – Kontroversen mit und nach Nietzsche*, hg. von Beatrix Vogel, Freiburg/München 2014, 193-218.

verschärft wird, legt er sein Veto ein sowohl wider Idealgötzenbilder als auch wider ein eindimensionales Menschentum.

a) *Jenseits der Würde: Der Bruch im Menschenbild von Kant zur posthumanen Postmoderne*

Für Kant kommt dem Menschen herausragende Würde zu, die ihn vor allen anderen Geschöpfen adelt; es gehört zu seiner Pflicht, diese Würde auch in seiner eigenen Person nicht zu verleugnen. Des Menschen Würde ist ein Ideal der praktischen Vernunft. Da jeder Mensch nach Kants Ethik *Zweck an sich selbst* ist, folgt, daß „die *Menschheit* in unserer Person uns selbst *heilig* sein müsse". Denn der Mensch ist Subjekt des moralischen Gesetzes, also dessen, was an sich *heilig* ist (AA V 131). Hegel erklärt: Die „Anerkennung der unendlichen Persönlichkeit" und die „Menschenwürde" ist Segensfolge des *Christentums*, das die Überzeugung vom *unendlichen Wert* jeder Person aufbrachte.[15]

Die Signatur unserer Epoche aber ist das mit Füßen Treten der Ehrfurcht vor Gott und, in eins, der Achtung vor der unantastbaren Kostbarkeit jedes Menschenlebens, das zuerst im zartesten Anfang und nun am gebrechlichen Ende seiner Lebensbahn auf die Todesliste zu geraten droht.[16]

Im Rahmenmodell eines konsequenten *Naturalismus*[17] droht die Anforderung der „unantastbaren Würde" des menschlichen Lebens nicht mehr vermittelbar zu sein. In Verfassungsentwürfen der Europäischen Union tauchen unter zu garantierenden Menschenrechten solche auf pränatale Implantationsdiagnostik (mit Fötenverfügung) und Abtreibung für Schwangere, neuerdings auch auf solche Euthanasie auf. Das für Deutschland spezifische restriktive Embryonenschutzgesetz, verfassungsrechtlich mit der unantastbaren Würde auch des Embryos vom Beginn seiner Empfängnis an begründet,

---

15 GW 17, 106f. – Hegels geschichtsphilosophische Schau macht dies gut deutlich: „Diese Idee ist durch das Christentum in die Welt gekommen, nach welchem das Individuum *als solches* einen *unendlichen* Wert hat", insofern es Adressat der „Liebe Gottes" ist (*Enzyklopädie* § 482 Anm.).

16 Zur taktischen Ausbreitung einer Kultur des Todes s. Vladimir Palko: *Die Löwen kommen. Warum Europa und Amerika auf eine neue Tyrannei zusteuern*. Aus dem Slowak. von S. Neisser Kovacova, Kißlegg 2. Aufl. 2014; Krause Landt, Andreas / Bauer, Axel W./ Schneider, Reinhold: *Wir sollen sterben wollen*. Waltrop 2013.

17 Zu Ideengeschichte und Begriffsbedeutung von *Naturalismus* vgl. Hans Schelkshorn: Hobbes und die Folgen. Zur Genese und Transformation des naturalistischen Projekts der Moderne, in: *Reduktionismen – und Antworten der Philosophie*, hg. von W. Grießer, Würzburg 2012, 209-241. Unterschieden werden der metaphysisch-ontologische, methodologische, ethische, anthropologische, physikalistische und biologistische Naturalismus. – Der naturalistische Kurzschluß der Fötenverfügung entspricht einer ontologischen Absolutsetzung der Biologie.

ist in der Europäischen Union und im internationalen Wissenschaftsaustausch kaum noch konsensfähig.

Die biologische Forschungsnutzung in Pharmazie, Medizin, Landwirtschaft hat inzwischen, analog zu Physik und Chemie in ihrer Anwendungstechnik, das Reich des Lebendigen freiem Manipulieren des Menschen unterworfen. Kant hatte mit seiner Naturgeschichte des Kosmos die Sternenwelt mechanischem Erklären ausgeliefert, aber insgesamt die Zweckmäßigkeit der kosmischen Ordnung im göttlichen Intellekt als begründet gedacht und das Lebendige in die Sphäre eines letztlich unverfügbaren Schöpfungsgeheimnisses gerückt. Dieses Geheimnis des Lebens ist durch das Evolutionsparadigma und den Zugriff auf die molekularen Bausteine der Gene, so scheint es, auch entmythologisiert, mit dem konsequenten Anspruch, sogar menschliches Leben sei „letztlich physikochemisch und informationstechnisch vollständig innerweltlich erklärbar und somit manipulierbar" und alsbald „biotechnisch nach Plan produzierbar".[18] Vor diesem Hintergrund des konsequenten *Naturalismus*, den eine Vielzahl der heutigen Wissenschaftler teilt, ist die Einforderung und Aufrechterhaltung einer Würde des Lebens, ja einer „unantastbaren Würde" des menschlichen Lebens (Grundgesetz Art 1.1: „Die Würde des Menschen ist unantastbar. Sie zu achten und zu schützen ist Verpflichtung aller staatlichen Gewalt.") argumentativ schwer vermittelbar und gerät unter das Verdikt, solche Würde sei nur das religiös fundierte Bekenntnis einer wissenschaftlich noch unaufgeklärten Minderheit. Die aufklärerische Idee der Freiheit und der Würde steht aber in der Nachfolge der biblischen *Imago-Dei*-Lehre. Menschenrechte sind nur in den Nationen unsrer Erde zustande gekommen, in denen der *Geist des Christentums* geweht hat,[19] der, als ein Geist der Freiheit, frei forschenden Geist zuläßt.

---

[18] Horst W. Beck: *Marken dieses Äons. Wissenschaftskritische und theologische Diagnosen*, Bonn 2003: 5f, 55f, 81. Die auf den dreieinigen Schöpfer verweisende Heiligkeit menschlichen Lebens schon in Gestalt des Embryos ist für Beck in ihrer tiefsten Begründungsdimension „geeicht an der Marien-Inkarnation des Christus" (81-92). – Die Kontroversen lotet das Sammelwerk aus: *Biopolitik. Die Positionen*, hg. von Christian Geyer, Frankfurt a. M. 2001; vgl. auch R. Gröschner/ A. Kapust/ O. W. Lembcke (Hg.): *Wörterbuch der Würde*, München 2013.

[19] Vgl. *Menschenrechte und Menschenwürde. Historische Voraussetzungen – säkulare Gestalt – christliches Verständnis*, hg. von Ernst-Walter Böckenförde / Robert Spaemann, Stuttgart 1987. Henning Ottmann: Geschichte des politischen Denkens, Bd III, Stuttgart 2006, widmet ein Kapitel der „Geburtsstunde des Völker- und Menschenrechts" in der spanischen Spätscholastik (Bd III/1, 106-118). Zu maßgeblichen Menschenrechts-Erklärungen im 18. Jahrhundert von J.-J. Rousseau, G. Washington, I. Kant und J. G. Fichte s. op. cit. Bd III/1/2.

Das Konzept von der ewig gültigen Menschenwürde, von Kant am schlüssigsten begründet und formuliert, war Eckstein des ehemals freiheitlichen europäischen Ethos: Achtung vor dem unantastbaren Selbstzwecksein der Person, die unverfügbar ist gegen die Verfügungswillkür anderer, Achtung ihrer Freiheitssphäre, ihres Persongeheimnisses und Individualitätswertes; Unverletzlichkeit von Leib, Seele und Geist, zentral die Freiheit der Gedanken und deren Mitteilung. Schlüsselqualität des Menschseins ist, unbescholten sein eigener Herr sein zu dürfen. Herzstück gediegener Aufklärung ist die Bejahung der freien und mündigen Persönlichkeit.

Im Hinblick auf die Würde des Menschen, freies Subjekt sittlicher Akte sein zu können, lautet Kants *kategorischer Imperativ*: „Handle so, daß du die Menschheit sowohl in deiner Person, als auch in der Person eines jeden andern, jederzeit zugleich als Zweck, niemals bloß als Mittel brauchst"! (IV 428) Die Anlage jedes Menschen zur Persönlichkeit ist seine „Empfänglichkeit der Achtung" für das Sittengesetz als hinreichender Triebfeder der Willkür. Solche Achtung macht zugleich das Wesentliche der Humanität aus (VI 27f). Der Mensch ist das einzige Wesen in der Welt, das als *Zweck an sich selbst* existiert. Sein Dasein als solches zeichnet sich nämlich dadurch aus, daß es von „absolutem Wert" ist im Vergleich zu Sachen, denen stets nur ein relativer Wert beizumessen ist. Daher gebührt ihm Achtung, woraus klar folgt: Ich kann über den Menschen in meiner Person und in anderen „nicht disponieren, ihn zu verstümmeln, zu verderben, oder zu tödten" (IV 428f).[20] Der Mensch als Person ist erhaben über jeden „Preis", insofern er nicht bloß als Mittel fremder Zwecke, nicht einmal von sich selbst bloß als Mittel für seine eigenen Zwecke gebraucht werden dürfe; vielmehr müsse er jederzeit als unbedingter Selbstzweck gelten. Er besitze „Würde (einen absoluten innern Werth)", durch den er „allen andern vernünftigen Weltwesen *Achtung*" für sich abnötige. Eine gewisse Geringschätzung, die ihm als *„Thiermensch"* gelte, könne dem Bewußtsein seiner Würde als *Vernunftmensch* „nicht Abbruch tun". In seiner moralischen Selbstschätzung, die zur Pflicht sich selbst gegenüber gehört, möge er „nicht seine Würde verläugnen". Der „höchsten Selbstschätzung, als Gefühl seines inneren Werts" entspricht für Kant eine „unverlierbare Würde (dignitas interna)", die ihm Achtung gegen sich selbst „einflößt", wozu das im Gewissen sich selbst Beurteilenkönnen gehört (VI 434-437). Die „Pflicht der Selbstschätzung" ergänzt Kant um ihr interpersonales Pendant: „Er ist verbunden, die Würde der Menschheit

---

20 Arnold Angenendt: *Toleranz und Gewalt. Das Christentum zwischen Bibel und Schwert*, Münster 2007, analysiert und objektiviert in seiner historisch weit gespannten Monographie Verbrechen im Namen Gottes trotz höchster christlicher Ideale und vermeidet ebenso unangebrachte Abmilderungen wie vorschnelle Aburteilungen.

an jedem anderen Menschen praktisch anzuerkennen", eine Pflicht, die eine zu erweisende *Achtung* betrifft (VI 462).

Kants Rechtslehre entwickelt des weiteren Grundgesetze im Gebrauch der äußeren Freiheit, deren Einhaltung durch Strafgesetze erzwungen werden sollte; „dieses einzige, ursprüngliche, jedem Menschen kraft seiner Menschheit zustehende Recht" definiert er als die „Unabhängigkeit von eines Anderen nöthigender Willkür", sofern sie „mit jedes Anderen Freiheit nach einem allgemeinen Gesetz zusammen bestehen kann" (VI 237). Dabei soll gelten: „Das Recht muß nie der Politik, wohl aber die Politik jederzeit dem Recht angepaßt werden" (VIII 429). – Der kategorische Imperativ, der uns dazu verpflichtet, das Recht der Freiheit in der Sinnenwelt, gemeinsam und in der Auseinandersetzung mit anderen, zu verwirklichen, fächert sich auf in: a) „Honeste vive"!, d.h. sich als ehrbare Person bewähren; b) „neminem laede"!, d.h. niemandes äußere Freiheit oder ihn selbst verletzen; c) „suum cuique tribue"!, d.h. jedem das Seine gewähren und dieses gesichert sein lassen in Wechselwirkungen mit anderen aus Freiheit.[21] *Rechtliche* und *sittliche* Würde-Dimension sind klar zu unterscheiden und aufeinander zu beziehen. *Würde* kommt nach Kant dem Menschen als absoluter innerer Wert zu; nur er ist der Idealbildung von sittlicher Vollkommenheit fähig und des sich selbst Ermahnens zur Selbstvervollkommnung.

Markant sagt Kant: „In der Einheit des Charakters besteht die Vollkommenheit des Menschen." Charakter „bedeutet, daß die Person die Regel ihrer Handlungen aus sich selbst und der *Würde der Menschheit* entlehnt" (XV: 533, 521). Der sittlichen „Einheit des Charakters" verlustig geht jemand dann, wenn er auf Achtungswürdigkeit als Handlungsgrundlage verzichtet. Die „*Achtung für uns selbst* im Bewußtsein unserer Freiheit" (V 161) bildet die entscheidende Voraussetzung für das Geistesgefühl der Achtung und spontanen Wertschätzung jedes anderen als eines freien Selbst.[22] An Kant anknüpfend entwickeln Fichte und Hegel Konzeptionen wechselseitiger Anerkennung. –

---

21 Zur Begründung der Menschenrechte s. Kant: *Die Metaphysik der Sitten*. T. 1: *Metaphysische Anfangsgründe der Rechtslehre*, AA VI, 236ff. – Zur Auflösung des Menschenbilds ohne Gott bis zur Anbetung des Makabren s. Hans Sedlmayr: *Verlust der Mitte. Die bildende Kunst des 19. und 20. Jahrhunderts als Symptom und Symbol der Zeit*, Salzburg 1957.

22 Heinz Heimsoeth erweist die Quelle der Personidee in der christlichen Hochschätzung der individuellen Seele: *Die sechs großen Themen der abendländischen Metaphysik und der Ausgang des Mittelalters*, Darmstadt 1965; Seele und Außenwelt: 90-130, Das Individuum: 172-203. Zur wechselseitigen Anerkennung und Genese des Ich vgl. E. Düsing: *Intersubjektivität und Selbstbewußtsein*. Behavioristische, phänomenologische und idealistische Begründungstheorien bei Mead, Schütz, Fichte und Hegel, Köln 1986.

Der Mensch kann sich als „ein Stück Lava im Monde" (Fichte) statt als ein freies Ich einstufen wollen; aber auch hierin sucht er, postmetaphysisch, ein Sichüberschreiten (Selbsttranszendenz), z.B. durch ein Sicherheben zum Mutationsexperten im Gattungsselbstverbesserungs-Experiment, oder in Forcierung der Idee der Gerechtigkeit durch die *Entpathologisierung* der Geisteskrankheiten und *Entkriminalisierung* des Verbrechens (Habermas 1973, Hegelpreisverleihung), ein linksliberales Programm darin aufstellend, das in der Jurisprudenz zur sukzessiven Verlagerung der Perspektive vom Opfer- zum Täterschutz führt, da Täter selbst als unfreie, ohnmächtige Opfer gelten sollen.

Was geht verloren im Paradigmensturz vom gottähnlichen Würdebild bzw. von der *Geist-* zur *Tierseele* des Menschen, der sich anbahnt im 19. und sich zu vollenden droht im 21. Jahrhundert? Absolut gesetzt wird, mit Kant ausgedrückt, der empirische, geleugnet ist der intelligible, der Geheimnischarakter des Personseins, der für die Vernunft unergründlich, nämlich der göttlichen Schöpfungsidee gemäß unverfügbar ist und im Zugriff durch instrumentelle Vernunft der Zerstörung anheimfällt. Die von Gott entfremdete Selbstrealisation gipfelt in der *tabulosen* leibseelischen Selbstverfügung.

b) *Unter göttlicher Obhut Stehen oder Lizenz zum Töten?! –*
Nietzsches Antithetik von gottbegabter liebesfähiger Geistseele und grausamer Tierseele

Die philosophisch höchst problematische Annahme, der Mensch sei ‚ganz Natur' und nur aus ihr zu begreifen, ist für den frühen Nietzsche ein *Weheruf*, erfüllt den späten hingegen mit *Triumphgefühl*. Wenn nicht in jedem Menschen „das Gute und Große" (KSA 7, 258) der Anerkennung würdig ist, sondern der Mensch, so erwägt Nietzsche antihumanistisch im Entwurf *Der griechische Staat*, bis in seine höchsten Kräfte „ganz Natur" ist, dann trägt er deren „unheimlichen Doppelcharakter" als Fruchtbarkeit und Furchtbarkeit, einen Angst erregenden Zug von Grausamkeit, ja von „tigerartiger Vernichtungslust" in sich (KSA 1, 783). Ist er „ganz Natur" und nichts mehr, so ist die vielgerühmte ‚Würde des Menschen', sind Grundrechte – Nietzsche antizipiert hier Thesen von Skinner und Dennett[23] – nur „Phantome" oder „Begriffs-Halluzinationen" ohne Bedeutung! (KSA 1, 765f) In solche schroffen Konsequenzen,[24] aus dem

---

23 Daniel Dennett (*Darwin's dangerous idea. Evolution and the meanings of life*, New York 1995: 181f, 461f) beansprucht Nietzsche als Kronzeugen für einen blanken Naturalismus. Er sei der erste kühne „sociobiologist", der Ursprünge und Wandlungen moralischer Normen in evolutionären Lebensgemeinschaften analysiert hat; allerdings habe ihn, anders als Dennett, noch das Verlangen nach ‚skyhooks' (Himmelshaken) überkommen.

24 Nietzsches naturphilosophische Gedanken werden gegenwärtig gern auf ein *posthumanistisches* Menschenbild verkürzt und dafür vereinnahmt; z.B. soll die heute mögliche

naturalen Kampfmodell abgeleitet, schlägt Nietzsche aber eine Lichtschneise. Denn über dem „Entsetzlichen und Raubthierartigen der Sphinx Natur", dem sozialen *bellum omnium contra omnes* geht ein „Regenbogen der ... Liebe" auf mit dem geschichtlichen *Hervortreten des Christentums*, als dessen schönste Frucht Nietzsche das Johannesevangelium hervorhebt (KSA 7: 339f, 343f). Säkulare Zeit, *Chronos* hingegen bestimmt er unheimlich heraklitisierend: „Jeder Augenblick frißt den vorhergehenden, jede Geburt ist der Tod unzähliger Wesen, Zeugen Leben und Morden ist eins." (KSA 1, 768)[25] Werden Gesetze der Natur in Lebensweltnormen umgesetzt, so ist der Ideologie vom ‚Recht des Stärkeren' die Tür geöffnet. In der frühen Lehre von der Herrschaft des Genius ist der Übermensch, den der *Zarathustra* lehrt, im Ganz-Natur-Sein des Menschen ist der Immoralismus von *Jenseits von Gut und Böse* präformiert. Beide Verführungen, denen der späte Nietzsche erliegt, sind Implikate seiner Darwin-Rezeption.

Nietzsche eröffnet einen gefahrenreichen Scheideweg. Er spricht bewußt von ‚Annahmen', also reinen Hypothesen. „Das was nun jetzt die wissenschaftlichen Annahmen sind, läßt ebensowohl eine Deutung und Benutzung ins Verdummend-Philisterhafte, ja ins Bestialische zu", – ‚Philister' weist auf D. F. Strauß: *„Der alte und der neue Glaube"*, das ‚Bestialische' auf die Abstammungslehre, – als auch „in's Segensreiche und Beseelende"! Wir bedürfen eines neuen Fundaments der Kultur gegenüber früheren Zeiten; insofern könne man vom Menschengeschlecht noch „etwas erleben" (KSA 8, 37f): im *Bestialischen* oder *Beseelenden*? – das ist die Frage, die Nietzsche fortan umtreibt, in seinen freigeistigen Schriften experimentalphilosophisch, im *Zarathustra* dichterisch-visionär, im Spätwerk doktrinär. Ist die menschliche Seele nichts anderes als *Tierseele*? Und kann jene Experte und Herr ihrer eigenen Mutationen werden? – Zehn Jahre bevor er den Übermenschen als neuen Sinn der Erde verkündet, überwiegen Schreckens- und Unmutsäußerungen Nietzsches gegenüber der Evolutionshypothese, der Mensch stamme von tierischen Vorfahren ab. Haeckel, so zürnt er, wage, durch Stammbaum-Entwürfe „den Menschen bestialisch zu systematisieren" (KSA 8, 259).

Verbesserung der *Gene* den *homo sapiens* erhöhen. Exemplarisch Stefan Sorgner: *Menschenwürde nach Nietzsche: Die Geschichte eines Begriffs*, Darmstadt 2010; zur Revision des Menschenwürde-Begriffs, in Abwendung vom Speziesismus als dem überwindungsbedürftigen Primat des Menschen vor allen anderen lebendigen Gattungen, ders.: *Transhumanismus – ‚Die gefährlichste Idee der Welt'!?*, Freiburg 2016.

25 Zu dieser Problematik, die Nietzsche auf neue Art mit dem grausamen Rätselgott konfrontiert hat, s. Reinhard Junker: *Leben durch Sterben? Schöpfung, Heilsgeschichte und Evolution*, 2. Aufl. Stuttgart-Neuhausen 1994.

In Abgründe eines natural verstandenen Todes mit Selbstmord- und Euthanasielizenz, wiewohl in Frageform das Tötungstabu erinnernd, steigt der Aphorismus „*Was heißt Leben?*" Leben „heißt fortwährend etwas von sich abstoßen, das sterben will; Leben – das heißt grausam und unerbitt-lich gegen alles sein, was schwach und alt an uns, und *nicht nur* an uns, wird." Leben „heißt also ohne Pietät gegen Sterbende, Elende und Greise sein? Immerfort Mörder sein? – Und doch hat der alte Moses gesagt: ‚Du sollst nicht töten!'" (FW 26)[26] Tötungslizenz abzuwehren wird, wie der Philosoph offensichtlich vorausahnt, zum Problem. Die ins Freie losgelassene Bestie Mensch, für Nietzsche von 1866-1876, da er in der Ethik Schopenhauer folgte, ein die Realität grundierender *Albtraum*, wandelt sich – nach abwägenden Antithesen 1878-1882 in den Werken der Freigeisterei – in den Jahren seit 1882-86 in eine grimmig von ihm beschworene *Vision*, weil sie *Geburtsstätte* für den höheren Typus Mensch sein soll.[27] Legitimiert er so eine Entfesselung von Grausamkeit?

„Der Mensch ist das *Untier* und *Übertier*; der höhere Mensch ist der Unmensch und Übermensch; so gehört es zusammen." (KSA 12, 426) Seiner Zeit sich vorausfühlend warnt Nietzsche vor dem „Unheimlichsten", das auf

---

26 Peter Köster (*Der sterbliche Gott. Nietzsches Entwurf übermenschlicher Größe*, Meisenheim 1972, 56ff) unterlegt in seiner klaren Kritik des über das mosaische Tötungsverbot sich erhebenden Nietzsche (s. FW 26) schon dessen spätere Position. – Nach Kains Brudermord schreit Abels Blut zum Himmel (s. *Genesis* 4, 9f). Aktuelle Untersuchungen zeigen, wie durch ihre Beihilfe zum *Suizid* die Angehörigen sich ein *posttraumatisches Belastungssyndrom* zuziehen; das verdrängte Gewissen regt sich also psychosomatisch. Nach Thomas von Aquin kann ich keinem anderen seine Würde rauben, wohl aber meine eigene verdunkeln. – Das *Post abortion syndrom* wird heute systematisch verschwiegen; und der Aufklärungsfilm „Der stumme Schrei", welcher realitätsgetreu die Ausweichversuche des Embryos vor der tödlichen Nadel dokumentiert, wird Generationen von Jugendlichen vorenthalten. – Eine neue fachgerechte human-christliche Aufklärung im schulischen Bildungsbereich stünde an.

27 Zu Nietzsches konstruktivem Spielen mit dem Begriff der „Bestialität" und der „Bestie" s. Henning Ottmann: *Philosophie und Politik bei Nietzsche*, Berlin/ New York 1987, 254-261, 284-294. Die „Bestialität" sei u.a. eine provokante Fassung der von Nietzsche gesuchten Synthese von Vitalität und Unschuld, gesunder Naturkraft und Geist, eine renaissancehafte Einheit von Pracht und Macht, die exemplarisch verkörpert sei in Cesare Borgia, wie ihn Machiavelli als „uomo prudente e virtuoso", verschlagen, wild und ruchlos, gezeichnet habe. Die Löwensymbolik bei Nietzsche gehe auf Platons symbolischen Synkretismus zurück, die Gesamtseele sei in eins Mensch (logistikon), vielköpfige Bestie (epithymetikon) und Löwe (thymoeides) (*Politeia* 588b-589d). – Platon fordert die Seele zur Zähmung der Bestie und des Löwen in ihr auf, damit sie einander nicht beißen oder in ziellosem Streit sich verzehren; *gerecht* und *gut* ist, was das Wilde, Tierhafte unter die Herrschaft des Menschen bringt, den Menschen selbst aber in die Verähnlichung mit Gott; *böse*, was das Zahme vom Wilden überwältigen läßt oder jenem dienstbar macht.

Europa zukäme, wenn einmal das große „Mitleiden" mit dem Menschen, wie es archaisch ausgedrückt wird, „sich paaren" würde mit dem großen „Ekel" vor seiner Häßlichkeit. Der ‚letzte Wille' des Menschen, sein dezidierter testamentarischer *Wille zum Nichts*, der *Nihilismus* könnte dann seinen Ausdruck darin finden, des Menschen müde zu sein, im todessüchtigen Sich- und Andere-Satthaben, in grenzenloser Fremd- und Selbstverachtung (GM III 14). Die moralphilosophische Antithese heißt: Den Menschen, auch als womöglich entstelltes Bild Gottes, zu lieben „*um Gottes willen*" ist das bisher erreichte „vornehmste Gefühl" (JGB 60). In Kontrast hierzu sieht Nietzsche die Gefahr kolossalen Wertloswerdens menschlichen Lebens. Fichtes bejahendes Pathos des *ich bin, der ich bin!* schlägt um ins verfallende: *wie käme ich von mir los?*

Wahre Ethik und Religion, so profiliert der frühe Nietzsche deren Gegensatz zur Darwinschen Lehre, achte jeden Menschen als „etwas unendlich Wichtiges", da er als „unter göttlicher Obhut" stehend erblickt wird (KSA 7, 435). Kant nah erklärt er, die „christliche Moral-Hypothese" *verlieh* dem Menschen, im Imperfekt als Verlorenes akzentuiert, „unendlichen Werth" (KSA 12: 211, 215). Wer aber nicht mehr in jedem vom Dache fallenden Sperling (*Matthäus* 10, 29f) „das Walten eines persönlichen Gottes" erblicke, auch nicht das Unbewußte (Hartmann) oder den Weltgeist (Hegel) an dessen Stelle setzt, sondern den Versuch wage, mit der blinden Weltherrscherin *Moira* das Sein der Welt verständlich zu machen, wird den Menschen, so beklagt es Nietzsche, als „ein zufälliges Ohngefähr, als ein unbeschütztes und jedem Verderben preisgegebenes Nichts" betrachten müssen (KSA 7, 671). Anklingend an Kants kategorischen Imperativ in der Selbstzweckformel erklärt er: Wer dem Menschen den Glauben nimmt, daß er „etwas Fundamental-Werthvolleres" sei als alle Mittel zu seiner Existenz, der mache ihn in der Tat moralisch schlechter (KSA 7, 662).

c) *Experiment Mensch – Freigabe ‚teuflischer' Medizin – Sinnvakuumstherapie nach Gottes Tod*

Eine „Philosophie der Verzweiflung" ist 1878 Resultat von Nietzsches Freigeisterei (MA 34). Eine verzweifelte Überwindung dieser Verzweiflung zeigt sich 1881, als er Menschen zu Mitakteuren der Selektions-Zweckmäßigkeit ernennen will: „Jene Naturprozesse der *Züchtung des Menschen*", die bisher grenzenlos langsam vorgingen, könnten von den Menschen selbst in die Hand genommen werden; *ganze Teile* der Erde könnten sich dem „*bewußten Experimentiren weihen*" (KSA 9: 421, 547f).

Biologistische – mit zunehmender zeitlicher Nähe zu seinem Zusammenbruch im Jahre 1888/89 auch biopolitische – Pläne Nietzsches entzünden sich an dem Sinnvakuum nach Gottes Tod, das er prognostiziert hat. Ein

Schlüsselproblem, das nach ihm auch Freud wahrnahm,[28] ist die globale Melancholie und Willensschwäche der nach dem Verlorenhaben Gottes psychisch Entwurzelten, die anlehnungsbedürftig sind.

In die *Geburt der Tragödie* nimmt Nietzsche zustimmend den antiken Spruch auf: „Das Allerbeste ist für dich ... unerreichbar: nicht geboren zu sein ... Das Zweitbeste ... bald zu sterben" (KSA 1, 35)![29] Die in diesem Wort zum Ausdruck kommende schwere Melancholie hat das nicht mehr christliche, nun mehr suizidal gestimmte Europa ereilt. Nietzsches These dazu lautet: Der die nachchristliche Verdüsterung hervorrufende ‚Tod Gottes' ist vom Menschen selbst verschuldet mit der Folgelast des *Nihilismus* (FW 125), der als psychischen Zustand Unwertgefühl, ja Selbstwertverlust bewirkt, Melancholie im Innersten, die sich z.B. im Wunsche Luft macht, nicht geboren worden zu sein. – „Ach, der Glaube an seine Würde, Einzigkeit, Unersetzlichkeit in der Rangabfolge der Wesen ist dahin, – er ist *Tier* geworden, Tier, ohne Gleichnis, Abzug und Vorbehalt, er, der in seinem früheren Glauben beinahe Gott (‚Kind Gottes' ...) war". Das Wort vom *durchbohrenden Gefühl des eigenen Nichts* (GM III 25) hat daher hohe Erklärungskraft,[30] das sich speist aus dem Kontrast zur Geborgenheit in Gottes Schöpfungs- und Heilsplan. Im Bild, das an Pascals *Pensées* gemahnt, stürzt der Mensch aus der Mitte des Kosmos.

Nietzsche sieht ein bedrohliches Zeitalter heraufziehen, da die Menschheit nach Verlust des Glaubens an eine göttliche Weltordnung einem „Trümmerfelde" kostbarster Entwürfe gleicht (KSA 1, 386), die ihren Bildner nicht kennen und an fehlender Sinnorientierung zugrunde gehen. „Gott war bisher verantwortlich für jedes Lebendige, das entstand – man konnte nicht errathen, was

---

28 Seit Dahinschwinden christlich religiöser Glaubensgewißheit seien die wenigsten Kulturmenschen noch fähig, ohne Anlehnung an andere zu existieren; daher rühre, so der Psychoanalytiker Freud, die Zunahme der Neurosen (SW VIII, 109). Als Religionskritiker argumentiert Freud freilich umgekehrt, daß die Gottsuche der Gläubigen sie negativ auszeichne als solche Anlehnungsbedürftigen, die infantile Abhängigkeitsbedürfnisse in ihr Erwachsenenleben hinein verlängern und kraft Glaubens ihre Neurose, wiewohl nur dem Anschein nach, bewältigen.

29 „Nicht geboren zu sein – was ist / Höhren Werts? Aber *lebst* du schon – / *Dort*hin wieder, woher du kamst, / Schleunigst zu gehen, ist das nächste Beste!" *Oidipus auf Kolonos*, Vers 1124-28, in: Sophokles: *Tragödien*, Oidipus auf Kolonos, übers. von R. Woerner, Wiesbaden/ Berlin 1961, 357.

30 Im Beispiel verdichtet sich unser *Zeitgeist* des 20. und 21. Jahrhunderts, dem zufolge das menschliche Heilige durch ein Gemetzel im Mutterleibe verblutet: Ein Mädchen überlebt die Abtreibung, ist behindert, erhebt Klage gegen seine Geburt, gewinnt einen Schadenersatz für das eigene Geborensein. Suizidaler Geist – woher? Wie im analytischen Drama soll *religionsphilosophisch* die Genese dieses ungeheuren Phänomens ausgeleuchtet werden.

er mit ihm vorhatte; und gerade dann, wenn dem Lebendigen das Zeichen des Leidens und der Gebrechlichkeit eingeprägt war, vermuthete man, daß es schneller als andere Wesen von der Lust am ‚Leben' und an der ‚Welt' geheilt werden solle, und dergestalt mit einem Merkmal der Gnade und der Hoffnung gezeichnet sei. Sobald man aber nicht mehr an Gott und an die Bestimmung des Menschen für ein Jenseits glaubt, *wird der Mensch verantwortlich für alles Lebendige* ... ‚Du sollst nicht tödten' – gehört in eine Ordnung der Dinge, wo ein Gott über Leben und Tod bestimmt" (KSA 9, 651). An der Schnittstelle der Ideen: Gotteskomplex und Selektionsplanung, taucht ‚Zarathustra' auf, der nach Gottes ‚Tod' – mit ‚teuflischen' Mitteln – Gott zu spielen lehrt.

Der Nietzsche erregende Gedanke des Experimentieren-*Könnens*, ja -*Dürfens* der Menschheit mit sich selbst, sobald die Moralgrenzen in Richtung auf ein ‚Alles ist erlaubt!' gefallen sein würden, ist für ihn zugleich Anzeichen für das Ende metaphysischen Ernstes. Das Ende der Metaphysik geht für ihn einher mit der Wiederkehr des Tragischen in Hinblick auf „das Schicksal der Seele" (FW 382), das der Mutationsexperte Mensch heraufbeschwört durch zerbrechen Machen Vieler. So lehrt ‚Zarathustra' die *ewige Wiederkehr*, die ‚Schwache' niederschmettern und ‚Starke' beflügeln soll. – Waltet im Grund des Seins die ‚Urdummheit', als eine zufällige und ziellose Variation jeder Art, und ‚Urbrutalität', als erbarmungslose Auslese durch den *survival of the fittest*, so verliert auch der Mensch sein *Imago-Dei*-Sein; und er muß in sich selbst Abgründe an Grausamkeit entdecken.

Wer, wie der späte Nietzsche, von „Parasitismus", von „Ausschuß" und „Abfall" des Lebens oder „Entartung" spricht, hat das Messer schon in der Hand. Seine „Aufklärung" verkündet eine – manifest zu machende – Rangordnung unter Menschen, die, so H. Ottmann, gnadenlos ist, weil der Einzelne seine *Würde* nicht Gott oder der Natur (im Sinn des Naturrechts) verdankt, sondern der eigenen minderen oder stärkeren Schaffenskraft, die ihn dazu bestimmt, reaktiver Sklave oder selbstmächtiger Herr zu sein.[31] Nietzsche will zu antiker Physisverklärung zurück und vorwärts zu neuheidnischer Segnung de Erde, ‚Wahrheit und Lüge' am Lebendigen enthüllen, ‚Gut und Böse' neu definieren, höhere Menschen durch den harten Hammer der Wiederkunftslehre heranbilden.

Des Menschen Würde gilt dann nicht mehr als ihm innewohnende göttliche Mitgift, sondern als ein – wie Leistungssport für alle, hier durch Ertragen ewiger Wiederkehr – erst zu Erringendes. ‚Zarathustra', „der gottlose Einsiedler" lehrt, die „Herren der Erde sollen nun **Gott ersetzen**", durch Menschenzüchtung,

---

31 Zum Folgenden s. Henning Ottmann: *Philosophie und Politik bei Nietzsche*, 246, 262-265, 293, 310, 340f.

Eugenik und, im schlimmen Wort vom „"schnellen Tod"", Leidende, „Mißratene erlösen" (KSA 11, 620).[32] Menschliches Handeln wird in prometheische Konkurrenz zum Schöpfergott gesetzt. Anhaltend oder unheilbar Kranke werden ‚Parasiten' der Gesellschaft gescholten (KSA 6, 134). Solche und ähnliche Passagen bedenkend, urteilte Thomas Mann, vor ihm warnend: Wer Nietzsche eigentlich und wörtlich nimmt, d.h. „wer ihm glaubt, ist verloren"![33]

Die von Nietzsche erwogene Freigabe solchen Experimentierens[34] beginnt in seiner geschichtsphilosophischen Schau genau dann, wenn der Mensch nur noch als das *andere Tier* eingestuft wird. In starkem Kontrast zur kühn geforderten Freigabe des Experiments Mensch steht die Reflexion *„Zur Kritik der Modernität"*, in der die Manipulation der Menschenseele mit der Technik, die Natur vergewaltigt, in *Parallele* gesetzt wird: „Nimmt sich unser ganzes modernes Sein" nicht „wie lauter Hybris und Gottlosigkeit aus"? *Hybris* ist „unsre Natur-Vergewaltigung mit Hilfe der Maschinen"; „Hybris ist unsre Stellung zu Gott"; „Hybris ist unsre Stellung zu *uns*, denn wir experimentieren mit uns, wie wir es uns mit keinem Thiere erlauben würden, und schlitzen uns vergnügt und neugierig die Seele bei lebendigem Leibe auf: was liegt uns noch am ‚Heil' der Seele!" (GM III 9) Dieses Wort zur Hybris erscheint als eine Sternstunde an Metareflexion, sehr wohl dazu geeignet, mit Nietzsche seinen eigenen späten Biologismus vorweg zu annullieren und Lügen zu strafen.

Da in christlich-platonischer Tradition das die Welt transzendierende Höchste und Heiligste als Liebe, Sittlichkeit, Menschenwürde, Recht weltliche Gegenwart gewinnt, ist Nietzsche zu Recht davon überzeugt, selbst „ein capitales Ereigniß in der Krisis der Werthurteile zu sein" (KSB 8, 259). Noch in späten immoralistischen Äußerungen bricht der heftige Konflikt auf zwischen der naturalistischen Würdeverletzung und der christlichen Höchstwertung der Person. Denn gemäß der *Logik des Herzens* gilt seine Sympathie der sokratisch-christlichen hohen Seelenwertschätzung, nach der des *Verstandes* einer sozialdarwinistischen Mediatisierung um der höheren Spezies willen.

---

32   Eine frühere Reflexion ist durch ihren alternativen Hoffnungshorizont weit menschenfreundlicher: „Erlösung" für den am Dasein Leidenden gebe es nur entweder „durch den *schnellen Tod* oder *durch die lange Liebe*" (KSA 10, 210).

33   Thomas Mann: *Nietzsches Philosophie im Lichte unserer Erfahrung*, Berlin 1948, 47.

34   Die gefährliche Freigabe eines *Selbstexperiments Mensch* ist für Nietzsche eng verknüpft mit dem Darwin-Komplex. Er spricht von einer „ungeheuren Experimentirwerkstätte" (KSA 13, 408f). Zur Kritik des mit *Jenseits von Gut und Böse* bis zum *Antichrist* entfesselten *Naturalismus* vgl. E. Düsing: *Nietzsches Denkweg. Theologie – Darwinismus – Nihilismus*, 2. Aufl. München 2007, 304-350.

d) *Negative Dialektik von unendlich kostbarer Geistseele und mediatisierbarer wertloser Tierseele*

Im Hinblick auf die Nichterkennbarkeit von Gottes (Nicht-) Dasein war Nietzsche Kantianer, im Hinblick auf den Hypothesenstatus jeder Natureinsicht war er zur frühen Zeit Prä-Popperianer. Allerdings hat er das *hypothetische Konzept* des Naturdeterminismus strategisch zwiefach eingesetzt: a) in *Menschliches, Allzumenschliches* zur Legitimation einer ‚Unschuld des Werdens', – auf der Basisannahme unfreien Willens, – um das Ich vor gnadenlosem Richten im bösen Gewissen zu retten; b) zum Zweck der Überwindung Gottes und des Nichts, d.i. des Nihilismus durch darwinistische Züchtung höherer Menschen; diese sollen als postmetaphysischer neuer Sinn der Erde gelten; die Lehre von der ewigen Wiederkehr des Gleichen soll als Selektionsprinzip zum Einsatz kommen.[35]

Daß der späteste Nietzsche den Menschen aus der Dynamik der Natur zu begreifen und ihn gnadenlos in sie zurückzuführen sucht, daß er insofern eine ideale weltüberlegene Sonderstellung des Menschen in der Welt energisch bestreitet, ja mit geradezu destruktiver Energie in späten Äußerungen den antiteleologischen Glaubenssatz von der *Ziellosigkeit allen Seins an sich* verteidigt, ist Ergebnis eines langen leidvollen Denkweges, der ihn zum Verlieren aller religiösen, ethischen, kosmologischen Teleologie führte. Und solcher Teleologie-Verlust ist es, der sein Denken prägte.

Nietzsche einen dogmatischen Naturalismus anzulasten, wäre eine verkürzte Interpretation des hyperreflexiven Philosophen, der mit Kant das Sein der *Welt an sich* für unerkennbar und den Mechanismus als *sinnärmste* aller Weltdeutungen einstuft (FW 373). Das abschüssige Gefälle zum Schwinden der *Menschenwürde* durch Verlust des Gottesglaubens hat er in starker Intuition

---

35   Darwins Begriff der Selektion nimmt Nietzsche als „Auslese" auf: „Der Hammer: eine Lehre, welche durch *Entfesselung* des todsüchtigsten Pessimismus eine *Auslese der Lebensfähigsten* bewirkt" (KSA 12, 110). Nur wer sein Dasein für ewig wiederholungsfähig bejaht, bleibt – selektionstheoretisch konzipiert – übrig. Nietzsches *Gegenbewegung* gegen Nivellierung der Klugen und Vitalen an Mittelmäßige und Kranke zielt auf *Überwindung* der Gattung „durch Lehren, an denen sie zugrunde geht, *ausgenommen die welche sie aushalten*" (KSA 10, 315). Die Heraufkunft einer Lehre, die unter Menschen *aussiebt*, ordnet er 1887/88 in eine nihilistische „*Periode der Katastrophe*" ein (KSA 13, 71). – Nach Wolfgang Müller-Lauter (*Nietzsche. Seine Philosophie der Gegensätze und die Gegensätze seiner Philosophie*, Berlin/ New York 1971, 151) erhebt Nietzsches Denken den Anspruch, „die Ablösung der menschlichen *Gottbildung* durch die *Gottwerdung* des Menschen vorzubereiten", also die in der metaphysischen Tradition fundierte Gottsuche abzulösen durch autonome menschliche Selbstvergöttlichung, wobei jedoch, kraft Biologie als neuer Letztinstanz, minderwertiges ‚Menschenmaterial' definiert werden kann, das auf der Strecke bleiben soll.

erfaßt. Er selbst hängt seinen Visionen und ‚Plänen' zur Züchtung des höheren Menschen den Index des Gefährlichen, Grausamen, ja ‚Teuflischen' an, worin Restbestände alteuropäischer Moral sich verraten. – Das Problem nach Gottes Tod ist für Nietzsche das Ende der Teleologie und die daraus folgende Sinn-leere und Melancholie, das Sich-selbst-nichts-mehr-Wertsein des Menschen, ein epidemisch zu werden drohender Lebensüberdruß.. Seine Prognose des Nihilismus mutet an wie eine durch Hypersensibilität und Reflexion erwirkte prophetische Ahnung unserer Jetztzeit.

Nietzsche charakterisiert „teleologische Lehrer" von Platon bis Kant, – implizit an Christi Wort in *Apokalypse* 1, 17 erinnernd: „Ich bin der Erste und der Letzte und der Lebendige", – durch ihre These, jeder einzelne Mensch sei „etwas Erstes und Letztes und Ungeheures" (FW 1). Besage die (häßliche) Wahrheit des Naturalismus: Die Art ist alles, der Einzelne in seiner „Armseligkeit" ist nichts, und erschalle der zynische Zuruf der Natur: „Geh zugrunde!"[36], – so lautet die *Antithese* der ethisch-teleologischen Lehrer, welche hier von Nietzsche mit tiefer Sympathie gezeichnet sind, in ihrem ermutigenden und lebensfrohen Zuruf: Jeder Einzelne ist an und für sich selbst wertvoll: „Ja, ich bin wert zu leben!", jeder ist für sich „immer einer" (FW 1).[37] Im Zeitalter des Nihilismus wird die schwere Erschütterung über den propagierten Unwert des Einzelnen von der ganz anderen Botschaft überboten, die tiefes, beseligtes Staunen erweckt: Ich bin kostbar, keine Null; es gibt kein *lebensunwertes* Leben; das heißt, die *Würde* des Menschen endet nicht mit seiner Hinfälligkeit. – Darwinisten *und* Sozialisten ineins persifliert Nietzsche in der Parole: Einer ist keiner, die Gattung oder Gesellschaft ist alles, und assoziiert mit unheimlichem Nachdruck damit jenen unerbittlichen utilitaristischen Imperativ: „Geh zugrunde!", so als würde in ihm, – gleichsam als schicksalsschwangeres Wort, in welchem ein Ungeist waltet, ein *Fluch*, der kraft seines Wortes zur Tat wird, – Euthanasie

---

36   Darwinisten und (National-)Sozialisten teilen die Sicht, das Individuum sei nichts, die Gattung (das Volk) alles. Der späte Nietzsche setzt dieses *Fluchwort*, seiner früheren Antithese (in MA, M, FW) beraubt, schaurig ein, als wolle er die von ihm im Untergang des Christentums als Moral prophezeite *ungeheure Logik von Schrecken* (FW 343) selbst vollstrecken. „Es gibt bei Menschen wie bei jeder andern Tierart einen Überschuß von Mißratenen, Kranken, Entartenden, Gebrechlichen …; die gelungenen Fälle sind auch beim Menschen immer die Ausnahme". Christlich Religiöse halten die „Mißlungenen" im Leben fest; indem sie *Leidenden Trost*, Verzweifelnden Mut, „Unselbständigen Stab und Halt gaben", „Innerlich-Zerstörte" in Klöster aufnahmen, bewahrten sie zu viel von dem schutzhelfend auf, so heißt es hart sozialdarwinistisch, *„was zugrunde gehn sollte"* (JGB 62). Sie „sollen zu Grunde gehn"! (KSA 14, 427f)

37   Leibniz' Definition der *Monade* als Substanz lautet: Nur, was *ein* Wesen (monas) ist, ist ein *Wesen* (ousia). G. W. Leibniz: *Hauptschriften zur Grundlegung der Philosophie*, hg. von E. Cassirer, 3. Aufl. Hamburg 1966, II, 223f.

oder den Freudschen Todestrieb als Handlungsmaxime proklamiert.[38] Durch Erscheinen solcher Lehrer wie Sokrates, Jesus, Paulus, oder Kant, die Einzelne tief bewegt haben im Gedanken: „Ja, ich bin wert zu leben!", hat des Menschen Natur, so würdigt Nietzsche mit einfühlsamer Ironie das Sinn suchende Wesen, sich verändert; er wurde ein über die sinnliche Welt hinaus fliegendes „phantastisches Tier", zu dessen Existenzbedingungen ein festes Zutrauen zum Dasein gehört: Er *muß* also von Zeit zu Zeit „glauben zu wissen, *warum* er existiert" (FW 1).

Nietzsche durchsinnt so den *Kältetod der Humanität*, der aus dem naturalistischen Weltbild folgt. Ontologisch ist es der Widerstreit von metaphysischer Thesis und antimetaphysischer Antithesis. Die alte Thesis: Der Mensch ist Ebenbild Gottes, die moderne Antithesis: Er ist höhere Tierseele und steht überall im Weltall nur noch sich selbst als Zufallsprodukt anonymer Natur gegenüber. *Thesis* und *Antithesis* bleiben in der Schwebe: Nach der *Logik des Verstandes* (‚Weg mit den schönen Illusionen, her mit bitterer Wahrheit!') bevorzugt er die Antithesis, in der des *Herzens* die Thesis. Eben dieses Widerspiel ist der methodisch-hermeneutische Schlüssel für Nietzsches Freigeisterei.

---

38 Zur Preisgabe des unbedingten Werts menschlicher Personen bis hin zur angemaßten Lizenz zum Töten in der Problemgeschichte utilitaristischer Ethik, für die zuletzt Peter Singer repräsentativ ist, s. kritisch Klaus Düsing: *Fundamente der Ethik Unzeitgemäße typologische und subjektivitätstheoretische Untersuchungen*, Stuttgart-Bad Cannstatt 2005, 19-27, 81-122. – Wolfgang Schiedermair weist auf höchst bedenkliche Folgen *naturalistischer Prämissen* hin, wenn der Nobelpreisträger James D. Watson, Molekularbiologe (in: „Die Ethik des Genoms", FAZ 26. 9. 2000), ein „existentielles Recht" (des pränatalen Embryos Mensch) auf Dasein allein dem „gesunden und produktiven Leben" zugestehen will. Ein Sichaufwerfen zum Herrn über Leben und Tod liege in der verbrauchenden Embryonenforschung und eine totaler nicht denkbare Herrschaft des Menschen über Menschen in der Idee des Klonens menschlicher Wesen. – Ernst-Wolfgang Böckenförde (: „Die Würde des Menschen war unantastbar. Abschied von den Verfassungsvätern: Die Neukommentierung von Artikel 1 des Grundgesetzes markiert einen Epochenbruch", FAZ 3. 9. 2003, S. 33) moniert, daß unser Grundgesetz in Artikel 1. 1 nicht mehr tragendes Fundament ist; denn Maß und Art des Würdeschutzes wird, vor allem in Hinblick auf die pränatale Existenz, konsensbezogen neu definiert. Abgeleitet wird eine gleitende Skala variierender Disponibilität des Würdeanspruchs; an Stelle *absoluter Würde*, die der *privaten Autonomie* gelten soll, tritt ein Abwägungskalkül oder Güterausgleich, auf konkrete Umstände ausgerichtet. Die Relativierung des Würdeanspruchs für Entwicklungsstufen menschlichen Lebens eröffnet als Folgelast den neuen Freiraum für den *Würdeschutzabbau*. Von Artikel 1.1 wird nun auch ein Recht auf selbstverantwortlichen Suizid abgeleitet. – Eine barbarische Rückseite des Utilitarismus und des ihm nahen naturalistischen Menschenbilds gibt sich zu erkennen in gelegentlich begegnenden Wortprägungen: *postnatale Abtreibung, sozial*(-kassen-)*verträgliches Frühableben*. Der Begriff *Humankapital* findet sich im *Duden Wirtschaft von A bis Z*, Bundeszentrale für politische Bildung, Bonn 2016.

Nietzsches Pathos, das die *hypothetische Reduktion* der Personwürde begleitet, ist antinaturalistisch. Ein Weheruf mit viel schwarzem Humor: *„Das neue Grundgefühl: unsere endgültige Vergänglichkeit".* Ehemals suchte man zum „Gefühl der Herrlichkeit des Menschen" zu gelangen durch Hinweis auf seine göttliche *Abkunft*; dies aber ist jetzt ein verbotener Weg geworden, da an seiner Tür der Affe steht (M 49). Im Aphorismus *Einige Sprossen zurück* räumt Nietzsche ein, Bezug nehmend auf Lessings Abhandlung über ‚Die Erziehung des Menschengeschlechts' durch eine vermeintliche göttliche Offenbarung, ihre „größte Förderung" verdanke die ganze Menschheit metaphysischen Vorstellungen (MA 20). Der Mensch ist durch gewisse „erhabene Irrtümer" seiner Vernunft auf wünschenswerteste Weise erzogen worden (KSA 8, 411). Diesen lebensförderlichen Irrtümern zufolge hat er 1) sich selbst „nur unvollständig", d.h. vornehmlich in seinen höheren Vermögen, erblickt; 2) sich „erdichtete Eigenschaften" beigelegt, z.B. Kants metaphysische Anlage; 3) sich in eine „falsche Rangordnung" im Verhältnis zum Tier und zur Natur im ganzen gesetzt; 4) „immer neue Gütertafeln", – wie es mit Anklang an die Mosaische Tafel der Gebote heißt (2Mose 34, 1), – erfunden und aufgerichtet, die er als *ewig* gültig glaubte und lebte. Zöge man aber die wohltätigen Auswirkungen aller dieser übersinnlichen Erdichtungen aus der Menschheitsgeschichte heraus, so hätte man zugleich Humanität und ‚Menschenwürde' weggeschafft! (FW 115) Auch der *Glaube* an einen guten Gott und an das Gute als dessen Ausstrahlung habe die Menschen *besser gemacht*. Die metaphysische Sicht des Menschen als Bild Gottes, die Nietzsche als Irrtum meint verabschieden zu müssen, verlieh dem Menschen, wie er das in seiner Umbruchszeit der Jahre 1875-1882 zugab, höchste Seelengestimmtheit, ein maximales Selbstwertgefühl. Daß der Mensch geistseelisch sich emporhebt und sittlich verfeinert, wurde durch nichts mehr befördert als durch Ideen von einem *Gott*, der selbst absolut gut ist und das Gute will, von einer *Seele*, die zu befreien sei von Erdenlust und Eigensucht, – was bedeutet, daß „der Leib zu besiegen sei, um die Seele frei zu machen", – und von persönlicher „Verantwortlichkeit" für alle Handlungen, ja Gedanken (KSA 8: 418, 464).

Im Aphorismus *Die Grundirrtümer'* (WS 12, vgl. auch WS 14) würdigt Nietzsche zentrale Stücke abendländischer Geistmetaphysik im Akt des sie Verlierens. Ohne die wundersame Selbst-(Über-) Schätzung des Menschen, die produktiven „Irrtümer" hinsichtlich seiner Gottähnlichkeit wäre kein hochkarätiges *Menschentum* entstanden, das jetzt den Maßstab bildet für das Verlorengehende. Die – von Nietzsche selbst religions- und metaphysikkritisch beförderte – Gottespreisgabe und drohende „Selbstverkleinerung" *des Ich* untergrabe auch seine humane Selbstachtung (GM III 25). In einer transzendentalphilosophisch angehauchten Metareflexion macht er prinzipiell deutlich, wie der Mensch selbst es ist, der durch kritische Konstrukte seines Weltverstehens sich aus der Gottesnähe und Sinnmitte des Universums vertreibt: Alle neuzeitliche Wissenschaft ziele darauf ab, dem Menschen seine bisherige *Achtung vor sich selbst* „auszureden", so als sei sie bloß ein *bizarrer Eigendünkel* (GM III 25) gewesen. So muß er fortan seine Selbstachtung verzweifelt wieder suchen, – ähnlich wie der Prophet ermahnt hat: „Glaubt ihr nicht, so bleibt ihr nicht" *(Jesaja* 7, 9).

e) *Nostalgiekomplex: Unglücklich verliebt in die Metaphysik –*
    Blick zurück mit Dank
Beachtlich ist, wie naturwissenschaftlich inspirierte Metaphysikkritik, v.a. in Nietzsches mittlerer Phase, dicht verwoben ist mit hymnischen Preisungen dieser für ihn zum Abschied reifen Metaphysik. Nicht selten läßt Nietzsche die „metaphysische Saite", das „metaphysische Bedürfnis" (MA 153) erklingen. So kann er sich abweisend, gelegentlich gar zornig äußern gegenüber einer naturalistischen Reduktion von Güte und Geist auf Selbsterhaltungsfunktionen, blinde Mechanik, „sinn- und zweckloses" Kräftespiel (MA 238). Ihn lockt und schreckt seine eigene *Hypothese*, die „alle Sentimentalität" beiseite wirft (KSA 11, 443). Auf Grund dieser ständigen unterschwelligen Ambivalenz, als Kluft zwischen Denken und Fühlen, verleiht er in seiner eigenen Philosophie Pascals *Logik des Herzens* eine starke Stimme, die in signifikanten Seufzern ertönt wie: „Ach, der Glaube an seine Würde ... ist dahin" (GM III 25), der herben *Logik des Verstandes* widerstreitend. Nietzsches kultur- und ideengeschichtliche Reflexion auf die nunmehr so fragile Würde, -wiederum in jener Ambivalenz wurzelnd, – lautet: „Das *allgemeinste Zeichen der modernen Zeit*: der Mensch hat in seinen eigenen Augen unglaublich an *Würde* eingebüßt. Lange als Mittelpunkt und Tragödien-Held des Daseins überhaupt; dann wenigstens bemüht, sich als verwandt mit der ... wertvollen Seite des Daseins zu beweisen – wie es alle Metaphysiker tun, die die *Würde des Menschen* festhalten wollen, mit ihrem Glauben, daß die moralischen Werte kardinale Werte sind." (SA III, 880f) In einschneidender Würde-Einbuße erblickt Nietzsche den gemeinsamen Nenner von Zeitzeichen in unterschiedlichsten Disziplinen, die richtungweisend für unsere Zeit wurden.

In das ohnehin nur noch mit Mühe bestehende ‚Würdebild' eines der Welt überlegenen idealen Menschentums bricht im letzten Drittel des 19. Jahrhunderts die Abstammungshypothese ein, der gemäß dies ganze *stolze Menschentum* womöglich, so Nietzsche grimmig, nur ein merkwürdiger „Zwischenfall", eine besondere Entwicklungsphase irgendeiner Tierart von begrenzter Dauer ist, die wie alle anderen ebenso zufällig aufgekommenen lebensfähigen

Varietäten einem natürlichen Wiederuntergang geweiht sein dürfte.[39] Seiner Eitelkeit gemäß habe der Mensch sich angemaßt, die krönende Spitze der Stufenleiter des Organischen zu bilden, und er hat die Erde pathetisch zum entscheidenden Schauplatz aller Akte des Weltendramas erklärt. Dies aber sei des Menschen *„hyperbolische Naivität"*, „sich selbst" als Sinn, Mitte oder als „Wertmaß der Dinge" zu setzen (KSA 13, 49). Sind wir Menschen nicht, – mit Hegels Geistphilosophie ausgedrückt, – subjektiver Geist, sondern „nur Sternenstaub", so ist die sittlich-religiöse Idee einer göttlichen Weltordnung nur wie das Fortträumen des alten Traumes von der Sphärenmusik und Sphärenharmonie (M 100); und die christliche Erlösung und Rechtfertigung des Sünders vor Gott womöglich nur der sublime, in Wahrheit aber selbstbetrügerische Versuch der Selbstbegnadigung eines mißratenen, kranken und sich selbst verachtenden höheren Tieres, das sich als heil, geborgen und hochachtbar wissen will.

Nietzsches Destruktion des alteuropäischen Würdebildes vom Menschen ist für ihn kein Dogma; sie gehört stattdessen zur experimentalphilosophischen Antithetik von Naturalismus und Idealismus, die er immer wieder aufs Neue auslotet. In negativer Dialektik konfrontiert er die im Darwinschen Deutungsmodell des Menschen – instrumentalisierbare, manipulierbare, ja tötbare, verbrauchbare – *Tierseele* mit der Kantischen Idee absoluten Selbstzweckseins jedes Ich. Durch Problemwachheit wahrt Nietzsche sich offene Horizonte zwischen der ehemals angenommenen Geistseele und der im 19. Jahrhundert von Ernst Haeckel glühend propagierten Hypothese der Tierseele des Menschen.[40] Denn er deckt, der erörterten Herzenslogik folgend, in

---

39 In *Über Wahrheit und Lüge im außermoralischen Sinne* (von 1873) erfindet Nietzsche eine den Menschen als Individuum ebenso wie als Gattung maximal marginalisierende „Fabel" von der „hochmüthigste(n) ... Minute der ‚Weltgeschichte'": „In irgend einem abgelegenen Winkel des in zahllosen Sonnensystemen flimmernd ausgegossenen Weltalls gab es einmal ein Gestirn, auf dem kluge Thiere das Erkennen erfanden ... Nach wenigen Athemzügen der Natur erstarrte das Gestirn, und die klugen Thiere mussten sterben." (KSA 1, 875)

40 Ernst Haeckel, wissenschaftsgläubiger Pantheist und Popularisator des Darwinismus, fordert in: *Die Lebenswunder. Gemeinverständliche Studien über biologische Philosophie*, erschienen im selben Jahr (1904), in dem er auf dem Internationalen Freidenkerkongreß in Rom zum Gegenpapst gewählt wurde, zur mörderischen Praxis auf, die „Geisteskranken" in Europa zu töten; utilitaristisch ist seine Begründung, es gelte familiäres Leid, Sorge, private und staatliche Kosten einzusparen; unheilbar Kranke seien durch eine Morphiumgabe von ihrer Qual zu befreien; durch eine Patientenverfügung soll die Tötung vorgenommen werden, die Haeckel „Autolyse" nennt, worin leibliche Selbstauflösung und seelische Selbsterlösung zusammenfallen; nach Vorbild des antiken Sparta empfiehlt er auch Kindereuthanasie als „nützliche Maßregel" gegenüber Neugeborenen, die von körperlichem Gebrechen gezeichnet sind, „behufs Selektion der Tüchtigsten". Von Haeckels

seiner Prognose des europäischen Nihilismus die drohende Verlustbilanz auf und zieht daraus die schlimmsten, als Warnung lesbaren Folgerungen für die ‚Tierseele' Mensch, die allen Optionen zur beliebigen Verfügung offensteht.

Christus am Kreuz, das Bild des Gekreuzigten, stellt weltgeschichtlich die stärkste Paradoxie dar von geraubter Würde, maximaler Entehrung und unverlierbarer, von Gott verliehener Würde und ihrer Bewahrung auch mitten im Geschundensein. Das offenbare Geheimnis der Paradoxie von Entwürdigung und sittlicher Hoheit,[41] von Mißhandeltwerden und dennoch Liebenkönnen, dieses für ihn unlösbare Rätsel aufgebende Bild hat Nietzsche immer neu herausgefordert (vgl. hier C XI 3 a).

3) Wie das Ich zur ‚Fabel' ward – Nietzsches Destruktion des idealistischen Subjektbegriffs

Zum polemischen Pathos des späten metaphysikfeindlichen Nietzsche gehört seine fast grimmige Verabschiedung des mit sich identischen idealistischen Ich, das sich seiner als Ich bewußt ist und als höchstes Prinzip allen Denkens und Handelns gilt. Um die alte Mythologie des Subjektbegriffs zu entkräften, das Ich aus der von ihm bloß erträumten platonisch-christlichen ‚wahren Welt' zu vertreiben, destruiert Nietzsche das Kantische ‚Ich-denke', infolgedessen

---

Lebenswundern wurden innerhalb von zwei Jahren 200 000 Exemplare verkauft, und es erschien in 15 Übersetzungen. (S. dazu Wolfgang Eßbach: *Religionssoziologie 2. Entfesselter Markt und artifizielle Lebenswelt als Wiege neuer Religionen*, T. 1, Paderborn 2019, zu Haeckel ebd. 378-389.) Verf. zeigt Haeckel als wegweisenden Exponenten der fatal sich ausbreitenden europäischen und amerikanischen Bewegung der *Eugenik* und *Rassenhygiene*, als deren neue Gottheit die Natur im Sinne von *Evolution* gilt, der zu dienen hohe Pflicht zugunsten der Zukunft der Menschheit sei. Solche die Menschenwürde bestreitenden Lehren führten in totalitären Regimen des 20. Jahrhunderts zu Staatsverbrechen, unter den Nationalsozialisten zum Judenmord. In Eßbachs Darstellung wird der unheimliche Zusammenhang durchsichtig, der im Gefälle liegt im Ausgang von der zunächst rein akademischen Lehrmeinung, ihrer taktisch klugen populären Vervielfältigung und schließlich skrupellosen Anwendung als *Biopolitik*, begünstigt durch den vom Materialismus und Darwinismus ausgelösten Zweifel an der Mensch-Tier-Differenz und das Hinschwinden des christlichen Menschenbildes (ebd. 364, 385-389, 399). – In Anbetracht dieser abschüssigen Ereignisfolge wirkt der späte Nietzsche, was er sonst niemals sein wollte, peinlich zeitgeisthörig und den Zeitgeist befeuernd.

41 Jesu Einsetzungsworte zur Abendmahlsfeier, im Wissen um sein nahes Todesurteil und -erleiden gesprochen (1*Korinther* 11, 23f), verwandeln die brutalen Akte der Festnahme durch Freundesverrat, der Geißelung und der Kreuzigung in den ganz anderen, davon himmelweit verschiedenen Akt freier Selbsthingabe, – ein maximales Paradox von anscheinend zermalmter Würde und göttlich-menschlicher Seelenmajestät im Angespienwerden.

auch dessen Erkenntnis von Objekten gewährleistende Synthesisfunktion. Auch im aufgeklärten Zeitalter, so argumentiert er, sei es immer noch die religiöse Unsterblichkeitshoffnung, woraus der philosophische Begriff des einheitlichen und überzeitlichen Ich seine Kraft ziehe. Zum einen attackiert er den für ihn überlebten Glauben an die unvergängliche unzerstörbare Seelenmonade, zum andern beklagt er die ‚Disgregation' des Willens im modernen passiv dahin schmelzenden betäubungssüchtigen Ich.

Was für ein Ich aber könnte das ausgezeichnete Subjekt sein, das im Zeitalter des von Nietzsche diagnostizierten Nihilismus sich *nicht* soll betäuben wollen, das im energischen ‚Ich-will' mit sich selbst darüber einig sein müßte, wach und gedankenklar werden und bleiben zu wollen? Hier wird die von Kant und Fichte hervorgehobene *Gesetzmäßigkeit* der Selbstzusammenstimmung sittlichen Wollens, der Nomos der Autonomie bedeutsam: er schützt das Ich vor zerstreuenden Impulsen.

a) *Das Ich im Spannungsfeld von Materialismus und Geistmetaphysik*
Den *Ich*begriff destruiert Nietzsche mit Einbezug naturphilosophischer und metaphysikkritischer Fragen. Schon seit dem Jahr 1872 nimmt er die hyperkritische Position ein, daß einschließlich der Naturwissenschaft alle Weltdeutungsmodelle Anthropomorphismen darstellen (KSA 7, 459).[42] Alle Absoluta seien *regulative Fiktionen*, anthropomorphe Setzungen, die dem Maß der Gefährdung des Menschen im Strom des Werdens und Vergehens aller Dinge entsprächen. Nietzsche vertritt den Psychologismus in seiner evolutionär angelegten Erkenntnistheorie. Sobald wir den Menschen nicht mehr als „fertig und hart gewordenes *Maß der Dinge*" vorstellen, sondern ihn „als flüssig und schwankend" denken, „hört die Strenge der Naturgesetze auf": „Empfindungsgesetze – als Kern der Naturgesetze" (KSA 7, 625). Man könne nicht mehr vom „*ewigen* Menschen" reden (MA 2). Unsere Sinne und ebenso unser „Geist", so erwägt er, sind Produkte der Materie, „das Gehirn die höchste Leistung der Natur"; schon die „einfachste Empfindung" ist dann „kein Urphänomen", sondern enthält in sich eine grenzenlos zusammengesetzte Geschichte, ein, wie wir heute sagen, hoch komplexes Gefüge von Sensoren und deren Speicherkapazität. Vorsichtiger konjunktivisch formuliert er: „Wenn man im Stande wäre, ein empfindendes Wesen aus Materie aufzubauen", so wäre die „Hälfte der Natur enthüllt"; „der Erkenntnißapparat" sei „unendlich complicirt" (KSA 7, 528), worin er die antike Vorstellung der menschlichen Seele als Mikrokosmos bestätigt findet.

---

42 Vorliegendes Kapitel ist die verdichtete Neufassung der Erstpublikation unter demselben Titel in: *Perspektiven der Philosophie* 27 (2001), 155-196.

In Aufzeichnungen aus dem Jahre 1884 wird eine Evolution der Organismen als gegeben, eine Evolution des menschlichen Intellekts aus dem Tierreich als wahrscheinlich angenommen: „Die Entwicklung des Organischen ergebe eine große Wahrscheinlichkeit, daß der Intellekt aus sehr kleinen Anfängen gewachsen", wie „der Geist", „auch *geworden* ist" (KSA 11: 169f, 444). Der „intellektuelle Prozeß" trete zuerst „am Tierreich" hervor (KSA 9, 435). Nietzsche hält am bloßen Hypothesen-Status des Darwinismus fest und erprobt experimentalphilosophisch die Erklärungs-reichweite des Evolutionsmodells, Kants apriorische Bedingungen der Erkenntnis biologisierend.

Es mag „unzählige modi cogitandi" bei Lebewesen gegeben haben, von denen sich nur die dem organischen Leben förderlichen erhalten haben; und im ungezählten „Irren und Sichvergreifen" sei auch dies mögliches Mittel zum *„glücklichen Zufall"*. Für die Einheit aller Funktionsweisen des menschlichen Organismus sei das „Ich-bewußtsein" nur das letzte, was noch hinzukomme, wenn ein Organismus schon „fertig fungiert". Das Bewußtsein seiner selbst als einer *Einheit* sei daher *„fast* etwas Überflüssiges" (KSA 9, 563). Wir sind zwar wohl „wahre Lebenssysteme", die Einheit eines Subjekts aber sei bloß hinzugedacht als Bedingung der Möglichkeit eines Objekts; ja die im Ichbewußtsein imaginierte *Einheit* sei „zusammengefabelt" und halte „nicht Stand" (KSA 9, 443).

Die Kantische *Kritik des Erkenntnisvermögens* ist nach Darwins Hypothese des Gewordenseins der Spezies Mensch und sämtlicher Vermögen des Erkennens für Nietzsche überaus „schwierig" geworden. Die „Gedankenselbstprüfung" der Vernunft müsse nun außerordentlich „subtil" sein (KSA 8, 435). Denn sie müsse auch abstammungsgeschichtliche Überlegungen (zum Werden des homo sapiens) mit einschließen: „In der Art, wie die Erstlinge organischer Bildungen Reize empfanden und das Außer-sich beurteilten, muß das *lebenserhaltende Prinzip* gesucht werden" (KSA 9, 545). Durch „Unarten des unlogischen Denkens" ist die Welt für Menschen „allmählich so wundersam bunt, schrecklich, bedeutungstief, seelenvoll *geworden*, sie hat Farbe bekommen"; wir sind durch ein produktives Hinschauen „die Koloristen gewesen"; der menschliche Intellekt ist es, der die Erscheinung hat „erscheinen lassen" (MA 16). Der Begriff der *Phantasie*, den F. A. Lange für die ästhetisch-ideale, Normen erzeugende Fähigkeit des Menschen verwendet, wird bei Nietzsche Zentrum eines skeptischen Schöpfertums oder einer Art schöpferischen Skeptizismus.

In *Über Wahrheit und Lüge* schon spricht Nietzsche mit Anklang an die auf Fichte rekurrierenden Romantiker, v.a. Novalis, vom „Urvermögen menschlicher Phantasie", aus dem – wiewohl ohne Erkenntnisanspruch – eine „Bildermasse" hervorströmt. Einen adäquaten Abdruck des Objekts im Subjekt, gemäß dem ontologischen Wahrheitsbegriff der *adaequatio rei et intellectus*, dürfe man nie annehmen, bestenfalls durch ästhetische *Intuition* eine „frei dichtende" und „nachstammelnde Übersetzung", als frei erfundene „Mittelsphäre" zwischen „zwei absolut verschiedenen Sphären", von Subjekt und Objekt. Solches Produzieren „in uns und aus uns" wird von Nietzsche im Geist Jacobischer Fichte-Kritik als fatale Notwendigkeit verbildlicht, mit der auch „die Spinne spinnt". In kritischer Reflexion auf die Handlungsweise des Geistes wird die vermeinte Naturgesetzmäßigkeit als ein nur „höchst subjektives Gebilde" und Konstrukt durchschaut (KSA 1, 883ff). Wie für den Skeptiker Maimon fällt für Nietzsche also die Objekte konstituierende transzendentale Bedeutung der Einbildungskraft,[43] die Fichte intendiert hat, dahin. Denn „alle unsre Vernunftkategorien sind sensualistischer Herkunft" (SA III, 537), erklärt Nietzsche, der die von Fichte für die Erkenntnis hoch geschätzte Vernünftigkeit der Einbildungskraft allein für die Lebenspraxis gelten läßt: „Was ist es, das den Dingen Sinn, Wert, Bedeutung verlieh? Das schaffende Herz" (KSA 10, 210). Des „Ichs Widerspruch und Wirrsal"(!) im Labyrinth seines Denkens, dessen Antithesen in negativer Dialektik stehen bleiben, löst sich durch das „schaffende, wollende, wertende Ich" (SA III, 899). Die theoretische Konstruktivität der Phantasie ist für ihn bloß fiktionalen Charakters. Zur Natur unseres Denkens gehöre, daß es zum „Bedingten das Unbedingte *hinzudenkt*" oder hinzuerfindet; auch das ‚Ich' selbst wird zur Vielheit seiner Akte als Einheit „hinzuerfunden"; und dieses ‚Ich' wieder „mißt die Welt an lauter von ihm selbst gesetzten Größen", an „seinen Grund-Fiktionen wie ‚Unbedingtes', ‚Zweck und Mittel', ... ‚Substanzen', an logischen Gesetzen" (KSA 10, 342). Die Annahme, daß wir als Subjekte es sind, die „Dinge"„construiren" und sonach die „Synthese ‚Ding'" mit allen seinen Eigenschaften „von *uns*" stamme (KSA 11, 125), faßt Nietzsche, – anstatt schöpferisch idealistisch im Sinne von Fichtes früher *Wissenschaftslehre*, – als Skeptizismus in der Wahrheitsfrage und Verlust objektiver Realität auf. In der dichten These: „Alles *ist* das Ich" (KSA 10, 162) dürfte Nietzsche den konstruktiven Idealismus von Fichte fokussiert haben. Jedoch sei diese Annahme, daß unser ‚Ich' *Alles* sein sollte, bloße „Phantasterei von ‚Ich' und *allem* ‚Nicht-Ich'"; das ‚Ich' möge doch damit „*aufhören, sich als solches phantastisches ego zu fühlen*!" (KSA 9, 443)

Anknüpfend an Studien von Wundt und Darwin zu den Ausdrucksbewegungen bei Menschen und Tieren und an Haeckels Parallelisierung von Ontogenese

---

43 Wilhelm Metz: *Kategoriendeduktion und produktive Einbildungskraft in der theoretischen Philosophie Kants und Fichtes*, Stuttgart-Bad-Cannstatt 1991. – Nietzsche spricht von einer vorherigen „Erfindung des ‚Subjekts', des ‚Ichs'" (SA III, 480), um es als höchsten Einheitspunkt für alle Erfahrung und Erkenntnis zu delegitimieren.

und Phylogenese erörtert Nietzsche im Aphorismus *Die Vergeßlichen* (M 312), inwiefern ein geistig verfeinertes, sittlich gebildetes Ich das *Vergessen* der animalischen evolutionären Vergangenheit des Menschen voraussetze. „In den Ausbrüchen der Leidenschaft ... entdeckt der Mensch seine ... Vorgeschichte wieder: die *Tierheit* mit ihren wilden Grimassen; ... während sein zivilisierter Zustand" sich dem „Vergessen dieser Urerfahrungen" verdankt. Die ethische Pointe: Wer als „Vergeßlicher höchster Gattung" solchen Ausbrüchen „fern geblieben ist, *versteht die Menschen nicht*, – aber es ist ein Vorteil für alle, wenn es hier und da solche Einzelne gibt, welche ‚sie nicht verstehen', und die gleichsam aus göttlichem Samen gezeugt und von der Vernunft geboren sind." (M 312) Zur ethischen Klimax gehören *„übermenschliche Leidenschaften"*, in denen der Mensch im Augenblick feuriger Liebe „ewige Treue" schwört oder im verzweifelten Verlust „ewige Trauer", die zwar „Heuchelei" ermöglichen, doch, um diesen Preis, die Welt neu schaffen durch Ideen, ihn emporheben (M 27). Der Aphorismus: *Die Zwecke in der Natur* (M 122) erinnert an die teleologische Weltkonzeption; die symbolische Entsprechung von Vernunft und Sehen hat Platonische Quellen; die – darwinistische – Erwägung einer möglichen zufälligen Entstehung des *Auges*, das die *Vernunft* repräsentiert, ist antiplatonisch, da Platon bemerkte, der Bildner des Gesichtssinnes, der Demiurg, habe diesen auf das köstlichste gebildet (*Politeia* 507 c-e). Die *Vernunft*, weit komplexer als das *Auge*, wird, so der Anti-Platoniker Nietzsche, auf „unvernünftige Weise" in die Welt gekommen sein, nämlich durch *Zufall*, – wie das die Evolutionsbiologie annimmt, – den man aber wird „erraten müssen wie ein Rätsel" (M 123). –

Im Konzept der ursprünglichen Einheit des selbstbewußtsein *Ich-denke* hat Kant David Hume's Ich als „bundle of ideas" kristallklar überwunden. Denselben Weg beschreitet Nietzsche wieder rückwärts; indem er sich Hume's skeptischer Auffassung anschließt, das Ich sei nur Konglomerat der ungebunden in ihm flottierenden Assoziationsketten von Ideen und Emotionen; und er verbindet diese mit der Heraklitischen Schau, daß alles fließe. *Wohin man reisen muß* (VM 223): „Die unmittelbare Selbstbeobachtung reicht lange nicht aus, um sich kennen zu lernen", d.h. Nietzsche setzt, wie des öfteren, das „Erkenne dich selbst!" in Zweifel, mithin die Authentizität introspektiver Selbstwahrnehmung des Ich. So heißt es: „Die Vergangenheit strömt in hundert Wellen in uns fort; wir selber sind ja nichts als das, was wir in jedem Augenblick von diesem Fortströmen empfinden. Auch hier sogar, wenn wir in den Fluß unseres anscheinend eigensten(!) und persönlichsten(!) Wesens hinabsteigen wollen, gilt Heraklits Satz: man steigt nicht zweimal in denselben Fluß." Zu den Nuancen des Flusses, der wir je selbst sind – nämlich im Strome unseres dahin fließenden Bewußtseins (bei William James: „the stream of consciousness"), – kommen erschwerend für die Selbsterkenntnis auch noch die spezifische kulturelle

Ich-Färbung und ihre „Strahlenbrechungen" hinzu, so daß bestenfalls einem „hundertäugigen Argos" gelingen könnte, sein immerfort werdendes, sich wandelndes *Ego* zu kennen und zu durchschauen (VM 223). Jeder Gedanke in uns biete Anlaß zu mehrfach neuer Deutung, sei als „Stimulans" ein beunruhigendes „Fragezeichen" und im Gedränge von vielen keimenden Gedanken womöglich „*Symptom*" für einen „umfänglicheren Zustand" des leibseelischen Ich. Je feiner aber ein Mensch sei, um so komplexer und vielstimmiger würde auch ein solches gründliches innerliches Zeugenverhör der Gedankenselbstprüfung; um so mehr fühle er „die ebenso schauerliche als erhabene Zufälligkeit in seinem Leben, Wollen, Gelingen ... heraus", und es schaudere ihn wie den Träumer, der einen Augenblick dessen inne ist, daß er träume (KSA 11:173f, 502). Signifikant ist: das Ich findet sich im Sichprüfen im Horizont der Ananke, des dunklen Gottes oder des *Deus absconditus* wieder, der für Nietzsche als *fascinosum* und *tremendum* jene „schauerliche Zufälligkeit" des Daseins bezeichnet.

b) *Überschätzung des ‚Ich-denke' und des Bewußtseins –*
das Ich und das Es

Die Behauptung, das Bewußtsein sei zumeist *oberflächlich*, die Nietzsche gegen Sokrates und den neuzeitlichen Idealismus in Anschlag bringt, entspricht der *Gefährlichkeit*, die seines Erachtens mit der in die Tiefe dringenden nüchternen Realitätswahrnehmung verknüpft ist. Für den Menschen, das „gefährdetste Tier" der „Tiergeschichte", könne Bewußtsein zur Gefahr gereichen, wenn wir nämlich zu begreifen anfangen, „inwiefern wir seiner entraten können", argumentiert Nietzsche. Das Problem des Bewußtseins bestünde in einem „*Sich*bewußtwerden" oder aber *Nichtbewußtwerden*. „Das ganze Leben wäre möglich, ohne daß es sich gleichsam im Spiegel sähe". Deshalb fragt er: „Wozu überhaupt Bewußtsein", wenn es für Wichtiges, wie die physiologischen Funktionen sind, „*überflüssig*" ist? (FW 354). Leibniz wird die „Einsicht" zugesprochen, daß „die Bewußtheit" bloß ein Akzidens von Vorstellungen sei, nicht aber deren tragendes „wesentliches Attribut" (FW 357).

Das Denken gilt Nietzsche nicht mehr wie in der Metaphysiktradition als eigentliches Zentrum der Seele oder des Ich. Er bezweifelt den Primat des Denkens, indem er die faktische Dominanz der Triebe im Ich hervorkehrt und die Ich-Funktion polemisch – wie vor ihm Lichtenberg und nach ihm Russell – durch ein ‚Es' ablöst, das, wenn denn doch gedacht wird, in mir denkt. So liegt für ihn im *Ich-denke* des Descartes nichts *unmittelbar Gewisses*, und dem Selbstbewußtsein des *cogito me cogitare* kommt kein Vorzug an Gewißheit, wie Descartes ihn lehrte, im Vergleich zu anderen Bewußtseinsinhalten zu. Es sei zu bezweifeln, daß das Subjekt in einer bestimmten Seinsqualität „sich selbst beweisen" könne; deshalb entfällt für Nietzsche die tragende Bedeutung des 'Ich-denke'; es kann für ihn nicht der archimedische Punkt sein zum Finden einer Grundgewißheit, geschweige denn zum Finden des Unbedingten. Was ihn von den „Metaphysikern" trennt, so erklärt er, ist deren Annahme, es sei originär das Ich, welches denkt; „vielmehr nehme ich das *Ich selber als eine Construktion des Denkens*, von gleichem Range wie ,Stoff', ,Ding', ,Substanz', ,Individuum' ...: also nur als *regulative Fiktion*, mit deren Hülfe eine Art Beständigkeit, folglich ,Erkennbarkeit' in eine Welt des Werdens hineingelegt, *hineingedichtet* wird." (KSA 11, 526)

Nietzsche prangert die „*falsche Versubstanzialisierung des Ich*" an, getätigt von Metaphysikern von Platon bis Leibniz, die im „Glauben an die individuelle Unsterblichkeit" gründe (KSA 12, 486). Und er weist die Annahme zurück, – die (transzendentalphilosophische) „Bewegung der Vernunft ruhe" auf dieser Voraussetzung, – das Ich sei die „einzige Realität", nach der wir „den Dingen Realität zusprechen" (SA III, 898). – Kants Widerlegung von Descartes' Annahme, das Ich sei ein intelligibles Sichwissen seiner selbst als Substanz, in der Nietzsche sich *metaphysikkritisch* mit Kant einig wissen kann, wertet Nietzsche zugleich, in der ihm eigenen dramatischen Zuspitzung, als ein „Attentat" auf den christlichen Seelenbegriff (JGB 54), – das es für Kant nicht war. – Die von Kant in den Paralogismen der Psychologie vorgenommene Entsubstanzialisierung der Seele wird von Nietzsche bis zur dogmatischen Fixierung getrieben, die Seele sei Akzidens unbestimmt vieler interner und externer Bestimmungen, und nichts weiter.

Im heftigen Einspruch gegen „alles Dogmatisiren" und jeden „philosophischen Dogmatismus" fokussiert Nietzsche als dessen zentrales Lehrstück den „Seelen-Aberglauben",[44] der gegenwärtig noch als „Subjekt- und Ich-Aberglaube" fortwirke und ideengeschichtlich aus Platons „Erfindung vom reinen Geiste und vom Guten an sich" seine Überzeugungskraft ziehe. Ihr entspreche auch der christliche Glaube an die ewige Seele; „Christentum ist Platonismus fürs ,Volk'" (KSA 5, 11f). Die neuere Philosophie seit Descartes sei, als „eine erkenntnistheoretische Skepsis" im Hinblick auf die Realität und Ewigkeit der ,Seele' oder des ,Ich', zumindest implizit *antichristlich* (JGB 54).

Nietzsche bestreitet die von Kant begründete ursprüngliche Einheit des Selbstbewußtseins als oberste, Erkenntnis stiftende Einheitsfunktion. Das *Ich* annehmen heiße nur, eine nicht tragfähige „Hülfs-Hypothese zum Zweck der

---

44 Die „religiöse Geschichte der Menschheit", – so argumentiert Nietzsche, als Feuerbachianer die Frömmigkeit auf eine verkappte Selbstliebe zurückführend, – erkenne sich wieder in einer Geschichte von solchem „Seelen-Aberglauben" mit metaphysischen Untersuchungen u.a. zum Problem von Substanz und Akzidens (SA III, 899).

Denkbarkeit der Welt" aufzustellen (KSA 10, 127), wie es mit transzendentalphilosophischer Reminiszenz heißt. Doch den Glauben der „*Seelen-Atomistik*" (JGB 12), – für Nietzsche: metaphysische Prämisse für die Annahme eines intelligiblen Ich und *Ich-denke*, – daß die menschliche Seele in Leibniz' Sinn eine Monade sei, also etwas „Unvertilgbares, Ewiges, Untheilbares", ein einzigartiges Individuum, eine immaterielle Einheit, „ein Atomon", möge man aus der Wissenschaft „hinausschaffen"! Nicht nötig sei, „die Seele' selbst dabei loszuwerden und auf eine der ältesten und ehrwürdigsten Hypothesen Verzicht zu leisten". Verfeinerte Fassungen der Seelenhypothese seien zu wagen, die Seele als „sterbliche'", als „Subjekts-Vielheit'", als „Gesellschaftsbau der Triebe und Affekte'" (JGB 12). – Auf diese Art setzt Nietzsche dem alten geistmetaphysischen *athanaton* das *thanaton*, der *Einheit* die *Vielheit* und den höheren Vermögen: Vernunft, Verstand, Wille die niedern: Triebe und Affekte entgegen. Die *Einheit des Ich* sei *Fiktion*. Der Begriff der *Einheit* sei „entlehnt von unserm ,Ich'-Begriff – unserm ältesten Glaubensartikel", wovon die Annahme einheitlicher Dinge abhänge. „Jetzt" aber haben wir uns „davon überzeugt, daß unsre Konzeption des Ich-Begriffs nichts für eine reale Einheit verbürgt" (SA III, 777).

Die neuzeitliche introspektive Selbstgewißtheit des Ich: *ego cogito* et *cogito ergo sum* bei Descartes, bei Fichte als das Subjekt-Objekt die Fundierung aller Objekte, wird von Nietzsche skeptizistisch gesprengt: „Wenn unser ,Ich' uns das einzige *Sein* ist, nach dem wir Alles *sein* machen oder verstehen: sehr gut! Dann ist der Zweifel sehr am Platze, ob hier nicht eine ... Illusion vorliegt", also der Schein von *Einheit des Ich*, das wie das Sehen im Horizont alles in sich schließt (KSA 12, 106).

Nietzsche polemisiert gegen die „*Überschätzung des Bewußtseins*", dem man überdies „Einheit" und Wesenhaftigkeit zugesprochen habe: – etwas, das „fühlt, denkt, will"; energisch weist er – die Kantische Eingrenzung der Erkenntnis auf Phaenomena vergessend – die Auffassung zurück, eine intelligible ,wahre Welt' existiere und sei überdies in „Bewußtseins-Thatsachen" zugänglich. „Das Unbewußtwerden galt als Verfallensein an die *Begierden* ... als *Verthierung*" (KSA 13, 330). Man nehme fälschlich an, so kritisiert Nietzsche die philosophische Tradition seit Sokrates,[45] im *Bewußtsein* und dessen Helligkeitskegel sei „*der Kern*" des Menschen als Geistseele gegeben, „sein Bleibendes, Ewiges, Letztes, Ursprünglichstes", als geistseelische Einheit (FW 11), die substantiell sei und den Organismus qualitativ überrage. Bewußtheit ist für ihn kein

---

45 Nietzsche erblickt Sokrates als den ersten großen Protagonisten der Bewußtseinshelligkeit in allem Wissen und Tun. Dieser Helligkeit stellt Nietzsche eine feierlich aufgerufene „Weihe des inneren Träumens" entgegen (KSA 1, 84), in der über das Logische hinaus ein intuitives Denken und das Unbewußte zur Geltung gelangen sollen.

innerer ‚Kern' des Selbst. Ist nicht „all' unser sogenanntes Bewußtsein ein mehr oder weniger phantastischer Kommentar über einen ungewußten, vielleicht unwißbaren, aber gefühlten Text?" (M 119: *Erleben und Erdichten*) Die Antithese zur Rühmung des Unbewußten ist freilich die Aufforderung dazu, alles Angeerbte „unbewußt Gewordene" zu „revidieren" und „inventarisieren" (GA IX, 377), also befreiend sich in einer bewußtseinsklaren Durchdringung den abgesunkenen emotionalen Gehalt anzueignen.

Die Begriffsverwendung ‚Subjekt' sei Ausdruck des „Glaubens" an eine *Einheit*; ihm entspricht unser Interpretieren dahin, daß „das Ich als Substanz gilt" (KTA 78, 339f). Im hypothetischen Urteil sucht Nietzsche ferner das – als Phänomen plausible, jedoch für ihn bloß eine täuschende Scheinevidenz hervorrufende – Bewußtsein des Ich von sich als *Einheit* zugunsten des Leibes zu depotenzieren: „Wenn ich etwas von einer Einheit in mir habe, so liegt sie gewiß nicht", statuiert er, „in dem bewußten Ich und dem Fühlen, Wollen, Denken, sondern ... in der erhaltenden, aneignenden, ... überwachenden Klugheit meines ganzen Organismus" (KTA 83, 74). Gemäß der späten ‚Umwertung' aller Werte, worin der Leib und dessen Vitalität hohe Wertschätzung erfährt, spricht er „das ewige ‚Ich' und seine Heiligung" an, die, statt asketisch sich zu entweltlichen, mit Zarathustra immoralistisch die „Seligsprechung der Triebe" sein soll; antichristlich „geheiligt" sei das *Ich*, wenn vormals verketzerte Herrsch- und Selbstsucht „rehabilitiert" ist (KTA 83: 495, 497).

Die „harmlosen Selbst-Beobachter" werden von Nietzsche ironisch provoziert, die glauben, es gebe ‚unmittelbare Gewißheiten', so zum Beispiel ‚ich denke' oder ‚ich will'. Solche idealistischen Grundgewißheiten hat er im Visier, wenn er die Annahme angreift, das Erkennen bekomme, in apodiktischer Evidenz oder logischer Analyse als ein „zu Ende-Kennen", seinen Gegenstand als ‚Ding an sich' zu fassen (JGB 16).[46] So stecke, wendet er ein, im seiner selbst gewissen Ich-denke eine Reihe „verwegner Behauptungen", so „daß *ich* es bin, der denkt", und daß dieses Etwas, das die Tätigkeit des Denkens ausübt, ein „Wesen" (JGB 16), also substantiell sei, – für Descartes Basis seines – von Kant wiederum entkräfteten – Beweises für die Unsterblichkeit der Seele. – Naivität liegt für Nietzsche in der hier beanspruchten intuitiven Gewißheit, daß ich denke und weiß, daß wenigstens dies wahr, real, gewiß ist. Denn ein Gedanke „kommt, wenn ‚er' will, und nicht wenn ‚ich' will, so daß es eine *Fälschung* des Tatbestandes ist zu sagen: das Subjekt ‚ich' ist die Bedingung des Prädikats

---

46 Eine „falsche Grundbeobachtung" sei, daß „ich glaube, *ich* bin's, der etwas tut, ... eine Eigenschaft hat" (SA III, 456). Nietzsche findet einen logischen Zirkel: „Das Denken setzt erst das Ich", man glaubte, „im ‚ich denke' liege irgend etwas von Unmittelbar-Gewissem und dieses ‚Ich' sei ... Ursache des Denkens" (KSA 11, 526).

‚denke'. Es denkt: aber daß dies ‚es' gerade jenes alte berühmte ‚Ich' sei, ist, milde geredet, nur eine ... Behauptung". So hat „das alte ehrliche Ich", spottet Nietzsche, sich „verflüchtigt" zu jenem kleinen „‚es'" (JGB 17), das später für Freud bedeutsam wurde, da es für ihn das Nicht-Herr-Sein des Ich im eigenen Hause signalisieren sollte, das vorzugsweise ein komplexes dynamisches Geflecht von unbewußten Triebkonstellationen sei. Mit Seitenhieb auf Schopenhauer ergänzt Nietzsche seine Skepsis gegen die Urgewißheit des Ich-denke um diejenige gegen das ‚Ich-will', worin für jenen der blindwütig treibende Urwille sich selbst als Ding an sich erschlossen ist. So heißt es in kritischem Rückblick auf sich selbst als Schopenhauer-Jünger: „Wir glaubten uns selbst im Akt des Willens ursächlich; wir meinten da wenigstens die Ursächlichkeit *auf der That zu ertappen*." (KSA 6, 90; GD) Fichtes im Denkakt sich zuschauende Ich klingt hier noch durch. Der Mensch hänge an drei ‚inneren Tatsachen', an die er fest glaube, Wille, Geist, *Ich* (KSA 6, 90). Auch den Willen zweifelt Nietzsche an, jedoch nicht stets nur als Zertrümmerer des Ich. Denn das „souveräne Individuum", mit Fichte-Anklang als das „nur sich selbst gleiche" tituliert, das als mit sich *identisch* bleibendes *Versprechen* halten kann (GM II 2), ähnelt Fichtes starkem ‚Ich-will'. *Metaphysikkritische* Demontage hindert Nietzsche also nicht an *praktischer* Neuauflage des Ich. Die idealistische Fundierungsordnung von Selbst- und Objekterkenntnis, die er oft verneint hat, klingt an im frühen Wort: „Der Mensch kennt die Welt in dem Grade, als er sich kennt: d.h. ihre Tiefe entschleiert sich ihm in dem Grade, als er über sich und seine Kompliziertheit erstaunt." (KSA 7, 458) Platonisches Staunen findet in der Seele Schönheit, das Pendant zu der des Kosmos.

Kants ursprüngliche synthetische *Einheit* des sich wissenden, selbstbewußten *Ich*,[47] das über die Objektivität, wie Hegel formuliert, „übergreift", und, diesem korrelierend, ein *Unbedingtes*, worauf das endliche Ich sich horizonthaft oder sogar grundwesentlich bezogen weiß, sind Urideen des deutschen Idealismus, die der reife Nietzsche als Phantasmagorien einer höheren Welt bzw. eines anderen besseren Lebens bekämpft. Der Annahme des substantiell und einheitlich existierenden Ich, so legt er nahe, entspreche die andre Annahme, es gebe das reale Unbedingte oder „Höhere" als „das Gute, das Wahre, des Vollkommne". Die metaphysisch orientierte Vernunft „glaubt an's Ich, an's Ich als Sein, an's Ich als Substanz und projicirt den Glauben an die

---

47 Für Kant ist die als möglich „vorausgedachte" „synthetische Einheit der Apperzeption" der „höchste Punkt, an dem man allen Verstandesgebrauch", Transzendentalphilosophie und Logik „heften muß" (KrV B 133f *nota*). – Zur *Synthesis*funktion des denkenden *Ich* bei Kant vgl. Mario Caimi: *Leçons sur Kant. La déduction transcendantale dans la deuxième édition de la Critique de la raison pure*, Paris 2007, 25-40.

Ich-Substanz auf alle Dinge"; – und mit Fichte-Anklang (SW 1, 499): „aus der Conception ‚Ich' folgt erst, als abgeleitet, der Begriff ‚Sein'" (KSA 6, 76f; GD). Seiner frühen Orientierung an Kants Transzendentalismus folgend, erinnert Nietzsche zwar in vielfachen Anläufen diese Fundierungsordnung von Einheit des Bewußtseins und Objektkonstitution, greift dabei jedoch die intellektuelle Tragfähigkeit des selbstbewußten Ich an, ja will sie untergraben. Denn das ‚Ich' sei nur „perspektivische *Illusion*", eine „scheinbare Einheit, in der wie in einer Horizontlinie alles sich zusammenschließt" (KSA 12, 106). Gemäß unserem trügerischen Glauben an die Substantialität unseres Ich sprechen wir den Dingen Realität zu. Aus dieser Konzeption des ‚Ich' wird der Begriff eines Seins „abgeleitet", das bedeutet für den Kritiker: Der „Glaube" an das Ich als Einheit und Substanz wird auf die Dinge „*projiziert*". Doch das Ich und seine ‚innere Welt' der Bewußtseinstatsachen sei „voller Trugbilder und Irrlichter", ja das Ich sei „zur Fabel geworden, zur Fiktion, zum Wortspiel" (KSA 6: 77, 91). – Fabel, Fiktion und Mythus bilden eine das Ich destruierende kampfbegriffliche Trias, die auf D. F. Strauß' bibelkritisches Konzept des Mythus anspielen. So ist die Rede von der „Mythologie des Subjektbegriffs" oder davon, das ‚Subjekt' sei „nur eine Fiktion" (KTA 83, 289; KTA 78, 251).[48]

Entgangen ist Nietzsche bei seiner Idealismus-Kritik, daß Kant, Fichte und Hegel das konkrete empirische einzelne Ich durchgängig abheben vom reinen *transzendentalen Ich*, das von Nietzsches Kritik, die zwar auf evidente Phänomene zielt, nicht ohne weiteres betroffen wird. Fichte war die Disparatheit des empirischen Ich, das passiv dahin treibt und zerstreut ist in einem blinden Hang zur Ideen-Assoziation, in so hohem Maße gegenwärtig, daß er das reine oder absolute Ich im strengen Kontrast zu jenem entwirft. Zudem ersetzt Fichte dezidiert das Cartesianische denkende Ich als *res cogitans* und *substantia* durch den reinen Aktvollzug des (ohne vorausgehendes Substrat) Sich-selbst-Konstituierens (SW I, 440f), aus dem für Fichte in der Tat u.a. die ganze mögliche Erfahrung deduziert werden soll.[49] Hinsichtlich der Fundierungsordnung,

---

48 Zur Rehabilitierung der historischen Glaubwürdigkeit der Evangelien s. Marius Reiser: *Kritische Geschichte der Jesusforschung. Von Kelsos und Origines bis heute*, 2. Aufl. Stuttgart 2017.

49 Zu Fichtes in seiner logischen Konsistenz von Nietzsche verkanntem ‚Ich' sei angemerkt: Fichtes Ich ist zu verstehen als die von ihm dynamisierte Kantische reine ursprünglich synthetische *Einheit der Apperzeption*, die, so Kant, alle meine Gedanken muß begleiten können, damit sie der Einheit meines Ich zugehören. In der zweiten Einleitung in die Wissenschaftslehre von 1797 erklärt Fichte: „Der Mechanismus kann sich selbst nicht fassen... . Sich selbst fassen kann nur das freie Bewußtsein"; Fichte zielt ab auf die „Erhebung durch Freiheit zu einer ganz anderen Sphäre, in deren Besitz wir nicht unmittelbar durch unser Dasein versetzt werden" (GA I, 4: 261, 258f). An den Philosophierenden ergeht die *Aufforderung*, daß er sich auf sein Selbst zurückwende, damit er des Urprinzips

daß aus der Konzeption des Ich die des Seins *abgeleitet* wird und infolgedessen aus der Hinfälligkeit jenes Ichbegriffs die Hinfälligkeit des Seinsbegriffs folgen würde, stimmen Fichte und Nietzsche überein. Nur statuiert Nietzsche im Gegensatz zu Fichte die Unhaltbarkeit des Ich. Nietzsches Fiktionalitäts-Vorwurf dürfte Fichte kaum beeindrucken, da dieser selbst als die erste Handlung des Geistes, auf Grund deren ihm sein eigenes und ein Sein außer ihm entsteht, als absoluten Akt das spontan sich selbst konstruierende Ich bestimmt, das zuvor nicht da ist. Diese reine Konstruktivität des Sichsetzens als Ich bedeutet gerade nicht *a priori* einen Mangel an Sein des Ich, sondern Feststellen derjenigen Bedingung, unter der überhaupt Seiendes als gegeben annehmbar ist. Auch das im ersten Axiom sich mit Sich-*identisch*-Setzen des Ich (Ich=Ich) ist für Fichte gültiger Urakt des Ich, keine Fiktion.

Nietzsche versichert, als sei er getreuer Fichte-Nachfolger, das ‚Subjekt' sei „nichts Gegebenes, sondern etwas Hinzu-Erdichtetes, Dahinter-Gestecktes" (SA III, 903); jedoch rezipiert er ihn in rein polemischer Absicht, indem er das konstruktive Sich-selbst-Setzen des Ich bei Fichte dekonstruiert und dem Pathos der Wahrheit und Freiheit des Ich das des Versenktseins in Illusion entgegenhält.

Den Zerfall des Ichbegriffs, des näheren der Leibnizschen Monade als Einheit, die in ihrer Vielzahl im Universum Gott als Einheit in sich birgt, zeigt die Notiz, in der, – typisch für Nietzsche, – der Einheit in abstrakter Negation Vielheit entgegengesetzt wird, ohne daß er die Korrelativität von Einheit und Vielheit beachtet: „Das Ich ist nicht die Stellung *eines* Wesens zu mehreren (Triebe, Gedanken usw.), sondern das ego ist eine Mehrheit von personenartigen Kräften, von denen bald diese, bald jene im Vordergrund steht als ego und nach den anderen wie ein Subjekt nach einer ... Außenwelt hinsieht." Wir machen „das *Überwiegende* momentan zum *ganzen* ego und alle schwächeren Triebe stellen wir perspektivisch *ferner* ... Wir behandeln uns als eine Mehrheit", indem wir „soziale Beziehungen", die wir pflegen, ins Ich aufnehmen. Wir „setzen uns in Angst, machen Parteiungen, führen Gerichtsszenen auf,

---

allen Wissens im Gedanken seines Ich inne wird. Dieses angemutete Anschauen seiner selbst im Vollziehen des Aktes, wodurch ihm das Ich entsteht, nennt Fichte „intellektuelle Anschauung"; sie ist die rein geistige Handlung, in der die Intelligenz sich selbst zusieht in ihren Welt erklärenden Denkakten. Für Fichte geht von dem Punkt der Einheit, in dem das Ich sich als erzeugt durch sich selbst und als Subjekt-Objekt ergreift und festhält, also von der *Tathandlung* des *sich selbst setzenden Ich*, das ein Nicht-Ich sich *entgegensetzt* und in einer *Synthesis* durch Teilbarkeit mit einem teilbaren Ich ein teilbares Nicht-Ich zusammensetzt, alles Erkennen und Handeln aus. – Zur Erhebung des Ich s. Heinz Heimsoeth: *Fichte*, München 1923, 83f; zur Wissenschaftslehre des frühen Fichte: Wolfgang Janke: *Fichte. Sein und Reflexion – Grundlagen der kritischen Vernunft*, Berlin 1970.

überfallen uns, martern uns, verherrlichen uns, machen aus dem und jenem in uns unseren Gott und unseren Teufel." (KTA 83, 137) Die von Nietzsche fein beobachtete Wankelmütigkeit und Orientierungsschwäche jedes empirischen Ich schmiedet er zur scharfen Waffe, die das Welten konstruierende *denkende Ich* suspekt machen soll.

Gegen das idealistische Konzept der Einheit des Ich richtet Nietzsche die These, das Ich sei in sich Vielheit, so als vielstimmige Leibseele oder im sich selbst verzehrenden Gewissen. Polemisch wird der Leib als eigentliche Vernunft apostrophiert; der „Geist" friste nur als Epiphänomen der Triebe sein Dasein, nämlich als das Leben, so *Zarathustra*, „das selber in's Leben schneidet: an der eignen Qual mehrt es sich das eigne Wissen" (KSA 4, 134). Nietzsches These, der Leib sei „eine grosse Vernunft" (KSA 4, 39), wendet sich gegen Schopenhauer, für den der Leib, als sichtbar gewordener Wille, nur Unvernunft ist, worin die blinde Ziellosigkeit allen Wollens sich enthülle. In praktischer Hinsicht bestimmt Nietzsche das Ich als im Gewissen mit sich zerfallene, qualvoll sich aufreibende ‚Tierseele', die in einem Angeklagter, Richter und Henker darstellt (GM II 16).

Schon seit der *Geburt der Tragödie* übt er Wissenschaftskritik; in ihren Schatten fällt der Begriff des Ich. „Die Wissenschaft – das war bisher die Beseitigung der vollkommenen Verworrenheit der Dinge durch Hypothesen, welche alles ‚erklären' – also aus dem Widerwillen des Intellekts an dem Chaos ... Dieser selbe Widerwille ergreift mich bei Betrachtung *meiner selber*: die innere Welt möchte ich auch durch ein *Schema* mir bildlich vorstellen", um über jegliche „Verworrenheit" hinauszugelangen (KSA 10, 656). Das denkende Ich ist wie ein kleiner Lichtkegel im großen um es herum und in ihm waltenden Chaos. Allein durch wache Reflexion des Ich entsteht ein „heller, blitzender Lichtschein" inmitten des Nebels von dumpfer Unbewußtheit, „ein kleiner lebendiger Wirbel in einem todten Meere von Nacht und Vergessen" (KSA 1, 253). Wie zwischen Scylla und Charybdis muß der Mensch unablässig sich hindurchlavieren zwischen den Gefahren übermäßig hellwacher, als Hyperreflexion ihn quälender Ichbewußtheit und träumender Bewußtseinsarmut.

Resümierend läßt sich also zur Problematik des Ich-Begriffs festhalten: Nietzsche bezweifelt 1) die innere *Einheit* des Bewußtseins: das *Ich* ist nur fiktive Synthese, bloß eingebildete Einheit; 2) den seit Descartes angenommenen *Gewißheitsvorzug* des Ich-denke vor allem Objektbewußtsein; 3) den *Realitätscharakter* des Bewußtseins, das auf der Oberfläche des Daseins des Ich und der Dinge bleibe; das Unbewußte reiche in tiefere Dimensionen; 4) die *objektkonstituierende Bedeutung* des Selbstbewußtseins als „höchsten Punkts" allen Verstandesgebrauches, wie sie in der Epoche von Kant bis Hegel gegolten hat; 5) die *handlungsleitende* Relevanz des klaren Bewußtseins: Ist „das hellste

Bewußtsein", „das logischste Denken" ersten Ranges? – steht nicht vielmehr dagegen „die *Präcision des Handelns* ... in Antagonismus mit der *weitblickenden ... Vorsorglichkeit*" (KSA 12, 210)?

c) *Verlust des denkenden Ich im Abschied von ontologischer Wahrheit*
Nietzsche setzt an die Stelle ontologischer Wahrheit Stufen von Scheinbarkeit, ohne den Maßstab für solche Stufen aufzuzeigen. Den Begriff des *Scheins* hat er nicht durchgeklärt; er wird weder im Sinne von Kants Erscheinung noch im Sinne von Leibniz' *Phaenomenon bene fundatum* verstanden. Erst recht faßt Nietzsche *Schein* zumeist nicht im Sinne von Schillers „aufrichtigem Schein" des Schönen[50] als sinnlicher Verbürgung von Freiheit und Sittlichkeit oder von Hegels dialektischer Bestimmung, „der *Schein* selbst ist dem *Wesen* wesentlich", das Schöne ist „das sinnliche *Scheinen* der Idee".[51] Am nächsten kommt Nietzsches Begriff des Scheins,[52] da er auf dessen Illusions- und Täuschungscharakter abhebt, Platons Doxa als Begriff für das ungesicherte Meinen.

Für Platon ist das Meinen trügerisch wegen seiner mangelnden Rückbindung an die Ideenwelt, die allein Wahrheit und Realität verbürgt; das Abschattungsverhältnis zwischen Sein und Schein bestimmt er durch die Ideenlehre. Die Ideenwelt bestreitend, unterläuft Nietzsche in demselben Argumentationsgang ontologische Wahrheit, durch die überhaupt erst die Seinsweise des Scheins als des Seins von einem wesentlich Nichtseienden bestimmt werden könnte, – das im Gegensatz stehen soll zu einer wahren Realität, – also der Grad ontologischer Nichtigkeit von etwas, das doch nicht bloß nichts ist. Nietzsches Suggestion zielt dahin, daß der Schein universal sei, mit der Folgelast, daß seine Eingrenzbarkeit überaus problematisch wird. Die Axiome von

---

50 Anfang der siebziger Jahre nimmt Nietzsche, motiviert durch die Idee einer kunstmetaphysischen ästhetischen Versöhnung des tragisch leidenden Menschen, punktuell Schillers *Briefe über die ästhetische Erziehung* auf und die *Vorrede* zur *Braut von Messina*, in welcher es heißt, die Kunst sei „wahrer" als alle Wirklichkeit und „realer" als alle Erfahrung (SWII, 817f). Kunst behandle den Schein, so erklärt Nietzsche, „*als Schein*, will also gerade *nicht* täuschen, *ist wahr*". Theoretische Skepsis verbindet sich mit Schillerscher Kunstmetaphysik in den Thesen: „Die Wahrheit ist unerkennbar. Alles Erkennbare Schein. Bedeutung der Kunst als des wahrhaftigen Scheines." (KSA 7, 632f)

51 G. W. F. Hegel: *Ästhetik*, nach der Ausg. von H. G. Hotho (1842), hg. von F. Bassenge, Berlin 1955, 19, 117.

52 Wie Nietzsche, von F. A. Langes *Materialismus*-Buch angeregt, Kants transzendentalphilosophischen Begriff „Erscheinung" mit „Schein" konfundiert und diesen mit Platons Kritik am Trugcharakter der sinnlichen Welt, zeigt sich in einer Notiz aus dem Jahr 1870: „Daß alle Erscheinung materiell ist, ist klar". Naturwissenschaft ist „hinter dem Scheine her", denn sie „als Realität behandelt". So ist „das Reich der Vorstellungen Wahnbilder usw. auch Natur" (KSA 7, 130f). Im Argument *zirkulär* erweist sich die Fundierung des Ich in der Natur et vice versa.

Nietzsches Spekulation bergen, so Karl Schlechta, „bedenkliche Schwierigkeiten in sich"; in einer Welt der „absoluten Unwahrheit", wie Nietzsche sie annimmt, wird in letzter Konsequenz der Wille das „letzte Refugium",[53] von dem aus Realität geschaffen und bewertet wird. Gleichwohl könne man, so Wolfgang Müller-Lauter, in der allseitigen Destruktion des ontologischen Wahrheitsbegriffs, „eine kaum verhüllte Sehnsucht Nietzsches nach jener ‚Wahrheit' ... heraushören".[54]

Nietzsche verfällt dem Gedanken des universalen, nicht zu durchbrechenden Täuschungs- und Illusionszusammenhangs oder einer *Logik des Traumes* (MA 13).[55] Im grimmigen Protest, und zwar im Geist von Feuerbach, der glühend das Recht der Sinnlichkeit verteidigt, sträubt Nietzsche sich gegen eine Wertminderung der bloß sinnenfälligen Schein-Welt: „Meine Philosophie", erklärt er, ist *„umgedrehter Platonismus*: je weiter ab vom wahrhaft Seienden, um so reiner schöner besser ist es. Das Leben im Schein als Ziel." (KSA 7, 199) Die dionysische Weltansicht, die schon der frühe Nietzsche als Anti-Platonismus entwirft,[56] zielt ab auf die Rechtfertigung des Lebens auch noch in seinem „Furchtbarsten, Zweideutigsten, Lügenhaftesten", in *antiplatonischer* Kontrastierung mit dem ewig Seienden als „gut, selig, wahr, eins". Nietzsches entschlossene, fast makaber wirkende Vergöttlichung des Häßlichen, des Schmerzes, des Vieldeutigen, Widersprüchlichen, des Scheins, der Blindheit, der Lüge, – alle diese Spielarten der Negation und Opposition lassen sich als solche Formen eines *umgedrehten Platonismus* lesen.[57] Nietzsche bedenkt nicht, daß der skeptische Satz: ‚Alles ist Schein oder Fiktion', insofern er ein allgemeingültiges Urteil trifft, sich selbst aufhebt.[58]

---

53 Karl Schlechte: *Der Fall Nietzsche. Aufsätze und Vorträge*, München 1958, 36f.
54 Nietzsches Lehre vom Willen zur Macht, in: Jörg Salaquarda (Hg.): *Nietzsche*, Darmstadt 1980, 234-287, 264.
55 Das mögliche Befangensein des *Ich* in einem universalen Traum nimmt Descartes in den *Meditationes* ernst, widerlegt es aber durch das seiner gewisse *ego cogito* – Nietzsche spricht auch sinnbildlich vom Leben als von einem „wachen *Traum*", in welchem der Mensch augenblicksweise fühlt: ‚ich träume' (KSA 11, 502). Auf Freud voraus weisend, verleiht er der Traumproduktion des Ich besondere Bedeutung als *Kompensation* für unerfüllte Triebwünsche und als Spielraum für die *Entladung* angestauter Affekte. Vgl. M 119: *Erleben und Erdichten*.
56 Hiergegen ab sticht das zwiefache Idealismus-freundliche Rühmen in einer Vorlesung Platons Ideenlehre sei „etwas sehr Erstaunliches, eine unschätzbare Vorbereitung für den Kantischen Idealismus" (KGW II/ 4, 7).
57 Dieter Bremer: Platonisches, Antiplatonisches, Aspekte der Platon-Rezeption in Nietzsches Versuch einer Wiederherstellung des frühgriechischen Daseinsverständnisses, in: *Nietzsche-Studien* Bd 8 (1979), 39-103, 65.
58 Der Vaihinger-Schüler del Negro zeigt kritisch den Selbstwiderspruch in der Behauptung, *alle* Erkenntnisse seien ‚Fälschungen', und weist sonach die Selbstaufhebung von

Einen *universalen Fiktionalismus* oder *Pan-Illusionismus* vertritt Nietzsche in Umrissen schon seit den siebziger Jahren. Anfang der achtziger Jahre erörtert er mithilfe der Theaterspiel- und Traum-Metaphorik, ohne den Weg aus dem Labyrinth allgegenwärtiger Phantasmagorien zu finden, wie ein Traumbild seiner selbst bewußt und dessen inne werden könnte, es sei nur Bestandteil eines Traumes: „Wie könnten wir Trugbilder zum Wissen um den Trug kommen?" Die Annahme, es gebe „das Wahre Wahrhafte" (KSA 9, 435) muß vorausgesetzt werden, um in der *Selbstbezüglichkeit* des Ich sein vor sich selbst Theaterspielen zu sehen oder um sich selbst als ‚Trugbild' zu durchschauen. Hier zeigt sich ein Spezialfall des radikalen Skeptizismus, der durch Selbstanwendung sich aufhebt.

In *Jenseits von Gut und Böse* (34) differenziert er den Schein, ohne Kriterien für Intensitätsgrade zu suchen, nur noch in Grade oder „Stufen der Scheinbarkeit", gleichsam, so heißt es tastend und wie im Streit um die Schatten in Platons Höhle, in „hellere und dunklere Schatten" des Scheins.

Die Vorrede zur zweiten Ausgabe der „*Fröhlichen Wissenschaft*" schließt mit der Ermunterung, es gelte, „den Schein anzubeten", ja wie die alten Griechen als Künstler, „an den ganzen Olymp des *Scheins* zu glauben!" (KSA 3, 352) Im Aphorismus *Das Bewußtsein vom Scheine* (FW 54) verbindet Nietzsche, mit der Erklärung, der Schein sei einzige „Realität", den Topos von einem universalen Traum im Kontext einer sensualistischen und evolutionären Erkenntnistheorie: „Ich habe für mich *entdeckt*, daß die alte Mensch- und Tierheit, ja die gesamte Urzeit und Vergangenheit alles empfindenden Seins in mir fortdichtet, fortliebt, forthaßt, fortschließt – ich bin plötzlich mitten in diesem Traum erwacht, aber nur zum Bewußtsein, daß ich eben träume und daß ich weiterträumen *muß*", wie der Nachtwandler, um nicht abzustürzen. „Was ist mir jetzt ‚Schein'! Wahrlich nicht der Gegensatz irgendeines Wesens ... Schein ist für mich das Wirkende und Lebende selber, das so weit in seiner Selbstverspottung geht, mich fühlen zu lassen, daß hier Schein und Irrlicht und Geistertanz und nichts mehr ist" und daß „der ‚Erkennende'" in diesem „irdischen Tanze" nur zu den „Festordnern des Daseins" gehöre, und die „Konsequenz und Verbundenheit aller Erkenntnisse" womöglich das „Mittel ist ..., die Allgemeinheit der Träumerei ... *aufrechtzuerhalten.*" (FW 54) So suggeriert Nietzsche einen Zusammenhang von Evolution und Unentrinnbarkeit des Bewußtseins aus

---

Nietzsches universalem Fiktionalismus auf. Des näheren wendet del Negro sich zu Recht gegen Nietzsches Destruktion der Gültigkeit der Logik, der Evidenz der Wahrnehmung, des prädikativen Urteils, des Ding-an-sich-Begriffs, des Kausalitäts- sowie des Substanzbegriffs. Walter del Negro: *Die Rolle der Fiktionen in der Erkenntnistheorie Friedrich Nietzsches*, München 1923, 138-200.

Traum oder Schein. Das idealistische Ich als nachtwandlerisches Subjekt und Objekt seiner Träume, das nichts anderes mehr als seine eignen Träume zu klassifizieren vermag, ist für Nietzsche in den totalen Auflösungsprozeß geraten: Es ist weder selbst ontologisch real, noch hat es realitätshaltige Vorstellungen, noch vermag es Traum und Wirklichkeit zu sondern.

Im Aphorismus *Erleben und Erdichten* (M 119) bestimmt Nietzsche das Ich implizit im Horizont eines Absoluten, nämlich als „dichtende Vernunft" im Horizont der Ananke, des dunklen Gottes oder des blinden Zufalls. Trotz aller triebgesättigten Vitalität erscheint das Ich hier vorrangig sich selbst als Wirrsal und Rätsel ebenso wie der Weltengrund. „Wie weit einer seine Selbsterkenntnis auch treiben mag, nichts kann doch unvollständiger sein als das Bild der gesamten *Triebe*, die sein Wesen konstituieren" und deren „Spiel und Widerspiel untereinander", die ihm unbekannt sind. Unsre zufälligen „täglichen Erlebnisse" werfen unseren Trieben, die auf der Lauer nach Nahrung liegen, „Beute" zu oder versagen sie. Die „mit blinder Hand" ausgestreuten Erfahrungen weben die entsprechend ihrer Förderung zum Wachsen oder Verdorren verurteilten „Polypenarme", die unser *Ich* ausmachen, das demnach ein ebenso „Zufälliges" ist wie sein „Werden" zu sich selbst. Die „Grausamkeit des Zufalls", dem das Mangel leidende Ich des Tages ausgesetzt ist, muß durch dessen nächtliche Traumproduktion kompensiert werden (M 119). Das in die wüste Welt ausgesetzte Ich muß, wenn das Schweigen Gottes auf ihm lastet, für sich sein rettender Gott sein.

So hat sich gezeigt, daß Nietzsche nicht allein das mit sich identische transzendentale Ich als „Fabel" vom Ich verabschiedet, sondern daß er, in unaufgelöster Spannung zu seiner Konzeption eines empirischen Idealismus, dessen Zentralvermögen die schöpferische Phantasie ist, auch das empirische Ich im Heraklitischen Strom seines Bewußtseins auflöst. Er demaskiert das Ich als zerstreut in die ‚Polypenarme' der Triebe seines niedern Begehrungsvermögens. Gibt er demnach das *Ich* als *unrettbar* verloren auf, als preisgegeben seinem inneren und äußern Sensationenchaos, dem Gewühl der niemals auslotbaren vorbewußten Empfindungen und bewußten Vorstellungen? – Erstaunlicherweise doch nicht! Zwar gilt ihm das Ich in theoretischer Hinsicht als Chamäleon, doch fordert er dazu auf, jeder möge seinem „Charakter ‚*Stil*'" geben (FW 304). Er vertritt sonach eine der Positionen des akademischen Skeptizismus wie vor ihm z.B. Karneades oder der frühe Cicero, die davon ausgehen, daß, was theoretisch geleugnet wird, hier das in sich einheitliche Sein des *Ich*, sehr wohl für die *Praxis* als *möglich* annehmbar ist, und daß man in der Praxis das Bessere vom Schlechteren sowohl unterscheiden als auch gemäß dieser Unterscheidung handeln könne. Gemäß dem von Nietzsche gepflegten

Usus des sich selbst Widersprechens stellt er die gesuchte praktische Gewißheit auch wieder infrage: „*Zur Beruhigung des Skeptikers.* – ‚Ich weiß durchaus nicht, was ich *tue*!' ... Du hast recht, aber zweifle nicht daran: du *wirst getan*!" (M 120) Denkakte gelten fichteanisch auch als Handlungen, also das sich selbst durchleuchtende Befragen ebenfalls. Für Fichte gründet der Bezug von Denken und Wollen im *Freiheitsidealismus*, für Nietzsche in der ganzheitlichen Sicht auf die – von der *Moira* umzingelte – *Leibgestalt* allen Denkens und Wollens.

Schluß: Die Wiederkehr des heidnisch-archaischen *Deus absconditus*, des dunklen Gottes, bedroht die Konstitution eines freien, mit sich einstimmigen Selbst, das viel weniger als das idealistische Ich sein kann, nämlich nur „das sogenannte ‚Ich'" in seiner ihm *unbekannten Welt* (M 116), das in einem unentwirrbaren „Gespinst" seines „Charakters und Schicksals" eingewoben ist (M 115). Es ist nicht nur die transzendental-kritische Erkenntnisbegrenzung im Hinblick auf den intelligiblen Charakter, die das Ich vor ihm selbst verhüllt und rätselvoll zu bleiben zwingt. Vielmehr liegt auch der als änigmatisch erfahrene Gott als Schicksal der ‚Wirrnis' der Triebe wie ein Schatten auf dem individuellen Selbstbewußtwerden. Sonach ist das Ich im Akt seiner Selbstidentifikation mit sich von Sinnleere, Orientierungsschwäche – und Verführbarkeit durch Ideologien – bedroht.

Das für Nietzsche zur ‚Fabel' hinfällig gewordene ideale Ich steht im religionsphilosophischen Zusammenhang, wie seine sensible sprachliche Ausdruckskraft deutlich macht. Wenn Jesus nicht, gemäß dem Bekenntnis des Petrus im *Neuen Testament* der Christus ist, – *Matthäus* 16, 13: „Du bist der Christus, des lebendigen Gottes Sohn!", – dann ist, so die beachtliche These, Intuition und Suggestion Nietzsches, die er außerdem argumentativ einzuholen sucht, das menschliche Subjekt, das Ich, nicht wahrheitsfähig, nämlich nicht von Gott als Schöpfer und Erlöser mit Geist begabt. Diese Hypothese zur zwangsläufigen Depotenzierung des freien Ich, ineins mit der Leugnung von Jesu Hoheit, ist, streng logisch, eine *Metábasis eis állo génos*, ein Übergriff in ein anderes Gebiet; sie überzeugt subjektivitätstheoretisch kaum, wohl aber in geschichtsphilosophischer Perspektive; denn der idealistische Ichbegriff steht im Horizont platonisch-christlicher Geistphilosophie und steht oder fällt womöglich, in seiner Überzeugungskraft, mit ihr. So ist Nietzsches Intuition zum ‚Fabel'-Werden des Ich einsehbar nach langem Durchgang durch das transzendental-idealistische, sittlich-praktische und dann das religionsphilosophische Subjekt, das sich schließlich im Horizont solcher Gottesoffenbarung versteht, die das freie substantielle Ich glaubwürdig macht und trägt. Dann wird allerdings das vernichtende Urteil, das *Ich* sei bloße ‚Fabel', gründlicher Revision fähig.

KAPITEL VIII

Bin ich freies Ich oder „ein Stück Lava im Monde"? Sittliche Freiheit und naturalistischer Dogmatismus bei Kant und Fichte

Schon Kant fand sich dem Problem deterministischer Leugnung von Freiheit gegenüber, wie sie in gegenwärtigen biologistischen und physikalistischen Erklärungen, Freiheit sei nur eine Illusion, weit verbreitet ist. Zu Kants Zeit wurde die Freiheitsleugnung mechanistisch begründet durch die Auffassung vom Maschinenmenschen.[1] Wenn es keine Freiheit gäbe, wäre der Mensch nach Kant aber eine „Marionette oder ein ... Automat"; und auch wenn er über Selbstbewußtsein verfügte, würde er nur zu einem „denkenden Automate", dessen Bewußtsein eigener Freiheit eine „bloße Täuschung wäre" (KpV 181). Da gemäß der klassischen Physik alles in der raumzeitlichen Natur nach strengen mechanischen Gesetzen erfolgt, wäre der Mensch, wenn diese die einzig wahre, an sich seiende Wirklichkeit wäre – und nicht, wie in Kants Theorie, bloße Erscheinung -, nur ein Maschinenwesen. Wenn aber die raumzeitliche Natur, wie in Kants erster *Kritk*, nur *Phaenomenon* ist, kann die wahre innere geistige Natur des Menschen nicht-mechanischer Freiheit fähig sein. Das *Wirklichsein* menschlicher Willensfreiheit gehört zu den Postulaten der praktischen Vernunft.

Niemand hat intensiver als Immanuel Kant das Rätsel menschlicher Freiheit durchsonnen. Sein Ergebnis ist: die Realität der Willensfreiheit ist nicht beweisbar, ebenso unbeweisbar aber ist auch der Determinismus. Die *Kritik der reinen Vernunft* beweist nur die Nichtunmöglichkeit von Freiheit, die mit koexistenter Naturgesetzlichkeit kompatibel ist, und die Unbeweisbarkeit der Unfreiheit. Kant kritisiert als einziger unter den klassischen deutschen Philosophen detailliert und prinzipiell, im Werk und im Nachlaß, die dogmatische Behauptung einer universal gültigen Naturkausalität.[2]

---

1 Zum vermeinten Maschinenwesen Mensch vgl. Rudolf Drux: *Marionette Mensch. Ein Metaphernkomplex und sein Kontext von E. T. A. Hoffmann bis G. Büchner*, München 1986; ders. (Hg.): *Menschen aus Menschenhand. Zur Geschichte der Androiden.* Texte von Homer bis Asimov, Stuttgart 1988.
2 E. / K. Düsing: Gegenwärtige Freiheitsprobleme und klassische Theoriekontexte, in: *Geist und Willensfreiheit. Klassische Theorien von der Antike bis zur Moderne*, hg. von E. Düsing / K. Düsing / H.-D. Klein, Würzburg 2006, 7-14; Klaus Düsing: Spontaneität und sittliche Freiheit bei Kant und Fichte, ebd. 107-126.

Wie durch biologische Zeugung ein mit Vernunft und Freiheit begabtes Wesen entsteht, ist uns unbegreiflich, es als freie Person zu betrachten, ist eine in praktischer Hinsicht notwendige Idee (VI 280f). Freiheit ist für Kant, wie Gottes Dasein und Seelenunsterblichkeit, praktisches Postulat. „Wie ein Geschöpf überhaupt frei seyn kann, ist weder die speculative Vernunft im Stande zu begreifen, noch die Erfahrung zu beweisen; aber unser practisches Interesse erfordert es, daß wir voraussetzen, wir könnten nach der Idee der Freiheit handeln." Ihre Definition lautet nach Kant, „daß sich unser Wille unabhängig von allen Naturursachen zu Etwas entschließen kann".[3] Die reale Freiheit „offenbart sich durchs moralische Gesetz" (KpV 5); du kannst, da du inne bist: du sollst! Kants erkenntniskritische Abhebung des intelligiblen vom empirischen Charakter rettet die Freiheit, erweist sie als möglich. Wahrheit befreit, indem sie hier den Naturalismus entkräftet, der das freie Ich zu Staub zerreibt. Freiheit „wegzuvernünfteln" (IV 456), dazu neigt ein dogmatischer Vernunftunglaube. „Der Begriff der Freiheit ist Stein des Anstoßes für alle *Empiristen*, aber auch der Schlüssel zu den erhabensten praktischen Grundsätzen für *kritische Moralisten*" (KpV 13).

Durch seine argumentativ hochkomplexe Verknüpfung von theoretischer Begründung einer stimmigen *Denkmöglichkeit* der Freiheit und nuancenreicher Darlegung praktischer Realisierbarkeit von Freiheit, im Ausgang vom sittlichen Selbstbewußtsein des freien Ich, wird Kant maßgebende Inspirationsquelle des *Idealismus der Freiheit*. Er bleibt paradigmatischer Freiheitsdenker bis heute. Ohne Freiheit im Denken gibt es keine Vernunft, ohne Freiheit des Willens keine Sitten (VIII 14).

Kant rühmt: „Die *Freiheit* ist der größte Grad der Thätigkeit und des Lebens." (M 173)[4] In der Metaphysik-Vorlesung entfaltet er Motive zur Freiheitsidee, die dem Wesen des Ich entspricht. Die „höchste Freiheit" wäre die, in der die Person „ganz ... unabhängig von allen stimulis ist" (M 184). Die praktische Freiheit, als die eigentliche Freiheit der Person, müsse unterschieden werden von der physischen Freiheit im Sinn der Freiheit ihres Zustandes. „Die persönliche Freiheit kann bleiben, wenn auch die physische fehlt" (M 185). „Alle Arten von Marter können nicht seine freie Willkür zwingen; er kann sie alle ausstehen und doch auf seinem Willen beruhen. Nur in einigen Fällen hat er keine freie Willkür; z. E. in der zartesten Kindheit, oder wenn er wahnsinnig ist, und in der hohen Traurigkeit, welches aber auch eine Art von Wahnsinn ist. Der Mensch

---

3 Immanuel Kants Vorlesungen über die philosophische Religionslehre, hg. von K. H. L. Pölitz, 2. Aufl. Leipzig 1830, 201. – Zur Zitierweise Kants s. Siglenverzeichnis.
4 Immanuel Kant: *Vorlesungen über die Metaphysik*, hg. von H. L. Poelitz, Darmstadt 1964 (Sigle: M).

fühlt also ein Vermögen in sich, sich durch nichts in der Welt zu irgend Etwas zwingen zu lassen." (M 182) Frei sei die menschliche Seele im transzendentalen Sinn, der bedeute ihre „absolute Spontaneität, ... Selbstthätigkeit aus dem *innern Princip*." (M 204) „Das Ich beweiset ..., daß ich selbst handele." „Wenn ich sage: ich denke, ich handele etc.; dann ist entweder das Wort Ich falsch angebracht, oder ich bin frei. Wäre ich nicht frei, so könnte ich nicht sagen: Ich thue es; sondern müßte ich sagen: Ich fühle in mir eine Lust zu thun, die jemand in mir erregt hat" (M 206f). Ein Wesen, das einen solchen Begriff vom Ich hat bzw. ein klares Bewußtsein seiner selbst ausbildet in dem, was es denkt und wirklich will, gewinnt das, was Kant die „practische Persönlichkeit" nennt (M 220).

Zur hohen Rühmung der Freiheit im 18. Jahrhundert, in der Epoche klassischer Aufklärung, kontrastiert die Überzeugung der Unfreiheit und des Seelenverlusts im technischen Zeitalter, vor allem im überwachungslüsternen 21. Jahrhundert. – Über die Geschichte der Freiheitsidee hinaus sind Veranlassungen für das Populärgewordensein der Unfreiheitsdoktrin aufzudecken (1), worin das originale Pathos der Aufklärung ebenso wie der Freiheitsidealismus verlorengingen. Gezeigt werden soll (2), wie Kant die Annahme der Willensfreiheit im Horizont der Newtonschen Physik begründet, das heißt mit klarem Bezug auf das augenscheinlich ihr Widerstreitende und zuwider Laufende; und wie Fichte Kants Ergebnis aufnimmt (3), eine mit Naturgesetzlichkeit kompatible Freiheit sei *möglich*, die Fichte verwandelt zur existentiellen Wahl von Naturtrieb oder freiem Ich.

1) Problemskizze zur Ideengeschichte der Freiheit und zu ihrer postmodernen Verleugnung

In der Antike und heidnischen Welt gab es keine Vorstellung von Freiheit, wohl aber immer die von blind waltenden Schicksalsmächten, denen wir Menschen ohnmächtig ausgeliefert sind. Erste Anfänge personaler Freiheit liegen im Judentum, das zur Abkehr von allen Götzen aufruft. Der Gehorsam gegen den einen wahren Gott befreit den Menschen bahnbrechend vom Sichverlieren an innerweltliche Mächte und regional Macht habende Götzen. Durch Anbetung Jahwes gelingt ihm, verantwortliche, freie, sich treue Person zu werden. Gottes Autorität anzuerkennen gewährt, durch Meiden falscher Unterwerfung des Herzens, Unabhängigkeit von menschlicher Autorität.[5]

---

5 Erich Fromm: *You Shall Be As Gods*, dt. Übers.: *Die Herausforderung Gottes und des Menschen*, Zürich 1970.

Im Begriff der Freiheit ist zu unterscheiden: a) leibliche Bewegungsfreiheit, über die auch Tiere verfügen; b) rechtlich-politische Freiheit, d.h. weder Sklave sein noch in einer Tyrannis leben; c) Freiheit im Denken und das frei Gedachte sagen dürfen; d) Freiheit zu handeln als Wahlfreiheit, dieses oder jenes zu tun, im Sinne von ‚Kürwille'; e) innere Freiheit des Willens selbst, die besagt, daß der Mensch seine Wünsche wägen, zu sich Nein sagen, sich umentschließen, ja neu anfangen kann. Daß geschaffene Wesen über Selbstbewegungskraft, Kreativität, Willen verfügen, hängt mit Gottes *Güte* zusammen. Verliehen ist dem Menschen als *freier Person*, wissen zu können, was er will.

Für Hegel ist bei den Orientalen nur „*Einer* frei", der *Despot* in Willkürfreiheit; bei den Griechen sind „*Einige* frei" (die Aristoi); erst im Christentum, der Berufung nach, alle. Dieses seiner Freiheit Innesein sei zuerst in der Sphäre der Religion, „der innersten Region des Geistes aufgegangen". Solche Freiheit fortan auch in das „weltliche Wesen einzubilden" war die Aufgabe.[6] Die Asiaten, Griechen, Römer wußten nichts davon, daß „der *Mensch als Mensch* freigeboren" ist. Freiheit als „Weltzustand" in einer Epoche der europäischen Geschichte ist für Hegel Frucht der christlichen Religion, die uns lehrte, „daß vor *Gott* alle Menschen frei" sind, weil Christus sie „zur christlichen Freiheit befreit" hat (TW 20, 507).[7] Allerdings bedurfte dieses geschichtlich erstmals aufgetretene und in „langer Arbeit der Bildung" entwickelte Gefühl des Menschen für seine sittlich-religiöse und geistige Freiheit vieler Jahrhunderte bis zu seinem allgemein gültigen Durchbruch; so hat mit der Annahme der christlichen Religion „nicht unmittelbar die Sklaverei" aufgehört (VG 62).[8] Was Luther „im Gemüt" angefangen hat, „die Freiheit des Geistes" (TW 20, 292), ist, so Hegel, zu der Zeit europäischer Aufklärungsphilosophie in das gebildete Bewußtsein gelangt.[9] Das substantielle Freisein und zur Freiheit Berufensein jedes Menschen, des nähern „die Freiheit der Überzeugung, des Gewissens in mir", wurde seit der Reformation in Europa zum „Panier der Völker erhoben" (TW 20, 305). Mit Luther, so erklärt Hegel im Abschnitt zur *Reformation* in seinen ‚Vorlesungen über die Geschichte der Philosophie', „begann die Freiheit des Geistes", deren „Explikation" erst noch folgte. Lebendiges Herzstück

---

6 G. W. F. Hegel: *Die philosophische Weltgeschichte* (von 1830), in: ders.: *Die Vernunft in der Geschichte*, hg. von J. Hoffmeister, 5. Aufl. Hamburg 1966, 62 (: VG). Zur Zitierweise Hegels s. Siglenverzeichnis.
7 G. W. F. Hegel: *Theorie-Werkausgabe*, 20 Bde, Frankfurt a. M. 1970 (: TW).
8 Vgl. Egon Flaig: *Weltgeschichte der Sklaverei*, München 2009.
9 Ludger Oeing-Hanhoff legt dar, wie Hegel das Christentum als die Religion erweist, in welcher die Freiheit der Person erblühen konnte, ein Leben im Geist der Freiheit, im heiligen Geist, als welcher Gott „bei uns (...) sein" will (vgl. TW 3, 69): Das Christentum als ‚Religion der Freiheit'; und: Hegels Deutung der Reformation, in: ders.: *Metaphysik und Freiheit*, hg. von T. Kobusch / W. Jaeschke, München 1988, 166-186, 212-230.

dieser Freiheit ist in Hegels Schau das *protestantische Gewissen*,[10] da „ein Ort in das Innerste des Menschen gesetzt" wurde, „auf den es allein ankommt, in dem er nur bei sich und bei Gott ist". Im „absoluten Verhältnis" der Person zum christlichen Gott wird alles Äußerliche unbedeutsam. Hegel ergründet religions- und geschichtsphilosophisch, „was der Lutherische Glaube ist" und worin seine epochale Ausstrahlungskraft liegt. Es ist die durch keine fremde Instanz vermittlungsbedürftige „Gewißheit des Menschen in sich in Beziehung auf Gott", wobei „die Hoffnung seiner Seligkeit" erfordere, daß sein Herz geläutert würde, „sein Innerstes dabei sei", er selbst, gemäß strengen biblischen Maßstäben, „Buße tun", in „Reue" sich bekehren und, in „innerster Gewißheit seiner selbst", vom heiligen Geist erfüllt sein müsse (TW 20, 50ff). Bloße Subjektivität in Willkürfreiheit ist dagegen ein „barbarischer Wille" ohne Vernunft (ebd.). Mit Dahinschwinden des Christentums droht die schwer errungene individuelle und bürgerliche Freiheit in Schüben geistseelischer Regression europäischer Völker wieder mit zu verschwinden.[11]

In seiner Religionsphilosophie erblickt Hegel die „Anerkennung der unendlichen Persönlichkeit [und] Menschenwürde", ein auf die Persönlichkeit und Rechtsidee „*gegründetes* ... Staatsleben" als Segnungen des Christentums. Denn wahrhaft „sittliche Verhältnisse" bestehen im „Wohlwollen" in Familien und kulminieren in liebender *Hingebung* (GW 17, 106f),[12] wobei zur Eheschließung die wechselseitige, wesentlich „*freie* Hingebung" gehört (R 155, § 168).[13] In den Vorlesungen über die ‚Philosophie der Geschichte' bestimmt er im Abschnitt „Die neue Zeit" den subjektiven Geist als *freien Geist*, insofern er den *Geist der Wahrheit* sucht, „der bei sich selbst, und zwar in der Wahrheit ist und nur in ihr bei sich selbst ist" (TW 12, 496).[14] Die „Freiheit des Ich-selbst" als Individuum in konkreter Innerlichkeit wird entbunden, so die universalgeschichtliche, religionsphilosophische Perspektive Hegels, durch Gottes die Welt versöhnende *Menschwerdung*: „*Christus ist erschienen*, ein Mensch, der Gott ist, und Gott, der Mensch ist" (TW 12, 392f). Als „endlicher" ist jeder Mensch

---

10   Das „protestantische Gewissen" ist die ihrer selbst bewußte Freiheit, „der freie Geist in seiner Vernünftigkeit und Wahrheit sich wissend". *Enzyklopädie der philosophischen Wissenschaften im Grundriß*, § 552, TW 10, 364f.

11   Norbert Bolz: *Die ungeliebte Freiheit. Ein Lagebericht*, München 2010; *Infantilismus: Der Nanny-Staat und seine Kinder*, hg. von Ch. Günther etc., Wien 2016.

12   GW: Hegel, *Gesammelte Werke*, hg. von der Rhein. – Westf. Akademie der Wissenschaften, Hamburg 1980ff.

13   G. W. F. Hegel: *Grundlinien der Philosophie des Rechts* (Sigle: R), hg. von J. Hoffmeister, 4. Aufl. Hamburg 1955.

14   In der *Enzyklopädie* (§ 481, TW 10, 300ff) ist der „freie Geist" Vollendung des subjektiven Geistes als Einheit des *theoretischen* mit dem sich denkenden Ich als Wissensgrund und des sittlich-rechtlichen *praktischen* Geistes.

zugleich auch „Ebenbild Gottes und Quell der Unendlichkeit in ihm selbst"; als *Selbstzweck* hat er „in ihm selbst unendlichen Wert und die Bestimmung zur Ewigkeit" (TW 12, 403). Pendant zu dieser *Höchstwertung* der Person durch metaphysische Wahrheit ist ihre *Abwertung* ohne Wahrheit.

Auf Exzesse in der französischen Revolution anspielend spricht Hegel von einer „negativen" Freiheit als einer „Freiheit der Leere", die als „Furie des Zerstörens" ins Chaos führt (TW 7, 50). Jahrtausende philosophischer Moraltradition hingegen lehren uns, daß Freiheit einhergehen muß mit Selbstbeherrschung (sophrosyne) als Tugend, die uns bewahrt vor Selbstversklavung durch Launen, vor dem „Despotism der Begierden" (Kant, KU § 83) und vor der Barbarei im Handeln. Hegel entschlüsselt das „Böse" der maßstabslosen Freiheit religionsphilosophisch mit Anklang an *Epheser* 4, 18 als „die Entfremdung von Gott" (TW 4, 274).[15] Das Christentum verbürgt für Hegel sittliche, geistige und bürgerliche Freiheit. Dessen Verlust aber macht Menschen wieder unfrei.

Die für Hegel mit Hinblick auf Luther zentrale Idee der christlichen Freiheit ist grundgelegt im Römerbrief des Paulus. Als hellenistisch gebildeter Jude nimmt Paulus Bestandteile griechischer Philosophie in sein theologisches Denken auf und vereinigt es mit alttestamentlichen Traditions-linien. So rezipiert er von den Griechen den Begriff der Vernunft (nous), als Ort der höchsten geistigen Aktivität des Menschen, in der er, so Platon und Aristoteles, Gott am nächsten kommt, sowie den der Begierde (epithymia), worin der Mensch häßlicher gottferner Materie verfallen ist. Wie Platon im Bild vom Wildpferdegespann, in dem der Wagenlenker Vernunft (nous) durch den Mut (thymos) in dramatischer Balance das Begehren zügelt,[16] sieht Paulus die Seele des Menschen in diesem Spannungsfeld, ja schweren Konflikt zwischen Geist und Begierde. Paulus schiebt nun zwischen jene beiden Größen, die den Zwiespalt der Seele verursachen, eine neue Größe ein, die es bisher weder in der griechischen noch hebräischen Tradition *expressis verbis* gab, den Willen, der zwischen göttlichem Gebot und fleischlicher Begierde steht. Da Paulus intensiv das griechische Verb *thelein* im Sinn von Wollen gebraucht, kann das siebte Kapitel im Römerbrief als historischer Beginn von Reflexionen auf die hohe Bedeutung des Willens und dessen Freiheit oder Unfreiheit gelesen werden.[17]

---

15   G. W. F. Hegel: *Rechts-, Pflichten- und Religionslehre für die Unterklasse* von 1810ff. – Zur Entfremdung von Gott vgl. *Epheser* 4, 17f: Die Heiden leben in der „Nichtigkeit ihres Sinnes". „Ihr Verstand ist verfinstert, und sie sind entfremdet dem Leben aus Gott".

16   S. dazu Thomas A. Szlezák: Psyche: ihr Ort im Menschen, im Kosmos und im Geist. In: *Geist und Psyche. Klassische Modelle von Platon bis Freud und Damasio*, hg. von E. Düsing/ H.-D. Klein: Würzburg 2008, 17-39.

17   Wolfgang Achtner: *Willensfreiheit in Theologie und Neurowissenschaften. Ein historisch-systematischer Wegweiser*, Darmstadt 2010, 42-46. – Zur neueren Freiheitsdebatte vgl.

Über Platon führt Paulus hinaus, indem er das Verfallensein des Menschen an seine Begierden als *Folge* seiner Abwendung von Gott, das Böse der epithymia als Sünde begreift.

Die vom Menschen selbstverschuldete Gottentfremdung schildert Paulus im Brief an die *Römer* in eindringlicher Ichrede als die schmerzlichen Diskrepanzerfahrung zwischen dem, was ich tue, ohne es eigentlich zu wollen, – ja was ich sogar hasse (Rö 7, 15), – und dem Guten, das ich will (thélo), aber nicht tue: „Denn nicht das Gute, das ich will, tue ich, sondern das Böse (kakòn prásso), das ich nicht will (ou thélo)" (Rö 7, 19).[18] „So diene ich mit meinem Gemüt (nous) dem Gesetz (nómos) Gottes, aber mit dem Fleische dem Gesetz der Sünde." (Rö 7, 25) „Ich elender Mensch! Wer wird mich erlösen von diesem todverfallenen Leibe?" (Rö 7, 24) Sonach ist es eine heillose Zerrissenheit des Wollens, die Paulus im Innersten des Ich entdeckt und aus der er nur einen einzigen Ausweg weiß: die Gabe des Gottesgeistes (*pneuma*), dessen schöpferische Kraft im inneren Menschen wirksam wird durch göttliche Gnade. Diese Geistesgabe Gottes führt ihn in eine von Gott ihm geschenkte Freiheit (eleuthería). „Denn das Gesetz des Geistes, der lebendig macht in Jesus Christus, hat dich frei gemacht vom Gesetz der Sünde und des Todes." (Rö 8, 2)

Der Freiheitsbegriff des Paulus, revolutionär neu in der antiken Welt, ist als Ergebnis eines befreienden Handelns Gottes als Schöpfers und Erlösers *theonom* entworfen. Die Wirksamkeit des schöpferischen Geistes Gottes im Menschen stellt überdies die Verherrlichung des Menschen in Aussicht, eine Doxa, in der die verlorene Herrlichkeit des Ebenbilds Gottes wieder gewonnen ist. Der Glaubende wird ‚in Christus' radikal von der Mitte der Persönlichkeit her umgewandelt, und zwar durch dasselbe wirkmächtige Pneuma, durch das Gott Jesus aus den Toten auferweckt hat.

Luthers Doktrin von der Unfreiheit des Willens, Antwort an den Humanisten Erasmus, ist Teil seiner Hymne auf die Bedingungslosigkeit göttlicher Gnade. In der These der Willensunfreiheit des natürlichen Menschen steht Luther Paulus nahe. Angedeutet findet sich in *Römer* 8, 2, daß der Mensch durch Gnade zur Willensfreiheit vordringt, frei wird, das gebotene Gute zu tun; in seiner von Gott getrennten Selbstbezüglichkeit (*incurvatio in seipsum*) jedoch bleibt er unfrei. Der freie Wille ist für Luther, wie er in seiner Streitschrift gegen Erasmus hervorhebt, „nichts", insofern er kein Werk zu vollbringen vermag, das

---

Geert Keil: *Willensfreiheit*, Berlin 2007; Klaus Hammacher: *Die Frage nach der Freiheit*, Baden-Baden 2015.

18 Zum populärphilosophischen Topos des *inneren Konflikts*, wie Paulus ihn in *Römer* 7 entwickelt und christozentrisch auflöst, s. Gerd Theißen: *Psychologische Aspekte paulinischer Theologie*, Göttingen 1983, 204-230.

vor Gott als gerecht gilt. Das reformatorische Prinzip des „allein durch Gnade", *sola gratia*, selig Werdens bedeutet, daß der Mensch zu seinem Heil von sich her, durch gute Werke, Bußübung, Ablaß nichts beizutragen vermag. Die Kraft des freien Willens schätzt Luther als so gering ein, daß sie ohne die Gnade Gottes geradezu „unwirksam", der freie Wille also „ganz und gar nicht frei, sondern ... Gefangener und Knecht des Bösen ist", da er sich nicht allein von sich aus dem Guten zuwenden könne. Nennen wir die ‚Kraft' des freien Willens die, wodurch der Mensch tauglich ist, „vom Geist ergriffen" und von Gottes Gnade „erfüllt zu werden, ... so wäre das richtig gesagt."[19] Denn, so verkündet Paulus, an den Luther seine eigene theonome Freiheitslehre anschließt: „Zur Freiheit (eleuthería) hat uns Christus befreit" (Gal 5, 1). Und diese von Gott geschenkte Freiheit wird von Luther in seinem Freiheitstraktat eindringlich entfaltet: nämlich als Offen- und Freisein des durch Gottes Gnade jeder Selbst- und Heilssorge, des religiösen Leistungs- und gesellschaftlichen Konformitätsdrucks Ledigen, für eine liebevolle Hinwendung zum Nächsten.

Schopenhauer, der sich als Anhänger, aber zugleich Vollender der Philosophie Kants verstand, hat dessen Freiheitslehre scharfer Kritik unterzogen. Er betont in dieser Kritik und im Absehen von spirituellen Lösungen, die Paulus oder Luther vorstellten, pointiert die *Unfreiheit* des Willens und hat damit wirkungsvoll dem modernen Determinismus Bahn gebrochen: „Ich kann zwar tun, was ich will, aber nicht wollen, was ich will",[20] – eine Argumentationsfigur, die bis heute immer wieder aufgegriffen wird. Die Frage nach der „Freiheit des *Wollens* selbst" lasse sich so stellen: „Kannst du auch wollen, was du willst?!", und diese führt für ihn über die alsbald weitere Frage: „Kannst du auch wollen, was du wollen willst?" in eine unendliche Iteration, durch die er die Annahme eines anonymen Notwendigen statt persönlicher Freiheit als letzten Grundes nahelegt.

---

19 Luther erläutert den Kontrast von glaubensloser *Unfreiheit* und wahrer *christlicher Freiheit* näher: „Wenn Gott in uns wirkt, so will und tut der Wille, durch den Geist Gottes zärtlich angefacht, gewandelt ... und aus eignem Antrieb, nicht gezwungen, so daß er ... fortfährt, das Gute zu wollen, dazu Lust zu haben und es zu lieben, sowie er vorher das Böse gewollt, dazu Lust gehabt und geliebt hat." „Kurzum: Wenn wir unter dem Gott dieser Welt sind, ohne Werk und Geist des wahren Gottes, werden wir gefangen gehalten". Durch Gottes Geist Gefangene zu sein jedoch ist „königliche Freiheit". Martin Luther: *Daß der freie Wille nichts sei. Antwort D. Martin Luthers an Erasmus von Rotterdam*, Luthers Werke, hg. von H. H. Borcherdt / G. Merz, 3. Aufl. München 1962, Bd 1, 46f. – Zur Freiheitsfrage bei Luther vgl. Achtner: *Willensfreiheit* (s. nota 17), 137-180, bes. 156f, 177ff.

20 Arthur Schopenhauer: *Preisschrift über die Freiheit des Willens*, in: *Sämtliche Werke*. hg. von W. von Löhneysen, Frankfurt a. M. 1968, Bd 3, 519-627, 524f. – Vgl. Margot Fleischer: *Schopenhauer als Kritiker der Kantischen Ethik*, Würzburg 2003.

Ist menschlicher Geist bloß ein physikalischer Zustand, ohnmächtiges Anhängsel gehirnphysiologischer Materie; und ist Gott nur eine Illusion? Der Glaube an den Determinismus erfreut sich wachsender Beliebtheit und daß geistseelische Ereignisse durch Gehirnprozesse festgelegt seien. Im Aufstand des Menschen, der sich selbst als Zufallsprodukt der Natur sieht, in eine Willkür- Freiheit, die sich von Gott losreißt, verläßt er den Wurzelgrund für *gute*, d.h. *sittliche* Autonomie.

Die Idee der Freiheit gehört zu den höchsten Errungenschaften unsrer abendländischen Kultur. Erblüht ist sie auf der Erde allein im Umkreis von Judentum und Christentum. Die Freiheitsidee entspringt, wo der Höchstwert des einzelnen Menschen gilt, der, von Gott einzigartig erschaffen („du hast mich wunderbar bereitet", *Psalm* 139, 14f), gekannt, mit Namen gerufen ist. Die Freiheit belastet den Menschen aber auch mit der schwersten Aufgabe, das ist die personale Individuation.

Die aufklärerische Idee der Freiheit und Würde des Menschen verdankt sich der Imago-Dei-Lehre und der christlichen Freiheit, die weiß, es gibt keine verheerenden Götzen in der Welt. Mit der Preisgabe christlichen Glaubens wird der kostbare Schatz der bürgerlichen und individuellen Freiheit leichtfertig und ahnungslos mit verschleudert.[21] Freiheitsrechte sind nur in Nationen auf unserer Erde zustande gekommen, in denen der Geist des Christentums geweht hat, der ein Geist der Freiheit ist und frei forschenden Geist zuläßt. Das in der Aufklärung gerühmte freie Denken wird in jüngster Zeit von Ideologien unterwandert, verwaiste Kirchenaltäre werden von Ersatzreligionen eingenommen. Die *Freiheit eines Christenmenschen*, nunmehr weitgehend säkularisiert, hat ihren vormaligen Glanz verloren. Freien Geist und von allen Weltmächten befreites Tun gab es bislang im Horizont des Evangeliums Christi. Wird Christi Kreuz verachtet, erlischt freier Geist.

Die *Apotheose* des Menschen, der sich als *Tierseele* verstehen will und eine „fessellose Freiheit"[22] mehr als alles andere für sich selbst sucht, landet in

---

21 Der bedeutende Theoretiker der modernen Demokratie Alexis de Tocqueville beobachtet und prognostiziert hellsichtig schon im 19. Jahrhundert Tendenzen zum Verlieren persönlicher Freiheit, und zwar, so seine wache Wahrnehmung, in genauer Korrelation zum Schwund christlicher Sitten, wobei eine demokratisch legitimierte *Tyrannei der Mehrheit* die *Freiheit* immer weiter reichend der *Gleichheit* opfert. Seine These: „Der Despotismus kommt ohne Glauben aus, die Freiheit nicht". Tocqueville: *Über die Demokratie in Amerika*, 2 Bde, übers. von J. P. Mayer/ H. Zbinden, Zürich 1987. Vgl. dazu Henning Ottmann: *Geschichte des politischen Denkens*, Bd 3 / 3: *Die Neuzeit. Die politischen Strömungen des 19. Jahrhunderts*, Stuttgart 2008, 110ff.

22 Nietzsche KSA 1, 698. Im Hintergrund seiner Zeitkritik dürfte Platons drastische Kritik der *pleonexia* stehen. – Zum postmodernen Sittenverfall s. Gabriele Kuby: *Die globale sexuelle Revolution. Zerstörung der Freiheit im Namen der Freiheit*, Regensburg 2012,

seltsamen Formen von neuer Unfreiheit. Der aufgeklärte unfromme Mensch, dem Theonomie verhaßt ist, will nie gehorsamer Diener Gottes, sondern lieber Marionette der Natur – nach Richard Dawkins seiner egoistischen Gene – sein. Mit dem Niedergang der christlichen Freiheit kehrt das mythische Zeitalter blinden Fatums wieder.

Das allmähliche Überhandnehmen der Hypothese, der Mensch sei bloß ein höheres Tier und ganz aus der *Naturgeschichte* zu begreifen, führt zur sukzessiven Aushöhlung des Freiheitspathos. Sind wir Menschen nicht subjektiver Geist, sondern Sternenstaub, so fällt die Freiheit mit dahin. Als nicht erfahrbare Idee der Vernunft ist die *objektive Realität* der Freiheit bezweifelbar (AA IV 455). Kants *Kritik* zeigt jedoch, daß „nicht alles Übersinnliche für Erdichtung" gehalten werden kann, Freiheit, in ihrem Wesen angefochten, zumindest als denkbar *gelten gelassen* werden muß (KpV 9, 4).

2) Kants Einsicht in den systematischen Zusammenhang von Freiheit, Sittengesetz und Ich

Immanuel Kant hat als Aufklärer in seiner Ethik die Substanz des christlichen Menschenbildes auf verdichtete Art aufbewahrt und das Sittengesetz in verpflichtender Gültigkeit begründet. Die Würde des Menschen, der sich selbst sehende, sein eigenes Tun und Denken wissende Person ist, und die Erhabenheit seiner Bestimmung zur Freiheit gehören für Kant und die Idealisten Fichte, Schelling, Hegel, die ihm darin folgten, in dichte Nähe. „Daß der Mensch in seiner Vorstellung das Ich haben kann, erhebt ihn unendlich über alle andere auf Erden lebende Wesen. Dadurch ist er eine *Person* und vermöge der Einheit des Bewußtseins bei allen Veränderungen, die ihm zustoßen mögen, eine und dieselbe Person, d.i. ein von *Sachen*, ... mit denen man nach Belieben schalten und walten kann, durch Rang und Würde ganz unterschiedenes Wesen, selbst wenn er das Ich noch nicht sprechen kann". So geht dem Kind ein Licht auf, bemerkt er fein, wenn es damit beginnt, in der ersten statt dritten Person von sich zu sprechen. „Vorher *fühlte* es bloß sich selbst, jetzt *denkt* es sich selbst." (VII 127) Der Mensch ist das einzige Wesen, das als Zweck an sich selbst existiert. Sein Dasein als solches zeichnet sich dadurch aus, daß er – ein Abglanz der biblischen, christlichen Vorstellung, er sei Imago Dei, Abbild Gottes, – von

---

analysiert Bestrebungen zur Sexualisierung vom Babyalter an, wodurch Kinder orientierungslos und Freiwild werden. Ein qualitativ neues Phänomen ist ein steuerfinanzierter, staatlich ‚von oben' verordneter Immoralismus, der z.B. in Plakaten im öffentlichen Raum sexuelle Promiskuität bewirbt.

„*absolutem Werte*" ist im Vergleich zu allen Sachen, denen nur relativer Wert beizumessen ist. Ihm gebührt als Person, als dem Subjekt des Sittengesetzes, *Achtung*. Daher kann ich über den Menschen in meiner Person und in anderen „nicht disponieren, ihn zu verstümmeln, zu verderben, oder zu töten" (IV 428f).

In den „Träumen eines Geistersehers, erläutert durch Träume der Metaphysik" (1766) entwirft Kant erstmals sein später wichtiges Konzept der zwei Welten, in denen einmal das mathematisch formulierbare Gravitationsgesetz Newtonscher Physik, zum anderen die Rousseau'sche Regel des allgemeinen Willens waltet. Aus dieser praktischen Regel entspringt „in der Welt aller denkenden Naturen eine *moralische Einheit* und systematische Verfassung nach bloß geistigen Gesetzen" (II 335). Newton und Rousseau, Physik und Ethik (Recht), Natur und Freiheit, die Idee einer dualen Welt und doppelten Bestimmung des Menschen bewahrt Kant. Daher setzt er „die Newtonische Attraction durch den leeren Raum und die Freyheit des Menschen" einander gegenüber als eigene Inbegriffe je von sinnlich-materieller Welt und intelligibler Freiheitswelt von Personen (XXI 35).

Neben die Naturnotwendigkeit (Newtons Physik) tritt für Kant ein eigener Gesetzessinn des freien Willens als praktische Vernunft, ein *Gesetz der Freiheit* (VI 23 Anm.), damit ihr einheitlicher Gebrauch gelingt und der Handelnde im Hinblick auf sich selbst als Ich Zuverlässiges annehmen darf. *Gesetz der Freiheit* bedeutet nicht deren Relativierung; vielmehr ist es Bedingung möglicher Vernünftigkeit ihrer Wirkungsweise. Kant zeigt, im Ernstnehmen der Freiheit und des Bösen in ihr, *ex negativo* das Erfordernis eines Gesetzes der Freiheit für die Ich-Identität eines Ich, das sich selbst als frei kennt. Die im Säkularen viel gerühmte Lust der Ungebundenheit findet ihre Grenze am sich selbst Achtenkönnen. „Nun muß mir dieienige Ungebundenheit, dadurch ich wollen kan, was meinem Willen selbst zuwieder ist, und ich keinen sicheren Grund habe, auf mich selbst zu rechnen, im höchsten Grade misfällig seyn, und es wird a priori ein Gesetz als nothwendig erkannt werden müssen, nach welchem die freyheit auf die Bedingungen restringirt wird, unter denen [sie] (der Wille) mit sich selbst zusammen stimmt." (XIX 281) Freiheit als Autonomie heißt für Kant nicht Willkür, sondern ethische Selbstgesetzgebung. Im Kontrast zu der im Sittengesetz zuverlässig sich die Regel ihres Gebrauchs verleihenden Freiheit, die den guten Willen ausmacht, steht der regellose Freiheitsgebrauch, der vom reinen Spiel in der Willkür über Unzuverlässigkeit, chaotische Beliebigkeit und Ungerechtigkeit bis hin zur eigentlichen Destruktivität reicht und die Bandbreite des bösen Willen kennzeichnet, der viel Übles hervorbringt. Völlige „Gesetzlosigkeit" (*anomia*) macht daher das „absolute Böse" aus. Wird Freiheit als bloße Unabhängigkeit von allem verstanden, so ist sie „das Schrecklichste, was nur sein kann", weil dann stets ungewiß ist, ob der Mensch seine Kräfte gebrauchen wird, um „sich, andere und die ganze Natur zu destruieren".[23]

Ohne Orientierung des menschlichen Willens an einem Gesetz für seine Freiheit wird sowohl der Wille als auch die Freiheit in ihrem Wesen pervertiert. Sittengesetzmäßige Freiheitsausübung ist Quelle für alles wahrhaft *Gute*; die Independenz aber macht als „Gesetzlosigkeit das wahre und absolute Böse" aus (XIX 270). Denn „größte Vollkomenheit ist die freye Willkühr, und daraus kan auch das größte Gut entspringen und aus der Regellosigkeit das größte Böse" (XIX 286). Die für Kant unaufhebbare Differenz zwischen Böse und Gut sei kenntlich zu machen durch eine im Freiheitsbegriff selbst zu treffende Unterscheidung in positive und negative: „Der negative Begrif der Freyheit ist independentz. Der positive Begrif: autonomie durch Vernunft" (XVIII 443).

a) *Kants Formulierung und Auflösung der Freiheitsantinomie*
In der *Kritik der reinen Vernunft* schränkt Kant die theoretische Erkenntnis auf *Erscheinungen* in unseren subjektiven Anschauungsformen Raum und Zeit ein. Er bestimmt deren Relationen, u.a. Kausalität und Wechselwirkung, so, daß für alle Erscheinungen a priori gilt, daß sie durchgängig kausal determiniert sind. Die Beschränkung theoretischer Erkenntnis auf Phainomena ermöglicht die Annahme einer noumenalen Welt, die nicht wie die sinnlichen Erscheinungen determiniert ist durch Raum, Zeit, Verstandeskategorien. Die Realität der Dinge an sich unterliegt nicht raum-zeitlicher Determination. Zu diesen Noumena gehört das Ich selbst, der intelligible Charakter; er ist für Kant Ursprung jeder selbstbestimmten, also freien Handlung, sie sei sittlich oder unsittlich. Kants Ethik entwickelt das Sittengesetz als andere Gesetzmäßigkeit, die aus Freiheit gültig ist. Sie hat eine gegenüber der Natur eigne Kausalität und gründet in der inneren Freiheit des reinen Ich.

aa) Die Freiheits-Thesis und ihr Beweis für göttliche und menschliche Freiheit
Kant zeichnet sich unter damaligen und späteren Freiheitsdenkern durch argumentative Prägnanz in der Auseinandersetzung mit der Gegenposition zur Freiheitsannahme, dem *Determinismus* aus. Die Freiheitsantinomie gehört zur Antithetik der reinen Vernunft, die zeigt, wie die Metaphysik in einer „Logik des Scheins" zu widersprechenden Sätzen gelangt, denen durch Vernunftgründe je für sich Überzeugungskraft zukommt. Mit der Aufstellung und Lösung der Freiheitsantinomie sucht Kant jede mögliche skeptische Bestreitung, es

---

23 *Eine Vorlesung Kants über Ethik*, hg. von Paul Menzer, Berlin 1924, 152.

könne keine Freiheit geben, zu widerlegen.[24] Die Thesis sucht den Beweis zu erbringen für die sowohl göttliche als auch menschliche Freiheit. – Die Freiheitsantinomie, die in ihrer Thesis Freiheit annimmt, in der Antithesis aber bestreitet, ist wie die anderen drei Antinomien eine kosmologische Antinomie. Sie besagt, daß das Weltganze der Reihe der Ereignisse in Raum und Zeit, die durch die Kausalrelation miteinander verknüpft sind, entweder endlich und begrenzt ist durch ein erstes Glied, also durch eine erste, selbst nicht mehr bedingte, sonach freie Ursache, oder daß dieses Weltganze eine nicht begrenzte, also ins potentiell Unendliche führende Kausalreihe von Ereignissen ohne ein erstes Glied ist. So ergibt sich die kontradiktorische Entgegensetzung: Einiges geschieht aus Freiheit, wie die Thesis erklärt. Das kontradiktorische Gegenteil behauptet die Antithesis: Überall geschieht nichts aus Freiheit. So lehrt die Antithesis einen universalen Determinismus, der heute groß in Mode gekommen ist.

Die wichtigste Antinomie der reinen Vernunft, die in den Widerstreit ihrer eigenen Ideen gerät, ist die dritte über Naturkausalität und Kausalität aus Freiheit (KrV 472-479). Sie lautet: „*Thesis*: Die Kausalität nach Gesetzen der Natur ist nicht die einzige, aus welcher die Erscheinungen der Welt insgesamt abgeleitet werden können. Es ist noch eine Kausalität durch Freiheit zur Erklärung derselben anzunehmen notwendig." „*Antithesis*: Es ist keine Freiheit, sondern alles in der Welt geschieht lediglich nach Gesetzen der Natur." (KrV 472f) Die kontradiktorischen Sätze können nicht beide zugleich wahr sein, aber auch nicht beide falsch. Kant beweist beide Sätze jeweils indirekt, durch Widerlegung seines Gegenteils; für jeden dieser Sätze können merkwürdigerweise gleich gute Gründe vorgebracht werden. Der Beweis der Thesis lautet, daß sich in der Annahme einer unendlichen Reihe von Naturursachen, die zur Erklärung jedes gegenwärtigen Ereignisses dienen sollen, kein letzter, zureichender Grund finden läßt. Dann muß ich aber annehmen, daß Wirkungen in der Natur nicht vollständig durch Ursachen determiniert sind, was die Antithesis widerlegt, so daß daraus die Thesis folgt: Einiges in der Welt geschieht aus Kausalität der Freiheit.

So bleibt nur das kontradiktorische Gegenteil, die Thesis, übrig, die einen zureichenden Grund für eine nur endliche Kausalreihe von raumzeitlichen Ereignissen in einer ersten spontanen, nicht wieder von einer vorangehenden

---

24 Vgl. hierzu und zum Folgenden Klaus Düsing: Forme di liberta nell'esposizione e soluzione kantiana della terza antinomia, in: *Leggere il presente. Questioni kantiane*, a cura di Mariannina Failla, Rom 2014, 17-48; ders.: Ethische Freiheit, Autonomie und Selbstbewußtsein bei Kant mit Ausblick auf Fichte, in: S. Josifovic/ J. Noller: *Freiheit nach Kant. Rezeption, Transformation, Aktualität*, Leiden/ Boston 2019, 134-150.

Verursachung abhängigen, also unzeitlichen Ursache erblickt. Hiermit hat Kant im Beweis der Thesis eine *erste göttliche Ursache* der gesamten kausalen Weltreihe zur Geltung gebracht. „*Absolute Spontaneität*" (KrV 475) die dem Schöpfergott zukommt, ist für Kant Denkmodell für die Möglichkeit von Freiheitswirkungen mitten im Weltlauf durch endliche Subjekte. Mit dem „*ersten Beweger*" (KrV 478) als erster Ursache denkt Kant mehr an Anaxagoras, wie Reflexionen erweisen, als an Aristoteles' göttlichen Nous.[25] Wenn eine spontane erste, freie, intelligible göttliche Ursache der ganzen kosmologischen Kausalreihe aller zeitlichen Ereignisse angenommen werden kann, ja muß, – so Kants implizite Argumentation, – dann lassen sich auch erste spontane und freie Ursachen innerhalb der zeitlichen Reihe aller Weltereignisse annehmen, deren Ursache-Sein unzeitlich, also nicht aus vorangehenden Ereignissen kausal ableitbar ist. Auf diese Weise wirkend kann spezifisch menschliche Freiheit als *Freiheit des Willens* gedacht werden. Nur wenn *transzendentale Freiheit* als *absolute Spontaneität* die Basis für geistseelische Freiheit bildet, gibt es wahrhafte praktische Freiheit, nicht bloß empirisch-psychologische eines Willkürwillens. Allerdings ist solche reine Freiheit im Ich als intelligible Kausalität durch das Ich nicht erfahrbar.

ab)   Die (Unfreiheits-) Antithesis: Nichts geschieht durch Freiheit

Der Beweis des universalen strengen Determinismus erfolgt ebenfalls indirekt. Gäbe es Kausalität aus Freiheit, so würde dadurch die Kette der Naturursachen und damit die naturwissenschaftliche Beobachtung unterbrochen. In der Natur würde dann ohne bestimmten Grund etwas entstehen oder vergehen können. Die Annahme, Freiheit bedeute Ursachen-Unbestimmtheit, sonach einen Indeterminismus, verstößt gegen den Satz vom Grund und hebt so die Möglichkeit menschlicher Freiheit auf. Also ist die gegenteilige Behauptung wahr: Alles in der Welt geschieht nur nach Naturkausalität. – Freiheit als absolute Spontaneität in der Hervorbringung von raumzeitlichen Ereignissen steht der naturkausalen Ordnung und damit dem gültigen Prinzip entgegen: „Nichts geschieht ohne zureichenden Grund". Daher gilt das Gegenteil: Alles erfolgt durch raumzeitliche Naturkausalität ohne jede Freiheit; diese durchbräche strikte Naturkausalität. Im Zusammenhang der Antithesis ist die Bedeutung der Freiheit bloße Gesetzlosigkeit; die Position der Thesis würde sonach, aus der Sicht der Antithesis, ein Indeterminismus sein. Hierbei wird freilich dogmatisch behauptend vorausgesetzt, daß es nur solche Kausalität als bloße

---

25 Zum kosmologischen Sinn der dritten Antinomie und zur göttlichen Ursache der ganzen Kausalreihe gemäß der Thesis, s. Heinz Heimsoeth: Zum kosmotheologischen Ursprung der Kantischen Freiheitsantinomie, in: *Kant-Studien* 57 (1966), 206-229, bes. 224ff.

Naturkausalität, und diese nur *in* der Raumzeitwelt gibt und keine Welt mit einer andern Kausalität darüber hinaus. Dieser Teil des Beweises der Antithesis soll Freiheit *in* der Raumzeitwelt, also menschliche Freiheit widerlegen.

Die Annahme *göttlicher* Freiheit gilt aus Sicht der Antithesis als „kühne Anmaßung" (KrV 479). Geschichtliche Konzepte, in denen die Freiheit „nicht zu retten" wäre (KrV 564), vertreten Kant zufolge Epikur, für den alle Ereignisse in der Welt naturgesetzlich erklärbar sind, der *Spinozismus*, in dem „wir selbst" keine Substanzen sind, sondern nichts anderes als dem göttlichen „Urwesen ... inhärierende Accidenzen", so daß unsere Handlungen „blos seine ... sein müßten", die „er [Gott] ... ausübte" (KpV 182f), und der mechanistische Determinismus, – den Newton gar nicht vertrat, der aber aus der Newtonschen Gravitationstheorie gefolgert wird, – und zwar in dessen materialistischen Ausprägungen bei Lamettrie: *L'homme machine* und Holbach: *Systeme de la nature*. – Ein dogmatischer Naturalismus leugnet alles Übersinnliche. Jener Empirismus, aus dem alle vier Antithesen und entsprechende Beweisgänge in den Antinomien entspringen, vertritt eine Ansicht der Welt, die alles radikal leugnet, was nicht in Naturgesetzen einzufangen ist. Daher wird auch die mögliche Seinsgeltung von nichtsinnlichen *Anfängen* in oder außer der Welt dezidiert verneint.

ac)   Kants transzendentaler Idealismus als Schlüssel zur Auflösung der Freiheitsantinomie

Die *Antinomie* von Freiheit und Naturbestimmtheit ist nur durch den kritischen Idealismus lösbar. Kant entdeckt, daß die Gegenstände unserer theoretischen Erkenntnis als Raum- und Zeitinhalte nur unsre Vorstellungen sind, daß wir also nur Erscheinungen, nicht aber Dinge an sich erkennen können. Der kontradiktorische Gegensatz der *dritten Antinomie* wird in einen konträren überführbar. Das Ding an sich ist die rein gedankliche Vorstellung von etwas, sofern es nicht Erfahrungs-inhalt ist und auch nie werden kann. Dies sind Dinge (*entia a se*), die nichträumlich und unzeitlich sind. Sie können wohl widerspruchsfrei gedacht, sogar als existent angenommen werden. Solches Seiende, zentral der existierende Gott und die unsterbliche Seele, war Hauptinhalt der Metaphysik von Platon bis Leibniz. Diese Inhalte sind für uns allein Gegenstände reinen Denkens, nicht aber Erkennens, weil sie nie erfahrbar sein können. Als dem Realen der Erscheinung zugrundeliegend denken wir deren Substrate; so sind Dinge an sich bloß die *Korrelate* zu den Erscheinungsdingen.

Ding an sich und Erscheinung sind nicht zwei Dinge, sondern zwei Weisen, ein und denselben Gegenstand zu betrachten: einmal als Sinnenobjekt für die Anschauung, zum anderen als reinen Gedankengegenstand. Der ansichseiende Grund aller Erscheinungen, des empirisch Realen bleibt unerkennbar, *erforscht* werden können nur Erscheinungsbestimmungen wie Größe, Farbe, Gestalt.

An der Freiheitsantinomie soll diese Unterscheidung sich bewähren, ja besonders erhellend sein.

Freiheit ist zunächst eine transzendentale Freiheit, die, rein negativ, nur das Freisein von der Unterordnung unter das Kausalgesetz, den Mechanismus der Natur bedeutet. Freiheit ist nicht als Gesetzlosigkeit mißzuverstehen; denn sie ist, als positiv erfüllte, eine genuin andere gesetzmäßige Weise der Kausalität, des näheren als unzeitliche und nicht räumliche, absolut erste Verursachung von Ereignissen, als intelligible Kausalität, die nicht zur sinnlichen Natur des Ich gehört, sondern zum Ich, das als *Noumenon* gedacht ist. Da die Beziehung von Ursache und Wirkung, wie Kant in der Darlegung der „Grundsätze des reinen Verstandes" (KrV 201f Anm.) erklärt, sehr wohl auch von ungleichartigen Relata gelten kann, ist es möglich, daß die intelligible Kausalität aus Freiheit ihr selbst *ungleichartige*, nämlich erscheinungsfähige, d.i. sinnliche, zeitliche Wirkungen hervorruft. Die Sicht der Antithesis mit ihrem strengen Mechanismus bzw. Determinismus, der lückenlose Naturkausalität lehrt, gilt gemäß Kants transzendentalem Idealismus nur für die von uns sinnlich anschaubaren Erscheinungen, nicht realiter für Dinge an sich. Der *universale Naturdeterminismus*, den Kant „Naturmechanismus" nennt, wird von ihm erkenntnistheoretisch eingeschränkt, und zwar subjektiviert. Er gilt ausschließlich für die in den sinnlichen Anschauungsformen gegebenen raumzeitlichen Erscheinungen.[26] Sittliche Zurechnung setzt eine freie Kausalität im Ich voraus. Positiv frei sein heißt, mein Wollen unter die Gesetzgebung des Übersinnlichen in mir zu stellen.

Zur Auflösung der Antinomie der Freiheit nimmt Kant diese Unterscheidung von Phänomen und Ding an sich auf. Was sich im strikten Entweder – Oder auszuschließen schien: Freiheit und universale Naturkausalität, zeigt sich als vereinbar durch Hinsichtenunterscheidung (KrV 560ff), so daß beide Sätze wahr sein können, da sie von Subjekten in verschiedener Bedeutung handeln.

---

26 In der Sphäre der sinnlichen Welt, so erklärt Kant in seiner *Preisschrift über die Fortschritte der Metaphysik*, herrscht durchgängig der „Naturmechanism", dem gemäß „jede Veränderung durch den vorhergehenden Zustand prädeterminirt ist" (XX 289). Der Satz: „Alle Kausalität der Phänomene in der Sinnenwelt ist dem Mechanism der Natur unterworfen, scheint mit dem Gegensatz: Einige Kausalität dieser Phänomene ist diesem Gesetz nicht unterworfen, im Widerspruch zu stehen, aber dieser ist darin doch nicht nothwendig anzutreffen, denn in dem Gegensatze kann das Subject in einem andern Sinne genommen seyn, als es in dem Satze geschah, nämlich es kann dasselbe Subject als causa noumenon gedacht werden, und da können beyde Sätze wahr sein, und dasselbe Subject kann als Ding an sich selbst frey von der Bestimmung nach Naturnothwendigkeit seyn" (XX 291).

Naturkausalität betrifft Erscheinungen und bezeichnet die zeitliche Verknüpfung von Ereignissen. *Kausalität aus Freiheit* hingegen ist nicht dem kausal verknüpften Ablauf der Zeitreihe unterworfen, sondern ist unzeitlich; sie ist nämlich das Vermögen, etwas ganz von selbst anzufangen, ohne zeitlich vorhergehende, den Willen nötigende Ursache. Kosmologisch-transzendental ist Freiheit das Vermögen, einen Zustand „*ganz von selbst* anzufangen". *Transzendentale Freiheit* im Weltganzen annehmen zu können erlaubt es, praktische Freiheit als möglich anzunehmen. Sie gründet in der generellen *kosmologischen Freiheit*. Für Menschen bekundet sich solche „Unabhängigkeit der Willkür von der Nötigung durch Antriebe der Sinnlichkeit" (KrV 561f) im Innesein des Sollens, wie es im Sittengesetz sich ausspricht. Mir dessen bewußt zu sein, daß ich ohne Rückfrage nach eigenem Lustgewinn oder Nutzen schlechthin etwas tun *soll*, bedeutet, daß ich mich losreißen *kann* von der sinnlichen Neigung und mich assertorisch als frei ansehen muß. Kant prägt für beide Weisen, Ursache zu sein, bestimmte Termini; denn jede Ursache hat einen ihr eigenen Charakter, also ein Gesetz ihrer Kausalität, wonach sie gleichartig und in beharrlicher Konsequenz wirkt (KrV 566f). Sofern der Mensch *Naturursache* seiner Taten ist, heißt er empirischer, sinnlicher Charakter; sofern er Wirkungen aus Freiheitskausalität hervorbringt, ist er intelligibler, nichtsinnlicher Charakter. Kant unterscheidet daher die *Sinnesart* des Menschen von seiner *Denkungsart* (KrV 579f; KpV 85ff).

Durch die Unterscheidung also von Erscheinung und Ding an sich wird, auch angesichts eines strengen, an der klassischen Physik orientierten Determinismus als Paradigma für Erscheinungen, ein *Kompatibilismus* von Kausalität der Natur und intelligibler Kausalität aus Freiheit denkmöglich. Diese Auflösung der *dritten Antinomie* enthält für die theoretische Vernunft keine Erkenntnis der Freiheit, weder ihrer Wirklichkeit noch ihrer inneren Beschaffenheit. Bewiesen wird nur, daß die Freiheit als eine intelligible Wirkungsart widerspruchsfrei denkbar ist auch angesichts lückenloser deterministischer Naturkausalität, des näheren in Bezug auf dieselben Personen, in denen solche Naturkausalität waltet und die sich gleichwohl als frei ansehen dürfen. Solche widerspruchsfreie Denkbarkeit der Freiheit ist theoretische Minimalbedingung für eine Theorie praktischer Freiheit. Der Mensch erfaßt sich selbst, wie alle Dinge, einerseits als zur Sinnenwelt gehörige Erscheinung, andererseits denkt er sich als ein zur geistigen Welt gehöriges, der Ideen fähiges, mit Spontaneität begabtes Wesen. So hat er zwei *Standpunkte der Selbstbetrachtung*, einmal als zur Sinnenwelt gehörig, unter Naturgesetzen, in *Heteronomie* stehend, zum anderen als ins Reich freier Personen gehörig, sich unter dem Sittengesetz, d.h. in *Autonomie* verstehend (IV 452). Die Idee einer übersinnlichen Welt ist eine Standpunktnahme, die das Selbst sich genötigt sieht, außerhalb der

Erscheinungswelt wahrzunehmen, um sich als praktisch zu denken, nämlich als „frei wirkende Ursache" (IV 458f).

b) *Die praktische Dimension der aufgelösten Freiheitsantinomie: das freie Ich*

Durch Nachweis widerspruchsfreier Denkbarkeit der Freiheit tritt Kant dem Universalanspruch des Determinismus entgegen. Und das Sittengesetz versetzt uns der Idee nach völlig außerhalb der Naturverkettung. Freiheit ist nicht Gesetzlosigkeit, sondern Freisein von Naturgesetzlichkeit. Erfüllte Freiheit heißt, sein Wollen unter die Gesetzgebung des Übersinnlichen in uns zu stellen.[27]

Freiheit heißt nicht nur Unabhängigsein des Willens von Mechanismen innerer und äußerer Natur, sondern das Vermögen, eine neue Reihe von Weltereignissen spontan anfangen zu können. Eben dasselbe Wesen, das in seinen Handlungen als Erscheinung determiniert ist, kann doch als Nou-menon, als intelligibler Charakter, frei, den zeitlich-kausalen Bedingungen entzogen sein. Hierbei kann man nicht ausrechnen wollen, ‚wieviel' bei einer Handlung auf Naturkausalität und ‚wieviel' auf Freiheitskausalität zurückgeht, weil man dann beide nur als konkurrierende Ursachen ansieht.

Nach unterschiedlichen frühen Varianten[28] lehrt Kant in der *Kritik der praktischen Vernunft*, daß das Sittengesetz als „Faktum der Vernunft" ursprüngliche Evidenz des vernünftigen Willens sei, (KpV 56). Freiheit ist *ratio essendi* des Sittengesetzes, das Sittengesetz *ratio cognoscendi* der Freiheit (KpV 5 Anm.). Die unerkennbare, wiewohl denkbare Freiheit „offenbart sich durchs moralische Gesetz" (KpV 5). Leuchtet es als verpflichtendes Sollen ein, so weist es mich auf ein Können hin, und ich muß mir Freiheit als Attribut meines Willens zuschreiben. Nach der *Kritik der praktischen Vernunft* ist der negative Begriff der Freiheit als Willkür (*liberum arbitrium*) zu ergänzen durch den positiven der praktischen Freiheit als *„eigener Gesetzgebung"* der praktischen Vernunft (KpV 59).

---

27 Zur Sonderstellung der Idee der Freiheit unter den drei Vernunftideen: Gott, Unsterblichkeit, Freiheit des Willens s. Rudolf Langthaler: Das Vernunftgefüge der Ideen des „Übersinnlichen in uns, über uns und nach uns" als Fundament der Kantischen Religionsphilosophie, in: *Gott und das Absolute. Studien zur philosophischen Theologie im Deutschen Idealismus*, hg. von Christian Danz / Robert Marszalek, Wien 2007, 9-70, bes. 39-42.

28 Zu Kants unterschiedlichen Theorien des Verhältnisses von Sittengesetz und Freiheit in frühen Reflexionen, in der *Grundlegung zur Metaphysik der Sitten* und in der *Kritik der praktischen Vernunft* s. Klaus Düsing: Spontaneità e libertà nella filosofia pratica di Kant (übers. von A. Fabris). In: *Studi Kantiani* VI (1993), 23-46.

ba)   Mondfinsternis oder freies Ich – Kants Bildwahl als
Inspirationsquelle für Fichte

Das Problem der Auflösung der Freiheitsantinomie findet ihren Sonderfall im Menschen, der zugleich sinnlich-empirischer und intelligibler Charakter, Bürger zweier Welten ist, je nachdem ob er als Erscheinung oder als Wesen an sich selbst betrachtet wird. Der empirische Charakter ist, was wir durch Beobachtung an uns selbst und anderen wahrnehmen können; und daß er so oder anders ‚reagiert', ist u.U. voraussehbar. Kant spitzt die Problematik zur äußersten Paradoxie zu: Wenn wir alle inneren und äußeren Faktoren im Leben einer Person wüßten, so könnten wir ihr Verhalten „wie eine Mond- oder Sonnenfinsterniß" ausrechnen und vorhersagen (KpV 177f).[29] Trotz lückenloser naturhaft-deterministischer Erklärbarkeit von Handlungen einer Person gilt für Kant dennoch die – als praktisches Postulat gültige – Annahme: der Mensch ist frei. Denn Freiheit ist nicht Bestandteil naturkausaler Reihen von zeitlichen Ursachen und Wirkungen, sondern ist als *transzendentale Freiheit* spontaner Selbstanfang, nicht von vorhergehenden Ursachen ausgelöst. Deterministische Naturkausalität und Freiheit sind also bei Entschlüssen und Taten vereinbar.

Derselbe Entschluß oder Akt einer Person ist es, der zum einen als zur noumenalen Welt der Dinge an sich, zum anderen als zur sinnlichen, räumlich-zeitlichen Welt gehörig vorgestellt wird. Wie aber kann dieser selbe Entschluß und dieselbe Handlung durch zwei ganz verschiedene, je für sich schon zureichende Kausalitäten verursacht sein? Wie kann bei Willensentschlüssen und konkreten Taten, so ist hier zu fragen, das Verhältnis von naturdeterministischer Kausalität und Kausalität aus Freiheit zueinander bestimmt werden? Eine Antwort lautet:[30] Gemäß dem von Kant konzipierten Verhältnis von sinnlicher und intelligibler Welt muß auch das Verhältnis von Naturkausalität und Freiheitskausalität eindeutig bestimmbar sein. Für Kant liegt des näheren die Freiheitskausalität jeder Art von Naturkausalität prinzipiell zugrunde; sie stellt

---

29   Vgl. KrV 576ff. Heinz Heimsoeth: Persönlichkeitsbewußtsein und Ding an sich in der Kantischen Philosophie, in: ders., *Studien zur Philosophie Immanuel Kants*, Bd 1: *Metaphysische Ursprünge und ontologische Grundlagen*, Köln 1956, 229–257.

30   Klaus Düsing (*Fundamente der Ethik. Unzeitgemäße typologische und subjektivitätstheoretische Untersuchungen*, Stuttgart-Bad Cannstatt 2005, 169-185) entwickelt, im Zusammenhang einer Neubegründung der Ethik im Horizont der Deontologie, das Modell eines Stufenbaus von Freiheitsbedeutungen, insofern man gemäß der Quantenphysik nicht mehr vom strengen Naturdeterminismus als der paradigmatischen Kausalität ausgehen muß. Dann wird der Dualismus von streng deterministischer, oder sinnlich-naturhafter Kausalität und intelligibler Kausalität aus Freiheit vermeidbar zugunsten jenes Stufenbaus gewisser Grundtypen von Freiheit.

also nicht eine mit der Naturkausalität konkurrierende Verursachung dar, sondern bildet letztlich deren Grundlage.[31]

Wir kennen uns bloß als empirischen Charakter, und alle Kausalerklärung unseres Tuns und Lassens bezieht sich auf ihn. Der *empirische Charakter* kann als ‚Zeichen' oder „sinnliches Schema" des *intelligiblen Charakters* angenommen werden (KrV 574, 581). Rückschlüsse von der Eigenart des empirischen auf die Beschaffenheit des intelligiblen sind *schwierig*, da keine gewisse Erkenntnis über das eigne Ansichsein zu gewinnen ist, denn das hieße zu begreifen, warum unser intelligibler Charakter als der zugrunde liegende beschlossen hat, sich diesen – z.B. sittlich guten oder bösen – empirischen Charakter zu verschaffen. Auch ist der intelligible Charakter nichts Stehendes oder Bleibendes im Sinne statischen Ansichseins; er ist für Kant „Selbstand". Diesen Ausdruck prägte Leibniz in seinen deutschen Schriften für das Monade-Sein, „un être *capable d'action*", das immerzu ein spontanes, aus sich selbst sich Fortentwickeln ist. „Selbstand" heißt, der intelligible Charakter webt und bildet auf dynamische Art beständig am empirischen. Die Unsittlichkeit (Bosheit) einer Handlung liegt nicht im Irrtum des Verstandes, sondern im Mangel des Herzens oder Willens. Die durchgängige Bestimmtheit des empirischen Charakters durch den intelligiblen, an sich freien impliziert, daß der Mensch in jedem bewußten Handeln wirklich *gewollt*, seinen Willen realisiert hat, sei es in *autonomer* sittlicher Selbstbestimmung, sei es im *Zulassen heteronomer Fremdbestimmung*.

Dem Menschen kommen, wenn aufgrund des *Sollensbewußtseins* Freiheit angenommen wird, zwei Weisen des Ursacheseins zu: einmal sind alle seine Handlungen leiblich-psychisch-gesellschaftlich bedingt durch Affekte, Bedürfnisse, Neigungen; in dieser Hinsicht ist er *Naturursache* seiner Taten. Zum anderen verfügt er über die Möglichkeit zum spontanen *Selbstanfangen* einer neuen Reihe von Ereignissen in der Welt durch *Transzendieren* aller natürlichen inneren und äußeren Bedingungen.[32]

Der sittlich Wollende urteilt, daß er etwas tun kann, weil er dessen inne ist, daß er es tun soll, und erkennt in sich die Freiheit, die ihm ohne das Sittengesetz unbekannt geblieben wäre. Daher könne der Mensch von jeder bösen Tat, die er verübt hat sagen, „daß er sie hätte unterlassen können; denn sie mit allem Vergangenen, das sie bestimmt, gehört zu einem einzigen Phänomen seines Charakters, den er sich selbst verschafft"(!) und daher die „Kausalität"

---

31 Vgl. Klaus Düsing: Freiheit, Sittlichkeit und natürliche Determination bei Kant, in ders.: *Immanuel Kant: Klassiker der Aufklärung*, Hildesheim etc. 2013, 113-131.
32 In den *Prolegomena* nennt Kant Freiheit das „Vermögen eine Begebenheit von selbst anzufangen" (IV 344n).

jener vollbrachten Taten sich „selbst zurechnet" (KpV 175). Die sittliche Zurechnung setzt eine „freie Kausalität" des Willens voraus, die von „früher Jugend" an ihren Charakter in erscheinenden Handlungen ausdrückt. Diese haben einen „Naturzusammenhang", der aber nicht die üble Beschaffenheit des Willens notwendig macht, sondern „Folge der freiwillig angenommenen bösen ... Grundsätze" ist (KpV 178f). Der subjektive Grund des Gebrauchs unserer Freiheit muß selbst ein Aktus der Freiheit sein, da er sonst dem Menschen nicht zugerechnet werden könnte. Vorstellbar ist, daß der intelligible Charakter als eine bestimmte Weise der überzeitlichen Kausalität aus Freiheit den empirischen Charakter in der Zeit verursacht und prägt, mit gewissen Abstufungen, wie sie Kants Religionsschrift entfaltet, einen gutartigen gebrechlichen, einen unlauteren „argen" oder sogar, gemäß Kants Aufnahme biblischer Erbsündenlehre, radikal verdorbenen empirischen Charakter.

Im Phänomen der *Reue* (vgl. KpV 176f) waltet offenbar ein Wille, der ein Nichtseinsollendes für alle Zeit kundtut. Die Reue als entschiedenes Nichtwollen von etwas unwiderruflich von mir Vollbrachten begreift Kant als Hinweis auf das überzeitliche Dasein des intelligiblen Charakters. Eine solche Unterscheidung dessen, was in der Welt geschieht, von dem, was – nach anderen Gesetzen – in ihr geschehen *soll*, ist nur möglich, wenn die Naturkausalität nicht die einzige Weise von Wirksamkeit ist, die es gibt, sondern Taten aus verantwortlicher Freiheit anzunehmen sind.

bb) Reflexionen Kants zum Verhältnis von empirischem und intelligiblem Charakter

Gibt es die „vollständige Selbstthätigkeit des Willens"? Kant bedenkt: „Die Frage, ob die Freyheit möglich sey, ist vielleicht mit der einerley, ob (der Mensch) eine wahre Person sey" (XXVII 464f).

„Wie ist es *moglich, daß man sich selbst tadeln kan*, wenn das Selbst nicht so zu sagen zwiefach ist?" (XVII 320) Zu der provozierenden Paradoxie, daß die handelnde Person als Erscheinung durch Ursache und Wirkung determiniert, zugleich als Mitglied der intelligiblen Welt frei sei, hat Kant eindrucksvolle Reflexionen verfaßt. Vielschichtig wird dahin argumentiert, daß die Hinsicht auf die Person als Sinnenwesen nicht absolut gesetzt werden dürfe, schon weil jeder ihrer Versuche, die eigenen Motive bis in letzten Verästelungen zu ergründen, nie auf ein letztes, zur Erklärung einer Tat zureichendes, hinzuführen vermag. Kant bedenkt die Beteiligung des Unbewußten im handelnden Ich: „Eine iede Handlung als Erscheinung hat ihren bestimmenden Grund in einer andern positiven oder negativen Handlung von mir, diese wiederum in einer andern, und so ins unendliche. Es ist also gar kein vollständiger Grund unter den Erscheinungen, also immer nur eine unter meinem eignen Belieben". Bei freien Wesen ist ein „bestandiger Einfluß intellectueller Gründe" auf ihren empirischen Zustand und ihr Tun anzunehmen; denn von dem Intellektuellen aus bis hin „zur bestimmten Handlung ist eine unendliche Reihe von Triebfedern" (XVIII 254f).

Kant definiert im Geist des Idealismus der Freiheit, der freies Denken zur selbstverständlichen Prämisse hat und die sokratisch sich prüfende sittliche Lebenspraxis umfaßt: „Das Vermögen, die Motiven des Wollens schlechthin selbst hervorzubringen, ist die Freyheit... .. Hierüber machen wir uns vorwürfe oder billigung." (XVIII 182) Freiheit, verstanden als Maximum an Spontaneität, ist „höchster Grad der Tätigkeit und des Lebens". Den Hintergrund bildet die Leibniz-Wolffsche, Platon nahe Lehre der Selbstbewegung im Lebendigen.[33] Das Ich bekundet, daß ich selbst handle (s. M 206); „denn das Ich beweiset den Endpunkt der Gründe von den Handlungen" (XVII 511).

Vom Ich im Sinne des noumenalen Charakters ist bei der Betrachtung des Menschen niemals zu abstrahieren. Jederzeit muß also angenommen werden können, daß sogar bei empirisch lückenloser Erklärung menschlicher Taten gleichwohl der intellektuelle Wille des intelligiblen Charakters als Ursache einwirkt und er aus Freiheit auch einen anderen Verlauf der Begebenheiten in der Welt hätte bestimmen können. Die These, der Mensch handle nur durch äußere und innere Determination, ist widerlegbar: Daß der empirische Charakter inneren und äußeren Gesetzen folgend reagiert hat, ist zurückführbar auf sein intelligibles Akzeptieren heteronomer Motive des eigenen Wollens und Vollbringens.[34]

„Bei einem thätigen principio hat der (sc. zeitliche) Zustand gar keinen Einflus auf das subiect, weder der Vergangene noch der Gegenwärtige, seine Handlung zu determiniren. Das subiect ist iederzeit aus sich selbst der qvell der Handlungen." (XVII 466) Es ist die, – so markiert Kant eine Verbindungslinie von Leibniz zu Fichte, – „ursprüngliche und unwandelbare Spontaneität" (XVIII 182f). Im Laufe unseres Lebens, erwägt Kant, zieht das Vernünftige in uns, d.i. die Persönlichkeit, die Sinnlichkeit allmählich in einen „habitus, erregt Triebfedern und bildet daher einen Charakter, der aber selbst der Freyheit(!) beyzumessen ist und selbst in den Erscheinungen nicht hinreichend gegründet

---

33   Vgl. dazu Heinz Heimsoeth: Freiheit und Charakter. Nach den Kant-Reflexionen Nr. 5611 bis 5620, in: *Kant. Zur Deutung seiner Theorie von Erkennen und Handeln*, hg. von Gerold Prauss, Köln 1975, 292-309.

34   Hegel erklärt zur Willensfreiheit, daß ich zwar davon spreche, mein Wille sei von jenen „Beweggründen ... und Antrieben bestimmt worden"; hinter dem Anschein von Passivität aber stünde, daß ich in Wahrheit mich „wesentlich aktiv" verhalten habe, indem „mein Wille diese Umstände als Beweggründe aufgenommen hat, sie als Beweggründe gelten läßt" (TW 4, 222).

ist" (XVIII 252). Die Vernunft bedient sich so der Naturbeschaffenheit, des Naturells, Temperaments der Person durch Initiativen des intelligiblen Ich. Daher imputiert das Ich sich als zurechnungsfähiges Subjekt die eigenen Taten, schätzt sich selbst in rückbesinnenden Akten der Billigung oder des Vorwurfs als letzten Grund für sein eigenes Wollen, Tun oder Unterlassen ein.

3) Lava im Monde? Fichte über die Schauder der gefesselten Freiheit

In der folgenden Miniatur wird nur ein perspektivisches Segment aus Fichtes Theorie der Freiheit herausdestilliert, aus der Phase von 1798-1800 und im Hinblick auf die Kritik des Naturalismus.[35] Fichtes Freiheitsidealismus nimmt a) die deterministische Weltansicht als Herausforderung ernst und verleiht dem existentiellen Leiden des Ich an deren möglicher Geltung kräftigen Ausdruck;[36] b) er durchleuchtet ein wunderliches Interesse des Menschen, sich für unfrei halten zu wollen; c) und er deutet an, daß Freiheit Angst macht, und weist darin auf Kierkegaard und Freud voraus.

Die argumentative Selbstaufhebung des radikalen Determinismus (analog zum Zirkelschluß der evolutionären Erkenntnistheorie) heißt: Wäre ich durch Gehirnprozesse determiniert, die Theorie des Determinismus zu glauben, so wäre jene nicht als objektive Erkenntnis beanspruchbar. Meine Unfreiheit aber könnte eine Fiktion sein, die ich hege, um verantwortungsfrei handeln zu können.

Fesselnde Paradoxie: Der Determinist hält den Idealisten für determiniert, sich für frei zu halten; für den Idealisten ist es ein Akt der Freiheit, wenn der Determinist seine Unfreiheit glauben will.

Eine religionsphilosophische Variante des *Determinismus* ist der heidnische Schicksalsglaube, der *Fatalismus*, der nach Kant alles menschliche Tun in ein „bloßes Marionettenspiel verwandelt" und die Idee der Pflicht aufhebt, da die Frage, was wir „*von selbst* als Urheber" unsrer Taten „thun ... sollen", fortfällt, da der Mensch einwilligt, „ein Spiel seiner Instinkte und Neigungen" zu sein (VIII 13f). Fichte stellt dem Gottespostulat im Geist Immanuel Kants die Vorstellung des grausig willkürlichen und fremden Schicksals gegenüber, das anonym im unbegreiflichen „Ohngefähr" als Gebieter von allem „unerbittlich

---

35 Vgl. Luca Fonnesu: Metamorphosen der Freiheit in Fichtes ‚Sittenlehre', in: *Fichte-Studien* 16 (1999), 255-271.
36 Vgl. E. Düsing: Mein Ich „ein Stück Lava im Monde"? – Fichtes Kritik des Naturalismus als Rettung humanistisch freier Persönlichkeitsbildung, in: *Bildung durch Wissenschaft – wie ist das zu verstehen? Die Idee der Universität in ihrer Geschichte*, hg. von W. Holzapfel, Bund Freiheit der Wissenschaft, Hamburg 2013, 27-49.

regiert". Die am meisten niederdrückende Annahme sei, daß des Menschen ganzes Ringen ihm nichts hülfe und er kein Mittel wisse, das Schicksal mit sich zu versöhnen. Die griechischen Tragiker sind, gemäß Fichtes Eindruck, „voll von den Schrecken dieser Idee". Wird Gott, in Analogie zur menschlichen, als „blinde Willkür" verstanden, so heißt das für Fichte, einen *Götzendienst* aufzurichten, da jener fratzenhafte Götze niemals Gott sei (GA II/ 4, 292ff).[37] Was für eine Gottesauffassung jemand hat, so läßt sich aus Fichtes religions- und moralphilosophischer Systematik eruieren, hängt davon ab, welchen Typus von Ethik er vertritt.

Johann Gottlieb Fichte (1762-1814) war in seiner Jugend Anhänger des Determinismus,[38] der den menschlichen Willen für unfrei hält; das Freiheitsbewußtsein beruhe auf Selbsttäuschung. Bedeutsame historische Position, in der die Vorstellung der Freiheit als erklärbare Illusion gilt, ist Spinozas Ethik, die Fichte vorschwebte. Für Spinoza ist menschliche Freiheit ein leerer Gedanke; der Mensch mag subjektiv dessen noch so gewiß sein, er sei frei, so ist er doch mit seinem Tun und Lassen – gleich einem durch die Luft fliegenden Steine, der wähnen könnte, frei zu sein – in Wahrheit nur Produkt von ihm verborgenen Kausalreihen. Spinoza: „Es gibt in der Seele keinen unbedingten oder freien Willen, sondern die Seele wird bestimmt, dies oder jenes zu wollen; von einer Ursache, die ebenfalls von einer anderen bestimmt ist ... und so weiter ins Unendliche."[39]

Im Jahre 1790 wird Fichte durch eingehende Lektüre von Kants *Kritik der praktischen Vernunft* aus dem Schlummer seines Unglaubens an die Freiheit (bzw. seines dogmatischen Glaubens an die Unfreiheit) geweckt. Er gewinnt die ihn beglückende und befreiende Überzeugung von der realen Autonomie des Menschen. Die hohe Freude an dieser Entdeckung klingt nach in Fichtes Wort, sein System sei „vom Anfang bis zum Ende nur eine Analyse des Begriffs der Freiheit".[40] Das *spontan sich selbst setzende Ich* wird zum ersten Axiom der

---

37 Fichte wird im Folgenden zitiert nach der Historisch-kritischen Fichte-Ausgabe der Bayerischen Akademie der Wissenschaften: GA und der Ausgabe der Werke Fichtes, hg. von Immanuel Hermann Fichte: SW I-XI.

38 Zur Biographie vgl. Wilhelm G. Jacobs: *Fichte*, 3. Aufl. Hamburg 1998, 33-40; zu Fichtes Freiheitskonzept und Ethik-Entwürfen E. Düsing: *Fichtes praktische Philosophie*. Publizierte Vorlesung an der FernUni Hagen 2011.

39 Benedict de Spinoza: *Ethica ordine geometrico demonstrata* (zuerst 1677); *Die Ethik nach geometrischer Methode dargestellt*, übers. von Otto Baensch, Hamburg 1963, 97.

40 Brief an Reinhold von 1800, J. G. Fichte: *Briefwechsel*, hg. von H. Schulz, 2 Bde Leipzig 1925, II, 206. – Vgl. Marco Ivaldo: *Libertá e ragione. L'etica de Fichte*, Milano 1992.

theoretischen und praktischen Lehre. Mit der Entdeckung der Freiheit gleichursprünglich ist die Entdeckung des Ich, das sich frei weiß. Kant erklärt im „Beschluß" der *Kritik der praktischen Vernunft* mit hohem Pathos, das auch hinter Fichtes Hymne auf die zentrale Bedeutung der *Freiheit* steht:

> Zwei Dinge erfüllen das Gemüt mit immer neuer und zunehmender Bewunderung und Ehrfurcht, je öfter und anhaltender sich das Nachdenken damit beschäftigt: *der bestirnte Himmel über mir und das moralische Gesetz in mir.* ... Das erste fängt von dem Platze an, den ich in der äußern Sinnenwelt einnehme ... Das zweite fängt von meinem unsichtbaren Selbst, meiner Persönlichkeit an, und stellt mich in einer Welt dar, die wahre Unendlichkeit hat.... Der erstere Anblick einer zahllosen Weltenmenge vernichtet gleichsam meine Wichtigkeit, als eines *tierischen Geschöpfs*, das die Materie, daraus es ward, dem Planeten (einem bloßen Punkt im Weltall) wieder zurückgeben muß.... Der zweite erhebt dagegen meinen Wert ... unendlich durch meine Persönlichkeit, in welcher das moralische Gesetz mir ein von der Tierheit und selbst von der ganzen Sinnenwelt unabhängiges Leben offenbart (KpV 288f).

Beide Dimensionen des erwähnten Unendlichen, die äußere und die innere Unendlichkeit, die im Nachsinnen unmittelbar verknüpft sind mit dem „Bewußtsein meiner Existenz", enthalten für Kant das *fascinosum* und das *tremendum* in sich, das Über-sich-Hinausgehobenwerden der Seele und ihr Niedergeworfenwerden im Bewußtsein der eigenen Unwichtigkeit im unermeßlichen All bzw. der persönlichen sittlichen Unzulänglichkeit dem heiligen, göttlich-guten, unbedingt Gesollten gegenüber.

Weithin erachtet der Mensch sich selbst aber noch nicht oder nicht mehr als freies Ich. Gemäß Fichtes Weheruf sind viele Menschen eher dazu geneigt, sich für ein „Stück Lava im Monde" als für ein freitätiges Ich zu halten (SW I 175). Denn der Mensch will an seine Unfreiheit glauben bzw. seine Freiheit ‚wegvernünfteln'. Fichte deckt das sonderbare Phänomen auf, daß der Mensch die Annahme seiner eigenen Unfreiheit weder bedauert noch betrauert,[41] und leuchtet in Tiefen des Ich hinab, wo sein Wünschen und Erkennen labyrinthisch

---

41 E. Fromm weist darauf hin (s. nota 5), der Mensch stehe immer in Versuchung, auch nach schwer errungener Freiheit, wieder in das *Dunkel* seiner vormaligen Unfreiheit zurücksinken, wo ihm kein *Licht* des Gewissens und der Verantwortung scheint, das ihn mit dem mühseligen Wachsein plagt und unerbittlich zur Rechenschaft zieht.

verflochten sind. „Was für eine Philosophie man wähle, hängt ... davon ab, was man für ein Mensch ist: denn ein philosophisches System ist nicht ein toter Hausrat, den man ablegen oder annehmen könnte, wie es uns beliebte, sondern es ist beseelt durch die Seele des Menschen, der es hat" (SW I 434) Die *Wahl* zielt auf ein Sichentscheiden des Ich zwischen Idealismus der Freiheit und Naturalismus. Ein systematisches Gefüge liegt im *Wählen* der Freiheit, des freien Ich und des Sittengesetzes. Existentiell gewandt heißt es: „Unsere Philosophie wird die Geschichte unsers eignen Herzens, und Lebens, und wie wir uns selbst finden, denken wir den Menschen überhaupt und seine Bestimmung" (SW II 293).

Für Fichte gibt es nicht ein zuerst zu erkennendes Wahres, an dessen Einsicht der Wille sich anschlösse, weil ihm durch den Intellekt das wahre Ziel seines Strebens vorgezeichnet würde. Vielmehr ist für ihn umgekehrt die Erkenntnis des Wahren abhängig von der Willenseinstellung, – worin eine Verdunkelung der intellektuellen Kraft durch Willensverkehrung eingeschlossen ist. Hinter einer solchen (Augustinus nahen) Verknüpfung von Wahrheit und Freiheit steht Fichtes Überzeugung,[42] die „einzige pflichtmäßige Denkart in der Philosophie" sei die, in welcher „die Spekulation und das Sittengesetz sich innigst vereinigen" (GA I/ 4, 220). Mit dem Gedanken der richtigen oder falschen *Wahl* im Spannungsfeld von Idealismus und Materialismus trägt sich etwas Paradoxes zu: Der Philosoph, der in der Wahrheitsfrage den transzendentalen Idealismus für am beweiskräftigsten hält, macht zugleich das Verständnis für das von ihm entdeckte erste Prinzip, das freie Ich, abhängig von einer außertheoretischen Bedingung, einer Entscheidung des Willens.

Die einzige Bestimmung, die das Ich authentisch ganz sich selbst zuschreibt, ist für Fichte das Wollen, das für ihn das Innerste des Ich ausmacht. Das „praktische Vermögen ist die innigste Wurzel des Ich" (SW III 21). Das praktische Sichbestimmen wird demnach als das eigentliche Sich-selbst-Setzen des Ich gedeutet. In der *Wissenschaftslehre nova methodo* (1798/99) nimmt Fichte zum methodischen Ausgangspunkt nicht Kants synthetische Einheit des Selbstbewußtseins, nicht das Ich-denke, sondern, in einer Radikalisierung des Kantischen Primats der praktischen vor der theoretischen Vernunft, das Ich-will. So integriert Fichte die Kantische Einheit der Apperzeption in die Bestimmung des Wollens. Folglich ist das Denken und Erkennen des Ich untergeordneter

---

42 Hier bringt Fichte ein altes Motiv aus christlichen Vorstellungen zu neuer Geltung. Heinz Heimsoeth: *Fichte*, München 1923, 83f.

Bestandteil des sich wesentlich als einheitliches ‚Ich-will' konstituierenden Selbstbewußtseins.[43]

Die Kantische Frage nach den Bedingungen der Möglichkeit von Erfahrung verwandelt sich bei Fichte in die andere: Wie vermag das Ich sich seines Handelns bewußt zu werden? (GA IV/ 2, 92) Eine Vorstellung des Vorstellenden selbst ist für ihn nur möglich durch das Bewußtwerden der Freiheit des Ich. Die Freiheit sei die „absolute Selbstaffektion" als Stoß des Ich auf sich selbst, woraus überhaupt erst Verschiedenheit und Mannigfaltigkeit resultiere, nämlich durch Umsetzung intelligiblen Wollens in empirisches, das eine *Linie* des Handelns auf begegnende Widerstände sei.

Die These aus der *Grundlage des Naturrechts* (von 1796), das Ich könne sich mit sich selbst nur identifizieren, indem es sich als wollend finde, führt Fichte vertiefend fort zu der These, das Ich könne zur Selbstbezüglichkeit nur vermöge seiner Orientierung am Sittengesetz gelangen. In der zweiten *Einleitung in die Wissenschaftslehre* (von 1797) erklärt er markant: „Nur durch dieses Medium des Sittengesetzes erblicke ich *mich*" (SW I 466). In dieser wahrhaften Selbstfindung erfaßt das Ich zugleich ein ihm angemutetes Sollen und erblickt darin die Erhabenheit seiner Bestimmung. Fichte leitet im *System der Sittenlehre* (1798) das Sittengesetz aus dem Bewußtwerden der Freiheit ab, im Aufstieg zu den Bedingungen der Einheit des praktischen *Ich* mit sich. Er zeigt in einem „genetischen Begriff der Freiheit", wie das handlungsfähige, seiner bewußte Ich sich bildet in Entsprechung zur bewußten Anerkennung des Sittengesetzes. Das „substantielle eigentliche Ich" ist nicht die Intelligenz, sondern das „Freitätige", d.i. der freie Wille in „realer Selbstbestimmung" (SW IV 220). Die idealistische *Geschichte des Selbstbewußtseins*, in der Fichte den Zusammenhang aller Vermögen des Ich aus dem einheitlichen Grunde des Ich zu entwickeln versucht, ist für ihn vorrangig eine *Geschichte des Freiheitsbewußtseins* im Ich. Die Aufgabe für den die *Bewußtseinstatsachen erklärenden Philosophen* sei, „zu sehen", wie das Ich seiner „Tendenz zur absoluten Selbsttätigkeit" bewußt, in Stufen der Selbstverständigung seiner Spontaneität inne und dessen gewiß wird, zur moralischen Autonomie bestimmt zu sein. Fichte gewinnt eine *genetische Einsicht in das Sittengesetz*, das nicht bloß ein „Faktum" der Vernunft ist, das im Ich einfach vorfindbar wäre (SW IV 37ff).

Zum wirklichen Wollen gehört für Fichte das Sichlosreißen aus einem Zustand des Schwankens, und zwar, – wie er eindrucksvoll formuliert, – aufgrund

---

[43] Vgl. Edith Düsing: Zum Verhältnis von Intelligenz und Wille bei Fichte und Hegel. In: *Psychologie und Anthropologie oder Philosophie des Geistes.* Hg. von Burkhard Tuschling, Stuttgart-Bad Cannstatt 1991, 133-197.

von „Energie des Willens und Innigkeit der Anschauung" in Hinblick auf ein konkret real Gewolltes. Aber, – so beklagt er in der frühen *Sittenlehre*, – „es gibt Individuen, die in der Tat nicht eigentlich wollen, sondern immer durch einen blinden Hang sich stoßen und treiben lassen; die ... bloß einen langen Traum träumen, bestimmt durch den dunkeln Gang der Ideen-Assoziation" (SW IV 137). Diese nie etwas ganz Wollenden[44] gelangen aber nicht zum eigentlichen Bewußtsein ihrer Freiheit. Das Sicherheben der Person in die Sphäre des Freiheitsbewußtseins bedarf für Fichte, wie das konkrete Tätigen eines einzelnen freien Entschlusses, der Überwindung einer Initiative lähmenden Passivität. Eine empiristische Theorie passiver Bildung des Charakters durch Natur (oder soziale Umstände) deutet Fichte als *Reflexionsgestalt* der *Neigung*, sich selbst als „organisiertes Naturprodukt" anzusehen (SW IV 122f).

Befriedigung des Naturtriebs, so erklärt Fichte im *System der Sittenlehre* (1798), ist eine „Lust", die „mich von mir selbst wegreißt, mich mir selbst entfremdet, und in der ich mich vergesse", insofern ich Person, das heißt: frei bin. „Erblicke ich mich, als durch die Gesetze der sinnlichen Anschauung und des diskursiven Denkens vollkommen bestimmtes *Objekt*", so sehe ich mein Selbst unter dem Aspekt des Naturtriebes, weil ich gemäß jener Ansicht „selbst Natur bin" (SW IV 130). Erblicke ich mich – so die berühmte *Wahl* der Philosophie, hier in anderen Begriffen, – aber als *Subjekt*, wie Fichte dem als höheres Verstehensziel entgegensetzt, so erfasse ich mich als Vermögen freier Selbsttätigkeit. Auf einem Konkurrieren von Naturtrieb und sittlichem Trieb[45] beruhen nach Fichtes Konzeption „alle Phänomene des Ich" (SW IV 130). Das bloß an sich „freie Wesen", das noch der Natur verhaftet bleibt, weiß oft nicht, auf welche verborgene Weise seine Freiheit seinem Naturtriebe „zu diensten" ist (SW IV 138).[46] Einem Trägheitsgefälle nachgebend kann dem Menschen, in Lethar-

---

44 Die Charakteristik der Erbsünde als „voluntas perversa" durch Augustinus tönt hier durch: „non ex toto vult"! *Confessiones/ Bekenntnisse*, Lateinisch und Deutsch, eingeleitet und übers. von Joseph Bernhart, München 1980, 380, 404. Der gewaltige Kampf seines Inneren, das in zwei kontrahierende Willen auseinanderzubrechen droht, den Augustin im achten Buch entfaltet (380-409), ist zu lesen vor dem Hintergrund von Paulus, *Römer* Kap. 6-8.

45 Zu Fichtes Lehre von den Triebfedern s. Wilhelm G. Jacobs: *Trieb als sittliches Phänomen.* Bonn 1967.

46 Auf Schopenhauers überspitzte Lehre von der Knechtung des Erkennens unter dem Wollen weist auch ein anderes Wort von Fichte voraus: „Auf der ersten Stufe der Bildung, des Individuums sowohl als der Gattung, überschreit der praktische Trieb, und zwar in seiner niedern, auf die Erhaltung und das äußere Wohlseyn des animalischen Lebens gehenden Äußerung, alle übrigen Triebe; und so fängt denn auch der Erkenntnistrieb damit an, bei jenem zu dienen" (GA I/ 6, 348f).

gie des nicht verstehen Wollens, die Einsicht in seine Freiheit verhüllt bleiben.[47] Die Idee der freien Ichheit in der eigenen Person zu erfassen, – was ein dogmatischer *Determinist*, der eine alles durchwaltende Naturnotwendigkeit annimmt, für ein Jagen nach einem Phantom ansehen muß -, dazu bedarf es einer „Erhebung durch Freiheit zu einer ganz anderen Sphäre" (GA I/4, 258f). Die Selbsterfassung seiner Freiheit, wobei ein spontan sich (und anderes Seiende) Veränderndes als wirksamen Grund dieser Veränderungen sich selbst erkennt, liegt nicht im Mechanismus der Natur (vgl. SW IV 3f).

Für Fichte gibt es wie für Kant einen originären Gesetzessinn des Wollens, der an Dignität alle vom Intellekt entworfene theoretische Gesetzmäßigkeit überragt, ein souveränes anderes Gesetz der praktischen Vernunft als Ideal für sittliches Handeln. So liegt der wahre Sinn der Freiheit in einer eigenständigen, im Vergleich mit Verstandesgesetzen ‚höheren' Gesetzmäßigkeit des freien Willens, durch den das definiert wird, was als Gutes sein soll, unabhängig davon, ob es schon ist. Das *Sollen* drückt die selbstauferlegte Regelhaftigkeit seiner Freiheit aus. Das Sittengesetz ist die Gesetzmäßigkeit, in der das *Ich* sein Ursachesein für bestimmte Wirkungen aus Freiheit unter eine unverbrüchliche *Regel* bringt, die es entworfen hat, um sich *zuverlässig* nach ihr zu bestimmen. Die „ununterbrochene" Selbstgesetzgebung macht die „moralische Existenz" des Ich aus (SW IV 56f).

Im Werk des Umbruchs, nach dem Atheismusstreit, in *Die Bestimmung des Menschen* (von 1800), unterzieht Fichte den Idealismus der Freiheit, den er verkündet hatte, einer läuternden Katharsis, indem er in einer ergreifenden Herzensergießung ein ‚Ich' reden läßt, das seine Freiheit vehement anzweifelt. Die flammende Rede des Ich durchläuft markante Reflexionsstadien, anhebend mit der Meinung, in den deterministischen Kausalnexus eingebunden zu sein, dessen Erklärungskraft das Ich selbst mit einschließe, über die Verwundung seines Selbstgefühls, Scham, Ohnmacht, bis zum Aufstand wider die dem Ich drohende Geistesdepression. Im Naturalismus, der intellektuell stark gewürdigt wird, findet das Ich sich unterbewertet und wie erwürgt. Der schneidende Inhalt seines Zweifels, der ein verzweifeltes Ohnmachterleben nüchtern streng auf den Begriff bringt, lautet: „Alles was ich je bin und werde, bin ich und werde ich schlechthin notwendig" (SW II, 183). Fichte führt hier eindringlich die Bedeutung einer deterministischen Weltansicht für das Sichselbstverstehen des Ich als konkret existierende Person vor Augen. Wer einen universalen Determinismus annimmt, muß, so wagt er kühn zu Ende zu

---

47   Unheimlich plastisch spricht der späte Fichte vom Versinken des Ich im Nichtigen als einem „Hang ... zum geistigen Totsein" (SW VI 398).

denken, von sich sagen: „*Ich bin eine durch das Universum bestimmte Äußerung einer durch sich selbst bestimmten Naturkraft*." (SW II 189)

Deutlicher lassen sich Faszination und Schrecken des – heute verbreiteten – *Naturalismus* wohl kaum aussprechen. Wie in einem schmerzlichen Klagegesang hebt Fichte hier das unvermeidliche Verzweifeln über die Konsequenzen des Naturalismus hervor, – wenn er ontologisch wahr wäre. Fichte ringt, in Gestalt des von ihm, vom Philosophen untersuchten Bewußtseins, mit der Frage, ob Freiheit nur ein leerer Gedanke sei, eine Illusion erhoffter Selbstverwirklichung des Menschen, oder ob das Ich frei seinen Lebensplan zu entwerfen und zu realisieren vermag. In der *Bestimmung des Menschen* entwickelt Fichte die Position des Determinismus als eine solche, die von innen her überwunden werden soll, kraft des sich Hineindenkens in dessen egologische Unzuträglichkeit: das Versenktsein des freien Ich. Deskriptiv heißt es: „Ich trete ein in eine geschlossene Kette der Erscheinungen, da jedes Glied durch sein vorhergehendes bestimmt wird" (SW II 173). Daher gilt: „Ich selbst, mit allem, was ich mein nenne, bin ein Glied in dieser Kette der strengen Naturnotwendigkeit." Lakonische Bilanz: nicht ich handle, denn „in mir handelt die Natur" (SW II 189).

Fichte stellt nun eine Eskalation im Innewerden des Ichverlustes dar und den erwachten Zorn gegen alle *Heteronomie*: „Ich kann bereuen, und mich freuen, und gute Vorsätze fassen; ... aber ich kann ganz sicher durch alle Reue, und durch alle Vorsätze nicht das geringste an dem ändern, was ich nun einmal werden muß. Ich stehe unter der unerbittlichen Gewalt der strengen Notwendig-keit." (SW II 189f) Die Peripetie folgt einer Logik des Herzens, das an der Logik des Verstandes leidet und das mit Pascal ergründen möchte: Woher komme ich, wohin gehe ich, wer bin ich in der Weite des Weltalls? – und lautet: „Warum muß mein Herz trauern und zerrissen werden, von dem, was meinen Verstand so vollkommen beruhigt? Da nichts in der Natur sich widerspricht, ist nur der Mensch ein widersprechendes Wesen?" (SW II 190f) Der Widerspruch, der symbolisch auf etwas die Natur *Transzendierendes* hinweist, liegt in Ethik und Physik mit ihren verschiedenen Gesetzmäßigkeiten, die – gemäß der Freiheitsantinomie – im Selbstbewußtsein des Ich kollidieren. „Daß ich bestimmt sein sollte, ein Weiser und Guter, oder ein Tor und Lasterhafter, zu sein, daß ich an dieser Bestimmung nichts ändern, von dem ersteren kein Verdienst, und an dem letzteren keine Schuld haben sollte, – dies war es, was mich mit Abscheu und Entsetzen erfüllte." (SW II 191) Sinnlose Reue wäre total fatal; darauf besteht lebhaft Kierkegaards Ethiker in *Entweder/Oder*.

In Fichtes plastischer und lebendiger Darstellung ruft der von ihm dargestellte Aufbruch des Ich, das sich verkannt sieht, in seinem so erweckten Zorn die Antithese zum Naturalismus wach. Fichte verleiht dem Ich, das zu Wünschen aufgereizt ist, gleichwohl vernünftig argumentiert, das Wort: Aber „ich selbst will selbständig, – nicht an einem andern, und durch ein anderes, sondern für mich selbst Etwas sein; und will, als solches, selbst der letzte Grund meiner Bestimmungen sein. Den Rang, welchen in jenem Lehrgebäude jede ursprüngliche Naturkraft einnimmt, will ich selbst einnehmen ... Ich will eine innere" eigentümliche „Kraft des Ich" haben, „mich auf unendlich mannigfaltige Weise zu äußern" (SW II 191). „Es soll ein Bestes geben nach geistigen Gesetzen; dieses mit Freiheit zu suchen, bis ich es finde ... Dieses Beste soll ich wollen können; ... und wenn ich stattdessen etwas anderes will, soll ich die Schuld haben." Für die freie Selbstgestaltung soll die Schuldfähigkeit und Haftung gern in Kauf genommen werden. „Ich will frei sein ... heißt: ich selbst will mich machen, zu dem, was ich sein werde" (SW II 192f).

Hat im Widerstreit der Lehrgebäude der Gedanke nur das Zusehen? Ist – wie heute eine evolutionäre Erkenntnistheorie behauptet – „die Intelligenz bloße Natur-Äußerung"? Dort waltet angeblich eine eigengesetzliche Naturkraft – „hier bin Ich es selbst, unabhängig und frei vom Einflusse aller äußern Kräfte, der seiner Unentschlossenheit ein Ende macht" und in kühnem, stolzen Mut einen Neuanfang setzt: Das bin ich, der durch die frei in mir hervorgebrachte Erkenntnis des Besten mich bestimme, im Sinne von Leibniz' *lex optimi*. Welche von beiden Positionen, – aus denen jeweils ganze *Lehrgebäude* hervorgingen und deren Quelle für Fichte in einem mehr oder weniger bewußten Wollen des Ich liegt, – „soll ich ergreifen? Bin ich frei und selbständig, oder bin ich nichts an mir selbst, und lediglich Erscheinung einer fremden Kraft?" (SW II 195) Die von Fichte angesprochene für das Ich *fremde* Kraft ist die Natur oder das Fatum.

Das Ich erblickt sich selbst als schwer auflösbares Rätsel zwischen Natur und Freiheit stehend. „Das System der Freiheit befriedigt" das Herz, das der Unfreiheit zwar den Verstand, aber „tötet und vernichtet mein Herz. Kalt und tot (! ED) dastehen, und dem Wechsel der Begebenheiten nur zusehen, ein träger Spiegel der vorüber fliehenden Gestalten – dieses Dasein ist mir unerträglich, ich verschmähe und verwünsche es"! Begründung für den nahezu suizidal gestimmten Unmut ist das Verlustgefühl seiner selbst in aufgezwungener Passivität (empiristisch: träge, Spiegel sein), vor allem Verlust von *Philia, Eros, Agape*: „Ich will lieben, ich will mich in Teilnahme verlieren, mich freuen und mich betrüben ... In der Liebe nur ist das Leben, ohne sie ist Tod und Vernichtung." In Fichtes starker Kontrastierung von *Liebe* und *Tod* und der nahegelegten Koinzidenz von *Leben* und *Liebe* liegen Reminiszenzen an das *Johannes*-Evangelium, z.B. im Wort: „Niemand hat größere Liebe als die, daß er sein Leben läßt für seine Freunde" (Joh 15, 13). Jedoch die kalte Physiokratie spottet solcher Liebe. „Ich bin nicht, und ich handle nicht ... Der Gegenstand meiner innigsten Zuneigung ist ein Hirngespinst ... Statt meiner ist und handelt eine fremde mir ganz unbekannte Kraft.... Mein Heiligstes ist dem Spotte preisgegeben." (SW II 196f) Das innerweltlich humane Heiligste ist die bindende Macht der Persönlichkeit, die Reue fassen oder Treue geloben kann.[48] Beschämt werden die wesentlichen Herzenswünsche: spontan lieben zu können in *Eros* und *Philia*. Der *Illusionsbildungsverdacht* wird in Metareflexion bedacht; Motto: weg mit den schönen Träumen!

Die Bilanz der Antithetik wird als innerer Dialog der Geistseele dramatisch packend entfaltet: „Ohne Zweifel war es die Liebe dieser Liebe" (Augustinus-Anklang!), deren Verlieren mich nun zur Verzweiflung treibt. Versetzt du dich aber in den rationalen Standpunkt der Übersicht des Universums, der, im Erklären unerschöpflich, selbst mein Interesse für Freiheit und Liebe zu erklären trachtet, „so wird dir klar, daß, was du deine Liebe nanntest, nicht deine Liebe ist", sondern eine fremde ‚Liebe', nämlich „das Interesse der ursprünglichen Naturkraft in dir, sich selbst als eine solche zu erhalten". Die Selbstverwundung,[49] ein Verdacht gegen die Integrität der eigenen Person in ihrem Fühlen, Wollen, Handeln lautet: Du liebst nicht, denn „du *bist* überhaupt nicht", nämlich kein souveränes freies Ich. Das, was er wenige Jahre zuvor als „Wahl" zwischen dogmatischem Materialismus und Idealismus der Freiheit formuliert hat, überführt Fichte nun in die an Pascals *logique du coeur* erinnernde existentiell getönte Frage, „ob der Erkenntnis die Liebe, oder der Liebe die Erkenntnis untergeordnet werden solle. Das letztere steht in üblem Rufe bei verständigen Leuten, das erstere macht mich unbeschreiblich elend, indem es mich selbst aus mir selbst vertilgt. ... Unentschieden kann ich nicht bleiben": An der Beantwortung dieser Frage hängt „meine ganze Würde". „Welche Macht kann mich

---

48 In *Die Krankheit zum Tode* denkt Kierkegaard Fichtes *Bestimmung des Menschen* weiter, indem er die Verzweiflung der Notwendigkeit kategorial als Fehlen von Möglichkeit bestimmt, als Rettung vor der *Fatalität* den Glauben, für Gott sei in jedem Augenblick alles möglich. Der Glaube ist Gegengift gegen jene Verzweiflung des Deterministen. Der Fatalist ist, wie der Determinist, verzweifelt, weil für ihn alles notwendig geschieht, er hat Gott verloren und damit sein Selbst. Psychosomatisch vermag das Selbst des Deterministen „nicht zu atmen". Die Gottesverehrung des Fatalisten ist stumme Unterwerfung; er kann nicht innerlich beten. Den Determinismus und Fatalismus nennt Kierkegaard Weisen von „Geistesverzweiflung". (Sören Kierkegaard: *Die Krankheit zum Tode*, übers. von E. Hirsch, 4. Aufl. München 1992, 34-39). Zur Fichte-Rezeption Kierkegaards vgl. Edith Düsing: Sittliche Bewußtwerdung und Sichfinden des Selbst in Gott bei Fichte und Kierkegaard. In: *Kierkegaard und Fichte. Praktische und religiöse Subjektivität. (Kierkegaard Studies Monograph Series Vol 22, edited of the Kierkegaard Reseaech Centre)*, hg. von J. Stolzenberg und S. Rapic, Berlin 2010, 155-208.

49 Was Fichte als Reflexion des sich selbst Verkennenden erwägt, der sich fälschlich für ein bloßes Naturwesen einstuft, wird, von Nietzsche und Schopenhauer angebahnt, zur Lehrmeinung in Sigmund Freuds Psychoanalyse. Diese fixiert das Vorurteil, das im Idealismus vermeinte freie souveräne Ich sei bloß Epiphänomen seiner Triebe.

vor mir selbst retten?" (SW II 196ff) So der Ruf nach Erlösung aus dem Labyrinth von Denken und Fühlen. F. H. Jacobis Dezisionismus nur kraft Herzenslogik erkennt Fichte als Lösung nicht an. Die *Reflexion* darf nicht abgebrochen werden zugunsten eines irrationalen Sprungs in den Glauben an einen persönlichen Gott und an die in Gott uns geschenkte Freiheit, – wie Jacobi in den *Briefen über die Lehre des Spinoza* gelehrt hat.

Fichte gelangt, indem er Kants Auflösung der *Antinomie* von Freiheit und Naturdeterminismus durch *Metareflexion* auf den subjektiven Ursprung des mechanistischen Weltmodells aufnimmt, in der *Bestimmung des Menschen* zur idealistischen Wende, die sich im befreienden Seufzer Ausdruck verleiht: Das bin wieder Ich, der „durch die frei in sich hervorgebrachte Erkenntnis des Besten sich bestimmt" (SW II 195). Kants Resultat der Nichtunmöglichkeit von Freiheit, die kompatibel ist mit koexistenter Naturgesetzlichkeit, führt Fichte fort im Modell der *Wahl* zwischen Natur und freiem Ich. *Sinn der Freiheit* liegt in der Gesetzmäßigkeit, die definiert, was als Gutes sein *soll*.

Der d*eutsche Idealismus* faßt die Freiheit als *unendlich* auf, als unergründliche Wesenstiefe des Ich. Daher ist ein Gesetz der Wirkungsweise der Freiheit erforderlich, damit der frei Handelnde nicht in mögliche Grenzauflösung von allem hinein stürzt: „Das erste Sollen", so erklärt Kant, ist „eine Bedingung, unter der allein die freyheit ein Vermögen nach beständigen Regeln wird... . Der auf kein objekt eingeschränkte, mithin reine wille muß zuerst sich selbst nicht wiederstreiten, und die freyheit ... muß Einheit haben" (XIX 178). In der Idee homologen Lebens wird seit der Antike der wahre Logos gesucht. Das Sittengesetz garantiert einen gesetzmäßig geregelten Gebrauch der Freiheit und die durchgängige Einstimmigkeit des Ich mit sich selbst, wohingegen Gesetzlosigkeit die Bandbreite bösen Wollens von der Beliebigkeit, Unzuverlässigkeit bis hin zur Chaotik und Destruktivität ausmacht. Wie für Kant impliziert auch für Fichte die Befolgung des Sittengesetzes die Vermeidung regellos widersprüchlichen und die Aufrechterhaltung vernünftig-konsistenten Wollens, worin das Ich allezeit ganz einig mit sich sein kann. Diese Idee des Lebens gemäß dem *Logos* als moralische Einstimmigkeit guten Lebens und Handelns[50] geht auf die Tradition der Stoa von Zeno bis Panaitios zurück, ja auf Platons Lehre, die gerechte Seele sei *mit sich selbst befreundet*.

Fichte spricht, im Kontext eines Kampfes gegen Trägheit, Feigheit, Falschheit als Grundlaster, von der „Freiheit selbst, welche gefesselt ist" (SW IV 201; vgl. Luthers *servum arbitrium*), nämlich wenn das Sittengesetz keine aufrüttelnde erschütternde Macht aufbietet gegen lasterhafte Trägheit des natürlichen

---

50   Kants *Grundlegung zur Metaphysik der Sitten* ist ursprünglich angelegt gewesen als Auseinandersetzung mit Garves freier Übersetzung und Umgestaltung von Ciceros *De officiis*.

Menschen. So erinnert Fichtes Bemerkung an die Lehre von Paulus und Luther, die deutlicher als er auf die Frage, worin die Freiheit gefesselt sei, antworten: in Sünde und Tod.

In der *Sittenlehre* von 1798 ist für Fichte das sich Losreißen von der Sinnenwelt und eigenen Trägheit Zeichen sittlichen Wollens. In der *Sittenlehre* von 1812 hingegen macht das andere, das von Gott „sich Losreißen" und „widerspenstig als ein Eigenes Hinsetzen des Ich", um „Ruhm" für sich zu erringen, das sittliche Verderben aus. Wenn ein Mensch aber die göttliche Macht des „lebendigen Begriffs" als das vollmächtige „Leben eines Fremden und Andern" in sich walten lasse, bleibe er nicht in sich eingekrümmt, kein „leeres Bild" Gottes. Die Sicht, daß der Mensch, wie Fichte schroff erklärt, durch sich selbst „Nichts thun" könne, – auch nicht, „sich sittlich zu machen", er könne nur darauf hoffen, daß das verborgne „göttliche Bild in ihm herausbreche", – verdichtet er im Kompilieren von Paulus und Luther, daß „in uns als eigene Kraft gar nichts Gutes ist" (SW XI 45ff).[51] Der Mensch, so heißt es mit deutlichem Anklang an Luthers zentrale These in *De servo arbitrio*, könne von sich aus das Gott Wohlgefällige „nicht wollen", denn – so die Begründung für ein eigenes Prinzip des Widersittlichen, das Kants Annahme vom radikalen Bösen aufnimmt, – die „selbständige Kraft" des Ich sei eigentlich die des „Widerstandes", die gegen Gott, das Gute aufbegehre. In seiner späten Annäherung an Kants *Religionsschrift*, in der Kant die Erbsünde philosophisch deutet, sucht Fichte in seiner sittlich-religiösen Charakteristik des Bösen als „Sünde", – strenger noch als Kant, der auch eine originäre Anlage des Menschen zum Guten annimmt, – Paulus und Luther zu folgen. Denn von sich selbst her sei der Mensch insofern „Nichts", so der späte Fichte, weil seine Realität in der Erscheinung „eitel" und lauter „Sünde und Verderben" sei (SW XI 58). Dieser Fichteschen Sicht entspricht die Aufforderung zur „Vernichtung" des in sich verkehrten Ich (SW XI 56). Da nun niemand sich selbst aus einer dem natürlichen Menschen gemäßen „Erstorbenheit für das Gute" zur konsequenten Heiligung (SW XI 59), zum Zielbild vom „absolut sittlichen Willen" hinlenken, ja „wiedergebären" könne, müsse diese „Wiedergeburt" durch die Kraft Gottes geschehen. Allein „der Tod der Selbstheit, der Tod mit Jesu" hilft zum Heil (SW IV 545). Das Spannungsverhältnis zwischen *Autonomie* und *Theonomie*, sittlicher Selbstgesetzgebung und „gläubigem Gehorsam" (SW II 257), intelligibler und sinnlicher

---

51   Paulus schreibt an die *Römer* 7, 18: „Ich weiß, daß in mir, d.i. in meinem Fleische, nichts Gutes wohnt." Und in Luthers *Kleinem Katechismus* fällt das markante Wort, „daß ich nicht aus eigener ... Kraft" an Jesus Christus als meinen Herrn glauben oder zu Gott kommen kann, ganz zu schweigen von zu vollbringenden guten Werken, die mich vor Gott wohlgefällig machen würden oder sogar zum ewigen Heil meiner Seele beitragen könnten.

Welt auflösend bzw. konstruktiv in Bezug zueinander setzend erklärt Fichte, was Gott wirke, erscheine in Phänomenen „als gewirkt durch eigene Freiheit" des Ich (SW XI 57f).

Angesichts von solchen Anzeichen einer Paulinischen Wende im Denken des späten Fichte ist freilich zu beachten, daß er in seiner Religionsphilosophie keine christozentrische Soteriologie oder Gnadenlehre kennt,[52] sonach Luthers Lehre von der Rechtfertigung des Sünders allein aus göttlicher Gnade ausblendet. Doch bleibt eine hohe Spannung von theonomer und autonomer Dimension in der Selbstvervollkommnung des gebrechlichen Ich zum originalen Bilde Gottes.

In der sittlich-religiösen *Aufforderung* Fichtes, für den Gott das wahre Leben jedes Menschen ist: „Durchschaue, was dies Sterben überlebet!" (SW XI 348), fließen Motive platonischer und Johanneischer Ethik zusammen, und das Wort von Jesu Lieblingsjünger klingt durch: „Die Welt vergeht mit ihrer Lust, wer aber den Willen Gottes tut, der bleibt in Ewigkeit" (1Joh 2, 17). Sichbilden zum Bilde Gottes und Anerkennen seines Bildes in anderen ist die höchste Aufgabe (SW V 444).

Fichte ruft also auf zur Bewußtwerdung über eine im Leben Weichen stellende *Wahl* zwischen resignierender Passivität und hoffnungsfroher Aktivität. Mit seiner Hymne auf das freie Ich hat er intensiv auf Kierkegaard und auf Nietzsche ausgestrahlt. Kierkegaard bestimmt das nicht tief und innerlich Wollenkönnen als *Melancholie*, das den Willen Wollen als *Heilung*. Nietzsche definiert den *passiven Nihilismus* psychisch als Willensschwäche und Betäubungslust, religiös als das Ende von Glauben, Hoffen, Lieben, den *aktiven Nihilismus* als frohen Mut zu neuer Selbstwertsetzung. Für den späten Fichte gründet wahre erfüllte *Freiheit*, die vom radikalen Bösen sich loszuwinden vermag, – Luther nicht ferne, – in der eigens frei gewählten Teilhabe des endlichen Willens an der allein vollkommenen, Leibniz' *lex optimi* verpflichteten *Freiheit* des unendlichen göttlichen Willens.

---

52 Vgl. Xavier Tilliette: *La Christologie Idéaliste*, Paris 1986, 53-61, 144-151.

KAPITEL IX

Immoralismus oder Hypermoralismus?
Nietzsches Konzept des individuellen Gesetzes

„Das Du ist heilig gesprochen, aber noch nicht das Ich" (*Zarathustra*: KSA 4, 77).[1] „Wer jemandes Ideal geschaut hat, ist dessen unerbittlicher Richter und gleichsam sein böses *Gewissen*" (VM 402).

Metaphysikkritisch gegen Fichtes Begriff von Gott als moralischer Weltordnung (SW V, 184-188) und theologiefeindlich gegen Kants Postulate von Gott und unsterblicher Seele sucht Nietzsche den *„Wahn der sittlichen Weltordnung"* aufzudecken. Seine Antithese zur Annahme einer göttlichen Ordnung lautet, als eine Verneinung der Theodizee: *„Es gibt gar keine ‚ewige Gerechtigkeit'"* (M 563); entsprechend das Pendant zur These vom Nichtsein eines gerechten Gottes: Moralität ist *Phantom* (MA 36). Eine „ethische Bedeutsamkeit des Daseins" anzunehmen und zu postulieren, es müsse Gott geben, wie es „in den Kreisen der Idealisten" heiße, da sonst „das Leben nicht auszuhalten" wäre, schilt er unter dem Titel *Egoismus* als die „Anmaßung", zu „dekretieren", daß, was ich für meine Erhaltung bedürfe, „auch wirklich *dasein* müsse! Als ob" diese „etwas Notwendiges sei!" (M 90) Die Pflichtethik definiert er ironisch: „Ethik: oder ‚Philosophie der Wünschbarkeit'. – ‚Es sollte *anders* sein', ‚es *soll* anders werden': die Unzufriedenheit wäre also der Keim der Ethik." (SA III, 865) Das Wort ‚Ideal' abzuschaffen wäre Beginn einer für notwendig erachteten „Kritik der Wünschbarkeiten" (ebd. 857), sowohl der Sollensansprüche an das Ich als auch seiner Hoffnung auf eine andere Welt. Hoffen und realisiertes Sollen beträfen nur irreale Inhalte: „Nicht die *Dinge*, sondern die Meinungen *über Dinge, die es gar nicht gibt*, haben den Menschen so verstört!" (M 563)

Nietzsches Entlarvungspsychologie in der *Morgenröte* (1881) schwebt zwischen Sarkasmus und Trauer, daß im Sezieren menschlicher Motive nichts Lauteres, Liebevolles, Uneigennütziges übrig bleibe.[2] In späteren achtziger Jahren

---

1 Zur Zitierweise Nietzsches s. Siglenverzeichnis. – Vorliegendes Kapitel ist die umgearbeitete Neufassung des Aufsatzes der Verf., der unter dem Titel erschienen ist: ‚Heilige Selbstsucht' (Immoralismus) oder Sich-quälen-Lassen vom ‚Himmel des Ideals' (Hypermoralismus)? – Nietzsches Konzept des individuellen Gesetzes, in: *Geist und Sittlichkeit*, Ethik-Modelle von Platon bis Levinas hg. von E. & K. Düsing, H.-D.Klein, Würzburg 2009, 259-295.
2 Z.B. Aphorismen: *Der Schein-Egoismus* (M 105); *Unegoistisch!* (M 145); *Ursache des ‚Altruismus'* (M 147); *Wißt ihr auch, was ihr wollt?* (M 539): Ein Wille walte hinter unserem Sehen

jedoch schlägt die Trauer über den Mangel an Güte in Hohn um gegen die immer noch von Güte Träumenden, die der „Allgewalt des *Glaubens ... an die Moral* ... trotz Kenntnis der Tierwelt" (KSA 12, 149) nachhängen, – soll heißen: trotz Kenntnis vom Entsprungensein der Gattung Mensch aus jener Tierwelt, – und Moralität als Weg zum Himmel erhoffen. Der Egoismus der Selbststeigerung wird dann nicht mehr, wie in den Jahren 1870 bis 1882, als geheimes Motiv bloßgestellt, sondern als wohlgeratenes Leben fördernd rehabilitiert.

Ursprünge abendländischer Moral erblickt Nietzsche in Platons „Erfindung vom reinen Geiste und vom Guten an sich", – die später in der Verkündigung des *christlichen Gottes* als „Platonismus fürs ‚Volk'" wirkungsmächtig wird (KSA 5, 12), – und im „großen Stil in der Moral", den Europa den Juden verdanke, in einer „Majestät unendlicher Forderungen" und erhabener „Bedeutungen" (JGB 250). Jene *Zehn Gebote* (2Mose 20, 2-17) gehören auch zum Kernbestand christlicher Ethik.

1) Selbstaufhebung der Tradition des ethischen „Platonismus fürs ‚Volk'"

In jener abendländischen Pflichtenethik, die für menschliches Sein und Tun am göttlichen Guten Maß nimmt, bildet sich, so deutet das Nietzsche, auch die Tugend der Wahrhaftigkeit heraus, die dieser Ethik gefährlich wird. Und zwar durch eine intensiv gepflegte, schließlich gleichsam *ererbte* „Beichtväter-Feinheit" des Gewissens, die in der Neuzeit zum wissenschaftlichen Gewissen und zur intellektuellen Redlichkeit um jeden Preis „sublimiert" sei (FW 357). Auch in der anvisierten „*Selbstaufhebung der Moral*", die durch Moralität zu vollbringen Nietzsches ureigenes Programm ist, spreche sich noch ein strenges ethisches „du sollst'" aus. Sein Selbstverständnis in den Schriften der Freigeisterei ist moralistisch.[3] Unser Gewissen lasse uns nicht zurück wollen zu etwas, das uns als „morsch" und unglaubwürdig erscheint, so daß „wir uns keine Lügenbrücken zu alten Idealen gestatten", zu Gott, Tugend, Gerechtigkeit.

---

und in ihm unser „ganzes, liebes und hassenswürdiges Ich!" – *Bessere Menschen!* (M 191): Hier wird der Dichter Corneille für seine Darstellung „ritterlicher Tugend", Pflichterfüllung und „großmütiger Aufopferung" gerühmt, d.i. eine *ästhetische* Bewahrung von ‚Humanität'. – *Was alles Liebe genannt wird* (FW 14) zeigt, wie der Liebende „als das Höchste" in der *Seele* der von ihm ersehnten Person wohnen will, um „unbedingte Macht" über ihre Seele wie ihren Leib zu gewinnen.

3 Heinz Heimsoeth (*Metaphysische Voraussetzungen und Antriebe in Nietzsches ‚Immoralismus'*, Mainz 1955) zeigt, wie die *Aufhebung* der Moral bei Nietzsche als ein aufhebendes Bewahren in Hegels Sinn zu verstehen sei.

Denn „wir Immoralisten, wir Gottlosen von heute" fühlen uns noch „verwandt mit der ... Rechtschaffenheit und Frömmigkeit von Jahrtausenden" (M *Vorrede* 4). Als deren *Erbe* versteht er sich im Üben der für ihn einzig noch gültigen Moral der Wahrhaftigkeit.[4] Aber was sind Morallehren, – so die freisinnige Frage, in der Skepsis herrscht im Blick auf ewig gültige Imperative, kardinale Tugenden oder Gebote Gottes, – anderes als eine Art von Diätetik der Seele, als „Verhaltungs-Vorschläge im Verhältnis zum Grade der *Gefährlichkeit*", in der die Person „mit sich selbst lebt"?! (JGB 198) Sittliche Aufforderungen sollen das souveräne Ich bilden. Morallehre sei die Synopse „eines ungeheuren Reiches zarter Wertgefühle" (JGB 186).

In Nietzsches Sicht gründen moralische Urteile des Christentums im Gottesbegriff. In eins mit dieser Religion wird auch das „,Sollen' ... vernichtet" (MA 34), zudem „jeder Glaube an Wert und Würdigkeit" des menschlichen Lebens (MA 33). Daher gelte der historische und psychologische Tatbestand, daß die Ethik der Pflicht und Liebe, „die Moral *mit* dem christlichen Gott *fällt*" (KSA 13, 206). „Das Christentum ist eine wohl zusammengedachte und *ganze* Ansicht der Dinge. Bricht man aus ihm den Glauben an den christlichen Gott heraus, so bricht das ganze System seiner Wertungen zusammen: ... die christliche Moral ist ein Befehl aus dem Jenseits" (KSA 12, 551; vgl. KSA 6, 113f). Nicht allein das *principium executionis*, wie Kant noch in der *Kritik der reinen Vernunft* lehrte (B 841), auch das *principium diiudicationis* der Ethik gilt für Nietzsche nur kraft Theonomie: Es sei „Naivetät, als ob Moral übrig bliebe, wenn der sanktionirende *Gott* fehlt." (KSA 12, 148)

Zwei ursprünglich voneinander unabhängige Faktoren verquicken sich in Nietzsches Sicht zur galoppierenden Entkräftung christlicher imperativischer Ethik und Tugendlehre: die theologische Kritik an der Inspiration der Bibel und die biologische Erforschung der Abkunft des Menschen. Seiner ideengeschichtlichen Mutmaßung zufolge würde das Christentum als sittliche Kraft, nach Einsturz des christlichen Glaubens als Dogma, das Jesu Gottheit und Auferstehung betrifft, sich höchstens noch für *zwei Jahrhunderte* aufrecht erhalten können.[5] Wobei seine hellsichtige Prognose jenen Prozeß des Glaubwürdigkeitsverfalls christlicher Sittlichkeit mit beschleunigt haben dürfte.

---

[4] Das Christentum habe „einen großen Beitrag zur Aufklärung" dadurch geleistet, daß „feinere Seelen" ihrer eigenen *Tugend* zu mißtrauen gelernt haben. Nun aber richten wir dieselbe Skepsis gegen „religiöse Zustände" wie Reue über Sünde oder *Heiligung* durch Gnade (*Die moralische Skepsis im Christentum*, FW 122; s. FW 214).

[5] Mit Hinblick auf die Heraufkunft des europäischen Nihilismus und die immer fühlbarer werdende „*Leere* und *Armut an Werthen*" heißt es: „Was ich erzähle, ist die Geschichte der nächsten zwei Jahrhunderte" (KSA 13, 57).

Als Zwischenstadium und Endmoräne verebbender Christlichkeit in der Moral erblickt er einen „Kultus" der mitleidigen Affekte als säkulare Ersatzreligion (M 132). Im Christentum, das seiner metaphysischen und spirituellen Substanz beraubt ist, wird im einseitigen Betonen des Gebots der Barmherzigkeit und verallgemeinerten Nächstenliebe „soziale Empfindung" als Höchstwert angepriesen. Dies begünstige „sozialistische Systeme", in welchen eine „gründliche Umbildung, ja Schwächung und Aufhebung des *Individuums*" gewollt ist, das sich durch Anpassung an das Ganze selbst zu verleugnen habe. Das Kostspielige im Luxus individuellen Daseins wird als böse und feindselig angeklagt. Dabei sei ein solcher Primat der Mitempfindung weder der Absicht noch der Lehre des Christentums gemäß, da ihm das ewige *persönliche* Heil „absolut wichtig" ist. Das Gute als Mitleid zu verstehen, lehrte Schopenhauer, als Affekt der Sympathie John Stuart Mill; Auguste Comte prägte die Formel: „vivre pour autrui" (M 132). Im Verebben christlicher Ethik tritt an die Stelle der *Pflichtethik* die Gefühlsethik. Im Aphorismus *Moral des Mitleidens im Munde der Unmäßigen* prangert Nietzsche eine regressive, widervernünftige „instinktive Moralität" an, die vertreten wird von solchen, die keine stetig „geübte Selbstbeherrschung" kennen und daher gern die Moral der praktischen Vernunft als gefühllos „verdächtigen", um jener andern Alleingeltung zu verschaffen, die, im Bild ausgedrückt, aus lauter helfenden „Händen" ohne leitenden „Kopf" besteht (WS 45).

Nietzsches neue Moral des *individuellen Gesetzes* sucht die in Jahrtausenden errungene sittliche Verfeinerung zu bewahren, will aber zugleich in konsequenter Desillusionierung *Selbsttäuschungen* des Ich über den Grad seiner Tugend ebenso vermeiden wie heillose *Selbstzerfleischungen* angesichts der unüberbrückbaren Distanz des Ich zur Höhe seines Ideals. Er will den eigenen Schatten zu sehen wagen und dennoch eine Versöhnung des Ich mit sich trotz eigner Unzulänglichkeit finden können. In *Menschliches. Allzumenschliches* bestreitet er deterministisch die Willensfreiheit zwecks Befreiung von Schopenhauers These ursprünglicher Daseinsschuld. Drei Jahre später sucht er die von der „autoritativen Moral" (M 107) abgelöste *Freiheit* in der individuellen Selbstgesetzgebung. Die „göttliche" oder „idealische Selbstsucht" (M 147) eröffne das „wesentliche Vollbringen" (M 552).

In Briefentwürfen an Lou Salomé, die das schmerzliche Zerwürfnis ihrer Freundschaft erhellen sollen, notiert Nietzsche im Dezember 1882, in ihr walte wohl jener „Drang nach einer heiligen Selbstsucht", der ein Drang ist „nach Gehorsam gegen das Höchste"; – worin Platon anklingt, die gerechte Seele sei mit sich einig, daß in ihr das *Beste* herrschen soll (*Politeia* 432a; 612b), – „Sie aber haben ihn verwechselt mit seinem Gegensatze, mit dem „Ausbeuten aus der ausbeutenden Lust". „Was ich meine *heilige Selbstsucht* nenne", betrifft, so sagt er, „allerseltenste Gefühle" (KSB 6: 293, 295). Vergegenwärtigt man Nietzsches Eintrag ins Tagebuch für Lou im Sommer 1882: „Wer das Große nicht mehr in Gott findet, findet es überhaupt nicht *vor* und muß es entweder leugnen oder – *schaffen*" (KSA 10, 37), so ist klar, das aufgerufene ‚Höchste' ist kein transzendentes Gutes, sondern eine innersubjektive Repräsentation. Und der „Drang" nach Gehorsam bezeichnet statt einer Selbstvergewaltigung eine vitale spontane Tendenz des Ich. In Nietzsches – seit *Zarathustra* angebahnter – Umwertungssprache bezeichnet „heilige Selbstsucht" das Gegenstück zur Vorliebe für altruistische Wertungen. Schopenhauers kardinale Tugend des Mitleids taucht im *Zarathustra* als Anfechtung des höheren Menschen auf (KSA 4, 115f). – Was er Lou schroff vorwirft, nämlich ein „Ausbeuten der ... Lust", die das empfindende Ich auslauge, verweist auf einen enthemmten Hedonismus, dem Nietzsche im späten *Dionysos-Dithyrambus*: *„Die Wüste wächst"* starken Ausdruck verleiht; er entlarvt scheinheiliges „Tugend-Geheul" und mahnt entschieden moralistisch: *„Vergiss nicht, Mensch, den Wollust ausgeloht: / du – bist der Stein, die Wüste, bist der Tod"*! (KSA 6, 387) Auf das Sich-*ausgeloht*-Finden durch *Wollust* folgt ein sich selbst in der Wüste als Todgeweihten Erkennen. Offenbar sieht Nietzsche im grenzenlos seiner Lust willfährig Sein suizidale Konsequenz lauern. *Wollust* ist hier lesbar als sich austobendes Lustprinzip und als Leidenschaft unseliger Erkenntnis. In Nietzsches Sicht wächst im Zuge des Abbruchs *christlicher* Pflicht- und Tugendethik die Gefahr erneuten Durchbruchs archaisch *undisziplinierter* kulturfremder Kräfte, die schon Platon bedachte.

Die mit Nietzsches geistesgeschichtlicher Diagnose verschränkte desillusionierende Psychologie weist voraus auf Freuds Psychoanalyse und zurück auf erstaunliche Seelenerkundungen Platons. Platon und Nietzsche sind für Freud Lehrmeister in Fragen der Ethik und Seelenlehre gewesen. Er erklärt: Die Guten sind für Platon die, die „sich begnügen, von dem träumen, was die anderen, die Bösen wirklich tun" (XI, 147). Gut zwei Jahrtausende vor Freuds Werk zur Traumdeutung von 1900 eröffnet Platon unheimliche Tiefendimensionen der Seele, die sich im Traum enthüllen, symbolisiert durch ein drachenartiges Ungeheuer, – bei Freud die polymorph perversen Triebe in zügelloser Unordnung. Die menschliche Seele charakterisiert Platon durch drei Dimensionen, des Menschen innerer Mensch: Nous, das – im Gleichnis – Löwenartige: Thymos, das Drachenartige: Epithymia (*Politeia* 588a-590a). In starker Spannung läuft der vielköpfige Drache dem von Platon gelehrten Gottähnlichen und Geistigen der Seele diametral zuwider. Anhand nächtlicher Träume lassen sich Lasterkataloge aufstellen für alles Gewalttätige, Machtgier bis Mord, alles Weichliche, Unmäßige, Häßliche, das durch Pleonexia zur Tagestat wird, wenn die Seele losgerissen von der *Idee des Guten* existiert. Die Seele durchherrscht, so Platons unerhört realistische Sicht im *Staat*, ein gewaltiger Widerstreit von einander entgegengesetzten Trieben. Das in der Seele weitaus Größte, Stärkste ist jener ‚Drache' mit ungezügelten Gelüsten, der sich in großer Heftigkeit exemplarisch in ‚Liebessachen', bei Speise und Trank und geistloser Geldliebe zeige (*Politeia* 580c-581e; 586a-c). Auch in des Gerechten Seele hausen, wie Träume bekunden, häßliche Neigungen im unbewußten Inneren, die sich in widersittlichen Phantasien manifestieren. Der verborgene ‚Drache' zeigt via Traumwelt, wie er, „von aller Scham und Vernunft gelöst", zu allem fähig sei, z.B. „sich mit der Mutter zu vermischen" oder mit irgend jemandem, es sei „Mensch, Gott oder Tier" (*Politeia* 571a-d).[6] Schlimme Verbrechen passieren nach Platons Seelenkonzeption in der realen sinnlichen Welt, wenn ‚Löwe' und ‚Drache' sich verbünden, wenn der Thymos, das zornartig Voluntative in der Seele statt dem Wagenlenker Nous der Epithymia folgt, die dann zu wütender Raserei entbrennt. So verletzen und töten sie einander „aus Unersättlichkeit" (*Politeia* 586b). Gemäß der Typik seiner Seelenlehre besteht für Platon der Immoralismus der ungerechten Seele darin, daß ein Mensch „das Göttlichste seiner selbst in des Ungöttlichsten und Unreinsten Gewalt gibt ohne Erbarmen" (*Politeia* 589e). Dagegen fordert er dazu auf, seine eigene Seele und Leib zu *ehren*; Begründung: der Schöpfer, der Demiurg verlieh unserer Seele Vernunft und unserem Leib die Seele (*Timaios* 30b).

In seinen Reflexionen zur Ethik subtrahiert Nietzsche allerdings durchweg den metaphysischen göttlichen Anteil der menschlichen Seele aus Platons Konzept und verabsolutiert den ‚Drachen', um sowohl die archaische Wucht des Häßlichen als auch dessen verschlungne Pfade aufzuzeigen.

Zur Ergründung der Motive und Ziele von Nietzsches ‚Selbstaufhebung' der Moral ist sein Denkweg in Erinnerung zu rufen. In den Jahren 1867/68 hat er Schopenhauers Mitleidsethik als wahrhaft christliche begrüßt. Wie vom Blitz getroffen ist er von der Lehre, der blindwütige Wille, als Ding an sich wirksam, sei Ursache für die schlechteste aller möglichen Welten, in der wir uns vorfinden. *Göttliche* Transzendenz ist entschwunden im „verzweifelten Aufschauen zur Heiligung und Umgestaltung des ganzen Menschenkerns"; was bleibt, ist „Selbstzernagung" in seelischer Immanenz (BAW 3, 298); die Diskrepanz von Sein und Sollen untergräbt die Selbstachtung. Mit sich zerfallen sucht

---

[6] So kann Freuds *Ödipuskomplex* angeregt sein von Platons *Politeia* 571c. – Da in der Antike Träume nicht selten als von Gott gesandt gedeutet wurden, übt Platon durch seine psychologische Deutung implizit Religionskritik. Seine Sicht, daß im Traum ruchlose Neigungen zum Vorschein kommen, das gefährliche und böse verborgene Innere jeder Seele offenbar wird, ist präexistent christlich, als Präformation biblischen Erbsündenverständnisses. Freud läuft Gefahr, *naturalistisch* zu fixieren, was Platon als *ethischen* Verfall der Seele an den in ihr lauernden Drachen – Freuds im Keller „schlafende Hunde" (XVI, 75) – bestimmt, so eindrücklich in *Politeia* 586a-591c.

Nietzsche eine metaphysische Welterklärung und glaubt, wie er rückblickend sagt, „das innerste Welträtsel oder Weltelend" in dem wieder zu erkennen, was er gelitten und an sich selbst mißbilligt hat (MA 17). Gebotene Umkehr ist zu erringen durch ein in sich Abwürgen des eigenen Lebenswillens. Es gilt, den heillos egoistischen Lebenswillen in sich abzutöten, weil der Verderben mit sich führende Wille, das rücksichtslos eigensüchtige Jagen nach Glücksgütern, die Negativität des Daseins und weltgeschichtliche Gräuel im Kampfe aller gegen alle bewirke.

Schopenhauers Ethik hallt in Nietzsches früher Reflexion nach: „Alles Handeln muß allmählich gefärbt werden von der Überzeugung, daß unser Leben abzubüßen ist." Deshalb *hassen* wir uns als mißlungenes Werk der Natur; aber Wahrhaftigkeit gegen sich selbst, mit der leidigen Folgelast „herzlicher Selbstverachtung", sei das Höchste, was wir erreichen können (KSA 7: 800, 803; KSA 1, 383). Schopenhauer hat den Willen zum Leben mit der Vorstellung untilgbarer Schuld belastet. Dieses Überlastetwerden mit unvordenklicher Verantwortung für das eigene Wesen jedoch wehrt Nietzsche in den Jahren 1878 bis 1888 in zunehmender Vehemenz von sich ab und zieht in seine Abwehr das Christentum mit hinein. Seine Absicht ist, die Schopenhauersche Auffassung, dieses Dasein sei eine „abzubüßende Strafe", denn es bestehe die unvordenkliche „Identität von Dasein und Verschuldetsein" (KSA 1, 785), zu zerbrechen, um eine *neue Unschuld des Werdens* zu erringen. In Aphorismen zum *Sieg der Erkenntnis über das radikale Böse* (MA 56) und zur *Unverantwortlichkeit und Unschuld* (MA 107) bereitet sich die Idee der Selbsterlösung des Ich durch Innewerden seiner vermeinten Schuldlosigkeit vor. Und eine der „schönsten Erfindungen des Christentums" sei die Verheißung und Schenkung einer *zweiten Unschuld,* in der die verlorene voll restituiert werden soll, wiewohl nur über den Umweg der Hölle häßlicher Selbsterfahrung zum Himmel führend (M 321).

Aus autotherapeutischen Gründen sucht Nietzsche die „Unschuld alles Daseins" zu beweisen, moralisierende „Apostel der Rache" und des Ressentiment abzuwehren, welche das Leiden des Menschen an sich selbst, an seinem besondern Sosein, ins Unerträgliche steigern (KSA 13, 425f).

Er favorisiert den *Determinismus,* – sich berufend auf Vorläufer wie Demokrit, Spinoza, Laplace, – um die *Unfreiheit* des Willens behaupten zu können (MA 106), ja den metaphysischen Fatalismus, so daß er vom *ego fatum* spricht oder sagt, jeder sei selbst „ein Stück Verhängnis" (KSA 6: 96, 87).

Die Annahme ursprünglicher Daseinsschuld dagegen erzeuge die ‚Selbsttierquälerei', in der das schlechte Gewissen sich in die Seele einfrißt, polypenhaft in alle Richtungen auswächst und das geknickte Bewußtsein ewiger Unabzahlbarkeit der Schuld erzeugt, der die ‚ewige Strafe' entspricht. Solche *Daseinsschuld* wertet Nietzsche in seinem immoralistischen Postulat um zur ursprünglichen und unverlierbaren *Daseins-Unschuld*. Weltordnungs- und Weltgerichts-Vorstellungen assoziiert er, als stünden sie unter Schopenhauers Fluch auf vitales Dasein, mit einer ‚Metaphysik des Henkers' (KSA 6, 94ff). Seinen Kampf gegen solche Abwertung starken Lebens führt er unter wechselnden Namen, die ineins Problemtitel des von ihm gesuchten Neuen sind: das Dionysische, Umwertung der Werte, der ‚Antichrist', Unschuld des Werdens, Überwindung von Pessimismus, décadence, Nihilismus. Ziel ist eine originale Position, die Schopenhauers *moralistisch metaphysischen Pessimismus* einer Verdüsterung allen Daseins überwindet. In zentralen Fragen entwickelt Nietzsches Denken sich zum Gegensatz zu Schopenhauers Lehre. So polemisiert er gegen das Mitleid als Anzeichen für Dekadenz, jener lehrt es als höchste Tugend. Er stilisiert sich als Antimoralist, während jener mit Fichte in der *moralischen Weltordnung* die höchste Offenbarung metaphysischen Seins erblickt. Mitsamt der ‚wahren Welt', die zur Fabel ward, sei die „sittliche Weltordnung" eine *Lüge* (AC 38).

2)   Herausbildung des Immoralismus aus Nietzsches Moralkritik

Vom Jahre 1876 an bildet Nietzsche seine radikal moralskeptische Ansicht aus, gute Handlungen, ‚Selbstlosigkeit' oder ‚Tugend' seien bloß Phantome, eine ‚populäre Fiktion'. Die psychologischen Beobachtungen der Moralisten aller Zeiten treffen, so erklärt er, ins „Schwarze der menschlichen Natur" (MA 36). Seine Begründung sprengt aber den moralistischen Sinnzusammenhang durch ein Absolutsetzen des platonischen ‚Drachen' in der Seele, dessen Realität er durch Darwins Evolutionslehre verbürgt findet. Weit wichtiger als „schöne Zustände und Bewußtseins-Höhen" seien nämlich alle „animalischen Funktionen": Jeder könne den eigenen Organismus in dessen „vollkommener Unmoralität" studieren und bemerken, wie das ganze bewußte Leben als Geist, Seele und vermeinte Güte des Herzens im Dienst der *Lebenssteigerung*, als ‚Tierseele' arbeite. Seine Forschungsmaxime, die Aufrichtigkeit mit Realitätssinn verbinden soll: „*Unegoistische* Regungen auf egoistische zurückzuführen ist methodisch geboten" (KSA 8, 358). Dies Hervorheben völliger Unmoralität gemahnt an Platons *Phaidon*, wonach der Leib, gnostisch, als Gefängnis der Seele gilt, und Luthers *Katechismus*, dem zufolge im gefallenen Menschen nichts Gutes, Gott Wohlgefälliges wohnt, – allerdings ohne platonischen Aufstieg zur Idee des Guten oder christliche Erlösung vom Bösen.

Aus der Anfangszeit seiner Moralskepsis stammt Nietzsches Reflexion auf Typen bzw. „Stufen der Moralität", die sich am Grade der Verwerfung des Ego sollen messen lassen. In Sphären von Egoismus macht er ein „Höher und

Nieder" ausfindig: der höhere ist ein „geläuterter Egoismus" in Gestalt einer „Seelengüte", die aber nur dem Menschen zuzusprechen sei, – so heißt es, auf Schillers Einheit von *Pflicht* und *Neigung* in der schönen Seele anspielend, – der nicht unter der Nötigung eines Gesetzes (: der kategorische Imperativ, der durch Selbstzwang vollbracht wird), sondern „nach inneren Trieben gern(!) Mitleiden Mitfreude Aufopferung" zeigt: „Moralität zum Instinkt geworden, in ihrer Ausübung mit Lust(!) verbunden ... das heißt bei uns Gutsein", ruft Nietzsche mit Emphase aus (KSA 8: 428f, 434; vgl. WS 44). Gutsein soll spontane Einstimmigkeit des Ich mit sich heißen, dergestalt daß Vernunft und Sinnlichkeit in ihm harmonieren. Als individuelle Selbstgesetzgebung postuliert Nietzsche, Pindar zur Moderne hin holend: *„Was sagt dein Gewissen?* – ‚Du sollst der werden, der du bist.'" (FW 270) Und mit Fichte-Anklang heißt die Aufforderung an das *frei* werden wollende Ich: *„Wolle* ein Selbst, so *wirst* du ein Selbst"! (VM 366) – *Zwei Arten von Leugnern der Sittlichkeit* hebt Nietzsche von einander ab, solche, die bei angeblich sittlichen Motiven für vollbrachte Handlungen die „Selbstbetrügerei" des Menschen in Anschlag bringen, und solche, die bezweifeln, daß „die sittlichen Urteile auf Wahrheiten beruhen" (M 103). Beide Formen solcher Moralskepsis beansprucht er in seinen Analysen miteinander zu verbinden.

So betont er, das Gesamtresultat aller Moralisten sei das Phantomhafte in jeder Tugend, die zu besitzen Menschen sich selbst einbilden. Der Mensch sei *böse*, ein Raubtier, seine „Verbesserung' geht nicht auf den Grund"; daher ist das *Gute* in ihm bloß Dekoration (MA 36). Es ist „alles Leiden-machen", nicht nur Leiden, „auch im besten Menschen" (KSA 11, 37); dieses bestehe im „Wehe-Tun, Töten, Vernichten, Ungerecht-Sein. Das Leben selber ist ein *Gegensatz* zur ‚Güte'" (KSA 14, 334). Unsere Sehkraft sei oft zu stumpf, um das verfeinerte Böse in uns wahrzunehmen (FW 53). Vorstellungen, die in unsere Moral eingingen, kraft deren der Mensch „sich als etwas Höheres" eingeschätzt habe, schilt er zwar „Irrtümer"; doch ohne sie wären wir „Tier geblieben" (MA 40). *Das Über-Tier* ist der Titel eines Aphorismus, der auf die Transzendenz des Menschen über die biophysische Triebschicht abhebt. Nietzsches Tiefenanalyse erklärt die selbstbehütende Absicht, die darin liege: Die verborgene „Bestie in uns will belogen werden ..., damit wir nicht von ihr zerrissen werden", nämlich mit „Notlügen" über die scheinbar zu „Zart- und Tiefsinn" sublimierten Triebe (MA 40; KSA 8, 554). Indem das Ich zwar die „wilden Tiere" im Untergrund seiner selbst zu vergessen lernt, bleibt doch das sich *Angst* erregende Ego bestehen (KSA 9, 220). Deshalb empfiehlt er humorvoll als Geste der Versöhnung des Ich mit seinem inneren Abgrund: „Du hast dich selber überwunden ...: wirf Rosen in den Abgrund und sprich: ‚Hier mein Dank dem Untiere, dafür daß es mich nicht zu verschlingen wußte!'" (KSA 10, 200) Zarathustra nennt, wohl auf Platons ‚Drachen' anspielend, das häßliche Tier, das jeder „in sich selber birgt und fürchtet", ‚das innere Vieh' (KSA 4, 377). Selbst „unsere besten Handlungen", so ein Eintrag Nietzsches, hier seinem Widerpart Luther erstaunlich nahe, finden wir immer kontaminiert durch Elemente, „die dem Bösen zugehören" (KSA 10, 233). – Folgerichtig verficht er im Aphorismus *Immoralisten* (WS 19) die *paradoxe* These, der wahre Moralist laufe „jetzt" Gefahr, als Immoralist gescholten zu werden, weil er nicht, wie frühere Moralisten, „predigt", sondern Moral „seziert" und infolgedessen „töten" müsse, – dies allerdings mit dem Ziel, daß klarer geurteilt und besser gelebt werden könne. Die noch von Schopenhauer geteilte Überzeugung christlicher Tradition, für unsere innere Misere trügen wir selbst die Verantwortung und Schuld, will er überwinden und nennt dies mit Pathos sein „Evangelium", das verkündet: „Alles ist Unschuld"! Die Einsicht, das „einzige Verlangen" des Ich ziele auf „Selbstgenuß", bereite zunächst „tiefe Schmerzen", danach aber „einen Trost", den des „unschuld-bewußten", sich entlastet fühlenden Menschen (MA 107). Nietzsches *immoralistische Antithese* gegen das Sündenbewußtsein verdichtet sich zur *Maxime*, wir dürften furchtlos „in unschuldiger Selbstigkeit aus uns selber wachsen und blühen" (FW 99).

Gleichwohl hält Nietzsche in unnachgiebiger Selbstkritik an einem Zwiespalt fest, der aufbricht zwischen dem postulierten skrupellosen Immoralismus im Bewußtsein der eigenen Unschuld und dem skrupulösen Innesein eigener Häßlichkeit. Das Postulat der „völligen Unverantwortlichkeit" (MA 105) konnte seinen Erfinder wohl doch nicht hinreichend überzeugen und beschwichtigen. Darwins Hypothese von der animalischen Abkunft der Species *homo sapiens* aufnehmend, folgt Nietzsche, die ererbte tierische Natur verharre unausrottbar im Menschen. Solche in die Seele des Menschen eingravierte animalische Natur macht für ihn das neu gedeutete kardinale Böse im Ich aus, – für Kant der radikale Hang der *Selbstliebe*, die *sittliche Ordnung* der Triebfedern umzustürzen, durch Schwäche, Unlauterkeit, Bosheit, – das jedoch für Nietzsche ethisch *indifferent* werden soll. In *Jenseits von Gut und Böse* werden Ethiktypen als Entwürfe der kranken *Tierseele* Mensch ungültig.

Trotz seines Unschuldspostulats, das er im Jahre 1878 durch Bestreitung der Willensfreiheit auf der Basis eines mechanistischen Weltbilds aufstellt und als seine neue Frohbotschaft lehren will, hält sich bei Nietzsche das Problem einer Selbstgeißelung des Ich im schlechten Gewissen durch. Unverantwortliche Unschuld ist ersehnt, an sich selbst verspürte Ruchlosigkeit vom Ich erlitten.

So wagt Nietzsche, sich gleichsam in einer Beichtspiegelperspektive zu sehen; beunruhigt notiert er: „Ich habe die Verachtung Pascals ... auf mir" liegen

(KSA 9, 356).⁷ Lange Zeit läßt ihn das Problem der Selbstverachtung, das ihn mit Pascal verbindet, nicht los.⁸ So heftig er auch Pascals leidenschaftliche Theonomie angreift, die dessen vornehme und starke Seele zerbrochen habe, so überraschend einfühlsam, von Sympathie getragen ist Nietzsches Skizze des christlichen Ideals, in den *Pensées* gezeichnet, das in „Vertrauen, Arglosigkeit,... Geduld, Liebe ..., Ergebung, Hingebung an Gott, eine Art Abschirrung und Abdankung seines ganzen Ichs" bestehe. Eine untergründige Identifikation mit Pascal ist wohl kaum von der Hand zu weisen, wenn er von „Ausschweifungen der Selbstverachtung und der Selbstmißhandlung" spricht, an denen Pascal zugrunde gegangen sei (KSA 13, 27f), – die Nietzsche jedoch auch von sich selbst kennt. Er errät sie in Pascals Wort, das Ich sei immer zu hassen.⁹ Sich selbst zu hassen war mit Schopenhauers Ethik Nietzsches eigener früher moralischer Leitspruch,¹⁰ bis er im *Zarathustra* die, wie er meint, zu Unrecht angeprangerten Untugenden *Selbstsucht, Herrschsucht, Wollust* zu Tugenden höherer Menschen *umwertet* (KSA 4, 236).

Selbstverachtung und Selbsthaß sind verwandte Motive; beide nimmt Nietzsche von Pascal auf. So streicht er in der von ihm verwendeten Pascal-Übersetzung die Worte an: „Man muß nur Gott lieben und nur sich hassen"; und ausschließlich die christliche Religion wird denen gefallen, die „sich hassen und die ein wahrhaft liebenswürdiges Wesen suchen" (KSA 14, 208), den Vater Jesu; die bei Pascal maßgebende Dimension der Gottesliebe verwirft der an Gottes Güte Zweifelnde.

---

7   Blaise Pascal ist für Nietzsche der „bewunderungswürdige *Logiker* des Christentums" (KSA 12, 531), der seltene „Glut, Geist und Redlichkeit" in sich vereinige (M 192); das Bild der „Glut" deutet auf die Nietzsche verzehrende Leidenschaft des Erkennens hin, die er auch in Pascal findet. Pascal, – den „ich beinahe liebe, weil er mich unendlich belehrt hat", so heißt es im Brief an G. Brandes, – sei „der einzige *logische* Christ" (KSB 8, 483).

8   „Abendliche Abrechnung" erlegt er sich auf; er erwägt, wie „das Ichgefühl also vom Selbstbetruge zu reinigen" sei (KSA 9: 420, 450). Enttäuscht sagt er: „Ich gehe als Richter und Henker an mir *zu Grunde*." (KSA 10, 157)

9   Nietzsche nimmt Bezug auf Pascals Wort: „Le *moi* est haissable" (*Pensées*, Brunschvicg Frg 455 von 1670).

10   Kants Replik in seiner Religionsschrift auf Schillers *Anmut und Würde*, – implizit auf Nietzsches „zerstörende aufwühlende Selbst-Verachtung" (KSA 10, 335), – bestimmt „das fröhliche Herz" in Befolgung seiner Pflicht als das zur Tugend passende *Temperament* anstelle einer sklavisch ängstlich niedergebeugten Stimmung der Seele, die sehr wohl „einen verborgenen *Haß*" des Sittengesetzes einschließen könne. Zeichen der Echtheit moralischer Gesinnung, ebenso wahrer Frömmigkeit, besteht für Kant „nicht in der Selbstpeinigung des reuigen Sünders", sondern in der frohen „Gemütsstimmung", die das Gute an und für sich „*lieb gewonnen*" hat (AA VI 23f nota).

Pascals Theonomie, emotional verlockend als Rettung vor der zerstörerischen Selbstverachtung, verbiete sich jedoch intellektuell. Ihre Stärke liege in der Selbstüberwindung „zu Gunsten Gottes", „unsere Selbstbezwingung", fragt Nietzsche, geschehe aber „zu Gunsten der Redlichkeit?" Pascals *Ideal*, das den Menschen der Welt und sich selbst entreißen soll, beschwöre unerhörte Spannungen im Ich herauf, sei „*ein fortgesetztes Sichwidersprechen im Tiefsten*", sei auf paradoxe Weise zugleich aber auch „ein seliges Ausruhen *über sich*, in der Verachtung alles dessen, was ‚ich' heißt" (KSA 9, 372). Nietzsche würdigt Pascals Haltung in ihrer geistseelischen Überzeugungskraft: „Zu sagen: ‚es ist Gott, der dies in uns tut' wie Pascal", heiße nicht, den Menschen „zunichte machen" und Gott als Akteur an seine Stelle Setzen; sondern Gottes „Gnade, die er anruft", sei in Wahrheit seine eigene „*höchste Anstrengung*", und er nenne „Gott" eben dasjenige, „was er Exaltirtes und Reineres an sich fühlt" (KSA 9, 374). Nietzsche erblickt also bei Pascal eine besonders tiefsinnige Selbsttäuschung des Religiösen darin, seine machtvolle Selbsterfahrung als Überwältigtsein durch eine von jenseits her rührende Gotteskraft zu deuten und nicht zu wagen, seine erstaunlichen Momente sich selbst zuzuschreiben, sondern allein die „erbärmlichen"; ja daß er schließlich an der Einheit seines Selbst zweifle, indem er es auseinanderlege in eine „schwache Fiktion", die er Mensch, und eine andere, starke, die er Gott, Erlöser, Heiland nenne. Alles Gute, Große, Wahre in und an ihm suche er als „*übermenschlich*", also theonom durch Gottes Gnade ihm geschenkt zu begreifen (KSA 13, 306f).

Tugend verleihe nur denen eine Art Seligkeit, die sich den „guten Glauben" an sie, vor allem an ihre eigene Tugend, bewahrt haben, nicht aber jenen ‚feineren' Seelen, deren Tugend, hyper-moralistisch, im „Mißtrauen gegen sich und alle Tugenden" bestehe (FW 214). ‚Keine Moral' zu haben, so äußert Nietzsche im Briefentwurf, heiße für ihn, sich „eine *strengere* als irgend Jemand!" aufzuerlegen, Ideale, Pflichten, ‚Scham' einbegriffen (KSB 6, 309).[11] „Heroismus" hat er einmal als die Kraft des „Sich-selbst-Vergessens" unter einem sternklaren Ideal

---

11   Der Aphorismus *Habituelle Scham* (WS 69) entfaltet das Phänomen *Scham* im Sinnbezug auf ein *Mysterium*, argumentierend auf zwei Ebenen, spirituell für den Frommen und freigeistig für den „völlig gottlosen Weisen". – Zur „Tiefe in der Scham" in einem positiven Sinn des in sich Bergens und Verbergenwollens von Handlungen aus *Liebe* und *Großmut*, s. JGB 40. – Geübte Askese, Nahbeobachtung, Zeitkritik spielen ineinander im satirisch realistischen Notat: „Eine Umgebung, vor der man sich gehen läßt, ist das Letzte, was man sich wünschen sollte, eine Art Krone für den Überwinder seiner selbst, der sich selber vollendet hat und Vollendung ausströmen möchte. Andere werden zu Scheusälern. Vorsicht in der Ehe. Der Mangel an Pathos und Form in der Familie, in der Freundschaft ist ein Grund der allgemeinen Erscheinung von Schlumperei und Gemeinheit (Eigenschaften des Gebarens nicht nur, sondern auch der modernen Charaktere) – man läßt sich gehen und läßt gehen." (KSA 9, 287)

bestimmt; dem entspreche stetiges Sicherblicken und Messen der Differenz vom „hohen Ziele bis zu sich hin" (KSA 1, 375).

An Restbeständen traditioneller Ethik hält Nietzsche inmitten seines erklärten *Immoralismus* fest. So ist für ihn, obwohl er die Freiheit des Willens leugnet, – „Wer die Unfreiheit des Willens *fühlt*, ist geisteskrank, wer sie *leugnet*, ist dumm" (KSA 10, 70), – das stoischer Pflichtethik verbundene Motiv der Selbstbeherrschung und Selbstüberwindung unaufgebbarer Prüfstein des Lebenssinns. Denn unser Handeln wie Unterlassen forme uns unablässig: „Man wird es endlich Jedem ansehn, ob er sich *jedes* Tags ein paar mal *überwunden* hat oder immer hat gehn lassen. ... Zu jeder Handlung gehört nun auch eine *Meinung bei uns über uns* in Bezug auf diese Handlungen ... sie baut an der Gesamtschätzung, die wir von uns haben, ob ... wir das Urteil Anderer zu scheuen haben". Vielleicht gewöhne man sich daran, sich selbst zu belügen: *Folge* davon sei die „absichtlich fehlerhafte *Taxation* und die Verrenkung des Auges, das Falschsehen"; dies werde sich in Handlungen und Gebärden, etwa im „unnoblen" Gesichtsausdruck, zuletzt kundtun, die wieder von Affekten, z.B. von Überschuß oder Mangel an Vertrauen gegen sich, Furcht vor sich oder Selbstverachtung begleitet würden (KSA 10, 282f).[12] Im Aphorismus *Nötigste Gymnastik* bestimmt Nietzsche ohne imperativischen Sollensanspruch die klassische Tugend „Selbstbeherrschung", wie zuerst Platon, als Bedingung freier Beweglichkeit (WS 305); dagegen rufe die „fortgesetzte *kleine* Maßlosigkeit, d.h. der Mangel an Selbstzucht", seelische Unruhe, Hast und „impotentia" hervor (KSA 7, 749).

„Aller unserer Entwicklung", so die bildungstheoretische Reflexion auf das werdende Selbst, laufe ein von unsrer Phantasie erzeugtes „*Idealbild*" voraus (KTA 83, 50). Der Entwurf des Ideals speise sich aus positiven oder negativen Gefühlen, aus „*Liebe* und *Haß, Verehrung* und *Verachtung*" (KTA 78, 241). Nietzsches aufklärerische Forderung ist, daß wir „hinter die *Naivität unsrer Ideale* kommen" müssen, die Analyse von Typen der Moral – hier Herdentier- contra individuelle Moral – einschließend: „Was ist *vergöttert* worden? – Die Wertinstinkte innerhalb der *Gemeinde* ... Was ist *verleumdet* worden? – Das, was die höheren Menschen *abtrennte* von den niederen"?! (KSA 78, 26)

Gegen Ende von *Menschliches, Allzumenschliches*, als Pendant zur *Vorrede* (3), wo von der „großen Loslösung" vom Heiligtum, von der ‚Pflicht' und vom Ort früherer Anbetung die Rede war, eröffnet Nietzsche eine ebenfalls

---

12 Auch Schiller als Arzt beobachtet klar psychosomatische Manifestationen unsittlicher Affekte: Unterjocht von ungebundener Bedürfnisstillung zeigen sich Spuren der Lüsternheit in Gesicht, Auge oder schlaffer Gestalt (SW V, 462f). Friedrich Schiller: *Sämtliche Werke* (SW), hg. von G. Fricke/ G. Göpfert, München 1959, 5 Bde.

autobiographisch grundierte Reflexion auf die emotionale Verwicklung der Seele mit ihren Idealen. Unter dem Titel *Von der Überzeugung und der Gerechtigkeit* heißt es: Um nicht unserem „höheren Selbst" zu schaden durch falsche Treue, die neuer Einsicht widerstreitet, *müssen* wir „Verräter werden, Untreue üben, unsere Ideale immer wieder preisgeben". Aus einer Periode unseres Lebens in die andere gehen wir nicht ohne „Schmerzen des Verrates" (MA 629). Die verschärfte Tonlage zehn Jahre später ist kenntlich an dem *Vorwort* (2) von *Ecce Homo*, wo er spöttisch und kriegerisch seine Hauptmaxime erklärt: „Götzen (mein Wort für ‚Ideale') *umwerfen*", – vielleicht um die „Schmerzen" von Verrat zu anästhetisieren oder Rache fürs Erleiden zu üben?!

Zwischenzeitlich entwickelt Nietzsche zum Zwecke der Überwindung der bisherigen alten Ideale, zur Entkräftung ihres Verpflichtungscharakters, in *Genealogie der Moral* deren *Entstehungsgeschichte*.

3) Tyrannei der Triebe und der Ideale – Nietzsches konstruktive Verwerfung von Schillers Ethik

Nietzsches grimmigen Tönen gegen Schiller geht eine treffliche Würdigung des Humanitätsideals, im Aphorismus *Das Gute wollen, das Schöne können* (VM 336), zeitlich voraus, in deren Zentrum der „vollkommene" Mensch steht, der sich auszeichne durch Schönheit seiner Seele: Nicht genüge es, „das *Gute* zu üben", man müsse es selbst „gewollt haben und, nach dem Wort des Dichters" – Friedrich Schiller: *Das Ideal und das Leben* – „die Gottheit in seinen *Willen* aufnehmen". Unter der Überschrift *Die deutsche Tugend* erklärt Nietzsche, Schillers Moralismus habe dieselbe Quelle wie der Kantische, nämlich in Rousseau und im „wiedererweckten stoischen Rom"; solche Tugend sei „Aufschwung zu Ernst und Größe des Wollens und Sich-Beherrschens". Konterkariert wird diese Würdigung allerdings durch die abschließende Apologie des Eigennutz-Propagandisten Helvetius (WS 216). – Wohl von Schiller angeregt, entwirft Nietzsche früh die Idee des in uns „noch verborgnen höheren Selbst", das unser „Ideal" ist und das er auch „wahres", „eigentliches Selbst" nennt (KSA 1: 385, 360, 340). So erklärt er im Aphorismus *Verkehr mit dem höheren Selbst* (MA 624), „wahre Humanität" verlange, jeden Menschen allein nach dem Zustand zu beurteilen, in dem er sich an jenem „guten Tag" befindet, an welchem er sein „höhere Selbst" gefunden hat.

Schiller bestimmt in *Über Anmut und Würde* (SW V, 461-468) das „höhere Selbst" des Menschen dadurch, daß in ihm „Pflicht" und „Neigung" sich miteinander verbinden. Deutlich nimmt er das Problem wahr, daß der harte sittliche Selbstzwang, den die *„imperative* Form des Moralgesetzes", – Dokument zugleich von der „Größe" und „Gebrechlichkeit" des Menschen (SW V, 467), – ihm auferlegt, ein inneres Herrschaftsverhältnis im Ich aufrichtet. Schillers Lösung des Problems einer moralischen Entzweiung im inneren Menschen nimmt Nietzsche als Sinnbestandteil auf in seinen eigenen dornigen Weg zum möglichen Friedensschluß zwischen Vernunft und Sinnlichkeit. – In Schillers Konzept ist des Menschen „Geisternatur eine sinnliche beigesellt", um sie „aufs innigste mit seinem höhern Selbst zu vereinbaren" (SW V, 465). In diesem ist eine emotionslose Vernunft mit der bewußten Empfindung vereinigt. Der Geist bedürfe, dahin geht seine ganzheitliche Sicht, der empfindungsfähigen Leibgestalt, um sich selbst als Geist manifestieren zu können. – Schillers Idee des ‚höheren Selbst' begleitet Nietzsches Denkweg wie eine heilige und tröstende Melodie und steht über die Umbrüche hinweg im Hintergrund für sein individuelles Gesetz der Moralität.

Die Verwirklichung des Ideals der Humanität sucht Schiller weder durch rationale Aufklärung noch, wie Kant und Fichte, durch rigorose Moralisierung, also weder durch theoretische noch durch praktische Vernunft, sondern durch Begegnung mit dem *Idealschönen* im *ästhetischen Zustand*. In Kants Moralphilosophie, deren Personbegriff er aufnimmt, deren Rigorismus er aber mildert, erblickt er die Idee der Pflicht allzu streng vorgetragen und sieht als Versuchung für schwache Geister, daß sie in ihrer Suche nach „moralischer Vollkommenheit" auf eine „finstere und mönchische Asketik" verfallen. Einer solchen Mißdeutung des Sittlichen in Richtung leibfremder, freudloser Askese, – gegen die der Königsberger „große Weltweise" selbst sich zu verwahren gesucht habe, -will Schiller vorbeugen (SW V, 464f).[13]

Er entwirft in *Über die ästhetische Erziehung des Menschen* einen Begriff der Freiheit, die nicht die rein sittliche Kantische, sondern die Freiheit der ‚gemischten Natur' des Menschen, als Befreiung von *physischer* und *moralischer* Nötigung sein soll. Ein Zeichen „mangelhafter Bildung" sei es, wenn „der sittliche Charakter nur mit Aufopferung des natürlichen sich behaupten kann"; und er sucht ethisch-ästhetische Prämissen dafür, wie „der innere Mensch mit sich einig" wird (SW V, 577). Was das wahre und ‚höhere' Selbst ausmache, zeigt Schiller in *Über Anmut und Würde*. In einer *Typik* entwirft er drei Verhältnisse, in denen der Mensch im Hinblick auf seine „beiden Naturen" zu sich

---

13 In seiner Religionsschrift würdigt Kant überaus wohlwollend Schillers „Über Anmut und Würde" *und* grenzt sich ab in der These, daß Herkules erst *nach bezwungenen Ungeheuern* Musenführer werden könne (VI 23 nota). Sinngenetisch stimmt hierzu Platons Gleichnis in der *Politeia* für die Seele, die zusammengesetzt ist aus Drache, Löwe und Mensch, und Freuds an Platon anknüpfende Metaphorik von den wilden Tieren im Keller des Ich, die lüstern und auf dem Sprunge sind, das Obergemach Vernunft und Wille zu erobern, also Hausherren zu werden.

selbst steht. A) Er „unterdrückt" die „Forderungen seiner sinnlichen Natur", um sich den „höheren" Forderungen seiner vernünftigen gemäß zu verhalten; oder B) er kehrt diese Art Selbstverhältnis um, ordnet den vernünftigen Teil seines Wesens (*nous* – Anklang an Platons eide-Lehre der Seele) dem sinnlichen Teil (*epithymetikon*) unter und „folgt bloß dem Stoße(!), womit ihn die Naturnotwendigkeit ... forttreibt"; oder C) „Triebe" der Natur verbinden sich mit Vernunft-gesetzen in „Harmonie", so daß er „einig mit sich selbst" wird (SW V, 461).[14] Im letzten, von Schiller favorisierten Falle klingt Platons Seelenlehre an, wonach die gerechte Seele die ist, die in Harmonia, Philia, Symphonia mit sich einig darüber ist, nur vom *Besten* sich bestimmen zu lassen.

Das erste Selbstverhältnis vergleicht Schiller – wie Platon in der *Politeia* die innere Verfaßtheit der Seele mit Regierungsformen im Staat – mit der *Monarchie*, in welcher „strenge Aufsicht" des Herrschers Vernunft freie Regungen im Zaum hält, das zweite mit der *Ochlokratie*, wo der Bürger in Aufkündigung des Gehorsams gegen den rechtmäßigen Regenten eben „so wenig frei" wie die Bildung der menschlichen Gestalt durch Unterdrückung moralischer Autonomie *schön* wird.[15] Ist die Natur im Ich unbändig freigesetzt, so verrät das Bedürfnis „keine Seele". „Bei *der* Freiheit, welche die Sinnlichkeit *sich selbst nimmt*, ist an keine Schönheit zu denken." (SW V, 462f) Schillers kühne Sicht, die auf das *Dionysische* bei Nietzsche voraus weist, sucht – anklingend an Aristoteles' Mesoteslehre – die Schönheit menschlicher Gestalt in einer goldnen Mitte von sittlich errungener *Würde* und psychosomatisch erlebbarer *Wollust*. Wir werden, so erklärt er, „die *Schönheit* zwischen der Würde, als dem Ausdruck des herrschenden Geistes, und der Wollust, als dem Ausdruck des herrschenden Triebes, in der Mitte finden" (SW V, 463). Der Mensch sei dazu bestimmt,

---

14   Die *Harmonie* im Zusammenspiel verschiedener Vermögen, insonderheit von Einbildungskraft und Verstand im Betrachten des Schönen bzw. im *ästhetischen Spiel* bei Schiller, der hier an Kants Ästhetik anknüpft, verweist nach Kant auf einen tieferen ermöglichenden Grund in uns, nämlich „das übersinnliche Substrat der Menschheit" (KdU 236f). Schiller überschreitet atmosphärisch Kants formale Ästhetik in Richtung einer Gehaltsästhetik und *Metaphysik des Schönen*, wenn er erklärt, die Schönheit entspringe aus dem „göttlichen Teil" unseres Wesens.

15   Schiller entblößt die *Häßlichkeit* des Menschen, dessen Gebaren von Gier entstellt ist, drastisch bis in die Physiognomik, um vor dieser düstern Konstrastfolie um so leuchtender die *Schönheit* des Selbst vorzustellen, in dem das sittlich Gute lebendige Gestalt gewonnen hat. Läßt der Mensch, „unterjocht vom Bedürfnis", den Naturtrieb „ungebunden über sich herrschen", so verschwindet mit seiner innern Autonomie „auch jede Spur" davon in seiner Gestalt. „Nur die Tierheit redet ... aus dem lüstern geöffneten Munde". „Das seelestrahlende Auge"(!) wird *matt* – wie sein Körper *schlaff* wird – „oder quillt auch *gläsern* und *stier* aus seiner Höhlung hervor" (SW II, 462). Das Thema der häßlichen Seele, ja des „häßlichsten" Menschen, hat Nietzsche z.B. im *Zarathustra* bewegt.

sittliche Handlungen nicht nur zu verüben, sondern selbst ein sittliches Wesen zu sein; die authentische Tugend bestimmt er als „eine Neigung zu der Pflicht" (SW V, 464). Vollendete Humanität findet Schiller in der „schönen Seele", die sich der Eigendynamik ihrer sinnlichen Emotion anvertrauen kann und darf, weil „der ganze Charakter" sittlich sei und daher kein fehlgeleitet Werden drohe. In der ‚schönen Seele', die gleichsam das *höhere Selbst* ganz gefunden hat und realisiert, *harmonieren* „Pflicht" und „Neigung"; und mit einer Leichtigkeit, wie aus Instinkt, handle sie gut (SW V, 468).

Schiller ist mit Kant, dem „Rigoristen der Moral", der das Sittengesetz in seiner „ganzen Heilig-keit" habe erstrahlen lassen, einig, es dürfe durch keine „Laxität" relativiert werden. Jedoch fragt er, ob solche *Rigidität* „die kraftvollste Äußerung moralischer Freiheit nur in eine rühmlichere Art von Knechtschaft verwandelt", das sittliche Ich „eine freiere Wahl zwischen Selbstachtung und Selbstverwerfung" habe als „der Sinnensklave zwischen Vergnügen und Schmerz", und ob das Sittengesetz den „Schein eines fremden und positiven Gesetzes" (SW V, 466ff) annehme und im Menschen, da er den radikalen Hang in sich finde, wider das Gesetz zu handeln, ein Mißtrauen gegen einen Teil seines eigenen Wesens geweckt wird, der nur durch Knechtschaft zu bändigen sei. Gründet also, das ist die Paradoxie, der „Triumph" des einen, seines „göttlichen Teiles", „auf Unterdrückung des andern"?! Schillers Idee einer Versöhnung besteht darin, daß er Tugend nicht in Asketik sieht, sondern sittliche Vollkommenheit in einer Neigung zur Pflicht. Denn „der bloß *niedergeworfene* Feind kann wieder aufstehen, aber der *versöhnte* ist wahrhaft überwunden" (V, 464f).

Das idealistische Theorem des mit sich Einigseins des Ich geht ideengeschichtlich auf Platons Begriff der gerechten Seele zurück, die, wie gezeigt, will, allein das Beste in ihr möge herrschen. Die Platon nahe stoische Ethik des Lebens, das dem göttlichen *Logos* folgt und bei Kant zu der am *Nomos* orientierten Autonomie wird, wandelt Schiller (in: *Über Anmut und Würde*) nochmals ab: Durch den Rigorismus des „Du sollst", das der kategorische Imperativ fordert, drohe im inneren Menschen ein Herr-Knecht-Verhältnis errichtet zu werden. Er postuliert deshalb die wünschbare Herrschaftsfreiheit im Ich. Dieses Postulat nimmt Nietzsche auf, ja radikalisiert es in der Spätzeit religionskritisch in seiner Anprangerung der Richter- und Henker-Moral im religiösen Gewissen. So hat implizit das von Schiller aufgedeckte Problem der Selbstunterdrückung weiter ausgestrahlt.

Nietzsche indessen hat Schiller Unrecht getan, wie einer, der sich rächen will für seine frühere allzu große Verehrung; und verbergen will, daß er vom Vorgänger mehr sich zugeeignet hat, als er eingestehen möchte, wozu die Idee des *höheren Selbst* gehört, in dem der Zwiespalt von *Gefühlen* und *Grundsätzen* überwunden, daher der *sinnliche* dem *sittlichen Charakter* nicht aufgeopfert wird. In Anbetracht der freimütigen Rezeption und freigeistigen Umwandlung von ästhetisch-ethischen Grundeinsichten Schillers ist Nietzsches Schiller-Schelte als denkwürdige Verkennung zu sehen.

Als Immoralist definiert Nietzsche sich im Widerspiel zu Schiller; so tituliert er ihn ironisch den „Moraltrompeter von Säckingen", bestimmt dagegen sich selbst als Analytiker der *Hadesschatten*, als Erforscher unheimlicher unsittlicher Triebe im Keller des stolzen und sich idealisierenden Ich. Im Vergleich mit anderen Autoren, die Nietzsche in der *Götzendämmerung* hochgradig aggressiv als seine „Unmöglichen" verunglimpft, z.B. „Dante: oder die Hyäne, die in Gräbern *dichtet*", „Zola: oder ‚die Freude zu stinken'", klingt sein Spott auf Schiller beinahe liebenswürdig (KSA 6, 111).

An Schiller vollstreckt Nietzsche exemplarisch seine *Moralkritik*, die zugleich eigne Jugendideale umstößt. Bevor Nietzsche von der mittleren Werkphase an in die sinnlich triebhafte ‚Unterwelt' der Ideale hinableuchtet, um ihre Glaubwürdigkeit zu desillusionieren, sucht er in der frühen Zeit eine ethische Idealität, welche das Dasein „verklärt und durchleuchtet" (KSA 7, 816). *Menschliches, Allzumenschliches* (1878) bildet die Zäsur in seinem Schillerbild, das umkippt von hoher Würdigung in die Ironisierung des idealischen Moralisten, zu dem Nietzsche ihn stilisiert.[16] Die „Glasur des deutschen Idealismus" bei Schiller, der die in Nietzsches Sicht grausame Realität hoffnungslos naiv verkenne, rückt er nun dicht an Schopenhauers „weltflüchtigen Pessimismus" (KSA 8, 569). Er unterwandert das Schillerbild mit einem Verdikt der Lebensuntüchtigkeit. In herablassendem Tone notiert er, Schiller, seiner eigenen Zeit noch „frisch und lebenskräftig" erschienen, sei jetzt nur noch als historisch zu verstehen. Abwertend fügt er, Schiller mit Hegel vermischend, hinzu, wer jetzt in Wissenschaft oder Kunst noch „absolute Metaphysik" betreibe, fördere Rom (KSA 8, 569). So erblickt Nietzsche im Katholizismus den Gralshüter von Metaphysik und Pflichtenethik.

Schiller dient dort als Projektionsfläche, wo Nietzsche ihn als Antipoden sieht, der befangen sei in Realitätsferne: Dessen „schwärmerische(r) Idealismus", der „malerisch-mystische" Wagners – und dann der *„Idealismus* der Unterweltschatten", nur der letztere sei der seinige, insofern er den Hades der Seele ergründe (KSA 9, 369). Was können die Deutschen „Schopenhauer verdanken? Daß er den ... glitzernden Idealismus edler allgemeiner Worte und

---

16 Dieter Borchmeyer: ‚Der arme Schiller'. Wandlungen Nietzsches im Bilde eines Klassikers, in: *Jahrbuch der deutschen Schillergesellschaft*, LII (2008), 392-412, entkräftet wirkungsreiche Vorurteile Nietzsches gegen Schiller, so die Absurdität des in der Nachfolge von Nietzsche oft erhobenen überspitzt einseitigen Moralismus-Vorwurfs.

stolzer Gefühle vernichtete", den Schiller und sein Kreis verbreitet hätten, „jenen falschen ‚Classicismus'", der von Haß „gegen die natürliche Nacktheit und schreckliche Schönheit der Dinge" bewegt sei und eine „nur vorgebliche Nacktheit und Gräcität, eine Art Canova-Stil forderte" (KSA 9, 410f). Basis für einen solchen allzu schön glänzenden Idealismus sei ein harmonistisches *Griechenideal*, das für Nietzsche im Gefolge Hölderlins hinfällig geworden ist. In der Hymne auf die ‚Nacktheit' und ‚schreckliche Schönheit' tönt das sinnenfreudige Dionysische durch, als Lobpreisung starker Leidenschaft, das er als ein für ihn realistisches Korrektiv gegen das klassizistische Winckelmannsche Griechenbild einsetzt. – Insonderheit die Sokratische Dialektik der Seelenprüfung sei es gewesen,[17] welche die antiken moralischen Urteile „entnatürlicht" habe unter dem „Anschein von *Sublimierung*"! (KTA 78, 298f) Er mutmaßt bei Sokrates ein Mißtrauen gegen Emotionen, das in dessen heimlicher Maxime sich Geltung verschafft habe: „sie sind häßlich, wild, – also zu unterdrücken'"! (KTA 83, 242) Seit Sokrates setze sich im europäischen Denken das Bestreben durch, – vorrangig vor allem anderen, – die *moralischen Werte* zur Herrschaft zu bringen (KTA 78, 194). Um schöpferischer Intuition und einer „Weihe inneren Träumens" (KSA 1, 84) hohe Bedeutung zu verleihen, wehrt Nietzsche die universale Geltung der theoretischen und praktischen Vernunft ab und will deshalb eine „Gegenbewegung" inszenieren gegen die „absolute Autorität der ‚Göttin' Vernunft". Immer schon hätten „tiefere Menschen" sich verwahrt gegen „fanatische Logiker", einen Purismus der Ideale und einen „Asketism", der allein die Vernunft, nicht jedoch die Sinne und das ästhetische Empfindungsvermögen auszubilden trachte (KTA 83, 64). Ähnliches hatte Schiller in den *Briefen Über die ästhetische Erziehung* gefordert. So erinnert Nietzsches Sokrates-Schelte an den sechsten Brief, der zeitkritisch das *„kalte Herz"* des abstrakten Denkers und das generelle Überwiegen des „analytischen Vermögens" beklagt, wodurch die „Sensibilität des Gemüts", ein Angerührtwerden der „ganzen Seele" und der „Reichtum der Einbildungskraft" abgewürgt würden (SW V, 585f).

Unter dem Titel *Die ehemalige deutsche Bildung* (M 190) sucht Nietzsche die großen Idealisten moralkritisch zu durchleuchten: Was ist Schiller, Wilhelm von Humboldt, Schleiermacher, Schelling, Hegel gemeinsam und wirkt

---

17 In Typisierungen ergreift Nietzsche, der den historischen Sokrates für schwer rekonstruierbar hält, die Gestalt des Sokrates, um in zentralen Fragen Klarheit zu erlangen. In der starken Polemik gegen ihn dürfte wohl auch eine Selbstanfeindung und -Überwindungssuche Nietzsches in einer Art „Selbstverhör" durchklingen. Sokrates wird mit hintersinnigen Ehrentiteln überhäuft, als der überlegene Dialektiker und „geheimnisreiche" Ironiker, insonderheit was den Zwiespalt von Vernunft und Instinkt anbetreffe (JGB 191), – der auch Thema Schillers war.

auf uns, so „wie wir(!) jetzt sind, ... unausstehlich"? Er erwidert polemisch im Rundumschlag mit lauter Klischées: die „Sucht, um jeden Preis moralisch *erregt* zu erscheinen", das Verlangen nach „Schöner-sehen-wollen in bezug auf alles (Charaktere, Leidenschaften, Zeiten, Sitten)".[18] Es ist, so spottet er, ein „weicher, gutartiger, silbern glänzender Idealismus", der „edel verstellte Gebärden" und Stimmen haben wolle und durchdrungen sei von dem „Widerwillen gegen die ‚kalte' Wirklichkeit", gegen Anatomie, Naturerkenntnis *und* gegen „vollständige Leidenschaften".[19] Die idealisierende Haltung, die für Nietzsche Lieblingsillusionen pflegt, habe Schopenhauer überwunden durch Erkunden der „Teufelei der Welt" (KSA 9, 411). Ob überall, – wovon Nietzsche in seiner Anti-Theodizee überzeugt ist, – *Grausamkeit* an Stelle von *Güte* walte, in der Natur, in Gott, im Ich, in der Sozietät, rückt für ihn zur gravierenden Frage auf. In der Spätzeit stilisiert er sich als denjenigen, der eine brennende Fackel in Händen hält und mit schneidender Helle in die uns unbewußte „*Unterwelt* des Ideals" hinab leuchtet, um allem höheren Schwindel, dem „‚Idealismus'" und „schönen Gefühl" den Krieg zu erklären (KSA 6: 323, 327).

Überzeugt von der Häßlichkeit, Gütearmut und Liebeleere dessen, was die Welt im innersten zusammenhält, urteilt Nietzsche, das *Ideale* bei Schiller gründe auf einem falschen Bild von der Antike wie das Canovas „etwas zu glasiert, weich, durchaus der harten und häßlichen Wahrheit nicht ins Angesicht zu sehen wagend, tugendstolz, vornehmen *Tones*, affektvoller Gebärde", aber „kein *Leben*"! (KSA 8, 593f) Denn jene häßliche Realität wolle der Idealist nicht sehen, suche das ihn rettende Idealschöne, existiere aber ‚zwischen Raubvögeln' am Abgrund (vgl. KSA 6, 389ff).

Nietzsches ethische Zielperspektive ist seit Mitte der siebziger Jahre eine Versöhnung des Ich mit sich im Durchgang durch höchste Ansprüche. Sie ist entworfen in wacher Aufmerksamkeit auf die Gefahren einer zwiefachen Tyrannis, nicht bloß der Tyrannei von Lust und Unlust (‚von unten', aus der Triebschicht), sondern – das novum! – ebensosehr einer Tyrannei der (Über-Ich-) Ideale, eines Terrors der Tugend, den pionierartig Schiller bloßstellt und Freud

---

18 Platons *Kalokagathia* (‚gut-artig': agathoeides) klingt hier durch und das *vollkommen-Sehen* des Geliebten, das, der Platonische Eros kraft Idealisierung tätigt (vgl. Platon: *Symposion* 210b-e; 218e). Nietzsche will den „umgedrehten Platonismus" begründen (KSA 7, 199) und in dessen Gefolge, im Erblicken der Hadesschatten als Kehrseite des Schönen, das Ende jeglicher Idealisierung, welche den Menschen realitätsblind zu machen drohe.

19 Nietzsches Vorwurf erinnert an Schillers ureigene Forderung nach einer „vollständigen anthropologischen Schätzung" des Daseins, worin „die lebendige Empfindung" des Menschen eine Stimme haben solle (SW V 577).

als Lebensverbot des Neurotikers diagnostiziert und therapiert hat.[20] Kants ethischer Hauptgesichtspunkt ist das sich Schützen des vernünftigen Ich vor dem „Despotism der Begierden" (KdU 392), Nietzsches Augenmerk das sich Schützen-Müssen des Ich als leib-seelisch-geistig Ganzes vor der Qual durch übertriebene Idealbildungen; wiewohl er wie Kant, Fichte, Schiller und die Moralisten aller Zeiten die vorrangige Suche nach der Lust als eigene Gefahr für die Integrität des Selbst brandmarkt. Asketik fordert Nietzsche für solche Menschen, deren sinnliche Triebe „wütende Raubtiere" sind (M 331). Unter dem Titel *Eine Art Kultur der Leidenschaften* (WS 37) erklärt er, deren Furchtbarkeit erhebe sich überhaupt nur dort, „wo ihr selber" sie zu „Untieren" habt heranwachsen lassen; er fordert dazu auf, ihnen vorbeugend kraft Disziplin ihren „furchtbaren Charakter" zu nehmen.

Nietzsches Konzept einer Freimütigkeit zur ästhetischen statt streng sittlichen Selbstgestaltung nimmt Schillers Begriff von wahrer Freiheit als derjenigen der sinnlich-vernünftigen Doppelnatur des Menschen auf, verstanden als freies Zusammenspiel von Vernunft und Sinnen. Er ergänzt ihn um eine Diätetik, nämlich eine das Vergnügen des Leidenden optimierende „Bescheidenheit der Wollust" (FW 45), wie er sie bei Epikur gefunden hat. Solche gelinde Lust erinnert an die von Sokrates im *Protagoras* aufgeführte Mindestbedingung der Moral, man müsse über eine Meßkunst der angepriesenen Lüste verfügen.[21] Realitätsgetreu sieht Nietzsche, wie Platon vor und Freud nach ihm, ungestüme Impulse im Ich als einen „wilden Aufruhr seiner Begierden" wüten, die dem Tugend Suchenden sowohl das ersehnte gottähnlich Werden als auch die erträumte stolze „Selbstvergötterung" abschneiden (MA 142). In *Bessere Menschen* (M 191) kontrastiert er *Zerquälte* und *Verekelte*, ihren wüsten Willen Verfluchende, den ritterlich *Großmütigen* und *Selbstherrlichen*.

In seiner milden mittleren Denkphase bestimmt Nietzsche als kardinale Tugenden Redlichkeit gegen sich selbst (das moralische Gewissen) und Gerechtigkeit gegen die Dinge (das intellektuelle Gewissen). Den Weg, sie zu erringen, erblickt er in einem *Sublimieren aller Triebe*, wodurch die Wahrnehmung für das

---

20 Für Freud wird das arme Ich zerrieben zwischen den wilden Lustansprüchen des Es, eines, wie er verbildlicht, „brodelnden Kessels" voll Erregungen, und den tyrannischen Ansprüchen des „Über-Ich". Freuds therapeutische Maxime, daß er eine Kompromißbildung zwischen Askese und Sichausleben von Triebneigungen gelten lassen will, ist in Nietzsches moralkritischer und gegenüber bürgerlicher Moral freigeistigen Gedankenwelt vorgeprägt. – Zum Verhältnis Freuds zu Nietzsche s. Renate Schlesier: ‚Umwertung aller psychischen Werte'. Freud als Leser von Nietzsche, in: *Grundlinien der Vernunftkritik*, hg. von Ch. Jamme, Frankfurt a. M. 1997, 243-276.

21 Vgl. Platon: *Protagoras* 356d-358c. Für Platon ist die Idee des Guten das letztgültige Maß für eine solche „Meßkunst".

Fremde in eins „sehr weit geht und doch noch mit Genuß verknüpft ist" und dadurch die „*zarteste* Emotion" möglich ist, welche Philia, Eros oder Agape umgreifen mag. Dann wird wohl die „*Freude* den Werth der anderen Lustarten" überwiegen. Wir selbst müssen, so notiert er emphatisch mit Anklang an Platons Sonnengleichnis und biblische Liebe, die er zu dieser Zeit noch in seine Ethik einzubringen trachtet, „wie Gott, gegen alle Dinge gerecht gnädig sonnenhaft sein"! Deshalb sollten wir „*jede kleine und große Handlung* so erhaben und schön wie möglich und auch sichtbar ausführen!" Das ist der „erste Satz *meiner* Moral" (KSA 9: 211, 591f). Das erwähnte *Erhabene* ist als kleine Wiedergutmachung an Schillers vielgeschmähter Ethik lesbar.

4) Erhebung und Bedrückung der Geist- oder Tierseele durch das erhabene Ideal im Ich

In *Menschliches. Allzumenschliches* finden sich Reflexionen Nietzsche auf den Rigorismus der Ethik, die erklären sollen, weshalb der Mensch in einer Art von Wollust der Selbstvergewaltigung durch übertriebene Ansprüche und dabei rücksichtslos gegen sich selbst sich „zu Ansichten der Askese, Demut und Heiligkeit" bekennt, „in deren Glanze sein eigenes Bild auf das ärgste verhäßlicht wird" (MA 137). Im zornigen Zerbrechen seiner selbst „zerteile" er sich dabei in ein tyrannisch Forderndes, – eine Vorprägung des Freudschen Über-Ich, – das er als Gott anbete, das höchste Ansprüche an ihn richte, das ihn emporhebe oder vernichte, und in einen andern Ausschnitt, Teil oder Stufe seiner selbst, die er abwertend diabolisiere oder mit Füßen trete. Es gebe einen „*Trotz gegen sich selbst*", so die scharfe Diagnose des Seelen-Erraters Nietzsche, zu dessen „sublimiertesten Äußerungen manche Formen von Askese gehören", in denen der Mensch ein hohes Bedürfnis entwickle, u.U. in Ermangelung anderer Objekte, Herrschsucht, ja Gewalt gegen sich zu verüben.

Die von Nietzsche mit „Moral als Selbstzerteilung" charakterisierte Ethik (MA 57) finde ihre intensivste Gestalt im Ideal christlicher Askese und Heiligung (MA: 136, 137). Jesu Bergpredigt, die mit dem Kommen von Gottes Reich einen höchsten Tugendkanon über das wahrhaft erfüllte Gesetz hinaus lehrt (s. *Matthäus* 5-7), stehe einzigartig da für solche Maximalansprüche, in deren grellem Licht der Mensch den Anblick seiner eigenen Häßlichkeit nicht erträgt. In der Miniatur: *Das sittliche Wunder* (M 87) spricht Nietzsche von der im Christentum geforderten „Veränderung aller Werturteile", die den Menschen in eine ethisch-religiöse Krise stürze, so daß er sich wahrer Tugend, die ihm nun ganz unerreichbar erscheine, immer ferner fühle, an ihr verzweifle, um sich „dem Erbarmenden *ans Herz*" zu *werfen*. Seinen jähen Stimmungswechsel von einer empfundenen „tiefsten ... Sündhaftigkeit" in ihr leichteres „Gegenteil", sein „melancholisches *Bemühen*", das durch den *Sprung* aus seelischer Tiefe in gegenteilige Höhe eine „ekstatische Minute" heraufführe, erlebe der Religiöse als den „Durchbruch der Gnade'", „das sittliche Wunder" und den „Akt der Wiedergeburt" als vermeintliche Wirkung Gottes in seiner Seele. Nietzsche freilich ordnet jenes ‚Wunder' plötzlichen „vernunftlosen *Umschlags*" von tiefstem Elend zu höchstem „Wohlgefühl" ein in den psychophysiologischen Symptomkomplex der depressiv-manischen Pathologie (M 87).

Sein frühes Wort: „Alle Erweiterung unsrer Erkenntniß entsteht aus dem Bewußtmachen des Unbewußten" (KSA 7, 116) steht ideengeschichtlich zwischen Fichtes unbewußt schöpferischer Einbildungskraft[22] als Urheberin des wachen Ichlebens und Freuds Zielkonzept einer freieren Beweglichkeit von Bewußtem und Unbewußtem durch Aufhebung von Verdrängtem. Für Fichte ist *Geist* das Vermögen, Gefühle und im Ich schlummernde Ideale zum Bewußtsein zu erheben. Im Horizont idealistischer Sicht, Ideale entsprängen der *schöpferischen Phantasie*, schildert Nietzsche feinsinnig Menschen des „unerfüllbaren" Ideals, dessen Anblick sie auf höchst ambivalente Weise in eins *„entzückt und demütigt"*. Sie „ruhen" gleichsam, dies ihr selbstquälerischer Höhepunkt, *„über* ihrem Wehe, mit einem verächtlichen Blick nach unten", also auf sich selbst hinab. So rächen sie sich an sich selbst wegen ihres Ungenügens an sich, empfinden gar Vergnügen im Anblick ihres Häßlichen. Auf diese Weise sättigen „wir" uns am Ekel oder berauschen uns „durch Illusionen" (KSA 9, 195). Unsere Mängel seien „die Augen", mit denen wir das Ideal schauen (VM 86). Das von Nietzsche betonte zugleich Entzückt- und Gedemütigtsein, das dem Ich im Anblick seines Ideals widerfährt, nach dem es sich verzweifelt sehnt, das ihm aber als unerreichbar fern bleibend beständig entgleitet, enthält eine religionsphilosophische Anspielung: Daß unsere uns bewußten Mängel, das Leibnizsche malum metaphysicum und das malum morale, die „Augen" sind, die uns für unser Ideal überhaupt erst sehfähig machen, wendet die Argumentation von Descartes in der dritten seiner *Meditationen* zum egologischen

---

22   J. G. Fichte: *Grundlage der gesamten Wissenschaftslehre* (von 1794/95), hg. von I. H. Fichte, SW I, 284. Für Fichte ist die Einbildungskraft als Mitte von Sinnlichkeit und Verstand Schöpferin des Bewußtseinslebens. In „Ueber den Unterschied des Geistes und des Buchstabens in der Philosophie" (in: Fichte: *Von den Pflichten der Gelehrten*. Jenaer Vorlesungen 1794/ 95, hg. von R. Lauth, Hamburg 1971, 57-173, bes. 126, 131ff, 137ff) zeigt Fichte, wie die Einbildungskraft „durch absolute Freiheit von innen" her wirkt und dem Menschen seine „dunkelsten Gefühle zu klarem Bewußtseyn" hebt. Das *Genie* sei ganz Geist ohne es zu wollen und zu wissen: es „steigt hinab in die Zeiten vor allem Bewußtseyn oder eines längst verschollnen, und vergeßnen Bewußtseyns".

Gottesbeweis in ihr Gegenteil.[23] Das Sicherblicken in seiner Mangelbehaftung verweise das Ich bloß auf eine ontologisch leere Imagination von seinem erträumten Größenselbst. Nietzsche schneidet daher den Gottesbeweis, – wie Kant vor ihm, – ab, und behält, – anders als Kant, – allein das Sehnen nach dem Ich-Ideal als Gottessurrogat übrig.

Die Ideale gestalten sich, wie Nietzsche erwogen hat, kulturell durchaus unterschiedlich. Des näheren typisiert er Nationen, z.B. die Griechen, die am meisten am Anblick von Häßlichkeit, die Juden, die an dem der Sünde litten, die Franzosen aber an dem des „geistarmen brutalen Selbst – deshalb idealisirten sie das Gegentheil". Das Leiden am Mangel einer „berückenden Sinnlichkeit" habe deutsche Maler herausgefordert, „Enthusiasten des Sinnlichen" zu sein, das Leiden dagegen an der eigenen „Gluth der Leidenschaft" die Italiener zu Verehrern der Jungfrau Maria und des Christus gemacht. Schopenhauer schließlich idealisierte das „Mitleiden und die Keuschheit", weil er, – so deutet Nietzsche sich diese Idealisierung kraft ausgleichender Gemütsakte, – am Gegenteil gelitten habe. Der unabhängige Mensch, Nietzsches Ziel der Autarkie, so dechiffriert er die Logik jener Kompensation, sei Lebensideal für den „abhängigsten, impressionabelsten" (KSA 9, 195).

Nietzsche sucht immer wieder eine ganz „persönliche Moral" (KSA 10, 174) oder „*individuelle Gesetzgebung*", da seinem Moralkonzept zufolge weder mehr „ewige Werte" noch göttliche Gebote noch ein allgemein verbindliches Sollen weiterhin Geltung beanspruchen dürfen (KSA 11, 516). Als Urfrage wahrhafter Moralität, in eins persönlichste Frage der Wahrheit formuliert er: „Was ist das eigentlich, was ich *tue*? Und was will gerade *ich* damit?"' (M 196) Das alte Schmerzenslied sei, daß unsere Ideale zuerst unsere Mängel zu erraten geben, so daß beispielsweise die schönste Lobpreisung der Keuschheit von jemand stammen könne, der zuvor „wüst" gelebt hat (M 377). Ironisch und würdigend notiert Nietzsche: Die „Idealisten" eilen herbei, da sie ihr Ideal leibhaftig „umarmen", es wie ein gültiges Siegel auf sich eindrücken und in ihrer „*Begier*" nach ihrem Ideale fürderhin dies Bild existentiell selbst *sein* wollen (KSA 9, 640). Sie seien „die lieblichen", die für platonische „Wünschbarkeiten", „das Gute, Wahre, Schöne schwärmen", für wahr haltend, was glücklich und tugendhaft mache, doch seien „Glück und Tugend ... keine Argumente" (JGB 39). Es

---

23 Der Begriff Gottes als unendliche Substanz geht für Descartes wegen seines höheren Realitätsgehaltes dem Begriff des endlichen Ich von sich voraus (priorem esse), das allein kraft des Glanzes des göttlichen Ideals seine Gebrechlichkeit begreift. René Descartes: *Mediationes de prima philosophia/* Meditationen über die Grundlagen der Philosophie, hg. von L. Gäbe, Hamburg 1959, 82: „Qua enim ratione intelligerem [...] me non esse omnino perfectum, si nulla idea entis perfectionis in me esset, ex cuius comparatione defectus meos agnoscerem?"

gilt, postuliert Nietzsche, statt sich „*irre* und von sich ab" führen zu lassen, in Entfremdung von sich selbst zu geraten, „sich selber sein ganz eigenes Ideal zu bilden". Dabei warnt er davor, wie leicht „*wir* das Ideal eines Anderen werden". Hingegen sollten Ehe oder Freundschaft dazu beitragen, das persönlich Besondere unseres Ideals aus der Perspektive des Ideals des anderen zu stärken, das heißt, dieses fremde Ideal auch zu *sehen* und „von ihm aus das unsrige" (KSA 9, 246).

Die *Konstruktivität*, die Fichte für das *Denken* des Ich annahm, indem das Ich sich selbst setzt als den Aktvollzieher aller seiner Vorstellungen, läßt Nietzsche allein für das *Handeln* des Ich gelten. So verbindet er seine Skepsis in der Frage des *Sicherkennens* mit Fichteschem Pathos im Hinblick auf die praktische Selbstbildung des Ich. „Der größte Theil unseres Wesens ist uns unbekannt." Trotzdem reden wir von uns als von etwas „Bekanntem, auf Grund von ein wenig Gedächtniß. Wir haben ein *Phantom vom ‚Ich'* im Kopfe, das uns vielfach bestimmt." Gleichwohl soll unser Ich „Consequenz der Entwicklung bekommen"; ebendies ist „die *Privat-Cultur-*That – *wir wollen Einheit erzeugen* (aber meinen, sie sei nur zu *entdecken*!)" (KSA 8, 561). In solcher praktisch zu erzeugenden *Einheit* des Ich mit sich erfüllt sich das von Nietzsche hochgehaltene Motiv der *Treue* als seinem persönlichen Ideal, die eben sowohl interpersonal als auch Treue zu sich, also implizit zu seinem *höheren Selbst* sein soll (s. KSA 8, 215f). In Entwürfen zum *Zarathustra* aus dem Jahre 1883 werden Zustände der „*höchsten Seele*" geschildert, die im sich Fliehen und wieder Einholen, in Torheit und Weisheit, in Lachen und Tränen „ganz Selbst-Liebe" bzw. in ihrer Liebe zu sich *ganz* ist. Denn sie hat durch von ihr vollbrachte Selbstbefreiung von vernichtenden Richtersprüchen der Moral die „zerstörende ... Selbst-Verachtung" überwunden, Freimut errungen (KSA 10: 593, 335, 340f).

Im Widerstreit zu Nietzsches notorischer Leugnung der *Willensfreiheit*[24] steht die Betonung von originären Willenstaten, z.B. die Aufforderung, „Wille zum *freien* Willen" zu haben (KSA 2, 16f), ja ein Aufruf zur „Selbstwertsetzung" (FW 335). Das Gefühl, über freien Willen zu verfügen, komme durch „plötzliche Explosionen von Kraft" zustande, die Lebendiges begleiten. Auch wird der ‚unfreie Wille' als „Mythologie" bezeichnet, der gemäß der Mensch seine Verantwortung für sich auf etwas außer sich *abwälzen* möchte; eigentlich gehe

---

24 Nietzsches Kritik des freien Willens als einer absoluten Spontaneität erörtert Marco Brusotti: Spontaneity and Sovereignty: Nietzsche's Concepts and Kant's Philosophy, in: J. Constâncio, T. Bailey: *Nietzsche and Kantian Ethics*, London etc. 2017, 219-256. Nietzsche begreife die von Kant postulierte Willensfreiheit als *ratio essendi* des Sittengesetzes (AA V 4). Kants Begründung intelligibler Freiheit kraft Unterscheidung von *Ding an sich* und *Erscheinung* weise er als *metaphysische Annahme* und daher die Geltung des Sittengesetzes für Subjekte zurück.

es um Gradgefälle des schwachen zum starken Willen (JGB 21). Nietzsche beschwört seine Hoffnung auf einen stolzen, selbstgewissen, wagemutigen Geist, den der „Wille zur Verantwortlichkeit, *Freiheit des Willens*" beseelt (GM III 10).

Kants transzendental idealistische Sicht, daß die Willensfreiheit als eine spontane Kausalität des intelligiblen Charakters in uns wirke,[25] bestreitet er gleichwohl mit der naturalistischen These, daß der jeweils stärkste Trieb uns regiere; der als verborgener Tyrann in uns walte, dem sich nicht nur unsere Vernunft, sondern auch unser Gewissen unterwerfe, da es bestechlich sei (JGB 158). Dahin lautet ein freimütiges Notat: „um *mich* zu bejahen, vernichtete ich die Moral" (KSA 10, 154).

Nietzsche raubt also der traditionellen Tugend- und Pflichtethik ihre obligatorische Kraft und legitime Verbindlichkeit, indem er in beobachtender Vernunft wahrnimmt, wie klassische Ethik ideengeschichtlich ‚sich selbst aufhebe' durch intellektuell redliche Analyse. Durch Nachweis von Ursprung und Herkunft der ‚Moral' soll ihr Anspruch auf verpflichtende Geltung destruiert sein. Mehrere Motivebenen spielen mit, das autotherapeutische Ziel, die Qual am Ideal durch Analyse auszuhebeln, um eine von Selbstverachtung freie *Versöhnung* mit dem Ich-Ideal zu finden, und als heikle Prämisse Nietzsches seine affirmative Annahme eines naturalistischen Menschenbildes, das wiederum begrenzt wird von seiner Idee des *höheren Selbst*, das die Natur als ganze transzendiert.

5) Nietzsches freigeistige Moral des individuellen Gesetzes und die Kreation des Übermenschen

In der *Fröhlichen Wissenschaft* entwickelt Nietzsche sein Konzept der *Moral des individuellen Gesetzes*, unter Leitmaximen wie: *„Eins ist not"*, „seinem Charakter ‚Stil geben'" (FW 290), dem Zufall Sinn und Seele einhauchen (FW 303), sein *Gewissen* nicht als faule, sondern „erfinderische Vernunft" ausprägen (FW 308), seine Meinungen und Wertschätzungen läutern, sich unter eigenem Gesetz vollenden, stets „so *gut*" handeln, als es „*mir*" allein möglich" ist! (FW 304) Das *Eine* tun, das *not tut*, heiße, autonom sich sein *eigenstes Ideal*

---

[25] In Einklang mit Kant stehen Reflexionen, die die Ohnmacht des Ich bestreiten: *„Aber ich bin verantwortlich"*! Und *„Jede* Handlung schafft *uns* selber weiter, sie webt unser buntes Gewand". Überhaupt „jeder Mensch ist eine schöpferische Ursache des Geschehens", ja er ist, – wie in Kants Definition der Freiheit als spontanen selbst anfangen Könnens einer neuen Reihe von Ereignissen in der Welt, – „ein primum mobile mit einer originalen Bewegung" (KSA 10: 369, 211, 154). In Vergessenheit geriet die Kantische Auflösung der Freiheitsantinomie.

zu schaffen, das eine originale Gesetzmäßigkeit enthält. Pindars Leitspruch mit Fichtes Freiheitspathos[26] verknüpfend erklärt er energisch: Wir *„wollen die werden, die wir sind"*, Einmalige, Unvergleichliche, indem wir „die Sich-selber-Gesetzgebenden, die Sichselberschaffenden" werden, auch durch die *„Schöpfung neuer eigner Gütertafeln"*, so heißt es in der polemischen Stoßrichtung gegen die *Zehn Gebote* des Moses gewandt (FW 335; vgl. FW 26).[27] – Im Aphorismus *Vom vernünftigen Tode* (WS 185) sollen Freitod als Suizid und Euthanasie plausibel gemacht werden, wobei das konkret Gemeinte oszilliert zwischen der Selbst- und Fremdtötung. Würdewidrig, was die Achtung vor jedem einzigartigen Selbst anbetrifft, wird eine vorgeblich „weisheitsvolle ... Verfügung des Todes" angepriesen, argumentierend mit streng utilitaristischen Thesen über „Vergeudung" von Unterhaltskosten oder „Mißbrauch" der Kraft Bedienender; was hier zunächst „unmoralisch" klinge, sei gleichwohl, – ach, wie wahr, – die „Moral der Zukunft"; denn außerhalb der christlich „religiösen Denkungsart" sei der unverfügbare Tod nichts Wünschbares (WS 185). So die Vorausklänge der mittleren Werkphase auf den heiklen Koinzidenzpunkt, in welchem Nietzsches individualistisches Moralkonzept umschlägt in Pläne zu einer Biopolitik. Im Abschnitt *Moral für Ärzte* schlägt er in der *Götzen-Dämmerung* noch härtere Töne an für einen „Tod zur rechten Zeit"; ein feiges „Fortvegetieren", da der Kranke als „Parasit" der Gesellschaft „das Recht zum Leben verloren" habe, soll „eine tiefe Verachtung nach sich ziehn" (KSA 6, 134).

In Darwins Evolution Leibniz' Monaden einzeichnend und deren Substanz dynamisierend fragt Nietzsche: „Sollte nicht ... jedes Individuum der Versuch sein, eine *höhere Gattung als den Menschen zu erreichen*, vermöge seiner individuellsten Dinge?" (KTA 83, 140) Die Alternative, die er von der Zeit des *Zarathustra* an immer unerbittlicher als *Experiment* heraufzubeschwören trachtet, zielt auf ein Zerbrechen des Menschen oder aber sein zu neuer Stärke Verwandeltwerden angesichts der Vorstellung, daß jedes Ereignis und jede Tat dereinst wiederkehre. Dieses Entweder – Oder, dem die *Idee* einer besonderen Zielgebung für die Menschengattung zugrunde liegt, findet sich anfangs noch im moralphilosophischen Horizont der Frage rein individueller Lebensgestaltung erörtert. Zieht man den Bedeutungskontext des *Zarathustra* hinzu, so provoziert und kündet Nietzsches „Dämon" die Aufgabe, sich zum *Übermenschen* heranzubilden und – im Geiste von Feuerbach und des

---

26 Für Fichte ist der *Wille* Grundwurzel des Ich; daher macht das sich wollend Finden das *eigentliche Selbst* aus.

27 Im Nachlaß läßt Nietzsche Zarathustra sein Tun bedenken, das Fundierung des Selbst gefährdet: „Und wer, gleich mir, Tafeln zerbrach und Werthe entwertete: hat er damit nicht sich selbst zerbrochen"?! (KSA 14, 315)

heutigen Transhumanismus – seine eigene Göttlichkeit nach dem ‚Tode' Gottes zu realisieren:

> *„Das größte Schwergewicht.* – Wie, wenn dir eines Tages oder Nachts ein Dämon in deine einsamste Einsamkeit nachschliche und dir sagte: ‚Dieses Leben, wie du es jetzt lebst und gelebt hast, wirst du noch einmal und noch unzählige Male leben müssen; ... jeder Schmerz und jede Lust und jeder Gedanke und Seufzer ... muß dir wiederkommen ... Würdest du ... den Dämon verfluchen, der so redete? Oder hast du einmal einen ungeheuren Augenblick erlebt, wo du ihm antworten würdest: ‚Du bist ein Gott und nie hörte ich Göttlicheres!' Wenn jener Gedanke über dich Gewalt bekäme, er würde dich, wie du bist, verwandeln und vielleicht zermalmen; die Frage bei ... jedem: ‚Willst du dies noch einmal und noch unzählige Male?' würde" gegen die Sinnleere als größtes Gewicht auf deinem Handeln liegen! (FW 341)[28] In religiösem Redestil lautet das säkulare Gebot der Metamorphose: „Drücken wir das Abbild der Ewigkeit auf *unser* Leben!" (KSA 9, 503)

Ein individualethisch plausibles, bei jedem Handeln zu Bewußtheit ermahnendes Konzept ist: Wenn du dir den „Gedanken der Gedanken", die Idee der ewigen Wiederkehr, einverleibst, so wird er dich umwandeln. „Die Frage bei allem, was du tun willst: ‚ist es so, daß ich es unzählige Male tun will?' ist das *größte* Schwergewicht." Durch die Idee *der Wiederkunft des Gleichen* sucht er Ersatz für die *Unsterblichkeit* der *Seele*, ein Bedeutsamkeits-„Schwergewicht" für eine postmetaphysische Moral, nach dem von ihm verkündeten ‚Tode' Gottes, dessen Schatten Melancholie heißt.

Anders als die Schwermut im späten *Dionysos-Dithyrambus Zwischen Raubvögeln*, wo die Suche des wahren Selbst als verheerende Selbstuntergrabung entfaltet wird, liegt in der mittleren Werkphase Nietzsches z.B. ein schwarzer Humor in Ermunterungen, die lauten, es gelte Originalität ohne böses Gewissen zu erlangen (M 9) oder, anstatt irgendwo *„Funktion* der Herde" zu sein (FW 116), eine „tief persönliche Wahl" aus Neigung, nicht aus Entsagung, zu treffen (AC 11). Sokrates wird als Lehrer einer Ethik geehrt, der Tugenden der Selbstbeherrschung und Enthaltsamkeit weder im Dienste Gottes noch der Polisgemeinde begründet habe, sondern im Vorteil des Individuums, als

---

28   Zu *„Das größte Schwergewicht"* (FW 341) s. Jörg Salaquarda: Der ungeheure Augenblick, in: *Nietzsche-Studien* 18 (1989), 317-33. Er macht auf mystische Konnotationen des „Augenblicks" aufmerksam und erörtert vor dem Hintergrund der Tradition von Sokrates bis Goethe die Bedeutung des „Dämons" als eigentlich innerer Stimme.

sein „persönlichster Schlüssel zum Glück" (M 9). Tiefer geht die Reflexion zum Überwinden des sich verachtenden Ich: „*Was ist das Siegel der erreichten Freiheit?* – Sich nicht mehr vor sich selber schämen" (FW 275). Freiheit ist hier in leibseelischer Ganzheit und als Freimütigkeit verstanden.

Die Lehre von der ewigen Wiederkehr nennt er die neue „Religion der Religionen" (KSA 11, 488), die an die Stelle von christlichem Glauben und Metaphysik treten soll. Unsere Aufgabe trete in jedem Augenblick an uns heran, wenn wir nicht länger nach „fernen unbekannten Seligkeiten und *Segnungen* und *Begnadigungen* ausschauen, sondern so leben, daß wir nochmals leben wollen und in Ewigkeit *so* leben wollen!" (KSA 9, 503) Nietzsche charakterisiert die „*Wiederkunftslehre*", worin die nach Franz Overbeck verzögerte, in der Urgemeinde vergeblich erhoffte Wiederkunft (*Parusie*) Christi als künftiges Ereignis zugleich negiert und überboten werden soll, als „*Gipfel der Betrachtung*": „Daß *Alles wiederkehrt*, ist die extremste *Annäherung einer Welt des Werdens an die des Seins*" (KSA 12, 312). Seine Lehre, so erklärt er feierlich, besage: „*So leben, daß du wünschen mußt, wieder zu leben ist die Aufgabe*"! Jeder möge sich selbst „*bewußt*(!) darüber werden, *was* ihm das höchste Gefühl" gebe, denn: „Es gilt *die Ewigkeit*!" (KSA 9, 505). Das *Fühlen* soll so die Leerstelle füllen, die bei Verabschiedung der von Kant geforderten *vernünftigen* Verallgemeinerbarkeit der Maximen aufklafft. Nietzsche fordert zu einer Selbstvergewisserung auf, die erstaunliche Sinn-Nähe zu Fichtes *Sittengesetz* innehat, das lautet: „Handle so, daß du die Maxime deines Willens als ewiges Gesetz für dich denken könntest"! (SW VI, 297), das unabhängig ist von kosmologischen Ideen. Fichtes Sittengesetz ruft zur Selbstprüfung des frei handelnden Ich sub specie aeterni auf.

Im Abschnitt *Von der Erlösung* erklärt Zarathustra den „schaffenden", „erlösenden" Willen als einen so ausstrahlungsmächtigen, der sogar Vergangenes durch im Nachhinein-Wollen umschaffe zu dem „so wollte ich es" und der spricht: So, wie ich *jetzt* etwas Bestimmtes will, ebenso „werde ich's wollen" (KSA 4, 179ff).[29] Seid erst solche, so sein Aufruf, die *wollen können*, die, als zur Tat Entschlossene, alles „*halbe* Wollen" von sich abtun (KSA 4, 216). Das Pathos dieses Willens, der zu sich spricht: So wollte ich es und werde ich es immer gewollt haben, speist sich aus Fichtes Ethik, ohne die Identität des Ich als vernunftgemäß und sittlich allgemeingesetzlich zu fordern.

---

29 Nietzsche erklärt sein eigenes Ideal, in dem alle früheren lebensfeindlichen und Welt verleumdenden Ideale überwunden sein sollen, in lauter Superlativen als „Ideal des übermütigsten, lebendigsten und weltbejahendsten Menschen", der alles, was war und ist, eben „*so wie es war und ist*, wieder haben will, in alle Ewigkeit ... da capo rufend"; die Frage, ob dies ein *circulus vitiosus deus* wäre (JGB 56), klingt kaum manisch, eher depressiv.

Die *ewige Wiederkehr des Gleichen* ist so für Nietzsche regulative *Maxime* für die Lebenspraxis, wird aber zugleich tragisch, nämlich als heillose Überforderung des normalsterblichen Ich, und in eins auch utopisch-darwinistisch gefaßt. Denn als willkommene „Vernatürlichung der Moral" soll die Lehre von der ewigen Wiederkehr biopolitisch „als Mittel der Züchtung und Auswahl", also zur *Selektion* nutzbar sein (KSA 12, 342f). Die von Nietzsche entworfenen freien Geister bilden in ihrer je individuellen Moral für ihn zugleich kühne Versuchsstationen der Menschheit dahin, sich als Gattung zu überschreiten. Sie suchen für sich andere, höhere Lebensformen oder Moraltypen. Darin sind sie als überindividuell strategisch, den Einzelnen als freies Ich preisgebend, Bestandteil des von der *Zarathustra*-Zeit an intendierten Totalexperiments der *Species Mensch* mit sich selbst. Da mit ‚Gott' auch die Vorstellung von ‚ewigen Werten' dahingefallen sei, – Platon z.B. ging noch davon aus, er habe das *Gute* als etwas *Ewiges* vorgefunden, nicht aber selbst festgesetzt, – erhebe sich fortan die „Aufgabe des Gesetzgebers der Werte" in nie dagewesener „furchtbarer Größe" (KSA 11, 258f). So wird jeder Handelnde gottlos einsam und ins Netz globaler Pläne verstrickt.

Schroff polemisch gegen Kants Allgemeingültigkeits-Anforderung findet sich im *Antichrist* das Gebot: kraft einer „tief persönlichen Wahl" möge „jeder sich *seine* Tugend, *seinen* kategorischen Imperativ" erfinden, damit er kein „Automat der ‚Pflicht'" werde (AC 11).[30] Im *Zarathustra* lautet der Aufruf zur Selbstprüfung: „Frei nennst du dich? Deinen herrschenden Gedanken", dein „Frei *wozu*?" will ich hören und „nicht, daß du einem Joche entronnen bist. / Bist du ein solcher, der einem Joche entrinnen *durfte*? Es gibt manchen, der seinen letzten Wert wegwarf, als er seine Dienstbarkeit wegwarf. / ... Kannst du dir selber dein Böses und dein Gutes geben und deinen Willen über dich aufhängen wie ein Gesetz?" Und Nietzsche fordert, – die oben erörterte Einheit von Pflicht und Neigung bei Schiller reaktivierend, – daß „eure Tugend euer Selbst sei, und nicht ein Fremdes", das Selbst in der Handlung, „Wahrheit aus dem Grunde eurer Seele" (KSA 4: 81, 121ff). So fundiert Nietzsche das wahrhafte Sein des Ich in einer Selbstgesetzgebung, aber eben nicht, wie Kant, kraft des vernünftig-allgemeinen Willens, sondern kraft des empirisch-einzelnen Willens, dessen individuelles Ideal ein vages Analogon zum ‚Nomos' der Autonomie bilden soll.

Den größten Kontrast zum Dithyrambus *Zwischen Raubvögeln*, in dem jede Versöhnung des Ich mit seinem wahren Selbst preisgegeben ist, der vormalige

---

30 Vgl. Simon Robertson: Normativity and Moral Psychology. Nietzsche's Critique of Kantian Universality, in: *Nietzsche's Engagements with Kant and the Kantian Legacy. Volume II. Nietzsche and Kantian Ethics*, London etc. 2017, hg. von J. Constâncio, T. Bailey, 51-89.

„Jäger Gottes" verzweifelnd sich erlebt als zerplitterten Baum am Rande tödlichen Verderbens ohne Ausweg und *incurvatus in se ipsum*, – „Du suchtest die schwerste Last:/ da fandest du *dich* -,/ du wirfst dich nicht ab von dir .../ Jetzt -/ zwischen zwei Nichtse/ eingekrümmt(!),/ ein Fragezeichen,/ ein müdes Rätsel" (KSA 6, 390ff), – bildet der sympathische Aphorismus *Man muß liebenlernen* der sanften mittleren Zeit. In Bezug auf Menschen oder Musik möge zunächst Fremdheit vorwalten; „Mildherzigkeit", das Gesonnensein wie ein demütig „entzückter Liebhaber" erreiche das in der Welt Bestmögliche: verstehende Nähe. Die Moral: „So haben wir durch guten Willen(!) lieben gelernt", wobei das Fremde seinen Schleier abwerfe und als „neue unsägliche Schönheit" sich zeige; dies sei sein Dank an uns. Die Moral dieser Moral: „Auch wer sich selber liebt", müsse es auf diesem Weg erst lernen! (FW 334)

6) Telos: Gewinn des höheren Selbst wider die Herdentiermoral und Nivellierung

Wohltuenden Kontrast zum immoralistischen Programm der Züchtung des Übermenschen bildet das moralistische Konzept zum Gewinn des höheren Selbst. Es entspringt Nietzsches Zeitkritik, die, Kierkegaards Kategorie des *Einzelnen* vergleichbar, Kritik drohender Vermassung des Ich ist. „Je mehr das Gefühl der Einheit mit den Mitmenschen überhand nimmt, um so mehr werden die Menschen uniformiert, um so strenger werden sie alle Verschiedenheit als unmoralisch empfin-den. So entsteht notwendig der Sand der Menschheit: alle sehr gleich, sehr klein, sehr rund, sehr verträglich, sehr langweilig. Das Christentum und die Demokratie haben bis jetzt die Menschheit auf dem Wege zum Sand am weitesten gefahren. Ein kleines, schwaches, dämmerndes Wohl-gefühlchen, über Alle gleichmäßig verbreitet, ... das wäre das letzte Bild, welches die Menschheit bieten könnte?" (KSA 9, 73) Im ‚Sand'-Motiv (vgl. M 174) ist ‚Zarathustras' Modell vom ‚letzten' Menschen vorgeprägt (KSA 4, 19f). Als Korrektiv setzt Nietzsche einen „Individualismus des Ideals" (KSA 9, 119) durch den Imperativ: Jeder sei er selbst und damit anders als alle Übrigen! Fichte ist Pate für den starken *Willen* als Kern des *höheren Selbst* wider die Herdentierpseudomoral.

In *Ecce Homo* schreibt Nietzsche im Rückblick, er habe die „Entselbstungs-Moral" anprangern wollen (KSA 6, 372) und eine „Entpersönlichung des Geistes" (JGB 207). Ebenso gefährlich wie die Laster seien Tugenden, läßt man sie von außen als Autorität oder Gesetz über sich herrschen anstatt sie aktiv „aus sich selbst erst" zu erzeugen, „als persönlichste Notwehr" und „Bedingung gerade *unseres* Daseins und Wohltuns, die wir erkennen und anerkennen"

(KSA 12, 278); so wird die Frage nach der qualitativen Differenz von Gut und Böse, Tugend und Laster ausgeblendet. Die Erzeugung des Gewissens im Ich, so fächert er diverse Erklärungsmodelle auf, ist theonom, autonom,[31] sozialpsychologisch *oder* biologisch-gattungsgeschichtlich begreifbar. Nach dem ersten Modell habe man Gottes als *Sanktion* für den kategorischen Imperativ bedurft, der Aufopferung, Selbstlosigkeit und Gleichheit aller gefordert habe. Aber: „Gesetzt nun, der Glaube an Gott ist dahin: so stellt sich die Frage von Neuem: ‚wer redet?'" Und nun kombiniert Nietzsche die für ihn am stärksten realen, das soziale und das biologische Modell: „Meine Antwort, nicht aus der Metaphysik, sondern aus der Tier-Physiologie genommen: *der Heerden-Instinkt redet*. Er *will* Herr sein" und will Individuen nur als Teile des Ganzen und zu dessen Besten gelten lassen (KSA 12, 279). Die klassischen Moraltypen der Tugend- und Pflichtethik werden also implizit beiseite geworfen.

Das zum Herren gewordene, vom Kollektiv geprägte Gewissen, also der moralische Instinkt der Masse, biologisch „Herde", allerdings „schätzt die *Mitte* und das *Mittlere* als das Höchste und Werthvollste ab", also diejenige Region, wo die Mehrzahl sich befindet. In jener Mitte herrsche, durch sich ähnlich Fühlen mit den Meisten, Geborgen- und Anerkanntsein, hier sei niemand „mit nichts allein", so daß die Furcht aufhöre; hier gebe es die ersehnte Gleichheit, die keinen Raum mehr lasse für Mißverstehen; und keines Menschen „eignes Sein" müsse länger als „Vorwurf" des Anderssein-Sollens empfunden werden (KSA 12, 474). Die „moderne Ideologie", deren Antipode Nietzsche ist, entspringe solchen vereinigungslüsternen Herzenswünschen der Menge (JGB 44). So spottet er über das ‚hölzerne Eisen' der propagierten „freien Gesellschaft'" ohne Gott, Herrn und Meister (FW 356), da für ihn *Freiheit* nur in Einsamkeit, *Vergesellschaftung* nur um den Preis der Anpassung realisierbar ist. Deshalb persifliert er das sonderbare wundersame Verlangen nach der „*autonomen* Herde", man glaube nämlich, – so deutet er religionspsychologisch

---

31 Wie das *Gewissen* spontan im Ich *sich erzeuge*, hat Fichte in den *Reden an die Deutsche Nation* dargelegt. Der Übergang von der Natur zur Freiheit vollende sich, so argumentiert Fichtes, im Erwachen des eigenständig urteilenden *Gewissens*, das er, die Stoiker und Kant aufnehmend, als inneren Wächter oder Richter bezeichnet. Daß der Akt sittlicher Selbstbildung, der das Naturleben überschreitet, ein Akt aus Freiheit ist, der von außen nur anzubahnen, nicht aber, z.B. gesellschaftlich, machbar ist, geht aus Fichtes Bestimmung hervor, daß im jungen Ich ein Gewissen von selbst „sich erzeuge", das fortan autonom durch seine Schiedssprüche ein sittliches Leben vorzeichnet. Durch eigne Tätigkeit schließe sich uns am klarsten der „Umfang der sittlichen Welt" auf, und wem sie so ‚aufgegangen' sei, der verstehe sie und bedürfe für seine Zufriedenheit keines „Beifalls der Umgebung", auch keines „fremden Zeugnisses" mehr über sich, um – im Sinn von Paulus (*Römer* 2, 14f): die Heiden sind sich selbst ein Gesetz – selbst „ein richtiges Gericht" über sich und sein Tun halten zu können (SW VII, 416-420).

die Surrogatbildung für den verlorenen christlichen Gott, der als Liebe verstanden wurde, der uns von Sünde, Tod und Teufel erlösen wollte, – an die „Gemeinschaft als Erlöserin" und bete diese an (JGB 202).

Nietzsches Konzeption einer Unschuld des Werdens, worin das Ideal-Ich, das höhere Selbst nicht als Tyrann erlitten wird und das Ich sich nicht verachten, verwunden, gar zerfleischen muß, um wahrhaft sich selbst zu finden, schließt für ihn unter dem Problemtitel des Dionysischen auch die Bejahung der Leiblichkeit und Sexualität des Menschen mit ein. Unschuld des Werdens unter dem individuellen Moralgesetz heißt für ihn nicht, das gelingende Naturleben als solches heilig zu sprechen. Auch sucht er keine Lizenz dazu, die „Unterdrückung der Leidenschaften" (KTA 74, 72) in Resublimierung überzuführen wie im antiken Dionysoskult. Es geht ihm um Kultivierung der Leidenschaft. Vehement aber wendet er sich gegen eine für ihn noch spürbare Fortsetzung asketischer Abwertung des *Eros* (M 76), die, auf Augustinus zurückgehend, die Sünde kristallisiert finden will in der geschlechtlichen Concupiscentia, sie deshalb generell als unrein verdammt und gewisse natürliche Empfindungen zu einer „Quelle des inneren Elends" macht. Eine Ironie der Geschichte erblickt er darin, daß die „Verteufelung" des Eros ihn „interessanter als alle Engel" habe werden lassen (M 76). Fatale Folge aber sei der „scheue Blick", den Menschen betreffs des Erotischen so sehr haben können, daß sie in ihrem „Leiden am Natürlichen" mit sich hadern, vertrauensarm und unsicher werden und in Träumen, wie Nietzsche vor Freuds *Traumdeutung* sah, das schmerzlich Vermißte kompensatorisch sich ausmalen, wiewohl mit einem „Beigeschmack gequälten Gewissens" (MA 141). Der „bösartigste Idealismus", so der späte Nietzsche, ziele darauf, die Geschlechtsliebe zu *vergiften* (KSA 6, 306f). Eine leib- und lebensfeindliche christliche Moral habe dem Eros, also der Quelle des Lebens „Gift zu trinken" gegeben; „er starb zwar nicht daran, aber entartete, zum Laster" (JGB 168). Moralität dürfe nicht in Selbstbeschuldigungen und Gewissensbisse treiben, wohl aber „Vernunftbisse" kennen (KTA 83, 331f). Nietzsche würdigt Vernunft und Leiblichkeit, und in beidem eine Goethesche Ehrfurcht vor sich selbst (JGB 287). Die Stimme der Vernunft bleibt für ihn im nötigen Fall gültig als *Selbstaufhebung* der Leidenschaft. Vernunft und wahrhaft menschliche Leiblichkeit sind allerdings ohne Metaphysik verloren im All, wenn jede geistige Orientierung dekonstruiert wird und der Mensch nicht mehr weiß, wer er ist.

Nietzsche sieht sich selbst als jemanden, der in seiner eigenen Philosophie die „Prophezeiung" von Pascal „erfüllt" habe: „*Ohne den christlichen Glauben ... werdet ihr euch selbst, ebenso wie die Natur und die Geschichte, un monstre et un chaos*'", sonach unentzifferbare dunkle Rätselschriften (KSA 12, 445). Pascals Thema ist „Elend" und „Größe" des Menschen, seine Seinslage zwischen

Nichts und Unendlichkeit. Schlüsselthemen Nietzsches sind das im Abgrund des Ich lauernde wilde Tier, das durch Kultur und Zivilisation als glitzernde Phantome nur notdürftig maskiert ist, und die Welt als moralfreies Chaos bzw. als ein göttlich-dämonisches Spiel, beides auf den ‚Tod Gottes' zulaufend. In Pascals hellsichtigem Wort vom Ungeheuer Mensch und vom Chaos als *Deus sive Natura* – als die Folgelast des ‚Todes' des christlichen Gottes – sind Nietzsches gottloser Immoralismus und seine Prognose des künftigen europäischen Nihilismus präfiguriert.

7) Immoralismus als Einstimmung in den Nihilismus

Nietzsches späte immoralistische Programmschriften *Jenseits von Gut und Böse* und *Zur Genealogie der Moral* nehmen den Menschen als ein hochkomplexes und sich selbst kaum begreifendes „*Stück* Natur" in Blick (JGB 9). Natur wird hier weder als Schöpfungswerk noch im Sinne der Stoiker als in göttlicher Allsympathie verfaßter großer Organismus verstanden, sondern, wie deren Prädikate zeigen, im Sinne Darwinscher Biologie, von der Nietzsche in den Jahren 1865/66 und 1872/73 erschüttert und überzeugt worden ist. Im Abstreifen der beschönigend übermalenden Farben der Kultur gelte es, den Menschen ganz „zurückzuübersetzen in die Natur", so daß der schreckliche „Grundtext homo natura" wieder herausspringe. Durch die „Zucht der Wissenschaft" vorbereitet gelte es, ihn zu erblicken mit „unerschrockenen Ödipus-Augen", wie im Angesicht der Sphinx stehend, und den lockenden Flötentönen der Metaphysiker zu widerstehen, die verkünden: „du bist mehr! du bist höher! du bist anderer Herkunft!"' (JGB 230; vgl. FW 1) Zur „Hingabe" der Stoiker und Rousseaus an die Natur, um ihr gemäß zu leben, erklärt schon der frühe Nietzsche, sie sei „nichts so Harmloses, dem man sich ohne Schauder übergeben könnte" (KSA 7, 199). Die „Flucht zu den Anfängen", zu den „Urmenschen" oder zur Natur überhaupt nennt er „die Mühe des modernen Menschen", der darin freilich einem „idyllischen Phantom" nachjage (KSA 14, 56).

Die Natur wird von Nietzsche, wie von den Sophisten, welche die *Macht*- und *Lust* glorifizieren, antiplatonisch (vgl. Platons Kritik in *Gorgias* 488a-495b) als die gesetzgebende Instanz aufgerufen. Während in anderen Ethikansätzen, in der Pflichten-, Sympathie- oder Tugendethik die Natur nie in dieser Bedeutung als gesetzgebend angenommen werden kann, ist Nietzsches darwinianischem Blick in die Natur zufolge „der Geist ... nur ein Mittel ... im Dienste des höheren Lebens". Das „Gute", wie es Platon und nach ihm das Christentum verstand, sei ein „lebenverleumdendes ... Prinzip" (KSA 12, 297), da es die

Wachstumsbedingungen des biologisch höheren Lebens als böse einstufe, also verleugne. Armut, Demut, Keuschheit seien „gefährliche" Ideale (SA III 498). Indem die christliche und buddhistische Religion „alles Selbstherrliche, Männliche, Erobernde, Herrschsüchtige", für Nietzsche vitale Eigenschaften des höchsten und „wohlgeratensten" Typus Mensch, diskreditieren, ja durch Gewissensnot knicken, verschlechtern sie die europäische Rasse. Läßt man nämlich nicht das Naturgesetz des „tausendfältigen Mißratens und Zugrundegehens" autochthon walten, so erblicke man gar nicht erst die faszinierende, zur Auswirkung kommen sollende gewaltige Rangordnung und Rangkluft zwischen Mensch und Mensch; stattdessen wird dauernd nur ein gutwilliges „Herdentier ... herangezüchtet" (JGB 62). Indem Nietzsche die Gattung Mensch fraglos in Bestimmungen der Tierzüchtung einordnet (JGB 262), geht es ihm vorrangig um vitale Kriterien für die Verkleinerung oder Erhöhung des Typus Mensch und die entsprechenden zu ächtenden oder zu fördernden Werteskalen der ‚Sklaven'- oder ‚Herrenmoral'.

In der menschlichen Kultur setze sich auch die Evolution der Tiergeschichte machtvoll fort. Ruchlosigkeit und der ‚ausbeuterische Charakter', das ‚Herrenrecht' gehören für ihn zur Methode der Natur, die „zum Zweck der *Züchtung*" eines höheren Typus, der im besten Falle eine „Variation" der Art zu ihrer „größten Fülle und Pracht" ist, den erbarmungs-, zügel-, und schonungslosen „Wetteifer des Wachstums" zum Einsatz bringe. Also erzeugen „explodierende Egoismen" im „hoch empor reißenden" Wettstreit ein verwegenes Ringen um Sonne und Licht, das ein „ungeheures Zugrundegehen und Sichzugrunderichten" einschließe (JGB 256, 259, 262).

Nietzsches Erörterung zum Thema: „*Wir Immoralisten!*" (JGB 226) fußt auf der naturalistischen Prämisse, die er hypothetisch formuliert: „Gesetzt, daß nichts anderes als real ‚gegeben' ist als unsre Welt der Begierden", uns also keine andere „Realität" zugänglich sei als die „unsrer Triebe" (JGB 36); dann führt eine Ableitung der Moral aus der „Naturgeschichte" (JGB Teil V), in deren Rahmen der Mensch als ‚Tierseele' aufgefaßt ist, zu einer „*Typenlehre* der Moral" (JGB 186), in der alle metaphysischen Motive ausgemerzt bzw. in Momente eines starken oder schwachen Willens zur Macht umgedeutet sind und – auf der Position des „höchsten biologischen Standpunktes" (GM II 11) – der Tod zur Bedingung eines „wirklichen Progressus" erklärt werden kann (GM II 12). Eine solche Entstehungsgeschichte der Moral vollbringt zugleich die Entpflichtung von ihr. Nietzsches Motiv für seine intendierte Aufhebung aller moralischen Verbindlichkeit ist 1886-88 nicht mehr nur autotherapeutisch Befreiung von Selbstverachtung durch zu hochgesteckte Ideale, sondern überdies eine physiologische Erziehung des Menschengeschlechts zur höheren Spezies.[32] Was ihr zuwiderläuft, soll dahinfallen, so das Unegoistische, der Altruismus, im 19. Jahrhundert als Bürge für Humanität „vergoldet und vergöttlicht": Das tradierte ‚Gute' sei ein „Narkotikum", das Schuld daran wäre, – so in eins die bittere Anklage und sein eigenes maximales Ideal, das die von ihm anfänglich betonte individualethische Dimension sprengt, – „wenn eine an sich mögliche *höchste Mächtigkeit und Pracht* des Typus Mensch niemals erreicht würde" (GM Vorrede 5, 6). Das Christentum als die Religion des Mitleidens schwäche unsere „Energie des Lebensgefühls". Das Mitleid „kreuzt im Ganzen Grossen das Gesetz der Entwicklung, welches das Gesetz der *Selection* ist" (AC 7). So legt der Autor des *Antichrist* ein unverhohlnes Bekenntnis zum Sozialdarwinismus ab, dem zufolge biologische Entdeckungen auf gesellschaftliche Verhältnisse übertragen werden sollen. Und er eröffnet ein zentrales anti-ethisches Motiv für sein kämpferisches Antichristentum.

Seine Sorge um die „Verkleinerung" des Menschen zum „Herdentiere" mag plausibel sein (JGB 203), nicht jedoch die Annahme, das „jüdische Volk"[33] als unterlegenes habe durch Rachegelüst gegen die Herrschenden einen *„Sklavenaufstand in der Moral"* ins Werk gesetzt. Dem ‚auserwählten' Volk sei „jenes Wunderstück von Umkehrung der Werte" gelungen; „ihre Propheten haben ‚reich', ‚gottlos', ‚böse', ‚gewalttätig' in Eins geschmolzen und zum ersten Male das Wort ‚Welt' zum Schandwort gemünzt" (JGB 195).[34] Solcher Aufstand beginne damit, daß ein lang gehegtes Ressentiment selbst „schöpferisch" werde

---

32 Zu Nietzsches gefährlichem Biologismus und seiner unheimlichen Vorahnung, daß „die große Politik" einst die „Physiologie zur Herrin über alle anderen Fragen machen" würde, vgl. Henning Ottmann: *Philosophie und Politik bei Nietzsche*, 239-314; E. Düsing: *Nietzsches Denkweg. Theologie, Darwinismus, Nihilismus*, 304-350.

33 Antijüdischen Entgleisungen wie: alles sei „verjüdelt oder verchristlicht oder verpöbelt" (GM I 9) stehen nachdrückliche judenfreundliche Äußerungen gegenüber. Nietzsche nimmt die Gefahr eskalierenden Antisemitismus wahr, daß „die Juden als *Sündenböcke* aller möglichen ... Übelstände zur Schlachtbank" geführt werden sollen, eben dies Volk, das unter allen Völkern die längste Leidensschule erduldet hat, dem wir „den edelsten Menschen (Christus), ... das mächtigste Buch", die Bibel, und „das wirkungsvollste Sittengesetz der Welt" verdanken (MA 475). In beiden Immoralismus-Schriften rühmt er das *Alte Testament*: „Im jüdischen ‚Alten Testament', dem Buche von der göttlichen Gerechtigkeit", – gemeint sein dürfte vorzüglich das Buch *Hiob*, – gebe es „Menschen, Dinge und Reden in einem so großen Stile, daß das griechische" Schrifttum nichts Vergleichbares böte (JGB 52). Es eröffne „etwas vom Allerseltensten auf Erden, die unvergleichliche Naivität des *starken Herzens*" (GM III 22).

34 Den Juden, – die Nietzsche in der *Fröhlichen Wissenschaft* „das moralische Genie unter den Völkern" nennt (FW 136), – sei zu ihrer Genugtuung gegenüber ihren „Feinden und Überwältigern" ein „Akt der *geistigsten Rache*" gelungen, durch „radikale Umwertung von deren Werten"; „gegen die aristokratische Wertgleichung (gut = vornehm = mächtig = schön ... = gottgeliebt)" wagten sie, „mit einer furchteinflößenden Folgerichtigkeit" die „Umkehrung" zu setzen, die besagte, allein wir „Elenden" sind die „Guten", „Frommen",

und „Werte gebiert" (GM I 10); eine „Verschwörung" der Schwachen, Leidenden errichte damit gegen „Wohlgeratene", „Siegreiche", Stolze, Mächtige Gegenideale. Nur durch Neueröffnung der – ehemaligen vorstaatlichen – freien Wildbahn könne die Wiederumwertung jener falschen *Umwertung* erzielt werden (GM III 14). Die während zweier Jahrtausende fest gefügte Wertewelt bedürfe aber, um zu wanken, eines zündenden Sprengstoffs.

Nietzsche fügt das Leitmotiv des ‚höheren Selbst' samt der Kritik tyrannischer Ideale implizit ein in den weiteren Kontext einer Selbstüberschreitung der gesamten *species homo sapiens*. Das „souveräne Individuum" könne *Versprechen* geben und sie halten, da es auf seinen ureigenen Willen zu vertrauen vermag; es soll, als „reife Frucht" der Selbstbildung, stolz auf sich sein, „zu sich *ja sagen dürfen*" (GM II 2, 3). Im traurigen Kontrast hierzu stehe die „Selbst-Vergewaltigung" einer zwiespältigen Seele, die sich häßlich findet; so erwecke das *schlechte Gewissen* den „Willen zur Selbstmißhandlung" (GM II 18). „Stoizismus ist Selbst-Tyrannei" (JGB 9), die abzuwehren sei. In religionskritischer Perspektive spricht Nietzsche von einer „Selbstkreuzigung" des Menschen, – gemeint sein dürfte die Askese in der Nachfolge Christi, – die bewirke, daß er sich selbst zerreiße, seine Natur schände, gegen sich selbst wüte. Die Griechen hingegen hätten „löwenmutig" sich ihrer Götter „bedient", um den Menschen „auch im Schlimmen zu rechtfertigen", so daß sogar „das *Tier* im Menschen sich vergöttlicht" fühlen konnte; so dienten die antiken Gottheiten als Medien menschlicher Selbstverherrlichung (GM II 23; vgl. FW 139). Eingebildete „Tugenden" entlarvend erklärt Nietzsche, das im Prozeß der Zivilisation bezähmte ‚wilde grausame Tier' im Menschen sei gar nicht überwunden und abgetan, sondern führe eine heimliche unterirdische Existenz fort; es sei nicht wirklich „abgetötet" worden, sondern lebe und blühe; das „schlimme ... Tier in uns" habe sich nur auf scheinheilige Art „vermummt" (FW 352). „Fast alles, was wir ‚höhere Kultur' nennen, beruht auf der Vergeistigung und Vertiefung der *Grausamkeit* – dies ist mein Satz" (JGB 229), – in dem Nietzsche an Jacob Burckhardts historische Erforschung der *Renaissance* anknüpft. Die *Grausamkeit* soll als „einer der unwegdenkbarsten Cultur-Untergründe ... ans Licht gebracht" werden. Könne jener „Instinkt der Grausamkeit", – den Nietzsche in *Ecce Homo* im Rückblick auf die *Genealogie der Moral* in scharfer Pointierung als naturgegeben annimmt, – sich nicht nach außen hin „entladen", so wende er sich „rückwärts"; die nach innen gerichtete Grausamkeit manifestiere sich im *Gewissen*, in langer Tradition als ‚Stimme Gottes im Menschen' geglaubt (KSA 6, 352). Mit der Einsicht in die Verwandlung niederer Regungen

---

„Gottseligen"; ihr „Gewaltigen" aber „seid in alle Ewigkeit die Bösen, die Grausamen, die Lüsternen, ... die Gottlosen" (GM I 7).

in scheinbar edle hat er Freuds Sublimationskonzept angeregt. Grausamkeit, ja Genuß an ihr, entstehe nicht nur im Anblick fremden Leids, sondern auch im sich selbst Leid Zufügen. Verhüllte Grausamkeit reiche von der ethisch-religiösen Selbstverleugnung bis zur leibfeindlichen Selbstverstümmelung, von der Zerknirschung in Reue bis zum Bußkampf in der „Gewissens-Vivisektion". Schließlich liege eine gegen sich selbst gerichtete Grausamkeit auch im Erkennen, wenn der Erkenntnis Suchende „seinen Geist zwingt, *wider* den Hang des Geistes und oft genug auch wider die Wünsche seines Herzens zu erkennen", d.h. „nein zu sagen, wo er bejahen, lieben, anbeten möchte" (JGB 229). Nietzsche spricht auch vom ‚Foltern' seiner eigenen Begeisterung durch konsequenten „Zweifel", nachdem man in jugendlicher Ehrfurcht, – so heißt es mit autobiographischem Hintergrund und Anklang an Schleiermachers frühe Definition der Religion, – im „Geschmack für das Unbedingte grausam genarrt" worden sei (JGB 31). Der freie Geist reißt sich los vom Ort früherer Anbetung.

Die Suche nach dem Heil der Seele, die Nietzsche als ins Leere gehend mutmaßt und schließlich in dogmatischem Unglauben als durchschaute Illusion behauptet, sei im Vergleich zur Suche des gesunden Leibes eine verderbliche „folie circulaire zwischen Bußkrampf und Erlösungshysterie" (KSA 6, 374). Die christliche Liebes-Ethik soll der nun einzigen Hoffnung in der säkularen Welt weichen, der auf höhere, vitalere, von einer Glorie der unschuldigen Kraft umflossene Menschen. Der „blumichte Herzensaustausch" im Horizont der universalen Brüderlichkeits-Idee (FW 362) soll daher Klüfte schaffenden Trieben in einer agonalen Kultur weichen. ‚Humanitäre Segnungen des Christentums' werden verunglimpft als hohe Potenz abwürgende „Selbstschändung" (AC 62).

Nach feinsinnigen Phänomenbeschreibungen, wie Religion sich durch balsamische Trostgründe für verwundete Seelen auf die leibseelische und geistige Verfassung der Gläubigen auswirke (JGB 61) zeigt sich der zynische Kontext für die Würdigung asketischer Moralität und Religion. Denn Nietzsche stellt in einem der problematischsten Abschnitte des Werks (JGB 62; vgl. GM I 11-13) seine „schlimme Gegenrechnung" auf, der gemäß Religion mit ihrem ‚Gleich-vor-Gott-Sein' den Ruin der Gattung verschulde, und zwar durch Diskreditieren des höheren Typus Mensch. Radikal biologistisch heißt es: „Es gibt bei dem Menschen wie bei jeder andern Tierart einen Überschuß von Mißratenen, Kranken, Entartenden, Gebrechlichen, notwendig Leidenden; die gelungenen Fälle sind ... die Ausnahme". Utopie liegt im Wort, der Mensch sei das in seinen Möglichkeiten zu sein *„noch nicht festgestellte Tier"*. Die Religionen aber hielten naturwidrig eben diesen *„Überschuß* der mißlungenen Fälle" im Leben fest und ergriffen gerade für diese Partei. Indem sie Leidenden Trost, Unterdrückten und Verzweifelnden Mut, „Unselbständigen Stab und Halt gaben", hielten sie immer schon den Typus Mensch auf einer niedrigeren als ihm möglichen

Stufe fest, – „sie erhielten zu viel von dem", so heißt es rabiat, in der beabsichtigten Umkehrung dieser Tradition den Menschen zum Herrn über Leben und Tod erhebend, *was zugrunde gehn sollte"* (JGB 62).[35]

Zur Zeit der Ausarbeitung des Schlußteils von *Zarathustra* verfällt Nietzsche auf die Forderung: „Grundsatz: wie die Natur sein; zahllose Wesen zum Opfer bringen *können*", um, wenn möglich, „Etwas mit der Menschheit zu erreichen", nämlich große Menschen zu erzeugen. „Vernichtung(!) der Mißratenen – dazu muß man sich von der bisherigen Moral emancipiren." (KSA 11: 91, 75) Zum „Gesamtaspekt" wird für ihn der einer „ungeheuren Experimentir-Werkstätte", wo weniges gelingt, „Unsägliches mißrät" und die religiöse und moralische „Verbindlichkeit fehlt" (KSA 13, 408f). Die Menschheit und jeder Einzelne ist für Nietzsche – im Einspruch gegen Kants Ethik, der zufolge der Mensch unbedingter Selbstzweck ist, – eher „Mittel" denn „Ziel", nämlich „bloß", wie in einem darwinistischen Experiment, „das Versuchsmaterial, der ungeheure Überschuß des Mißratenen, ein Trümmerfeld" (KSA 13, 221).[36] – Solche Nachlaß-Gedanken, die an Schroffheit die von ihm veröffentlichten Theoreme zuweilen überbieten, dürfen zwar nicht überbewertet, sollen aber auch nicht, etwa zugunsten der vermeintlich ontologisch gewichtigeren Gedanken wie *der ewigen Wiederkehr*, verschwiegen werden. Gegen Jesu Wort: „Ich bin der Weg und die Wahrheit und das Leben" (Joh 14, 6), lehrt Zarathustra: *„Den Weg ... giebt es nicht!"* Vielmehr fordert er, polemisch gegen Gottes Gesetzestafeln an Moses am Sinai (2. *Mose* 24, 12f), dazu auf: „Zerbrecht mir die alten Tafeln!", die der Frommen (KSA 4, 245ff), und lehrt als seine revolutionäre neue Tafel: „Oh, meine Brüder, ... *werdet hart!"* (KSA 4: 253, 268) Diese sture Aufforderung zur Härte ohne Mitleid macht die zuweilen von Nietzsche eingestreuten zarten Schalmeienklänge unglaubwürdig. Moralkriterien, in denen er Schillers *schöne Seele* oder Pascals Gewissensernst bedacht hat, scheinen in der Spätphilosophie ausgelöscht oder eingesunken in die Sphäre des Naturalismus.[37]

---

35 In Notizen zur *Götzendämmerung* (KSA 6, 133ff) heißt es: „Die Schwachen und Mißratenen sollen zugrunde gehn: erster Satz der Gesellschaft. Und man soll ihnen dazu noch helfen." Die Aufgabe sei, den Egoismus der Leidenden, seien es Einzelne oder „ganze verkommene Volksschichten" niederzuhalten. Eine religiöse Lehre der ‚Liebe', des „Duldens, Tragens, Helfens" könne von Wert sein, da sie bei „Schlechtweggekommenen" Gefühle von Neid unterbinde und ihnen, als neue Tugend durch das Evangelium vom ‚Gott am Kreuze' den „Kultus der Selbstlosigkeit" vergöttliche und sie „Heiligkeit" im Niedrig-, Arm-, Krank-, „Unten-sein" lehre (KSA 14, 427f).

36 Ein besonders radikaler Naturalismus zum „Zeitalter der *Versuche*" findet sich in KSA 11, 85: Frg 25 [290].

37 Werner Stegmaier (*Nietzsches ‚Genealogie der Moral'*, Darmstadt 1994), gläubiger Naturalist, erblickt kein Problem in Nietzsches argumentativen Prämissen für die von ihm intendierte „Naturgeschichte der Moral". Die von ihm vorgenommenen befremdlichen

Der von Nietzsche in seiner mittleren und späten Zeit vehement vertretene Immoralismus hat eine zukunftsfreudige, ja triumphale Seite, die darauf pocht, nach dem Ende der strengen Ethik des ‚Du sollst' seien auf unbefangene Weise „viele neue *Ideale*" möglich, die ihrem Erzeuger einen „Augenblick eines frevelhaften Glücks ... zwischen zarten und absurden Dingen" vermitteln, *und* eine Seite des schwermütigen Geistes (SA III, 794), Kehrseite der sich selbst erzeugenden Freiheit, die, – im Bild des „Zentnerschweren Geistes" (ebd.) hintergründig ausgemalt, – überlastet ist von ihrer Schrankenlosigkeit. Die Eintrag: „Wer Gott fahren ließ, hält um so strenger am Glauben an die Moral fest" (SA III, 880), ist spöttisch gegen die gerichtet, die auch nach Gottes ‚Tod' an der Würde des Menschen festhalten wollen. Solches ohne Gott sittlich sein Wollen ist in Nietzsches Schau fragiles Übergangsphänomen, hinter dem sich verbirgt, wie der Glaube an das „christlich-asketische Ideal", nach Umsturz des Glaubens an Gott, seinen „letzten Kampf" kämpfe (FW 358). Entscheidend für die Heraufkunft „der *modernen Zeit*" des Nihilismus ist für Nietzsche der sowohl von ihm beobachtete als auch durch sein Werk immerzu betriebene, ja überhaupt erst heraufbeschworene „Untergang der *moralischen* Weltauslegung" (SA III, 881), die, neuzeitlich aufklärerisch, mit Fichte eine sittliche göttliche Weltordnung annimmt oder mit Kant das Postulat einer durch Gott in seiner Gerechtigkeit zu gewährleistenden Adäquation von Glückswürdigkeit und Glück. „Der ganze *Idealismus* der bisherigen Menschheit", – den Nietzsche hier als ethischen Idealismus akzentuiert, – sei dabei, „in *Nihilismus* umzuschlagen – in den Glauben an die absolute *Wert*losigkeit, d.h. *Sinn*losigkeit". Prägnant erfaßt er in beobachtender Vernunft „die Vernichtung der Ideale" als „die neue Öde"! (SA III, 896) und durchleuchtet labile Phänomene, ineins in skeptischer Analyse, die eine kulturgeschichtliche Tendenz radikal zu ihrem Ende führt. Das Bild der „Öde" erinnert an das ‚öde', wüst und leer Sein der Erde vor der Schöpfung (*Genesis* 1, 2) und an das Nietzsche seit seinen Dissertationsentwürfen intensiv begleitende (Dys-)Teleologiethema.

Nietzsches nuancenreiche Reflexionen zur Ethik bewegen sich im Spannungsfeld zwischen der Moraltradition mit höchster Maßstäblichkeit einerseits und ‚Tod Gottes' andererseits, zu dessen Folgelast die Nivellierung freier Ichwesen zu rückgratlosen Funktionsträgern gehört. Gezeigt hat sich, wie Nietzsche in immer neuen Perspektiven die Frage nach dem Guten in Atem hielt. Seine skeptische Prämisse, die sich gegen die Annahme einer ‚wahren Welt' richtet,

---

Vereinfachungen, die in „resoluten Typisierungen" „scharfzeichnen", um Bedeutsames stark hervorzuheben, wie z.B. ‚die' Starken, ‚die' Schwachen, oder ‚die' Vornehmen, sucht Verf. plausibel zu machen durch Vergleich mit Max Webers heuristischem Begriff des *Idealtypus* (op. cit. 89ff).

zielt des nähern auf „die Naivetät Plato's und des Christenthums: sie glaubten zu wissen, was ‚gut' ist" (KSA 11, 243).

Ähnlich wie durch oberflächliche Lektüre in eklektizistischer Übernahme einzelner Parolen des Denkers aus dem ‚Tod-Gottes'-Motiv ein dogmatischer Atheismus hergeleitet wurde, so aus dem von ihm proklamierten „Jenseits von Gut und Böse" eine hedonistische oder brutale *Libertinage* des ‚Alles ist erlaubt' (‚anything goes'). Spielend leicht sind Worte Nietzsches für immoralistische Standpunkte mißbrauchbar. – Dabei ist der gegenwärtige Traditionsabbruch und Werteumsturz,[38] d.h. die Moraldekadenz atmosphärisch von ihm mitverschuldet, da er sich, vor allem durch seine Nähe zum Sozialdarwinismus, wenig geschützt hat vor dem Mißverstandenwerden für die Lizenz zum Töten der nicht mehr *nützlichen* menschlichen Wesen, die nichts Schöpferisches produzieren. Der Kritiker des Zeitgeists ist hinsichtlich der Biopolitik avantgardistisch, ihn ein-, ja überholend. Dasselbe gilt für sein Einiggehen mit dem geistigen Hauptstrom des 19. Jahrhunderts, der, wie er ihn charakterisiert, „immer entschiedener antiidealistisch" gestimmt, der Frage der „Gesundheit des Leibes" vor dem der Seele den Vorrang erteilt (KTA 78, 85). In seiner Ausstrahlung wiegt schwer, wie Nietzsche auf das anti-idealistische, Gott- und Seelevergessene Gefälle des morbiden *fin du siecle* aufspringt und, hierin unkritisch, dem – bis heute ohne Halt – reißenden Modestrom folgt, ja ihn propagiert, welcher des Menschen Geistseele in den Abgrund der Tierseele stürzen läßt.

---

38 Alasdair MacIntyre: *Der Verlust der Tugend. Zur moralischen Krise der Gegenwart*, aus dem Englischen von W. Rhiel, Frankfurt a. M. / New York 1987; Rod Dreher: *Die Benedikt-Option. Eine Strategie für Christen in einer nachchristlichen Gesellschaft*, Kißlegg 2018. Statt sich an Vernunft oder Glauben zu orientieren, wurde Leitkultur ein hedonistisches ‚Evangelium' der Selbsterfüllung, eine medial verstärkte Glorifizierung individueller Begierden.

KAPITEL X

Grundprobleme des Nihilismus. Von Jacobis Fichte-Kritik zu Heideggers Nietzsche-Rezeption

Für Nietzsche ist der Mensch der Sinnsucher im Universum, dessen psychosomatische Integrität durch Sinnentzug wie von einer tödlichen Krankheit betroffen ist. Die christliche Ethik zeichnet sich in dieser Hinsicht durch ihre vorzügliche sinnverleihende Orientierungskraft aus, die das Tun und Lassen ebenso betrifft wie die Frage der Überwindung des Absurden, z.B. in Jesu *Seligpreisung* derer, die „Leid tragen; denn sie sollen getröstet werden" (Mt 5, 4). In den bekannten Notaten unter der Überschrift „*Der europäische Nihilismus*" (von 1887) hebt er jene „*Vortheile*" hervor, die „die christliche Moral-Hypothese" bot, da sie dem Menschen „einen absoluten Werth" verliehen habe, „im Gegensatz zu seiner" von Nietzsche mit Heraklit- und Darwinanklang angenommenen „Zufälligkeit im Strom des Werdens und Vergehens"; sie „verhütete", daß er „sich als Menschen verachtete", und war „das große *Gegenmittel* gegen den praktischen und theoretischen *Nihilismus*" (KSA 12, 211).[1] Die Wissenschaft, die als solche theoretisches Erkennen sucht, könne keine „werteschaffende Macht" sein (GM III 25) und berge eher „die *Unruhe* der Idealosigkeit ..., das Leiden am *Mangel* der großen Liebe" in sich als daß sie „Glut" oder „Leidenschaft" erwecke (GM III 23). Nietzsche kann dem „asketischen Ideal" sogar, worin die Idee des Heiligen mitschwingt, „Ehrfurcht" bezeugen, wenn *es* „*ehrlich ist*" (GM III 26). Denn noch im selbstquälerischen Willen, der in jenem Ideal den ‚Henker-Gott' als Rückhalt für seine „Gewissens-Vivisektion" imaginiert (GM II 24), anerkennt er den Willen zum Sinn und eine Antwort auf die Frage: „*wozu* leiden?"'

Die Außerkraftsetzung der Moral in ihrer klaren imperativischen Gestalt, – im Horizont des Glaubens an einen heiligen und gerechten Gott, – bedeute jedoch, daß die „ungeheure *Lücke*", die das sinnstiftende „asketische Ideal" für die Orientierungssuche des Menschen ausgefüllt zu haben „schien", aufs Neue aufbreche, er „sich selbst nicht zu rechtfertigen, zu erklären, zu bejahen" wisse. Das schmerzliche „Umsonst!" im Menschenschicksal liege darin, daß die *Antwort* fehle, – hier meldet sich die Nietzsche lebenslang beschäftigende Theodizeefrage auch affektiv zu Wort, – „für den Schrei der Frage: ‚*wozu*

---

[1] Dieses Kapitel ist die verdichtete und erweiterte Neufassung der Erstveröffentlichung unter demselben Titel in: *Perspektiven der Philosophie* 33 (2007), 177-226. – Zur Zitierweise Nietzsches s. Siglenverzeichnis.

leiden?"' Das Verwerfen der bis dahin wegweisend gewesenen Moral rufe die „ungeheure Leere" an Sinn, einen „selbstmörderischen Nihilismus" hervor, der im *asketischen Ideal* gebannt gewesen sei; er sei schwer zu bändigen, entspringe dem Gefühl „Spielball des Unsinns zu sein" (GM III 28). Solches gnadenlosen Welttendenzen ausgeliefert Sein wird oft unter den Begriffen *Zufall* und *Moira* erörtert. – Daß der neuzeitliche *Idealismus* des Ich es sei, der dazu neige, in *Nihilismus* umzuschlagen, hat auf schroffe Art Friedrich H. Jacobi seinem Freunde J. G. Fichte vorgeworfen, der sich darin mißverstanden sah. Heidegger wiederum folgt Nietzsche in dessen Verwerfung des idealistischen Ich, einer übersinnlichen Welt und jeglicher Metaphysik.

1)   Friedrich Heinrich Jacobis Nihilismus-Vorwurf an Fichte

Fichtes ‚Ich', das – nach dem ersten Grundsatz der *Wissenschaftslehre* von 1794/95 – „sich selbst setzt", so Jacobis Vorwurf des Nihilismus, bete statt Gottes sich selbst an; und für jenes ‚Ich' sei alles außer dem Ich *Nichts*. „Lieber Fichte", es ist der „Idealismus, den ich *Nihilismus* schelte"![2] Das reine oder absolute Ich ist für Fichte ursprüngliche Tat, erste Thesis des Philosophierens, Neuanfang im Setzen von etwas, das, als rein geistige lebendige Aktivität, zuvor nicht existierte. Das Ich als höchstes Axiom ist kein gegebenes Seiendes, keine Cartesische *res cogitans*, sondern ist unablässig schöpferisches Tun, *Tathandlung* als freies Hervorbringen seiner selbst als Ich und in der Folge aller Seinsbestimmungen durch die unbewußt schaffende Einbildungskraft. Das absolute Ich ist für ihn vordisjunktiv theoretische und praktische Spontaneität, menschlich-endliches und göttlich-unendliches Denken und Handeln. Objektsein ist infolgedessen bloß Negation, Widerständigkeit bzw. graduelles Aufgehobensein von – der Möglichkeit nach – unbegrenzter Tätigkeit des Ich.[3] Das alles begründende und seiner selbst bewußte Ich ist sonach Deduktionsgrund für Wahrheit, Recht, Sittlichkeit und Religion. – Der menschliche Geist als „freye Einbildungskraft" sei sonach Weltschöpfer und das Ich „sein eigener Schöpfer" (J 21ff). Jacobi versichert, er wolle nicht, wie Fichte, den „Identitätstrieb" als Streben des Ich nach *Einheit* mit sich selbst zu seinem „höchsten Wesen

---

2   Friedrich Heinrich Jacobi Werke, hg. von F. Roth und F. Köppen, Darmstadt 1968, Bd 3: „Jacobi an Fichte" (von 1799), 9-57; 23, 44. Sigle J. – Vgl. Dieter Arendt: *Nihilismus. Die Anfänge von Jacobi bis Nietzsche*, eingeleitet und herausgegeben von dems, Köln 1970; ders. (Hg.): *Der Nihilismus als Phänomen der Geistesgeschichte in der wissenschaftlichen Diskussion unseres Jahrhunderts*, Darmstadt 1974.
3   Zu Fichtes originaler Konzeption des idealistischen Ich vgl. Heinz Heimsoeth: *Fichte*, München 1923, 87-113.

machen" und ihn „anbeten" (J 42f). Dagegen fordert er die *absolute Wahl* zwischen dem sich setzenden Ich und Gott: Denn der Mensch „verliert sich selbst, so bald er widerstrebt sich in Gott, als seinem Urheber ... zu finden"; will er sich *„in sich allein* begründen", so löst sich ihm dann Alles „allmählig auf in sein eigenes Nichts". „Eine solche Wahl aber hat der Mensch, diese einzige: das *Nichts* oder einen *Gott*. Das Nichts erwählend macht er *sich* zu Gott". „Gott ist, und ist *außer mir*, ein *lebendiges, für sich bestehendes Wesen*, oder *Ich* bin Gott. Es giebt kein drittes." (J 49)

In seinen furiosen Vorwurf im Sendschreiben von 1799, Fichtes Idealismus sei *Nihilismus*, schließt Jacobi den des *Atheismus* und des *Egoismus* ein, ohne Fichte persönlich einen Atheisten oder Egoisten zu schelten. Habe die Welt der Erscheinungen keine „tiefer liegende Bedeutung" und „nichts außer ihr zu offenbaren", z.B. als Gleichnis Gottes, so werde sie zu etwas, das den Geist zerrütte und das menschliche Herz herausreiße (J 36, 41). Seine Losung klingt an Nikolaus Cusanus' Gottesbegriff an: „nicht: *Ich*; sondern, *Mehr* als Ich! *Besser* als Ich! – ein ganz *Anderer*"! (J 35) Jacobi ermutigt zum willentlichen Sprung in den Glauben an den persönlichen Gott. Wohl sei dem Menschen, der die Gegenwart des lebendigen Gottes empfinde. Wer aber als intellektuell Freigeistiger „die heilige und hohe Einfalt dieses Glaubens antastet", sei ein „Widersacher" der Humanität (J 54), die für Jacobi allein in Gott wohlbegründet ist. Unsere „wahre Geisteshöhe" sei vielmehr unsere *„Gottesahndung"*; Ahndung dessen, *Der Du Ist*". Die Vernunftgemäßheit dieser „Ahndung" liege in der *Gewißheit des Ich*, in ihm selbst *„nicht die Vollkommenheit des Lebens, nicht* die Fülle des Guten und des Wahren" zu besitzen (J 35).[4] So führt nach F. H. Jacobis Atheismus- und Nihilismus-Vorwurf Fichtes Versuch *radikaler Selbstbegründung des Ich* zu dessen *Selbstauflösung ins Nichts* sowie zur Auflösung aller Realität außer dem Ich. In der Konsequenz dieses Idealismus müsse das Ich Gott annihilieren, um sich an dessen Stelle setzen zu können. Fichtes umfassende Antwort auf Jacobis *Nihilismus-*, Atheismus- und Egoismus-Vorwurf ist sein ganzes spätes Werk.

Das Geistesdrama ist bewegend, wie der vom *Atheismusstreit* verwundete Denker Fichte nicht verbittert, sondern eine Wende vollzieht, deren gewaltiger geistiger Umbruch daran kenntlich ist, daß in seiner Frühphase das Kantische Gottespostulat nur das letzte Horizontbewußtsein des Ich in seinen autonomen Weltentwürfen ausmacht, in der Spätphase hingegen, statt des autarken Ich, Gott es ist, der alles Sein fundiert und erfüllt, so daß Gott vom

---

4 Hervorhebungen im Original. – Vgl. Günther Baum: *Vernunft und Erkenntnis. Die Philosophie F. H. Jacobis*, Bonn 1969, 31-49, 142-147; Klaus Hammacher (Hg.): *Fichte und Jacobi*. *Fichte-Studien* Bd 14 (1998).

entmächtigten Ich als sein eigener letzter Grund anerkannt wird. Ebenso radikal wie der frühere Fichte das sich selbst setzende Ich lehrt, so der spätere das – in der *Wissenschaftslehre* und Ethik – sich selbst depotenzierende Ich. Im Verhältnis von Ich und Absolutem zeigt sich in der Frühphase ein Primat des Ich (1792-1799); in der Spätphase wird es seiner ursprünglichen Begründungsfunktion enthoben (1804-1813); die um 1800/01 methodisch konkurrierende Gleichrangigkeit von *Ich* und *Absolutem, archimedischer Punkt* zu sein, wird in den Primat des Absoluten, des Einen Seins oder Gottes vor dem Ich überführt.

Für Fichte gehörte in seiner Kant nahen Frühphase die Erzeugung der Gottesidee nur zu den praktisch notwendigen Bedingungen des sich vollendenden Ich. Von *Die Bestimmung des Menschen* (1800) an, der ersten impliziten Antwort auf Jacobi,[5] wird das sich selbst setzende Ich als erstes Prinzip der Philosophie abgesetzt. Meine wahren Gedanken sind, so heißt es mit Malebranche-Anklang, die in Gott gedachten. Nicht allein das Wollenkönnen des Guten, auch das Erkennen-können des Wahren gründet nun in der Beziehung des Ich zum Absoluten. Noch im Rahmen der *Postulatenlehre* als Inhalt eines vernünftigen *Glaubens* tastet Fichte sich im Jahr 1800 in die Nähe zur Augustinschen Illuminationslehre vor: „Es ist *sein* Licht, durch welches wir das Licht und alles, was in diesem Lichte uns erscheint, erblicken". Gottes Realität sei der geistigen Schau des Ich in „hellerer Klarheit" gegenwärtig als das Bewußtsein seiner selbst. Im göttlichen „ewigen Willen" werde ich mir selbst „vollkommen begreiflich", und „alle Rätsel meines Daseins werden gelöst". Unser „Glaube" an die Sinnenwelt, – Glaube in der Bedeutung von einfachem Fürwahrhalten, – entspringe dem „Glauben an unsre Pflicht" und sei „eigentlich Glauben an Ihn", das heißt an Gott, „an Seine Vernunft und an Seine Treue" (SW II, 302f). Diese neu bei Fichte aufgebrochene Gedankenlinie, die – aus einer bloß subjektiv-praktisch gültigen Metaphysik im Sinne von Kant sich lösend – auf eine idealistische Metaphysik des Absoluten hinausweist, in der das Ich durch intelligible Schau alles Wahre in Gott findet, ja als Ich sich selbst in Gott gründet, hat er in seiner Spätphilosophie weit ausgezogen. Die Kant nahe Einschränkung, der Zugang zu metaphysischen Aussagen stehe allein dem praktischen Glauben, und zwar in Gestalt von Postulaten offen, die das höchste inner- und überweltliche Gut suchen, wird fortan von Fichte weithin fallengelassen.

Fichte nimmt nun an, von Jacobi angeregt und auf Kierkegaards *Begriff Angst* vorausweisend, daß autarke Selbstbegründungsversuche des Ich zum

---

5 Zur teils verschlüsselten Bezugnahme Fichtes auf Jacobi vgl. Ives Radrizzani: *Die Bestimmung des Menschen*: der Wendepunkt zur Spätphilosophie? In: *Fichte-Studien* Bd 17 (2000), 19-42.

Scheitern verurteilt seien. Denn das Ich, bleibt es ohne wesentlichen Bezug zum Absoluten, sei in sich selbst grundlos und im autonomen Sich-selbst-Setzen innerer Leerheit und ontologischer Nichtigkeit anheimgegeben. *Wahrheit* finde das Ich allein durch sein denkendes In-Gott-Sein und *Freiheit* nur im Einstimmigsein mit Gottes Willen, wie er im Gewissen begreiflich wird.[6] Er konzipiert die freie Selbsthingabe des Ich an die in Begriffen nicht sagbare Majestät Gottes. An die Stelle des frühen originären Sichverstehens aus dem Urgrund seiner schöpferischen Freiheit tritt später das Sichbilden des Ich zum Bild Gottes.[7]

Im Geist des Descartes nimmt Fichte in seine Lehre vom *Ich als Bild des Absoluten*[8] in den Jahren 1804 bis 1806 implizit dessen egologischen Gotteserweis aus der dritten der *Meditationes de prima philosophia* auf. In der *Anweisung zum seligen Leben* führt Fichte die Selbsterfassung des Ich *als* eines endlichen weiter zur *korrelativen* Gegenübersetzung Gottes, als dessen derivatives Dasein das Ich sich selbst entdeckt (SW V: 441-444, 535f). Nicht mehr das Ich setzt schlechthin sich selbst in seiner Freiheit und weiß sich als sich setzend, sondern es findet sich als ein von Gott gesetztes, dessen höchste Bestimmung es sei, sein *Gesetztsein als Bild Gottes* anzuerkennen und als allein *seliges Leben* zu realisieren. Indem Fichte transzendental-kritisch neu die Grenzen der Vernunft absteckt, kommt er zur negativ-theologischen These des *Scheiterns der Reflexion* an der Unbegreiflichkeit des Absoluten, darin wiederum Kants drei Kritiken nahe. Den erkenntniskritischen Rahmen sprengt er jedoch durch die Erweiterung, daß das Ich, seine Endlichkeit im korrelativen Gegenüber zur Unendlichkeit Gottes anerkennend, einen Überstieg über sich und eine übervernünftige Einsicht in das Sein des Absoluten erringt. Wahres Selbstbewußtsein des Ich zielt auf die Bewußtwerdung seiner selbst als eines *Bildes des Absoluten*. Dieses Anerkennen des Bildes Gottes in mir schließt die Anerkennung des Erscheinens Gottes in jedem anderen Ich mit ein. Fichtes pointierte These, das göttliche Sein selbst wird *in* seinem „Bilde anerkannt" (SW V, 444), bezeugt die auf Martin Buber vorausweisende Idee des Sinnzusammenhangs zwischen der

---

6 Vgl. Wolfgang Janke: Intellektuelle Anschauung und Gewissen. Aufriß eines Begründungsproblems, in: *Fichte-Studien* 5 (1993), 21-55. Die intellektuelle Anschauung bedeutet ein *geistiges Sehen*, das Gewissen ein *sittliches Gefühl* des Ich; beide zeichnen sich aus durch unmittelbare Intuition und maximalen Gewißheitsgrad.

7 Zur Entwicklungsgeschichte von Fichtes Ichbegriff s. Wolfgang H. Schrader: *Empirisches und absolutes Ich. Zur Geschichte des Begriffs Leben in der Philosophie J. G. Fichtes*, Stuttgart-Bad Cannstatt 1972.

8 Vgl. Xavier Tilliette: La théorie de l'image chez Fichte, in: *Archives de Philosophie* 25 (1962), 541-554.

Anerkennung des lebendigen Gottes als des ursprünglichen Du und der Anerkennung des Menschen in seinem göttlichen Ursprung.

Der späte Fichte kennt eine mystische Gottinnigkeit,[9] in der das Selbst sich in die Gottesliebe versenkt. Etwas ewig Gültiges selbst zu sein und zu erwirken vermag nur das Gott liebende Ich. Wie für Augustinus gilt für den späten Fichte: Allein die göttliche Liebe kennt die Wahrheit und die Ewigkeit. Sein Einsenken des Liebesmotivs in die Fundamente des Seins in der *Anweisung zum seligen Leben* hat im Sinne sich schenkender *Agape* Johanneischen, im Sinne des Platonischen *Eros*, der des Vollkommenen, auch des ganz Anderen zum Zwecke der Ergänzung seiner selbst bedarf, Spinozanischen Hintergrund: *Amor Dei intellectualis*. Im Hinblick auf die radikale Zentralstellung des Absoluten vertritt der späte Fichte – vergleichbar mit Plotin – eine Ontologie, der gemäß alles andere, außer dem höchsten Seienden, in nur defizienter Weise existiert. Eine Illustration solcher paradigmatisch entworfenen Ontologie findet sich in der markanten *Aufforderung*: „Durchschaue, was dies Sterben überlebet"! Es ist das „göttlich Leben"; daher komme alles darauf an, daß wir das Absolute in Gestalt unseres Ich realisieren (SW XI, 348). Dieser ethisch-religiöse Imperativ kann als existentiale Dynamisierung von Kants Postulat der Seelenunsterblichkeit gelesen werden. – Fichtes frühe Konzeption einer idealistischen Geschichte des Selbstbewußtseins als Genesis der Freiheit des absolut selbständigen Ich wandelt sich in der *Anweisung zum seligen Leben* zur gestuften Einkehr der Seele in sich, die im vertieften Erfassen ihrer selbst Gott als allbegründenden Grund, auch des Ich, findet. Die immanent verinnerlichende Bewegung der Einkehr des Sittlichen in sich wird für den Religiösen zur transzendierenden Bewegung der Einkehr und Selbstfindung in Gott. Nihilismus, Atheismus oder Egoismus dürfte Fichtes gewandeltem System nicht vorwerfbar sein.

Bemerkt sei nur zur überaus fraglichen Berechtigung von Jacobis Vorwurf gegen die Hybris des Fichteschen Ich, daß er systematisch das absolute Ich mit dem empirischen Ich verwechselt, da er Funktionen von Fichtes absolutem Ich als anmaßende Leistungen des konkreten Ich mißdeutet.[10]

Der Nihilismus-Vorwurf ‚Jacobi contra Fichte' ist im Gewicht vollen Ernstes eine polemische und in eins öffentliche Provokation einer Person gegenüber einer anderen, also eine *Fremdanalyse*. Hingegen ist Nietzsches Bestimmung des Nihilismus zwar substantielle Zeitkritik, die personale Repräsentanten

---

9 Daß der späte Fichte an die Tradition religiöser Mystik anknüpft, wird in der Fichte-Forschung öfters bejaht. Vgl. Wolfgang Janke: *Fichte. Sein und Reflexion – Grundlagen der kritischen Vernunft*, Berlin 1970, 301-307.

10 Vgl. Wolfgang Müller-Lauter: Der Idealismus als Nihilismus der Erkenntnis, in: *Theologia Viatorum* XIII (1975/76). *Jahrbuch der Kirchlichen Hochschule Berlin*, 133-153, bes. 138.

einschließt, vorrangig aber radikale *Selbstanalyse* in Akten der Selbstbesinnung, die beträchtliche Bestürzung des Ich über seine entdeckte eigene Häßlichkeit zeitigt. Die Höllenfahrt des sich Erkennens führt zur *Selbstanklage* in melancholischer Reaktion auf Taten des Ich: „Gott ist todt!" *„Wir haben ihn getödtet* – ihr und ich!"(FW 125) „Wir erwachen als Mörder!" (KSA 9, 590) Hochgradig *ambivalent* rühmt er sich und klagt sich an, er sei 1) „der erste vollkommene Nihilist Europas" und führe ein *„Tagebuch des Nihilisten"* (KSA 13: 190, 139); 2) (im Sprachrohr des ‚tollen' Menschen) *Gottesmörder,* der ein düsteres *Requiem aeternam deo,* eine Totenmesse auf Gott anstimmt (FW 125); 3) der *Egoismus*-Entlarver, der mögliche altruistische Handlungen radikal in Frage stellt.

Im schroffen *Entweder /Oder, entweder* sei *Gott* oder das *Ich* im Sturz in den Nihilismus zu wählen, zeigt sich eine parallele Argumentationsfigur bei Jacobi und Nietzsche. Bei beiden geht es um die absolute Wahl: *Gott* oder das *Nichts*! Nietzsche verknüpft in der Parabel vom ‚tollen Menschen', der ruft: „Ich suche Gott!", den Tod des gespenstisch von Menschenhand ermordeten Gottes in atemberaubender Konsequenz mit einer kosmischen Katastrophe. Das Universum, losgelöst von der Platonischen Sonne des Guten bzw. vom biblischen Schöpfergott, implodiert oder explodiert. Folgelast von Gottes Tod ist der grundstürzende Orientierungsverlust, ein richtungsloses Fallen; der Mensch weiß nicht mehr, wohin er geht, wer er ist. Der ‚tolle Mensch' ruft trefflich, als Frage, die Diagnose des Nihilismus aus: „irren wir nicht wie durch ein unendliches Nichts?"! (FW 125) Implizit ist dies, ohne daß der Begriff fiele, die erste *Definition* des Nihilismus, als dessen Ursache der erlittene und vollbrachte Gottestod aufgeführt wird. Nietzsche bestimmt den Nihilismus als unausweichliche Folge des ‚Todes Gottes'. Für ihn gilt der Verlust des Vollkommenen, Heiligen, Göttlichen und daraus entspringend der Verlust aller Werte als irreversibel und endgültig. Dieser Verlust ist bestenfalls dezisionistisch abzumildern durch einen starken wertschöpferischen Willen; im lethargisch Dahinleben aber verrät sich der passive, in Zerstörungslust der aktive Nihilismus.

Im leidenschaftlichen Pathos des *Entweder/ Oder* und in der ihm eigenen ‚Magie des Extrems' eröffnet Nietzsche die zu ‚Jacobi gegen Fichte' analoge Alternative: Entweder Gott, dem das im *Glauben* an einen persönlichen Gott (: Platons Sonne des Guten) ewig geborgene Ich entspricht, oder Leugnung, Verlust oder ‚Tod' Gottes, dem das aus der Mitte des Kosmos verstoßene Selbst entspricht, das seinen vormals absoluten Wert im All verloren hat. – Eine weitere Parallelstruktur von Jacobis und Nietzsches *Nihilismus* ist dessen Entfaltung in dreifacher Hinsicht: 1) Nihilismus betrifft das Seiende im ganzen, das hinfällig, der Sinn des Seins fraglich wird, wie in der Urfrage: Warum ist überhaupt Seiendes und nicht nur Nichts?!; 2) Nihilismus heißt, insofern er in negativer

Absicht das *höchste Sein* angeht, *Atheismus*; 3) insofern er das vernunftbegabte Lebewesen Mensch betrifft, *Egoismus*. Charakteristische Abwandlungen des Atheismus seiner freigeistigen Vorläufer nimmt Nietzsche vor: a) er diagnostiziert kritisch den Nihilismus als Folgelast aus dem ‚Tode Gottes'; b) er ruft keinen vulgären Atheismus aus, sondern eine Anti-*Theodizee* und warnt vor der in Europa heraufziehenden Gottesfinsternis als Katastrophe, die – wiewohl schwierig – zu überwinden sei; c) er beklagt hypermoralistisch den Menschen als das grausamste Tier und großen ‚Selbsttierquäler'.

2) Nietzsches Aitiologie, Diagnose und Prognose des europäischen Nihilismus

Der Nihilismuskomplex ist bei Nietzsche vielschichtig, insofern er darin Zukünftiges prophezeit, Gegebenes brandmarkt und glühend seine Zukunftsvision inszeniert. Er argumentiert in zuweilen durcheinanderlaufenden Gedankenlinien als Diagnostiker, Kulturkritiker, säkularer Prophet und Sinnvakuumstherapeut. Und er erörtert religionspsychologische Phänomene, die als Konsequenz von Gottes ‚Tod' einleuchten. Leider hat er sein diagnostisch-heuristisch vorzüglich entworfenes Nihilismus-Konzept auch der Strategie seiner Bio-„Philosophie der Zukunft" dienstbar gemacht.

Etymologisch stammt das Wort „Nihilismus" ab von „annihilatio", als Kunstwort verneinendes Pendant zur *creatio ex nihilo*, aus der hochmittelalterlichen Scholastik. Im Gedankenexperiment wird darin kühn die Möglichkeit der Vernichtung aller Geschöpfe gedacht, eine „destructio rei in nihilum" als Rückgängigmachen des ursprünglichen göttlichen Schöpfungswortes.[11] Auch dieser Sinn liegt implizit in Nietzsches Nihilismusbegriff, die Richtungsumkehr der Schöpfung, anstatt vom Nichts ins Dasein Gerufensein, aus dem Dasein ins Nichts zu fallen oder fallen zu machen, – der *Übergang* vom passiven zum aktiven Nihilismus, – wobei das, was theologisch im Kontext mit Gottes Macht stehend erörtert worden war, hier in des Menschen Domäne, des neuen Herrn der Erde fällt, beflügelt von Naturwissenschaft. „Der Nihilism ist nicht nur eine Betrachtsamkeit über das ‚Umsonst!', und nicht nur der Glaube, daß Alles werth ist, zu Grunde zu gehen: man legt Hand an, man *richtet zu Grunde* ... Der Ver-Nichtsung durch das Urtheil sekundirt die Ver-Nichtung durch die Hand." (KSA 13, 59f) Nietzsches Nihilismusbegriff ruft die Vorstellung auf, daß das, was einst durch göttliche Schöpfung ins Dasein gerufen ward, vom Dasein ins

---

[11] Vgl. H. K. Kohlenberger: Annihilation, in: *Historisches Wörterbuch der Philosophie*, Bd 1, Basel 1971, 333f.

Nichtsein zurückstürzt. Das volle Ja zum Seindürfen der Wesen im Sinne von Augustinus' Wort, in dem die *Liebe* sich wesenhaft ausspricht: „volo, ut sis!", weicht dann dem Fluch des Nichtgewolltseins und nichts mehr Wollenkönnens. Die Welt gilt nicht mehr als „das Materiale unsrer Pflicht", wie bei Fichte (SW V 185), sondern als das unsres Lebens- oder Todestriebs, der von Chaos umwittert ist.

Die Problemkreise um ‚Pessimismus', ‚Nirvana', ‚Nichts' und ‚Nichtsein', die Nietzsche seit seiner Studienzeit vertraut sind, treten von 1880 an deutlicher in Zusammenhang und bilden als Teilaspekte den eigens von ihm entworfenen Nihilismus-Komplex. Schon gut zwanzig Jahre vor den bedeutsamen Problemskizzen zur „Geschichte des europäischen Nihilismus" notiert er sich aus einer Vorlesung von C. Schaarschmidt zur Geschichte der Philosophie die Bezeichnung des Buddhismus als pantheistischen Nihilismus.[12] Von Schopenhauer angeregt nähert Nietzsche ein weltflüchtiges Christentum jenem Buddhismus an und identifiziert beide in seiner späten Zeit mit Schopenhauers Mitleidsmoral. Der Terminus „die Nihilisten" taucht zuerst im Nachlaß von 1880 auf. „Alle die extrem Aktiven wollen die Welt in Stücke gehen lassen, wenn sie ihren Willen als unmöglich erkennen". Von den „Freidenker(n)", deren Angriffen bestehende „Sitten ... zum Opfer gefallen" sind, hebt Nietzsche die „Freithäter" ab, die für ihn exemplarisch „die russischen Nihilisten" sind (KSA 9: 125, 127f). Der Aphorismus *Die Welt-Vernichter* (M 304) zielt auf das „abscheuliche Gefühl" giftigen Neides ab, daß einer sich empört, weil sein Werk ihm mißlingt, er niemandem mehr Gutes vergönnt, – also „soll alle Welt *Nichts* haben! Soll alle Welt Nichts *sein!*"

Ohne schon den Begriff des *passiven Nihilismus* zu verwenden, erörtert Nietzsche viele unter ihn rubrizierbare Phänomene, deren gemeinsame Wurzel ein Elendgefühl des Menschen sei, das von innen her rühre: „Im Innersten: nicht Wissen, wohinaus? *Leere."* Versuch, „mit Rausch", z.B. als Musik, „darüber hinwegzukommen". Er nimmt eine merkwürdige Empfänglichkeit für Selbstbetäubung wahr, in „Narcosen des Ekels an *sich* selber". Dem Menschen dienten auch Rauschmittel wie „blinde Schwärmerei", „Versuch, besinnungslos zu arbeiten", „die Mystik" als „der wollüstige *Genuß* der ewigen Leere", „ein kleiner dummer Fanatismus", „Unmäßigkeit" in „Ausschweifung", die das Vergnügen töte. „Willensschwäche" ist für Nietzsche das alarmierende „Resultat" (KSA 10, 660). Er sucht gegen die Schwächung der Persönlichkeit, zuletzt bedingt durch die in seiner Sicht irreversible „Auflösung des letzten Trostes", gemeint ist: in christlicher Religion, „ein neues *Centrum"*, das den väterlich-mütterlich guten

---

12   Elisabeth Kuhn: *Friedrich Nietzsches Philosophie des europäischen Nihilismus*, Berlin/ New York 1992, 9-14, 21f, 37-42.

Gott ersetzen soll. Gegen den Sinnlosigkeitsaffekt, *„gegen* die lähmende Empfindung der allgemeinen Auflösung und Unvollendung hielt ich die *ewige Wiederkunft!"* (KSA 10, 661f), die jedem Lebensdetail (anderen) Ewigkeitsodem einhauchen sollte. In einer Skizze unterscheidet Nietzsche von der *„Heraufkunft"* und der *„Logik des Nihilismus"*, wie er sie zu analysieren unternimmt, dessen *„Selbstüberwindung"* (KSA 12, 410), die er vollbringen will.

Für Löwith enthält Nietzsches wesentlich neuer Gedanke des näheren ein „Gedanken-System", an dessen Anfang der *Tod Gottes*, in dessen Mitte der aus ihm hervorgehende *Nihilismus* und an dessen Ende die Selbstüberwindung des Nihilismus in der Idee der *ewigen Wiederkehr* des Gleichen stehe. Zarathustra, der frühere Werte und Tugenden unablässig parodiert, spricht in Analogie zu diesen drei Momenten von drei *Verwandlungen*: Das *Du sollst* des biblischen Glaubens verwandle sich für den frei gewordenen Geist zum *Ich will*; in der Wüste seiner Freiheit zum *Nichts* erringe er die letzte und schwerste Verwandlung vom *Ich will* hin zum *Ich bin* eines ewig wiederkehrenden und darin sich selbst bejahenden Daseins.[13] Die ‚ewige Wiederkehr' ist Ersatz für die Hoffnung auf Seelenunsterblichkeit. Als moralische Maxime (FW 341) bedeutet sie die Selbstermunterung, stets nur das zu wollen und zu tun, was ich genauso unendlich oft wieder wollen und tun könnte!

Unter Leittiteln: *„Zur Geschichte der modernen Verdüsterung"* (KSA 12, 122) oder zum *„europäischen Nihilismus"* (KSA 13, 140) finden sich im Nachlaß vielfältige Entwürfe. „Der Nihilismus steht vor der Thür: woher kommt uns dieser unheimlichste aller Gäste?" Es sei ein Irrtum anzunehmen, er sei hervorgerufen durch „sociale Nothstände" oder „seelische, leibliche, intellektuelle Noth"; denn solches rufe nicht „die radikale Ablehnung von Werth" und „Sinn" hervor (KSA 12, 125). Die ideengeschichtliche Frage nach dem *Woher des Nihilismus* sucht er in den zentralen Ursachen zu beantworten. Die erste ist für Nietzsche: „Der Untergang des Christenthums", bedingt durch eine „Wahrhaftigkeit", die sich am Ende gegen den christlichen Gott selbst richte (ebd.). Mit einem prägnanten Satz, der die Geschichte abendländischer Metaphysik umgreift, – nämlich in der Lehre von Gott als *ens realissimum et perfectissimum*, von dessen Abglanz und Lichtüberfülle alles andere Seiende graduell, je nach Nähe oder Ferne von seinem Ursprung, ebenfalls Wahrheit und Güte empfängt, – sucht er das von ihm entdeckte Unheimliche des Nihilismus zu enträtseln: Es ereignet sich als gesamteuropäisches Schicksal der „Rückschlag von ‚Gott ist die Wahrheit' in den fanatischen Glauben ‚Alles ist falsch'. Buddhismus der *That*". – Der Selbstwiderspruch im Satz, *alles sei falsch*, der wahr zu sein

---

13   KSA 4, 29ff. – Vgl. dazu Karl Löwith: *Von Hegel zu Nietzsche. Der revolutionäre Bruch im Denken des 19. Jahrhundert*, Stuttgart 1988, 246f.

beansprucht, bleibt unerörtert. – Bedeutsam für den Sinnlosigkeits-Impuls sei auch die „Skepsis an der Moral", die deren Geltung und Realisierbarkeit betrifft, sowie überdies noch „die nihilistischen Consequenzen der jetzigen Naturwissenschaft" (KSA 12, 126), – womit die *Selbstentwertung* des Ich in der Annahme rückhaltlosen *Tier*gewordenseins gemeint ist.

Nietzsche bedenkt, daß eine abgelegte oder überwundene einstmalige Vorstellung – individuell persönlich, von ihm in der Selbstanalyse erprobt, ebenso wie kulturell ideengeschichtlich – nicht einfach vergessen oder gar ausgelöscht ist, sondern bloß zurückgedrängt oder subordiniert wird. „*Es giebt im Geistigen keine Vernichtung*" (KSA 12, 312). Deshalb ergibt sich für Nietzsche eine Art *Vakuum- und Umkehr-Effekt* auf die Weise, daß das anscheinend Vergessene und Verlorene in pervertierter Gestalt wiederkehrt; das Vertraute, unbewußt weiterhin Ersehnte schlägt um in die Vorstellung seines – u.U. emotional verabscheuten, intellektuell nicht abwehrbaren – Gegenteils. Er *diagnostiziert* im Schema bloßer Negationen: „Die Zeit kommt, wo wir dafür *bezahlen* müssen, zwei Jahrtausende lang *Christen* gewesen zu sein: wir verlieren das *Schwergewicht*, das uns leben ließ, – wir wissen eine Zeit lang nicht, wo aus, noch ein. Wir stürzen jählings in die *entgegengesetzten* Werthungen, mit dem gleichen Maaße von Energie, mit dem wir Christen gewesen sind" (KSA 13, 69). Die im christlichen Verständnis zur Ewigkeit berufene unendlich kostbare Seele wird zur sterblichen, wertlosen. Schopenhauers Pessimismus entzündet sich an Leibniz' Vorstellung, unsre Welt sei gemäß dem weisen, gütigen Schöpfergott die ‚beste' aller möglichen Welten; Nietzsche münzt diese, Schopenhauer folgend, in Gedanken als mustergültiger Nihilist agierend, radikal um in die „schlechteste"' Welt (KSA 1, 154), die er hypothetisch einem unmoralischen Künstlergott *Jenseits von Gut und Böse* als Urheber zuschreibt. – „Der ganze *Idealismus* der bisherigen Menschheit ist im Begriff, in *Nihilismus* umzuschlagen – in den Glauben an die absolute *Wert*losigkeit das heißt *Sinn*losigkeit", und zwar gerade weil man zuvor an Gottes Fürsorge geglaubt hat. Der Verkehrung von Idealismus in Nihilismus liegt u.a. das klare Innewerden, – das ist Nietzsches eigener Denkweg, – einer „thierische(n) Herkunft" der „alten Ideale" zugrunde (KSA 12, 313). Sein durch Darwins Theorie der natürlichen Artenbildung ausgelöster Schock ist heuristisches Schema für solche Nichtigung des bisher geglaubten Idealen; dessen vermeintlich entdeckte animalische Vorstufen beschwören jene Desillusionierung herauf.

Was „bedeutet Nihilism? – *daß die obersten Werte sich entwerthen*." Es „fehlt das Ziel; es fehlt die Antwort auf das ‚Warum?"' und ‚Wozu?' (KSA 12, 350) Das sich selbst ‚Entwerten' der höchsten Dinge – wie aber machen sie das nur? – entspricht der Selbstaufhebungsfigur negativer Dialektik, die Nietzsche öfters verwendet, hinter der die freigeistige Kardinaltugend *intellektueller Redlichkeit* steht, der zufolge alles Erhabene auf einen dunklen Untergrund hin durchschaut wird. *Aufklärung* vollzieht sich durch „*die großen Negationen*" von Thesen, deren metaphysischer Gehalt vernichtet wird, vor allem in der Ethik, in der die bisher geltenden Wertideen empfindlich getroffen sind: es gebe „*kein Gut und Böse an sich!*", auch „*kein Ziel* und *keine Herkunft!*" des Menschen (KSA 10, 647), d.h. keine sittliche Weltordnung und keinen teleologischen Weltbegriff. – Nietzsches Sicht auf Anfang und Metamorphosen des europäischen Nihilismus geht von einer historischen Entwertung der bisherigen Werte aus, zentral von der *Entwertung* des Christentums als Dogma bis hin zum Christentum als Moral. Diese Entwertung potenziert er und hält ihr seine eigene neue Wertsetzung durch den *Willen zur Macht* im Horizont der Idee der ewigen Wiederkehr entgegen, welche die Sinnverbürgungsinstanz als dogmenfreie *Religion der Religionen* sein soll (KSA 11, 488).

Nietzsches sonderbare Redeweise, daß „*die obersten Werthe sich*" selbst „*entwerthen*" (KSA 12, 350), paßt zu seiner Idee der „Selbstaufhebung" aller großen ‚Dinge', zuhöchst Gottes und der Moral, und deutet auf einen schleichenden geschichtlichen Verfallsprozeß hin, den er prägnant auf den Begriff bringt und dabei zugleich als Werte-Umwerter in die Umbruchslage des Verfalls einsteigt. Als aufrüttelndes Fazit lautet nämlich die Schlüsselthese in der *Genealogie der Moral* (GM III 27): „Alle großen Dinge gehen durch sich selbst zugrunde, durch einen Akt der Selbstaufhebung", der mit darwinistischem Anklang kommentiert wird, denn so wolle es „das Gesetz des Lebens", das der „*nothwendigen* ‚Selbstüberwindung' im Wesen des Lebens". „Dergestalt" sei „das Christentum *als Dogma*" dahingefallen, kraft seiner eigenen Moral, und so müsse nun auch „das Christenthum *als Moral* noch zugrunde gehn" (GM III 27). Hinter jener wenig überzeugenden naturalistischen ‚Erklärung', welche die philosophische Ideengeschichte unter ein biologisch-evolutives Paradigma einordnet, klingt im Selbstaufhebungsmotiv unterschwellig eine tragische Melodie an, der gemäß jegliches Gute, Große, Erhabene, Schöne unvermeidlich zerstiebe oder wieder untergehen müsse.

In einem autobiographisch gefärbten Notat spricht Nietzsche von der Krankheit auslösenden zeitgenössischen „Zeit, in die wir geworfen(!) sind, – die Zeit eines großen immer schlimmeren Verfallens". Sie dürfte erschweren, daß einer „aus dem Abgrunde des letzten Neinsagens" wieder „herauskäme" (KSA 11, 12f). Ihn will er überwinden durch eine *philosophische Therapie des Nihilismus*. Doch ist es eine, traditionell geurteilt, fragwürdige „Conception der Welt", die auf die *Frage*: „Was ist gut?" erwidert: „Alles, was ... den Willen zur Macht ... im Menschen steigert" (KSA 13, 192).

Der *passive Nihilismus*, unter den Nietzsche alle Niedergangsphänomene zu subsumieren sucht, bekunde sich als Willenslähmung, -erschöpfung und -schwäche oder auch als die sonderbare Lust von freien Wesen, bloße Funktion sein zu wollen. Der *aktive Nihilismus* hingegen entfache, so in revolutionären Umtrieben, ein „blindes Wüthen" und erreiche hier „sein *Maximum von relativer Kraft*" als „gewaltthätige Kraft der *Zerstörung*", die für Nietzsche, da sie in terroristischer Politik nur rein destruktiv zu vernichten, nicht aufzubauen vermag, gerade kein Zeichen von Stärke und Macht im Sinne schöpferischer Energie sei.[14] Im *„Niedergang ... der Macht des Geistes"*, wenn die Kraft des Geistes ermüde, begünstige dies den *„passive(n) Nihilism"* (KSA 12, 351). Dabei beruhe jede starke Kultur auf einer „Synthesis der Werthe und Ziele" (ebd.), die sich aber wieder auflöse, wenn diese einander befehden. *Niedergang* wird sowohl individuell als auch kulturell beobachtet.

Die „Heraufkunft" des Nihilismus steht für Nietzsche schmerzlich bevor als *Selbstbewußtwerdung* des Menschen über seine Sinnverarmung, in einer krisenreichen *„allertiefsten"* Selbstbesinnung", von der es fraglich sei, ob er jemals wieder „sich davon erholt". Nihilismus sei das Gefühl totaler Sinnlosigkeit, weil alle überzeugungsmächtigen Ziele abhanden gekommen seien. Wird aber der „Kreis der überlebten und fallen gelassenen Werte", so verbildlicht er, „immer voller", so komme uns die *„Leere* und *Armut an Werthen"* „immer mehr zum Gefühl" (KSA 13, 56f). Nihilist würde der Philosoph sein, der hinter den Idealen des Menschen das Nichtige fände, „das Nichtswürdige, das Absurde, ... alle Art Hefen aus dem *ausgetrunkenen* Becher seines Lebens" (KSA 14, 428). Das Nichts zu finden entspringt dem intellektuellen *Zweifel*; dessen Folge ist *verzweifelte* Gestimmtheit.

Objektiv ist der Nihilismus für Nietzsche die „zu Ende gedachte Logik unserer großen Werthe und Ideale", die sich durch ein kritisches ‚Zu-Ende-Denken' als unhaltbar erwiesen hätten. Wir sind „Enttäuschte"', so definiert er sich als Philosophen der Zukunft, dem die Augen aufgingen über die schönen „Wünschbarkeiten"'; so blicke er „mit einem spöttischem Ingrimm" auf das, „was ‚Ideal' heißt" (KSA 13, 60). Nihilist sei, wer von der Welt, wie sie ist, „urtheilt, sie sollte *nicht* sein", und von ihr, „wie sie sein sollte, ... sie existirt nicht" (KSA 12, 366). Der Sinnlosigkeits-Affekt oder das Pathos des ‚Umsonst' sei das Nihilisten-Pathos, – als Pathos eine *Inkonsequenz* des Nihilisten. Den praktischen Nihilismus bestimmt er in der Spätzeit auch psychophysiologisch

---

14 Henning Ottmann weist auf Romane Dostojewskijs hin, u.a. *Die Dämonen* (1872), als bedeutsame Quelle für Nietzsches Nihilismus-Verständnis; sie träfen sich in der Gewichtung, die sie dem *Tod Gottes* und dem Verlust des Glaubens an Christus „für die Analyse der zeitgenössischen Verzweiflung" und deren nihilistische Parolen beimäßen; zentral sei die von Dostojewskis Helden verkündete, ja bis hin zur verbrecherischen Tat ausgelebte: Wenn Gott nicht existiert, sei *alles erlaubt*. (*Philosophie und Politik bei Nietzsche*, Berlin/New York 1987, 331-335.)

als „Instinkt der Selbstzerstörung",[15] trostlosen „*Willen ins Nichts*" (KSA 12, 215) oder als Dekadenz.

Für den einsamen Denker am hohen Gebirge, der in späten achtziger Jahren, wohin man nur blicke, *Dekadenz* verspürt,[16] wird Philosophie zur Diagnose und Therapie solcher *Dekadenz*, worin der *Pessimismus* als ihr Symptom und der *Nihilismus* als ‚Logik' der Décadence eingeschlossen sind. Dekadenz zeige sich z.B. im Reagieren rein aus Schwäche, was die innewohnende Tendenz eines Organismus zu Selbstauflösung bekunde. Im Jahr 1883 beklagt er die „tiefe Unfruchtbarkeit" des 19. Jahrhunderts: „Anscheinend ist Alles décadence." Man müsse „dies Zu-Grunde-gehen so leiten, daß es den Stärksten eine neue Existenzform ermöglicht." (KSA 10, 497) Ein degeneriertes Wesen wähle instinktiv Mittel, die es zugrunde richteten. Dekadent sei ein Wesen, dessen Instinkt nicht mehr funktioniere, das sich deshalb vom für es Nachteiligen anlokken läßt. Sokratische und aufklärerische Bewußtseinsklarheit verwandeln sich für Nietzsche ab 1887/88 zur biologischen Selbsteinordnung in die Bildung der *Spezies homo sapiens*: Wir haben „die extremste Bewußtheit, die Selbstdurchschauung des Menschen und der Geschichte" erlangt; das *jüngste Gericht* wird hier ersetzt durch das *Urteil*, ob wir auf- oder absteigendes Leben sind. Dies allein mache das kardinale bislang übersehene Lebensproblem aus, „in dem wir leben, das wir *sind* ... es fragt sich, wohin wir gehören, ob zu den Verurteilten, den Niedergangs-Gebilden" (KSA 13, 398f) oder den Starken.[17]

---

15   „Das *zu-Grunde-Gehen*" analysiert er als unbewußten Willen zum „*sich-zu-Grunde-richten*, als ein instinktives Auslesen dessen, was *zerstören muß*. *Symptome*" sind „die Selbstvivisektion, die Vergiftung, Berauschung". (KSA 12, 215). – Diesen Nihilismus der Schwäche in unterschiedlichen Ausfaltungen bis hin zur Sympathie mit dem Tode darzustellen wird später (1924) zum zentralen Inhalt von Thomas Manns Roman „Der Zauberberg".

16   Reinhard Gasser kritisiert zu Recht Nietzsches Versuch, in merkwürdig weitgehendem Einvernehmen mit dem extremen Physiologismus der damaligen Pariser Experimentalpsychologie, *physiologische* Determinanten zu verabsolutierten. Er falle mit dieser Vereinseitigung seiner Forschungsperspektive hinter sein längst errungenes „komplexes Seinsverständnis" zurück. Bezeichnend sei die Nomenklatur, sich häufende Ausdrücke: Décadence, Degeneration, Degenereszenz. Dem gesamten Wertbestand der abendländischen Tradition rücke Nietzsche mit Charles Férés begrifflichem Instrumentarium ‚zu Leibe' (*Nietzsche und Freud*, Berlin/ New York 1997, 430-435).

Auch Wolfgang Müller-Lauter kritisiert sehr plausibel Nietzsches späten „physiologischen Reduktionismus", in dem er mit der Dichotomie Gesundheit – Krankheit und plumpen „Simplifizierungen" der abendländischen Geschichte operiere. Der von Nietzsche ursprünglich klar geistig-kulturell begriffene Niedergang, den er im Problem des Nihilismus erörtert hat, werde nun ganz auf *physische* Entartung (décadence) reduziert. (*Über Werden und Wille zur Macht. Nietzsche-Interpretationen* Bd I: *Über Freiheit und Chaos*, Berlin/ New York 1999, 17-20, 230, 246, 409-412.)

17   Setzt man Nietzsches Begriff der *Dekadenz* nicht physiologisch, sondern heuristisch und ganzheitlich ein, so läßt sich die *westliche Dekadenz des 21. Jahrhunderts* ablesen an

Nihilismus ist die „Enttäuschung" über einen angeblichen Zweck des Werdens, also über den Verlust der *Teleologie*. Human ist das enttäuschte Hoffen auf „Zunahme der Liebe und Harmonie im Verkehr der Wesen". Der Mensch ist *„nicht mehr* Mitarbeiter, geschweige denn Mittelpunkt des Werdens" (KSA 13, 46f),[18] was er einst war, vor dem Sturz aus dem „Mittelpunkt", vom Gotteskindsein ins „Gefühl seines Nichts" (GM III 25). Im tiefsten Seelengrunde hat also der moderne Mensch den Glauben an seinen eignen unverlierbaren Wert als Adressat göttlicher Liebe verloren bzw. er hat sich dieses Glaubens, wie Nietzsche, aus bitter-herber Denkredlichkeit entäußert. Der *„Unglaube an eine metaphysische Welt"* verbiete auch den „Glauben an eine *wahre* Welt" (KSA 13, 48).

Der „vollkommene Nihilismus" bildet für Nietzsche zugleich „logisch und psychologisch" – die logische Dimension erinnert an Hegels Dialektik, die psychologische an Nietzsches Tiefenanalyse – die Prämisse für eine dann erst mögliche kulturell-historische Gegenbewegung (KSA 13, 190). Konkret soll zum Beispiel der passive, asiatisch inspirierte Nihilismus als „Sehnsucht ins Nichts" (KSA 12, 126) überwunden werden in Richtung eines dionysisch sprühenden Jasagens. Gegen die pessimistische Schopenhauerische Willen- und „weltverneinendste", eine Art Nirwana-Sucht, ruft er die „weltbejahendste" Denkweise auf (JGB 56), zur vitalen Selbstbehütung des Ich und gegen den Instinkt der Selbstzerstörung und -untergrabung, ja gegen einen Todestrieb. Die Sehnsucht ins Nichts soll herumgedreht werden in Richtung eines dionysischen Jasagens und Gutheißens des Daseins. Für den Umwerter der Werte Nietzsche, der zum Sinn der Erde den Übermenschen erklärt, der dem Machtwillen als Höchstwert huldigt, heißt außermetaphysische „Ziellosigkeit" nur noch, daß „der große Mensch fehlt, dessen Anblick schon *das Dasein rechtfertigt"* (KSA 11, 103). Die düstere Kehrseite: „ein ekstatischer Nihilismus kann ... dem Philosophen unentbehrlich sein: als ein mächtiger Druck und Hammer, mit dem er entartende ... Rassen zerbricht" (KSA 11, 547).

Das Unheimliche des von ihm aufgedeckten Nihilismus, hoch ambivalent in eins befürchtet, als schicksalhaft ergehende Notwendigkeit prophezeit, aktiv heraufbeschworen, verlautet im Notat: „Was ich erzähle, ist die Geschichte der nächsten zwei Jahrhunderte. Ich beschreibe, was kommt, was nicht mehr anders kommen kann: *die Heraufkunft des Nihilismus*. ... Diese Zukunft redet schon in hundert Zeichen, dieses Schicksal kündigt überall sich an ... Unsere

---

konsequenter Selbstzerstörung in allen Zukunft verbürgenden Institutionen wie gesellschaftlich geförderte Wissenschaft, Staat, Recht, Kirche, Familienwerte.

18 „Wir sind Gottes Mitarbeiter" (1Kor 3, 9) in seinem Welt umfassenden Heilsplan, so das stolze Apostelwort.

ganze europäische Cultur bewegt sich seit langem schon mit einer Tortur der Spannung, die von Jahrzehnt zu Jahrzehnt wächst, wie auf eine Katastrophe los: unruhig, gewaltsam, überstürzt: wie ein Strom, der *ans Ende* will, der sich nicht mehr besinnt, der Furcht davor hat, sich zu besinnen." (KSA 13, 189) Den Nihilismus in seiner „extremste(n)", „furchtbarsten Form" sucht Nietzsche heraufzuführen durch Propagieren der Lehre von der ewigen Wiederkehr des Gleichen, d.h. „das Dasein ... ohne Sinn und Ziel ... wiederkehrend, ohne ein Finale ins Nichts"; „das Nichts (das ‚Sinnlose') ewig!" (KSA 12, 213) Solches gezielt ins Unerträgliche potenzierte „Umsonst'" will er „ablösen" durch sein eigenes „Zukunfts-Evangelium", welches *„Der Wille zur Macht. Versuch einer Umwerthung aller Werthe"* heißen soll (KSA 13, 190). Seine unbewiesene Antithese nach Gottes Entmachtung (‚Tod'): „Es giebt nichts am Leben, was Werth hat, außer dem Grade der Macht" (KSA 12, 215). Die unendliche Leere an Sinn soll also ausgeglichen werden durch Sichdurchsetzen des *homo faber*.

In Nietzsches Denken verdichtet sich die angebahnte Krise der Werturteile im 19. Jahrhundert. In seiner Analyse, das ist ihre Stärke, werden fragile Kostbarkeiten, die dabei sind unterzugehen, bzw. von ihm als unhaltbar negiert zu werden, im Zerbrechen nochmals hochgradig durchsichtig, z.B. daß christliche Gewissensethik (Rö 2, 15) im Menschen ein apriorisches „Wissen um absolute Werthe" ansetzt und ihm somit „für das Wichtigste *adäquate Erkenntniß*" zusprach (KSA 12, 211). Innerhalb seines Denkwegs stößt er auf das Nihilismusthema zuerst im religionsphilosophischen Zusammenhang seiner Ausdeutung des ‚Todes Gottes', der gemäß Nietzsches plausibler Analyse ein gewaltiges Orientierungsdefizit im „Irren wie durch ein unendliches Nichts" auslöst (FW 125). Im späteren fünften Teil der *Fröhlichen Wissenschaft* taucht der Begriff des Nihilismus erstmals im veröffentlichten Werk auf, und zwar in spezifisch ethischer Hinsicht, in Gestalt eines Dilemmas, eines fatalen auswegslosen Entweder – Oder, eines zwischen Scylla und Charybdis Versenktseins des praktischen Ich. Unter dem verrätselnden Titel: *„Unser Fragezeichen"* (FW 346) wird in einem skeptizistischen Dogmatismus, – nachdem zuvor die Wissenschaft, als „Reich der Erkenntnis", in auffälligem Widerspruch hierzu, ausgezeichnet wurde durch ihr methodenklares Herabsteigen zur „Bescheidenheit einer Hypothese" (FW 344),[19] – eine Antitheodizee aufgestellt: „Wir wissen es, die Welt, in der wir leben, ist ungöttlich, unmoralisch, ‚unmenschlich'"; in diesen Argwohn gegen unser Verehrungsbedürfnis schließen ‚wir' die

---

19 Ottmann bemerkt treffend, daß Nietzsche als Freigeist mit der Metaphysik und der in ihr gedachten ‚wahren Welt' als abzuschaffender noch gerungen habe, daß er als Theoretiker des Nihilismus hingegen sie einfach schon für vernichtet annimmt. (*Philosophie und Politik bei Nietzsche*, 343.)

andere Welt ein, „*die wir selber sind*" und müssen uns, denken wir nur konsequent, „vor das furchtbare Entweder – Oder stellen ...: ‚Entweder schafft eure Verehrungen ab oder – *euch selbst!*' Das letztere wäre der Nihilismus: aber wäre nicht auch das erstere – der Nihilismus?" (FW 346) Im Nachlaß findet sich ein die Sache verdeutlichendes Pendant, wo Nietzsche vom „Antagonismus" spricht, der darin bestünde, „das was wir erkennen, *nicht* zu schätzen und das, was wir uns vorlügen möchten, nicht mehr schätzen zu *dürfen*: – ergibt einen Auflösungsprozeß" (KSA 12, 212). Sowohl bislang anerkannte Werte als auch das sie – und in ihnen sich selbst – wertschätzende Ich annihilieren sich durch skeptisches Denken. In diesem Sinne nennt Nietzsche den „*radikale(n) Nihilismus* ... die Überzeugung einer absoluten Unhaltbarkeit des Daseins", messe man es an den „höchsten Werthe(n)", die jemand „anerkennt". Überdies bedeute jener „die *Einsicht*(!), daß wir nicht das geringste Recht haben, ein Jenseits ... anzusetzen, das ‚göttlich', das leibhafte Moral sei" (KSA 12, 571). Hier wird Kant das Recht auf Postulate von Gottes Dasein und Seelenfortexistenz abgesprochen. Im Nachlaß findet sich eine Metareflexion auf jenes beanspruchte Wissen über die an sich ungöttliche Natur und die Magie „extreme(r) Positionen", die nicht durch gemäßigte abgelöst würden, „sondern wiederum durch extreme, aber *umgekehrte*. Und so ist der Glaube an die absolute Immoralität der Natur, an die Zweck- und Sinnlosigkeit der psychologisch nothwendige *Affekt*, wenn der Glaube an Gott und eine essentiell moralische Ordnung" unhaltbar wird. Es sei nicht „die Unlust am Dasein" größer als früher, sondern die Antitheodizee als Kernproblem, das Mißtrauen „gegen einen ‚Sinn' im Übel" (KSA 12, 212), d.i. die Annahme einer sittlichen und naturteleologischen Weltordnung.

Nietzsche mißt Hegel hohe Bedeutung zu als dem „Genius der Historie", da er als Denker den entfesselten Historismus gebändigt (KSA 7, 647), und den Atheismus verzögert habe (FW 357). Daß Hegel alle endlichen Inhalte als sich selbst widersprechend begreift, mißdeutet Nietzsche (M Vorrede 3) als Pessimismus in der *Logik*. Für Hegel hingegen verweist dieser Selbstwiderspruch auf die Präsenz des Unendlichen im Endlichen. Der frühe Jenaer Hegel erklärt den Nihilismus, – den Jacobi Fichte vorhält, – als Ausgangspunkt der Metaphysik, indem er das Nichts als Kehrseite des Absoluten begreift. Den Nihilismus vertritt für Hegel implizit eine „Reflexionsphilosophie" des endlichen Ich, welche das Absolute nicht erkennt. Völlig *divergent* ist Hegels und Nietzsches Nihilismusbegriff; für Hegel hat Nihilismus konstruktiv ontologisch-metaphysischen und logisch-methodischen Sinn; für Nietzsche ethisch-religiösen, psychologischen und metaphysikkritischen. Beide *konvergieren* in der Annahme, es gebe einen Zusammenhang zwischen Überwindbarkeit des Nihilismus und Christi Auferstehung, bzw. von Leugnung der Auferstehung und Annahme, der Nihilismus sei kulturgeschichtlich unabwendbar. Für Hegel ist der Begriff des Geistes, über die Religionsphilosophie hinausgehend, atmosphärisch durchtränkt von der christlichen Hoffnung: Das „Leben des Geistes" sei dasjenige, was sich nicht „vor dem Tode scheut", sondern „das ihn erträgt und in ihm sich erhält" (GW 9, 27). Gegen den falschen Skeptizismus und Nihilismus, die sich selbst dogmatisieren, setzt Hegel einen „sich vollbringende(n) Skepticismus" (GW 9, 56f), d.h. sich selbst überwindenden Nihilismus, als Aufgabe der Philosophie, die nur im Durchgang durch solche Erprobung zur wahren Wissenschaft werden könne. Indem Jacobi Fichte vorhält, im bloßen Spiel mit seinen Vorstellungen sei dessen Ich-Begriff ohne Realität und auf Nichts gegründet, hat er, so argumentiert Hegel, durch die Flucht vor dem Nihilismus denselben gerade nicht überwunden. Als relative Wahrheit des Nihilismus, der damit auch davon entlastet wird, ein bloßer polemischer Vorwurf zu sein, begreift Hegel dessen wahre Einsicht in die Nichtigkeit alles Endlichen, dessen *nihil esse*. Das „erste der Philosophie" sei es, „das absolute Nichts zu erkennen" (GW 4, 398). Den Begriff des Nihilismus ordnet Hegel konstruktiv in seinen frühen Entwurf des Verhältnisses von Metaphysik und Logik ein, wobei er zu Anfang der Jenaer Zeit die Logik als Einleitung in die Metaphysik entwirft. Diese frühe Logik erweist das reflektierende und endlich bleibende Denken des Ich für sich selbst als ein Nichts; denn die Reflexion des Ich ende im Durchdenken ihrer eigenen reinen Bestimmungen notwendig im Widerspruch. Dieses paradoxe Resultat ist für Hegel bereits die negative Präsenz des Unendlichen im endlichen Denken des Ich oder in der „Reflexion". Deshalb geht er so weit zu erklären, das *Nichts* als Resultat der Logik sei die negative Seite des Absoluten selbst, ja das Nichts stelle sich dar als ein „Moment der höchsten Idee". Solches läßt sich entnehmen aus Hegels Gedanken über den „speculativen Charfreytag", in dem „das Gefühl: Gott selbst ist todt" sich ausspreche, dem Pascal Ausdruck verlieh im Wort: „la nature est telle qu'elle marque partout un Dieu perdu et dans l'homme et hors de l'homme" (GW 4, 413f).[20] In diesem ‚Tode Gottes', in welchem das Absolute „sich dem Leiden und dem Tode übergibt", das ist christlich verstanden Jesu freiwillige „Aufopferung, ... ist der Tod bezwungen"! (GW 4, 358f) – Der konsequente theoretische Idealismus als Logik endet für Hegel, – wie Fichtes *Wissenschaftslehre* gezeigt habe, – mit der Erkenntnis des *Nichts*; diese sei in ihrem methodischen Vorgehen wissenschaftlicher Skeptizismus, zugleich Einleitung in die wahre Metaphysik, die

---

20 Zu diesen komplexen Zusammenhängen s. Otto Pöggeler: Hegel und die Anfänge der Nihilismus-Diskussion, in: *Der Nihilismus als Phänomen der* Geistesgeschichte, hg. von Arendt, s. nota 2, 307-349, bes. 313-322; Klaus Düsing: *Das Problem der Subjektivität in Hegels Logik. Hegel-Studien* Beiheft 15, 3. Aufl. Bonn 1995, 130-133.

nicht bei der „Abstraktion des Nichts" oder der „Leerheit" des endlichen Ich, dessen Vorstellungen, aller Realität ermangelnd, nur Spiel mit sich selbst sind, stehen bleibt. – Klares Denken des Nichts in einem radikalen Skeptizismus ist für Hegel also Ausgangspunkt für das spekulative *Finden* des *Absoluten*, dessen endgültigen *Verlust* Nietzsche glaubt beklagen zu müssen oder feiern zu dürfen.

3) Heideggers Nihilismusbegriff im Rückgang auf Nietzsches Wort ‚Gott ist tot'

Was bei Heidegger der Gedanke der „Seinsverlassenheit" des Menschen ist, dem entspricht, was bei Nietzsche der ‚Tod Gottes' ist, aus dem Heimatlosigkeit und Sinnlosigkeitsaffekt entspringen. So wie für Nietzsche der ‚Tod Gottes' es ist, der den Nihilismus auf den Plan ruft, so ist für Heidegger analog der ‚Seinsentzug' die Ursache für die nihilistische Befindlichkeit des Menschen. Für Heidegger ist in seiner ebenso überschriebenen Abhandlung der Versuch, „Nietzsches Wort: ‚Gott ist tot'" zu deuten, gleichbedeutend mit der Aufgabe, darzulegen, was er unter Nihilismus verstehe.[21] Im Sinn Nietzsches sucht Heidegger der Verwechslung der Folgen des Nihilismus mit seinem Wesen auf den Grund zu gehen, sie zu vermeiden und beide klar voneinander abzuheben. So ist das Wort ‚Gott ist tot' für Heidegger nicht bloß als „die Formel des Unglaubens" zu fassen (HW 200ff); oder der Nihilismus ist, wegen Entwertung oberster Werte, nicht bloß zu verstehen als „Untergang des Abendlandes" (O. Spengler-Anspielung), Aufstand der Massen (Ortega y Gasset-Anklang), Pessimismus „durchgängiger Verunglückung", gesellschaftliche Entfremdung (Karl Marx-Zitat), schicksalhafte Heimatlosigkeit des neuzeitlichen Menschen oder als neue Herrschaft der Technik, – oder, in oberflächlicherer Stellungnahme zum Nihilismus-Phänomen, als „Mißvergnügen an der Weltlage", gelähmtes „Lauern auf die Rückkehr des Bisherigen", halb eingestandene Verzweiflung oder blanke „moralische Entrüstung". Dies alles seien Formen des *„unvollständigen* Nihilismus", den Nietzsche durchschaut habe und in dem wir nunmehr „mitten drin" stünden (HW 204-208). Nietzsche zeige den „Wesensgrund des ‚klassischen Nihilismus'" in der Gestalt seiner *„Metaphysik der unbedingten*

---

21 Martin Heidegger: Nietzsches Wort ‚Gott ist tot', in: ders.: *Holzwege*, Sigle HW, 5. Aufl. Frankfurt a. M. 1972, 193-247. Zitiert wird nach der *Gesamtausgabe* (GA), Frankfurt a. M. 1979f; Einzelwerke unter Siglen: SuZ: *Sein und Zeit*, 12. Aufl. Tübingen 1972; N1/2: *Nietzsche*, 2 Bde, Pfullingen 1961; WM: *Was ist Metaphysik?*, 5. Aufl. Frankfurt a. M. 1949; HB: Über den ‚Humanismus', in: – PL – *Platons Lehre von der Wahrheit*. Mit einem Brief über den ‚Humanismus', 2. Aufl. Bern 1954, 53-119.

Subjektivität des Willens zur Macht" (N 2, 200). Heideggers Faszination an den Nietzscheanischen Nihilismustypen liegt darin, daß er mit Diskreditierung des Machtwillens zugleich die Metaphysik loswird.

In Nietzsches Wort: ‚Gott ist tot' stehe der Name Gott wesentlich, das bedeutet für Heidegger ontologisch und seinsgeschichtlich gedacht, für die übersinnliche Welt der Ideale, die ihre wirk-same, „erweckende", so der pietistische Anklang, und Leben spendende Kraft eingebüßt habe. Die Akzentverschiebung von *Gott* zu den *Idealen* macht Heideggers enttheologisierende Deutung aus, welche die atheistische und die originär christologische Sinndimension der Gottestod-Rede verschweigt.[22] Wegen mangelnder Wirksamkeit sei für Nietzsche die metaphysische Philosophie, von jenem als Platonismus verstanden, so Heidegger lakonisch und suggestiv, „zu Ende". Dieses Zu-Ende-Sein mache den Nihilismus als die „Grundbewegung der Geschichte des Abendlandes" offenbar, deren entfalteter „Tiefgang" „Weltkatastrophen" zur Folge haben könne (HW 200f). Heidegger zitiert die Rede des ‚tollen Menschen' in Nietzsches *Fröhlicher Wissenschaft* (FW 125): „Irren wir nicht wie durch ein unendliches Nichts?" Sein Wort: ‚Gott ist tot' bedeute, daß jenes Nichts in unheimlicher Weise sich ausbreite. In diesem Dahinschwinden handle es sich vorrangig um die „Abwesenheit einer übersinnlichen, verbindlichen Welt" (HW 200). In Sympathie mit Nietzsches ‚tollem Menschen', „der Gott sucht, indem er nach Gott schreit", in dessen Gestalt „vielleicht ein Denker wirklich de profundis" gerufen habe (HW 246), anstatt die Vernunft zu verherrlichen, der sich auch abhebe von öffentlich Umherstehenden, die das Denken abgeschafft und durch „Geschwätz" ersetzt haben, sucht Heidegger in Denkgemeinschaft mit Nietzsche die vorwaltende „Selbstverblendung gegenüber dem eigentlichen Nihilismus" zu durchbrechen und dem in der Metaphysik, so der Vorwurf, „ungedachten und vorenthaltenen Geheimnis des Seins" nachzusinnen (HW 244ff). Ohne Wachheit für das „Nächstliegende", – Heidegger knüpft an den vom ‚tollen Menschen' beklagten *Gottesmord* an, den er bewußtlos begangen und betroffen eingestanden habe, – „vollziehen wir ständig ... jenes Töten am Sein des Seienden"! (HW 244-247) Eingedenk seiner Mitverschuldung des Seinsentzugs komme Nietzsches ‚toller Mensch' dem Seinsgeheimnis nahe.

Heidegger übernimmt bedingungslos die Überzeugung Nietzsches, daß *wir* – im Unterschied zu allen Früheren – „*die Wahrheit nicht haben*" (KSA 9, 52) und dessen neue geschichtsphilosophische Konstruktion des unabwendbaren Zerfalls übersinnlicher Werte gemäß Nietzsches Motto: „Wie die ‚wahre

---

22 Zum dreifachen Sinn der Rede vom ‚Tode Gottes': 1. heidnisch (von Heidegger erwähnt, s. *Holzwege* 197f), 2. antichristlich und 3. christologisch, vgl. E. Düsing: *Nietzsches Denkweg*, 461-465 (auch notae), 471f, 482-485.

Welt' endlich zur Fabel wurde". Nietzsches Deutung der metaphysischen Tradition als Geschichte des längsten Irrtums findet ihr Pendant in Heideggers strikt abweisender Stellung zur gesamten Überlieferung, die eines Neubeginns im Denken an das Sein bedürfe, das sich dem Menschen entzogen habe. In *Vom Ereignis* erklärt er: „Verstoßen" aus „der Wahrheit des Seyns", „taumelnd in der Seinsverlassenheit", wissen wir allzuwenig vom „Wesen des Selbst". „Da-sein" ereigne sich im „Zwischen des Seyns als Ab-grund", „Grund-los, abgründig" (GA 65, 321, 509), – worin der *Abgrund* in Nietzsches Dithyrambus *Zwischen Raubvögeln* anklingen dürfte (KSA 6, 389).

Nietzsches Prognose zum existentiellen Vakuum und zur Labilisierung der Psyche im Zeitalter des Nihilismus findet bei Heidegger ihr nachhaltiges Echo. Drei Jahre vor Beginn der Nietzsche-Vorlesungen hat Heidegger in seiner Rektoratsrede von 1933 Nietzsches Wort: ‚Gott ist tot' als „Verlassenheit des heutigen Menschen inmitten des Seienden" ausgelegt; und eben diese gelte es zu bedenken. Die Gottesfrage sei jedoch auf die andere Frage nach der ontologischen Differenz zwischen Sein und Seiendem zurückzuführen. Heidegger gesteht zwar zu, daß Nietzsches Wort vom ‚Tode Gottes' zunächst den christlichen Gott der biblischen Offenbarung meine, doch zielt für ihn das Wort v.a. auf die Feststellung des Zerfalls der Verbindlichkeit einer übersinnlichen Welt.[23] ‚Gott ist tot' bedeutet nach Heidegger das nicht mehr Lebendigsein einer metaphysischen Welt der Ideen, Ideale, Werte und deshalb des höchsten, alles Seiende Begründenden: *Gott*, also das *Ende* der abendländischen Metaphysik, von dem Heideggers Denken seinen Ausgang nimmt.

Bis hin zu *Vom Ereignis* (von 1936-38) hält sich eine Linie heroisch-tragischer Grundstimmung durch. Die „wahrhaft Unter-gehenden", – so betont er, Nietzsches Kritik des Pessimismus nahe, – kennen keine „trübe ‚Resignation', die nicht mehr will", ebenso keinen „lärmenden ‚Optimismus', der … sich dagegen sperrt, über sich hinaus zu wollen und erst in der Verwandlung sich selbst zu gewinnen." Heidegger fordert, mit Anklang an Zarathustras „Verwandlungen" (vgl. KSA 4, 29ff), dazu auf, in der „Sammlung auf das Fragwürdigste, das Ereignis … den äußersten Ingrimm der Seinsverlassenheit" zu bestehen (GA 65, 397). Nach der ‚Kehre' sucht er in *Vom Ereignis* dem ‚ganz anderen Anfang' entgegenzudenken. Die Geschichte des Seinsentzugs soll durch eine neue Seinserfahrung überwindbar werden. Das „Ereignis" signalisiert seine späte

---

23   Vgl. hier C XI 3 b und Karl Löwith: Die Auslegung de Ungesagten in Nietzsches Wort ‚Gott ist tot', in: ders.: *Heidegger – Denker in dürftiger Zeit*, 2. Aufl. Göttingen 1960, 72-105, bes. 72ff, 86-93. Löwith sucht zu zeigen, wie Heideggers Deutung Nietzsches orientiert ist an seiner eigenen *destruktiven Auslegung* der Geschichte fehlgegangenen abendländischen Denkens.

Öffnung in Richtung zum „Himmel" und zum „Göttlichen". Das von Heidegger bedachte, an Nietzsche erinnernde „Entschwinden alles Heilsamen im Seienden", – das veranlaßt ist durch ein Sichverschließen oder Verschlossensein der Dimension des „Heiligen",[24] – wodurch alles Dasein im „Unheimischen" stehen bleibe und jedes „Wohnen" im Seienden wie „vernichtet scheint", denkt er im Horizont eines neuen „Leuchtens des Gottheitlichen" (N 2, 394f). Der späte Heidegger sucht die tragische Grundgestimmtheit zu überwinden, die besagt: ‚Unheilvoll ist des Menschen Los'. Er nähert sich dabei aber nicht wie der späte Hölderlin der Christusgestalt oder dem christlichen Gott an. Von Heidegger wird im Sprachstil negativer Theologie der *letzte Gott* als „der ganz Andere gegen die Gewesenen" aufgerufen, wiewohl direkt „gegen den christlichen" Gott gerichtet (GA 65, 403). Darin sieht er sich einig mit der antichristlichen Dimension in Nietzsches Rede von Gottes ‚Tod'.

Für Heidegger bedeutet der Nihilismus, wie ihn Nietzsche dachte, „daß alle *Ziele* weg sind", und zwar „die in sich wachsenden" und den Menschen „verwandelnden Ziele", die seinem Dasein Sinn verliehen. Der Nihilismus sei auf „gründliche" Art weder moralisch noch anti-idealistisch als Verlust des Idealismus oder religionsphilosophisch als Gottesverlust zu begreifen, sondern als die „Wesensfolge der Seinsverlassenheit" (GA 65, 138). Er bekunde sich in solcherart ‚Verlassenen' z.B. durch eine „lärmende ‚Erlebnis'-Trunkenboldigkeit", „organisiertes Augenschließen" vor der Ziellosigkeit oder „Ausweichen" vor Entscheidungen, die das Selbst läutern würden. Sinnberaubt existieren, verzweifelt ein Vakuum erleiden und Angst vor dem Leben wie vor dem Tode seien stimmungsmäßig dicht verwoben. „Die Angst vor dem Seyn war noch nie so groß wie heute". Kulturkritisch gibt er zu verstehen, die Vergnügungsindustrie sei eine „riesenhafte Veranstaltung zur Überschreiung dieser Angst" (ebd.). Der Angst erregende Entzug des Sein, der schicksalhaft verhängt sei, und die ihm entsprechende Seinsvergessenheit, die autonom oder heteronom von Menschen vollbracht würde, dürften bei Heidegger in ihrer inneren Fundierungsordnung ähnlich geheimnisvoll zueinander stehen wie Zarathustras

---

24 Im „Ereignis" sind für den späten Heidegger *Heiliges* und *Mensch* als aufeinander bezogen vorgestellt, und zwar, wie Hans-Jürgen Gawoll nachweist, mit Bezugnahmen auf die Religionsphänomenologie von Rudolf Otto: *Das Heilige. Über das Irrationale in der Idee des Göttlichen und sein Verhältnis zum Rationalen*, 1917. Über eine psychologische Deutung des Religiösen hinaus bedeuten für Heidegger, so Gawoll, *Schrecken* und *Entsetzen* heuristische Affekte und Spezifikationen der Grunderfahrung des *Heiligen* im *Tremendum* und *Fascinosum*. Der Unverfügbarkeit des Sichereignens von Sein entspreche ein oszillierendes Übergehen zwischen Schrecken und Scheu, dem das Innewerden von Nichts und Sein korreliere. (Gawoll: *Nihilismus und Metaphysik. Entwicklungsgeschichtliche Untersuchung vom deutschen Idealismus bis zu Heidegger*, Stuttgart-Bad Cannstatt 1989, 252f.)

sich rächender „Zornschnauber"-Gott (KSA 4, 324) zum *Gottesmord* des häßlichsten Menschen bei Nietzsche, der durch seine Gewalttat, um den Zeugen seiner Häßlichkeit auszulöschen, die Gottverlassenheit als eine unwiderrufliche besiegelt.

Heidegger erklärt kategorisch einseitig, was Nietzsche zu Lebzeiten veröffentlicht habe, bleibe „immer Vordergrund" im Vergleich mit späten Nachlaß-Aufzeichnungen zum *Willen zur Macht*, die seine *eigentliche Philosophie* ausmachten (N 1, 17). Mit Bezug auf seine Nietzsche-Vorlesungen, die er in den Jahren 1936-1940 gehalten hat, wird auch von seinen Nachfahren gern *Zarathustra*, ergänzt durch die späten Reflexionen, zur Grundlage einer seinsgeschichtlichen Gesamtdeutung Nietzsches erhoben.[25] Für Heidegger stellt Hegel die sinngerechte Vollendung der Geschichte der Metaphysik seit Platon dar; in Nietzsche sieht er sowohl ihre *Vollendung* als auch *ineins* deren *Ende*. Den philosophischen Weg, der von Hegel zu Nietzsche hinführt, faßt Heidegger als eine Umkehr im Wesen der Subjektivität. In Hegels Metaphysik gelange die spekulativ-dialektisch verstandene „rationalitas (Vernunft)" zur höchsten Geltung, in Nietzsches „Metaphysik", im abweichenden Pendant zu Hegel, erwüchse die „animalitas (Tierheit) zum Leitfaden". Die letzte metaphysische Wesensmöglichkeit, in der die Subjektivität des unbedingten *Willens zur Macht* sich entfalte, ist für Heidegger Nietzsches ‚Übermensch'; er stelle paradox stärkste Rationalität durch Ermächtigung, ja Entfesselung der Tierheit zur „brutalitas" dar, wie es mit Verweis auf Nietzsches Wort von der ‚blonden Bestie' (GM I 11) heißt, die keine „gelegentliche Übertreibung" darstelle, sondern wesensgeschichtliche Schau. Am *Ende der Metaphysik*, so das vernichtende (Fehl-)Urteil gegen das (vermeintliche) Gewaltsame, Böse der Metaphysik, stehe der Satz: „Homo est brutum bestiale" (N 2, 200f). Der ‚Übermensch' ist für Heidegger die Gestalt des unbedingt sich wollenden Willens und der *radikal* eigenmächtigen Selbstverfügung.[26] Die dramatische Sinngenese jener

---

25   Die Herausgeber der historisch-kritischen Nietzsche-Ausgabe bestreiten, daß es ein unvollendetes Werk gebe. Dessen Existenz hat Elisabeth Förster-Nietzsche behauptet und unter dem Titel: *Der Wille zur Macht* kompiliert. – Vgl. Mazzino Montinari: Nietzsches Nachlaß von 1885-1888 oder Textkritik und Wille zur Macht, in: ders.: *Nietzsche lesen*, Berlin/ New York 1982, 92-119; ders.: Der späte Nietzsche (1885-1889), in ders.: *Friedrich Nietzsche. Eine Einführung*, Berlin/ New York 1991, 117-124. Original: *Che cosa ha veramente detto Nietzsche*, Rom 1975. – Die von Heidegger sanktionierte Verabsolutierung von Nietzsches Spätphilosophie kritisiert Peter Köster: Die Problematik wissenschaftlicher Nietzsche-Interpretationen, in: *Nietzsche-Studien* Bd 2 (1973), 31-60.

26   In *Holzwege* (233f) bestimmt Heidegger, Nietzsche ontologisierend, dessen Begriff vom „Willen zur Macht", der im *Übermenschen* kristalliere, als klassische *essentia*, die „ewige Wiederkehr" als traditionelle *existentia*. – Das vielschichtig Ineinanderverwobensein von variierender Nietzsche-Zueignung und Heideggers Selbstdeutung in Stadien seines

‚Tierheit' des Menschen in Nietzsches vom Darwin-Schock gesäumten Denkweg bleibt ihm jedoch verborgen, da sie aus der verschmähten Textgrundlage der frühen bis mittleren Phase Nietzsches hervorgeht.

Der Entzug des Seins und der Verfall der Seinsfrage, bedingt durch den Bemächtigungswillen der Subjektivität, die nach Heideggers geschichtsphilosophischem Konstrukt schon bei Platon alles Seiende und dessen Wahrheit unter das „Joch der Idee" (PL 41), – seit Descartes unter das denkende Ich, – gezwungen habe, erreiche in Nietzsche ihre äußerste unüberbietbare Möglichkeit. Der *Wille zur Macht*, von Nietzsche als letztem Metaphysiker, wie Heidegger ihn sieht, entlarvt, enthülle den verborgenen, nihilistischen Grundzug im Wesen neuzeitlicher Subjektivität, die das Seiende im Ganzen zu beherrschen trachte, so daß ihr deshalb das Sein verborgen bleiben müsse.

Tod Gottes, ewige Wiederkehr des Gleichen und v.a. Aufstand des Subjekts in den Willen zur Macht sind für Heidegger wechselseitig sich explizierende Grundworte als Schlüsselbegriffe, die Nietzsches Philosophie zwar nur teilweise charakterisieren, durch die Heidegger aber seine Kritik und Verabschiedung der Metaphysiktradition zu legitimieren sucht. Diese Verabschiedung knüpft unmittelbar und rein affirmativ an Nietzsches Werte-Skeptizismus und dessen Überzeugung an,[27] daß wir die Wahrheit verloren haben, weil die übersinnliche Welt Platons und des Christentums zur ‚Fabel' wurde. Die Verabschiedung der Metaphysik vollbringt der frühe Heidegger zugunsten seiner eigenen existentialen Ontologie in *Sein und Zeit*, die rein innerweltlich menschliche Existenz im nicht überschreitbaren Horizont radikaler Diesseitigkeit, Endlichkeit und Sterblichkeit auslegt.

In *Sein und Zeit* (1927) fordert Heidegger die Nichtentscheidung des wahren Philosophen über ein mögliches oder wirkliches „Sein des Daseins" vor Gott (SuZ 48f). In *Vom Ereignis* (1941/42) lautet eine ähnlich skeptische These, die in der Gottesfrage zwischen Kants Kritizismus, jedoch ohne *Postulate*, und dem an Feuerbach erinnernden Diesseitigkeitskonzept in der Schwebe bleibt: „Das seynsgeschichtliche Denken steht außerhalb jeder Theologie und kennt aber auch keinen Atheismus im Sinne einer ‚Weltanschauung'" (GA 65,

---

Denkens zeigt Wolfgang Müller-Lauter: Das Willenswesen und der Übermensch. Ein Beitrag zu Heideggers Nietzsche-Interpretationen, in: *Nietzsche-Studien* Bd 10/11 (1981/82), 132-177. – Zu Heideggers Phasen der Nietzsche-Aneignung vgl. Otto Pöggeler: *Der Denkweg Martin Heideggers*, Pfullingen 1983, 104-142.

27 Heidegger erklärt die – im 21. Jahrhundert weiter inflationäre – Betonung der Werte, die im Philosophieren nach Nietzsche zum „positivistischen Ersatz für das Metaphysische" geworden seien, aus einer „Umbildung des Neukantianismus" zur „Wertphilosophie"; die wahre „Wesensherkunft des Wertes aus dem Sein" bleibe jedoch durchweg dunkel (*Holzwege*, 209f).

439). Demgemäß sucht Heidegger jederzeit auch Nietzsche rein und streng ontologisch-seinsgeschichtlich so zu deuten, daß er im Hinblick auf dessen Philosophie „weder positiv noch negativ über ein mögliches Sein zu Gott" ein Urteil fällen will (HB 101). Im „*Brief über den ‚Humanismus'*" (1946/47) verteidigt er seine Position gegen Mißdeutungen, die nahe gelegen, aber ihn verkannt hätten, daß seine Philosophie „das Jenseitige leugnet und aller ‚Transzendenz' absagt" (HB 96). Zuflucht nimmt seine Apologie im Bedenken des „Heiligen", – oszillierend im Sprachgebrauch mit dem leiblich psychosomatischen „Heilen", – als Prämisse für jeden stimmigen Gottesbegriff. „Erst aus der Wahrheit des Seins läßt sich das Wesen des Heiligen Denken. Erst aus dem Wesen des Heiligen ist das Wesen von Gottheit zu denken." Das „Auszeichnende dieses Weltalters" liege in der „Verschlossenheit der Dimension des Heilen"; vielleicht sei „dies das einzige Unheil"! Dieser Einschätzung folgt allerdings die schroffe Abwehr, das *Denken* habe sich „keineswegs für den Theismus entschieden" (HB 102f).[28]

Selbstverständlich habe Nietzsche, erklärt Heidegger, keinen *ordinären* freidenkerischen Atheismus gepredigt, sich selbst aber sehr wohl bewußt als Wendepunkt, Krisis und Anlaß für eine höchste Entscheidung in der Problemgeschichte des neuzeitlichen Atheismus verstanden.[29] Für Heidegger gehört die gesamte christlich-metaphysische Tradition von ihrem Anbeginn in die Geschichte der Seinsvergessenheit hinein, in der es mit dem Sein nichts sei bzw. alles Seiende *nihil*, also nichts sei, weil das Sein sich verberge.[30] Das bedeutet, das Christentum selbst ist mit seiner metaphysischen Gottes- und Seelenlehre für ihn nur eine Ausformung des im sich entziehenden Sein entzündeten Nihilismus. Seit der Zeit seiner Nietzsche-Vorlesungen akzentuiert Heidegger, als suche er einen neuen Ausweg aus dem Nihilismus, seinen in der

---

28 Zur *theologischen Epoché* in Heideggers existenzial-ontologischer Daseinsanalytik vgl. Friedrich-Wilhelm von Herrmann: Die drei Wegabschnitte der Gottesfrage im Denken Martin Heideggers, in: ders. / N. Fischer (Hg.): *Die Gottesfrage im Denken Martin Heideggers*, Hamburg 2011, 31-45, bes. 37ff. Zum „göttliche(n) Gott", zum „Fehl Gottes und des Göttlichen" und zur Präsenz Hölderlins und Nietzsches in Heideggers Denken, was die Betroffenheit durch Gottferne angeht, Rainer Thurnher: Heideggers Distanzierung von der metaphysisch geprägten Theologie und Gottesvorstellung, ebd. 175-194, bes. 177, 182ff, 187-192.

29 *Holzwege* 202f, anspielend auf Nietzsches Selbststilisierung in Ecce Homo (KSA 6, 318). Vgl. hier A IV 5.

30 Zum vielfach bedachten Nihilismusthema s. Heidegger: *Nietzsche. Der europäische Nihilismus.* (II. Trimester 1940), GA II. Abt. Vorlesungen, Bd 48, hg. von P. Jaeger, Frankfurt a. M. 1986; *Metaphysik und Nihilismus*. 1. Die Überwindung der Metaphysik (1938/39). 2. Das Wesen des Nihilismus (1946-1948); GA III. Abt. Bd 67, hg. von H.-J. Friedrich, Frankfurt a. M. 1999.

‚Kehre' angebahnten „anderen Anfang", in dem – in Aufnahme des von Hölderlin erwarteten neuen Göttertages und Nietzsches Rede des Gott suchenden ‚tollen Menschen', mit der Heidegger immer einmal wieder befaßt gewesen ist,[31] – ein kommendes neues Seinsverständnis und ein kommendes neues Gottesverständnis ersehnt wird.[32]

„Der alte Gott ist tot – und das *übersinnlich Seiende* hat seine Macht verloren", wo es aber noch gelte, da verneine es das Leben, so notiert sich Heidegger 1936/37. In dem „und" liegt seine – im Vergleich zu Nietzsches autochthoner Gewichtung des Gottesproblems – überstarke *Ineinssetzung* von Gottestod und Verbindlichkeitsverlust der idealen Welt. „Nihilismus als Niedergesang" (statt Niedergang) des Lebens heißt es metaphorisch dort, wo Heidegger auf Nietzsches Überwindung des Nihilismus durch dessen Steigerung ins Extrem abhebt; das Sinnliche, das seiner Aufwertung harrt, ist gleichsam als dionysischer Gesang freizusetzen (NLN 12f).[33] Die antignostische Frage, „warum ewig weltfremd" bleiben, beantwortet er mit Nietzsches weltbejahender Idee der ewigen Wiederkehr. Denn sie ruhe als „*ethisches ‚Schwergewicht'*" auf jeder Tat, die gewollt und bejaht wird als unendlich oft ebenso wiederholbare. Sie impliziere, als „Wille zur Macht Selbstverewigung" des Handelnden, einen *Willen*, der sich selbst „ewig wollen kann". So nimmt die *ewige Wiederkehr* nach dem ‚Tode Gottes' und dem Verlust der Auferstehungshoffnung den nun leer gewordenen Platz ein, als „Ersatz für den Unsterblichkeitsglauben". Sie wendet sich nach Heidegger „gegen Hinterwelt, aber auch gegen bloßes Nichts, und gegen das Nur sich gehen lassen". Auch gelte sie als „Stachel", das Leben des Menschen höher zu treiben, nicht in Richtung eines anderen Lebens, sondern, um „Ewigkeit' *diesem* Leben" aufzudrücken. Dabei liege das Ziel nicht außerhalb dieser Welt, sondern im gegenwärtigen Leben, wiewohl dieses „im Ganzen ziel-los" bleibe. Beachtlich erscheint Heideggers atmosphärisch teleologiefreundliche Rückfrage an Nietzsche, ob nicht mit seiner leidenschaftlichen Vorgabe der ewigen Wiederkehr des Gleichen als einer unüberbietbaren „Ziellosigkeit das Menschsein als Ziel-setzendes" selbst „unmöglich" würde, mithin der Mensch unmöglich würde, der essentiell als „der *Zielsetzer*" bestimmbar ist, da er sinnorientiert leben können will (NLN 15f).

---

31 Vgl. Karl Löwith: *Heidegger – Denker in dürftiger Zeit*, 2. Aufl. Göttingen 1960, 87ff.
32 Vgl. Norbert Fischer / Friedrich-Wilhelm von Herrmann (Hg.): *Heidegger und die christliche Tradition. Annäherungen an ein schwieriges Thema*, Hamburg 2007.
33 Aus dem Nachlaß: Zu Martin Heideggers Auseinandersetzung mit Friedrich Nietzsche, in: *Heidegger und Nietzsche*. Heidegger Jahrbuch 2, hg. von Alfred Denker etc., Freiburg/ München 2005, 11-24; diese Notizen finden sich in Heideggers Nachlaß zu seinen Nietzsche-Vorlesungen 1936/37. Sigle: NLN.

Nietzsches Idee der *ewigen Wiederkehr* des Gleichen deutet Heidegger überdies auf symbolische Weise ontologisch aus, und zwar mit Plotin als ein Hineinragen des Ewigen in die Erlebniszeit des Daseins, als „das *nunc stans als fluens*". Hierin liegt ein Überglänztwerden des Augenblicks mit quasi göttlichem Glanze, wie ihm Nietzsche im Liebeslied an die Ewigkeit im Dithyrambus *Ruhm und Ewigkeit* Ausdruck verlieh (KSA 6, 405). Nietzsches Paradoxa treibt Heidegger auf die Spitze, indem er für die ewige Wiederkehr dessen Bild vom „Sichringeln im Kreise" und den Begriff des *circulus vitiosus Deus* (JGB 56) aufnimmt, der Fatales einschließt: statt der Überwindung des Nihilismus dessen hoffnungslose, alles lähmende Verewigung, „das Sinn-lose, das heißt Ideal-lose – ewig – also ohne absolutes Finale – ins Nichts"! Im unaufgelösten Widerspruch hierzu spricht Heidegger die Wiederkehr auch mit religiöser Reminiszenz, – Nietzsches Religionsersatzmodell gemäß, – als „Erlösung" vom *panta rei* an, – insofern nicht immerfort alles sich wandelt, sondern ein Selbiges wieder auftaucht. Das Fehlen der idealen Welt aber heiße, es gebe „keine Schlußziele, kein absolutes Ideal", nur Streit, Leid, Lust im Horizont des Dionysos. Die von ihm vollbrachte Umwertung der Werte heißt für Heidegger, „das tiefste Innestehen im Leben selbst" zu gewinnen durch ein Sichüberholen und „Überwachsen". So vermittelt Heidegger Nietzsches Charakteristik des Willens zur Macht als Sich-selbst-Übertreffen mit dessen späten biologisierenden Metaphern.

Im weitgehend affirmativen Nachvollzug ohne kritische Reflexion bleiben Exzerpte Heideggers zu Nietzsches biologistisch sozialdarwinistischer Umwertung der Werte. So notiert er z.B., es sei, in „göttlicher Denkweise", das *Furchtbarste* aufzurichten: „incipit tragoedia".[34] Demzufolge sei *Gut* und *Böse*, womit Nietzsches Immoralismus besiegelt wird, „gleichursprünglich" aus der Kraft des Lebens zu rechtfertigen. Die Vorstellung der Wiederkehr fungiere als „Stachel" zu den „*höchsten* Entschlüssen" und als *Hammer* in der Hand des mächtigsten Menschen, – wobei die Philosophie, so kommentiert Heidegger sein Nietzsche-Exzerpt, als der „höchste, geistigste Wille zur Macht" auftrete; „die Mächtigsten" gedächten nicht jener Lehre, sondern seien von ihr bloß daseinsmäßig „durchstimmt". Es gehe zum Zwecke der vitalen Überwindung des Nihilismus um ein – doch wohl höchst bedenkliches (E.D.) – „Aussieben" der Schwachen im Sammeln der Starken. Das „*Recht* zu diesem Entwurf" liegt nach Heideggers Nietzsche-Sicht im neuen dionysischen Glück *höchsten* Schaffens, das die „tiefste Bedingung der Lebenssteigerung" als den höchsten Wert setze (NLN 15, 17-21).

---

34 Heidegger zitiert hier den Aphorismustitel FW 342: *Incipit tragoedia*, der Zarathustras „Untergang" erläutert.

Heidegger selbst sucht die Überwindung des von Nietzsche klar diagnostizierten Nihilismus „durch Erschütterung aus dem anderen Anfang". Das für sich ziel- und sinnlose Dasein gründe darin, im Rückgang in den ersten Anfang bzw. in die Seins- und Wahrheitsfrage, „Da-sein als Wesungsstätte des Seins als Ereignis" zu werden (NLN 12f). Dazu gehört für ihn unabdingbar das kühne Fragen in den von Nietzsche bedachten „Ab-grund als eigentliche Grundfrage"; es müsse „der Schritt in den innersten Grund des Nihilismus getan werden", im Lichtwerfen darauf, auf welche brennenden Fragen die „ewige Wiederkehr" eine Antwort darstellen sollte (NLN 14f).

Welches ist nun der „Grundcharakter" des Seins, des „Seins des Werdenden"?, fragt Heidegger im Sinne von Nietzsches Heraklitismus, der des *Logos* ermangelt. Es sei da „Ohne Seinsfrage. / Ohne Da-seins-Gründung"! Diese Nuance ist eine kritische Frage an Nietzsche: Der Nihilismus bleibe „metaphysisch vordergründlich", trotz Umkehrung, trotz „Herausdrehung" aus ihm. Alles komme an auf die ‚Stärke' und eine dionysische ‚Fülle', die für Nietzsche das neutestamentliche Pleroma ersetzen, ja überbieten soll. Heidegger will die den Nihilismus überschreiten sollende neu zu erringende Stärke und Fülle geistseelisch als „*Lebensinwendigkeit*" verstehen, worin inmitten von Nietzsches biologisch-vitalistischem und Macht glorifizierendem Kontext ein Augustinisches Innerlichkeitsethos anklingt, aber nicht theologisch verstanden. Mit seinem Vorausdenker stimmt Heidegger darin überein, daß die metaphysische Horizontlinie zugunsten reiner Innerweltlichkeit ausradiert sei. Kein Sinn mehr sei „unverbrüchlich" gegeben, das Dasein völlig ins „Fragwürdige gerückt", so lautet sein Fazit, der darin Nietzsches geschichtsphilosophischer Schau folgt, lakonisch und prägnant, indem nun der „Nihilismus da ist" (NLN 22f).

Gerungen hat Nietzsche mit allen möglichen Schatten des für ihn nicht mehr glaubwürdigen christlichen Gottes, mit der Gottes*vergessenheit* und Gott*verlassenheit*, als deren Folge er eine tiefste „Krisis der Werturtheile" (KSB 8, 259) und moralische „Logik von Schrecken" (FW 343) vorausgeahnt hat. Von Nietzsches nuancenreich analysiertem Nihilismus als orientierungslosem Stürzen des Ich ins Nichts nimmt der Denkweg des mittleren Heidegger seinen Ausgang, unter Fortführung jenes Geworfenseins des Daseins in die Welt als in eine „leere Erbarmungslosigkeit" (SuZ 343), bis er mit Hölderlins *Patmoshymne* in die, – für den Dichter implizit christliche, für den Denker aber heidnische, – Melodie einstimmt: „Wo aber Gefahr ist, wächst das Rettende auch".[35] – Zu Heideggers ethischer Indifferenz, da er mit Nietzsche den Macht-

---

35 Vgl. M. Heidegger: *Erläuterungen zu Hölderlins Dichtung*, Frankfurt a. M. 1951. – Zur Bedeutung Hölderlins für Heideggers Denken s. Otto Pöggeler: Hölderlin, Hegel und Heidegger im amerikanisch-deutschen Gespräch. In: *Martin Heidegger. Kunst – Politik – Technik*,

willen als nihilistische Wirkkraft gegenwärtiger Geschichte erblicke, ihn als etwas Heilloses, aber Notwendiges, das die Not wende, kennzeichne, gibt Karl Löwith zu bedenken: Seine Annahme, „je rücksichtsloser sich die Neuzeit in der ihr eigenen, heillosen Größe vollendet, desto größer (sei) die Chance, daß aus der wachsenden Gefahr auch ‚das Rettende' kommt und das Sein seine Vergessenheit ‚umkehrt'", statt weiteren *Unheils* nun das *Heile* käme, sei „ein verführerischer Gedanke". „Daß auch Fichte, Kierkegaard und Marx das Rettende aus dem Umschlag einer ‚vollendeten Sündhaftigkeit', einer ‚Krankheit zum Tode' und einer totalen ‚Entfremdung' erwarteten", mache ihre von Heidegger hier wiederholte „Denkweise um nichts wahrer", sondern zeige, „wie tiefe", von Heidegger mit Nietzsche ausgereutete ‚Wurzeln sie in der theologischen Dialektik von Sünde und Gnade hat".[36]

Für Nietzsche indes blieb lebenslang die Frage, die ihn in Atem hielt, die nach der Theodizee und der für ihn mit ihr dicht verwobenen Frage: Wer bist du, Jesus? Bruder oder Feind des Dionysos, in Wunschprojektion Liebe und Lebenstiefenrausch Suchender oder Christus, Sohn des lebendigen Gottes? Für Hegel fand diese Frage nach dem „spekulativen Karfreitag" anscheinend in der spekulativ gerechtfertigten Christologie Frieden.

---

hg. von Ch. Jamme / K. Harries, München 2000, 7-42; Klaus Düsing: Die Mythologie des späten Hölderlin und Heideggers Seinsdenken, in: *Die Gottesferne im Denken Martin Heideggers*, hg. von N. Fischer / F.-W. von Herrmann, Hamburg 2011, 129-147.

36 Karl Löwith: *Heidegger – Denker in dürftiger Zeit* (s. nota 23), 104 nota.

C

Idealistische und existentielle Konzepte zum Verhältnis von Ich und Absolutem

KAPITEL XI

Klassische religionsphilosophische Modelle im Brennspiegel von Nietzsches Kritik

1) Nietzsches antichristliches Paulusbild

In feindseliger Neutralität ist Nietzsche Paulus nie gegenübergestanden.[1] Bewunderung mit einem Anhauch Wohlwollen in der frühen bis mittleren Zeit stürzt in der Spätzeit ab in bitteren Unmut, ja Haß. Der richtet sich gegen Paulus als seinen insgeheim immoralistischen Vorgänger in Sachen „Vernichtung des Gesetzes" des Mose. Als zugleich Widergänger und Antipode des Paulus sieht Nietzsche sich berufen, die von Paulus erwirkte weltgeschichtliche *Umwertung* aller antiken Werte nochmals umzuwerten in Richtung vitaler Stärke und Wohlgeratenheit statt Demut und Askese.

Nietzsches lebenslanger *Kampf mit Gott*, der für den Knaben mit dem Gewittergedicht anhebt: „O Himmel, halt ein, uns schrecklich zu sein! Erbarmen! Erbarmen!" (BAW 1, 406), reicht bis hin zu seinen wechselnden Briefunterschriften: „Dionysos" oder „Der Gekreuzigte" im Frühjahr 1889 und nimmt in der Krankheit die erlösende Gestalt der Phantasie-Identifikation an, er selbst sei der Lazarus im Evangelium, den Jesus liebte und von den Toten auferweckte (Joh 11, 32-44).[2]

Die Frage der Fragen bleibt für ihn im *Kampf mit Gott* die, wer Jesus ist, und, damit für ihn aufs engste verbunden, die nach Paulus und wer von beiden maßgeblich Stifter des Christentums sei.

Dabei verlagert er auf seinem Denkweg die Hypothese eines Abfalls der Kirche vom originalen christlichen Glauben historisch immer weiter *zurück*, im *Antichrist* bis zur ersten Jüngergeneration, und fokussiert in Paulus, dem vermeintlichen *Genie im Haß*, den Verrat am Geist der Liebe Jesu.[3] Um sich eine

---

[1] Dieser Beitrag ist die überarbeitete Neufassung der Erstveröffentlichung unter demselben Titel in: *Communio*. Internationale katholische Zeitschrift, Heft 3 (2009), 41-57. – Zur Zitierweise Nietzsches s. Siglenverzeichnis.

[2] Im Sommer 1890 schreibt Nietzsche das Bibelwort nieder: „Jesus Christus, gestern und heute, und derselbe auch in Ewigkeit'" (Hebräer 13, 8) und beschließt sein Notat, nach Erwähnen seines Vaters, mit der Unterschrift: „Fr[iedrich] W[ilhelm] / der arme Lazarus / v[el?] Nietzsche". Dokumentiert von Sander L. Gilman (Hrsg.): *Begegnungen mit Nietzsche*, 2. Aufl. Bonn 1985, 326.

[3] AC 42, 44. – Dostojewskijs Parabel vom Großinquisitor (*Die Brüder Karamasov*) aus dem Mund des Novizen Alexej, Bruno Bauers: *Christus und die Cäsaren* und Gottfried Arnolds

rein menschliche Beziehung zu Jesus als dem wahre *Ecce homo* zu bewahren, so hat es den Anschein, verschiebt Nietzsche sukzessiv, was ihm am Christentum mißfällt, von Jesus auf Paulus, mit der Folgelast, daß Pauli Genialität und historisch wirksame Größe ins Unermeßliche wächst, während Jesus, als der *einzige wahre Christ*, zum rein privaten und welthistorisch blassen Singulum ‚Idiot' herabsinkt. Was aber Paulus in seiner *Theologia crucis* zu Ende geführt hat, war für Nietzsche ein Verfallsprozeß, der mit dem Tode des Erlösers Jesus begonnen habe (vgl. AC 44).

Während Nietzsche für Jesus, so sehr sein Bild im Laufe seines Ringens sich ihm verschiebt, Ehrfurcht, Bewunderung oder zumindest unauslöschliche Sympathie für eine lautere, womöglich schiffbrüchige, wiewohl unaussprechlich liebende Seele hegt, bleibt seine Haltung zu Paulus stets kritisch und steigert sich in der Auseinandersetzung mit ihm bis hin zur radikalen Ablehnung. Dabei mißt Nietzsche Paulus schon in seiner ersten umfassenden Reflexion auf seine Gestalt eine welthistorische Stellung zu. Ihm verdanke das *christliche Abendland* den Aufgang einer neuen Welt. Dieser gründe jedoch in einem fragwürdigen Gottes- und Menschenbild; denn „wozu mußte die Gerechtigkeit Gottes ein Opfer haben? Der Martertod Chr[isti] war nicht nöthig außer bei einem Gott der Rache". Zuerst die „Sünde erfinden", und daraufhin „den erlösenden Zustand", – hier ist ohne Namensnennung Paulus gemeint, – sei „die unvergleichlichste Leistung der Menschheit" (KSA 9, 369); bittere Selbstanklage und daraus entspringende verzweifelte Erlösungsbedürftigkeit nennt Nietzsche die eigentliche „Tragödie" des Daseins, die dahinter alle andern verblassen lasse.

Ketzergeschichte stehen im Hintergrund von Nietzsches noch radikalerem Abfallstheorem, das schließlich Paulus als ersten Apostaten Jesu anprangert. – C. A. Bernoulli (*Franz Overbeck und Friedrich Nietzsche. Eine Freundschaft*, 2 Bde Jena 1908) erklärt, daß bei Nietzsche, wenn er gegen jemanden besonders streng ins Gericht geht, eine „geheime Verwandtschaft" im Spiel sei (Bd 2, 4). – Ob und in welchem Sinn die eskalierende Schärfe der Polemik Nietzsches, ja sein Haß auf Paulus einer verhohlenen Verwandtschaft entspringt, untersucht Jörg Salaquarda (Dionysos gegen den Gekreuzigten, Nietzsches Verständnis des Apostels Paulus, in: *Nietzsche*, hg. von dems., Darmstadt 1980, 288-322). Die Bedeutung, die er Paulus stets zuerkannt habe, steigere sich zu überragender Größe, indem dieser aufrückt zum maßgeblichen Beförderer der Décadence-Moral. Die mutmaßliche Verwandtschaft zwischen Nietzsche und Paulus sei aber weder ein Bestreiten wie in einer Selbstanfeindung noch eine geheime Ähnlichkeit, sondern ein *dialektisches Aufheben* als Rückgängigmachen und Überwinden der kühnen Umkehrung aller antiken Werte, die Paulus durch ‚Erfinden' des Symbols getätigt habe, das zum Siegeszeichen schlechthin wird: das ‚heilige Kreuz' bzw. der ‚Gott am Kreuze'.

a) Das Damaskus-Erlebnis des Paulus

Im Aphorismus *„Der erste Christ"* entwickelt Nietzsche in der *Morgenröte* erstmalig die im *Antichrist* durchschlagende Hypothese, Paulus, nicht Jesus, sei als der maßgebliche Stifter des Christentums anzusehen. Durch eine Psychologie des Apostels Paulus, die ihren Ausgang nimmt von dessen Damaskuserlebnis, sucht Nietzsche die *Genese* des christlichen Glaubens überhaupt zu begreifen. In diesem Erlebnis sei Paulus sein auf ihm lastendes Problem und ineins dessen Lösung blitzartig deutlich geworden. Ihm leuchtet, als eine Offenbarung Gottes und des auferstandenen Christus, der *rettende Gedanke* auf. Um ihn, um Paulus drehe sich fortan die Geschichte des Christentums, dessen Erfinder er sei (M 68). Was der Bekehrung des Paulus in Nietzsches Sicht den Rang eines welthistorischen Ereignisses verleiht und sie weit über ein privates religiöses Erlebnis hinaushebt, ist, daß Paulus hier die Lösung der Frage nach Schuld, Tod, Sühne fand, die über Generationen, Epochen und Völker hin viele als die Lösung auch ihres Problems für sich annehmen konnten.[4]

Der Aphorismus *„Der erste Christ"* (M 68) erhebt sich vor dem Hintergrund von mannigfachen Reflexionen zu Paulus.[5] Jüdisch und Paulinisch sei anzunehmen, es gebe Schuld ohne Wissen und Wollen und eine ursächliche Verbindung von Sünde und Tod. Doch sei für den maßgeblichen frühjüdischen Philosophen Philon, einen Zeitgenossen von Jesus und Paulus, Sünde noch, echt griechisch gedacht, die verderbliche Hingebung des menschlichen Geistes (Nous) an das negativ gewertete Körperliche (Sarx). Für Paulus hingegen durchwaltet die umfassend als Macht der Sünde verstandene Sarx den Menschen in allen seinen Dimensionen; die natürlichen Kräfte des ans Gesetz sich haltenden seien dagegen machtlos (Rö 7, 13ff). Die Sarx, in der die Sünde wohnt, müsse beseitigt werden, da sie wider das Pneuma und das Pneuma wider die Sarx streitet (KSA 9, 141f). Der Widerstand des inneren Menschen gegen sie mit Kenntnis des Gesetzes, ja Freude an ihm, besiege sie dennoch nicht. Hier interessiert Nietzsche besonders die religionspsychologische Frage,[6] wie Paulus den Übergang vom Verfallensein in Sarx zum neuen Leben aus dem Pneuma bestimmt und, darin eingeschlossen, vom Verworfenheitsgefühl des sich verachtenden Ich zum Gefühl eines beseligten Einsseins der Seele mit Christus. Denn Selbstverachtung und Sehnen nach Befreiung davon ist Nietzsches Urthema.

---

4 Vgl. Jörg Salaquarda: Dionysos gegen den Gekreuzigten, s. vorige nota, 302ff.

5 Nietzsche exzerpiert und denkt weiter: Hermann Lüdemann: *Die Anthropologie des Apostels Paulus und ihre Stellung innerhalb seiner Heilslehre*, Kiel 1872. Vgl. Nietzsches konzentrierte Auszüge KSA 9: 141-144, 154ff.

6 Zum Zusammenhang der theologischen und psychologischen Dimension vgl. Gerd Theißen: *Psychologische Aspekte paulinischer Theologie*, Göttingen 1983.

Philon nimmt also noch an, in „radikaler Exstirpation der Sünde" durch ein eigenaktiv dem Fleische Absterben die wunderbare Erfahrung völliger Verwandlung herbeiführen zu können, ja – wie Nietzsche dies verbildlicht, – einen „Sprung aus der Tiefe" des Elendsgefühls in die Höhe des Jubels der Gottesnähe. Anders Paulus: er fand für sich die Lösung in Jesu Erscheinung vor Damaskus, im „Lichtglanz Gottes auf dem Angesichte Jesu". Denn Jesus habe den sinnlichen Leib angenommen und das menschliche Sündenfleisch getragen. Gott selbst sei es für Paulus, der Christi Sarx getötet hat. Er habe nicht kraft seines Erdenlebens, sondern durch seinen *„Leibestod"* der Sünde Macht besiegt. An diesem Sieg gewinnt der Christ Anteil; sein Fleischesleib gilt ihm als tot. Er darf, erfüllt von Christi Pneuma, dem Geschenk des göttlichen Geistes, das Wunder der Vollkommenheit, d.i. der neuen Kreatur, sein eigenes Gerecht- und Heilwerden erfahren (KSA 9, 142ff). – Wie kommt Nietzsche zu dieser Theorie, die das wahre Problem des Paulus und dessen Lösung erhellen soll? Offenbar trägt er in die Gestalt des Apostels das Modell Luthers ein, der in Klosterkämpfen nach Rettung vor innerer Verzweiflung, in Sündennot nach Gottes Gnade sucht.

In *„Der erste Christ"* (M 68) entfaltet Nietzsche seine These, ohne Paulus gebe es keine Christenheit, ja er sei der eigentliche Erfinder der Christlichkeit. So wie Luther in inbrünstiger Gottesliebe der vollkommene Mensch des geistlichen Ideals zu werden suchte, aber eben hieran zerbrach, so sei auch Paulus in seinem heißen Verlangen nach höchster Auszeichnung in totaler Erfüllung des Gesetzes in Verzweiflung ob dessen Unerfüllbarkeit geraten. Paulus erfuhr und erlitt an sich, so fingiert Nietzsche, daß er das Gesetz, – „hitzig, sinnlich, melancholisch, bösartig im Haß, wie er war", selbst nicht erfüllen konnte, ja daß es ihn wie ein Stachel geradezu zur Übertretung reizte. Nietzsche nimmt in Paulus eine starke Ambivalenz wahr: als wütender Eiferer[7] fürs Gesetz war er dessen zugleich innerlich „todmüde". Der „Kranke des gequälten Hochmuts" war auf Suche, dem Gesetz nicht nur auf maximale Art Genüge zu tun, sondern die Marter des Unerfüllbaren zu überwinden. Das Damaskuserlebnis wurde für ihn zur blitzartigen Problemlösung. Er kann nun die Rache für sein Scheitern, die er an der neuen Christensekte nahm, – wie Nietzsche mutmaßt, – aufgeben, da er in Christus nicht den *Erfüller* (vgl. Rö 10, 4), sondern

---

7 Besonders in der älteren Forschung wird der vorchristliche Paulus im Licht seiner Selbstaussagen als Eiferer, Ehrgeiziger, ja sogar als Fanatiker angesehen, so von William Wrede: Paulus, in: *Das Paulusbild in der neueren deutschen Forschung*, hrsg. von K. H. Rengstorf, 2. Aufl. Darmstadt 1969, 4-97, bes. 6-11. Albrecht Oepke (Probleme der vorchristlichen Zeit des Paulus, in: *Das Paulusbild*, op. cit. 410-446, bes. 426ff, 445f) nimmt an, daß der junge Paulus in Synagogen gegen Christen „das Feuer des Hasses" geschürt, aktiv in ihre Verfolgung eingegriffen und Stephanus sterben gesehen hat.

den *Vernichter des Gesetzes* gefunden hat. So sei die erhabenste Moral in ihrer ganzen Qual auf einmal wie „fortgeblasen, vernichtet, – nämlich *erfüllt*, dort am Kreuze!" (M 68) Hatte ihm jener schmähliche Tod bisher als Argument gegen Jesu Messianität gegolten, so ist er nun gerade deren Besiegelung. Denn Jesu Tod war nötig, um das Gesetz *abzutun*. „Die ungeheuren Folgen dieser Rätsellösung wirbeln vor seinem Blick": Das „Schicksal der Juden, nein, aller Menschen, scheint ihm an diesen Einfall", an den Augenblick seines „plötzlichen Aufleuchtens gebunden". Er wird „der glücklichste Mensch", da er, wie es mit hoher Emphase heißt, den „Gedanken der Gedanken, den Schlüssel der Schlüssel, das Licht der Lichter" (ebd.) gefunden hat. So würdigt Nietzsche seinen heimlichen Rivalen eindrucksvoll tiefsinnig, wiewohl mit dem Seitenhieb, daß er ihm, gleichzeitig mit seinem erhabensten Einfall, einen ausgeprägten Willen zur Macht attestiert: Um Paulus selbst „dreht sich fürderhin die Geschichte". Paulus wird, indem er *Christus* als den *Gekreuzigten* verkündigt, „der *Lehrer der Vernichtung des Gesetzes*"! (M 68)[8]

Nietzsches antipaulinische Sicht verschanzt sich hinter Exzerpten aus Tolstois *Ma religion*, in denen er seinen eigenen Unglauben kristallisiert findet: „Kein Gott für unsere Sünden gestorben; keine Erlösung durch den Glauben; keine Wiederauferstehung nach dem Tode" (KSA 13, 103). Methodisch betreibt er eine psychologische Genealogie der Paulinischen Theologie und sucht die Theologie des Paulus radikal abzutrennen von der Verkündigung Jesu, des für ihn einzigen wahren Christen. Erlösung durch Jesu Opfertod und Auferstehung seien „Falschmünzereien", so zürnt er, von jenem genialen „Querkopf" Paulus (ebd.). Kein „Hauch von Wissenschaft" oder „Logik" habe „diesen heiligen Idioten", gemeint ist Jesus, „angeweht"; er sei „*Idiot* inmitten eines sehr klugen Volkes ... Paulus war ganz und gar kein Idiot! – daran hängt die Geschichte des Christenthums" (AC 29; KSA 13, 237).[9] Im Vergleich mit gewissen ausufernden

---

[8] Nietzsche nennt „*Paulus* ... eine jener großen Immoralitäten, an denen die Bibel reicher ist als man denkt" (KSA 8, 605). Spinoza habe in seiner *Ethik*, – um sich von Selbstqual zu emanzipieren, Paulus ähnlich, – Rache am jüdischen Gesetz verübt, mit dem Fazit, das Individuum könne tun und lassen, was es wolle (KSA 10, 253).

[9] Das dem Anschein nach höhnische, ja blasphemische Wort *Idiot* bezeichnet vom griechischen Wortsinn *idiotes* her, dem Philologen Nietzsche geläufig, den Laien im Gegensatz zum Künstler, den Unwissenden im Gegensatz zum Gelehrten. Der von ihm heuristisch, zum Zweck des Versuchs einer Erklärung des Unerklärlichen, geprägte befremdliche Titel Jesu dürfte angeregt sein von Dostojewskijs Roman *Der Idiot*, dessen Schlüsselfigur Fürst Myschkin außerhalb des zeitgenössischen sozial-kulturellen Gefüges steht, wie Nietzsches Jesus alle Grenzlinien aufgibt und zu gut für diese Welt ist. – Jesu Idiotisierung durch Nietzsche fügt A. U. Sommer stringent in dessen physiologisches, ja psychopathologisches Interesse an Jesu Person ein und sieht im *idiotes* ein für dessen „Typus des Erlösers" charakteristisches Krankheitsbild entworfen. Schon Celsus (*Gegen die Christen*) habe Jesus in polemischer Absicht

Grobheiten Nietzsches im *Antichrist*, Paulus sei ein „Genie im Hass" (AC 42), ist die sieben Jahre frühere Paulusminiatur „*Der erste Christ*" (M 68) feinsinnig differenziert und wohldurchdacht. Hier finden sich – trotz der schon sich anbahnenden Abwehr – auch starke Identifikationen des Autors Nietzsche mit seinem Studienobjekt, nämlich im Hinblick auf das über seiner Qual am Ideal innerlich todmüde Werden und infolgedessen Überwinden der moralischen Verzweiflung durch das energische ‚Vernichten' des Gesetzes, das ihn unablässig und unnachsichtig schuldig spricht. Paulus – als der, so das Kompliment, „jüdische Pascal" – überwinde das immerzu ihn quälende Gesetz durch den für uns gekreuzigten und auferstandenen Erlösergott. Durch das *Eins*werden mit Jesus, das Nietzsche jedoch als einen schamlos zudringlichen Akt des Paulus geißelt,[10] entrinne der Gläubige diesem Äon der Verwesung. Nietzsche, als berufener Antipode des Paulus sich verstehend, hebt kühn und usurpatorisch den Paulinischen Jesus auf in sein eigenes Konzept der Unschuld des Werdens, das heißt, er macht sich, Paulus verwerfend, sein ureigenes Jesusbild. In vollkommener Erfüllung des Gesetzes habe Jesus, wie Nietzsche, – fasziniert vom orthodoxen Sinn einer möglichen Befreiung von Schuldqual und drohender Selbstgeißelung, – erklärt, es sei „alle Schuld abgetragen" (vgl. Joh 1, 29), ja durch Jesus sei die „Schuld an sich vernichtet"! (M 68)

In seinem Programm der *Unschuld des Werdens* will Nietzsche Schopenhauers Gleichsetzung von Dasein und Schuldigsein brechen, das drückende

---

einen idiotischen Charakter zugeschrieben. Nietzsches neue antichristliche Methode, die mit der Person Jesu das christliche Erlösungswerk diskreditieren soll, gehe hier nicht mehr, wie D. F. Strauß, biographisch, sondern pathographisch vor. Andreas Urs Sommer: *Friedrich Nietzsches ‚Der Antichrist'. Ein philosophisch historischer Kommentar*, Basel 2000, 286-291, 304-307.

10   Der öfter wiederkehrende Refrain von der paulinischen *Zudringlichkeit*, sein mystisches Einssein mit Christus beanspruchend, klingt verdächtig nach einem Ressentiment Nietzsches gegen eine für ihn unerreichbare Nähe, die Paulus zu Jesus glaubte gefunden zu haben. Daß Nietzsche selbst eine innige Beziehung zu Jesus gekannt hat, zeigt sein Gedicht vom April 1862: „*Du hast gerufen: Herr, ich komme*". „Du hast gerufen: / Herr, ... Von Lieb entglommen / Strahlt mir so herzlich, / Schmerzlich / Dein Blick ins Herz ein: Herr, ich komme. / Ich war verloren, / ... Dein Blick unsäglich / ... Traf mich so oft: nun komm' ich gerne. / ... Kann dich nicht lassen, / In Nächten schaurig / Traurig / Seh' ich auf dich und muß dich fassen. / Du bist so milde, / Treu und innig, / Herzminnig / Lieb' Sünderheilandsbilde! / Still' mein Verlangen, / Mein Sinn'n und Denken / Zu senken / In deine Lieb', an dir zu hangen." (BAW 2, 80) – Zur Paulinischen Mystik vgl. Martin Dibelius: Paulus und die Mystik, in: *Das Paulusbild in der neueren deutschen Forschung*, 447-474. Verf. sieht die Paulinische ‚Mystik' dahingehend begrenzt, daß sie – in Abhebung von der neuplatonischen Henosis – stets reine Christusmystik sei, kein Einswerden mit Gott, sondern allein mit dem Mensch gewordenen Gott, darin der jüdischen *Gottesscheu* entsprechend, die stets des unendlichen und unaufhebbaren Abstands zwischen Gott und Mensch gewahr bleibt.

Modell des Richtens und Strafens überwinden und seine Botschaft verkünden, die von Gewissensnot befreien soll. Sein neues *Evangelium* heißt: „Alles ist Unschuld"! (MA 107) In den Aphorismen: *„Sieg der Erkenntnis über das radikale Böse"* (MA 56) und *„Unverantwortlichkeit und Unschuld"* (MA 107) bereitet sich die Idee der Selbsterlösung des Ich ohne göttliche Beihilfe kraft Innewerdens seiner vermeintlichen Schuldunfähigkeit vor. Auch im Aphorismus unter dem Titel: *Von dem christlichen Erlösungsbedürfnis* (MA 132 bis MA 134) thematisiert er die Suche nach antipaulinischer „Selbsterlösung" (s. MA 107). Das Rätsel, wie es möglich sei, daß jemand, der sich sündhaft durch und durch wisse (vgl. Röm 7, 18), und dennoch liebe, ist für ihn rein psychologisch lösbar, wobei die „wissenschaftliche Erklärung" verschieden sei von derjenigen, die der *Religiöse* sich selbst für seine „getröstete Stimmung" gibt (KSA 8, 383).

Mit Paulus sich messen und ihn zugleich überbieten wollend, rühmt Nietzsche seine eigene Vision in Sils Maria zur ewigen Wiederkehr *und* die Entdeckung des Paulus bei Damaskus, Jesu Kreuzestod besiegele die Vernichtung des Gesetzes, als rettenden *Gedanken der Gedanken*, worin alle anderen zu gewichten seien. Im Spätwerk verkündet er, in Entsprechung zur welthistorisch wirkmächtigen Verkündigung des Paulus, als Gegentypus zu ihm, ein Zukunftsevangelium neuer dionysischer Unschuld des Werdens. Wie einst Paulus durchlebte, was für Andere zukünftig war, glaubt Nietzsche zum – antipaulinischen, spiegelbildlich umgekehrten – nachchristlichen *Umwerter der Werte* berufen zu sein, da er als „der erste vollkommene Nihilist Europas" (KSA 13, 190) den Nihilismus in sich selbst zu Ende durchlitten und folglich, wie er meint, auch überwunden habe.

b) *Paulus – wie Nietzsches Jäger Zarathustra – der Verfolger Gottes?*
In späteren Aphorismen erweitert und vertieft Nietzsche seine kritische Analyse und Genealogie der Theologie des Paulus. In *„Der Verfolger Gottes"* (WS 85) knüpft er nochmals an das Damaskus-Erlebnis des Paulus an, der, von überhellem Lichtglanz geblendet, zur Erde stürzt und die Frage hört: *„Saul, Saul, was verfolgst du mich?"* Er selbst fragt: Wer bist du, Herr?, und vernimmt die Antwort: „Ich bin Jesus, den du verfolgst" (Apg 9, 4f). Paulus sei, so deutet ihn Nietzsche, auf den ungeheuerlichen Gedanken verfallen, den Calvin ihm später nachgesprochen habe, vielen sei von Ewigkeit her Verdammnis zuerkannt, und dieser „schöne Weltenplan", so der sarkastische Kommentar, sei derart eingerichtet, um Gottes Herrlichkeit zu offenbaren; Himmel, Hölle und Menschheit seien allein dazu da, Gott wie einen eitlen Sadisten zu befriedigen. Also sei Paulus, ruft Nietzsche indigniert aus, „doch Saulus geblieben – *der Verfolger Gottes"* (WS 85). Nach seiner theologischen Logik verlange „die tiefe Verstimmung Gottes über die Sünde" ein *Opfer*, um an ihm seinen Zorn „auszulassen" und

ihn so aufzuheben (M 94). In *„Das Streben nach Auszeichnung"* malt Nietzsche das *Jenseits* als Qualort Gottes aus, der „Sünder und ewige Verdammnis und unter seinem Himmel und Throne eine ungeheure Stätte ... ewigen Seufzens" erschaffen habe; Seelen wie die des Paulus, Dante und Calvin mögen in die „schauerlichen Geheimnisse solcher Wollüste der Macht eingedrungen" sein (M 113). Der Gott, verstanden als immoralistische Macht, *jenseits von Gut und Böse* inhuman waltend, ist das Horrorbild, das Nietzsche entlarven zu müssen glaubt. Aus der Dynamik dieses Motivs fügt er seiner Charakteranalyse des Paulus weitere Facetten zu.

Nietzsche ‚verfolgt' Paulus, ihm dicht auf der Spur seiner sadistisch schwarzen Seele, die er auf Gott projiziere. Diesen falschen Gott – „wir leugnen Gott als Gott", wie Paulus ihn nach seinem Bilde erschuf (AC 47) – will Nietzsche ‚töten' oder, was dasselbe heißt: Nietzsche will Paulus als Schöpfer des für vogelfrei erklärten ‚Henker-Gottes' demaskieren, ja ihn zum Abscheu machen. Was steckt dahinter? Hier ist es der Moralist Nietzsche, der die ethisch-religiöse Echtheit der Paulinischen Bekehrung in Zweifel zieht, ja sie auf Inspirations-Selbsttäuschungen reduziert.[11]

Nietzsche äußert seinen schlimmsten Verdacht, indem er den Apostel bezichtigt, er forme Gott nach dem Bilde seiner eigenen Grausamkeit, d.h. er *verfolge* unbewußt grimmig Gott weiter. Daß Nietzsche Paulus zum Verfolger *Gottes* erklärt, während ihm doch der Überlieferung nach *Jesus* als der von ihm Verfolgte erschienen ist, atmet einen leisen Hauch trinitarischer Einheit beider, was für den Freigeist Nietzsche die Minimalbedeutung behält, daß für ihn der Gottesbegriff mit Jesu Person korreliert bleibt, er daher mit Jesu Göttlichkeit auch Gottvater verloren hat. Welchen Gott aber ‚verfolgt' Nietzsches großer Zorn, der aus *intellektueller Redlichkeit* entspringt, wenn er Paulus als häßlichen Verfolger Gottes meint sezieren zu müssen? – Er will

---

11 In *„Vom Ursprung der Religionen"* (M 62) wird die Frage: Wie kann jemand seine Sicht als „Offenbarung empfinden?" beantwortet: Das Beseligende einer neuen, „großen, Welt und Dasein umspannenden Hypothese" überwältigt ihren Schöpfer so sehr, daß er ihre „Ursache ... seinem Gotte zuschreibt", das Hypothetische von ihr wegstreicht, sich zum Organ erniedrigt, jedoch seinen eigenen Gedanken als „Gottesgedanke(n)" siegen läßt (M 62; vgl. KSA 6, 339f). Das „Tasten an der neuen anderen Welt", so erklärt Nietzsche, – ähnlich wie Kant, der im *Streit der Fakultäten* eine „übernatürliche Erfahrung" als „Widerspruch" in sich selbst bestimmt (AA VII, 57), – sei „eine Krankheit des Intellekts, kein Weg der Erkenntniß". Der sublime Schwung, den eine Hypothese ihrem Urheber verleihe, beweise nichts hinsichtlich ihrer Wahrheit. Religiös „Verzückte" in ihrem enthusiastischen Fühlen, die Gottes Wahrheit und ihr eigenes Erfülltsein durch sie mit Händen zu greifen und mit Augen zu sehen wähnen, demaskiert Nietzsche streng als solche, über die nur ihre „Phantasie Herr geworden" ist (KSA 9, 140).

den tyrannischen *Deus absconditus*, der Menschen ängstigt und quält und ihr Selbst vernichtet, als mörderischen, selbst zu tötenden verabschieden. Das schneidend aufrüttelnde Wort vom ‚Henker-Gott' als negativster Prädikation des verborgenen Gottes, der diesseits und jenseits von Gut und Böse walte, verknüpft er mit der Problematik zerstörerischer Selbstbezüglichkeit, die vom schlechten Gewissen herrührt. Der Formel „Selbstkenner! ... Selbsthenker!" entspricht der als „Folterer" erlittene ‚Henker-Gott'. Nietzsches Kampf mit Gott ist vieldimensional. In ihn zieht er Paulus ebenso hinein wie seinen ‚Sohn' Zarathustra, der auch als Jäger Gottes auftritt. Im Dithyrambus *Zwischen Raubvögeln* lautet dessen Selbstgespräch: „Jüngst Jäger noch Gottes ... Jetzt – von dir selber erjagt" (KSA 6: 392, 399, 390). Im „Jüngst ... Jetzt" liegt ein unheimlicher Doppelsinn von geplantem Gottesmord und drohendem Selbstmord. Die mißglückte Jagd auf Gott wird zu einem lebensgefährlichen Sich-selbst-erjagen. Solche Selbstbewußtwerdung im Gotteshaß verfällt zum Ichverlust. Dies findet im hämmernden Staccato des *„Selbstkenner! Selbsthenker!"* dramatischen Ausdruck. Nietzsche entwirft Zarathustra als Jäger, also als Verfolger mit tödlicher Absicht, ja als Mörder Gottes, der infolge seiner Untat, wie plastisch ausgeschmückt wird, von *Gottestrümmern* zermalmt wird (KSA 14, 309).

Erkenntniskritisch, ethisch, religiös sucht Nietzsche den Gott, der als sadistischer Zuschauer des theatrum mundi gesetzt ist, der sich am Leid Verdammter weidet, seines göttlichen Amtes zu entheben. Jenen Verdacht der Unmoralität des verborgenen Gottes, der Nietzsches ureigener ist, den er als Anti-Theodizee weiterdenkt, findet er bei Paulus als Gestalt gewordenes Gottesbild. – Die von Nietzsche gestaltete hohe Ambivalenz von Schmerz und Jubel über Gottes ‚Tod' speist sich nicht allein aus der Greueltat, die Abscheu – Zarathustra „fröstelt bis in seine Eingeweide" (KSA 4, 331) – hervorruft und freigeistig frevlerisch gedacht Sieg der Hybris ist. Die Ambivalenz ist auch theologisch motiviert: Wenn der Gott der Liebe ‚tot' ist, erweckt das tiefe Melancholie. Ein Triumph der Selbstbefreiung aus knechtischem Joche aber gilt dem ‚Tod' des Henkergottes. Beide *diametralen* Denkmöglichkeiten sind in Nietzsches *labyrinthischen* Argumentationen angelegt. Man hüte sich davor, Nietzsche auf endgültige Optionen, so als sei er Dogmatiker, festzulegen.

Nietzsche zieht Paulus als einen „Fanatiker und Ehrenwächter des Gesetzes" in seine Analyse besonderer Triumphe der Herrschsucht hinein; und er nennt ihn machtgierig (vgl. KSA 9, 158). Da Paulus in Nietzsches argwöhnischer Sicht Gott weiter hasse, entwerfe er unbewußt ein Bild, das Gott diskreditiere. Die in seiner Gottesvorstellung widergespiegelte Seele des Paulus, die für sich *Macht* will, konnte Nietzsche exemplarisch in Rö 9, 18 finden, wonach

"Gott sich erbarme, wessen er will, und verstocke, welchen er will".[12] Eine geradezu psychoanalytische Miniatur ist Nietzsches Eintragung: „Der Fanatismus ein Mittel gegen den Ekel an sich"! Was hat, so fragt er, „Paulus auf dem Gewissen" lasten? Feindschaft, Mord, „Alles *Mittel* zum *Gefühl der Macht*"! Daß es ihm gelungen sei, die häßliche, erniedrigende Schuld aus der Welt zu *verdrängen* durch ein vom Gesetz sich „emancipirt" Fühlen, sieht er verknüpft mit dem Gefühl unbändiger Machterhöhung des solcherart Emanzipierten (KSA 9, 144). Das über der Unerfüllbarkeit am Gesetz „todmüde" geworden Sein stimmt zur Melancholie im Ekel an sich selbst, die Nietzsche von Paulus in *Römer* 7, Vers 18 stark zum Ausdruck gebracht findet: „Denn ich weiß, daß in mir, das heißt in meinem Fleisch, nichts Gutes wohnt". Nietzsche sucht Paulus als ausschweifend, machtbeflissen und hedonistisch zu entlarven, gleichwohl die starke Persönlichkeit hochschätzend. Er mutmaßt: Paulus *brauchte* Jesus, da er in seiner Suchbewegung „ein Objekt nöthig hatte, das ihn concentrirte und dadurch befriedigte" (KSA 9, 165). Die vom Apostel gelehrte *Christusliebe* wird marginalisiert.

Paulus stellte das falsche, tyrannische Gottesbild auf; Nietzsches Zarathustra soll es vom Thron stoßen. Um den gordischen Knoten der Theodizee aufzulösen, spaltet Nietzsche wie Marcion das Gottesbild in Finsternis und Licht, Haß und Liebe, tyrannischen Sadismus und Agape. Er verteilt dabei die negativen Anteile, den Tyrannen- und Henkergott auf Paulus als dessen Schöpfer, einen Gott, den er hassen darf, ja ‚töten' muß, die positiven Anteile des gütigen, ohnmächtigen Gottes auf den hingebungsvoll Liebenden und selbst der Liebe Bedürftigen, auf Jesus. Die Antithetik ist: Der herrschsüchtige Gott sei dem grausam nach Macht durstigen Herzen des Paulus als dessen Projektion, der gütige Vatergott dem liebereichen Herzen Jesu als Sehnsuchtsbild entsprungen.

So wie Nietzsche in seinem Ringen um die Theodizee das Gottesbild aus Verzweiflung aufspaltet in die <u>Thesis</u>: Gott ist ein grausam tyrannischer Willkürgott, ein rachsüchtiger „Zornschnauber", und die <u>Antithesis</u>: Er ist ein gütiger, ohnmächtiger Gott, der seine Retterliebe nicht zu realisieren vermag, so

---

12 Insofern Nietzsche bei Paulus schon Calvins Gott der doppelten Prädestination und des „decretum horribile" präfiguriert sieht, folgt er Augustinus, der zuerst jene Lesart von *Römer* 9, 19-23 vertritt, wo im Bild vom Töpfer, der Ton formt, Gottes Vorherbestimmung von Gefäßen des *Zorns* oder denen der *Barmherzigkeit* dargelegt wird. Nun ist aber das übergreifende Thema von Rö 9 der Unglaube der Juden, die ihren Erlöser verworfen haben, eine Verstockung, die nicht endgültig sei, sondern nur Durchgang, da sie zukünftig für ganz Israel, damit es des Heils teilhaftig wird, aufgehoben werden soll, so daß schließlich der göttliche Gnadenwille triumphiert (Rö 11, 26-33). – Vgl. Ulrich Wilckens: *Der Brief an die Römer*, Neukirchen-Vluyn 2010, Bd 2, 181ff.

spaltet er in dazu sinngemäßer – implizit trinitarisch gefühlter – Analogie sein Jesusbild auf in die Thesis: Jesus ist gemäß jener „schauerlichen Paradoxie" eines Gottes am Kreuz (KSA 13, 175), die er auf Paulus zurückführt, der zum Heil der Welt gekreuzigte Gott; die Antithesis aber nähert sich einer Theologie der Ohnmacht Gottes: Jesus war der in Liebe sich verströmende einzige wahre Christ; doch Jesu „Evangelium' *starb* am Kreuz" (AC 39). Nietzsche allerdings dichtet Paulus eben dasselbe an, was er selbst unternahm, indem er Gott als den Tyrannen verdächtigt, der er nicht ist. Als seine Aufgabe sah es Nietzsche, Gott als den zu demaskieren, zu dem Paulus ihn entstellt hat.

c) *Nietzsches antipaulinischer Jesus im* Antichrist

Die dauernde Antithetik von Nietzsches Paulus- und Nietzsches Jesusbild gilt es fest im Blick zu behalten. Sie gipfelt in der Antithetik von *Haß* und *Liebe.* Jesu Proprium faßt Nietzsche in seiner widerstandslosen, innigen Liebe: „Er ... leidet, er liebt *mit* denen, *in* denen, die ihm Böses tun" (AC 35) Jesu Agape ist in Nietzsches Charakteristik stärker als jeder Angriff, der sie auszulöschen trachtet. Das, was für ihn von Gott nicht mehr ausgesagt werden kann, nämlich der Schlüsselsatz: „Gott ist Liebe" (1Joh 4, 8. 16), spricht er dem Menschensohn Jesus zu, der allerdings in Nietzsches freigeistig entlarvender Sicht selbst einer ist, der Gott als den sucht, der „ganz Liebe, ganz Lieben-*können* ist", weil der Menschen Liebe so armselig ist (JGB 269). Je entschlossener Nietzsche durch die von ihm entdeckte ‚Finsternis in Gott' den christlichen Vatergott als Gott der Liebe aufgibt, umso nachdrücklicher entwirft er Jesus als lautere Existenz in Liebe. „Ein Ebräer Namens Jesus war bisher der beste Liebende." (KSA 10, 159) Das vorbildliche Leben Jesu bestehe in der Liebe und Demut, in einer „Herzens-Fülle", die auch den Niedrigsten nicht ausschließt (KSA 13, 103).

Angesichts der Kreuzigung verteidigt Jesus sich nicht, sondern bittet für seine Feinde; er beweist sein völliges Freisein von jedem Rachegefühl und Ressentiment. Die Jünger aber, namentlich Paulus, waren weit davon entfernt, diesen Tod zu verzeihen. So konnte das am meisten unevangelische Gefühl, das der *Rache*, aufkommen und eine verstörte Vernunft eine rachsüchtige Antwort auf die Frage ersinnen, wie Gott den schmählichsten Verbrechertod Jesu zulassen konnte. Im *Antichrist* erklärt Nietzsche das religiöse Genie Paulus zum Urheber des Christentums als einer weltgeschichtlichen Religion.[13] Jesu Kreuzesleiden

---

13 W. Wrede (s. nota 7) sieht als Verdienst des Paulus von weltgeschichtlichem Rang an, daß er den Jesusglauben aus der Enge einer messianisch jüdischen Gemeinde in die Weite der griechisch-römischen Kultur verpflanzt hat, daß er das Christentum als Erlösungsreligion, Jesus als den Weltheiland und jüdische Geschichte als die ganze Welt umspannende *Heilsgeschichte* verstanden hat, die in *Heilstatsachen* gründet, daß nämlich Gott in Christi

werde von ihm in der Sprache des *Mysteriums* als „blutige Phantasmagorie" des Opfertieres ausgedrückt, wobei der Opfergedanke jüdisch, der Erlösungsgedanke hellenisch sei (KSA 13, 108f). Christologischer Hoheitstitel sei Jesus aber, wie Nietzsche meint, niemals als ihm selbst zugehörig inne gewesen; die Titel Gottessohn und Kyrios gehen für ihn ebenso auf Paulus zurück wie die Annahme von Sünde, Strafe, Gericht, Vergebung, jenseitiger Welt und Sühnung der Schuld. Auferstehung als ewige Personal-Fortdauer, „die selige, entsühnte Fortexistenz der Einzelseele" bringe er in Kausalverbindung mit jenem Opfer Jesu am Kreuz. Allerdings meint Nietzsche eine auf Gott verschobene persönliche Rachlust im Gedanken des Paulus aufspüren zu können, daß Gott das Opfer des Schuldlosen verlange, sowie in der von Paulus legitimierten Abendmahlspraxis als einer *„unio mystica im Bluttrinken"* (AC 41-45, AC 58).

Der heidnisch-barbarische Gedanke des Schuldopfers, d.h. des Opfertodes des Unschuldigen für die Sünden der Schuldigen habe sich vor dem Hintergrund antiker Mysterienkulte, wie Nietzsche vermutet, Bahn gebrochen (AC 58), und die dogmatische Fixierung durch Paulus gefunden: „Gott gab seinen Sohn zur Vergebung der Sünden, als *Opfer*" (AC 41).[14] Jesu frohe Botschaft der von ihm gelebten Einheit von Gott und Mensch jedoch, so Nietzsches tragische Sicht auf die, – wie er wenige Wochen vor seinem Zusammenbruch meint, – *echte* Geschichte des Christentums, *starb* am Kreuze. Nietzsche versteht sich gewiß nicht als Lehrer einer jesuanischen Existenzform, wohl aber als Rekonstrukteur der originalen *praxis pietatis* Jesu, der zugleich mit dem

---

Menschwerdung, Tod und Auferstehung der Menschheit ein für alle Mal das Heil bereitet hat (op. cit. 90-97).

14   Nietzsche übersieht vorpaulinische christologische Traditionsbildungen, z.B. das Motiv der rettenden Hingabe, das in Deutero-Jesajas Lied vom Gottesknecht Ausdruck findet, der freiwillig den Tod erleidet: „Durch seine Verwundung wurde uns Heilung zuteil" (53, 5b). Dies Lied steht im Hintergrund der Erlösungslehre des Paulus. „ Fürwahr, er trug unsre Krankheit und lud auf sich unsre Schmerzen". „Er hat sein Leben in den Tod gegeben, ... die Sünde der Vielen getragen" (*Jesaja* 53, 4. 12). Otfried Hofius: *Paulusstudien*, 2. Aufl. Tübingen 1994, 11f; des näheren das Kapitel: Sühne und Versöhnung. Zum paulinischen Verständnis des Kreuzestodes Jesu, ebd. 33-49. Paulus lehre keinen Gott, – wie Nietzsche meint, – der ein *blutiges Versöhnungsopfer* fordere und darin nur eine Spielart heidnischer Opferanschauungen darstellen würde, die dem Prinzip des *do ut des* folgen, d.h. der Mensch *gibt, damit* der Gott dem des Todes Strafwürdigen Schonung *gewährt*. Ganz anders der Gott des Paulus: *Gott selbst* – als der „Gott in Christus" (2Kor 5, 19) – „hat seinen eigenen Sohn nicht verschont, sondern ihn für uns alle in den Tod dahingegeben" (Rö 8, 32), und nochmals in Zuspitzung 2Kor 5, 21: „Gott hat den, der von keiner Sünde wußte, für uns zur Sünde gemacht, auf daß wir würden in ihm die Gerechtigkeit, die vor Gott gilt." Bei Deutero-Jesaja hatte es geheißen: „Der Herr warf unser aller Sünde auf ihn." (53, 6) Ebd. 35, 38.

freigelegten Idealtyp Jesus dessen Gegensatz-Ideal als zukunftsträchtig verkündet, die triumphierend stolze Wohlgeratenheit.

Während Jesus in Wahrheit jede übermäßige Wichtigtuerei seiner Person fern gelegen sei, habe Paulus, so erklärt Nietzsche im Rückgriff auf Feuerbachs *Gedanken über Tod und Unsterblichkeit*,[15] im Glauben an die „ewige Person" und in der Sorge um ihr ewiges Heil den Personal-Egoismus in unverschämte „Personal-Eitelkeit" münden lassen. Einmal rückt Nietzsche Paulus, in diesem Falle sogar im seltenen Verbund mit Jesus, in die Schußlinie seiner Kritik des demokratischen Ideals und zürnt, Jesus und sein Apostel Paulus, beide hätten den „kleinen Leuten so viel in den Kopf gesetzt" (KSA 12, 506), nämlich den Glauben an ihre individuelle Unsterblichkeit. D. F. Strauß' Entmythologisierung des *Neuen Testaments* aufnehmend, deutet Nietzsche das Damaskuserleben schließlich noch kritischer: Paulus „machte sich aus einer Hallucination den *Beweis* vom *Noch*-Leben des Erlösers" (AC 42).[16] Und daß die Jünger Jesu ihren Meister nach dem Tode wiedergesehen haben wollen, bausche Paulus zu einer eigenen theologischen Logik auf (vgl. 1Ko 15),[17] da er die Wiederauferstehung zur Haupttatsache christlichen Glaubens und zum maßgeblichen Schlußstein der Heilsordnung Jesu erheben wollte.

Nietzsches hypothetischem Argumentationsstil, der die mittlere Schaffensphase kennzeichnet, nicht mehr gemäß sind *dogmatische* Behauptungen, z.B. Jesus habe mit seinem Tode nichts anderes wollen können als seine Lehre unter Beweis zu stellen (AC 40), worin eine göttliche Vollmacht und die christliche Versöhnungsidee abgewiesen wird, die sich an Jesu freiwilliges Leiden knüpft; oder: die neutestamentlichen Berichte vom lebendigen „wiederauferstandenen Jesus" seien „*Lüge*" (AC 42). Nietzsches Verlassen seines experimentellen Denkstils, der mit unterschiedlichen Möglichkeiten operiert, ist im Nachlaß in der Äußerung deutlich: „Das Faktum ist der Tod Jesu und Dies bleibt *auszulegen*", wobei es „eine Wahrheit und einen Irrtum in der Auslegung gibt" (SA III, 783). Den maßgeblichen Irrtum, so weiß er, begehe Paulus; ihn

---

15 Für Feuerbach ist die christliche Demut geheime Selbsterhebung. „Gott ist nur die Peripherie ihrer Religion, der Mittelpunkt sind die Individuen selbst." Sie erkennen einen Gott über sich an, – so erklärt er den Mißbrauch Gottes für das Festhalten an einem infantilen Narzißmus, – „um an ihm einen unendlichen Raum zu besitzen, in dem sie ihre beschränkte, besondere, erbärmliche Individualität ohne Störung ... bis in alle Ewigkeit hin ausdehnen und breitschlagen zu können." Ludwig Feuerbach, *Sämtliche Werke*, neu hrsg. von W. Bolin, F. Jodl, Bd 1, 12f.

16 Aus dem Paulusbuch des liberalen Theologen Lüdemann (s. nota 5) notiert er: „Das paradoxe Todesschicksal ist der Knoten des Räthsels ... Zunächst stritt der Tod Christi *gegen* die Messianität: aber das Wunder bei Damascus bewies sie." (KSA 9, 154f)

17 Paulus wird von Licht umleuchtet, stürzt und hört Jesu Stimme: „Saul, was verfolgst du mich?" (Act 9, 3-5)

beschuldigt er, die historische Gestalt Jesu entstellt zu haben; ihm legt er die „theologische Transfiguration" Jesu zum einzigen „‚Sohn Gottes'" und Erlöser der Welt von ihrer Sünde zur Last (SA III: 606f, 801), dessen Tod am Kreuz die Mitte christlichen Heils ausmache, wodurch Paulus Erfinder des Christentums sei.

Man gewinnt den Eindruck, Nietzsche habe alles für ihn Anstößige von Jesus weg auf Paulus transferiert, um den von ihm dieserart rekonstruierten Jesus lebenslang hochschätzen zu können. Nietzsche leitet Jesu Wort vom Nicht-Richten und Nicht-Widerstreben aus einer extremen Leidensfähigkeit ab, die jegliche Berührung „zu tief" empfindet (AC 30). Er sympathisiert mit Jesus als Typus des Erlösers,[18] der in seiner wahrhaften Praxis einer Liebesreligion zeigt, wie man leben müsse, um sich ‚im Himmel' zu fühlen. Daher wehrt er sich dagegen, daß Paulus einen Fanatiker in Jesus oder in seine Lehre die Begriffe ‚Schuld', ‚Strafe' oder ‚Lohn' einzeichnen will (AC 32, 33). Diese von Jesus gelebte, durch seine Praxis errungene Seligkeit macht in Nietzsches Deutung die Realität von Jesu Erlösung aus, die er ausschließlich psychologisch verstehen will.

Wenn Nietzsche Begriffe aus der platonisch-christlichen Tradition wie das ‚wahre Leben', das ‚ewige Leben' zur Bezeichnung seiner dionysischen Bejahung verwendet, so verlautet hierin seine Umwertungssprache, durch die er transzendente und eschatologische Inhalte verdiesseitigen will. Und mit der harten Kampfesformel: *„Dionysos gegen den Gekreuzigten"* (KSA 6, 374)[19] ist nicht allein Christus, auch nicht einmal nur das Christentum gemeint, sondern dessen – ihm unterstellter – Grundzug der Lebensverneinung, die es mit anderen asketischen Richtungen teile. Im Symbol des ‚heiligen Kreuzes' oder des ‚Gottes am Kreuze', wie ihn Paulus erfunden habe, erblickt Nietzsche das Triumphzeichen, unter dem das Christentum Haupttendenzen aller antiken Décadence-Bewegungen in sich aufgenommen und, in einem Siegeszug, untereinander verbunden habe, auch asiatische Mysterien- und Religionsvorstellungen. Aus der Perspektive einer Wertsetzung der Ohnmacht sei also eine Aufstandsbewegung zustande gekommen gegen die erste große antike Wertsetzung aus einem Geist des Wohlgeratenseins und der Stärke. In der Formel: *„Dionysos gegen den Gekreuzigten"* tritt der *dionysische* Umwerter Nietzsche

---

18 Zu Nietzsches Gebrauch des Wortes „Erlöser" vgl. Sommer: *Friedrich Nietzsches ‚Der Antichrist'*, s. nota 9, 280ff. Zum einen gehe es um den historischen Jesus, dessen psychologischen Typus er rekonstruieren will, zum andern um Christus als Sohn Gottes und Welterlöser, den die Paulinische Verkündigung erfunden haben soll.

19 Jörg Salaquarda betont, daß Nietzsches Wort: ‚Der Gekreuzigte' *nicht* als Symbol für den historischen Jesus, sondern hier für den dogmatischen Paulinischen Christus steht (Dionysos gegen den Gekreuzigten, 296, 300, 317).

Paulus als dem maßgeblichen Umwerter der antiken Wertewelt entgegen und hebt, seinem späten welthistorischen Anspruch nach, dessen Umwertung auf.

Die Décadence besiegt die aristokratische Werteordnung durch die Suggestion des Paulus *gegen* die Weisheit der Welt (1Kor 1, 17-25) und *für* das, was schwach ist: Alles, was leidet, kaputt ist, „am Kreuze hängt, ist göttlich" (AC 51). Der ganze Sinn der antiken Welt ging zugrunde[20] durch den in Paulus Genie gewordenen, geschichtsmächtigen, in Luther wiederkehrenden „Hass gegen Rom" (AC 58). Worte des Paulus erinnernd, bietet Nietzsche *„Proben der heiligen Unverschämtheit"*, die z.B. darin liege, daß gläubige Christen einst Engel richten werden (KSA 12, 562f; vgl. 1Kor 6, 3). Das *Hohelied auf die Liebe* (1Kor 13) aber sucht er durch die Mutmaßung zu diskreditieren, das Genie des Paulus habe sich darin erwiesen, daß er jüdische Familienzärtlichkeit in römisch kalter Realität für alle attraktiv zu machen wußte; das Privileg galt den *Demütigsten* (KSA 12: 564, 566).[21]

In der *Genealogie der Moral* erklärt Nietzsche, seinen Ressentimentbegriff entwickelnd, daß kraft der Theologie des Paulus das Volk Israel, in einer nur scheinbar ohnmächtigen Rache an seinen Unterdrückern, über die antiken Ideale der Römer den Triumph davongetragen, deren vornehme Werte umgewertet habe. Die welthistorische Persönlichkeit des Paulus, durch Platon und Sokrates vorbereitet,[22] habe die erste große Epoche in der Geschichte der Moralen beendet. *Judäa* habe *über Rom gesiegt*, indem der Paulinische Christus

---

20 Ein Zornaffekt des Graecophilen gegen Paulus spricht sich schon im Jahre 1880 auf surrealistische Art aus: „Der Selbstmord ausgeübt an einer ganzen Epoche ... alles soll todt ... vergessen sein ... Paulus" (KSA 9, 167).

21 Als Korrektiv vgl. Thomas Söding: *Die Trias Glaube, Hoffnung, Liebe bei Paulus. Eine exegetische Studie*, Stuttgart 1992, 104-144 und ders.: *Gottesliebe bei Paulus*, in: *Theologie und Glaube*, 79. Jg, 3/ 1989, 219-242.

22 In großen erfinderischen Geistern, von denen alle Wertschätzungen ausgingen, so rühmt Nietzsche, liege eine Fülle von Konzeptionen, gleichsam ein Spiel mit Gestalten. Die Abhängigkeit der „niederen Naturen" von ihnen sei unsäglich groß. Paradigmatisch führt er – in *einem* Atemzug, so wie er das Christentum „Platonismus für's ‚Volk'" nennt (KSA 5, 12), – *Platon und das Christentum* gemeinsam an und fügt hinzu, Paulus habe kaum gewußt, *„wie sehr* alles in ihm nach Platon riecht" (KSA 11, 161f). Worin mag Nietzsche solche Nähe finden? Da er in seinem Programm des *„umgedrehten Platonismus"* (KSA 7, 199), *„am Leitfaden des Leibes"* – als einer anderen großen Vernunft (*Zarathustra*) – zu denken unternimmt, ist er auf Anti-Leibliches bei Platon und Paulus ausgerichtet. Paulus habe seine Leiblichkeit wie eine „überwundene und abgethane Täuschung" hingenommen; der Glaube von Philosophen und Religiösen gelte der „Autorität des Geistes" (KSA 11, 565f). Nietzsche kann sich dafür berufen auf die Paulinische Unterscheidung (vgl. Rö 7, 22-25) zwischen dem *äußeren Menschen*, der verfällt, und dem *inneren*, der im *Pneuma* stetig erneuert wird (2Kor 4, 16f), und auf das Wort vom sehnsüchtigen Seufzen, unsre sterbliche Leibeshütte möge überkleidet werden vom himmlischen Leben (2Kor 5, 1-10).

der Décadence zum siegreichen Durchbruch verhalf. „Vor *drei Juden* ... und *einer Jüdin*": Jesus, Petrus, Paulus und Maria beuge man sich heute, „zahm" geworden, „fast auf der halben Erde"; und in ihnen werde der „Inbegriff aller höchsten Werte" erblickt (GM I, 16). Nietzsche als Anti-Paulus sucht die Paulinische Umwertung der Werte aufzuheben, indem er die falsche Glorie der Schwachen und Elenden demaskiert und das Ideal starker Wohlgeratenheit wieder aufrichtet. – Die „christliche Moral" stellt Nietzsche in den letzten Wochen seines bewußten Wirkens als eine die Naturordnung verwüstende „Katastrophe" hin; wer sie aufdecke, breche „die Geschichte der Menschheit" entzwei (KSA 6, 373). Denn das konsequente *Christentum* ist „die ausschweifendste Durchfigurierung des moralischen Themas, welche die Menschheit bisher anzuhören bekommen hat" (KSA 1, 18); in der Unbedingtheit ihrer Forderungen, die das stets unmoralische Leben unablässig verurteilen, sei die christliche Moral das „Kapital-Verbrechen am Leben". Paulus wird, so heißt es schon in der *Fröhlichen Wissenschaft*, ein „böser Blick" für die Leidenschaften unterstellt; er kenne von ihnen nur, das „Schmutzige, Entstellende und Herzbrechende" (FW 139). Nicht Jesus, sondern eine dem Leben feindliche, mit der Gedankenwelt des Paulus verknüpfte Keuschheitsmoral (vgl. 1Kor 7), so die scharfzüngige Polemik, habe der Quelle unseres Lebens „Gift zu trinken" gegeben; Eros sei nicht daran gestorben, aber zum „Laster entartet" (JGB 168). Für Nietzsche führt die weltgeschichtlich bedeutsame christliche Lehre von der heiligen Selbstbesiegung physiologisch in den Ruin. Indem er einen *Naturalismus in der Moral* fordert, der heilsame Instinkte des Lebens entfesseln soll, gerät der christliche Gott in den Verdacht, als ein Feind des Lebens, ja als dessen Gegenbegriff und Verurteilung zu gelten. Denn im Namen dieses Gottes würden die lebendigen Triebe verleumdet.

Die furchtbarste Anklage, ein „Gesetz wider das Christenthum" (KSA 6, 254) glaubt Nietzsche erheben zu müssen, da es mit den ihm entspringenden Segnungen des Humanitären und seiner Lehre von der Gleichheit aller Menschen vor Gott zum Niedergangsprinzip der Gesellschafts-ordnung zu werden drohe (AC 62). Denn es fördere durch seine asketische Moral jede Art von Widernatur, verlästere das Erotische, führe zum Leiden am Natürlichen, heiße Menschen ihrer Sündhaftigkeit wegen sich bis in ihre Traumwelt hinein zu verdächtigen. Es begehe damit aber die Sünde wider den heiligen Geist des Lebens, der, wie dionysische Mysterien es lehren, ein ewig sich fortzeugendes Leben, sonach die Sexualität verherrliche. Die Ursünde im Anschluß an Rö 7 in die sexuelle *Concupiscentia* zu legen, wie Augustinus, getreuer Schüler des Paulus, sei des Menschen „Selbstschändung" (AC 62; vgl. KSA 6, 254).[23] Dage-

---

23   Jörg Salaquarda (Der Antichrist, in: *Nietzsche-Studien* Bd 2, 1973, 91-136, 126) mildert die Schroffheit dieser Äußerungen durch Hinweis auf Nietzsches Obsession gegen

gen setzt der Umwerter Nietzsche das in der Unschuld des Werdens zu erringende neue dionysische Jasagen zu sprühendem Leben.

Was bislang als Gott verehrt worden sei, empfinden „wir", so pluralisiert Nietzsche sich mit seinen freien Geistern der Zukunft, als der Natur schädlich, als Verbrechen am Leben. Deshalb leugnen wir diesen strengen Gott; hier fällt der Name Paulus wie ein Meteorit in das schmerzliche Nachdenken: „In Formel: deus qualem Paulus creavit, dei negatio" (AC 47).[24] Nietzsche also brandmarkt Paulus wiederum als Gottesverfolger, der, statt ihn zu rühmen, ihn diskreditiert habe. Im Sündenverständnis ereigne sich die Erniedrigung des Menschen; dagegen setzt der Umwerter Nietzsche als vornehmen Wert „ein triumphirende Wohlgefühl" an sich und am Leben (AC 56).

Nietzsche erklärt, er habe sich eine antichristliche, positive, nicht-asketische Gegenwertung des Lebens erfinden müssen und, da niemand den Namen des Antichrist kennen könne, sie auf den Namen des Gottes Dionysos getauft (KSA 1, 19). Sein Haß auf das Paulinische Christentum entspringt seiner darwinianischen Obsession, das leidige Hindernis für den einzig verbliebenen postmetaphysischen Sinn das Seins, so wie er ihn definiert, nämlich die höhere Spezies Mensch, sei rücksichtslos zu beseitigen. „Der Gekreuzigte" des christlichen Glaubens, der Christus, zu dem Paulus Jesus erhöht hat, wird infolge dessen als Inbegriff der Lebensverneinung angegriffen. Positive Gegenwelt ist das *Dionysische*, worin durch den Akt der *Zeugung* zum Leben ja gesagt wird.

Mit den gewollten Anklängen seiner Selbsttitulatur an jenen gottfeindlichen letzten Gegen-Christus hat Nietzsche sich den Nimbus des Unheimlichen

---

Schopenhauers Verteufelung der Sexualität. Sonach verdammt Nietzsche die christliche Ethik, indem er sie mit dem Denunzieren des Geschlechtstriebs identifiziert.

24 Nietzsches These, Paulus sei eigentlicher Erfinder, oder zweiter Stifter des Christentums, der die entstehende Religion auf einen ganz andern Weg gebracht habe, als es der rekonstruierbaren Intention Jesu entsprochen hätte, taucht als These bereits im englischen Deismus auf, wird im 19. Jahrhundert z.B. von dem Orientalisten Paul de la Garde vertreten, findet sich später bei Theologen der religionsgeschichtlichen Schule wie William Wrede (s. nota 7, 96) und zuletzt noch im Titel des polemischen Werks von Gerd Lüdemann: *Paulus, der Gründer des Christentums*, Lüneburg 2001. Demgegenüber ist in den vergangenen Jahrzehnten in der Forschung zunehmend erkannt worden, daß sogleich nach den Osterereignissen, anknüpfend an Jesu Predigt und seinen singulären Vollmachtsanspruch, schon in frühesten Gemeinden eine lebendige theologische Traditionsbildung einsetzte, in deren Verlauf sich bald eine ‚hohe' Christologie ausbildete, die Präexistenzvorstellung und Überzeugung von Christi Sühnetod eingeschlossen, – also *Theologoumena*, als deren Urheber man oft Paulus vermutet hatte, – und in Hoheitstiteln (Christus, Kyrios, Sohn Gottes), Glaubensformeln und Hymnen fixiert wurde. Paulus hat diese als für ihn normativ übernommen, sei es explizit (1Kor 11, 23ff; 15, 3-9), oder implizit (Rö 4, 24f; 10, 9f; 1Kor 8, 6; Phil 2, 6-11), und dann theologisch weitergedacht und vertieft. Vgl. Klaus Wengst: *Formeln und Lieder des Urchristentums*, Gütersloh 1972; Udo Schnelle: *Theologie des Neuen Testaments*, 2. Aufl. Göttingen 2010.

zugelegt und ist dabei wohl auch sich selbst immer unheimlicher geworden. In den Jahren 1883-88 hat er sich übersteigernd in die Rolle eines, ja *des* Antichristen hineingedacht. Er kokettiert schon im Jahr 1883 in schwarzem Humor mit einem „neuen Namen": „ich bin – – – der *Antichrist*", indem er zur Selbstbezeichnung eine fromme Warnungsprophetie für sich als den Autor des *Zarathustra* aufnimmt (KSB 6: 357, 436).[25] Nietzsches exaltiertes spätes Bewußtsein unterscheidet sich von Größenwahn dadurch, daß er seine Sendung, mit der er das Schicksal der Menschheit verknüpft glaubt, mit Furcht und Zittern und sich selbst als „Verhängniß" wahrnimmt (KSB 8, 482). Er hat den unheilsgeschichtlichen, ja endzeitlichen Klang des Wortes, der ihm geläufig war, der den großen Abfall von Gott und den Menschen der *Gesetzlosigkeit* (2Thess 2, 3f) verkündet, auf schockierende Weise mitbedacht.[26] Mit seiner apokalyptischen Selbsttitulatur nimmt er das Schlimmstmögliche als das vielleicht Reale an.

Hochgradig ambivalent ist von daher Nietzsches scheinbar frommes Wort: „Christus am Kreuze' ist das erhabenste Symbol – immer noch" (KSA 12, 108), worin sich kaum religiöse Nostalgien verbergen, sondern gleichermaßen achtungsvoller Respekt und zornige Kampfeslust,[27] die auf die zu vollbringende Umwertung hinzielt. An Stelle von Metaphysik und Religion, so der „Plan", soll die *ewige Wiederkehr des Gleichen* verkündet werden als Mittel zur Selektion einer höheren Menschenart (KSA 12, 342f). Nietzsche vollbringt die Delegitimierung des christlichen Abendlandes in *Der Antichrist*,[28] indem er die in Jesus angebrochene christliche Heilsgeschichte in eine Unheilsgeschichte umdeutet. Das Heil ist nicht mehr vom ‚Paulinischen' Christus, sondern vom antipaulinischen Anti-Christus, alias Dionysos, Zarathustra oder Nietzsche zu erwarten. Ziel ist ein säkularer Dionysoskult, worin „das triumphierende Ja zum Leben über Tod und Wandel hinaus" Zentraldogma ist. Der Glaube an „das *wahre* Leben" soll rein diesseitig sein; es bestehe im Gesamtfortleben

---

25 Vgl. Harald Seubert: Der Antichrist – Überlegungen zu einem Typus eschatologischen Denkens. Zugleich ein Versuch über Weltgeschichte und Heilsgeschichte, in: *Für eine reformatorische Kirche*, FS für Armin Sierszyn, hg. von S. Grosse, H. Klement, Zürich 2013, 225-255.

26 Nietzsches Innesein der eschatologischen Bedeutung seiner Selbstbezeichnung als ‚der Antichrist' hebt auch Sommer hervor: F. Nietzsches ‚Der Antichrist', s. nota 9, 688f.

27 Zu Nietzsches erklärter Absicht, u.a. mit seinem späten Werk *Ecce Homo*, einen *Vernichtungsschlag* gegen das *Christentum*, ein „Attentat ohne die geringste Rücksicht *auf den Gekreuzigten*" führen zu wollen, s. Briefe und Briefentwürfe vom Spätherbst 1888 (KSB 8: 482, 500ff, 512), die allerdings pathologisch überschattet sind von Omnipotenz-Phantasien über die zukünftige Wirkung seiner Lehre als „*Weltgericht*" und von sich selbst als dem Nachfolger des „alte(n) Gott(es)", der „abgedankt" habe oder „abgeschafft" worden sei (KSB 8: 510, 522).

28 Vgl. dazu Sommer: *Friedrich Nietzsches ‚Der Antichrist'*, s. nota 9, passim.

der Gattung durch physische Zeugung. Dies sei der „*heilige* Weg", der von Nietzsche „religiös empfunden" wird als Glaube an die „Ewigkeit des Lebens" (KSA 6, 159f).

In einer Art Notwehrhandlung wird hier, um dem an sich ewig Sinnlosen verzweifelt Sinn einzuhauchen, der Biologie eine religiöse Weihe zugedacht. Christliche und dionysische Weltsicht differieren für ihn nicht hinsichtlich der Bereitschaft zum Martyrium, doch komme ihm jeweils ein ganz unterschiedlich begründeter Sinn zu. Im dionysischen Verständnis gehöre zum Leben in seiner Fruchtbarkeit auch Qual, Zerstörung, ja Vernichtung. Im Paulinischen Sinne aber gelte der Gekreuzigte als der Heilige, absolut Unschuldige, das Wort vom Kreuz analog als die Formel der Verurteilung des Lebens, das im Gegensatz zu diesem Christus zuinnerst sündig sei. „Der Gott am Kreuz' ist ein Fluch auf das Leben"; der in Stücke gerissene Dionysos hingegen, so die antichristliche Mythologisierung eines neuheidnischen Lebenskultes, sei „eine *Verheißung* ins Leben: es wird ewig wieder geboren und aus der Zerstörung heimkommen" (KSA 13, 267). Mit D. F. Strauß scheint Nietzsche allergisch zu sein gegen christliche, nicht aber heidnische Mythen.

Dieser Kult des Dionysischen ist quasireligiöser Überbau eines pseudolegitimen darwinistischen Daseinskampfes. Im „Versuch einer Selbstkritik" (von 1886) erklärt Nietzsche, er habe sich eine „*antichristliche*", nicht asketische „Gegenwertung des Lebens" erfunden und diese auf den Namen des antik heidnischen Gottes Dionysos getauft (KSA 1, 19). Der Aphorismus ,*Was ist Romantik?*' zeigt drastisch die gewaltige Kluft, die den sich zum „Leidendste(n)" herabneigenden „Heiland"'-Gott vom „dionysischen Gott" und Menschen trennt, der die reichste „Lebensfülle" mit einem „Luxus von Zerstörung" zu vereinbaren weiß, – wieder an Darwins Selektionsprinzip gemahnend, – da inmitten der „Zersetzung" ein Überschuß von zeugenden Kräften zum Zuge komme (FW 370). Paulus lehrt den bis ans Kreuz sich erniedrigenden Heiland, Dionysos den Lebensoptimierer, der auch über Leichen schreitet, falls das *utopisch* darwinistische Experiment Opfer erfordern sollte.

d)   *Epilog: Nietzsches Fasziniertsein vom Pauluswort Römer 8, 28*

Ein einziges Mal, im Aphorismus „*Sich vollkommene Gegner wünschen*", gesteht Nietzsche Paulus zu, er habe das Geheimnis der Liebe gekannt bzw. dieses im „Zustande der erhabensten, liebendsten, stillsten, verzücktesten Halbgöttlichkeit des Christen", so verklausuliert er, „zu erraten gesucht". Daher gehöre er mit Pascal in den Rang der „vollendeten Typen der Christlichkeit" (M 192). Im Aphorismus „*Liebe*" (VM 95) bedenkt Nietzsche, wacher Kulturanalytiker, der als Gottestodfolge den die Seele veröden den *Nihilismus* voraussah: Der feinste Kunstgriff, den das Christentum vor den übrigen Religionen voraushabe, sei der erlesene Liebesgedanke. Es ist in dem Worte Liebe etwas so „Anregendes, zur Erinnerung, zur Hoffnung Sprechendes, daß auch die niedrigste Intelligenz und das kälteste Herz noch etwas von dem Schimmer dieses Wortes fühlt ... Und jene Zahllosen, welche Liebe vermissen, von seiten der Eltern, Kinder oder Geliebten ... haben im Christentum ihren Fund gemacht." (VM 95) Überhaupt haben die Menschen zu allen Zeiten, so erklärt er in schwermütig durchtöntem Humor, die Liebe *vergöttlicht*, da sie alle immer allzu *„wenig davon gehabt haben"* (M 147). So wirkt die *Selbstbehütung* der Seele sich im Bilden von Illusionen aus.

Bemerkenswert ist Nietzsches häufige Bezugnahme auf *Römer* 8, 28.[29] Zwar im pejorativen Kontext einer *„Euthanasie* des Christentums", das in einen „sanften *Moralismus"* des universalen *Wohlwollens* eingegangen sei, wird doch die verbreitete Annahme eines „wunderlich *vereinfachte(n)* Christentum(s)" gewürdigt: „Ein Gott, der in seiner Liebe alles so fügt wie es uns schließlich am besten sein wird, ... ist das Beste und Lebendigste, was vom Christentum ... übrig geblieben ist" (M 92). Der sich wandelnde Geist der Zeit wird von Nietzsche in ambivalenten Bestimmungen charakterisiert, in Spannung zwischen Wünschbarem und Belastendem: „Unsere erschreckende Mündigkeit! In die Welt hinein gestoßen!" „Ohne es zu merken, genießen wir die vertrauensvolle Ruhe", als wäre sie „eine Vorsehung". Er analysiert den Gefühlskomplex hinter dieser Providenz-Mutmaßung: „Mitten in unserem kalten Fatalism empfinden wir", so die psychosomatische Sicht unbewußten Wünschens, „eine warme Luft von *älteren*, religiösen Empfindungen" (KSA 9, 328f). Nietzsche durchlebt jenen *Fatalismus*, dessen *Kälte* in Korrelation steht zur *Wärme* religiöser Ideen, in seiner ganzen Spannweite, indem er *Römer* 8, 28, als Inbegriff jener „Empfindungen", variiert.

Ein den *„älteren"* Empfindungen" sich verdankender, vom kirchlichen Dogma abgelöster Rest von Glaube erwacht in Nietzsche wieder zur Zeit seiner Liebeshoffnung auf Lou Salomé, als eine „Gott-Ergebenheit", der gemäß er „glaube", daß ihm „Alles zum Besten gereichen muß" (KSB 6, 201). Diese „Gott-Ergebenheit" ist, ebenso wie die im veröffentlichten Werk ausgesprochene Selbstermunterung: *„Amor fati*: Das sei von nun an meine Liebe!" (FW 276), vor dem Hintergrund des Pauluswortes Rö 8, 28, nicht allein im Sinne des des Spinozanischen *Amor Dei intellectualis* oder der stoischen *Heimarmene* zu lesen. Im unmittelbar folgenden Aphorismus *Persönliche Providenz* (FW 277) enthüllt Nietzsche als die „schwerste Probe" für den freien Geist, – daß er nicht zum Apostaten und wieder gottgläubig wird, – wenn er zwar „dem schönen

---

29 Bei Paulus heißt es: „Wir wissen aber, daß denen, die Gott lieben, alle Dinge zum Besten dienen." (Rö 8, 28)

Chaos des Daseins alle fürsorgende Vernunft und Güte abgestritten" habe, in der eindringlichen Macht des „Augenschein(s)" jedoch den „besten Fürsprecher" dafür erlebe, daß uns „alle Dinge, die uns treffen, fortwährend *zum Besten gereichen*" (FW 277), wobei das für Paulus Bedeutsame hier ausgelassen ist bzw. ungesagt bleibt, die Adressaten dieser Verheißungszusage betreffend: „denen, die Gott lieben ..." (Rö 8, 28).

Das, was der freie Geist verlor, kehrt ihm kraft kreativer Imagination auf ihn berückende Art wieder, wie im Konjunktiv und mithilfe eines musikalisch kompositorischen Vergleichs ausgemalt wird: „Mein Leben würde dem Beobachter keinen Fehlgriff mehr zeigen – ich verstehe es wie die Meister der Tonkunst, den wirklichen Fehlgriff und Zufall *augenblicklich* umzudeuten und einzureihen in das thematische Gefüge" (KSA 14, 267). Die gefährlichste, d.h. die am schwersten durch inneren Widerstand zu vermeidende „Verführung", – weil der so Verführte die schaurige *Moira* würde hinter sich lassen können, – liegt in jenem beglückend erlebten „Augenschein", der *uns* zum verabschiedeten Glauben an eine „persönliche Providenz" hinlockt (FW 277). Das schönste Wünschbare, die vom Apostel verkündigte göttliche Fürsorge der Güte, wird energisch verworfen, gemäß der für Nietzsche typischen Logik des Verdachts: Verkenne ich meine eigene, womöglich künstlerische, Raffinesse „im Auslegen und Zurechtlegen der Ereignisse" zugunsten der – heimlich ersehnten – „allerweiseste(n) Providenz" (FW 277), „so komme ich gar dahin", so das Nachlaß-Notat zur Seelenverwicklung, „eine providenzielle *Fügung* für mich, ‚dem Alles zum Besten dient', anzuerkennen – und mich selber zu *betrügen*"! (KSA 14, 267) Auf die Art schneidet er harsch und konsequent die Pascalsche Logik des Herzens ab, das Gott suchen und finden will. – In Nietzsches Selbstdeutung soll autonome ästhetische Lebensgestaltung als Surrogat dienen für die vollkommene Teleologie aus göttlicher Liebe. Die beunruhigende Präsenz des Abwesenden, die er als tragische Unvollendung erlitten hat, trieb sein Denken und Fühlen so vielfach um, daß man geneigt sein könnte, das vermeintlich charakteristisch *jüdische* „Ausschauen nach dem Erlöser und Vollender aller Hoffnungen" (KSA 9, 80) als eine verschlüsselte Selbstaussage zu verstehen.

2) Nietzsches polemische Umdeutung von Luthers Rechtfertigungslehre

Nietzsches Beziehung zu Luther umfaßt emotional eine maximale Spannweite, die von rühmend warmer Sympathie bis zu niedermähender Schmähung reicht. In Nietzsches Frühphase überwiegt das erste, in der Spätphase das zweite, in der mittleren überlagert sich beides nahezu zeitgleich. Das Lutherbild Nietzsches bleibt oft erschreckend oberflächlich und ephemer, wiewohl Luthers Name nicht selten aufgerufen wird, aber wie eine Schachfigur in eigenen Problemfeldern. Wegen seiner Konturlosigkeit kann ‚Luther' umso leichter Projektionsfläche für Nietzsche sein. Was empört Nietzsche am Adressaten seiner frühen Verehrung so arg, daß er ungeniert Klischées aus der gegenreformatorischen Polemik bemüht, um Luthers Bedeutung zu marginalisieren, daß er ihn öfter karikiert, ja bis zur Unkenntlichkeit entstellt, oder die *Reformation* als Unglücksfall der Geschichte stilisiert? – Ein seltenes Mal, in einer Miniatur zu Paulus, die untersucht werden soll, tritt Luther als lebendiger Charakter in Erscheinung: Nietzsche lotet die *Grundlogik des Christentums* freigeistig kühn und tiefschürfend aus und beleuchtet Luthers Urmotiv in eins mit dem des Apostels.[30]

Friedrich Nietzsche, dem Sohn eines lutherischen Pastors, der zudem Lesen und Schreiben aus der Lutherbibel lernte, schien eine Vertrautheit mit Luther in die Wiege gelegt zu sein. Originale Luther-Kenntnis hat er aber offenbar niemals durch ein Quellenstudium gesucht oder gefunden.[31] Vereinzelte Luther-Zitate bezeugen nicht mehr, als zum bildungsbürgerlichen Gemeingut gehört. Das einzige vorbehaltlos rühmende Anerkennen Nietzsches gegenüber Luther, das sich von der frühen bis in die späte Zeit ungebrochen durchhält, betrifft seine Sprachgewalt, daß in „Luther's deutschem Stile" die „Leiblichkeit" (KSA 8, 279) der deutschen Sprache Gestalt gewonnen habe. Gemeint ist das onomatopoietisch *Rhetorische* und *psychosomatisch* Ergreifende seines Ausdrucks. Die mächtige Ausstrahlung von Luthers Bibelübersetzung zeigt sich für Nietzsche im Wort-gebrauch z.B. von ‚Herz', wie ihn der Reformator im *Alten Testament* schöpferisch festgeschrieben hat (KSA 9, 172)[32]. Das „Meisterstück der deutschen Prosa" ist das „ihres größten Predigers: die *Bibel*";

---

[30] Dieses Kapitel ist die überarbeitete Neufassung der Erstpublikation unter dem Titel: Explosive Ambivalenz – Nietzsches antichristliche Umdeutung von Luthers Motiv der Rechtfertigung des Sünders durch Gottes Gnade, in: *Nietzscheforschung* Bd 23 (2016): „... *Der unmögliche Mönch*"? – *Nietzsches Luther- und Reformationskritik*, hg. von Renate Reschke, Berlin/ Boston 2016, 13-35.

[31] Vgl. Albrecht Beutel: Das Lutherbild Friedrich Nietzsches, in: *Luther-Jahrbuch* 2005, 119-146.

[32] Nietzsche bekundet „alle Achtung vor dem *Alten* Testament"; in ihm findet er „große Menschen", etwas „vom Allerseltensten auf Erden, die ... Naivität des *starken Herzens*" (GM III, 22). „Im jüdischen ‚Alten Testament', dem Buche von der göttlichen Gerechtigkeit, gibt es Menschen, Dinge und Reden in einem so großen Stile, daß das griechische" Schrifttum ihm „nichts zur Seite zu stellen hat" (JGB 52), so rühmt der graecophile Nietzsche! Da es um Gottes *Gerechtigkeit* im Buch *Hiob* geht, dürfte Nietzsche es höher stellen als Aischylos' *Prometheus*.

„Luthers Bibel" war „bisher", – gemeint ist mit dieser Zeiteinschränkung: vor Nietzsches *Zarathustra*, der im Vorjahr erschienen war und der die „deutsche Sprache zu ihrer Vollendung" bringen sollte (KSB 6, 479), – „das beste deutsche Buch" (JGB 247). Kryptisch und heftig erklärt er, mit dem Vorbehalt und Ziel, „hellenisch" sein zu wollen: „Unser letztes Ereigniß ist immer noch *Luther*, unser einziges Buch immer noch die *Bibel*" (KSA 11, 56). „Die Sprache Luthers und die poetische Form der Bibel als Grundlage einer neuen deutschen *Poesie*: – das ist *meine* Erfindung!" (KSA 11, 60) Nietzsche erblickt und stilisiert sich als literarischen Widergänger eines Vorgängers; seine Botschaft ist indes, im Gehalt spiegelverkehrt zu Luther, ein antichristliches ‚Evangelium' mit der Botschaft: „Gott ist tot", es lebe der „Übermensch"; der sei der neue Sinn unsrer Erde, anstelle der Hoffnung auf die Auferstehung der Toten und eine jenseitige gerechte Welt. Als Atheist ist er immer wahrgenommen worden, selten aber seine tiefe Verwurzelung in dem Christentum, das er als freier Geist so heftig bekämpfte. Der Verkünder des Todes Gottes hat in früher Jugend Gott als Vater Jesu Christi gefunden, geliebt und später als Student verloren.

a) *Die Umkehrung von Gottes Gnade zum Sünder in ein ästhetisch „ewig gerechtfertigt"-Sein*

Der Begriff der *Rechtfertigung* nimmt in Nietzsches Werk eine überraschend schlüsselhafte Stellung ein, aus dem christlich-dogmatischem Kontext herausgebrochen, dennoch an Luther gemahnend. – In frühen Skizzen zur *Weltanschauung der protestantischen Orthodoxie* wird ein simplifizierter Luther in Abwehr zitiert; die Orthodoxie und ihr *„Supranaturalismus"* sehe des Menschen Leben als *divina comoedia* an: „*durch fremde Schuld*" sei er böse, durch ein „*fremdes Verdienst*", „das Verdienst Christi", werde er „gerecht". Wegen geerbter Bosheit sei dem Menschen das Kreuz Christi ein „Ärgerniß"; Gottes „Gnadenzug" wecke in ihm Reue, Buße, Glauben. Warum hat Gott, so weist Nietzsche die calvinistische Prädestinationslehre von sich fort, „von Ewigkeit her die einen aus grundlosem Erbarmen für den Himmel erwählt", die anderen aber „für die Hölle bestimmt"? Der „Riß" gehe quer durch die Menschheit, Wiedergeborene und Unwiedergeborene, Gefäße der Gnade und des Zorns (s. Rö 9): „Großartig, aber barbarisch", begehrt der jugendliche Denker auf (BAW 3, 126), der die ‚Rechtfertigung', in atmosphärischer Nähe zu Kants Autonomiekonzept, problematisiert.

Aus der mittleren, freigeistigen und aus der späten Zeit sei auch noch je ein markanter Fundort aufgerufen, aus dem hervorgeht, daß der abgeschnittene Lutherische Kontext, die Rechtfertigung des Sünders durch Gottes Gnade, dem Philosophen wohlbekannt, der verleugnete ursprüngliche Sinn also in dessen Verkehrung gegenwärtig gewesen sein dürfte. – Im Aphorismus ‚*Tragikomödie*', zur Regensburger *Disputation* von 1541,[33] sieht Nietzsche, indem er historische Daten verfremdet, ein „Possenspiel der fortuna" aufgeführt, die an wenige Tage und an „Zustände und Meinungen eines Kopfes das Seil der nächsten Jahrhunderte anknüpft, an dem sie diese tanzen lassen will"! Dabei läßt Nietzsche das zentrale Wort von Luthers Reformationsbotschaft verlauten, welcher gemäß „die Rechtfertigung durch die Gnade ihm als *sein* größter Fund und Wahlspruch erschien". In Zusammenhang steht dieser „Fund", woran der Philosoph kundig erinnert, mit Luthers Lehre von der „Erlösung durch Stellvertretung", von der „Erbsünde" und der „Rechtfertigung im Glauben". Freigeistig, wie Lessing in der Ringparabel, stellt Nietzsche die Frage der religiösen Wahrheit zurück und gibt nur als ein Phänomen zu, damals seien *„Kraftquellen* entsprungen", die in ihrer Stärke auf alle Mühlen der modernen Welt ausgeflossen sind (VM 226). Anerkennend steht hier, wie schon das positive Urteil über Luthers Bibelübersetzung, Nietzsches Zugeständnis an die epochale Ausstrahlungskraft von Luthers Verkündigung zur Rechtfertigung des Sünders.

In der Analyse des asketischen Ideals typisiert Nietzsche den asketischen Priester als einen, der sich das Leiden am Schuldgefühl, die Selbstqual einer kranken ‚Tierseele' Mensch, zunutze macht. Der „hypnotische Blick" des Sünders, der sich stets in eine Richtung, die seiner Schuld bewegt, als der *„einzigen* Leidens-Kausalität", erblickt überall in sich das böse Gewissen, dieses „grewliche thier', mit Luther zu reden". Im Schuldgefühl, so deutet Nietzsche des Büßers *contritio,* der Gottes Vergebung sucht, walte jene „stumme Qual", die „Agonie des gemarterten Herzens", der schrille „Schrei nach ‚Erlösung'" (GM III, 20), – welche Luther dann in seiner *sola-gratia*-Formel findet.

In der frühen Tragödienkonzeption, Nietzsches erstem Werk, tritt der Rechtfertigungsbegriff gehäuft auf. Als den „ethischen Untergrund" der antiken klassischen Tragödie bestimmt er „die *Rechtfertigung* des menschlichen Übels, und zwar sowohl der menschlichen Schuld als des dadurch (v)erwirkten Leidens." (KSA 1, 69) Den Typus des leidenschaftlich Wahrheit Suchenden, der an die Heilkraft des Erkennens glaubt, stellt Nietzsche hymnisch im Bilde des *sterbenden Sokrates* vor, der durch sein schwer errungenes Wissen „der Todesfurcht enthoben" ist. Die Bestimmung des Menschen sei, das Dasein „als begreiflich und damit als gerechtfertigt"(!) erscheinen zu machen, wozu, wenn die theoretischen Gründe nicht hinreichen, der Mythos dienen müsse (KSA 1,

---

33 Nietzsche scheint das Scheitern der damaligen römisch-reformatorischen Konsensgespräche irrtümlich auf Luthers Intransigenz zurückführen zu wollen, der aber in Regensburg nicht zugegen war; tatsächlich scheiterten die Verhandlungen, bevor Luther Kenntnis von ihrem Ergebnis erhielt, an Vorbehalten beider Seiten.

99). Antikisierend erwägt Nietzsche, daß die Götter das Menschenleben dadurch „rechtfertigen", daß sie es selbst leben; dies sei „die allein genügende Theodicee (Gottesrechtfertigung)!" (KSA 1, 36) Nietzsche setzt, neuzeitlich freigeistig, ein Junktim zwischen der – Lutherischen – Frage nach der möglichen Rechtfertigung des Menschen vor Gott (: *wie bekomme ich einen gnädigen Gott?*) und der Forderung einer Selbstrechtfertigung *Gottes* vor dem ihn ob seines Leids anklagenden Menschen. Aus Heraklits Munde läßt Nietzsche erlösende Weisheit fließen, die kein Unrecht einzelnen Seins kennt, das durch Untergang (– „Tod ist der Sünde Sold", Rö 6, 23 –) abzubüßen wäre: „Nicht die Bestrafung des Gewordenen schaute ich, sondern die Rechtfertigung des Werdens" (KSA 1, 822).

Die dionysische Mächtigkeit des Lebens versteht der frühe Nietzsche *darwinistisch*, *pantheistisch* und *neuplatonisch* als Depotenzierung des – wie bei Giordano Bruno – weltimmanent gedachten göttlichen Einen in paradoxer Einheit von Urlust und Urschmerz. Der Zuschauer der Tragödie wird einbezogen in dionysische Urlust und Urschmerz des im Wechsel von Tod und Leben sich reproduzierenden Lebens. Allein „als ästhetisches *Phänomen* ist das Dasein und die Welt ewig *gerechtfertigt*" (KSA 1, 47). Der Mensch als die existierende „Dissonanz" bedürfe einer „herrlichen Illusion", um leben zu können. Die Tragödie und die ihr gemäße Musik „rechtfertigen" durch ihr Spiel „die Existenz selbst der ‚schlechtesten Welt'" (KSA 1, 154) Systematisch tritt als Instanz der Versöhnung – wie bei Schiller und dem frühen Schelling – Ästhetik an die Stelle von Religion, die Kunst an die Stelle des „verschwindenden Mythus" (KSA 7, 421). Den Begriff der *Rechtfertigung*, der an Luthers *coram Deo* erschrockenes Gewissen gemahnt, – das durch die Botschaft von Gottes bedingungslos geschenkter Gnade (*sola gratia*) erlöst ist, – säkularisiert Nietzsche von der mittleren Phase an oft zur Bejahung des Lebens (s. FW 276), jene religiösen Reminiszenzen abstreifend.

Noch nahe an Schopenhauers Erlösungsstufen durch Kunst, Moral, Religion wandelt Nietzsche das Motiv der *Rechtfertigung* des Sünders vor Gott zur Selbstrechtfertigung des Ich durch Askese. Wer seiner „Sehnsucht nach Heiligung und Errettung" folge, erringe die Geburt eines „höheren Selbst" (KSA 1: 372, 385). Der „herrliche schöpferische Mensch" wird in Aussicht gestellt, der das Leben „rechtfertigen" und die neue ‚Gretchenfrage' aufklären könne: „Bejahst denn *du* im tiefsten Herzen dieses Dasein? ... Willst du sein Fürsprecher, sein Erlöser sein?'" (KSA 1, 363) – Die Formel des „Dionysischen", die Schopenhauers Askese-Ethik hinter sich läßt, zielt, krypto-lutherisch, auf eine „Rechtfertigung des Lebens, selbst in seinem Furchtbarsten, Zweideutigsten und Lügenhaftesten" ab (KSA 12, 354f). Rückblickend erklärt Nietzsche, worin er den Schlüssel zum Wesen des tragischen Dichtens erblickt habe, das sich nicht in Furcht und Mitleid erschöpfe. Sein Fazit ist: „Das Jasagen zum Leben selbst noch ... im *Opfer* seiner höchsten Typen der eignen Unerschöpflichkeit frohwerdend – *das* nannte ich dionysisch" (KSA 6, 160). Dies nachfühlbar zu machen, sei die Weisheit des tragischen Dichters; in dieser ersten ‚Umwertung der Werte' ersetzt Nietzsche die ethisch-religiöse durch seine ästhetische „Welt-Rechtfertigung"; „ewiges Nein" und Verachtung des essentiell unmoralischen Lebens erfährt die *artistische* Gegenwertung (KSA 1, 18f).

Utopistisch und in Assonanz an das Lutherische Rechtfertigungs-Motiv stellt Nietzsche der Tiefe des Verfalls in den von ihm diagnostizierten passiven Nihilismus die Höhe der Hoffnung auf eine messianische Lichtgestalt gegenüber, auf einen Menschen nämlich, „der *den* Menschen rechtfertigt, auf einen komplementären und erlösenden Glücksfall des Menschen, um deswillen man *den Glauben an den Menschen* festhalten darf!" (GM I, 12) Dieser Kommende wird als „der *erlösende* Mensch der großen Liebe und Verachtung, der schöpferische Geist" apostrophiert, er soll „Erlösung von dem Fluche" bringen, den die Moral durch ihre Richtersprüche auferlegte. „Gewissens-Vivisektion und Selbst-Thierquälerei" soll einer neuen *Unschuld des Werdens* weichen. Er soll als „Antichrist und Antinihilist" der „Besieger Gottes und des Nichts" sein (GM II, 24). Von der christlichen Moral als „Gifthauch" (KSA 6, 371) über der Realität soll er befreien. Denn die strenge Wertungsweise des Christentum sei „die ausschweifendste Durchfigurierung" (KSA 1, 18) ethischer Anforderungen, die jemals in der Menschheitsgeschichte aufgeboten worden ist.

Die von Nietzsche seit der mittleren Zeit der Freigeisterei beschworenen Bejahungsformeln sind für ihn zentraler Bestandteil therapeutischer Maßnahmen zur Überwindung des Nihilismus. Als „unheimlichstes Symptom" der Dekadenz bestimmt Nietzsche, daß der Mensch zum Leben, auch „zu sich selbst *nein*" sagt (GM Vorrede 5). Daher sucht er eine postmetaphysische Konzeption, die alles Dasein rechtfertigen kann: „das Werden muß gerechtfertigt erscheinen in jedem Augenblick (oder *unabwertbar* ...)" sein; daraus folgt für ihn die *Absurdität* jeder „daseinsrichtenden Gebärde" (KSA 13: 34, 45). Unübersehbar ist Nietzsches enormes Bedürfnis nach tragender ‚Rechtfertigung', das er nun, autonom und autotherapeutisch, ohne Luthers theonome Lösung zu stillen trachtet.

„Irgendwann einmal", so lautet die Selbstermunterung, will ich „nur noch ein Jasagender sein!" (FW 276) Die Überwindung menschlicher Bruchstückhaftigkeit zum höheren, ganzen Menschen hin (s. KSA 4, 179) ist die Zarathustra zugedachte Aufgabe. Feierlich wird er im Superlativ als der „jasagendste aller Geister" tituliert; als „*jasagend* bis zur Rechtfertigung", ja zur „Erlösung", wird er beschworen (KSA 6: 343, 348). Solches Jasagen schließt die wahre „Selbst-Wiederfindung" ein, „ein göttliches Jasagen zu sich aus animaler Fülle und Vollkommenheit",[34] das ein Christ so kaum wagen dürfte (KSA 12, 552f). Umfassende Bejahung würde der „*erlösende ... Mensch*" stiften, ein „Rechtfertiger" (KSA 12, 127). Wenn wir zu einem Augenblick unseres Lebens „Ja" gesagt haben, haben wir, so fingiert Nietzsche überschwänglich, da nichts isoliert für sich steht, „nicht nur zu uns selbst, sondern zu allem Dasein Ja gesagt... . Alle Ewigkeit war in diesem einzigen Augenblick unseres Jasagens gutgeheißen, erlöst, gerechtfertigt und bejaht." (KSA 12, 307f)[35] So werden neue Heilande kreiert. Der Imperativ einer *freigeistigen Ethik*, die der Lutherischen Rechtfertigungslehre unbedürftig ist, lautet: „Der Sinn deines Lebens sei, das Dasein zu rechtfertigen – und dazu mußt du nicht nur des Teufels Anwalt, sondern sogar der Fürsprecher Gottes vor dem Teufel sein." (KSA 10, 167) Nietzsche gesteht zu, daß er „noch *lebe*" durch den Willen zu seinem Werk; dieses unter Leiden Heranreifende soll „die nachträgliche Sanktion und Rechtfertigung meines ganzen Seins (eines sonst aus hundert Gründen ewig problematischen Seins!)" darstellen (KSB 8: 103, 222). – Der Rechtfertigungsbegriff geistert bei Nietzsche quer durch diverse Problemfelder in allen Phasen seines Denkwegs, Anzeige offner Probleme, überfrachtet mit hohen Lösungsversprechen.

In „*Der erste Christ*" (M 68) entfaltet Nietzsche seine These, ohne Paulus gäbe es keine Christenheit, ja er sei der eigentliche Erfinder des Christentums. So wie Luther in inbrünstiger Gottesliebe „der vollkommene Mensch des geistlichen Ideals" zu werden suchte, aber eben daran zerbrochen sei, so sei auch Paulus in seinem heißen Verlangen nach höchster Auszeichnung durch die völlige Erfüllung des Gesetzes in Verzweiflung ob seiner Unerfüllbarkeit geraten. „Ähnlich mag Luther empfunden haben,... und ähnlich wie Luthern, der eines Tages das geistliche Ideal und den Papst und die Heiligen und die ganze Klerisei zu hassen begann, mit einem wahren tödtlichen Haß, je weniger er ihn sich eingestehen durfte, – ähnlich erging es Paulus." (M 68)[36] Nietzsche will hier die

---

34 Aus Pascals „ni ange ni bête" wird hier das *sowohl* engelhaft (bzw. gottähnlich) *als auch* tierähnlich Sein, – d.i. die Spannweite vom Tier-‚Gewordensein' des Menschen (GM III 25) bis zur Vergöttlichung nach Gottes ‚Tod'.

35 Zu Nuancierungen zwischen stoischem bloß *Ertragen* (Ergebung in die *Heimarmene*) oder freiem *Bejahen* des Daseins, zur Lehre *ewiger Wiederkunft*, Bezügen auf den *amor fati* und Spinozas *Amor Dei*, s. Marco Brusotti: *Die Leidenschaft der Erkenntnis*. Philosophie und ästhetische Lebensgestaltung bei Nietzsche von *Morgenröte* bis *Also sprach Zarathustra*, Berlin/New York 1997: 351-355; 382f, 455-460, 478-489, 517-523, 587-627, 646f.

36 Zu Luthers reformatorischer Wende vgl. Otto Hermann Pesch: *Hinführung zu Luther*, Mainz 1983, 56-130.

Kongenialität von Apostel und Reformator hervorheben und beschwört daher die Ähnlichkeit als untergründige Wesensverwandtschaft. In einem Atemzug entwirft er eine wechselweise Heuristik beider *homines religiosi*, einen im andern spiegelnd. „Paulus glaubte an Christus, weil er ein Objekt nöthig hatte, das ihn *concentrirte* und dadurch befriedigte. Luther bekämpfte die Geistlichkeit, weil sein ernsthafter Versuch, ihr idealer Ausdruck zu werden, ihm nicht gelungen war" (KSA 9, 165).

Luther müsse die Entdeckung des Paulus, wie Nietzsche sie auffaßt, gemäß seiner Typisierung, fasziniert haben, ebenso die Gnadenrechtfertigung des Sünders, wie sie vom Apostel inspiriert ist. Beider Affinität liegt im Leiden an der Höhe ihres Ideals, das sich aus derselben Quelle, der Bibel speist. In der mittleren Phase zeigt sich öfter anerkennende Wertschätzung dieser hohen Idealität. Die Juden haben unter den Nationen „die sittliche Erhabenheit auf's Höchste gebracht ... Nur ihnen ist ein Jesus von Nazareth gelungen; nur ihnen ein heiliger Gott ... Dazu der Prophet, der Erlöser – das sind ihre Erfindungen" (KSA 9, 75). Die „Erfindung des heiligen Gottes", „die höchste moralische Subtilität", und das Ausschauhalten „nach dem Erlöser und Vollender aller Hoffnungen" entspringen dem Geist der Rabbiner (KSA 9, 80). „Die Liebe Gottes zum Sünder ist wundervoll", so verlautet das Staunen; warum haben die Griechen, fragt Nietzsche, nicht eine solche „Spannung von göttlicher Schönheit und menschlicher Häßlichkeit" ausgetragen? (KSA 9, 287f) Gerade die Juden aber, denen die Welt einzigartige Segnungen verdankt, so Nietzsches hellsichtige Warnungsprophetie, laufen in Europa hohe Gefahr, als *Sündenböcke* für alle möglichen Übelstände „zur Schlachtbank" geführt zu werden; ihnen verdanken wir „den edelsten Menschen (Christus), ... das mächtigste Buch und das wirkungsvollste Sittengesetz der Welt" (MA 475). Was Nietzsche in seiner mittleren Phase noch würdigt, wird später Objekt ausufernder Polemik.

Im Aphorismus mit dem Titel *Bauernaufstand des Geistes* fällt Nietzsches provozierende Wort von dem „unmöglichen Mönch" (FW 358). Er sucht religionspsychologisch zu erhellen, wie Luthers Rechtfertigungsidee ihre Motivierung und Stärke gewinnen konnte, aber auch, wie Luthers Werk später, „ohne daß er es wollte und wußte", zum „Zerstörungswerk" geworden sei, weil er, zum Zwecke der Dezentrierung römischer Macht, „die heiligen Bücher an jedermann" auslieferte, so daß die Bibel in die Hände der Philologen fiel, das sind für Nietzsche die „Vernichter" jeden Glaubens, der auf Büchern ruht (– zielt ab auf D. F. Strauß' *Leben Jesu* –); mit der Folgelast einer „ungeheuren Trümmerwelt" der Kirche in Europa, so malt er mit Pathos aus, da das Christentum „bis in die untersten Fundamente erschüttert", der Glaube an Gott „umgestürzt", die Kirche zu einer Stätte „des Untergangs" geworden sei (FW 358). Luthers Wirksamkeit wird von Nietzsche stilisiert zum Anfang eines Liberalisierungsprozesses in Fragen geistlicher und geistiger Autorität,[37] der in Strauß' Katechismus der ‚modernen Ideen' gipfelt, als einem Inbegriff der „Verflachung des europäischen Geistes" (FW 358). Im Erörtern der *Ehrfurcht* als Tugend, die Hierarchie kennt, und deren Verfall in der Moderne singt Nietzsche ein Loblied auf die Jahrtausende hochgehaltene „Ehrfurcht vor der *Bibel*" kraft einer „Tyrannei von Autorität", die dazu verhalf, sie wahrhaftig „auszuschöpfen", bis sie halbgebildetem Pöbel, modern ‚Gläubigen' ausgeliefert ward (JGB 263).

Der „abgründliche Haß" Luthers auf ‚höhere Menschen' verleitete ihn dazu, im Hinblick auf die kirchliche Hierarchie das zu betreiben, was er für die politische Ordnung bekämpft hat, einen ‚Bauernaufstand'; er verwarf in der kirchlichen Ordnung die Berufung vorzüglicher *homines religiosi* zur Herrschaft (FW 358). In Nietzsches moralkritisches Konzept vom „Sklaven-Aufstand" gegen die *noblesse* wird „Luther gegen die sancti" eingeordnet (KSA 11, 27). Durch Heraufbeschwören ‚höherer' Menschen trachtet Nietzsche die Nivellierung und Vermittelmäßigung zu überwinden; eben dies aber torpedierte sein gefährlicher Antipode: „Luther schrie über die Lüge des ‚höheren Menschen', an den er geglaubt hatte: ‚es gibt gar keine höheren Menschen' – schrie er." (KSA 11, 82) Der zwiefache ‚Schrei' zeigt den getroffenen Nerv. Weniger schrill ertönt Nietzsches Schelte: „Wie kann man nur dem *Einzelnen* Freiheit geben wollen gleich Luther in den höchsten Dingen!" (KSA 11, 78) Hinter dieser wunderlichen Verdammung der Luther zu verdankenden Autonomie des religiösen

---

37 Die ‚evangelische Freiheit', die darin besteht, nur dem je eigenen Gewissen verantwortlich zu sein, würdigt Nietzsche als „schüchternste" Gestalt eines freimütigen Willens zur Macht (KSA 12, 412). Später durchleuchtet er diese ‚Freiheit' als die heimliche „Formel der Libertinage"; bislang verborgene brutale Bedürfnisse und wilde Instinkte „bekamen mit Einem Male den Muth zu sich" (KSA 13, 420; vgl. KSA 12, 271). – Die Sorge, daß die Botschaft von der evangelischen Freiheit der „allgemeinen Indisziplin" (J. Burckhardt) die Schleusen geöffnet habe, trieb bereits den Reformator selbst um. In Luthers später Zeit gilt sein Kampf zunehmend den „Epicureis", zu denen er nicht nur römische „Sophistotheologi" und Humanistenkreise um Erasmus zählt, sondern auch die nur äußerlich zum neuen Glauben Übergetretenen. In dem zu Wohlstand gelangenden Wittenberg begegnen ihm „Mammonismus" und sittliche Verwahrlosung in einem Umfang, der ihn an eine antichristliche Zeitenwende denken läßt. Das „saeculum contritorum" seiner frühen Jahre, in dem geängstigte Gewissen Tröstung verlangten, weiche einem „saeculum securorum", in dem Hochmut, Genußstreben, Gottlosigkeit um sich greifen und daher statt der mißverstandenen Gnade wieder das Gesetz zu predigen nötig sei. Am Horizont erahnt Luther, fast schon nietzscheanisch, die Heraufkunft eines neuen Geschlechtes von „homines futuri, qui sine Deo viverent", die nur noch ihren „concupiscentiae et illusiones" folgen. Anders als Calvin wünscht Luther nicht die Errichtung eines Kirchenzuchtregiments wider die „sodoma"; er will allein der Wirkung des Wortes vertrauen. (Heinz Schilling: *Martin Luther*, München 2012, 358ff, 381ff. Vgl. Gottfried Maron: *Martin Luther und Epikur*, Hamburg 1988.)

Selbstbewußtseins steckt Nietzsches Unmut gegen Ochlokratie,[38] sein Verdacht, die befreite „Heerde" falle alsbald in Knechtschaft zurück: „Das Sklavenmäßige als Verlangen nach *Autorität*. Luther." (KSA 11, 70). Die ‚höchsten Dinge', – ein seit früher Zeit sich durchhaltendes Motiv, – bezeichnen sowohl den Christusglauben (KSA 11, 627) als auch das Klassische als das ewig Gültige der Kultur. „Wenn jetzt ein Luther entstünde", so imaginiert der frühe Nietzsche, der Luther beinah schwärmerisch verehrt und überall Symptome für ein *„Absterben der Bildung"* wegen Genuß- und Geldgier und, durch *Abfluten* sittlich ernster *Religion*, eine drohende „Sündflut der Barbarei", erblickt – er erhöbe sich wider solche „ekelhafte Gesinnung" (KSA 7, 718f). Gegen „uniformirten Zeitgeist" und eine sich ausbreitende „Ungeistermasse" führt der frühe Nietzsche „lutherartige Menschen" ins Feld (KSA 7, 645ff), eine steile Antithese zum späteren Vorwurf von Luthers egalisierender Wirkung. Das unseren Geist erleuchtende „Große", so hieß es in frühen siebziger Jahren, sei zu ehren, gemäß der ethisch-pädagogischen Maxime: „Das Große nachleben, um es vorzuleben". „Schopenhauer. Wagner. Goethe. Schiller. Luther. Beethoven" (KSA 7, 258ff). So konnte Nietzsche, anders als in späterer Ranküne, begrüßen, daß die Deutschen in ihrem Luther „ein Ideal" suchten, und darauf bestehen, dieses Suchen sollte niemals aufhören (KSA 7, 784). In der mittleren und späten Zeit prävaliert die autarke Rechtfertigung des Selbst.

b)   *Luther als Paulusnachfolger – neue Unschuld als Entsündigung*
Nietzsche mißfällt der paulinische Gedanke der Christuspartizipation, des *Eins*werdens der Seele des Jüngers mit Jesus, als schamlos Nähe heischend. Luther trifft ein entsprechender Unmut. „Die Leidenschaft für Gott: es gibt bäurische, treuherzige und zudringliche Arten, wie die Luthers", und es gibt „frauenhafte Zärtlichkeit", die „schamhaft nach einer unio mystica" drängt, bei Madame de Guyon (JGB 50). Luther will, den Papst, die „Mittler-Heiligen der Kirche" und die gesamte „Ehrfurchts-Etikette" ihres hierarchischen Gefüges geringschätzend, selbst, direkt und „ungeniert' mit seinem Gott reden", ja „er hat's getan", so ironisiert Nietzsche (GM III, 22).

Seine scharf geschliffene, – sachlich unfaire, – Waffe ist die Psychopathologisierung seines Kontrahenten: *„höhere Probleme"* würden von „Augustin

---

[38] Der „blumichte Herzensaustausch" in allgemeiner ‚Brüderlichkeit' (FW 362) soll Klüfte aufreißenden Trieben einer *agonalen Kultur* weichen. Das demokratische Ideal schwächt die *„starken Einzelnen"* im Beschwören einer „Todfeindschaft der Herde gegen die *Rangordnung"*, im Namen der *„Gleichmacher* (Christus)" (KSA 12, 379f). Als „die vier großen Demokraten" brandmarkt Nietzsche „Sokrates Christus Luther Rousseau" (KSA 12, 348). Zur Demokratiefrage s. Henning Ottmann: *Philosophie und Politik bei Nietzsche*, Berlin/New York 1987, 293-307.

oder Luther" verkannt; was sie umtreibe, sei „Alles rein persönliche Noth" (KSA 11, 242). Der grelle Kontrast wird beschworen zwischen den „starken freien Geistern" und der stets pathologischen „Optik der Gläubigen", wobei Luther in eine Reihe gestellt wird mit dem „Fanatiker" Savonarola (AC 54), dessen prophetisch wilder Eifer verbildlicht ist: „Feuer im Leibe, Schnee auf dem Haupte und den Mund voll schwarzer Dämpfe wie der Aetna" (KSA 9, 404). Eine gelinde Vorstufe zur Pathologisierung von gläubigen Christen, des näheren Luthers, ist die despektierliche Rede von der „Lust zu gehorchen" (M 207).

Nietzsches Zorn auf die christliche Armsündermiene nimmt die Gestalt der *Maxime* an, frei und furchtlos müßten wir in „unschuldiger Selbstigkeit" aus uns selbst wachsen und blühen dürfen (FW 99). Er will das religiöse Modell des Richtens, Strafens, Schuldzuweisens überwinden. Solche Überwindung ist sein Neues Evangelium, das gegen die theonome Entsündigung bei Paulus und Luther die (naturalistisch angehauchte) steile Gegenthese setzt: „Alles ist Unschuld"! (MA 107)

Das negative Pendant zu Nietzsches erhoffter Unschuld des Werdens ist ein Bußkampf in der Gewissensselbstquälerei. Die Auflösung der Antinomie von unverantwortlicher Unschuld, die heiß ersehnt ist, und verspürter Ruchlosigkeit, die das wache Ich an sich selbst erleidet, findet sich in Nietzsches psychologisierender Umdeutung der christlichen Liebe zu einer geläuterten, aus „Erbarmen" entspringenden Liebe und Selbstliebe. Hat jemand durch Selbsterkenntnis, die Gerechtigkeit ist gegen sich selbst, „genug an sich gelitten, sich selbst genug verletzt", so wird jene Liebe als wahres „Gnaden-Wunder" erlebt (KSA 8, 180). Reine Liebe heißt für ihn, indem er die neutestamentliche Agape umdeutet, frei sein vom Geist der Rache, auch der gegen sich selbst gerichteten. Sich als sündhaft verachtend, mißt ein Mensch diese schwer errungene Liebe zu sich Gott als Ursprung zu; es sei ihre Unbegreiflichkeit, die ihr den Anschein göttlicher Liebe verleihe. Unter dem Titel: *„Von dem christlichen Erlösungsbedürfnis"* (MA 132-134) führt er das Problem rein menschlicher, also antipaulinischer und antilutherischer „Selbsterlösung" (MA 107) fort, indem er das Rätsel, wie jemand sich selbst in allem verachten, sündhaft durch und durch wissen (Rö 7, 18) und dennoch lieben könne (KSA 8, 383) psychologisch, also antimetaphysisch zu erklären sucht. Gleichwohl bleibt intellektuell redlich ein Argwohn des Selbstbetrugs für Freigeist wie Fromme.

Als *Resultat aller Moralisten* betont Nietzsche zugleich das Phantomhafte in jeder Tugend, die jemand sich einbilde (MA 36). Hierin ist er *Hypermoralist*, der an biblische Topoi anknüpft. In der vom Vater ererbten Lutherbibel, deren häufigen Gebrauch seine Randnotizen verraten, ist *Römer 7*, Vers 18 von Nietzsche angestrichen: „Ich weiß, daß in mir, das ist in meinem Fleische, wohnt nichts Gutes". Öfter zitiert er auch das inhaltlich analoge Pascalwort, das Ich sei zu hassen und nur Gott zu lieben. Diese introspektive Tradition weiterführend, äußert Nietzsche den Verdacht, unsere Sehkraft sei meist zu stumpf, um das verfeinerte Böse in uns wahrzunehmen (FW 53).

Die „Grundlogik des Christentums" findet Nietzsche bei Luther kristallin theonom begründet: den Schluß von der „absoluten Verderbtheit" des Menschen, die im bösen Gewissen einleuchtet, – auch von seiner Unfreiheit zum Guten (wie Luther sie in *De servo arbitrio* gegen den Humanisten Erasmus zu demonstrieren suchte) und daher Unmöglichkeit wahrer Selbstzufriedenheit, – auf die Notwendigkeit der Gnade und Erlösung vom Bösen. „Ausbrüche der Heilsbegierde" entzünden sich an jenem inneren Unglücksgefühl und der Angst, die im schlechten Gewissen lauert, daß ich meine Schuld nie würde bezahlen oder meine Sünde loswerden können ohne Bekehrung und Gottes Heil: „endlich Gnade. Wunder-Akt. Plötzliche Umkehr. Paulus, Augustin, Luther" (KSA 12, 11f). In Stichworten erinnert Nietzsche die ihm wohl vertraute christliche Erlösungslehre, zu der Buße, Reue, Konversion und Wiedergeburt gehören, alles letztlich als Gnadengeschenke. Daß die Moralität, gemeint ist hier der Grad der Sittlichkeit eines Menschen, nicht in eins zu setzen oder zu verwechseln sei mit seinem ihm bewußten Wollen, darin seien alle „tieferen Menschen", so Paulus (s. *Römer* 6-7), Augustin und Luther, sich einig gewesen (KSA 12, 24). Nietzsche spricht also diesen christlichen Denkern besondere Tiefe ihrer sich durchleuchtenden *Selbsterkenntnis* zu.

Luther figuriert im Haß auf Rom als Widergänger des Paulus. Unter dem Motto: „Dionysos gegen den Gekreuzigten" schrumpft der Sachgehalt im Wort vom „unmöglichen Mönch", der ein Ideal „zerschlug", das er nicht zu erreichen wußte (FW 358), zur Polemik wider den ‚Mönch', der aus Gründen seiner eigenen „Unmöglichkeit' die Kirche angriff", „wiederherstellte", ja ihr zur ‚sittlichen Wiedergeburt' verhalf (KSA 6, 359), oder gar zur Haßtirade auf jenes „Verhängniß von Mönch", der das Christentum erneuerte, diese Religion einer Verneinung des Willens zum Leben (KSA 14, 502); sie gipfelt in der Wunschphantasie, daß eine entchristlichte Renaissance den verfemten antiken Werten wieder zum Siege verholfen hätte: „*Cesare Borgia als Papst*"! und der Empörung über das Scheitern solcher Hoffnungen durch die Reformation und den von ihr ausgelösten Frömmigkeitsschub: „Was geschah? Ein deutscher Mönch, Luther, kam nach Rom ..., mit allen rachsüchtigen Instinkten eines verunglückten Priesters im Leibe, empörte sich in Rom *gegen* die Renaissance" (AC 61). Daß Luthers Reformation sehr wohl auch gewissen Idealen der Renaissance zum Durchbruch verhalf, z.B. im Betonen freier Individualität, so in der ‚Freiheit des Christenmenschen', verschwindet hinter Klischées. Dabei zollt Nietzsche dem von Luther bewiesenen Mut für das „*individuelle* Handeln", allein auf sich gestellt, – seinem emphatischen Ich-Sagen, das legendarische „Ich *kann* nicht anders'" (KSA 9, 116) im Jahr 1521 auf dem Reichstag zu Worms, – unverhohlene Bewunderung: er habe sich nicht (– wider seine Überzeugung –) unter ein Gesetz zwingen lassen, sei vielmehr „*trotz* allem Gebot und Verbot *sich* selber treu" geblieben (ebd.). Solche intrinsische, souveräne Selbstwertsetzung entspricht als Handlungstyp Nietzsches Selbstideal der durch nichts korrumpierbaren „Vollendung unter dem eignen Gesetz" (FW 290).

In seinen Publikationen sucht Nietzsche seine Gedankennähe zu Darwin zu verbergen.[39] Einmal erklärt er sich im Theoriemodell mit den Darwinisten einig: Wir haben umgelernt, „wir leiten den Menschen nicht mehr ... von der ‚Gottheit' ab", wir haben ihn „unter die Thiere" zurück gesetzt (AC 14). Der Mensch sei weder die „Krone der Schöpfung" noch die große Absicht kosmischer Entwicklung. In *Ecce homo* schleudert er die Provokation „*Dionysos gegen den Gekreuzigten*" heraus; er verrät dabei den Kern seines vor Unmut bebenden Antichristentums: Das Christentum hat, so erklärt Nietzsche in Anspielung auf die Kreuzessymbolik, „das Gesetz der *Selektion* gekreuzt" (KSA 6, 374); denn es habe den starken, seiner selbst gewissen, Zukunft verbürgenden Menschen zu dem Bösen umgemünzt, durch diese negative Suggestion seinen Mut entmutigt, seinen Stolz zerbrochen, seinen Willen zur Macht im bösen Gewissen gegen sich selbst gekehrt und ihn zur Selbstverachtung, ja Selbstmißhandlung verleitet. Der christliche Gott steht daher im Verdacht, Lebensfeind zu sein, der vitale Triebe abzuwürgen fordere und, als Barmherzigkeit Gebietender, Gebrechliche beschütze, deren Sichfortzeugen begünstige, statt sie fallen zu lassen, und dadurch die Weiter- und Höherentwicklung der Spezies hindere.

Der späte Nietzsche hat sich eine antichristliche, nicht-asketische, positive Gegenwertung des Lebens erfinden wollen. Dabei entspringt sein lodernder Haß auf das paulinische und lutherische Christentum seiner darwinianischen Obsession, jegliches Hindernis für den einzig verbliebenen postmetaphysischen Sinn des Seins, so wie er ihn neu definieren will, nämlich die ‚höhere'

---

39   Zum Darwin-Komplex vgl. E. Düsing: *Nietzsches Denkweg*, 199-350. Der Nietzsche erregende Gedanke des *Experimentieren-Könnens*, ja -*Dürfens* der Menschheit mit sich selbst, sobald die Moralgrenzen in Richtung auf ein ‚Alles ist erlaubt!' fallen würden (M 501; vgl. M 274, M 453), ist für ihn *insignium* für das Ende religiös-metaphysischen Ernstes, das für ihn einhergeht mit der Wiederkehr des Tragischen im Hinblick auf „das Schicksal der Seele" (FW 382). „Es könnten ganze *Theile* der *Erde* sich dem *bewußten Experimentiren* weihen!" (KSA 9, 548) Die vom späten Nietzsche erwogene, gefährlich *biopolitisch* eingefärbte Freigabe des Experiments Mensch beginnt in seiner geschichtsphilosophischen Schau genau dann, wenn der Mensch sich selbst nur noch als das andere *Tier* einstuft und damit *in eins* das sittlich-religiöse *Selbstzwecksein* des Menschen geleugnet wird.

Spezies Mensch, sei rücksichtslos zu beseitigen. „Der Gekreuzigte" wird als Inbild der Lebensverneinung angegriffen. Das *Dionysische*, der Akt der Zeugung als Jasagens zum Leben, ist positive Gegenwelt.

Lebensfeind ist Luther aber gar nicht gewesen, wie Nietzsche sehr wohl bemerkt, so daß er ihn ob seiner Lebens- und Leibfreundlichkeit aus dieser anti-paulinischen Schußlinie herausnimmt. In seinem in der Spätzeit Zorn schnaubenden Wüten gegen Luther, er habe den hoffnungsvollsten Aufbruch, den der Renaissance, das – trotz seiner Laster – „goldene Zeitalter dieses Jahrtausends" zunichte gemacht (MA 237),[40] bleibt diese sinnen- und *leibfreundliche* Dimension des Reformators allerdings unbedacht. – Inspiriert von Wagners (nicht realisierten) Kompositionsplänen zu diesem Sujet äußert Nietzsche sich erstaunlich anerkennend zur „Hochzeit Luthers". Für Nietzsche steht außer Zweifel, daß es sich bei Wagner um „ein Lob der Keuschheit",[41] dabei sehr wohl auch um „ein Lob der Sinnlichkeit" gehandelt haben würde, und er fügt die Reflexion an, es gebe zwischen Keuschheit und Sinnlichkeit „keinen notwendigen Gegensatz; jede gute Ehe, jede eigentliche Herzensliebschaft" sei über diesen Gegensatz hinaus (GM III, 2). „Luthers Verdienst ist vielleicht in nichts größer", so die *Laudatio*, als eben darin, gegen die vielen „Verleumder" der leiblich-erotischen Liebe „den Mut zu seiner *Sinnlichkeit* gehabt zu haben (– man hieß sie damals, zart genug, die ‚evangelische Freiheit' ...)" (GM III, 2). Im Wertekanon des späten Nietzsche bedeutet dies Lob eine maximale Auszeichnung. Sein Poltern gegen die von der Reformation angeblich begünstigte Verflachung des Geistes – Luthers „Bauernkrieg des Geistes gegen die ‚höheren Menschen' der Renaissance" (KSA 11, 703) – findet eine überraschende Korrektur im Kontext jener Würdigung von Luthers *Sinnlichkeit*. „Zur Erklärung jenes innerlichen verwegenen Scepticismus" – ein Selbstportrait des Philosophen mit den vielen geistlichen Vorvätern – gehört für Nietzsche der Umstand, daß die evangelische Geistlichkeit „immer an Kindern fruchtbar gewesen ist und gleich Luthern nicht nur auf der Kanzel ihre Stärke gehabt hat". Die deutsche Philosophie, so wahr sie sich entzündet hat am „Unglauben an den ‚Heiligen'", erblickt Nietzsche wesentlich als säkulare Folgeerscheinung des Geist erweckenden Protestantismus (KSA 11, 473f).

---

40   Zum Renaissance-Komplex vgl. A. Beutel: Das Lutherbild Friedrich Nietzsches (s. nota 31), 133f, 136f, 139f.
41   Leidenschaft, wie Richard Wagner sie verstehe, bezeichnet Nietzsche, mit Schillers trefflichem Analysewort, als „das Gegenstück der ‚Freigeisterei der Leidenschaft'" (KSA 13, 407), die, was sie nur will, vergoldet und tut.

c) *Luthers „Gottesbeweis" im Horizont von Kants Sittengesetz –*
    freigeistige Nostalgie?

„Du sollst über alle Dinge Gott lieben" und „ihm vertrauen" (KSA 8: 186, 399), so memoriert Nietzsche zur Zeit seiner Heranbildung zum Freigeist zwei Mal, nur leicht variierend, aus Luthers *Katechismus*, der auf das Gebot der Gebote Bezug nimmt: „Du sollst lieben Gott, deinen Herrn, von ganzem Herzen, von ganzer Seele und von ganzem Gemüte." (Mt 22, 37) Waltet wohl noch im Freigeist „das metaphysische Bedürfnis" nach dem Wiedererklingen der „lange verstummten, ja zerrissenen metaphysischen Saite"?! (MA 153; vgl. MA 131) Die vom Autor selbst aufgerissene Dimension metaphysischen Sehnens soll als unbeantwortete Frage hier offen gehalten bleiben, allerdings wie eine *basso continuo* Hintergrundsmusik. In ihr geht es um Nietzsches Selbstanalyse und Analyse seines Typus des *freien Geistes* in Nostalgie-Anfällen und ihrer vorsorglichen Abwehr. „Luther: etwas haben, dem das menschliche Herz in Allem *trauen* könne d.h. einen *Gott* haben. Nach Thomas von Aquinas braucht der Mensch wegen der Mängel, die er fühlt, einen Höheren, dem er sich unterordnet, und der ihm helfen und leiten kann: Gott" (KSA 9, 113). Nietzsche paraphrasiert hier Luthers *Großen Katechismus*.[42] Beide frommen Klassiker argumentieren, so hebt Nietzsche hervor, Gott müsse existieren, weil wir ihn „*nöthig haben*" (ebd.), was er jedoch als des Menschen „*hyberbolische Naivetät*" ansieht (KSA 13, 49). Die typische Klage, die als ein indirekter Gottesbeweis aufgeführt wird, unser Dasein sei ohne ethische Bedeutsamkeit, ohne Gott nicht auszuhalten, kontert Nietzsche, außer durch den erkenntnislogischen Hinweis auf ein ‚Projiziren' (ebd.), durch Enthüllen des hierin verborgenen Egoismus: „welche Anmaassung, zu decretiren, dass Alles, was für meine Erhaltung nothwendig ist, auch wirklich da sein müsse" (M 90).[43]

Jenem heimlichen ‚Egoismus' im Gottesglauben fügt er als weitere Blöße die ‚Eitelkeit' hinzu, indem er ergründet, weshalb Menschen sich wünschten, eine „*Übergewalt*" existiere, eine „absolute Pflicht, ein Wort Gottes", etwas, dem sich unterzuordnen sie nicht *beschämen* muß. Alle trachteten danach, ihrer „Pflicht" einen „*unbedingten* Charakter" zu verleihen. Den Kronzeugen dafür führt er an: „‚Man muß ein Wesen haben, dem man unbedingt sich anvertraut',

---

42 „Ein Gott heißet das, dazu man sich versehen soll alles Guten und Zuflucht haben in allen Nöten ... Allein das Trauen und Gläuben des Herzens machet beide, Gott und Abgott ... Worauf Du nun Dein Herz hängest und dich verlässest, das ist eigentlich Dein Gott." *Großer Katechismus*, in: *Bekenntnisschriften der Evangelisch-lutherischen Kirche*, 8. Aufl. Göttingen 1979, 560. – Vgl. Emanuel Hirsch: Nietzsche und Luther, in: *Nietzsche-Studien* Bd 15 (1986), 398-431.

43 Pascals „Hauptfehler": „er meint zu beweisen, daß das Christentum *wahr* ist, weil es *nöthig* ist" (KSA 9, 366).

sagt Luther", und dies frei Zitierte deutet Nietzsche dahin aus, daß wir „unsere Handlungen als indiskutabel und absolut erhaben der Welt gegenüber stellen", – offenbar durch unsere „Eitelkeit" motiviert (KSA 9, 223).

Weiter im Seelenabgrund gräbt Nietzsche in der *Morgenröte. Gedanken über die moralischen Vorurteile*, indem er die Gottesgewißheit ethisch durchleuchtet. Lange Zeit vor Kants *kategorischem Imperativ*, den Nietzsche beargwöhnt, er sei idealisierte Gestalt eines unterschwellig wirksamen Hanges zum Gehorchen, habe Luther, „aus derselben Empfindung", die später Kant beseele, postuliert, „es müsse ein Wesen geben, dem der Mensch unbedingt vertrauen könne, – es war sein *Gottesbeweis*"! „Gröber und volkstümlicher als Kant" wollte Luther, der Mensch möge auf unbedingte Art einer Person gehorchen, nicht einem Begriff, wie Kant intendierte (M 207).[44] Luthers ‚Gottesbeweis', wie ihn Nietzsche stilisiert, findet sich im Aphorismus „*Verhalten der Deutschen zur Moral*" in einem desavouierenden Kontext, dem des deutschen Nationalcharakters, der sarkastisch von ihm wegen seiner „Lust, zu glauben", seinem „Hang zum Gehorsam" und der Neigung, sich zu unterwerfen, (eine ‚deutsche Tugend') ironisiert wird (M 207). Schwache Charaktere seien allzu gerne folgsam (s. FW 119, FW 338). Die Neigung zu glauben beweist für Nietzsche nichts für Gottes Dasein.

Eine „südländische Freiheit des Gefühls" hingegen spotte über solches ‚unbedingte Vertrauen' oder erwehre sich seiner, sei es Gott oder einem Menschen gegenüber (M 207). Durch suggestive Kontexteinbindung wird Luthers *Glaube*, das triumphierend freimütige ‚sola fide', das befreien sollte von klerikaler Bevormundung (so z.B. im ‚Ablaß'-Unwesen), sowie die starke Ausstrahlung der reformatorischen Kernbotschaft, d.i. der *rechtfertigende Glaube*, zum naturwüchsigen Bestandteil von deutscher Untugend abgewertet. Und Kants Idee freier Selbstgesetzgebung, in welcher das praktische Ich zugleich *Urheber* und *Adressat* des Sittengesetzes ist, taucht *persifliert* und abgewehrt auf als ‚Furcht' davor, wenn jemand nur *sich selbst* gehorcht, „von sich *allein* abzuhängen" (M 207).

Von solcher kontextbedingten Negativwertung Luthers sticht ab, wie Nietzsche ihn durchaus in erhabene Gemeinsamkeit mit Kant, Sokrates und Platon versetzt. Im Aphorismus *Glaube und Werke* argumentiert Nietzsche, Luthers Ethik erliege dem intellektualistischen Vorurteil; „derselbe Irrtum" walte darin, daß wahres Wissen bei Platon und Sokrates bzw. wahrer Glaube bei Luther auch „die Kraft zur That" in sich berge (M 22). In der *Morgenröte* werden Luther

---

44 Nietzsche fügt, indem er (in M 207) Luthers Glaubensbegriff und Kants Ethik parallelisiert, implizit in Kants kategorischen Imperativ die Idee des Gewissens als den ‚Gott in uns' ein. In der Tat bezeichnet Kant einmal das ‚Du sollst' des Sittengesetzes im freien Selbst als die „himmlische Stimme" (AA VI, 186).

und Kant in die Ahnenreihe der „großen Pessimisten" vor Schopenhauer aufgenommen, Kant, weil er im ‚moralischen Reich' als dem „majestätischen sittlichen Gebäude'" ein „unangreifbar" sein sollendes „logisches ‚Jenseits'" zu unserer Welt ebenso wie die Geltung der Ethik contrafaktisch begründet, nämlich „obwohl ihr durch Natur und Geschichte beständig widersprochen wird". Zwischen Kant und Luther erblickt Nietzsche „etwas Verwandtes"; denn Kant gewinnt, indem er durch seine Vernunftkritik der Vernunft die Erkennbarkeit Gottes entzieht, den Freiraum für die Unbedingtheit des *Glaubens*, ähnlich wie vor ihm Luther. Und dieser „andere große Pessimist", Luther, gibt sich, von hohem Mut beseelt, dem schweren Paradox von *Zorn* Gottes und *Gnade* Gottes anheim, was an die *Theodizee*-Frage anstößt, – Nietzsches lebenslanges Schlüsselproblem.[45]

Mit der „ganzen Lutherischen Verwegenheit" machte Luther klar: „wenn man durch Vernunft es fassen könnte, wie der Gott gnädig und gerecht sein könne, der so viel Zorn ... zeigt, wozu brauchte man dann den *Glauben*?'" (M *Vorrede* 3) Diese gefährlich verführerische Schlußfolgerung über die Notwendigkeit des *Glaubens*, die auf „die deutsche Seele" tiefen Eindruck gemacht habe, sei für romanisch denkende und fühlende Südländer, so heißt es in gegenreformatorischer Attitüde, ein selbst auferlegtes, törichtes „credo *quia* absurdum est",[46] eine „Sünde wider den Geist"; „mit ihr tritt die deutsche Logik zuerst in der Geschichte des christlichen Dogmas auf" (ebd.), das vor logischem Widerspruch, vorzüglich in der Trinitätslehre, auch sonst nicht zurückscheut. Nietzsche sieht das Dogma durch Hegels dialektische Methode restituiert; denn dessen „berühmten realdialektischem Grund-Satze" zufolge, mit dem „Hegel seiner Zeit dem deutschen Geist zum Sieg über Europa verhalf", seien „alle Dinge ... sich selbst widersprechend" (ebd.), ohne deshalb nichtig zu sein. Nietzsches Interesse an Hegels Prinzip des aufzuhebenden und auf eine höhere Stufe zu hebenden, also am tieferen Sinn des Widerspruchs zielt gerade nicht ab auf die von jenem intendierte Bewahrung des Trinitätsdogmas vor seiner Zerstörung durch aufklärerische Religionskritik. Nietzsche selbst geht es darum, das Paradox einer *„Selbstaufhebung der Moral"* aus Moralität zu legitimieren. Nietzsches einzige kardinale Tugend heißt intellektuelle Redlichkeit, die auch noch so tiefsinnige Paradoxien von sich abstreift. „Wir Immoralisten, wir Gottlosen von heute" fühlen uns – hier ist das Deutsche

---

45 Martin Luther hat seine 1518 in Heidelberg vorgetragenen Thesen zur *theologia crucis* „theologica paradoxa" (WA I, 353) genannt und damit diesen Begriff theologisch fruchtbar gemacht.

46 Nietzsche zitiert verkürzt aus Tertullian, *De Carne Christi*. V, 4: „Crucifixus est Dei Filius, non pudet, quia pudendum est; et mortuus est Dei Filius, prorsus credibile est, quia ineptum est; et sepultus resurrexit, certum est, quia impossibile."

positiv konnotiert – „noch verwandt mit der deutschen Rechtschaffenheit und Frömmigkeit von Jahrtausenden" (M *Vorrede* 4). So hochgradig paradox und scheinbar moralistisch verlautet sein Selbstverständnis in Werken der Freigeisterei (vgl. dazu hier A IV 1; B IX 1).

Nietzsche bestreitet skeptisch die göttliche Dimension in der mahnenden inneren Stimme und bestimmt das menschliche Ich als die im Gewissen mit sich zerfallene, qualvoll sich aufreibende ‚Tierseele'; sie ist in eins Angeklagter, Verteidiger, Richter und Henker ihrer selbst und läuft daher Gefahr, in gewaltsamer Verinnerlichung durch richtende Urteilssprüche sich selbst zu zerstören. Der Mensch ist darin der große „Selbst-Thierquäler" (GM II 16, 18). Nietzsches leidenschaftliche Suche gilt der Aufhebung untilgbarer Schuld und überlastender Verantwortung. Deshalb nennt er eine der „schönsten Erfindungen" des Christentums die Verheißung und Schenkung einer *zweiten Unschuld*, in der die verlorene gänzlich restituiert wird, die jedoch über den Umweg der Hölle von häßlichen Erfahrungen, auch Selbsterfahrungen des Ich mit sich, zum Himmel hin führe (M 321).

SCHLUSS. Nietzsches – freigeistig berechtigte – Spottlust auf ein bedingungsloses Vertrauen, das er paradigmatisch in Luthers Glaubensverständnis konzipiert sieht, kann tiefenanalytisch auch als starke, zuweilen gar übersteigerte Abwehr gelesen werden, die – aus denkerischer Redlichkeit – zuweilen fallen gelassen wird, so daß im ironisch verzehrenden Feuer der Kritik eine Bekundung des Sehnens aufleuchtet, so wenn er von der „Einsamkeit" spricht, der „alle alten Trostgründe abhanden gekommen sind." Welche „Trostmittel" kamen abhanden? – zentral „der Glaube" an eine „höchste Güte" (KSA 10: 522, 520), – worin die Theodizeefrage positiv beantwortbar wäre.

Im meisterlich prägnanten Aphorismentitel *Der geistliche Überfall* beklagt Nietzsche sich über ein ‚Heranspringen' Luthers, als gliche er dem Bußprediger Savonarola, und über das Abnötigen einer Antwort, – wie in Pascals Wette; es gelte des Angeredeten Leben (M 82). Worin könnte der Reformator dem Philosophen zu nahe getreten sein, so daß er so heftiger Abwehr bedürftig wäre? Ein ‚geistliches' Bedrohungspotential dürfte wohl einen Anknüpfungspunkt im Seelenraum des ‚Überfallenen' voraussetzen. Gründlich belehrt von Kants erkenntniskritischem Erweis, daß nicht nur Gottes Existenz, sondern auch Gottes Nichtexistenz unbeweisbar sei, ist für Nietzsche evident, daß er ebenso wie das mögliche Nichtsein auch das Dasein Gottes bedenken müsse, dessen antichristlich experimenteller Problemtitel für ihn „Dionysos" ‚jenseits von Gut und Böse' lautet. Was aber an Luthers Botschaft könnte nun so ‚gefährlich' sein? – Offenbar dies, daß man dann, wenn sie wahr wäre, als Ungerechtfertigter außer der Gnade fortleben und sterben müsse.

So wahr ‚Luther' Projektionsfläche von Nietzsches Schlüsselfragen ist, kann das Geistesgefecht mit ihm als integraler Bestandteil seines Kampfes mit dem christlichen Gott gelesen werden. Des näheren kämpft er in ‚Luther' gegen die Anfechtung eines freien Geistes, dieser könnte Apostat zum christlichen Glauben hin werden, wenn alle konträren Positionen durchlaufen seien. Zieht er vielleicht eine rückläufige Bewegung seines Entfremdetseins vom christlichen Glauben in Betracht, wie aus einem Wort vom Sommer 1882 an Lou Salomé hervorgeht? „Wenn alle Kombinationsmöglichkeiten erschöpft wären, – was folgte dann noch? Wie? Müßte man dann nicht wieder beim Glauben anlangen"?[47] So dürfte kein Zufall sein, daß in Nietzsches Paulus-Luther-Miniatur eine überraschende Nähe von Autor und ergründeter Sache sich verrät, daß gleichsam der Vorhang zur Seite weht, der den Blick auf innerstes Persönlichstes freigibt, das in der Kernfrage nach Gewinn einer neuen Unschuld im Überwinden eines Richtergottes besteht.

3) Jesu Verlassenheitsruf am Kreuz – Nietzsches Deutung vor dem Hintergrund seines ‚Duells' mit David F. Strauß

a) *Jesu Ruf: Mein Gott, „warum hast du mich verlassen"?!*[48]
Von Jugend an gehört Nietzsche zu den Melancholikern, unter die Theophrast schon Sokrates und Platon zählte.[49] Melancholie macht hellsichtig für ungeahnte Hinter- und Abgründe. Und so dürfte das Unheimlichste in Nietzsches Melancholie sein Mutmaßen sein, daß sowohl Sokrates als auch Christus – beide Identifikationsfiguren höchster Ordnung – für ihn nicht einfach nur Opfer der größten Justizirrtümer der Weltgeschichte, sondern heimliche Selbstmörder gewesen seien, – Jesus, weil sein liebesüchtiges Herz über die Armut menschlicher und göttlicher Liebe verzweifelt gewesen sei. Der Gebetsruf am Kreuz, wonach „Jesus mit lauter Stimme rief: Mein Gott, mein Gott, warum hast du mich verlassen?" (*Markus* 15, 34) wird von Nietzsche im Geist Feuerbachs als Schrei nach *Liebe* gedeutet, die ins Leere gegangen sei. Erfahrung der *Untreue* Gottes, die Hölderlin in seiner Sophokles-Deutung thematisiert

---

47 Zitiert von Lou Andreas-Salomé: *Friedrich Nietzsche in seinen Werken*, Wien 1894, 49.
48 Dieses Kapitel ist die abgewandelte Fassung des Beitrags der Verf., der in *Nietzscheforschung* Bd 27, 2020, 129-156, unter dem Titel erscheint: Jesu Kreuzesschrei – Nietzsches Deutung im Horizont seines ‚Duells' mit David F. Strauß.
49 Vgl. Raymond Klibansky, Erwin Panofsky und Fritz Saxl: *Saturn und Melancholie. Studien zur Geschichte der Naturphilosophie und Medizin, der Religion und der Kunst*, übers. v. C. Buschendorf, Frankfurt a.M. 1990.

hat und die Nietzsche bei Jesus finden will, macht den Glutkern in Nietzsches ‚Tod-Gottes'-Diagnose und Verwerfung jeglicher Theodizee aus und steht in Einklang zu seinem von der frühen bis in die späteste Zeit reichenden intensiv Sich-Identifizieren mit dem Gekreuzigten in der Schreckenstiefe seines Verlassenseins.[50]

In seinen mittleren freigeistigen Schriften schon entreißt Nietzsche Jesus jeglicher dogmatisch- metaphysischen und religiösen Bedeutung; er wird entworfen als bloßer Mensch mit profanem – wohl tragischem – Menschenschicksal, der einer Selbsttäuschung über seine Sendung erlegen sei. Im Zusammenhang seiner Charakteristik des Asketen und Heiligen in einer Typik des sich selbst Täuschens erklärt Nietzsche, der „berühmte Stifter des Christentums" sei der „Wahnvorstellung" erlegen, er sei der „eingeborne Sohn Gottes", so daß er „sich sündlos fühlte"; „jetzt" könne jeder durch Wissenschaft dasselbe Ziel, „das Gefühl völliger Sündlosigkeit" sich erwerben (MA 144);[51] indem er die durch die Naturwissenschaft inspirierte kausalmechanische Weltsicht übernimmt und sich durch diese von der ‚Unschuld des Werdens', auch seiner selbst, überzeugt (vgl. MA 107).

Unter dem Titel *Von der Erkenntnis des Leidenden* bedenkt Nietzsche ein Verlieren „der edelsten und geliebtesten Illusionen", z.B. durch ernüchternden Schmerz in schwerer Krankheit, während deren jemand entdeckt, in welcher „gefährlichen Phantasterei" er befangen gewesen sei. Möglich sei, so Nietzsche im experimentellen Denkstil, „daß dies dem Stifter des Christentums am Kreuze begegnete: denn die bittersten aller Worte: ‚mein Gott, warum hast du mich verlassen!' enthalten, in aller Tiefe verstanden, ... das Zeugnis einer ... Enttäuschung ... über den Wahn seines Lebens; er wurde in dem Augenblick der höchsten Qual hellsichtig über sich selbst" (M 114). In seinen Immoralismus-Schriften setzt Nietzsche solche krasse Entmythologisierung von Jesus als dem ehemals geglaubten *Welterlöser* fort, aber begleitet von *Einfühlung* in ihn als lebendige Person.

„Jesus sagte zu seinen Juden: ‚das Gesetz war für Knechte, – liebt Gott, wie ich ihn liebe, als sein Sohn! Was geht uns Söhne Gottes die Moral an!'" (JGB 164) Nietzsche stellt Jesus in hoher Ambivalenz vor, mit rühmenden oder erniedrigenden Attributen, als Überwinder der Moral oder Verführer zu ihr, in *Jenseits von Gut und Böse* u.a. als einen der gefährdeten „höheren Menschen", an

---

50 Aufschlußreich zum ihn begleitenden Jesus-Thema sind Nietzsches Brief-Unterschriften in den von Wahnsinn gezeichneten späten Briefen mit: „Der Gekreuzigte", die er anstelle seines eignen Namens einsetzt, so an August Strindberg, Georg Brandes, Malwida von Meysenberg, Anfang Januar 1889 (KSB 8: 572f, 575). Cosima Wagner schreibt er, er käme als „der siegreiche Dionysos"; aber: „Ich habe auch am Kreuze gehangen" (KSB 8, 573).
51 Zur Zitierweise Nietzsches s. Siglenverzeichnis.

dessen Zugrundegehen ein „Psycholog und Seelen-Erraterʻʻ, mithin Nietzsche selbst, aus Mitleid zu ersticken drohe. Abergläubisch und „rettungssüchtigʻʻ sei, wer glaube, „daß Liebe *Alles* vermagʻʻ. Als der „Wissende des Herzensʻʻ wird gerühmt, wer ebendies durchschaue, über wie wenig weisheitsvolle Rettungsmacht „auch die beste tiefste Liebeʻʻ verfüge. Als „möglichʻʻ fingiert Nietzsche, daß „unter der heiligen Fabel ... von Jesu Leben einer der schmerzlichsten Fälle von Martyrium des *Wissens um die Liebe* verborgenʻʻ liege, des „unschuldigsten und begehrendsten Herzensʻʻ, das an keines Menschen Liebe Genüge fand, das nichts anderes „*verlangte*ʻʻ als zu lieben und selbst geliebt zu werden und das daher „einen Gott erfinden mußte, der ganz Liebe, ganz Lieben-*können* istʻʻ. Sein Schließen: „Wer so fühlt, wer dergestalt um die Liebe *weiß* -, *sucht* den Tod.ʻʻ (JGB 269) Hypersensibles unerwidertes Liebessehnen wandelt sich so in Todesverlangen. – Das Wort *Fabel* verweist auf D. F. Strauß' Bezweiflung historischer Authentizität der Evangelien.

In ihrer moralischen Genialität sei den Juden zu ihrer Genugtuung ein „Akt der *geistigsten Rache*ʻʻ gelungen gegen ihre „Feinde und Überwältigerʻʻ, durch die *Umwertung* von deren aristokratischen Werten. Gegen die „Wertgleichung (gut = vornehm = mächtig ... = gottgeliebt)ʻʻ setzten sie, und zwar „mit einer furchteinflößenden Folgerichtigkeitʻʻ, die kühne „Umkehrungʻʻ: die „Elendenʻʻ sind die „Gutenʻʻ, die „Gottseligenʻʻ; die „Gewaltigenʻʻ aber sind „die Bösen,... Gottlosenʻʻ (GM I 7). Im Kontext seiner Moral-*Genealogie* aus der Bildung des *Ressentiments* der Schwachen gegen die herrschenden Starken stellt Nietzsche als führende Gestalt, ja als die „unwiderstehlichsteʻʻ Art der „Verführungʻʻ, als „das leibhaftige Evangelium der Liebeʻʻ Jesu dar, nämlich den „Seligkeit und den Sieg bringenden 'Erlöser'ʻʻ für Mühselige und Beladene. Aus dem Ideale schaffenden, Werte umwertenden jüdischen Rachegelüst, – so der antisemitische Ausfall, – sei auf Erden Einzigartiges erwachsen, „eine *neue Liebe*, die tiefste und sublimste aller Arten Liebeʻʻ. Das christliche „Symbol des ‚heiligen Kreuzes'ʻʻ hingegen verweise statt auf den erbarmenden Gott auf ein Mysterium von unerhörter Grausamkeit, – die Nietzsche auf Gottvater projiziert, der Jesu Opfer gefordert haben mochte, – dies aber sei die schaurige „Selbstkreuzigung Gottes *zum Heile des Menschen?*ʻʻ (GM I 8) Die christliche Lehre von Jesu *Kenosis* (*Philipper* 2, 5-11) wird zum Gewaltakt in einer trinitarischen Tragödie. In verfremdender Perspektive und als – zum Weiterdenken herausfordernde – Frage nach dem von ‚Gott' für uns erwirkten ‚Heil' greift Nietzsche metaphysische Glaubenssätze auf, denen zufolge in Jesus, so wahr er mit Gott trinitarisch vereinigt gewesen sei,[52] Gott gestorben sei, als Sühner für unsere Sünde. Im

---

52   Zur Entwicklung der Dreifaltigkeitsidee in der frühen Kirche vgl. etwa Franz Dünzl: *Kleine Geschichte des trinitarischen Dogmas in der Alten Kirche*, Freiburg 2006.

Zusammenhang mit Reflexionen darauf, wie der Gottesbegriff, verquickt mit dem des schlechten Gewissens, auf die intensivste Höhe getrieben wird, bezeichnet er als „Geniestreich des *Christentums*", daß „Gott selbst sich für die Schuld des Menschen opfernd ... aus *Liebe*" verkündigt wird (GM II 21). In seiner graecophilen tragischen Weltsicht bedenkt Nietzsche, im Einspruch gegen den empfindungslos statischen *platonischen* Gott, das leidende Ur-Eine, den „Urwiderspruch und Urschmerz im Herzen des Ur-Einen" (KSA 1, 51). Dessen Spur verfolgt er an dem Punkt weiter, wo Zarathustra, um Ursachen für den ‚Tod' Gottes zu ergründen, „mit seinen Blicken die Gedanken" des mit ihm sprechenden Papstes „durchbohrt" und dabei – in kreativer Imagination – eine empfindsame Tragik im christlichen Gott aufdecken will. Die von ihm erratenen ‚Hintergedanken' des Papstes äußert Zarathustra, „nach einem tiefen Schweigen" der Betroffenheit, in suggestiven Fragen: „du weißt, *wie* er starb? Ist es wahr, ... dass ihn das Mitleiden erwürgte, – dass er es sah, wie *der Mensch* am Kreuze hing, und es nicht ertrug, daß die Liebe zum Menschen seine Hölle und zuletzt sein Tod wurde?"' (KSA 4, 323)[53] Aus höchster Empathie also mit dem qualvollen Kreuzestod seines Sohnes sei ‚Gottvater' gestorben.

Im Kapitel „‚Schuld', ‚schlechtes Gewissen'" (GM II 22) sucht Nietzsche die christliche Lehre von einer „Schuld gegen Gott" als „Folterwerkzeug" zu enthüllen, womit der Mensch sich selbst malträtiere, indem er sich in den existierenden ‚Widerspruch' von zwei Persönlichkeits-Anteilen spanne. Der zu verneinende Teil seiner selbst sei die sinnliche, leibliche Sphäre, der zu bejahende, woran er sein Tun zu messen habe, die geistige Sphäre, „Heiligkeit" unter dem „Richtertum Gottes".[54] In den Zusammenhang von Schuld, Strafe und menschlichem Willen, der in seelischer Selbsttortur *Heiligung* suche, um nicht unsühnbarer Schuld zu verfallen, platziert er *Jesus* als schwer Leidenden. Die Suizidhypothese modifiziert er, indem er sie in ein andres Modell, das der Entleiblichung einfügt. Auf kryptische Art, ohne den Namen zu nennen, deutet er Jesu innerstes Seelenschicksal, und zwar so, daß darin das Motiv einer göttlichen „Selbstkreuzigung" aufs Neue hindurchscheint. Nietzsche legt nahe,

---

53   Mit „*der Mensch*" ist Jesus gemeint. Von Pilatus, der keine Schuld an ihm fand, wurde Jesus mit *Ecce homo*, „siehe, der Mensch" tituliert, als er, Dornenkrone und Purpurkleid tragend, vorgeführt wurde (*Johannes* 19, 5).

54   Der Stärke des „Gottesgefühls" entspreche die des „Schuldgefühls", daher einem christlichen „Maximal-Gott" ein analoges schwerstes Schuldgefühl diesem Gott gegenüber (GM II 20), beides für Nietzsche allerdings bloße Projektionen einer verwundeten, ja kranken ‚Tierseele' Mensch, die unnötig und ungebührlich sich selbst quält. Ein „Willens-Wahnsinn" an seelischer Grausamkeit sei es, sich „verwerflich" zu finden bis zur „Unsühnbarkeit" seiner Schuld; so werfe der Mensch alles *Nein* zu sich selbst als „Heiligkeit Gottes" aus sich heraus (GM II 22).

Jesu Gang ans Kreuz sei erfolgt unter der Suggestion einer „Selbstmarterung bis zur schauerlichsten Härte", die er freiwillig auf sich genommnen habe, im Horizont des von ihm aufgerichteten Ideals des vollkommen „heiligen Gottes"', im Vergleich zu dem des Menschen Häßlichkeit als Erlösungsbedürftigkeit am grellsten hervortrete (GM II 22).

Verschiedentlich nimmt Nietzsche die Kreuzigung Jesu (s. *Markus* 15, 20-37) nur in andeutenden Umrissen auf und ebenso die vorhergehende nächtliche Szene in Gethsemane, in welcher Jesus, zitternd und „betrübt bis an den Tod", zu Gott fleht, er möge den ‚Kelch' des Zorngerichts von ihm wenden (*Markus* 14, 34ff). Dabei pathologisiert er die Passion Jesu: Hier sei „die furchtbarste Krankheit", und „wer es noch zu hören vermag", wer feine Ohren hat, „wie in dieser Nacht von Marter und Widersinn der Schrei *Liebe*, der Schrei des sehnsüchtigsten Entzückens, der Erlösung in der *Liebe* geklungen hat, der wendet sich ab, von einem unbesieglichen Grausen erfaßt ... Im Menschen ist so viel Entsetzliches! ... Die Erde war zu lange schon ein Irrenhaus!" (GM II 22) Mit der „Nacht von Marter" erinnert Nietzsche, – der Jesu *Martyrium* zurecht in jener schweren Nacht seiner Entscheidung für den Leidensweg beginnen sieht, – an Jesu Gebetsringen vor dem Tag seiner Hinrichtung, die auf den *Verrat* durch den Judas-*Kuß* folgt (*Markus* 14, 44f). Im Motiv der „Erlösung in der *Liebe*" klingt die Botschaft des Evangeliums durch: „Denn also hat Gott die Welt geliebt, daß er seinen einzigen Sohn dahingab." (*Johannes* 3, 16) Mit dem „Entsetzlichen" dürfte weniger der zynische Spott, dem Jesus ausgesetzt war, als das von ihm bejahte Martyrium zur Erlösung der Menschheit gemeint sein; mit „Irrenhaus" zeichnet sich die im *Antichrist* weiter fortgeführte Psychopathologisierung Jesu ab. In der tiefsten Seelennot habe er Gottes Absenz als dessen grausames Schweigen erlitten, bis zur Grenze des Wahnsinnigwerdens, wie angedeutet ist, und zwar über jenen die Seele marternden Rätselgott.

Jesu *Verlassenheits*-Schrei deutet Nietzsche jetzt, seine *Suizid*-These (JGB 269) überholend, als verzweifelten *Liebes*-Schrei. Den schlimmsten Augenblick von Jesu Passion wählt er aus, um Jesu Wesen zu erblicken. Dabei offenbart das, was er im Spiegel des Gekreuzigten zu sehen glaubt, die Fundamente seines Denkens. Es ist die von Nietzsche gewonnene schmerzliche Überzeugung unendlicher Liebesleere im All.[55] „Erst der Tod, der ... schmähliche Tod, ... diese schauerlichste Paradoxie, brachte die Jünger vor das eigentliche Rätsel: *wer war das?*" (KSA 13, 175) „Wer bist du?", Jesus, lautete die Frage bei *Johannes* (8, 25).

---

55 Atomengewirr, „Wurf der Gestirne ... aber niemals wird es Güte oder Weisheit oder Liebe sein" (KSA 10, 123).

In dem vom Evangelisten Markus überlieferten Wort ruft Jesus seinen Vater, von dem er sich verlassen fühlt,[56] mit „mein Gott" an. Der Berichterstatter des ältesten Evangeliums scheut nicht davor zurück, die Härte dieses Wortes festzuhalten, das Jesu Todesnot verlauten läßt.[57] Dieses Wort beschäftigt die Theologie bis heute. Im historischen Urteil gehört Jesu Verlassenheitswort: „eloi eloi lema sabachtani" (*Markus* 15, 34), das in *aramäisch Psalm* 22, Vers 2 zitiert: „Mein Gott, mein Gott, warum hast du mich verlassen", zum Urgestein zuverlässiger Überlieferung.[58] Es bringt die tiefste leibseelische Qual des langsam Sterbenden zum Ausdruck, der bei grausamster Hinrichtung unsägliche Schmerzen erleidet, überdies Hohn und Spott der Umstehenden über diesen blutüberströmten und mit Dornen gekrönten gekreuzigten Messias als ‚König der Juden'. Jesu Hinrichtung war ein Justizmord.[59] – Der große katholische Theologe Hans Urs von Balthasar hebt an diesem Wort Jesu die abgründige Schwere des Empfindens seiner Verlassenheit von Gott hervor. Erlittenes Todesgrauen, „vereinsamendes Entsetzen", ja „Verstörung" Jesu, schon in dem vorausgehenden Gebetskampfe im Garten Gethsemane, in seiner Angst, das Trinken des „apokalyptischen Zorn-Kelchs" zu bestehen, findet Balthasar in der im Evangelium nüchtern geschilderten rückhaltlosen Preisgabe Jesu in den Tod.[60] Daß „Gott verlassen ist von Gott", übersteige, so der evangelische

---

56 Vgl. Xavier Tilliette: Der Kreuzesschrei, in: *Evangelische Theologie* 43. Jg. (München 1983), 3-15.

57 Für Markus signalisiere dies Wort aber „kein Scheitern Jesu" als „an Gott verzweifelnde(r) Mensch"; er zeige Jesus als leidenden Gerechten, der die äußerste Erniedrigung im Fluchtod am Kreuz gehorsam auf sich nimmt; die frühe Kirche habe die Fortsetzung von *Psalm* 22 (Verse 23-32) vergegenwärtigt, die bedeutet: Der mich verläßt, der rettet mich auch. – Peter Stuhlmacher: *Biblische Theologie des Neuen Testaments*, Bd 1, Göttingen 1992, 154f.

58 Ulrich Wilckens: *Theologie des Neuen Testaments*. Bd 1. *Geschichte der urchristlichen Theologie*, T. 2: *Jesu Tod und Auferstehung und die Entstehung der Kirche aus Juden und Heiden*, Neukirchen-Vlyn 2003, 103-107. Verf. weist darauf hin, daß der Erzähler den Verlassenheitsruf, Mk 15, 34, als das einzige Wort des Gekreuzigten berichtet, es daher in seinem Wortlaut ernst zu nehmen sei, überliefert aus konkreter Erinnerung dieser Stunde.

59 Der römische Centurio, der das Exekutionskommando befehligt hat, bekennt als Augenzeuge von Jesu Hinscheiden: „Wahrhaftig, dieser Mensch war Gottes Sohn" (Mk 15, 39), bei Lukas abgeschwächt: „Wahrhaftig, dieser Mensch war gerecht" (Lk 23, 47). *Gerechtigkeit* ist allerdings auch Prädikat des leidenden Gottesknechtes bei *Jesaja* 53, 11-12: „Durch seine Erkenntnis wird er, ... der Gerechte, den Vielen Gerechtigkeit schaffen; denn er trägt ihre Sünden", indem „er sein Leben in den Tod gegeben hat und den Übeltätern gleich gerechnet ist". Vgl. Martin Hengel in: ders. / Anna Maria Schwemer: *Jesus und das Judentum*, Tübingen 2001, 611-618: „Der gekreuzigte Messias"; Anna Maria Schwemer: Jesu letzte Worte am Kreuz, in: *Theologische Beiträge* 29, 1998, 5-29.

60 Hans Urs von Balthasar: *Theologie der Drei Tage*, Einsiedeln/ Freiburg 1990, 83-137, bes. 96f, 102-107, 119-125. Er weist (in ders.: *Theodramatik* Bd IV: *Das Endspiel*, Einsiedeln 1994, 193f) Vorprägungen von Ideen der alten Kirche zur Leidensfähigkeit auch von Gottvater

Schriftsteller Reinhold Schneider, alles menschliche Begreifen; Jesu Gebetsruf müsse Gott zutiefst getroffen haben; daß er seinen Engel *nicht* sandte, sei wohl „ein Opfer, das dem Schmerz ... des Sohnes nicht nachstehe". In dem heiligen Drama der Erlösertat sei die mächtigste Offenbarung göttlicher Liebe dieser Schrei des „Verlassenen und die Antwort des Schweigens". Niemals habe ein Wort die Erde so erschüttert; Jesus sei überwältigt von „Schmerz über die göttliche Liebe", die im abgründigsten Augenblick am Kreuz nicht hilft.[61]

Der junge Nietzsche hat unter dem Titel *Gethsemane und Golgatha* Jesu Erlösungstat am Kreuz in Gedichtform meditiert. Christus erscheint als alles entscheidende Mitte und als der Wendepunkt der Weltgeschichte: „O Stätten heiligster Vergangenheit! / Gethsemane und Golgatha, ihr tönet / Die frohste Botschaft durch die Ewigkeit: / Ihr kündet, daß der Mensch mit Gott versöhnt, / Versöhnt durch das Herz, das hier gerungen, / Das dort verblutet und den Tod bezwungen!" (BAW 2, 401) – Das Motiv vom ‚Verbluten' Gottes kehrt viel später wieder in der Parabel des ‚tollen Menschen' (FW 125), in welcher Gott als von Menschenhand Ermordeter imaginiert ist. – In der frühen Jesus-Hymne resümiert Nietzsche seinen christlichen Jugendglauben, den er in der Bonner Studienzeit verlieren wird, nicht zuletzt durch seine Lektüre von David Friedrich Strauß.

Gleichwohl hat ihn die Rätselfrage, wer Jesus Christus gewesen sei, lebenslang nicht losgelassen. Eine entwicklungsgeschichtliche Darstellung von Nietzsches Jesusbild ist hier nur anzudeuten. Er hat in Werk und Nachlaß Miniaturen entworfen zur Genese des, – wie er meint voraussetzen zu müssen, – illusionären oder geradezu wahnhaften Bewußtseins Jesu von seiner Gottessohnschaft. Obwohl Nietzsche Jesu messianischen Selbstanspruch verneint, – in gewisser Nähe zu D. F. Strauß' These einer schon im *Neuen Testament* erfolgenden mythologischen Überformung des historischen Jesus, – überrascht er doch durch tiefsinnige Namengebungen für ihn und manche innovativen Durchblicke in

---

in rabbinischen Schriften auf, in denen Gottes Schmerzenskundgabe, im Vergleich zu den schon im *Alten Testament* vorfindlichen Hinweisen auf Jahwes „Betrübnis", „Liebe" oder „Zorn", noch stärker hervortrete. Vor diesem religionsgeschichtlichen Hintergrund dürfte das in den Evangelien bezeugte Weinen Jesu (Lk 19, 41; Joh 11, 35) ebenso wenig wie seine Gottverlassenheitsbekundung auf Jesu menschliche Natur eingeschränkt werden, da dem biblischen Gott selbst Leidensbefähigung zukomme.

61 Reinhold Schneider: *Die sieben Worte am Kreuz*, Luzern 1948, 29-31. – Paul Althaus: *Die Theologie Martin Luthers*, 2. Aufl. Gütersloh 1963, 178-183, zeigt, wie Luthers Lehre vom Kreuz frühere Theologie durch den Ernst übertrifft, in dem er Jesus die *Hölle* des Gottverlassenseins erdulden sieht. Luther verstehe Jesu Durchleiden von Schaudern der Todesangst in unbegreiflicher Gottesferne heilsgeschichtlich im Hinblick auf sein Ziel, für uns eine ewige Erlösung zu erringen; durch „Übernahme unserer Sünden" habe er den „Fluch" aller bösen Taten, uns zugute, auf sich genommen (181ff).

theologische Zusammenhänge, die ihn als deren profunden Kenner ausweisen. Dabei wandelt sich der kühne Lästerer zuweilen zu einem Staunenden, dessen Vernunft angesichts des Wunderbaren gleichsam den Atem anhält. So findet sich der Eintrag im Nachlaß von 1882/83: „Ein Ebräer Namens Jesus war bisher der beste Liebende." (KSA 10, 159) Im schroffen Ton von *Jenseits von Gut und Böse* wird als „eine Dummheit" gescholten, „Liebe zum Menschen ohne ... heiligende Hinterabsicht" zu üben. „Den Menschen zu lieben *um Gottes willen*" hingegen sei „das vornehmste und entlegenste Gefühl", das unter Menschen je erreicht wurde; wer „solch eine Zartheit" „zuerst empfunden" und gelehrt habe,[62] „bleibe uns in alle Zeiten heilig ... als der Mensch, der am höchsten bisher geflogen und am schönsten sich verirrt hat!" (JGB 60)

Für Nietzsche können die beiden Maßstäbe, die den Wert des Daseins ausmachen, „die höchste Intelligenz und das wärmste Herz", – „Christus ..., den wir uns einmal als das wärmste Herz denken wollen", da er die „geistig Armen" segnete (s. Mt 5, 3), so die experimentalphilosophische These, – „nicht in *einer Person* beisammen sein", da die Urteile des einen jeweils denen des anderen widerstreiten. Kühler Intellekt bezweifle die Mitleidsmoral. Das zu stark „mitfühlende Herz" aber gebe „ausschweifenden Wünschen der unintelligenten Güte" nach, gefährde sich selbst, beseitige sein eigenes Fundament, ja diene der „Vernichtung seiner selbst", wolle also „etwas Unlogisches" (MA 235). Typisiert ist hier Jesu Selbstgefährdung durch grenzenlos mitleidiges Sichverströmen. Daß schon genealogisch die „Erzeugung von Christus" und diejenige des „großen Intellekts" sich gegenseitig hinderlich sind, beklagt Nietzsche als *„Fatum tristissimum generis humani"* (KSA 8, 93f). Die Pascalsche Logik des Herzens und die andere Logik des Verstandes hält er für unvereinbar.

Im Aphorismus mit dem Titel *Gerecht sein wollen und Richter sein wollen* (VM 33) wendet Nietzsche sich gegen Schopenhauers *Moral des Schuldigmachens*. In einer abenteuerlichen Hypothesenkette folgert er aus der Unfreiheit des Willens die Schuld-Unfähigkeit und verschiebt die Schuldfrage vom Einzelnen, der „armen Welle im ... Wellenspiele des Werdens", auf das Werden im Ganzen; dieses sei „der Sünder: hier ... darf angeklagt,... gebüßt und gesühnt werden, so *sei Gott der Sünder und der Mensch sein Erlöser*"! Diese Schlußfolgerung richtet zugleich ein kühnes Postulat auf, – das von Jesus erfüllt worden wäre. Es wäre, so das surrealistische Gedankenspiel zu einem sich selbst Mißverstehen Jesu in seiner Sendung, „ein schauerliches Ding, wenn es *mehr*

---

62 Im Hintergrund dürfte das *höchste Gebot* als Doppelgebot der Liebe stehen, wie *Jesus* es ausgedrückt – und bis ans Ende selbst durchlebt – hat in der zwiefachen, gleich gewichtigen und in der Tiefe verbundenen Liebe, wonach der Mensch „von ganzer Seele" Gott *und* seinen Nächsten „wie sich selbst" lieben soll (*Markus* 12, 29ff).

wäre als eine *logische Grimasse*, ... – etwa der Todeskrampf des verzweifelnden und heilsüchtigen Herzens, dem der Wahnsinn zuflüstert: ‚Siehe, du bist das Lamm, das Gottes Sünde trägt'." Als ‚Wahnsinniger' wird Jesus prädiziert, weil er das Johannes-Wort: „Siehe, das ist Gottes Lamm, welches der Welt Sünde trägt" (Joh 1, 29) blasphemisch und in einer verfremdenden Perversion sich zueignet, um seinen ‚Vater' von der, – so dürfte mit Nietzsches Denken wohl substituiert werden, – Anti-Theodizee-Anklage des Menschen zu exkulpieren. Der Aphorismus strotzt von kryptischem Hintersinn, in welchem der Autor seine Intention verbirgt und andeutet. Jesu Verlassensein im Todes-*Kampf* umfaßt, so Nietzsches Deutungsversuch, als verzweifelter ‚Krampf' seiner Seele eine ‚Heilsucht', die Menschen von Gottesangst befreien will und Gott vom Verdacht, er sei grausamer Richter.

Die seit der kritischen Aufklärungsexegese Johann S. Semlers immer wieder zerschlagene Sinneinheit von *Altem* und *Neuem Testament* wird von Nietzsche in seiner Charakteristik Jesu punktuell restituiert „*Im Gleichnis gesprochen.* – Ein Jesus Christus war nur in einer jüdischen Landschaft möglich ..., über der fortwährend die düstre und erhabne Gewitterwolke des zürnenden Jehova hing. Hier allein wurde das seltne plötzliche Hindurchleuchten eines einzelnen Sonnenstrahls durch die grauenhafte und andauernde Tag*nacht* wie ein Wunder der ‚Liebe' empfunden, als der Strahl der unverdienten ‚Gnade'. Hier allein konnte Christus seinen Regenbogen und seine Himmelsleiter träumen, auf der Gott zu den Menschen hinabstieg" (FW 137).[63] Als geübter Bibelleser erklärt er: „Es gibt einen *christlichen* Zug im alten Testament – man begreift die Entstehung des Gottes der Liebe!" (KSA 9, 363) Er bedenkt, wie die erhabene Vorstellung vom Ernst göttlicher Liebe entstanden sei: Im Lande der Propheten sei „die *Spannung* zwischen dem immer reiner und ferner gedachten Gott", – dem entspricht die Idee göttlicher *Transzendenz* bei Platon und Augustinus, – und dem „immer sündiger gedachten Menschen" ins Ungemessene gewachsen, „- einer der größten Kraftversuche der Menschheit", was Nietzsche im Staunen den Ausruf abnötigt: „Die Liebe Gottes zum Sünder ist wundervoll"! Warum, wundert sich der Graecophile, „haben die Griechen nicht eine solche Spannung von göttlicher Schönheit und menschlicher Häßlichkeit

---

[63] Die Vorstufe des Aphorismus ist in religionsgeschichtlich-religionspsychologischer Hinsicht noch deutlicher: „Nie hat sich der Zorn zu so düsterer Majestät und solchem Reichthum erhabener Nuancen entfaltet als bei den Juden. Was ist ein zürnender Zeus gegen einen zürnenden Jehova! Sie haben es von ihren Propheten auf ihn übertragen. Der Zorn wurde heilig und gut dadurch. Und mitunter brach durch diese Gewitterwolken ein Strahl väterlicher Güte – in einer solchen Landschaft hat Christus ... seine Himmelsleiter des Gottes zum Menschen geträumt: *nirgends wo anders*" hätte er „dies gekonnt als unter dem Volk der Propheten!" (KSA 9, 403).

gehabt? Oder göttlicher Erkenntnis und menschlicher Unwissenheit? Die vermittelnden Brücken zwischen zwei solchen Klüften wären Neuschöpfungen, die nicht da sind (Engel? Offenbarung? Gottessohn?)" (KSA 9, 287f)[64] Und von der „unpersönlichen Geistigkeit Gottes" bei den Griechen hebt er den Gott der Juden ab, der ein „Bundesgott, eine Persönlichkeit" gewesen sei (KSA 9, 147). In spürbarer Hochachtung vor der hohen Kultur des *Alten Testaments* notiert er: „Ich weiß nicht zu erklären, wie es kommt, daß die Juden von allen Nationen die sittliche Erhabenheit auf's Höchste gebracht haben, im Theoretischen wie im Praktischen. Nur ihnen ist ein Jesus von Nazareth gelungen; nur ihnen ein heiliger Gott, nur ihnen die Sünde an ihm. Dazu der Prophet, der Erlöser – das sind ihre Erfindungen." (KSA 9, 75) – Hinter dem ‚Erfinden' Gottes als Erlösers steht Feuerbachs Projektionstheorem, das Nietzsche weiterführt. Den Anhauch von Semitophilie unterläuft Zarathustras Sybille mit beißender Ironie: „Gott selbst – ward Jude!"' (KSA 4, 307) Und Jesus, „der gekreuzigte Jude als Symbol des Heils", aus römischer Sicht maximal verächtlich, wird in ambivalenter Anerkennung intriganter Klugheit der Juden als „der tiefste Spott" auf das prunkvolle stolze, ewige Weltherrschaft für sich beanspruchende *Rom* bezeichnet (M 71), als ein Triumph aus der Provinz über den Unterdrücker.

Unter der Prämisse, Urheber göttlicher Hoheitstitel sei die Religionsideen bildende menschliche Phantasie, sucht Nietzsche zu ergründen, wie Jesus gottgleiche Attribute zugeschrieben werden konnten. Im beharrlichen „Ausschauen nach dem Erlöser und Vollender aller Hoffnungen" habe sich die Idee der Messiasgestalt im jüdischen Volk herausentwickelt, – das „die überall fühlbare Nähe der Wüste" kennt, „nicht die des Bärenwaldes", mit dem die rauhen Germanen kämpfen, – dasjenige Volk, dessen Rabbiner durch ihre „Erfindung des heiligen Gottes" als Folgephänomen „die höchste moralische Subtilität" heraufgeführt haben (KSA 9, 80). Ihre Sehnsucht nach dem Messias ging auf ein Wesen aus, das als Mittler die Kluft überbrücken würde zwischen dem erhabenen Gott und dem sündigen Menschen, die als furchtbar empfunden wurde. „Nur bei den Juden war es möglich, ja nothwendig, daß sich endlich ein Wesen *in* diese Kluft hineinwarf – und wieder mußte es ‚der Gott' sein, der dies that, dem man allein etwas Hohes zutraute: jener Mensch selber, welcher sich als *Mittler* fühlte, *mußte sich erst als Gott fühlen*, um diese Mittler-Aufgabe sich zu stellen. *Wo* die Kluft weniger groß war, konnte auch wohl ein Mensch *ohne* völlig übermenschlich zu sein, sondern als *Heros* dazwischen treten und das

---

64 Diese hohe Würdigung einer Spannung zwischen Gottes Schönheit und des Menschen Häßlichkeit in der Religion der Juden steht in starkem Kontrast zur scharfen Negativwertung in der *Genealogie der Moral*, daß dem hoch erhabenen „Maximal-Gott" das am schwersten belastende menschliche Schuldgefühl korreliere (GM II 20).

Wohlgefühl verbreiten, welches vielleicht das *höchste der älteren Menschheit war: Einklang und Übergang von Gott zu Mensch zu sehen.*" (KSA 9, 657) Jesu „Mittler-Aufgabe" ist, gemäß Nietzsches trefflichen Unterscheidungen, eine ganz andere als die des gottmenschlichen Heros in der griechischen Welt. Real und ganz „übermenschlich" müsse der folgerichtig gedachte jüdische Erlöser sein. Hier kommt Nietzsches Entwurf dem Bild nahe, den das *Neue Testament* und die frühe Kirche von Jesu Gottgleichheit entworfen hat.[65]

In hypothetischer Reflexion, die dem experimentellen Denkstil der mittleren Werke gemäß ist, imaginiert Nietzsche eine diesmal halluzinatorisch beflügelte Genese von Jesu Selbstbewußtsein. Um zu rekonstruieren, wie Jesus zur Annahme käme, er sei Gottes ‚Sohn', erzählt Nietzsche (1883) eine „Geschichte" in Märchentonart, zwar mit wegwerfender Marginalisierungsgebärde eingeleitet, gleichwohl in spürbarer *Identifikation* mit der Schlüsselfigur.[66] Ein „Knabe", vaterlos aufwachsend nährt als tiefen Herzenswunsch in sich das Wiederfinden seines verlorenen wahren Vaters, das ist „seine heimliche Liebe und sein Gebet". Derselbe wird als „Jüngling, unter Frauen und Priestern tief geworden ... durstig nach dem Thau der Liebe, ... zitternd vor seinem Durste und der Nacht freund, weil die Nacht voller Scham und duftenden Weihrauchs ist – / Und wie sonst ein Jüngling betend begehrt, daß ein Weib ihn liebe, so begehrte er betend nach der Liebe eines Vaters .../ Da geschah es, daß sein Gebet einst in lichte Wolken zerfloß und Worte aus lichten Wolken stiegen: ‚Siehe, das ist mein lieber Sohn, an dem ich Wohlgefallen habe.'"[67] – „Ist dies möglich! ... Gott mein Vater! ... Bin ich aber sein Sohn, so bin ich Gott: bin ich aber Gott, wie bin ich Mensch? – Es ist nicht möglich – aber ihm muß ich's glauben! / ... Daß ich Mensch bin, das ist wohl der Menschen wegen: ich soll sie zu meinem Vater locken" (KSA 10, 635f). In Nietzsches Konzept bildet sich komplementär zur illusionsbedingten Selbstdeutung des Erlösers die Christus-Idee der Jünger: „Wessen Liebe die mächtigste war, den schuf sich die Herde zum Hirten" (KSA 10, 113).

---

65 Vgl. Alois Grillmeier: *Jesus der Christus im Glauben der Kirche. Von der apostolischen Zeit bis zum Konzil von Chalcedon. (451)*, 3. Aufl. Freiburg i. B. 1990.

66 Der poetisch empfindsame Stil der Miniatur fällt auf, der zum biographischen Hintergrund des Autors stimmt, der als Knabe den Tod seines Vaters erlitt, Thema im Gedicht von 1860 mit dem Titel *Abschied*: „meine Seele bewegt nie noch erlittenes Weh": „Hab ich dich für immer verloren"; es ist „das umschattete Grab / Das mir das liebste bewahrt"; „die Wehmut ist in dem fühlenden Herzen geblieben, ... jetzt brechen von neuem die Narben und bluten in Strömen" (BAW 1, 230). Zu seines „Vaters Grab" und zu dessen Sterben vgl. BAW 1: 410, 4f.

67 *Markus* 1, 11: „Eine Stimme vom Himmel sprach: Du bist mein geliebter Sohn, an dem ich Wohlgefallen habe".

Nietzsches Wortwahl in seiner Deutung von Jesu herzzerreißendem Gebetsschrei am Kreuz, die ihn als „Schrei *Liebe*" und seltsam paradox als den „Schrei des sehnsüchtigsten Entzückens" versteht (GM II 22), kann nun in zwiefacher Konnotation aufgeschlüsselt werden. Liegt der Bedeutungsschwerpunkt im Sehnen, hier ungewöhnlich im Superlativ ausgedrückt, so dürfte der ‚Vater' gemeint sein; liegt er auf dem „Entzücken", das eigentlich nur leibseelisch real erlebbar, nicht imaginativ in voller Intensität spürbar ist, so dürfte es um die von ihm ersehnte Frau gehen. Nietzsche sieht hiermit, wenn er auf Jesus schaut, in den Abgrund seiner eigenen Passionsgeschichte. Der „entzückendste Traum" seines Lebens knüpft sich an Lou Salomé,[68] in der er die kongeniale Gesprächspartnerin und Lebensgefährtin zu gewinnen hoffte.[69] Das Scheitern dieser Hoffnung ist für ihn bitterliche Enttäuschung, die ihn in Suizidgedanken stürzt. Im Gedicht: „Aus hohen Bergen. Nachgesang", das die verzweifelte Suche nach Wiederbringung verlorener Freundschaft schildert, klingt der Schmerz um Lou nach: „Weß wart und wart ich noch? Ich weiß es nicht – Dies Lied ist aus, – der Sehnsucht süßer Schrei / [Starb mir] Erstarb im Munde" (KSA 5, 243; KSA 14, 375); – das ist versagte Liebe als Todeserfahrung. Ein Todessehnen nach dem Bruch mit Lou schwingt nach im Brief an Overbeck (März 1883): „Im tiefsten Grunde eine unbewegliche schwarze Melancholie." Ich „habe einen Begriff von der Unvollkommenheit, den Fehlgriffen und den eigentlichen Unglücksfällen meiner ganzen *geistigen* Vergangenheit, der über alle Begriffe ist. Es ist Nichts mehr gut zu machen; ich werde nichts Gutes mehr machen. Wozu noch etwas machen! – Das erinnert mich an meine letzte Torheit, ich meine den ‚Zarathustra'" (KSB 6, 348).

Im *Zarathustra* wird die Gestalt Jesu inmitten einer antichristlichen ‚Bergpredigt' beschworen: „Sagt, wo findet sich die Gerechtigkeit, welche Liebe mit sehenden Augen ist?/ So erfindet mir doch die Liebe, welche nicht nur alle Strafe, sondern auch alle Schuld trägt!" (KSA 4, 88; vgl. Joh 1,29). Im *Antichrist* charakterisiert Nietzsche Jesus als paradigmatische Erfüllung seines eigenen ethischen Zielbildes: Überlegenheit über alle Ressentimentgefühle, also ein Erlöstsein vom Geist der Rache.

---

68   Am 14. 8. 1882 schreibt Lou Salomé im Brieftagebuch für Paul Rée, Nietzsche habe ihr, an den gemeinsamen Aufstieg zum Monte Sacro (Ortasee, Italien) sich erinnernd, erklärt: „Monte Sacro – den entzückendsten Traum meines Lebens verdanke ich Ihnen". Werner Ross: *Der ängstliche Adler. Friedrich Nietzsches Leben*, Stuttgart 1980, 616.

69   Eine neue „fatalistische ‚Gott-Ergebenheit' erlebt Nietzsche zur Zeit der Hochblüte ihrer Freundschaft, und er schreibt ihr: „Was ich nie mehr glaubte, einen Freund meines letzten *Glücks und Leidens* zu finden, das erscheint mir jetzt als ... die *goldene* Möglichkeit am Horizont alles meines zukünftigen Lebens. Ich werde bewegt, so oft ich nur an die tapfere und ahnungsreiche Seele meiner lieben Lou denke." (KSB 6, 201; vgl. KSB 6, 203-207)

Er nennt Jesus einen „Vernichter der Moral", da er Partei gegen die Richtenden genommen habe, tituliert ihn der „heilige Anarchist" (AC 27). Nicht nur Nietzsches Ideal der mittleren Denkphase: der „freie Geist", sondern auch sein Idol seit dem *Zarathustra*, der „höhere Mensch" als Vor- und Zwischenstufe zum ‚Übermenschen', wird auf Jesus projiziert. Frei von kirchlicher Dogmatik und Metaphysik sucht Nietzsche den „psychologische(n) Typus des Erlösers" ausfindig zu machen, wie er in den „Evangelien" enthalten sein *„könnte"*; das dafür heuristisch fruchtbare „tiefste Wort ..., ihr Schlüssel", sei Jesu Aufforderung: „widerstehe nicht dem Bösen'";[70] wahres Leben liege im Überwinden alles Feindseligen, Seligsein in Sanftmut (AC 29). Gemäß seiner typologischen Rekonstruktion zeichnet Jesus sich aus durch unerhörte Vulnerabilität; sein nicht Widerstreben oder Widerstandleistenwollen gegen irgendwen leitet Nietzsche ab aus einer „extremen Leid- und Reizfähigkeit", die „jede Berührung zu tief empfindet" (AC 30), offensichtlich ein Selbstportrait![71] Jesu spontane Ausschließung aller Feindschaft, aller Ich-Du-Grenzen und Distanzen im Gefühl mache sein Leben in Liebe als einzige Existenzmöglichkeit aus. So verteidige er nicht sein Recht, tue selbst gar nichts, um das Äußerste an drohendem Ungemach und bitterstem Leid von sich abzuwenden. Nietzsche sympathisiert mit Jesus als dem rein innerweltlich verstandenen ‚Erlöser', der in seiner „frohen Botschaft'", der *„Religion der Liebe"* lehre und zeige (AC 30), wie man leben müsse, um sich wie ‚im Himmel' zu fühlen, und polemisiert zugleich um so heftiger gegen seine Jünger, namentlich gegen Paulus, die in ihn einen „Fanatiker" und in seine Botschaft die Begriffe ‚Schuld', ‚Strafe', ‚Lohn' eingezeichnet hätten (AC 32, 33).[72] Jesu Religion sei: „jedwedes Distanz-Verhältnis zwischen Gott und Mensch ist abgeschafft", und in der evangeliumsgemäßen Ethik als Lebenspraxis dürfe jeder, wie Jesus, heißt es allversöhnend, als ‚Kind Gottes' sich fühlen (AC 33).

Nietzsches Portrait Jesu, des „großen Symbolisten", der oft in Gleichnissen sprach, und „Anti-Realisten", der „nur *innere* Realitäten als ... ‚Wahrheiten'"

---

[70] Im Nachlaß wird Jesu Intention noch deutlicher: „Jesus gebietet: Man soll dem, der böse gegen uns ist, weder durch die Tat, noch im Herzen Widerstand leisten." (SA III, 642) Erinnert ist Jesu Bergrede: „Ich aber sage euch: widerstehet nicht dem Bösen; sondern, so jemand dich schlägt auf einen Backen, dem biete den anderen auch dar. Und so jemand mit dir rechten und deinen Rock nehmen will, dem laß auch den Mantel" (Mt 5, 39. 40).

[71] Hoch zu respektierende Züge projiziert er auf Jesus, stattet ihn aber auch mit solchen aus, die er an sich selbst wahrnahm und wenig schätzte: die Verletzlichkeit, extreme Mitleidsempfänglichkeit, ja geringe Lebensfähigkeit.

[72] Zu Nietzsches Jesus-Bild vgl. Ulrich Willers: *Nietzsches antichristliche Christologie. Eine theologische Rekonstruktion*, Innsbruck 1988. Zur radikalen Delegitimierung des kirchlichen Christus im Spätwerk s. Andreas Urs Sommer: *Friedrich Nietzsches ‚Der Antichrist'. Ein philosophisch-historischer Kommentar*, Basel 2000.

und das „"Himmelreich'" als einen „Zustand des Herzens" annahm (AC 34), ist in persönlicher Klangfarbe in dem Wort verdichtet: „Und er bittet, er leidet, er liebt *mit* denen, *in* denen, die ihm Böses tun ... Die Worte zum *Schächer* am Kreuz enthalten das ganze Evangelium. ‚Das ist wahrlich ein göttlicher Mensch gewesen' ... sagt der Schächer" (AC 35)[73] Nietzsche legt hier das Wort des römischen Centurio (Mk 15, 39), Zeuge von Jesu Sterben, dem Schächer in den Mund. – Die im *Antichrist* vollzogene Destruktion von *Christi Kreuz* als – christlich verstandene – Mitte des Heils wird flankiert von sympathievollen Reflexionen auf das liebende Herz Jesu, das Bosheit mit Sanftmut beantwortet. Die christliche Sicht, wonach Jesus Mensch und Gott in einer Person sei, deutet er ethisch-existentiell um: Jesus „*lebte* diese Einheit vom Gott als Mensch als *seine* ‚frohe Botschaft'" (AC 41). Vor dem nicht zu bewältigenden Rätsel von Jesu unerwartet schmählichem „Verbrecher-Tod" (AC 40), in welchem die Frage aufbricht: „wie *konnte* Gott das zulassen?'" (AC 41), projizieren zutiefst erschütterte Jünger, – so Nietzsches Hypothese zur Verfälschung des Evangeliums mittels einer „Psychologie der jungen Gemeinde", – ihre eignen „stärksten Affekte" in das Bild des geliebten Meisters. Man brauchte ‚Vergeltung', ein ‚Gericht'; man mißverstand das Schongekommensein des Reiches Gottes als drohenden Schlußakt der Geschichte und trug einen kriegerischen Zug in Jesus ein. Denn man verstand die Hauptsache nicht, Leiden und Tod Jesu als das „*stärkste Vorbild*" und die „*stärkste Erprobung*" seiner Lehre, da er bis ins Sterben bewährte, was er lehrte: das „*Nicht* sich wehren, *nicht* zürnen, *nicht* ... dem Bösen widerstehen, – ihn *lieben*" (AC 35).[74] Man verstand nicht, wie ein solcher Tod: ohne Vergeltungslust und Wille zur Macht der höchste Sieg über die ‚Welt' gewesen war, nämlich über *das* Böse, *den* Bösen, von Nietzsche metaphysikfrei als innere psychische Realität verstanden.

Im *Antichrist*, in dem das Kreuz als Siegeszeichen der Dekadenz verflucht wird (KSA 6, 254), schreibt Nietzsche mit spürbarer emotionaler Wärme, mit der Anrufung: „Vater'" habe Jesus das alles verklärende „Ewigkeits-, das Vollendungs-Gefühl" bezeichnen wollen. Die Trinitätsidee deutet er um und erklärt den – von Metaphysik freien – Zusammenhang der Bedeutung ‚Vater' und ‚Sohn' darin beschlossen liegend, daß mit ‚Sohn' der „*Eintritt* in das Gesamt-Verklärungs-Gefühl aller Dinge (die Seligkeit)" ausgedrückt werden soll und mit ‚Vater' dieses Ewigkeits- und Vollendungsgefühl selbst (AC 34), – ein

---

73 Der neben Jesus sterbende Schächer am Kreuz rief: „Jesus, gedenke an mich, wenn du in dein Reich kommst! Und Jesus sprach zu ihm: Wahrlich, ich sage dir: Heute wirst du mit mir im Paradies sein." (*Lukas* 23, 42.43)

74 Anspielung auf Jesu Wort am Kreuz: „Vater, vergib ihnen, denn sie wissen nicht, was sie tun!" (*Lukas* 23, 34)

Vollendungsgefühl in erfüllter Gegenwärtigkeit, das er, Nietzsche mutmaßlich ersehnt haben mochte, das ihm aber, außer in seiner früheren Kindheit, niemals mehr zuteil geworden ist. – In der Spätschrift mit dem Titel, den Pilatus Jesus verlieh: *Ecce Homo* (*Johannes* 19, 5), sucht Nietzsche, der Schwierigkeit der Selbsterkenntnis inne, sich sein eignes Leben in seinem Gewordensein zu „erzählen", um zu ergründen, „*wer ich bin*" (KSA 6: 257, 263). Er setzt ein mit einem die Seele erschütternden Wort, worin er „Glück" und „Verhängnis" seines Daseins verknüpft sieht: „ich bin ... als mein Vater bereits gestorben, als meine Mutter lebe ich noch" (KSA 6, 264). In jenem schwermütig wehmütigen „Als" dürfte eine schmerzliche Kindesliebe zum früh verstorbnen Vater liegen, die den Sohn als untergründiges Lebensgefühl begleitet hat.[75]

Aus der späten Krankheitszeit stammt ein Kärtchen, auf dem Nietzsche seine Schwester, die seit Kindertagen den Spitz- und Kosenamen „Lama" trug, – mit den Worten: „mein gutes Lama-Asabathani" anredet,[76] worin die Erinnerung an Jesu Schmerzens-Ausruf am Kreuz mitschwingt, der ihm offenbar unvergessen blieb: „Eli, Eli, Lama Asabathani".

b)   *Nietzsches ‚Duell' mit David F. Strauß*

In *Ecce homo* bezeichnet Nietzsche seine Beziehung zu David F. Strauß hochdramatisch als *Duell* (KSA 6, 319), assoziiert sonach ihre – rein literarische – Begegnung mit tödlicher Gefahr. Strauß starb in der Tat ein halbes Jahr nach Erscheinen von Nietzsches „Anti-Strauß" (KSB 4, 154), der ersten *Unzeitgemäßen Betrachtung: David Strauß der Bekenner und Schriftsteller* (1873; KSA 1, 157-242), und den Autor plagen Skrupel, er habe durch seine Polemik „David Strauß ... ‚umgebracht'" (KSA 11, 689), sein „Attentat sei für Strauss tödtlich abgelaufen" (KSA 6, 317). – Aber inwiefern ist es ein ‚Duell'? Im Gefecht mit ihm trug Nietzsche keinen ersichtlichen Schaden davon; keineswegs hat er durch sein vernichtendes Schriftstück gegen den „berühmten Schriftsteller" seine ‚Karriere ruiniert' (vgl. KSB 4, 145). Wohl aber verknüpft ihn mit diesem Namen seit der Studentenzeit etwas Schlimmeres: daß jener dem späteren philosophischen Sieger das Ewige aus seinem Leben, gleichsam seine unsterbliche Seele geraubt hat. Ein derart schwerer Verlust vermag erklärlich zu machen, daß Nietzsche im Rückblick eine wechselseitige, auch von Strauß auf ihn ausgehende tödliche Bedrohung empfinden konnte, zentriert um die Frage,

---

75   Nietzsche beseelt von der Knabenzeit an Sehnsucht nach dem Bild seines Vaters. S. dazu Mazzino Montinari: „Nietzsches Kindheitserinnerungen aus den Jahren 1875-1879", in: ders.: *Nietzsche lesen*, Berlin/ New York 1982, (22-37), 28f. Original: *Che cosa ha ‚veramente' detto Nietzsche*, Rom 1975.

76   Dokumentiert von Pia D. Volz: *Nietzsche im Labyrinth seiner Krankheit. Eine medizinisch-biographische Untersuchung*, Würzburg 1990, 275, 285.

wer *Jesus* in Wahrheit gewesen sei. Worin bestand die Bedrohung, die sich für Nietzsche mit dem Namen Strauß verbunden hat?

Mit strenger Evangelienkritik wurde Nietzsche während seines Bonner Studienjahres (1864/65) bekannt.[77] Er läßt sich von der radikalen Bibelkritik überzeugen, die verwirft, was christusgläubige Theologen annehmen: den Offenbarungscharakter der Bibel, Jesus als Sohn Gottes, der für unsre Sünde starb und auferstand. Klare Indizien weisen darauf hin, daß Nietzsches damalige Lektüre von D. F. Strauß' *Leben Jesu*,[78] das er, wie er später bekennt, „mit der klugen Langsamkeit eines raffinirten Philologen" gelesen habe (AC 28), den starken Anstoß gab für seine Abwendung vom christlichen Glauben.[79] – Gemäß dem Titel des 1835 erschienenen umfänglichen zweibändigen Werkes: „*Das Leben Jesu, kritisch bearbeitet*", analysiert Strauß konsequent die Evangelien von dem von ihm so genannten „mythischen Standpunkt" aus und sucht dabei zu zeigen, daß die auf die früheste Gemeinde zurückgehende, in den Schriften des *Neuen Testaments* greifbare Überlieferung die Gestalt Jesu derart mit erbaulichen Zügen und „Mythen" umwoben habe, daß die zugrunde liegende Historie für uns nur noch in Umrissen rekonstruierbar sei. Unter dem Begriff „Mythus" faßt er dabei alles Übernatürliche, was die Naturgesetze sprengt oder auch nur die gewöhnliche Erfahrung überschreitet, also die „Erhöhung" Jesu ins Übermenschliche, sonach einen großen Teil der Jesus-Erzählungen, namentlich alle Berichte über von ihm vollbrachte oder an ihm selbst geschehene Wunder. Die Auferstehungserscheinungen Jesu erklärt Strauß, als erster einer langen Reihe von Nachfolgern, als psychologisch erklärbare Visionen. Einen gewissen Wert kann er, anfangs noch, diesem radikal enthistorisierten Überlieferungsgut zubilligen als „geschicht(s)artige Einkleidungen urchristlicher Ideen, gebildet in der absichtslos dichtenden Sage";[80] Ideen allerdings,

---

[77] Zu seinen Bonner Studien vgl. Martin Pernet: *Das Christentum im Leben des jungen Friedrich Nietzsche*, Opladen 1989, 85-104.

[78] David F. Strauß: *Das Leben Jesu, für das deutsche Volk bearbeitet*, Leipzig 1864. Band 2 trägt den Untertitel: „Die mythische Geschichte Jesu in ihrer Entstehung und Ausbildung."

[79] Im Brief vom 26. Mai 1865 schreibt seine Schwester an Nietzsche, sie habe durch ihn sehr viel über den „unglücklichen Strauß" vernommen. Er wiederum fragt sie, ob es darauf ankäme, „die Anschauung über Gott, Welt und Versöhnung zu bekommen, bei der man sich am bequemsten befindet"? Suchen wir „Ruhe, Friede, Glück? Nein, nur die Wahrheit, und wäre sie höchst abschreckend und häßlich" (KSB 2, 60). Auch gedenkt er des Ernstes früherer Philosophie, als „Zweifel als Versündigung ... gefühlt wurde, ... ein Frevel an der ewigen Liebe, als Mißtrauen gegen *alles*, was gut, hoch, rein und erbarmend war" (*Die größte Veränderung*: FW 152).

[80] D. F. Strauß: *Das Leben Jesu, kritisch bearbeitet*, 2 Bde Tübingen 1835/ 36, 1, 75; Marius Reiser: *Kritische Geschichte der Jesusforschung. Von Kelsos und Origines bis heute*, 2. Aufl. Stuttgart 2017, 43-63; das Zitat dort 46.

die er ähnlich entmythologisierend interpretiert wie bald darauf Ludwig Feuerbach und in offen antichristlich-atheistischer Absicht wie jener. Der alles Mythischen entkleidete Jesus bleibt zurück als irrender Mensch mit einem allenfalls tragischen Menschenschicksal, da er das Scheitern seiner Ideale erleben mußte und wohl im Bewußtsein seiner Gottverlassenheit gestorben ist.[81]

D. F. Strauß' *Leben Jesu* traf die Theologenzunft als Schock, da sie herausgefordert wurde zur Hermeneutik zweifelnder Verdächtigung der bislang in ihrer Substanz kanonischen Texte. Was die radikale Skepsis im Hinblick auf die historische Authentizität der Evangelien anbetrifft, so hat Strauß' *Leben Jesu* auf die außertheologische Öffentlichkeit dahin gewirkt, daß sie sich legitimiert sah in ihrer zunehmenden Ferne vom Christentum und sich einer Wissenschaftsgläubigkeit ergab.

Im Wissen um die hohe Bedeutung der geschichtlichen Grundlage für den christlichen Glauben, – die in ihrer Problematik zuerst von Lessing reflektiert worden ist, – hat Strauß das historische Fundament systematisch zum Einsturz zu bringen gesucht. Dies bleibt Nietzsche so gegenwärtig, daß er später „die Frage der ... ‚Wahrheit' des Christenthums" in drei Momenten entfaltet, als die nach Gottes Existenz, die der „Geschichtlichkeit der Entstehungs-Legende" von Jesus als *Erlöser*, – hier wirkt die Strauß-Lektüre nach, – und die des vitalen Werts christlicher Moral (KSA 13, 417). – Nietzsche ist sich im Klaren darüber, daß Strauß' exegetische Abbrucharbeit dem Christentum den Todesstoß versetzen will. Bewußt hat er jenen bekannten Feind des Christentums sich zur Zielscheibe gesetzt, nicht das *Leben Jesu*, sondern Folgelast und Lebensernte in dessen Spätwerk. Innerhalb von vierzig Jahren hat D. F. Strauß sich vom Hegel- zum Darwin-Anhänger gewandelt. Sein Alterswerk: *Der alte und der neue Glaube* von 1872 wird in wenigen Monaten viermal aufgelegt und enthält summarisch auch seine frühere Bibelkritik. Jesus nennt er einen edlen Phantasten, der zum Lebensführer nicht tauge; lebte er gegenwärtig, so entginge

---

81 Eine inhaltliche Auseinandersetzung mit David F. Strauß ist Sache der wissenschaftlich-neutestamentlichen Forschung, die sich an der Frage nach dem *historischen Jesus* bis zum heutigen Tag abarbeitet, mit oft sehr unterschiedlichen Resultaten. Immerhin fragt man sich als exegetischer Laie, wie es möglich gewesen sei, daß eine vermeintlich so blasse Figur Adressat inbrünstigen Glaubens seitens seiner durch seinen schmählichen Tod tief enttäuschten Anhängerschar werden konnte. Aus der uferlosen Literatur dazu sei die zu Recht immer noch als klassisch geltende Abhandlung von Martin Kähler genannt: *Der sogenannte historische Jesus und der geschichtliche, biblische Christus*, 1892, neu hg. von E. Wolf, München 4. Aufl. 1969. Neuere Korrekturen am skeptischen Jesusbild finden sich bei Reiser: *Kritische Geschichte der Jesusforschung* (s. vorige nota), 43-63; s. auch Rainer Riesner: *Messias Jesus. Seine Geschichte, seine Botschaft und ihre Überlieferung*, Gießen 2020.

er kaum einer Anstalt für geistig Kranke. Die christliche Behauptung seiner Auferstehung sei ein „welthistorischer Humbug".

Worauf gründet der *neue Glaube*, der von Strauß propagierte Katechismus moderner Ideen? In der Überzeugung, daß 1) Darwins Abstammungslehre dem Menschen seinen Ursprung erhelle; 2) der christliche Glaube zu verabschieden sei als *Wunschprodukt* des mythenbildenden menschlichen Bewußtseins; und daraus folgend, 3) in der Forderung, das Werteverhältnis zwischen Diesseits und Jenseits sei zugunsten des ersten umzukehren. Wer ihm nicht folgen könne, so erklärt Strauß, sei für sein modernes Evangelium nicht reif und wird als rückschrittlich, ja krank stigmatisiert.

Nietzsches erste *Unzeitgemäße Betrachtung* „David Strauß. Der Bekenner und der Schriftsteller" ist weit mehr als ein literaturkritisches Geplänkel; denn, wovon sich zu befreien, ja loszusagen: Jesus als Gottessohn und Heilsbringer, Strauß Genugtuung bereitet und sein Behagen im säkularen Dasein steigert, ist das, was Nietzsche im ‚Tod-Gottes'-Thema viele Jahre in denkerische Unruhe stürzt. Für ihn gehört die vernichtende Kritik an Strauß zur Klärung seines Begriffs vom freien Geist. Denn „*reife* Freiheit des Geistes" schließe eine schmerzliche Analyse der „Selbstentfremdung" des Ich in selbst auferlegter Ferne vom „Heiligtum" ein, wo es anbeten lernte (MA Vorrede Ziffer 3).

Die Hast und Rücksichtslosigkeit lehnt Nietzsche ab, mit der Strauß die Bande des christlichen Glaubens zerreißt und auf den Trümmern des von ihm rasch destruierten „alten" einen „neuen" fortschrittlichen Glauben errichten will. Alarmierend für den Zustand deutscher Kultur, Bildung und Urteilskraft scheint ihm nicht allein der wissenschaftlich unsolide Argumentationsstil des Straußschen Bekenntnisses, sondern auch, daß ein vom Gehalt her so unbedeutendes Buch wie *Der alte und der neue Glaube*, in dem kein Gedanke enthalten sei, der „werth wäre, als gut und neu bemerkt zu werden", zu einem „so skandalösen Erfolge" kommen konnte (KSA 7: 606, 610). Nietzsches Abneigung gegen Strauß bringt der eigens für ihn geprägte Begriff des „Bildungsphilisters" zum Ausdruck (KSB 8, 260).[82] Rückblickend nennt er seine Schrift gegen ihn „das böse Gelächter eines ‚sehr freien Geistes' über einen solchen, der sich dafür hielt". Seine Replik auf Strauß' Buch *Der alte und der neue Glaube*, das der ‚deutsche Geschmack' als Meisterstück von Freiheit und Feinheit des Geistes gerühmt hatte, sei das „erste Attentat" auf eine substanzlos

---

82   *Bettina von Arnim* (*Ilius Pamphilius und die Ambrosia*, Leipzig 1848, 265) spricht von „Bildungsphilisterei". *Rudolf Haym* (*Die romantische Schule*. Ein Beitrag zur Geschichte des deutschen Geistes, Berlin 1870, 88f) hält Ludwig Tieck zugute, daß er „die prosaische Superklugheit der Bildungsphilister, die Trivialität der Aufklärer" und ihre „antipoetische Denkweise" hat bloßstellen wollen.

gewordene deutsche Bildung (KSA 6, 317ff). Gezielt hat er sich seinen Kontrahenten gewählt, den „ersten deutschen Freigeist", der nur einer der seichten Denker der modernen Ideen gewesen sei. In seiner vermeintlichen „Freigeisterei" unternehme es Strauß z.B., Ernst Haeckel folgend, den Menschen durch *Stammbaumentwürfe* „bestialisch zu systematisieren" (KSA 8, 258f). Strauß ist für ihn typischer Exponent des kulturellen Klimas und der zeitgeistkonformen Lieblingsgedanken in Deutschland nach dem Sieg über Frankreich, einer mit Überheblichkeit gepaarten Geistesverflachung. Die stürmisch positive Resonanz auf Strauß' Spätwerk stellt die Identifikationsfigur der kulturell dominierenden Richtung bloß. „*Halbwissen.* – Das Halbwissen ist siegreicher als das Ganzwissen: es kennt die Dinge einfacher, als sie sind, und macht daher seine Meinung faßlicher und überzeugender." (MA 578) Der ochlokratische Charakter solcher Halbbildung liegt für Nietzsche darin, daß sie versucht ist, mit Hilfe ihrer Massenwirkung eine neue Art von Tyrannei aufzurichten, was ihr gelingt durch öffentliche Meinung bildende Zeitungsschriftsteller, die für die Schätzung aller Dinge „Gunst oder Abgunst in Umlauf" zu bringen verstehen (MA 261).

Obwohl Strauß Kants Erkenntniskritik zu kennen vorgebe, vertrete er einen groben Realismus, z.B. Aussagen über das Universum und in Prädikaten, die unvereinbar sind. Zum einen vergleiche er es im Hinblick auf einen Kausalnexus in lückenloser Verknüpfung aller Ereignisse mit einer Maschine; zum andern proklamiere er einen ethisch-religiösen Wert der Naturgesetze derart, daß sich das All in ihnen als ewige Güte, Harmonie und Ordnung offenbare, was dem modernen Gläubigen die gleiche Ehrfurcht abverlangen solle, die der Altgläubige seinem Heilandgott entgegenbringt. Wenn Strauß metaphorisch formulierend schreibe, in der Maschine des Alls drehten sich nicht bloß „unbarmherzige Räder", die den Menschen tödlich zu erfassen drohen, sondern es ergieße sich auch „linderndes Öl", so errichte er, wie Nietzsche spottet, einen Notglauben ohne Überzeugungskraft, um nicht zugeben zu müssen, daß der „neue Glaube" an eine blinde Mechanik der Weltmaschine das eher Entsetzen erregende Gegenteil des Vertrauens auf einen sich erbarmenden Gott ist. Denn nichts Tröstliches für den Menschen enthielten die Gesetze der Natur. Strauß wage es nur nicht, seinen Anhängern offen zu sagen: Vom liebenden Gott habe ich euch befreit, seht zu, daß die starren Räder im Räderwerk des Universums euch nicht zermalmen! Die absurde Konstruktion eines irrenden Welturhebers, der die Welt als ein Probestück entworfen habe, an dem noch zu arbeiten ist, sei dem Neugläubigen offenbar lieber als die christliche Vorstellung von dem weisen und wundertätigen Gott (KSA 1: 190f, 197ff). Man blicke hier in „die triste atheistische Halbnacht des *Système de la nature*", so heißt es auf P. H. T. d'Holbachs bekanntes Werk anspielend, und es schaudere einen (KSA 1, 200). Denn nun sei es „das öde und grausame Antlitz der Natur" (KSA 1, 367) das den glaubensunfähig gewordenen Menschen wie eine Mahnung des verlorenen Gottes der Liebe und ewigen Hoffnung begleitet.

In Nietzsches Duell-Bilanz gesellt sich zur angeprangerten Unlogik vieler Gedanken eine Kritik an Strauß' Stil. *Der alte und der neue Glaube* bringe „verwirrte Bilder" und Geschmacklosigkeiten, Musterbeispiele für den „Lumpenjargon der Jetztzeit". Nietzsche deckt nicht nur verunglückte Metaphern auf, sondern moniert auch Ausdrücke, mit denen Strauß den religiösen Sinn verletzt. Eine „ruchlose Vulgarität" der Gesinnung, in ihr sei er „tollkühn in Worten", liege darin, die Askese von Einsiedlern und Heiligen in frühchristlicher Zeit zu erklären durch vorausgegangene Übersättigung an sexuellen Genüssen und dadurch erzeugten Ekel (KSA 1: 225-228, 193). Die Bezeichnung von Jesu Auferstehung als „welthistorische(n) Humbug'" und „Wahnglauben", befragt Nietzsche ironisch, wer hier bezichtigt sei, diesen auf Betrug hinzielenden Schwindel auf dem Gewissen zu haben, denn Humbug vermöge man sich nicht ohne ein Subjekt vorzustellen, das für sich Vorteile zu ergaunern suche. Zu Strauß' Satz: „Mit dem erhörlichen Gebet ist abermals ein wesentliches Attribut des persönlichen Gottes dahingefallen'" notiert Nietzsche mit Grimm, wie soll ein Gebet ein Attribut, noch dazu ein ‚dahingefallenes Attribut' des persönlichen Gottes sein können? (KSA 1, 232f) – Nachlaßnotizen aus dem Jahre 1873 ist zu entnehmen, daß Nietzsche während seiner kunstmetaphysisch, am Gegensatz apollinisch-dionysisch, orientierten Denkphase Strauß' Methode, das Christentum durch Bezweifeln der historischen Zuverlässigkeit der Evangelien zu diskreditieren, nicht mehr für beweiskräftig hält. D. F. Strauß habe „am Christenthum das Beste vergessen, die großen Einsiedler und Heiligen" und „gewähnt", es „zu zerstören, in dem er Mythen nachweisen wollte". „Widersprüche mit der Vernunft und der heutigen Wissenschaft sind sein Trumpf." Dabei ahne er nichts von dem „höchst relativen Sinn aller Wissenschaft und Vernunft". Kants erster *Kritik* nahe heißt es, die *Vernunft*, auf die er sich berufe, sollte ihm sagen, „wie wenig durch die Vernunft über das Ansich der Dinge auszumachen ist." (KSA 7, 587) Weder Philosoph sei er noch Künstler. Ein „lapsus" sei von ihm, „ein Leben Jesu zu geben", ohne einen „Begriff vom Christenthum" zu haben; dazu Nietzsche mißfällig: „Für Strauß ist Jesus ein Mann, den er in's Irrenhaus stecken würde." (KSA 7: 588f, 592)

Beachtlich sind solche Notizen, in denen Nietzsche dem Anschein nach, – so als wollte er seinen zerstörten Jugendglauben wiedererringen, aus der Zerstörung zurückholen, – als Apologet denkt, der diese philologische Destruktion des christlichen Glaubens nicht für tragfähig erachtet; in den Werken der freigeistigen mittleren Denkperiode hingegen schließt er sich, wie seine Deutung von Jesu Verlassenheitsruf am Kreuz zeigt, Strauß' Entmythologisierung Jesu vorbehaltlos an. Hinter dem frühern apologetischen Anschein dürfte Nietzsches lebenslang hohe Ambivalenz gegenüber dem Christentum, vor allem der Gestalt Jesu stehen, von der er sich löste, jedoch nie loskam. Des weitern steckt hinter jenem Anschein ein Zentralthema seines Denkens, der zum Nihilismus führende Verlust der teleologischen Weltsicht, von Strauß bestärkt, der die Problematik verkennt. Nietzsche bedenkt die ethisch-anthropologische Folgelast des werteskeptizistischen Historismus und des Darwinismus: Wenn „die Lehren ... von der Flüssigkeit aller Begriffe, Typen und Arten, von dem Mangel aller cardinalen Verschiedenheit zwischen Mensch und Thier – Lehren, die ich für wahr, aber für tödtlich halte – in der jetzt üblichen Belehrungs-Wuth noch ein Menschenalter hindurch in das Volk geschleudert werden", so ist in der Zukunft als deren Folge „Selbstsucht", „raubsüchtige Ausbeutung" und ähnliche „utilitaristische Gemeinheit" zu erwarten (KSA 1, 319).

War der junge D. F. Strauß des *Lebens Jesu* noch heftig umstritten, so wurde sein letztes Werk, – Wandel des Zeitgeistes während eines Dritteljahrhunderts, – überwiegend freundlich zustimmend aufgenommen, ja von vielen begeistert begrüßt, so daß der Historiograph Karl Hillebrand im Jahr 1875 als erstaunlich mutig anerkennen kann, mit welcher Intensität der junge unbekannte Basler Professor Nietzsche sich gegen des Volkes Liebling, den „berühmten Feind des Christentums" wende. Nietzsche richte ein Korrektiv auf dagegen, daß durch jene Autorität „das ganze höhere Leben der Nation" bedroht sei, einseitig hingerissen zu werden.[83] – Strauß ist seiner Sache gewiß, seinen Abfall vom Christentum habe er überzeugend begründet und somit völlig gerechtfertigt. Ihm sei, – diesen makabren Selbstruhm zitiert Nietzsche, empfindsam für die verräterische Wortwahl, – „die Gabe schonungslos zersetzender Kritik" verliehen worden (KSA 1, 219). Eben dies, die Kritik einer so selbstgewissen historischen Kritik, die sich absolutes Erkennen anmaßt, wird dann zum Thema seiner nächsten, der zweiten *Unzeitgemäßen Betrachtung* „Vom Nutzen und Nachteil der Historie für das Leben". Auch wenn der Name nicht fällt, mit niemandem intensiver als mit D. F. Strauß und dessen Entgrenzung historischer Kritik zur Demontage Jesu Christi streitet Nietzsche in seiner historischen Metakritik. Sein Einspruch gilt einer maßlos gewordenen historischen Kritik, deren Vorgehen er mit der *Vivisektion* der Mediziner

---

83 Fünfzig Generationen vor uns, denen wir unser Dasein verdanken, verstanden ihr inneres Leben im Ideal Jesu Christi: „Millionen von Tränen, Hoffnungen, Tröstungen des besten Teiles der Menschheit hängen am Kreuze, das den Gott getragen". So sollten wir mit Ehrfurcht diesem Glauben begegnen, auch wenn der Gebildete nicht mehr an die „Menschwerdung Gottes in Christo", zum Zwecke der Erlösung von den Folgen des Sündenfalls, glaube; dies sei das Christentum. Karl Hillebrand: *Zeiten, Völker und Menschen*, Berlin 1875, Bd 2, 291ff, 307.

vergleicht: dem Zu-Tode-Sezieren von etwas Lebendigem. Ein historisches Phänomen,[84] vollständig erkannt, sei für den Erkennenden tot. Durch unbegrenzten Zweifel, z.B. an Evangelien, werde im „Foltersystem historischer Kritik" der christliche Glaube aufgelöst. Heraklitisierend erblickt Nietzsche in der „Historie als Wissenschaft" eine Lehre universalen Werdens; „alle Grenzpfähle sind umgerissen" (KSA 1, 271f). Was bleibe, sei ein Schauspiel von endlos variablen Perspektiven. „Ueberstolzer Europäer ... ! Dein Wissen vollendet nicht die Natur, sondern tödtet deine eigene" (KSA 1, 313). Durch historische Kritik werde jede religiöse Gewißheit untergraben. Die objektive Richtigkeit oder Falschheit von Urteilen der historischen Kritik ist für Nietzsche nachrangig, ja bleibt nahezu unthematisch; es geht um ihre – fragliche – Lebensdienlichkeit oder Lebenssinn-Untergrabung.

Eine Spur, die auf die Historienschrift und ihr Schlüsselmotiv des Tötens durch Hyperkritik zurückweist, findet sich fast zehn Jahre später in der Parabel vom ‚tollen Menschen'. In dessen Vorwurf an die Agnostiker, *ihr seid es, die Gott getötet haben*, klingt das Petruswort nach: „Ihr habt ihn [Jesus] ... getötet" (Apg 2, 23), dort jedoch ohne Hoffnung auf seine Auferstehung: Er „bleibt todt" (FW 125). Den einzigen Hinweis, mit dem sich die Mordtat am Ewigen rekonstruieren läßt, enthält das Wort vom *Verbluten* des Heiligsten ‚unter unsern Messern', die Seziermesser bedeuten. Die historische Kritik wird mit der „Section" verglichen, dem Öffnen von Leichnamen; gemeint ist ein zum Tode führendes Analysieren von etwas, das zuvor lebendig und beseelt gewesen ist. Daß der ‚tolle Mensch' Gott nicht finden kann, erklärt er sich durch ein begangenes Verbrechen. „Man erzählt noch", daß er in „Kirchen eingedrungen sei und darin sein *Requiem aeternam deo* angestimmt habe", einen ergreifenden Totenklagegesang. Zur Rede gestellt, habe er geantwortet: „Was sind denn diese Kirchen noch, wenn sie nicht', – wenn Jesus nicht auferstanden ist, – ‚die Grüfte und Grabmäler Gottes'" sind? (FW 125) Das Wort: „Gott bleibt todt" (ebd.) ist als schroffe Antithese zum Zeugnis des *Neuen Testaments* zu lesen: „Christus ist wahrhaftig auferstanden" (Luk 24, 34).[85] Maßgebliches Fundament in Nietzsches provozierender These des ‚Todes Gottes' ist also die Verneinung von Jesu Auferstehung. Deren Erklärung als psychogene Halluzinationen

---

84   Die *kritische* Historie soll nicht isoliert werden aus dem Sinngefüge, in das sie – der zweiten *Unzeitgemäßen Betrachtung* zufolge – mit der *antiquarischen* gehört, die durch liebevolles Bewahren des Vergangenen das Dasein aus seiner Herkunft rechtfertigt, und der monumentalischen, die, was wert sei, ewig gültig zu sein, verehren will.

85   Zur neueren Forschung vgl. Berthold Klappert: *Diskussion um Kreuz und Auferstehung*, Wuppertal 1968; Joachim Ringleben: *Wahrhaft auferstanden: Zur Begründung der Theologie des lebendigen Gottes*, Tübingen 1998; Gerhard Lohfink: *Am Ende das Nichts? Über Auferstehung und Ewiges Leben*, Freiburg 2018.

war ihm durch die Lektüre von Strauß offenbar plausibel; wie denn überhaupt dessen Jesusbuch seinen jugendlichen Bibelglauben erschüttert und in den skeptischen Prämissen sein späteres Bild vom tragisch am Kreuz scheiternden Messiasprätendenten grundgelegt hat.

Markante philosophische Thesen Nietzsches zum Verfall der Metaphysikgeschichte stehen in erkennbarem Sachbezug zu Strauß' kritischer Theologie, zentral der Passus der *Götzen-Dämmerung*: „Wie die ‚wahre Welt' endlich zur Fabel wurde. Geschichte eines Irrthums" (KSA 6, 80f). Die „wahre Welt" verweist auf die unsichtbare geistige göttliche Welt bei Platon und im Christentum, „Fabel" auf Strauß' methodischen Schlüsselbegriff *Mythus*. Durch Strauß erleidet Nietzsche als ehemals an Christus Glaubender, schicksalhaft und stellvertretend für die Epoche, die rigorose Entmythologisierung der Jesus-Überlieferung, durch seine Wortwahl noch drastisch verstärkt: er nennt sie *Fabel*, ja *Märchen*. Die verloren gegangene ‚wahre Welt' als die transzendente göttliche, faßt er einmal in die schmerzliche Bilanz, die „bisherigen höchsten Dinge", der „Gottesglaube" als Religion des Kreuzes Christi, erschienen uns nur noch „kindlich-kindisch und rührend", denn sie hätten sich nunmehr in „Mythen" und „Märchen" verwandelt (KSA 11, 627). Eine existentiell „furchtbare Neuigkeit" sei es, „daß der christliche Gott ‚todt ist', daß in unseren Erlebnissen *nicht* mehr eine himmlische Güte" und „göttliche Gerechtigkeit ... sich ausdrückt" (KSA 11, 425).

Nietzsche akzeptiert, womöglich nach inneren Kämpfen, den für ihn schlüssigen, von Strauß erbrachten oder jedenfalls intendierten Nachweis, der in den Evangelien gezeichnete Jesus sei ein überspannter Phantasie entsprungenes Konstrukt, und sieht sich nun herausgefordert, diese neue erschütternde Situation des Ewigkeitsverlustes zu reflektieren. Veranlaßt und heraufbeschworen durch diese Destruktion der – jahrhundertelang geglaubten – *Göttlichkeit Jesu* ist er herausragender Denker des Transzendenzverlusts geworden. Im Wort: „Götterdämmer – Es giebt nichts Ewiges!" (KSA 10, 374), nichts, dessen Gehalt als „ewig und allgültig" angenommen werden könne (M 544), laufen Strauß' Jesus-Kritik und Darwins Theorie fließender Arten-Entstehung zusammen.[86]

---

86 Schwarz-humoristisch reißt Nietzsche eine unüberbrückbare Kluft auf zwischen traditionell-metaphysischem Wahrheitsanspruch und moderner naturwissenschaftlicher Forschung: Augustinus sagt: *„ego sum veritas et vita, dixit Dominus ... Schade darum"* (KSA 8, 572). Denn nach Darwin *weiß* Gott nicht, was das *Leben* ist und kann daher auch nicht die *Wahrheit* sein. In Gottes Unwissenheit über seine Schöpfung wird später Jesus ‚trinitarisch' einbezogen: Der große *Symboliker* stehe außerhalb der Welterfahrung, die verdichtet ist in Kenntnis von Historie und Naturwissenschaft; daher sei Jesu Weisheit *„reine Thorheit"* darüber, daß es Etwas dergleichen giebt" (AC 32).

Heidegger räumt, allerdings ohne jenen Strauß-Hintergrund zu bemerken, dem Text über die ‚wahre Welt', die zur *Fabel* wurde, – in dem typisierend die historische Abfolge eines sukzessiven Verlusts des Glaubens an eine göttliche andere ‚Überwelt' skizziert wird, – eine zentrale Stellung in Nietzsches Philosophie ein. Dieser Abschnitt bekunde nämlich, „wie hier für einen großen Augenblick der ganze denkerische Bereich in eine neue und einmalige Helle zusammenschießt"; es soll „die Geschichte dargestellt werden, in deren Verlauf das von Platon als das wahrhaft Seiende angesetzte Übersinnliche nicht nur aus dem oberen Rang in den unteren versetzt wurde, sondern ins Unwirkliche und Nichtige versank". Das sei die von Nietzsches Denken erwirkte schwere „Erschütterung des Vorranges des Übersinnlichen als des Ideals".[87] Dabei wird von Heidegger die Überzeugung Nietzsches, daß *wir* – im Unterschied zu allen früheren Generationen „*die Wahrheit nicht haben*" (KSA 9, 52), und dessen geschichtsphilosophische Konstruktion eines unabwendbaren Zerfalls übersinnlicher Werte einschränkungs- und bedingungslos übernommen.

Im Passus „Wie die ‚wahre Welt' ... Fabel wurde" zeigt Nietzsche in Stadien die Umkehr des Primats der geistigen vor der sinnlichen Welt als umstürzende Erschütterung des ursprünglichen Wahren, als das Gottes unsichtbare Wirklichkeit in Antike und Mittelalter vielfach gegolten hatte. 1) Die wahre Welt galt als „erreichbar für den Weisen, den Frommen, den Tugendhaften, – er lebt in ihr, *er ist sie*" (KSA 6, 80); Paradigma ist Platons Philosophie, die Nietzsche als präexistentes Christentum einschätzt, das Christentum wiederum als „Platonismus für's ‚Volk'" (KSA 5, 12). 2) Die ‚wahre Welt' ist zwar „unerreichbar für jetzt, aber versprochen ‚für den Sünder, der Busse thut'"; hier klingt Jesu Predigt vom in ihm nahe gekommenen „Reich Gottes" an (Mt 4, 17). 3) Die ‚wahre Welt' ist „unbeweisbar, ... aber schon als gedacht ein Trost, eine Verpflichtung, ein Imperativ"; die „alte Sonne", bei Platon Bild für die Idee des Guten, scheine „durch Nebel und Skepsis hindurch; die Idee sublim geworden, bleich, nordisch, königsbergisch" (KSA 6, 80); das ist die Gestalt, die das Christentum, als Platonismus, in Kants Philosophie angenommen habe: Gottes Dasein und unsterbliche Seele sind Postulate der praktischen Vernunft. 4) Die ‚wahre Welt' „unerreichbar. Und ... *unbekannt*. Folglich auch nicht tröstend, erlösend(!), verpflichtend ... Grauer Morgen. Erstes Gähnen der Vernunft. Hahnenschrei des Positivismus" (ebd.). Daß die ‚wahre Welt' als unerkennbare, in vage Ferne entrückte, und daher leicht für inexistent erklärbare, keinen Trost spenden könne, mißdeutet Kants Erkenntnisbegrenzung als Skeptizismus; daß sie

---

87 Martin Heidegger: *Nietzsche*, 2 Bde Pfullingen 1961, Bd 1, 234, 187. – „Meine Philosophie", erklärt der frühe Nietzsche programmatisch, ist *„umgedrehter Platonismus*: ... Das Leben im Schein als Ziel." (KSA 7, 199)

nicht mehr „erlösend" sei, folgt aus der Demontage Jesu; das Verbürgtsein von Erlösung hängt an dessen Vollmacht, die bei Strauß hinfällt. Das Verdrängen Kants durch August Comte wird durch den Verrat Petri verbildlicht; ein Jesus nicht mehr kennen Wollen, ihn Verleugnen bewirkt ein Abstürzen in profanes Dasein.[88] 5) Nietzsche dekretiert das Ende aller verzweifelten Suche nach der ‚wahren Welt'; Zarathustra kündet Gottes ‚Tod' und den neuen Menschen (KSA 6, 80f).

Im Abschnitt vom *Fabel*-Werden der ‚wahren Welt' handelt es sich um einen satirisch verzerrten Abriß europäischer Geistesgeschichte, der im Titel den ideengeschichtlichen Ursprung benennt: Strauß' *Leben Jesu*. Das Theorem eines unabwendbaren zur „Fabel"-Werden wird dabei, frei von philosophischen Argumenten und historischer Sorgfalt, zur Suggestion von einer zwangsläufigen, in sich konsequenten Abfolge gebraucht, die hinter dem Rükken der genannten Denker geschähe. Der früher bedachte schwere Verlust des Glaubens an eine göttliche Welt, die „Phantasmagorie eines ‚anderen', eines ‚besseren' Lebens" (KSA 6, 78), wird abgetan, umgemünzt in den Triumph, im Überwinden des „längsten Irrthum(s)" liege der „Höhepunkt der Menschheit" (KSA 6, 81).

Die außerordentliche Schärfe von Nietzsches Angriff auf Strauß kann eine Erklärung finden in seinem Glaubensverlust, für den er Strauß' *Leben Jesu* maßgeblich verantwortlich macht. Sein bis in die späte Zeit reichendes öfteres Zurückkommen auf den mit Strauß' Entmythologisierung der Gestalt Jesu verbundenen Problemkomplex dürfte Indiz sein für sein lebenslanges nicht ‚fertig' werden mit der Christentumsthematik, deren Mitte die Rätselfrage bleibt, wer Jesus Christus sei.

---

88   „Wirkliche sind wir ganz, und ohne Glauben und Aberglauben"', läßt Zarathustra die positivistischen Geister sich selbst rühmen und hält ihnen ihre Glaubensunfähigkeit als Mangel lebendigen Selbstseins vor (KSA 4, 154).

KAPITEL XII

Trinitarische Ontotheologie und Metaphysik der Person

1) Der Tod Gottes oder Christi als die „höchste Anschauung der Liebe" – Hegels Überwindung der ‚unbefriedigten Aufklärung'

> „Den aller Himmel Himmel nicht umschloß,
> Der liegt nun in Mariä Schoß" (G. W. F. Hegel)[1]

Hegels Apotheose des Denkens ist unlösbar verbunden mit dem hohen Anspruch auf Wahrheit. In Hegels Ontologie, die Ontotheologie ist, gilt der dreifaltige Gott als die absolute Wahrheit.[2] In christlich kühnem Selbstbewußtsein bekundet sich eine Identität von Gott- und Selbstvertrauen. Hegels Denken ist der letzte große Entwurf, der den christlichen Glauben als wahr im Sinne von ontologischer Objektivität zu beweisen sucht, wider eine einseitige Aufklärung, die beispielsweise naturwissenschaftliche Einsicht verabsolutiert, und wider die Subjektivierung des *Credo* in bloßes *Meinen*. Christlicher Glaube ist für ihn wesentlich vernünftige Erkenntnis Gottes, worin objektive Wahrheit und „Innerlichkeit der Gewißheit" sich verbinden, und zwar tiefste, konzentrierteste, die im Gegensatz steht zu allem sonstigen bloßen Meinen, das wankend ist. Das Credo betrifft für Hegel ein ontologisch Reales, vom freien Selbstbewußtsein des Glaubenden Durchdrungenes. Kreuzigung und Auferstehung Christi, das Zentrum der traditionellen Christologie, deutet Hegel spekulativ-dialektisch: Christus ist „die höchste Liebe, in sich selbst das Negative des Negativen, *die*

---

1 *Systemfragment von 1800*, in: *Hegels theologische Jugendschriften*, hg. von H. Nohl (Sigle: Nohl), Tübingen 1907, 349. Der von Hegel zitierte Vers stammt aus einem Weihnachtslied Luthers: „Gelobet seist du, Jesu Christ, daß du Mensch geboren bist", 3. Strophe, Beginn: „Den aller Welt Kreis nie beschloß, der liegt in Marien Schoß".

2 Vorliegendem Kapitel liegt die deutsche Fassung des von Ianelli übersetzten und veröffentlichten Beitrags der Verf. zugrunde: Morte di Dio e Amore infinito nella Cristologia e nell' Estetica di Hegel, in: *Arte, religione e politica in Hegel*, a cura di Francesca Iannelli, Pisa 2013, 183-208; er wurde revidiert und in ihn eingearbeitet sind Auszüge von E. Düsing: Hegels Geistbegriff und Wahrheitsbeweis für das Christentum. Der Tod Gottes oder Christi als die „höchste Anschauung der Liebe", in: *Geist und Heiliger Geist. Philosophische und theologische Modelle von Paulus und Johannes bis Barth und Balthasar*, hg. von E. Düsing, H.-D. Klein, W. Neuer, Würzburg 2009, 233-276, sowie Partien von ders.: Trinitarische Ontologie und Passiologie der Liebe – Hegels Überwindung der ‚unbefriedigten' Aufklärung, in: *Theologie und Philosophie*, 88. Jg. Heft 1, 2013, 1-25.

absolute Versöhnung" (M5, 68).³ Ist er wahrhaft göttlicher Natur, so geht es um den Tod Gottes.

Unser *Gegenstand*, so beginnt Hegel seine Berliner Vorlesung zur *Religionsphilosophie* von 1821 (mit Anklang an Anselms Definition: Gott ist das, was größer und besser nicht gedacht werden kann), ist „*der Höchste* – der Absolute", das „was die Wahrheit selbst ist", „die *Region*, in der alle Räthsel der Welt, alle Widersprüche des Gedankens, alle Schmerzen des Gefühls gelöst sind" (GW 17, 5).

Der neuzeitlich seiner gewiß gewordene menschliche Geist ist es, der für Hegel im Sichfinden als archimedischen Punkt *in uno actu* Gott als Seinsgrund findet. So formuliert er Augustinus nahe: „so gewiß ich bin, so gewiß ist Gott"; wenn der Mensch an Gott denkt, so erhebt er sich über das Sinnliche, Äußerliche, Korrupte rein geistig zu dem Reinen, „mit sich Einigen" (N3: 303, 271). Hegel sieht sein Denken programmatisch als Christus treu. „Nicht allein, aber doch vornehmlich die Philosophie ist es, die jetzt wesentlich orthodox ist; die Sätze, die immer gegolten haben, die Grundwahrheiten des Christentums werden von ihr erhalten und aufbewahrt." (N5, 188) Dabei setzt Hegel sich lieber dem Vorwurf aus, „zuviel von den Kirchenlehren in sich zu haben", v.a. mehr als die herrschende Theologie der Zeit, als dem, „die Dogmen" herabzusetzen (N3, 69). Da für ein auch religiös gebildetes Publikum die Autorität des kirchlichen Glaubens, z.B. in Fragen der Bibelauslegung, immens gesunken sei, kommt für Hegel alles auf den frei selbst erkennenden Geist an, durch den Dogmen oder Wunder zu rechtfertigen sind: „Der absolute Halt ist nur der Begriff" (N3, 78). Hegel postuliert eine pneumatische Exegese, indem er „*bibelgläubige* Christen" und christliche Theologen vor der Torheit warnt, den „rationalistischen Verstand" der Aufklärer für sich aufzunehmen, „der ihrem eigenen Inhalte tödlich ist". Rationalisten vertreten, so Hegel, eine „abstrakt-sinnliche Verstandesweisheit", die aber unter das Verdikt des Paulus falle, daß „die Welt durch *ihre* Weisheit Gott in *seiner* Weisheit nicht erkannte" (TW 11, 356f; vgl. 1Kor 1, 21).

---

3   Siglen: 1) GW: Georg Wilhelm Friedrich Hegel: *Gesammelte Werke*, hg. von der Rheinisch-Westfälischen Akademie der Wissenschaften; GW 17: *Vorlesungsmanuskripte I* (1816-1831), *Religions-Philosophie*, hg. von W. Jaeschke, Hamburg 1987; – 2) M, N: G. W. F. Hegel: *Vorlesungen. Ausgewählte Nachschriften und Manuskripte* („blaue Bände") Bd 1 bis Bd 15, Hamburg 1983ff. M 3-5, N 3-5: *Vorlesungen über Philosophie der Religion* (Manuskripte und Nachschriften), Bde 3-5 (von: *Vorlesungen. Ausgewählte Nachschriften und Manuskripte*), hg. von W. Jaeschke, Hamburg 1983-85, davon: M3, N 3: *Vorlesungen über Philosophie der Religion* Bd 3: *Einleitung* und *Der Begriff der Religion*. – M4, N 4: *Vorlesungen über Philosophie der Religion* Bd 4 a, b: *Die bestimmte Religion*. – M 5, N 5: *Vorlesungen über Philosophie der Religion* Bd 5: *Die vollendete Religion*. – 3) TW: *Theorie Werkausgabe*. G. W. F. Hegel, Werke in zwanzig Bänden, Frankfurt a. M. 1970; – 4) Enz: *Enzyklopädie der philosophischen Wissenschaften im Grundrisse* (3. Aufl. von 1830).

Hegels spekulatives Begreifen stellt alles auf die *Selbstentäußerung* des natürlichen Seins, Wissens, Wollens des Menschen durch eine geistige „Wiedergeburt" ab.[4] Die *Eucharistie*-Vorstellung der reformierten Kirche bietet für Hegel ein Musterbeispiel dafür, wie das Göttliche als die Wahrheit des Geistes „in die Prosa der Aufklärung und des bloßen Verstandes herunterfällt", da es, ganz ohne Mystik, nur um ein „psychologisches Verhältniß" von Andenken, ein geschichtlich profanes Erinnern gehe (GW 17, 295). Aufklärerische Verstandesreflexion erkennt gemäß ihren logischen Urteilsformen bloß Endliches und abstrakte Allgemeinheiten; sie ist ungeeignet zur Deutung von Offenbarungswahrheiten, – zu denen für Hegel zentral die Trinitätslehre und Christologie gehört. Denn „Leben, Geist, Gott" vermag der formell operierende Verstand nicht zu fassen, da er von ihnen ihr Wahres, „die Einzelnheit, das Princip der Individualität und Persönlichkeit, abhält, und so zu nichts, als leb- und geistlosen, farb- und gehaltlosen Allgemeinheiten kommt" (GW 12, 49).

Die Aufklärung erwirkt bei allen zu rühmenden Segnungen der Toleranz und Religionsfreiheit den „sich entfremdeten Geist", der sich in der relativen Wahrheit des bloß *Endlichen* herumtreibt und auf die diesseitige Welt verlegt, während das *absolute Wesen* abstrakt und bedeutungsleer für ihn wird (GW 9, 264). Für Hegel aber kommt es auf „ein affirmatives Verhältnis des Geistes zum absoluten Geist" an (N3, 221). Die Wahrheit, die im Christentum in Vorstellungen der Trinität, Gnade, Rechtfertigung des Sünders vor Gott verkündet wird, gilt es *philosophisch* zu begreifen, ohne ihren Gehalt zu verändern. Solche Lehren sind selbst spekulativer Natur, und Theologen, die ihnen im Begriff nicht nachkommen können, so zürnt Hegel mit Luther-Anleihe, „die sollen sie stehen lassen" (N3, 247). Ältere Theologen aber, so rühmt Hegel, haben „diese Tiefe auf das Innigste gefaßt", exemplarisch Eckhart, dessen Predigt über „dies Innerste" des Geistes er zitiert: „Das Auge, mit dem mich Gott sieht, ist das Auge, mit dem ich ihn sehe; mein Auge und sein Auge ist eins. In der Gerechtigkeit werde ich in Gott gewogen und er in mir. Wenn Gott nicht wäre, wäre ich nicht; wenn ich nicht wäre, so wäre er nicht. Dies ist jedoch nicht Not zu wissen, denn es sind Dinge, die leicht mißverstanden werden und die nur

---

4 Ohne *Wiedergeburt*, so bekräftigt Hegel *Aphorismen* von Karl Friedrich Göschel, „kommt niemand aus der Sphäre des natürlichen Verstandes in die spekulativen Höhen des lebendigen Begriffs". Deshalb versteht auch niemand die *Bibel* ohne den *Heiligen Geist*. Eine Theologie, die sich zugute hält, wesentlich *nur exegetisch* und sonach *biblisch* zu sein, täuscht sich, wenn sie, „nicht zum Bewußtsein kommen" läßt, welcher Geist auslegt, erspart sich die Mühe, „das Gefühl, den Verstand, die Logik" der Exegese als *Geist der Wahrheit* zu erweisen (GW 16, 213; TW 11, 386f).

im Begriff erfaßt werden können." (N3, 248)[5] Hegels Sympathie für den einst der Häresie verdächtigten großen Mystiker[6] sollte die spekulative Dimension in Hegels Gottesgedanken nahebringen, selbst wenn man die große „Wissenschaft der Logik" nicht hinzuzieht. Religion ist und gibt für Hegel die *Wahrheit* in Form der *Vorstellung*, die zum Begreifen durchzuklären ist (GW 17, 79). Hier kehrt die Spannung, der alte *Prioritätsstreit* zwischen *Pistis* (Glauben) und *Gnosis* (Wissen) wieder, die Hegel trotz Wohlwollens gegenüber der *Pistis* zugunsten der *Gnosis* entscheidet.

a) *Die unbefriedigte Aufklärung oder: Ein Volk ohne Metaphysik ist verloren*

Hegel hat, wie Kant, den atheistisch-naturalistischen Zweig der Aufklärung energisch bestritten. Gegen aufklärerische Kritik, die den dreifaltigen Gott als *logische Absurdität* verabschiedet, richtet sich Hegels spekulative Deutung der Trinität. Ein „*Volk ohne Metaphysik*", ohne „Contemplation des Ewigen (...) nicht um eines Nutzens, sondern um des Seegens willen", gibt er verloren; es hat keinen Bestand, so mahnt er in der *Vorrede* zur *Wissenschaft der Logik* (1812/13; GW 11, 5f). Er hält religiöse Gleichgültigkeit für gefährlich. Denn „Verehrung Gottes" festigt Individuen, Familien, Staaten, „Verachtung Gottes" aber „führt sie zum Verderben" im Auflösen der Rechte, Pflichten, Bande (GW 17, 43). Den „Untergang der Metaphysik" zu betreiben (GW 11, 5) ähnle der Skepsis in der Pilatusfrage: *„Was ist Wahrheit"*? Daher sei jetzt die „Sucht des Privatwohls und Genusses an der Tagesordnung". Wo die Lehre von der „Liebe in *unendlichem* Schmerz", also von Christus am Kreuz, abgelöst wird von der Suche nach Genuß und „Liebe ohne Schmerz", wo nicht mehr das *Evangelium* gepredigt wird, sondern der Mensch glaubt, das Endliche könne ihn befriedigen, da ist aller Grund, ja das „substantielle Band der Welt stillschweigend

---

5 Vgl. dazu Werner Beierwaltes: ‚Und Daz Ein Machet Uns Saelic'. Meister Eckharts Begriff der Einheit und der Einung, in ders.: *Platonismus im Christentum*, Frankfurt a. M. 1998, 100-129; ders.: Visio facialis. Sehen ins Angesicht. Zur Coincidenz des endlichen und unendlichen Blicks bei Cusanus. Sitzungsberichte der Bayerischen Akademie der Wissenschaften, phil.-hist. Klasse, Jg. 1988, Heft 1, München 1988. – Neuplatonische Hintergründe in Hegels Mystikverständnis erschließt Jens Halfwassen: *Hegel und der spätantike Neuplatonismus*, Hegel-Studien Beiheft 40, Bonn 1999, 126-159. Eine *Koinzidenz* von Neuplatonismus und Christentum liege in der Ausrichtung beider auf die *Transzendenz* des wahrhaft Seienden, die *Differenz* v.a. in Gottes Menschwerdung als konkreter *Selbstbesonderung* des Einen, worin für Hegel die Unwirklichkeit der platonischen Ideenwelt überwunden sei.
6 F. X. von Baader berichtet vom Besuch bei Hegel und geistigen Verkehr mit ihm im Jahre 1824 in Berlin, wo Baader durch Lesungen aus Meister Eckart Hegels Begeisterung hervorrief (Anm. des Herausgebers, Bd 3, 402).

hinweggenommen – Leer – innen – von *objectiver* Wahrheit, (...) Spitze der Ausklärung" (sic! GW 17, 298ff). Das Volk sieht sich, so bedauert Hegel, „verlassen von seinen Lehrern" und leidet daher an Orientierungsverlust. Das Christentum ist für Hegel Bürge für wahre Geistesfreiheit; sein Verlust jedoch macht unfrei.

Die Aufklärung erzeugt in Hegels Sicht, die er in der *Phänomenologie des Geistes* (1807) entfaltet, eine „Welt des sich entfremdeten Geistes" (GW 9, 266). Durch „*Eitelkeit* des Verstandes" und des eigenen Willens nämlich verhält sich die aufklärerische Kritik zum Absoluten des christlichen Glaubens rein negativ. Sie nimmt ihn als das *Negative* ihrer selbst, ohne im Inhalt des Glaubens auch *sich* zu erkennen, zerreißt des Glaubens „*schöne* Einheit" von Vertrauen des Gemüts und intellektueller Gewißheit (GW 9: 306, 310). Wenn alle Vorurteile und aller Aberglaube verbannt sind, fragt er, für welche Wahrheit Aufklärung einstehen wolle. Ihre Weisheit sei die „*Selbstlosigkeit* des Nützlichen" (GW 9, 311), worin das geistige Selbst verloren geht. Selbst- und Gottesverlust, Schwund des freien Ich und Surrogatbildungen für das Absolute greifen systematisch ineinander. Das *absolute Wesen* wird, mit atheistischem Beiklang, für nichtig, „*das Leere*" erklärt (GW 9, 305).

Die Verehrung des endlichen Verstandes, für den das prädikatlose, unerkennbare Absolute als „leeres Jenseits" Adressat bloßen Sehnens wird, bringt aber die „*unbefriedigte* Aufklärung" hervor. Ihre von Hegel entdeckte Melancholie und Sinnverarmung weist voraus auf Nietzsches Diagnose des Nihilismus, den dieser als Folgelast des Gottestods kraft aufklärerischer Freigeisterei erblickt: „Jenes Sehnen des trüben Geistes, der über den Verlust seiner geistigen Welt trauert, steht im Hinterhalte." (GW 9, 310) Das Augustinische Sehnen nach dem überweltlichen Gott, vormals als Telos des endlichen Geistes angenommen, verfällt zur innerweltlichen Nutzensuche. Hier hat der Positivismus der sinnlichen Welt, die als einzige wahre gefeiert wird, leichten Sieg. Auf Helvétius als Beispiel für den Geist der Entfremdung seiner selbst anspielend, beklagt Hegel die drohende Geistverlassenheit des Endlichen, deren Pendant die Preisung des Nützlichen ist. Das höchste Wesen für „leer" erklärend, haust der menschliche Verstandesgeist sich ganz in das Endliche ein. Die Bestimmung des Menschen ist dann, so Hegel ironisch, „sich zum gemeinnützlichen Mitglied des Trupps zu machen"; ich nütze anderen und werde genutzt; das unter so vielem Nützlichen *Allernützlichste* ist die Beziehung zum höchsten Wesen. Dieses positive Resultat der Aufklärung ist für den Glauben jedoch „ein Greuel". Gegen die „Innerlichkeit des Glaubens" in seiner Andacht, so kontrastiert Hegel, hält die Aufklärung an der „Äußerlichkeit der Dingheit" fest (GW 9, 309).

Die Aufklärung über sich selbst aufklärend, durchleuchtet Hegel fatale, die Freiheit der Person schwächende Allianzen von Deismus, Materialismus und Utilitätsidol. Und er zeigt, wie sie mit sich selbst in Streit darüber gerät, – den sie zuvor mit dem Glauben austrug, – was das Absolute in Wahrheit sei: anonyme *prima causa* (: Gott als erste Ursache hat die Natur erzeugt), oder autarke *Materie*, die sich selbst bewegt (vgl. TW 20, 300f). Zum Utilitätsparadigma gehört die Reduktion des Menschen auf natürliche *Triebe*: Selbstliebe, Eigensucht oder „soziale Neigung" (TW 20, 290).

Geschichtsphilosophisch umreißt Hegel Stadien der Aufklärung. Je stärker die Vernunft sich in sich fixiert hat, umso weiter ist sie „von Gott abgekommen" (TW 20, 312), der, – so Hegel mit Rückblick auf (den noch Augustinus nahen Denker) Descartes, – „früher und im Anfang dieser Periode als das allein Wahre anerkannt wurde"! Der Mensch verschaffte sich ein Reich endlicher Wahrheit, „außer welchem Gott gesetzt ist". Damit wird zur zentralen Frage, zu deren Klärung Hegel auch auf Kants, Fichtes und Schellings argumentativ starke Widerlegungen des Atheismus, Naturalismus, Materialismus, hinweist, „wie das Denken wieder zu Gott komme" (TW 20, 312f). Denken ist für Hegel „das *Insichgehen* des Geistes", Philosophie kein *Somnambulismus*, sondern das wachste Bewußtsein, ein sukzessives *Sicherheben* des Ich über jede Natureinheit (TW 20, 505).

Die Religion gehört in Hegels Apologie zur höchsten Sphäre menschlichen Selbstbewußtseins. Das *höchste Wesen*, wird es nicht durch Verstandesreflexion minimalisiert, sondern philosophisch begriffen, sei weder „leer" noch „tot in sich", sondern der *lebendige Gott* als ewiger *Geist* (M3, 43).

In Anknüpfung an das *Neue Testament* denkt Hegel, seit seiner frühen Frankfurter bis in die späte Berliner Zeit, Gott als Geist. Diesen göttlichen oder absoluten Geist versteht er als einen solchen, der sich von sich her auf den endlichen menschlichen Geist bezieht,[7] den er in der *Enzyklopädie* als subjektiven Geist entwickelt, der von der träumenden Seele zum sich erkennenden Ich wird.

Die hohe und seltene Errungenschaft der Freiheit in der sittlich-staatlichen Gesellschaft, verstanden als Freiheit aller Individuen, ordnet Hegel ein in den Zusammenhang der Geschichte christlicher Freiheit.[8] Seine steile These: „Erst mit Luther begann die Freiheit des Geistes", das Prinzip freier Subjektivität ist

---

[7] Exemplarisch im *Neuen Testament* ist das Wort: „Gott ist Geist, und die ihn anbeten, müssen ihn im Geist und in der Wahrheit anbeten." (*Johannes* 4, 24). – Zu Hegels Geistbegriff vgl. Klaus Düsing: *Das Problem der Subjektivität in Hegels Logik*, 3. Aufl. Bonn 1995 (*Hegel-Studien* Beiheft 15), 71-73, 158, 192-197, 205f, 292.

[8] *Torheit* sei, in einem System verdorbener Sitten „eine Revolution ohne Reformation" anzuzetteln (Enz § 552). Vgl. Joachim Ritter: *Hegel und die französische Revolution*, Frankfurt a. M.

hier „anerkannt" und „gefordert", begründet Hegel damit, daß unter dem Panier des „protestantischen Gewissens" (vgl. Enz § 552) ein „Ort in das Innerste des Menschen gesetzt worden ist, auf den es allein ankommt, in dem er nur bei sich und bei Gott ist; und bei Gott ist er nur als er selbst"; im Gewissen soll und darf er zu Hause sein bei sich; „dies Hausrecht soll nicht durch andere gestört werden können" und niemand sich anmaßen, darin zu gelten (TW 20, 50ff). – Was bei Luther „im Gemüt" angefangen habe, nämlich „die Freiheit des Geistes" (TW 20, 292), so erklärt Hegel, ist in der *Philosophie der Aufklärung*, das ist ihre gute Seite, ins gebildete Bewußtsein und in die Überzeugung aller Individuen eingetreten. Das substantielle Freisein und zur Freiheit Berufensein jedes Menschen, des nähern „die Freiheit der Überzeugung, des Gewissens in mir", wurde zum „Panier der Völker erhoben" (TW 20, 305). Die Asiaten, Griechen, Römer wußten nichts davon, daß der Mensch als Mensch „freigeboren" ist. Die Freiheit als *Weltzustand* in einer Epoche europäischer Geschichte ist für Hegel eine Frucht des Christentums. Denn es lehrte, daß „Christus die Menschen befreit" hat zu einer christlichen Freiheit, deren Durchbruch zum einmal geschichtlich entwickelten Gefühl selbstbewußter Freiheit allerdings vieler Jahrhunderte bedurfte (TW 20, 507). Mit *Hinschwinden* des Christentums droht die schwer errungene Freiheit wieder mitzuverschwinden. In philosophischen Reflexionen ist diese Freiheit des Geistes als ein *Absolutes* aufgefaßt worden. Mit Blick auf Frankreich entdeckt Hegel eine *paradoxe Dialektik der Aufklärung*: „Wir sehen hier frei den sogenannten *Materialismus* und *Atheismus* auftreten" (TW 20, 288), d.i. ein antichristliches Resultat dank christlicher Freiheit. Die „deutsche Gewissensfreiheit" sieht er nach der Maxime Forschung treiben: „Prüfet alles und das Gute behaltet!" (1Thess 5, 21) Anders als deutsche bilden französische Denker durch konsequente *Leugnung des Zweckbegriffs* in Natur und Geist „das physiokratische System" aus, das die Allherrschaft der *Natur* propagiert (TW 20, 291f). Hegels gesamte Geistphilosophie ist eine intensive Widerlegung der höchst einseitigen Theorien von Physiokratie und Naturdetermination.

Nietzsche spricht in treffsicherer Intuition Hegel das Verdienst zu, er sei der „Verzögerer par excellence" des neuzeitlichen Atheismus, habe den „Sieg des Atheismus" aufgehalten (FW 357), wohl in spiritueller Anspielung auf den *Katechon*, der nach Paulus den Anbruch der Herrschaft des *Menschen der Gesetzlosigkeit* hindert, der „sich überhebt über alles, was Gott heißt" (2Thess, 2, 3-7). – Mit starkem Bedauern fragt Karl Barth, warum Hegel für die evangelische Kirche nicht „etwas Ähnliches" geworden sei wie Thomas von Aquin für

---

1965; Henning Ottmann: *Geschichte des politischen Denkens* Bd 3/ 2: *Die Neuzeit. Das Zeitalter der Revolutionen*, Stuttgart/ Weimar 2008, 222-283.

die katholische. Barth erörtert des näheren, welche „Erschütterung" des Geistes um die Mitte des 19. Jahrhunderts stattgefunden hat, so daß nach Hegel, sein Werk vergessend, Materialismus, Positivismus und Pessimismus bahnbrechende Geltung gewinnen konnten, – lauter „Rückfälle", so beklagt Barth, und resignative „Rückzüge" in von Hegel argumentativ überwundene Einseitigkeiten.[9] Hegels oft als zweideutig empfundene, wiewohl ernst gemeinte Rettungsaktion für die altkirchliche Christologie richtet sich zuerst an die Theologen, deren ureigenes Thema, die Trinitätslehre, der Verseichtigung anheimzufallen drohte.

Der Bruch von *Glauben* und *Denken* hatte sich bis tief in die theologische Zunft hinein entwickelt. Gegenwärtig hat die klassische Philosophie unter dem Ansturm der analytischen Philosophie und der Postmoderne begonnen, sich unter die Obhut christlicher Theologie zu flüchten, da der rote Faden der *Philosophia perennis* zerrissen ist, die metaphysisch ist und idealistisch.[10] Zu Hegels Zeit, ebendies war Hegels Einladung an die Theologen, durfte die Theologie zum Zwecke ihrer Substanzwahrung sich unter die Obhut der klassischen Philosophie flüchten, um unter dem Ansturm verflachender und Skeptizismus fördernder „Aufklärung" sie selbst bleiben zu können.

In der Streitfrage des Verhältnisses von Vernunft und Glaube sucht Hegel in seiner Religionsphilosophie intensiv deren Konvergenz. So kulminiert seine Darlegung der Weltreligionen im Versuch der *Versöhnung* von christlicher Offenbarung und neuzeitlichem Wissen. Weshalb ist die Einheit von Vernunft und Glaube so wichtig, darf ihre „Aussöhnung" kein fauler „Frieden des Leichtsinns" sein? Der *Glaube* ebenso wie die *Vernunft* wurzelt im innersten Selbstbewußtsein, so daß ihr Widerstreit den „Halt des Geistes" erschüttert und ihn in „unseligste Entzweiung" stürzt (GW 15, 126; TW 11, 42). In der Rezension zu Göschels *Aphorismen über Nichtwissen und absolutes Wissen im Verhältnisse zur christlichen Glaubenserkenntnis* (GW 16, 188ff) heißt es: „Eine Philosophie ohne Herz und ein Glaube ohne Verstand" sind Abstraktionen von dem wahren Leben und Sein des Wissens und Glaubens. „Wen die Philosophie kalt läßt oder wen der wirkliche Glaube nicht erleuchtet, der sehe wohl zu, *wo* die Schuld liege" (GW 16, 212; TW 11, 385). In der *Enzyklopädie der philosophischen*

---

9   Karl Barth: *Die protestantische Theologie im 19. Jahrhundert*, 3. Aufl. Zürich 1960, Bd 1, 320, 324, 338f. – Vgl. Richard Kroner (*Von Kant bis Hegel*, 2. Aufl. Tübingen 1961, Bd 2, 259): „Was Thomas für das Mittelalter getan hat, tut Hegel für die neuere Zeit". Thomas bediente sich des griechischen, Hegel des kantischen Geistes.

10 Seit Anaxagoras und Platon gilt im Abendland durchweg ein Primat des Geistes vor der Materie, heute aber das Umgekehrte: Geist und Seele gelten oft nur als Anhängsel oder Epiphänomene von selbstorganisierter Materie.

Wissenschaften (§ 555) heißt es programmatisch: Der *Glaube* gründet und besteht „in dem Zeugnis des Geistes als die *Gewißheit* von der objektiven Wahrheit". – Hegel schreibt dem Theologen Tholuck: „Ich bin ein Lutheraner und durch Philosophie ebenso ganz im Luthertum befestigt."[11] Die anscheinend vorbehaltlose Identifikation Hegels mit Luther in Bezug auf das Zentrum des christlichen Glaubens, nämlich die Trinitätslehre, wird von Hegel zugleich als große Aufgabe einer geistigen Transfiguration verstanden, in der sein eigenes religionsphilosophisches Konzept aufleuchtet: „Was *Luther* als Glauben im Gefühl und im Zeugnis des Geistes begonnen, es ist dasselbe, was der weiterhin gereifte Geist im *Begriffe* zu fassen (...) bestrebt ist."[12] Sonach sucht Hegel die „tiefsten Lehren der geoffenbarten Religion denkend zu erfassen" (TW 11, 63).

Wahre Philosophie wirke auf den Inhalt der Religion nicht verderbend, zerstörend, entheiligend. Solche Verknüpfung sieht Hegel altbewährt bei den Kirchenvätern, die mit „neupythagoreischer, neuplatonischer und neuaristotelischer Philosophie" vertraut waren und kraft deren „Tiefe des Geistes" der Kirche erste Anfänge „christlicher Lehre" gaben, ja Philosophie, v.a. neuplatonische, in die Kirche einführten. Begreifendes Erkennen kann für Hegel keiner Theologie nachteilig sein. Er beruft sich insonderheit auf die „scholastische Philosophie" des Mittelalters, die eine allseitig durchdringende Vereinigung von Philosophie und Theologie dargestellt habe (N3, 64f; vgl. TW 19, 501), wie sie exemplarisch in Anselms Schrift ‚Fides quaerens intellectum' formuliert ist. – Die „Substanz des Geistes" ist die Vernunft oder der griechische Nous (TW 12, 400). In diesem Wort Hegels verbirgt sich die These[13] einer überaus sinnreichen, ja providentiellen Verschmelzung des biblischen mit dem griechischen, insonderheit platonischen und aristotelischen Gottesbegriff.

In seinen Begriff des absoluten Geistes (der absoluten Subjektivität) nimmt Hegel konstruktiv Aristoteles' Lehre von dem sich selbst denkenden Gott, die *Noesis Noeseos*, auf und formt sie um.[14] In der Idee des philosophischen Gottes

---

11   Brief vom 3. Juli 1826. In: *Briefe von und an Hegel*, hg. von F. Nicolin, Bd IV/2, 3. Aufl. Hamburg 1981, 61.

12   G. W. F. Hegel: *Grundlinien der Philosophie des Rechts*, hg. von J. Hoffmeister, 4. Aufl. Hamburg 1955, 17.

13   Vgl. Joseph Ratzinger: *Einführung in das Christentum*, 8. Aufl. München 1968: Die Vernunft des Glaubens (48-52); Der Gott des Glaubens und der Gott der Philosophen (103-108); Der Primat des Logos (115ff).

14   Klaus Düsing: *Der Gott der Philosophen. Studien zu Aristoteles und Hegel*, in: *Jenseits der Säkularisierung. Religionsphilosophische* Studien, hg. v. H. Nagl–Docekal, F. Wolfram, Berlin 2008, 325-350. Walter Kern sieht bei Hegel eine Verwandlung des Aristotelischen *Nous* und hält dessen Vereinigung mit dem *Logos* des Johannes, die Hegel gesucht hat, für schwierig: Die Aristotelesdeutung Hegels. Die Aufhebung des Aristotelischen ‚Nous' in Hegels ‚Geist', in: *Philosophisches Jahrbuch* 78 (1971), 237-259; ders.: Das Verhältnis von

als *Noesis Noeseos* liegt, wie Hegel in der *Wissenschaft der Logik* ausführt, „der innerste Quell aller Thätigkeit, lebendiger und geistiger Selbstbewegung, die dialektische Seele, die alles Wahre an ihm selbst hat" (GW 12, 246). Hegel beansprucht, daß seine Umdeutung von Aristoteles dem christlichen Verständnis von Gott und der Trinität gerecht werde. Wenn der christliche Gott als Geist spekulativ begriffen wird, – so Hegels These, – ergibt sich eine Kongruenz mit dem Gott der philosophischen Theologie. „Gott *ist Geist* – Einer – als *unendliche Subjectivität*" (GW 17, 222). Der christliche Monotheismus verkündet Gottes „*absolute Subjectivität*" (ebd. 221). Er führt so über alle Religionen der Substantialität, worin das endliche Ich als ohnmächtiges Akzidens versenkt ist, und der absoluten Macht hinaus. Erst recht führt er über den griechischen und jeden anderen Polytheismus hinaus, der Göttern jeweils nur endliches Selbstbewußtsein und begrenzte Einflußsphären zuschreibt, so daß sie einander relativieren und womöglich bitter befehden. Durch das Auftreten des Christentums „sind alle Götter entthront, die Flamme der Subjektivität hat sie zerstört" (TW 14, 130), erklärt Hegel feierlich in der *Ästhetik*.

Über das Aristotelische reine Denken seiner selbst hinaus gehören zu Hegels Geistbegriff spezifisch christliche Momente: Geist ist gezeichnet von Negativität, Entfremdung, Entzweiung, ja von Entäußerung. Hier greift er konstruktiv den Paulinischen Gedanken der Kenosis Christi auf (Phil 2, 5-9). Die spinozistische Substanz ist nach Hegels Programm in der *Vorrede* zur *Phänomenologie des Geistes* zur absoluten Subjektivität zu erheben, die als *aktiver Nous* die Idealität alles Besonderen ist (N3, 269). Die Substanz ist für Hegel wesentlich Subjektivität, das Absolute wesentlich Geist, also Person.

Vor dem Hintergrund von Leibniz' Dynamisierung des Begriffs der Substanz (un être capable d'action) und Platons Begriff der Seele, die sich selbst bewegen kann, bestimmt Hegel Gott als *Geist*, nämlich als denkendes Bewegtsein in sich selbst, wodurch allein er der lebendige Gott sei. Das Leben als absolute geistige Tätigkeit Gottes faßt Hegel im Begriff der freien Aktuosität (N5, 196). Die Idee des wahren Gottes, daß Gott der Dreieinige ist, heißt für Hegel, daß er „nicht ein totes Abstraktum ist, sondern dies, sich zu sich selbst zu verhalten, bei sich selbst zu sein, zu sich selbst zurückzukehren." (N5, 265) Gott als Geist ist für Hegel zugleich der Welt transzendent und geschichtlich konkret vermittelt, nämlich hingeordnet auf dessen einmalige *Inkarnation*, also die *irdische* Existenz und die *Passion* Christi; das ist das weltgeschichtlich maßgebende Heilsdrama.

Erkenntnis und Liebe als Grundproblem der Philosophie bei Hegel und Thomas von Aquin, in: *Scholastik* 34 (1959), 394-427.

Die christliche Religion begreift Hegel seit der Jenaer Geistesphilosophie von 1805/06 als *„die absolute Religion"* oder als Religion des *freien Selbst*. *„Die absolute Religion aber ist das Tiefe, das zu Tage herausgetreten* – diß Tiefe ist das Ich" (GW 8, 281). Denn in ihr ist „diß *Tiefe*" des sonst anonymen Absoluten als die *Tiefe* eines ewigen „Ich" offenbar geworden, wie es, deutlich anspielend auf die Theophanieformel *Ego eimi*, heißt.[15] Der *Deus absconditus* bekundet sich als *personaler Deus revelatus*.[16] Ohne diese klare Selbstbekundung wäre Gott entweder – ein bloß unpersönliches – Wesen, „das Furchtbare der Naturmacht, worin das Selbst [des Menschen] nur nichtig" ist, oder die schöne Religion,[17] „die mythische – ein Spiel" ohne Grund, das des (- zu ergänzen wäre: wahren und persönlichen -) Wesens nicht würdig ist, *„wo das Tiefe das unbekannte Schiksal ist"* (GW 8, 280f), wie zum Beispiel in der antiken Tragödie. Hegels Begründung für die Wahrheit des Christentums lautet 1805/06, gemäß der Formulierung der ausgereiften Berliner Vorlesung zur Philosophie der Religion: Im Christentum wird „die Selbstoffenbarung des verborgenen Gottes" verkündet (M5, 23), das betrifft den *Begriff Gottes*; und in der christlichen Religion ist der Mensch zur Freiheit berufen, und jeder einzelnen Person wird unendlicher Wert beigemessen, das ist die „Vorstellung der *Ewigkeit* des subjectiven individuellen Geistes" (GW 17, 142). Der Wahrheitserweis für die christliche Religion liegt für Hegel also in adäquaten Begriffen des *Absoluten*, des *endlichen Ich* und der *Beziehung* von Ich und Absolutem. Inadäquat für den Gottesgedanken und die menschliche Seele ist ein anonymes Verhängnis als dunkler Untergrund wie in antik-griechischer Religiosität.

Hegel zeigt eine überraschende Korrelation von Gottes- und Ichbegriff: Gott als ewige Person, als Geist,[18] hat den geistbegabten, freien Menschen zum Gegenüber, der sein Wissen von Gott mit seiner Selbstgewißheit vereinigen kann. Dem substantiellen, unpersönlichen Gott entspricht der *unfreie* Mensch, der, von Natur-, Schicksals- oder Dämonenangst gezeichnet, sich unterwirft.

Die christliche Religion ist für Hegel die Religion des Geistes. Nie müde wird er zu betonen, daß sie für ihn die Religion der Wahrheit und der Freiheit ist.

---

15 Zum faszinierenden Verhältnis von Jesu Selbstbekundungen im *Ego eimi* zu alttestamentlichen Jahwe-Selbstoffenbarungen im *Ani Huah* s. Ethelbert Stauffer: *Jesus. Gestalt und Geschichte*, Bern 1957: 59, 73, 113-146.

16 Das Wort von Paulus über den göttlichen *Geist*, der alle Dinge, auch *„die Tiefen der Gottheit erforscht"* (1Kor 2, 10), wird von Hegel später ausdrücklich aufgenommen und in seine Geistkonzeption eingefügt: GW 16, 213; TW 11, 386f.

17 Die „schöne" Religion meint die antike griechische mit Götterskulpturen und der Aufführung von Tragödien als heidnischen Passionskultspielen, – in deren Transfiguration der frühe Nietzsche Rettung des Humanen suchte.

18 Vgl. dazu Falk Wagner: *Der Gedanke der Persönlichkeit Gottes bei Fichte und Hegel*, Gütersloh 1971.

Daß die christliche Religion die der Freiheit ist, macht für Hegel einen der Beweise ihrer Wahrheit aus. Religion der Wahrheit ist sie als geoffenbarte. Das denkende Begreifen der christlich religiösen Vorstellungswelt ist Apologie des Glaubens als Innesein der Wahrheit und Religionskritik zugleich, insofern nicht das religiöse, sondern das *philosophische* Selbstbewußtsein die höchste Gestalt des endlichen Geistes ausmacht. Gottes „Sich-Wissen" ist im Selbstbewußtsein des Menschen dessen Wissen „*von* Gott", das sich vertieft zum Sichwissen des Menschen „*in* Gott" (Enz § 564 Anm.; GW 20, 550). So gewinnt der subjektive Geist, im Verstehen der Seinsart Gottes als des sich wissenden Geists, Anteil an ihm.[19]

b) *Vernunft und Glaube oder die Wahrheitsfrage in der Typik der Religionen*

Im Entwurf seiner – vor dem Hintergrund der *Wissenschaft der Logik*[20] – weitgespannten Systematik und Typologie münden für Hegel alle wesentlichen begrifflichen Momente der Weltreligionen als unvollkommene und vorläufige Bestimmungen in die christliche ein, die allein für ihn absolute und wahre Religion ist. Verschiedene Suchbewegungen laufen *teleologisch* auf den einen Gott zu, der, als ein nicht neidischer, sich selbst offenbart hat. Im spekulativen Begriff der Religion geht es um die Aufhebung der religiösen Vorstellungs- und Wissensformen in ein vernünftiges Begreifen.

Durch kategorialen Aufweis eines inneren systematischen Zusammenhangs der Religionen kann eine konsequente Stufenfolge in einer *Phänomenologie des religiösen Geistes* abgeleitet werden, dessen Gottesidee, – z.B. Gottes Einheit gegen den Polytheismus, – schrittweise wahrer und tiefer wird. Hegel schließt das Religionsthema auf durch Ineinanderspiegeln von Analogie und Differenz der Religionen, die er zwar stark typisiert, die Typik aber mit viel historischem Material illustriert.[21] Der argumentative Zielpunkt von Hegels religionsphilosophischen Untersuchungen liegt dabei in nuancenreicher Charakteristik von je spezifischer Nähe und Ferne fremdreligiöser Vorstellungen

---

19   Zum Verhältnis des menschlichen zum göttlichen, sich wissenden Geist s. Adriaan Peperzak: *Selbsterkenntnis des Absoluten. Grundlinien der Hegelschen Philosophie des Geistes*, Stuttgart-Bad Cannstatt 1987.
20   Vgl. Reinhard Heede: *Die göttliche Idee und ihre Erscheinung in der Religion. Untersuchungen zum Verhältnis von Logik und Religionsphilosophie bei Hegel*, Diss. Münster 1972, 130-169.
21   Wenn auch zwei Jahrhunderte religionswissenschaftlicher Forschung uns von Hegels Zeit trennen und man mit H. J. Schoeps (Die außerchristlichen Religionen bei Hegel, in: ZRGG 7, 1955, 1-34) fordern mag, Hegels Quellen zu identifizieren, seine Deutung derselben zu problematisieren und seine Ergebnisse mit gegenwärtigen zu kontrastieren, so bleibt doch die Tiefenschärfe von Hegels *philosophisch-systematischem Durchblick* erhalten.

zur *weltgeschichtlich maßgebenden* vom inkarnierten, gekreuzigten, auferstandenen Gott in Christus.

Er weist hin auf unterschiedliche Bedeutungen von *Inkarnation*; a) In orientalischen Religionen ist die Menschheit nur *Maske* eines Gottes; b) der Pantheismus kennt zahllose Inkarnationen, in denen die Subjektivität akzidentell ist; c) in der Gnosis und bei den Pythagoreern gilt der Geist als herabgestoßen in eine ihm fremdartige Materie: die „Verkörperung" ist eine „Einkerkerung", so heißt es mit Bezug auf Platons *Phaidon* (82e) und das Wortspiel Soma-Sema: der Leib ist Grab der Geistseele; d) verleiblichter Geist in unendlicher Beziehung auf sich: „die Erscheinung Gottes als Geist" kann, „da der Geist das Moment der Einzigkeit enthält – nur eine einzige sein" (N5, 283).

Im Gegensatz zu anderen Religionen hat der christliche Gott sich nach Hegel nur Ein einziges Mal inkarniert: der Mensch gewordene Gott *ist* Christus, – ist also ein für allemal Christus allein, – so daß Christus nicht bloß vage allgemein ‚göttlich', sondern selbst Gott *ist*, – ganz im Sinne des chalcedonensischen *vere homo et vere Deus* und des Johannesprologs: „Im Anfang war der Logos, und der Logos war bei Gott, und der Logos war Gott", und in ihm war das Leben (Joh 1, 1-4). „Diß Individuum ist *diß* einzige – ... In ewiger *Idee*, nur *Ein Sohn*". Selbst „die göttliche Idee zu *seyn*", das ist *Christus*, wird beglaubigt im Geist, der in alle Wahrheit leitet (GW 17, 255f). Im Begriff der *Subjektivität* begründet Hegel, Gottes Erscheinen ist *„einzig"* und *einmalig* (TW 12, 393).

Der fernöstliche Pantheismus, wie wir ihn in den Gesängen der Bhagavad-Gita finden,[22] wird von Hegel eingeordnet als die Religion, in der „die *Substanz ohne Subjektivität*" angebetet wird. Das Nichtssein alles Endlichen macht für Hegel das Erhabene der indischen Religion aus. Die Höhe ihrer Abstraktion von allem Wünschen und Denken führe Menschen dahin, ihre Seligkeit als „Vernichtung der Persönlichkeit" zu genießen (TW 11, 183f).[23] Die Persönlichkeit des Menschen ist hier bloß leere Form, ist nur ‚Personifikation', ein für den Gott Hindurchtönendes, wie man es auch sonst in allen Mythologien finde (TW 11: 181, 186). Da Schöpfer und Geschöpf nicht klar voneinander geschieden sind, könne auch umgekehrt *Gottes* Selbständigkeit gegen den Menschen dahinschwinden. Das Verhältnis des Absoluten zum Ich ist das „Substantialitätsverhältnis" ohne freie Geistigkeit oder geistige Freiheit (TW 11: 190, 193). – Typisiert wird der Pantheismus als *die unmittelbare Religion*, die Ein göttliches Leben (*hen kai pan*), eine Anschauung Gottes in allem annimmt. Gott ist nicht

---

22 Hegel rezensiert im Jahre 1827 eingehend Wilhelm von Humboldts Buch zu diesem Thema (TW 11, 131-204; GW 16, 19-75).

23 In orientalischen Systemen, z.B. im Buddhismus ist für Hegel „das *Nichts*, das Leere, das absolute Princip". Zur Explikation des *Nichts* im Kontext von Sein – Nichts – Werden s. *Wissenschaft der Logik* (GW 11, 43-47).

vom Irdischen, Zeitlichen getrennt; er ist, so die Pointe, „nicht Schöpfer eigentlich und Herr", sondern unmittelbar ist „Alles Er selber" (GW 17, 88). Das ist kategorial eine „*Verendlichung* des absoluten Wesens". Als *„Depression des Geistes"* bestimmt Hegel, wenn die an Geist ärmste Einzelheit, ein Tier, – nicht einmal ein Mensch, – als das *Höchste* verehrt wird, was der „Aufforderung zur absoluten Erhebung" diametral zuwiderläuft, wie sie exemplarisch in der neutestamentlichen Vorstellung liegt, daß Jesus Christus in Wahrheit mittelbar anzurufen sei, nämlich als der „gekreuzigte, begrabene und wiedererstandene zum Himmel erhobene Sohn Gottes" (GW 17, 96f). Mangelnder Differenzierung im Gottesbegriff entspricht ein schwaches Verständnis von geistiger Freiheit des Ich. Systematisch setzt Hegel defiziente Religionsideen in Kontrast zum Christentum, um *ex negativo* in spekulativer Rückschau deren Mangel zu enthüllen und *analog* ins Licht zu setzen, was der zu begreifende christliche Glaube in die Welt gebracht hat.

Die Behauptung, daß „der religiöse Standpunkt die Wahrheit der Welt sey", impliziert nach der Objektseite, daß wir das an und für sich seiende Wahre Gott nennen, nach der Subjektseite, daß „die Religiosität *die wahrhafte Wirklichkeit des Selbstbewußtseyns* ist" und dessen wahrhaftes Leben ausmacht, ja durch Aufheben der endlichen Welt *„alle Erfüllung"* in sich befaßt (GW 17, 60-63). Auf der Subjektseite markiert Hegel Verlockung und Gebrechen der „unmittelbaren Religion": sie ist und bekundet ein heiteres „ursprüngliches *Versöhntseyn* – ohne geschehene Entzweyung". Der Kultus der Naturreligion kennt nicht den negativen, den bösen Willen, die Schuld oder ein Sollen, „durch seinen Willen anders zu seyn", sich in innerlicher Totalität zu bessern, also sich zu „bekehren"; der Mensch erfaßt sich nicht in seiner Freiheit. Auch fehlt hier die für „europäisches Staatsleben" charakteristisch gewordene „Anerkennung der unendlichen Persönlichkeit" und der „Menschenwürde", die Hegel als humane Folgen des Christentums einschätzt (GW 17: 99, 105f). Auch die „griechische natürliche Heiterkeit" kam nicht zur „Freiheit des Ich-selbst" (TW 12, 393).

Der antike griechische Polytheismus macht für Hegel die aus der Naturreligion fortentwickelte „Religion der Schönheit" aus: *„Schöne Kunst – Viele Gestalten* die göttliche Mächte sind – Göttlich – selig", wobei auf der Subjektseite *„geistiges Daseyn"* dem Bewußtsein des Inhalts vorauseilt, nicht mehr oberflächlich, aber „noch nicht Geist" sei (GW 17, 130). Die jüdische Religion nennt Hegel wegen ihrer hohen Ehrfurcht vor dem *transzendenten Gott* die „Religion der Erhabenheit", die römische wegen ihrer pragmatischen weltlichen Klugheit die „Religion der Zweckmäßigkeit". In der „Religion der Schönheit", in deren Fassung Schillers Griechenideal durchschimmert, die versöhnte *„Einheit* des Natürlichen und Geistigen", sind Götter zum einen Naturmächte, in Form der „Personifikation" vorgestellt, z.B. Helios, der Sonnengott, zum andern sind sie die in allem Menschlichen waltenden sittlichen Mächte wie die Liebe in Gestalt der Aphrodite. Sie kommt in sittlicher Individualität, in Liebenden zur Wirklichkeit, ist deren eigener Wille und Leidenschaft. Allerdings geraten die Götter, – das macht den inneren Widerspruch jedes Polytheismus aus, – im „Götterkrieg" in Kollisionen untereinander und reißen Individuen, die bevorzugt einem von ihnen Gehorsam schulden (z.B. Antigone) und deshalb die Sphäre eines anderen verletzen, in tragische Zerstörung hinein. Bei aller Verehrung der *Weisheit* Apolls oder des Orakels zu Delphi und der *Gerechtigkeit* als einer titanisch-schicksalhaften Macht konnte der Mensch von diesen Göttern nicht unendliche Weisheit erwarten, nicht im Vertrauen auf eine Vorsehung im Gelingen oder Unglück seines Lebens *ewige Zwecke* finden. Der „staunende Mensch" sucht, im Bewußtsein seines Nichtwissens des Besten für seine Beschlußfassung, z.B. zu heiraten oder zu reisen, wohl „irgendeinen Anstoß von außen", einen „Aufruf für das Innere", z.B. ein Rauschen der Quellen im Haine oder Erlauschen einer Stimme, um quasi theonom „es sich sagen [zu] lassen". Hierbei setzt er, bemerkt Hegel, in naiv unschuldiger Weise eine „Freundlichkeit" des göttlichen Wesens voraus (M4: 76, 90-94; N4: 537ff, 555). – Der Götterkreis des Pantheon enthält implizit die Idee des Einen Gottes, bereitet dessen Ankunft vor; er ist für Hegel nur würdig, indem seine Vielheit partikularer Mächte sich verallgemeinert und eins wird: „die Geister – müssen als *der* Geist" aufgefaßt werden (GW 17, 139). Ihre zerstreute Vielheit ist eine Beschränktheit, so daß es mit ihr nicht *Ernst* ist, infolgedessen eine „Ausgelassenheit" des endlichen Ich bis hin „zur Götter- und Gottlosigkeit"(!) fortgehen kann. Jener spielerische Taumel zielt auf den Dionysoskult, der keine Entsagung von Ausschweifungen, Angst oder „Selbstquälung" kennen will; auf der Objektseite thront über Menschen und Götterpantheon die Moira als unerbittliches Schicksal (GW 17, 143). In griechischer Religiosität sind Göttermächte auch furchtbar, Untergang bringend, – Hölderlins Thema (vgl. C XII 2), – z.B. Poseidons Meer; und die Athene selbst, eigentlich Schutzgeist-Göttin, „wird *sich ungetreu*", als Athen unterliegt (GW 17, 148). Die jüdische und griechische Religion faßt Hegel trotz überwiegender Verschiedenheit durch Hinblick auf die Subjektseite als Religionen der „geistigen Individualität" auf, da sie beide dem lebendig-kühnen Ich großen Freiraum eröffnen.

Das Judentum deutet der Berliner Hegel in widerstreitend ambivalenten Bestimmungen, deren negative Seite als ‚pejorativer Unterton' aus seiner frühen Sicht stammt;[24] die jüdische Religion sei Gestalt des entfremdeten Geistes

---

24 *Entwürfe zum Geist des Judentums*, in: *Hegels theologische Jugendschriften*, Nohl 368-374; TW 1, 274-297. Vgl. dazu Nathan Rotenstreich: Hegel's Image of Judaism. In: *Jewish Social Studies* 15 (1953), 33-52. – Der Gottesbegriff des *Alten Testaments* wird von Hegel ohne (die

(vgl. GW 17, 117-121). Zugleich aber würdigt er, das sind neue Klänge, daß in der jüdischen Religion Gott erst „wahrhaft als *Schöpfer* und Herr der *Welt* gewußt" wird. Die persische Lichtmacht ist wie ein Neutrum „nur *Eines*", hingegen „der jüdische Gott ist *Einer*", ihm kommt personale Seinsqualität zu. Auch die Lehre sittlicher Liebe finde sich schon im *Alten Testament* (N5, 300). Gott gilt als „Machtfülle des Guten", das nicht, wie in früheren Religionen, in der Weise einer *Theogonie* aus ihm bloß hervorgeht. Die „ewige Güte Gottes", der aus *Nichts* schafft, setzt etwas von ihm Unterschiedenes frei, dem ein eigenes Existenzrecht verliehen wird. Die Relation der Schöpfung zum *Einen, Guten* ist so zu verstehen, daß solches „Hervorbringen" durch die „absolute freie Subjektivität" kein „wildes Entlassen" aus sich ist, Gott ist vielmehr im von ihm Hervorgebrachten bei sich selbst. Der Mensch ist Spiegelbild des Schöpfers (N4, 625ff). – Als „bewunderungswürdige Seite" im Judentum rühmt Hegel jene unverbrüchliche „Zuversicht zu Gott" im Anerkennen seiner Macht, die zugleich als *Liebe* und *Gerechtigkeit* verstanden wird. So weiß Hiob, daß seine Existenz, sogar sein vitales Glück von Gott gewollt ist: „er ist Zweck für Gott, er als Ganzes", da Gott kein „blindes Fatum" ist. Hegel anerkennt, v.a. in Psalmen und bei den Propheten, ein starkes „Innerlichwerden des Geistes", ein „Schreien der Seele nach Gott", ein „Hinabsteigen in die Tiefe" des Ich und „Sehnsucht des Geistes" nach einem lauteren Willen und Finden des rechten Weges, der Gott wohlgefällt (N4, 572ff; vgl. TW 12, 388f). Er würdigt im *Alten Testament*, so im Buch *Hiob*, daß der Zweckbegriff, die teleologische Betrachtungsart „in das Selbstbewußtsein der Menschen emporgekommen ist", die auch Sokrates lehre (M4, 104). Sie ist, in Antithetik zum *Mechanismus* und zur Annahme vom Wirken des blinden *Zufalls*, offen für Gott.

Eine knechtische Unterwerfung unter Gott als Herrn, also das Grundgefühl der Abhängigkeit und Knechtschaft im Verhältnis des Menschen zu seinem Gott, mit der *Folgelast* des geknechteten Bewußtseins: *Fanatismus* im Dienst dieses Einen erblickt Hegel in der Religion des Mahomed. Die hohe innere

---

originalbiblischen Prädikate:) Gerechtigkeit, Güte, Weisheit aufgefaßt, ein Wort wie in *Hosea* (6, 6): „Gott hat Lust an der Liebe, nicht am Opfer", übersehen. Im jüdischen Opferkult erblickt Hegel keine Vorausdeutung auf Jesus als das Lamm Gottes, das der Welt Sünde trägt (*Johannes* 1, 29), sondern Bestätigung seiner Hypothese, die Anerkennung Gottes als des absoluten Herrn vollziehe sich in Israel in Gestalt von Opfern als Furchtbezeugungen, die für den Menschen keine Versöhnung, keine „Einheit seiner Seele" mit sich und seines Innern mit Gott gewähren; zeitliche Segnungen in Nachkommen oder Landbesitz prävalieren über die innerliche Ausdehnung der Seele zur ewigen Seligkeit (GW 17, 133-136). Die Läuterung des Gottesbegriffs zur Weisheit und gütigen Fürsorge stehe noch aus, die „göttliche Vorsehung" genannt werden könne. Hegels Deutung des Judentums pendelt offenbar zwischen Verkennen und Anerkennen.

Energie eines anfänglich nach außen hin ergebenen Leidens im *Rückzug* wird sich mit der Zeit, sobald sie „erstarkt" ist, zu einer „ebenso fanatischen Gewalttätigkeit erheben" (M5, 56). Fanatismus entspringt aus der abstrakten strengen Entgegensetzung von göttlicher Allmacht und menschlicher Unterwerfung. Im Vergleich zum Christentum, in dem die reine Geistigkeit konkret zur *Dreieinigkeit* entwickelt ist und vom Menschen gewußt wird, dessen reale Geschichte im Verhältnis zu dem *dreieinig Einen* steht, verbannt die mohammedanische Religion alles *Konkrete*: „Gott ist der absolut Eine", wogegen der Mensch keinen *Zweck*, keine *Individualität* für sich behält, mit der Konsequenz, daß praktisch „absoluter Fatalismus" herrscht, in Gleichgültigkeit gegen alles persönliche Leben;[25] kein Zweck gilt als wesentlich, außer jenem einzigen, die Verehrung Allahs überall durchzusetzen; „daher ist", so Hegels Deutung, „die mohammedanische Religion wesentlich fanatisch" (N5, 172f).[26] Das von Nietzsche angeprangerte problematische Gottesbild, das Hegel neben der mohammedanischen Religion auch der jüdischen, dies sicher zu Unrecht,[27] zuschreibt, entspricht der spätmittelalterlichen Vorstellung, Gott sei vor allem *summa potestas*, höchste Macht, und erwirke in blinder Fatalität eine „*Gnadenwahl* ohne Freyheit" des beteiligten Menschen (GW 17, 136).

In der Religion, die Hegel die vollendete nennt, ist Gott der Dreifaltige, also keine anonyme Schicksalsmacht; vielmehr ist er als der Dreieine in sich selbst Liebesbeziehung, Agape. Die vollendete Religion definiert Hegel als die, in der „die absolute Idee – Gott als Geist, nach seiner Wahrheit und Offenbarkeit für das Bewußtseyn der Gegenstand ist" (GW 17, 31). Die im *Neuen Testament* bezeugte Menschwerdung Gottes – Anselms *Cur Deus Homo?* – begreift Hegel, indem er eine neue, höchst konstruktive *Kritik aller Offenbarung* entwirft. „Die

---

25   Das Buch *Hiob* mit seinen leidenschaftlich freimütigen Gottesanklagen fand Eingang in das *Alte Testament*. Dagegen läßt die Tradition des Islam die *Theodizeefrage* offenbar nicht zu. Leibniz erörtert in der *Theodizee* zum Problem von Willensfreiheit und Prädestination drei Arten, das Schicksal zu verstehen, das *fatum Christianum, Stoicum et Mahometanum*; das erste ist für ihn charakterisiert durch völliges Vertrauen auf den guten Vatergott, das zweite durch Beruhigung nutzlosen Sorgens gegenüber, das dritte aber durch eine dem Wesen des Menschen zuwiderlaufende, nämlich seine freie Spontaneität niederdrückende Annahme einer „unerträglichen sklavischen Notwendigkeit" (*Theodizee*, übers. von A. Buchenau, Hamburg 1968, 7-9, 134). Zur Theodizee-Abwehr im Islam s. Hans Zirker: *Islam. Theologische und gesellschaftliche Herausforderungen*, Düsseldorf 1993, 204-215.

26   Ein in ähnliche Richtung zielendes Versdrama von Voltaire: *Le Fanatisme, ou Mahomet le prophète* wurde im Jahre 1741 uraufgeführt und von Goethe, beauftragt vom Herzog von Weimar, 1799 ins Deutsche übertragen.

27   Nicht Ehrfurcht, Furcht vor dem Herrn sei „die absolute religiöse Pflicht – mich als Nichts zu betrachten (...) nur absolut abhängig", das Verhältnis zu Gott sei „ein *harter Dienst*" (GW 17, 133f), paßt nicht zum Judentum.

Notwendigkeit, daß Gott im Fleische auf der Welt erschien", – hier nimmt er das für griechische Ohren so anstößige Wort auf: „Und der Logos ward Fleisch und wohnte unter uns" (*Johannes* 1, 14), – ist aus dem Begriff der wahren Religion *a priori* ableitbar, denn nur auf diese Weise kann der Mensch zur Gewißheit der Wahrheit gelangen, die in der Einheit der göttlichen und menschlichen Natur bestehe (N5, 238). Gott wird Mensch in geschichtlich konkreter Gestalt, damit der endliche Geist im Endlichen Gottes inne wird, ihn findet (vgl. N 5, 236). Sein Erscheinen in sinnlicher Gegenwart ist jedoch für Hegel die aufzuhebende, bloß sinnliche Weise des Geistes, als einzelner Mensch real dazusein.

Im Unterschied zu paganen, indifferenten Göttern, denen Menschenschicksale gleichgültig sind, hat die einzige, vollgültige Menschwerdung Gottes, „*daß Gott Mensch geworden*, und zwar nach ganz *wirklicher, zeitlicher* Weise", worin „*alle particulare Einzelnheit* mit eingeschlossen ist", Heilsbedeutung und Tragkraft. Hier ereignet sich das Neue: „Das Göttliche als Geist bestimmt, auch *Gütig* sich Preiszugeben" (GW 17, 158). Den „Zweck des absoluten Geistes" charakterisiert Hegel durch ein Bergpredigtwort Jesu, gemäß der *Vorstellung* durch den Aufruf des himmlischen Vaters: „*ihr sollt vollkommen seyn wie Er*" (*Matthäus* 5, 48); dieser sei kein endlicher, sondern auf Ewigkeit zielender: „sittliche Vollkommenheit, Religiosität, ewiges Leben, göttliches seeliges Leben". Das *wahre Leben* liegt, Johanneisch, in Christus, platonisch in der Gottesverähnlichung. Im Christentum ist jeder Mensch Adressat der Heil schaffenden Liebe Gottes. Er ist daher, wie es an Kants Personbegriff und Seelenunsterblichkeit anklingend heißt, „in sich unendlicher Selbstzweck" (GW 17, 171). Freie geistige Anschauung ist konstituierender Faktor in der Beziehung von Ich und Absolutem.

Konturenscharf abgehoben vom christlichen Ideenkreis des unendlichen Wertes jeder Person ist die Charakteristik der antiken römischen Religion. Gerade wegen ihres radikalen Andersseins hilft sie, den Aufgang des christlichen Prinzips als ihr Gegenparadigma vorzubereiten und gehört zum Erfülltsein der Zeiten für das Erscheinen des wahren Gottes auf Erden. – Die Gestaltungen der griechischen Religion nennt Hegel „*Werke der freyen* Phantasie", in denen der Mensch seine Abhängigkeit „weggeworfen" habe. In der römischen *Religion der Zweckmäßigkeit* hingegen walte statt des Verehrens himmlischer Mächte das Trachten nach Wohlleben vor. Die Abhängigkeit vom Stillen des Bedürfnisses erzeuge eine Frömmigkeit, in der die Not den Gottesdienst gebiert. Der Kultus der „Selbstischkeit" ist wesentlich „das Setzen *einer Macht* zur Abhilfe" von Not; hierin haben die Götter ihre Wurzel, so erklärt Hegel religionskritisch. Ihr schlafender Geist ist ganz ins Endliche, Äußerliche, Nützliche eingehaust, ins Materielle verloren (GW 17: 182ff, 189).

Das *Abhängigkeitsgefühl*, wie Hegel es *religionspsychologisch* – mit implizitem ironischem Seitenhieb auf Schleiermacher – nennt, entwickelt sich durch ängstliche Besorgnis für endliche Zwecke bzw. Furcht vor feindseligen, Unglück bringenden unterirdischen Mächten. Solche Furcht führt dahin, sogar die Macht des Schädlichen, des Übels selbst abergläubisch zu verehren; z.B. haben Römer der Pest und dem Fieber Altäre geweiht, – und das heißt für Hegel, „den *Teufel anzubeten*". Solcher Aberglaube, eine gemeine Äußerlichkeit als solche, „ohne alle *sittliche göttliche* Idee" in ihr, als eine eigene Macht oder Substanz gelten zu lassen, so Hegel kritisch, ist der „*gänzliche Verlust* aller *Idee*, das Verkommen *aller Wahrheit*" (GW 17, 191ff). Dem entspricht auf unheimliche Weise, wie das Göttliche geschichtsmächtig wird. Es wird verstanden als Allmacht des römischen Kaisers, der in seiner „maßlosen *Gewalt des Despoten*" Herr der Welt zu sein beansprucht. Er ließ sich als Gott verehren; in seinem Namen wurden Schwüre geleistet, ihm wurden Weihrauch, Opfer, Frauen als einem Gott dargebracht. Und er ließ Köpfe abschlagen, plündern wie ihm beliebte. Durch nichts war seine höchste Macht zu böser Willkür begrenzt. Die römische bestimmt Hegel als politische Religion, in der das „höchste Wesen", als gottgleich angesehen, die Wirklichkeit des damals in der Tat mächtigsten aller Weltreiche ist. „Der Kayser, diß *ungeheure Individuum* – war diese rechtlose Macht, über das Leben und Glük der Individuen"; sein Wille mit seiner Garde war ihre Fortuna oder ihr Fatum. – Aus dem Greuel, absolute Macht, auch als das *Teuflische*, religiös zu verehren, entspringt, wie Hegel darlegt, die Bereitschaft eines Volkes, martialisches Blutvergießen von Men-schen, die genötigt wurden, mit wilden Tieren zu kämpfen, von ihnen zerrissen zu werden und „ebenso unter sich – *gegenseitig* sich zu *ermorden*" (GW 17, 195f), und ebenso ungeniert das Töten von Hunderten von Tieren, Löwen, Elefanten, Tigern, Bären, Krokodilen zur Volksbelustigung in Gestalt von Schauspielen, aufzuführen (ebd.).[28] Der Geist ist hier ganz außer sich gekommen: „selbst der Tod ist zu einem Schauspielstück geworden" (TW 12, 382). Eine „Prosa des Mordens" greift um sich, zur „Unterhaltung" eines geist- und sinnverarmten Volkes, – ein evtl. auch aktuelles Phänomen. Das Fixiertsein alles Interesses auf endliche Zwecke des diesseitigen Lebens, z.B. Wagenrennen, kennt noch nicht „die hohe Anschauung des *tieferen*, sittlichen, göttlichen *Tuns*"; es gibt „keine *Religion, Moral, Scham, Scheu*, keine Hilfe", auch kein „Recht" (M4, 126-129); Personen sind weder kostbar noch unverletzlich. Zur durchgängigen Negation ihres Selbstzweckseins passe auf fatale Weise das anonym grausam waltende

---

28 Nach Sueton; s. GW 17, 402f, Nachweise des Herausgebers; dort auch der Verweis auf Edward Gibbon: *The History of the Decline and Fall of the Roman Empire* (12 Bde, Leipzig 1821; Bd 1, 131), worin schon der junge Hegel las.

Absolute, so wie es in der römischen Religion verehrt wird. Ratlosigkeit und ein impliziter „Schmerz des von Gott Verlassenseins", so Hegels spirituelle Geschichtsdeutung, bahnt die Empfänglichkeit „für eine höhere geistige Welt" (TW 12, 386).

In der römischen „Religion der Zweckmäßigkeit" ist die höchste *Peripetie* im Endlichen, so zeigt Hegel deren laszive Morbidität auf, für das menschliche Ich die des Sterbens als Quintessenz alles geist- und seelenlosen Lebens. Dieser „Proceß des Todes" geschieht mannigfach durch Gewalt in inszenierten „Kämpfe(n) *auf Leben und Tod*". Die Gestimmtheit im Sterben zeigt er anhand eines von Sueton überlieferten Wortes: „Die dem Tode Geweyhten grüssen dich, Imperator'. – Es erfolgte kein Ruff der Gnade". Das geltende Absolute wird als grausam, blind und erbarmungslos waltende Macht erlitten. „Diese Prosa des kalten geistlosen, troknen *Mordes*" war das fesselnde Intensivste an Geschichte für diese Menschen. Ihr Schicksal war, durch blanke Willkür ohne Idee von einer innerlichen sittlich-religiösen Umwandlung sterben zu müssen (GW 17, 194-197). Die maßlos gewordene Endlichkeit in Gestalt unendlicher Reflexion ohne substantiellen Gehalt sieht Hegel im *Homo-mensura*-Satz des Sophisten Protagoras vorausgedacht. Dieselbe verkehrte Absolutsetzung des Menschen in seinem natürlichen Wollen als Begierde mache die Dekadenz im antiken Rom aus.

Unter dem *Prinzip* der ins Unbedingte gesteigerten partikulären Subjektivität ist zu Beginn der römischen Kaiserzeit, so heißt es in Hegels Geschichtsphilosophie mit *Ecce-Homo*-Anspielung, „das Heil der Welt geboren worden; nämlich als ein *dieser* Mensch" (TW 12, 386). Die *Vollendung der Endlichkeit* ist für Hegel jene „losgelassene" Endlichkeit, die sich an ihr selbst aufheben muß, da sie dem Untergang geweiht ist. Das durch Entfesselung des Prinzips des Endlichen in die Welt gebrachte Unglück gehört für Hegel zu den Geburtswehen für die Religion der Wahrheit (TW 12, 386). Geographisch und symbolisch zwischen beiden Weltteilen gelegen ist Palaestina; errungen wird eine Verbindung von orientalischem Prinzip reiner Abstraktion von allem Endlichen *und* im Abendland betonter Endlichkeit.[29] In der Weltgeschichte geht das neue christliche Prinzip auf, so intoniert Hegel feierlich in Vorlesungsnotizen: „Im jüdischen Lande – im jüdischen Volk ... den *alten Schmerz* der Welt hat Gott

---

29 In *Vorlesungen über die Philosophie der Geschichte* führt Hegel die Idee einer *Vereinigung* von Morgenland und Abendland dahingehend aus, daß sie zur Zeitenwende auf äußere Weise kraft Eroberung durch das römische Imperium geschah, ideell allerdings in Ägypten, und zwar in Alexandria als „Mittelpunkt der Kommunikation" zwischen Orient und Okzident, wo es denkwürdig sei, daß gelehrte Juden wie Philon Gott aus der Abstraktion herauslösten und nach dem *konkreteren Begriff des Geistes*, nämlich als *Logos* zu erkennen suchten (TW 12, 399).

sich aufbehalten"; hier geschah es: „der alte Fluch hat sich gelöst"; und dem „unendliche(n) *Eigensinn* des Selbstbewußtseyns" der Hebräer, die allerdings exklusiv den Einen Herrn als ihren Gott verehrt haben, ist „Heil widerfahren", indem das Unendliche sich verendlicht und sich in der *„unendlichen Endlichkeit",* – so deutet Hegel kategorial den *Gottmenschen* Christus, – „geltend" macht; das Unendliche nimmt hier das Endliche in sich auf (GW 17, 204).

Die Erkenntnis von Gut und Böse, wovon die *Genesis* erzählt, ist das, wodurch der Mensch göttlich, ja gottgleich wird, zugleich aber ein Schuldigwerden. Die Verheißung, daß der Schlange der Kopf zertreten werden soll,[30] hat für Hegel „im jüdischen Volke geschlaffen", in Druck und Not das Verlangen nach dem Messias wachgehalten (GW 17, 249f). Ihr Elend, so akzentuiert er, ist kein stumpf ergebenes Leiden vor einem blinden Fatum; es erweckt vielmehr eine „unendliche Energie der Sehnsucht". Während der Stoizismus den Schmerz ableugnet oder zu dämpfen lehrt, beharrt jüdische Empfindung auf dessen Realität und verlangt nach der ausstehenden Erlösung. Dem jüdischen Volk kommt für Hegel welthistorische Bedeutung zu, da es sein äußeres Unglück, sein Gefühl des Unglücks als „Verzweifelns an Gott"(!), an den jene Realität wesentlich geknüpft ist, als innerliches Unglück, den Sündenfall als „ewigen Mythos des Menschen" versteht. Hier ist das Gefühl tiefsten „Schmerzes über sich selbst", – so wenn König David „singt"(!): „Schaffe in mir, Gott, ein reines Herz, und gib mir einen neuen, gewissen Geist" (*Psalm* 51, 12), – „das Letzte des Menschen", das implizit auf Versöhnung der Entzweiung mit Gott aus ist (TW 12, 388-391).

Im christlich-religiösen Verhältnis zu Gott wird der Mensch nicht substanzmetaphysisch zum Akzidens des Absoluten herabgesetzt; er bewahrt sich höchste Intensität freien Fürsichseins. So wird Maria feierlich um ihr Jawort gefragt, den *hágios Hyiòs Theou* auszutragen (*Lukas* 1, 35). Hier wird das Absolute konkret, der „absolute Geist" „daseiender, (...) in der Welt existierender", der in Christus in unmittelbarer Gegenwart als Mensch gekannt wird. Durch seine „Teilnahme an diesem Geiste" gewinnt jedes Individuum „für sich unendlichen Wert", da, – so Hegel, vielleicht Eckhart, aufnehmend, – Gott als Geist „im Herzen jedes Menschen geboren werden soll". Jeder ist dazu bestimmt, „individueller Geist" bzw. von Geist beseelte Individualität zu sein; „jeder Einzelne" ist „Zweck der Gnade Gottes", das heißt, „Ich als solcher bin von unendlichem Wert". Daher ist hier das Individuum als solches frei, „während im Orient nur *einer*, bei den Griechen und Römern nur *einige* frei waren" (TW 19, 507; vgl. Enz § 482). Das „konkret Allgemeine, das Gott ist", wird ein leibhaftiges

---

30 S. Heinz-Lothar Barth: *Ipsa conteret. Überlegungen zum Protoevangelium (Gen 3, 15)*, Ruppichteroth 2000.

Ich. „Das Absolute als konkret gefaßt (...) ist der wahrhafte Gott" (TW 19, 508). Gottes Menschwerdung macht für Hegel das eine Spezifikum des christlichen Gottesbegriffs aus.

Das andere Moment, das die „absolute" Religion auszeichnet, ist das Verhältnis des Menschen zu Gott, das *christlich* gedacht wird als beginnend mit einer „absoluten Entzweyung". Heidnische Religion feiert naiv ein „heiteres Versöhntseyn". Sünde aber bedeutet, Gott „*entfremdet*", fern vom Leben aus ihm zu sein (Eph 4, 18). Das *peccatum* treibt den Geist intensiv in sich selbst zurück, da mir „meine *Freyheit* in der Sündhaftigkeit" vor Augen geführt ist. Entfremdung von Gott heißt für den subjektiven Geist auch Entfremdetsein von wahrer Liebe, die sich selbst zu verschenken vermag. Im Christentum soll ich meine Freiheit behalten, soll „*in ihr frey werden*", es geht um das „Heil der Seele – Rettung des Einzelnen als Einzelnen" als wesentlichen Zweck (GW 17, 26f). Willkür nennt Hegel, da sie eine ‚Knechtschaft der Sünde' ist, das Gegenteil von Freiheit. „Gott ist frei, weil er die Macht ist, Er Selbst zu sein". Die Abhängigkeit meines Ich von Gott ist aber, gemäß dessen Wesen, „Freiheit in Gott, so wie Sein außer Gott Sein außer der Freiheit ist" (TW 11: 373, 388). In der Frühgeschichte des Christentums findet Hegel angesichts von Verfolgung in der römischen Welt eine Standfestigkeit in Leiden, worin sich „unendliche innere Freiheit" zeige. Durch den einwohnenden göttlichen Geist bildet sich eine solche *geistige Innerlichkeit* heraus, weil der Mensch gemäß dem *christlichen Prinzip* als „unendliche Macht des Entschließens anerkannt" ist (TW 12: 398, 403f). Die Freiheit kraft der *Imago Dei* vollendet sich im verliehenen Geist Christi.

Das Konvolut zum Christentum überschreibt Hegel im Manuskript seiner Vorlesung von 1821: „Dritter Teil. Die *vollendete oder offenbare Religion*" (GW 17, 205). Die wahre Religion kann für Hegel nur die sein, die „*von Gott* geoffenbart" ist (Enz § 564), genauer: in der Gott *sich selbst offenbart* hat. Die für Hegel entscheidende begriffliche Bestimmung dessen, was allein *Offenbarung* sein könne: Freie Selbsterschließung des verborgenen Gottes. Hegel hebt die Souveränität dieses Akts hervor: „Gott kann nur *sich offenbaren*; es ist nur Gott der sich offenbar macht – nicht *eine Gewalt, Verstand von Aussen*, der ihn aufschliessen könnte" (GW 17, 207).[31] Gottes vorzügliche „*Manifestation* ist im geistigen *Selbstbewußtseyn*" (GW 17, 206), womit Hegel zum einen die

---

31   Bemerkenswert Hegel nahe erklärt Karl Barth: „*Gott* offenbart sich. Er offenbart sich durch sich selbst. Er offenbart sich selbst." *Kirchliche Dogmatik*, II/ 1: *Die Offenbarung Gottes. Der dreieinige Gott*, Zürich 1987, 311.

Inkarnation im „Menschensohn" (GW 17, 221)³² meint, zum andern das *Testimonium internum*, daß der Heilige Geist in den Glaubenden bezeugt, Christus sei Gott bzw. Gott sei in Christus leibhaft gegenwärtig geworden.

c) *„Der Eingeborene im Schoße Gottes" – Hegels Hymne auf die Trinität*
Hegels Idee *dialektischer Vereinigung von Gegensätzen* dient wesentlich seinem Verstehenwollen der Trinität. Schlüsselhafte Bedeutung kommt schon in frühen Fragmenten zum *Geist des Christentums* dem Prolog des Johannes zu, an welchem Hegel zeigt, wie die Urteilsstruktur der traditionellen Logik gesprengt wird: „Diese Sätze haben nur den täuschenden Schein von Urteilen, denn die Prädikate sind nicht Begriffe, Allgemeines", sondern „sind selbst wieder Seiendes, Lebendiges".³³ Den Aristotelischen Satz vom Widerspruch setzt Hegels dialektische Logik außer Geltung,³⁴ kraft deren er zu denken sucht, inwiefern „das Absolute selbst (...) die Identität der Identität und der Nichtidentität" ist (GW 4, 64). Diese Identitätssuche ist vorgeprägt in der Idee, Leben oder Liebe, reflexiv gedacht, „sei die Verbindung der Verbindung und der Nichtverbindung" (Nohl 348). Diese Idee gilt exemplarisch für die christliche Trinität, in der zugleich die Selbigkeit der Ousia anzunehmen ist und die Verschiedenheit göttlicher Personen, die Hegel später, um eine Pluralität von Personen in Gott zu vermeiden, rein als Momente des Absoluten bestimmt. Die von Hegel in Abwehr jeder Tritheismusassoziation als Eine Person gedachte Trinität von Vater, Sohn und Geist deutet er *begriffslogisch* als konkretes Allgemeines, Besonderes und Einzelnes, das wieder Allgemeines wird.³⁵ Die *spekulative Logik* soll den inneren, für Hegel wahren, ewig gültigen Gehalt von Glaubensvorstellungen, zentral die ‚Trinität', davor bewahren, durch kulturelle oder religiöse Herrschaftsansprüche des diskursiven Verstandes in

---

32 Der Herausgeber W. Jaeschke bemerkt, daß Hegel im Danielischen Hoheitstitel Jesu als ‚Menschensohn' (vgl. *Daniel* 7, 13), die *eschatologische Dimension* verkennt, die sich aus der jüdischen Apokalyptik speist (N5, 334).
33 *Hegels Theologische Jugendschriften*, hg. von Nohl, 306; zur Trinität vgl. ebd. 307ff, 312ff.
34 Zur Dialektik vgl. Klaus Düsing: *Hegels Dialektik. Der dreifache Bruch mit dem traditionellen Denken*, in: ders.: *Aufhebung der Tradition im dialektischen Denken. Untersuchungen zu Hegels Logik, Ethik und Ästhetik*, München 2012, 43-54.
35 In der *Wissenschaft der Logik* bedeutet der *spekulative Begriff* für Hegel reinen Gedankengehalt *und* Sich-Denken als anfänglich *Allgemeines* (und *Ganzes*), als sich konkretisierend als *Besonderes* und als *Einzelnes*, das in sich *Allgemeines* ist. – Vgl. Jörg Splett: *Die Trinitätslehre G. W. F. Hegels*, Freiburg/ München 1965; Ludger Oeing-Hanhoff: *Metaphysik und Freiheit*. Ausgewählte Abhandlungen, hg. von T. Kobusch und W. Jaeschke, München 1988; zu Hegels Trinitäts- und Gotteslehre: 91-132.

unwiderruflichen Auflösungsprozeß und Glaubwürdigkeitsverlust zu geraten, den Nietzsche, in Hinblick auf D. F. Strauß, beklagt hat.

Im Gang philosophischen Begreifens der Trinität wirft Hegel, um Anthropomorphismen zu vermeiden, methodisch konsequent, Vorstellungen aus dem für ihn allzu familiären ‚Vater-Sohn'-Komplex als kindliche Reminiszenzen hinaus, gesteht gleichwohl zu, daß in der Vorstellung des Verhältnisses von ‚Vater' und ‚Sohn' eine optimale Annäherung an die Trinitätsidee vorliegt. Für Hegel ist der *tiefste Gedanke*, der gedacht werden kann (vgl. Kol 2, 3), mit der *Gestalt Christi vereinigt*. Er ist faßbar für jede Bildungsstufe und vermag höchste intellektuelle Ansprüche zu befriedigen. Das eben sei „das Große der christlichen Religion, daß sie bei aller dieser Tiefe" – Hegel zitiert zur Illustrierung der Tiefe *Johannes* 1, Vers 1: „Im Anfang war der Logos, und der Logos war bei Gott, und Gott war der Logos"; feierlich ernst im griechischen *Urtext* – „leicht vom Bewußtsein in äußerlicher Hinsicht aufzufassen ist" (TW 12, 401), womit er die mit Anschauung und Vorstellung gesättigte Seite im göttlichen Leben, Tun und Leiden Christi meint, wie sie die Evangelien uns darbieten.

In den *Vorlesungen über die Geschichte der Philosophie* widmet Hegel trotz dessen theosophischer Verschrobenheiten Jakob Böhme ein eigenes Kapitel wegen seines konsequenten Ernstnehmens der „heiligen Dreifaltigkeit". Böhmes einziger Gedanke sei, in allem „die göttliche Dreieinigkeit" zu erblicken, jedes Ding als ihre Enthüllung oder Darstellung aufzufassen; sie ist die *absolute Idee*, die „durch alles hindurchgeht". Das Universum gilt ihm als ein *göttliches Leben* und *Offenbaren Gottes* (TW 20, 98f). Den Johannesprolog deutet Böhme als Sichaushauchen Gottes im *Logos*, der ineins Vernunft und Sprache bedeutet. Der Logos oder der Sohn ist abkünftig vom göttlichen Einen, nicht als Emanation, sondern personal. Der Sohn ist wohl „eine andere Person als der Vater, aber kein anderer" (im Wesen), sondern derselbe Gott wie der Vater, dessen Abglanz er ist (TW 20, 106f). Hegel adaptiert den mystisch-religiösen Ton Böhmes, indem er mit ihm das Ziel bestimmt, das dem Menschen gesetzt ist, weil er mit Luzifer in die Finsternis der in sich verschlossenen *Selbstheit* gefallen ist: „Die Geburt der heiligen Dreifaltigkeit" soll, so heißt es individualisierend, „auch in deinem Herzen" geschehen; dann werden Gott Vater, Sohn und Heiliger Geist in dir geboren. Dabei wird der natürliche autarke Wille, das kreatürliche gottentfremdete Selbstwollen, die „Negativität des Ich", wie Hegel sie nüchtern nennt, überwunden. „Dies Ich, das Finstere, die Qual, das Feuer, der Zorn Gottes" wird „in der Wiedergeburt aufgebrochen"; „das Ich wird zerbrochen, die Peinlichkeit wird in die wahre Ruhe gebracht, wie das finstere Feuer in Licht ausbricht". So würdigt Hegel die erbauliche Kraft sowie die „lebendigste Dialektik" in Böhmes mystischer Theologie (TW 20: 109f, 114f, 118), für ihn intuitive Vorform spekulativer Dialektik.

Im Bezug auf Aristoteles' Noesis Noeseos fasziniert Hegel das Thema „Selbstbewußtsein des absoluten Geistes", das er zur paradigmatischen Ontotheologie ausbaut, der gemäß „der absolute Geist, der sich bewußt ist", als urbildliche Weisheit „das Erste und einzige Wahre" ist (N3: 222, 225). Gott als Geist ist keine hermetisch und einsam in sich verschlossene Substanz. Er ist der im Logos freiwillig sich selbst Erschließende und Sich-vernehmen-Lassende. Die absolute Idee, an sich betrachtet, ist ‚der Vater', der aber nicht der *unbewegte* Allesbeweger ist. Er entäußert sich seines ewigen Beisichseins. In der Religion, die Hegel die *vollendete*, wahre nennt, ist Gott der Dreifaltige und daher keine für sich selbst und für Menschen blinde anonyme Schicksalsmacht, sondern in sich selbst Liebesbeziehung als der Dreieine. Gott ist in der wahrhaften Religion „sich offenbar" und offenbart sich dem Menschen (N3, 234). Der Realität Gottes als *Geist* entspricht, daß er „persönlich sey" (GW 17, 36). Von hohem Reiz ist Hegels Kombination von altkirchlich orthodoxer Frömmigkeit mit freigesinnten Vernunftideen, was eine fruchtbare Spannung schafft. Als „höchste Definition des Absoluten" versteht er, daß es nicht nur überhaupt Geist, sondern „der sich absolut offenbare, der selbstbewußte, unendlich schöpferische Geist" ist (Enz § 384; TW 10, 31). Die Manifestation des absoluten Geistes oder der ihrer selbst bewußten unendlichen Subjektivität ist ein freies Sichoffenbaren, wobei „der Sohn nicht das bloße Organ", sondern, – so die hohe Gewichtung Christi, – „selbst der Inhalt der Offenbarung ist" (Enz § 383; TW 10, 27ff).

Die *Dreieinigkeit*, religiös vorgestellt als Vater, Sohn und Geist, habe Anlaß geboten für manche Ketzereien. Hegel faßt sie so klar wie nur möglich, so daß die abstrakte Allgemeinheit im Begriff Gottes überwunden und als konkrete verstanden wird. „Gott", als „der Vater, ist das Allgemeine (...); das Andere, der Sohn, ist die unendliche Besonderheit, die Erscheinung; das Dritte, der Geist, ist die Einzelheit als solche, aber wir müssen wissen, alle drei sind der Geist." (N5, 128) Indem das Allgemeine, Gott Vater, einen „Prozeß" durchläuft, – so wehrt Hegel eine *Theogonie* ab, nebenher wird auch der Verdacht eines Tritheismus entkräftet, – entsteht *nichts Neues*; „das Hervorgebrachte ist schon von Anfang" (ebd.), das ist die Johanneische *Präexistenz des Logos*, die Hegel als metaphysische Prämisse für seine Ontotheologie aufnimmt und fruchtbar fortführt.

Eine spekulative Deduktion der Trinität, das ist für Hegel zugleich der Wahrheitsbeweis für die christliche Religion durch Nachweis der stimmigen inneren Notwendigkeit ihres Gottesbegriffs,[36] unternimmt er in den dichten

---

36 Der *Wahrheitsbeweis* liegt für Hegel, Leibniz nahe, darin, die begriffliche Notwendigkeit des metaphysisch-göttlichen Inhalts durch dessen (spekulativ-) logisch konsequente innere Entfaltung aufzuzeigen (vgl. N3, 223). „Bewahrheitung, absoluter Beweis"(!) für das

Einträgen: *„Gott ist Geist,* – d.i. das, was wir *dreyeinigen* Gott heißen; Rein *speculativer* Inhalt, d.i. *Mysterium* Gottes – Gott ist Geist – die *absolute Thätigkeit* actus purus[37] – d.i. *Subjectivität* – unendliche *Persönlichkeit,* unendliche Unterscheidung *seiner von sich selbst* – Erzeugung; aber dieses Unterschiedene sich gegenständliche – sich objective Göttlichkeit – ist ... zur Endlichkeit gekommen – ... zugleich als in seinem Unterschiede in dieser *unmittelbaren Einheit* bleibend, und in seinem Unterschiede an ihm selbst – somit der ganze göttliche Begriff – *Sohn* -und Gott; *diese absolute Einheit* als in ihrem Unterschiede identisch für sich die *ewige Liebe"* (GW 17, 221f). „Geist, *Liebe,* Anschauung seiner im Anderen" erläutert Hegel einmal anschaulicher so, als weise er auf Kierkegaard voraus: Der absolute Geist handelt wie ein „Dichter, der seine Liebe besingt – nicht nur liebt, sondern sie *sich zum Gegenstand macht";* dies ist wahrer „Geist: die Liebe wissen, *sich* in der Liebe" wissen! Dieser Vergleich, mit dem Hegel den Anthropomorphismus des Liebespoeten nicht scheut und dabei eine Analogie von Eros und Agape nahelegt, kulminiert in thetischen Sätzen einer begrifflichen Trinitätsentfaltung: „Gott ist *Einer,* das Allgemeine zunächst. – Gott ist *die Liebe,* bleibt Einer, aber mehr als *Einheit",* Einigkeit mit sich, denn als unmittelbare Identität. Das mit sich *einig* Sein des Einen Gottes, der sich in sich unterscheidet, ist dessen Liebe. „Gott ist *Geist,* Einer, als *unendliche Subjektivität* – Einer in der unendlichen Subjektivität des Unterschieds"

Christentum liegt in Christi Leben, Tod, Auferstehung, da hierin die göttliche „Idee *vollständig* reif war in ihrer Tiefe", – im Kontrast z.B. zu Herkules, der unter den Griechen als der einzige galt, der, als wirklicher Mensch vorgestellt, durch Taten des Gehorsams zu den Göttern eingegangen, „Gott geworden" und Vorbild war, durch Großtaten, die aber nicht der Natur des Geistes entsprechen. „Es ist der Geist, die inwohnende Idee, *die Christi Sendung beglaubigt hat"* (M5, 81) für die, die ihm Glauben schenken, oder für uns, die wir im weiter entwickelten Begriff die Bewährung dieser Wahrheit aufs neue entdecken wollen. Gemäß der *Wissenschaft der Logik* (GW 12, 251) liegt die innere Notwendigkeit der Begriffsentwicklung in der Abfolge: A (Allgemeines) – B (Besonderes) – E (Einzelnes), das als Reichstes, Konkretestes *Persönlichkeit* ist.

37 Einstimmig mit Fausts Übersetzung des Johannesprologs (Goethe: *Faust,* V, 1224-37): „Am Anfang war die Tat", charakterisiert Hegel des göttlichen Geistes Lebendigkeit zugleich mit Anklängen an Fichtes Tathandlung: Der Natur des Geistes ist gemäß, sich zu manifestieren, dies ist „seine *That* – ... und er ist nur seine That". Als mögliche *spekulative Mißverständnisse* führt Hegel an, „zwey ewige Actus" Gottes anzunehmen, als ob die *Idee Gottes* (: als die erste Sphäre der *Theos noetos* genannt) in zweifacher Art des Andersseins sich ihrer entfremde, oder „als ob *der ewige Sohn des Vaters* – der (...) objectiv seyenden sich selbst gegenständlich seyenden Göttlichkeit – *dasselbe sey* als *die Welt* – physisch und geistig – und unter jenem Sohne nur diese zu verstehen seye" (GW 17: 207, 230f). Christi Geschiedenheit von der Welt verbietet, einen kosmisch immanenten Erlöser anzunehmen, ausgenommen den, der durch den Heiligen Geist der Geistseele des frei glaubenden Ich einwohnt.

(M5, 16f). So ist spekulativ Gottes innere Einheit in seiner Dreifaltigkeit gewahrt.

So bestimmt Hegel Gott als absolute Subjektivität, die in ihrer logisch-ontologischen Struktur von einem allgemeinen *Ansichsein* Gottes (der „Vater") über ein sich anders Werden (der „Sohn") sich mit sich zusammenschließt (der „Geist") und so zu vollständiger Selbstbezüglichkeit gelangt (vgl. N5, 120). In *immanenter Trinität*, im Element der Ewigkeit oder im ewigen Insichsein, ist Gott „das Sichzusammenschließen mit sich, dieser Schluß seiner mit sich", wie es mit Anklang an die Schlußlogik Hegels heißt. Was Gott in *weltzugewandter Trinität*, in die Welt sich entäußernd ist, läßt sich begreifen durch eingehende Betrachtung des Lebenslaufs Jesu Christi (N5, 245 nota). Gottes trinitarische Verfaßtheit als „ewige Liebe" erläutert Hegel, an seine Jugendschriften anknüpfend.[38] Den Satz: „Gott ist Liebe"' (1Joh 4, 16) will er nicht als *Vorstellung* stehen lassen, ohne zugleich auch „zu analysieren, was die Liebe ist": „Denn die Liebe ist ein Unterscheiden zweier, die doch füreinander schlechthin nicht unterschieden sind. Das Bewußtsein, Gefühl dieser Identität dieser beiden – dieses, außer mir und in dem Anderen zu sein – ist die Liebe: Ich habe mein Bewußtsein nicht in mir, sondern im Anderen" (N5, 201). Das Setzen und Aufheben des Unterschieds und Andersseins macht Liebe in ihrer begrifflichen Struktur aus (N5, 235), das ist ihre *spekulative* Seite.

Hegel scheut sich aber auch nicht vor *anthropomorpher* Veranschaulichung: „In der Freundschaft, in der Liebe gebe ich meine abstrakte Persönlichkeit auf und gewinne sie dadurch als konkrete. Das Wahre der Persönlichkeit ist eben dies, sie durch das Versenken, Versenktsein in das Andere zu gewinnen." (N5, 211) – In Anleihe an die *Kirchensprache* wird Christus als „der Gottmensch" bezeichnet, diese, so Hegel, „ungeheure Zusammensetzung", die unseren Verstand sprengt, – die Kierkegaard in seinen *Philosophischen Brocken* als das *absolute Paradox* bestimmt, – die für Hegel aber vernünftig-begrifflich durchdringbar ist. Sie bedeutet, daß Gott auch im Anderssein Einheit mit sich bleibt, daß die Endlichkeit, Gebrechlichkeit, Schwäche der menschlichen Natur (mit Leibniz: *mala physica et metaphysica*), die Jesus durchlitten hat, „der Einheit, die Gott ist", keinen Abbruch tut (N5, 239), da Gott in Jesus allein seine weltbezogenen Attribute in seiner real geschichtlichen Gegenwärtigkeit abgelegt hat.[39]

---

38   Zum jungen Hegel vgl. Adriaan Peperzak: *Le jeune Hegel et la vision morale du monde*, 2. Aufl. Den Haag 1969; E. Düsing: Fragmente über Liebe, Gott und Sein bei Hegel, Hölderlin und Fichte, in: *Geist, Eros und Agape, Untersuchungen zu Liebesdarstellungen in Philosophie, Religion und Kunst*, hg. von E. Düsing, H.-D. Klein, Würzburg 2009, 311-341.

39   Gregor von Nyssa fand in Gottes Herabsteigen zur Niedrigkeit des Menschen einen deutlicheren Beweis der Allmacht als in der Größe seiner Wunder. Für den Erlanger Theologen

In der *Phänomenologie des Geistes* (1807) erklärt Hegel, daß der absolute Geist nicht „das leblose Einsame" sei. Im Hintergrund stehen Aristoteles' Noesis Noeseos *und* Christi Golgatha. Ziel des Geistes ist „das absolute Wissen" oder „der sich als Geist wissende Geist", dessen Weg „die Erinnerung" der verschiedenen Bewußtseins-, Selbstbewußtseins- und Geistesgestalten der ganzen Geschichte in ihrer schließlich begriffenen Organisation ausmacht. Anspielungsreich ruft Hegel im Karfreitag die „Schädelstätte des absoluten Geistes" auf, – historisch zentral *Christi* oder *Gottes Tod am Kreuz* vor den Toren Jerusalems. Diese Grabstätte, die Schauplatz von Tod und Auferstehung Christi geworden ist, gehöre so sehr zur Wirklichkeit, Wahrheit und „Gewißheit seines Throns", daß ohne sie der absolute Geist, so Hegel emphatisch, der „Einsame" geblieben wäre (GW 9, 433f). In der späteren *Philosophie des Geistes* expliziert er in der *Enzyklopädie* den *Begriff des Geistes* mit Rückgriff auf die Trinität, an ‚bekannte' theologische Vorstellungen anknüpfend, wonach „Gott der Vater ..., seine Einsamkeit aufgebend, die Natur (das Sichselbstäußerliche ...) erschafft, einen Sohn (sein anderes Ich) erzeugt, in diesem Anderen (...) kraft seiner unendlichen Liebe sich selbst anschaut" (Enz § 381; TW 10, 23). Schon vor jener geschichtlich konkreten Selbsterschließung muß Gott als der seinem Wesen nach sich Offenbarende verstanden werden, als *Geist für den Geist*, das heißt in der Weise der Vorstellung: als „ewige Liebe", welcher gemäß er schon „in dieser ewigen Sphäre", das ist die des ewigen Seins, ontotheologisch die der Trinität oder der absoluten Subjektivität, zunächst „nur *sich selbst* als seinen *Sohn* erzeugt" und „ebenso in ursprünglicher Identität mit diesem Unterschiedenen

---

Gottfried Thomasius hat Gott in Jesus die Eigenschaften: Allmacht, Allwissenheit und Allgegenwart abgelegt, die Gott immanenten ethischen: Wahrheit, Heiligkeit und Liebe jedoch behalten. Da Gott diese Selbstbegrenzung frei sich selbst zufüge, höben sie Gottes Gottsein nicht auf. (Vgl. Hans Urs von Balthasar: *Theologie der Drei Tage*, Einsiedeln 1990, 36ff.) Balthasar vertritt eine *ontologische Christologie*, in der das Paradox von substantieller Absolutheit und Kenosis hervortritt. Die „Annahme der ‚Knechtsgestalt' mit all ihren Folgen bringe keine Selbstentfremdung in Gottes dreieinige Leben: Er ist souverän genug, „um durch Menschwerdung, Tod und Auferstehung in einem wahren und nicht nur einem Schein-Sinn das zu werden, was er als Gott je schon ist." (op. cit. 201) Balthasar verweist hier auf Karl Barths Sicht: Unsere plausible Meinung, daß Gott nur im Gegensatz zu allem Relativen, Endlichen, zu aller Niedrigkeit, unberührt von Anfechtung, „durchaus nur transzendent ... sein könne", erweist sich darin, „daß Gott in Jesus Christus faktisch gerade solches *ist* und *tut*, als unhaltbar, verkehrt und heidnisch" (*Kirchliche Dogmatik* IV/ 1, 203; zit. nach Balthasar, ebd. 201). Balthasar sucht zu zeigen, wie im Gekreuzigten, der *Alpha* und *Omega* der Weltgeschichte ist (Offb 1, 7f), nicht allein die verlorene Welt durch Jesu Passion zu ihrem Heil gelangt, sondern paradox: „Gott selbst anläßlich der Weltverlorenheit zu seiner eigentlichsten Offenbarung" (Balthasar, op. cit. 18f).

bleibt" (Enz § 567).⁴⁰ Hierzu stimmt die Sicht der frühen christlichen Kirche, die ein ewiges (und zeitliches) Hervorgehen des Sohnes aus dem Vater annahm. Insofern ist Gott keine einfach bestehende Spinozanische Substanz, weil er sich begreifender Geist ist und kein einsames in sich selbst Verschlossensein (vgl. M5, 22). Die wahre Religion kann allein die sein, die original und authentisch „*von Gott*" offenbart ist, genauer: in der Gott sich selbst offenbart hat (Enz § 564). Deshalb ist Christus, trinitarisch eins mit Gott von Ewigkeit her, als der Gottmensch für Hegel der autorisierte Offenbarungsträger. Ein einziges Mal hat Gott sich *als Gott ganz verleiblicht*; der Mensch gewordene Gott ist exklusiv allein Christus.

Daß die sich selbst verschenkende Agape-Liebe, Demut, Erniedrigung, Leiden, ja die unerhört paradoxe Vollmacht, seine *Macht preiszugeben*, die *Kenosis*,⁴¹ zur Gottheit selbst gehören, gilt es zu begreifen. Im Hinblick auf die künstlerische Darstellung der *Passion*, der Dornenkrönung des *Ecce Homo*, der Verspottung, Kreuztragung und Kreuzigung, hebt Hegel in seiner *Ästhetik* feinsinnig hervor, daß hier Christi „Göttlichkeit im Gegenteil ihres Triumphes, in der Erniedrigung ihrer unbegrenzten Macht und Weisheit den Gehalt abgibt" (TW 15, 50). – Die vollkommene Einheit des lebendigen Gottes ist, wie dargelegt, die innere Einigkeit von trinitarisch Unterschiedenen; sie ist es, die gemäß der Vorstellung des Glaubenden als die *ewige Liebe* angebetet wird. Daß der Glaube die Trinität als Beziehung von Vater, Sohn und Geist vorstelle, ist für Hegel zwar „nur ein bildliches Verhältnis", ein *Anthropomorphismus*, ein „kindliches Verhältnis" bekundend. Diesem wohne gleichwohl, wie er konzediert, optimaler analogischer Entsprechungsgehalt inne, da der Verstand über keine Kategorie verfüge, um das Gemeinte trefflicher auszudrücken (N5, 127f).

Zum komplexen Verhältnis von Idee und Geschichte gibt es eine Andeutung Hegels, die einen untergründigen Parallelismus nahelegt,⁴² und zwar in Aufnahme der Idee des *Logos spermatikos*, der auch schon vorchristliches Denken particulae der göttlichen Wahrheit auffinden läßt. Der *Logos spermatikos* geht für Hegel in die Geschichte ein, indem er sich denken läßt. „In *den Zeiten*

---

40 Gottes *Schöpfer*sein Himmels und der Erde, als substantielle Macht, begreift Hegel als *freies* Sich-Entlassen der Idee in *Natur* (und *Geschichte*), durch „*Setzen* der Natur als *seiner* Welt" (Enz § 384). In der systematischen Darstellung und Abfolge geht es erst anschließend um Gottes realgeschichtliche Selbstmanifestation in Christus.

41 Zur *Kenosis* Christi (*Philipper* 2, 5-11) vgl. H. U. von Balthasar: *Theologie der drei Tage*, 27-46.

42 Zum Verhältnis von Idee und Faktum vgl. Walter Jaeschke: *Die Religionsphilosophie Hegels*, Darmstadt 1983, 97f. Das Begreifen religiöser Vorstellungen ist Apologie des Glaubens und Religionskritik in eins, insofern nicht das religiöse, sondern das philosophische Selbstbewußtsein höchste Gestalt des endlichen Geistes sei (ebd. 112f).

um Christi Leben und mehrere Jahrhunderte nach Christi Geburt", so erwägt er staunend, *"sehen* wir philosophische Vorstellungen entstehen", in denen sich Andeutungen der Trinitätsidee finden, die sich später mit christlichen Vorstellungen vermischten und in der *Kirche* Anlaß zu gnostischen Häresien boten, die unabhängig von der *Christusidee* entstanden waren. In solchen Vorstellungen, in denen wie in *Logoi spermatikoi* Spuren von Gottes Dreieinigkeit zu finden sind, wird die Sicht der Gnostiker überschritten, wonach Gott als „jene Einheit βυθός, der Abgrund" sei, „über jede Berührung ... erhaben"; und der Ewige sei unaussprechlich, wohne in unsichtbaren Höhen, und aus seinem „überschwenglichen Wesen" könne nichts mitgeteilt werden (GW 17, 227f).

Überwunden wird auch rein innerphilosophisch die Vorstellung der Neuplatoniker von Gott als dem in sich verschlossenen Abgrund, dem ἓν ἄρρητον, durch die Idee, von dem *Ersten, Einen,* das unbegreiflich, absolut transzendent ist und sich selbst nicht teilhaftig macht, sei ein Zweites zu unterscheiden, das Moment seiner Manifestation. Das zweite Prinzip als das sich Manifestierende, sich Äußernde heißt der *Logos,* der Sohn oder die *Sophia* und ist, als die höchste Weisheit bestimmt, ja als „der Eingeborene (...) im Schoße Gottes" (N5, 213).[43] In der *Einleitung zur Philosophie des Mittelalters* verteidigt Hegel die Kirchenväter gegen den Vorwurf, durch ihren Lehrbegriff u.a. zur „Ordnung des Heils" das Christentum „verunreinigt" zu haben. Denn das Christliche trete besonders klar hervor auf dem Hintergrund platonischer Philosophie (TW 19: 501f, 505).[44] So ist „der Vater, der israelitische Gott" zu begreifen als „dies Eine". Er wird gewußt als „der Eine und dann sein Sohn, Logos, Sophia usf." Zur Trinität und Inkarnation heißt es: Das „Endliche in Einheit mit dem Ewigen" ist ein „wirkliches Selbst"; „Gott ist nicht das Unnahbare, Unmitteilbare", sondern ist „das Allerhöchste in geistiger und leiblicher Gegenwart". Hegels Schlüsselthese zur Wahrheit Jesu Christi: Im spezifisch christlichen Leibwerden des Logos ist „das Konkrete zu seiner letzten Intensität fortgegangen": „Das Absolute als konkret (...) ist der wahrhafte Gott" (TW 19, 508f). – Hier wird wieder die Trinität spekulativ gedeutet: die rein sich denkende Idee, sich entlassend in

---

43 Zum Ringen um *Christi Hoheitstitel* s. Alois Grillmeier: *Jesus der Christus im Glauben der Kirche. Von der Apostolischen Zeit bis zum Konzil von Chalcedon,* 3. Aufl. Freiburg 2004; zum *Logos:* 122-132, 225-231, 374-382, 460-479; zur *Sophia:* 100f, 107, 292f, 314, 367, 421f, 441, 488; zu deren Zusammenhang: 125-129. Mit Blick auf *Sprüche* 8: 22, 31 und *Sirach* 24, 7-22, wonach *Weisheit* und *Logos,* von Anfang an bei Gott wohnend, zum Menschen kommen, fragt Verf. (127), weshalb Joh 1, 1, den *Sophia*begriff verwerfend den des *Logos* wählt; seine Vermutung ist, ,Sophia' sollte vermieden werden, weil sie in gnostischen Spekulationen gebräuchlich war.

44 Präfigurationen für Hegels Trinitätsspekulation zeigt Werner Beierwaltes bei Marius Victorinus: *Platonismus im Christentum,* Frankfurt a. M. 1998, 42f; vgl. ders.: *Identität und Differenz,* Frankfurt a. M. 1980, 215ff, 260ff.

Natur und Geschichte, worin der ‚Gottmensch' Jesus als der „Sohn" auftritt; der „Geist" geht für Hegel vom „Vater" *und* vom „Sohn" aus (GW 17, 229; 410 Anm.), und wohnt in uns, wodurch das konkrete Selbst und die Kirche geistbegabt werden. –

Zur Frage, wie das Verhältnis von göttlicher Idee und Geschichte zu denken sei, knüpft Hegel an ein Wort des Paulus an. „Als die Zeit *erfüllet* war", so heißt es im *Neuen Testament*, „sandte Gott seinen Sohn" (Gal 4, 4). Dieses Wort deutet Hegel so, daß geschichtlich „der *Boden bereitet*" war, und, im Bezug auf die menschliche Geistseele, „der *Geist sich so in sich vertiefft*" hatte, seine eigene Unendlichkeit und das Substantielle als subjektiv zu wissen (GW 17: 205, 284). Die heidnischen Götterbilder waren zertrümmert, und fortan erhob sich das Sehnen, Gott als Geist zu kennen.

Im Anschluß an die geschichtlichen Erwägungen zur Herkunft der Trinitätsidee erörtert Hegel deren *ontologische* Fundierung: „Allem mußte vorangehen die Selbstoffenbarung des verborgenen Gottes – durch seine Selbstbetrachtung (ἐνθύμησις ἑαυτοῦ)", die als „Geist der Selbsterkenntniß" charakterisiert wird, „erzeugte er den *Eingebohrnen*, der das *Begreiflichwerden des Ewigen*" ist, mithin den Sohn.[45] Der *Monogenes* wird aber paradox als „der eigentliche Vater und das Grundprincip alles Daseyns, πατὴρ καὶ ἀρχή" angesprochen (GW 17, 228f), da Hegel unter dem Begriff von *Gottes Diremtion* postuliert, das Erste sei als „ganze Totalität" aufzufassen (N5, 129); das Zweite ist der aus seiner Verborgenheit heraustretende Gott. Das neuplatonische überseiende Eine wird im Lauf der Ideengeschichte, wie Hegel sie begreift, konsequent dynamisiert. „Zuerst der Vater, das Eins, das on", – exemplarisch zu finden bei dem platonischen Juden Philon,[46] bei dem schon der junge Hegel „schönere Blüten des Platonismus" entdeckt. Der Vater ist im Platonismus noch das Abstrakte, das „als Abgrund, Tiefe, d.i. eben das noch Leere, das Unsagbare, Unbegreifliche" ausgesprochen wird, das über alle Begriffe ist (N5, 213). Die Erzeugung des einzig geborenen Sohnes (Monogenes) im Christentum macht die „erste Selbstbestimmung" dieses unbegreiflichen Gottes aus. Die mögliche Auflösung diverser

---

45 Zur Bezeichnung Jesu als *Sohn Gottes* s. z.B. Mt 16, 16; Rö 8, 32; *Monogenes*: Joh 1, 18; 3, 16; Grillmeier, 40-79.

46 Zum Logos-Begriff der Neuplatoniker und zu Hegels Bezugnahme auf Philon s. Halfwassen: *Hegel und der spätantike Neuplatonismus*, 35-44, 68-78, 162-166, 293-297 u.ö. – Zur Bedeutung Philons von Alexandria für die frühe antike Kirche s. Grillmeier: *Jesus der Christus im Glauben der Kirche*, 57f, 103f, 142-156, 358-364 u.ö. – Vgl. auch die Hinweise des Herausgebers W. Jaeschke zu Quellen Hegels, z.B. Neander zu: *Gnostische Systeme, über die Theosophie Philons und die generelle Unterscheidung des verborgenen Gottes von seiner Offenbarung*. Die *Sophia* wird von Gnostikern als Mutter des Weltalls ausgemalt, Gott als Vater (GW 17, 408ff).

„Ketzereyen" im Trinitätsbegriff (GW 17, 229) liegt für Hegel darin, daß *der Geist* als *die Totalität* zu begreifen ist, das heißt, daß jenes Erste als Erstes überhaupt nur wahrhaft aufgefaßt wird im achtsamen Durchgang durch das Zweite und Dritte. Gedanken Gottes *vor* Erschaffung der Welt sind das *Erste*; Gott ist nicht der Unbegreifliche, ewig Verborgene, sondern der im griechischen Nous sich denkbar, im Johanneischen Logos sich selbst offenbar macht. Konvergenz von christlicher Gottesidee und philosophischem Absoluten heißt, so sein Anspruch, die Sphäre der Wahrheit in reinen Gedankenbestimmungen, in denen, gemäß Hegels spekulativer Logik, die *absolute Idee* sich selbst denkt und erkennt, ist *„die Darstellung Gottes, (…) wie er in seinem ewigen Wesen vor der Erschaffung der Natur und eines endlichen Geistes ist"* (GW 21, 34).

Der *Logos* wird von jüdischen Theosophen als Urbild der Menschheit und Mittelpunkt des göttlichen Lebens angesehen. In der Kabbala gilt der verborgene und sich offenbarende Gott als „das erste DU".[47] Dieser eindrucksvolle Gedanke, so sei hinzugefügt, das im *Alten* und *Neuen Testament* sich offenbarende ewige „ICH" (*Ego eimi, Ani Huah*) erweise sich als das erste, letzte und wahre DU für jedes menschliche Ich, ist Schlüsselidee für Martin Bubers *dialogisches Prinzip*.

Für Hegel stellen die Evangelien im *Neuen Testament* die „göttliche Geschichte" dar, in der die göttliche Idee, das Absolute, sich realisiert, und zwar so, daß „es im eigentlichen Sinn Geschichte sein soll: die Geschichte Jesu. Diese gilt nicht bloß für einen Mythos nach Weise der Bilder", sondern es sind real konkrete Ereignisse: Christi Geborenwerden, Leiden, Sterben „gilt für etwas vollkommen Geschichtliches", das sowohl nach der Weise der Vorstellung aufgenommen werden kann als auch durch den Begriff. Die in der Bibel erzählte *äußerliche Geschichte* hat „Göttliches zu ihrem Inhalt, göttliches Geschehen, göttliches Tun, absolut göttliche Handlung. Diese absolute göttliche Handlung ist das Innere, Wahrhafte, Substantielle dieser Geschichte" und ist das, was Gegenstand der Vernunft ist. Für das vorphilosophische Bewußtsein präsentiert sich Jesu Leben nach den Evangelien zunächst sinnlich als Abfolge von Handlungen in Raum und Zeit. „Zugleich aber hat dieser Inhalt ein Inneres; es ist Geist darin, der auf den Geist wirkt. Der subjektive Geist gibt Zeugnis dem Geist, der im Inhalt ist – zunächst durch dunkles Anerkennen" (N3, 294f). Im Zeugnis des Geistes bleibt die Autonomie des subjektiven Geistes auch im Glaubensakt gewahrt.

Hegel setzt Christus in Vergleich mit Sokrates; beide wurden hingerichtet, haben die Wahrheit ihrer Lehre mit ihrem Tode besiegelt. Sokrates sei in geschichtsphilosophischer Perspektive ein „Hauptwendepunkt des Geistes

---

47 Erläuterungen des Herausgebers Walter Jaeschke: GW 17, 410.

in sich selbst", da in ihm, speziell im *Daimonion* als Vorform des Gewissens, die freie Subjektivität aufgehe. Dem Prinzip des Sokrates zufolge müsse der Mensch, zur *Wahrheit* rein durch sich selbst gelangen kraft Rückkehr der Seele in sich;[48] an die Stelle des Orakels tritt die Gewißheit des Selbstbewußtseins (TW 18: 441ff, 471f). Jesu Verkündigung der Reinheit des Herzens aber enthält für Hegel eine noch „unendlich größere Tiefe als die Innerlichkeit des Sokrates" (N5, 244 Anm.).

Jesu Vollmacht wird an seiner Predigt erläutert. Er trat auf in der römischen Welt, unter dem jüdischen Volk; inmitten ihrer „Rathlosigkeit" begegnet er denen, die „Verzweiflung" erleiden.[49] In der *Bergpredigt* vom Reich Gottes, das mit Hinwegwerfung der irdischen Dinge zu suchen sei, eröffne er „das Ewige als Heymath" für den Geist; diese Erhebung wird mit unendlicher Energie vor die Vorstellung gebracht; das Innere des Gemüts ist aufgerufen. In den Worten: „Selig sind, die da Leid tragen, denn sie sollen getröstet werden. (...) Selig sind, die reinen Herzens sind, denn sie werden Gott schauen" (Mt 5, 4. 8), erblickt Hegel eine Inbrunst, die Menschen herausreißt aus der Verstrickung in viele Interessen außer dem Himmelreich. „Trachtet als erstes nach dem *Reich Gottes* und nach seiner Gerechtigkeit, so wird euch alles andere zufallen" (Mt 6, 33). Jesu Wort zur Seligpreisung derer, die reinen Herzens sind, gehöre zum „Größesten, was je ausgesprochen ist" (N 5, 242). Jesus begründe das Loslassen alles dessen, was in der Welt als Großes gilt, lehre die „Erhebung in einen innren Himmel", zu dem der Zutritt jedem, der will, offen sei. Der „*Göttliche Himmel des Innern*" sei das Substantielle, aus dem sittliche Gebote ableitbar sind (GW 17, 257ff).

Daß Christus zu der Frau spricht, die seine Füße mit ihren Tränen benetzt, mit ihren Haaren getrocknet, ihn gesalbt hat: „Dir sind deine Sünden vergeben"! (*Lukas* 7, 38, 47f), deutet Hegel mit dem Ausruf wachen *Staunens*: „diese ungeheure Majestät des Geistes" ist es, die Geschehenes „ungeschehen machen kann" und im Akt der Vergebung „ausspricht – daß diß geschehen". Dahinter stehe sehr bestimmt „Christi Identität mit dem Vater", deren er inne ist: „Ich und der Vater sind Eins" (GW 17, 261; vgl. *Johannes* 10, 30f). Diese Selbstaussage Jesu wurde von den Juden aber als Gotteslästerung empfunden, so daß sie Steine aufhoben, um ihn zu steinigen (vgl. ebd.). Notizen Hegels zu jener Perikope lauten: „Sünden Vergeben; – *Geschehen ungeschehen* – Maria Magdalena – *Viel*

---

48 Vgl. Edith Düsing: Das Verhältnis von Lernen und Wissen. Hegels Deutung von Platos Anamnesislehre. In: *Philosophia perennis*. Erich Heintel zum 80. Geburtstag, hg. von Hans-Dieter Klein, Wien 1993, 112-125.

49 Im Hintergrund mag das Evangelienwort stehen: „Jesus jammerte das Volk, denn sie waren verschmachtet [verwahrlost] und zerstreut wie Schafe, die keinen Hirten haben" (*Matthäus* 9, 36; vgl. *Hesekiel* 34, 8).

vergeben, weil sie *Viel* geliebet" (GW 17, 305).[50] – Eine allgemein menschliche Neugierde auf Wunder geht für Hegel vom „Zweiffel" des Unglauben aus. Die herausgebildete Kirche Christi, die den Geist der Wahrheit in sich trägt, bedarf keiner Wunder. Überhaupt bedürfe es nicht „irgendeiner *glänzenden Beglaubigung* in der Natur". Denn die Macht des Geistes erweise sich „durch seine Wahrheit als [Macht von] Geist *über den Geist*" (M5: 50, 82).

Hegel vertritt gewiß keinen naiven, sondern den höchst subtilen Supranaturalismus: Wunder sind *„Erfolge"* durch die für ihn plausible *„Macht* des *Geistes"* über die Materie, über den natürlichen Zusammenhang; überhaupt sei der Geist „diß absolute Eingreiffen". Die ironische Pointe: „Dem Unglauben an solche Erfolge liegt der *Aberglauben an die sogenannte Naturmacht* – Selbständigkeit derselben gegen den Geist zum Grunde". Die Natur ist der Geist in seinem Anderssein, durch das hindurch er wieder zu sich findet. Zu allen Zeiten habe „unendlicher Glauben, unendliches Zutrauen" (GW 17, 286ff), – Hegel nennt Beispiele aus den *Evangelien*, daß Lahme gehen, Blinde sehen, – mithin die Kraft der Beziehung zu Gott heilsam wirkte. Denn die eigentliche Realität ist für Hegel der Geist, der, in sich dialogisch verfaßt, Abbild der Trinität ist. Daher wird auch jedes endliche Ich nur im geliebten Du ganz es selbst. Die Philosophie ist für Hegel Theologie, insofern sie letztlich „die Versöhnung Gottes mit sich selbst" darlegt (N5, 269), die weltgeschichtlich in *Christi Passion* Realität geworden ist, dem Vorstellen und philosophischen Begreifen ohne Grenzen offenstehend.

d) *Der Tod Gottes am Kreuz ist „die höchste Anschauung der* Liebe"

Gott als mit sich einige, ewige Subjektivität wird im Kreuzestod Christi zum geschichtlich realen, in der *Kondezendenz* sich selbst opfernden absoluten Wesen, in völliger *Entäußerung* der Macht seiner Unendlichkeit. Der Vorstellung vom *Leiden,* ja *Tode Gottes* hat Hegel die seit Tertullian wohl kühnste gedankliche Fassung verliehen, worin Jahrhunderte langes Ringen der Kirchengeschichte eingeschmolzen ist. Das Thema von Gottes Leiden am Kreuz stößt für Hegel ins innerste Zentrum der Metaphysik vor, in den „Schmerz" und die Macht des „Negativen"; denn „nicht das Leben, das sich vor dem Tode scheut, (…) sondern das ihn erträgt, und in ihm sich erhält", ist für Hegel, mit Anklang an Passion und Auferstehung Christi, das wahre „Leben des Geistes" (GW 9, 27). Der historische Karfreitag verweist für ihn auf die spekulative

---

50 Zu Hegels Kompilation mehrerer biblischer Überlieferungen vgl. die Erläuterung des Herausgebers GW 17, 419 zu GW 17, 305, Zeile 9-10. – Maria Magdalenas viel Geliebthaben und Gewürdigtwerden durch Christus in ihrer individuellen Seelenschönheit durchsinnt Hegel schon früher nuancenreich und intensiv (s. Nohl 289-293).

Idee, in Gott selbst sei das Prinzip der Negativität enthalten,[51] – d.h. er ist nicht monolithisch, sondern ein Sich-in-sich-Unterscheiden, Sich-anders-Werden, Sich-Entäußern, – veranschaulicht als „das absolute Leiden" und aus der Entäußerung zu sich Zurückkehren. Die Religion und Bildung der neueren Zeit beruht für Hegel auf dem Grundgefühl, das ein verzweifeltes Unbehagen in der Moderne ist: „Gott selbst ist todt". Dieses abgründige Gefühl, Gott sei tot, ist für Hegel aber nur „rein als Moment, aber auch nicht mehr denn als Moment der höchsten Idee" zu bezeichnen und erscheint als der „speculative Charfreytag" (GW 4, 413f).[52] Dieser müsse jedoch, so fordert Hegel, „in der ganzen Wahrheit und Härte seiner Gottlosigkeit", ernst genommen werden (ebd.).[53] Im Wort „Gott selbst ist todt" drückt sich für Hegel ein schweres Verlustgefühl aus; er beruft sich für sein Projekt *spekulativen* Durchgangs des Seinsganzen auf ein Wort Pascals: „La nature marque partout un Dieu perdu et dans l'homme et hors de l'homme" (*Pensées* Frg. 441 nach Brunschvicg).

Die Passion Christi, als Tod Gottes gedacht, bedeutet für den frühen Jenaer Hegel allerdings nur die realgeschichtliche symbolische Manifestation eines metaphysischen Prozesses, der sich im Absoluten abspielt, da zu dieser Zeit für ihn das Christentum noch nicht die absolute, offenbare und als solche einzig wahre Religion ist wie in seinem späteren Denken. Aber schon der Jenaer Hegel notiert, auf dem Wege zum Verstehen der Kondeszendenz in einer *theologia crucis*: „Gott opfert sich auf, gibt sich zur Vernichtung hin. Gott selbst ist todt; die höchste Verzweiflung der völligen Gottverlassenheit."[54] Jesu Wort am Kreuz: „Mein Gott, mein Gott, warum hast du mich verlassen?" (*Markus* 15,

---

51 Seine Würdigung Jacob Böhmes zeigt, was außer der logischen Seite, – wonach *Negativität* allem Seienden, Lebendigen und Geistigen immanent ist, – mit dem befremdlich *Negativen* in Gott assoziiert sein dürfte: Es ist „Qual", „Grimmigkeit" oder „der Zorn Gottes", nämlich wider Luzifers Empörung. Das Eine als das Ja ist lauter Kraft, Leben, Freude, die Wahrheit Gottes, Gott selbst. „Das Nein ist ein Gegenwurf des Ja", auf daß durch ein erregtes *Contrarium* „die ewige Liebe wirkende, empfindlich wollende" und zu liebende sei (TW 20, 109-112).

52 Bezug nehmend auf zitierte Worte würdigt Hans Urs von Balthasar Hegels Religionsphilosophie und Dialektik als „umfassende philosophische Christologie". Hegel bringe „die von der Aufklärung fallengelassenen Schätze der christlichen Offenbarung" in seine philosophische Synthese ein. *Theodramatik* Bd IV: *Das Endspiel*, Einsiedeln 1994, 202, 446. Zu Christi Kreuz s. ebd. 191-388, zum „Schmerz Gottes" das gleichnamige Kapitel, ebd. 191-222. – Vgl. auch Peter Henrici: *Hegel für Theologen*, Fribourg 2009.

53 Nietzsche war es, der auf profunde Weise das ‚Tod-Gottes'-Thema im unendlichen Ernst seiner Gottlosigkeit durchdacht hat. Als geistseelische Folgelast des Gottestodes sah er die *globale Melancholie* voraus (s. hier A V).

54 GW 5, 505. (Zuerst dokumentiert von Friedhelm Nicolin: Unbekannte Aphorismen Hegels aus der Jenaer Periode, in: *Hegel-Studien* Bd 4, 16). – Zu Jesu Verlassenheitsruf vgl. auch hier C XI 3 a.

34) prolongiert Hegel sowohl auf Jesu zutiefst irritierte Jünger als auch auf die skeptisch distanzierten Zuschauer, indem er Jesu verwundetes Selbstbewußtsein, das im *Kreuzesschrei* aufbricht, auf das verstörte Karsamstagsbewußtsein der Jünger hin erweitert und auf das verzweifelte Bewußtsein einer glaubenslosen, säkularen Welt ohne Auferstehungshoffnung.

In seiner späten Berliner Religionsphilosophie (1824-31) entfaltet Hegel die zentrale Lehre vom *Tode Gottes*. In seinem Versuch, die Trinität spekulativ zu begreifen, unterzieht er den auf Platon und Aristoteles zurückgehenden Grundsatz der Gotteslehre, daß Gott Unveränderlichkeit und autarke Ewigkeit zukommt, einer Revision in Richtung auf die geschichtlich konkrete, ja leibliche Realpräsenz des christlichen Gottes, die aber seine *Transzendenz* nicht aufhebt. Linkshegelianische Interpreten wie D.F.Strauß deuten in Hegels System die *pantheistische Immanenz* Gottes in der Welt hinein,[55] oder eine Theogonie von Gottes Zu-sich-Kommen im menschlichen Selbstbewußtsein oder in der Menschengattung. Die *offenbare Religion* ist für Hegel dagegen als real „objektiv von dem absoluten Geiste ausgehend" anzunehmen, der als Geist in seiner Gemeinde wohnt (Enz § 554).

Mit dem Kreuzestod Christi hebt nach Hegel weltgeschichtlich die *Umkehrung* des Bewußtseins an. In Christi Passion erblickt er nämlich ein „revolutionäres Moment", wodurch der Welt „eine andere Gestalt gegeben" wurde, da alle Größe zu Nichts geworden, alles Geltende der Welt in das „Grab des Geistes versenkt" ist. Denn der entehrendste Tod im römischen Reich, der des Verbrechers durch *Kreuzigung*, ist „zum Höchsten *verkehrt*" (M5, 64f). Wie Fichte Jesus als eigentliche „Hauptperson der Weltgeschichte" (SW IV, 541), so bestimmt Hegel des näheren Christi Tod als den *Mittelpunkt der Weltgeschichte*, um den Alles sich dreht, an dessen wahrer Auffassung die Sicht des Glaubens – und des spekulativen Begreifens – sich abhebt von der nur äußerlichen Betrachtung der Geschichte. Der Glaube, und das Begreifen, erfaßt, daß in Christus die göttliche Natur und wahre Welt offenbart ist. Was Gott in seinem Wesen und in seiner Erscheinung ist, zeigt sich im Lebenslauf Christi, der „die Geschichte Gottes" selbst ist (M5, 29).

Zu *Christi Kenosis* formuliert Hegel überaus intensive Varianten: Das Leiden Gottes am Kreuz bekundet die *„unendliche Liebe aus unendlichem Schmerz"*. Alle Sünde „kann in dem unendlichen *Schmerz der Liebe* vertilgt werden". Das Todesleiden Christi, das Beweis ist für „die ewige Liebe" des dreieinigen Gottes, ist „Liebe im unendlichen Schmerze" (M5: 75, 77, 79). Dieser unerhörte

---

55 Um eine pantheisierende Mißdeutung seiner Ontotheologie abzuwehren, entwickelt Hegel eine Charakteristik des *Pantheismus* in der *Enzyklopädie der philosophischen Wissenschaften im Grundrisse*, 3. Aufl. § 573.

Schmerz ist in Jesu Kreuzesschrei laut geworden. Daß der ewige Gott sich entäußert bis zum „*bitteren Schmerz* des Todes und der *Schmach des Missetäters*", nennt Hegel, mit einem Anflug zarter und starker Liebesleidmystik, „die höchste Liebe; *jene* ist dieser tiefste Schmerz, *dieser* die höchste Liebe, in jenem diese" (M5, 67).[56] Handschriftliche Skizzen lauten: „Leben Christi – Anschauen in göttlicher Idee – Gott – entäußert bis zum Tode – tiefer Schmerz – Menschlichkeit erhoben in Leben und Tod Christi – die höchste Endlichkeit verklärt – Liebe – im tiefsten Schmerz die höchste Liebe – beides versöhnt angeschaut – Bewußtsein im Tod Christi" (M5, 299). Christus in seiner Entäußerung ist die unendliche göttliche Liebe, die offenbar wird „im unendlichen Schmerze, der ebenso in ihr geheilt ist" (GW 17, 283), wie es mit Anleihe an den prophezeiten leidenden Gottesknecht heißt (*Jesaja* 53, 5), durch dessen Wunden wir geheilt werden sollen.

Anders als die Aufklärer vertritt Hegel keinen abstrakt ungeschichtlichen Geistbegriff. Seine Geistkonzeption ist in der Religionsphilosophie *christologisch* grundiert durch die Kondeszendenz, die Christi Tod umfaßt, der als der Tod Gottes selbst zu begreifen ist. Die im Schmerz bewährte Liebe Christi erleidet das „*äußerste Anderssein des Todes*" (M5, 60), das sich schenkende „Aufgeben seiner Persönlichkeit" für seine Jünger, die er „Freunde" nennt (Joh 15, 14.15), und für die ganze Welt. Die *höchste Liebe* bringt er zur Anschauung, „– er, der für sich die absolute Liebe ist"! (M5, 61)[57] Diese Liebe, die sich bewahrheitet in der Macht, sein Leben hinzugeben, ist in Christus „*in einer unendlichen ... Hoheit*" und doch auch „unendlichen Nähe" gegeben (GW 17, 279). So drückt Hegel die Spannbreite von Ehrfurcht gegen den auferstandenen Gott und kindlichem Zutrauen der Glaubenden zu dem *Ecce homo* aus.

Christi Tod ist in dem Geist aufgefaßt, daß „in Christus Gott geoffenbart sei" (N5, 246 Anm.). Eine Karsamstagstheologie mit Osterperipetie lautet: „Gott ist gestorben, Gott ist tot – dieses ist der fürchterlichste Gedanke, daß alles Ewige, alles Wahre nicht ist, die Negation selbst in Gott ist; der höchste Schmerz, das Gefühl der vollkommenen Rettungslosigkeit, das Aufgeben alles Höheren ist damit verbunden. – Der Verlauf bleibt aber nicht hier stehen, sondern es tritt nun die Umkehrung ein; Gott nämlich erhält sich in diesem Prozeß, und dieser ist nur der Tod des Todes. Gott steht wieder auf zum Leben. Es wendet sich somit zum Gegenteil." (N5, 247 Anm.) Religiöse Vorstellungen sind in

---

56 Vgl. Philippe Soual: *Amour et Croix chez Hegel*, in: *Revue philosophique*, 1 (1998), 71-96. Soual sucht Hegels wirkungsmächtiges ‚Tod-Gottes'-Thema mit dem oft übergangenen Liebesthema bei Hegel zu verknüpfen.

57 Vgl. Jesu Wort (Joh 15, 13): „Größere Liebe hat niemand als die, daß er sein Leben hingibt für seine Freunde".

Begriffe zu überführen.[58] Die Aufhebung der Entzweiung, das ist real des Todes Tod oder *dialektisch* die Negation der Negation, manifestiert sich für die *Vorstellung* als Auferstehung Christi. Der *dialektisch* begreifbare Tod des Todes ist für die religiöse *Anschauung* Überwindung des Grabes. Solche Todesüberwindung, so heißt es in Hegels Originalmanuskript, ist „*der Triumph über das Negative*", ja Erhöhung in den Himmel (M5, 67f). Am Tod Christi sei hervorzuheben, daß „Gott es ist, der den Tod getötet hat, indem er aus demselben hervorgeht"! Der Betrachter des Leidens Christi wird so hineingezogen, daß er „seiner eigenen Entfremdung" von Gott inne wird, die Christus auf sich nahm (N5, 247f Anm.). Von diesem Tode wird gesagt, „*daß Christus für uns dahingegeben*" ist; er wird als „Opfertod", als „Akt der *absoluten* Genugtuung" vorgestellt (M5, 61; vgl. *Römer* 4, 25), worin Luthers Lehre der *Rechtfertigung* allein durch Glauben und Gnade (*sola fide et sola gratia*) durchklingt. Zur „Genugtuung" gehört: der Mensch „ergreift das Verdienst Christi", vollzieht die Umkehrung seines natürlichen Willens; der „*Grund* der Erlösung" ist „*jene Geschichte*" Christi, die sich „*vollendend*" auswirkt, denn „es ist Gott, der sie vollbringt" (M5, 63f). Er gab sich hin bis zum Schmerz bitteren Todes. „Gott selbst ist tot" heiße es in dem „lutherischen Liede", das Hegel zitiert (N5, 249).[59] Luther spricht in seiner Kreuzestheologie dezidiert von „Gottes Tod"; und bei ihm begegnet uns auch das hoffnungsstarke Wort vom Tod des Todes (*mors mortis*),[60] dessen Präfiguration er in dem Hebräerbrief-Wort (2, 14) finden konnte, wonach Christus durch seinen Tod die *Macht des Todes* überhaupt außer Wirksamkeit gesetzt habe.

---

58 Xavier Tilliette (*La christologie idéaliste*, Paris 1986, 114-131) zeigt, wie Hegel den Gedanken vom Tod Gottes in den Mittelpunkt seines Denkens rückt, und hebt die Verwurzelung von Hegels *philosophia crucis* in Luthers *theologia crucis* hervor, gibt aber eine kaum überwindbare Zweideutigkeit zu bedenken, die darin liege, daß Hegels spekulative Theologie zugleich *Erbin* und *Rivalin* einer Theologie des Kreuzes Christi sei, insofern die religiöse *Vorstellung* in den philosophischen *Begriff* aufgehoben werden soll, – von Philosophen und für sie.
59 Der Herausgeber Jaeschke verweist (N5, 358) auf die zweite Strophe des Liedes „*O Traurigkeit, o Herzeleid*": „O grosse Noht! / Gott selbst ligt todt / Am Kreutz ist Er gestorben / Hat dadurch das Himmelreich / Uns aus Lieb' erworben." (In: Johann Rist: *Himmlische Lieder*, Lüneburg 1658.) – Zum Todesleiden von Gott selbst am Kreuz s. Werner Elert: Die Theopaschitische Formel, in: *Theologische Literaturzeitung*, 1950, Nr. 4/5, 195-206.
60 Zu den zitierten Worten Luthers und zu Hegels Bezugnahme auf den Reformator vgl. Eberhard Jüngel: *Gott als Geheimnis der Welt. Zur Begründung der Theologie des Gekreuzigten im Streit zwischen Theismus und Atheismus*, 6. Aufl. Tübingen 1992, 122, 126ff.

e) *Gewißheit der Versöhnung: „absolute Nähe" Gottes, „ergreifen und ergriffenwerden"*

Daß im ‚Tode Gottes' die absolute Liebe angeschaut wird, heißt für Hegel, über die lutherische *Rechtfertigungslehre* hinausgehend, daß „das Menschliche, Endliche, Gebrechliche, die Schwäche, das Negative *göttliches Moment* selbst sind, daß es in Gott selbst ist" (N5, 249); denn das Unendliche enthält alles Endliche in aufgehobener Weise in sich. Zur Versöhnungstat Christi oder zum Tode Gottes, der die Selbstaufhebung aller nur denkbaren Negativität ist, die in der Theodizeefrage aufbricht, gehört für Hegel als metaphysische Implikation hinzu, daß Gott das wesentlich Menschliche als zu ihm selbst gehörig anerkennt. Der Tod Christi ist zu verstehen als Durchgangsphase dafür, daß die göttliche Herrlichkeit im erlösten Menschen wieder hervortritt.

An Christus konnte „die unendliche Idee des Menschen" in ihrer vollkommenen Realisation (*Ecce homo!*) sich anknüpfen (M5, 81), so daß für Menschen ohne Bedingung besonderer Bildung in ihm „der Strahl des *ewigen Lichtes*" aufgeht und „*Gottes Sohn*" ihnen zur Gewißheit der *göttlichen Idee* wird. Ebendies macht für Hegel einen *Gottesbeweis* aus,[61] nämlich als „das *Ist* für das *natürliche Bewußtsein*": *Christus* (oder *Gott*) *ist da* (M5, 46f). In Christus als Gottessohn weiß der Mensch die Nähe Gottes, ja sich in Gott. Christus (als zweiter Adam) ist für Hegel Präfiguration oder wahres Urbild für jeden Menschen. Und die „Sklaverei" ist im Christentum unmöglich, da der Mensch als solcher in seinem Wesen „in Gott angeschaut" wird (TW 12, 403). Hegel spricht vom *Sichwissen Gottes* im Selbstbewußtsein des ihn anerkennenden Menschen (Enz § 564 nota). Christi Himmelfahrt versteht er geradezu als „die gefeierte Aufnahme des Menschlichen in die göttliche Idee" (M5, 68). Christi Verherrlichung schließt für Hegel, der Ostkirche nahe, die *Theiosis* ein, wonach Jesu göttliche Kraft größte Verheißungen schenkt, so daß wir „der göttlichen Natur teilhaftig" werden (*2Petrus* 1, 4).[62]

Die erste Beglaubigung für das Erscheinen Gottes in Christus, so führt Hegel aus, ist die bloß äußerliche, daß er Krüppel gehend, Blinde sehend, Taube

---

61 Zum klassischen Gottesbeweis, den Hegel sehr wohl für möglich hält, vgl. Klaus Düsing: Der ontologische Gottesbeweis. Kants Kritik und Hegels Erneuerung, in: *Geist und Heiliger Geist*, s. nota 2, 221-232.

62 Hegel verknüpft, so Jens Halfwassen (*Hegel und der spätantike Neuplatonismus*, 137f, vgl. 77f), wie vor ihm schon Origines und Gregor von Nyssa, „das christliche Motiv der Menschwerdung Gottes mit dem Platonischen Motiv der ὁμοίωσις θεῷ, der Angleichung an Gott", ja der Vergöttlichung des Menschen. Mit der Erhöhung Christi wird für Hegel zugleich die menschliche Natur als solche, so seine Weiterdeutung, zu Gott erhöht, da in diesem „Triumph über das Negative nicht Ausziehung der menschlichen Natur" Jesu stattfinde (GW 17, 271f).

hörend gemacht hat; der eigentliche Glaube ruht im Geiste der Wahrheit und tritt ein nach Jesu Tod, Auferstehen und „Wegrückung aus der Zeitlichkeit". Die Begründung lautet, daß erst dann „der *Verlauf der Anschauung*" von Jesu Leben „zur geistigen Totalität vollendet" ist. „An Jesus zu glauben" gründet demnach nicht darin, ihn durch Wahrnehmung, Jesus in „sinnliche(r) Beglaubigung", leibhaftig und berührbar, wie der Zweifler Thomas verlangte, durch leibliches *Selbstsehen* oder *Fühlen* zu haben. Zeugnisse anderer führen aber bloß zu Urteilen der „Wahrscheinlichkeit", wie Hegel in Aufnahme von Lessing sagt. Auch ein „juridisches Zeugenverhör", – das, ergebnislos, Jesu Verurteilung zum Tode vorausging, – „Hilft nichts" zum Herausfinden, wer Jesus ist (M5, 84f),[63] daß „er Gott war von Ewigkeit" her! (N5, 287) So nimmt Hegel aus der frühen Kirche das Nicänum-Credo zu Christi Präexistenz auf.

Gottes Erschienensein in persönlicher Leibgestalt (s. *Johannes* 1, 14), so Hegels originale Idee, soll begriffen werden gemäß den Erkenntnisstufen der *Phänomenologie des Geistes*, die anheben von der sinnlichen Gewißheit und über die Verstandesreflexion bis hin zum absoluten Wissen führen. Das unmittelbar als wahr vermeinte ‚sinnliche Diese', religiös: *Gott im Fleische* (und in geschichtlicher *Konkretion*), müsse vergehen.[64] Der wahre Jünger soll vom bloßen Anschauen über das Vorstellen zum Begreifen aufsteigen. Als spirituelle Legitimation dürfte im Hintergrund das Wort des Paulus stehen, daß wir Christus jetzt nicht mehr, wie früher, *nach dem Fleische* (er)kennen (2 Kor 5, 16). Die Vorstellung der Ausgießung des Heiligen Geistes deutet Hegel um in die von ihm geforderte in Wissensstufen geordnete Verwandlung des sinnlichen in geistiges Erkennen Christi.

Für die vollendete Religion ist charakteristisch ein sich selbst Finden des subjektiven Geistes im Absoluten, das religiöse Erhobensein als „diese Nichtfremdheit"; „diese Tiefe", in die der Geist sich versenkt, ist keine abgründige Tiefe als eine bedrohlich verschlingende Nähe oder anonyme Ferne; sie ist

---

63 Balthasar sucht zu zeigen, wie in den Prozeßszenen, die zu Jesu Verurteilung führen (- die dreifache Übergabe Jesu, zuerst durch einen seiner Jünger, Judas, an Juden, durch Juden an Heiden, durch Heiden in den Tod -), die historisch zusammenwirkenden Faktoren hyperkomplex sind. In diesem rätselhaften Umstand spiegle sich auf theodramatische Weise das Mysterium der Preisgabe Jesu durch den Vater (*Theologie der drei Tage*, 109).

64 Das Schema des absteigenden und wieder aufsteigenden, vom Vater in die Welt kommenden und diese zum Vater hin wieder verlassenden Erlösers (Joh 16, 28) will Balthasar (*Theologie der Drei* Tage, 207f) nicht zum dominierenden erhoben sehen. Jesu Weggang zum Vater ist kein Verlassen der Jünger, sondern gut für sie (Joh 16, 7). Ihr Denken mußte von einem „carnalis amor ad Christi humanitatem" zu einem „spiritualis amor ad eius divinitatem" verwandelt und erhoben werden (Thomas von Aquin). Jesu Entschwinden steht so im Dienst einer „tieferen endgültigeren Präsenz" für seine Jünger, im Sinn der Verheißung: „Ich bin bei euch" (*Matthäus* 28, 20).

vielmehr als Gnade „absolute Nähe, Gegenwart" (N5, 102), da die göttliche Idee selbst freiwillig sich entäußert, inkarniert, ja ganz in das Menschendasein eingelassen hat „bis zum *bitteren Schmerz* des Todes und der *Schmach des Missetäters*" (M5, 67). Maximale Verinnerlichung des *subjektiven Geistes* gelingt diesem im „Aneignen des gegenwärtigen Gottes", für das philosophische Bewußtsein die *fruitio Dei* des Augustin. Ziel ist geistiges Innesein von Gottes Nähe, „die Einheit mit Gott, die unio mystica, das Selbstgefühl Gottes", wie es im Offenhalten beider Bedeutungen: *genitivus objectivus* oder *subjectivus* heißt, das nüchtern „das Gefühl seiner ... Gegenwart im Subjekt" ist (N5, 260f). Die Feier der kirchlichen *Eucharistie* als Realpräsenz Christi bringt eine „ungeheure Erhöhung" und „Hoheit des Individuums" zur Geltung (GW 17, 291f). Diese „*mystische* Union" geschieht vorzüglich im Sakrament, worin Christus täglich aufs Neue dargebracht wird. Gottes Geist erfüllt seine Kirche, indem jeder Einzelne in solcher sinnlichen Konkretion die Gewißheit der Vereinigung mit Gott genießt. Die „Konsekrierung" von Brot und Wein findet für Hegel, wie er lutherisch intoniert, im *Glauben* des Subjekts statt (N5, 261). Christliche Gemeinde (Koinonia) hat ihr Wesen darin, im Kultus die „ewige *Wiederhohlung*" von Passion und Auferstehen Christi in ihren Gliedern nachzuvollziehen, sich selbst darin übend, dem natürlichen Willen abzusterben. Christus ist, so der pastorale Zuspruch, im *Heiligen Geist* immerzu „bey, in Euch" (GW 17, 291).

Die christliche Gemeinschaft ist für Hegel „der existierende Geist" Gottes. Ein kryptischer Satz über den göttlichen Geist: „Gott als Gemeinde existierend" (N5, 254) steht, aus dem Kontext gerissen, linkshegelianischem Mißverstehen offen, bekundet aber eher pantheisierende Reminiszenzen und Anklänge an Fichtes These vor dem Atheismusstreit, Gott sei die moralische Weltordnung. – Für das religiöse Verhältnis ist, der *Freiheit des Geistes* gemäß, die Subjektivität als „absolutes Moment" zur Geltung zu bringen, so daß, wo „übernatürliche Offenbarung" als gegebener objektiver Inhalt angenommen wird, „kein Standpunkt ist", worin sie „nicht bei sich selbst sei". Der Geist Gottes ist für den Menschen nicht etwas völlig Fremdes, demgegenüber „er nur ein Passives, Totes sei" (N5, 102f). Geadelt ist er dadurch, daß Gott überhaupt seiner achtet, indem „Gott das Herz des Menschen ansieht, (...) die innerste, alles befassende Subjektivität des Menschen, das innere, wahre, ernstliche Wollen" (N5, 254f). Des Menschen Persönlichkeit ist, analog zu Gott, als „die höchste Intensität des Geistes" freie Subjektivität (N3, 178). Sonach ist der Glaube an Christus als den Versöhner kein stummes, dumpf gefühltes inneres Zeugnis, sondern bewußtseinsklares ineins „ergreifen und ergriffenwerden" (N5, 146; M5, 296). Glaube ist philosophisch die Gewißheit, die *Versöhnung* mit Gott sei vollbracht. Theonomie des absoluten Geistes und Autonomie des subjektiven Geistes denkt Hegel durch den heiligen Geist vereinigt. Das Ereignis, „daß ich zum Glauben des Ewigen komme", spricht er als von Gott gewirkt an; zugleich ist es autonom die *„an sich seyende göttliche Idee im Menschen"*, die als „Zeugniß Gottes" in meinem Geist erwacht, – was „die Erscheinung *von Gründen*" haben kann, die mich überzeugen, oder weil mein Herz angerührt ist (GW 17, 289), so daß „Gott in ihm und es in Gott ist" (M5, 88).

Die „umfassende Lehre Christi", das Gebot aller Gebote, das er mit Nachdruck gelehrt hat, kann als Gebot der **Liebe** ausgesprochen werden, das die Liebe zu Gott, zum Nächsten wie zu sich selbst und sogar Feindesliebe einschließt. Sie ist aber nicht vage Menschheitsliebe als „ein lahmes Abstractum", auch nicht bloß formelles Recht, sie ist vielmehr *Agape* oder *Caritas* zur „Wohlfahrt des Andern – also Verhältniß zu seiner Besonderheit" und zu „meiner Empfindung". Die „zum Mittelpunkt gemachte Liebe",[65] so Hegel, ist „die höhere göttliche Liebe selbst" und ist „die Bestimmung des heiligen Geistes" als (- gemäß der *Vorstellung* der dritten Person oder -) des dritten fundierenden Momentes in der Trinität (GW 17, 258f). – Die Liebe, die der trinitarische Gott in sich selbst ist, manifestiert sich in der Sphäre des *objektiven Geistes* als „erste" Sittlichkeit in Gestalt der *Ehe*. Hegels These, die an Augustins trinitarische Anthropologie[66] und Luthers Adelung des christlichen Ehestandes erinnert, lautet mit hohem, klarem Nachdruck: „Die erste Sittlichkeit in der substantiellen Wirklichkeit ist die Ehe. Die Liebe, die Gott ist, ist in der Wirklichkeit die eheliche Liebe." (N3, 342) Ehe und Familie haben in der sinnlichen Neigung eine natürliche Seite, gehören für Hegel aber auch zur sittlichen Pflicht. Der ehelichen Liebe als ineins Neigung und Pflicht wird nach Hegel zu Recht die freie Entsagung, die Ehelosigkeit,[67] als „etwas Heiliges", Außerordentliches gegenübergestellt (ebd.). Stürzt jedoch die Wertschätzung der ehelichen Liebe dahin, so nimmt damit wohl auch die Manifestation von Gottes *Agape* in der sozialen Welt ab. Denn der christliche Glaube ist mehr als Mentalitätsgeschichte,

---

65   Vgl. Mt 22, 37ff; Joh 17, 26; 1Kor 13; s. dazu Thomas Söding: Der Geist der Liebe. Zur Theologie der Agape bei Paulus und Johannes, in: *Geist, Eros und Agape* (s. nota 38), 147-168; E. Düsing: *Geist, Eros und Agape – eine historisch-systematische Problemskizze*, ebd. 7-40.

66   Vgl. dazu Ludger Oeing-Hanhoff: Trinitarische Ontologie und Metaphysik der Person, in: ders.: *Metaphysik und Freiheit* (s. nota 35), 133-165.

67   Hegel stimmt überein mit bis heute verbindlichen Gründungsdokumenten des Luthertums. In Melanchthons Apologie der *Confessio Augustana* von 1530 heißt es, im Anschluß an eine hohe Preisung der christlichen Ehe: „Doch lassen wir dennoch der Jungfrauschaft ihr Preis und Lob, und sagen auch, daß eine Gabe sei höher denn die andern; ... also ist die ... Keuschheit eine höher Gabe, denn der Ehestand." (*Apologie* XXIII, 38f = *Die Bekenntnisschriften der ev.-lutherischen Kirche*, 8. Aufl. Göttingen 1979, 340f) Eine Korrelation ist offenkundig zwischen der Heilighaltung der Ehe und freiwilliger Entsagung, wird das eine marginalisiert, so auch das andere.

nicht allein die Umwandlung des *Herzens*, sondern auch der *Weltgestalt* in objektiven Sphären (TW 12, 405).[68]

In der *Philosophie des Rechts* begründet Hegel, die abendländische Tradition des Eheverständnisses aufnehmend und verdichtend, die zentrale Stellung der Ehe in der Sphäre des objektiven Geistes. Die Ehe, so definiert er sie mit Pathos, – an Aristoteles anklingend und kritisch gegen Platons präkommunistische Frauen- und Kindergemeinschaft, – „ist eines der absoluten Prinzipien, worauf die Sittlichkeit eines Gemeinwesens beruht; die Stiftung der Ehe wird daher als eines der Momente der göttlichen (...) Gründung der Staaten aufgeführt". Diese Schau macht evident, wie substanzangrabend für eine Gesellschaft die Verächtlichmachung der Ehe sein muß. Hegel argumentiert subjektivitätstheoretisch kristallklar: „Die Ehe ist wesentlich *Monogamie*", weil die Persönlichkeit als geist-seelisch-leibliche in ihrer ganzen Individualität es ist, die „sich in dies Verhältnis legt und hingibt". Die „Wahrheit und Innigkeit" dieses Verhältnisses geht nur hervor „aus der gegenseitigen *ungeteilten* Hingebung" (R 155, § 167)[69] der beiden Persönlichkeiten, die im biblischen leibhaften einander ‚Erkennen' jede *im anderen* ihrer selbst bewußt werden. Wesentlich zur Eheschließung gehört die nicht aufgenötigte, sondern „*freie Hingebung*" (R 155, § 168). Die leidenschaftliche Sehnsuchtsspannung der „natürlichen Geschlechter" ist in Gestalt der Ehe, so die bewältigte *cultura animi*, „in eine *geistige*, in selbstbewußte Liebe, umgewandelt" (R 150, § 161). Die Ehe, „*das unmittelbare sittliche Verhältnis*" (R 150, § 161), worin sinnliches Fühlen und sittlicher Geist sich verbünden, bedeutet sinngemäß ein „zur Vereinigung der Liebe füreinander bestimmt" sein (R 151, § 162). Die objektiv kundgegebne Zugehörigkeit von Mann und Frau in der sozialen Welt ist durchaus kompatibel mit der Sphäre der ganz intimen Welt von Individuen und mit ihrem „höchsten Begriff von der Freiheit, Innigkeit und Vollendung der Liebe" (R 153f, § 164).

Innerhalb der Sphäre des rein weltlichen Interesses bestimmt Hegel, analytisch tiefblickend, die *Erosliebe*, wenn sie in edlen, feurigen Gemütern aufbricht, als die „weltliche Religion der Herzen", die sich mit der *Religion* wohl zu vereinigen weiß oder aber sie unter sich stellt, sie „vergißt", da sie in Selbstverabsolutierung sich allein zur höchsten Angelegenheit des Lebens macht (TW 14, 186).

Hegels konturenscharfe Abgrenzung gegen ein romantisches Ideal der unverbindlichen ‚freien Liebe' speist sich aus Mißfallen an der Freizügigkeitsbotschaft

---

68 Vgl. dazu Adriaan Peperzak: *Modern Freedom. Hegel's Legal, Moral, and Political Philosophy*, Dordrecht / London 2011, 408-421.
69 G. W. F. Hegel: *Grundlinien derPhilosophie des Rechts*, hg. von Johannes Hoffmeister, 4. Aufl. Hamburg 1955, Sigle im Folgenden: R.

von F. Schlegels Roman *Lucinde*, so als hätte er die auslösbare Lawine sexueller Libertinage als zukünftige Möglichkeit vorausgeahnt.[70]

f) *„Christus ist aber die göttliche Liebe" und Urbild religiöser Liebe in der Kunst*

Was Hegel in der Religionsphilosophie markant als „Selbstoffenbarung" des verborgenen Gottes bestimmt, heißt in der Ästhetikvorlesung ein *Sichaufschließen* des Absoluten, wodurch es eine Seite gewinnt, nach der hin es nicht nur dem reinen Denken zugänglich ist, sondern auch für die Kunst darstellbar wird. Dieser frei sich selbst offenbarende Gott in seiner Wahrheit ist daher kein „aus der Phantasie erzeugtes Ideal" (TW 14, 130), keine Projektion menschlicher Wünsche. Zur Mitte der Wahrheit des christlichen Gottes, die schwerlich erfindbar ist, gehört die Erlösungsgeschichte Christi, die final, – so verleiht Hegel hier der Lutherischen Rechtfertigungslehre nüchtern klaren Ausdruck, – das „Sterben Gottes für die Welt und Menschheit" ist, aus Liebe zu ihr (TW 14, 147; vgl. Joh 3, 16). In Hegels Gehaltsästhetik[71] läuft religionsgeschichtlich eine innere Teleologie auf *Gottes Erschienensein in Leibgestalt* zu und kulminiert in unendlich vielfältiger sinnreicher Gestaltung dieses Göttlichen, in verschiedenen Kunstarten: Malerei, Musik, Poesie. Da der Mensch Gottes Ebenbild ist, kann der romantische Künstler den in Christus erschienen Gott wiederum als des Menschen Ebenbild gestalten. Die Annahme der leiblichen Menschwerdung Gottes (vgl. Joh 1, 14) entspringt für Hegel nicht aus Menschengeist, ist nicht aus schöpferischer Phantasie geboren, sondern ist vom göttlichen Geist beglaubigte objektive Realität, die geschichtsmächtig ausstrahlt. „Gott selber ist Fleisch geworden, geboren, hat gelebt, gelitten, ist gestorben und auferstanden." Diesen Inhalt findet die Kunst zur Gestaltung vor, sie hat ihn nicht „erfunden" (TW 14, 111).

---

70 Zur freizügigen Sinnlichkeitsaufwertung im ideengeschichtlichen Umkreis des Romans *Lucinde* vgl. Michael Bittner: *Die Emanzipation des Fleisches und ihre Gegner. Literarischer Sensualismus zwischen Romantik und Vormärz (Kulturstudien)*, Dresden 2016.

71 Hegel entwickelt eine Typik von symbolischer, klassischer und romantischer Kunstform. Im Unterschied zur symbolischen Kunst, in der die Subjektivität noch um ihr erstes Sichfinden und Sichmanifestieren ringt, und zur klassischen Kunst, in der das für sich klar gewordene Substantielle in geistiger Individualität lebendig hervortritt: die antiken Skulpturen der Götter, über denen jedoch unerbittlich das Schicksal waltet, hat die romantische Kunst eine „veränderte Stellung" im Bezug auf das von ihr Dargestellte. Deren qualitativ neuer Gehalt „macht sich nicht als ein Offenbaren durch *Kunst* geltend, sondern ist für sich ohne dieselbe offenbar". Denn das Absolute offenbart sich hier „in wirklicher Geschichte als Verlauf von Begebenheiten zu einer nicht nur vorgestellten, sondern *faktischen* Gegenwart"; in ihr wird Gott ganz gegenwärtig (TW 14, 111).

Gott ist durch Gemälde der romantischen *Kunst* in der Weise der *Anschauung*, durch *Religion* in der *Vorstellung*, durch *Philosophie* im *Begriff* darstellbar. Überzeugungskräftig spricht Hegel unter den Künsten der *Musik* höchsten Rang zu im Vergegenwärtigen des Absoluten im Endlichen, des Ewigen in der Zeit: im lebendig wachen Gemüt.[72] So kann des Menschen *Geistseele* das Absolute, den christlichen Gott, im Anschauen, Vorstellen oder Begreifen, – oder in mehreren Sinnebenen, – finden. Der absolute Geist ist „nicht ein Geist jenseits der Sterne, jenseits der Welt"; auch ist die wahre Religion für Hegel – vor Feuerbach gegen ihn gesagt – „nicht Erfindung des Menschen", sondern, mit Hinblick auf die christliche Religion, „Erzeugnis des göttlichen Geistes" (M3, 46).

Das *Schöne* ist „das *sinnliche Scheinen*" der göttlichen Idee, die im Kunstwerk aufleuchtet. Kunst bedeutet für Hegel *Befreiung des Geistes* vom Gebanntsein in Gehalt und Formen der Endlichkeit. Daher macht ihr Wesentliches die „Präsenz (...) des Absoluten im Sinnlichen" aus (TW 15, 573). Der kreative romantische Künstler treibt in Hegels spekulativem Verständnis, – das abzuheben ist von Feuerbachs späterer Religionskritik, – den *Anthropomorphismus* auf die Spitze, indem er (- das von Luther betonte wahrer Gott- und wahrer Menschsein Jesu, *vere Deus et vere homo*, nimmt Hegel offensichtlich an bzw. setzt dies implizit voraus -) ein „Zusammengeschlossensein des Absoluten und Göttlichen mit der als wirklich erschauten und (...) leiblich erscheinenden menschlichen Subjektivität" darstellt. In einem konkreten Bild malt er „Christi Geburt, sein Leben und Leiden, Sterben, Auferstehen" in Detailgetreue, „so daß überhaupt in der Kunst allein", so würdigt Hegel deren Glauben beflügelnde Bedeutung, „die vorübergeschwundene wirkliche Erscheinung Gottes sich zu einer immer erneuten Dauer wiederholt" (TW 14, 149f). Das betrachtende Gemüt

---

[72] Inhalt der romantischen Kunst als Poesie, Malerei, Musik ist das geistige Innere als die innere Welt der Seele. (Hegel: *Ästhetik*, hg. von F. Bassenge, 2 Bde, Berlin/ Weimar 1955, I, 87, 117.) Hegel zeichnet die *Musik* aus als „Mittelpunkt" der romantischen Künste, da sie die Innerlichkeit am stärksten auszudrücken vermag und da sie „die substantielle innere Tiefe eines Inhalts ... in die Tiefen des Gemüts eindringen lassen" will (ebd. I, 93; II, 272). „Musik ist Geist, Seele, die unmittelbar ... erklingt" (II, 308); in ihr kommt die „innere Bewegung des Herzens und Gemütes" durch einen wesentlichen Gehalt zur Geltung, wie diese sich „in der Bewegung der Töne ausdrückt" (II, 173). Hegel rühmt: „alle Nuancen" des „Jubelns der Seele", „der Angst, ... Klage, ... Sehnsucht ... Ehrfurcht, Anbetung, Liebe" sind in der Sphäre des musikalischen Ausdrucks beheimatet (II, 272). Eine spirituelle „subjektive Innigkeit", die als Empfindung sich erfaßt, finden wir in „älteren Kirchenmusiken"; denn diese erwecken „bei der höchsten Andacht der Religion", in der kirchlichen Passionsfeier oder im Oratorium, „wenn auch der Schmerz die Seele aufs tiefste ergreift", dennoch „zugleich das reine Gefühl der Versöhnung", der „Schönheit und Seligkeit". Diese geistliche Musik gehört für Hegel „zum Tiefsten und Wirkungsreichsten, was die Kunst überhaupt hervorbringen kann", – und in ihr „z.B. vor allen Sebastian Bach"! (ebd. II, 308, 318)

labt sich am bildlichen Anschauen Gottes, wiewohl dem Bild kein Offenbarungscharakter zukommt.[73] Sinngerecht bleibt also eine Ikonenfrömmigkeit, die nicht das Bild, sondern in ihm Gott anbetet.

Durch Bezugnahme auf Johannes (Joh 1, 14) lotet Hegel den Reiz hoher Spannung aus zwischen Platonismus und biblischem Anti-Gnostizismus,[74] – den er offensichtlich teilt, indem er öfter die leibliche Dimension in Jesu Leidensweg hervorhebt, – und stimmt dabei eine beachtliche Hymne auf das Psychosomatische an: Durch Christi Passion ist „diese Leiblichkeit, das Fleisch, wie sehr auch das bloß Natürliche und Sinnliche als das Negative gewußt ist, zu Ehren gebracht und das Anthropomorphistische geheiligt worden"! Ein Wort Jesu (Joh 14, 9) wird abgewandelt: „Wer den Sohn siehet, siehet den Vater, wer den Sohn liebt, liebt auch den Vater; in wirklichem Dasein ist der Gott zu erkennen. Dieser neue Inhalt nun also wird nicht durch die Konzeptionen der Kunst zum Bewußtsein gebracht, sondern ihr als ein wirkliches Geschehen, als Geschichte des fleischgewordenen Gottes von außen gegeben." Schlüsselthese und tragende Prämisse für die Ermöglichung sakraler Kunst (– Kreuzigungsdarstellungen, Himmelfahrt Jesu, Marias Liebe zum Kind, –), in welcher das Absolute in der Sphäre der Endlichkeit erscheint, ja in wahren Prädikaten anschaubar wird, z.B. Christus, das der Welt zugewandte Antlitz Gottes, als Liebe: „Der Gott der geoffenbarten Religion (…) ist der wahrhaft wirkliche Gott" (TW 14, 112).

Die absolute Subjektivität Gottes im Sinne der *Noesis Noeseos* des Aristoteles mit der *Trinitätsidee* verbindend, lotet Hegel die *Differenz* von klassischer und romantischer Kunst aus. „Die höchsten Werke der schönen Skulptur sind blicklos, ihr Inneres schaut nicht als sich wissende Innerlichkeit in dieser geistigen Konzentration, welche das Auge kundgibt, aus ihnen heraus. Dies Licht der Seele fällt außerhalb ihrer und gehört dem Zuschauer an, der den Gestalten nicht Seele in Seele, Auge in Auge zu blicken vermag. Der Gott der romantischen Kunst aber erscheint sehend, sich wissend". Denn „das Sichzurücknehmen des Geistigen in sich hebt die Ergossenheit in das Leibliche auf;

---

73 Für das vorphilosophische Bewußtsein bleibt die *Wahrheit* der christlich-religiösen Vorstellungen in Geltung. Und im Medium christlicher Kunst als Malerei wird z.B. Jesus als Sohn Gottes sinnlich *sichtbar*, in sakraler Musik sein Heilswirken *hörbar*. Für das gebildete Bewußtsein wird die *Anschauung des Absoluten* durch sakrale Kunst überflüssig. Schon für den entwickelten Glauben ist das Entscheidende die innerliche Gewißheit der Wahrheit, daß Gott in Christus die Welt mit sich selbst versöhnt hat; deren ästhetische Darbietung wird damit vorläufig und marginalisierbar. Denn die christliche Religion als Religion der Innerlichkeit bedarf nicht notwendig eines Halts in irgendeiner sinnlichen Sphäre.

74 Die Gnostiker verflüchtigen die unmittelbare Existenz; die Individualität verschwindet, auch die *Leibhaftigkeit* des Gottes- und Menschensohnes. Hingegen leugnen die Arianer die *göttliche Idee* in Christus (TW 19, 506f).

die Subjektivität ist das geistige Licht, das in sich selbst, in seinen vorher dunklen Ort scheint" (TW 14, 132). – So eröffnet Hegel als signifikantes Unterscheidungskriterium von Griechentum und Christentum das sich sehende Innere der Geistseele, das unendlich reich in sich *und* sich selbst erschließend ist. Diese Lichtspur des sich sehenden geistigen Sehens führt systematisch zurück auf das „absolut Innere" des sich selbst wissenden, – im christlichen Denken nicht mehr verborgenen – Gottes, der, schon innertrinitarisch – „sein Inneres dem Inneren" aufschließt *und* sich in seinem „wirklichen Dasein" in Menschengestalt „ausspricht" (TW 14, 132). Ideengeschichtlich gemahnt der von Hegel hier entworfene Zusammenhang von göttlichem und menschlichem Geist, von göttlicher Kundgabe und menschlicher Kundnahme, an eine spekulativ verstandene Mystik des Paulus: „Gott, der aus der Finsternis Licht hervorleuchten hieß, der hat es auch in unseren Herzen licht werden lassen zur Erleuchtung mit Erkenntnis der Herrlichkeit Gottes im Angesicht Jesu Christi" (2Kor 4, 6). Auch zeigt sich eine gewisse Nähe Hegels zu altkirchlicher Lehre und zu Fichtes Logos-Deutung in der *Anweisung zum seligen Leben*. (1806). Der Evangelist Johannes hat für Fichte Jesu Verständnis von sich selbst original erfaßt, und zwar in Bestimmungen, die den möglichen Übergang vom verborgenen zum geoffenbarten erhellen. An sich ist das göttliche Wesen, von Fichte mit neuplatonischem Anklang gedacht, *verborgen*. Doch darüber hinaus, so deutet er den *Logos* im Johannes-Prolog (Joh 1, 1-5), geschieht die vor ihm selbst klare Manifestation, ja „Offenbarung" Gottes. Denn der Logos Christus ist „Gottes Sich-Aussprechen Seiner Selbst" in einem Selbstbewußtsein, so daß außer dem inneren, ewigen In-sich-Sein des Absoluten Gott „überdies *da ist*". Dieses *Dasein*, das der souveräne Gott sich selbst verliehen hat, ist in Jesus paradigmatisch erfüllt. Denn Gott hat in diesem „persönlich sinnlichen und menschlichen Dasein sich dargestellt",[75] so Fichtes symbolische Christusdeutung.

---

75 *Fichtes Werke*, hg. von Immanuel Hermann Fichte, Berlin 1845/46, Nachdruck Berlin 1971, Bd V, 480ff. – Die Frage nach dem *Selbstbewußtsein Jesu* und der Weise seines Kenntnisgewinns von seiner Göttlichkeit, hat zuerst Fichte formuliert. Anders als in seiner idealistischen Konzeption einer stufenreichen *Geschichte des Selbstbewußtseins* nimmt Fichte für Jesu Kenntnis von sich selbst keine steigenden Intensitätsgrade an, wie nach ihm Schleiermacher, sondern, – hierin liegt für Fichte Jesu Einzigartigkeit, – eine absolut unmittelbare Gewißheit im Blick auf seine wesensmäßige *Identität mit Gott*. Denn Jesus ist die für „sich selbst klare und verständliche" Manifestation Gottes, sein „geistiger Ausdruck", ja er ist „Gottes Sich-Aussprechen Seiner Selbst" in einem Bewußtsein und Selbstbewußtsein (SW V, 481). Fichte lehrt keine Heilsbedeutung des Kreuzes, aber vor diesem Jesus sollen „wohl alle Verständigen sich tief beugen, und alle, je mehr sie nur selbst sind, desto demütiger, die überschwengliche Herrlichkeit dieser großen Erscheinung anerkennen" (SW V, 484f). – Vgl. Edith Düsing: *Zu Fichtes Offenbarungsverständnis*, in: *Wozu Offenbarung?*, hg. von Bernd Dörflinger, Paderborn 2006, 178-203.

Die romantische Kunst erhellt für die menschliche Subjektivität ihr geistiges Innesein Gottes. Jedes Ich hat die *unendliche Bestimmung*, „die Einigung mit Gott als Ziel seines Daseins zu setzen" (TW 14, 148). Das eigentlich Ideale ist „die *Versöhnung* des subjektiven Gemütes mit Gott". Nur die Religion kenne eine „seelenvolle" (TW 15, 44) oder „substantielle Innigkeit", in der ein Herz, das „irdisch gebrochen" ist durch Leid, über alle Natürlichkeit und Endlichkeit sich zu erheben und für sich „die Innigkeit, Einigkeit in und mit Gott" zu erringen vermöge. Eine eindrucksvolle Seelenminiatur findet sich zu Marias Kreuz-Miterleiden *und* Niobes Schmerz, da sie ihre Kinder verloren hat und bei aller „Hoheit" ihrer Individualität in „kalte Resignation" stürzt (TW 15, 43). Denn Niobes „Herz hat den ganzen Gehalt seiner Liebe, seiner Seele verloren; ihre Individualität und Schönheit kann nur versteinern." Der Schmerz der Maria ist „von ganz anderer" Art. „Sie fühlt den Dolch, der die Mitte ihrer Seele durchdringt, das Herz bricht ihr, aber sie versteinert nicht. Sie *hatte* nicht nur die Liebe, (...) ihr volles Inneres *ist* die Liebe, die freie konkrete Innigkeit, die den absoluten Inhalt dessen bewahrt, was sie verliert" (TW 15, 53). Hegels Darlegung liest sich wie eine Sinndeutung von Michelangelos Skulptur *La Pietà* (Petersdom). Anders als für Maria ist für Niobe, die sich psychosomatisch der ‚Versteinerung' des Herzens nähert, „der Schmerz ... das Letzte" (TW 15, 43). Marias im „Frieden der Liebe" Bewahrtbleiben verdankt sich nicht nur ihrem über den Tod hinaus liebenden Herzen, sondern der in Hegels Philosophie stark gewürdigten Johanneischen Sicht, daß *Gott* selbst *Agape* ist (1Joh 4, 8). Daher ist im schwersten Abschied, beispielsweise in der Beweinung Christi, ein Getröstetsein in der „Gewißheit der Liebe" annehmbar (TW 15, 42). – Antike Gotteslehre unterscheidet sich von der christlichen dadurch, daß zwar in beiden Gott von der menschlichen Seele liebend gesucht wird, aber nur in der christlichen Sicht der Mensch Adressat der ihn suchenden Liebe Gottes ist.

Der Tod Gottes oder Christi am Kreuz ist, wie dargelegt, für Hegel die „höchste Anschauung der *Liebe*" (GW 17, 265). Im Vergleich mit ihr könne Größeres oder Besseres weder angeschaut noch vorgestellt noch gedacht werden; in ihr ist Gott gegenwärtig. Künstlerisch ist der *Crucifixus* millionenfach auf unserer Erde zum Zwecke der Andacht und Anbetung gestaltet worden. „Es ist *Gott*, der leidet, insofern er Mensch ist", ist die eine Seite; die andere: Der Ausdruck von Stürmen des Seelenleidens in Christi Antlitz bekundet, *mehr* als menschlichen Schmerz über menschliches Schicksal, Christi Empfinden „unendlicher Negativität" (TW 15, 50). Der Künstler macht die bis ans Ende gegangene, am Kreuz besiegelte Erlöserliebe Gottes anschaulich kund.

Die künstlerisch ausdrucksreichste Darstellung *religiöser Liebe* gelingt für Hegel dort, wo Maria mit Jesus als ganz jungem Kinde gestaltet wird. Er rühmt Raffaels Christuskind der Sixtinischen Madonna. Daß Christus überhaupt Kind ist, – er ist *Gott*, der Mensch wird und daher auch den „natürlichen Stufengang des Menschlichen durchmacht", – anläßlich dieses unendliches Staunen Erregenden vermag die Malerei aus dem schönsten Ausdruck von naiv kindlicher Unschuld schon „eine Hoheit und Erhabenheit des Geistes hervorleuchten" zu lassen, die eine spätere Erweiterung der Göttlichkeit in dieser jungen Gestalt und ihr Hinausgehen zur „unendlichen Offenbarung ahnen läßt", dies in einer Tiefe und Herrlichkeit, wie sie Christus als Erwachsenem später zuzeigen sein wird (TW 15, 49). Als „vollkommensten Gegenstand" für die künstlerische romantische Darstellung bestimmt Hegel die in sich befriedigte *religiöse Liebe*, deren Adressat in keinem bloß geistigen Jenseits existiert, sondern gegenwärtig ist, so daß diese Liebe einschließlich ihres Geliebten sichtbar werden kann. Die „höchste Form dieser Liebe" erblickt Hegel in Marias Innigkeit der Mutterliebe und intoniert feierlich: „die Liebe der *einen* Mutter, die den Heiland der Welt geboren und in ihren Armen trägt". Dies nennt er den schönsten aller vorstellbaren Inhalte, zu dem die christliche Kunst, vorzüglich die Malerei, sich aufgeschwungen habe. Im Vergleich dazu ist die religiöse Liebe zu Gott, des näheren zu dem erhöhten Christus, sitzend zur Rechten Gottes, geistiger Art, nur den Augen der Seele sichtbar, so daß „kein auch natürliches Band die Liebenden befestigt" (TW 15, 51). Anders in Marias konkret sich manifestierender Liebe zu ihrem Kinde, deren natürlicher Charakter mit ihrer heiligsten Berufung zusammen fällt: Sie existiert zu aller-„erst in ihrem Kinde, in Gott vollendet". Während sonst bei der Mutterliebe die Mutter im Kinde zugleich die Einigung mit dem Gatten anschaue und empfinde, falle hier diese Seite fort. Und von Josephs Seite sei ein Gefühl „geheimnisreicher Ehrfurcht vor dem Kinde, das Gottes und Marias ist", anzunehmen (TW 15, 52), – so Hegels Würdigung der heiligen Familie.

Hegel erinnert an Zeiten, zu denen die Mutterliebe der einzig erwählten Jungfrau nicht nur zu dem Höchsten und Heiligsten gehört hat, sondern – in der Volksfrömmigkeit – selbst als das Höchste an Wert und Liebeskraft verehrt worden ist. Wenn aber der Geist, in seinem eigenen Elemente, sich von der Naturgrundlage der Empfindung löst, wie Hegel behutsam sagt, so kann nur die geistige Vermittlung solcher Liebe als „der freie Weg zur Wahrheit" angesehen werden. Infolgedessen ist im Protestantismus – durch die als „Volksbuch" dienende Orientierungskraft der „lutherischen Bibelübersetzung" vermittelt, die Hegel „unendlich wichtig" nennt, da anhand ihrer „sich das Gemüt, der Geist auf die höchste (...) Weise zurechtfinden kann" (N 5, 242), – „diesem Mariendienste der Kunst" als zentraler Weise der Glaubensausübung *entsagt* worden und stattdessen „die innere Vermittlung des Geistes die höhere Wahrheit geworden" (TW 14, 158f).

Die christlich religiöse Versöhnung und Neugeburt durch das mit Christus Sterben nennt Hegel bildhaft, gleichsam Geist, Seele, Leib ganzheitlich einbeziehend, „eine Verklärung der Seele, die, im Quell des ewigen Heils gebadet, sich über ihre Wirklichkeit und Taten erhebt, indem sie das Herz selbst – denn dies vermag der Geist – zum Grabe des Herzens macht". Zum andern betont Hegel das „rein geistige Seligsein" (TW 15, 551). Beide Aspekte als vereint vorgestellt, dürften Luthers Lehre vom *fröhlichen Wechsel* nahe kommen. Der Glaube verleiht der Seele, so Luther in *Von der Freiheit eines Christenmenschen*, daß ihr durch Christus, – weil ihre Untugend und Sünde von ihr weggenommen und in ihm, im Abgrund seiner Gnade, verschlungen worden sind, – seine reiche Gerechtigkeit, sie beglückend, zuteil wird.

Schluß. Hegels hoher Erkenntnisanspruch und die Pointierung der Offenbarkeit Gottes für das philosophische Verstehen ist oft als hybride zurückgewiesen worden. Dabei weist Hegel zum einen die Kantische Erkenntnisbegrenzung zurück und folgt stattdessen wieder der Sicht des Aristoteles (in *De anima*) auf die Gegenwart des aktiven göttlichen Nous in der denkenden menschlichen Seele. Zum andern begründet er diesen Anspruch *neutestamentlich* mit der verheißenen Immanenz Gottes im menschlichen Geist. Im Zuge dieses Unendlichkeits-Pathos, rein durch Vernunft das ewige Sein ergründen zu wollen, beansprucht Hegel kühn eine Verfügbarkeit des Heiligen Geistes durch den spekulativ Denkenden. Dies kann man als Überdehnung des spekulativen Erkenntnisanspruchs kritisch betrachten. Nach Hegel kommt der freie Geist des Menschen zwar nur als ein „wiedergeborener" durch die göttliche Idee zustande (TW 11, 44), doch gelinge ihm autonom ein solches aus Gott Wiedergeborenwerden kraft seines spekulativ vernünftigen Denkens. – Hegel sucht grundlegend die *Pistis* in *Noesis*, den christlichen *Glauben* in vernünftiges *Denken* aufzuheben. Dabei entfaltet er in hoher Gedankenintensität und überdies emotional leuchtkräftig im Ernst der Liebe des gekreuzigten Gottes das spezifisch Christliche, das wie ein sonnendurchglänzter Kristall aus dem Meere der Weltreligionen – sowie aus dem heute allherrschenden Dogma des Relativismus hervorleuchtet.

2) Schöpferisches Zerbrechen der Vernunft (fascinosum et tremendum)? – Nietzsches typologische Nähe zu Hölderlin in der Erfahrung des Heiligen

„Die alten vielen Götter, entzaubert und daher in Gestalt unpersönlicher Mächte, entsteigen ihren Gräbern" und streben, wenn uns der Eine Gott verloren ist, nach Gewalt über unser Leben (Max Weber, 1919: *Wissenschaft als Beruf*).

Die Welt ohne moralische, religiöse oder ästhetische Bedeutung annehmen, das ist „Pessimismus des Zufalls"; die Kunstgattung Tragödie liefert hierzu den „Spiegel der Unseligkeit des Daseins". Die antike Tragödie zeigt uns das „Schreckensgesicht des Daseins" und versöhnt uns mit ihm. Mit Sokrates „beginnt der *Optimismus* ... mit Teleologie und dem Glauben an den guten Gott" (KSA 7: 142ff, 555).[76]

Kants transzendentalphilosophische Frage nach den Bedingungen der Einheit des theoretischen und praktischen Ich mit sich selbst, aus deren Beantwortung er letztlich das *Gottespostulat* ableitet, wird bei Hölderlin und Nietzsche vordringlich zur existentiellen Frage nach Gottes Treue oder Untreue. Eine traumatische Erfahrung des dunklen Gottes dürfte Nietzsche mit dem Dichter verbinden. Nietzsches Gottesfrage ist ihr *Ernst* abgestritten worden; doch erweist er sich als Gottesgequälter: Die religiöse Erfahrung einer *Untreue* Gottes macht den Glutkern von Nietzsches Atheismus aus.

Die Wiederentdeckung eines der größten, zuerst vergessenen deutschen Dichter ließ ein halbes Jahrhundert auf sich warten. Als siebzehnjähriger Pfortaschüler rühmt Friedrich Nietzsche Hölderlin, den damals Unbekannten, als seinen *Lieblingsdichter* und schreibt in einem Schulaufsatz, das unvollendete Trauerspiel *Empedokles* habe ihn „erschüttert" und ihm eine „unendliche Fülle von tiefsinnigen Gedanken" eröffnet. Im *Hyperion* findet er eine Dichtung, die in zarter Wehmut wie Musik anmute; weiche „Klänge, von schmerzlichen Dissonanzen unterbrochen", offenbaren die Griechenlandsehnsucht; auch zeige sich Hölderlins „Seelenverwandtschaft" mit Schiller und Hegel. In der *Abendphantasie* spürt Nietzsche „tiefste Melancholie"; und in den „schwermütigen" Gefühlstönen des *Empedokles*, so erwägt kühn der Schüler in starker Empathie, schimmere schon „die Zukunft des unglücklichen Dichters" hindurch, „das Grab eines jahrelangen Irrsinns" (BAW 2, 1-4), die Hölderlins – und schließlich auch Friedrich Nietzsches eigene – Zukunft sein sollte.[77]

a) *Nietzsches Hiob zwischen biblischem und tragischem Gottesbild*
In der Gotteserfahrung kennt schon der jugendliche Nietzsche sowohl das mystisch beseligende Fascinosum wie das abgründig Menschen erschreckende Tremendum.[78] Das erste gehört für ihn zum christlichen Gott der Liebe,

---

76 Zur Zitierweise Nietzsches s. Siglenverzeichnis.
77 Zu Nietzsches früher Hölderlin-Sympathie s. Hermann Josef Schmidt: *Nietzsche absconditus oder Spurenlesen bei Nietzsche* (I. Kindheit, 2 Bde; II. Jugend, 2 Bde, Berlin/ Aschaffenburg 1991, 1993/94). *Jugend*, Bd 1, 587-600.
78 Siehe historisch-systematisch Rudolf Otto: *Das Heilige. Über das Irrationale in der Idee des Göttlichen und sein Verhältnis zum Rationalen*, 35. Aufl. München 1963. – Der Prophet Jesaja favorisiert für Jahwe den Namen: Der Heilige Israels. Schlüsselstelle im *Neuen Testament* zum substantiell Heiligen ist *Lukas* 1, 35: Der Jungfrau Maria wird verkündet: Der heilige Geist (*pneûma hágion*) wird dich überschatten; deshalb wird das geborene

der sich in Jesus offenbart hat, das zweite zum *Deus absconditus*. Autobiographische Dokumente bekunden die regelmäßig wiederkehrende Vorfreude des Sieben- bis Siebzehnjährigen auf das Weihnachtsfest, an das zu denken ihn „ganz überselig" stimmt (KSB 1, 30ff). Ergriffenheit und Geborgenheit empfindet er im Feiern dieses Festes, dessen Lichtfülle für ihn sinnbildlich das durch Jesu Geburt erzeugte Hellwerden der *Nacht* des Menschen darstellt. Erstaunliche Befähigung, seine eigenen Empfindungen zu analysieren, bekundet der Jugendliche, wenn er seine Freude am Christfest reflektiert: Dieses Fest betrifft nicht uns allein, sondern die gesamte Menschheit, Arme und Reiche, Niedrige und Hohe. Diese allgemeine Freude steigert unsere eigene Stimmung; denn alle Menschen sind Mitharrende auf den Heiland der ganzen Welt. Weihnachten ist für ihn selbst und in gut begründeter Universalität der Kulminationspunkt des schwindenden Jahres (BAW 1: 25, 397f). Der nicht mehr an Jesus als den Heilsbringer glauben Könnende aber erleidet als Student und als Baseler Professor zur Weihnachtszeit regelmäßig eine depressive Verstimmung; auch der Ausbruch seiner Krankheit 1888 bahnt sich zur Weihnacht an. Der Aphorismus *Miterklingen* (MA 14) zeigt später die Subtilität seiner Empfindungs-Selbstanalyse.

Die *christliche Phase* in Nietzsches Kindheit und Jugend reicht bis in das zweite Studiensemester in Bonn. Diese weichenstellende Vorphase von Nietzsches philosophischem Denkweg beginnt vorreflexiv und schließt auch noch für den reifen Denker mehr ein, als er je zu Ende ausdeuten kann. Schon für den Schüler Nietzsche bildet der archaische antike *Deus absconditus* als finstere, gegen Menschen willkürlich und grausam waltende Macht eine beeindruckende Alternative zum gütigen christlichen *Deus revelatus*. Die Evidenz des dunklen und unverständlichen Gottes speist sich aus der biographischen Tatsache, daß auf dem Kind das schwere Erleben des frühen Todes seines Vaters lastet.[79] Die in antiker Religion zum Ausdruck kommende schlimme Erfahrung der Ungerechtigkeit, Willkür und Grausamkeit im Walten der Götter, die im Widerspruch steht zum christlichen Gottesbild, übte auf den

---

Werdende heilig (*hágion*), Sohn Gottes (*Hyiòs Theoû*) genannt werden. Für Schleiermacher ist Jesus in einmalig personifizierter Weise „das Heilige in Erscheinung", also *Epiphanie* Gottes durch sinnlich-leibliches Erscheinen.

79 Rudolf Kreis sieht im kindlichen Miterleiden von Siechtum und Agonie des Vaters Kernthesen von Nietzsches Philosophie vorgezeichnet, zentral eine „Selbstaufhebung Gottes". Dieses frühe Schlüsselerlebnis breche sich später Bahn im Satz: „Gott ist tot!" Zum Gottesmörder, den den „Henker-Gott" töten und damit den Vater rächen will, sei Nietzsche nicht erst als freigeistiger Philosoph, sondern schon „als ein im Innersten von Gott geschlagener Fünfjähriger" geworden (*Der gekreuzigte Dionysos. Kindheit und Genie Friedrich Nietzsches*, Würzburg 1986, 10-13, 53-57). Im sterbenden Vater habe Nietzsche schon *Gott* verloren, religionsphilosophisch den guten *Vater* in Gott.

jugendlichen Nietzsche eine eigentümlich verführerische Faszination aus.[80] Eine starke Spannung zwischen der ererbten Christlichkeit und antiker paganer Religion initiiert sein Denken. Zudem ist ihm seit der Schülerzeit das antike Motiv der tragischen Selbsterkenntnis gegenwärtig, die paradoxerweise daraus entspringt, daß der Held, so Ödipus bei Sophokles, je intensiver er das Wahre über sich sucht, in umso tiefere Irrwege sich verstrickt.

Der rätselhafte *Deus absconditus*, der verborgene „*dunkle* Gott" findet sich in der Studie des Abiturienten Nietzsche: „Primum Oedipodis regis carmen choricum", über das erste Chorlied in Sophokles' Tragödie *König Oedipus* (BAW 2: 364-399, 395). In der einleitenden Betrachtung über „Plan" und „Wirkung der Tragoedie" bedenkt er, daß der Eindruck „fürchterlichen Anwachsens" des über Ödipus hereinbrechenden Unglücks das Verlangen nach „Versöhnung" wachruft, die im *Oedipus Coloneus* geschieht; ohne sie entstünde „der Schein", – gegen den der „innere religiöse Sinn protestirt", – Sophokles habe „mit rücksichtsloser Schroffheit ein Willkürwalten der Götter ... zeichnen wollen" (BAW 2, 369). Bemerkenswert ist, wie der junge Nietzsche innerhalb seiner altphilologischen Schulaufgabe über das erste Chorlied des Sophokleischen *Oedipus Rex* einmal, recht unvermittelt, einen Passus aus dem Klagelied des *Hiob* einfließen läßt: „Und meine Tage eilen schneller als Läufer, / Sie fliehen und sahen kein Glück; / Hinfahren sie gleich Kähnen auf reißendem Strom, / Wie ein Adler stürzt auf die Beute" (*Hiob* 9, 25f; BAW 2, 394f). Im Anschluß an das Hiob-Zitat hebt Nietzsche die spezifische griechisch antike Bedeutung hervor, die „der unsichtbare, *dunkle* – der abendliche, trop.[ologisch] *dunkle* Gott" bei Sophokles gewinnt (BAW 2, 395f). Der dunkle, finstere oder Abendgott steht in der Antike für den Gott des Hades und der Unterwelt, der als Richter über die Toten ebenso herrscht wie Zeus in der oberen himmlischen sowie in der irdischen Welt. In philologische Erwägungen zum Chorliedtext, die Nietzsche in Griechisch und Latein abfaßt, fällt hier (: „in mentem

---

80   Hermann J. Schmidt hat Bedeutung und Brisanz der *Theodizeefrage* für das Kind und den Jungen Nietzsche bis in feinste Nuancen ausgeleuchtet (*Nietzsche absconditus. Kindheit*: 471f, 480f, 546-555, 716-725, 733f, 812-817, 878-889). Z.B. beten im „Gewitter"-Gedicht Ertrinkende: „O Himmel, halt ein, uns schrecklich zu sein!" (BAW 1, 406) – Mit Joergen Kjaer (Nietzsches Naumburger Texte: synkretistische mythopoetische Theodizee oder antichristliche Theodizeekritik? In: *Nietzscheforschung*. Eine Jahresschrift Bd 2, Berlin 1995, hg. von H.-M. Gerlach, R. Reschke, 341-367) ist gegen Schmidts rein religionskritische Pointierung der Theodizeefrage des Knaben zu bedenken, daß die Intensität seiner Befassung mit ihr kein Beweis ist für die heimliche Abkehr vom Christentum, sondern das schmerzlich paradoxe Erleben von Gott als Beschützer *und* als Leid zulassender Macht religiöse Urerfahrung ist. Die immer neue Ausformulierung dieses tief beunruhigenden *Paradoxon* in Gedichten, Lebensläufen, Aufsätzen beweist also nicht hier schon eine – später durchbrechende – religionskritische Tendenz.

venit similis locus ex Hiob"; BAW 2, 394), gleichsam von anderswoher Hiobs Klagegesang mitten in die Exposition der Ödipus-Tragödie hinein; und es ist, als zöge sich ein Vorhang auf vor dem, was den jungen Nietzsche beschäftigte, aber sonst umschwiegen blieb.

Ungewöhnlich ist also, wie Nietzsche in seiner Sophokles-Deutung aus dem vorgezeichneten Kontext der griechisch-römischen Antike herausspringt, nachdem er zuvor mühelos Aischylos, Hesiod, Pindar, Ovid, Xenophon vergegenwärtigt hat. Er weist auf eine ganz andere, nämlich die alttestamentliche Quelle hin. Semantischer Bezug ist das große *Todesthema*, die Schnelligkeit des Sterbens, die Entsetzen erregt, da die Menschen in Sophokles' Klage durch die Pest dahingerafft werden, geschwind „wie wohlgeflügelte Vögel/ und stärker, denn unaufhaltsames Feuer/ ... zum Ufer des abendlichen Gottes" entfliehen, „wodurch zahllos die Stadt vergeht", Kinder unbetrauert sterben (Vers 177-184). Hiob bietet für Nietzsche offenbar das sinngemäße biblische Pendant zum freimütigen Beklagen schuldlos vergehenden Menschendaseins, das sich selbst im Horizont eines finster drohenden *Deus absconditus* in ekstatischer Trauer erlebt. Die elegische Reflexion auf das eigene Leiden mit Bezug auf die göttliche Schickung ist Hiob und den Tragikern gemeinsam. Das taghelle Erwachen des Frommen zu sittlichem Selbstbewußtsein, das unnachgiebig nach Gottes Treue, Güte, Gerechtigkeit fragt, ja sie für sich einklagt, zeichnet Hiob vor den Griechen aus.[81] Die hohe Spannung zwischen kriterienklarer moralischer Selbstprüfung und leidenschaftlich frommem Gottesglauben führt im Buch *Hiob* zu einer großen Krise, ja zum Zusammenbruch der Weisheitstradition Israels, die – besonders nachdrücklich in den Elihu-Reden – den stimmigen Zusammenhang von menschlichem Tun und Ergehen als göttliche Weltordnung Jahwes lehrte.

Im Buch *Hiob* findet sich in der Tat im Sinne der Intuition des Abiturienten Nietzsche ein mit der griechisch-antiken Tragödie gut vergleichbares eindringliches Ringen und Rechten des von Leid und Seelenqual Erschütterten mit dem fremd gewordenen Gott, der wie ein Feind erscheint und dennoch von Hiob über alles gesucht und zu einer gerechten Antwort herausgefordert wird. Der Vergleich Hiobs mit den altgriechischen Tragikern hat Tradition und gründet in dem ihnen gemeinsamen kühnen Aufbegehren gegen das

---

81 Schrecken des *Deus absconditus* fallen auf Hiob, der wehmütig die guten Tage erinnert, da er Gott als den zu kennen glaubte, der ihm Leben und Gnade schenkte (*Hiob* 10, 12), ja mit dem er vertrauten Umgang pflegen durfte wie mit einem Freund (*Hiob* 29, 2-5). Nun aber muß er sich „satt sehen an seinem Elend" und, ist er auch, – darin gründet die Schärfe seiner Klage – im Recht mit seinem Unschuldsbewußtsein, so darf er doch sein Haupt nicht erheben, da Gott dann neue Zeugen weiterer Anklageerhebung wider ihn aufstehen heißt (Hiob 10, 15ff).

von Gott verfügte Leid, das an die Stelle der sonst überwiegenden sklavisch-angstbesetzten Beugung unter die Götter tritt. Geistige Verwandtschaft von Judentum und hellenischer Bildung suchend, hat man den biblischen Hiob mit Aischylos' Prometheus verglichen und in einen (historisch fraglichen) ideengeschichtlichen Bezug gesetzt.

Das Motiv des verborgenen dunklen Gottes, dessen Bedeutungsgehalt oszilliert zwischen dem unverständlichen und dennoch gütigen und gerechten Gott Hiobs und dem düster drohenden archaisch-heidnischen Gott, der Menschen in sinnlose Leiden stürzt und ohne Ende schweigt, läßt Nietzsche nie wieder los; so zuletzt noch in den *Dionysos-Dithyramben* als ein vernichtender „Henker-Gott". Als zornigen Widerstreit gegen die naive Annahme, es walte Güte im Wesen der Dinge, und als Masken spielendes sich Verwandeln in den Gegner läßt sich Nietzsches späte mythische Identifikation mit dem bestialisch-wilden Jäger-Gott Dionysos begreifen, der – im Sinne überlieferter Vitalitäts- und Sexualitätshymnen – zugleich der ekstatische Liebesgott ist.

b) *Das Dionysische bei Nietzsche und das Aorgische bei Hölderlin*
Der junge Basler Professor Nietzsche entwickelt in seiner Vorlesung über *Die vorplatonischen Philosophen* mit Sympathie die Lehre des Empedokles (KGW II/4, 314-328), den er erblickt als auf der Grenzscheide sich bewegend von mythischem und philosophischem Weltbild.[82] Er beherrsche beide Ausdrucksmittel, pythagoreische Seelenlehre und ihre naturwissenschaftliche Umdeutung.

Von Hölderlin beeinflußt erscheint Nietzsches Sicht auf Empedokles, indem er zugleich dessen Lehre vom Wechsel der Weltalter von Haß und Liebe und vom Entstehen aller Erscheinungen durch Wechselwirkung von Philia und Neikos (Streit), in eine *Teleologie* zur Philia hin einordnet.[83] Aufgabe sei, das „wieder gut" zu machen, was Neid, Streit, Kampf und Krieg zerstört haben, ja „innerhalb der Welt des neikoV den Gedanken von der Einheit in der Liebe zu verkünden". Als Wanderprophet sei Empedokles ausgezogen, um „die Allherrschaft der Liebe" zu begründen. In der Welt der „Zwietracht" findet er nur ein einziges Prinzip, das uns eine andere Weltordnung verbürgt: „Er findet die *Aphrodite*, jeder kennt sie, aber niemand als kosmisches Princip."

---

82 Empedokles fühle sich „als ein verbannter Gott" (ebd. 321). Mythisches und wissenschaftliches Denken liefen bei ihm nebeneinander her, so als reite er auf zwei Pferden, hin und her springend (ebd. 323). Dächte man sich *Neikos* (Streit) als allein tätig, so berührte sich seine Lehre mit Heraklits „Verherrlichung" des *Polemos* (Krieg) als Vaters der Dinge (ebd. 326).

83 Künftig sollen Gesetze, „die unter Liebenden gelten ... allgeltend/ Von der Erde bis hoch in den Himmel" sein (St A II, 142). Friedrich Hölderlin. *Sämtliche Werke*. Kleine Stuttgarter Ausgabe, hg. von F. Beißner, Stuttgart 1954 (Sigle: St A).

Die Liebe der Geschlechter, symbolisiert durch die anmutige Göttin weiblicher Schönheit, bildet für Empedokles den Gegensatz gegen eine ganze Welt der Entzweiung. Ein innerliches Mitleben mit der ganzen Natur zeichne ihn aus, auch „überströmendes Mitleidsgefühl", und sein rhetorisches Pathos ruhe darauf, alles Lebendige sei *eins*, Götter, Menschen und Tiere (KGW II/4: 317f, 321f). Empedokles habe in der „Symbolik der *Geschlechtsliebe*", – wie später der platonische Mythos von der gewaltsamen Zerteilung des ursprünglich androgynen mann-weiblichen Menschen (*Symposion* 190c-193d), – „die Sehnsucht nach dem Einssein" hervorgehoben. So beseele nach Empedokles alle Wesen ein „Ahnungsgefühl" der Einheit alles Lebendigen, und daß sie, gegen das *Agonale*, mörderisch Feindselige, kraft des Eros „höhere Vereinigungen" erstreben müssen. Einstmals soll alles wieder, auch das seit einer „Urentzweiung" von Haß Zerrissene, „ein *einziges Leben* sein, der seligste Zustand" (KSA 7, 553f). Viel später noch (1878) würdigt Nietzsche Empedokles als einen, der „in erotischen Dingen" nichts Beschämendes fand, für den in unsrer Welt des Unheils Aphrodite als einzig hoffnungsvolle Erscheinung dafür bürge, daß „nicht *ewig*" Streit herrschen werde (MA 141).

In Fragmenten zu einem Empedokles-Drama (1870/71), inspiriert durch Hölderlins Entwürfe zum gleichnamigen Thema, notiert Nietzsche, Erforscher des Tragischen, unter der Überschrift: „Der tragische Mensch – Empedokles." (KSA 7, 139) „In seiner Göttlichkeit will er helfen", die Stadt Selinunt von der Pest zu befreien. „Als mitleidiger Mensch will er vernichten. Als Dämon vernichtet er sich selbst." Variante dazu: „Empedokles im Übermaß des Mitleids will sterben." (KSA 7, 234)[84] Im Leiden an seiner tragischen Sendung wird Empedokles für Nietzsche zu einer Identifikationsfigur und zur Vorgestalt für Zarathustra und Dionysos.[85] Auch konzipiert er ihn als innerlich gebrochene Figur, die sich selbst herabstuft vom angebeteten „apollinischen Gott" zu dem „todessüchtigen" Menschen, der in den Ätna springt (ebd.). „Als Gott Dionysus verehrt", sucht er für seine Schuld am Sterben anderer den „Sühnetod", auf eine „Wiedergeburt" hoffend, nachdem er im Kreis seiner Schüler eine „mystische Mitleidsrede" gehalten hatte (KSA 7, 236f). Daß Empedokles sich offensichtlich versagt, durch eigenes Lieben und Geliebtwerden aus seinem inneren

---

84   Nietzsche bezieht sich auf eine der in der Antike umlaufenden Erzählungen, die von einer Selbstvergöttlichung des Empedokles und von seinem Selbstmord durch Sturz in den Ätna erzählen.

85   Vivetta Vivarelli (Empedokles und Zarathustra: Verschwendeter Reichtum und Wollust am Untergang, in: *Nietzsche-Studien*, Bd 18 (1989), 509-536) zeigt Anleihen Nietzsches bei Hölderlins Empedokles-Konzepten für den Zarathustra, so das Selbstopfer des Protagonisten, der seine Mitwelt bilden, erhöhen, segnen, ja erlösen will.

Labyrinth errettet zu werden,[86] findet ein Pendant in Zarathustras *Nachtlied*, worin die schwermütige Klage erklingt, wegen der nicht mitteilbaren Überfülle an Licht sei er verurteilt dazu, nicht real lieben zu können; das mache seine Sonnenvereinsamung aus (KSA 4, 136ff).

Hölderlin überschreitet sehr bald nach seinem das Griechenideal verklärenden *Hyperion* (1797/ 1799) und den ersten Empedokles-Fassungen sein klassizistisches Griechenbild. In Reflexionen unter dem Titel *Grund zum Empedokles* (1799) entdeckt er das *Aorgische*, das ist das Ordnungslose, Unendliche (s. St A IV, 159), als Gegensatz zum Organischen. Hölderlin hat hier seine innovative Begriffsprägung geschaffen, kraft deren er das Schicksal des Empedokles entwirft und seine Tragik ausleuchtet. Sie resultiert aus der „höchsten Innigkeit", die den Grundton seines Charakters ausmache, aus dem übermäßig „innigen Verhältnis", in welchem Empedokles zu seinem Volk wie zu allem „Lebendigen der Elemente" stehe. In der „rätselhaften Nacht der Zeit" erschien in Empedokles' Geist und Worten, gemäß Hölderlins Typisierung, die ganze Natur, „innig und warm und persönlich ... in menschlicher Gestalt unter den Sterblichen". Orientierungslose fanden ihre eigne Sache in der seinen, „flogen ihm zu" wegen seiner herzlichen Humanität als einer „Göttergestalt"; er wurde „der Angebetete". Das Aorgische als das Ordnungs- und Gestaltlose bildet den maximalen Kontrast zu solcher Innigkeit und manifestiert sich in dem Umstand, daß seine Zeitgenossen im „freigeisterischen Nichtanerkennen des Lebendigen" denken und leben. Deshalb müsse die „Täuschung" aufhören, – die von falschen Annahmen ausgeht, die Mitbürger verstünden ihn und folgten seiner Einsicht, – „als wäre er Eines mit ihnen". Empedokles' Gefühl war, in trefflicher Diagnose in Bezug auf das Mißverstehen und Vorausahnung seines Schicksals, „daß Er, je wirklicher er das Innige ausdrückt, desto sicherer untergeht" (St A IV, 166ff).[87]

Noch im *Hyperion* vertritt Hölderlin einen pantheistisch angelegten ästhetischen Platonismus,[88] der die Schönheit als höchste Idee annimmt, die sich als göttliche Harmonie des Alls manifestiert, des Einen, in sich Unterschiedenen,[89]

---

86 In Liebestodszenen wird die geliebte Frau, die ihm folgt, mit Empedokles, der sie zu retten suchte, in den Ätna gerissen (KSA 7: 233f, 125). Die Fragmente zum Empedokles-Drama finden sich KSA 7: 125f, 233-237, 269ff.

87 *Grund zum Empedokles*, zeitlich zwischen zweiter und dritter Fassung: St A IV, 155-169, bes. 158ff, 164f, 167.

88 S. hierzu und zum Folgenden Klaus Düsing: Christus und die antiken Götter in der Mythologie des späten Hölderlin, in: *Vernunft und Glauben. Ein philosophischer Dialog der Moderne mit dem Christentum*, Xavier Tilliette zum 85. Geburtstag, hg. von S. Dietzsch, G. F, Frigo, Berlin 2006, 117-189.

89 Hyperion zitiert das „hen diapheron heauto" als Urquelle für die „Harmonie der ... Schönheit" (St A III, 85).

wie es Platon in Aufnahme von Heraklit nennt (*Symposion* 187a). Dieser Platonismus und Pantheismus gerät bei Ausgestaltung des Empedokles in die Krise. Platons Idee des Schönen als Prämisse seiner Diotima-Konzeption im *Hyperion* zurücknehmend, – die als einzige Idee auch in der Sinnenwelt ihre singuläre adäquate Präsenz zu gewinnen vermag, – bemerkt Hölderlin, im Geschick des Empedokles erscheine „das Göttliche nicht mehr sinnlich", insofern „der glückliche Betrug(!) der Vereinigung" von göttlicher und menschlicher Welt, von Idee und Leibgestalt, „in eben dem Grade aufhört", (desillusioniert wird, wie Nietzsche sagen würde,) „als er zu innig und einzig war" (St A IV 160), – je enthusiastischer diese „Vereinigung" war, umso schwerer, ja katastrophenträchtig wiegend. Daß das Göttliche nicht mehr in konkrete Erscheinung trete, bedeutet hier für Hölderlin, daß Empedokles sich fälschlicher Weise für einen Halbgott hielt, auch die Zeit der griechischen Götter als anbetungswürdiger realer Mächte vorbei gehe und, wie Hölderlin später dichtet, danach zuletzt eine *Götternacht* hereinbreche, die ein Sehnen nach göttlicher Wiederkehr erweckt.

Durch ein „Übermaß der Innigkeit", die sich dem *nefas* (Frevel) nähere, so Hölderlins ureigene Tragikkonzeption, wird, „um das Reine darzustellen", der „Zwist" herauf beschworen, also durch jene stark betonte „tiefste Innigkeit". Dabei sind „Geist, das Göttliche, ... das Innige" als eine Einheit verstanden. Es ist dieses stark und innig Fühlende, das sich, wie Hölderlin vom dramatischen Dichter sagt, „in fremde Personalität" einfühlt (St A IV 155ff), auf diese Weise auf sein Gegenteil stößt und damit schließlich zum, „Extrem des Aorgischen,... Unfühlbaren" gelangt. In der Mitte der Extreme liegt aber „Kampf" und „Tod des Einzelnen"; so verliert das „Organische" seine personale „Ichheit" (Fichteanklang), damit sein „besonderes Dasein", das zum Extrem geworden ist; das *Aorgische* als das Allgemeine wird darin wieder zum Besonderen. Dies alles soll für Hölderlin ebenso von Empedokles gelten, der zum Dichter bestimmt sei.

Der Austrag stärksten Widerstreits, nämlich von „Extremen", – die auf Hegels spätere Dialektik vorausdeuten, die prinzipiell logisch-metaphysisch begründet, in der Ästhetik aber auch an existentieller Tragik orientiert ist, bedeutet bei Hölderlin, „sich selbst wieder zu finden und zu sich selbst zurückzukehren" im Durchgang durch sein Gegenteil. Durch solches jeweilige Versinken der Extreme in ihrem Gegenteil, des vereinzelten Ich in seinem Gegenteil und ebenso des Aorgischen, Allgemeinen in dem Individuellen, diese neue unmittelbare Einheit bedeutet, daß „in dieser Geburt der höchsten Feindseligkeit die höchste Versöhnung wirklich zu sein scheint" (St A IV 159f). Die bloße Unmittelbarkeit dieser Einheit der Gegensätze, eine Einheit, die nach Hölderlins tragischer Gestaltung nur in Empedokles' Gestalt wirklich zu werden scheint, dieses überaus Fragile dieser „höchsten Versöhnung", – für die dann im Bezug auf die religiöse Nähe des Heiligen und für die interpersonale Nähe so harte Urteile wie „Betrug" und „Täuschung" fallen (St A IV: 160, 168), – liegt für Hölderlin darin, daß in seiner Konzeption dieser Tod des Empedokles als „temporäre Lösung" nur individuelle, nicht universale Tragweite besitzt und in ihm außerdem Sühne für Hybris zu leisten ist. Im Hintergrund der Tragödie steht die unfaßbare Figur eines unheimlichen, dämonischen Gottes, auf dessen Geheiß hin, so versteht er es, Empedokles sich folgsam „in den lodernden Aetna" stürzt (St A IV: 163f, 154). Hölderlin spricht von „zärtlichen Klagen" der ahnungsvollen Frau des Empedokles über dessen „Mißmut" und seinem, im Vergleich mit den Schülern, „tieferen schmerzlicheren Abschied" von ihr, als sein Lieblingsschüler ihn „fast aus seiner Herzenseinsamkeit" herausgezogen hätte (Sta A IV, 152ff).

Hölderlin ringt um das Begreifen von Empedokles' Todesschicksal und worin die Tragik liege. In den beiden ersten Fassungen des Dramas zum Tod des Empedokles walten pantheistische Motive vor: „die göttlichgegenwärtige Natur" (St A IV: 73); das All als solches ist, da Hölderlin keinen transzendenten Gott annimmt, göttlich; die antiken Götter gelten ihm als Mächte inner-halb der „göttlich-schönen Natur", die individuelle Gestalten ausbildet. In der zweiten Fassung wird gewarnt vor dem „Irrgestirn", das Empedokles' Volk sei, für das er „ihr Gott" sein soll, und daß er dafür „büßen" müsse, „daß er zu sehr geliebt die Sterblichen" (St A IV, 96f). Beschwörend ruft Empedokles: „Wo seid ihr, meine Götter?", klagt sich in Anrufung der Natur, nicht Gottes, wie Goethes Prometheus, an, „Dein nicht geachtet, dein/ Mich überhoben" zu haben (St A IV 107f).[90] Aber „Allein zu sein, / Und ohne Götter, ist der Tod." (ebd. 113) Ein Ankläger erblickt im Schicksal des Empedokles das Wirken der *Nemesis*, da er vom gütigen zum frechen Mann sich verwandelt habe, der, – wie für Platon die ungerechte Seele in Disharmonie mit sich selbst steht, – „itzt sich selber" befeinde und „den Gott ... aus sich/ Hinweggeschwätzt" habe. Verflucht soll er sein, das Volk vor seinem „Abgott" erschrecken, ihn in die Wildnis hinein verstoßen, auf daß er büße und nie wiederkehre (St A IV, 102f). Der Held identifizierte sich mit einem Gott, erlag hierdurch der Hybris, beging einen Frevel, für den er den Göttern gegenüber Sühne leisten muß.

In der dritten Fassung von Hölderlins Empedokles überhebt dieser sich nicht durch eine solche Selbstvergöttlichung; vielmehr spricht ein alter

---

90   In der ersten Fassung beklagt er sich über sich selbst, daß er durch seine Hybris vom *heilig* Achten der *Natur*, also vom Pantheismus abtrünnig geworden sei: „Die Götter waren mir dienstbar nun geworden, ich allein / war Gott, und sprachs im frechen Stolz heraus" (St A IV, 22).

Seher ihm zu, als Retter seines Volkes ausersehen zu sein. Noch in der zweiten Fassung liegt dem entworfenen Selbstopfer: „Zu gerne opferst du dich" die pantheistische Sicht zugrunde: „So gehet festlich hinab/ ... Der Ernste, dein Liebster, Natur!/ ... o heilig All! ... Und daß er zeuge von dir, du Todesloses!" (St A IV, 121ff) Die dritte Fassung läßt in diesem freiwilligen ganzen Opfer seiner selbst Präfigurationen von Jesus Christus hindurchschimmern, so in der Rede vom „Opfertier", das „nicht vergebens"(!) stürbe, – vorausweisend auf den Johanneischen Christus als *Lamm Gottes*, das „die Sünde der Welt wegträgt" (Joh 1, 29). Der „neue Retter" nimmt, so heißt es, „liebend ..., was sterblich ist, an seinen Busen"; ein „größrer ist's", der „Einzige", „Reine", in dem der Streit der Welt „milde wird" (St A IV, 142f). Vom verheißenen Erlöser sagt Jesaja (40, 11), „er wird die Lämmer an seinem Busen tragen", auf den Hölderlin hier anspielen dürfte; und als Schuldloser, „Reiner" ist dieser auch voll Verzeihung.

Allerdings versteht Hölderlin unorthodox, ähnlich wie Hegel in *Der Geist des Christentums und sein Schicksal*, wohl von Hölderlin angeregt, Christi Schicksal als tragisch.[91] Und so wie Christus in einer Zeit der Wirren, Unterjochung seines Volkes, des Aufruhrs und der fortschreitenden Profanierung des Daseins den Opfertod freiwillig und als von Gott gewollt auf sich nimmt, um den Menschen die lebendige Beziehung zu Gott wiederzuschenken, ja sie mit Gott zu versöhnen, so nimmt in der dritten Fassung Empedokles in der Zeit einer Epochenwende,- Hölderlin denkt an den religiösen, ethischen, politischen Niedergang des klassischen Griechenlands, – einen tragischen Opfertod auf sich. Empedokles enthüllt seine Sendung, zu der er sich durch höheren Auftrag, durch den „des Geistes", des „Herrn der Zeit" oder des höchsten Gottes und implizit des Gottes der Geschichte gesandt und vor diese Anforderung zu nötiger Selbstaufopferung gestellt glaubt: „Da faßte mich die Deutung schaudernd an: / Es war der scheidende Gott meines Volks!" „Denn wo ein Land ersterben soll, da wählt / Der Geist noch Einen sich zuletzt, durch den / Sein Schwanensang, das letzte Leben tönet." (St A IV, 142-145) Unverkennbar sind aber die Klüfte zwischen Empedokles und dem biblischen Jesus. Empedokles erleidet zwar den gottgewollten Opfertod, aber nur für ein spezielles Volk, nicht zur Erlösung der Menschheit; er ist – zwar vom Volk als Gott verehrt – *nur* Mensch, nicht, wie Jesus, wahrer Mensch und wahrer Gott zugleich. Als einer, der Menschen und Götter aussöhnt, wie Hölderlin antikisierend sagt, ähnelt Empedokles dem Daimon des *Eros* als Mittler, wie ihn Platons *Symposion* schildert (202e), nicht aber Jesus, in dem nach Paulus Gott „die Welt mit sich selbst versöhnte" (2Kor 5, 19).

---

91   S. dazu Xavier Tilliette: *La Christologie idealiste*, Paris 1986, 108f.

c) *„Götterordnung des Schreckens" – Erfahrung des Heiligen in Nietzsches Frühwerk*

In der antiken griechischen Tragödie geht es implizit um die Theodizeefrage, die aber durchweg negativ beantwortet wird; die Götter selbst senden den Helden in schweres Leid. Das Aorgische und Dionysische sind Begriffe, die im Innersten der Tragik ein verstörendes Gottesbild enthüllen. – Nietzsches *dionysisches Prinzip* in Abhebung vom *apollinischen* verdankt sich wohl erster Anregung durch Hölderlins *Aorgisches*.[92] Nietzsche hatte ja zu Recht diese Fülle an „tiefsinnigen Gedanken" in Hölderlins *Empedokles* gerühmt (BAW 2, 2), gut passend besonders zum *Grund zum Empedokles*.

Nietzsches dürfte überzeugt gewesen sein, daß es wohl Hölderlin, nicht aber Winckelmann oder Goethe gelungen sei, ins Herz griechischen Wesens vorzudringen, da sie in ihrem klassizistischen Bilde nur den apollinischen Schein jener Schönheitswelt wahrnahmen, nicht jedoch, worauf er ruhte. Sie verkannten den *dionysischen* Untergrund von barbarischen „schrecklichen Erregungen", die in antiker Klassik errungene „Transfiguration von Wollust und Grausamkeit ins Griechische", also von sexuellen und grausamen Ausschreitungen, wie sie in „orgiastischen Festen" stattfanden, (KTA 82, 391), die wilde Affekte kurzzeitig sich entfesseln ließen (vgl. FW 84). Der „olympische Zauberberg" der göttlichen Schönheit erhebt sich für Nietzsche über dem Tartaros (KSA 1, 35). Als „sehnsüchtige Freunde" das klassische Altertum zu *erforschen*, sei berechtigt, wer zeigen könne, in ihm liege „eine tiefere Weltoffenbarung" als in der „künstlich eingeimpften Religion". Er „glaube an das urgermanische Wort: alle Götter müssen sterben"! (KSA 7, 124f) Nietzsche wirft den Fehdehandschuh gegen das *Christentum* kraft seiner *Graecophilia*, die Glaubensersatz sein soll. – Hölderlin und Nietzsche gemeinsam ist ihre Faszination durch altgriechische Mythologie und das in ihr liegende, im Vergleich zum christlichen Verständnis dämonisch unterwanderte Gottesbild. Auf andere Art, so ist zu zeigen, bewegt sich der späte Hölderlin in diesem Spannungsverhältnis.

In Nietzsches Frühphase in der Tragödienschrift zeigen sich zwei Konzepte, eins der versöhnten Einheit und ein das Griechenbild umstürzendes anderes, und zwar ontologisch auf verschiedene Seinsebenen und kunstmetaphysisch auf verschiedene Perspektiven verteilt im Hinblick auf das Phänomen der altattischen Tragödie. Den Erscheinungen komme das Harmonieverlangen zu und seltene Erfüllung, den Wesenheiten aber das Heraklitsche Prinzip, Polemos (Krieg) sei Vater aller Dinge: *„Der Schmerz, der Widerspruch ist das wahrhafte Sein. Die ... Harmonie ist Schein"* (KSA 7, 202).

---

92 Den Hinweis auf diese Annahme verdanke ich dem Hölderlin- und Idealismus-Erforscher Klaus Düsing.

Hinter dem Gefühlsüberschwang des Dionysischen verbirgt sich bei Nietzsche die in seiner Weltansicht eröffnete unendliche Negativität, zu der „tigerartige Vernichtungslust" gehört (KSA 1, 783); und das Dionysische ist selbst die emotional nötige Bändigung des Entsetzlichen im Wesen der Dinge. In Wahrheit existiert der Mensch wie „auf dem Rücken eines Tigers in Träumen hängend"; innerseelisch und ebenso kosmisch ruht er „auf dem Erbarmungslosen", ja „Mörderischen" (KSA 1, 877). – An allen Enden der alten Welt, von Babylon bis Rom, so Nietzsche in seiner Frühschrift *Die Geburt der Tragödie aus dem Geiste der Musik*, seien „dionysische Feste" nachweisbar, deren Zentrum in einer überbordenden „geschlechtlichen Zuchtlosigkeit" lag, die ausuferte bis zu einer „abscheulichen Mischung von Wollust und Grausamkeit" (KSA 1, 32). Ihrer „gefährlichen Macht" haben die Griechen kraft Verehrung ihres Gottes der Weisheit und des sittlichen Maßes, Apollo, Stand halten und der dionysischen Barbarei, die „Rückschritte des Menschen zum Tiger und Affen" heraufbeschwört, eine *Versöhnung* von delphischem und dionysischem Gott entgegen setzen können. Dieser – symbolisch oder mythologisch ausgedrückt – dramatische Friedensschluß zweier verfeindeter Gegner der Götterwelt entbindet nach Nietzsche auf besondere Weise schöpferische Energie im griechischen Kulturmenschen, ruft den „Trieb" zur Musik und tragische Kunst „ins Leben" (KSA 1, 36). An den sadistischen Untergrund asiatischer Herkunft erinnere bei den griechischen Mitspielern im Dionysoskult nur noch das Phänomen einer „Doppelheit" oder Ambivalenz ihrer aufgepeitschten Affekte, „daß Schmerzen Lust erwecken, daß der Jubel der Brust qualvolle Töne entreißt", oder aus höchster Freude „der sehnende Klagelaut über einen unersetzlichen Verlust" ertönt (KSA 1, 32f).[93] Das aus Asien heranstürmende Dionysische sprengt, als ein „Naturkult" mit roher Entfesselung niedrigster Triebe, vor allem als „ein panhetärisches Tierleben", für eine bestimmte Zeit alle sozialen Beziehungen und zerreißt, ja vernichtet alle familiären Bande. „Die üppige Natur feiert ihre Saturnalien und ihre Todtenfeier zugleich."(KSA 1, 556)[94] Die makabre orientalische Dionysosfeier mit ihrem im Narkose-Rausch ungestümen „Durchrasen aller Seelen-Tonleitern" wird in Griechenland einer „Vergeistigung", geradezu einer „Idealisierung der Orgie" unterworfen. Die wildesten Triebe jener

---

93   Im „dionysischen Zustande" sei das gesamte „Affekt-System" erregt und gesteigert"; das Wesentliche sei „die Leichtigkeit der Metamorphose", die Kraft des „Transfigurierens" und sich Verwandelns, in dem „höchsten Grad des verstehenden und erratenden Instinkts" (GD, KSA 6, 117f). Zur Problematik s. Ulrich Port: *Pathosformeln. Die Tragödie und die Geschichte exaltierter Affekte (1755-1888)*, München 2005, zu Nietzsche ebd. 285-344.

94   „Die dionysische Weltanschauung", Nl von 1870, KSA 1, 553-577. – Das Dionysische drücke ein Verlangen nach *Einheit* aus, ja ein „Hinausgreifen ... über den Abgrund des Vergehens" (SA III, 791, NL achtziger Jahre).

gefährlichen Naturelemente, – von denen der apollinisch geprägte Grieche sehr wohl mit „Grausen" eingestehen muß, sie seien ihm nicht gar „so fremd" (KSA 1: 556f, 34), – werden gezähmt, und zwar die „übermächtigen" Triebe in die „Fesseln der Schönheit" geschlagen. So wird das ekstatische Fühlen sowohl ausgelöst als auch gemäßigt durch die „erschütternde Gewalt" der Musik: Melodie, Rhythmus, Tonart, (Dis-) *Harmonie*, instrumental oder gesanglich. Apollo symbolisiert nüchterne Klarheit; ihm entspricht sanft erhebende Kithara-Musik in dorischer oder ionischer Tonart, Dionysos, der trunknen Ekstase, ist erregende Aulodik in lydischer oder phrygischer Tonart gemäß.[95] Das *Dionysische*, als Einheit von Lust und Schmerz, ist in Nietzsches *Kunstmetaphysik* „Geburtsschoß" von Musik und antiker Tragödie (KSA 1, 152).

Ein Gegenbild zu zerstörerisch dionysischer Raserei, das den Willen vor Barbarei schützen soll, findet Nietzsche in den *Bakchen* des Euripides, – wiewohl sie am Ende durchaus blutrünstig sind, – eine griechische Dionysosfeier voll „Liebreiz" und „edlen Sitten" im Schildern einer „Alpentrift", „Frauenchören" und Frauen, die junge Wölfe und Rehkitze auf ihren Arm nehmen und säugen, Quellen, aus denen Wasser, Milch und Honig fließen, das sei „eine ganz verzauberte Welt". Diese Tragödie enthält für ihn Hinweise zur typisierenden Abhebung friedfertig griechischer von wild grausamen orientalischen Dionysos-Kultfesten. Er erinnert den Mythus, daß Apollo Dionyos, der asiatisch zerrissen ward, wieder zusammenfüge (KSA 1: 558f, 586f). Bei den Griechen, so rühmt Nietzsche, – um eine alte Mythologie zu neuem Leben und neuer Bedeutung für seine Zeit zu erwecken, – haben die besänftigten „dionysischen Orgien" die tiefere Bedeutung von „Welterlösungsfesten" gewonnen, in denen ein triumphierendes Lebensgefühl im sich *eins* Fühlen mit allem Beseelten durchbricht, dem gemäß alles, was ist, es sei *gut* oder *böse*, eine Vergöttlichung erfährt. Enttäuscht aber wird, wer, unter anderen religiösen Prämissen, bei den Griechen, die olympische Göttergestalten schufen, nach „sittlicher Höhe" oder „erbarmungsvollen Liebesblicken" sucht (KSA 1, 32-35).[96] Das domestizierte Dionysische erklärt Nietzsche als „große pantheistische Mitfreudigkeit und

---

[95] Musik rührt nach Platon (*Politeia* 401d-402a) am tiefsten die Seele an und disponiert sie zur Liebe des ewig Schönen. – Die Aulodik ertönt in chromatischer Tonfolge, – durch mit Löchern versehene Röhren im Instrument (Flöte, Pfeife), – und zwar bei Hochzeiten, bei Gelegenheit von Trinkgelagen, als Kriegsmusik oder Totenklage. Jene entfesselte Raserei der Seele galt Aristoteles und der Stoa, die zur Mäßigung der Affekte aufriefen, als unedel.

[96] Nietzsche rühmt sich 1888 im Rückblick, er sei „der erste", der als Quelle griechischer Seele und Kultur das „wundervolle Phänomen ernst nahm", das „orgiastischen Ursprungs" ist, einem „*Zuviel* von Kraft" entspringt und den Namen *Dionysos* trägt. Dieses ausschließend „*verstand Goethe die Griechen nicht*" (GD, KSA 6, 158f). Schlüssel zum Verständnis tragischen Dichtens und Fühlens: „Das Jasagen zum Leben selbst noch ... im *Opfer* seiner höchsten Typen der eignen Unerschöpflichkeit frohwerdend – *das* nannte ich dionysisch"

Mitleidigkeit", die auch alles Fragwürdige des Lebens „gutheißt und heiligt" (SA III, 791). In ihm feiert „die entfremdete ... Natur" ihr „Versöhnungsfest mit ihrem verlorenen Sohne, dem Menschen". In diesem implizit *antichristlichen* „Evangelium der Weltenharmonie" fühle jeder sich mit anderen vereinigt, ja sogar „eins", als Mitglied einer höheren Gemeinschaft, zentriert um das „geheimnisvolle Ur-Eine" (KSA 1, 29f),[97] das an G. Brunos *pantheistischen Neuplatonismus* erinnert.

Verzückung liegt im *dionysischen* Zustand, da er die alltägliche Welt vergessen läßt; in ihm suchte der antike Grieche eine „absolute Flucht aus dieser Welt der Schuld und des Schicksals". Jedoch vom Rausche erwacht und seiner bewußt ekelt ihn das „Absurde des Menschendaseins" (KSA 1, 566f). Nietzsche skizziert in psychologisch eindringender Analyse unterschiedliche Phasen des dionysischen ästhetischen ‚anderen' Zustands als Wechsel vor allem von Manie und Depression. Der aus enthusiastischem Aufschwung abgestürzte, pessimistisch des Lebens überdrüssige Wille soll durch das tragische Kunstwerk gerettet werden. Denn in ihm leuchtet göttlicher Glanz auf, ein „lichtes ... Himmelsbild, das sich auf einem schwarzen See der Traurigkeit spiegelt". Gemäß dem „apollinisch-optimistischen" Prinzip gewinnt, an Schiller anklingend, „das *Erhabene*" Gestalt; und das *Entsetzliche* ist in Vorstellungen umgewandelt, „mit denen sich leben läßt" (KSA 1: 68, 567). Apollo, „ethische Gottheit", fordert *Selbsterkenntnis* und Einhaltung von Maß und Grenzen, auch derjenigen des Individuums (KSA 1, 40), damit es aus mystischem Wonne-Einsgefühl zurückkehre.

Nietzsche unterscheidet in seiner Tragödienschrift von einer „Götterordnung des Schreckens", – zu der, gemäß dem finstern Walten der *Moira*, die über allem throne, jener Geier gehört, der den „großen Menschenfreund" Prometheus peinigt, oder das „Schreckenslos", das Ödipus mit seiner „Greuelehe" ereilt,[98] – eine solche der Freude, die durch den apollinischen Schönheits-

---

(KSA 6, 160). So habe er die Psychologie des *tragischen Dichters* erhellen wollen, dessen Helden dem Untergang geweiht sind.

97 Ein Einheitskonzept sei durch „logische Consequenz", wie bei Parmenides, oder durch *mystische Intuition* begründbar (KSA 1, 840f).

98 Verschiedenartige „Götterwelten" sind im Nachlaß erwähnt, zum einen, die aus dem *„Rausch des Leidens"*, zum andern die aus der *„schönen Traumwelt"* entspringende; nur die erste, als pantragische Weltsicht, dringe ins Innerste der Natur, erkenne den „furchtbaren Trieb zum Dasein und zugleich den fortwährenden Tod alles ins Dasein Getretenen" (KSA 1, 562). In der Problemskizze: *„Oedipus*. Reden ... mit sich selbst" entwirft Nietzsche 1872/73 ein intimes Selbstportrait, mit jener leidvollsten Gestalt der antiken Tragödie sich identifizierend. „Den letzten Philosophen nenne ich mich... . Niemand redet mit mir als ich selbst, und meine Stimme kommt wie die eines Sterbenden zu mir. Mit dir, geliebte Stimme, mit dir, dem letzten Erinnerungshauch alles Menschenglücks, laß mich nur eine

trieb aus der ersteren herausgebildet worden sei, „wie Rosen aus dornigem Gebüsch hervorbrechen" (KSA 1, 35f). Die freudige „Weltanschauung" jedoch sei eine „ungeheure Illusion", die, aus *Not* geboren, der „künstlerische Genius" des griechischen Volkes hervorbrachte, der die olympische Götterwelt erschuf (KSA 1, 56of). Sie ist beschwichtigende Kompensation der Qual des Daseins. Die kreative Imaginationskraft des Künstlers sei es, die „die allein genügende Theodizee" schaffe, die eine Anthropodizee ist, nämlich die kunstmetaphysische Rechtfertigung tragischen Daseins, die für Nietzsche darin liegt, daß – erfundene! – Götter das irdische Menschenleben „selbst leben" (KSA 1, 36). Um den *dionysischen Untergrund* des Daseins, die Lust- und Leidberauschung, zu über-winden, bedürfe jedes Individuum jener „apollinischen Verklärungskraft" (KSA 1, 155). Zu der in Anthropodizee umgewandelten Theodizee gehört für Nietzsche rezeptionsästhetisch ein Sich- verführen-Lassen „zum Weiterleben" durch die im Kunstwerk vor Augen geführte „Ergänzung und Vollendung des Daseins", d.h. durch die apollinische Illusion einer „höheren Sphäre", in der die Zuschauer der Tragödie sich spiegeln, um „sich selbst als verherrlichenswert" empfinden zu können. Das Werk soll ihren vom Absurden das Daseins gefährdeten Willen retten, ihr Entsetzen angesichts erahnter „Schreckenstiefe" und Unheil im Wesen der Dinge bändigen (KSA 1: 36f, 68).

Nietzsche verknüpft das Tragödienthema mit einer Antitheodizee, u.a. das Prometheusgedicht des jungen Goethe anführend, das in den Grundgedanken ein „Hymnus der Unfrömmigkeit" sei, welche in sich den „trotzigen Glauben" findet, Menschen „schaffen" bzw. nach ihrem eigenen Bilde formen und „olympische Götter ... vernichten" bzw. mißachten zu können, freilich um den Preis, durch „ewiges Leiden" dafür büßen zu müssen (KSA 1, 67f). Erstaunlich kühn habe Aischylos die Götterwelt auf seine „Gerechtigkeitswagschalen" gestellt und in der Suche ewiger Gerechtigkeit dem menschlichen „unermeßlichen Leid des kühnen ‚Einzelnen'" als Pendant eine „göttliche Not" gegenübergesetzt, ja die „Ahnung einer Götterdämmerung", welche Versöhnung jener beiden „Leidenswelten" verlange. Da der antike Grieche in seinen „Mysterien" eine sichere Basis „metaphysischen Denkens" besaß, konnten sich an olympischen Göttern auch „alle seine skeptischen Anwandlungen" entladen. In Aischylos'

Stunde noch verkehren, durch dich täusche ich mir die Einsamkeit hinweg und lüge mich in die Vielheit und die Liebe hinein, denn mein Herz sträubt sich zu glauben, daß die Liebe todt sei, es erträgt den Schauder der einsamsten Einsamkeit nicht.... – Höre ich dich noch, meine Stimme? Du flüsterst, indem du fluchst? Und doch sollte dein Fluch die Eingeweide dieser Welt zerbersten machen! Aber sie lebt noch und schaut mich nur noch glänzender und kälter mit ihren mitleidslosen Sternen an, sie lebt, so dumm und blind wie je vorher, und nur Eines stirbt – der Mensch." Mein „Seufzer" aber „stirbt mit mir" (KSA 7, 46of).

Prometheus, der Göttern das Feuer stahl, habe der griechische Künstler dem *Ahnen* „wechselseitiger Abhängigkeit" beider „Leidenswelten" voneinander, der menschlichen und der göttlichen, symbolisch Ausdruck verliehen (KSA 1, 68).[99]

Prometheus' Feuerraub erschien früheren Menschen, so formuliert Nietzsche mit *pantheistischer* Reminiszenz, als ein „Raub an der göttlichen Natur", daß nämlich der Mensch über das Feuer frei verfüge, anstatt es im zündenden Blitz oder wärmenden „Sonnenbrand" als Geschenk vom Himmel zu empfangen. Ein „herber Gedanke" aber sei, daß der Mensch das Beste und Höchste, dessen er teilhaftig zu werden vermag, durch Frevel erringt, dessen Folgen er lebenslang in einer „Flut von Leiden" erdulden muß. In seiner Auffassung griechischer Mythologie setzt Nietzsche souverän freigeistige Pointen, so in der Umdeutung des sittlich-religiösen Frevels, den die Götter durch strafende Heimsuchung des Menschengeschlechts ahnden, in eine Tugend. Erhaben sei, – im Unterschied zur jüdisch-christlichen Ansicht, die, in negativer Typik, als Ursprung allen Übels eine passive Sünde durch Verführung annehme (s. *Genesis* Kapitel 3), – die griechische von einer *„activen Sünde* als der eigentlich prometheischen Tugend". In ihr erblickt Nietzsche den „ethischen Untergrund" der antiken pessimistischen Tragödie, als die *„Rechtfertigung"* der menschlichen Übel, sowohl – tragischer – „Schuld" als auch des von ihr hervorgerufenen „Leidens" (KSA 1: 69, 617). Durch ihre Annnahme, auch die Götter seien der *Moira* unterworfen, vermieden die Griechen die Anklage Gottes, wie er ironischen Tones bemerkt. In einer beachtlichen Weisheit „hüteten" sie sich davor, den Göttern die *Verantwortung* zuzumuten für die Beschaffenheit der Welt; daher war eine Theodizee „niemals ein hellenisches Problem" (KSA 1, 560). So entgingen die alten Griechen dem Dilemma, *entweder* den Gott mit guten Gründen zu rechtfertigen oder überkühn anzugreifen. Nietzsche allerdings entgeht ihm nicht, da er von der frühen bis späten Zeit mit jener *Moira* ringt.

Martin Luthers Problem der Rechtfertigung des Sünders vor dem heiligen Gott verlagert sich hier zu dem der Rechtfertigung Gottes vor dem von Leid geplagten Menschen. Das „erste" aller philosophischen Probleme ist für Nietzsche, im mosaischen Sündenfallmythus und in der antiken Prometheussage

---

99 Prometheus begeht Opfertrug und Feuerdiebstahl und beschenkt die Menschen als ihr Helfer und Kulturstifter. Als Frevler wird er gefesselt, zur Strafe an einen Fels angeschmiedet und von einem Adler gepeinigt. Feuer wird später *allegorisch* gedeutet als Philosophie oder Weisheit, die alle Kulturgüter fördert. Zum Prometheusmythos s. *Der Kleine Pauly*, Lexikon der Antike, München 1970, Bd 4, 1174-1177. – Platons *Protagoras* (320c-321e) schildert die erwünschte Mitwirkung des titanischen Prometheus in der Erschaffung der Menschen und der Tiere.

sinnbildlich ausgeführt, der „peinliche und unlösbare(!) Widerspruch zwischen Mensch und Gott", der wie ein „Felsblock" am Eingang jeder Kultur stehe. „Das Unheil im Wesen der Dinge" offenbare sich als ein „Durcheinander verschiedener Welten", als Widerstreit von göttlicher und menschlicher Sphäre, die jede für sich „im Recht" sei (KSA 1, 69f). Nietzsche deutet den Konflikt beider als tragisches Geschehen, da er in Mensch und Gott gleichberechtigte Mächte zu finden glaubt, – griechische Götter deutend. So erblickt er im „ergreifenden Schicksal" der Niobe, – die durch den von ihr erregten Neid der Götter ihre Kinder durch gewaltsamen Tod verliert, vor ungeheurem Schmerz zu Stein erstarrt, der weint, – „das schreckliche Gegeneinander der zwei Mächte", die, wie es nahezu beschwörend heißt, „nie mit einander kämpfen dürfen, von Mensch und Gott" (KSA 1, 787). – Im Denken Nietzsches kulminiert jener furchtbare „unlösbare Widerspruch", und er wird existentiell vorgeführt in Gestalt des „häßlichsten" Menschen, der im *Zarathustra* als *„der Mörder Gottes"* auftritt. Dieser ertrug nicht den alles durchschauenden Zeugen seiner Häßlichkeit (KSA 4: 328, 331); jedoch ereilt ihn, als frevelnden Gott-, Werte-, sinnbildlich: „Sterne"-Zertrümmerer, das unheimliche Schicksal, daß er selbst von „Gottestrümmern", deren Urheber er ist, mit tödlichen Folgen zermalmt wird (vgl. hier A V 4). In dem von Nietzsche freigeistig konzipierten wechselseitigen Abhängigkeitsverhältnis zwischen Gott und Mensch, – das prinzipiell und im Frömmigkeitskontext der Gottinnigkeit auch z.B. Meister Eckhart entworfen hat, – enthebt der (ver)zweifelnde Mensch den schwer erlittenen, von ihm daher gebrandmarkten „Henker-Gott" (KSA 6, 399) seiner Göttlichkeit, auch um den vorausgeahnten Preis, sein Selbst damit hochgradig zu gefährden. – Interpret der griechischen Tragiker ist Nietzsche nicht als ein unbeteiligter Zuschauer; er spricht als ein solcher zugleich auch, – darin Hölderlin vergleichbar, – zumindest implizit über sich selbst. Nietzsches Tragik ist sein ureigner labyrinthischer Kampf mit Gott, den er auf oszillierende Weise antikheidnisch als grausam waltende *Moira*, atheistisch als *Nichts*, oder christlichplatonisch als den *Guten* apostrophiert, dem aber seine Schöpfung mißriet.

d)   *Göttliche „Untreue" in Hölderlins Sophokles-Anmerkungen*

Auf Nietzsche ausgestrahlt ist Hölderlins neue Sicht der Antike, die das harmonische *Griechenideal* von Goethe und Winckelmann, die Sicht auf eine „edle Einfalt und stille Größe", umgestürzt hat. Hölderlin bringt im Kulturleben der Antike das *Orientalische* oder *Aorgische* als eine elementarische Naturmacht zur Geltung, die den Menschen auf bedrohliche Weise sich selbst entreißt. In seinen späten Übersetzungen von Werken des Sophokles (*Oedipus der Tyrann* und *Antigonae*), des näheren in „Anmerkungen zum Oedipus" (St A V, 213-220) aus dem Jahre 1803 geht für Hölderlin das Orientalische als ein Umschlag ins

Destruktive einher mit einer Krise im Verhältnis zwischen Gott und Mensch. Für den Menschen bedeutet nämlich die Begegnung mit dem, wie Hölderlin ihn nennt, „unmittelbaren" Gott den Tod. Die Tragödie, so deutet er sie nun, ist die Darstellung des Tragischen als originär religiösen, metaphysischen Geschehens; sie stellt einen den Menschen grundlegend erschütternden Konflikt dar, der sich im direkten Verhältnis zwischen Gott und Mensch zuträgt.

Hölderlin sucht also eine metaphysische und religiöse Fundierung des Tragischen, indem er kühn die tragische Dynamik in Gott selbst verlegt. Das Tragische verwickelt sonach nicht bloß den Gott überhaupt in irdische oder kosmische Ereignisse, sondern es ist für Hölderlin ein auch Gott selbst betreffendes bzw. in ihn fallendes Geschehen. Rätselvoll übersetzt er aus *Ödipus*: „Unglücklich aber gehet das Göttliche." (St A V, 178) – In seiner tragischen Weltansicht spricht auch Nietzsche in der *Geburt der Tragödie* von einem Unglücklichsein des Göttlichen, nämlich vom „Urwiderspruch und Urschmerz im Herzen des Ur-Einen",[100] dessen Abbild als die Leib gewordene Dissonanz der Mensch sei, der in einem ihn bedeckenden „Schönheitsschleier" der „herrlichen Illusion" bedürfe (KSA 1: 51, 155). Denn hierin sei „Unser Schmerz – der gebrochene Urschmerz" (KSA 7, 205). Im *Zarathustra* wird das Motiv des leidenden Ureinen erneuert im Mitsterben Gottes mit Elenden: Denn „Gott ist todt; an seinem Mitleiden mit den Menschen ist Gott gestorben." (KSA 4, 115)

In seiner klassischen Zeit gilt Hölderlin die Einswerdung mit dem Gott wie im Neuplatonismus als ein mystisch beglückendes Erlebnis, das freilich über Grenzen des Menschseins hinausführt. In den tiefgründigen, teilweise kryptischen, vom Leser abgewandten „Ödipus"- und „Antigone"-Anmerkungen dagegen sieht Hölderlin solche Einswerdung des Menschen mit dem Gott als eine furchtbare Bedrohung an, die letztlich die persönliche Ich-Identität auflöst, ja auslöscht und den Menschen als lebendiges Wesen dahinrafft. Ein solcher Gott wird als unmittelbarer Gott und als „Naturmacht" bestimmt, wobei die Natur von Hölderlin nun nicht mehr wie in seiner klassischen Zeit pantheisierend als ursprüngliches göttliches Leben im Zustand des Friedens aufgefaßt wird, sondern, auf Nietzsches Denken vorausweisend, als unheimliche, ja numinose Macht, die den Menschen in seinem Innersten ergreift und ihn auf schmerzlich vernichtende Weise überwältigt. Wenn der griechische Gott mit dem Menschen „im Zorn Eins wird", erscheint dieser Gott als vernichtende Naturmacht; diese ist es für Hölderlin, die sich tragisch auswirkt, da sie als das ‚Orientalische' den Menschen „dem Mittelpunkte seines innern Lebens in eine

---

100 Im *Zarathustra* wird als Ursache des ‚Todes Gottes' erwogen, er sei am „Mitleiden mit den Menschen ... gestorben" (KSA 4, 115; vgl. hier A V 4): ein nur anscheinend *surrealistisches Motiv*, erinnert man das leidende Ur-Eine in der frühen Tragödienschrift (vgl. KSA 1, 51).

andere Welt entrückt" und als ein „Geist der Wildnis und der Totenwelt" ihn „in die exzentrische Sphäre der Toten reißt" (St A V, 215).[101] Hölderlin spricht vom „ewig menschenfeindlichen Naturgang" und identifiziert die Macht der Natur, die Menschen zerstört, mit der – vielleicht raubtierartig, oder auch allzu rapide – „reißenden Zeit" (St A V: 216, 269; II, 450). Den vom Menschen selbstverschuldeten ethisch-religiösen und politischen Niedergang bestimmt er als „reißenden Zeitgeist" (St A V, 264), wie Hölderlin unheimlich plastisch dessen Suggestion ausdrückt, dem die ihm gleichsam Affinen, daher von ihm sich verführen Lassenden, sich ganz anheimgeben.

„Die Darstellung des Tragischen beruht vorzüglich" auf dem „Ungeheure[n], wie der Gott und Mensch sich paart, und grenzenlos ... im Zorn Eins wird", das heißt den Menschen in seinem Innersten zutiefst aufwühlt. Dieses „Ungeheure" erfaßt sich selbst dadurch, daß „das grenzenlose Eineswerden durch grenzenloses Scheiden sich reiniget" (St A V, 219f), das heißt, eine übergroße Vereinigung allzu Verschiedener wird durch eine grausame Trennung rückgängig gemacht. Dies ist die kryptisch eindringliche Erklärung Hölderlins, worin das Tragische in der antiken Tragödie liege, weshalb der Mensch vergehen müsse. Die griechische *orgé* übersetzt er nachdrücklich stark mit „Zornlust". Des Menschen – wie paradox ausgedrückt wird – „zerstörungsfroh(es)" (Sta A V, 216) Erleiden seiner eigenen Vernichtung in der Einigung mit dem Gott[102] bedeutet das Erleiden einer Zerstörung, derer er doch froh werden könne, weil

---

101   Dieses Wort könnte Nietzsche getroffen haben, da er, seit frühester Lebenszeit vom Reiche der Toten umfaßt, – vierjährig erlebt er das Sterben von Bruder und Vater, – schon als Knabe sein Leid schicksalhaften Vater- (und darin womöglich impliziten Gottes-)Verlustes durch Gedichte zum Todesthema zu lindern sucht (s. BAW 1, 193, 230). Eines seiner Jugendpoeme lautet im Auszug: „Und die Toten schaun mir alle Stund / So bleich hinein / Ins Angesicht. Mein Herz das warfen sie in das All / ... Und fandens zerbrochen vom schweren Fall". „Die Todten haben mein Herz verlorn", sie „vertanzen mein Leid / Mein ewiges Leid im Sternenschein" (BAW 2, 107ff).

102   Das *Alte Testament* lehrt Gottes *Heiligkeit*, die für nicht Geläuterte bedrohlich ist. So spricht Jahwe zu Moses: „Du kannst mein Angesicht nicht sehen und leben" (Exodus 33, 20). Jesaja sagt (6, 5): „Wehe mir, ich vergehe! Denn ich bin unreiner Lippen ... und habe den König ... mit meinen Augen gesehen". Zum wachen Wissen des Zusammenhangs vom Sehen des Angesichts Gottes und vom Sterbenmüssen und daher vom Staunen über Schonung bzw. das Geschenk eines Mittlers, sei es in Gestalt eines Engels des Herrn, sei es durch Moses als Überbringer der Gesetzestafeln, s. *Genesis* 32, 31; *Deuteronomium* 5, 23-31; *Richter* 6, 22f; 13, 22f. – Rudolf Otto zeigt, wie mit der Religion des Moses die *Versittlichung* des *Numinosen*, seine Erfüllung zum *Heiligen* im eigentlichen Sinne anhebt, die sich in Prophetie und Evangelium zu ethischer Verallgemeinerungsfähigkeit vollendet und das irrational Numinose in der Gottesvorstellung überwindet. Der „Zorn", Mitte des *tremendum*, Ausdruck göttlicher Majestät, tritt zurück hinter die Offenbarung Gottes, des „heiligen Israels" als Gerechtigkeit, Güte, Weisheit und Treue (*Das Heilige*, s. nota 78: 27f, 39ff, 95ff).

er nur in der erlittenen Selbstaufhebung dem Gott, – der in eins *tremendum* und *fascinosum* ist, wobei das *tremendum* die Oberhand gewinnt, – enthusiastisch unmittelbar zu begegnen vermag. In der archaischen Formulierung: „wie der Gott und Mensch sich paart" dürfte die Erinnerung an Semele liegen, die nach griechischer Mythologie vom Zeusblitz getroffen wird, da sie den – der Sühne bedürftigen -- Frevel begeht, daß sie den Gott zu schauen verlangt, in der Begegnung mit ihm aber den *Tod* erleidet. „Die göttlichgetroffne gebar/ die Frucht des Gewitters": Dionysos (St A II, 119). Hölderlin begreift solches ‚sich Paaren' von naturhaftem Gott und griechischem Menschen als orgiastischen *und* leidvollen, ja tödlichen Selbstverlust des Menschen; es ist bei der Paarung von Zeus und Semele auf erschütternde Art ein Liebes- und Vernichtungsakt in eins. Ihr Schicksal ist, anders als das von Ödipus, nicht eigentlich tragisch, da sie willkürlich begehrte. – Der Gott, mit dem der Mensch Ödipus „im Zorn" (*orge*) eins wird, ist Apoll als Gott des Orakels. Indem der Mensch durch den Gott seines eigenen Zentrums, ja Lebens, beraubt wird, kommt die endgültige Scheidung zustande, die unbegrenzt Gültigkeit hat; die Sphären von Mensch und Gott treten wieder auseinander, und zwar nicht bloß relativ, sondern absolut. – Auch in den *Antigone*-Anmerkungen (St A V, 289-296) bestimmt Hölderlin auf ähnliche Weise das Tragische, das darin liegt, „daß der unmittelbare Gott ganz Eines mit dem Menschen ..., die unendliche Begeisterung ... in Gegensätzen, im Bewußtsein, welches das Bewußtsein aufhebt, heilig sich scheidend sich faßt, und der Gott in der Gestalt des Todes gegenwärtig ist." (St A V, 269) Durch die religiöse Einswerdung reißt also der Gott den Menschen in den Tod. Antigone fühlt gemäß Hölderlins Deutung den nahenden Gott als Bedrohung und sucht der Begegnung oder gar Einswerdung mit ihm auszuweichen, „ehe sie wirklich der gegenwärtige Gott ergreift" (St A V, 167).[103] Wie Ödipus fürchtet sie, so Hölderlins Konzeption, die Einswerdung mit dem griechischen Gott, wiewohl die Begeisterung des Menschen, der Enthousisasmos als das Gott-inne-Sein „unendlich", grenzenlos ist. Der Gott, der das Bewußtsein eines Menschen ergreift und erfüllt, wird für den Augenblick Bewußtseinsinhalt. Doch eben durch eine solche Gegenwärtigkeit des Unendlichen im endlichen Bewußtsein wird dieses in seiner Fassungskraft gesprengt, ja das lebendige Dasein des Menschen ausgelöscht;[104] „heilige Scheidung" tritt ein zwischen Gott

---

[103] Für Hölderlin stehen hinter diesen Aussagen wohl auch persönliche Erfahrungen, da er im Herbst 1802 schreibt, er könne „wohl sagen", daß ihn „Apollo geschlagen" habe (St A VI, 462), das Erleiden eines Schubs andeutend. – Vgl. Meta Corssen: Die Tragödie als Begegnung zwischen Gott und Mensch. Hölderlins Sophokles-Deutung, in: *Hölderlin-Jahrbuch* 3 (1948/49), 139-187.

[104] Für Hölderlin erhebt sich innerhalb seiner Tragödienergründung das Problem, wie des Menschen Bewußtsein von sich selbst *und* vom Göttlichen möglich und beständig ist

und Mensch, der Mensch stirbt. Hierin erblickt Hölderlin ein „Sich-Fassen" der „Begeisterung", also das Erkennen eines unaufhebbaren Unterschieds zwischen Gott und Mensch. Damit diese Erkenntnis in einer Epochenwende, wie Hölderlin sie in Theben zur Zeit der Antigone sieht, offenkundig wird, muß ein göttlich erwählter Mensch in tödlicher Einswerdung mit dem Gott auf tragische Weise untergehen. In einem Zusatz in den Antigone-Anmerkungen macht Hölderlin deutlich, daß von jener antik-griechischen, die religiöse Dimension einschließenden *Tragik* eine andere, tragikfreie Gottesidee abzuheben ist: „Der Gott eines Apostels ist mittelbarer, ist höchster Verstand in höchstem Geiste" (St A V, 269). Das nicht unmittelbare, sondern mittelbare, nicht naturhafte, sondern geistige Gottesverhältnis des Menschen in der christlichen Religion schont die Existenz des Gott suchenden Menschen.

Das dichte und hellsichtige Wort des Sehers Teiresias: „in Einem Bette mit/ Dem Vater und sein Mörder" (St A V: 156, 217) ist komprimierte Antwort auf das an seinem „zornigen Unmaß" leidende, alles über sein Schicksal Wissenwollen des Ödipus. Dessen „treue(r) gewisse(r) Geist" scheint, wie Hölderlin anmerkt, „in zorniger Ahnung" seinen eigenen eigentlichen Frevel (Nefas) zu kennen. Er nimmt „die Sünde", die sich als seinige erweisen wird, schon vorab „als unendlich" und „reizt" in „wunderbare(r) zornige(r) Neugier" sich selbst dazu, mehr zu wissen, als er „tragen oder fassen kann" (St A V, 215f). Angedeutet ist, daß die geistige und seelische Fassungskraft in Aufnahme göttlicher Wahrheit zerbricht; durchdrungen ist Ödipus vom „verzweifelnden Ringen, zu sich selbst zu kommen" (St A V, 217), im Suchen seiner Herkunft und damit seiner eigenen Bewußtseins-Identität. In Hölderlins Übersetzung lautet das strenge Selbsturteil des Ödipus (vor seinen Geschwistern und Kindern), zugebend, daß „Ich nicht ganz, was ich bin, erforschte" (St A V, 219): Gesagt wurde, daß „man verderbe mich gottlosen Vatermörder". „Denn welches Übel fehlt' nicht? Euren Vater / Ermordete der Vater, die Gebärerin / Hat er gepflügt, von der er selbst gesäet ward". „Doch verhasset Göttern komm ich." (St A V: 206, 208, 210) Zuletzt herrsche, so Hölderlins Synopse, „in den Reden vorzüglich

---

angesichts der Gegenwärtigkeit des Gottes in ihm. Das von Hölderlin hervorgehobene Gesprengtwerden des Bewußtseins durch das Unendliche, den Gott, erinnert an den Gedanken des jungen Hegel, daß das Göttliche „den Verstand, der es aufnimmt, und dem es Widerspruch ist", zerrüttet (Nohl 306); solche Zerrüttung widerfährt dem endlichen Bewußtsein jedes Mal, wenn es das Göttliche zu erfassen sucht; es gerät notwendig in Widersprüche. Hier ist eine embryonale Vorform von Hegels *Dialektik* zu finden, die in der Aufstellung von Gegensätzen besteht, in welchen das Unendliche im Endlichen gegenwärtig ist, und die zunächst *negativ* bleibt, das heißt, ohne die *Aufhebung* des Widerspruchs in einer *höheren Einheit*. – S. dazu Klaus Düsing: Die Theorie der Tragödie bei Hölderlin und Hegel, in: ders.: *Subjektivität und Freiheit. Untersuchungen zum Idealismus von Kant bis Hegel*, Stuttgart-Bad Cannstadt 2002, 275-312, bes. 280f.

das geisteskranke Fragen nach einem Bewußtseins" (St A V, 218). „Alles ist Rede gegen Rede, die sich gegenseitig aufhebt". Das Mitleid aber will die Seele der „Hörer zerreißen" (St A V, 220).

Zu Abschluß seiner Ödipus-Anmerkungen, die Nietzsche kennen konnte, spricht Hölderlin im Hinblick auf die antiken Götter von einer der menschlichen *Untreue* vorausgehenden „göttlichen Untreue", die „am besten zu behalten" sei. Solche „göttliche Untreue" ist für den Menschen tief verletzend und auf schlimme Weise beeindruckend. Der Gott, der sich vor einer Epochenwende anders als in und nach ihr zeigt, läßt den Menschen, der sich auf ihn verläßt, im Stich,[105] dessen Tragik gerade in dieser erlebten Unzuverlässigkeit des Göttlichen gründet. „In der äußersten Grenze des Leidens" *vergißt* der Mensch in einem solchen Momente „sich und den Gott, und kehrt, freilich heiliger Weise, wie ein Verräter sich um" (St A V, 220). Indem Apollon seinen eigenen Schützling Ödipus preisgibt, der das Orakel – zu Recht, aber auf fatale, unendlich radikale selbstzerstörerische Weise, – auf sich selbst bezieht, ist diese *Preisgabe* in der Tiefe deutbar als eine Manifestation der „Selbstmitteilung des *Deus absconditus*".[106] Der Freigeist Ödipus wird mit seinem „göttlichen Wissen" als ganze, auch sinnlich fühlende Person ergriffen und von demselben Gott, mit dem er sich eins weiß, vernichtet. Ebendiese tragische *Katastrophe* ist in ihrer Eindrücklichkeit besonders gut erinnerbar, so daß uns verbürgt ist, wie Hölderlin erklärt, daß „das Gedächtnis der Himmlischen nicht ausgehet". Geschichtlich konkret handelt es sich um eine Welt der Pestilenz und „Sinnenverwirrung", in welcher „der Gott und der Mensch", als einander Fremde, „in der allvergessenden Form der Untreue" sich mitteilen (St A V, 220). Solche erschütternd erlebbare göttliche Untreue kann dem späteren, hesperischen Menschen als Kontrastbild dienen zur Idee göttlicher unverbrüchlicher Treue.

---

105 In seiner luziden Deutung der griechischen Tragödie erklärt Hegel in der *Phänomenologie des Geistes* zum Untergang einer heroischen Person, die an ihrem Gott irre geworden ist, so z.B. Antigone: „Dieses Schicksal vollendet die Entvölkerung des Himmels" (GW 9, 396). Die Tragik liegt für Hegel nicht wie für Hölderlin in der notwendigen Scheidung und daher im Untergang des Menschen, der sich unmittelbar mit einem Gott eins weiß, sondern in der Einseitigkeit der göttlichen Macht, mit der ein Heros sich identifiziert und vereinigt. Die Tragödie führt für Hegel über das (als anonyme *Notwendigkeit* waltende) *Schicksal*, in dem kollidierende göttliche und sittliche Mächte, – die jeweils in Heroen wirksam sind, welche mit eigenem Pathos von ihrem Gott beseelt sind, – einander aufheben, implizit vom *Polytheismus* zum *Monotheismus*. Die schicksalhafte *Notwendigkeit* bedeutet das „Pantheon", in das die besonderen Götter zurückgehen (GW 9, 388). Der tragische Untergang der heroischen Person ist hierbei das Abarbeiten der Einseitigkeit ihres Gottes. – Vgl. dazu Klaus Düsing, vorige nota, 298-302.

106 Vgl. hierzu und zu Hölderlins Theologie Michael Theunissen: *Pindar. Menschenlos und Wende der Zeit*, München 2000, 943-989, bes. 962ff, 966f, 970f.

e) *Hölderlins synkretistische Mythologie in den Hymnen und seine späte christliche Umwendung*

Hölderlin, der als Dichter und Philosoph am intensivsten den Griechen gefolgt war, wird in seiner Spätphase zu einem den christlichen Gott Suchenden. Wegen Ausbruchs seiner Krankheit kann er diese Suche nicht zum Abschluß bringen. Seine „abendländische Wendung",[107] die eine Hinwendung zu Christus ist, bekundet sich besonders deutlich in *Der Einzige* (St A II, 161-172). Argumentativ steht hinter dieser Wendung die niederdrückende und vernichtende Erfahrung des „unmittelbaren Gottes" als Naturgewalt, so wie er sie am Phänomen der Tragödie ergründet hat, die für Hölderlin in geschichtsphilosophischer Hinsicht eine Gotteskrisis ist, die das gespannte Erwarten eines *anderen Erscheinens* Gottes weckt. Im Rätselwort: „Wenn aber / Ein Gott erscheint, auf Himmel und Erd und Meer / Kömmt allerneuernde Klarheit" (St A II, 141) kündigt dieses sich an, das erschließbar ist als der Lichtglanz des Kyrios Christus. Solche verheißene *Klarheit*, die alles erneuert, schlösse mit ein, – wenn „Reinentsprungenes" achtungsvoll im Gedächtnis bleibt, – daß „uralte Verwirrung" der Sphären von Gott und Mensch, also ihre Tragik, *nicht* „wiederkehrt" (St A II: 150, 152-156; *Rheinhymne*). Das Licht, das mit dieser schöpferischen Klarheit aufgeht, stellt die Weisheit der Welt in den Schatten, da es nicht von dieser Welt ist, sondern von dem Gott, der in der *Patmos*-Hymne besungen wird. Er ist der vom Seher Johannes bezeugte: „Ich bin der Erste, Letzte und Lebendige", der „alles neu" macht (*Offenbarung* 1, 17; 21, 5). Die schon durch das *erste* Erscheinen Christi verwandelte Welt kann zukünftig Heilung von zerstörerischer Tragik erfahren.

Durch rasche Umbrüche schreitet Hölderlin von einem pantheistischen ästhetischen *Platonismus* über eine dem *Synkretismus* zugeneigte Schaffensphase zu Ansätzen einer hesperisch christlichen Phase.[108] Nach Verabschieden seines klassizistischen Griechenideals entwirft er in seiner eigenen neuen Mythologie zunächst Jesus Christus als den letzten der antiken Götter. Zu seiner bewegten Klage über den Verlust lebendiger Gegenwärtigkeit antik

---

107 Zur Begriffsprägung s. Wilhelm Michel: *Hölderlins abendländische Wendung*, Weimar 1922, 5-53.
108 Zur späten christlichen Neuorientierung Hölderlins vgl. Klaus Düsing: Christus und die antiken Götter in der Mythologie des späten Hölderlin (s. nota 88), 181ff. – Heidegger, der Hölderlin als den „zukünftigsten Dichter" rühmt, ignoriert diese christliche Wendung, da er, auf Nietzsches Lehre vom ‚Tod Gottes' sich berufend, seinen „letzten Gott" als den „ganz Anderen gegen die Gewesenen", vor allem „gegen den christlichen" Gott setzen will (GA 65: 401, 403). Vgl. dazu K. Düsing: Die Mythologie des späten Hölderlin und Heideggers Seinsgeschichte, in: *Die Gottesfrage im Denken Martin Heideggers*, Hg. N. Fischer/ F.-W. von Herrmann, Hamburg 2011, 129-147.

griechischer Geisteskultur, die Schillers Elegie: *Die Götter Griechenlands* nahe kommt, gehört für Hölderlin der Verlust eines Glaubens an die Realität dieser griechischen Götter. Dieser Volksglaube fand, gemäß der Elegie *Brot und Wein*, auf folgende Weise sein Ende: „Oder er [Gott bzw. ein Gott] kam auch selbst und nahm des Menschen Gestalt an/ Und vollendet' und schloß tröstend das himmlische Fest." (St A II, 97) Hölderlin spielt hier auf Christus an als den, der den Göttertag, die Epiphanie von Göttern auf Erden abschließt, als die letzte -, ob ontologisch wahre, bleibt offen, – Erscheinung (eines) Gottes in Menschengestalt. Auch in der großen Hymne *Patmos* erscheint, in Verschmelzung griechischer Mythologie und christlicher Religion, Christus, der „Sohn des Höchsten", der „nie genug ... von Güte zu sagen" hatte, als der letzte antike Gott. Wie von keinem antiken Gott heißt es: „Aussprach der Herr", – hier klingt der Hoheitstitel Jesu an: Kyrios, Prädikat seines Gottseins, – der „das Zürnen der Welt" sah und seinen Tod voraussahnte, „die letzte Liebe" (St A II, 175f). Der „Sonne Tag" erlosch, als „der Königliche ... den Zepter, göttlichleidend, von selbst" zerbrach, – Jesu freiwillige Erniedrigung, – und, mit seinem Fortgang, auch „der Höchste" sein Angesicht abwendet (St A II, 183f).[109] Damit bricht für Hölderlin die *Götternacht* herein, die erst durch Christi ferne Wiederkehr überwindbar sein würde. Er sollte „wiederkommen", nicht „schroffabbrechend, untreu" sein! (St A II, 184); ein Gebet lautet: „Fittige gib uns, treuesten Sinns/ hinüberzugehn und wiederzukehren" (St A II, 192)), worin der Wechsel von der Heimat zur Fremde, aber auch die bereicherte Rückkehr ins Eigene imaginiert sein mögen.

Am weitesten voran getrieben ist Hölderlins Entwurf eines neuen synkretistischen Mythos, der Göttertag, Götternacht und Wiederkehr der Götter einschließt, in der *Friedensfeier*. Sie ist angelegt als Fest göttlicher und menschlicher Allversöhnung und seligen Seins am Ende der Zeit, als Wiederkehr eines ehemals untergegangenen goldenen Äons. Universale *Harmonie* wird als Ziel des Seins postuliert: „Nur der Liebe Gesetz / das schönausgleichende gilt von hier an bis zum Himmel". Heilige Mächte sind geladen, unter denen ein *Sohn* des „Alllebendigen" sei. Zum Fest, bei dem die Seligen beisammen sind, wird Christus gerufen, „ihr Geliebtestes auch/, an dem sie hängen"; darum rief ich „dich, Unvergeßlicher" (Strophe 9). Er darf nicht fehlen, da die antiken Götter

---

109 In der Elegie *Brot und Wein* heißt es, als „der Vater" „sein Angesicht" von den Menschen abgewandt hat und „das Trauern mit Recht über der Erde begann", ließ ein himmlisch tröstender „Genius", gemeint ist Christus, vor seinem Fortgang die Gaben Brot und Wein zurück. Das biblische Abendmahl wird umgedeutet zum griechischen Symposion, von Christus am Abend des Göttertags gestiftet, als Zeichen, „daß er einst da gewesen und wieder käme". Dieser bringt „selbst die Spur der entflohenen Götter / Götterlosen hinab unter das Finstere" (St A II, 98f).

auf ihn vorausweisen. Dies ist der maximale Wiedergewinn der Einheitsbeziehung in der Gott-Mensch-Begegnung am „Abend der Zeit", welche die *Friedensfeier* entwirft, die in der *Rheinhymne* kurzzeitig als ein „Brautfest" von Menschen und Göttern ersehnt und erträumt ist. Alle Tragik, wie Hölderlin sie im *Grund zum Empedokles* und in den Sophokles-Anmerkungen, wiewohl auf kryptische Art entwickelt, ist hier überwunden.

In zentralen religiösen Sinn-Nuancen bzw. theologischen Topoi, durch die Hölderlin bejahend die Person Christi charakterisiert, so z.B. in der Hymne *Patmos*: „Die Toten wecket/ Er auf ... Denn noch lebt Christus" (St A II, 179), dürfte ihm die Unvereinbarkeit von Synkretismus, mit Christus an der Spitze, und Christi Einzigartigkeit deutlich gewesen sein. Auch die Annahme der Götternacht, als Entzug der Nähe und Zuwendung Gottes zum Menschengeschlecht, paßt weder zu der biblischen Botschaft von Jesu Auferstehung noch dazu, daß Christus seinen Jüngern *den Geist sandte* (St A II, 176). – In der Hymne *Der Einzige* hebt Hölderlin Christus aus der Mitte der griechischen Götter heraus und stößt auf das Problem von Christi Unvergleichbarkeit mit ihnen: „Christus aber ist / Das Ende. Wohl ist der noch andrer Natur"! (St A II, 455) Dieses Problem hat für ihn außerordentliche existentielle und religiöse Tiefe. Das Ahnen, daß Christus der einzige sein könnte, in dem der Eine Gott Mensch wurde, stürzt ihn persönlich in „innere Feuerstürme" der Beunruhigung,[110] im Hin- und Hergerissensein zwischen antiker griechischer und christlicher Welt als der wahren und idealen Heimat der Geistseele. Der Stimmungsgang in *Der Einzige* hebt an mit dem Bekenntnis: „Was ist es, das /an die alten seligen Küsten / mich fesselt, daß ich mehr noch / sie liebe, als mein Vaterland?" (St A II, 161) Ergriffen von Griechenlands Schönheit sucht er in ihr und ihren Göttern „den letzten eures Geschlechts, / des Hauses Kleinod", womit er hier und im folgenden Christus meint, an dem „am meisten/ die Schönheit hing" (residuales Moment des ästhetischen Neuplatonismus), „an" dessen „Gestalt / ein Wunder war und die Himmlischen gedeutet/ auf ihn", als ihre letzte, ja teleologische Erfüllung. Im Ausruf und in betrübter Frage: „Mein Meister und Herr!/ O du, mein Lehrer! / Was bist du ferne/ geblieben?" (St A II: 162, 177) sind zwei Bibelworte verschmolzen: „Ihr heißet mich Meister und Herr und saget es mit Recht" (*Johannes* 13, 13) und: „Einer ist euer Lehrer, Christus" (*Matthäus* 23, 10). Zu erklären sucht er sich Christi Fernbleiben zuerst, antikisierend, durch Götterneid, der aber für ihn nicht zutreffen kann: „Und jetzt ist voll/ von Trauern meine Seele, / als eifertet ihr Himmlischen selbst, / daß, dien ich einem, mir / das andere fehlt". Auch deutet nichts darauf hin, daß er an die

---

110 So Klaus Düsing: Christus und die antiken Götter in der Mythologie des späten Hölderlin (s. nota 88), 184f.

Verzögerung der Parusie als der Wiederkehr Christi denkt. Überraschend ist die nun folgende Wendung, die allem vorangehenden Bemühen widerstreitet, Christus in allversöhnender Absicht in den Kreis antiker Götter einzugliedern, d.h. in die Mythologie vieler auf Erden in Menschengestalt Erscheinender, also als Bruder des Dionysos: „Ich weiß es aber, eigene Schuld/ ists! Denn zu sehr, / o Christus! häng' ich an dir" (St A II, 162). Dieses Bekenntnis ist erstaunlich, vergleicht man es mit vielen späten Gedichten, in denen andere Götter wie Dionysos oder Apoll besungen werden. Da der Gedichtanfang persönlich ist, darf auch der Abschluß in diesem Sinne ernst genommen werden, als ein Zeugnis leidenschaftlichen Fragens nach dem wahren Gott. Zwar verlautet in der Rede von einer „Schuld", „zu sehr" an Christus zu hängen, kaum ein original christlicher Sinn und fällt die Beteuerung, Christus sei auch ein Bruder des Dionysos,[111] in den antikisierenden Duktus einer synkretistischen Mythologie zurück. Doch unterbricht Hölderlin aufs neue sich selbst, mit einer persönlichen Konfession: „Es hindert aber eine Scham/ mich, dir zu vergleichen / die weltlichen Männer" (St A II, 163), gemeint sind Dionysos und Herakles, die in dieser vertieften Sicht nicht in gleicher Weise göttlich und heilig sind wie Christus; der „kühne" Vergleich von Dionysos mit Christus wird also wieder zurückgenommen. Gründe bringt Hölderlin nicht; er beruft sich auf ein Fühlen, Ahnen, eine ehrfürchtige Scheu, die der synkretistischen Mythologie eine Schranke ihrer Geltung setzt. Solche „Scham" richtet sich gegen Einebnung dessen, der „die Sünden der Welt" trug (St A II, 171),[112] so die Andeutung eines zentralen theologischen Gehalts in *Der Einzige*. Offenbar verliert für Hölderlin die synkretistische Mythologie zunehmend an Überzeugungskraft.

In der unvollendet gebliebenen Madonnenhymne soll die „königliche Mutter" des „göttlichen Knaben" besungen werden. Auch in dieser Hymne findet sich eine beachtliche Konfession, die sehr persönlich und von hohem Gewicht ist: „Und manchen Gesang, den ich/ dem Höchsten zu singen, dem Vater, / gesonnen war, den hat/ mir weggezehret die Schwermut" (St A II, 219f). Zwar

---

111 Ein „Bruder"-Verhältnis beider erblickt Hölderlin darin, daß, wie Christus, auch Dionysos „die Todeslust der Völker aufhält", d.h. in einer sie auf gleiche Art charakterisierenden Sendung, die Menschen heilt (St A II, 166).

112 Im Tragen der „Sünde der Welt", Anspielung auf *Johannes* 1, 29: „Siehe, das Lamm Gottes, welches der Welt Sünde trägt", liegt ein Alleinstellungsmerkmal, das Christus vor allen anderen „Söhnen Gottes" auszeichnet. Von Christus sagt ein später Entwurf der *Patmos*-Hymne, erinnernd an die Kenosislehre gemäß *Philipper* 2, 6f, er „starb .../ ... gebückt" (St A II, 190). Im starken Kontrast zu den stolzen griechischen „Söhne(n) Gottes", z.B. des „Donnerer(s)" Zeus, heißt es von Christus: „er bescheidet sich selbst", ja es fällt das plastische Wort: wie ein „Bettler"! (St A II, 455)

dürfte hinter diesem Wort das Depressionserleben des schon von Krankheit Gezeichneten stehen; doch gibt es eine darüber hinaus reichende Bedeutung, die im Eingangspassus aufscheint:

„Viel hab' ich dein/ und deines Sohnes wegen/ gelitten, o Madonna, / seit ich gehöret von ihm / in süßer Jugend" (ebd).

Hier offenbart sich eine unbewältigte geistige Problematik, Fundamente seiner Existenz betreffend, nämlich das Ahnen, Christologie und Mythologie seien unvereinbar. Worauf er höchste Aufschwünge seiner schöpferischen Geistesexistenz zu gründen versuchte, hat sich als brüchig erwiesen; sein Dasein als Dichter einer neuen synkretistischen Mythologie scheitert am *Anderssein* Christi, das durch Hinwendung zu ihm sich zu hoher Evidenz verdichtet.

Das religionsphilosophische Schlüsselthema, das Nietzsche und Hölderlin gleichermaßen und gemeinsam bewegt hat, ist das der „Treue Gottes". Im späten Hymnenfragment „Griechenland" erklärt Hölderlin, an griechische Götter als Tragik auslösende, drohende Naturmächte erinnernd: „Denn immer lebt/ die Natur. Wo aber allzusehr sich / das Ungebundene zum Tode sehnet, / Himmlisches einschläft, und die Treue Gottes / das Verständige fehlt." (St A II, 265) Kardinale Kriterien zur Unterscheidung des wahren vom archaischen, letztlich vernichtenden Gott sind, wie sich eruieren läßt, ob dieser Gott *Treue* verbürgt oder zerbricht und infolge seiner sittlichen oder unsittlichen Qualität im Menschen das „Sehnen" zum Leben erweckt oder das Verlangen zum Tode auslöst.

So vollzieht der späte Hölderlin eine Abwendung von der griechischen Religion, die Götter als Naturmächte verehrt, die auf tückische, unheimliche Art menschliches Selbstsein auszulöschen drohen, und eine Hinwendung zur christlichen, die den göttlichen Geist bzw. den geistigen „Gott eines Apostels" anbetet (St A V, 293), der im Vergleich zum antiken Gott ein *mittelbarer* Gott ist, persönlicher Geist statt anonymer Naturkraft. Der christliche Gott eröffnet dem ihn Suchenden ein verstehbares, klar abgegrenztes Unterschiedsverhältnis zwischen Gott und Mensch, der nicht bedroht ist, von dem ganz anderen verschlungen zu werden. Über den Gottmenschen Christus, der Mittler des Heils ist, wird ein originales Selbstsein jedes Menschen vor Gott gewährt. Der christliche Gott verursacht nicht jene griechische Tragik, von einem unheimlichen, naturhaften Gott zerstört zu werden. An die Stelle der griechischen, Menschen bedrohenden Götter tritt für den späten Hölderlin also der christliche Gott, der selbst „höchster Verstand in höchstem Geist" ist (St A V, 269) und dem Menschen auf eine ihn in seiner Ich-Identität schonende, geistig vermittelte Weise begegnet. – Diese letzte Wendung zur christlichen Religion in seiner Spätzeit reicher auszuführen, war Hölderlin in seiner Krankheit nicht vergönnt.

In der Jenaer Geistesphilosophie entdeckt Hegel, – Hölderlins Durchleuchten des Selbstverlusts in der antiken Tragödie nahe, – das Christentum als absolute Religion kraft der kategorialen Bestimmung, daß in ihr das Wahre nicht ein Überwältigendes der Natur oder des Schicksals ist, worin „das Selbst nur nichtig" wäre, sondern die *Tiefe Gottes*, die durch freies Sichoffenbaren des ewigen *Ich* „*zu Tage herausgetreten*" ist,[113] wie es an die Theophanieformel *Ego eimi* anklingend heißt, die der Evangelist Johannes oft gebraucht. Der *Deus absconditus* bekundet sich selbst, wer er ist, als der personale und treue *Deus revelatus*. Ihn hat Hölderlin, darauf deuten manche seiner späten Äußerungen hin, gefunden, Nietzsche jedoch, folgt man allein dem publizierten Werk, verloren.

f) *Nietzsche: Zarathustras Grablied – Ariadnes Liebesklage – Dionysos oder Christus?*

Eine Eintragung Nietzsches zur Zeit seines Abiturs deutet hin auf Kenntnis des späten Hölderlin: „Das schweifende Geschick sucht sich mit den unheimlichen Tiefen des Menschen zu vereinigen und vernichtet alles wenn die Vereinigung geschehn." (BAW 2, 221)[114] Der junge Nietzsche trifft im mystischen Erschrecken über einen dämonischen Unheilsgott, der Menschen im Einswerden mit ihm vernichtet, den Kern von Hölderlins Tragödienkonzeption. Ödipus' Handeln als das „närrisch-wilde Nachsuchen nach einem Bewußtsein" (St A V, 217) angesichts der Bedrohung persönlicher Ich-Identität durch einen unbegreiflichen, treulosen Gott findet starken Widerhall in Nietzsches Jugendausführungen: Die „Aufgeregtheit, dieser leichtentzündliche Eifer des Oedipus, sein Selbstgefühl, das sich ... zum Trotz steigert", hebt er scharf abgegen die kalte Besonnenheit des Kreon; ein „dämonischer Zug" liege in diesem Eifer des Ödipus, der ihn, je aufgeregter er „das Wahre" über sich zu ergründen suche, „in immer tiefere Irrsale hineinreißt".

Hölderlins eindringliches Wort von der „göttlichen Untreue" scheint vorzüglich geeignet, Nietzsches frühe traumatische Schlüsselerfahrung auf den Begriff zu bringen, zu deren reflexiver Einholung im Theodizeeproblem die Zeit seines bewußten Lebens kaum ausgereicht hat. Das Thema *Treue* ging

---

113 Zu Hegels Begriff der absoluten Religion, die das freie Selbst des Menschen hochachtet, vgl. hier C XII 1.

114 In Nietzsches Wort von der „unheimlichen Tiefe" schimmert das Wort der Sophokleischen Antigone durch: „Ungeheuer ist viel. Doch nichts Ungeheuerer, als der Mensch." (Anfang zweiter Akt, übers. von F. Hölderlin, St A V 238) Nietzsche erwähnt früh Sophokles und dessen Tragödien Ödipus und Antigone (BAW 2: 373f, 223).

ihm auch in der Zeit der Wagner-Begeisterung nahe, in dessen Opern er dieses Motiv in interpersonalen Beziehungen ausgestaltet fand (KSA 8, 215f). Als Kontrast zu diesem Höchstwert gestaltete Wagner ebenso intensiv, als tragische Dimension in seinen Musikdramen, „das Gefühl der erlittenen *Untreue*" als „das Furchtbarste" und „das Herzzerschneidendste, was es giebt", wie es, so rühmt ihn Nietzsche, nie zuvor ein Künstler vermocht habe (KSA 8, 216).

Unter der Maske Zarathustras spricht Nietzsche (KSA 4, 142-145; Zarathustras *Grablied*) von Gräbern seiner Jugend, deren Erinnern für ihn bedeutet, daß sie gleichsam sich öffnen und damit sein „lebendig begrabener Schmerz" wieder aufsteht (KSA 14, 310). Denn man „begräbt immer sein Liebstes", heißt es im Aphorismus *Die ewige Totenfeier* (M 520). Daher rühre, daß „wir mit Gestorbenen leben und in ihrem Sterben mitsterben" (M 441). Diese direkt anredend heißt es im *Grablied*: „Von euch her, meinen liebsten Todten, kommt mir ein süsser Geruch, ein herz- und thränenlösender" (KSA 4, 142). Sich selbst als Überlebenden erblickend, in dem auch noch „das Unerlöste, Ungeredete" seiner frühen Jahre fortlebt, lautet eine Nachlaßnotiz zur „Gräberinsel" seiner Jugend: „Meiner Jugend gedachte ich heute ich gieng meine Gräberstraße ... – auf meinen eigenen Trümmern."[115] Im selben Fragment deutet der Eingangssatz: „deine Knie beten an, aber das Herz weiß nichts davon. *Erlösung zu bringen*", ein psychosomatisch sich auswirkendes inneres Gespaltensein an zwischen nostalgischem Anbetungsimpuls und selbstauferlegtem Widerstand.[116] Im folgenden Fragment lautet die erste Notiz, die, angesichts der schmerzlich erinnerten Gräber, wie eine Verleiblichung von Trost und Hoffnung anmutet: „Jesus – wie ein süßer Geruch" (KSA 10, 366f).[117]

Analog zu seinen „liebsten Todten" spricht Nietzsche auch die ihm kostbarsten „Gesichte und Erscheinungen" seiner Jugend, ihrer gedenkend, in personaler Du-Anrede an: „Oh, ihr Blicke der Liebe alle, ihr göttlichen Augenblicke!

---

115 Das Bild vom Wandeln über Gräbern dürfte angeregt sein durch Höltys Gedicht vom „Wunderseligen Mann", dessen Nietzsche 1875 unter intensiven Kindheitserinnerungen gedenkt (KSA 8, 194): „Einsam wandelt er oft, Sterbegedanken voll, / Durch die Gräber des Dorfs, setzet sich auf ein Grab" (L. Chr. H. Hölty, Werke und Briefe, hg. von U. Berger, Berlin/Weimar 1956, 165). Vgl. Mazzino Montinari: *Nietzsche lesen*, Berlin /New York 1982, 23ff, 29f.

116 Den „Grabwächter ... auf der Bergburg des Todes" (KSA 10, 368) mutet der Name *Jesus* wie ein Lichtstrahl an, signalisiert durch die symbolische Gebärde, im unterdrückten ‚Anbeten' seiner „Knie", das dem Gottessohn und auferstandenen Todesüberwinder gelten dürfte, das jedoch im Nicht-glauben-könnenden „Herz(en)" stumm bleibt.

117 Das Prädikat „Süße" findet sich in der Skizze *Heidenwelt und Christentum* 1862 für das „trostverkündende" „Evangelium": Gottes „unendliche Liebe knüpft die Welt wieder an den Himmel, den sie verloren (BAW 2, 64).

Wie starbt ihr mir so schnell!" (KSA 4, 142)[118] Sodann aber wendet er sich in recht kryptischer Formulierung an „Feinde" und fragt, „was ist alles Menschen-Morden gegen Das, was ihr mir thatet!" Denn ihr mordetet mir „meiner Jugend Gesichte und liebste Wunder", nahmt mir „die seligen Geister", womit, in christlich religiöser Redeweise, die in Jesus Christus Entschlafenen und daher für ewig Seligen gemeint sein könnten. Werden ihm diese Verstorbenen als ‚selige' genommen, so hieße das dann, gläubige Ewigkeitshoffnung weicht skeptischer Todverfallenheit durch Seelenverwehung. Die angeredeten Feinde raubten ihm die Wiederholbarkeit beseligender „göttlicher" Augenblicke und „Blicke der Liebe", so daß ihm seine „höchste Hoffnung" und die „Tröstungen" seiner Jugend (KSA 4, 142ff) in Gräbern versanken, im endgültigen Tod ohne christliche Auferstehungshoffnung und Erwartung des Wiedersehens.[119] Das Hoffen ewigen sich Wiederfindens in Liebesnähe vernichtet zu sehen ist für ihn Seelenmord. Die Wortwahl: „mein Herzlichstes, … mein Besessensein" und „mein edelstes Gelöbnis" (KSA 4, 143f) deuten auf eine Passion hin, die, als religiöse Gottesbeziehung, die zwischenmenschliche Liebe überragt. – Das im Innersten Erblicktwerden von Jesus Christus ist Thema eines tiefsinnigen Gedichts des achtzehnjährigen Nietzsche gewesen. Bekannte Hölderlin, „zu sehr" an Christus zu hängen, so heißt es hier (BAW 2, 80): „Du hast gerufen: / Herr …/ Von Lieb entglommen / strahlt mir so herzlich, / Schmerzlich / dein Blick ins Herz ein: Herr, ich komme. – Ich war verloren, / … Du standst von ferne:/ dein Blick unsäglich / … Traf mich so oft: nun komm' ich gerne… . /Kann dich nicht lassen / … Seh' ich auf dich und muß dich fassen./ Du bist so milde, / treu und innig, / Herzminnig / Lieb' Sünderheilandsbilde! /Still' mein Verlangen, / mein Sinn'n und Denken/ zu senken / in deine Lieb', an dir zu hangen." So lichtet sich das hohe Rätsel, welcher Bedeutungsquelle die im *Zarathustra* wehmütig erinnerten göttlichen „Blicke der Liebe" entspringen mögen, die durch einen „Mord" ausgelöscht worden sind (KSA 4, 142f). Das frühe Gedicht „Jetzt und ehedem" schildert das Niederknien vor einem Christuskreuz und schweigend Beten, das darin endet: „Ich grüße/ dich aus der stummen Einsamkeit, Wo ich mein Leben büße …/ Ich schau auf dich und lasse still / Mein sehnend Herz verbluten." (BAW 2, 192) Namen der Seelenmörder, die das treu vertrauende Herz verwundet haben, bleiben ungenannt.

---

118 Zum Unerlösten, das sich Zarathustras Erlösungs-Konzept entzieht, s. Marco Brusotti: *Die Leidenschaft der Erkenntnis*, 566f. Die Formulierung: „göttliche Augenblicke" weist er in einer Emerson-Übers. nach (ebd. 483f).

119 Joergen Kjaer (*Friedrich Nietzsche*, Opladen 1990, 105f) weist darauf hin, daß Nietzsche in seiner Jugend der zuversichtlichen Hoffnung gewesen ist, daß er nach dem Tod zu ewiger Freude mit den Seinen vereint würde, vor allem mit seinem früh verstorbenen Vater.

Dem Schmerz der Trennung für immer von „Geliebtesten", die, wie er selbst, zur Treue und zu „zärtlichen Ewigkeiten" sich bestimmt sahen, verleiht er bewegenden Ausdruck. Muß ich euch, fragt er in einer feierlich verzweifelten Namengebung, – auf das negative bzw. defiziente *Wesen* der Angerufenen hinzielend,- „nach eurer Untreue heißen, ihr göttlichen Blicke und Augenblicke: keinen andern Namen lernte ich noch" (KSA 4, 142f). Welcher „Name" hier gemeint ist, – dem offenbar Exklusivität gebührt und zu dem der Autor ehemalige religiöse Treue einbekennt, – läßt sich hier vermuten, denn das bekannte Wort der Apostelgeschichte über Jesus dürfte von Jugend an in Nietzsches Gedächtnis gehaftet haben: „In keinem andern ist das Heil, ist auch kein andrer Name unter dem Himmel den Menschen gegeben, in welchem wir gerettet werden sollen" (Act 4, 12). Zarathustras Grablied thematisiert das ungewollte Sich-Verlieren und einander Fremdwerden der vormals treuen Partner:[120] „Doch floht ihr mich nicht, noch floh ich euch: unschuldig sind wir einander in unsrer Untreue" (KSA 4, 143). Hier könnte Hölderlins Anmerkung zu Sophokles anklingen, die „allvergessende" *göttliche Untreue* biete Menschen Anlaß zum Vergessen ihrer selbst und des Gottes, so daß auf tragische Weise beide aneinander Untreue verüben. Wie Hölderlins Sophokles-Notizen scheint auch Zarathustras Grablied zu suggerieren, daß ein göttlicher Verrat es sei, der dem menschlichen an der vormals geglaubten und erhofften ewigen Treue vorausging, – die gleichwohl, in ihrem schmerzlichen Vermißtwerden, des Menschen Sehnsuchtsbild bleibt.

Religionsgeschichtlich läßt sich hier ein Oszillieren erkennen zwischen den oft wankelmütigen Göttern und dem biblischem Gott, dessen unerschütterliche Treue zu seinem Bundesvolk Kern des altisraelischen und frühchristlichen Bekenntnisses ist. – In seiner ersten freigeistigen Schrift fordert Nietzsche, durch Reflexion auf unsre eigene Leidenschaft müsse ein Treuegelöbnis gelöst werden dürfen, wenn wir, womöglich einem „rein fingierten Wesen", „Treue geschworen", unser Herz *Gott geweiht* hatten; denn um nicht „durch diese Treue an unserem höheren Selbst Schaden" zu stiften, müssen wir „Verräter werden, Untreue üben" und darüber auch Schmerz erleiden (MA 629). Eine

---

120 Im Jugendgedicht von 1860 unter dem Titel *Abschied* heißt es: „Wenn Seelen treu verbunden / Sich scheiden, ist viel Leid, / So oft ich denk der Stunden, / Der schönen gold'nen Zeit, / Da bluten meine Wunden, / Ich kann nicht mehr gesunden / Vor tiefer Traurigkeit." (BAW 1, 224). Treue, Tod, Trennungsweh sind bleibende Motive. Unter dem Titel *Heimkehr* schreibt er: „Ich habe viel geweinet / Auf meines Vaters Grab". Vertraut war ihm das christliche Antidot, das er in einem Reisebericht vergegenwärtigt: „Ihr Todten, ... ihr sollt auferstehn" (BAW 1: 107, 216). „Jesus lebt! Mit ihm auch ich, / Tod, wo sind nun deine Schrecken?" (BAW 1, 391f); der jugendliche Nietzsche notiert sich mehrere Kirchenlieder zur Auferstehungsbotschaft, z.B. von Christian Fürchtegott Gellert.

Skizze möglicher Motive zur Loslösung von der Religion beschließt Nietzsche mit der Eintragung: „Phasen – / Verlust, Oede, einbegriffen ein Gefühl(!) der Untreue(!), Undankbarkeit, Loslösung, alles überwogen durch eine unwiderrufliche bittere Gewißheit" (KSA 12, 53). In den Verlust des christlichen Gottes ist für Nietzsche der als ‚untreu' erlittne Blick Jesu eingeschlossen, an dem aber nicht der biblische Jesus ‚Schuld' trägt, sondern das entmythologisierte Jesusbild.[121]

Nietzsche hat sich nicht plötzlich vom Christentum abgewandt und ist Agnostiker oder Atheist geworden; nein, der Prozeß der Entfremdung vom christlichen Glauben war für ihn langwierig, schmerzlich und wie das Schlimmstmögliche, das über einen Menschen hereinbricht, das er oft befürchtet, nie eigentlich gewollt hat. Nietzsche hat sich sein Apostatentum nicht leicht gemacht, sondern so schwer wie möglich. Ein Gedicht von 1884 steht der ersten Fassung der „Klage der Ariadne" zeitlich nahe und ist ihr thematisch verwandt: „Die Krähen schrei'n ...". Es trägt die doppelte Überschrift, die das Wesen des Freigeists deutlich macht: **Der Freigeist** und *Abschied* und enthüllt ein nicht selbst gewähltes Verfluchtsein zur Winterwanderschaft in unüberwindliche Heimatlosigkeit: „Was bist du Narr/ vor Winters in die Welt – entflohn? /- Die Welt – ein Thor / Zu tausend Wüsten stumm und kalt! / Wer Das verlor, / Was du verlorst, macht nirgends Halt. – / Nun stehst du bleich, / Zur Winter-Wanderschaft verflucht, / Dem Rauche gleich, / Der stets nach kältern Himmeln sucht. -/ Flieg', Vogel, schnarr' / Dein Lied im Wüsten-Vogel-Ton! – / Versteck', du Narr, / Dein blutend Herz in Eis und Hohn!" (KSA 11, 329). Die Kälte der Welt begreift und erleidet am meisten, wer aus einer spirituellen Geborgenheit herkommt.

Der ihm eigentümliche *Atheismus*, wie Nietzsche ihn nach Veröffentlichung des *Zarathustra*, zur Zeit des Ariadne-Gedicht-Entwurfs bestimmt, ist für ihn keine triumphale Selbstverwirklichung, sondern eher ein „*Suchen* nach Unglück"; denn wir geben uns „dem Schmerze, dem Gefühl der Entbehrung hin" (KSA 11, 367), gemäß der Maxime intellektueller Redlichkeit: Her mit bittern Wahrheiten und fort mit schönen Illusionen! Sein Atheismus vollzieht sich paradoxerweise im Horizont des *Deus absconditus*. Der verborgene Gott bleibt für ihn keine bloß gedachte abstrakte Größe; er ist herzzerreißende Erfahrung, unendlicher Mangel an tröstender Nähe. Ihr typologisch ähnlich ist die Erfahrung des in antikem Sinne Heiligen in Hölderlins Dichtung; im Erfassenwollen dieses Göttlichen wird der Verstand gesprengt, und die Begegnung mit dem antiken Gott ist für das Ich bedrohlich, ja zerstörerisch.

---

121 Zur gravierenden Bedeutung der Evangelienkritik von D. F. Strauß für Nietzsches Denkweg vgl. hier C XI 3 b.

Nietzsches vielleicht eindrücklichste Sehnsuchtsklage um Gott, zunächst in noch prosanaher Form 1884 entworfen (KSA 11, 369f), dann abgewandelt als Klagelied des Zauberers, als „Büßers des Geistes", der an seinem schlechten Gewissen „erfriert" (KSA 4, 318), in den *Zarathustra* aufgenommen (KSA 4, 313f), findet sich in letztgültiger Fassung als „Klage der Ariadne" in den *Dionysos-Dithyramben* (KSA 6, 398ff).[122] In markanten Bildern, mehr in Wehmut als im Zorn: „Wer wärmt mich, wer liebt mich noch?!" stellt das Gedicht die Grausamkeit des verborgenen Gottes vehement vor Augen. Der emotional ergreifende Text: „Was *willst* du, unbekannter – Gott?" – Was willst du von mir? – ist entworfen als Anrufung des *Deus absconditus* mit der verzweifelten und nostalgischen Bitte: „Gieb *Liebe* mir"! (KSA 11, 370; 6, 400) Auf Abgründe in der Gottesfrage deutet der Verdacht hin: „du schadenfroher unbekannter Gott?" (KSA 6, 399), hatte doch Schopenhauer die Empfindung der *Schadenfreude* teuflisch genannt.[123] Das Motiv des unbekannten Gottes erinnert an die Areopagrede des Paulus: „Einen Altar fand ich, auf dem geschrieben stand: „Dem unbekannten Gott. Nun verkündige ich euch, was ihr unwissend verehrt" (Act 17, 23), und an ein Jugendgedicht Nietzsches, dem unbekannten Gott gewidmet (von 1864). Allerdings ist schon für den jungen Nietzsche der vom Apostel verkündete christliche Gott in der umgekehrten Bewegungsrichtung dabei, wieder zu jenem *unbekannten Gott* zu werden, den die antiken Heiden verehrten; der in Kindheit und Jugend angebetete *Deus revelatus* entschwindet wieder in seine *absconditas*.: „Noch einmal eh ich weiter ziehe / Und meine Blicke vorwärts sende / Heb ich vereinsamt meine Hände / Zu dir empor, zu dem ich fliehe, / Dem ich in tiefster Herzenstiefe / Altäre feierlich geweiht / Daß allezeit / Mich seine Stimme wieder riefe. – / Darauf erglüht tiefeingeschrieben / Das Wort: Dem unbekannten Gotte: / Sein bin ich, ob ich in der Frevler Rotte / Auch bis zur Stunde bin geblieben: / Sein bin ich und ich fühl' die Schlingen, / Die mich im Kampf darniederziehn / Und, mag ich fliehn, / Mich doch zu seinem Dienste zwingen. – / Ich will dich kennen, Unbekannter, / Du tief in meine Seele Greifender, /... Du Unfaßbarer, mir Verwandter! /

---

122 Die Bedeutung des Namens Ariadne, die nach dem antiken Mythos Theseus aus dem Labyrinth verhilft, vom Helden verlassen und Adressat der Liebe des Gottes Dionysos wird, ist viel umrätselt worden. Er steht wohl für das *Geheimnis der Seele*, deren Sehnsuchtsziel ihr im Traume naht (KSA 4, 152). Carl Gustav Jung wurde von *Ariadne* zur Anima-Konzeption angeregt. – Vgl. dazu Jörg Salaquarda: Noch einmal *Ariadne*, in: *Nietzsche-Studien*, Bd 25 (1996), 99-125, 112ff; Erich Meuthen: Vom Zerreißen der Larve und des Herzens. Nietzsches Lieder der ‚höheren Menschen' und die ‚Dionysos-Dithyramben', in: *Nietzsche-Studien* Bd 20 (1991), 152-185.

123 Im Gespräch Zarathustras mit dem Papst über den *Tod Gottes* geht Nietzsches Destruktion des christlichen Gottes bis hin zur Suggestion seiner Verwechselbarkeit mit seinem – in der christlichen Tradition aufgeführten – Gegenspieler. Vgl. dazu hier A III 1 und A V 4.

Ich will dich kennen, selbst dir dienen." (BAW 2, 428) So vermengen sich schon im Gedicht des Zwanzigjährigen Sehnsucht nach Gott und Gefühl der Entfremdung, ein widerstreitendes in eins Fliehen zu ihm hin und von ihm fort. Pessimistischer, ja bedrohlicher wird später die Nähe des fremden Gottes in der „Klage der Ariadne" entfaltet.

Mystischen Schrecken erregt jener unbekannte Gott im menschlichen Ich, dessen Name, so der neuplatonische Anklang, nicht genannt werden könne. „Hingestreckt, schaudernd, / Halbtodtem gleich,... / geschüttelt, ach! von unbekannten Fiebern, / zitternd vor spitzen eisigen Frostpfeilen / – von dir gejagt, Gedanke! / Unnennbarer! Verhüllter! Entsetzlicher! / Du Jäger hinter Wolken! / – Darnieder geblitzt von dir, / du höhnisch Auge, das mich aus Dunklem anblickt! / So liege ich, biege mich, winde mich, gequält / von allen ewigen Martern, getroffen / von dir, grausamster Jäger, / du unbekannter – *Gott*" (KSA 6, 398).[124] Nietzsche scheut nicht den logischen Widerspruch, der darin liegt, daß der „unbekannte" Gott, der endliches Begreifen überschreitet, dezidiert als *grausamer* angesprochen wird; solche Ausdrücklichkeit und in ihr beanspruchte Treffsicherheit in der Sphäre des Nichtwissens fokussiert wie im Brennspiegel die *Antitheodizee*. Seine Wortwahl – vor allem: „Unnennbarer, ... du unbekannter – *Gott*" – legt eine religiöse Bedeutung nahe, die „Martern" als Gewissensqual eine ethische, – eine implizit erotische ist erschließbar. „Triff tiefer! ... zerbrich dies Herz! ... Der du auch des Nachts heranschleichst, ... mein Herz behorchst, in meine Träume einsteigst, /... allzeit bereiter Henker-Gott, wozu! / – Wozu *mich* martern?" (So in der Erstfassung KSA 11, 369). In der späteren Fassung wird der Gott als „Schamloser" attackiert, da er „in meine heimlichsten Gedanken einsteigen" wolle (KSA 6, 399). In der bitteren Anklage des Unbekannten: „du – Henker-Gott!" (KSA 6, 399), welche die schlimmste Prädikation des verborgenen Gottes jenseits von Gut und Böse, eigentlich radikal böse ist, ruft Nietzsche durch Anklang an die Formel *Selbstkenner! / Selbsthenker!* (KSA 6, 390) im Gedicht *Zwischen Raubvögeln* die Problematik zerstörerischer Selbstbezüglichkeit in Erinnerung.

In der „Klage der Ariadne" folgt eine überraschende verzweifelte Peripetie hin zum freimütig eröffneten Liebessehnen: „Gieb mir, der Einsamsten, / ... gieb, ja ergieb / grausamster Feind, / mir – *dich*!" „Komm zurück! *Mit* allen deinen Martern! / All meine Thränen laufen / zu dir den Lauf / und meine letzte Herzensflamme / dir glüht sie auf, / Oh komm zurück, / mein unbekannter Gott! Mein *Schmerz*! / Mein letztes Glück!" (KSA 6, 400f) Die stumm bleibenden Erwiderungsreden des ‚unbekannten Gottes' bestehen, so Wolfram

---

124 Nietzsches Anrufung des „Unnennbaren" erinnert an das *hen arrheton* als den „ersten Gott" des Proklos.

Groddeck, in unhörbaren Phantomreden, nur durch signifikante Pausen angedeutet.[125] In der gewählten Bildlichkeit scheint die Seele, wie Mystiker dies erleben, kurz vor dem Verglimmen ihrer authentischen feurigen, also liebenden Regungen zu sein und, weltentrückt, ohne den Gott zu verschmachten, der als ihr einziges Glück beschworen wird. Die scheinbar vertraute religiöse Anrede: „mein ... Gott" erinnert an Nietzsches Jugendgedicht an den *unbekannten Gott*. Die mystisch verinnerlichte „Herzensflamme" korrespondiert jedoch auch in antireligiös abgründiger Weise dem sich selbst opfernden Sichverbrennen Zarathustras im Dionysos-Dithyrambus *Das Feuerzeichen* (KSA 6: 401, 393f), das verstanden werden kann als ein Sichverzehren in der Glut unstillbarer Leidenschaft der Erkenntnis. – In Ariadnes Klage läßt sich ihr Erschrecken aus der gleichsam halluzinatorischen Präsenz des ‚Gottes' erklären. Im Andeuten einer Verführungsszene hat die ‚Klage' erotische Konnotationen; der religiöse Gehalt wird durch den „in smaragdener Schönheit" auftretenden Dionysos zwar ironisch zurückgenommen. Jedoch sind die seelischen Liebesschmerzen umgewandelt in paradoxe religiöse Zeichen der schmerzlichen Präsenz des abwesenden Gottes.[126] Der leidenschaftlich vermißte Gott ist auf quälende Weise anwesend. Imaginiert als „Eifersüchtiger", der meinen „Atem" belauscht, ist er leibseelisch unendlich nahe, wiewohl in einer Nähe, die eher bedrohlich als tröstlich erscheint (KSA 6, 399ff).

Bezeichnete der „Henker-Gott" ein bloß innerseelisches Geschehen,[127] so wiese er auf die Qual des bösen Gewissens hin. Dann wäre die Aufforderung:

---

125 Wolfram Groddeck: *Friedrich Nietzsche – Die ‚Dionysos-Dithyramben'. Bedeutung und Entstehung von Nietzsches letztem Werk*, Berlin/ New York 1991, Bd 2, 182-213. Das Motiv der Tränen findet sich schon zu Beginn des ersten Dionysos-Dithyrambus *Nur Narr! Nur Dichter!* im pietistischen Sinn als Ausdruck für vormalig gehegte bittere Reue über die eigene Sündenschuld im Suchen nach der Vergebung: „gedenkst du, heißes Herz, / wie einst du durstetest, / nach himmlischen Thränen" (KSA 6, 377).

126 Groddeck vermutet, daß Nietzsche auf Grund seiner Kenntnis der neuesten Pariser Experimental-Psychologie typische Verlaufsphasen der Hysterie in ‚Ariadnes' Klage einzeichnet; dann bedeutete das „höhnische Auge" das des Hypnotiseurs, und es läge eine auf S. Freud vorausweisende Verwandtschaft des religiösen und neurotischen Seelenzustands nahe. W. Groddeck: *Friedrich Nietzsche -‚Dionysos-Dithyramben'*, Bd 2: 203, 190-196, 209ff.

127 H. J. Schmidt deutet sich das Wort vom „Henker-Gott" vor dem Hintergrund von Nietzsches schwerer früher *Traumatisierung* durch das Leidensinferno des todkranken Vaters, wodurch ihm in früher Kindheit schon das Gottesbild in unvereinbare Komponenten zerbrach: Das Liebesantlitz Gottes, durch den gütigen gesunden Vater repräsentiert, und Gott – insofern das Kind ihn verantwortlich machte für das Leiden des geliebten Vaters, – als sadistischer Folterer, ja Mörder- und Henker-Gott (*Nietzsche absconditus*. Jugend II, s. nota 77, 196-203, 550f, 558f, 662f).

„Triff tiefer" (KSA 6, 398) vergleichbar mit der Rede von einem „Gottesbiß",[128] der aufwühlend schmerzlich das innerlichste Selbstgefühl verwundet. Die Verwandlung des Gewissens, in der ethisch-metaphysischen Tradition als Stimme Gottes verstanden, in ein Entsetzen Erregendes, zynisch befremdlich Zerstörerisches, zeigt sich im Ausruf: „Du höhnisch Auge, das mich aus Dunklem anblickt"! (KSA 6, 398) Das „Dunkle" ist der verborgene Gott, der kein Erbarmen, womöglich aber Vergnügen am Leiden der Lebewesen hat. Ohne einen guten Gott gibt es kein segensreiches Geprüftwerden, nur ein Ich, das sich quält.

Nietzsches späte *Dionysos-Dithyramben* können als überraschende Infragestellung zumindest der dogmatischen Heilsansprüche in Zarathustras Botschaft gelten. Sie zeigen für das sich suchende Selbst kraft Nietzsches authentischer, ineins exemplarischer *Selbstanalyse* ein depressives Gefälle. Moralistisch streng ist die Höllenfahrt des Sicherkennens in *Zwischen Raubvögeln*: „Oh Zarathustra, ... Jüngst Jäger noch Gottes .../ Jetzt -/ von dir selber erjagt, / ... an jeder Wunde müd, / an jedem Froste kalt, / in eignen Stricken gewürgt, / *Selbstkenner!/ Selbsthenker!"* (KSA 6, 389ff). Die Wahrheitsjagd wird zur stets sich erneuernden Selbstverwundung, ohne daß das lyrische Ich sich jemals seiner selbst gewiß zu werden vermag. Jedes Selbstbild droht schon im Entstehen als Lüge sich zu disqualifizieren. Dem früher von Nietzsche betonten triumphalistischen Selbstverständnis Zarathustras wird rückhaltlos dessen verzweifelte Selbstzerreißung gegenübergestellt. Der Besuch des Raubvogels enthüllt das tödlich Abgründige der einsamen Selbsteinkreisung, ja symbolisiert die suizidale *Selbstzerfleischung* des Wahrheitssuchers und *Gottesmörders*, der mit Gott in eins sich als *freie*, sich erkennende Person zu töten bedroht ist, als *Jäger Gottes* „von dir selber erjagt" (KSA 6, 390).[129] Gott, den der Freigeist Nietzsche verabschiedet hatte, bleibt gleichwohl als Problem gegenwärtig.

So nimmt für den spätesten Nietzsche sein Ringen mit dem unbekannten Gott dramatische Züge an; er gestaltet in Gedichten zerstörerische Konsequenzen für das wider Gott aufstehende Selbst.

---

128 Der christliche Mystiker Johannes Tauler charakterisiert das strafende Gewissen durch den von Nietzsche an anderer Stelle gebrauchten Ausdruck „Gottesbiß" (KSA 13, 551). Tauler erklärt bildhaft, daß Gott uns „ißt" und „kaut"; für den Frommen, der sich Gott hingibt, der dem Urteil stille hält, das Gottes Geist in ihm wirkt, bedeutet der Gewissensbiß ein segensreiches Geprüftwerden durch Gott (Emanuel Hirsch: *Lutherstudien* Bd 1: *Zu Luthers Lehre vom Gewissen*, Gütersloh 1954, 100ff). Bei Nietzsche hingegen bedeutet der Gewissensbiß, da kein guter Gott waltet, sondern ein tyrannischer Sadist oder das Nichts, ein heilloses Zerfallensein des Ich mit sich selbst.

129 Vgl. Richard Schottky: Nietzsches Dithyrambus ‚Zwischen Raubvögeln', in: *Nietzsche-Studien* 22 (1993), 1-27.

Zu Anfang des Ausbruchs seiner Krankheit füllt Nietzsche Blätter mit seltsamen Phantasien, in denen die antike Sage vom kretischen Dionysos-Zagreus als qualvoll zerrissenem und in seiner Zerrissenheit ohnmächtigem Gott sich vermischt mit der Leidensgeschichte der Evangelien, – so als gewänne der „leidende Ur-Eine" zwei Gesichter, ein dionysisches und ein christologisches; der von seinen Feinden zerrissene Gott aber wandelt, neu erstanden, – ähnlich wie der genesende Nietzsche in den Turiner Herbsttagen, – an den Ufern des Po.[130] Die dreifachen Relate: Nietzsche – Dionysos, Nietzsche – Jesus, Dionysos-Zagreus – Jesus bilden jene symbolträchtige Sinneinheit, die maßgebendes Identifikationspotential des hypersensiblen und psychisch labilen Philosophen ausmacht. Dionysos-Zagreus ist Zentralgesalt orphischer Mysterienreligion; er ist Sohn des Zeus, trägt den Beinamen Soter (Retter), ist Symbol ewigen Lebens im Diesseits, nicht als persönliche Fortexistenz. Denn Dionysos wird von Titanen zerrissen, in zahllose Individuen zerteilt und von Zeus wiedergeboren. So wenig wie Nietzsches Selbst-Identifikation mit Dionysos leichthin abzutun ist als Wahnsinn, da er von Jugendzeit an mit griechischer Religiosität vertraut war und jenen zum Symbol seines Denkens erkoren hatte, sollte seine späteste Selbst-Identifikation mit dem gekreuzigten Jesus, dem er sich zur Jugendzeit zutiefst verbunden wußte, als bloße Wahnidee abgetan werden.

Zugleich mit Nietzsches Kindlich-Werden zu Beginn seiner späten Krankheit „macht sich bei ihm diese religiöse Stimmung mehr denn je geltend", – so schreibt Franziska Nietzsche im Juni 1890 an Franz Overbeck, – die sich in Aussprüchen Nietzsches zeigte, wie z.B.: „Selig sind die Toten, die im Herrn sterben" (Offb 14, 13).[131] Ihm dürften mit dem Schwinden des Wissens um seine Werke, nicht zu Ende geführten Pläne, den religionskritischen Gehalt seiner Reflexionen, die darin hoch aufgetürmten Zweifel an Christus als wahrem Welterlöser, vor allem aber seine erbitterte *Krieg*serklärung: *„Dionysos gegen den Gekreuzigten"* in *Ecce Homo* (KSA 6, 374)[132] mit entschwunden sein. Der mit dem „Gekreuzigten", mit Jesus sich identifizierende Nietzsche eröffnet dem Adressaten Georg Brandes im Brief vom 4. Januar 1889 die wundersame Schwierigkeit, ihn nach dem Gefundenhaben wieder „zu verlieren": „Nachdem Du mich entdeckt hast, war es kein Kunststück mich zu finden: die Schwierigkeit ist jetzt die,

---

130 Mitgeteilt von Pia Daniela Volz: *Nietzsche im Labyrinth seiner Krankheit, Eine medizinisch-biographische Untersuchung*, Würzburg 1990, 204.
131 *Der kranke Nietzsche. Briefe seiner Mutter an Franz Overbeck*, hg. von Erich F. Podach, Wien 1937, 87. Vgl. Werner Ross: *Der ängstliche Adler. Friedrich Nietzsches Leben*, Stuttgart 1980, 795f.
132 Zur theologischen Dimension dieses Kampfes vgl. Nietzsches antichristliches Paulusbild, hier C XI 1.

mich zu verlieren .../ Der Gekreuzigte" (KSB 8, 573). In kreativer Imagination nimmt der Schreiber den Briefempfänger gleichsam in ein anderes Gespräch mit hinein, in welchem Jesus Nietzsche fragt, wie er es schaffen will, von ihm loszukommen, ihm quasi *untreu* zu werden, mit der humorvollen Pointe: so wie Jesus für Nietzsche sollte der Briefschreiber für seinen Adressaten unvergeßlich bleiben. Wenn jene Unterschrift nicht nichtssagend sein soll, ist ein solcher Subkontext denkbar.

Auf die Freude in der Weihnachtsbotschaft anspielend, die durch Jesu Kommen in unsere Welt eröffnet wird, schreibt Nietzsche am 3. Januar 1889 an Meta von Salis: „Die Welt ist verklärt, denn Gott ist auf der Erde. Sehen Sie nicht, wie alle Himmel sich freuen? .../ Der Gekreuzigte" (KSB 8, 572f).[133] Im Brief an Jacob Burckhardt, den er verehrte, dessen Freundschaft er vergebens zeitlebens suchte, heißt es am 4. Januar 1889: „Nun sind Sie ... unser großer ... Lehrer: denn ich, zusammen mit Ariadne, habe nur das goldne Gleichgewicht aller Dinge zu sein, wir haben in jedem Stücke Solche, die über uns sind .../ Dionysos" (KSB 8, 574). Das „Gleichgewicht ist die Basis der Gerechtigkeit" (WS 22); dessen durchgreifendes Walten würde die Frage der Theodizee erübrigen. In manischer Stimmung imaginiert Nietzsche, *selbst* göttliches Versagen auszugleichen.

Im Jahre 1880 nennt Nietzsche feierlich und ersichtlich berührt das Engelwort bei der Geburt Christi an die Hirten: „Friede auf Erden und den Menschen ein Wohlgefallen" (Luk 2, 14), „jenes rührende und große Wort, bei dem noch Jedermann der Himmel hell wird [die Nacht zum Tage wird] und ein Gefühl kommt als ob er zum Hirten werde und des Nachts die Heerde weide", Heilung menschlicher Verzweiflung kündend. Doch „ohne einen Gott in der Höhe" ist dieses große, Seele erhebende Wort, so läßt sich wohl der Sinnzusammenhang von Nietzsches Notizen eruieren, ein „voreiliges", ja ein „Rätselwort", an dem das Christentum zu Grunde geht, – gemeint sein dürfte die enttäuschte Naherwartung der *Parusie*, Jesu Wiederkunft, nach dem Urteil seines Theologenfreundes Franz Overbeck ein unlösbares Problem für die frühe Kirche und

---

133 Nietzsche unterschreibt in Euphorie von ungefähr zwei Dutzend kurzen, durchaus sinnreichen, teils kühnen Briefen, die er zwischen dem ersten und vierten Januar 1889 verfaßt hat, acht mit „Dionysos" und ebenso acht mit „Der Gekreuzigte" (KSB 8, 571-577). Seinen Freund Köselitz, Opernkomponist, zuweilen guter Ermutigung bedürftig, ermuntert er zur Komposition eines Weihnachtsfestliedes: „Meinem *maestro Pietro* / Singe mir ein neues Lied: die Welt ist verklärt und alle Himmel freuen sich", unterzeichnet: „Der Gekreuzigte" (KSB 8, 575).

überhaupt den *christlichen Glauben*, „an dem Jeder zu Grunde gehen soll, der es lösen will und nicht lösen kann"![134]

Nietzsche, so scheint es, glaubte zu wissen, woran er möglicherweise einmal „zu Grunde" gehen würde. Sein Verlangen nach einer höheren Einheit von Jesus und Dionysos, von ursprünglichem Christentum und modernes Leben erneuernder Antike im Winter 1888/89, als er der Integrität seiner Persönlichkeit verlustig zu gehen droht, ist Hölderlins Intention in späten Hymnen *Patmos* und *Friedensfeier* vergleichbar, in denen dieser Christus unter die antiken Götter einzureihen sucht. Zugleich aber ist Hölderlin, etwa in *Der Einzige*, der unauflöslichen Spannung von heidnischem Götter-Pantheon und Christi Absolutheitsanspruch inne. Jene hohe Spannung hat Nietzsche auf andere Weise als feindseligen Widerspruch gedeutet, nämlich von dionysischer Vitalität und lebensmüder Dekadenz einer Religion des Mitleidens mit allen Elenden, Schwachen, Kranken, Benachteiligten.

Die Wahnbriefe vom Januar 1889 enthüllen, so Janz, „trotz der befremdlichen Spiegelungen in irrealen Visionen mit bestürzender Klarheit den realen Boden" dessen, was Nietzsche bis in die Dämmerung seines Bewußtseins hinein „leidenschaftlich bewegt hat"; ihm entgleiten auf Grund der Lockerung seiner geistigen Kraft „bestgehütete Geheimnisse",[135] zu denen der in Nietzsches Spätwerken *Antichrist* und *Ecce Homo* exzessiv, ja erdbebenartig gesteigerte Widerstreit von Dionysos und Christus, ihre konträren Weltdeutungs- und Welterlösungsmodelle gehören dürften. Wie ein Kampfesmüder, so hat es den Anschein, wird Nietzsche im Winter des Jahres 1888/89 überflutet von jahrzehntelang ungelöst gebliebenen Fragen, z.B. ob Gott, wenn es ihn gibt, weisheitsarmer Schöpfer oder grausamer Tyrann, Jesus, falls er möglicherweise bevollmächtigter Sohn des Vaters war, gleichwohl ohnmächtiger Welterlöser oder selbst ein absolute Liebe Suchender gewesen sei. – Das plausible Sehnen nach einer höheren Einheit von Dionysos und Jesus, das in wechselnden Unterschriften: „Dionysos"/ „Der Gekreuzigte" durchschimmert, mag hindeuten auf eine lang angebahnte Tendenz seines vorbewußten Denkens zu einer versöhnlichen Spannungsauflösung, die sich endlich im geistigen Zusammenbruch nachhaltige Geltung verschafft. Nur durch eine Lösung der schier unerträglich

---

134   KSA 14, 201, Vs des letzten Aphorismus: *Die goldene Losung* (WS 350) von MA II. Die Abwandlung des Wortes aus *Lukas 2, 14* vom verheißenen Wohlgefallen Gottes an den vom Messias erlösten Menschenkindern in die Weissagung: „... den Menschen ein Wohlgefallen aneinander" persifliert Nietzsche als krypto-sozialistischen Wahlspruch. Die wachsende Freude von jedem an aller Freude werfe sich darauf, daß „alles Gute Gemeingut werde". – Zu Nietzsches Sozialismus-Kritik s. Henning Ottmann: *Philosophie und Politik bei Nietzsche*, Berlin / New York 1987, 25f, 138f, 299f.

135   Curt Paul Janz: *Friedrich Nietzsche. Biographie*, München/ Wien 3 Bde, 1978/ 79, Bd 3, 26ff.

gewordenen Spannung zwischen Griechentum und Christentum konnten die harten sachlichen Widersprüche – statt des unerbittlichen Entweder/ Oder – sanfter ineinanderfließen, anstatt Nietzsche weiterhin zu torturieren.

Nietzsche zitiert schon in der *Geburt der Tragödie* den antiken Spruch des Sophokles: Das *Beste* ist, nicht geboren worden zu sein, was unerreichbar ist, das Zweitbeste, bald zu sterben (KSA 1, 57)![136] Dies wird ihm später, wie gezeigt, zur ihn selbst entzweienden, ja selbstzerstörenden Haßliebe auf Dionysos und Christus. In gleichartiger innerer Zerreißprobe stand der späte Hölderlin. Er lotet jenes antike suizidale Motiv des ‚Besten' in seinem späten Hymnenfragment „Das nächste Beste" (Zweite Fassung von 1803) zeitgeistkritisch eindrucksvoll aus: „Offen die Fenster des Himmels / Und freigelassen der Nachtgeist, / Der himmelstürmende, der hat unser Land / Beschwätzet, mit Sprachen viel, unbändigen, und / Den Schutt gewälzet / Bis diese Stunde." (St A II, 243) Dieser negative Dämon in der Zeit der dunklen Gottesferne verursacht Verwirrung und Verderben der Individuen und der Völker. Aus dieser Finsternis findet Hölderlin in der letzten Wende seiner Spätzeit (vor dem endgültigen Ausbruch seiner Krankheit) für sich selbst und für das kommende Zeitalter heraus durch die Hinkehr zu der die Menschen in ihrer Endlichkeit schonenden und erhaltenden Geistigkeit des christlichen Gottes oder des Christus, dessen liebreiche Einzigkeit er fragmentarisch in seiner Spätzeit dichterisch zu denken versucht.

3) **Angst und Tod im neuzeitlichen Denken: Luther – Kierkegaard – Nietzsche – Heidegger**

W. von Kügelgen über ein Abschiedswort im Sterben: „Im Himmel sehen wir uns wieder"![137] – Schopenhauer: Unsre „Individualität ist eine Verirrung, die aufgehoben werden muß". „Der Tod ist die große Zurechtweisung, welche der

---

136 „Nicht geboren zu sein – was ist / Höhren Werts? Aber *lebst* du schon – / *Dort*hin wieder, woher du kamst, / Schleunigst zu gehen, ist das nächste Beste!" *Oidipus auf Kolonos*, Vers 1124-28, in: Sophokles: *Tragödien*, Wiesbaden / Berlin 1957, übers. von R. Woerner, 357. – Im Dialog des Solon mit Kroisos wird als höchstes Glück des Menschen ein (schon in früher Jugend!) im Schlafe sterben Dürfen vorgestellt. Herodot: *Historien* I, 30-33.

137 Im Sterben liegend spricht die Großmutter zu ihm, ihre Hand ihm reichend: „‚Gelt, Wilhelm, im Himmel sehen wir uns wieder?' Da schlug ich unbedenklich ein und sagte: ‚Ja, Großmama!' Ich hoffe auch, daß mein Erlöser sein Fiat unter diesen Kontrakt gesetzt habe." Wilhelm von Kügelgen: *Jugenderinnerungen eines alten Mannes*, (Erstausgabe Berlin 1870) Zürich 1988, Manesse Bibliothek der Weltliteratur, 19. – Von Kügelgen war ein Maler des Biedermeier; seine Lebenserinnerungen haben sich hoher Beliebtheit seitens vieler Leser erfreut.

Wille zum Leben, ... der diesem wesentliche Egoismus, durch den Lauf der Natur erhält, und er kann aufgefaßt werden als eine Strafe für unser Daseyn."¹³⁸

a) *Kunst des Sterbens im Abendland und Verlust der Auferstehungshoffnung: Nietzsche*

Seit der Antike bildet sich im Abendland eine *ars moriendi* aus, nachdrücklich zuerst bei Platon, für den Weisheitsliebe, also Philosophieren einschließt, sterben zu lernen,¹³⁹ das heißt: alles loszulassen, was unwesentlich ist, und sich konzentrieren auf das Heil der Seele und auf die Ideenwelt. Das ist Platons Antithese zu den Sophisten, die dem Lustprinzip huldigen und dem Machtwillen frönen. Doch anders als leibfeindliche asketische Gnostiker, für die das Sterben willkommene Entleibung ist, läßt Platon im *Symposion* Hymnen auf den Eros singen; und in Fortsetzung Platons erheben sich nach Plotin die Seelen aus ihren Leibern zu sich als von Liebe Bewegte (erotikoi), verlangend nach dem wahrhaft Schönen,¹⁴⁰ um in der Idee der Schönheit auch sich selbst *ewig* wiederzufinden.

Drei Grundformen der *ars moriendi* lassen sich voneinander abheben, die heidnisch unfromme des Epikur, der in grandioser Verleugnung erklärt: „Solange wir existieren, ist der Tod nicht da, und wenn der Tod da ist, existieren wir nicht mehr",¹⁴¹ von der Platonischen und Stoischen, heidnisch frommen, und letztere wieder von der christlichen *ars moriendi*, die aus Jesu Verheißung lebt: „Ich will euch wiedersehen" (Joh 16, 22); das ist der Blick hinter den Todeshorizont: das göttliche Antlitz wartet, jede(r) ist mit Namen heimgerufen zum himmlischen Vater. „Prüfet euch selbst", fordert Paulus (2Kor 13, 5). Teilhaben an Christi Liebe bedeutet, dem Eigenwillen abzusterben: „Ich sterbe täglich" (1Kor 15, 31); aber wir wissen, so Paulus über des Menschen Leibexistenz, daß, „wenn unser irdisches Zelthaus abgebrochen wird", wir, „damit das Sterbliche

---

138 Arthur Schopenhauer, SW, hg. v. J. Frauenstädt, Bd 3, *Die Welt als Wille und Vorstellung*, Leipzig 1922, 581.
139 Platon erklärt: Die Seele, die in sich gesammelt ist und recht philosophieren lernt, ist darin geübt bzw. dazu gestimmt, leicht zu sterben, also auf den Tod bedacht zu sein (*Phaidon* 80e-81a). Vgl. Platon, *Gorgias* 492e. – Ideengeschichtliche Überblicke bei Ernst Benz: *Das Todesproblem in der stoischen Philosophie*, Stuttgart 1929; Jacques Choron: *Der Tod im abendländischen Denken*, Stuttgart 1967.
140 Vgl. Plotin: Enn. I 6, 21; Enn. III 5, 1. Das Böse gilt bei Plotin als Mangel des Guten, vgl. z.B. Enn. I, 8.
141 Epikur: *Von der Überwindung der Furcht*. Katechismus, Lehrbriefe, Spruchsammlung, Fragmente, 2. Aufl. übertragen von Olof Gigon, Zürich/ Stuttgart 1968, 101.

verschlungen werde vom Leben" (2Kor 5, 1.4), in einem „geistigen Leib" auferstehen werden (1Kor 15, 44).[142]

Die zweite und dritte Form von ars moriendi verbinden sich oft untereinander. So fordert der Begründer des christlichen Mönchtums, Antonius: „Lebt so, als solltet ihr jeden Tag sterben". Und der frühe Mönchstheologe Euagrios Pontikos geht sogar so weit, von seinen Schülern zu verlangen, sie sollten sich ihren eigenen Tod ausmalen, konkret bis hin zu der Leibesverwesung. Die Spiritualität früher Mönche zielt auf eine Vollkommenheit der Seele durch kontinuierliche Bewachung des eigenen Herzens, auf daß in ihm kein ungerechtes Wort sich verstecke. Aber auch bei dem stoischen Philosophen Epiktet heißt es: „Halte dir täglich den Tod vor Augen"; dann wird kein niedriger Gedanke, kein wildes Begehren dich quälen. Und Marc Aurel mahnt, man solle „in Gedanken an die Möglichkeit, jetzt aus dem Leben zu scheiden, alles tun, sagen und denken."[143] – Die Frage aller Fragen ist dann die einer begründeten *Hoffnung* des Daseins über den Tod hinaus. Eine solche Hoffnung hat seit Platon und Paulus mehr als zwei Jahrtausende lang Bestand gehabt; revolutionär hingegen ist ihr Verlust, der eigens durchlitten werden muß. -Nietzsche versteht unter der *ars moriendi* sehr handgreiflich, wenig fromm, aber Richtung weisend für das 21. Jahrhundert, die bittere Pflicht, jeder möge den *Kairos* für seinen Abtritt selbst wählen. Denn zur ‚Logik des Atheismus' gehört für ihn, – Dostojewskijs Analyse der Romanfigur Kirillow (*Dämonen*) folgend, – daß der Mensch seine neue schreckliche Freiheit durch den Suizid besiegelt. Im Lehrstück „Vom freien Tode" fordert Zarathustra dazu auf: „Stirb zur rechten Zeit!" und erklärt: „Meinen Tod lobe ich euch, den freien Tod, der mir kommt, weil *ich* will." (KSA 4, 93f)[144] Jene schroffe Härte steht in grellem Kontrast zu früheren

---

142 Zum schwer einzuordnenden Charakter der christlichen Auferstehungsbotschaft in der antiken Welt vgl. Tom Wright: *Von Hoffnung überrascht. Was die Bibel zu Auferstehung und ewigem Leben sagt*, 2. Aufl. Neukirchen-Vluyn 2016, aus dem Engl. (zuerst London 2007) übers. von R. Behrens, 61-78. – Vgl. auch hier C XI 3 b nota 85.

143 Dokumentiert von Pierre Hadot: *Philosophie als Lebensform. Antike und moderne Exerzitien der Weisheit*, aus dem Französischen von I. Hadot und Ch. Marsch, Frankfurt a. M. 2002, 48-65, bes. 53ff, 57.

144 Zur „Moral der Zukunft", die sich von christlicher „Denkungsart" losgelöst hat, gehört der angeblich *freie* und einzig *vernünftige Tod* (WS 185); vgl. hier B IX 5. – Erschreckend postmodern mutet Nietzsches Werben für eine – immoralistische – *Moral für Ärzte* an: „Auf eine stolze Art sterben, wenn es nicht mehr möglich ist, auf eine stolze Art zu leben. Der Tod, aus freien Stücken gewählt, der Tod zur rechten Zeit, ... inmitten von Kindern und Zeugen vollzogen: so dass ein wirkliches Abschiednehmen noch möglich ist, wo *Der noch da ist*, der sich verabschiedet". Als Mahnung dürfen wir die schonungslose Enthüllung Nietzsches lesen, was die Motivierung anderer zu ihrem Sterbenwollen angeht: Es sei *Verachtung* zu schüren gegen minderwertiges (‚lebensunwertes') Leben und *Ekel* vor solcher Patientenpflege (GD; KSA 6, 134). – Zur Zitierweise Nietzsches s. *Siglenverzeichnis*.

empfindsamen Äußerungen zum Tode, sei es in der Jugend oder zur mittleren Zeit, wo es heißt, daß „wir mit Gestorbenen leben und in ihrem Sterben mitsterben" (M 441). Phantasievoll ernst imaginiert Nietzsche im Aphorismus *Die ewige Totenfeier*: „Es könnte jemand über die Geschichte weg eine fortgesetzte Grabrede zu hören glauben: man begrub und begräbt immer sein Liebstes"! Der „Leichenredner", – so wird das am Geschichtsverlauf zunächst hervorgehobene ganz persönliche Leiden in eine nüchtern-ironische Perspektive überführt, – ist, ohne wahre Trostgründe, „der größte öffentliche Wohltäter" (M 520). Nietzsches Denken zeigt die Oszillationsspannung zwischen Hoffendürfen und Verderbensollen.

Mit dem Todesthema konfrontiert war Nietzsche, durch den Tod des Vaters und des Bruders, von früher Kindheit an; *Gedichte* und *Lebensläufe* bezeugen seine starke emotionale und reflexive Betroffenheit: „Ich habe viel geweint / Auf meines Vaters Grab", das „mir das liebste bewahrt" (BAW 1: 107, 230).[145] Vertraut war er auch mit dem christlichen Trost, den er sich zur Jugendzeit vorhielt: „Ihr Todten, ... ihr sollt auferstehn" (BAW 1, 216; vgl. 391f); denn Christus hat „den Tod bezwungen!" (BAW 2, 401) Diese Auferstehungshoffnung aber verliert er zur Studentenzeit. „*Das neue Grundgefühl*" ist „*unsre endgültige Vergänglichkeit*" (M 49). Religionskritisch wird fortan die christliche Sicht in Zweifel gezogen und zugleich als verlorener Schatz erinnert. Im Aphorismus *Die größte Veränderung* (FW 152) deutet Nietzsche geschichtsphilosophisch unser Zeitalter: Nach dem Ende der Geistmetaphysik mit ihrer Ewigkeitshoffnung sei alles Dasein, vor allem unser Sterben, überschattet von Gottesferne und unaufhaltsamem Verderben. „Die Beleuchtung und die Farben aller[! ED] Dinge haben sich verändert!" „Unser ‚Tod' ist ein ganz andrer Tod. Alle Erlebnisse leuchteten anders, denn ein Gott glänzte aus ihnen". Ist nun die „Farbenpracht" jener alten Meisterin", der „alten Menschheit" für immer erloschen? (FW 152) Der skeptische Freigeist würdigt im Aphorismus „*Das ‚Nach-dem-Tode'*" als lebensfroh die religiöse Sichtweise, in welcher „niemals wieder auf(zu)erstehen als äußerste Drohung" gilt. Er selbst vertritt die vermeintlich ‚wissenschaftliche' Annahme vom „*endgültigen Tode*", die „jedes jenseitige Leben" ablehnt (M 72), und verkündet, die menschlichen Seelen seien „so sterblich wie die Leiber" (KTA 75, 245), – weil die Seele nur leibliche Lebendigkeit ist. Nietzsches *These*: „Die Angst wohnt im Innersten der menschlichen Phantasie" (KSA 8, 356), deutet auf ein Labilgewordensein des schöpferischen Ich hin und auf eine Leerstelle dort, wo für Augustinus im Innersten der Seele eine

---

145 Das von Nietzsche aus der Nähe miterlebte todkrank Werden, Erlöschen seines Augenlichts und Sterben seines „geliebte(n) Vater(s)" erschütterte ihn tief, traf ihn wie „verderbend(e) ... Schläge des Himmels" (BAW 1, 4ff).

Gottesbegegnung möglich ist. „Die Phantasie der Angst ist jener böse, äffische Kobold, der dem Menschen gerade dann noch auf den Rücken springt, wenn er schon am schwersten zu tragen hat" (MA 535), als ein Sichpotenzieren der Angst durch Hyperreflexion. Zur Eigendynamik der Angst der Seele, die Gottes Nähe verloren hat, stimmt Nietzsches Klage über die heroische Befindlichkeit: „Du wirst niemals mehr beten, niemals mehr anbeten, niemals mehr im endlosen Vertrauen ausruhen – du versagst es dir, vor einer letzten Weisheit, letzten Güte, letzten Macht stehenzubleiben ... – es gibt für dich ... keinen Verbesserer letzter Hand mehr – ... keine Liebe in dem, was dir geschehen wird'" (FW 285). Das Postulat vom Dasein Gottes als dem Vertrauenswürdigen liegt nahe. Ohne göttliche Ergänzung der eigenen Unvollkommenheit zu bleiben, heißt für ihn „ohne geheime Beihülfe – ohne Dankbarkeit" sein: „Welche *Verarmung*!" Du wirst „Alles als das ewig Unvollkommene auf deinen Rücken nehmen" müssen (KSA 14, 264), auch die eigene Unvollendung, das ins Nichts Versinkensollen der persönlichen Lebensbahn. „Das Lebende ist nur eine Art des Todten, und eine sehr seltene Art." (FW 109) An Nietzsche kann Heideggers Variante der *ars moriendi*, eine heroisch-tragische Reflexion, anknüpfen: „Das faktische Dasein existiert gebürtig, und gebürtig stirbt es auch schon im Sinne des Seins zum Tode."[146] – Das von Nietzsche betonte Ganz-anders-Gewordensein unseres Erleidens von Angst und Tod wird näher auszuleuchten sein im Hinblick auf Kierkegaard und Heidegger in ihrer Unterschiedenheit.

„Ich habe mir für meine nächste Reise nach Deutschland vorgesetzt, mich mit dem psychologischen Problem Kierkegaard zu beschäftigen"; dies wird mir „dazu dienen, mir meine eigne Härte und Anmaaßung im Urtheil ‚zu Gemüte zu führen'" (KSB 8, 259), schreibt Nietzsche im Februar 1888 aus Nizza an Georg Brandes nach Kopenhagen. Eine ideell bedeutsame Begegnung von hohem Reiz unterbleibt allerdings, da Nietzsche im folgenden Winter in seine elf Jahre währende Krankheitsnacht fällt.[147] Würde er womöglich Kierkegaard als den nach Pascal zweiten ‚logischen' Christen der Neuzeit anerkannt haben, nachdem Pascal den Ehrentitel erhielt, er sei „der einzige *logische* Christ" (KSB 8, 483), – *oder* aber: würde er an Kierkegaards Denkform Anstoß genommen haben, wonach Christus das *absolute Paradox* ist, nämlich das, was durch keines Menschen Phantasie je hätte erdacht werden können und deshalb nicht, mit Feuerbachs Kritik, als Wunschprojektion zu entlarven sei, da

---

146 Martin Heidegger: *Sein und Zeit* (zuerst 1927), 8. Aufl. Tübingen 1957, 374.
147 Zum umrißhaften Bekanntwerden Nietzsches im Jahre 1888 mit Grundzügen von Kierkegaards Werk über Sekundärquellen s. Andreas Urs Sommer: *Friedrich Nietzsches ‚Der Antichrist'. Ein philosophisch-historischer Kommentar*, Basel 2000, 467-470.

Christus sucht, was niemand sonst suchte: Er kam in die Welt, um ihretwillen zu leiden (vgl. *Philosophische Brocken*, zweites und drittes Kapitel)?!

b) *Kierkegaards Begriff der Angst als Schwindligwerden des Selbst in unendlicher Freiheit*

Für Kierkegaard ist das *Selbst*, wie für Fichte und für Hegel, wesenhaft durch *Freiheit* bestimmt. Daher verliert es durch Versinken in Unfreiheit, wie Kierkegaard in seiner Deutung der Angst zu zeigen sucht, sich selbst. In ihr als „verlorener" oder „gefesselter Freiheit" (BA 47f)[148] erweist sich, daß der Einzelne über die Konstitution seines Selbst nicht autonom verfügt. Bei Heidegger wird die Angst Deutungsschlüssel für das Dasein. In ihr zeigt sich die Unheimlichkeit des In-der-Welt-Seins, in die der Mensch ausgesetzt ist;[149] das in Angst gezeitigte Nichtigkeitsbewußtsein eröffnet ihm das Verstehen seines niemals und nirgendwo Zu-Hause-Seins. Kierkegaard, Brückenkopf zur modernen Analytik der Existenz, ist noch der abendländischen Geistseele-Metaphysik verhaftet, – so wie Descartes, Vater des neuzeitlichen universalen Zweifels, noch im Augustinismus wurzelt.

In der Einleitung zum *Begriff Angst* ordnet Kierkegaard seine Untersuchung dieses Phänomens der *Psychologie* als Lehre vom *subjektiven Geist* im Sinne Hegels zu, die mit dem Problem von Gut und Böse an die *Ethik* angrenzt, im Hinblick auf den Mißbrauch der Freiheit, der an der moralischen Weltordnung rüttelt, an die Lehre vom *absoluten Geist*. Der Begriff der Angst bewegt sich also für Kierkegaard im komplexen Bezugsfeld von Geistpsychologie, Ethik und Religionsphilosophie.

Das Problem der Angst und ihrer Schreckenstiefe erörtert Kierkegaard *religionsphilosophisch* im Kontext des Sündenfalls (*Genesis* 3), die abendländische Tradition von Augustinus bis Schelling fortführend. Er eröffnet eine ethisch-*kathartische* und religiös-*teleologische* Dimension der Angst, die dem Menschen zum Finden seiner Bestimmung mithilft. Wie das Verzweifeln-Können bedeutet das Sich-ängstigen-Können sowohl seine Auszeichnung als

---

148 Sören Kierkegaard: *Gesammelte Werke*, übers. und hg. von E. Hirsch u.a., Düsseldorf 1958-1970; Siglen: BA: *Der Begriff Angst*; EO: *Entweder/Oder* Bd I, II; KzT: *Die Krankheit zum Tode*; Tg: Tagebücher Bd I-IV; UN: *Abschließende Unwissenschaftliche Nachschrift zu den Philosophischen Brocken* Bd I, II. – Zum Folgenden vgl. E. Düsing: Die in Angst verlorene Freiheit bei Kierkegaard und Heidegger mit Ausblick auf Freud. in: *Geist und Willensfreiheit. Klassische Theorien von der Antike bis zur Moderne*, hg. von E. und K. Düsing, H.-D. Klein, Würzburg 2006, 185-206.

149 Zur Erklärung der Angst als Ausgestoßensein der Seele in die Fremde der Welt gemäß der Gnosis vgl. Hans Jonas: *Zwischen Nichts und Ewigkeit. Drei Aufsätze zur Lehre vom Menschen*, 2. Aufl. Göttingen 1987, 5-25.

auch seine besondere Gefährdung bis zur möglichen Selbstzerstörung. Das In-Angst-Fallen deutet Kierkegaard nicht als Strafe für die Sündigkeit, wohl aber den Tod und vor allem die in der Todesangst als das Entsetzliche erlittene und beklagte „Stummheit der Vernichtung" (BA 94f nota, 98).[150] Er überformt die altkirchliche Lehre einer Schuldvererbung: Jedes Individuum beginnt mit seiner *ersten Sünde* „von vorne" (BA 32).[151]

Schelling erklärt in seiner Schrift *Über das Wesen der menschlichen Freiheit* (1809),[152] die Kierkegaard kennt: „Die Angst des Lebens selbst treibt den Menschen aus dem Zentrum, in das er erschaffen worden" (VII, 381); gleichwohl bleibt das Böse, somit der „Anfang der Sünde" oder des Kantisch verstandenen „radikale(n) Böse(n)" „immer die eigne Wahl des Menschen" (VII, 381f). Denn das „ursprüngliche Böse" (peccatum originarium) im Menschen, zwar zugezogen durch Verwicklung im „empirischen Leben", sei doch in seinem Ursprung eigne Tat, und nur insofern ursprüngliche Sünde. Gleichwohl liege zugleich ein böses Prinzip oder dessen Inkarnation dem Herausfallen des Menschen aus dem göttlichen „Universalwillen" zugrunde, der ein „Wille der Liebe" (VII, 381), ja selbst die „ewige Liebe" ist (VII, 390). Die „erregt(e) Eigenheit" eines Partikularwillens ist die Bedingung der Möglichkeit des Bösen. Als Prinzip gilt für Schelling: „Jede Kreatur fällt durch ihre eigne Schuld." (VII, 381f) Bei Kierkegaard lautet eben dieses Prinzip: Jedes Individuum wird „allein durch sich selbst schuldig" (BA 53). Schelling charakterisiert die aus ihrem ursprünglichen Zentrum, aus dem göttlichen „Universalwillen" gänzlich herausgestürzte *Eigensucht* des Selbst als durchaus vielschichtig und zwielichtig: Es bleibe in dem „aus dem Centro" Gewichenen weiterhin auf verführerische Weise „das Gefühl, daß er alle Dinge gewesen ist, nämlich in und mit Gott"; deshalb strebe er kraft seiner pervertierten Selbstheit, nämlich rein egozentrisch dahin, bloß für sich allein alles zu sein und alles zu haben. In jenem von Gott sich isolierenden Partikularwillen erhebe sich ein „Hunger der Selbstsucht", die in dem Maße, in dem sie „vom Ganzen und von der Einheit sich lossagt, immer dürftiger, ärmer, aber eben darum begieriger, hungriger, giftiger wird." Aus dem „Übermut", alles

---

150 Kierkegaard bezieht sich (BA 94f nota) auf Lessing: *Wie die Alten den Tod gebildet* (von 1769), eine „schöne Abhandlung", wie er sie hintersinnig nennt, da die Antike, wie Lessing sie darbietet, das ‚ästhetische Stadium' spielerisch leichten Sterbens stilisiert. Kierkegaard hält ihm den schweren Ernst ewigen Verstummens entgegen.

151 Auch das Standardwerk zur Hamartiologie von Julius Müller: *Die christliche Lehre von der Sünde* (2 Bde, 3. Aufl. Breslau 1849) nimmt zur Charakteristik der Sünde als des Bösen, – Kants „intelligibler Tat" und Schellings „Urdezision" atmosphärisch nahe, – eine freie „Selbstentscheidung" jedes Menschen an (Bd II, 100, 496f).

152 Schelling wird zitiert in der Ausgabe, hg. von K. F. A. Schelling, *Sämtliche Werke* Bd VII, Stuttgart 1860. – Vgl. J. Hennigfeld/ J. Stewart (Hg.): *Kierkegaard und Schelling: Freiheit, Angst und Wirklichkeit*, Berlin 2003.

sein zu wollen, fällt der kreatürliche Wille „ins Nichtsein" (VII, 390f). Schelling entfaltet eindrücklich das in seiner Eigendynamik eskalierende Beziehungsgefüge von Angst, Freiheit und Sündenfall der Seele, eben die Thematik, die Kierkegaard fasziniert hat.

Auf Kierkegaard geht die später von Heidegger und Freud aufgegriffene Unterscheidung zurück zwischen der *Furcht*, die sich auf etwas Bestimmtes bezieht, das als bedrohlich erscheint, und der *Angst*, die auf Unbestimmtes gerichtet ist und für das Ich ein überwältigendes der Nichtigkeit, dem Nichts, ja dem Tode Ausgesetztsein ist. Im Geist idealistischer Freiheitstheorie unterläuft Kierkegaard, wie vor ihm Kant und Schelling, die Annahme überkommener Erbschuld; anstelle äußeren Bestimmtwerdens muß eine originäre böse Tat des freien Selbst angenommen werden. Angst, mit ihrer das Ich in Bann schlagenden Sogkraft, ist für Kierkegaard Zwischenbestimmung für dessen Erliegen gegen die Versuchung zum Bösen. Angst sei nicht Folge des unvordenklichen Faktums des Sündenfalls, sondern in psychologischer Hinsicht dessen Ermöglichungsbedingung.

Eine frühe Tagebuchaufzeichnung von 1837 bekundet schon Kierkegaards originäre Sicht auf den tieferen Zusammenhang von Freiheit, Angst und Schuld. „Es geht gern ein gewisses Ahnen allem, was geschehen soll, voraus; aber ebenso wie es abschreckend wirken kann, so kann es auch als Versuchung wirken ... Deshalb muß man so vorsichtig sein mit Kindern, niemals das schlimmste glauben, niemals durch einen unzeitigen Verdacht, durch eine hingeworfene Bemerkung ([durch] einen Höllenbrand, der den Zunder ansteckt, welcher in jeder Seele ruht) ein ängstigendes Bewußtsein hervorrufen, wodurch unschuldige, aber wenig starke Seelen leicht versucht werden können, sich schuldig zu glauben, zu verzweifeln und damit den ersten Schritt zu tun, um zu dem Ziel zu kommen, welches die ängstigende Ahnung ankündigte – eine Äußerung, durch die dem Reich des Bösen Gelegenheit gegeben wird, mit seinem schlangenartig bannenden Auge die Seelen in eine Art geistiger Ohnmacht zu versetzen." Es gibt nämlich „eine gewisse Empfänglichkeit, die so stark ist, daß sie fast produktiv ist". „Alle Sünde beginnt mit Furcht" (Tg I, 114f). In dieser Aufzeichnung finden sich schon maßgebliche Ideenfragmente zu Kierkegaards späterem Werk zur *Angst*, – das hinsichtlich von Ursache und Wirkung ambivalente Bedingungsgefüge der Komponenten Angst und Schuld, das zugleich Lockende und Schreckende im bangen Ahnen und Versuchtwerden durch ‚süße Beängstigung', eine geistseelische Ohnmacht (BA 60f) der in sich zusammensinkenden Freiheit im Moment ihres Überwechsels vom Stande naiver Unschuld in den der Schuld, eine Disposition (bei Kant: „Hang"), die durch Furcht zur eigenen morbiden, fast produktiv gesetzten neuen Position wird. So ist Angst für Kierkegaard Übergangs- oder „Zwischenbestimmung"

(BA 48; Tg III, 292) für das Ich zum Schuldigwerden, nicht jedoch im Sinne linearer Kausalität.[153] Er betont, der qualitativ größtmögliche rätselvolle Sprung: von Unschuld zu Schuld sei durch Angst eben sowenig kausal zu erklären wie ethisch zu rechtfertigen (BA 48). In der Angst wirkt „eine Begierde nach dem", was ein Mensch fürchtet, eine *„sympathetische Antipathie"*, die ihn wie „eine fremde Macht", wiewohl innerlich entspringend, „gepackt" hat (Tg I 284; BA 40f). Indem Angst ihn ohnmächtig macht, ermangelt seiner Schuld anscheinend die „Zurechenbarkeit"; dies Ermangeln ist aber ein betörender, trügerischer Schein. Die Schuld, die im qualitativen Sprung aus Angst hervorbricht, behält die Imputabilität (BA 60).

In *Der Begriff Angst* (1844) entwirft Kierkegaard eine *Typik* von Bedeutungsfacetten der Angst, in denen das Elendgefühl der Ohnmacht des Wirkens sich einstellt (vgl. BA 118-160): 1) Angst vor einem grausamen *Schicksal*; 2) Angst vor dem *Bösen*; Schuld ohne Hoffnung auf Sühne, z.B. Shakespeare's Macbeth-Wort nach dem Königsmord, das Kierkegaard aufgreift: „gestorben Ruhm und Gnade! Der Lebenswein ist ausgeschenkt" (BA 152); 3) Angst vor der wahren *Innerlichkeit*, die in Humor und Ernst gründet, so z.B. bei dem Abergläubischen, der durch die Macht, die er Fetischen verleiht, sein freies Ich versteinern läßt; 4) Angst vor dem *Guten*, das Dämonische, z.B. die jähzornige Abwehr Jesu; 5) Angst vor dem *Ewigen* als Spott oder Hybris des Ich, das sich losreißt von jeder Beziehung zu einer Macht, die das Ich gesetzt hat (vgl. KzT 68-74). Alle diese Bedeutungsmomente personaler Angst haben zu tun mit einem ewigen Sein in mir oder über mir, das ich suche, fliehe, bejahe oder verleugne, z.B. indem ich mein Selbst zum Stück Natur herabstufe oder z.B. in negativer Theodizee Gott anklage für mein so Gewordensein wie ich bin. Jeder Mensch hat, zumindest implizit, Teil am Unbedingten oder „ein kleines Verhältnis zum Schicksal", – so Kierkegaard zur Gradskala in der existentiellen Beziehung jeder Seele zum Absoluten. Wenn jemand aber Gott wahrhaftig *finden* will, so müsse er zuerst sich selbst als schuldig begreifen dafür, daß er ihn *verloren* hat (BA 110, 118). Eines Menschen charakterliche *Größe* hänge ab von der hochbedeutsamen „Energie des Gottesverhältnisses in ihm" (BA 112).

---

153   Zur Problematik des Bestimmens der „absoluten Selbsttätigkeit durch sich selbst (zum Wollen)" argumentiert Fichte, der Satz des zureichenden Grundes könne hier gar nicht angewandt werden, denn das (durch Freiheit) *Bestimmende* und das (durch Kausalität äußerer Erscheinung) *Bestimmtwerdende* ist, – wie er in Aufnahme von Kants Auflösung der *Freiheitsantinomie* und Unterscheiden von intelligiblem und empirischem Charakter sagt, – in einer und derselben freien Person verankert. Daher müsse unterschieden werden zwischen dem *Sichbestimmen* des Ich als freier Tat und *Bestimmtsein* des erscheinenden Ich in seinem empirischen Zustand (SW VIII 411-417).

‚Objektive' Angst definiert Kierkegaard als den „Widerschein" menschlicher Verfehlungen in der ganzen Welt, nämlich als „zitterndes Mitbetroffensein" alles Lebendigen vom Mißbrauch der Freiheit (BA 56f). Er knüpft an die Ausführung im Römerbrief des Paulus an, der davon spricht, die ganze Schöpfung sei der Nichtigkeit unterworfen durch „Knechtschaft der Vergänglichkeit", also des Todes (*Römer* 8, 19ff). ‚Subjektive' Angst bestimmt Kierkegaard im Bilde als Schwindlig-werden des Menschen angesichts der Unendlichkeit seiner Freiheit. Auf der Bildseite (Schwindel) zeigt sich klar ein Ineinandergreifen der geistigen und psychosomatischen Dimension des Selbst, das, am Rande eines Abgrunds befindlich, in gähnende Tiefe nieder schaut.[154] Der Art und Weise des Schauens in den Abgrund entspricht die Intensität verführerischer Sogkraft in haltlose Tiefe. Anhand des Bildvergleichs lautet die Definition: So „ist die Angst der Schwindel der Freiheit, der aufsteigt, wenn der Geist die Synthesis setzen will" (BA 60f), die Synthesis von Leib, Seele, Geist. Dies Schwindligwerden der Freiheit vor sich selbst in ihrer abgründigen Grenzenlosigkeit ist ein Vergleich, der die Leib-Seele-Geist-Einheit besiegelt. Kierkegaard nimmt Höhenangst als Modell und ist auch leiblichen Angstäquivalenten wie Atemnot und Herz-Kreislaufstörung auf der Spur.

Wenn die Freiheit, erklärt Kierkegaard, in ihre unendliche „ängstigende Möglichkeit zu *können*" hinabschaut, so sinkt sie *schwindlig* ohnmächtig in sich zusammen und „packt" die Endlichkeit, um sich daran festzuhalten; und, wenn sie sich wieder aufrichtet und sich ihrer bewußt wird, erblickt sie sich als *schuldig* (BA 43). Das „Nichts der Angst" ist „ein Knäuel (*complexus*) von Ahnungen, die sich in sich selbst reflektieren" und dem Ich bedrohlich näher rücken; die Reflektiertheit im Knäuel von Ahnungen bedeutet aber ein Prädisponieren des Willens in Richtung des Geahnten. Der Augenblick, in dem die Angst das Selbst in Ohnmacht versetzt, so daß die Freiheit, so heißt es plastisch, – „das Bewußtsein verliert", wird von Kierkegaard der am meisten „selbstische" genannt; hier ist das Ich maximal in sich verstrickt. Denn in solcher Angst lockt und lauert die „selbstische Unendlichkeit des Möglichen", das ist die heimliche Wunschlandschaft des Ich, die in eins lockt und schreckt (BA 61). Eine Gefühlsambivalenz bzw. paradoxe Gestimmtheit erhebt sich aus

---

154 In der Analyse des Phänomens *Verzweiflung* veranschaulicht Kierkegaard diese als ‚Schwindel' des *Geistes*. Auch hier betont er, im Horizont des ethischen Idealismus der Freiheit, die *Verantwortung*; „der Verzweifelnde, welcher im Augenblick der Verzweiflung", z.B. in seiner „Selbstanklage", „gleich dem, dem es schwindelt im Augenblick des Schwindels, seiner selbst nicht mächtig ist, (ist) gleichwohl verantwortlich für diesen seinen Zustand in der Verzweiflung, was man von dem Schwindlichten in gleichem Sinne nicht sagen kann". Lösbar ist die Verzweiflung durch Überschreiten unglückseliger Selbstbeziehung in Richtung Gottesbeziehung (KzT 167ff).

dem unbewußten Abgrund des Ich wie aus einer fremden Sphäre. Der Einzelne werde von Angst ergriffen, versinke in ihr, die er, wie das Lockende in einer Versuchung, liebe, indem er sie fürchte (BA 41). Je *mehr* Geist jemand hat, umso *tiefer* vermag er sich zu ängstigen (BA 163f). Geist heißt für Kierkegaard, wie für Fichte, *Phantasie* als Mitte der Intelligenz. Indem Kierkegaard an idealistische Freiheitstheorien anknüpft, gelingen ihm Vorstöße zur Angst des Ich vor sich selbst in seiner unendlichen Freiheit. Freud hat das *Ich* „die alleinige Angststätte" genannt.[155] Für Kierkegaard ist die Angst des Ich die Befindlichkeit einer *gefesselten Freiheit*, die nicht durch äußere oder innere Naturnotwendigkeit gefesselt ist, sondern allein durch und „in sich selbst" (BA 48).

Warum aber ängstigt den Menschen seine eigene Freiheit? Weil sie ihm die schwerste Aufgabe auferlegt, das Selbstwerden des freien Ich, von C. G. Jung „Individuation" genannt. Vor seinem „Sprung" in die Freiheit (vgl. BA 29, 114ff), in der er sich selbst als freies Ich wählt, ist der Geist unschuldig und, wie Kierkegaard an Hegels Lehre vom subjektiven Geist anklingend sagt, nur als „träumender" da (BA 39f),[156] dem aber, wie Kierkegaard akzentuiert, vor dem Erwachen graut, da er seine eigene Wirklichkeit ahnend vorwegnimmt, und diese mache ihm Angst. Die Angst erklärt er als das Schwindligwerden der Freiheit, das sich erhebt, wenn der Geist, als „des Lebens Wundertiefe", das „eigentliche Selbst" setzen will (BA 79f). Dieses ist nicht allein denkendes, sich erkennendes Selbstbewußtsein und sittlich-praktischer Wille, sondern die ganzheitliche Synthesis von Leib, Seele und Geist. Angst ist der Ausdruck z.B. für eine qualvolle Diskrepanz zwischen Psychischem und Ethischem oder Somatischem und Psychischem im Ich. So sieht Kierkegaard in der *Scham* eine Angst walten, die darin begründet ist, daß der Geist auf der äußersten Spitze des anderen seiner selbst sich als *geschlechtlich* bestimmt finden muß, er sich aber zum Leiblichsein in der *Synthesis* des Selbst „gleichsam nicht zu bekennen" vermag (BA 68f). In seiner Angstanalyse sucht er das tradierte existentiell folgenschwere „ethische Mißverständnis" zu überwinden, vom Christentum sei das *Erotische* als ein Sündiges suspendiert (BA 71; BA 251ff). Wenn als das

---

155 Sigmund Freud: *Gesammelte Werke*, 18 Bde chronolog. geordnet, Frankfurt a. M. 1999, Bd XV, 91f.

156 In Hegels *Enzyklopädie* ist das „Träumen" des Geistes gemäß seiner Vorgestalt als fühlende Seele teleologisch bestimmt zum mehrstufigen „Erwachen der Seele"; die Seele als solche ist zunächst nur das „dumpfe Weben des Geistes"; „die im *Durchträumen* und *Ahnen* ihrer individuellen Welt befangene Seele" erwacht schließlich zum vernünftigen Selbst- und Freiheitsbewußtsein als ihrem Telos (*Enz.* 3. Aufl., *Theorie Werkausgabe* Bd 10: 87, 97, 127). In der am weitesten bekannten zweiten Auflage der *Enzyklopädie* wird deutlicher als in der dritten die „fühlende" Seele mit der „träumenden" identifiziert (s. Hegel GW 19, 302), die Kierkegaard aufnimmt.

Äußerste in der Synthesis des Selbst das Geschlechtliche gesetzt ist, so sei vielmehr die Sinn erfüllende Aufgabe, es „in die Bestimmung des Geistes hineinzuweben". Im Mißlingen dieses ‚Hineinwebens' liegen alle sittlichen Schiffbrüche des Erotischen; die gelingende Erfüllung dieser Aufgabe heißt, „daß in einem Menschen eine Liebe siegt, in welcher der Geist dergestalt gesiegt hat", daß die Lust als intentional erstrebte vergessen und als vergessene bewahrt ist; das Sinnliche in der Ganzheit des Selbst ist „in Geist verklärt und die Angst ausgetrieben" (BA 80f), – anklingend an das Wort des Johannes: „Die vollkommene Liebe treibt die Angst aus" (1Joh 4,18).

Kierkegaard typisiert als Extreme zum einen den Rigorismus der Keuschheit, der schwermütig machen könne (BA 252), zum andern die unverbindliche Experimentierlust. Als sittlicher Geist bestimmt und zum ewigen Gottesverhältnis berufen, könne der Mensch aber nicht seiner selbst als Geist ledig werden, hedonistisch im Augenblick versinken, oder in bloßer Lüsternheit bis zum Tode leben. Das *Tagebuch des Verführers* (EO I, 323-484) zeigt den ästhetischen *Glanz* als „sinnliche Genialität" und das *Elend* eines ‚unglücklichen Bewußtseins', das liebesarme Treulosigkeit pflegt.

Die Selbstwahl schließt für Kierkegaard das Leiblichsein des Ich ein, – wie in Fichtes *Naturrecht* (§ 5), – und ist in ihrer geheimnisvollen Struktur ein *transzendental Gott setzender Akt*, verdichtet im Wort: „Ich wähle das Absolute, welches mich wählt; ich setze das Absolute, das mich setzt" (EO II, 227). Fichtes Fundierung des theoretischen Ich-denke in der ethisch-praktischen Einheit des Ich-will, – wie er sie in der *Wissenschaftslehre nova methodo* entwickelt hat, – wird in diesem Wort von Kierkegaard auf intuitive Art original und eindrücklich aufgefaßt. Das „Ich wähle' das Absolute' ist für ihn der praktische Akt bejahender Anerkennung des Absoluten; während das „Ich setze" das Absolute der dem praktischen Akt: ‚Ich will, daß Gott sei!' nachfolgende theoretische Akt ist, der Gottes Dasein im Denken annimmt. Dieses praktische Wählen und denkende Setzen Gottes, welche das konkrete Ich vollführt, zeichnet dessen Innesein seines zuvor schon Gewähltseins durch Gott nach. Das Ich versteht und besiegelt sein unvordenkliches Bejahtwordensein. Diese Besiegelung betrifft dieselbe dialogisch-metaphysische Realität, die Fichte in der *Anweisung zum seligen Leben* tiefsinnig das Innewerden unserer „ewige(n) Geliebtheit" genannt hat (SW V, 540).[157] Ontologisch-metaphysisch gehören solche biblischen Kernaussagen zur tragenden Basis für eine Weltsicht, die

---

157 Für den wie Kierkegaard bibelkundigen Fichte dürften z.B. atmosphärisch im Hintergrund die Worte stehen: „Mit ewiger Liebe habe ich dich geliebt" (*Jeremia* 31, 3) und: Die Liebe besteht nicht darin, daß wir Gott lieben, sondern daß er uns seine Liebe erwiesen hat (1Joh 4, 10); dieses *Geliebtsein* geht sonach unserem Lieben voraus.

noch in idealistischer Philosophie vertreten wird, – seit Nietzsches Antichristentum jedoch verlorenzugehen droht, – in der göttliche *Agape* als Urgrund und Ziel des Universums gilt.

c) *Heidegger über die Angst auf dem Grunde des Daseins: Ich bin das jederzeit Sterbenkönnende*

Überzeugung des christlichen Abendlandes war: Allein der *Amor Dei* beschwichtigt die Angst auf dem Grund des Daseins. Wenn göttliche Liebe die erste Ursache dafür ist, daß überhaupt Etwas ist und nicht nur Nichts, und diese Sicht ein Urvertrauen stiftet, so vertreibt diese Liebe Angst. Diese trostreiche Sicht wird, wie vor ihm zuerst von Nietzsche, von Heidegger ganz aufgegeben. Die Angst des Ich gilt ihm als unüberwindlich; sie soll in einer Art tragischem Heroismus durch „Mut zur Angst vor dem Tode" ertragen werden.[158] In diesem Mut liegt vorbehaltlose Bejahung der Seinsart der immanenten Nichtigkeit, die alles Seiende, vor allem das eigene Selbst als konkret existierendes „Dasein" durchwaltet. Wohl niemand hat radikaler als Heidegger jegliche Annahme eines Ewigen preisgegeben. Abweisend lautet das innerweltliche Programm: „Die diesseitige ontologische Interpretation des Todes liegt vor jeder ontischjenseitigen Spekulation. Den Fragen einer Biologie, Psychologie, Theodizee"(!) und einer „Theologie des Todes ist die existenziale Analyse methodisch vorgeordnet." (SuZ 248)

Das Thema Angst, so würdigt Heidegger in *Sein und Zeit*, ergründen schon Augustinus, Luther und „in neuerer Zeit"(!) Kierkegaard, der in seiner „Analyse des Angstphänomens" am weitesten vorgedrungen sei. Weniger begrifflich, dafür „erbaulich um so eindringlicher" sei Luther in seiner Genesis-Auslegung (SuZ 190 nota; GA 20, 404), die Heidegger daseinsanalytisch umsetzt. Er deutet die *perversio voluntatis*, die Verkehrung des Willens im Sündenfall außertheologisch, spricht statt vom Willensverfall und dessen Folgelast vage allgemein vom „Verhängnis", das alles Dasein durchwalte. Nichts *Metaphysisches* liege darin, sondern nur eine existenziale Struktur, ein ‚Abfallen' des Selbst von seiner „Eigentlichkeit" (SuZ 295). Das von Luther betonte Motiv der von Angst getriebenen *Flucht* vor Gott, die ‚Adams' tiefen Fall veranschaulicht (*Genesis* 3),[159] wird säkularisiert zur Angst, die die „Verfallensbewegtheit als Flucht

---

[158] SuZ 254; GA 20, 436. Martin Heidegger wird zitiert nach der *Gesamtausgabe* (GA), Frankfurt a. M. 1979f; Siglen: SuZ: *Sein und Zeit*, 12. Aufl. Tübingen 1972, zuerst 1927; HB: Brief über den ‚Humanismus', in: *Platons Lehre von der Wahrheit*. Mit einem Brief über den ‚Humanismus', 2. Aufl. Bern 1954, 53-119; WM: *Was ist Metaphysik?*, 7. Aufl. Frankfurt a. M. 1949 (zuerst 1929). GA 65 enthält aus dem Nachlaß: *Vom Ereignis* (1936-38).

[159] Zu Heideggers Wertschätzung Luthers vgl. Rainer Thurnher: Heideggers Distanzierung von der metaphysisch geprägten Theologie und Gottesvorstellung, in: *Die Gottesfrage im*

des Daseins vor ihm selbst" sei (GA 20, 404). „Das Verhängnis ist nichts anderes als", – so wird die christliche Tradition schroff verabschiedet und ersetzt durch eine hermetische Selbstabschließung der Daseinsanalyse im absolut Endlichen, – jene „*Flucht des Daseins vor ihm selbst*" (GA 20, 390). Das „Faktum der *Gewissensangst*", – das geängstigte *und* getröstete *Gewissen* ist Thema Luthers, – sei nur möglich durch ein „*ursprüngliche(s) Schuldigsein*" (SuZ 296, 284). Im Gewissensruf erwache das „eigenste Selbst" gegen dies Verfallen (SuZ 269, 295). „Volle Durchsichtigkeit" der Existenz gelingt, so heißt es programmatisch, durch ein vom Selbst imaginiertes „Vorlaufen zum Tode" oder kraft der „*Wahl des Gewissenhabenwollens*" (GA 20, 441), in der Redeweise Luther und Kierkegaard nahe, in der Sache ‚Gott' ausklammernd.

Negative Prädikationen wie ‚Verfall', ‚Zerfall', ‚Abfall' (GA 20, 390) haben für Heidegger keinen ethischen, religiösen oder metaphysischen Sinn. ‚Verlorenheit' an die Welt oder an die Herrschaft des *Man* heißt nur ein Abfallen des Daseins rein von ihm selbst. Diese existenziale Reduktion des ehemals Metaphysischen, das nur metaphorisch anklingt, erinnert an Feuerbachs Programm der Verwandlung aller *theologischen* in *anthropologische* Wahrheiten. Die Explikation von Strukturen des Daseins, versichert Heidegger, erfolge unabhängig von der Lehre vom ‚Fall' in der *Genesis*, also von der Annahme einer urzeitlichen Verderbnis der menschlichen Natur, deren Folgelast Luther dahingehend bestimmt, der Mensch sei „in der Sünde ersoffen'" (GA 20, 390f). Im *Humanismus*-Brief weist Heidegger die Deutung von Verfallen als „säkularisierten Sündenfall" zurück (HB 78).

Heideggers Auffassung der Angst ist in den *Prolegomena zur Geschichte des Zeitbegriffs* aus dem Jahr 1925 vorgezeichnet, wonach in der Angst die Verfaßtheit des Seienden im ganzen sich erschließt. Angst ist das Sichfinden des Selbst in dem schlechhinnigen „Un-zuhause" (SuZ 189), in der – wie Heidegger mit Nietzsche sagt – „wesenhaften Heimatlosigkeit" (HB 89).[160] Solches Un-zu-Hause sei das „ursprünglichere" Phänomen im Vergleich zum „beruhigtvertrauten" In-der-Welt-Sein. In der Angst bricht die alltägliche Vertrautheit zusammen, so daß ein „verfallendes Aufgehen" in die Welt dem Zurückgeworfenwerden des einsamen Ich auf sich selbst weichen muß (SuZ 189ff). Der Angst sich auszusetzen soll das „*von sich weg*"-Leben, die „Entfremdung" des Selbst aufheben, die ihm seine „Eigentlichkeit" verschließt (SuZ 178f). Indem

---

Denken Martin Heideggers, hg. von N. Fischer/ F.-W. von Herrmann, Hamburg 2011, 175-194, bes. 175ff.

160 Ausdrucksvoll ist Nietzsches Gedicht *Der Freigeist* oder *Abschied*: „Die Krähen schrei'n", „Was bist du Narr/ vor Winters in die Welt – entflohn? – Die Welt – ein Thor / Zu tausend Wüsten stumm und kalt!" (KSA 11, 329)

das Dasein durch die ausgehaltene Angst vor es selbst gebracht, als *Einzelsein* konstituiert und sich „überantwortet" wird (SuZ 254), – als Sein zum *Tode*, der „je nur eigener" ist, – gewinnt es sich, wie Kierkegaard mit Vorliebe sagt[161] und Heidegger oft aufnimmt, als vor sich selbst *durchsichtiges* Sein (SuZ 258). So versteht das nicht von Gott, sondern nur von sich *entfremdet* gewesene Selbst sich „aus seinem Grunde" (SuZ 265f).

Die Angst in ihrem existenzialontologisch positiven Sinn soll befreien *von* nichtigen Entwürfen und frei machen *zu* wesentlichen. Die alltägliche Zerstreuungssucht aber, die unter der Macht des Vergessens steht, zielt auf Beschwichtigung und „fahle Gleichgültigkeit", in der niemand seines Seins zum Tode inne werden muß. Das anonyme alles nivellierende *Man* (: Jedermann) besorgt das Ausweichen und die Indifferenz gegen die letzte Möglichkeit menschlichen Daseins, ins Nichtsein, in den Tod zu sinken. In der „Angst ängstet sich" das Selbst um sich, um das nackte Dasein, das „in die Unheimlichkeit geworfen" (SuZ 343f), im äußersten dem Tod ausgesetzt ist. Hier schimmert das gnostische Syndrom des Ausgesetztseins der Seele in eine ihr fremde Welt durch. Heidegger nimmt an, daß nicht ethisch-praktischer Wille oder Vernunft, – wie die philosophische Tradition von Platon bis Hegel gelehrt hat, – sondern die emotionale Gestimmtheit uns Ich und Welt im Ganzen offenbare und daher das Grundgeschehen unseres Daseins ausmache.

Die alles durchwaltende Grundbefindlichkeit aber sei Angst, nicht, wie Levinas auf Heidegger antwortet: Liebe. In der Angst liegt für Heidegger zum einen die verhängnisvolle unabwerfbare dunkle Last, die illusorische Erleichterung sucht, zum andern die Chance wahren Verstehens und Aufsichnehmens der eigenen Seinslage. Metaphysischen Fragen: Woher komme ich? Wohin gehe ich? werden ausgeblendet. Angst ist nicht, wie bei Pascal, Ausgespanntsein der Seele zwischen unendlich Großem und unendlich Kleinem bzw. zwischen Gott und Nichts, sondern das In-der-Welt-Sein zeigt sich zwiefach von Nichtigkeit durchwaltet: Ich bin, ohne gefragt worden zu sein, in die Welt geworfen, und der Tod wird mein Dasein auslöschen. Diese Durchsichtigkeit des Ich vor

---

161 Das *Offenbar-* oder *Durchsichtigwerden* der Existenz (- vor Gott -), als stärkster Gegensatz zum ‚dämonisch' in sich verschlossenen, vor dem Guten sich abriegelnden „Schweigesystems", wird charakterisiert als *das Gute*; denn, so argumentiert Kierkegaard, das Durchbrechen des Schweigens im lösenden Wort, das in *Kommunikation* mit dem sittlich Guten (Gott) eintritt, restituiert die in Angst vor sich selbst verlorene Freiheit (BA 128-132; 131 nota). In jedem Menschen sei etwas, das ihn „daran hindert, sich selbst völlig durchsichtig zu werden" (EO II, 170). Dem bittersten Schmerz der *Reue* über Böses komme „die völlige Durchsichtigkeit der ganzen Schuld" zu (EO I, 159). Der einzige Zustand, so die religionsphilosophische Lösung, in dem *Angst* und *Verzweiflung* völlig überwunden sind, ist der, in dem das Selbst „durchsichtig sich gründet in der Macht, die es gesetzt hat" (KzT 10).

dem Hintergrund universaler Todverfallenheit heißt es auszuhalten. Für jedes Ich gilt, anstatt die *Flucht* anzutreten vor solcher Unbehaustheit, sich inmitten seiner Todgeweihtheit zu ergreifen.

Die *Zeitlichkeit* setzt Heidegger als Grundbestimmung des Daseins, korrelative Bestimmungen von Zeitlichem – Ewigem, Endlichem – Unendlichem, Sterblichem – Unsterblichem ausblendend. Der *Tod* steht nicht am Ende einer abstrakten Zeitlinie, sondern ist Zentralkategorie der Existenz. In diese Zeitlichkeit ist die radikale Endlichkeit des Selbst eingeschlossen. Infolgedessen wird das Todesthema, das stetige Sein zum Ende hin, phänomenal bestimmend, als gleichsam unheilbare „*Krankheit zum Tode*".[162] Im Innewerden unaufhebbaren *Seins zum Tode* enthüllt sich, wie Heidegger theologiefeindlich suggeriert, es gebe keine „höhere Instanz" zur Prüfung eigentlichen Daseins als den eigenen Tod (SuZ 306, 313). Die Annahme Platons einer *Unsterblichkeit* der Seele oder die christliche der *Auferweckung* der Toten erliegt skeptischer Urteilsenthaltung; denn die Erklärung des Daseins, so heißt es in Feuerbachs Geist, vollzieht sich in „radikalster Diesseitigkeit" (GA 20, 434). Inwiefern das Ich nicht durch Denken, sondern von *Angst* bestimmt sei, entfaltet Heidegger in seiner Marburger Vorlesung von 1925, im Gegenzug zu Descartes' *ego cogito, ego sum*, gegen die neuzeitliche und idealistische alles begründende Selbstgewißheit des denkenden Ich, das sich in seiner *Absolutheit* (GA 65, 337), wie es später heißt, als ein sogar vom Tode Unzerstörbares denkt.

Die anticartesianische Schlüsselthese der frühen Vorlesung lautet: „Diese Gewißheit, daß ich es selbst bin in meinem Sterbenwerden, ist *die Grundgewißheit des Daseins selbst*". Anders formuliert: Der wahrhaft daseinsmäßige Sinn von Descartes' *ego cogito, ergo sum* in seiner gesuchten letzten Gewißheit lautet: *sum moribundus*! (GA 20, 437f) Ich bin also wesenhaft, so Heideggers neuerfundenes fragiles grundlegendes Existenzial, dies „Ich kann jeden Augenblick sterben"! Die stets mich begleiten sollende Gewißheit meines Seinkönnens ist mein eigener Tod. In seiner Angst finde jeder sich „*vor dem Nichts der möglichen Unmöglichkeit seiner Existenz*" (SuZ 266). Menschliches Dasein, so die unnachgiebig zugespitzte Position radikaler Endlichkeit, „ist wesensmäßig sein Tod" (GA 20, 433).

---

162 In der *Krankheit zum Tode* illustriert Kierkegaard die geistseelische Gemütsverfassung des „kalten Brandes" der *Verzweiflung* durch leibliches *Sterben* und zeigt, wie Verzweiflung, im Bild: der *Tod*, überwindbar sei. Jesus, der Auferstehung und Leben selbst ist (Joh 11, 25), spricht zu Lazarus, der tot ist, das auferweckende Wort: „Diese Krankheit ist nicht zum Tode" (Joh 11, 4). Daß *Christus* da ist, bedeutet, *Verzweiflung* und Tod sind *nicht* endgültig eine Verurteilung des Selbst „zum Tode" (KzT 5), weder innerzeitlich noch im Blick auf ‚letzte Dinge'.

So konzipiert der frühe Heidegger das in der Welt seiende Ich dezidiert im Gegenzug gegen die idealistische und platonisch-christliche Annahme der Unsterblichkeit des Ich oder der Seele *coram Deo*. Das vormalig postulierte *theomorphe* „lebendige Abbild Gottes", das ich bin, erwähnt und verwirft er in jener Schlüsselthese: *ego sum moribundus*. – Der kritische Gegenentwurf des späten Heidegger zielt außer auf die postulierte Ewigkeit des Ich, die in der abendländischen *Imago-Dei*-Lehre liegt, auf die Überwindung von personaler Ichheit und Subjektivität schlechthin; sprachlich ostentativ faßt er *Dasein* als Da-Sein, Existentia als Ek-sistenz, als Hinausstehen ins Offene des Seins. Das kritische Wort von der selbstischen „Ichhaftigkeit" (GA 65, 337) erinnert an Luthers Begriff der Sünde, sie sei das heillos in sich Eingekrümmtsein des Ich; das im *homo incurvatus in seipsum* Angeprangerte soll nun nicht durch ethisch-religiöse *Umkehr*, sondern durch eine vom Ich oder Selbst befreite Ontologie überwindbar sein. So heißt im *Humanismus-Brief* der Seinsentwurf des Menschen, im Abrücken von dessen *Autonomie* und Umkehr *idealistischer Autonomie* ins *Passive*, ein „wesenhaft geworfener" Entwurf (HB 84; vgl. SuZ 223). In *Was ist Metaphysik?* führt der *Transzensus* über das Weltleben nicht zu *Gott*, sondern für den, – wie Heidegger in Sympathie zu Nietzsche erklärt, – „der den ‚Tod Gottes' erfahren hat" (HB 96), zum *Nichts*. Entsprechend erlaubt das Wort vom „geworfenen Entwurf" keine theonome Ausdeutung, die nach einem Werfenden oder das Ich Entwerfenden weiterfragt. Geworfenheit in die Faktizität des ‚Da' heißt bereits in *Sein und Zeit* entweder, daß ein Selbst im Verfallen *von sich weg* lebt, z.B. im alltäglichen Besorgen an die Welt verloren, ins *Man* „hineingewirbelt" ist (SuZ 179), *oder*, im Gegenzug, daß ein Selbst im Gewissensruf waches Hören auf die „*fremde* Stimme" vollzieht (SuZ 277), die jedoch keine Inanspruchnahme für ein „Gottesbewußtsein" erlaube (SuZ 269). Als unabschließbares Faktum bleibt das Selbst stets auf eine ihm schlechthin unverfügbare Weise „im Wurf". Das „in der Unheimlichkeit auf sich vereinzelte, in das Nichts geworfene Selbst" *will* durch ein sich Aufrüttelnlassen vom Gewissen „zurückgeholt sein" aus dem *Man* zu sich selbst (SuZ 276f, 271).

Ist aber jenes innere Vorlaufen zum je eigenen Tode, fragt Heidegger, nicht eine „phantastische Zumutung"? Ja, er mutet es zu. Denn wahrhaft ein *Selbst* zu sein heiße, „*in der leidenschaftlichen, von den Illusionen des Man gelösten, faktischen, ihrer selbst gewissen und sich ängstigenden* **Freiheit zum Tode**" existieren (SuZ 266). Der Ausdruck: „Freiheit zum Tode" zeigt eine ganz andere Freiheit an als die aufklärerische *Autonomie* oder die idealistische Freiheit als spontaner Selbstanfang, nämlich das illusionslose Hinblicken auf die unüberholbare Lage, selbst zu Nichts zu werden. Selbstgewißheit heißt für Heidegger auch Todesgewißheit. Sich seiner bewußt werden heißt, sich nicht zu erheben über die Zeit-Existenz, sondern tätig und entschlossen sich einzusenken in die Fluchtbahn dahin schwindender Zeit. – Welche sind, denkt man Heidegger im Gefolge Nietzsches weiter, auf den er gehört hat, die abzustreifenden Illusionen, abendländischer Metaphysikgeschichte zugehörend, die das Man aufrecht erhält? 1) Die Gesellschaft sei Erlöserin; 2) das Selbst sei in Gott oder im Du geborgen; 3) der auferstandene Jesus sei Überwinder des Todes und der Angst in der Welt.

Heideggers quasi ethische Maxime könnte lauten: Entwirf dein Dasein in jedem Augenblick so, wie du im Angesicht des – horizonthaft mitgegenwärtigen – eigenen Todes allezeit wollen kannst, gehandelt, dein Dasein entworfen und erfüllt zu haben! Aus der Perspektive vom Ende her sind ureigene Möglichkeiten ‚frei' zu bestimmen, so daß sich eine wahrhaftige „Selbstheit" der Person ausbildet. Ein „*Vorlaufen zum Tode*" also erschließt das „*eigentliche Seinkönnen*" des Selbst (SuZ 267). Das Worumwillen der Angst und das Wovor der Angst ist das je eigene Selbst: Die Angst *ängstigt* sich *um* das Lebendigbleiben und *vor* dem Sichergreifensollen im Horizont des Sterbenmüssens.

Von der Marburger Vorlesung an: *Prolegomena zur Geschichte des Zeitbegriffs* (1925) bis zum späten, nicht veröffentlichten ‚Hauptwerk' *Vom Ereignis* (1938) hält sich Heideggers Ringen durch um den Zusammenhang von Zeitlichkeit, Endlichkeit, Verfallen, Nichts, Sein zum Tode. In *Was ist Metaphysik?* wird Dasein definiert als „Hineingehaltenheit in das Nichts" (WM 38). Der Angst kommt Erkenntnisbedeutung zu: sie „offenbart das Nichts". „In der hellen Nacht des Nichts der Angst" – das *Oxymoron* ‚helle Nacht' zeigt eine quälend überwache Angespanntheit des Sehens im lichtlosen Dunkel an – „ersteht erst ... die Offenheit des Seienden" (WM 32, 34). Das existierende Ich wird durch Angst als Seinsverstehendes konstituiert. Zumeist wird die „ursprüngliche Angst" niedergehalten, sie ist da, „schläft nur". „Ihr Atem zittert ständig durch das Dasein" (WM 37). Wesenhafte Angst ist ein „Schrecken des Abgrundes" (WM 47). Im Hineingehaltensein des Ich ins Nichts auf dem Grunde seiner verborgenen Angst bildet es sich sowohl zum „Platzhalter des Nichts" als auch zu dem, was das Seiende im Ganzen zu transzendieren trachtet (WM 38). Der Transzensus als Überschreiten durchschnittlichen Aufgehens im innerzeitigen Weltleben kraft der sich sehenden Angst führt aber für Heidegger nicht, wie die Tradition lehrte, zu Gott, sondern zum Nichts.[163]

---

163 Der vollbrachte Transzensus in das Nichts ist kein Ausgangspunkt, um, wie christliche Neuplatoniker lehrten, den Übergang von der *negativen* zur *positiven* Theologie zu gewinnen. – Vgl. Walter Schulz: Über den philosophiegeschichtlichen Ort Martin Heideggers,

d) *Heideggers ‚Todesphilosophie' im Horizont von Kierkegaards Mut zum Sein coram Deo*

Heidegger betont, seine beharrliche Besinnung auf das menschliche *Sein zum Tode*, offenbar in der Angst, lehre nicht *weltanschaulich* eine ‚Todesphilosophie', sondern suche die Seinsfrage auf ihren Grund zu bringen und das „Da-sein" selbst als „ab-gründigen Grund zu eröffnen" (GA 65, 285f). Ohne Bezug auf J. A. Comenius: *haec vita praeparatio est vitae aeternae* oder Fichtes Wort, unser irdisches Leben sei „eine Schule zur Ewigkeit" (SW II, 307), setzt Heidegger in seinem Angstbegriff – in subversiver Absicht – die *ars-moriendi*-Tradition fort. Den theologischen Horizont kappend, bleibt er mit ihr verbunden in der Sicht, daß angesichts des Todes das innerste Zentrum zuvor gelebten Lebens erprobt wird. In der Angst ist das Selbst ganz auf sich als verwesliches Wesen zurückgeworfen.

Hinter Heideggers Analyse der Flucht vor der Eigentlichkeit und Unheimlichkeit der Existenz steht Kierkegaards Durchleuchten der Angst des Ich vor seiner Freiheit und in ihr vor dem Selbst in seiner unwägbaren ethisch-religiösen Abgründigkeit. Inspiriert von dessen Angstanalyse betont Heidegger, daß Angst zu absoluter *Vereinzelung* führe. Das Dasein ist in der Angst sich selbst erschlossen als *„vereinzeltes, geworfenes Seinkönnen"*. „Das Sterben" ist daher „wesenhaft unvertretbar das meine" (SuZ 187f, 253). Kierkegaard ermahnte dazu, dem „Sozialitätsdrang der Angst" zu widerstehen (BA 142f), da Geselligkeit Heilmittel ohne Tiefgang und sittliche Orientierungskraft sein kann. Heidegger verschärft des Dänen Lehre vom Einzelnen als der *Kategorie*, durch welche das ganze Menschengeschlecht hindurch müsse (Tg II, 192): Bedingung für ein originales Selbst ist nach Heidegger der „existenziale ‚Solipsismus'" (SuZ 188), denn Angst vereinzelt es zum unbezüglichen *solus ipse*. Das schlechthin auf sich Zurückgeworfensein des Selbst ist im Vorlaufen in seine letzte Möglichkeit, die des Todes, so „absolut", daß jedes Mitsein unbedeutsam wird (GA 20, 439f). Für Heidegger findet sich das Dasein in der Angst als das Sein zum Tode, das *solus ipse* ist, in die Welt „geworfen", und zwar als in eine „leere Erbarmungslosigkeit"! Das „besorgende Gewärtigen findet nichts, woraus es sich verstehen könnte, es greift ins Nichts der Welt" (SuZ 343). Das hier in *Sein und Zeit* beschworene Los- und Leersein an Erbarmen (*misericordia*) ist, mit dramatischem Pathos formuliert, Negation eines zentralen christlichen *Theologoumenon* und besagt: Die erbarmende Liebe des Gottes Jesu Christi ist nicht – oder nicht mehr als glaubwürdige, im Sinne Nietzsches, – bei uns. Zur auferlegten hohen Ich-Einsamkeit stimmt das Verlieren der Gottesbeziehung

in: *Heidegger. Perspektiven zur Deutung seines Werkes*, hg. von O. Pöggeler, Köln/ Berlin 1970, 95-139, bes. 130.

ebenso wie der originalen menschlichen Ich-Du-Beziehung, was in Heideggers Konzeption angelegt ist.[164]

Heidegger nimmt das markante Wort des Dänen auf von der „*Existenz-Durchsichtigkeit*" (UN I, 248f). Auch ihm geht es um ein anspruchsvolles Sichverstehen in der „vollen Durchsichtigkeit" des Selbst (GA 20, 441), oder in einer, wie es in hoher *Idealität* heißt, „völligen Durchsichtigkeit" seiner Selbst (GA 65, 230). Sie gelingt, wenn das Ich im *memento mori* sich, als imaginiertes, quasi abgeschlossenes Ganzes, vom antizipierten Ende her zu verstehen sucht. Von Kierkegaard her wird deutlicher, inwiefern Heidegger in *Sein und Zeit* das Vor-sich-Durchsichtig- und „Ganzsein" des Selbst an die Bedingung des imaginierten „Vorlaufens in den Tod" binden konnte (SuZ 266f). Denn ihm entspricht bei Kierkegaard eine gläubig kühne Intention, sich selbst *coram Deo* sehen zu wollen, worin, wie in Luthers Gewissensbegriff, ein Sein *in conspectu Dei*, als Gesehenwerden von Gott mit eingeschlossen ist. Die Idee göttlichen Erblicktwerdens der Seele realisiert schon Rogier van der Weyden im Gemälde, in dem der Bildbetrachter, aus welcher Position auch immer, von Christus angesehen wird.[165] – Die Leerstelle des Transzendenzverlustes füllt der spätere Heidegger aus durch das sonderbar pseudoreligiöse Wort, der Tod sei „das höchste Zeugnis des Seyns" (GA 65, 230). Die frühe Rede vom Tod als ‚höchster Instanz' (SuZ 313) ist nicht nur ein urteilslogisch enthaltsames In-der-Schwebe-Halten der Frage der ersten und letzten Dinge, sondern suggeriert, kein Leben nach dem Tode sei sinnvoll denkbar. Das im Horizont der Angst auferlegte *Entweder/Oder* liegt für Heidegger nicht wie für Kierkegaard in einer Entscheidung – christlicher Tradition gemäß – für die *Welt* oder für *Gott*, sondern darin: *Entweder* folgt der Einzelne dem *Man*, das mit Anschein von Solidität jegliches aufdämmernde Ahnen der unabwendbaren „Geworfenheit in den Tod" beschwichtigt, das Recht dazu ausgibt und die Versuchung steigert, sich das je eigene Sein zum Tode zu verdecken. *Oder* er stellt sich in den Lichtkegel jener hellwachen Angst als des Sich-Erschlossenseins, daß er „als geworfenes Sein *zu* seinem Ende existiert" (SuZ 251, 255).

---

164 Vgl. Michael Theunissen: *Der Andere. Studien zur Sozialontologie der Gegenwart,* Berlin 1965, 156-186; zu der von Levinas intendierten dialogischen Überwindung Heideggers vgl. Adriaan T. Peperzak: *To The Other. An Introduction to the Philosophy of Emmanuel Levinas,* West Lafayette, Indiana 1993.

165 Vgl. dazu Irene Pelka: Blick und Über-Blick. Die virtuelle Welt des Augen-Bildes in der altniederländischen Malerei, in: *Geist und Psyche. Klassische Modelle von Platon bis Freud und Damasio,* hg. von E. Düsing, H.-D. Klein, Würzburg 2008, 91-116. bes. 96f. Zur „Entwicklung des universellen, allsehenden Blicks" erklärt Verf.: Der dargestellte Blick und der des Betrachters „treffen sich in jeder möglichen Sehrichtung". Die Augen des Dargestellten wirken wie in Bewegung, ja scheinen den sich vor dem Bilde bewegenden Betrachter zu verfolgen.

Für Heidegger ist Angst maßgebende Existenzbestimmung. Für Kierkegaard ist Angst – neben Verzweiflung, Erinnerung, Hoffnung, Wiederholung, Liebe zwar eine hochbedeutsame, aber doch nur eine unter anderen. Auch Kierkegaard kennt – wie nach ihm Heidegger, Sartre und Camus – das „Entsetzliche" und „Absurde" des Daseins, das aber nur den äußersten Kontrast darstellt zum Freundlichen und Sinnerfüllten. Das *Entsetzliche* taucht bei Kierkegaard im Kontext des Sterbenmüssens auf, aber auch in seinem Wort: das Entsetzliche, das Verderben, die Vernichtung wohnt ‚Tür an Tür' mit jedem Menschen (BA 43, BA 162). Doch alles „Entsetzende im Leben" in der Angst, im Abgrund zu versinken, birgt für Kierkegaard die Gefahr, den tieferen Sinn des Sich-Ängstens mißzuverstehen. Wer die Teleologie der Angst nicht erahnt, sondern sich stattdessen immer weiter in die entgegengesetzte Richtung einer dysteleologischen Weltsicht fortbewegt, der ist „verloren" (BA 165). Das *Entweder/ Oder* besteht nämlich darin: Entweder vollzieht das Ich eine transzendierende Bewegung, über den Abgrund der Schrecknisse hinweg, aus dem Bannkreis der Angst heraus, in Richtung auf das Ewige; oder es vollzieht eine in der Angst versinkende Bewegung (BA 161-165). – Fordert Heidegger dazu auf, tapferen Mut zur Angst aufzubringen, so fordert Kierkegaard auf zu einem „Mut, der Angst zu entsagen ohne Angst"; dieser Mut zur transzendierenden Bewegung kommt dem christlichen Glauben zu, der dem „Todesaugenblick" der Angst, ihrem Sophisma des anscheinenden Preisgegebenseins sich entwindet. Der religiöse Glaube, daß für Gott in jedem Augenblick alles Rettende möglich sei, bleibt nicht dem Ahnen oder dem realen Durchleiden des Entsetzlichen ausgeliefert, das auf dem Gipfel der Angst mit Shakespeares *König Lear* (IV. Akt, 6. Szene) in wahnsinniger Reue (als Gestalt der *Angst vor dem Bösen*) sich zwingt, *das Entsetzliche* zu sehen und nur sich beklagen kann:[166] „O du zertrümmert Meisterstück der Schöpfung"! (BA 119) Für Kierkegaard bringt die sich sehende Angst nicht vor das endgültige Nichts, sondern vor den ewigen und persönlichen Gott, der jedes Selbst mit Namen ruft. Der leidenschaftliche Ewigkeitssucher Kierkegaard findet nicht durch Weltflucht, sondern inmitten sich durchleuchtenden Ernstes zeitlicher Existenz das Ewige.

Wie Luther und Kierkegaard verbindet auch Heidegger die Selbsterfahrung des Gewissens mit Affiziertsein von Angst.[167] Für Kierkegaard aber versteht das geängstigte Gewissen das *Evangelium* (Tg II, 70f). Um des Gewissens willen etwas zu tun ist für ihn ein *Archimedischer Punkt* außerhalb der Welt. Denn

---

166 Zur *Angst des Gewissens* als reuiger Selbstverlorenheit gleichsam wie im leibseelischen *Tode* s. BA 116-121.

167 Vgl. Otto Pöggeler: Wovor die Angst sich ängstet, in ders.: *Neue Wege mit Heidegger*, Freiburg/ München 1992, 142-163.

„im Gewissen hat Gott sein Auge auf mich gerichtet", und ich kann nicht mehr vergessen, „daß dieses Auge mich sieht". Daß Gott mich sah, bedeutet, daß ich fortan auf Gott sehen muß.[168] Für Kierkegaard, der hierin Luther folgt, ist die Angst des geängstigten Gewissens Ausgangspunkt für ein Innewerden des Ewigen als des Maßgebenden (vgl. BA 161ff, 167ff).

Wie Kierkegaard in *Entweder/Oder* bestimmt Heidegger das Sich-selbst-Wählen[169] als „die *Seins-Voraussetzung*" (GA 20, 441) existierender Subjektivität. Diese *Wahl* des je eigenen *Selbst* in seiner *Faktizität* schließt für Kierkegaard die ethische Wahl des Selbst in seiner „ewigen Gültigkeit" ein und in der Idee der Einigkeit des Ich mit sich die Wahl des Guten, welche zugleich Anerkennung Gottes ist, als des sittlichen Urgesetzgebers. Von Kierkegaards Konzept der *Wahl* des Selbst *coram Deo* nimmt Heidegger ausschließlich die innerweltliche Dimension auf, nämlich die Übernahme unausweichlich lastender *Faktizität*; beiseite läßt er die Ewigkeitsbedeutung des Sich-Wählens, die ein Sichbejahen des Selbst in seiner ‚ewigen Gültigkeit' als Entwurf des persönlichen Gottes ist. Um den *Kontrast* zur Verlorenheit des Selbst im *Man* als ein „wahlloses Mitgenommenwerden von Niemand" zu zeigen, entwickelt Heidegger Bestimmungen hin zu radikaler, nahezu idealistischer Autarkie des Ich: Das „*Wählen dieser Wahl*", – so heißt es im Anklang an Fichtes und Kierkegaards *Wollen des Willens* (und des letzteren Aufruf: ‚Entweder/ Oder') – ist ein „Sichentscheiden", das rein aus dem eigenen Selbst schöpft und auf dessen „eigentliches Seinkönnen" hinzielt (SuZ 268). Das Gewissen bildet dabei eine jene Autarkie sichernde Instanz. – Im Unterschied zu Heidegger, für den im Gewissen das Dasein *sich selbst ruft* und darin sich *wählt* als ein Angerufenwerden-Können (SuZ 287), bedeutet für Kierkegaard das Sich-Sehen des Selbst im Gewissen überdies ein Innesein des Gesehenwerdens von Gott. Die *Gabe der Angst*, wie Kierkegaard sich traditionsreich ausdrückt, ist für ihn ein helfender Geist, der das Versinken des Ich in die Zwecksetzungssphäre des Endlichen verhindern soll und den Glauben an Christi Erlösung erwecken hilft (BA 165-168).[170] Angst

---

168 Kierkegaard, Tg II: 91f, 142. – Die *conscientia* des Christen ist ein Wissen um das persönliche Sein *coram Deo* ist, das zugleich ein in *conspectu Dei*, d.h. ein Wissen darum einschließt, daß Gott seinerseits (Matth 6, 4; 1Kor 4, 5; Hebr 4, 12f; vgl. auch Ps 139, 1-4, 7f) ein Mitwisser der Geheimnisse des Gewissens (secreta, arcana, abyssus conscientiae) ist. Bei Luther findet sich nicht selten die Verbindung von *conscientia* und *in conspectu Dei*. Vgl. Emanuel Hirsch: *Lutherstudien* Bd I: *Zu Luthers Lehre vom Gewissen*, Gütersloh 1954, 126-141.

169 Zur *Wahl* des Selbst s. EO II: 177ff, 188, 225-230; zur Deutung s. Josef Leonhard Blaß: *Die Krise der Freiheit im Denken Sören Kierkegaards. Untersuchungen zur Konstitution der Subjektivität*. Ratingen 1968, 63-108.

170 Thomas von Aquin unterscheidet von der Furcht vor drohendem Übel und der anderen Furcht wegen sittlicher Verfehlung die *Gottesfurcht* als Ehrfurcht; letztere ist als heilige

hat finale Struktur, daß ich zum Glauben komme an den, der sagte: „In der Welt habt ihr Angst, aber seid getrost, ich habe die Welt überwunden" (Joh 16, 33).

Ein Wort Hamanns, zitiert als Fußnote am Ende des *Begriffs Angst*, mag Kierkegaard zu seinem *teleologischen* Angstkonzept angeregt haben: „Diese Angst in der Welt ist eben der einzige Beweis unserer Heterogeneität. ... Diese impertinente Unruhe, diese heilige Hypochondrie ist vielleicht das Feuer, womit wir ... vor der Fäulnis des laufenden Seculi bewahrt werden müssen."[171] Das Nichtigwerden aller innerweltlichen Seinsbezüge in der Angst, die Heidegger betont, hat Kierkegaard vorgezeichnet. Das Unbedeutsamwerden alles Pragmatischen und das Un-zu-Hause-Sein des Ich enthält für Kierkegaard, anders als für Heidegger, ein über die Weltimmanenz und Endlichkeit Hinausgewiesensein. Wie für Kant die *Reue*, der Gewissensschmerz, das entschiedene Nichtwollen von etwas irreversibel Geschehenem, auf den überzeitlichen Sinn des intelligiblen Charakters hinweist, für den Kant ewiges Leben postuliert, so enthüllt für Kierkegaard die Angst, die das *freie Ich* zu vernichten droht, gleichwohl eine dem Nichtigen enthobene transzendente (*übersinnliche*) Wirklichkeit. Inmitten angsterfüllter Unruhe zeigt sich sonach in indirekter Präsenz das göttliche Unbedingte, – dessen Heidegger in mancher Anstrengung ledig zu werden trachtet.

e) *Epilog: Luthers Überwindung der Angst vor dem Tode durch den Glauben an Christus*

Im Kontext reformatorischer Heilsordnung ist Luthers Angstbegriff zentriert um die Angst des *erschrockenen Gewissens*, das sich nach nichts mehr sehnt als nach der *Rechtfertigung* vor Gott. Dem *ersten* Buche im *Alten Testament*, das mit der Schöpfung und dem Sündenfall des Menschen anhebt, hat Luther intensive Aufmerksamkeit gewidmet. Seine Auslegung der *Genesis* begann er, bevor die Pest ausbrach, im Jahre 1535 in seiner Wittenberger Vorlesung, unterbrach und vollendete sie, die auf beträchtlichen Umfang anwuchs, zehn Jahre später, wenige Monate vor seinem Tode, als er schon vom „Absterben (s)eines Leibes" spricht, das er an sich selbst „täglich fühle" und daher sein Leben sinnvoll damit „beschließen möchte", seine „Zuhörer" und sich selbst „in Gottes

---

Scheu *Gabe* des Schöpfers an sein Geschöpf. Er hebt – mit *Römer* 8, 15 – von der knechtischen Furcht (*timor servilis*) die kindschaftliche (*timor filialis*) ab. Die von Gottes Geist bewirkte *Gabe der Angst* als Gottesfurcht und Ehrfurcht ist für Thomas positiver Bestandteil wahrer Gottesliebe. Vgl. Albert Zimmermann: Gedanken des Thomas von Aquin über *Defectus Naturalis* und *Timor*, in: *Miscellana Mediaevalia*, hg. von dems., Bd 19: *Thomas von Aquin*, Berlin / New York 1988, 43-52.

171 *Johann Georg Hamann Briefwechsel*, Bd 4, hg. von A. Henkel, Wiesbaden 1959, 301f: Brief von Hamann an Herder vom 3. Juni 1781; von Kierkegaard zitiert in BA 168f nota.

Worte zu üben".[172] Nach Luthers *Genesis*-Auslegung ist im betroffenen Gewissen, in der Frage: „Adam, wo bist Du?" (Gen 3, 9), das Urteil Gottes gegenwärtig. Von Gott geht der mahnende Aufruf aus zu wahrhaftiger Standortbestimmung, Schuldeingeständnis und bereitwilliger Umkehr. Der ungegenständliche intentionale Hauptinhalt menschlicher Angst ist *Sich-verantworten*-Müssen und nicht -Können. Folgerichtig bestimmt Luther, daß diese „Furcht eigentlich ein Fliehen" sei. Dieses Fliehen charakterisiert den „schweren Fall", aus Vertrauen, Lebens-„Lust" und „höchster Sicherheit" heraus, in äußerste Bedrängnis, Gedankenlähmung und, als „greuliche Strafe", das Erfülltwerden von derartiger Angst und Schrecken, daß „sich das Gewissen(!) vor dem Rauschen eines Blattes entsetzt" und der Mensch das wohltätige schönste Licht des Tages nicht mehr leiden mag. Etymologisch sinngemäß für das Hebräische wie für das Deutsche und im Ergründen des Sich-Ängstigens, ja In-sich-selbst-Angst-Werdens, erklärt Luther ingeniös das Wesen solcher Angst: Adam, dem aus dem Stande der Unschuld gefallenen Menschen, wird die ganze Welt „zu enge", „so daß er sich nirgend getraut sicher zu bleiben". Das Unstet-und-flüchtig-Werden, von Unruhe und Sorge erfüllt, hängt also zusammen mit der selbstverschuldeten, völlig vergeblichen, paradoxen Fliehbewegung, daß, „je weiter ein Mensch von Gott gegangen ist", „da er doch schon allzu weit von Gott geflohen war", er um so mehr sich wünscht, bis ans äußerste Ende der Welt zu gelangen und „ewiglich flüchtig" zu sein. Die dramatische Bewegung eines solchen Flüchtig- und Nichtigwerdens steigert sich in der von Luther entfalteten konsequenten Abfolge: *Mißtrauen* des Menschen (gegen Gottes Wort), *Torheit* (statt Weisheit), *Abtrünnigkeit* vom Glückseligkeit schenkenden Guten (statt Liebe zu ihm), Fortfliehen in *Furcht*. Luthers Exegese dieser Flucht gipfelt, – vorausweisend auf Kierkegaard, – in der *Verzweiflung*, worin die Fliehbewegung aus dem Zentrum, in dem ursprünglich Gottes- und Selbstvertrauen koinzidieren, zum Stillstand kommt. Kennzeichnend für den immer stärker auf sich fixierten und zugleich sich selbst verzehrenden, ja ruinierenden – nach Luther: „unbußfertigen" – Seelenzustand sind die aus ihm entspringenden Daseinsbestimmungen: Skepsis, Angst, Verzweiflung, Haß des Guten, ja des Schöpfers selbst.

Die Fluchtbewegung des Menschen im Verleugnen seines Vor-Gott-Schuldigseins aufzuzeigen, ist Prämisse für Luthers Eröffnung eines kraftvollen Trostes zur Überwindung von Todesangst. Wahre ‚Todesnot' als die Schwere des Sterbens ist die Not des Gewissens angesichts des heiligen Gottes. Seine Christus-Verkündigung sucht den Trost von Geängstigten. Christus ist der Fels,

---

172 *Dr. Martin Luthers Sämtliche Schriften*, hg. von J. G. Walch, Bd I: *Auslegung des ersten Buches Mose*, Teil 1, Nachdruck der 2. überarb. Auflage, Groß-Oesingen 1986. Zur „historischen Nachricht" des Herausgebers: XIII; für den folgenden Absatz s. op. cit. 207-213.

an dem die Wellen spiritueller und seelischer Trostlosigkeit sich brechen. In einer Schrift von 1527 behandelt er die ernste Frage, *Ob man vor dem Sterben fliehen möchte*.[173] Und er malt in seinem frühen *Sermon von der Bereitung zum Sterben* (von 1519) den Tod des Christenmenschen in dem schönen, sympathischen und hoffnungsfrohen Bild aus, dieser Tod sei dessen neue Geburt in den Himmel: „Es geht hier zu, wie wenn ein Kind aus der kleinen Wohnung in seiner Mutter Leib mit Gefahr und Ängsten hineingeboren wird in diesen weiten Himmel und diese weite Erde, das heißt auf diese Welt: ebenso geht der Mensch durch die enge Pforte des Todes aus diesem Leben". Daher heißt das Sterben der Christen „eine neue Geburt". Anhand der leiblichen Geburt eines Kindes dürfen wir, dazu ermutigt Luther, Bedeutsames über den „engen Gang des Todes" für den Glauben „lernen". Christus spricht von der Angst der Gebärenden, die dieser Angst nicht mehr gedenkt, sobald das Kind in die Welt geboren ist (vgl. Joh 16, 21).[174] Ebenso dürfen wir uns, so Luther, im „Sterben der Angst entschlagen", durch Vorwegnahme großer Freude (WA II, 685f).[175]

---

173 Vgl. Thorsten Dietz: *Der Begriff der Furcht bei Luther*, Tübingen 2009, 297. Zur Angst vor dem Tode s. ebd. 206ff, 289-326. Seine erschreckende Macht hat der Tod durch die im Gewissen bewußte Sünde. Die Todesfurcht versteht Luther mit *Hebräer* 2, 14f als einen Geist der Knechtschaft, von dem Jesus uns durch seinen Tod befreit hat, da er nicht nur den Tod, „der Sünde Sold" (Röm 6, 23), für uns auf sich nahm, sondern ihn überwunden hat. Diese Angst durch Glauben zu bewältigen gehört zu Luthers Rechtfertigungslehre als Trosttheologie (206, 289).

174 Auch das Neugeborene erleidet Angst, wie neuere Forschung zeigt. Für Freud ist die Angst im Geborenwerden die ursprüngliche Situation schwerster Hilflosigkeit, deren Erinnerungsspuren, im Unbewußten aufbewahrt, in späteren Ohnmachtsituationen wiederaufleben. In tieferer Bedeutung geht jener erste Angstzustand hervor aus der geburtlichen Trennung von der Mutter, deren Schoß Sinnbild bleibt für ein Sichzurücksehnen in beglückende Nähe, in ein Paradies präambivalenter, angstfreier Vereinigung. Für Freud ist die *Trennungangst*, hervorgerufen durch den Abschied vom bergenden Mutterleib, die ursprünglichste Angst (GW XI, 408-411). Die menschliche Geburt, so L. Janus, Freud fortführend, hat für den Embryo einen traumatischen Aspekt „durch überwältigende Angst- und Vernichtungsgefühle". In der Seelenerschütterung bei der Geburt, bei der die stärkste Bindung abrupt sich auflöst, liege das Empfinden totaler Abhängigkeit des Neugeborenen von einem behütenden Wesen. In hoch gefährlicher Frühgeburtlichkeit vollzieht es einen „Existenzwechsel" von der intrauterinen „Ureinheit mit der Mutter" zur getrennten mundanen Seinsweise außerhalb des ursprünglichen „symbiotischen Einsseins". Auf die Geburt folge die Emotion „absoluter Ungeschütztheit", ja völliger „Verlassenheit", da nun nichts mehr nahe ist, „das dem vertrauten Gefühl körperlicher Zusammengehörigkeit und seelischen Beschütztseins" entspricht. Jede beängstigende Veränderung im Lebenslauf rühre an die erste geburtliche; so erinnere sich das Unbewußte in uns an die Angst auslösende „Urtrennung" von der Mutter. Ludwig Janus: *Wie die Seele entsteht. Unser psychisches Leben vor, während und nach der Geburt*, 2. Aufl. Heidelberg 2011: 29ff, 49f, 54; 65, 116ff, 126f.

175 Martin Luther: *Ein Sermon von der Bereitung zum Sterben*, 1519, Weimarer Ausgabe (Sigle: WA) II, 685-697. Vgl. dazu Berndt Hamm: Luthers Anleitung zum seligen Sterben vor dem

In seelsorgerlich-therapeutischer Weisheit rät Luther im *Sermon von der Bereitung zum Sterben*, der Sterbende möge sein zeitliches Hab und Gut ordnen, von geliebten Menschen recht Abschied nehmen, ihnen verzeihen, um Verzeihung bitten, sein Leben ganz Gott anbefehlen. Im aktiven Leben sollte man sich mit dem Gedanken an den Tod befassen und ihn vor uns treten heißen, solange er noch ferne ist und uns nicht bedrängt. Im Sterben hingegen, wenn er schon bedrohlich nah ist, sei der Gedanke an den Tod schädlich, zu nichts nütze, ja gefährlich. Statt zu verzweifeln, Gott zu vergessen und *verloren* zu gehen,[176] soll der Sterbende, über den viele schmerzliche „Bilder herfallen", dadurch, daß er Christus ansieht, ihn belastende „Gegenbilder damit austreiben". Der im Sterben Liegende, den zur Unzeit Erinnerungsbilder von der eigenen Sünde überfluten, möge, statt in Gewissensfurcht vor Gott sich selbst „schrecklich" zu tadeln und übermäßig zu schämen, in Christus sich bergen. Allein das Bild von Christus, der das lebendige und unsterbliche Bild des Himmels „wider den Tod" ist, soll in uns stark gegenwärtig sein. Denn „selig sind [die Toten], die im Herrn [Christus] sterben." (Offb 14, 13) In ihm ist lauter Leben. „Wenn du aber den Tod anderswo ansiehst, tötet er dich durch große Unruhe und Pein." Der Sterbende möge sich immerzu ein gutes heilsames Bild aufrufen, ja „das Gnadenbild ansehen und sich einprägen": Christus „nimmt ja deinen Tod auf sich und erwürgt ihn, daß er dir nicht schaden kann", er, der mehr von dir weiß als du selbst. Luther entfaltet seine Seelsorge im Innerlichkeitsethos von Augustinus, der eine Nähe Gottes zur menschlichen Geistseele annimmt, ja der ihr *innerlicher als ihr Innerstes* ist. „Suche dich nur in Christus und nicht in dir, so wirst du dich ewig in ihm finden". In pastoraler Zuwendung heißt der Zuspruch: Glaube nur, daß *„dein Tod, deine Sünde, deine Hölle für dich"* am Kreuz überwunden ist, du somit „erlöst bist". Trinitarisch ausgerichtet und innig persönlich wiederholt Luther: Gott legt „deinen Tod, deine Sünde, deine Hölle auf seinen liebsten Sohn, überwindet sie für dich und macht sie unschädlich für dich". Und er fragt fürsorglich und feierlich: Warum sollte Gott dir nicht *etwas Großes*, wie es das Sterben ist, auferlegen, wenn er dir große Hilfe und Stärkung hinzufügt? Durch sie wirst du „beherzt werden zum Sterben"! Kein Christ, so beschwört Luther, soll an seinem Ende zweifeln oder verzweifeln, daß er ganz allein sei in seinem Sterben; vielmehr dürfe er dessen gewiß sein, – so die kreative Imagination, die Anhalt an Bibelworten findet, – daß „viele Augen auf ihn sehen", Gottes und Jesu Christi Augen. „Ich will meine Augen stetig auf

---

Hintergrund der spätmittelalterlichen Ars moriendi, in ders.: *Der frühe Luther – Etappen reformatorischer Neuorientierung*, Tübingen 2010, 115-163.

176 Für das Folgende siehe Luthers *Sermon von der Bereitung zum Sterben*, WA II, 687-697. – Zur Eschatologie s. Marius Reiser: *Die letzten Dinge im Licht des Neuen Testaments. Bilder und Wirklichkeit*, Aachen 2013.

dich richten", auf daß du nicht untergehest (vgl. *Psalm* 32, 8). Du sollst nicht untergehen; denn Gott will den Verstorbenen „mit Ewigkeit" erfüllen (WA II, 695ff),[177] so Luther als pastoral begnadeter Seelsorger für im Sterben Liegende.

Gläubige Glättung oder Verharmlosung schwer erschütternden Todesleidens lag ihm ferne. Martin Luther erlitt selbst bittern Kummer um seine schon als Baby sterbende Tochter Elisabeth; und über den Tod seines Freundes Nikolaus Hausmann hat er einen ganzen Tag lang geweint. Er kennt die harte Wahrheit, die der alte Hymnus der St. Gallener Mönche eindrücklich zur Sprache bringt: „Mitten im Leben sind wir vom Tod umfangen", deutsche Fassung eines mittelalterlichen gregorianischen Chorals, der beginnt: *Media vita in morte sumus*. Diese schmerzliche Realität läßt er aber nur als vorletzte Wahrheit gelten. Wer an Jesus Christus als auferstandenen Erlöser glaubt, dem wird zugemutet: „Kehr's um: mitten im Tode sind wir vom Leben umfangen, – so spricht, so glaubt der Christ." Im Sterben stehen wir an einem Abgrund; wir müssen „von dem gewissen Ufer dieses Lebens hinüber springen in den Abgrund" und sollen es daher allein auf Gott hin wagen. Des Gesetzes Stimme, die uns verurteilt, sagt: „Mitten wir im Leben sind / Mit dem Tod umfangen"; des Evangeliums Stimme: „Media morte in vita sumus".[178] Das Evangelium verheißt: Christi Tod hat den Tod, den wir sterben müssen, entmächtigt. „Es war ein wunderlicher Krieg, da Tod und Leben rungen; das Leben behielt den Sieg, es hat den Tod verschlungen …; ein Spott der Tod ist worden".[179] Das künftige Leben bei Gott ist für Luther so real, daß starke Kräfte des Trostes daraus fließen.[180] Er ist, besonders im Gedenken an den Todesabgrund, wie Kierkegaard nach ihm, Bürge der Hoffnung; Heidegger besiegelt dagegen im Gefolge Nietzsches das Sein zum Tode.

---

177 Vgl. dazu Fritz Heidler: *Die biblische Lehre von der Unsterblichkeit der Seele. Sterben, Tod, ewiges Leben im Aspekt lutherischer Anthropologie*, Göttingen 1983, 111. Erörtert wird auch das Verständnis des Todes als *Schlaf* und die Annahme vom *Ganztod*, die von den Theologen Karl Barth, Helmut Thielicke, Eberhard Jüngel vertreten wird, wonach im *Tod* der Mensch, einschließlich seiner Geistseele, *vernichtet* wird, s. ebd. 171-180. Bei dieser *Ganztod*-Annahme sei die *Selbigkeit* der Person vor und nach ihrem Tode schwer begründbar (s. ebd. 154-159).

178 Paul Althaus: *Die Theologie Martin Luthers*, 7. Aufl. Gütersloh 1994; Luther-Zitat-Nachweise ebd. 340, 342f. Luther hat das Motiv: *Media vita in morte sumus* ins Deutsche übertragen in seinem Lied von 1524, das beginnt: „Mitten wir im Leben sind / mit dem Tod umfangen". – Vgl. Otto H. Pesch: Theologie des Todes bei Luther, in: *Im Angesicht des Todes*. Hg. von Hansjakob Becker u.a., Bd 2 St. Ottilien 1987, 709-789.

179 Martin Luther, aus dem Osterlied: „Christ lag in Todesbanden", 4. Strophe, zuerst Wittenberg 1524.

180 An seinen todkranken Vater schreibt er: „Unser Glaube ist gewiß und wir zweifeln nicht, daß wir uns bei Christo wiederum sehen werden". Nachweis bei Paul Scheurlen (Hg.): *Vom wahren Herzenstrost. Martin Luthers Trostbriefe*, Stuttgart 1930, 64.

Eine Predigt Luthers am 9. März 1522 beginnt in schwerem Ernst, der die Heilsohnmacht und Trostarmut zwischenmenschlicher Fürsorge und das Verwiesensein allein auf Gottes Gnade zu bedenken gibt: „Wir seindt allsampt zu dem tod gefodert und wirt keyner für den andern sterben, sondern ein yglicher in eygner person für sich mit dem todt kempffen." (WA 10/ III 1) Seine Predigt über den Paulinischen Schlüsseltext zur Auferstehung (1Kor 15)[181] bringt die schreckliche Gewalt des Todes, als das zutiefst Angst einflößende, schonungslos zur Sprache: „Jetzt würget der Tod uns Menschen jämmerlich und auf mancherlei Weise" (WA 49: 727ff, 761ff). Christen sehen mehr als solches Grauen, das schaurige, schändliche Verwesen. Seele und Geist des einzelnen Menschen gehen nicht zugrunde in solcher Verwesung, (- wie die Materialisten erklären, -) weil sie in ein anderes Leben berufen werden, das, mit dem hiesigen unvergleichlich, aus reiner Güte gewährt wird. Denn seit Ostern erhebt sich ein ganz anderes Lied als Antwort auf das sonst durchgreifend dem Tode Geweihtsein alles Lebenden: „Christ ist erstanden von der Marter alle, deß solln wir alle froh sein, Christ will unser Trost sein".[182] Alles komme, so Luther mit Paulus, auf den Glauben an die Auferstehung der Toten an, daß er „fest in uns gegründet werde, denn er ist unser endlicher, seliger, ewiger Trost wider den Tod" und wider „alle Traurigkeit". Die Begräbnisfeier soll ein die Seele festigendes und der Hoffnungslosigkeit der Welt „trotzendes" Bekenntnis zu christlichem inneren Frieden sein (WA 35, 478ff). – Für den Akt der Beerdigung nimmt Luther eine eindringlich zarte und verheißungsvolle Anrede an die Erde auf aus einem Begräbnisgesang des spanischen, lateinisch schreibenden Hymnendichters Aurelius Prudentius, Zeitgenosse Augustins; Auferstehungshoffnung leuchtet auf in der beschwörenden Anrede an die den Leichnam bergende Erde: „Bewahre das teure Vermächtnis! Einst seines Erschaffen gedenkend, wird Gott von dir wiederverlangen dies Bildnis der eigenen Züge."[183]

---

181 Zum Auferstehungsglauben s. Marius Reiser: *Die letzten Dinge im Licht des Neuen Testaments*, op. cit. 21-31.

182 Paul Althaus: *Der Friedhof unserer Väter. Ein Gang durch die Sterbe- und Ewigkeitslieder der evangelischen Kirche*, 3. Aufl. Gütersloh 1928 (zuerst 1922), 26ff. In Gestalt eines Gesangbuchführers ist dieser Band Einführung der Gemeinde in die ‚letzten Dinge'; er ergänzt den dogmatischen Entwurf der Eschatologie von Paul Althaus: *Die letzten Dinge: Entwurf einer christlichen Eschatologie*, 8. Aufl. Gütersloh 1961 (zuerst 1926). – Das Lied: „Christ ist erstanden von der Marter" gehört zu den ältesten deutschsprachigen Liedern; es wurde von Luther 1529 in dreistrophiger Fassung mit neuen christologischen und trinitarischen Akzenten kanonisiert.

183 Vgl. Althaus: *Der Friedhof unserer Väter*, 40ff. – Luthers Beziehung zur *Mystik*, insonderheit sein fruchtbar Angeregtsein durch Taulers tiefschürfende Ergründung möglichen Segens der Gewissensqual, die zur geistlichen Wiedergeburt hinführt, untersucht Dietz: *Der Begriff der Furcht bei Luther*, 144-160, bes. 151ff, 159f. – Zu Jesu Auferstehung als Vorbild

Der „innere Mensch", – der nach Paulus von Tag zu Tag erneuert wird, in Abhebung vom „äußeren Menschen", der verfällt (2Kor 4, 16), – wird von Luther einmal ‚Geist', ein anderes Mal ‚Seele' genannt. Auch im Hinblick auf Verstorbene spricht Luther von der Seele oder vom Geist des Menschen, der den Tod des Körpers „übersteht" (WA 10 III, 191; WA 39 II, 400) und der bei Gott sei, nicht aber versunken im Nichts oder Nichtsein. Auf dem Sterbebett hat Luther das Psalmwort gesprochen: „in deine Hände befehle ich meinen Geist" (*Psalm* 31, 6), das Jesus am Kreuz zu seinem Vater gebetet hatte (vgl. *Lukas 23, 46*).[184] Für Luther schließt der Auferstehungsglaube ein, des Christen Tod sei dessen Hineingeborenwerden in den ‚Himmel', in die geistig-geistliche Welt. Verwandelt zu werden kraft *Auferweckung* von den Toten wird mit aristotelischem Anklang – Gott kennt die zu realisierende wahre Form – vorgestellt in der *Disputatio de homine* (1536, WA 39/1, 177): „So ist denn der Mensch des hiesigen Lebens der bloße Stoff Gottes zu dem Leben in seiner künftigen Gestalt". Luther nimmt einen ewigen Bestand jeder Einzelseele an, da „Gott den Teil der menschlichen Natur, in den er sein Bild eingegossen hat, nicht sterblich sein, sondern nach des Körpers Tod überdauern läßt" und im Neuschöpfungsakt „die Seele zur unsterblichen und ewigen macht" („producit animam immortalem et aeternam", WA 39 II, 400f).[185] Der Nous poietikos, die aktive, schaffende göttliche Vernunft, die Ideen in der geistbegabten Seele hervorruft, wird dann, – gemäß einer sinnvoll annehmbaren Transfiguration des Aristotelischen Absoluten in den biblischen persönlichen Gott (s. hier C XII 1 ac), – zum individuell-persönlichen Geist im neues Leben bildenden Schöpfer.

So kann resümierend festgehalten werden, daß von Luthers und Kierkegaards christlichem Auferstehungshorizont abzuheben ist Heideggers Sicht, wonach das absolut endliche Ich in sich selbst heillos, in eine ‚erbarmungslose', trostarme Welt geworfen ist. Inmitten von Todesschatten der Angst, die vom *Ende* her auf das gegenwärtige Dasein fallen, eröffnet sich für das Selbst kein Innewerden eines Rettenden. Ein Pauluswort deutet dagegen in der vergangenen Angst das mögliche Neuwerden an: Ihr wart *Fremdlinge* hinsichtlich des Bündnisses der Verheißung und hattet „keine Hoffnung", denn ihr wart „ohne Gott in der Welt"; „nun aber seid ihr ... in Christo", d.h. wohlbegründet hoffen Dürfende (*Epheser* 2, 12f).

---

  der Auferstehungsverheißung und zur trinitarisch begründeten Vollmacht Jesu über den ganzen Kosmos, wie die Evangelien sie bezeugen, s. Horst Waldemar Beck: *Biblische Universalität und Wissenschaft. Interdisziplinäre Theologie im Horizont trinitarischer Schöpfungslehre*, 2. Aufl. Weilheim-Bierbronnen 1994, 189-226, 390f, 710-716.

184 Vgl. Heidler: *Die biblische Lehre von der Unsterblichkeit der Seele*, 111.
185 Luther-Zitat-Nachweise bei Heidler, op. cit., 157.

Nietzsches Denken, vertraut mit der christlichen Auferstehungshoffnung, lotet die Spannung aus zwischen ehemaligem Hoffendürfen und neuerlicher Annahme endgültigen Verderbensollens in einem ‚ganz anderen Tod', da die Seele mit ihrem Leibe ins Nichts versinkt. Für Heidegger ist der existenzial wahre Sinn der Cartesianischen ersten und letzten Gewißheit: *sum moribundus*! Ich bin dieses „Ich kann jeden Augenblick sterben"'! Die stets mich begleiten sollende Gewißheit ist mein Sterbenmüssen. Selbstgewißheit heißt für Heidegger auch Todesgewißheit. Das von Luther betonte Motiv der von Angst getriebenen *Flucht* vor Gott, die ‚Adams' tiefen Fall veranschaulicht, wird von Heidegger säkularisiert zur Angst, die er als Flucht des Daseins vor ihm selbst deutet. In Angst ist das Selbst ganz auf sich als Verwesliches zurückgeworfen, – partiell erinnernd an Paulus: „Der Tod ist der *Sünde Sold*; aber die Gabe Gottes ist das ewige Leben in Christo Jesu" (*Römer* 6, 23).

Die Flucht des Menschen vor Gott im Verleugnen seines Vor-Gott-Schuldigseins aufzuzeigen, ist für Luther Prämisse für sein vollmächtiges Trösten derer, die in Todesangst bekümmert sind. Wir sind alle dem Tode geweiht, so predigt Luther, und jeder muß allein für sich mit dem Tode ringen. Der einzige Heil Schaffende ist der in Christus offenbare Gott, der durch seinen eigenen Tod, stellvertretend, die alles beherrschende, in Angst bannende „Macht des Todes" bezwungen und außer Wirksamkeit gesetzt hat (Hebr 2, 14). Als Kronzeuge für die Überwindung von Todesangst darf, vor Luther, Paulus gelten; er nimmt in die Reihe der *Mächte*, die uns nicht „von der Liebe Gottes scheiden können, die in Christus Jesus ist" (*Römer* 8, 38f), ausdrücklich den Tod auf.

Siglenverzeichnis zu den Klassikern und zitierte Werkausgaben

Aristoteles

Über die Seele. Übersetzung mit Erläuterungen, hg. von Willy Theiler, Hamburg 1968
Metaphysik. Übersetzt von Hermann Bonitz, hg. von H. Carvallo / E. Grassi, Hamburg 1966
Nikomachische Ethik. Übersetzt von Eugen Rolfes, hg. von G. Bien, Hamburg 1972

Augustinus

Confessiones / Bekenntnisse, lateinisch /deutsch., hg. von Joseph Bernhart, 4. Aufl. München 1990
Contra Academicos, De beata vita, De ordine, hg. von Th. Fuhrer, S. Adam, Berlin 2017
De Trinitate (aus den Jahren 417-428). Lateinisch-deutsch. Übersetzt und hg. von Johann Kreuzer, Hamburg 2003

Feuerbach

Ludwig Feuerbach: Gesammelte Werke, hg. von Werner Schuffenhauer, 9 Bde, Berlin 1969f

Fichte

GA: Johann Gottlieb Fichte, Historisch-kritische Gesamtausgabe der Bayerischen Akademie der Wissenschaften I/1 – IV/4
SW: Fichtes Werke, hg. von Immanuel Hermann Fichte, Berlin 1845/46, Nachdruck Berlin 1971, Bde I-XI

Freud

Sigmund Freud: Gesammelte Werke. Chronologisch geordnet, Bde I-XVII, Frankfurt a. M. 1999 (: GW)

Hegel

GW: Georg Wilhelm Friedrich Hegel: Gesammelte Werke, hg. von der Rheinisch-Westfälischen Akademie der Wissenschaften; Hamburg 1980ff
GW 9: Phänomenologie des Geistes (zuerst 1807), hg. von W. Bonsiepen und R. Heede, 1980

GW 17: Vorlesungsmanuskripte I (1816-1831), Religions-Philosophie, hg. von W. Jaeschke, 1987

TW: G. W. F. Hegel: Werke in zwanzig Bänden. Theorie Werkausgabe. Frankfurt a. M. 1971

TW 10: Enzyklopädie der philosophischen Wissenschaften im Grundrisse (3. Aufl. von 1830). Dritter Teil: Die Philosophie des Geistes. Mit den mündlichen Zusätzen

Enz – mit Angabe nur des Paragraphen: Enzyklopädie der philosophischen Wissenschaften im Grundrisse (3. Aufl. von 1830). Dritter Teil: Philosophie des Geistes: GW 20, 377-572

M, N: G. W. F. Hegel: Vorlesungen. Ausgewählte Nachschriften und Manuskripte („blaue Bände") Bd 1 bis Bd 15, Hamburg 1983ff. M 3-5, N 3-5: Vorlesungen über Philosophie der Religion (Manuskript: M und Nachschrift: N), Bd 3-5 (von: Vorlesungen. Ausgewählte Nachschriften und Manuskripte), hg. von W. Jaeschke, Hamburg 1983-85, davon:

M3, N 3: Vorlesungen über Philosophie der Religion Bd 3: Einleitung und Der Begriff der Religion

M4, N 4: Vorlesungen über Philosophie der Religion Bd 4 a, b: Die bestimmte Religion

M 5, N 5: Vorlesungen über Philosophie der Religion Bd 5: Die vollendete Religion

Nohl: Hegels theologische Jugendschriften, hg. von Hermann Nohl, Tübingen 1907

R: G. W. F. Hegel: Grundlinien der Philosophie des Rechts, hg. von Johannes Hoffmeister, 4. Aufl. Hamburg 1955

Heidegger

GA: Martin Heidegger, Gesamtausgabe, Frankfurt a. M. 1979ff

SuZ: Martin Heidegger: Sein und Zeit (zuerst 1927), 12. Aufl. Tübingen 1972

HB: Brief über den ‚Humanismus', in: Heidegger: Platons Lehre von der Wahrheit. Mit einem Brief über den ‚Humanismus', 2. Aufl. Bern 1954, 53-119.

HW: Nietzsches Wort ‚Gott ist tot', in: Heidegger: Holzwege, 5. Aufl. Frankfurt a. M. 1972, 193-247

N1/ N2: Nietzsche, 2 Bde, Pfullingen 1961

WM: Was ist Metaphysik?, 5. Aufl. Frankfurt a. M. 1949 (zuerst 1929)

GA 65 enthält aus dem Nachlaß: Vom Ereignis (aus den Jahren 1936-38).

Hölderlin

St A: Friedrich Hölderlin. Sämtliche Werke. Kleine Stuttgarter Ausgabe, 5 Bde, hg. von Friedrich Beißner, Stuttgart 1954

Kant

AA: Immanuel Kant's gesammelte Schriften, hg. von der (Königlich) Preußischen, später Deutschen Akademie der Wissenschaften, Berlin 1910ff
Bände XVII-XXII in der Akademie-Ausgabe sind Handschriftlicher Nachlaß Kants
Kant's Vorlesungen Bd V (AA XXVIII): Kant's Vorlesungen, hg. von der Akademie der Wissenschaften zu Göttingen, Bd V: Vorlesungen über Metaphysik und Rationaltheologie, zweite Hälfte, zweiter Teil, Berlin 1972
Bei den drei Kritiken folgt die Seitenangabe der Originalpaginierung:
KrV: Kritik der reinen Vernunft, 2. Aufl. Riga 1787
KpV: Kritik der praktischen Vernunft, 1. Aufl. 1788
KU: Kritik der Urteilskraft, 2. Aufl. 1793
E: Eine Vorlesung Kants über Ethik, hg. von Paul Menzer, Berlin 1924
M: Immanuel Kants Vorlesungen über die Metaphysik, Nachschrift von ca. 1773/74, hg. von Karl Heinrich Ludwig Pölitz, Erfurt 1821. Nachdruck: Darmstadt 1964
R: Immanuel Kants Vorlesungen über die philosophische Religionslehre, hg. von K. H. L. Pölitz, 2. Aufl. Leipzig 1830

Kierkegaard

Sören Kierkegaard, Gesammelte Werke, übersetzt und herausgegeben von Emmanuel Hirsch, Hayo Gerdes, Hans Martin Junghans, Düsseldorf/ Köln 1950ff
BA: Der Begriff Angst (zuerst 1844)
BI: Über den Begriff der Ironie. Mit ständiger Rücksicht auf Sokrates (zuerst 1841)
EO: Entweder/ Oder, I, II (zuerst 1843)
Fu: Furcht und Zittern (zuerst 1843)
KzT: Die Krankheit zum Tode (zuerst 1849)
Phil: Philosophische Brocken (zuerst 1844)
Tg: Tagebücher, Bd I-IV, (aus den Jahren 1835-1851)
UN: Abschließende Unwissenschaftliche Nachschrift zu den Philosophischen Brocken, I, II (zuerst 1846)

Leibniz

Gottfried Wilhelm Leibniz: Die Theodizee (Original: Essais de théodicée sur la bonté de Dieu, la liberté de l'homme et l'origine du mal, zuerst 1710), übers. von Artur Buchenau, Hamburg 1969
G. W. Leibniz: Hauptschriften zur Grundlegung der Philosophie, 2 Bde, übers. von A. Buchenau, hg. von Ernst Cassirer, 3. Aufl. Hamburg 1966

Luther

WA: D. Martin Luthers Werke. Kritische Gesamtausgabe, Weimar 1883-2009 (Weimarer Ausgabe), 80 Bde

Daß der freie Wille nichts sei. Antwort D. Martin Luthers an Erasmus von Rotterdam (zuerst 1525), Luthers Werke, hg. von H. H. Borcherdt / G. Merz, 3. Aufl. München 1962

Großer Katechismus, in: Bekenntnisschriften der Evangelisch-lutherischen Kirche, 8. Aufl. Göttingen 1979

Nietzsche

I) Ausgaben:

BAW Friedrich Nietzsche: 5 Bände Jugendschriften (1854-1869) der unvollständig gebliebenen Ausgabe, hg. von H. J. Mette, München 1933ff:

KGW Kritische Gesamtausgabe von Nietzsches Werken in ca. 33 Bänden, hg. von G. Colli und M. Montinari, Berlin 1967ff

KSA Kritische Studienausgabe des Gesamtwerks von Nietzsche (ab 1869) in 15 Bänden, hg. von G. Colli und M. Montinari, Berlin 1967-1977, 2. Aufl. 1988

KSA 1 bis 6 enthält die Werke; KSA 7 bis 13 Nachgelassene Fragmente, chronologisch geordnet von 1869-1889

KSB Kritische Studienausgabe sämtlicher Briefe Nietzsches in 8 Bänden, hg. von G. Colli und M. Montinari, München 1986

KTA Kröners Taschenausgabe. Sämtliche Werke Nietzsches in 12 Bänden mit Registerband

SA Schlechta (Hg.), Friedrich Nietzsche, Werke in drei Bänden mit einem Registerband, München 1954f

II) Siglen für Nietzsches Werke, von ihm selbst veröffentlicht.

Aphoristisch verfaßte Schriften werden mit Werk-Sigle und Aphorismus-Nummer zitiert

GdT Die Geburt der Tragödie aus dem Geiste der Musik. 1872

MA Menschliches, Allzumenschliches. Ein Buch für freie Geister. 1878

VM Menschliches, Allzumenschliches. Ein Buch für freie Geister. Anhang: Vermischte Meinungen und Sprüche. 1879

WS Der Wanderer und sein Schatten. 1880

M Morgenröte. Gedanken über die moralischen Vorurteile. 1881

FW Die Fröhliche Wissenschaft. 1882. (fünfter Teil im Jahre 1887 hinzugefügt)

ZA I Also sprach Zarathustra. Ein Buch für Alle und Keinen. 1883

Za II Also sprach Zarathustra. Ein Buch für Alle und Keinen. 2. Teil 1883

ZA III Also sprach Zarathustra. Ein Buch für Alle und Keinen. 3. Teil 1884

ZA IV Also sprach Zarathustra. Ein Buch für Alle und Keinen. 4. Vierter und letzter Teil. Privatdruck 1885

JGB Jenseits von Gut und Böse. Vorspiel einer Philosophie der Zukunft. 1886
GM Zur Genealogie der Moral. Eine Streitschrift. 1887
GD Götzen-Dämmerung, oder: Wie man mit dem Hammer philosophiert. 1889

Siglen zu den von Nietzsche für den Druck hinterlassenen Schriften
AC Der Antichrist. Fluch auf das Christentum. 1888. Erstdruck hg. von F. Koegel 1895
EH Ecce Homo. Wie man wird, was man ist. 1888/89. Erstdruck hg. von Raoul Richter 1908
DD Dionysos-Dithyramben. 1888/89. Erstdruck mit Za IV, hg. von Peter Gast 1891

Pascal
Blaise Pascal: Pensées (zuerst 1670), zitiert nach der Numerierung von Léon Brunschvicg, Paris 1972

Platon
Platon, Sämtliche Werke in der revidierten Schleiermacher-Übersetzung, 6 Bde, hg. von W. F. Otto, E. Grassi, G. Plamböck, Hamburg 1957ff, – die sich orientiert an der fünfbändigen Ausgabe: Platonis Opera von Ioannes Burnet, Oxford 1900, – wird zitiert nach der Seitenzählung der Ausgabe von Henricus Stephanus, Paris 1578

Plotin
En: Plotins Schriften. Übersetzt von Richard Harder, Neubearbeitung, 5 Bde, Hamburg 1956
(Enneaden)

Schelling
Friedrich Wilhelm Joseph Schelling: Sämtliche Werke, hg. von K. F. A. Schelling, 6 Bde, Stuttgart / Augsburg 1856-61. Nachdruck München 1927

Schiller
Friedrich Schiller: Sämtliche Werke (SW), hg. von G. Fricke/ G. Göpfert, 5 Bde, München 1959, 5 Bde

Schopenhauer
Arthur Schopenhauer: Sämtliche Werke, hg. von W. von Löhneysen, 5 Bde, Frankfurt a. M. 1968

Namenverzeichnis

Achtner, Wolfgang   316, 318
Aischylos   138, 442, 538f, 549f
Ariadne   566-569, 572
Albertz, Jörg   177
Althaus, Paul   147, 465, 600f
Anaxagoras   108, 135, 177, 324, 492
Angenendt, Arnold   277
Anselm   8, 44f, 77, 170, 486, 493, 501
Antigone   105, 499, 551-555, 562
Apollon, apollinisch   478, 499, 540, 545-549, 554, 556, 560
Aphrodite   499, 539f
Arendt, Dieter   390
Aristoteles   46, 61, 108f, 133, 135, 143, 170, 198, 228, 243, 254ff, 316, 324, 362, 493f, 507, 509, 512, 520, 527, 530, 534, 547, 602
Arnim, Bettina von   476
Arnold, Gottfried   421f
Athene   499
Augustinus   33, 53, 64, 66f, 73f, 77, 110, 124, 132-135, 159, 170, 172, 195, 244, 257f, 261, 336ff, 342, 379, 392ff, 397, 416, 430, 436, 450ff, 467, 481, 486, 489f, 525f, 577ff, 586, 599, 601

Baader, Franz von   168, 488
Baal   134
Bach, Johann Sebastian   529
Bader, Franz   108
Balint, Michael   243
Balthasar, Hans Urs von   91, 235, 464f, 512f, 519, 524
Barth, Hans-Martin   130
Barth, Heinz-Lothar   505
Barth, Karl   82f, 99, 235, 491f, 506, 512, 600
Bauer, Axel W.   275
Bauer, Bruno   421
Baum, Günther   391
Baumgarten, Alexander Gottlieb   9, 61, 96
Bayle, Pierre   106, 112
Beck, Horst Waldemar   104, 276, 602
Beethoven, Ludwig van   186, 450
Behe, Michael   120
Behler, Ernst   142, 232

Beierwaltes, Werner   25, 158, 243, 256, 258, 488, 514
Benjamin, Walter   182
Bense, Max   115
Bentley, Richard   129f
Benz, Ernst   252, 575
Berkeley, George   155
Bernoulli, Carl Albrecht   170
Beutel, Albrecht   442, 454
Bittner, Michael   528
Blaß, Josef Leonhard   595
Bloch, Ernst   114, 123
Böckenförde, Ernst-Wolfgang   276, 288
Böhme, Jakob   508, 519
Bohatec, Josef   68, 82
Bohley, Reiner   169
Bolz, Norbert   315
Bonaventura   243
Borchmeyer, Dieter   364
Bornkamm, Günther   247
Brandes, Georg   571f
Bremer, Dieter   306
Bruno, Giordano   445
Brusotti, Marco   161f, 191, 203, 217, 237, 371, 447, 564
Büchner, Ludwig   116f, 264
Buber, Martin   393, 516
Buffon, Georges-Louis   127
Bultmann, Rudolf   246
Burckhardt, Jacob   449, 572

Caimi, Mario   301
Cajthaml, Martin   XVIII
Calvin, Johannes   37, 427f, 430, 443, 449
Campioni, Guiliano   163
Camus, Albert   114, 594
Canova, Antonio   365f
Carnap, Rudolf   126
Christus, s. Jesus Christus
Cicero   253, 308, 343
Cohen, Hermann   118
Collins, Anthony   106, 140
Comenius, Johann Amos   592
Comte, August   126f, 163, 261, 350, 483
Constâncio, Joao   175, 203, 371

Corneille, Pierre 348
Corssen, Meta 554
Cusanus, Nikolaus 28, 97, 170, 244, 256, 391, 488

Dante Alighieri 428, 443
Darwin, Charles 13, 100, 116, 125-128, 142, 148-152, 159, 164f, 173-179, 189, 217-222, 263-270, 280-296, 354ff, 373, 380, 389, 399f, 412, 437ff, 453, 475-481
David, König 45, 505
Davies, Paul 119
Dawkins, Richard 103, 115, 243, 320
Delitzsch, Franz 92
Demokrit 10, 115, 122, 137, 150ff, 180, 243f, 353
Dennett, Daniel 115, 243, 279
Descartes, René 135, 145, 170, 234, 254, 297-300, 304ff, 369f, 393, 412, 490, 579, 589
Dibelius, Martin 426
Diderot, Denis 111, 116, 127
Dietz, Thorsten 598, 601
Dihle, Albrecht 123
Dionysos 143, 202, 235ff, 273, 351, 374, 379, 415ff, 421, 434-439, 452f, 458ff, 499, 539f, 546f, 554, 560, 567-574
Diotima 542
Dostojewkij, Fjodor XVII, XXIII, 114, 167, 228, 401, 421, 425, 576
Dreher, Rod 387
Drux, Rudolf 311
Du Bois-Reymond, Emil 116f
Dühring, Eugen 201
Dünzel, Franz 461
Düsing, Klaus XXIV, 20, 24f, 35, 37, 40, 45ff, 49, 59, 88, 95f, 121, 129, 180, 185, 197, 200, 253, 255, 259, 311, 323, 328ff, 406, 417, 490, 493, 507, 523, 541, 545, 555-559
Duns Scotus, Johannes 132f

Eckhart, Meister 244, 249, 258, 487f, 505, 551
Eibach, Ulrich 118
Eigen, Manfred 121
Einstein, Albert 121
Elert, Werner 115, 235, 522

Empedokles 539-545
Engelschall, Carl Gottfried 111
Epiktet 576
Epikur 10, 13, 44, 52, 85, 112, 115, 123, 173, 208, 325, 367, 575
Erasmus von Rotterdam 449, 452
Esposito, Constantino 49, 96
Eßbach, Wolfgang 117, 122, 127, 174, 292
Essen, Georg 68
Euripides 107, 123, 547

Feldmeier, Reinhard 109
Ferenczi, Sándor 243
Feuerbach, Ludwig 18f, 96, 122-132, 137, 143, 161, 168, 230, 306, 373, 412, 433, 475, 529
Fichte, Immanuel Herrmann 261
Fichte, Johann Gottlieb XIX, 3, 18f, 38, 57, 60, 88, 111, 133, 142, 145, 156, 223, 260-264, 267, 278f, 282, 293ff, 299-303, 309, 313, 320, 332-347, 355, 367-378, 390-397, 405f, 417, 490, 510, 520, 525, 531, 542, 579, 582-585, 592, 595
Figl, Johann 138, 184
Fink, Kristina 175
Fischer, Kuno 175
Fischer, Norbert 30, 44, 49, 66, 257, 414
Flaig, Egon 314
Flashar, Hellmut 254
Fleischer, Margot 318
Fonnesu, Luca 333
Forschner, Maximilian 49
Frankl, Viktor E. 243
Freud, Sigmund 125, 132, 193, 230, 243, 274, 283, 301, 306, 333, 351f, 366f, 569, 581, 584, 598
Friedländer, Paul 108
Fromm, Erich 313, 335

Garve, Christian 253, 343
Gasser, Reinhard 402
Gawlick, Günter 8, 140
Gawoll, Hans-Jürgen 410
Gellert, Christian Fürchtegott 565
Gerhardt, Volker 140, 177, 216f
Geyer, Christian 276
Gigon, Olof 575
Gitt, Werner 121
Göschel, Karl Friedrich 487, 492

Goethe, Johann Wolfgang 80, 115, 152ff, 158f, 177, 203, 374, 379, 450, 501, 510, 543, 545, 547, 549, 551
Gogarten, Friedrich 129
Gollwitzer, Helmut 115
Gorgias 134
Gregor von Nyssa 511, 523
Grillmeier, Alois 247, 469, 514f
Grimm, Jacob und Wilhelm 129
Groddeck, Wolfram 237, 273, 569
Gronemeyer, Marianne 261
Guardini, Romano XVIII, 91

Hadot, Pierre 576
Haeckel, Ernst 116, 119, 174, 193, 261, 264, 280, 291-296, 477
Hahn, Hans-Joachim XVIII
Halfwassen, Jens 256, 488, 515, 523
Hamann, Johann Georg 72, 76, 596
Hamm, Bernd 598f
Hammacher, Klaus 317, 391
Harnack, Adolf 103, 233, 235
Hauser, Linus 104
Hawking, Stephen 115
Haym, Rudolf 476
Heede, Reinhard 496
Hegel, Georg Wilhelm Friedrich XVf, XXIIff, 57, 60, 70f, 82, 97ff, 105, 120, 122, 133, 135, 145, 150-154, 165, 183ff, 188, 191f, 204ff, 215, 255, 258-266, 270-278, 282, 291, 301-305, 314ff, 332, 403-407, 411, 417, 457, 475, 485-535, 542ff, 555f, 562, 579, 584
Heidegger, Martin 227, 230, 407-417, 482, 557, 578-581, 586-603
Heidler, Fritz 600, 602
Heimsoeth, Heinz 9, 12ff, 17, 20-25, 29, 32, 35, 40, 43-50, 67, 88, 133, 212, 253, 256f, 278, 303, 324, 329, 332, 336, 348, 390
Heine, Heinrich 160, 215
Heintel, Erich 517
Heisenberg, Werner 104
Heller, Peter 162, 193
Helvetius, Claude Adrien 489
Hengel, Martin 252, 464
Hennigfeld, Jochem 580
Henrich, Dieter 24
Henrici, Peter 519

Hentschke, Ada Babette 109
Heraklit 142, 147ff, 164f, 178, 193f, 235, 244, 269, 296, 389, 416, 445, 480, 539, 542, 545
Herder, Johann Gottfried 163, 243, 264, 596
Herodot 249
Herrmann, Friedrich Wilhelm von 413f, 417, 557, 587
Hesekiel 245
Hillebrand, Karl 479
Hiob 12, 40, 54, 98, 112ff, 129f, 238, 382, 442, 500f, 537ff
Hirsch, Emanuel 62, 455, 570, 595
Hitchens, Christopher 129
Hölderlin, Friedrich XXIIf, 79, 105, 171ff, 365, 410-417, 459f, 499, 534-574
Hoffmann, Franz 168
Hofius, Otfried 79, 432
Holbach, Paul Henri Thiry d' 20, 111ff, 116, 119, 123, 152f, 325, 477f
Homer 244, 249, 311
Hoyle, Fred 121
Humboldt, Wilhelm von 497
Hume, David 8, 112, 123, 199, 207, 296

Iannelli, Francesca 485
Ivanka, Endre von 257f

Jacobi, Friedrich Heinrich 3, 30, 43, 71, 82, 99, 295, 343, 390-395, 405f
Jacobs, Wilhelm G. 334, 338
Jaeger, Werner 107
Jaeschke, Walter 38, 57, 113, 234, 314, 486, 507, 513, 515f, 522
Jahwe / Jehova 12, 27, 92, 118, 133, 223, 313, 465, 467, 495, 535, 538, 553
James, William 296
Janke, Wolfgang XVIII, 107, 260, 303, 393f
Janus, Ludwig 598
Janz, Curt Paul 179, 573
Jesaja (Deutero-) 109, 130, 210, 221, 224, 290, 432, 464, 521, 535, 544, 553
Jesus Christus XVII, 34, 41, 63, 70, 74-85, 93-101, 106, 110, 114f, 127-131, 133, 141, 151, 161, 167, 185f, 191, 202f, 210f, 221-238, 246ff, 251f, 258, 272, 276, 288, 292, 309, 314-318, 344f, 349, 357, 368, 370, 382, 385, 389, 401, 406, 410, 417; 421-536 passim; 544, 557-566, 571-578, 582, 589-603

NAMENVERZEICHNIS

Johannes, Evangelist 60, 82, 151, 210, 232, 246, 248, 345, 467, 493, 507f, 530f, 557, 562, 585
Jonas, Hans 118, 579
Jordan, Pascual 118
Judas 463, 524
Jüngel, Eberhard 522, 600
Jünger, Ernst 114
Jung, Carl Gustav 243, 567
Jung-Stilling, Johann Heinrich 98, 193
Junker, Reinhard 114

Kähler, Martin 475
Kaempfert, Manfred 222
Kahl, Joachim 103
Kaiser, Otto 70
Kant, Immanuel XVff, XX, 3-101, 104ff, 113f, 118, 121f, 125, 130, 135, 141-145, 149, 151, 161f, 165, 170-219, 223, 253, 259-263, 267, 272, 274-279, 282, 286-302, 304ff, 311-339, 343f, 347ff, 356-378, 385f, 391-394, 405, 412, 428, 443, 456ff, 477f, 482f, 488ff, 502, 534f, 580ff, 596
Kaulbach, Friedrich 140, 196
Keil, Geert 317
Kepler, Johannes 110
Kern, Walter 113, 255, 493f
Kierkegaard, Sören 16, 40, 95ff, 100, 114, 128, 133, 218, 225, 258, 333, 340-345, 377, 392, 417, 510f, 578-602
Kjaer, Joergen 138, 169, 537, 564
Klappert, Berthold 480
Klein, Hans-Dieter 249f, 264, 517
Kleist, Heinrich von 174f
Klibansky, Raymond 459
Klinger, Friedrich Maximilian 105
Klopstock, Friedrich Gottlieb 234
Köster, Peter 281, 411
Kopernikus, Johannes 110
Krämer, Hans-Joachim 51, 108, 188, 256
Krause Landt, Andreas 275
Kreimendahl, Lothar 11
Kreis, Rudolf 536
Kroner, Richard 492
Kügelgen, Wilhelm von 574
Kümmel, Reiner 118
Kuby, Gabriele 319
Kuhn, Elisabeth 397

La Mettrie, Julian Offray 11, 119, 127, 152, 263, 325
Lange, Friedrich Albert 118, 149, 157, 165, 175, 177, 179, 196, 207, 261, 294, 305
Langthaler, Rudolf 12, 16, 20, 48ff, 68, 93, 95, 328
Laplace, Pierre-Simon 14, 116, 119, 353
Lavater, Johann Caspar 97
Lavecchia, Salvatore 252
Lazarus 421
Leibniz, Gottfried Wilhelm 14, 26, 33-39, 50, 53, 67, 81, 88, 113, 133ff, 141-145, 165, 178, 193, 198, 212-215, 224, 256-259, 273, 287, 297-305, 325, 330ff, 341, 345, 369, 373, 399, 494, 501, 509ff
Lennox, John 103, 118f
Lessing, Gotthold Ephraim 38, 71, 84, 225, 289, 444, 475, 524, 580
Levinas, Emanuel 588, 593
Löwith, Karl 98, 127f, 258, 398, 409, 414, 417
Lohfink, Gerhard 480
Lüdemann, Hermann 423, 433, 437
Lukas, Evangelist 90
Lukrez, Titus 115, 122
Luther, Martin XXIIf, 5, 60ff, 70-83, 86, 93f, 115, 129f, 132, 147, 160, 165, 172, 206f, 209, 213, 215, 238f, 247, 314-318, 343ff, 354ff, 424, 435, 441-459, 465, 485ff, 490-493, 522-529, 533f, 550, 586f, 590-603

Mach, Ernst 259
MacIntyre, Alasdair 387
Mahnke, Dietrich 256
Malebranche, Nicolas 26, 392
Malter, Rudolf 71
Mangalvadi, Vishal 239
Mann, Thomas 285, 402
Marcion 430
Margreiter, Reinhard 180
Maria, Mutter Jesu 221, 370, 436, 485, 505, 530-536, 560f
Maria Magdalena 517f
Mark Aurel 576
Markus, Evangelist 464f
Maron, Gottfried 449
Marx, Karl 123, 128, 407, 417
Mauthner, Fritz 113
Meier, Friedrich 111

Melanchthon, Philipp   526
Mendelssohn, Moses   5, 30, 89, 190, 259
Metz, Wilhelm   295
Meuthen, Erich   567
Michel, Wilhelm   557
Michelangelo   532
Mill, John Stuart   350
Miller, C. A.   167
Monod, Jacques   119f
Montinari, Mazzino   184, 273, 411, 473, 563
Moritz, Karl Philipp   130
Moses   79, 118, 171, 221, 281, 289, 373, 385, 421, 553
Most, Otto   222
Müller, Götz   234
Müller, Hans-Peter   112
Müller, Julius   580
Müller-Lauter, Wolfgang   113, 147, 273, 286, 306, 394, 402, 412

Nagel, Thomas   104
Nathanael   225
Negro, Walter del   306f
Neuer, Werner   93, 485
Newton, Isaac   13, 110, 178, 313, 321, 325
Nielsen, Cathrin   266
Nietzsche, Elisabeth   411, 474
Nietzsche, Franziska   571
Nietzsche, Friedrich   XV-XXIV, 11, 13, 15, 35, 46, 48-51, 53, 60, 74f, 87, 99ff, 113f, 120, 125, 128-310; 347-483, 534-574 passim; 345, 495, 508, 576ff, 586f, 590ff, 600, 603
Niobe   139, 532, 551
Nonnenmacher, Burkhard   77

Ockham, Wilhelm von   234
Ödipus   138f, 149, 158, 231, 352, 380, 537f, 548, 552-556, 562
Oeing-Hanhoff, Ludger   113, 258, 314, 507, 526
Oepke, Albrecht   424
Origines   523
Ortega y Gasset, José   407
Ottmann, Henning   172, 208, 225, 273, 281, 284, 319, 382, 401, 404, 491
Otto, Rudolf   221, 410, 535, 553
Overbeck, Franz   169f, 375, 422, 470, 571f

Palestrina   187
Palko, Vladimir   275
Panaitios   253, 344
Pannenberg, Wolfhart   27, 91
Parmenides   250, 548
Pascal, Blaise   7, 23, 97, 100, 103, 159-163, 172, 208, 211, 218, 226, 274, 283, 290, 340ff, 356ff, 379f, 385, 406, 426, 439ff, 447, 452, 455, 458, 466, 519, 578, 588
Paul, Jean   234
Paulus, Apostel   XVI, 10, 53, 60, 62, 64, 67, 72f, 77-81, 85f, 93, 95, 98, 135, 162, 165, 173, 245-249, 288, 316ff, 338, 344f, 378, 421-442, 447-452, 459, 471, 486, 491, 495, 515, 524, 531, 544, 567, 575f, 583, 601ff
Pelagius   62, 79
Pelka, Irene   593
Peperzak, Adriaan Th.   496, 511, 527, 593
Pernet, Martin   474
Pesch, Otto Hermann   447, 600
Petrus, Apostel   50, 221, 309, 436, 480
Philon von Alexandria   107, 245ff, 423f, 504, 515
Pilatus   462, 473, 488
Pindar   152, 223, 249, 355, 373, 538
Planck, Max   118f
Platon   XVIII, 11f, 33, 53, 69, 75, 88f, 105-110, 121, 135, 139, 143, 150ff, 159, 170, 173, 177, 188, 193ff, 198, 201, 207, 210, 213, 222-229, 232, 243-258, 263ff, 270-274, 281, 287, 296ff, 305ff, 316-319, 332, 343, 348-356, 359-370, 376, 380, 394f, 411f, 435, 456, 459, 467, 481f, 492ff, 497, 520, 527, 540-544, 547, 550, 575f, 588f
Philon   107, 245ff, 423f, 504, 515
Plotin   251, 256, 258, 264, 394, 415, 575
Plutarch   123
Pöggeler, Otto   406, 412, 416, 592, 594
Pohlenz, Max   245
Popper, Karl Raimund   120
Port, Ulrich   546
Proklos   568
Prometheus   237, 442, 539, 543, 548ff
Protagoras   18, 122, 155, 367, 504, 550
Pseudo-Dionysios   244

Quast, O.   119

Rádl, Em. 127
Radrizzani, Ives 392
Raffael 185f, 532
Ratzinger, Joseph 91, 493
Rée, Paul 470
Reiner, Hans 78
Reinhuber, Thomas 147
Reiser, Marius 91, 210, 302, 474f, 599, 601
Richert, Friedemann 51
Riesner, Rainer 475
Ringleben, Joachim 480
Ritter, Joachim 490
Robertson, Simon 376
Rohde, Erwin 244
Rohrmoser, Günter 113
Ross, Werner 169, 470, 571
Rotenstreich, Nathan 499f
Rousseau, Jean-Jacques 83, 276, 321, 360, 450
Russell, Bertrand 123, 297

Salaquarda, Jörg 148f, 306, 374, 422f, 434, 436, 567
Salomé, Lou 164, 170, 350f, 440, 459, 470
Sandberger, Jörg 191
Sartre, Jean-Paul 132, 594
Savonarola 451, 458
Schelling, Friedrich Wilhelm Joseph 40f, 57, 168, 176, 191, 263f, 320, 365, 445, 490, 579ff
Schiedermair, Wolfgang 288
Schiller, Friedrich 170, 203, 217, 305, 355-368, 376, 385, 445, 450, 454, 498, 535, 548, 558
Schilling, Heinz 213, 449
Schlatter, Adolf 93
Schlechta, Karl 306
Schlegel, Friedrich 142, 528
Schleiermacher, Friedrich 99, 126, 176, 186, 384, 503, 531, 536
Schlesier, Renate 193, 367
Schlick, Moritz 126
Schmidt, Hermann Josef 535, 537, 569
Schmucker, Josef 11, 44
Schnädelbach, Herbert 131
Schneider, Reinhold 465
Schopenhauer, Arthur 50, 114, 133, 152ff, 158, 162, 168f, 172-177, 181-184, 189f, 203, 207, 238, 281, 301, 304, 318, 338, 342, 350-357, 364ff, 370, 397ff, 403, 426, 437, 445, 457, 466, 567, 574f
Schottky, Richard 570
Schrader, Wolfgang H. 393
Schröder, Winfried 4, 106f, 109, 111, 116, 119
Schubart, Walter 213
Schulz, Walter 591f
Schwabl, Hans 249
Schwaiger, Clemens 30
Schwemer, Anna Maria 464
Sedlmayr, Hans 278
Semler, Johann S. 467
Seubert, Harald 438
Shakespeare, William 582, 594
Siemens, Herman 191
Singer, Peter 129
Snell, Bruno 244
Söding, Thomas 435, 526
Sokrates 28, 72, 103, 107, 152, 207, 210, 244, 250f, 288, 297ff, 365ff, 374, 435, 444, 450, 456, 459, 500, 516f, 535
Sommer, Andreas Urs 425f, 434, 438, 471, 578
Sophokles 105, 139, 141, 249, 283, 459, 537f, 551-565, 574
Sorgner, Stefan 280
Soual, Philippe 521
Spaemann, Robert 119, 122, 267
Spencer, Herbert 174, 266
Spengler, Oswald 407
Spener, Philipp Jacob 75f
Spinoza, Baruch de 33, 64, 71, 111, 115, 154, 162, 334, 343, 353, 394, 425, 440, 447, 513
Splett, Jörg 507
Stack, George J. 149, 175
Stapfer, Johann Friedrich 68
Stauffer, Ethelbert 251, 495
Stegmaier, Werner 134, 161, 385f
Stendhal 169
Strasser, Peter 103
Strauß, David Friedrich 126f, 144, 148, 150, 152, 168, 174, 183, 189ff, 202, 214, 222f, 226, 230f, 258, 266, 272, 280, 302, 426, 433, 439, 448f, 459-483, 508, 520
Striet, Magnus 68
Strindberg, August 460
Stuhlmacher, Peter 464

Sueton 503
Swedenborg, Emanuel 32
Szlezák, Thomas A. 250ff, 316

Tauler, Johannes 258, 570, 601
Tersteegen, Gerhard 221
Tertullian 235, 457, 518
Tetens, Holm 121
Theißen, Gerd 247, 317, 423
Theophrast 459
Theunissen, Michael 556, 593
Thielicke, Helmut 600
Tholuck, Friedrich August Gotttreu 493
Thomas von Aquin 95, 133, 135, 170, 255, 281, 455, 491f, 494, 524, 595f
Thomasius, Gottfried 512
Thurnher, Rainer 586
Tilliette, Xavier 40, 71, 260, 345, 393, 464, 522, 541, 544
Tocqueville, Alexis de 319
Tolstoi, Leo 425
Trillhaas, Wolfgang 129
Tuschling, Burkhard 27, 59, 255, 337

te Velde, Rudi 95
Victorinus, Marius 514
Virchow, Rudolf 117
Vischer, Friedrich Theodor 121
Vivarelli, Vivetta 540
Vogel, Beatrix 274
Vogelsang, Erich 132
Vogt, Carl 117ff, 264
Vollmer, Gerhard 178

Voltaire 113, 116, 123, 501
Volz, Pia Daniela 169, 473, 571

Wachter, Daniel von 118
Wagner, Cosima 184, 460
Wagner, Falk 495
Wagner, Richard 182, 184, 203, 450, 454
Wandschneider, Dieter 121
Weber, Max 121, 386, 534
Wegener, Karl-Heinz XXIV
Weizsäcker, Viktor von 243
Wengst, Klaus 437
Whitehead, Alfred North 118
Wilckens, Ulrich 430, 464
Willers, Ulrich 142, 148, 471
Wimmer, Reiner 18f, 45, 59, 68, 74ff, 83
Winckelmann, Johann Joachim 551
Winter, Aloysius 23, 68
Wittgenstein, Ludwig 121f
Wolff, Christian 96, 111, 332
Wolff, Hans Walter 245
Wrede, William 424, 431, 437
Wright, Tom 576
Wundt, Max 29, 68
Wundt, Wilhelm 117

Zarathustra 213, 222, 232-238, 265, 269, 273, 284, 355, 373-377, 385, 409, 415, 429, 438, 446, 462, 468ff, 483, 540, 563-567
Zeus 107, 138, 467, 537, 554, 560, 571
Zimmermann, Albert 596
Zinzendorf, Nikolaus Ludwig Graf von 75f
Zirker, Hans 501

Sachverzeichnis

Abgrund 10, 26, 31ff, 72, 83, 88, 91f, 96, 112, 132, 199, 237f, 251, 258, 263, 273f, 355, 366, 380, 387, 400, 409, 456, 470, 514f, 524f, 534f, 546, 567, 570, 583f, 591-594, 600

Abschied, verabschieden 140, 149, 160, 170, 177, 183ff, 200, 208, 216, 249, 273f, 288ff, 412, 429, 469, 476, 488, 532, 543, 565f, 570, 574ff, 587, 598f

absurd, das Absurde, absurdum 5f, 35-38, 49, 52, 70, 87, 91f, 99, 133, 144, 168, 179, 206, 210, 214, 218, 228, 233-236, 386, 389, 401, 446, 457, 488, 548f, 594

Agape 145, 235ff, 341, 368, 394, 430f, 451, 501, 510-513, 526, 532, 586

Agnostiker, agnostisch, Agnostizismus 7, 18, 44, 77, 116, 148, 161, 169, 175, 229, 480, 566

Analogie, analogisch 15, 19f, 26f, 55, 65, 71f, 86, 94ff, 118, 252f, 260, 276, 333f, 376, 395, 398, 407, 431, 462, 496ff, 510, 513, 525, 563

Analogiedenken 20, 95

Ananke, s.a. Zufall 119, 150, 297, 308

Anbeten, Anbetung, s.a. Gebet 45, 65, 97, 103, 144f, 148, 151, 164, 184, 204, 221, 229, 246, 278, 313, 359, 384, 476, 490, 529-532, 561ff, 578

Angst 53, 122f, 150, 156, 188, 279, 303, 333, 355, 392, 410, 452, 464f, 495, 529, 539, 574-603

Anthropomorphismus, anthropomorph 15, 20, 26, 61, 150, 175, 184, 293, 508-513, 529f

Antinomie 13-16, 19, 34, 40, 43-46, 62f, 66, 118, 139, 180, 343, 451
 – Freiheitsantinomie 118, 322-329, 340, 343, 372, 582

apollinisch, das Apollinische 478, 540, 545-549

Atheismus 3-29, 44, 49, 55, 103-170, 174, 209, 227f, 387, 391, 394ff, 405, 412f, 490f, 535, 566, 576
 – kritik 5-29, 106-112
 – streit 60, 339, 391, 525

 – typen 103-135
 – wahn 103

Auferstehung 81, 104, 115, 183f, 231, 246ff, 349, 405f, 425, 432, 443, 464, 474, 476-480, 485f, 510, 512, 518, 522, 559, 576, 589, 601ff

Auferstehungsbotschaft 565
 – -hoffnung 153, 414, 443, 520, 564, 575ff, 601ff
 – -lehre 223, 248

Auge / Sehen 37, 50, 52, 62, 77, 87, 90, 105, 108, 116, 121, 130, 139, 144, 153, 156, 181, 184, 188, 198f, 210f, 237f, 273, 296, 299, 320, 337f, 347f, 356, 359, 362, 366, 369ff, 380, 393, 401, 463f, 470, 487f, 518, 524, 530f, 533, 549, 553, 568-574, 577, 581, 593ff, 599ff

Axiom 58, 70, 211, 235, 258, 303, 305f, 334f, 390

Bibel 69f, 72, 83f, 94, 99f, 100, 110, 133f, 148, 185, 239, 382, 421, 425, 442ff, 448-451, 467, 487, 516, 559, 599

Bibelkritik, bibelkritisch 4, 100, 106, 191, 223, 226f, 302, 349, 474f
 – -auslegung /exegese 223, 486
 – -autorität / -glauben 223, 481, 486
 – -Philologie 148, 226, 478
 – -übersetzung 80, 129, 442, 444, 533

Buße, Büßer 60, 75f, 182, 219, 247, 315, 318, 353, 384, 443ff, 451f, 458, 466, 543, 564, 567, 597

Chaos 11-14, 50, 139, 150f, 155ff, 177, 199, 273f, 304, 316, 379f, 397, 441

Dank, Dankbarkeit, verdanken XXIV, 60, 64f, 72, 113, 122, 163f, 186f, 198, 217, 239, 249, 256f, 284, 289f, 296, 319, 348, 355, 377, 382, 440, 448f, 470, 479, 532, 545, 566, 578

Décadence, Dekadenz 173, 354, 387, 402f, 422, 434ff, 446, 472, 504, 573

Deismus, Deist, deistisch 7f, 15, 25, 106, 164, 267, 437, 490

Dekalog 59, 289, 348, 373
Demut, demütig, Demütigung 22, 38, 54,
    65, 84, 98, 122, 213, 222, 368f, 377, 381,
    421, 431, 435, 513, 531
Deus absconditus 25, 31, 97, 114, 147, 234ff,
    297, 309, 429, 495, 536ff, 556, 562, 566f
Deus revelatus 25, 97, 495, 536, 562, 567
Dialektik 15, 34, 43, 222, 250, 266, 365, 403,
    417, 491, 507f, 519, 542, 555
Dialektik, negative 235, 274, 291, 295, 399f
dionysisch, das Dionysische 142, 159, 306,
    354, 362, 365, 379, 403, 414ff, 434-439,
    445f, 454, 478, 539-549, 571ff
Dogma, Dogmatismus 3ff, 7ff, 15f, 24, 76,
    120f, 127, 134, 173, 177, 206, 208, 228, 273,
    291, 298, 349, 400, 404, 438, 440, 457,
    461, 471, 534, 570
Dreifaltigkeit, s.a. Trinität 124, 461, 501, 507f,
    511, 526
Dysteleologie, dysteleologisch / anti-t.
    49-52, 149, 151, 157, 177, 179f, 215, 235,
    286, 594

Egoismus 140, 173f, 192, 201-205, 347f, 354f,
    381, 385, 391-396, 433, 455, 575
Ehrfurcht 39, 52, 93, 129, 225f, 239, 259, 275,
    335, 379, 384, 389, 449f, 477, 479, 498,
    501, 521, 529, 533, 560, 595f
Einbildungskraft 12, 26, 52, 75, 124, 193, 295,
    362, 365
  – schöpferische 156, 197, 369, 390
Erkenntnisbegrenzung oder -restriktion 12,
    34, 54, 57, 65, 99, 105, 141, 144f, 171, 182,
    191f, 217, 259, 309, 482, 501, 534
  – kritik, erkenntniskritisch 10, 25, 45,
    78, 153, 175-185, 205, 216, 261, 312, 393,
    429, 458, 477
  – theorie, erkenntnistheoretisch 20,
    29, 46f, 58, 66, 69, 83, 103, 113, 130, 137,
    146, 157f, 161f, 191, 196f, 200, 261, 293,
    298, 307, 326, 333, 341
Eros 125, 237, 252, 271ff, 341f, 366ff, 379, 394,
    436, 510, 540, 544, 575
Eschatologie, eschatologisch 53, 67, 77,
    91, 98, 115, 161f, 248, 251, 434, 438, 507,
    599, 601
Ewigkeit, das / der Ewige 14, 16, 23, 31f, 39,
    42, 49f, 53, 70, 77, 84, 90ff, 105, 125, 150f,
    166, 175f, 211, 222ff, 255f, 259f, 265ff,
    272f, 298f, 316, 345, 374f, 394, 399, 414f,
    421, 427, 439, 447, 465, 472ff, 480f, 488,
    495, 502, 511-521, 524, 526, 529, 582, 586,
    590-595, 600
Ewigkeitshoffnung 261, 564, 577
  – suche 124, 222, 594

Fabel 144, 215, 272, 291, 294, 302, 308f, 354,
    409, 412, 461, 481ff
Fatalismus 14, 27, 33, 44, 159, 333, 342, 353,
    440, 501
Fatum 216, 320, 341, 353, 466, 500-505
Fehlschluß 3, 259
Fiktion, fiktional 18, 51, 60, 96, 146, 155, 157,
    161, 166f, 181, 197ff, 270-273, 293ff, 298f,
    302f, 306, 333, 354, 358
Fiktion Gottes 167, 192, 228
Fiktionalismus 307
Freiheit passim, bes. 311-345
Freiheitsantinomie 322-340, 372, 582
  – idealismus 309, 313, 333
  – idee 312f, 319
  – kausalität 327ff

Gebet, beten, s.a. Anbetung 75, 80, 109,
    114, 121, 132, 148, 163f, 257, 342, 459,
    463ff, 469f, 478, 537, 558, 563f, 578,
    602
Gefühl 45, 65, 75f, 87, 97, 99, 105, 126, 131,
    168, 173, 186f, 205f, 262, 266, 350f, 365f,
    375, 382, 466, 486f, 493, 533, 535, 541,
    566ff, 572, 577
  – der Achtung 36, 42, 45, 52, 61, 65, 83,
    260, 277f
  – der Freiheit 23, 314, 371, 491
  – der Einheit mit Christus / Gott 423,
    525, 580
  – der Einheit mit Menschen 172f, 377,
    471, 511, 540, 547f, 598
  – Gott sei tot 227, 406, 519ff
  – der Liebe 173, 184, 190, 201f, 282, 511
  – der Macht 183, 430f, 580
  – seines Nichts / Elends / Unwertes
    217, 237, 283, 397, 403, 582
  – der Pflicht 44f, 393
  – der Schuld 132, 137, 165, 444, 462, 468
  – der Sinnlosigkeit 401ff

- der Sündlosigkeit 460
- des Unglücks 505
- der Untreue 563, 566
- der Unverantwortlichkeit 225
- der Versöhnung 529
- der Vollendung 472f

Geheimnis, geheimnisvoll 31, 38, 72, 74, 80-83, 93f, 98f, 121, 124, 234, 276-279, 292, 365, 408, 410, 428, 439, 533, 548, 567, 573, 585, 595

Geist 46, 60, 67, 87, 103f, 110, 121, 126, 143, 150, 156f, 180, 198ff, 204, 211, 231, 243-266, 270, 276f, 290-295, 301-309, 319f, 348, 361, 369, 380, 384, 390f, 401, 406, 448ff, 454, 486ff, 497ff, 503-506, 544, 583ff

Geist Christi 76, 421, 424, 494, 506, 517f
- Gottes, Gott als G., absoluter G. 61, 75, 86, 213, 317f, 487, 490, 494-497, 501f, 509-516, 528f, 570, 596

Geist, heiliger 60f, 74, 81, 221, 314f, 507f, 520f, 525f, 535f, 559ff
- heiligender 61, 84
- subjektiver 255, 260f, 291, 315, 320, 490, 495f, 501f, 505f, 516f, 524f, 531-534, 579, 584, 601f

Gerechtigkeit 79f, 109, 202, 209-217, 247-253, 347ff, 367, 432, 451, 470, 487, 499, 549, 572
- Gottes / göttliche G. 20, 53f, 61, 72, 79-87, 92f, 115, 141-145, 201, 204, 208, 234, 382, 386, 422, 442, 464, 481, 496, 500, 517, 534, 538, 553

Gericht, s.a. Weltgericht 77f, 85-91, 115, 184, 210f, 247, 251f, 378, 402, 432

Geschichte, s.a. Historie 73, 94, 99, 146, 157, 200, 204ff, 224, 315, 379, 397f, 402f, 408f, 431f, 490f, 501, 512-522, 528ff, 544, 577
- Weltgeschichte 157, 200, 249, 291, 459, 504, 512
- Mittelpunkt der W. 520
- Wendepunkt der W. 224, 465

Gewissen 19, 50, 59-64, 76-83, 87, 92f, 104, 135, 157, 164f, 171, 198, 226, 245ff, 258, 269-272, 286, 304, 314f, 347-356, 372ff, 378-389, 393, 404, 449, 456ff, 491, 517, 570, 590-599

Gewissensangst 587, 599ff
- -qual 427-430, 444ff, 451ff, 462, 567-570, 601
- -urteil / -wächter 205, 212, 277

Gewißheit 8, 15f, 23ff, 29f, 56, 65, 77, 100, 186, 190, 218, 222, 257, 283, 297-304, 315, 391ff, 456, 480, 485-495, 502, 512, 517, 523-532, 566, 589f, 603

Glaubwürdigkeit, (un)glaubwürdig 60, 100, 130, 170, 189, 210, 221-230, 302, 348f, 508, 592

Glückseligkeit, s.a. Seligkeit 6, 34-37, 45, 52-57, 71, 87, 93, 124, 216, 255, 597

Glückswürdigkeit 16, 37, 211, 216, 253, 386

Gnade 37, 39, 61, 63, 71f, 73-77, 80f, 83, 86, 93f, 179, 182, 202, 211, 226, 246ff, 252, 284, 317f, 345, 349, 358, 369, 417, 424, 430, 443-458, 467, 487, 501, 504f, 522, 525, 534, 538, 582, 599, 601

Gott   passim

Gottes Allmacht 12, 32, 39, 44, 49, 114, 144, 221, 235, 256, 501, 511f
- Güte 10, 20, 32, 45, 53, 57, 62, 72, 79ff, 85ff, 93, 113f, 137-150, 157ff, 215, 233-236, 314, 366, 398, 441, 458, 481, 500, 538f, 578
- Heiligkeit 7, 27f, 45, 60-63, 72, 80ff, 86f, 93, 100, 143, 166, 213, 512, 553
- Liebe 55, 79, 81, 84, 94f, 124, 142ff, 165, 214, 225ff, 233-236, 397, 431, 440f, 448, 462-467, 485-488, 500-535, 563, 580, 585f, 592, 603
- Weisheit 10-14, 32, 45-48, 54ff, 80, 85ff, 91ff, 111-114, 135-150, 221, 234f, 463, 486, 500, 509, 513f, 553, 557, 578

Gottesbeweis 5-12, 16, 22-28, 37, 41-57, 95, 108ff, 135, 195, 204, 207, 217, 370, 455f, 523

Gottespostulat 3; 6, 16-65 passim; 170, 191, 194, 204, 211, 214-219, 333, 391, 535

Gottlosigkeit 11, 58, 103, 106-110, 129f, 225, 230, 285, 449, 499, 519

Grausamkeit, grausam 114, 143f, 147ff, 153, 155f, 166, 198, 202, 236ff, 266, 279-284, 287, 308, 364, 366, 383f, 428, 461f, 464, 467, 478, 503f, 536, 545ff, 551, 567f, 573, 582

Gute, das 10, 16, 25, 39f, 47, 51ff, 61, 65, 73, 75, 78, 80, 83-86, 92f, 108ff, 133, 139, 152, 162, 170, 188, 207, 221-225, 244, 252f, 266, 279, 289, 298, 301, 317ff, 322, 339f, 343f, 348, 350f, 357f, 360, 362, 376, 380, 386, 391f, 400, 452, 455, 470, 482, 491, 500f, 551, 582, 588, 595, 597

Gut, höchstes 20, 24, 27, 34-37, 41ff, 49, 54f, 57, 59, 62f, 65, 69, 96

Heil 62, 83, 128, 141, 182, 192, 265, 268, 318, 431, 433, 438, 452, 461, 502, 504f, 514, 533, 561, 565

Heil der Seele 79, 81f, 157, 252, 285, 344, 350, 384, 432, 506, 575

Heilsbringer 128, 476, 536
 – geschichte 72, 431, 438
 – ohnmacht 81, 601
 – plan 233, 283, 403
 – ungewißheit 77

Heilige, Heiligste, das / der 60, 64, 82, 86, 100f, 137, 221-232, 239, 285, 342, 389, 410, 413, 439, 526, 533, 535f, 543, 553, 566

Heimat, Heimatlosigkeit 407, 558f, 566, 587

Historie, kritische 153, 164, 189, 193, 230, 405, 474, 479ff

Höllenfahrt der Selbsterkenntnis 76, 130, 238, 395, 570

Hoffen(dürfen), Hoffnung (auf ein künftiges Leben) 4, 15ff, 28, 35ff, 39, 50, 53f, 63, 73, 85f, 93, 97ff, 105, 161, 163, 214, 224, 248, 284, 315, 347, 398, 406, 446, 448, 563f, 576f, 600-603

Humanität 84, 100, 128, 131, 218, 274, 277, 288f, 348, 360-363, 382, 391, 541

Hybris 58, 100f, 103, 129, 134, 139, 218, 236ff, 249, 285, 394, 429, 543, 582

Ich, Ego 89, 142, 155ff, 187, 195-199, 223f, 243-265, 271-278, 292-309, 311-345, 373ff, 378, 390-394, 490, 494f, 508, 516, 590

Ideal, transzendentales 23ff, 31, 95ff

Illusion, illusionär 18, 20, 81, 103, 119-126, 150, 155, 188, 196ff, 226, 274, 305ff, 311, 319, 334, 342, 366, 369, 440, 445, 460, 549, 552, 590f

Immoralismus, immoralistisch 6, 36, 109, 131, 142, 145, 158, 169, 212, 262, 269, 280, 300, 347-387, 415, 457, 576

Individualität, Individuum 94, 127, 178, 189, 203, 255ff, 275, 277f, 287, 298f, 301, 315, 319, 350, 355, 373f, 377, 383, 433, 452, 487f, 490f, 495, 497-505, 527-532, 574, 580, 584, 602

Jenseits 50, 89, 122, 166, 169, 172, 185, 201-207, 212, 235, 284, 349, 405, 428f, 476, 489, 529, 533

Johannesevangelium 68, 173, 280

Johannesprolog 497, 508, 510

Katastrophe 158, 167, 229, 232, 269, 286, 395f, 404, 436, 556

Kenosis Christi 162, 461, 494, 512f, 520f, 560

Kind, Kindheit 53, 55, 77, 112, 114, 127, 138f, 169, 184, 189, 213, 261, 291, 312, 320, 403, 440, 454, 471, 473, 481, 508, 513, 521, 527, 530, 532f, 536ff, 551, 563, 567ff, 576f, 581, 598

Kirche 44, 106, 165, 184ff, 189, 231ff, 236, 403, 421, 448-452, 464, 469, 480, 486f, 491ff, 513ff, 518, 523ff, 572

Kondeszendenz Christi 95, 143, 518f, 521

Kreuz – als Zeichen Christi 62, 93, 126, 161, 167, 169, 182, 207, 233, 319, 421-434, 438f, 443, 453, 459-473, 478-481; 485-534 passim; 599, 602

Kreuzestod Jesu 79, 104, 224f, 427, 432ff, 462, 518-522

Kreuzigung Jesu 229, 235, 252, 292, 431, 463ff, 485, 513, 520, 530

Kunst 12, 51, 152, 159; 172-198 passim; 305ff, 364, 441, 445, 478, 498, 528-534, 545-549

Leib 61, 67, 74, 81, 84, 89, 108, 124, 127, 138, 187, 212ff, 243-249, 254, 261, 263, 265, 277, 289, 291, 300, 304, 314, 317, 348, 352ff, 361, 379, 384, 424, 435, 442, 451f, 454, 461f, 497, 513f, 520, 524, 527-530, 533, 536, 542, 552, 563, 575ff, 583ff, 589, 596, 598, 603

Licht, Lichtgestalt, Irrlicht 10, 39, 88, 98, 109, 114ff, 147, 156, 224, 232, 272f, 302,

304, 307, 320, 335, 368, 381, 383, 392, 398, 424f, 427, 430, 433, 446, 469, 500, 508, 523, 530f, 536, 541, 548, 557, 563, 597
Liebe; s.a. Agape, Eros, Gottes Liebe 55, 74, 81, 123ff, 127f, 149; 164-603 nahezu passim
Logos 70, 82f, 98, 142, 151, 194, 224, 244-253, 272, 343, 363, 416, 493, 497, 502-516, 531

Macht, s. Wille zur Macht
Marionette 32f, 104, 133, 135, 311, 320, 333
Materialismus, Materialisten 9, 11, 14, 27, 44, 50, 55, 105f, 111-121, 127, 149, 151f, 175f, 209, 260-266, 292, 305, 325, 336, 342, 490ff, 601
Melancholie, melancholisch 50, 120, 131, 149, 152, 155, 158, 163, 232, 237, 267, 283, 287, 345, 369, 374, 395, 424, 429f, 459, 470, 489, 519, 535
Mensch – Imago Dei 101, 129ff, 148, 217, 260f, 276, 284, 319f, 506, 590
Metaphysik der Kunst 181-191, 528-534
Metaphysik der Person 485-603
Metaphysikkritik, metaphysikkritisch 43, 153, 185, 289, 293, 298, 301, 347, 405
Moira 144f, 151ff, 211, 216ff, 282, 309, 390, 441, 499, 548-551
Moralkritik, moralkritisch 147, 217, 270, 364f, 367, 449
Musik 153, 179-189, 203, 291, 377, 397, 441, 445, 528ff, 535, 546f, 563
Mystik, mystisch 12, 25, 27f, 30, 64, 75f, 82, 85f, 90, 95f, 104, 190, 202, 256ff, 364, 374, 394, 397, 426, 432, 450, 487f, 508, 521, 525, 531, 535, 540, 548, 552, 562, 568ff, 601
Mythos, Mythologie, Entmythologisierung 89, 104, 126, 138f, 148, 170, 172, 182, 190f, 202, 221, 225f, 231, 251, 258, 261, 272, 292, 302, 320, 371, 433, 439, 444f, 460, 465, 474-483, 495, 497, 505, 516, 539ff, 545ff, 550, 554, 557-561, 566f

Naturalismus 9f, 117-121, 174, 194, 223ff, 274ff, 279, 285ff, 312, 325, 333-340, 385, 436, 490
Neuplatoniker, Neuplatonismus, neuplatonisch 25ff, 31ff, 93, 96, 244, 249, 256, 260, 426, 445, 488, 493, 514f, 531, 548, 552, 559, 568, 591
Nihilismus 50, 100, 118, 120, 131-137, 149, 158, 164-170, 179, 181, 188, 197, 218f, 227, 230, 262, 266f, 274, 282f, 286f, 292f, 345, 349, 354, 380-417, 427, 439, 446, 479, 489

Offenbarung (Gottes) 25, 35, 41, 50, 68-99, 118, 123, 173, 183, 204, 208, 222, 289, 309, 354, 409, 423, 465, 468, 487, 492, 495, 501-515, 519, 525-533, 553
Offenbarungskritik 4, 106, 148, 428, 474
Ontologie, ontologisch 3, 8, 19-25, 42, 44f, 59, 78, 109, 119, 125, 135, 155, 160, 164, 170, 175, 181ff, 188, 192ff, 205, 209, 221, 228, 236, 246, 250, 254-259, 270ff, 288, 295, 305f, 394, 405, 408-415, 485, 511, 515, 585-590
Ontotheologie 11, 20, 96, 485, 509f, 512, 520

Pantheismus, pantheistisch 21, 33, 111, 143, 154, 159, 168f, 173, 189, 201, 204, 216, 291, 397, 445, 497f, 520, 525, 541-552, 557
Paradox 32, 62, 79, 84, 95, 112, 115, 132, 144, 159, 165, 190, 214, 229, 231, 247, 270, 292, 329-336, 356, 406, 415, 431ff, 445, 457f, 463, 470, 491, 511-515, 537, 553, 566, 578, 597
Persönlichkeit, Personalität
 – Gottes 19, 42, 59f, 63f, 97, 468, 487, 495, 509f, 525
 – des Menschen 33, 55, 66f, 78, 83, 89, 259, 275ff, 313-317, 332-335, 342, 397, 430, 435, 487, 497f, 511, 521, 525, 527, 573
Pflicht, Pflichtethik, Pflichttreue 4, 17, 23, 36ff, 42-45, 57-60, 64f, 73, 76, 79-86, 100, 131, 164, 172f, 203-207, 214, 275-278, 333, 347-351, 357-364, 372, 376-380, 392, 397, 455, 482, 488, 526, 576
Phantasie 51, 123-126, 155f, 160, 163, 178f, 192, 196, 209, 233ff, 254, 294f, 352, 359, 421, 428, 438, 452, 468, 481, 502, 528, 535, 571, 577f, 584
 – schöpferische 156, 308, 369
Philologie, philologisch 131, 138, 141, 148, 226, 478, 537
Physiokratie 11ff, 118, 121, 137, 151, 194, 223, 263, 341, 491

Platonismus 12f, 44, 86, 198, 271f, 298, 306, 348, 366, 408, 435, 482, 515, 530, 541f, 557
Positivismus, positivistisch 121, 127, 175f, 190, 218, 259-263, 274, 412, 482f, 489, 492
Projektion 20, 96, 124, 147, 161, 181, 212, 263, 364, 417, 430, 442, 459, 462, 528, 578f
Projektionshypothese, /-theorem 18, 122-126, 160, 192, 468
Psyche, s. Seele

Rache 87, 144, 201ff, 209-215, 237f, 267, 353, 360, 363, 369, 382, 411, 422-425, 431, 435, 451, 461, 470, 536
radikal Böses 73, 79-83, 93, 203, 331, 344f, 353-356, 427, 568, 580
Rechtfertigung 54, 71ff, 77-84, 94-98, 146, 154, 181, 204, 213, 252, 291, 306, 345, 441-450, 487, 522f, 549f, 596
Rechtfertigungslehre 60, 71, 83, 447, 523, 528, 598
Reduktion, Reduktionismus 3f, 104f, 119-124, 137, 199, 214, 268, 274f, 289f, 402, 490, 587
Ressentiment 202f, 211, 353, 382f, 426, 431, 435, 461, 470
Reue 60, 75, 77, 92, 315, 331f, 340ff, 349, 384, 443, 452, 569, 588, 594, 596
Revolution der Denkart 74-79
Richter 93, 210, 304, 347, 357, 363, 371, 378, 446, 458, 466f
– Gott als R. 7, 16, 19, 35, 39, 45, 62ff, 72, 77-93, 148, 166, 201, 251, 459, 462, 537

Schein 8-15, 18f, 29, 43, 109f, 155-158, 181, 198, 238, 252, 299-308, 322-328, 347-355, 365f, 482, 507, 512, 529, 537, 542, 545, 582
Schönheit 9f, 14, 135, 150, 173, 177, 181ff, 256, 301, 360ff, 365, 377, 448, 467f, 498, 518, 529, 532, 540ff, 545-549, 552, 559, 569, 575
Schöpfergott 22, 49f, 100, 105, 109, 114, 116, 120, 149, 151, 218, 244, 285, 324, 395, 399
Schöpfung 12, 14, 17, 33f, 45-53, 56f, 64, 69, 84, 91f, 104, 116, 135, 147, 150, 159, 177, 193, 200, 219, 246, 265, 276, 279, 283, 380, 386, 396, 453, 481, 500, 551, 583, 594, 596
Schuld 77-83, 93, 115, 132, 139, 165f, 209f, 213f, 252, 340f, 353-356, 423, 426f, 430ff, 443f, 452, 458, 462, 466, 470f, 498, 505, 540, 548ff, 560, 569, 580-583, 587f, 597, 603
Seele 23, 29, 31f, 39f, 42, 44f, 54ff, 60, 66f, 83, 87-90, 106-110, 117, 121, 124f, 132ff, 139ff, 157, 165, 172ff, 187f, 196f, 207, 224, 238, 243-262, 271-274, 277-281, 284-289, 293, 297-301, 313, 316, 325, 334ff, 343f, 347-365, 369, 371f, 385ff, 423, 428f, 439ff, 453, 455ff, 463, 466f, 469f, 473, 482, 490, 494f, 500, 506, 517f, 529-534, 538f, 543, 546f, 556, 559, 564f, 567ff, 575-584, 588ff, 593, 597-603
Seelenunsterblichkeit der 23, 31, 35f, 38, 41f, 44, 56f, 66, 79, 88, 99, 122, 125, 140, 169, 172, 186, 189, 201, 207f, 214-218, 254f, 258ff, 265, 268, 272, 293, 298, 300, 312, 325, 328, 347, 374, 394, 398, 414, 433, 473, 482, 502, 589f, 600, 602
Selbst, das passim
– höheres Selbst 187, 360-363, 371f, 377ff, 383, 445, 565
– -begnadigung 202, 291
– -beherrschung 47, 166, 316, 350, 359, 374
– -erkenntnis 32, 43f, 62, 76f, 88, 202, 250, 257f, 296, 308, 451f, 473, 515, 537, 548
– -täuschung 76, 150, 334, 350, 358, 428, 460
– -verachtung 76, 202, 226, 282, 353, 357ff, 372, 381, 423, 453
– -vergöttlichung 129, 267, 286, 367, 540, 543
– -verkleinerung 217, 289
Selbstaufhebung 158, 211, 234, 257, 306, 333, 348, 352, 379, 399f, 457, 523, 536, 554
Selbstmord, Suizid, suizidal 137, 179, 198, 203, 228, 231, 235, 238, 281, 283, 288, 351, 373, 390, 429, 435, 459, 462f, 470, 540, 570, 574, 576
Selbstzweck 48f, 96, 171, 194, 277, 282, 291, 316, 385, 453, 502f

selig, Seligkeit (ewige), s.a. Glückseligkeit 34f, 69, 73, 77, 79ff, 84ff, 87, 90f, 95, 147, 162, 184ff, 213, 225, 251f, 266, 306, 315, 318, 358, 375, 383, 393f, 432, 434, 461, 471f, 488, 497f, 500, 529, 534, 536, 540, 558f, 563f, 585, 598f, 601

Seligpreisung 133, 389, 517, 571, 599

Sinnlosigkeit, sinnlos 47, 126, 143, 146, 149, 152, 158, 179f, 214, 236, 340, 386, 398-401, 404-407, 416, 439, 539

Sittengesetz 6, 17, 24, 30ff, 36-45, 51f, 56-61, 68-74, 82, 87, 90, 101, 104, 135, 164, 171, 203ff, 218, 253, 277, 320-330, 336-339, 343, 357, 363, 371, 375, 382, 448, 456

Skepsis, Skeptiker, Skeptizismus 4, 7f, 16, 21, 23, 27, 36, 43, 54, 75, 77, 110, 120, 133ff, 144, 150, 156, 158, 161, 175, 196, 199, 207ff, 218, 222, 234, 267, 273, 294-301, 305-309, 349, 354f, 371, 386, 399, 404-407, 412, 458, 475, 479, 481f, 488, 492, 549, 564, 589, 597

Sollen 52, 58, 83ff, 173, 201, 284, 286f, 327-333, 337, 339, 343, 347ff, 352, 359, 370, 378, 487, 498

Spiegel 48, 64, 67, 100, 152, 156, 184, 211, 231, 238f, 256f, 297, 341, 356, 427, 429, 443, 448, 463, 496, 500, 535, 548f, 568, 573

Sprache 28, 30f, 94, 198, 222, 264, 351, 432, 434, 442f, 508, 511, 574, 600f

Sünde, Sündenfall, Sünder 61f, 73-79, 83, 86, 94, 130, 143, 165f, 206, 210, 213f, 224f, 230, 247, 265, 291, 317, 331, 338, 344f, 349, 356f, 370, 379, 417, 422-428, 432-437, 443ff, 448, 452, 461, 464-468, 474, 482, 505f, 517, 520, 534, 544, 550, 555, 560, 564, 569, 579ff, 586f, 590, 598f, 603

Subjekt, Subjektivität 22, 47, 56, 101, 155, 196, 249f, 253, 259f, 271f, 275ff, 292-303, 308f, 324, 333, 338, 411f, 478, 490f, 493f, 497-500, 509-512, 517f, 525-532, 590, 595

Symbol, symbolisch 20, 39, 71, 84, 95, 182, 184, 193, 229, 273, 281, 296, 340, 351, 415, 422, 434, 438, 453, 461, 468, 471, 481, 504, 519, 528, 531, 540, 547, 550, 563, 570f

Teleologie, teleologisch 8-13, 41, 45-59, 64, 110, 119f, 139, 143, 149-153, 159, 171, 177-180, 194, 201, 215, 223, 243, 286f, 296, 386, 400, 403ff, 414, 441, 479, 496, 500, 528, 535, 539, 559, 579, 584, 594, 596

Teufel 146ff, 166, 233f, 271, 304, 366, 379, 447, 503,

Theismus, Theist, theistisch 4f, 7, 9, 12, 14f, 25, 46, 49, 58, 97, 107, 113-116, 132, 135, 138-141, 148-153, 164, 168, 413, 494, 556

Theodizee, Anti-Theodizee 10, 12, 40, 42, 48, 50f, 53f, 65, 106, 110, 112-115, 129, 133, 139-155, 169, 179, 201, 208f, 215, 233-238, 252, 347, 366, 389, 396, 404f, 417, 429f, 457-460, 467, 501, 523, 537, 545, 549f, 562, 568, 572, 582, 586

Theologie passim
 – Negative 16, 25ff, 49, 54, 73, 93-96, 108, 148, 176, 207, 260, 393, 410, 591
 – Positive 16, 25ff, 93, 96ff, 208, 591

Tod 4, 23, 49f, 55, 67, 74f, 77, 82, 89f, 103f, 112, 122f, 141f, 144, 150, 152f, 158, 161f, 184f, 203, 209, 244-249, 251, 255, 260, 273ff, 280-288, 317, 341, 344, 351, 373, 381, 385f, 402f, 422-425, 431-434, 461-467, 469f, 472f, 503f, 536ff, 540-544, 548-561, 563ff, 574-603

Tod Gottes 114, 125, 129ff, 137f, 141, 149f, 163, 167, 169, 219, 222-238, 266ff, 282ff, 374, 380, 387, 395f, 398, 401, 404, 406-414, 480-486, 512, 518-525, 532, 557, 567

Tragik, Tragiker 120, 334, 462, 538, 541ff, 545, 551, 555-561

Tragödie 107, 139, 152, 162, 199, 232, 290, 422, 444f, 461, 495, 534-538, 543ff, 547-557, 562

Transzendenz 28, 38, 61, 108, 118, 156, 257, 261, 270, 352, 355, 413, 467, 481, 488, 520, 593

Treue, treu 34, 55, 73, 84, 91, 123, 135, 182, 221, 296, 342, 371, 392, 426, 453, 486, 535, 538, 553, 556, 558, 561f, 564f

Trinität, trinitarisch, s.a. Dreifaltigkeit 61, 70, 81, 95, 97, 123ff, 206, 233, 235, 238, 247, 428, 431, 457, 461, 472, 481; 485-531 passim; 599, 601f

Umkehr, s.a. Revolution der Denkart, / Verkehrung   60, 73ff, 79, 83, 92, 124, 126, 144, 164, 257, 272, 353, 382, 385, 396, 399, 411, 416f, 422, 452, 461, 482, 520ff, 590, 597

Umwertung der Werte   150, 159, 193, 222, 228, 300f, 351, 354, 382f, 415, 421, 434ff, 438, 446, 461

Unbewußtes   163, 165, 208, 226, 267, 270, 282, 299ff, 304, 331, 352, 369, 390, 402, 584, 598

Unendlichkeit, das Unendliche   11-14, 39, 51, 61, 70, 99, 151, 176, 179, 205, 255ff, 259, 270f, 273, 315f, 323, 334f, 370, 380, 393, 405f, 488, 494, 505, 509f, 515, 518, 523, 532ff, 541, 554f, 583, 588f

Unfreiheit   200, 212, 311-320, 333-341, 353, 359, 452, 466, 579

Unglaube / dogmatischer U.   4, 14, 16f, 19, 53, 56, 100, 105, 151, 162, 167, 175, 219, 228, 312, 334, 384, 403, 407, 425, 430, 454, 518

Unschuld, U. des Werdens   3, 73, 212, 267, 281, 286, 353-356, 379, 426f, 437, 446, 451, 458ff, 533, 538, 565, 581f, 597

Untreue, Treulosigkeit
 – des Menschen   XVIII, 134, 360, 556, 563, 565f, 585
 – Gottes / göttliche Untreue   9, 535, 556, 562, 565

Unverantwortlichkeit, verantwortungsfrei   212, 225, 333, 353, 356, 427

Unvollkommenheit   72, 120, 470, 578

Utilitarismus, utilitaristisch   121, 129, 174, 287f, 291, 373, 479

Vater   53, 80, 95, 109, 132f, 141, 148, 184f, 231, 233, 235, 246, 248, 357, 421, 443, 451, 464, 467, 469f, 472f, 502, 507-517, 524, 530, 536, 545, 553, 555, 558ff, 564f, 569, 575, 577, 600

Verantwortung   78, 164, 335, 353, 356, 371, 458, 550, 583

Verhängnis   139, 163, 174, 179, 213, 353, 473, 495, 586ff,

Verheißung   16, 35ff, 56, 63, 85, 98, 132, 353, 439, 441, 458, 505, 523f, 575, 601f

Verinnerlichung   165, 257, 458, 525

Vertrauen   10, 32, 43, 53, 55f, 81, 98, 113, 130, 153ff, 159, 164, 204, 207, 214, 225, 236, 357, 359, 440, 449, 455f, 458, 477, 485, 489, 499, 501, 578, 586, 597

Verzweiflung, verzweifeln   31, 40, 73, 112ff, 134, 141, 162, 174f, 201f, 282, 340ff, 352, 368f, 401, 407, 424, 426, 447, 459, 463f, 467, 470, 505, 517, 519f, 555, 565-572, 579-583, 588f, 597, 599

Vollendung, Unvollendung   4, 43, 46, 67, 85, 91, 96, 108, 181, 211, 254, 315, 358, 398, 411, 441, 443, 453, 472f, 504, 527, 549, 578

Vollkommenheit, vollkommen   10, 16, 25, 31f, 35ff, 47f, 62, 82, 84, 94, 159, 187, 205, 278, 391, 394f, 424, 502, 533, 576

Wahl   14, 22f, 42, 64, 154, 161, 184, 229, 252, 272, 313f, 336ff, 342-345, 363, 374, 376, 391, 395, 444, 463, 470, 477, 481, 501, 514, 544, 555, 573, 576, 580, 584f, 587, 595

Wahrheit   10, 41f, 45, 70, 81, 99, 112, 121f, 124f, 128f, 133ff, 146ff, 151, 156-163, 174f, 181ff, 190ff, 226-229, 238, 246, 250, 257, 261f, 287f, 305f, 312, 315f, 336, 370, 376, 385, 393f, 398, 406, 408f, 412f, 433, 444, 474f, 481f, 485-498, 501-504, 509-519, 524, 527-530, 533, 555, 570, 600

Wehmut   185, 232, 469, 535, 567

Weltenrichter   7, 64, 77f, 81, 85, 91

Weltgericht   85, 87, 224, 354, 438

Weltordnung, göttliche / sittliche   57, 111, 145f, 156f, 169, 181, 237, 283, 291, 347, 354, 386, 400, 405, 525, 538f, 579

Wert, absoluter / unbedingter   40, 47ff, 52f, 63, 66, 85, 103, 130f, 135, 148, 176, 187, 210, 217, 222ff, 227ff, 267ff, 274-278, 282-290, 316, 321, 335, 349, 370ff, 376, 389, 399-409, 412, 495, 502, 505, 533, 551, 563, 574

Werte-Umwertung s. Umwertung

Wertschätzung   45, 268, 270, 278, 285, 300, 372, 435, 448, 526, 586

Wiedergeburt / Neugeburt   74ff, 79, 81, 182, 207, 344, 369, 452, 487, 508, 540, 601

Willensfreiheit 13, 111, 311, 313, 316ff, 332, 350, 356, 371f, 501
Wille zur Macht 129, 132, 143, 183, 204, 270, 306, 348, 380f, 400-404, 408, 411f, 414-417, 425, 449, 453, 472, 575
Wille zur Wahrheit / Wissenwollen 148, 157f, 163, 274, 555
Wollen, Wollenkönnen 36f, 40, 52, 54, 73, 132f, 166f, 212f, 247f, 253, 260, 265, 293, 297, 300, 309, 316ff, 326ff, 330-345, 355, 358, 360, 366, 370-375, 392, 397f, 411, 414, 452, 483, 487, 504, 508, 525, 555, 566, 576, 581f, 587, 591, 595f
Wüste 46f, 194, 308, 351, 398, 468, 566, 587

Ziellosigkeit 140, 202, 286, 304, 403, 410, 414
Zufall, s.a. Ananke 9-14, 36, 100, 110, 114f, 118ff, 143, 146, 148-152, 156, 159, 172, 177ff, 214, 263f, 267f, 284, 288ff, 296f, 308, 319, 372, 389f, 441, 500, 534
Zuflucht 85, 413, 455
Zweckmäßigkeit, s.a. Teleologie 9f, 14, 143f, 177ff, 276, 282, 498, 502, 504
Zweifel, (be)zweifeln 4, 7f, 15, 21, 41, 43, 54, 67, 100, 104, 107, 116, 130, 134, 138, 141, 167, 170, 175, 194, 203, 218f, 223, 229, 265, 292, 296f, 299, 304, 339, 357, 384, 401, 474f, 478ff, 518, 571, 577, 579, 599f